劉琳　刁忠民　舒大剛　尹波等校點

宋會要輯稿

12

上海古籍出版社

宋會要輯稿　食貨四〇

市糴糧草 二

❶紹聖元年八月二日，詔榷貨務支末鹽錢四十萬貫，令户部給降解鹽引，付陝西路轉運司，乘今夏豐熟收糴。又支末鹽錢、京鈔四十萬貫，付河東轉運司收糴，以其半作朝廷封樁，餘充轉運司年計。

十七日，三省言：「河北糴便司所管州軍收貯糧草，除帥府纔及五年外，餘止收糴三年，所積數少，無以爲備。」詔令户部依舊條逐年兩次給降交鈔共二百萬貫，仍自今年爲始，付提舉糴便司，分給州軍，乘時廣行糴買，候鎮、定、瀛州及十年、餘州及七年之蓄，即依元祐七年二月一日指揮。

九月十三日，三省言：「河東路今秋豐稔，沿邊州軍五年之蓄當以時計置。」詔令户部支末鹽錢五十萬貫，依例對撥，印給京鈔，付河東轉運司沿邊豐熟州軍糴買。

十月五日，詔陝西轉運司給鈔以糴買沿邊糧草，爲五年之儲。

二年七月十日，尚書省言：「江淮荆浙等路發運司言：今後本司糴到斛斗，並不許諸處官借兑支用，本司亦不得承例借支。雖準朝旨借兑，亦許本司執奏占留。」從之。

三年三月八日，涇原路經畧安撫使呂大忠言：「乞沿邊、次邊糴買，召農民願結保，預借官錢一半，依此税限催科，餘錢候夏秋時取市價貴賤估定寔直，告諭隨所輸貼納。」從之。

四月十三日，詔罷河北提舉糴便司，就差提舉河❷北路糴便糧草王子京同措置糴便。以兩司就糴枉增價直、動多相妨故也。

十七日，詔：「香藥庫等處應出賣之物，給公據募商人沿邊入中糧草，赴户部筭請。」

十月八日，詔内藏庫特賜銀絹各二十萬，市糴河東、涇原、熙河路糧草。以鄜延路經畧使呂惠卿言〔一〕：「今西賊侵邊，本路場功未畢，西自園林，東至青澗，皆遭焚蹂，將來糧草必乏。乞特從内庫賜銀絹，令轉運司早儲備邊。」故有是詔。

四年二月四日，樞密院言：「邊防糧草須經畧司、轉運司公同相度，自來諸路調發軍馬，不豫計所在糧草多寡，以此不免闕乏，致轉運司倉猝以貴價糴買，或自近裏般運，枉費財用〔二〕，虛勞民力。又自來糴買糧草，經畧、轉運司各自置場，競增價直〔三〕，互相違戾，致糴買不行。」詔陝西河

〔一〕使：原作「司」，據《補編》頁六一五改。
〔二〕財：原作「材」，據《補編》頁六一五改。
〔三〕增：原作「爭」，據《補編》頁六一五改。

東經畧司，應遇調發軍馬，並先契勘於有糧草處駐劄。如轉運司糧草不足，許借諸司封樁糧草，或先樁錢，糴買借用。

九月四日，三省言：「聞懷、衛州今歲豐稔，米穀價賤，恐盡歸兼并之家。」詔河北轉運司、措置糴便司、西路提舉常平司以時計置糴買。

五日，三省言：「陝西路沿邊州軍秋田收成，慮闕糴本。」詔於元豐庫支封樁錢四百萬緡，令户部依例印給解鹽引，付陝西轉運司，下諸路乘時糴買。

元符三年八月七日，徽宗即位未改元。詔以内庫銀絹二百萬，賜陝西轉運司糴買糧草。

十二月二十一日，尚書省言：「河北、河東、陝西路今歲豐熟，有物力之家多 3 願入中斛斗，以官其身。欲河北路諸州軍令措置糴便司，河東、陝西路令逐路安撫司，召諸色人情願入納斛斗，在本處以市寔直紐筭價錢。内陝西、河東路以銅錢分數紐筭，候納足，本州限一日具狀保明聞奏，出給付身誥牒，並與免試注官。如未願參部，亦聽從便，仍不以歲月釐革。其納到斛斗，作朝廷封樁，準備移用。」從之。

徽宗建中靖國元年二月十四日，詔以内藏庫錢百萬緡及諸路提舉常平司錢共百萬緡，應副河北糴買。

大觀三年十月五日，上批：「河北鑄錢監所鑄夾錫當貳錢，除官本縻費等錢外，將所收到浄利錢，並依先降指揮盡數支撥，付糴便司品搭，計置沿邊年計、糧草支用，疾速行下。」

四年正月十八日，河東路提刑司言：「本路緣極、次邊難得斛斗，乞令轉運司計會一年合用寔數，於近裏州縣封樁斛斗處支破封樁錢，和顧脚乘，般運赴極、次邊，依元糴名封樁。如闕年計糧斛，即乞先備見錢，依元價并支過脚錢兑糴支遣。將兑到錢，候來歲收成，趁時糴買，却充朝廷封樁之數。」詔依，仍以兑時市價先備見錢兑俵。諸路官司兑撥斛斗並依此。

政和元年七月九日，詔：「諸路合用斛斗，比年漕司多不乘時計置糴買，甚有闕用去處。訪聞今歲豐稔，除三路已別降指揮外，餘路仰轉運司疾速措置錢本，廣謀儲蓄。仍候糴日，各限一月具一路歲用糧斛，受納秋税并收糴到物數多少，分明 4 立項開具，申尚書省類聚進呈。其收糴數多，歲用有餘者，當議別加旌賞；若玩習苟簡，不切究心計置，致有闕悮者，不以去官、赦降，必定重行黜責。」

九月十七日，臣僚言：「今歲大稔，宜令廣糴，以備九年之蓄。乞責諸路轉運、常平措置收糴。如失時及糴買不廣者，於歲終考較，務令盡心。」

二年五月二十二日，中書省言：「諸路州軍缺少軍糧，欲下諸路漕司，令諸州軍自今於每歲春首約本州置場收糴之數，委支用不足，即均分管下縣分各置場糴買，晝時（又）〔支〕給價錢，并就立阻節及抑配科率刑名。」從之。

六月十五日，尚書省言：「諸路今歲二麥登熟，將來秋成有望，須合廣行糴買。」詔：「京畿諸路提舉、提刑司取今年以前五年中一年糴最多之數，加倍收糴。將來秋熟依此，仍與諸司共作一場糴買。本司應管及朝廷諸色封樁錢除留合支用錢數外，並取撥充糴本，仍每月具已糴到數申尚書省。及常以新易舊，不管陳損。」

五年二月二十二日，熙河蘭湟路經略安撫使司言：「轉運使趙佺支到糴本錢物〔一〕，並已逐旋糴買糧草，應付至去年十月終。自十一月已後，大段缺乏，將封樁糧斛借撥支用。本路十一州軍並管下關城堡寨歲用糧一百二十餘萬碩，合用本錢浩瀚。趙佺糴買止應付得去年十月終支用，今來糴買已是過時，物價漸增，設轉運司應付到錢物，不免亦隨即目價例計置。欲下榷茶司依元糴價兌撥所糴斛5斗，付轉運司應付年計軍糧，却將榷茶司合應付轉運司額錢指除。兼乞早令漕臣一員疾速前來本路專一應副，所貴辦集。」詔：「茶馬司於封樁錢内支一百萬貫，仍令具糴到數目，支破本錢聞奏訖，委官點檢。所乞糧食依奏。」

三月十五日，熙河蘭湟路經略安撫使司奏：「轉運副使趙佺支到諸州軍糴本錢物，並已逐旋糴買糧草，應付支遣至去年十月終。自十一月已後，大段闕乏〔二〕，寔恐有悞國事。」詔：「熙河重地，當罷兵無事之際，尚爾闕乏，緩急何以枝捂？漕臣不可暫闕，仰吳亮專一應付本路，限指揮到，日下起發兼程前去，多方剗刷糴本，措畫糴買。趙佺已起發錢鈔一百五十八萬貫，仰吳亮交割，督促措畫施行，具次第應付過斛斗、糴本數奏。」

二十一日，中山府路安撫使張杲言〔三〕：「奉詔，再令具本路糧草的寔數目。今通計到本〔路〕州府軍寨一十處，人糧月支八萬六千五百九十一碩，歲支一百三萬九千九十二碩。本路共有年計五十四萬七千二百六十九碩，并諸司封樁九十五萬四百三十五碩，通計止有一百四十九萬七千七百四碩。若準備二年之數，計闕五十八萬四百八十碩〔四〕；三年之數，計闕一百六十一萬九千五百七十二碩〔五〕。馬糧月支一萬八千七百九十八碩，歲支二十二萬五千五百七十六碩。本路共有年計九萬六千八百五十碩，并諸司封樁八萬九千六百九十八碩，通計6止有一十八萬六千五百四十八碩。若準備二年之數，計闕二十六萬四千六百四碩；三年之數，計闕四十九萬一百八十碩。草月支一十七萬五千三百四十束，歲支二百一十萬四千八十束。本路共有年計一百一十八萬一千一百八十八束，并諸司封樁一百五十九萬九千七百七十束，通計止有二百七十八萬九百五十八束。若準備二年之數，計闕一百四十二萬七千

〔一〕使：原作「司」，據《補編》頁六一六改。
〔二〕乏：原作「之」，據《補編》頁六一七改。
〔三〕使：原作「司」，據《補編》頁六一七改。
〔四〕五十八萬：原作「五十七萬八千」，據計算所得改。
〔五〕九千：原作「七千」，據計算所得改。

二百二束；三年之數，計闕三百五十三萬一千二百八十二束。」詔尚書省應副糴本，須管令具三年之數。

二十七日，詔陝西、河東逐路經略、轉運司：「今後將逐州軍合用糧草預行抛降寔數，及須行給降錢物，嚴責糴官須管依條趁時盡本糴買，敷及元抛之數。其糴價仰所屬旋體度市價增減。限滿，帥司開具元抛若干、已未糴買數目，已支見在糴本、糴官職位姓名聞奏〔一〕，當議重行賞罰〔二〕，違者並科徒二年之罪。」

五月十五日，陝西計度發運使吳亮言：「奉朝旨，於茶馬司封樁錢内支一百萬貫，應副熙河路糴買，仍令具糴到數目，支破錢本聞奏。準榷茶司支到商、虢等處錢一十萬餘貫，散在諸處，難以收簇。兼其餘七十餘萬貫稱已關牒永興〔三〕、秦鳳兩路，若等候兩路提舉司旋行劄刷，必恐後時。望特降睿旨下榷茶司，於近便熙河路去處逐急撥茶司諸般錢，依準指揮支降一百萬貫，趁時糴買，不致有悮邊用。」詔茶事司數不及，7即令常平司貼足其數。

六年十二月十四日，詔：「諸路每歲夏秋收成之時，轉運司據歲計不足之數，前期報提舉常平司，以本司錢置場收糴。遇轉運司少闕，聽以見錢對行充兑支用〔四〕；若轉運司歲用數足，即以新易陳，兑樁如法。」從臣僚請也。

八年五月三日，詔：「祁州積草二十餘萬，支用數少，歲久陳腐。仰本路轉運司差官檢察出賣，其錢封樁，候秋成收買新草，以備儲積。」

六月二十二日，兩浙提舉常平司言：「奉詔，將趙霖開修平江府水利度牒六百二十四道及承節〔郎〕、將仕郎〔五〕、承信郎官誥共一百道，支撥付徐鑄、應安道收糴米斛。除已支付逐官外，見管承節郎誥一十道，將仕郎七道，承信郎二十三道。本司見闕本錢收糴米斛，欲乞許令拘收前項餘剩官誥四十三道及已賣價錢，應付收糴。」從之。

宣和元年九月十五日，河北路轉運使沈積中言〔六〕：「河北路秋田豐稔，倍於常歲，正宜乘時斂糴〔七〕，以廣儲蓄，以惠農民。恭覩近降詔處分，淮、浙、荆、湖應諸司封樁錢物量留合用外，速開場收蓄，仍令常平司將青苗并積欠，以一半增價折納斛斗。望令河北路常平、保甲等諸司，亦遵依上項指揮施行。」從之。

二年四月十二日，發運（付）〔副〕使陳亨伯奏：「奉詔專應付六路和糴，自今歲爲始和糴一百萬碩，及令參酌舊制，條畫措置。乞降指揮，宣和元年、二年合糴米共二百萬碩，並於今年收糴足數，同年額般運，於十月内到京。」詔8東

〔一〕位：原脱，據《補編》頁六一七補。
〔二〕賞：原作「責」，據文意改。
〔三〕牒：原作「糴」，據《補編》頁六一七改。
〔四〕天頭原批：「『充』一作『樁』。」按，見《補編》頁六一八。據下文，似作「樁」是。又按，本卷天頭原批所云「一作」，乃指《補編》頁六一四以下複文。
〔五〕仕：原作「士」，據《補編》頁六一八改。
〔六〕使：原作「司」，據《補編》頁六一八改。
〔七〕斂：原作「檢」，據《補編》頁六一八改。

南和糴本錢，合依已降指揮，應係上供及朝廷封樁，並行截撥，仍許通融取撥，不足，即通融别路錢應付。

五月九日，詔：「今歲諸路豐熟，應見和糴官司疾速趁時收糴，如過時，當議重行黜責。」

十三日，詔：「自今陝西糴買，帥司及州縣城寨等處官吏如敢緣糴事循私意，公受請託，乞取錢物，僭换變轉，故損糴價，詭名借本，停塌入官〔一〕，强糴攪拌，低估贏畧，計會中納，放債尅除，若抑勒軍兵賤買交旁，復用轉敖搭帶，大量不上赤曆〔二〕，詐作客人中官及在任者冒法入納，並以監守自盜論。挾私邀阻、鼓惑扇摇者，以違制論。本法重者，自從重，仍加一等坐之。具案奏裁，并不以赦降、去官、自首原減。各許人告，流罪以上每名賞錢一千貫，餘罪五百貫，先以官錢代支。」從臣僚請也。

二十五日，詔：「泛給香樂鈔并告勑、補牒、度牒、師號、紫衣共二百萬貫，付河北糴便司廣行收糴，以備儲蓄。全在州軍叶力，乘時計置，洒無闕事。仰提舉官陳邁候將來依條限住糴日，比較逐州軍知、通及所委糴官首先糴買了足，或收糴數多，保明聞奏，當議重行旌賞。或弛慢不切用心，收糴數少，即重行責罰。」

十月一日，詔：「東南歲糴，累降指揮支撥本錢，如尚不足，特許于兩浙、江南、荆湖路學費錢内共取撥五十萬貫相兼，趁時收糴，於近封樁減省學費内措除。仍委徐鑄、趙億同共總領措置。」

十二月十二日，河東路轉運使侯益言〔三〕：「本路豐 9
稔，漕司缺少糴本，令諸司與漕司同共相度，將應干見在錢物乘時收糴。忻、代州一帶北控胡虜〔四〕，尤宜謹備。乞令漕司量將近裏州軍、諸司錢物挪移應付糴買，却以原價兑糴支用，或乞量事支降錢本，廣行儲蓄。」從之。

三年三月四日，江浙淮南等路宣撫使童貫言：「望下轉運司，自今後計諸州歲用之外，所餘錢數併就豐熟地分依條委官置場和糴，不得令州縣認定數目，以免科率之弊。」從之。

二十日，詔：「諸司糴買軍儲，不容濫惡，條禁甚明。近歲奸弊百出，往往雜以糠粃灰土，致虧諸軍糧食。檢會糴買條法，嚴切申明行下，仍仰廉訪使者覺察聞奏。」

七月十二日〔五〕，詔：「沿邊今歲禾稼滋茂，若不先時廣行糴買，則利歸兼并，官失儲蓄。可契勘合行糴買州軍歲額給降錢物，限七月半已前須管支撥敷足。」

十二月二十日，發運副使林箎言：「諸路歲糴封樁上供斛斗，依聖旨許用學費錢、旁行定帖、封樁上供等鈔糴買。檢點得諸州縣將逐色糴本别行支用，既不作糴本，又

〔一〕天頭原批：「『塌』一作『泊』。」
〔二〕赤：原作「亦」，據《補編》頁六一八改。
〔三〕使：原作「司」，據《補編》頁六一八改。
〔四〕北：原作「比」，據《補編》頁六一八改。
〔五〕十二日：《補編》頁六一九作「十三日」。

失上供。欲據諸路拘收到逐色合充糴本名色，每路委漕臣一員，專切置籍拘催〔一〕，只得分收糴上供封樁斛斗〔二〕。」詔令中書省〔三〕，每路選委漕臣一員，專切置籍拘催，應輒兑借支使者，並以違御筆論。

四年二月十八日，詔：「雄州先承糴便司抛下歲糴軍儲，有自政和八年至宣和二年客人、民户拖欠未納斛斗。逐州爲見糴便司舉發，頓行拘催，例[10]將元攬人户監錮，估賣財産，籍没家計，以償欠數，往往逃移星散。事干兩輸地分，深屬未便。仰莫、雄州限指揮到，將所欠斛斗人户特與轉限三年送納。沿邊州軍准此。」

六年五月九日，涇原路經畧安撫使席貢言〔四〕：「涇原一路川谷平坦，加以天都諸山利害必争〔五〕，最爲衝要，自來朝廷積糧備禦，深契事機。乞以本司封樁銀絹和糴斛斗充邊用。」從之。

七年三月二十三日，詔：「天時佑順，年穀向登，當廣爲儲積。蔡河撥發司、淮南轉運司可各支降糴本一百萬貫，逐司於榷貨務樁留見錢四十萬貫，給降度牒、紫衣、師號二十萬貫，於宣和庫支降新法鈔四十萬貫，就豐熟處和糴小麥、馬料。以十分爲率，七分小麥，三分馬料。江西、湖南、淮南、兩浙路分預降糴本五十萬貫，逐司各給降度牒、紫衣、師號二十萬貫，於宣和庫樁留見錢并支降新法鈔各三十萬貫，候將來秋成，於豐熟處和糴粳米，計置起發。並令吏部差使臣，每司各兩員，管押前去交割。並令所屬逐旋具糴買到數目、色額并元糴價錢申司農寺，每月申尚書省。每五千碩，即差官盤量，見的寔數，封所糴斛斗，以罐盛樣附綱，先次送司農寺收掌。蔡河撥發司、淮南、兩浙、江西、湖南路轉運司各權添差糴買官一員，逐州委見任官一員，同共管勾，候糴買了日罷。」

二十九日，詔：「蔡河撥發司，江西、湖南、淮、浙轉運司先降糴本五百二十萬和糴斛斗，内有度牒、[11]紫衣、師號，切慮糴米官司循習舊弊，輒有科配，搔擾民户，並出賣見錢，和糴人户中賣斛斗，願支折者聽。如輒敢科配，官並流三千里，仍許人户越訴。若糴本有缺，即具實缺數目申尚書省。」

九月二十八日，詔：「兩浙歲豐熟異常，米穀價賤，本路漕司就豐熟州縣選官置場收糴。所有本錢於諸司不以是何窠名見錢，並借充糴本。糴到斛斗，各隨所借司分依舊收係，别敖樁管，不得支動。候漕司逐旋樁到本錢，方聽交兑。」

十月十六日，發運判官陸寘言：「近預降度牒、紫衣、師號并見錢、新法鈔，每路八十萬貫，於江西、湖南、淮南、

〔一〕催：原作「摧」，據《補編》頁六一九改。
〔二〕天頭原批：「『分』一作『合』，疑並誤。」
〔三〕詔：原作「照」，據《補編》頁六一九改。
〔四〕使：原作「司」，據《補編》頁六一九改。
〔五〕加：原作「皆」，據《補編》頁六一九改。

兩浙路和糴粳米。望專責逐路漕臣趁此秋成，盡數變轉糴買起發。」詔令逐路漕臣不候申尚書省，一面均撥糴本，併數廣行收糴，疾速裝發上京。

十二月六日，兩浙轉運副使程昌㝢言：「本路收買除見錢外，有拋降度牒、香藥、文鈔，召人中買，與見錢收買不同。乞自今後諸路應用度牒、文鈔糴買，並不得收分文頭子、市例等錢。」從之。

十一日，太宰白時中等言：「河北西路見今計置糧斛，以備屯軍，乞添差漕臣四員分路管幹，各支銀二十萬兩、絹一十萬匹付所差官。」從之。

十五日，詔：「河北已專委帥臣措置收糴，其四路添差漕臣指揮勿行。」

二十二日，詔減掖庭用度、侍從官以上月廩，罷諸兼局。有司據所得數，撥充諸路糴本及募兵、賞軍之用。

欽宗靖康元年五月十五日，臣僚言：「湖南、江西 12 自二稅外，斂於民者不知紀極，名曰和市，不酬價直，寔掠取之。如此名件，未易殫舉。夫和糴之行如此，民安得不困且竭乎？若國家多事之初，夏、秋二稅不足，不免和市，則降寔直，付之漕臣。」詔令後糴買，約價給錢〔一〕。

十九日，河北、河東路安撫司言：「朝廷近興復陝西解鹽鈔、河北糧草鈔，已令榷貨務過數椿給鈔本〔二〕，遇客人投錢，即時支給，所有未降新鈔已前逐路給降過糴本見錢公據文鈔，亦乞措置支還商賈，以示大信。」詔未支見錢公據文鈔，令榷貨務支還。

同日，尚書倉部員外郎黃諤言：「河北民力重困，乞勑本路應和糴錢有不支還及妄有除尅，並從舉劾，送獄治罪，知、通、監官與帥臣、監司失劾，亦重科罪。」從之。

二十八日，詔東南六路神霄宮金銀器皿，並令發運使翁彥國拘收充糴本〔三〕。從漢陽軍申請也。

十月十二日，詔：「今歲四方豐稔，粒米狼戾，但可就逐處增價收買，不得輕議般運，以稱恤民之意。」

高宗建炎元年十月十四日，通判撫州、權州事張思永言：「江浙米稻豐熟，若至時支撥官告、度牒、紫衣、師號，下諸州出賣，收糴糧斛，竊慮臨時收糴不前。昨江浙及諸路勤王不到京畿人，有已前拘截諸司錢物應付支用不盡錢物，未有歸着。欲乞限一月結絶，盡數收簇，撥充逐路漕司收糴御前軍儲。」從之。

十二月二十五日，詔令行在户部支銀二十萬兩、絹一十萬匹付兩浙提刑司，分擘於沿流 13 州縣置場收糴封椿〔四〕，聽候朝廷支用。以提舉一行事務黃潛厚奏：「二浙道路未通，客旅稀少，即目糧價低小，望支錢本，委本路漕臣廣行計置，令發運司差綱般發上京送納。」故有是命。

〔一〕給：原作「直」，據《補編》頁六二〇改。
〔二〕椿：原作「裝」，據《補編》頁六二〇改。
〔三〕使：原作「司」，據《補編》頁六二〇改。
〔四〕擘：原作「劈」，據《補編》頁六二〇改。

二年正月二十七日，詔以京師闕米，令榷貨務於椿下河北路寄糴斛斗錢内支錢五十萬貫，委宗澤置場收糴。仍下兩浙、江淮路轉運司，出榜曉示客旅，通行知委。

五月五日，江西提刑司言：「准尚書省劄子：東南神霄宫近有賜田房錢并諸處贍學錢甚多，自合根括拘催，就東南計置銀絹，前來應副國用。本司專委虔、洪等州軍根括拘催施行外，契勘諸州縣所收贍學錢係發運司拘收，專充糴本，今來即未審合與不合依今降指揮却行計置銀絹起發，乞明降指揮，以憑遵守施行。」詔且令更作糴本一年。

三年八月四日，詔兩浙并江南西路：「今歲豐熟，令三省支俵糴本，付逐路轉運司廣行收糴，於穩便州縣别項椿管〔一〕，非奉朝廷指揮，不得擅行支用。」

七日，倉部員外郎張誼奏：「被旨前去平江府等處往來檢察收糴糧斛〔二〕。勘會浙西州縣自來本州及提舉、轉運，發運司各有收糴斛斗價直，不相照應。欲乞依今降指揮一場收糴，若州軍或他司合要米斛支使，却令本司紐定元價及官吏縻費等錢，令諸司齎見錢申朝廷，赴場兑糴。」從之。

紹興元年七月三日，宰執奏事，上問：「昨夕聞已糴新米，莫少減價否？」張守奏：「有人 14 自浙西來，前此每斗一千二百者，今減作六百。」上大喜曰：「不但軍不乏食，自此可免餓殍，在細民豈小補？當須及時廣糴，以備歲月。」宗尹已下奉詔。

十月十七日，監察御史、福建路撫諭胡世將言：「乞支降度牒一千道赴本路轉運司出賣，依市價收糴糧斛。」詔依。

十二月二十三日，臣僚言：「發運副使宋煇申請見任官招誘糴到米斛，乞引用建炎四年十一月二十四日指揮，每糴二千五百碩，減一年磨勘。昨來見任官收糴米斛，每糴十萬碩，有轉官之賞，蓋謂監倉官依市價糴買，别無弊倖，即該此賞，非謂賞誘致親民之官使之剥刻也。況煇元乞令有力之家結攬糴米，據數第賞，今乃設招誘措置之名，使州縣官貪賞害民，其可乎？兼朝廷元委糴米十五萬碩，若從煇所立賞格，計減六十年磨勘，合轉十五官。今來諸司糴買頭項非一，人援此爲例，則朝廷爵賞，豈不泛濫？欲望寢罷見任官糴米賞格措置施行。」詔令宋煇將價直低小去處量行增添，召人結攬收糴。見任官賞格並罷。其任糴買官，令宋煇量支食錢，仍嚴切約束受納官司不得收耗，接便搔擾。

二年二月六日，手詔：「昨降官告、度牒糴買軍儲，緣有司定價太高，無人承買，以此未支還人户價錢甚衆，而和糴徒有虚名。訪聞秀州崇德、嘉興兩縣度量損減與米價相當，民未病糴，是能體國恤民者。可委本路憲司保明詣寔，

〔一〕椿：原作「封」，據《補編》頁六二一改。
〔二〕往來：原倒，據《補編》頁六二一乙。

具名聞奏，當議推賞。其餘15州縣令依倣施行，無致怨讟流於道路，以塞朕懷。仍出牓曉諭。」

五月二十二日，詔：「江東西各糴一十萬石，委催促物帛郎官將合起發應付，如不足，於俞儋榷貨務錢内貼支，江東於建康府、江西於饒州府封樁〔一〕。其糴買日限及應干合行事件，並依兩浙已得指揮施行。」

十二月十九日，詔吉州榷貨務支錢二萬貫應(付)〔副〕岳州，專充糴買軍糧支用〔二〕。

三年四月九日，户部尚書黄叔敖言：「江浙荆湖廣南福建路都轉運使張公濟〔三〕、兩浙轉運副使梁汝嘉言：被旨給降空名官告，於浙西州軍勸誘博糴米五十萬石、馬料一十五萬石，内馬料如大麥不足，許以秈米稻充代。叔敖等欲從朝廷分遣官各認一州，同逐州縣守令體度寔有斛斗之家，隨力勸誘博糴，更不遍及下户。今條畫下項：一、今來糴買糧斛，只於富寔積藏之家，不拘官户、編户。一、今來先於約度到州軍合分認博糴，平江府米一十三萬八千碩，料三萬七千五百碩，秀州米一十一萬碩，料三萬七千五百石，湖州米一十二萬五千石，料三萬七千五百碩，常州并江陰軍共米一十二萬七千石，料三萬七千五百石。一、今來勸誘博糴米斛，與泛常降告糴買不同，理宜優假。欲依例作奉公體國，宜加奬録，特授某官，不作進納，理爲官户，仍理選限，候參部日，與免試注官。未至八品，其父及子並依八品法用蔭。及令吏部出給公據，付變轉糴買州軍驗實書填，並許16轉易，回授行使。一、今來所降官告、度牒等，各比舊價錢減定錢數，及高立米價博糴。其率先中糴米斛數目最多之家，除依價支還官告、度牒、紫衣、師號外，仍許叔敖等具申尚書省，乞朝廷特予旌賞，以爲忠義之勸。一、諸州縣受納官若容縱合干人并攬納人於勸糴人户處乞取，輒受請託，入中僞濫濕惡不堪米斛〔四〕，依條没納入官外，其失覺察及知情，依前發運副使宋煇畫降紹興元年七月二日聖旨，從徒二年科罪〔五〕，立賞錢三百貫文，許人告捉。一、所糴斛斗，令今來分定逐州所委官，各仰躬親遍詣諸州縣，與守貳令佐公共商議，采訪寔有藏蓄米斛之家，推排勸誘博糴，所貴貧民下户獲免科配。如州縣官妄有辭避，及施行滅裂，故爲阻遏，并承受文移等事，依已降指揮，通判監視受納。一、州縣人户内有不務體國，唱説事端，扇摇阻抑博糴指揮，不以有無官資，許所委官及州縣將上件人收禁，具姓名申尚書省，取旨施行。一、今來所降官告，並係白身人書填，如納米之家願與有官人推恩，亦仰所委官具狀申尚書省，比類遷轉。並以常州、江陰軍、平江府委張公濟，湖、秀州委梁汝嘉，仍更差權户部郎官邵相前去與

〔一〕饒州府：「府」字疑衍，宋代饒州未曾升府。
〔二〕買：原無，據《補編》頁六二二補。
〔三〕使：原作「司」，據《補編》頁六二二改。
〔四〕濫：原作「攬」，據《補編》頁六二二改。
〔五〕科罪：原倒，據《補編》頁六二二乙。

張公濟，及户部郎官徐杞與梁汝嘉[一]，並同共措置，各限三日起發。」以尚書省言：「兩浙去歲大稔，近年不曾科率。今韓世忠已除淮南宣撫使，非晚總率大軍屯駐泗上，恐饋餉不足，非17假借民力，即無緣辦集大事。」故以命叔敖等。尋詔公濟、相與汝嘉、杞將分委州並兩易，以相自陳本貫常州，有嫌故也。

十一日，公濟等又言：「今約度所糴糧米、馬料，於市價上量增價收糴，米五十萬石，每斗五百文省，計錢二百五十萬貫。」詔依，「其官告綾紙於數内減迪功、承節郎各二十道，承信郎三十道，進義尉二十道，計二十七萬貫，改支下項輕齎就給：昨張公濟拘收糴本紬、銀等七萬七千貫；及令户部於椿管高麗絹内支一萬五千匹，每匹作六貫；見在紬内支二萬匹，每匹作五貫；餘不足錢三千貫，並以銀折支，每兩作二貫二百。仰黄叔敖據逐州數目品搭均給，並限五日給降了當。」

十二日，杞、相言：「蒙差委同都運使張公濟、兩浙運副梁汝嘉前去浙西勸誘博糴米并馬料，今來逐州縣博糴米斛浩大，合要幹辦使臣分頭使喚。欲乞各差二員從杞等，於見任得替待闕、已未參部大小使臣内，不拘常制踏逐選差，日下(共)〔供〕職。除本身請給外，破本等券一道，候結局日住支。」從之。

五月二日，尚書省言：「浙西博糴，恐人户有停蓄數少，中糴不敷官告錢數，遂改給度牒、紫衣、師號、輕齎，以從民便，却慮糴買官不分多寡，將中糴數少之家一例支給官告，致難以變轉。」詔令公濟、汝嘉不得徇情，一槩支給告命，務從民便。仍各具知稟文狀申尚書省。

十二日，侍御史辛炳言：「浙西諸州軍博糴米斛，約束以18裝卸欠折爲名，加擡斗面，及容縱專斗乞取常例錢。」詔官吏、專斗如違，並徒二年科罪。

七月二十四日，兩浙轉運副使梁汝嘉言：「户部侍郎姚舜明乞將每月合支都督府軍馬草二萬三千三百二十二束，每束價錢五十文；宣撫使草九萬六千四百一十四束，每束折支錢六十文。共計月支草一十一萬九千七百三十六束，計折價錢六千九百五十貫九百四十文，依例令兩浙轉運司管認，自六月分爲頭應付支遣。本司契勘劉光世一軍每年合用馬草七十一萬三千餘束，折錢五十文足[二]，共計錢四萬六千三百餘貫，半年計用錢二萬三千餘貫，蒙朝廷支降一半本錢，其餘一半錢係令本司貼助應副。今來都督府、宣撫司每月支草錢比之劉光世合支草錢數目倍多，本司别無可以挪撥，依劉光世今年上半年例，從本司甘認應付一半錢，自餘一半錢乞朝廷貼降應付。」詔依，其一半折草價錢，令本路轉運司於浙西州軍合發經制添酒錢内取

[一] 徐杞：《建炎要録》卷六四作「徐玘」。
[二] 五十文：經計算，應作「六十五文」。

撥應副〔一〕。

九月八日，都省言：「和糴米一百萬石，所糴米斛並係朝廷支降金銀錢帛〔二〕，務要便國利民，免科敷之擾。除已約束糴買官依市價兩平交易，支還價錢，不得虧損官私。聞已前和糴州縣百姓入中糧斛，多將支撥到糴本停留，不即支還，百端阻節減尅，民户實得無幾，及用倖責量，遂致糴買數少。今來理宜措置，革去前弊，使分毫不擾於民。」詔如有[19]違戾去處，其當職官吏並從徒二年科罪。

四年正月二日，都省言：「近者給降糴本，令兩浙、江南東、西路轉運司和糴斛斗六十四萬餘石，元限去年十月已前開場，今年正月終糴買數足。若不比較賞罰，竊慮無以勸(阻)〔沮〕。」詔户部候今年正月終，比較逐司并逐州軍已糴已起數多及糴買最少去處，具轉運司并州軍當職官職位、姓名申尚書省，取旨賞罰，仍先次行下逐司照會。

三月二十六日，詔：「今後省倉和糴米歲終及二十萬石〔三〕，監官各轉一官。如在任不及全年，或於數外更有增糴到斛斗，並與紐計推賞。」

七月二十二日，中書門下省言：「勘會已降指揮，今歲依年例和糴斛斗，已降糴本三百六十萬貫，約糴九十萬石。」詔更令户部措置錢物二百萬貫增糴。

十月二日，户部言：「檢准《紹興勑》：諸上供錢物及穀，雖請降特旨截留借兑支撥，聽被受官司執奏不行。如違，其不奏及支撥官司各徒二年。元陳請截撥官司准此。本部勘會諸路合發上供額斛，若他司申請到指揮截留借兑支撥，係依上條合行執奏不行外，有逐時降本和糴糧斛、馬料，亦是内外指撥應副用度之數。今相度，欲將今後他司申請到指揮截留借兑支撥前項和糴米料，並乞依《紹興勑》條執奏不行。」詔依。

十一月二十日，户部侍郎梁汝嘉言：「契勘兩浙、江東西路〔四〕，朝廷給降糴本金銀錢物，欲望特降指揮，如漕司并諸州軍輒敢侵支、借兑、移易，其[20]當職官並重寘典憲，人吏並行斷遣。仍乞逐路提刑躬親前去點檢。」從之。

五年正月一日，詔户部支錢四百萬貫，委江西路轉運司變轉，更行收糴米一十萬碩。

二月十七日，詔金部員外郎張成憲與轉一官，監榷貨務(候)〔侯〕恪減三年磨勘，監户部糧料院劉錫老減二年磨勘。以淮南東路安撫使韓世忠言「本司大軍屯駐江上相近二年，成憲等首尾應辦錢糧，並無闕悮」故也。

閏二月二日，户部言：「江浙轉運司將朝廷所降糴本金銀錢帛別作侵用，却將所糴米斛於歲計額斛或催以前年分拋欠稅賦充代，公私受弊〔五〕。乞嚴立法禁。」詔如將歲

〔一〕副：原作「支」，據《補編》頁六二三改。
〔二〕「帛」上原有「金」字，據《建炎要録》卷六八刪。
〔三〕後：原脱，據《補編》頁六二四補。
〔四〕江東：原作「江南」，據《補編》頁六二四改。
〔五〕受：原作「收」，據《補編》頁六二四改。

計充代，依擅支借封椿錢物法加二等科罪。

六月二十日，詔：「逐路轉運司約束州縣，須趁時收糴，即不得低價科敷，及容縱攬納人搔擾作弊。如有違戾去處，許民户越訴，當職官吏取旨重作施行。」

二十九日，詔前廣南東路轉運判官周綱特轉一官，糴買官各減二年磨勘，選人比類施行，人吏五人令本司犒設一次。先是有詔差綱措置，分委官於沿海産米州縣隨市價收糴糧斛一十五萬石，逐旋差雇舟船，由海道般運至福、泉、漳州交割。如能依期糴買，起發數足，不致搔擾，當議優與推恩。至是本路轉運判官章傑言：「其米一十五萬石並各已收糴了足，分綱差官管押赴行在下卸，别無搔擾，及無陳腐濕惡。」故有是命。

六年正月六日，祕書少監吴表臣言：「湖湘亢[21]旱，江左浙東諸郡往往不登，惟浙右稍稔，朝廷近委州縣糴買，其數比每歲爲多。欲望詔有司，前日糴買止緣養兵之費，有不得已者，其它無得以歲豐爲名，並緣搔擾。」詔依奏，令本路監司常切覺察。

三月一日，詔權發遣撫州劉子翼與轉一官。以江南西路安撫制置司、都轉運、提舉茶鹽常平司公事言：「子翼自到任，節次共起發過糧米五萬三千八百碩、錢二十四萬八千八百貫往岳飛軍前，及常州應付糴買；又勸誘人户椿備[一]，措置收糴到賑糴米計三萬一千石，流離之人往往復業。」故有是命。

十月七日，右司諫王縉言：「朝廷經理淮甸，招集流移，放免租税，德意厚矣。今聞淮西大軍所須茭芻萬數浩瀚[二]，有只納價錢每束數十文就便買用者，軍民兩利；有須本色均之揚、楚、泰州、高郵軍者。茭生陂濼，採斫甚易，而科之民間，令自津運，監督峻急，雇船倍費。自楚至泗，每束百四五十文，自泰至泗，每束五六百文，其餘以遠近爲差。一州歸業之民，寧有幾户，開墾荒穢，歲收幾何？遽課十萬束至二十萬束，雖欲竭力，何所從出？是致逃移他處[三]，又復失業，深可憐憫。欲望特令所委官計會本軍除願依别軍納價錢就便收買外，所用本色就近措置，雇人採斫，置之水次，拘刷官船逐旋搬運；如缺廂軍，優與錢米雇人牽挽。流移之民，因可存濟。其合用錢米，令分買茭芻州軍均認，所貴軍不乏用，民亦安業。」詔[22]令提點淮南兩路公事司重别措置，即不得依前搔擾。

十一月十三日，詔：「吴玠誠心體國，措置糴買，實邊固本，兩皆可嘉。令學士院降詔奬諭。」先是，成都潼川府夔州利州等路安撫制置大使、兼知成都府席益奏：「昨爲軍前乏糧，運遠而費廣，欲議糴買。得吴玠報，洋、梁秋熟，可糴十萬石，已即時措置糴本應付。」故有是命。

[一] 備：原作「補」，據《補編》頁六二五改。
[二] 浩瀚：原倒，據《補編》頁六二五乙。
[三] 是：原作「自」，據《補編》頁六二五改。

二十三日，詔鄂州武昌縣令李鐸依斷特降一資。以都督府令收買大軍戰馬茭草遲滯，法寺言鐸合公罪杖故也。

七年三月十八日，臣僚言：「自來和糴，皆户部預定價例，收簇本錢；錢不足，則貼降金銀；又不足，則兼用空名官告。去歲糴本，户部初欲以空名官告相兼支降，後因漕司申明，止用金銀、見錢，其意正欲民間寔得糴本。今所在百姓復言未嘗得錢，豈非户部科撥，其間尚有虚數；或已盡支降，而州縣移易，不以給民；或給散之際，多爲滑吏、甲頭輩欺取之，而不及於下户也。欲望特降指揮，應紹興六年江浙和糴，並令轉運司具析。」詔令逐路提刑司限半月體究有無未支本錢，及州縣給散有無欺弊，保明詣實，申尚書省。

十一月二十一日，三省言：「金安節論諸路和糴米加耗太多，如饒州一石至收四斗。擬下提刑司體究。」上曰：「郡守爲誰，候體究得實，當痛與懲戒。」臣鼎等因奏江東郡守掊斂不恤民者，上曰：「郡守以字民爲職，掊斂不恤，朕何賴焉？當悉罷與宮觀，選除循吏如周 23 綱、陳橐之流，使罷者不失宮觀之禄，而民被惠，實爲兩得。」

八年九月四日，侍御史蕭振言：「竊見近日除經制發運使，朝廷支降糴本，收糴米斛，樁留以待急闕之用。臣嘗詢浙西，凡秋成米賤之時，其價槩以官斗，每一斗民間率用錢三百足，亦有三百已下。今來收糴，須是量增價直，如民間每斗用錢三百足，官中須用錢三百三十至四十文足。其價隨時低昂，爲之增減，常使官中比民間價十分中多一二分。至於交量之際，乞痛行禁止，不得加耗及沮抑。置官錢於和糴場，米纔入官，即時支錢。如盤量出剩，監官計剩科罪。十分中出剩一分，監官並展磨勘。所差和糴官最係要緊，須選用廉勤、曾歷州縣，通曉民情之人。凡此數者，苟不違戾，則今來所除經制一司，真得常平之意，誠有以助國寬民矣。」詔令户部申嚴行下〔一〕。

二十九日，上諭宰執曰：「昨日浙東漕梁澤民奏今秋糴買事，朕嘗諭以錢給之於民，宜戒減尅，穀輸之於倉，無取羡餘，則公私兩便，糴數雖多，亦恐無害。」趙鼎等論：「昔嘗在州縣，身任糴事，其措置亦不過如此。仰服聖上洞曉政要，欽歎無已。」

十月十四日，侍御史蕭振言：「竊見朝廷支降見錢，付經制司收糴秋米，訪聞發運使程邁却一例拋降數目與諸州〔二〕。如此，則諸州不免拋下諸縣，諸縣科與百姓，是百姓此年例又添一番科率，即非今來創置經制司務欲富國寬民之本意也。經制一司，張官置吏，止爲收糴一事，如何只拋與諸 24 州，坐責成效？乞下程邁，令本司別自選官，置場收糴，或委逐州知、通選差見任官，不得分拋及虧刻搔擾、

〔一〕天頭原批：「此下原本尚有五六篇，脱去未寫。」按，此是徐松批語，但此文前後諸條均見於《建炎要録》，中間並無脱文，此批之意未明。

〔二〕使：原作「司」，據《補編》頁六二六改。

留滯邀阻并加耗等事。」詔劄與程邁照會，依已降指揮置場收糴，不得分抛搔擾。

十一年八月十三日，臣僚言：「荆湖之南，即今米斗百餘錢，穀價之賤，未有如此時者。今日錢荒之弊，無甚於湖南，兼并之家積穀於廩，以待凶荒。中人之産，仰給者惟田，而穀雖多，市者少，則錢益荒而民日益困矣。乘此穀賤錢荒之時，特勑湖南漕司廣行和糴。又近時糴本例多抛降度牒、綾紙之屬，漕行之郡，郡行之邑，未免强率於民。今湖南錢荒已甚，若繼之以此，其何以堪？乞湖南於應合起上供錢内截撥支用，庶幾錢流民間，可以救農傷之弊。」詔依奏，令湖南漕司於上供經總制及賣田錢内借撥收糴，用過數目，却令李椿年、吴平將拘收錢依數撥還。

十二月三日，詔利州路轉運判官郭游卿、陝西路轉運判官宋倉舒各特轉一官。以川陝宣撫使司言「游卿等措置，就於本路糴過米斛〔一〕，補助軍食，並無缺悮，乞行推恩」故也。

十二年十一月十六日，詔令邵相取撥本路應管經總制錢并日後收到數措置，委官於沿流豐熟州縣收糴米斛，令項樁管，聽候指揮。先是，臣僚言：「〔荆〕湖南、北兩路二年之間，雨暘時若〔二〕，年穀順成，今米價每斗止於百錢。若乘粒米狼戾之時，用錢和糴，俾官中得米，民間得錢，公私兩便。」故有是命。

十25三年九月九日，臣僚言：「浙西州縣去歲亢旱，傷損禾稼，檢放秋税。朝廷以歲歉，嘗移降本於江西就糴矣，而湊額不預焉。一州一縣所減不及十分之一二，民間初無儲積，官司催督，急於星火，不免增價收糴輸納，因此粒米踴貴，民之艱食甚矣。而官司務於及額，監繫催納，勢不能已。欲望令本路監司契勘傷旱州縣和糴殘欠，據元檢放秋税及七分、目下已納及五分以上者，與放免。如檢放不及七分者，所欠並與寬限至秋成催納。」詔依。

七月一日〔三〕，行在草料場言〔四〕：「本場逐年支諸軍司馬草萬數浩瀚，若不預行抛降收買，應付支遣，竊慮有悮指擬。」户部措置下項：「一、今來所有買草，欲令轉運司俵錢，均於出産去處收買。仰本司鈐束州縣，將上件所降錢物分明俵散，不得少有減尅。如有違戾去處，仰本司按劾，依條施行。一、供送御馬院、左右騏驥院并支寄養良馬、忠鋭第五將、馳坊等合用馬草，近緣行在增添軍馬數多，其所用草數增添一倍以上。今來將欲收稻禾之際，欲乞支降本錢二十六萬貫文下兩浙轉運司，於出産州軍依年例買撥堪好馬草。分三限起發：上限今年九月終，中限十一月終，下限來年正月終。須管依限盡數買發數足，應付行在軍馬食用。」從之。

〔一〕過：原無，據《補編》頁六二六補。

〔二〕暘：原作「暘」，據《補編》頁六二七改。

〔三〕按，此條與上條月序顛倒，疑「七月」上脱「十四年」。

〔四〕料：原作「糧」，據《補編》頁六二七改。

十五年四月十二日，詔：「每歲諸路和糴本錢，並係户部將寔有窠名錢預行科撥樁辦。訪聞所在州軍往往減尅，不爲盡數支俵，恣[26]行侵用，人户所得無幾，甚者横歛脚費，及容縱人吏公然乞覓。可令逐路轉運司嚴行戒飭州縣依時盡本給散，毋致尚有奸弊違戾。仍仰安撫、提刑司檢察，按劾以聞〔一〕，當重寘典憲，及許人户赴尚書省越訴。」

七月二十一日，草料場言：「行在百司、諸軍所管騾馬歲計合用馬草，依例申明收買，應付支用。伏望支降本錢，下兩浙轉運司收買。自餘數目，依去年例，差本司使臣及選差見任官同往出産臨安府、湖、秀州鄉村樁垜見錢，依私下價例自行和議收買。及約束所差官才遇人户投賣草數，仰即時支還價錢，不得阻節掻擾。除三司自行般發外，所有其餘數目，令買草官管認般發。合用脚剩等費用，並於所降本錢内應付，更不干預州縣。仍從轉運司常切檢察，不得違戾。」從之。

九月十三日，右諫議大夫何若言：「和糴本錢，悉從户部支降，州縣往往不以時均散，縱令人吏減尅侵欺。又其所糴米重取加耗，以致出剩數多，樁充苗米，却令人户折納價錢，占留盜用，爲害實深。乞詔有司常切覺察，庶幾貪吏知畏，而百姓受寔惠。」詔令逐路轉運司嚴行約束，如有違戾去處，按劾以聞〔二〕。

十八年閏八月五日，宰執進呈：「江浙、湖南路和糴米斛，昨自紹興元年以後，降本付逐路轉運司和糴，補助支遣。今來兩國通和，農民安業，墾闢田土漸廣，户部財賦粗足支用，所有紹興十八年分依例合降本和糴米數，欲[27]並與蠲免。仍令逐路轉運司鏤板，分明曉示，令人户遍知。」上曰：「甚善。」因謂秦檜等曰：「朕向在河朔時，見民間良以此爲苦，蓋朝廷所降本錢，往往州縣妄作名目，移易他用，不即時給還人户。縱有給還去處，又爲胥吏多端乞覓，十不得其一二，以此民受其弊。雖號和糴，與抑勒何異？今幸時和歲豐，軍儲稍足，朕豈得已而不已？宜依所乞。」

九日，户部言：「内外大軍等歲計糧斛，除江、浙等路上供外，昨降指揮，令行在省倉并淮東、西、湖廣等路三總領所收糴，以廣儲蓄。官中既省抛欠般運之費，民間又無抑配科擾之患，悠久便利。合措置〔三〕，平江府出産米斛浩瀚，并常、湖、秀州等處客販衝要順便去處〔四〕，欲令轉運司於平江府並臨安府踏逐高阜空地，量蓋倉敖，以行在户部和糴場爲名，聽客人從便中糴，每歲各以二十萬石爲額。又行在省倉三界，紹興十七年分共糴到二十六萬八千餘石，今來住罷江浙等路年例降本和糴米數，唯藉逐倉廣行糴買。今立定每歲收糴數目：上界六萬石〔五〕，中界五萬

〔一〕劾：原作「刻」，據《補編》頁六二七改。
〔二〕劾：原作「刻」，據《補編》頁六二七改。
〔三〕合：疑當作「今」。
〔四〕販：原作「賑」，據《補編》頁六二八改。
〔五〕萬：原作「千」，據《中興小紀》卷三三改。

石，下界二十五萬石。所有三總領所合比倣措置，淮西總領所一十六萬五千碩，淮東總領所、湖廣等路總領所各一十五萬石。所置糴場，並不限數目收糴，兩平交易，不得收耗爲名，擅行增加斗面，致有阻遏。仍令逐路轉運司嚴行約束，如敢違戾，按劾施行〔一〕。」從之。

同日，步軍副都總管〔二〕、鎮江府駐劄御前諸軍都[28]統制王勝言：「昨於紹興三年間，軍馬在鎮江府駐劄日年計馬草，並係兩浙轉運司應付。後因移軍楚州，緣淮南州縣纔經兵火，民力凋弊，兩浙路遠，漕司一時申明，支給和買價錢，權令軍中自行計置。今來淮南數年豐熟，比之日前，已見就緒。兼係出草去處，若民間就便收刈，不爲勞力。伏望依別路軍馬體例，令兩浙、淮南運司自來年均認軍中六分馬草施行。」從之。

十九年六月二十四日，詔：「兩浙路應管天荒、逃絶田土，已措置作營田耕種，隨鄉村土色紐立租課。內已有二稅田畝，豁出令人户自行送納外，將餘剩租課折納大麥、稻子。如上等田合納租課二斗，其田元有二稅一斗，於課租內除豁一斗與佃户自行送納稅外，其餘一斗折納馬料。如收到二麥、穀、豆等，委縣尉撮見將收到數目，除出長生稻子外，官與客户中半分收，內官得大麥、稻子，樁充行在馬料支遣。」

二十二年三月十四日，宰執進呈殿中侍御史林大鼐言：「恭維陛下惠養元元，如護赤子，蠲減之詔，無時不下，誠堯舜用心，而寔惠猶有未被者，守令之罪也。賦於民者不踰祖宗之舊，不得已而斂之，則有降本錢焉。比糴馬穀，則以香引錢爲糴本，既爲有司互用，民亦不敢觖望，第輸納溢所抛之數太多〔三〕。如江陰小壘，視苗抛降，苗不及七萬石，漕司抛下馬料才三萬三千石，計今所輸之數，不啻十萬石。萬一窮治其事，不過以爲事循前例，當時創例作俑者官已離任，吏已死徙〔四〕，罪責不我及焉。故州[29]縣得以安而行之，寬恤之文，爲牆壁具爾。乞降詔誠諭，申飭守令，令監司密切覺察，自約束後有敢如前違法科斂，將創意循例者究治同坐。」詔令户部行下，據寔數收糴馬料，不得踰額。

二十三年八月九日，草料場言：「行在歲用馬草，伏望下兩浙轉運司收買。除兑買三司并南蕩〔五〕、餘杭兩監食不盡草外，餘數令本司差人往出産州軍收買，於經總制錢內支撥價錢。」從之。

二十四年八月二十四日，司農寺言：「行在騾馬歲計

〔一〕劾：原作「刻」，據《補編》頁六二八改。
〔二〕副：原作「付」，據《補編》頁六二八改。
〔三〕自「既爲」至「太多」二十二字：原無，據《建炎要録》卷一六三補。
〔四〕徙：原作「徒」，據《建炎要録》卷一六三改。
〔五〕南蕩：原作「南塘」，據《補編》頁六二九改。《宋史》卷一九八《兵制》一二：「（紹興）四年，置（馬）監臨安之餘杭及南蕩。」是也。

合用馬草，依年例陌行約度申明〔一〕，支降價錢收買，應副支用〔二〕。今來民間將欲收成，其歲計合用馬草，若不預行申乞抛買，竊慮臨時難以施行。申省部，乞申明朝廷支降，欲令兩浙轉運司依例於買草州縣預行樁辦。」從之。

二十六年七月十六日，上曰：「訪聞淮上米價甚平，民間絶難得錢。可令會問米價，官中若預收糴，民間得錢，亦兩便也。」

八月十四日，宰執進呈：淮南漕司開具到本路諸州縣米價，其間最賤處，每斗不下一百二三十文。上曰：「昨聞淮南路米價極賤，朕恐太賤則傷農，故欲乘時收糴以惠民。今具到米價如是，則未須急，候將來價減，每石亦不下一千，至時若户部無錢，朕當自支一百萬貫令收糴也。」沈該等曰：「陛下愛民之心如此，可謂至矣。」

二十八年九月十六日〔三〕，大理正章岵言：「荆湖今歲大稔，米升不過六七錢。漢世江南乏食，則下巴蜀之粟以賑之。望遣使於荆湖 30 措置糴米，不惟有益於荆湖之農，亦可以寬江浙民力。」户部契勘：「除荆湖北路總領所已承朝旨於鼎、澧、岳州及京西襄陽府、郢州取撥錢，收糴客販米斛一十五萬石充成兵歲用外，其湖南路今欲依所請支降本錢二十萬貫，專委轉運司選委有心力清强官，於本路豐熟沿流州縣置場招誘，措置收糴并客販米斛。」從之。其後侍御史葉義問言：「竊見已降指揮，支撥錢二十萬貫下湖南轉運司糴米，内於湖廣總領所大軍倉見管糴本錢内取撥八萬貫。此錢本是總領所遞年糴米支遣之數，不應更有餘剩。又令湖南轉運一面截留合應付總領所大軍米起發赴建康府，又欲遣使臣齎關子并乳香套三萬貫，令品搭支撥。若湖南州縣變賣艱難，無以取辦，定行科俵，望令户部別支見錢趁時收糴。」詔所撥錢二十萬貫並付湖北轉運司趁時收糴，數不足，具狀申尚書省。

二十九年五月四日，中書門下省奏：「兩浙州軍所樁四分糴本錢，係合以日生所收酒税等係省官錢，以十分爲率收樁起發。訪聞近來多是妄作名色，科之於民，顯屬違戾。」詔令轉運司覺察，州縣如輒敢科擾，按劾施行。許民户越訴，仍多出文榜曉諭〔四〕。

六月二十四日，中書舍人、兼樞密院都承旨洪遵言：「平江府、湖、秀州去年積潦之後，農民失所流離，今春蠶麥頗登，得以續食。州縣不能拊摩凋瘵，但知依例預將秋苗折科大麥，每 31 米一石，令民倍以麥輸。欲望令户部會計馬料見在寔數，當用幾何，只令合科借處如數敷折，須以苗一石折麥一石五斗。」詔令户部看詳。其後户部言：「湖、秀州、平江府苗米折納馬料，係指擬應付行在大軍。今欲將已納在官之數以苗米一石，折納大麥一石五斗，其多折

〔一〕陌：疑當作「預」。
〔二〕副：原作「付」，據《補編》頁六二九改。
〔三〕九月十六日：《建炎要録》卷一八〇繫於十月六日。
〔四〕仍：原無，據《補編》頁六二九補。

納過苗米，出給憑由，理充將來合納苗税。餘未足數，日下住行折納，從本部照應年例合用價錢，科撥寔有窠名，令兩浙轉運司先次委官收糴，應付使用，不得抑勒搔擾。所有其餘合起馬料，並候秋成，依元數折納稻子。」從之。

閏六月五日，户部言：「今來秋成不遠，欲預行措置儲蓄收糴，以爲賑貸之備。今欲科降本錢及取撥昨常平司賑糴到錢，令逐路轉運司選委清强官置場，或就客船興販到米斛，增價通融收糴。謂如市色每斗一百五十文，增作一百六十文之類。仍限三日將已均撥逐州軍專委知、通認數，如法樁管，旬具糴到米數，即仰逐路轉運司申取朝廷指揮，依數撥還。」從之。

八月二十七日，詔：「四川州郡自今凡有抛降和糴米應付他州者，不許輒科于民，專令逐路漕臣於秋成時，差委能吏往實出米處，一依市價置場，支本對行收糴。四川州軍錢物除合起發赴行在并鄂州總領司窠名外[一]，餘並聽從總領司支撥。」從右奉議郎司馬備之請也。

九月一日，户部言：「諸路諸軍營田所收斛斗，內除撥馬料外，餘並糴錢赴激賞庫送納[二]。緣諸軍歲用 32 馬料數多，理合就撥支用，仍照市價計錢申户部，內樁管庫錢却以左藏庫錢撥還。所有小麥、雜豆并不通水路去處，依舊例糴買。」從之。

十月二十二日，司農少卿李澗言：「乞從利[三]、閬二州糴買官比附行在糴買官體例推賞。」户部勘當：「行在三倉、户部和糴場并淮西、淮東、湖廣三總領司收糴米斛，各有立定歲額。依已降指揮，數內行在和糴場監官每糴及五萬碩，監官雙員共減一年磨勘，許行分受，各合減半年磨勘；其三總領所糴場監官每糴及五萬碩，如係雙員，共減八箇月磨勘[四]，許行分受，各合減四箇月磨勘，獨員減四箇月磨勘。候全年收糴敷足額數，許通計并賞。若管幹不及全年遇替移者，據已糴米數紐計推賞。不及五萬碩，更不紐計推賞。今來所乞利、閬兩州糴買官比附行在體例推賞，竊見外路三總領所和糴場監官已有前項立定賞格外，今欲下四川總領所，將利、閬兩州糴買官收糴客人并軍食米如應副不缺[五]，每糴及五萬碩，比附三總領所監官已得指揮，候全年，據糴及米數紐計并賞。如管幹不及全年[六]，或任滿遇替移者，據已糴米數紐計推賞；不及五萬碩，更不推賞。」從之。

三十年五月九日，詔內藏庫降銀一十萬兩付户部，下兩浙轉運司趁時收糴馬料大麥。

九月四日，户部言：「外路諸大軍歲用馬料，契勘江

[一] 赴：原作「付」，據《補編》頁六三〇改。
[二] 糴：原作「羅」，據《補編》頁六三〇改。
[三] 從：疑當作「將」。
[四] 共：原作「各」，據《補編》頁六三〇改。
[五] 副：原作「付」，據《補編》頁六三〇改。
[六] 管：原脱，據上文文例補。

浙、湖南路見管和糴到米斛數多，欲令逐路轉運司於年額上供[33]米內折納馬料，仍將折納過上供米數却於和糴到米內依數撥還，起發赴合屬去處卸納。浙路合樁上供米八十五萬石，除年例折納料外，欲於內更以米一十萬碩折納馬料二十萬石赴平江、鎮江府，各一十萬碩。江東合樁上供米八十五萬石，除依年例折納料外，欲於內更以米八萬碩折納馬料一十六萬石，內一十萬碩赴建康府，四萬碩赴池州，二萬石赴宣州。江西合樁上供米九十七萬碩，欲於內以米八萬石折納馬料一十六萬石，內一十萬碩赴鄂州，六萬石赴荆南。已上折納馬料，各委逐路總領官拘催，令行樁管。」從之。

三十一年二月五日，詔湖北轉運判官施垓、王趯率先收糴米二十五萬碩，各減二年磨勘。

十月三日，臣僚奏：「方今秋成之時，粒米狼戾，理宜儲蓄。況數百萬之衆屯于邊（郵）〔陲〕，日張口以待哺，不廣爲之備，可乎？伏望先於兩浙、江南東、西、福建路逐州各給度牒一十道出賣，仍各給右迪功郎告一道，勸諭轉變錢物，趁時依市價收糴米斛，附綱起發，以助軍須。度牒一道，納錢五百貫省；告一道，納錢一萬貫省，與免試注官，理爲官户，依奏薦體例，更不改易。度牒及告於本州書填給付。如欲以米準錢，悉從其便。或有山險、非沿流、不出米州軍，仰以錢或置輕齎到户部委官交納，却於出米州軍收糴。如係小軍壘，內減度牒三道；若帥府，外增度牒三道，更增給右迪功郎告一[34]道。」户部、司農寺勘會：「內外用度牒糧斛萬數浩瀚，節次措置〔一〕，承降指揮支降本錢，令江浙、荆湖、淮南路轉運司選委清强官置場，或就客船興販到米斛收糴晚禾米添助支用〔二〕。承今年二月二十五日指揮，製造度牒，每道立定價錢五百貫，綾紙錢一十貫。及承今年六月四日指揮，立定江、浙、荆、湖路中賣米斛，不願請領價錢願補官資之人，內迪功郎八千貫。今來臣僚所陳迪功郎，乞與免試注官，理爲官户，依奏薦例作一萬貫。本寺今欲令吏、禮部取見逐路州軍帥府合給空名度牒并右迪功郎告下兩浙、江東、西、福建路轉運司，將今來所降度牒，并官告拘收，責令逐州軍府知、通勸諭請買書填，轉變錢物，即不得抑勒搔擾。今來所降度牒官告除兩浙路外，其餘路分令吏部每路各差短使小使臣管押前去轉運司交割。」從之。

三十二年五月六日，詔：「兩淮麥已成熟，合行措置收糴，令淮南轉運司委官置場，趁時收糴，每路各五萬石，於近裏州軍樁管，聽候朝廷指揮。其合用錢，仰淮東、西總領所於獻助錢內各先次支錢二萬貫。如不足，於度牒錢內貼支。餘數續行申乞支降。」從三省請也。以上《中興會要》。

紹興三十二年七月二十七日，孝宗即位未改元。江淮東西

〔一〕節：原作「即」，據《補編》頁六三一改。
〔二〕客：原作「各」，據《補編》頁六三一改。

路宣撫使張浚言：「面奉聖訓，令措置收糴米斛。目今江浙豐稔，宜趁時措置，所有糴本，乞從御前支降。所糴米斛，全賴差出使臣及所委官趁時35措置。如能用心收糴，每及一萬碩，與減一年磨勘。内有作過及不能究心職事之人，取旨責罰。」詔令内庫支降銀三十萬兩，餘並依。

孝宗隆興元年七月二十五日，户部言：「内外不住添屯軍馬，合用糧斛比舊增廣萬數浩瀚。今來秋成不遠，理宜措置收糴，添助支用。今且以每石作二貫文，除湖北、京西路就用去處已降本錢外，欲科降去年和糴米支使不盡本錢并支降度牒、見錢、關子等，(今)〔令〕逐路轉運司拘收，照應市價低賤去處，依時價盡本通融收糴好米。欲浙西路糴四十萬碩，支降本錢八十萬貫，糴到米除撥付淮東總領所補湊樁積米一百萬石數外，餘並赴平江府、鎮江、常州安頓。江東路糴三十萬石，支降本錢六十萬貫，糴到米除撥赴淮西總領所補湊樁積米一百萬碩數外，餘並赴建康、太平州、池州安頓。江西路糴二十萬碩，支降本錢四十萬貫，糴到米並赴江州安頓。湖南路糴一十萬石，支降本錢二十萬貫，其糴到米並赴鄂州、岳州安頓。所有湖北、京西兩路糴米〔一〕，更不支降本錢，止令逐路漕司將去歲支降本錢，趁今歲秋成盡數收糴。湖北米分撥五萬碩赴德安府樁管，餘並赴荆南府安頓，京西米均撥赴郢州、襄陽府安頓。所有今來逐路糴米約束事件，並依紹興二十九年閏六月四日已降指揮。」從之。

八月一日，臣僚言：「昨降指揮，支給關子一百萬貫，前去兩淮置場收糴米36斛，臣竊以謂不可。方今兩淮正是防守之地，官中方委建康、鎮江般運糧食應付屯戍，豈有却行過江收糴之理？兩浙除權貴之家有積蓄米斛，民間安得有米寬剩？若置場收糴，則兩淮米價必至踴貴。臣近見臣僚陳請，乞令客莊之家鑒前歲之患，凡有米穀，令自行般運，無資盜糧。今欲過江收糴，乃是爲權貴之家省般運之費爾。欲望即賜寢罷，以安兩淮之民。」詔劄宣撫司照會。

九月十四日，户部言：「今年兩浙州軍田畝災傷數多，所用糧斛浩瀚，又有淮南添屯大軍，用度增廣。江西累歲豐熟，米價低平，乞收糴米一百萬石以備支使。合用本錢并起綱水脚、縻費錢，共約計二百萬貫，於左藏西庫樁管銀内支降四十萬兩，并下禮部給降空名度牒八百道，榷貨務印造三合同見錢關子三十五萬貫，差樞密院使臣五員管押前去，專委本路沿流州軍守臣置場和糴。限至今年十二月終，盡數起到鎮江府總領所樁管。」從之。

二年六月十四日，户部言：「内外添屯軍馬，合用糧斛比舊增廣萬數浩瀚，緣諸路合發上供米斛，所入不償所費，每年支降本錢，令逐路轉運司和糴米斛補湊支遣。所有江東、西、湖南路乞先次支降本錢，令逐路轉運司拘收，轉變

〔一〕京西：原作「荆南」，據下文改。

見錢樁管。候秋成日，委官置場，或就官般興販到米斛，依時價收糴。所降度牒，乞每道減價作三百一十二貫出賣。仍乞逐路轉運司嚴行約束州[37]縣，不得妄有科率。如有違戾，仰本司覺察，按劾施行。」從之。

八月三日，詔支降本錢三百四十萬五千貫，付逐路沿流州軍守臣置場，別項和糴米一百五十萬石。户部言：「去歲江西已承指揮和糴米一百萬石，今歲若更行收糴一百五十萬石，竊慮數目稍多，艱於收糴，及難以起發。今相度，欲止依去年例，支降本錢和糴米一百萬石。乞依年例下隆興府、吉州、筠州、江州、撫州、臨江軍、贛州、建昌軍收糴，並限來年二月終一切了畢，起發赴淮東總領所送納〔一〕。兼契勘去年所糴米斛，守臣多不用心自行措置，止是分抛下諸縣，又將給去本錢侵移，不盡數支還，以致搔擾，不能如期辦集。今欲委守、倅協力同共措置，將蓄積有米之家不拘官户、編户，勸諭收糴。如不及所糴數目，即却將本州隨苗、水脚、頭子等錢，令人户依估定價將米折納，却將所給去會子兑還隨苗、水脚等錢，仍更委自守、倅隨宜措置。若限内收糴裝發了足，守、倅優與推賞；若有弛慢，取旨黜責。一、今來降去糴本，委自守、倅令作庫眼拘收，如外縣赴州地遠，願就縣支請，即不得分給下縣。如遇人户納米交量訖，不以早晚赴州支請，即於本縣應有管窠名錢内先次支給，却將降去糴本錢數理還。並仰即時給付，如有阻節減落，許行越訴。」從之。

同日，户部言：「外路諸軍歲用馬料，依年例於上供米内以米二十萬五千石折納馬料四十五萬[38]石。緣今歲浙西、江東田畝水傷，所有隆興二年分合折納馬料更不折納。今欲每石且以一貫文省，共支降本錢三十萬貫〔二〕，令兩浙、江東、西路轉運司分撥于沿流出産州軍置場，以市價趁時收糴，專委知、通認數，如法樁管，不得擅行侵用。」從之。

十二日，户部言：「今歲田畝多有水傷去處，其内外大軍合用糧食數目浩瀚，本部已申降到本錢，令江西沿流州軍別項和糴米斛。竊慮尚有不足，今措置，欲下兩浙、江東路州軍委自守臣，將本州應管人户不以官户、富民，取索户下田畝通諸縣及一萬畝，即出糴三千碩。如田畝有餘數，即紐計出糴。仍仰逐州軍守臣子細取索，不得將田畝及數之家容隱蓋庇，及將數目不及之家抑勒搔擾。具市價申朝廷，給降官會子支還。其糴到米別項樁管，聽候朝廷科撥起發。其水脚錢量度遠近支降。」從之。繼而臣僚言：「已降指揮，人户有田萬畝，糴米三千碩，此指揮止謂一户有萬畝者，不曾及下户也。緣今來所行指揮混稱通及萬畝，令糴三千碩，竊慮州縣胥吏因而搔擾下民。今乞於所降指揮内添改作『不以官户、富民，每一户下通諸縣所有田及一萬畝』，仍乞改三千碩作二千五百碩，庶幾易辦。」從之。

〔一〕赴：原作「付」，據《補編》頁六三一改。
〔二〕共：原作「供」，據《補編》頁六三二改。

十月十四日，侍御史尹穡言：「比年以前〔一〕，禾穀豐熟，苗税别無減放，其上供米綱亦皆依時起發，猶且逐界省倉各置糴場，坐倉收糴。户部又别置和糴場，糴至五39六十萬碩，歲計僅足。近緣今夏及秋，雨水爲災，浙西州縣多損民田，而江東圩田亦因水衝蕩，少有存者，其兩路所納苗米除減放外，必不及分數。雖已科下江西，依去年和糴一百萬碩，而隆興府號爲帥府，其守臣日有申陳，乞免收糴。且稱除給到糴本外，陪補錢數甚多，無從出辦。其餘州軍例皆推托控免。竊慮將來所糴之數未必齊足，外路和糴已非去歲之比，若省倉糴場又闕本錢收糴，則軍儲吏俸，其何以支？自來緣糴米並係司農寺主管，今已除張宗元充少卿，乞將省倉諸界并户部和糴場責付宗元專一措置收糴。」從之。（以上《永樂大典》卷一一五九七）

市糴糧草 三

【宋會要】40乾道元年正月十一日，詔知吉州葛立象措置和糴米三十萬碩，職事修舉，特轉一官。立象言：「吉州守臣和糴米三十萬碩，除已起發外，用過水脚、縻費一十七萬三千二百七十餘貫，兵稍食米八百九十餘碩，並係本州節省用度，專一樁充上件起綱支遣，職事脩舉。」故有是命。

二十日，司農少卿張宗元言：「竊見輦轂之下，供饋至廣，歲用糧一百五十餘萬碩，雖全仰兩浙苗米，然所得不過八十餘萬碩，其餘七十餘萬碩盡係坐倉收糴及和糴客人米斛。近蒙朝廷專委措置收糴，至今方糴得坐倉并倉米共一十八萬碩，比之去歲，猶少一十萬碩。自今米價愈高，縱本錢比常年足備，猶慮浙中將來米穀數少，收糴不足。乞下户部以大農一歲經常之費，將諸倉見在米及已撥定諸路合發綱運，會約尚欠之數，却取今歲諸路泛抛和糴應副江上諸軍之餘，令裝發三四十萬碩赴行在。其諸倉收到糴本錢，止糴坐倉米斛，湊足一歲之用，若有餘，則令項樁積，以增儲蓄，庶免收糴客米，重費糴本。」詔江西轉運司於已科合赴淮西總領所交納隆興二年上供米内，改撥三十萬碩前來行在送納。所有省倉并户部糴場合糴米斛，司農寺更切多方措置，廣數收糴，相兼應副支遣。

二月二十五日，司農少卿張宗元言：「今歲米價，比之常年增加兩倍以41上，兼浙西自此以後，米穀日少，必艱糴及遞年之數。欲於淮西總領所寄糴客米一十萬碩，以補歲用。」詔淮西總領所委官置場和糴米一十萬碩。所有本錢，欲從朝廷支降，仍仰每旬開具糴到米數、用過本錢，申朝廷照會。

七月十日，兩浙運判姜詵言：「本司每年户部科撥殿前、馬、步三司并御馬、良馬、騏驥院并餘杭、南蕩兩監馬

〔一〕前：疑當作「來」。

草，合用本錢，承紹興三十一年四月二十九日指揮〔一〕，取撥殿前司獻納酒坊息錢充本。所有乾道元年合用馬草錢，乞依已降指揮，取撥酒坊息錢或科撥實有窠名錢應副支遣。」詔今年馬草合用本錢，從户部取見的實錢數，於三衙酒坊息錢，内殿前司四分，馬、步軍司各三分，徑自取撥充本收買，却將本司今年合收樁移用錢三十萬貫，除朝廷科撥支使外，餘數盡行起發，赴左藏南庫送納樁管。

十二日，户部言：「内外大軍等合用糧米萬數浩瀚，今歲浙西州軍早禾豐熟，秋成有望。欲下兩浙轉運司於浙西州軍别糴米五十萬碩，起赴行在省倉，令項樁管。所有本錢乞於浙西逐州軍見賣度牒錢内就便截撥九十二萬二千貫，其餘缺錢，乞令禮部給降度牒，下兩浙轉運司拘撥出賣，湊數充本。」從之。

八月十七日，臣僚言：「訪聞去歲江西、湖外和糴〔二〕，其弊非一，不問家之有無，例以税錢均敷，無異二税。此一弊也。州縣各以水脚、耗折爲名，收耗米什之二三。此二弊也。公吏斗脚，百方乞覓，量米則有使用，請錢則有縻費。此三弊也。官以關會償價，許之 42 還以輸官，然所在往往折價，至於輸官，則不肯受。此四弊也。苟四弊不去，欲民之不病，其可得邪？乞詔有司申嚴法禁，力革前之四弊。仍令州縣各隨其時價之貴賤，鄉土之有無低昂而損益之。明與支降水脚之費，俾之勿得收耗；通行使用關會之類，俾之無所阻節。且命逐路漕臣時督察之，則人皆樂輸，官亦易辦，上下皆得其利矣。」詔逐路委漕臣并提舉常平官往來巡按，務盡和糴之意，以革四弊。如安坐不恤，奉行簡慢，必罰無赦，以俟遣使按實。

十月十一日，執政進呈司馬伋奏乞增價和糴及禁止加量〔三〕、不收縻費事。上曰：「此事只在得人，若增添價直，却恐又有情弊。」

十三日，執政進呈江東常平司見在錢米數。上曰：「可行下諸路，催促趁時收糴，仍不得搔擾，准備不測差官前去點檢。」上又曰：「聞江西米價甚平。」洪适奏曰：「官司所以不肯承當收糴者，只緣水脚甚有所費。」上曰：「用軍中車船如何？」适奏曰：「恐亦可用，容更商議奏陳。」

二年正月二十八日，宰執進呈陳敏乞收糴客人興販米斛，并樁留帥司和糴米應副本軍支遣。上曰：「客人販米，豈可强糴〔四〕？帥司和糴米可樁留，不得擅自支動。」

二月十三日，淮南轉運判官韓元龍奏：「淮東路逐年收買鎮江諸軍一半本色馬草二十五萬束，赴鎮江府北草場交納，所用本錢，每束一百文省，計錢二萬五千貫文，係兩(淅)〔浙〕轉運司分下兩(淅)〔浙〕州軍支撥應副。本 43 司照

〔一〕紹：原作「詔」，據《補編》頁六三三改。
〔二〕天頭原批：「『外』疑『北』。」按，《補編》頁六三三、《宋史全文》卷二四下均作「外」，不誤，「湖外」指湖南。
〔三〕伋：原作「仍」，據《補編》頁六三三改。
〔四〕强：原作「疆」，據《補編》頁六三三改。

應，本路所買馬草，係是茭草，八、九月内收刈，十月始乾。裝發之間，潮水不應，隔江阻閘，艱於津發。若不别行措置，竊慮遲滯，有悮支遣。欲於瓜洲鎮置場交受，令鎮江府諸軍用船過江前來就支，止是一水，委是快便。其監官令瓜洲監鎮或監閘，巡檢兼管，及本司依先降指揮别差官一員同共收納，就用鎮江府北草場合干人兼行管幹，更不别置官吏。」從之。

四月四日，執政進呈王炎等乞住罷和糴米。上曰：「已糴到若干？」汪澈等奏曰：「糴四十一萬斛。」上曰：「聞近日民間已闕食，米價必增。可依住糴，無至益增其價。」

五月十八日，詔：「户部别降本錢一百萬貫，以錢、銀、會子品搭支給，選委清强官一員〔一〕，就和糴場照應市價措置，招誘客人廣行中糴，當官支給價錢，不得減尅作弊。其糴到米，令項如法椿管。仍逐旬具申尚書省〔二〕。」

六月二十六日，中書舍人王曮、起居舍人陳良祐言：「准御封付下看詳文字，爲臣僚言：和糴之弊，臣不避鈇鉞之誅，爲陛下悉言之。夫和糴之法，古亦有之，而今日之害獨及於民者，守令之罪也。何則？上之所以和糴於民者，不過備國之或闕爾〔三〕，今朝廷抛降和糴雖有定數，而州縣額外所科倍之矣。朝廷降糴本於州縣〔四〕，而州縣虧減，十不支一二矣。名爲和糴，而朝夕誅求於叫呼捶楚之間。郡守、縣令爲陛下牧民，此豈不傷天之和氣而致陰陽之乖戾哉！若以爲國不可無三年之蓄，44而和糴必不可罷，則不若令州縣各置一場，州委司户、縣委主簿兼掌之。秋成之際，開場收糴，少增時價以誘致之。俾轉運司嚴立約束，必使無斛面之增，無乞取之弊，米到酬直，畧無艱阻。且散榜鄉村市鎮，重行禁止豪户之收糴，則貧民下户願出米而得錢者，皆欣然而來矣。若朝廷所降糴本止於官告、度牒之屬，當先期降付，使之變轉，至開場日，便得本錢。如是，則和糴雖未嘗罷，而有罷之之實，其爲公私之利，豈不博哉！乞申嚴見行條法，令諸路監司覺察。」從之。

七月一日，户部侍郎方滋言：「今年川廣置發到馬數倍多，已分撥殿前、馬、步軍司收管養餵，除舊管馬草自有歲計，今新馬約度缺少草數浩翰，理合别項計置。乞令淮南轉運司兑那本錢，分委官屬，就揚州揚子橋、瓜洲共買五十萬束，和州及裕溪口共買五十萬束，照應市價收買，不得科敷。」從之。

二十五日，詔：「户部給降茶鹽鈔引五十萬貫，付湖廣總領所，量州軍事力均撥，招誘客人請買，置場糴米。其糴到米，專委守臣認數椿管。其約束事件，令户部檢坐前後指揮行下。」以監行在省倉下界，兼監户部和糴場鄭人傑

〔一〕强：原作「疆」，據《補編》頁六三三改。
〔二〕旬：原作「甸」，據《補編》頁六三三改。
〔三〕闕：原作「關」，據《補編》頁六三三改。
〔四〕降：原作「隆」，據《補編》頁六三三改。

言：「年來豐熟，米價低平，荆門、襄陽、郢州之米每碩不過一千，所出亦多。荆南〔一〕、沙市、鄂州管下舟車輻輳，米價亦不過兩千，諸州皆有倉廒，可以盛貯。欲望朝廷措置，抛降鹽鈔下荆門軍、鄂州、荆南、襄陽等處，曉諭客人承 45 買。彼得以徑去支請〔二〕，此得以變易錢本，專委逐州通判置場收糴。」故有是命。

三年六月三日，金房開達州都統制司言：「本司所部軍馬，每月合支糧料，並係四川總領所逐年立爲定額，借數料本錢付金州和糴，按月支遣。昨來本州屢經殘破，艱於糴買，軍糧不接，不免兑那金州歲計軍糧及取撥常平等諸司斛㪷，差夫顧船，水陸般運。又官破口食，倍有所費，實非久計。望下四川總領所，依興元府、洋州體例，差官前來金州置場，委官措置糴買。如上件樁積斛斗日後未有支使，即乞依便於金州夏、秋兩税糴軍糧内對換，以新易陳，先次兑樁。」詔禮部給降度牒三百道赴四川總領所，專委官前去本州措置收糴米斛。

七月二十三日，詔：「見創蓋二百萬碩倉敖，所有合儲積米斛，候將來秋成，收糴八十七萬碩並係約度歲計支遣外，充新倉樁辦之數。」户部侍郎曾懷開具下項：「一、欲候秋成，委行在和糴場就新倉收糴米三十萬碩。一、乾道三年，委逐路轉運司糴米一百萬碩，欲於内措留六十萬碩充内外大軍歲計外，餘四十萬碩起赴行在新倉送納。一、今歲豐稔，米價低小，欲令漕臣收糴米一十五萬碩前來行在新倉交納。一、乾道元年，降本委江東轉運沈樞收糴米斛，除已糴到外，尚有見在本錢可以糴米二萬餘碩，乞收糴赴行在新倉送納。以上共計八十七萬碩，並係新倉樁積之數。」從之。

閏七 46 月二十八日，敷文閣直學士、左朝散郎劉珙言：「和糴之弊，湖南、江西爲尤甚，朝廷知其害，故嘗下蠲免之令矣，遠方之民，舉手相賀。曾未數月〔三〕，又復分抛。州縣既乏緡錢，將何置場收糴？民間關引無用，則與白着一同。每歲諸路綱運欠折，少以千計，多以萬計，取之於此，損之於彼。儻有以革綱運之弊，自可減和糴之數。欲望降詔鐫和糴之數〔四〕，絶白着之害，以裕民力。」從之。宰執進呈劉珙劄子〔五〕，及進呈江西、湖南常平米數，上曰：「可於江西取十萬、湖南五萬，以充和糴之數，令兩路繳回元給降關子，庶幾不致科擾百姓，爲一方害也。」

八月十三日，户部侍郎曾懷等言：「兩淮今歲豐熟，可以就便和糴。欲乞於揚州、高郵軍、和州并六合、巢縣，令逐處守臣、縣令措置置場，趁此秋成，依市價各和糴米三萬

〔一〕荆南：原作「荆門」。按上文已有荆門，不應重出，據下文，當作「荆南」，即荆南府。
〔二〕彼：原作「被」，據《補編》頁六三四改。
〔三〕未：原作「米」，據《補編》頁六三四改。
〔四〕鐫：原作「儁」，據《補編》頁六三四改。
〔五〕劉：原作「列」，據《補編》頁六三四改。

碩，共十五萬碩，就逐處樁管，即不得科抑、減尅搔擾。所有本錢，於建康、鎮江府糴常平米見在本錢支撥三十萬貫，如有不足錢數，即於淮東茶鹽司合發今年寬剩鹽本錢内湊數支撥，令逐州守臣、縣令盡本收糴。」從之。

九月二十四日，臣僚言：「伏見前月以來，天作淫雨，江、淮、（淅）〔浙〕、閩，皆被其害。陛下憂軫百姓，夜不遑寐，祈天禱神，罄竭情悃，故能銷去積陰，轉禍爲福。然稻穗之在田未刈者，經此巨浸，已同腐草，高田雖無甚損，亦多芽蘖，菽粟胡麻，或恐絶望。然則今歲通諸路計之，不得以爲豐年明矣。乞詔户部將已拋[47]下和糴米斛之數，更議撙節。如果不可減，則乞行下逐路轉運司，令約束州郡，只得以官錢措置，坐倉收糴，無得强配於民〔一〕。」從之。

十一月二日，南郊赦：「昨降指揮，兩（淅）〔浙〕、江東路州軍人户有田一萬畝，出糴和糴米二千五百碩，未納米數，已降指揮並與除放。所有八千畝以上合出糴和糴米一千五百碩，未有該載，可令漕臣將（末）〔未〕拘收合出糴米數並與除放〔二〕。」

同日，南郊赦：「今歲拋下諸路州縣和糴米斛〔三〕，已降指揮，令轉運司措置收糴，毋得抑配。其間災傷去處，隨輕重減除數目，更不均下他處收糴。」

十二月二日，詔：「户部支降三合同關子一十萬貫，應副湖廣總領所，量州軍事力均撥收糴。其已給降茶引二十五萬貫，仰本所相度，如委實變轉不行，即盡數繳納赴行在。」從本路總領鍾世明請也。

四年二月二十九日，高郵軍駐劄御前武鋒軍都統制、兼知高郵軍陳敏言：「沿江兩淮諸軍所有戰馬合收買草料，欲乞依三司則例行下所屬給錢，令諸軍自行收買。」詔令本路轉運司依年例應副。

五月三日，户部言：「朝廷每給降見錢、關子、末茶引、度牒、乳香、品搭錢銀，下江（淅）〔浙〕州軍和糴米斛，訪聞多不遵元降指揮置場和糴，却於民間科敷收糴，實爲搔擾，理合别行措置。今更不給降度牒、關引，欲改降新印會子，品搭錢銀，支降本錢一百二十五萬貫，每碩大約價錢二貫五伯文省，收糴五十萬碩。鎮江府一十[48]萬碩，計本錢二十五萬貫：會子一十四萬貫，銀五萬五千貫，見錢五萬五千貫。建康府二十萬石，計本錢五十萬貫：會子二十八萬貫，銀一十一萬貫〔四〕，見錢一十一萬貫。池州五萬碩，計本錢一十二萬五千貫：會子七萬貫，銀二萬七千五百貫，見錢二萬七千五百貫。隆興府一十五萬碩，計本錢三十七萬五千貫，且每碩作二貫五百文科降：緣本府米價比之其餘去

〔一〕强：原作「疆」，據《補編》頁六三四改。
〔二〕與：原作「依」，據《補編》頁六三四改。
〔三〕米斛：原倒，據本書食貨四一之四乙。
〔四〕一十一萬：原作「十萬」，據本書食貨四一之五補。若作「十萬」，則合計不足五十萬。

處低賤，仍將糴本使不盡錢認數樁管，准備充起米水脚支用〔一〕。會子二十一萬貫，銀八萬二千五百貫，見錢八萬二千五百貫。令逐處各委官一員置場收糴，仍每旬具糴到米數并用過本錢申三省國用司，下户部稽考施行。」從之。

八月十八日，詔：「兩（浙）〔浙〕轉運司於浙西州軍豐熟去處，共糴米四十萬碩，從本司元委逐州官置場，依市價收糴，並限十一月終數足。每糴及五萬碩，所委官與減二年磨勘。即不得因而科擾〔二〕。」

九月二日，隆興府言：「本府蒙撥降和糴米一十五萬碩，緣晚田收成粗了稅賦，年例糴買米斛惟仰客舟。今來上江贛、吉、袁、撫州、建昌軍亦自荒歉，少得客人般運，本府難以收糴，乞賜蠲免。」詔江西轉運司依隆興府所申，據前項所糴米一十五萬碩拘收本錢，均撥於本路豐熟州軍，專委守臣措置收糴。

五年七月二日，（大）〔太〕府少卿、總領淮西江東軍馬錢糧葉衡言：「今夏自二麥收成之後，米價日就減損，乞支降官會數百萬道付三 49 總領司趁時兑易錢銀，收糴米糧，以爲儲蓄之備。」詔令左藏南庫支降會子一百二十萬貫，均付三總領所，候秋成，收糴米斛，令項樁管，不得擅行支用。

六年正月十四日，户部尚書曾懷等言：「訪聞從來委官置場和糴米斛，多是被牙儈、公吏與中賣之人通同作弊，比之市直高擡價例，贏落官錢〔三〕。所委官恬不省察，或糴濕惡米斛，不耐久貯，因而腐爛，失陷官物。今來已降本錢，令浙西、江東、湖北和糴，竊慮循習前弊。欲下三總領所及兩浙、江東、湖北轉運司，嚴行約束所委官究心措置，趁時收糴乾好米斛。如敢依前作弊，仰具名奏劾，重寘典憲。」從之。

十七日，詔左藏南庫支降會子十二萬貫，均付兩淮總領所，差官置場收糴馬料十萬碩。

四月十五日，户部侍郎、江（浙）〔浙〕荆湖淮廣福建等路都大發運使史正志言：「户部去歲降本錢三百九十五萬餘貫，每斗約三百文省爲率，約糴米一百三十萬碩。今乞依例支降上件銀、會充本，即係户部今秋合降之數，從本司分撥豐熟州軍，隨市收糴。」詔於户部窠名錢内支撥一百四十萬貫充糴本使用。

五（日）〔月〕八日〔四〕，淮南路轉運判官胡昉言：「本路二麥苗稼豐茂，倍如常年，向去收成必廣。唯是水鄉低下去處無麥可收，兼民間闕錢，竊慮難於收糴。欲令逐州軍支降銀、會二二十萬貫，依市價收糴樁積，聽候朝廷科撥。或水鄉有闕食人户，於内賑借，候秋成日，却 50 令拘收米斛送納。」詔令發運司依所乞措置。

八月四日，中書門下言：「已降指揮，令兩浙轉運司收

〔一〕「緣本府」以下原作正文大字，據文意改爲小字。
〔二〕而：原脱，據《補編》頁六三五補。
〔三〕贏：原作「嬴」，據本書食貨四一之六改。
〔四〕五月：原作「五日」，據本書食貨四一之七改。

糴及取撥馬料共七十二萬三千餘碩，應副三衙等處乾道六年十月一日至乾道七年九月終一歲支遣，并收買馬草三百四十餘萬束，應副乾道七年一全年大軍支遣。今來正是收刈之時，自合廣行儲蓄。」詔令呂正己、胡昉分下豐熟州軍，專委官別行收糴馬料五十萬碩，馬草三百萬束。料以稻子、大麥，草以稻草、乾茭草〔一〕，相兼收買，就逐處沿流樁管。合用本錢，令左藏南庫支降。

十月八日，宗正少卿、兼權户部侍郎王佐言：「竊見行在日來街市米價增長，蓋緣官司和糴價數日增，竊慮日後愈見翔貴，有妨細民食用。今將納到綱運并見在米約度，可以支充乾道七年歲計使用，欲乞將省倉、坐倉并和糴場所糴客米並權行住糴，其糴本錢却行樁管，候米價稍平日依舊收糴。」詔户部出榜曉諭。

十二月十六日，中書門下言：「昨來江西、湖南路每歲各有和糴米數，近年兩浙州軍豐熟，權行住糴。今歲淮、(浙)〔浙〕間有水旱去處，恐悮來年歲計，理合措置，依舊收糴。欲令江西、湖南轉運司各行下所部州軍和糴米二十萬碩，降本錢三十萬貫，江西米起赴建康府總領所、湖南米起赴鄂州總領所樁管。仍逐旋具糴到米數及價錢、水脚錢申尚書省。」詔江西委龔茂良、湖南委司馬倬專一措置，於豐熟州軍收糴，不得搔擾闕誤。

二十一日，户部言：「兩(浙)〔浙〕州軍乾道六年分 51 有未起樁額降本錢一十七萬一千七百餘貫，內紹興府二萬七千七百七十餘貫，衢州五萬四百三十貫六百三十文，台州四萬六千二百八十貫，處州七千五百貫，明州三萬一千五百貫，秀州八千二百一十六貫七百四十八文。欲將逐州前項未起錢委兩(浙)〔浙〕漕司於豐熟去處置場，委官收糴米斛，前來豐儲倉送納。」從之。

七年二月九日，户部言：「昨承指揮，令兩(浙)〔浙〕轉運司分拋得熟州軍收糴馬料五十萬碩，於内起發四十萬碩赴建康府總領所。承今年正月二十一日指揮，權行住糴。近據本司申，已糴到二十三萬餘碩外，有未糴數多，若行住糴，竊慮有誤軍馬支用。秀州元糴一十萬五千碩，已糴三萬二百五十七碩七㪷，未糴七萬四千七百四十二碩三㪷；平江府元糴一十萬五千碩，已糴二萬九百七十碩三㪷，未糴計八萬四千二十九碩七㪷；常州元糴一十五萬碩〔二〕，已糴七萬六千五百九十碩五㪷一升，未糴七萬三千四百九碩四㪷九升〔三〕；江陰軍元糴四萬碩，已糴三萬碩，未糴一萬碩；鎮江府元糴一十萬碩，已糴七萬五千碩，未糴二萬五千碩。以上共五十萬碩，除一十萬碩就秀州樁管外，有四十萬碩並赴建康府總領所交納訖。」詔除秀州住糴外，餘依。

〔一〕「茭」下原有「人」字，據《補編》頁六三五刪。
〔二〕「州」原作「平」，「二十」原作「三十」，據本書食貨四一之八改。
〔三〕九：原作「九十」，據本書食貨四一之八刪。

五月十二日，權尚書吏部侍郎、兼侍讀王之奇言：「四川總領所和糴軍糧，通水運州軍本所自行和糴，水運所不通者和糴於民。又以[52]不足之數兑糴利路沿邊諸州税米，將有名無實之錢比折價值，虧損常賦，以至邊州空虛，官吏請俸、軍兵衣糧皆無以支給，不免誅求於民。常賦之外，又有此横斂，甚非實邊之策。乞行下總領所，應兑買諸州税米並行蠲免，令本所自行措畫，置場收糴。」從之。

十三日，中書門下言：「江、淮、兩(淛)〔浙〕、湖南北、京西州軍，今歲二麥豐熟，倍於常年，理合措置收糴大麥，樁充馬料支遣。欲依下項：淮東委徐子寅、(淛)〔浙〕西委胡堅常[一]，鎮江府於樁管朝廷會子内各支一十萬五千貫，收糴大麥各七萬碩。浙東委沈夏，提領南庫所支降會子一十萬九千貫，收糴大麥七萬碩。淮西委趙善俊，建康府於樁管朝廷會子内支一十萬五千貫，收糴大麥七萬碩。江東委張松元，降付淮西總領所兑換不盡第三界新會子内截留一十萬五千貫，收糴七萬碩。湖北、京西委呂游問，於元降赴鄂州兑換不盡第三界新會子内截留一十五萬貫，收糴大麥十萬碩。湖南委司馬倬，於元降付鄂州兑換不盡第三界新會子内截留一十二萬貫，收糴大麥八萬碩。」詔並依擬定，仍令依市價收糴。

八月十七日，宰執進呈兩(淛)〔浙〕漕臣糴樁積米，上因宣諭曰：「《洪範》八政，以食爲先，而世乃不言財穀。邦之有儲蓄，如人之有家計，欲不預辦，得乎？」梁克家奏曰：「儒者宜知體國，若以國事比家事，何所不辦？」

同日，淮東總領蔡洸言：「本所樁管米除取撥外，尚有米[53]一萬六千餘碩。雖近蒙指揮，令江西和糴米内取撥一十萬碩赴本所樁管，若無拖欠[二]，除綱運破耗外，通不滿十萬碩。乞科降官會本錢付所委官諸處置場，依時價收糴，同本所見樁米一處樁管。」詔令鎮江府於樁管朝廷會子内支撥四十萬貫，付蔡洸收糴二十萬碩，與見樁米一處樁管。

十一月十七日，大理正、兼權吏部郎官馬大同言：「被旨差措置拘催江東轉運司和糴米斛[三]。今條具下項：一、江東運司糴米本錢内度牒五百道，恐期限既迫，難以變轉，乞許將自令未賣度牒與換作官會子行用。一、緣江東轉運係在建康置司，其運使張維自合日下起發，往本路州軍措置收糴外，未審大同合與不合亦去前路州軍。欲令大同從便相度施行。一、所拘催和糴到米斛，候見成數，乞徑令本路轉運司隨所在和糴去處令項樁管。如有移易借用去處，依擅支封樁錢物法徒二年，不以覺舉、去官、赦降原減斷罪。」並從之。

八年六月二十一日，詔：「知江陰軍潘甸於本軍置場

[一] 胡堅常：原作「胡竪常」，據《補編》頁六三六改。
[二] 拖：原作「拕」，據《補編》頁六三六改。
[三] 催：原作「摧」，據《補編》頁六三六改。

和糴到米三萬碩，並係本軍自行收糴，不曾下縣。可特轉一官，與陞擢差遣。」

九月二十六日，詔：「胡元質依已降指揮收糴米一十萬碩，隨市價支還價錢，每三日一次具實直市價申三省、樞（蜜）〔密〕院。」

十月二十八日，權吏部尚書、兼提領左藏南庫張津言：「省倉下界係在閘外，水道疏通，客舡順便，自來收糴客米，多是本處置場。豐儲倉收 54 糴米斛已是多日，糴到米數目不多，竊恐過時。今欲乞於下界更置一場，委官收糴樁管。」從之。

十一月十一日〔一〕，詔：「浙西諸州軍今年和糴米斛共六十二萬碩，除秀州已糴米一十萬碩赴豐儲倉送納外，平江府取撥一十萬碩、常州一十二萬碩並起發赴淮東總領所大軍倉交納。令本府守臣與總領同共認數樁管，不得擅行支使。餘並盡數起發赴行在豐儲倉送納。」

十二月十三日，中書門下言：「湖廣總領所樁管米見在數目不多，訪聞江西、湖南及黃州、漢陽軍等處今歲豐稔，米價每碩不過一貫四百文，合措置收糴樁管。」詔令李安國取撥本所見樁管直使會子五十萬貫，委官於豐熟州軍置場，趁時收糴，並發赴鄂州，令守臣認數樁管。〔九年〕閏正月七日〔二〕，李安國言：「本所見今就鄂州置場收糴，下等大禾米每碩二貫七百省，係淮南併復州等處米；中等占米每碩二貫六百省，係鼎、澧州米；下等占米每碩二貫三百省，係淮南米。朝廷行下會子不無折閲，若用會子一貫四百文省得米一碩，以見錢紐筭，每升只計錢八文四分足。自舊即無上件價例，竊恐傳聞差誤，未敢擅便施行。」詔令李安國將昨取撥本所見樁管直使會子五十萬貫，照應在市實直，疾速盡本收糴。

二十六日〔三〕，詔：「兩（淅）〔浙〕、江東、西、淮東、湖北、京西路轉運司，淮東、西、湖廣總領所，將來年合收買諸軍經常馬草，並據遞年實認本色數目，各 55 於管屬路分州軍見樁朝廷草內先次取撥津發〔四〕，應副支用，却將本年內買到新草對數撥還，依舊樁管，不得違悞。月具已取撥并已、未撥還草數申尚書省。仍各劄下樁草州軍常切如法覆護，以新易陳，毋致腐爛，及先次開具見樁草數申尚書省。若將來差官點檢得有損壞去處〔五〕，即勒本州軍陪填，及將當職官吏取旨行遣。」

九年正月十一日，臣僚言：「省倉、豐儲倉等處收糴米斛有二，曰坐倉和糴，曰收糴客米。其收糴客米係户部專一置場招接，收糴客人販到米斛，每糴及十萬碩，監官二員

〔一〕十一日：《補編》頁六三六作「十二日」。
〔二〕九年：原脱，按閏正月在九年，因補。又按，以下事與上文相接，並非另一條，本處及《補編》頁六三七原稿均未分段，是也。
〔三〕按，此「二十六日」仍是八年十二月，並非九年閏正月之二十六日。
〔四〕取：原作「收」，據《補編》頁六三七改。
〔五〕來差：原倒，據《補編》頁六三七乙。

各減磨勘一年，猶謂賞太優厚。而所謂坐倉和糴者，乃收糴軍人食不盡米，每遇支散軍糧之日，户部輪委所轄釐務官諸倉受籌收糴。其米不曾出倉，而乃依收糴客米之例，至有一任之内減磨勘一二十年者，豈不僥濫？欲乞坐倉收糴軍人情願糴米者，更不推賞。」從之。

九月九日，詔：「秀州、平江府合委官置場，趁時和糴米五萬碩，知、通認數樁管，聽候朝廷指揮。限至年終，收糴數足。所有合用價錢，每碩約以二貫五百文省，令提領左藏南庫所以會子支降。」

十九日，知鎮江府黄鈞言：「准指揮[一]，踏逐本府及總領所近水次順便空閑倉敖及無用官舍，委官置場收糴米一十萬碩，就本處樁管。竊緣本府所産米穀不多，全仰淮南，上江客旅米斛接濟食用，若依市價招糴，恐傍近州縣必有客旅前來中糴，糴米一[56]十萬碩，約用敖屋五十餘間。尋差官踏逐，既無空廪，亦無官舍、寺觀可以指準，乞别措置施行。」從之。

二十一日，中書門下言：「詔令淮東、西總領所各委官置場，趁時依市價收糴五萬碩，就本所認數樁管，聽候朝廷指揮。所有合用本錢，内淮東總領所於鎮江府、淮西總領所於建康府見樁管朝廷會子内作料次取撥，每料不得過三萬貫。如逐處樁管會子數少，即疾速約度所少數目申乞支降。」

十一月十二日，知建康府事、充江南東路安撫使、兼行營留守洪遵言：「本府近被旨支撥樁管會子，置場糴米一十萬碩，限至十二月終數足。今來止糴到米二千八百餘碩，緣本府管下水旱相仍，災傷僅及五分，所收米穀，尚恐民間不足食用。雖有客販米斛，盡是秈禾小米，久遠不可貯儲。雖分頭差官往淮南收糴，其淮南州軍例皆禁止民間粳米不得下江，委是艱於收糴。」詔建康府止糴五萬碩，餘五萬碩令淮西漕臣措置收糴，於和州、無爲軍并巢縣樁管。以上《乾道會要》。（以上《永樂大典》卷一一五九八）

[一] 准：原作「淮」，據《補編》頁六三七改。

宋會要輯稿　食貨四一

和糴

【宋會要】**1**宋時市糴之名有三：和糴以見錢給之，博糴以他物給之，便糴則商賈以鈔引給之。太祖建隆中，河北穀賤，添價散糴，以惠貧民。自後諸道豐稔，必詔諸道漕司增價和糴。

【宋會要】**2**仁宗朝，以左藏三十萬應河北和糴之用。時韓琦論和糴價不高於市糴，何人肯糶與官？神宗嘗以六十萬充江淮和糴。

【宋會要】〔一〕

〔乾道三年〕七月二十三日，詔：「見創蓋二百萬碩倉敖，所有合儲積米斛，候將來秋成，收糴八十七萬碩並係約度歲計支遣外，充新倉樁辦之數。」户部侍郎曾懷開具下項：「一、欲候秋成，委行在和糴場就新倉收糴米三十萬碩。一、乾道三年，委逐路轉運司糴米一百萬碩，欲於内措留六十萬碩充内外大軍歲計外，餘四十萬碩起赴行在新倉送納。一、今歲豐稔，米價低小，欲令漕臣收糴米一十五萬碩前來行在新倉交納〔二〕。**3**一、乾道元年，降本委江東轉運沈樞收糴米斛，除已糴到外，尚有〔見〕在本錢可以糴米二萬餘石，乞收糴赴行在新倉送納。以上共計八十七萬石，並係新倉樁積之數。」從之。

閏七月二十八日，敷文閣直學士、左朝散郎劉珙言：「和糴之弊，湖南、江西爲尤甚，朝廷知其害，故嘗下蠲免之令矣〔三〕，遠方之民，舉手相賀。曾未數月，又復分拋。州**4**縣既乏緡錢，將何置場收糴？民間關子無用，則與白著一同。每歲諸路綱運欠折，少以千計，多以萬計，取之此，損之彼。儻有以革綱運之弊，自可減和糴之數。乞降詔鐫和糴之數，絶白著之害，以裕民力。」從之。宰執進呈劉珙劄子，及進呈江西、湖南常平米數，上曰：「可於江西取十萬、湖南五萬，以充和糴之數，令兩路繳回元給降關子，庶幾不致科擾百姓，爲一方害也。」

八月十三日，户部侍郎曾懷等言：「兩淮今歲豐熟，可

〔一〕按，原稿以下文字有重大錯簡與脱落。「宋會要」之後原有淳熙元年、二年共五條，其下接「一乾道三年」。經考，自食貨四一之三「一乾道元年」至食貨四一之九「難以變轉」約二千七百餘字實爲乾道三年至七年事，蓋《永樂大典》在抄録時，其前、後與中間皆有闕文，《大典》編者遂誤以爲淳熙間事，因而插編於淳熙二年與十一年諸條之間，造成人爲錯簡。今將淳熙元、二年五條移於後，乾道諸條移於前，其脱漏之文能補者則補之。乾道諸條大體與食貨四〇相同，但並非全同。

〔二〕按，原稿本條自本句「行」字以上脱，今據本書食貨四〇之四五補，並於條首添「乾道三年」四字。《宋會要》原文此條之前當尚有其他條文，但已無法復原。

〔三〕令：原作「今」，據本書食貨四〇之四五改。

以就便和糴。乞於揚州、高郵軍、和州并六合、巢縣，令逐處守臣、縣令措置置場，趁此秋成，依市價各和糴米三萬石，共一十五萬石，就逐處椿管，即不得科抑、減尅騷擾。所有本錢，于建康、鎮江府糴常平米見在本錢支撥三十萬貫，如有不足錢數，即於淮東茶鹽司合發今年寬剩鹽本錢内捧數支撥，令逐州守臣、縣令盡本收糴。」從之。

九月二十四日，臣僚言：「伏見前月以來，天作淫雨，江、浙、淮、閩皆被其害。陛下憂軫百姓，夜不遑寐，祈天禱神，罄竭情懇，故能銷去積陰，轉禍爲福。然稻穗之在田未刈者，經此巨浸〔一〕，已同腐草，高田雖無甚損，亦多芽蘖，菽粟稷麻，或成絶望。然則今歲通諸路計之，不得以爲豐年明矣。乞詔户部將已拋下和糴米斛之數，更議撙節。如果不可減〔二〕，則乞行下逐路轉運司，令約束州郡，只得以官錢措置，坐倉收糴，無得彊配於民。」從之。

十一月二日，南郊赦：「昨降指5揮，兩浙、江東路州軍人户有田一萬畝，出糶和糴米二千五百石〔三〕，未納米數，已降指揮並與除放。所有八千畝以上合出糶和糴米一千五百石，未有該載，可令漕臣將未拘收合出糶米數並與除放。」同日，南郊赦：「今歲拋下諸路州縣和糴米斛，已降指揮，令轉運司措置收糴，毋得抑配。其間災傷去處，隨輕重減除數目，更不均下他處收糴〔四〕。」

十二月二日，詔：「户部支降三合同關子一十萬貫，應副湖廣總領所，量州軍事力均撥收糴。其已給降茶引二十五萬貫，仰本所相度，如委實變轉不行，即盡數繳納赴行在。」從本路總領鍾世明請也。

四年五月三日，户部言：「朝廷每給降見錢、關子、末茶引、度牒、乳香、品搭錢銀〔五〕，下江浙州軍和糴米斛，訪聞多不遵元降指揮置場和糴，却於民間科敷收糴，實爲騷擾，理合別行措置。今更不給降度牒、關引，欲改(除)〔降〕新印會子，品搭錢銀，支降本錢一百二十五萬貫，每石大約價錢二貫五百文省，收糴五十萬石。鎮江府一十萬石，計本錢二十五萬貫：會子一十四萬貫，銀五萬五千貫，見錢五萬五千貫。建康府二十萬石，計本錢五十萬貫：會子二十八萬貫，銀一十一萬貫，見錢一十一萬貫。池州五萬石，計本錢一十二萬五千貫〔六〕：會子七萬貫，銀二萬七千五百貫，見錢二萬七千五百貫。隆興府一十五萬石，計本錢三十七萬五千貫，且每石作二貫五百文科降：緣本府米價比之6其餘去處低賤，仍將糴本使不盡錢認數椿管〔七〕，准備充起米水脚支用。會子二十一萬貫，銀八萬二千五百貫，見錢八萬二千五百

〔一〕浸：原作「寖」，據本書食貨四〇之四六改。
〔二〕果：原作「粟」，據本書食貨四〇之四七改。
〔三〕和糴：原無，據本書食貨四〇之四七補。
〔四〕處：原脱，據本書食貨四〇之四七補。
〔五〕錢：原無，據本書食貨四〇之四七補。
〔六〕十二：原作「十一」，據本書食貨四〇之四八改。
〔七〕自此句「錢認數」至下文「九月二日」條「吉袁」：原脱，據本書食貨四〇之四八補。

貫。令逐處各委官一員置場收糴，仍每旬具糴到米數并用過本錢申三省國用司，下户部稽考施行。」從之。

八月十八日，詔：「兩浙轉運司於浙西州軍豐熟去處，共糴米四十萬碩，從本司元委逐州官置場，依市價收糴，並限十一月終數足。每糴及五萬碩，所委官與減二年磨勘，即不得因〔而〕科擾。」

九月二日，隆興府言：「本府蒙抛降和糴米一十五萬碩，緣晚田收成粗了税賦，年例糴買米斛惟仰客舟。今來上江贛、吉、袁、撫州、建昌軍亦自荒歉，少得客人般運〔一〕，本府難以收糴，乞賜蠲免。」詔江西轉運司依隆興府所申，據前項所糴米一十五萬石拘收本錢，均撥于本路豐熟州軍，專委守臣措置收糴。

五年七月二日，詔：「左藏南庫支降會子一百二十萬貫〔二〕，均付三總領所，候秋成，收糴米斛，另項樁管，不得擅行支用。」以太府少卿、總領淮西江東軍馬錢糧葉衡言：「今夏自二麥收成之後，米價日就減損，乞支降官會數百萬道，付三總領司趁時兑易錢銀，收糴米糧，以爲儲蓄之備。」故也。

六年正月十四日，户部尚書曾懷等言：「訪聞從來委官置場和糴米斛，多是被牙儈、公吏與中賣之人通同作弊，比之市直，高擡價例，贏落官錢〔三〕。所委官恬不省察，或糴濕惡米斛，不耐久貯，因而腐爛，失陷官物。今來已降本錢，令浙西、江東、湖北和糴，竊慮循習前弊，欲下三總領所及兩浙、江東、湖北轉運司，嚴行約束所委官究心措置，趁時收糴乾好米斛。如敢依前作弊，仰具名奏劾，重寘典憲。」從之。

十七日，詔左藏南庫支降會子十二萬貫，均付兩淮總領所，差官置場收糴馬料十萬石。

四月十五日，户部侍郎、江浙荆湖淮廣福建等路都大發運使史正志言〔四〕：「户部去歲降本錢三百九十五萬餘貫，每斗約三百文省爲率，約糴米一百三十萬石。今乞依例支降上件銀、會充本，即係户部今秋合降之數，7 從本司分抛豐熟州軍，隨市收糴。」詔於户部窠名錢内支撥錢一百四十萬貫充糴本使用。

五月八日，淮南路轉運判官胡昉言：「本路二麥苗稼豐茂，倍如常年，向去收成必廣，唯是水鄉低下去處無麥可收，兼民間闕錢，竊慮難于收糴。乞令逐州軍支降銀〔五〕、會三二十萬貫〔六〕，依市價收糴樁積，聽候朝廷科撥。或水鄉有闕食人户，于内賑借，候秋成日，却令拘收米斛送納。」詔令發運司依所乞措置。

〔一〕般：原作「船」，據本書食貨四〇之四八改。
〔二〕萬：原作「八」，據本書食貨四〇之四九改。
〔三〕落：原無，據本書食貨四〇之四九補。
〔四〕正：原作「止」，據本書食貨四〇之四九改。
〔五〕令：原作「今」，據本書食貨四〇之四九改。
〔六〕十：原脱，據本書食貨四〇之四九補。

十月八日，宗正少卿、兼權户部侍郎王佐言：「竊見行在日來街市米價增長，蓋緣官司和糴價數日增，竊慮日後愈見翔貴，有妨細民食用。今將納到綱運并見在米約度，可以支充乾道七年歲計使用。乞將省倉、坐倉并和糴場所糴客米並權行住糴，其糴本錢却行樁管，候米價稍平日依舊收糴。」詔户部出榜曉諭。

十二月十六日，詔：「江西委龔茂良、湖南委司馬倬專一措置，於豐熟州軍收糴，不得騷擾闕誤。」以中書門下省言：「昨來江西、湖南每歲各有和糴米數，近年兩浙州軍豐熟，權行住糴。今歲淮、浙間有水旱去處，恐誤來年歲計，理合措置，依舊收糴。欲令江西、湖南轉運司各行下所部州軍和糴米二十萬石，降本錢三十萬貫，江西米起赴建康府總領所，湖南米起赴鄂州總領所樁管，仍逐旋具糴到米數及價錢、水脚錢申尚書省。」

二十一日，户部言：「兩浙州軍乾道六年分有未起樁額降本錢一十七【8】萬一千七百餘貫，內紹興府二萬七千七百七十餘貫，衢州五萬四百三十貫六百三十文，台州四萬六千二百八十貫，處州七千五百貫，明州三萬一千五百貫，秀州八千二百一十六貫七百四十八文。乞將逐州前項未起發錢委兩浙漕司於豐熟去處置場，委官收糴米斛，前來豐儲倉送納。」從之。

七年二月九日，户部言：「昨承指揮，令兩浙轉運司分拋得熟州軍收糴馬料五十萬石〔一〕，於內起發四十萬石赴建康府總領所。承今年正月二十一日指揮，權行住糴。近據本司申，已糴到二十三萬餘石外，有未糴數多〔二〕，若行住糴，竊慮有悞軍馬支用。秀州元糴一十萬五千石，已糴三萬二百五十七石七斗，未糴七萬四千七百四十二石三斗；平江府元糴一十萬五千石，已糴二萬九百七十石三斗，未糴八萬四千二十九石七斗；常州元糴一十五萬石，已糴七萬六千五百九十石五斗一升〔三〕，未糴七萬三千四百九石四斗九升；江陰軍元糴四萬石，已糴三萬石，未糴一萬石；鎮江府元糴一十萬石，已糴七萬五千石，未糴二萬五千石。已上共五十萬石，除一十萬石就秀州樁管外，有四十萬石並赴建康府總領所送納。」詔除秀州住糴外，餘依。

五月十二日，權吏部侍郎、兼侍讀王之奇言：「四川總領所和糴軍糧，通水運州軍本所自行和糴，水運所不通者和糴於民。又以不足之數兑糴利路沿邊諸州稅米，將【9】有名無實之錢比折價直，虧損常賦，以至邊州空虛，官吏請俸、軍兵衣糧皆無以支給，不免誅求於民。常賦之外，又有此橫歛，甚非實邊之策。乞行下總領所，應兑買諸州稅米並行蠲免，令本所自行措畫，置場收糴。」從之。

〔一〕熟：原作「孰」，據本書食貨四〇之五一改。

〔二〕未：原脱，據本書食貨四〇之五一補。

〔三〕六千：原作「五千」，據本書食貨四〇之五一改。

十三日，中書門下省言：「江、淮、兩浙、湖南北、京西州軍今歲二麥豐熟，倍於常年，理合措置收糴大麥〔一〕，椿充馬料支遣。欲依下項：淮東委徐子寅、浙西委胡堅常，鎮江府於椿管朝廷會子内各支一十萬五千貫〔二〕，收糴大麥各七萬碩。浙東委沈夏，提領南庫所支降會子一十萬九千貫，收糴大麥七萬碩。淮西委趙善俊，建康府於椿管朝廷會子内支一十萬五千貫，收糴大麥七萬碩。江東委張松元，降付淮西總領所兑換不盡第三界新會子内截留一十萬五千貫，收糴七萬碩。湖北、京西委呂游問，於元降赴鄂州兑換不盡第三界新會子内截留一十五萬貫，收糴大麥十萬碩。湖南委司馬倬，於元降付鄂州兑換不盡第三界新會子内截留一十二萬貫，收糴大麥八萬碩。」詔並依擬定，仍令依市價收糴。

八月十七日，詔：「令鎮江府於椿管朝廷會子内支撥四十萬貫〔三〕，付蔡洸收糴二十萬石，與見椿米一處椿管。」以淮東總領蔡(洗)〔洸〕言：「本所椿管米除取撥外，尚有米一萬六千餘石。雖近蒙指揮，令江西和糴米内取撥一十萬石赴(部)〔本〕所椿管，若無拖欠，除綱運破耗外，通不滿十萬石。乞科降官會本錢付所委官諸處置場，依時價收糴，同本所見椿米一處椿管。」故有是命。

十〔一〕月十七日〔四〕，大理正、兼權吏部郎官馬大同言：「被旨差措置拘催江東轉運司和糴米斛。今條具下項：一、江東運司糴米本錢内度牒五百道，恐期限既迫，難以變轉，乞許將自今未賣度牒與換作官會子行用〔五〕。一、緣江東轉運係在建康置司，其運使張維自合日下起發，往本路州軍措置收糴外，未審大同合與不合亦去前路州軍。欲令大同從便相度施行。一、所拘催和糴到米斛，候見成數，乞徑令本路轉運司隨所在和糴去處令項椿管。如有移易借用去處，依擅支封椿錢物法徒二年，不以覺舉、去官、赦降原減斷罪。」並從之。

淳熙元年四月五日〔六〕，成都府路安撫使薛良朋言〔七〕：「近于嘉州、雅州、永康軍糴米寄廒，以備賑濟。緣近年諸司與州郡例多侵用，不以去官、赦降原減〔八〕。」從之。

七月十七日，户部言：「今幸歲豐，乞嚴戒諸路提舉常平官，將見管糴本并借撥閑慢窠名錢疾速盡數收糴，十日一具所糴之數奏聞。」從之。

十二月二十日，詔：「今歲江西路豐稔，今本路漕臣委

〔一〕大：原作「太」，據本書食貨四〇之五二改。
〔二〕自此句「鎮江府」至條末，原脱，據本書食貨四〇之五二補。
〔三〕「八月十七日詔令」七字原脱，又本句「四十」原作「四千」，據本書食貨四〇之五三補改。
〔四〕十一月：原作「十月」，據本書食貨四〇之五三、《補編》頁六三六補。
〔五〕按，自此句「乞許」以下至條末，原脱，據本書食貨四〇之五三補。
〔六〕以下淳熙元年、二年共五條原錯簡在食貨四一之三，今移此。
〔七〕良：原作「亮」，據《宋史》卷三四《孝宗紀》二改。
〔八〕「不以」前有脱文。

官於豐熟州軍置場，依市價收糴二十萬石，左藏南上庫支降本錢三十萬貫。其糴到米，令守臣認數椿管。」二年九月，又于左藏南上庫支降本錢，令江西糴二十萬石，湖南十五萬石。

二年十月二日，詔淮東總領錢良臣分委官於逐州府同職官一員置場收糴，秀州七萬五千石，湖州七萬五千石，平江府十萬石，起赴本所椿管，本錢於鎮江府椿管朝廷銀內支降。中書門下省言湖州、秀州、平江府今歲豐熟故也。

三十日，詔四川總領所將民間和糴米斛，常歲並依已立〔一〕。

「凶荒之年〔二〕，猶仰客舟興販二廣及浙西米前來出糶〔三〕，今歲二廣更旱，浙西米價亦自頓長，竊恐將來本路必至大段闕食。乞於沿海平江、鎮江等處朝廷封椿米內，支撥和糴米十萬石〔四〕，付泉、福、興化三州賑糶〔五〕，內泉、福州各四萬石〔六〕，興化軍二萬石〔七〕，令逐州自備舟船前去般取，依元和糴本錢價認還朝廷。」故有是命。

十一10月一日〔八〕，詔令本州將今來已糴米斛並認數以新易陳椿管〔九〕。以權發遣處州李處全言：「昨準本路提舉常平司給降下度牒四十道，官會二萬貫，遂行措置，召到童行將米博換度牒，及糴到米共一萬二千五百四十八石一斗，除賑濟過二千石七斗五升，糶過米四百四十一石七斗五升外，見管米一萬一百五十五石六斗。續將糶過米錢一千二百六十二貫一百四十三文，再糴到米四百三十五石二斗二升，每石價錢二貫九百文，共管一萬五百四十八石二升，椿管常平倉。」故有是命。

〔淳熙〕十二年正月二十八日〔一〇〕，詔令江陵府將已糴還米並拘就府倉，認數以新易陳椿管。以知江陵府趙雄言：「昨具奏取撥朝廷椿米于今歲春、夏賑糶府縣軍民（倉）〔食〕用，共糶過米七萬五千六百八十四石八斗八升三合，淳熙五年米每升一十九文，淳熙九年米每升二十三文，拘收到價錢一十六萬四千五百七十五貫五百三十三文。（從）〔後〕準指揮，候秋成糴還本府。今秋早（曉）〔晚〕稻收成，即日已依元糴過米數補糴到米七萬五千六百八十四石八斗

〔一〕「已立」下尚有脫文。

〔二〕「凶荒之年」前當有大段脫漏文字。今考《歷代名臣奏議》卷二四七，本節文字乃趙汝愚帥福建時奏議，而汝愚知福州在淳熙九年至十二年之間（見吳廷燮《南宋制撫年表》卷下）。又據《宋史全文》卷二七上載：淳熙十一年七月，「泉、福州、興化軍饑」，與本條所云賑糶泉、福、興化三州合，則此條似當爲淳熙十一年事。

〔三〕糶：原作「敗」，據《歷代名臣奏議》卷二四七改。

〔四〕十萬：原作「五百萬」，據《歷代名臣奏議》卷二四七改。

〔五〕三：原無，據《歷代名臣奏議》卷二四七補。

〔六〕四萬：原作「二萬」，據《歷代名臣奏議》卷二四七改。

〔七〕二萬：原作「一萬」，據《歷代名臣奏議》卷二四七改。

〔八〕按下文云「權發遣處州李處全」，考元劉大彬《茅山志》卷二三録李處全《茅山凝神菴記》，末題「淳熙十年九月朔，朝散大夫、新權發遣處州軍州事贊皇李處全記並書」，可知李處全知處州在淳熙十年，此條亦當爲淳熙十一年事。

〔九〕本州：據下文，似當作「處州」。

〔一〇〕淳熙：原無，參下文所述補。

八升三合，每石價錢不等，自一貫六百文至二貫五十文，共用過本錢一十四萬六百五十五貫三百九十四文。其米並據倉官并諸縣認數，如法樁頓。內諸縣米候春水生，即令起發赴府一處樁管外，有餘剩本錢二萬三千九百二十貫二百三十九文，約可糴米一萬二[11]千餘石，見今接續收糴。」

十三年二月六日，宰執進呈江陵府奏續糴樁管米，王淮等奏：「向者江陵府借米賑糶，已將錢二十六萬糴米，今又以餘錢糴到此米，又得以新易陳。」上曰：「(旦)〔且〕(赦)〔救〕了多少饑民，看來常平法豈不是好？」

五月二十八日，上謂王淮等：「聞總司糴米，皆散在諸處，萬一軍興，而屯駐處却無米，臨時綱運如何來得，豈不誤事？可便契勘，如要害屯軍去處有樁管米若干。大抵賑糶米可逐歲循環以備凶荒〔一〕，若是樁積米，須留要害屯軍所在，庶幾軍民皆有其備。」

七月二日，詔：「令趙汝誼於建康府務場見樁管減使關子窠名兑下會子內，先次取撥一十五萬貫，委官就采石倉措置，依在市時直糴米樁管。」以臣僚言：「伏見淮上州軍逐處皆有樁管米斛，建康、鎮江府大軍屯駐，又有總司錢糧，唯太平州采石鎮係沿江要害去處，去歲當塗圩田爲水所決，民間艱食，州郡必無贏餘可以儲備。訪聞淮上去秋成熟，淮人多有載米入浙中出糶不行。今來秋成在近，欲望先次支降本錢付總領所〔二〕，及時措置和糴，就采石倉收貯，誠爲利便。」故有是命。

八月三日，詔令司農寺將見在本錢疾速趁時依減定價直措置收糴。以司農寺言：「近承支降會子五萬貫收糴樁管馬料，已支二萬六百六十餘貫，糴料一萬四千四百三十餘石，見在錢二萬九千三百三十餘貫，可糴料二萬二千五百六十餘石。」故有[12]是命。

四日，右正言蔣繼周言：「朝廷和糴樁管米，頃年只就户部委差郎官或差司農寺官，及於諸倉倉官中選差有才幹者，糴數雖多，亦能了辦。近年差提領官，又置機察官三員，人吏、人從數十名，請給等費蓋亦不少。前年和糴八十萬石，雖能及數，而近日事覺，見送有司，去年所糴止及四十萬石。議者皆謂向來未曾別置官吏，而和糴不聞有闕；年來別置官吏，而和糴不聞有增，豈官吏既多，阻節亦衆，故客米不願售邪！又兼別置官吏，欺弊多端，糴畢罷去，誰任其責？乞檢照乾道、淳熙以來(前)累年差官體例，依舊施行。其續置官吏，乞今後更不別差。」從之。

六日，四川總領所言：「準淳熙十一年五月二十九日敕：知興元府張忞奏，金州洵陽、上津兩縣旱荒，民闕食，乞於安撫司買馬錢內支撥一萬貫應副收糴物斛。奉旨，令四川總領所措置增糴一萬石，就金州樁管。本所並已收糴數足，每石價錢七道，共計錢引七萬道，乞於宣撫司樁管窠

〔一〕糶：原作「糴」，據《文獻通考》卷二一改。

〔二〕「欲」原作「望」，「降」原作「將」，據《宋史全文》卷二七下改。

名錢內支撥。」從之。

二十五日，詔令封樁庫更支降會子五萬貫，接續收糴馬料樁管。「截日已糴過三萬三千三百八十餘石〔一〕，價錢不等，共用過錢四萬四千四百餘貫，目今止有見在錢五千六百餘貫文，可以五七日間糴足。竊緣馬料稻子係用早穀，今來正是秋成，早穀到來數多，每石一貫二百文，宜趁此價平，廣數收糴。」故有是命。

十月十四日，詔司農少卿吳13燠就豐儲倉趁時和糴米二十萬石，合用本錢，於封樁庫先次支降樁管會子四十萬貫。

十三年正月二十三日，詔太平州守臣將蕪湖、采石倉已交收到米一十萬石，並認數以新易陳樁管。以太平州言：「近準省劄，淮西總領所申：收糴樁管米三十萬石，數內二十萬石從已降指揮對撥綱米，赴和州等處樁積，內和州一十萬石，蕪湖、采石倉各五萬石。」故有是命。

四月八日，以江西運判王回言：「先奏乞將本司舊有積儹錢措置和糴米，以備水旱。奉旨，令取撥三十萬貫充支用。本司尋互差鄰州縣官前去吉、撫、筠州、臨江軍及本司五處置場，招邀客人中糴。今據已糴米共一十五萬五千九百一十八石一斗一升，共支錢三十萬貫文，所有合支搬發本錢、水脚及官吏食錢等，並係本司自行出備。其米已各委官盤量，並是着實，見樁(官)〔管〕在逐州軍及本司倉廒。」詔王回將前項糴到米斛並本司認數就逐州軍樁管。

七月二十五日，淮西運司言：「準指揮，將本路入糴十四年分馬料合截(發)〔撥〕本錢，盡付和州，候今秋成(孰)〔熟〕，就糴屯田諸莊食不盡稻穀，令本司同建康都統相度。本司乞令舒、蘄州、無爲軍從例(米)〔科〕撥淳熙十四年馬料本錢起赴和州，今秋成熟，令和州照例取撥本州合截窠名，同三州起到錢數，照去年已行事理，就便糴屯田諸莊耕兵願糴食不盡稻穀，撥赴本州收樁支遣。」建康府都統制14郭均等乞從淮西轉運司所申。詔從之，如將來市價高於元科之數，須管運司貼湊取足，毋致虧損。

閏七月四日，詔令趙善俊將已糴到米認數以新易陳樁管。以知鄂州趙善俊言：「近準省劄，付將湖廣總(令)〔領〕所出豁糴米本錢內〔二〕，除豁續賣金會子九萬一千六百貫七百文赴鄂州，令守臣糴米樁管。尋收糴到米四萬五千八百石三斗五升，每石價錢二貫文，共支過本錢九萬一千六百貫七百文。」故有是命。

十八日，詔令制置司同帥、漕司下那融措置收糴，毋致後時。以權發遣施州趙定言：「頃年虁路偶闕軍糧，失於預備，以鹽代支。欲當此豐歲，廣行收糴，以備軍儲之乏。」故有是命。

〔一〕「截日」上似脱「以臣寮言」之類文字。
〔二〕付將：疑當作「將付」。

八月二日〔一〕，詔令提領封樁庫所支降會子一十五萬六千二百六十九貫付淮東總領所，三十二萬六千三百一十二貫付淮西總領所，三十萬貫付湖廣總領所，並充今年和糴樁管米錢支用。

八日，詔：「令湖廣總領所照應已降指揮，分撥價錢就江陵府糴米二十萬(貫)〔石〕，委本府認數樁管。」知江陵府趙雄言：「今歲湖北諸州雨水霑足，稻田大段豐歲，自朝廷量降本錢，分委諸司及本府糴米五六十萬斛，同見管樁積米一處於城中安頓，畧計可與軍民、官吏儲蓄半年之糧。」續又奏：「乞量降本錢，且令本府糴一十萬石，同見管官米一處樁積，可以就目前穀賤傷農之弊〔二〕。檢會湖廣總領所狀：準指揮，印降一貫五百例湖北直使會子 15 二百萬貫，赴總領所收換會子。(令)〔今〕先次收換到舊破會子二十萬貫，附綱赴左藏西上庫送納外，照得見在新會子一百八十萬貫未有續申已換數(日)〔目〕，并鄂州大軍庫會子一十四萬餘貫樁管。勘會秋成在近，米價低平，合依年例和糴樁管米斛。奉旨，提領封樁庫所支降會子三十萬貫，(輳)〔湊〕前項見樁管一十四萬貫，并於未收換會子內取撥三十六萬貫，共作八十萬貫，委湖廣總領和糴米六十萬石。仍照應年例，差官就沿流豐熟州軍、湖北京西屯軍去處置場招糴。限歲終了足，毋容稍有科抑作弊。」故有是命。

二十四日，淮東總領所言：「近準指揮，給降本錢，令本所、鎮江府并淮東路沿流豐熟州軍置場招糴樁管米五十萬石，限歲終了足。本所差官置場招誘糴買外，(昭)〔照〕對鎮江府止管三邑，所産不多，全仰淮東州軍豐熟去處收糴。緣今歲高郵以西至楚州一帶旱傷，兼今來所糴米數浩瀚，竊慮鄰路諸司差人前來淮東所拋地分攙斡争糴，却致米價增長，難以(辨)〔辦〕集。乞下逐州遵守。勘會已降指揮，委淮東、西總領各和糴米五十萬石，内淮東總領令差官就鎮江府并淮東路沿流豐熟州軍置場收糴，淮西總領(今)〔令〕差官就建康府〔三〕、(大)〔太〕平州、池州并淮西路沿流豐熟州軍置場收糴。既有分定去處，自合各行遵守。」詔令淮東、西總領所各遵依已降指揮疾速施行。

九月十七日，詔令湖廣總領將江 16 西旱傷州縣與免和糴。以臣僚言：「今歲諸路豐稔，而江西吉州等處却有旱傷。照得所降和糴指揮，湖廣總領糴六十萬石，數内江西亦有收糴去處，恐米直自此稍貴，實爲非(使)〔便〕。」故有是命。

十月五日，詔司農寺：「糴米每石作二貫二百文價(大)〔太〕賤，可增一百以利農。」

十二月十八日，詔：「淮東總領吳琚今年和糴米五十

〔一〕按，《宋史全文》卷二七下此條繫於淳熙十二年八月十一日辛酉。

〔二〕就：疑當作「救」。

〔三〕建康府：原作「建昌府」，按宋無建昌府，以地理位置推之，必是「建康府」之誤。建康府、太平州、池州俱屬江南東路，在長江邊，與淮西路隔江相望，故命淮西總領所於此置場收糴。

萬石，率先了〔辨〕〔辦〕，可特轉一官。」

十四年正月十八日，宰執進呈江陵府糴米數。上曰：「趙汝誼糴米數足，雖在吳琚之後，然相去不甚遠，亦不可不激勸，可減三年磨勘。」

四月二十七日，詔：「江東轉運司將年例馬料五萬石委官置場，依市直糴買，不得科敷州縣。」以臣僚言：「乾道八年移屯馬軍于建康府，歲糴馬料五萬石，令本路轉運司截撥上供錢充糴米本，每穀一石，給錢一千二百，以爲定額。轉運司分拋下近江諸郡收糴起發。至淳熙四年，淮南漕臣忽以淮甸秋成，穀價極賤爲請。續有指揮，併將江東路元給本錢頓減三分之一。且如去秋，號爲大稔，臣體訪得馬料穀價，如池州等縣，每糴一石，爲錢一千有奇，其顧船綱與水脚錢之費，每石爲錢三百有餘，則是一石之料，官給本錢八百，而民之貼錢幾於六百矣。乞依乾道元給本錢之數，專委轉運司措置〔收〕糴，不得敷之諸州縣，實斯民幸甚。」奉旨，令户部看詳。「本部照得近年州軍例皆豐熟，所降價錢，每石八百文省，已是均平，難以用元[17]給本錢之數。若日後時價稍增，即仰從實具申增添。所是專委轉運司措置收糴，勿敷之州縣一節，今欲下江東轉運司條具。」故有是命。

五月二十七日，四川總領趙彥逾言：「每年兑買成都府路彭、漢、綿州、石泉軍秋料省税米二萬餘石，支移赴綿州應副支遣所屯將兵，內彭州每歲計四千九百六十四石有畸。緣彭州去綿州地里最遠〔一〕，兼本州更有支移赴威、茂州管下五城寨遠倉軍糧八十餘石〔二〕，每年百姓遠輸，往返勞弊。本所昨自淳熙四年爲頭，措置委官就綿州置場糴買，應副不闕。嘗具奏乞將彭州淳熙四年秋料合支移赴綿州税米權住一年，如日後准此措置不闕，即乞永遠蠲免，庶幾民力稍蘇。已奉旨依奏。臣照得綿州贍軍倉，則日所管收糴到軍糧〔三〕，可以應副今年分支遣不闕，所有彭州淳熙十四年秋料合支移赴綿州税米，乞更與蠲免一年。」從之。

七月三日，詔禮部給降度牒六十道，付兩浙西路提舉羅點充糴本，以備賑卹。先是，羅點乞爲早備，欲預先會計收糴，爲他日之用，故有是命。

二十二日，詔：「江西、湖南州縣今歲間有闕雨去處，可各給降度牒三百道，付兩路提舉常平司，隨宜措置收糴米斛。每道依例價錢七百貫，聽人户以錢、銀、會子從便請買，毋得稍有科敷。其米並別項椿管，專備賑濟、賑〔糴〕〔糶〕支用。」

九月十一日，江西提刑馬大同言：「夏秋以來，旱暵爲虐，必須糴米以爲[18]準備。照得提刑一司有捕盜贓賞錢，江西激賞庫內舊有四萬貫，吉州抄估停贓人家業出賣，解

〔一〕綿州：原作「緜州」，據前後文改。
〔二〕八十：按，送五城寨軍糧而僅八十餘石，似嫌太少，疑爲「八千」之誤。
〔三〕則日：據文意與字形，似當作「前日」。

到一萬七千餘貫，通及六萬餘貫。乞將此錢往豐熟地頭趁時收糴，約得米三萬餘石。本路州縣數内，據江州、興國軍申旱傷最甚，臣除已撥錢二萬貫借江州、興國軍各一萬貫充糴本外，自餘尚有三萬貫，却聞廣南循、梅諸州與贛州龍南、安遠接近，今歲大稔，亦一面選委官吏前去置場收糴，候向去搬發往諸州縣徑自賑（糴）〔糶〕。昨來有不許諸處遏糴指揮，乞檢舉申嚴行下。」從之。

十二日〔一〕，詔：「封樁庫支降會子五十萬貫，委浙西提舉羅點和糴米二十萬石。淮東總領所取撥鎮江府見樁管會子一十九萬貫〔二〕，湖廣總領所取撥鄂州并大軍庫見樁管會子共三十萬貫，並各照例選官，就豐熟去處置場，内浙西提舉平江府置場。招糴堪好米斛。仍一面取見實直開具申尚書省，毋令稍有科抑。」

十五年正月九日，詔：「淮東轉運司於揚、楚州、高郵軍見樁管料内共取撥馬料一十萬石，發赴建康府就近（近）倉廒樁管，準備淮西總領所以新易陳支用。其船脚縻費，照例支降。」

三月二十五日，總〔領〕四川財賦軍馬錢糧所言：「利、閬、興州、大安軍并成、鳳州合和糴應副沿流諸處屯駐官兵馬料大麥，所有淳熙十五年歲用之數，本所自置場糴買已足，更不分科百姓。」詔更權免一年。

四月二十五日，司農寺言：「省倉和糴樁管馬料，近 19 承指揮權住收糴，月具市價申取指揮。本寺照得見糴經常馬料既是少有興販入中，亦合一體住糴。緣經常馬料見管不多，約支月日不遠。目今有管糴料錢六萬餘貫，並在豐儲倉令項安頓，内見錢二萬八千五百貫，以客人久例見錢不許出柵，蒙户部將金銀兑换。今諸倉見管朝廷樁管馬料一十九萬餘石，今措置，欲以即月市直每石一貫二百文省〔三〕，管經常金銀錢會六萬貫兑糴樁管馬料五萬石，應接支遣，庶得發泄陳料，不致積壓。候向去稻上市，接續照市價收糴，依數樁管。」從之。

十六年正月六日，兩浙路運副耿秉言：「去歲科降殿步司馬草錢計二十七萬七百餘貫，已承指揮，令户部科撥本年月樁，經總制等錢，自六月止九月，分作三限發納應副。今後準此。所有淳熙十六年分合科錢數，乞令户部依年限窠名取撥，從本司先次一面拘催，庶幾可以照限辦集。」從之。

淳熙十六年四月十日，四川總領所言：「利、閬、興州、大安軍并成、鳳州合和糴應副沿流諸處屯駐官兵馬料，每歲八萬石，自淳熙四年後置場糴買，遞年無闕，更不分科百姓。乞下逐州曉諭。」詔更權免一年。自紹熙元年至五年〔四〕亦

〔一〕按，《宋史全文》卷二七下此條繫於淳熙十二年八月十二日壬戌。
〔二〕一十：《宋史全文》卷二七下作「二十」。
〔三〕即月：疑當作「即目」。
〔四〕紹熙：原作「紹興」，據文意，此是述後來之事，而本條爲淳熙十六年事，次年即爲紹熙，因改。

如之。

六月十二日，宰執奏事畢，上宣曰（日）：「今歲所至有秋成之望，卿等可預行計置和糴，以廣蓄積，仍具見在米數及將來收糴數來[一]。豐歉不常，似此年歲，不易得也。」

十六日，詔：「封樁庫支會子八十萬貫付 20 淮東總領所，五十萬貫付湖廣總領所，專委趙師羼、梁總令項樁管，以備糴米使用。」淮東糴米五十萬石，湖廣三十萬石。

七月二十一日，中書門下省言：「秋成在近，米價低平，依年例和糴樁管米斛，以廣儲積。」詔司農少卿韋璞和糴米五十萬石，合用本錢，於封樁庫樁管會子內分作料次支降。自是每歲節次降旨，委司農寺長貳和糴，亦不過百萬之數。

九月六日，又言：「淳熙十六年上半年，舒州有剩鑄到鐵錢八萬四千二百六十餘貫，蘄州有剩鑄并去年見在等錢共八萬一千五百餘貫，各已降指揮，令糴米樁管。深慮逐州所產不敷，却有科抑。」詔令淮西運判王厚之體訪見本路委是得熟，可以糴米去處，即將舒、蘄州見在鐵錢措置分糴。

十七日，詔淮西總領張抑和糴樁管米四十萬石，令分委官諸州收糴，其糴本錢於總領所樁管下會子七十萬七千六百餘貫數內支撥。或本錢不敷，許從實申乞支降。又令本所將務場撥還借過樁管錢一十五萬貫，就建康務場認數樁管支用。

同日，詔：「淮西、江東和糴馬料，令逐路漕司措置，依時價收糴，不得分科州縣，敷擾於民。」自乾道七年移屯馬軍于建康，所用馬料每歲撥上供錢，令江東漕司糴五萬石，淮西漕司糴六萬石，每石定價一千二百文。偶淳熙四年淮甸大稔，減價一半，遂爲定例。由是州縣不復置場，只以物力高下科抑人户。其後江東臣僚陳乞增作八百文，而淮西如故。至是臣僚言：「歲有豐歉，穀有貴賤，自古和糴每因時 21 而立價，無一定不易之理。且江東已行，而淮西邊鄙不容未霑恩賜。」故有是命。

十一月一日，殿中侍御史范處義言：「三總領所和糴乞用淮西例，體訪沿流州軍，視其熟之上下，隨多寡分糴。或于元數不敷，許其陳奏，仍申嚴科抑之弊[二]。」從之。

十二月五日，詔封樁庫支降會子四十萬貫，令浙西提舉張體仁就近便出米去處和糴米二十萬石，赴豐儲倉樁管。（以上《永樂大典》卷二〇七八七）

均糴

【宋會要】 22 徽宗政和元年五月十七日，熙河蘭湟秦鳳路宣撫使、措置陝西河東路邊事童貫奏，乞下轉運司推行均糴之法。詔：「依所奏。不得因緣作弊搔擾，及糴買不均等。」

[一] 數來：「來」下疑有脱字。
[二] 弊：疑作「禁」。

仍委提刑、提舉常平司、走馬承受常切覺察，按劾以聞，當重行典憲。所有河北、河東，仰逐路監司限半月同共從長相度委實可與不可施行、有無窒礙未盡事理，保明詣實，入急遞聞奏。」

二十九日，又言：「均糴之法，鄉村若以田土頃畝均敷，則上等所均斛斗數少，實爲優幸；下等均定斛斗數多，不易供辦。如以家業錢均，則上等所均斛斗數多，下等人各均定斛斗數少，委是兩事利害不同。轉運司具到坊郭户均數目〔一〕看詳，欲乞依久例，只於家業錢上均糴。詔：『今年五月十七日已降指揮，童貫奏陝西均糴斛斗，若只〔依〕坊郭、鄉村等第均定石數收糴〔二〕，緣元定等第内家業錢往往不等，謂如家業錢六千貫文至一萬貫爲第一等之類，作一等均糴，切慮法行之後，不得均濟。』下轉運司攤定一州一縣合糴都大石數，會計一州一縣逐等第都計家業錢紐筭，每家業錢幾文，合糴多少石斗，所貴均一。已行下訖，今乞令陝西轉運司並依今來所奏事理施行。」

十一月一日，都省言：「河北路轉運（司）〔使〕陳亨伯奏：元降陝西均糴畫一，諸州縣官户[23]即無減免之文，本路州縣已一例均定石斗科納。」詔官户無減免之文，多係停蓄斛斗之家，可依所奏。

二年七月二十八日，詔：「逐路轉運司各據本路逐路合糴斛斗數目〔三〕，以本縣人户見今均敷役錢文簿籍定合納錢數，於役錢數上紐筭合均糴之數，均與逐户。如有畸零闕剩之數，並只就整收糴，零數即免。內坊郭第六等以下、鄉村第五等以下免均。即人户所出役錢數多，致所均之數艱於送納者，仰所屬州縣轉運司量減。應今來均糴，並依青苗法先期支錢，候至合送納時月，若遇豐兇貴賤不同，以有餘不足通計。謂如元支散時詔米一百文〔四〕，後却賤止七十，即添糴三分；又却貴三分，即減三分之類。餘並依奏糴法施行〔五〕。」

八月三日，尚書省言：「七月二十八日已降指揮，三路均糴斛斗，今措置約束：均糴法州縣不得常行，並俟朝廷降指揮，方許均糴。不應均而輒均，若不依役錢，或多寡不均者，徒二年，吏人配千里。不前期支錢或斗價支錢增減不實者，加一等，吏人配一千五百里。乞取若減刻所均錢者，以自盜論，贓輕者配一千里。」從之。

三年九月二十八日，尚書省言：「今歲大稔，物賤傷農，除災傷經檢放去處，奉聖旨令諸路轉運司以諸司封樁錢量行均糴一次〔六〕。契勘三路已行均糴法，其諸路合遵

〔一〕郭：原作「廓」，據本書食貨七〇之一五二改。
〔二〕第：原作「等」，據本書食貨七〇之一五二改。
〔三〕本路逐路：疑當作「本路逐州」。
〔四〕「詔」字疑衍。本書食貨七〇之一五三此句作「謂如元支散錢詔貴米一百文」，亦不可通。
〔五〕奏糴法：疑當作「均糴法」。
〔六〕令：原作「今」，據本書食貨七〇之一五三改。

守三路均糴法施行。」

四年六月二十二日，詔：「諸路均糴差到非見請重禄人，内人吏每[24]日添支重禄錢三百，專斗錢二百，仍於寬剩役錢内支給。」從廣南西路提舉常平司請也。

十月二十三日，詔：「自今均糴斛斗，須管先樁見錢，方得均糴。如違，官員徒一年，吏人配千里。」以尚書省言：「河陽縣及孟州温縣百姓訴，納過均糴斛斗不曾支錢。」詔官吏罰銅有差，兼有是詔。

五年正月二十二日，河北東路提刑司奏：「准朝旨，滄州無棣縣民昨發政和元年内輸均糴白米〔一〕，每斗支價錢六十至四十，政和二年内，又斗支一二十，而市價爲百二十。并今體量到逐年均糴白米價例，比街市私糴價錢委有低少錢數。緣係逐年本州估定，行下本縣依價均糴。」詔均糴當用市例，當職官吏赦宥〔二〕，特免黜責。今後如或虧損，當重行降黜〔三〕。諸路依此。

五月十三日，詔：「河東、河北三（州）〔路〕自去歲旱霜，田苗不收，漢、蕃人户類皆闕食，可權罷今年均糴，候豐熟依舊。」

宣和七年五月九日，德音：「京東、河北路州縣，勘會去年八月已降指揮，河北一路均糴斛斗共八十一萬石，其間有因災傷人户全不曾送納，及送納未足去處，切慮官司爲見今歲二麥豐熟，便行催納。其不曾支請價錢人户未納斛斗，並與放免。已請糴本人户，及先借諸司斛斗充數起發，未曾填納之數，並與展至夏料，止據已請錢數依市價折納，餘更不得催理，及別作名目抑配收糴。如違，許人户徑赴尚書省越（訢）〔訴〕。向來均糴，聞有未還價錢，官吏作過，互相容[25]庇。仰宣撫司將分俵州縣糴本數目曉示人户，勘驗所支之數，如有未還，並督責日下支還了當，仍具因依申朝廷黜責。向來河北均糴，有人户結攬衆户合納之數前去送納，如有欠少未足并合補納斛斗，並合於結攬人名下催理，不得將衆户一例搔擾。」（以上《永樂大典》卷二〇七九一）

遏糴

【宋會要】

[26]慶元元年十月二十一日，詔：「朝廷方下廣糴之令，如州縣輒敢遏糴，許人户越訴。監司不爲受理及失覺察，仰御史臺彈劾施行。」從吏部郎中、兼權右司張濤之請也。（以上《永樂大典》卷二〇七九二）

〔一〕棣：原無，據《宋史》卷八六《地理志》二滄州條補。
〔二〕官吏：原脱，據本書食貨七〇之一五四補。
〔三〕行：原作「得」，據本書食貨七〇之一五四改。

附 量衡

【宋會要】27太祖建隆元年八月，有司請造新量衡以頒天下，從之。

太宗太平興國二年七月十一日，詔：「權衡之設，厥有常制，出納之吝，謂之有司。儻求羨餘，必恣掊克。苟視成而不戒，豈爲天下守財之道焉！應左藏庫及諸庫所受諸州上供均輸金銀、絲綿及他物〔一〕，監臨官當謹視秤者，無得欺而多取，俾上計吏受其弊。自今敢有欺度量而取餘羨，其秤者及守藏吏皆斬，監臨官亦重致其罪。」先是，諸州吏護送官物于京師，藏吏卒垂鉤爲奸，故外州吏多負官物，至於破産不能償。太宗知其事，故下詔禁之〔二〕。

淳化三年三月癸卯〔三〕，詔曰：「《書》云『協時、月，正日，同律、度、量、衡』，所以建國經而立民極也。國家底慎財賦，較量耗登，即府庫之充盈，須權衡之平允。如聞秬黍之制，或差毫釐，垂鈎爲姦，害及黎獻。宜令詳定秤法，著爲通規。」既而監内藏庫、崇儀使劉蒙正、劉承珪言：「太府寺舊銅式自一錢至一十斤，凡五十一，輕重無準。外府歲受黄金，必自毫釐計之，式自錢始〔四〕，則傷於重。」遂尋究本末，别製法物。至景德中，承珪重加參定，而權衡之制益爲精備。其法蓋取《漢志》子穀秬黍爲則，廣十黍以爲寸，從其大樂之尺〔五〕，秬黍，黑黍也；樂尺，自黄鐘之管而生也。謂以秬黍中者爲分寸，輕重之制也。就成二術，二術，謂以尺、黍而求釐、絫。因度尺而求釐，度者，尺、丈之總名。謂因樂尺之源起於黍而成於寸〔六〕，析寸爲分〔七〕，析分爲釐，析釐爲毫，析毫爲絲，析絲爲忽。則十忽爲絲，十絲爲毫，十毫爲釐，十釐爲分，十分爲寸，十寸爲尺，十尺爲丈。自積黍而28取絫。從積黍而取絫，則十黍爲絫〔八〕，十絫爲銖，二十四銖爲兩。錘皆以銅爲之〔九〕。以絫、釐造一錢半及一兩等二秤〔一〇〕，各懸三毫，以星準之。等一錢半者，以取一秤之法。其衡合樂尺一尺二寸，重一錢，錘重六分，盤重五分。初毫星準半錢，至稍總一錢半，（折）〔析〕成十五分，分列十釐；第一毫等半錢，當五十釐，若一十五斤秤等五斤也。中毫至稍一錢，析成十分，分列十

〔一〕天頭原批：「『綿』一作『帛』。」按，指本書食貨六九「宋量」門。

〔二〕下詔：原作「詔下」，據本書食貨六九之一乙。

〔三〕癸卯：天頭原批：「一本無『癸卯』二字。」按此所謂「一本」，據《輯稿》眉批之通例，乃指徐松原稿之另一處。其稿今已不見，但説明《宋會要》本無「癸卯」二字。考《玉海》卷八載此詔，引「《實録》淳化三年三月癸卯，詔曰」云云，則此二字當是《大典》編者據《玉海》添。癸卯乃九日。

〔四〕式：原作「或」，據本書食貨六九之一、《宋史》卷六八《律曆志》一改。

〔五〕之：原無，據本書食貨六九之二、《宋史》卷六八《律曆志》一補。

〔六〕謂：原作「爲」，據本書食貨六九之二改。

〔七〕析：原作「折」，據《宋史》卷六八《律曆志》一改。下同。

〔八〕十黍爲絫：原脱，據《宋史》卷六八《律曆志》一補。

〔九〕錘皆以銅爲之：原作「絫銖皆銅爲之」，據《宋史》卷六八《律曆志》一改。

〔一〇〕絫釐：本書食貨六九之二、《宋史》卷六八《律曆志》一作「釐絫」。

釐〔一〕。末毫至稍半錢，(折)〔析〕成五分，分列十釐〔二〕。等一兩者，亦爲一秤之則。其衡合樂尺一尺四寸，重一錢半，錘重六錢，盤重四錢。初毫至稍，布二十四銖，銖下別出一星，星等五絫；每銖之下復出一星，等五絫，則四十八星等二百四十絫，計二千四百絫爲十兩〔三〕。中毫至稍五錢，布十二銖，銖列五星，星等二絫，布十二銖爲五錢之數，則一銖等十絫，都等一百二十絫爲半兩。末毫至稍六銖〔四〕，銖列十星，星等一絫。每星等一絫，都等六十絫，爲二錢半。以御書真、草、行三體淳化錢較定，實重二銖四絫爲一錢者，以二千四百得十有五斤爲一秤之則。其法，初以積黍爲準，然後以分而推忽，爲定數之端。故自忽、絲、毫、釐、黍、絫、銖，各定一錢之則。謂皆定一錢之則，然後制取等秤也。忽萬爲分，以一萬忽爲一分之則〔五〕，以十萬忽定爲一錢之則。忽者，吐絲爲忽；分者，始微而著，言可分別也。絲則千，一千絲爲一分，一萬絲定爲一錢之則。毫則伯，一百毫爲一分，以一千毫定爲一錢之則。毫者，毫毛也。自忽、絲、毫，三者皆斷驥尾爲之。釐則十，一十釐爲一分，以一百釐定爲一錢之則。釐者，犛牛尾毛也，曳赤金成絲以爲之。轉以十倍倍之，則爲一錢。轉以十倍，謂自一萬忽至十萬忽之類定爲則也。黍以二千四百枚爲兩，一龠容千二百黍爲十二銖，則以二千四百黍定爲一兩之則。兩者，兩龠爲兩也。絫以二百四十，謂以二百四十絫定爲一兩之則。銖以二十四，轉相因成，十絫爲銖，則以二百四十絫定成二 29 十四銖，爲一兩之則。銖者，言殊異也。遂成其秤。秤合黍數，則一錢半者，計三百六十黍之重。列爲五分，則每分計二十四黍。又每分(折)〔析〕爲一十釐，則每釐計二黍十分黍之四。以十釐分二十四黍，則每釐先得二黍。餘四黍都分成四十分，則一釐又得四分，是每釐得二黍十分黍之四。每四毫一絲六忽有差爲一黍，則釐、黍之數極矣〔六〕。一兩者，合二十四銖爲二千四百黍之重。每百黍爲銖〔七〕，十黍爲絫，二銖四絫爲錢，二絫四黍爲分。一絫二黍重五釐，六黍重二釐五毫，三黍重一釐二毫五絲，則黍、絫之數成矣。其則，用銅而鏤文，以識其輕重。新法既成，詔以新式留禁中，取太府舊秤四十〔八〕、舊式六十，以新式較之，乃見舊式所謂一斤而輕者有十，謂五斤而重者有一。式既若是，權衡可知矣。又比用大秤如百斤者〔九〕，皆垂鈎於架，植鐶於衡，(環)〔鐶〕或偃仆，手或抑按，則輕重之際，殊爲遼絶。至是，更鑄新式，悉由黍、絫而齊其斤、石，不可得而增損也。又令每用大秤，必懸以絲繩〔一〇〕。既置其物，則却立以視，不可得而抑按。復鑄銅式，以御書淳化三體錢二千四百暨新式三十有三、銅牌二十授於太府。

〔一〕分：原無，據《宋史》卷六八《律曆志》一補。
〔二〕分：原無，據《宋史》卷六八《律曆志》一補。
〔三〕十兩：原作「一兩」，據《宋史》卷六八《律曆志》一改。按上文注云「十絫爲銖，二十四銖爲兩」，則是二百四十絫爲一兩，二千四百絫爲十兩也。
〔四〕至：原脱，據《宋史》卷六八《律曆志》一補。
〔五〕之：原無，據《宋史》卷六八《律曆志》一補。
〔六〕釐黍：《宋史》卷六八《律曆志》一作「釐絫」。
〔七〕「每」下原有「分」字，據《宋史》卷六八《律曆志》一删。
〔八〕太：原作「大」，據《宋史》卷六八《律曆志》一改。
〔九〕者：原無，據《宋史》卷六八《律曆志》一補。
〔一〇〕必懸：原作「爲顯」，據《宋史》卷六八《律曆志》一改。

又置新式於内府、外府，復頒于四方〔一〕，凡十有一副〔二〕。詔三司使重較定，以御書淳化三體錢二千四百，磨令與開元通寶錢輕重等，付有司。先是，守藏吏受天下歲輸金幣，而太府權衡舊式失準，得因之爲姦，故諸道主者坐逋負而破産者甚衆。又守藏更代，有校計争訟，動必數載。至是新制既定，姦[30]弊無所措，中外以爲便。

真宗景德二年八月，詔劉承珪所定權衡法附《編敕》，而不頒下。

四年五月，劉承珪言：「先監内藏庫日，受納諸道州府軍監上供金銀，凡係秤盤，例皆少剩，蓋由定秤差異，是致有害公私。嘗以奏聞，尋令校量秤則。自端拱元年起首，至淳化三年功畢，遂詔别鑄法物，付太府寺頒行。其重定秤法，皆上稟睿謨，兼參以古法，顯有依據，永息弊欺。切慮言之無文，行之不遠，今請知制誥趙安仁撰成序一首，繕寫以聞，乞降付所司，以備檢閲。」從之。

大中祥符二年五月，三司請下太府寺造一斤及五斤秤，便市肆使用。從之。

六年四月，劉承珪言：「先奉詔旨，以天下權衡之法不一，(今)〔令〕詳定及刊石爲記。請令所司檢會諸道有銅鍋法物州郡并在京庫務〔三〕，各賜石記一本。」從之。

神宗熙寧四年十二月十一日，詔以太府寺所管㪷、秤歸文思院。

哲宗紹聖四年十一月十六日，户部言：「輒增損衡量若私造賣者，各杖一百，徇於市三日。許人告，每人賞錢有差。令轉運司所在置局製造，送所在商税務鬻賣。」

徽宗大觀四年二月九日，議禮局劄子：「臣等伏覩陛下度律均鐘，更造雅樂，施之天下，爲萬世法。至於禮器，尚仍舊制，未聞有所改作。禮樂，有國之大本，而其末起於度數，度數得則權量正，法度一而民不疑。今禮樂異制，不相取法，非所以一民也。臣等欲乞明詔有司，取新定樂律之[31]度審校禮器，有不合者悉行改正，以副制作之意。」詔：「律度量衡，先王之制不相襲，而歷代亦不同。今以身爲度，起律作樂，則於禮制，宜依所奏。」

四月二十四日，朝奉郎、試給事中蔡薿奏：「臣聞虞舜五載一巡(守)〔狩〕，則必同律、度、量、衡；成王制禮作樂，頒度、量而天下大服。然則度、量、權衡之致謹者，聖人所以行四方之政也。恭惟陛下與神爲謀，以身爲度，因帝指之尺，以起鐘律之制，奏之郊廟，八音克諧，而天地之和應矣。臣尚願頒指尺于天下，以同五度、五量、五權之法。區區之愚，於今日所用度之長短〔四〕、量之多寡〔五〕、權之輕重，非將有所增損也，特因仍其舊，悉使考協于新尺之度數，而

〔一〕四方：《宋史》卷六八《律曆志》一作「四方大都」。
〔二〕凡：原作「凡有」，據《宋史》卷六八《律曆志》一删。
〔三〕鍋：本書食貨六九之五作「碢」，疑是。「碢」同「砣」，謂秤砣。
〔四〕於：原作「以」，據《政和五禮新儀》卷首改。
〔五〕「量」上原有「知」字，據《政和五禮新儀》卷首删。

定爲永法，備成一代之典，昭示無窮。乞詔有司討論施行。」詔依，令議禮局討論，申尚書省。

〔政和二年八月十九日〕，工部尚書、兼詳定重修勑令、權開封尹李孝偁等奏〔一〕：「契勘度、量、權衡，出於一體，舊條以積絫爲數，修立成文。今來大晟樂尺係以帝指爲數，昨已奉聖旨，頒行天下。其量、權衡雖據大晟府稱，皆出於度，緣至今未曾頒用，本所欲擬舊條修立，即度、量、權衡不出於一；欲依樂尺修立，又緣既未頒行，未敢立法。欲乞詳酌，先將量、權衡之式頒之天下，仍降付本所，以憑遵依，修立成條。」詔量、權衡以大晟府尺爲度，餘依奏。

九月十三日，工部尚書、兼詳定重修勑令、權開封尹李孝偁奏：「看詳度、量、權衡出於一體，內度雖已得旨頒大晟新尺行用，緣依政和元年四月十二日 32 勑，應干長短廣狹之數並無增損，其諸條內尺寸，止合依上條，用大晟新尺紐定。謂如帛長四十二尺、闊二尺五分爲疋，以新尺計長四十二尺七寸五分、闊二尺一寸三分五釐之五爲疋，即是一尺四分一釐三分釐之二爲一尺。又如天武等杖五尺八分，以新尺計一尺四分一釐三分釐之二之類〔二〕。如得允當，欲作申明隨勑行下，即不銷逐條展計外，有度、量、權衡，今候頒到新式，續具修定。」從之。

三年十月二十一日，提舉荆湖北路常平張動奏：「竊見諸路皆於會府作院製造等秤，給付州縣出賣，往往輕重不等。欲望責在諸路漕臣常切檢察，須管依法式製造，無令有輕重之異。」奉聖旨，令尚書省措置。「勘會民間所用㪷、升、秤、等、尺，依條係諸路轉運司於所在州置務製造〔三〕，送諸路出賣，除留功料之直外，以五分上供，餘給本司。并近降朝旨，依尺製造新尺，頒降諸路，依樣造新尺出賣，其舊尺更不行用。及㪷、秤、升、等子，亦有朝旨令文思院依新尺樣製，并依見行法式製造在京并府界諸縣合出賣之數，所有外路只降樣前去，仍令多數製造出賣。訪聞所屬並不遵依條令及所承朝旨廣行製造出賣，其餘官司往往未曾依新樣製換易，及民間見用㪷、升、秤、尺、等子，多是私造私用，與舊官造法物混雜行使，無以分別。并自頒降新法樣製後來，未聞有出賣之數，不唯於度、量、權衡樣製不一，兼於合收出賣價錢暗有虧失。欲令文思院、諸路轉運司各自今來指揮到日，立便約度，依元降朝旨合造㪷、升、秤、等、33 尺數目，限一季廣行製造。除官司應用之數自合給換外，依條分送所屬出賣，應副民間使用。應舊有㪷、升、秤、尺、等，並限半年盡數首納，不得隱留。如出限，許人告首，除犯人依條斷罪外，每名支賞錢二十貫。仍先具措置施行次第申尚書省。」詔並依。

四年九月二十六日，文思院下界奏：「契勘本院見奉行聖旨指揮，別置㪷秤一作，除已申請到乞收造㪷秤，行人

〔一〕「政和二年」至「權」字，原脱，據本書食貨六九之六補。
〔二〕依上文例，「新尺計」下疑有脱文。
〔三〕天頭原批：「『係』一作『後』。」按，本書食貨六九之七此條原稿誤作「後」。

和雇製造等畫一遵依施行外，今續條具到下項：一、契勘新法㪷、秤見依朝旨，限一季廣行製造，降樣付諸路轉運司及商税院製造出賣〔一〕。今來即未有行使期限，欲乞在京及外路並自政和五年正月一日奉行。一、契勘鐵鍋法物並合改造，須降在京官司及天下州軍，今來萬數浩大，即難以齊寫造，較定應副。今欲乞先次料造法物一百副〔二〕，除在京緊切給納庫務逐急製造交付外，其餘官司及諸路州軍並許令將見在舊法物赴院送納請换，兑支新法物行使。所有今來先造一百副合用銅數，於本院剗帳，管取般銅，並無見在，委是見闕，乞下户部計置應付。一、契勘新造㪷、秤，朝旨降樣付諸路轉運司製造出賣，所有造到㪷、秤合用團條火印，亦合降給。今欲寫造火印三百副逐旋頒降，付諸路轉運司。」從之。

五年二月三日，少府監言：「文思院下界造新降權衡、度、量，今承朝旨，權住製造。竊慮合且依舊樣製造，送商税院出賣，候降到許造新[34]樣，即行住罷。」又奉詔，限一月製造皇太子出閤合用秤，及賜食院製造㪷、秤。續承降到大晟新法㪷、秤，製造頒降間，承尚書省劄子〔三〕，權衡、度、量權住製造，即無却行製造太府寺㪷、秤之文，是致造作前項緊急生活應付未得。乞下院且依太府寺法製造。」詔並權依舊製造，餘依。

宣和七年十二月十三日，尚書省言：「左司員外郎閻孝悦奏：『臣聞嘉量之制，具在方册，而愚民無知，趨利冒禁，姦弊百出，自爲高下，至於割移規模，增加裝具。害法蠹民，莫此爲甚。欲望聖慈明詔上方〔四〕，鑄銅爲式，頒之天下，以正私僞。庶使童子適市，莫之敢欺，以比隆二帝三王之盛，豈不韙歟！』尚書省措置參酌擬修下條：諸增減㪷、升、秤、尺、等，若私造私用及販賣者，各杖一百；增減私造，仍五百里編管；私用及販賣，並令衆三日以上。許人告。巡察人知而不糾，杖八十。告獲㪷、升、秤、等、尺私用及販賣，錢二十貫；增減若私造，錢五十貫。」從之。

〔紹興二年〕十月二十九日〔五〕，詔：「户部支錢五百貫，令文思院依臨安府秤斗務造成省樣升、㪷、秤、尺、等子，依條出賣，其錢循(還)〔環〕作本。仍先次製造樣制法則頒降諸路，漕司依式製造，分給州縣貨易行使。其民間見行使私置升、㪷、秤、尺、等子，候官中出賣日，並行禁止。如或違犯，並依條施行。」

二十二年二月二十七日，右承議郎、利州西路安撫使司主管書寫機宜文字吴援言：「商賈細民私置秤㪷，州縣雖[35]有著令，然私相傳用〔六〕，習以爲常，至有百里之間，輕

〔一〕製造：原脱，據下文補。
〔二〕法物：原倒，據本書食貨六九之八乙。
〔三〕子：原作「付」，據本書食貨六九之九改。
〔四〕上方：疑當作「尚方」。
〔五〕紹興二年：原無，據本書食貨六九之一〇補。
〔六〕天頭原批：「『傳』一作『轉』」。

重多寡不同。望下有司申嚴法令，置造，刊鑄字號，量立價錢，許人請買。非官給者，重行責罰。」從之。（以上《永樂大典》卷八六三三）

諸郡進貢

【宋會要】

36 太宗太平興國三年閏七月二十八日，有司上諸州所貢《閏年圖》。故事，每三年一次，令天下貢地圖與版籍，皆上尚書省〔一〕。國初以閏爲限，所以周知地理之險易，户口之衆寡焉。至是，吳、晉悉平，奉圖來獻者州郡幾於四百卷〔二〕。

端拱二年六月二十三日，潭州上言：「於湘陰縣長樂江九乳灘下得鍾〔三〕，制作精妙，上有古篆八十三字，人不之識，畫圖以進。」

真宗景德元年六月十五日〔四〕，詔川峽〔五〕、廣南、福建諸州，自今承天節，三千里内仍舊入貢，其外止具表以聞。

大中祥符元年七月四日，命知（制）誥周起、閤門祗候侍其旭編排東封路進奉。先是朝陵，沿路士庶貢物，俟有司給賜，頗至稽滯，及是，命起等主之。

八月五日，詔天下及蕃國以東封遣使貢方物，（知）〔如〕蠻輦赴泰山，重成勞費。（今）〔令〕三司除充庭貢之外，並於東京進納，止使人齎表泰山陪位。

仁宗天聖六年五月二十六日，詔河南府每年進牡丹花、櫻桃，自今止於係官園内有處採取供進。從樞密直學士李及之奏請。

八年十二月二十八日，中書門下言：「御史臺（毋）〔每〕遇郊社，於常朝文武百官料錢内等第分減，充進奉馬價錢。郊禋畢迴賜，元進人又多差出，難爲勘會。今後欲令於騏驥院借馬充進。」從之。

景祐元年四月二十三日，知江寧府李若谷言：「37 乾元節常年進奉銀一千兩〔六〕、絹一千疋，伏緣當府不産銀，只是配買。累歲災傷，人民貧困，已將省庫見管土産（細）〔紬〕絹二千疋上進，候豐稔，依舊買銀進奉。」詔：「今後買銀並依市價，不得虧損人民。」

六月十六日，起居舍人、知諫院郭勸言：「江淮發運使劉承顔進輪扇、浴器，乞宣示百官毀擲，誕布中外，不得以

〔一〕皆：原作「偕」，據《長編》卷一八改。
〔二〕「來」原作「求」，「百」原作「首」，又無「卷」字，據本書職官一四之二〇改補。按《長編》卷一八載此條至「户口之衆寡也」止，李燾注云：「《實録》於此下即云：『時吳、晉悉平，奉圖來貢者，州郡凡四百卷。』此大誤也。按《地理志》，乃雍熙中事，今削去。《會要》亦同《實録》。」
〔三〕得：原脱，據《玉海》卷一〇九補。
〔四〕十五日：《長編》卷五六繫於十一日甲寅。
〔五〕峽：原作「陝」，據《長編》卷五六改。
〔六〕乾元節：原作「乾坤節」，據《宋史》卷九《仁宗紀》一改。乾元節即仁宗生日。

此進獻。」帝曰：「扇車給還，浴器元不進獻。諫官、御史章疏更體訪審寔。」

(寶)〔慶〕曆四年五月十五日〔一〕，撫州上金谿縣戰坪所得生金山，重三百二十四兩。帝初令送左藏庫，而三司言瑞物〔二〕，宜留禁中，乃藏於龍圖閣瑞物庫。

皇祐三年十二月二十五日，帝謂宰臣曰：「臣僚謝恩進馬，納直四十千，清貧可憫。宜自今與減半價，永爲定制。」龐籍曰：「臣子進獻君父，不當計高下之直，聖恩憫察，天下幸甚。」

皇祐五年五月八日，中書門下言：「自來諸路轉運司進羨餘錢物入助三司，多是將要用錢數充進，後却致本路闕用，即於民間無名刻剥，或將税物估高價，逼勒折納見錢，以充支費，致民力困匱，深可哀憫。」詔逐路轉運司，今後如本路錢數的是有餘，或因轉易所得，委不侵虧，煩擾吏民，方得供進。如違，重行責降。

神宗熙寧二年二月二十五日，詔：「左右街僧道録每遇大禮畢，(倒)〔例〕皆貢銀稱賀，令客省引進訖，即時當官給付元進奉人。」

十一月二十六日，詔：「諸路州軍今後慶賀進貢金銀物帛，並止具表件析物數 38 以聞，貢物候上供綱運同附上京。」

徽宗政和六年四月二十三日，詔：「自今不許監司、守臣以供奉進獻爲名，貢花株果木、海錯什物等。其見計置下緡錢物色，指揮到日，撥歸元來去處。若輒存留錢物，並當以自盜論，令御史臺覺察聞奏。」

孝宗紹興三十二年六月十三日，登極赦：「應諸路帥臣、監司、郡守，許依例進貢推恩。」

十一月四日，户部侍郎向伯奮等言：「准已降旨，將來聖節，諸路監司、州軍令進金銀錢絹等，緣天申節已行進奉，權與蠲免。今夔州等路有發到進奉物，及以後諸路州軍起到數，乞下左藏庫交納，理作來年進奉。」從之。（以上《永樂大典》卷一三〇九六）

詔令入貢

【宋會要】

39 徽宗政和七年八月十六日，詔：「黎人久爲瓊管邊患，(令)〔今〕其入貢，頗有慕義之心。沿路券馬請給，可令所部監司、守臣加等給賜，所到州犒設，務令豐備。授衣月近，特賜錢五百貫，令置寒服。候到畿甸，先具數申尚書省，於榷貨務支幞頭帽子、公服腰帶給賜。」

〔一〕慶曆：原作「寶曆」，據《長編》卷一四九改。十五日：《長編》繫於十三日甲戌。

〔二〕三司：原作「二司」，據《長編》卷一四九改。

歷代土貢〔一〕

太宗太平興國八年九月二十一日，詔：「廣州歲貢藤，每斤去皴皺，中用者纔三兩。大通冶歲輸鐵，尚方鑄兵器，鍛鍊外十纔得其四五。自今藤取其堪用者〔二〕，鐵先鑄成器，俾官工淬治之〔三〕，無使負重致遠，以匱民力。」

淳化三年八月十九日，詔：「鄆州歲貢阿膠〔四〕，先是煎膠參用諸藥，發民汲井供用；取水，一人所能荷者輸錢三十。自今勿復用此藥，以州兵代民汲水。恣民取水，勿責其直。」

真宗大（宗）〔中〕祥符五年九月二十八日，詔：「諸道州府自今土貢，並以官物充，如無，以省錢收市，不得配率。」

仁宗明道二年六月二十五日，侍御史知雜李紘言：「諸州歲貢魚、果，因送遺羣臣，謂之貢餘。挾持遐遠，〔不〕無搔擾，乞行禁止。」詔：「自今應供歲貢，委三司減節常數，羣臣不得因相餉遺。」

慶曆七年九月八日，詔申舊制，止絶天下毋得以貢餘爲名饋遺，違者許人陳告。

皇祐三年十一月二十七日，詔：「諸道歲貢茶果飯食諸物，係災傷州軍，並40令止絶。」

英宗治平四年十一月二十五日，神宗即位未改元。詔：「化成殿煎造果子〔五〕，今後郊禮供進。其在京不產者，以別果瓜充代，更不下外州軍煎造。」

神宗熙寧元年十二月，尚書戶部上諸道府〔州〕土產貢物。開封府：麻黃五十斤，酸棗仁伍斗；河南府：峭粉八兩；青州：仙紋綾一十五匹，棗一萬五千顆；（蜜）〔密〕州：布二端，海蛤一匣子；齊州：陽起石一百兩，白（礓）〔殭〕蠶二十三兩；沂州：茯（芩）〔苓〕五斤，仙苓脾五斤；萊州：七孔決明五斤；濰州：綜絲絁一十匹；淄州：防風三十斤；兗州：雲母粉一斤，白羊石五兩，黑羊石五兩，茯苓七斤半，青礞石一斤，仙苓脾一斤，赤箭草七斤半；曹州：絹二十匹，葶藶子三升四合；濮州：駝紵布二匹，毛布二匹；襄州：大青茅藍十五兩，母獐皮五十張；鄧州：絹一十匹，白菊花五十六斤；隨州：絹三十匹；滑州：絹三十匹；蔡州：虻蟲、水蛭各二兩；棣州：絹一十匹；德州：絹一十匹；廣州：絹一十匹；恩州：綾三十匹；邢州：解玉砂一百斤；懷州：牛膝五十斤；洺州：絁子二匹；磁州：磁石五十斤，磁玉一十斤；永興軍：酸棗仁五斗，地骨皮一十斤；同州：縐紋靴材一副；華州：茯苓四十四斤；商州：麝香二十臍；寧州：菴蕳蒿子一十斤；

〔一〕歷代土貢：原置天頭，今移於此。
〔二〕今：原無，據《太宗皇帝實録》卷二六補。
〔三〕官工：原作「工官」，據《太宗皇帝實録》卷二六乙。
〔四〕鄆：原作「暉」，按《元豐九域志》卷一，鄆州貢阿膠，據改。
〔五〕成：原脱，按《宋史》卷一四四《儀衛志》二，化成殿有果子庫，據補。

乾州：栢實一十斤；儀州：弩絃麻皮三十斤；絳州：防風二十斤半，黄蠟二十斤半；忻州：解玉砂五十斤；澤州：白蜜五斗，石英二十五兩；亳州：絹一十匹；黄州：紵布一十匹；越州：綾一十匹，茜緋紗一十匹，41祕色甆器五十事；蘇州：白墡一十秤；湖州：白編布二十匹；明州：乾山藥一百斤，烏鼊骨二十斤；台州：天壽根三斤，甲香三斤，鮫魚皮三十張；睦州：交梭絹一十匹，布五匹，白蜜五十斤；宣州：黄連一十斤；歙州：白滑表紙一千張，大龍鳳墨一百錠；信州：白蜜五十斤，用銀瓶二隻盛；虔州：白布一十匹；鼎州：布一十匹；益州：大花羅六匹，高紵布一十匹；眉州：麩金三兩；蜀州：春羅四匹；嘉州：麩金三兩；邛州：絲布二匹；黎州：紅椒二十斤；簡州：綿紬二十匹；梓州：白熟綾一十四匹；遂州：樗蒲綾一十匹；資州：麩金五兩；普州：絹一十匹；昌州：絹一十匹；渠州：買子木二大斤〔一〕；洋州：隔織三匹，麝香五臍；閬州：綾一十匹；劍州：巴戟三斤；巴州：綿紬五匹，木藥子一百顆；蓬州：綜絲綾一十匹；龍州：附子一斤，側子八兩，羚羊角四具，烏頭八兩；集州：木藥子一千顆，山荳根一十兩；達州：藍紬五匹；施州：木藥子二大斤；開州：車前子一斗二升，黄蠟一十斤；涪州：絹一十匹，紬五匹；渝州：絹一十匹；漳州：甲香五斤，鮫魚皮二十張；連州：細布一十匹。

元豐三年二月十二日，詳定朝會儀注所言：「唐尚書户部主貢物，大朝會則陳之。國朝舊儀，元正朝賀所陳貢物，僅存其名，蓋有司之闕。謹稽按圖誌，推原州郡物産之所宜，輕重多寡，稍爲條次。京東路：南京：絹二十匹；(兖)〔兗〕州：花綾十匹，墨百斤，茯苓、雲母、防風、紫石英各十斤；徐州：雙絲綾、紬、絹各42一十匹；曹州：絹十匹，葶藶子三升；青州：綾二十匹；鄆州：絹十匹〔二〕，(蜜)〔密〕州：絹十匹，牛黄三兩；齊州：絹十匹，綿百兩，陽起石、防風各十斤；濟州：阿膠三十兩；沂州：紫石英、仙靈脾、茯苓各十斤，鍾乳三十兩；濰州：紋綾二十匹；登州：牛黄三兩，金十兩，石器十；萊州：牛黄三兩，牡礪、海藻各十斤，石器十；單州：蛇床、防風各十五斤；濮州：絹十匹；淄州：綾十匹，防風、長理石各五斤；淮陽軍：絹十匹。餘十五路稱是。」見元豐三年《九域志》。又言：「《夏書》冀州以帝都，入穀不貢，異於餘州。《唐書·地理志》〔三〕：京兆、河南府皆有貢。今開封府雖不列於諸州，亦宜復土貢。」並從之，仍詔貢物應買者，給省錢，偶無者，聽以他物代，並遞夫傳送。

徽宗崇寧三年二月四日，講議司送到參詳官林攄劄子：「近因參考殿中六尚之制，見供奉所須之物多市於諸

〔一〕買：原作「冒」，據《宋史》卷八九《地理志》五改。
〔二〕十匹：原作「千匹」，據《元豐九域志》卷一改。
〔三〕書：原脱，據《長編》卷三〇二補。

州，甚非所以奉至尊、彰洪業也。伏望睿斷，特命有司盡講天下土貢之法行之，以所在坊場錢充用，庶幾名正實顯，久而可行。」詔令諸路轉運各據地土所出，具合貢名件聞奏。

政和三年三月七日，夔州路轉運判官龐恭孫奏：「建置珍州，歲貢細茶芽十斤，黃蠟二十斤。候本州起稅了當，每遇天寧節及大禮，依例進奉銀、絹。」梓州路轉運司狀：「建置純、滋州并管下縣城寨堡，所有逐州每年合發進貢〔與〕夔州路新建州郡事體一般。欲乞依夔州路轉運司已得指揮施行。」從之。

七月十四日，户部奏：「宣德43郎、權勾當内香藥庫曾安强契勘：『本庫受納諸州土貢，欲乞依崇寧歲貢六尚供奉，令知、通躬親監視選擇，用袋入（本）〔木〕匣，臣名封印申發。』本部今勘當，欲依本官所乞事理施行。」從之。

十月十七日，殿中省奏：「勘會諸路貢物，官司計置不依時，暴涼不如法，以致損壞，起發不依限者，已有《崇寧敕》各從杖一百斷罪外，若係被差管押擔擎之人起發在路〔一〕，故違程限，或津般安放不謹，從來未有約束。本省今相度，欲乞諸州應差管押（檐）〔擔〕擎貢物之人，若沿路無故稽程，或津般安放不謹，致有損壞，罪輕者杖八十。」從之。

五年十二月二十五日，壽州狀：「檢承《政和諸路歲貢六尚局格》，淮南路壽州揀蜂兒一百斤。緣本州自來不是出産去處，安豐一縣土産不多。契勘本路廬、和、舒、無爲軍等州縣各有土産地分，伏望將本州合貢數目同共承認，供奉歲貢。」詔從之，仍減三五十斤〔二〕。

高宗建炎四年六月十日，中書門下省言：「四川每年合赴内東門司及内藏庫送納進貢匹帛，累年不到。」詔令張浚催促，依年例送納。如有已起在路及截留椿管數目，並仰津發赴行在送納。

紹興三年五月十四日，都省言：「揚州依格合發土貢細紵布，係是温、泉州出産之物。本州累經殘破，目今並無客販，望權蠲免二年，候將來成井邑、起稅賦日依舊。」從之。

二十九年閏六月十六日，詔：「建康、鎮江府見今起發水段，道路迢遠，勞44費人力，今截日止住津發。」

〔熙寧〕三年四月九日〔三〕，荆湖南路轉運司言：「全州出産斑竹，置造器玩。況全人之産鮮豐，而土毛之出不厚，所籍斑竹户虚占民力。欲望免罷，如朝廷須索，臨時製造。

〔一〕擔擎：原作「擎」，據下文改。
〔二〕三五十斤：疑當作「三十五斤」。
〔三〕熙寧：原無。按前條已述及紹興二十九年，此又起「三年」，是以下二條應非紹興事。考下條所述諸州，其中青州、濰州、慶州、邢州、海州等均不屬南宋版圖，是此二條乃北宋事。又下條稱「十年」，又稱「成都府」，北宋年號及十年者唯有天聖、熙寧，而天聖十年成都府尚稱「益州」，嘉祐五年始復升爲成都府。據以上考證，此「十年」乃指熙寧十年無疑，而本條之「三年」亦當爲熙寧三年，因補「熙寧」二字。蓋《大典》原書中此二條並不與前條相接，徐松輯録時書吏連抄之。

兼乞禁止本州不得於肆源人户取索斑竹，其籍定人户却承受本等色役。」從之。

十年十二月，進奏院上諸路貢物。青州：仙紋綾一十匹，棗一萬一十顆〔一〕；濰州：綜絲絁一十匹；隨州：絹三十匹；慶州：紫茸白花氈四領；邢州：解玉砂一百斤；亳州：絹一十匹；蘄州：白花蛇五斤；海州：獐鹿皮二百張；越州：綾一十匹；鼎州：布一十匹；成都府：花羅六匹，高紵布一十匹；昌州：絹一十匹；遂州：樗蒲綾一十匹；簡州：綿紬二十匹；洋州：隔織三匹；蜀州：春羅四匹；梓州：綾一十匹；蓬州：綜絲綾一十匹；泉州：花素絲布二百匹。（以上《永樂大典》卷一三〇八六）

禁珠玉　貢珠玉　獻珠玉

【宋會要】45 太祖開寶五年五月，太祖遣小黄門以廣州進納拆到劉鋹先居殿宇梁柱上瑇瑁數片，及收復之時，兵火燒殘真珠數千顆，宣示宰臣，仍令速降宣命示諭嶺南道，今後不得更差人採取真珠。史《本紀》同。先是，劉鋹之據嶺南也，於其管内海門鎮招置兵士二千餘人，目爲「媚川都」，惟以採珠爲務。皆令以石縋足〔二〕，蹲身入海，沉水而下，有至五百尺深者，咽溺而死者無日不有。所獲真珠充盈於府庫，人莫知其數。又所居殿宇，皆以瑇瑁、珠翠飾其梁棟。及王師收復之際，一旦盡爲兵火所焚。至是，知廣州潘美等言其事，乃詔廢媚川都，因令美等閲其兵士，籍其少壯者千餘人立爲静江軍，老弱者放歸田里。仍詔廣州管内百姓，今後不得尚襲餘風，以採珠爲業。由是嶺南之俗稍息，其游惰復歸於農業也。

太宗太平興國五年九月，容州採珠場貢珠百斤，賜牙校及負（檐）〔擔〕者銀帶、衣服。

七年八月，海門採珠場獻真珠五十斤，徑寸者三枚。

雍熙元年十二月，詔曰：「敦本抑末，教化於是興行；抵璧捐珠，浮靡於焉止息。朕祇承丕構，緬慕古風，思欲崇尚儉朴，革去澆競，却難得之奇貨，復大化之淳源，宜自我先，以率天下。其嶺南諸州採珠場罷之，官私毋得採取。」

仁宗天聖三年五月，詔：「閩、廣州採珠場，聽民户採取，止收税錢，自來有何條約？」宰臣王欽若等言：「先朝累有 46 條約，蓋以海上採珠之民深入淵潭，爲利所誘，不顧生命。比至出水，多至殞絶，故憫此艱苦，下令禁止。況珠玉寒不能衣，饑不可食，歷代聖帝明王寶穀貴賢，不以貨爲貴。」帝曰：「卿等所言是也。」

景祐四年正月二十七日，衢州客毛英言：「將産業於

〔一〕一十：疑當作「一千」。前文載熙寧元年青州貢棗一萬五千顆，此蓋減四千。

〔二〕縋：原作「硾」，據《長編》卷一一三改。

蕃客處倚當〔一〕，賒真珠三百六十兩到京，納商税院。行人估驗價例，稱近降詔，禁止庶民不得用真珠耳墜、項珠，市肆貿易不行，只量小估價。緣自賣下真珠，方得（限）〔見〕錢納税，無所從出。乞封回廣州還與蕃客。」詔三司相度，許將真珠折納税錢。

康定元年二月二十九日，殿中侍御史陳洎言：乞將真珠折馬價，據權三司度支判官劉沆等減定見賣真珠等第價直錢數。詔依所定施行。《續通鑑長編》：神宗熙寧四年，廣南西路鈐轄陳箴言：「欽、廉等瀕海州蜑户如自造船入海採珠，即從其便。貧者聽土人收養，更不科罪。所貴海户無飢窮流徙之人。」從之。

神宗熙寧五年七月四日，河北沿邊安撫司奏：勘會到四榷場真珠已賣、未賣數。御批：「訪（問）〔聞〕客人多却自榷場販到京師出賣，可令雄州據未出賣盡底勾收，因走馬承受赴闕管押上京，置場出賣。」

七年正月一日，詔定：「諸廣南真珠已經抽解欲指射東京、西川貿易者，召有力户三兩名委保，赴税務封角印押，給引放行。各限半年到指射處，與免起發處及沿路税。仍（俱邑）〔具色〕額等第數目，先遞報所指射處照會。候到日，在京委當職官估價，每貫納税百錢；在西川委成都知府、通判監估，每貫收47税二百錢。出限不到，約估在京及西川價報起發處，據合納税錢勒保人代納。即私販及引外帶數，或沿路私賣及買人各杖一百。許人告，所犯真珠沒官，仍三分估一分價錢賞告人。」

徽宗大觀二年十一月十九日，禮部狀：「修立到下條：諸非品官之家，不得以真珠爲飾。」詔從之。

三年十二月二十一日，詔：「今後真珠更不許計置上（洪）〔供〕，只許就本處買賣，循環作本。即不得因緣阻節，有失招徠之意。」

高宗建炎元年十月十二日，宰執詣御舟御榻前奏事訖，上曰：「昨日有内侍至自京師，齎到内府真珠等物一二囊，朕投之汴水矣。」黄潛善曰：「可惜！有之不必棄，無之不必求。」上曰：「太古之世，擿玉毀珠，小盜不起，朕甚慕之，庶幾有以息盜爾！」

孝宗乾道四年十月九日，權知廉州唐俊乂言：「本州昨蒙降詔，罷貢真珠。然官吏採取日甚〔一〕日，至逼勒蜑户深入無涯之淵，墜身殞命，皆不知恤，期於得珠而後已。乞行下本路監司嚴行禁戢，速具職位、姓名按劾聞奏。」從之。（以上《永樂大典》卷二〇四五）〔二〕

〔一〕當：原作「富」，據文意改。按宋人稱典當爲「倚當」，本書中用「倚當」一詞共二十餘處，如「衝改《農田敕》内許倚當田土宅舍條貫，更不行用」之類是也。

〔二〕原稿此後食貨四一之四八尚有「高宗建炎元年十月十二日」一條，單作一頁，其文與上文重複，今删。

【宋會要】〔一〕

49 淳熙三年九月二十五日，參知政事龔茂良、李彦穎奏〔二〕：「謝外日，蒙恩宣示中宮褘衣〔三〕。臣茂良等奏：『寒遠書生，獲觀儀物之盛，實爲榮遇。』上云：『珠玉之屬，乃就用禁中舊物，所費不及五萬緡。』臣等奏云：『若不因宣諭，臣等無由得知支用如此不多。』上云：『朕安肯於此妄有所費？』因宣諭：『近來風俗如何，莫大段奢靡否？』茂良等奏：『輦轂之下，近年似稍侈，皆由貴近之家倣傚宮禁，以故流傳民間。如鬻簪珥者，動必言内樣，彼若知聖意崇尚敦樸〔四〕，亦必觀感而化。』上云：『若要革弊，當自宮禁始。』茂良等奏云：『仁宗皇帝嘗以南海没入蕃商大珠賜温成皇后，后時爲貴妃，以充首飾，戚里靡然效之，京城珠價至數十倍。仁宗聞其事，因禁中内宴，望見貴妃首飾，不復回顧，云：滿頭白紛紛，殊無忌諱！貴妃皇恐易之。仁宗大喜，命剪牡丹，徧賜妃嬪。不數日間，京城珠價頓減。久之，貨鬻不行。』上喜云：『此事誠當始於宮禁。』茂良等奏：『古人謂(動)〔勸〕民以行不以言。今陛下深究治道之原，中宮又以儉德著聞，躬行于上，何患弊俗不革？』上曰：『然。』」

【宋會要】

真宗大中祥符九年正月，秦州宗歌般次、回(訖)〔紇〕李四等貢玉，送内藏庫，召玉人估價售之。凡玉大小三十九團，内一團非玉，是楊廣石不中用外，看驗除夾石膩氣古 50 玷内侵，石間道煙膩氣内侵，煙散顔色青，次及病色深、損傷等，各人釵篦腰帶用，共估錢四百餘千。詔依估價賜錢，非玉者令禮賓院給還之。

【宋會要】

高宗建炎四年三月七日，宰執進呈宣撫處置使張浚奏：「大金國進奉珠玉、寶貝等物，已至熙州。」上曰：「大觀、宣和間，茶馬之政廢，川茶不以博馬，惟市珠玉，故馬政廢闕，武備不修，遂致胡虜亂華，危弱之甚。今若復捐數十萬緡貨易無用珠玉，曷若愛惜其財，以養戰士？不若以禮贈遺。」(以上《永樂大典》卷一九九七三)

〔一〕以下三段「宋會要」下原有「禁玉」、「貢玉」、「獻玉」三小題。按上文出自《大典》卷二〇四五「珠」字韻，下文則出自《大典》卷一九九七三「玉」字韻，是珠與玉分開。但前面大題既已含珠、玉，此處不當重複，因删。

〔二〕按，據《宋史》卷一五三《輿服志》五，此是龔茂良等請將以下事宣示中外之奏。

〔三〕中：原脱，據《宋史》卷一五三《輿服志》五補。

〔四〕知：原作「如」，據《宋史》卷一五三《輿服志》五改。

宋會要輯稿　食貨四二

漕運一〔一〕

【宋會要】

1 太祖建隆三年三月，詔三司：「起今戍軍衣並以官脚般送，不得差編户民。」

乾德六年五月，詔曰：「王者之道，使人以時，非惟不奪於農功，亦冀無煩於民力。自今應諸道州、府、軍、縣上供錢帛，並官備車乘輦送。其西川諸州合般錢物，即於水路官自漕運，不得差擾所在民人。仍於逐處粉壁揭示詔書。」

開寶三年九月〔二〕，詔曰：「成都府錢帛、鹽貨綱運，訪聞押綱使臣并隨船人兵多冒帶物貨、私鹽，及影庇販鬻，所過不輸税筭。自今四川等處水陸綱運，每綱具官物數目給引付主吏，沿路驗認，如有引外之物，悉没官。」

六年六月〔三〕，命（穎）〔潁〕州團練使曹翰都大催督汴路運船。

太宗太平興國七年二月，詔：「先是劍南兩川、嶺南、荆湖、陝西諸州每歲上供錢帛，悉發民負擔，頗爲擾，宜罷之。自今並以傳置卒充其役。」

八年九月四日〔四〕，以洛苑使演州刺史王賓、儒州刺史許昌裔在京同勾當水路發運事，以軍器庫使順州刺史王繼昇、駕部員外郎劉蟠在京勾當陸路發運（使）〔事〕。先是，歲漕江（淅）〔浙〕熟米四百萬碩赴京，以備軍食，皆和雇百姓駕船，雖有和雇之名，其實擾人。太宗聞之，特令給每船所用人數雇召之直，委主綱者取便雇人，不得更差擾百姓。及是，有舟船數十綱到京卸畢，月餘不能離岸者。帝訪知，乃責有司，且問其故。乃省司乘南來運船，於力勝外別附皮革雜用之物至京，而掌庫者不時受納，是有停滯之患。判使而下，減奪俸以勵之〔五〕。

十三日，帝曰：「諸道州府多差部内有物力人户充軍將，部押錢帛糧斛赴京。此等皆是鄉村之民〔六〕，而篙工、水手及牽駕兵士皆頑惡無藉之輩，豈斯人可擒制耶？侵盗官物，恣爲不法者，十有七八。及其欠折，但令主綱者填

〔一〕漕運一：原標「宋漕運二」。按，此是《大典》卷一五九四四之標目及編序，今改爲「漕運一」。後三卷仿此。蓋《宋會要》本有「水運」、「陸運」二門，《永樂大典》輯入「貨」字韻「食貨」目（今在《輯稿》食貨四六至食貨四八），而又合此二門之條文編爲「宋漕運」一目，歸入「運」字韻。其法是以二門之條文剪下，按年月次序混編。在此過程中，由於一些條文年號或年月脱落，往往造成年代錯亂，尤以政和、宣和爲最。

〔二〕天頭原批：「異同注入，餘者不寫。」按此批之意謂此門之文校以本書「水運」、「陸運」門，有異文乃注入。

〔三〕天頭原批：「闕五年十月一條，在《水運》。」

〔四〕按，《長編》卷二四繫於九月癸丑朔。

〔五〕天頭原批：「按《水運》『以勵之』下，有『又諸道』云云。」

〔六〕皆是：原無，據本書食貨四六之二補。

納，甚無謂也。亡家破産，往往有之。」乃詔：「自今荊湖諸州綱船，令三司相度合銷人數，依江、淮例差軍將、大將管押，其江、淮、兩(淅)〔浙〕諸州一依前詔，不得差大户押綱。」

九年十月，鹽鐵使王明言：「江南諸州載米至建安軍，以回船般鹽至逐州出賣，皆差税户軍將管押，多有欠折，皆稱建安軍鹽倉交裝斤兩不足。準今年三月敕，每鹽一石已上破隨綱鹵瀝鹽一升，恐卸納補填鹵瀝折耗不足，每石更破銷耗鹽二升。管押使臣、三司大將軍將、州府軍將、綱官、(稍)〔梢〕工、本綱部轄節級同認數請納，少欠，等第均填。自後未有申報欠少去處。緣已前江南諸州般鹽税户軍將逐綱請三五千石，多是欠少一分已上，動計及千貫已上錢數，無非破産填納，例遭枷禁。校料前件人皆是村民差充軍將，量其情狀，皆非侵欺，若令破産填欠，似傷風教。稍加寬恕，深便公私。其未降勑添耗已前於建安軍請出鹽貨未到本州，及雖到未經交納，欠數每碩[2]五升以上者，乞依條勑與破耗鹽；如已經交納，及欠數不及五升者，不在此限。除破耗鹽外，更有欠少鹽價，不以前後，並乞據數勒定年限，隨夏、秋税租催納。如三百千已下，三年；已上至五百千，五年；已上，七年；百千已下，一年。」從之。

雍熙四年十一月〔一〕，詔曰：「訪聞西路所發係官竹木栰拖緣路至京，多是押綱使臣、綱官、團頭、水手通同偷賣竹木，交納數少，即妄稱遺失。自今應出竹木州軍并緣河諸州及開封府嚴行約束，每有栰拖至地分，晝時催督出界，違者準盜官物條科罪。」《宋史・宋琪傳》：端拱中，宋琪上奏平燕薊十策，其八曰饋運：「臣每見國朝發兵未至屯戍之所，已於兩河諸郡調民運糧，遠近騷然，煩費十倍。臣生居邊土，習知其事。況幽州爲國北門〔二〕，押蕃重鎮〔三〕，養兵數萬，應敵乃其常事〔四〕，每逢調發，惟作糗糧之備。入蕃旬浹，軍糧自齎〔五〕，每人給麨斗餘，盛之於囊以自隨。征馬每疋給生穀二斗，作口袋飼秣，日以二升爲限。旬日之間，人馬俱無饑色。更以牙官子弟戮力津擎裹送〔六〕，則一月之糧，不煩饋運。俟大軍既至，定議取捨，然後圖轉餉，亦未爲晚。」《墨莊漫録》：發運使，淳化四年始建官焉。六路轉輸於京師者至六百二十萬石〔七〕，通、泰、楚、海四州，煮海之鹽以供六路者三百二十餘萬石，復運六路之錢以供中都者，常不下五六十萬貫。淳化四年額，上供米六百二十萬石，内四百八十五萬石赴闕，一百三十五萬石南京畿送納：淮南一百五十萬石，一百二十五萬石赴闕，二十萬石咸平、尉氏〔八〕，五萬石太康。江南東路九十九萬一千一百石，七十四萬五千一百石赴闕，二十四萬五千石赴拱州〔九〕。江南西路一百二十萬八千九百石，一百萬八千九百石赴闕，二十萬石赴南京。湖南六十五萬石，盡赴闕。湖北三十五萬石，盡赴闕。兩浙一百五十五萬石，八十四萬五千石赴闕，四十萬三千三百五十二石陳留，二十五萬一千六百四十

〔一〕天頭原批：「按『水運』，缺雍熙二年一條。」

〔二〕況：原作「沉」，天頭原批：「『沉』疑『況』。」按《宋史》卷二六四《宋琪傳》作「況」，據改。

〔三〕「蕃」原作「蓄」，「鎮」原作「鐘」，據《宋史》卷二六四《宋琪傳》改。

〔四〕常：原作「當」，據《宋史》卷二六四《宋琪傳》改。

〔五〕齎：原作「齊」，據《宋史》卷二六四《宋琪傳》改。

〔六〕牙：原作「等」，據《宋史》卷二六四《宋琪傳》改。

〔七〕六路：原作「陸路」，據《墨莊漫録》卷四改。下同。

〔八〕氏：原作「民」，據《墨莊漫録》卷四改。

〔九〕上兩句之「五千」當有一作「六千」，否則不合「九十九萬一千一百石」之總數。

八石雍丘〔一〕。

至道二年二月，詔：「自三門垜鹽務裝發至白波務，每席支沿路抛撒耗鹽一斤，白波務支堆垜消折鹽半斤。自白波務裝發至東京，又支沿路抛撒鹽一斤。其耗鹽候逐處下卸，如有攧撼消折不盡數目，並令盡底受納，附帳管係。」

八月，詔：「荆湖般糧赴真州等處卸納〔二〕，迴脚千料船或裝鹽迴，並依例破十分人力，空船即破八分人力。如千料已下船，並依此比附分數。」

十二月，詔：「應諸道州〔三〕、府、軍、監今後合要支用財穀等，各須預先計度，準備支遣。諸處起發上供金銀、錢帛、斛㪷綱運，並須赴京送納，緣路諸州不得輒有截留。如有擅留處，其知州軍、通判、職官等並當除名，轉運使、副各勒停，三司、轉運司、發運司、州軍孔目吏已下並決配遠惡處。」帝以三司文籍多是積年淹延，因問其故，稱3諸道上供物色沿路每有截留，勘會往來，動經歲月，因止絶之。

三年十一月，詔曰：「西鄙運糧，烝庶勞弊，近遣諸軍輓送，所以息民。今嚴冬在候，士卒亦宜放歸，仍賜緡帛。」

真宗咸平四年八月，詔：「至道三年部糧草入靈州官員，自來不該元降敕命酬奬者〔四〕，並特放選，注家便差遣。」

十月，詔曰：「國家以近邊諸郡，式遏寇戎，歲屯萬旅之師，日有千金之費。雖賦租無闕，量經費以滋多；而轉餉頗勞，在久長而可慮。主其豐耗，屬在計司。免貽旰食之憂，爰訪贍邊之略〔五〕。佇聞婉畫，式副虚懷。宜令三司三部衆官同共商議，擘畫久遠，常得辦濟，不致悮闕，仰一一具奏。仍差吏部侍郎陳恕監議。」至十一月，恕等條上利害，事具《監門》。

五年七月，詔户部判官凌策與江南轉運使同計度，罷省自京至廣南香藥遞鋪軍士及使臣計六千一百餘人〔六〕，皆陸運至虔州，然後水運入京。

景德元年五月，詔：「京畿守凍綱運兵士，逐處縣分依例接續支口食料錢，仍每人特支醬菜錢百文，行運時全支二百文，更不尅折。仍令東西排岸司擗掠房屋，綱運到京，庫務未納，各認排岸司分，於其門造飯供送。庫務疾速交納，不經三司使陳告，並當嚴斷。」

十月，淮南轉運使邵曄請令漕運所出州軍知州、通判，依河堤例兼管輦運公事。從之。

二年十月，詔：「黄河綱運，宜令三司，自今後一年般運無疎失者〔七〕，其部轄殿侍、三司軍大將、綱官、綱副每月

〔一〕丘：原作「兵」，據《墨莊漫録》卷四改。
〔二〕荆：原作「京」，據本書食貨四六之三改。
〔三〕州：原脱，據本書食貨四六之三補。
〔四〕「來」下原有「京」字，據本書食貨四八之一三删。
〔五〕天頭原批：「『畧』一作『計』。」按本書食貨四八之一四同條亦作「畧」，其作「計」者今《輯稿》、《補編》中未見。
〔六〕省：原作「者」，據本書食貨四八之一四改。
〔七〕般：原作「船」，據本書食貨四六之三改。

增給緡錢。」

三年二月，詔：「河西軍營在府州者，所給芻糧自今增置渡船，仍舊於保德軍請領。如水漲、冰合，即聽隨處給遣，或預令輦載以往。委轉運司專提振之。」先是，河東民常賦及和市芻粟，並輸府州，而涉河阻山，頗爲勞苦。尋詔徙屯河東保德軍，其營在府州者聽量留之，而芻粟之費並給於保德軍。條約已來，公私爲便。至是上封者言，慮水漲、冰結，則軍士涉河，往來艱阻。帝志在愛民，故特申前詔。

十月四日，提舉綱運謝德權言：「汴水公私舟船多有阻滯，蓋形勢船舫在岸高設檣竿，他船不可過也。乞降條約，每有船過，并令倒檣，以便於事。」帝謂王欽若等曰：「如聞商旅頗以爲患，可嚴行誡約。如尚敢以形勢妨礙，令所在具名以聞，當重行罰。」

十二日，都大發運副使李溥言：「諸路逐年上京軍糧元無立定額，只據數撥發，乞下三司定奪合般年額。」三司言：「欲以淮南、江、浙、荆湖南、北路至道二年至景德二年終十年般過斛㪷數目，酌中取一年般過數定爲年額。仍起自景德四年，船般上供六百萬石，永爲定制。仍以夏秋税及和糴斛㪷除椿留準備外，餘數並盡裝般，須管數及年額。內有路分灾傷，般輦不敷額，即具保明申奏，減免分數。」從之。

四年五月，詔：「河北沿河州軍綱運，自今以軍士充役，勿役部民。」

七月，詔：「諸州遣軍士 **4** 赴京東下卸者，自今附口糧外，月別給錢二百，仍創營屋，每使其休息。」帝以士卒外役，即留廩給之半以贍其家，致飢寒不給，特優卹焉。

大中祥符元年二月，帝謂王旦等曰：「如聞江淮運糧，和顧舟楫，商旅趣利，阻其貿易，則京師粒食或致增價。可令今後不用和顧。」

三月，徙麟州、府州戍兵及鈐轄於河東。以邊部寧謐，減轉餉之煩也。仍令轉運使於河西預積芻糧，以備緩急，免非時擾民餽送。

九月，詔：「福建山路險惡，其輦致官物軍士自今遇旬休節序，並特給假。」

二年十月，詔：「如聞江、淮、兩（淛）〔浙〕等路運糧上供，雖甚寒不止。自今宜準例，令軍士休憩兩月。」《職官分紀》：大中祥符三年〔一〕，召近臣觀書龍圖閣上，閱《元和國計圖》〔二〕。三司使丁謂曰〔三〕：「唐自江淮歲運米四十萬至長安，今江淮歲運米五百餘萬，即知

〔一〕按，自此句至條末，原稿作正文大字，且其上空格分段。考此段今又見於《錦繡萬花谷》前集卷一五引《（職官）分紀》，則當爲小字注，接上文，因改。然查《職官分紀》不見此文，《大典》蓋轉引自《錦繡萬花谷》。三年：原作「二年」，按《長編》卷七四、《太平治迹統類》卷二八、《玉海》卷一八五皆繫於三年八月甲寅，據改。

〔二〕閱：原作「開」，據《長編》卷七四、《玉海》卷一八五改。

〔三〕使：原脱，據《長編》卷七四、《玉海》卷一八五補。

今府庫充實，倉廩盈衍。」上曰：「誠賴天地宗廟，而國儲多備〔一〕，亦自計臣宣力也〔二〕。」謂再拜。

三年九月，知揚州許逖請兩浙路權罷和雇舟船，所冀行商得載糧斛，以濟經旱民庶。從之。

四年十月，帝詔示王欽若等：「發運使、文思使李溥陳述年終漕輦之績，可特改北作坊使以酬之。」

五年四月，詔：「淮南堰埭運糧挽舟軍士，四時給役頗勞苦，自今冬季並令休息。」

六年三月，詔：「黃河自河陽已上至三門，并峽路河江水峻急，係山河，並依舊條外，有黃河自河陽已下，并三門已上至渭橋倉〔三〕，并諸江、湖、淮、汴、蔡、廣濟、御河及應是運河，水勢調勻，本綱抛失重舡一隻，依舊條徒二年，二隻遞加一等，並罪止十一隻。空船各減一等。押載、押運節級降充長行，綱副勒充（稍）〔梢〕工，使臣、人員並替，（稍）〔梢〕工、橰手罪各有差。如收救得糧斛，即以分數定刑。」

四月，重定山、平河虧失柁木條格：「柁頭以一柁爲準，團頭、綱副、監官、殿侍以一綱爲準。山河以笞，平河以杖。柁頭、團頭以家貲償官，不足則杖之。殿侍杖而勿償。」初，太平興國八年勅定平河條格，至有杖背者。議者以其太重，而山河悉無條格。編勅所上言，付三司與刑寺評定，且請計其所失爲十分分定，罪止至杖一百〔四〕。從之。

十月，三司言：「揚州運鹽四千斛赴杭州，凡四十船，船二百斛，有盜及太半者。官司止論走鹵罪，杖而免之，頗容姦弊。自今應鹽船除耗外，有隱欺者，請令劾罪備償。」從之。

七年四月，詔：「廣南諸州上供物色，雖綱運不多，如聞皆自本州專差牙校管押赴京，地里遥遠，頗聞勞止。自今並令減省其數，遞送赴闕。」

八年四月，國子博士夏侯晟等言：「監百萬倉，收到出剩，乞行酬獎。」詔曰：「自京畿達於淮泗，倉庾相望，轉漕至多，若無增損之欺，寧有羨餘之積？俾均出納，屢降詔條；仍覽典司，尚形僉奏。特申明於舊制，表深示於至公。罔或損人〔五〕，以圖薄効。宜令三司遍行指揮，有裝納倉敖去處及在京諸倉監官等，並須兩5平受納，不得減尅。收到出剩，並不理爲勞績。但一界了當，别無少欠，即依元勅施行。」

五月，詔：「諸州軍差兵士充（稍）〔梢〕工主提綱船者，並依牽駕兵夫例支給口養。」先是，淮南江（淛）〔浙〕發運使李溥上言：「牽駕兵士不認折欠，仍給口食，（稍）〔梢〕工抱認折欠，陪納官物，即不支口食，頗未均濟。」故有是條約。

〔一〕儲：原脱，據《錦繡萬花谷》前集卷一五補。
〔二〕宣力：原無，據《長編》卷七四、《玉海》卷一八五補。
〔三〕渭：原作「謂」，據《補編》頁五五八改。
〔四〕至：原無，據《補編》頁五五八補。
〔五〕損：原作「捐」，據《補編》頁五五八改。

閏六月，詔：「廣南、西川京、朝、幕職、州縣官丁憂離任，情願管押綱運者並聽，仍給驛券。」

九年正月，令內藏庫，應諸州上供疋帛，內有些少損壞者，更不退還諸州。初，中使江德明勾當庫，因言：「自來綱輦中有汙損者悉付逐州區斷。昨自去秋已來，諸道急於輦運上京，欲望有損壞者，悉免退還區罰。」帝曰：「德明此奏，頗有所長。」故從之。

二月，詔：「如聞廣南上供綱運悉令官健護送至闕，頗亦勞止，自今令至虔州代之。」

四月，江淮發運使李溥言：「今年初運七十一綱，糧斛百二十五萬三千六百六十餘石，自前逐綱一員管押，既鈐轄不逮，遂多盜竊官物。今以三綱併而爲一，則監主之人加二，俾通管之，則綱船前後得人拘轄，可減盜竊。內奉職、大將三人同押當七十二綱，糧斛四十九萬石，納外止欠二百石。竊取既少，則大減刑責。押綱人乞第賜緡錢。」從之。

六月，詔：「清河并江、湖綱運(稍)〔梢〕工盜取官物，却以他物拌和，有人告訴者，如一船內只拌和數少，不曾故意沉溺舟船者，只將已拌和却鹽糧官物碩斗數目估價直，每一千省支與告事人賞錢百文。如估直至五百千已上者，止給賞錢五十千；若估價不及一千者，亦依一千例支賞。並以係省錢充。」先是，李溥上言：「元勅：應盜官物并雜以他物，及故爲僥倖沉溺舟船者，如有人告獲，每一船給賞錢三十千，二船四十千，三船已上五十千。官司執是法以罪，而不分輕重之差，乞別行條約。」故有是詔。

天禧元年正月，詔：「漕運之務，雖國計以攸資；舟楫之勞，諒人功而可恤。其江、淮等處上供斛㪷，特權罷今年春運一次。」

六月，江淮兩(淅)〔浙〕發運司言：「真州等處轉般倉及江浙上供米二百七十餘萬斛，欲留逐處，以濟闕乏。」從之。

七月，知許州向敏中言：「京西轉運司支撥均、襄、房、鄧州軍見錢於許州下卸，支與西京及諸州充備收糴斛㪷。先准見錢不得令遞舖遞，若止差衙前破官錢雇脚般載，自是衙前人因般錢陪補，破產者甚衆。況(至)〔自〕襄至許，香藥遞舖別無大段綱運，其計度收糴斛斗價錢，欲乞權且入香藥遞舖遞至許州下卸，候轉遞諸州〔收〕糴斛斗價錢有備，即依舊制。」從之。

十(一)〔二〕月十二日[一]，詔：「京東西、河東、河北、陝西、淮南等路州軍上供綱運，陸路至京者在道苦寒，宜分差使臣馳驛往逐州，應有綱運到處，悉令准數交納，置庫收管。其部送牙校當給日食者勿停留，至來春輦送赴闕。」

十五日，詔：「河東沿邊諸州軍、河外麟、府州[二]，歲

[一] 十二月：原作「十一月」，按《長編》卷九〇此條及下條詔皆在十二月，據改。

[二] 州：原無，據《長編》卷九〇補。

調6民輦送芻糧者，宜令特免一年。」

八月十一日[一]，詔江淮發運司漕米三萬碩，由海路送登、濰、密州。

十二月，淮南江(浙)〔浙〕荆湖制置發運使黄震言：「承前諸州米綱少欠，其部送官員悉均償欠數。望令自今止勒元部綱牙校等均償。」從之，官員顯有侵欺者乃償。

是月，都大巡檢汴口堤岸張君平言：「淮南、兩浙、荆湖、廣南、福建路雜般綱運軍士，望自今相度地里，就本處併給緣路日食，免費近京倉糧。」詔付三司定奪以聞。

二年正月，荆湖北路轉運使王吉長言：「綱運所過州軍，多給大小麥爲兵健日食，望令自今並支粳米。」從之。

二月，詔：「御河押運三司大將、軍將、殿侍并見在本河押運人員等，並令於元定二十萬物色上更添五萬，共作二十五萬。如三年前滿得替，自能於裝發去處認數裝般，及得二十五萬數，即依例引見酬奬。或内有元差諸處衙前請般物色，其押運大將、軍將、殿侍等只是管押綱船，不曾任數裝般官物，亦須及得三十萬數，别無損濕、少欠、抛失、違程及雜犯罪僁，亦許依例引見酬奬。」

四月，江淮兩浙發運司言：「今春發諸州軍銀、帛、絲、綿五十五萬五千，計糧儲四百十七萬碩上供[二]。」帝曰：「江淮方稔，宜令更留三二百萬碩以充軍糧，免其擾民。」從之。

閏四月，詔：「三司所般布帛除已般輦外，所餘者並於水路般運上京，無復差輟車乘。」

六月，三司言：「汴河綱船除二百五十料至三百五十料者，已自楚州五運、泗州六運，更不增力勝斛㪷。其四百料已上至五百料綱船，欲令並增力勝。」從之。

九月十八日，詔：「三班使臣部送益州綱運至荆南無遺闕者，自今每運賜錢十五千，三司軍大將十千。」

二十八日，三司言：「江、淮、兩浙、荆湖五路押綱殿侍自來不許般家，望自今許挈家隨行，所貴就得請受，益用勵心。」從之。

十月七日，三門白波發運使杜詹言：「自今有抛失收救到鹽、糧及諸官物，許本司差隨處地分官員躬親點檢送官。」從之。

十九日，淮南江浙荆湖制置發運使賈琮等言：「綱運兵(稍)〔梢〕多是盜拆舟船板木貨鬻，致官綱於江河行運闕少動使，多致疎虞。望下開封府、發運司、諸路轉運司，令遍行指揮逐處排岸司及地分巡警軍人常加察舉。」從之。

十一月，詔：「諸路州、府、軍、監自今後應起發上京綱運，所差因便押綱得替幕職、州縣官等，並給與驛券。仍令起發綱運州軍責勒文狀，委得在路躬親鈐轄，依程赴京，不

[一] 查《長編》卷九〇，此月日不誤，則此條當移前。此是《大典》合併「水運」、「陸運」二門時誤置。

[二] 十七：原作「七十」，據本書食貨四六之五、《長編》卷九一乙。

得取便別路行。犯者，從違制定斷。」初，邵武軍得替司法參軍路在押綱赴京，而中路擅自離去，爲本軍所奏，故條約之。

三年正月，殿中侍御史王臻請下發運司，自今糧綱十分人，七分差兵士，三分給和雇工錢。詔(令)令多差軍士相兼，勿得專雇人夫，仍令轉運使提舉。

十一月，詔：「荆湖、江、浙、淮南水路綱運自來隨舡動使【7】及鋪襯、苫蓋之類，官量給數，餘並綱官等率掠兵士。委自轉運司及制置發運司，應綱舡動使、鋪襯、苫蓋物，並從官給，不得更令兵士出(辨)〔辦〕。」

四年三月，三司言：「前詔江、淮、兩(淅)〔浙〕、荆湖五路部綱殿侍聽挈家屬隨綱，其惠民、石塘、廣濟[一]、黄[二]、御、蔡河押薪炭者，亦望如前詔。」從之。

十一月，詔罷河東沿邊州軍明年轉般芻糧。以本路轉運司言邊儲有備故也。

五年八月，三司使李士衡言：「京西、河北轉運司元規度於河東晉州發斛㪷三十萬赴滑州，山路艱險，慮或稽期，欲止於滑州、通利軍入中，優給其直。」從之。

十月，詔獎淮南江(淅)〔浙〕荆湖發運使周寔，以其自春至冬運上供米凡六百餘萬碩故也。

乾興元年三月，仁宗即位未改元。三司言：「兩浙、荆湖産茶州軍，準大中祥符二年勅[三]，須預(辨)〔辦〕人船，及時計綱，發赴合納榷務下卸，不得積留在彼，損惡官茶，及有誤出賣，虧失課程。諸州軍近年多不依限起發，欲乞明立科條，須限當年江河水勢未落日前，盡赴逐榷務交納，不得延至秋冬，致水小阻滯。如今後公然怠慢，不預計置般送，致有稽違，並委制置司取勘官吏情罪，内干繫人依法區斷，命官，使臣取裁。」從之。

十二月[四]，上封者言：「兩川四路物帛綱運，每日遞鋪常有積壓，主持人等般運苦辛，科率之時，不無勞擾。國家取之無窮，使蜀中物價何由平賤？望以兩川所發綱運一年計其數，於内詳酌不急之物，可與減放三二分，庶使遠民寬裕，聖澤普均。」詔三司定奪聞奏。三司言：「兩川匹帛，自來計度每年聖節、端午、十月一日内人春冬衣賜[五]，并准備非時傳宣取索，及國信往來，兼應副南郊支用綾羅、錦綺、鹿胎、透背、欹正、生白、大小綾花、紗絹等，下益、梓州兩路織買出染，并逐州依久例於出産州軍逐旋計綱起發上京，於内藏庫送納。今詳所陳，乞與減二三分，誠爲便民，其如國家年計支費不少，若或減省，深慮闕供。今定

[一] 廣：原作「唐」，據《長編》卷九五改。
[二] 黄：原無，據《長編》卷九五補。
[三] 天頭原批：「『二』一作『三』。」按，見本書食貨四六之六。但《補編》頁五五九亦作「二年」。
[四] 十二月：按《長編》卷九六，此條事繫於天禧四年閏十二月，今列於仁宗乾興元年，似誤。
[五] 日：原脫，據《長編》卷九六補。

奪，除錦三十五段全減不織造外〔一〕，其餘欲且依舊。其絹、布、紬、絲、綿自來於益、梓、利、夔四路轉運司轄下州軍每年買納〔二〕，除應副陝西、河東、京西轉運司及本路州軍衣賜支遣外，如有剩數，即令逐州軍差人管押上京送納，每年省司元不曾椿定上京數目〔三〕。所有自西川水路起發布帛六十六萬疋，赴荊南水路轉般上京，並要應副在京并京西州軍衣賜支遣，今定奪難議減省，欲且依舊。」從之。

仁宗天聖元年三月，三司言：「提點倉場所奏請事件，內：『綱運載斛㪷上京，內有濕潤，即監鏁（稍）〔梢〕工、綱官攤乾，比元樣受納。若無欺弊，從不應爲重斷。納外有少欠，亦取勘情弊，依條施行。』省司看詳：糧綱（稍）〔梢〕工、綱官濕潤斛㪷已有條例斷遣外，押綱人員未有條貫，欲乞今後如有濕潤斛㪷船五隻以上，其押綱殿侍、軍大將笞二十，三隻加一等，8罪止杖六十。委排岸司勘罪，申解赴省斷遣。如一年內兩爲濕潤斛㪷該杖者，即勒下。每裝發綱運，委知州、通判或本判官、兵馬都監、監押、排岸使臣、在倉提點，兩平量，不得虧損綱運。許押綱人員指索布袋封記，乞行盤量。如實比元樣虧少，並勘逐元裝發倉分監專等情罪，依條施行。又自京至泗州，催綱更不差使臣三人，只令內侍曾繼華乘遞馬往來覺察，催促綱運，巡捉偷糴拌和。提點沿河地分都監、監押、巡檢、催綱使臣、令佐等依先降編敕施行〔四〕。仍令各置曆，每巡捉到公事，並令所屬州軍批書，候得替，繳連申奏，量與酬獎，違者勘罪聞奏。又每綱船至雍丘，令本縣兵馬都監具過橋牒報東排岸司，預定下卸倉分，及委排岸司候到，差人勾催，不得住滯隔驀。如違，許人陳告，不虛，支賞錢五千，以下鏁抽稅力勝錢充，排岸司官吏並當嚴斷。又自今起運時，選差使臣、忠佐二人監催下卸，搜檢空船，不得隱藏官物。沿河排那泊處，除押綱人員船外，不得存留燈火，偷糴拌和。或綱船津漏，勒兵（稍）〔梢〕走報押綱人員，取燈火與地分巡檢同共覷步，愛護官物，不管疎虞。新城外委巡檢，開封、陳留界汴河兼巡捉催綱使臣依此施行。押綱人員能自部轄緝捉梢工，愛護官物，不至入水拌和，每運倉司看驗，並是乾圓，即令批上印紙照證。至得替，一界並不曾有斛斗濕潤，更與押綱一次。其年終般過斛㪷地里合該酬獎人數，不在此限。如或不切用心鈐轄，稍有彰露，即依法科罰。」並從之。

四月，詔：「淮南居河路縣分，應造下土珠、土纏擬要賣與綱運拌和斛㪷人等，已有天禧五年十二月條貫，自今仍許鄰人及諸色人告捉送官，勘逐不虛，並支與賞錢十千，以犯事人家財充。慮斷遣後，與舊居止處人別生讎嫌，移送鄰近州縣不居河路去處居住。鄰人知而不告，別致彰

〔一〕錦：《長編》卷九六作「綺」。
〔二〕轄：原作「轉」，據本書食貨四八之一五改。
〔三〕曾：原作「拋」，據本書食貨六四之二〇、《長編》卷九六改。
〔四〕敕：原無，據本書食貨四六之七補。

露，並重行科斷。如不知情〔一〕，止從不覺察，於杖六十條斷遣。」

五月，詔：「自今般鹽船至京交納數足外，元破在路耗鹽每蓆二斤半，數内却能愛護，不致抛撒〔二〕，留得耗鹽，於十分中量破二分，等第支與押綱人員等充賞。每收五蓆，只以一蓆錢均給。押綱省員、(數)〔殿〕侍、綱官等每人二千，副綱一千，(稍)〔梢〕工每蓆二百文。其人員、綱副收到五蓆已下，梢工收到一蓆已下，更不支賞，人員并綱副須是全綱逐船各有出剩，即依此支賞。若或綱内雖船數出剩，其餘船却有少欠，不在支給之限。」

是月，三司言：「黄、汴河勾當使臣年滿得替，栽種榆柳及得元條例，與家便差遣。其緣汴河都監、監官等每有綱運經過，並不鈐轄斷絶。乞今後各令於地分内催促綱運，依日限出地分，及令本處使臣遞相置曆抄上到發月日，候催促出地分，於界首使臣處印押。如内有故住却日數，亦須開説，即不 9 得妄外取索綱運申報。候得替，除栽種到榆柳及(充)〔元〕條數目外，須是將催過綱船月日抄上曆子，令州府與栽種榆柳一處繳連申奏。及捉到偷糴拌和斛㪷及欠少數目〔三〕，係甚刑名斷遣，批書分明，方與酬奬。」從之。

三司鹽鐵副使俞獻可言：「乞下陝府西路轉運司指揮鳳州或鳳翔府〔四〕，每川陝綱運到驛，令税務監官每十擔計抽揀一兩擔，如有影帶匹帛，盡底點檢勘罪，依條施行。」從之。

七月，三司言：「陝西路轉運司奏：『轄下沿邊四路州軍大屯軍馬，每年支撥軍須物色萬數不少，逐州軍所管衙前人數又多例各一年兩次差遣。當司相度，欲依河東轉運司例，每年於在京駞務差撥駱駞二百頭，差殿侍或三司軍大將四人，每人分駱駞五十頭，就近於草地放牧餵養，準備沿邊州軍緩急少闕軍須物色，立便抽差部轄，管認般送應副，不至撓民。』詔下三司定奪。省司檢會：在京見管駱駞無多，即目在石州牧放未迴。今欲先於石州見牧放數内就近支撥百頭赴陝西交割，即令本路破係省錢收買，就華州華陰縣界泉店牧放。其軍大將即從省司差。應有鈐轄事件，並依河東路駱駞般運條例。」從之。

七月，詔：「自今汴河糧綱到京納外少欠，除依例給限填内，不足，許將綱梢等合請糧食，令排岸司勾索隨綱券曆點檢，具合請人數則例送糧料院，據見管人合請糧食數目明白批勘，聲説坐倉不請充填欠數。仍當日内依曆具逐人名下糧斛色額、碩㪷，印書公文送排岸司照會。銷欠外有剩數，即令向下勘請，不得在京批勘。若填外尚有少欠，即依條施行。」

〔一〕知：原作「上」，據本書食貨四六之七改。
〔二〕致：原作「至」，據本書食貨四六之七改。
〔三〕欠：原脱，據《補編》頁五六〇補。
〔四〕府：原無，據本書食貨四八之一五補。

八月，詔：「淮南、江、浙、荆湖逐年起發上京斛㪷，近多不及元定額數，宜令逐路轉運司依先降敕命所定年額合般斛㪷數目，預先計度，用心擘畫，須管敷及年額。仍發運司不住提舉催促，不得更致虧少。」

十月，淮南江浙荆湖制置都大發運使趙賀言：「荆湖、江、浙路逐年起發糧斛、錢寶并茶貨、鹽貨不少，全藉綱運往迴疾速，方獲(辨)〔辦〕及，却被沿路經過税務不便點檢發遣，多是住滯，深見妨滯行運。欲乞嚴戒沿江河州軍商税務，自今綱運經過，如敢住滯，並乞勘罪斷遣，仍據住滯日分虚食請受攤陪。監官亦勘罪行遣。」從之。

二年五月，詔：「蜀州四縣折納夏秋税布，從來止令本州打角，差夫般往新津縣堆貯，候交與押綱人員，使臣入船，下往嘉州合併起發。所差人夫倍多，擾費民力。自今止令新津縣置庫受納，候及數目，就彼計綱打角，支與水路綱運起發。合銷庫屋下蜀州修蓋，逐年依條差專副，只委新津知縣、監押同受納。」

十月，詔：「應外處請賞給折支物色，自來管押使臣三班院差定，慮不知外處差人等候，同共請領，妨滯起發。自今三班院應承受得密院劄子〔一〕，並書鑿到院月10日時辰，於當日或次日定差，當降宣命。如稽遲，勾押官已下當勘罪施行。」

二年十月，三司言：「御河牽駕糧船兵士，每年至綱船守凍住運，放歸本營歇泊。」從之。

十二月，詔：「真、楚、泗三州排岸使臣，並令發運司同罪保舉，與當親民差遣。」

三年十月十二日，詔：「江、淮南、兩浙、荆湖沿江河州軍排岸〔二〕、催綱、巡檢使臣，自今綱船到地分，晝時審看風色，催促起離，不得勒住。令供到發文字及勾索行程批書，實有沿路阻滯，本綱將到行程，即依條保明，批書發遣。如更故違，或乞覔錢物，其干繫人並乞依條勘斷。又逐處轉般倉監官須是公平裝卸，不得大納小支，收到出剩，不得批上曆子。至替日，但一界給納了當，即特與酬奬。應轄下州軍每遇裝發糧綱，先勒押綱人員入敖看驗斛㪷，如是涼冷，即責綱衆結罪文狀裝發；若斛㪷發熱，即倉司併役人力般騰出敖，就廊屋攤浪〔三〕，冷定後裝發。又和糴斛㪷裝發至卸納倉場，如驗得麤弱不堪上供，即委知州、通判入倉，同與監官集綱(稍)〔梢〕人員對衆看驗，如實麤弱不堪，即勒行人估定紐計虧官價錢并枉費般輦請受，牒元糴州軍勘斷。監專、㪷級於合分攤人名下剋納入官，雖遇赦恩，不得除放。」

二十三日，三門白波發運使張慎言〔四〕：「綱運每有拋

〔一〕院：原作「縣」，據本書食貨四八之一五改。
〔二〕「江」下原有「府」字，據《補編》頁五六〇删。
〔三〕攤：原作「灘」，據《補編》頁五六〇改。
〔四〕張慎：《補編》頁五六〇作「張順」。

失官物，久例取憑地分村耆并全綱人照證〔一〕，結軍令罪保明，除破官物。竊詳編勑止説先取責全綱上下遞相保明軍令罪狀，即與本縣官員覺察保證，深慮村耆與綱司扶同欺弊。乞自今有諸綱抛失鹽糧稍柴諸物〔二〕，令本司差所屬縣分令佐親詣抛失處覺察有無情弊，保明關報本司。所貴照據分明，免有欺弊。」從之。

二十七日，舒州言：「皖口都鹽倉自來差殿侍〔三〕、三司軍將押綱到彼下卸，本州止差里正、軍將交納。每一界計鹽百餘萬斤，自乾興元年以前，累界支賣漏底，例皆欠折錢一二千貫。蓋是押運人員欺以鄉民里正生踈，多將鹽貨侵偷貨賣，或入雜拌和，欹壓秤勢，斤兩不足，是致交納後漸次銷折。自天聖元年後來，擘畫將衙前職員自都知、兵馬使、都押衙已下至通引官已上，以職名資次與里正、軍將新人相兼勾當，並得斤兩齊足，無拌和之弊〔四〕，逐界鹽倉支賞了當，仍有出剩，又本鎮賣鹽課利，比附遞年增至三五倍。乞下本州常切遵依。」從之。

十二月十二日，詔：「自今裝載（楊）〔揚〕、楚、通、泰、真、滁、海、濠州、高郵、漣水軍等處税倉和糴斛㪷，並依裝轉般倉斛㪷空重力勝例，並以船力勝五十碩爲準，實裝細色斛㪷四十碩，與破牽駕兵士一名。其空船亦依差裝轉般倉例。」

二十四日，詔：「自今應請般小河運糧鹽人員坐船，許令只裝一半官物，餘一半即令乘載家計物色，所貴人員易爲部轄，免致兵梢論訴。」

四年五月二十一日，詔制置發運司：「兩（淅）〔浙〕裝鹽舟船合 11 用鋪襯荷葉、蘆蕟等物，舊止令兵梢出備，以此之故，多有率掠，及別致侵盗官物。自今並從官給。」

閏五月，臣僚上言：「經過荆湖、江、淮四路州軍，體問逐州在市米價，或七八十，有至百文足者。率言州縣和糴場緊急欲糴及萬數，兑那秋税斛㪷上供〔五〕，小民闕食。伏覩咸平、景德中，發運司遞年上供斛㪷不過四百五十萬，是時江淮人民富樂，國家儲蓄有備。其後本司惟務添及萬數，以爲勞績，比至近年，上供已及六百五十萬。欲乞先勘會在京見管斛㪷數，即於咸平、景德已來逐年上供數内酌中取一年立爲定額。」詔下三司詳定。三司言：「勘會在京所支人糧、馬料斛㪷萬數浩大，全藉向南諸路船般應副。今欲酌中於天聖元年額定船般斛㪷六百萬碩上供數内權減五十萬碩，起自天聖五年後，每年以五百五十萬碩爲額。」從之〔六〕。

〔一〕憑：原作「馮」，據本書食貨四六之九改。

〔二〕稍：原作「梢」，據本書食貨四六之九改。「稍」謂枝葉。《天下郡國利病書·山東五》：「山柳枝葉謂之稍。」

〔三〕皖：原作「晥」，據《補編》頁五六〇改。

〔四〕拌：原作「伴」，據《補編》頁五六〇改。

〔五〕兑那：原作「充郡」，據本書食貨四六之九改。

〔六〕天頭原批：「副本有《玉海》一條附注。」按，見《補編》頁五六一。

十一月，詔：「温州所支綱運兵梢、綱官轉海至明州添支米，人日一升半，元破四十五日。內有船或遇便風時月，別無阻滯，及軍梢用心攙駕〔一〕，轉海行運，不約日限到明州本鎮，其餘日添支米舊合回納，自今與免尅筭填官，一例消破。」

十二月，河北轉運司言：「德州將陵知縣張存申：『昨撥定額殿侍黃志、蓋玉、馮信、張榮、王克明等五綱赴縣交裝，支下保、趙州、安肅、信安、順安軍斛㪷。內有張榮經今半年，並未曾到縣；馮信曾裝斛㪷一轉赴順安軍，又却於別州軍裝載雜物過往向南州軍，今及四月有餘未迴。體問得止是押綱人員避見裝載斛㪷，多於逐州軍私相計會截撥裝般錢帛雜物，務要萬數益多，苟求遷轉，遂致沿河州縣斛㪷積壓年深，枉有陳損。蓋條約未備，因緣爲姦。欲乞檢詳御河押綱人員條例，於三年所般三十萬官物數中別定，須得兼載斛㪷三萬已上。如般過錢帛雜物萬數雖多，亦不得準折充數。如此，不惟止絶得綱船輦運倖門，兼向去沿河州軍亦可廣謀計置。』當司相度，欲依張存所申，其般三十萬官物數中，須令兼般斛㪷三萬石，方得理爲酬獎。」事下三司：「勘會河北沿邊居河路州軍所要支贍軍儲，自來全藉潮、御河相兼輦運般供，欲自今押運省員、殿侍三年內般輦諸官物數中，斛㪷須是般及細色軍糧三萬石已上；如般粗色，即依倉式例準折。貴使押綱人員各自用心，趁逐般輦軍糧，應副沿邊支用。」從之。

天聖五年二月，京西轉運司言：「唐、汝、隨、郢州、光化軍月收諸色課利錢，除留州支遣外，其餘自來並入香藥遞赴許州下卸，應副以北州軍糴買糧斛及諸般支用。自編敕條貫後，不得入香藥遞鋪般運，諸州軍止差衙前支官錢雇脚般載，陪備錢物，或致破産。勘會均、襄、房、鄧州軍錢已許入香藥遞鋪轉送外，上件諸州軍欲乞依例。」從之。

五年八月，江淮發運司言：「管 12 押汴河糧綱殿侍、軍大將，准條四百料至五百料綱船，自今楚州般得四運斛斗及三萬六千石已上，泗州般得五運斛㪷及四萬二千石已上，到京卸納了足，及經冬短般，至年終，無拋失欠少，即依條酬獎。近年諸綱才般及一兩運斛㪷，便於逐處排岸司僥求借撥別綱舟船相添般運，要趁酬獎。本司見行撥併汴河每五百料船二十五隻爲一綱，四百料船三十隻爲一綱，應副趁辦酬獎〔二〕。欲乞今後汴河糧綱不得更於逐處排岸司借撥別綱舟船般運，如違，並當依法勘斷，仍至年終不爲勞績。」從之。

六年正月，陝府西路轉運(司)〔使〕杜詹言：「本路沿邊環、慶、鄜、延、原、渭等州軍屯泊軍馬，支費見錢不絶，供饋或至少闕。欲將近裏州軍每月課利見錢，勘會就地里近便送納，那近邊場務課利見錢在邊上送納，免致闕絶。兼逐

〔一〕攙：原作「儳」，據本書食貨四六之一〇改。
〔二〕辦：原作「辨」，據本書食貨四六之一〇改。

處場務勾當人但於就近送納，免差衙前般運陪備及兵士般擔辛苦，枉破地里脚錢。」從之。寧州彭原、赤城、寧羌、午狼、楚村、王澤莊、狼山等務，並赴慶州；邠州永昌、韓村、秦店、左勝、洪河、龍安莊、曹公莊、房陵村、李村買撲石炭，定平縣、張村、陵頭村等務，並赴寧州；乾州麻亭、郭下、永壽鎮、新店、平泉村、蓋村、東大樹村、北務村、巨家莊、馬坊村、南舜城、羊馬店、權家莊、下交、秋林村、梁店、蒿店、常寧寨、平陽村、永寧村、白石泉等務，並赴邠州；永興軍興平縣、甘北、醴泉縣、臨涇、武功縣、甘河等務，並赴乾州；鳳翔府普潤縣、麟遊縣、崔模、法善寺、洛谷、扶風縣、盩厔縣、清平鎮、岐陽鎮、坧子坑等務，並赴乾州〔一〕；華州華陰（陰）縣、關西鎮、常樂、車渡〔二〕、荆姚、漢帝、下邽、來化、敷水、泉店、潼谷、蒲城、零起、石炭店、渭津渡、晉興渡、曹村渡、温湯渡、普濟渡、黄城渡、索曲渡〔三〕、嚴信渡、姚渡、使渡等務，並赴同州；同州韓城縣務赴丹州〔四〕，白水縣務赴坊州。

二月，虞部員外郎蘇壽言：「近年少有舶船到廣州，其管押香藥綱使臣端坐請給，欲乞抽歸三班院別與差使。自今遇有舶船起發香藥綱，即具馬遞申奏，下三班院逐旋差使臣往彼。」從之。

三月二十三日，三司言：「制置發運司言：『準編敕，諸河押綱殿侍、三司軍大將應杖罪，如不係上京，内三司軍大將即就近送本路轉運或發運司勘決訖，具所犯因依、斷遣刑名申省〔五〕；其殿侍即勘罪申省，降杖區分。仍並令依舊押船。其徒罪已上，並差人替下，押赴省。發運司勘會：諸河押運殿侍爲有上項條貫，多不用心，信縱兵梢作弊侵欺，損失官物。雖省牒降到合決杖數，又緣行運往來無定，不時決遣，或該遇赦宥，是致全無畏懼。今檢會天聖四年至五年共有殿侍二十四人違犯抛失、偷侵、少欠茶鹽糧斛，並該赦放罪。欲乞自今諸河押綱殿侍不係上京，或有罪犯徒以上，依元條替下，申解赴省。若該杖罪，乞依三司大將例，就13近申送轉運、發運司勘決訖申省。』」從之。

五月，京西轉運司言：「據襄州狀：『逐年準轉運司牒，輪差轄下十餘州軍衙前往荆南般布十萬疋赴當州下卸，準備以北州軍般取充軍裝。州司檢會：荆南先造船十隻，遇諸州軍抽差綱副到般請布帛，逐州更差人員、兵士五十人往彼牽駕。上水灘磧，或至一年方到州，縱不遭風水疎失，須有上霑下濕、水漬鼠傷，估剥虧下價錢不少。復近年以舡造年深，釘板疎漏，不任裝載，逐年綱副自雇船般運

〔一〕並赴乾州：上文已有此語，兩處「乾州」當有一誤。詳此文所述送納路綫，皆是近南之州軍分别赴其北面相鄰之州送納。永興軍之北爲乾州，故赴乾州；鳳翔府之北爲涇州，則此句「並赴乾州」當作「並赴涇州」。

〔二〕車渡：原作「庫渡」，據《長編》卷一一八改。其地屬蒲城縣。

〔三〕「索曲渡」下原有「渭津渡」三字，已見前，故删。

〔四〕此句「同州」二字原無，按此文皆以州領縣鎮，韓城、白水二縣俱屬同州，因補。

〔五〕遣：原作「追」，據本書食貨四六之一〇改。

布，每萬疋出雇脚錢百貫，并緣行它費不少。州司相度：當州南路省遞鋪，逐鋪各管兵士十餘人，日前曾般運南來香藥〔一〕，自來轉江上京，遞鋪兵士别無般送。欲自當州至林湖鋪、荆門軍界至荆南諸鋪，各添兵士及二十人，置小車子十兩，每兩推載布二百匹，日運二千，計五十日十萬數畢。或阻陰雨，至兩月可畢。其添兵士却遣歸，小車子即委巡鋪使臣拘收封鏁〔二〕，准備逐年般運，免致衙前陪備脚錢。』欲乞依襄州擘畫施行。」從之。

六月，制置發運使鍾離瑾言：「江、浙、荆湖諸州軍逐年買下茶貨，般裝赴沿江榷務及淮南州軍綱運，或遭風抛失，全綱載不收，其綱梢、人（貨）〔員〕依編勑等第斷遣，其茶貨便即除破。若綱梢、人員收救得水濕茶貨到卸納處，將茶味定驗分數勘斷後，紐計虧分價錢，剋折軍人請受填納。竊詳全載不收，決訖疎放，收得分數，既已科罪，又更剋納虧分價錢，以此條約不均，是致茶綱每遭風水，皆不肯收救，枉失官物。欲自今應茶綱遭風抛失，兵梢自能用心收救，即差官點檢，委實别無欺弊，與依編勑，取責一綱上下地分村耆等人，結伏無虛僞罪狀，勘逐綱梢人員，依法施行。所有收救到茶貨至卸納處，只據見在分數收納入官，更不紐計剋納虧官價錢。若在路不切愛護，致有水損，但不係遭風抛失收救到茶數，即依元勑剋納虧官價錢。」從之。

八月十五日，三司言：「益州路轉運司奏：『據邛州狀：每年起發上京等處綱運〔三〕，乞於本州并蜀州新津縣各留兵士五十人、節級二人在彼守候綱運，般遞至益州遞鋪交割。已移文本州，今後遇起發綱運，即於本城兵士輪差般擔至益州。今知邛州萬可觀奏，乞相度邛、蜀州差兵級般擔上京綱運至益州，並一年一替。當司看詳，邛、蜀二州非要衝道路，逐年起（撥）〔發〕應副河東等三路物帛綱運，并非時差人般請馬藥等，並是常程綱運，别無外路州軍綱運經過，不至煩併，逐年已令依差出兵士在外例日給口食。今相度，乞依舊於本城兵士内輪次暫差，仍乞依當司所奏，邛州添招克寧兵士七十人，蜀州添招百人，用填闕額人數。』省司欲依轉運司所奏施行。」從之。

九月，嘉州言：「據行迴疋帛第二綱上運三司軍將張承祐申：昨準荆南排[14]岸司差撥本綱謝進等舟船四隻并元駕兵級三十人，載送新授閬州司理參軍薛儲上水赴任。又申：楊順手下人船亦準荆南府牒，差撥載送新授歸州判官元泊赴任〔四〕。又却準歸州差，載送本州得替知州下往荆南，未迴。竊緣當州逐年載運益州等處布帛十綱赴荆南，近來向下州軍輒將布帛綱人船與川峽、荆南官員赴任得替，擅便於綱運内抽射人船，不惟久占舟船在外，并帶領

〔一〕來：原作「米」，據本書食貨四八之一六改。
〔二〕鏁：原作「鍊」，據本書食貨四八之一六改。
〔三〕發：原作「撥」，據本書食貨四八之一六改。
〔四〕撥：原作「發」，據本書食貨四六之一一改。

兵級虛破口食，乞嚴降指揮止絶。」詔下三司定奪。省司言：「緣在京四排岸司迴脚空船，官員指射乘載赴任，已有編敕，其川峽迴脚空船即未曾明立條貫。欲自今川峽赴任并得替官員，如委的係沿江地分該得空船迴路，即得指射一隻，因便乘載。不得迂迴，往復占射，別致住滯，有妨輦運。如違，其元差綱船干繫官吏必行勘斷，仍據往復支過兵梢、人員錢糧、口食，勒令均攤，陪填入官。」從之。

十月，三門白波發運使、比部員外郎盧隨言：「點檢本司押鹽糧綱船殿侍、軍大將或有拋失舟船，臨時旋於諸處申報患狀，要免科罰。伏緣殿侍、軍大將三年如無拋失罪名，便該酬奬。今既見拋失，却與綱副上下扶同，作倖稱疾，要免科罰。欲乞自今如有拋失舟船，其殿侍、軍大將信縱有申報患狀[一]，並不免拋失罪名。所貴杜塞倖門，一向用心部轄。」從之。

七年三月十六日，屯田郎中李璹言：「渝州城當二江會流[二]，綱船順流至者多爲風惡漂溺，舟人不敢收救。蓋以勑條全綱没溺，或收救足數，方免罪，若失三五分，須責備償之故[三]，凡有没溺，不復收救。望別爲條制。」事下三司，三司言：「璹所陳太過，望委轉運使參議。」乃請：「自今於古灘暴風溺舟者，責部綱使臣集近村耆保併力援救。若全綱失者，篙工、梢工皆杖一百，主吏、使臣遞減一等。所溺物計爲三分，須備償一分。如救及分，別無侵欺者，原其罪。」從之。

六月七日，三司言：「益州路轉運使高覿言：『乞今後管押布綱使臣、省員三運全無拋失，不違元限，三司軍大將、三班差使、殿侍乞與改轉，其使臣未親民者乞與家便差遣，已親民者乞與五年磨勘。如是使臣、省員弛慢，沿江拋失官物，及住滯綱運，有違元限，乞自當司取勘情罪申奏，乞行衝替。』省司檢會，使臣差益州押疋帛綱赴荆南下卸，別無拋失，每運支官錢十五千，軍大將十千文。天聖七年勅：今後川峽行運布綱拋失官物，若全拋失，收救不獲，其本綱梢工、橈手各斷杖一百，配別州軍牢城收管；綱官、節級各杖九十，押綱使臣各杖八十，並勒下，不令押綱。或十分中收救得一分已上，依全拋例斷遣；二分已上至四分已上，梢工、橈手、綱官、節級、使臣、殿侍、省員每一分各遞減一等斷遣訖，(稍)〔梢〕工、橈手勒充軍牽駕兵士，其綱官、節級已上並依舊 15 押綱；或收救及五分已上，不滿元數，梢工、橈手各杖六十，綱官、節級、人員各笞五十，使臣、殿侍、省員罰一月食直，斷訖，並依舊行運。所有綱官、節級、人員、使臣、殿侍、省員，如遇本綱更有拋失，據隻數，每一隻

[一] 信：疑衍。

[二] 此句前原有「原缺」二小字，天頭原批：「原缺處應據『水運』補完。」按本書食貨四六之一一「水運」門所載此奏文字與此同，無缺字，《補編》頁五六二所載亦同，今删。又「渝州」原作「泉州」，據《長編》卷一〇七改。

[三] 原稿「之故」上亦有「原缺」二小字，按本書食貨四六之一一、《補編》頁五六二均無此二字，據文意亦似無缺字，今删。

加一等，罪止杖一百，其罰食直加入笞五十；仍並據抛失收救不獲數目，勒本綱上下等第均攤，陪納入官。若收救官物並足，不失元數，梢工、椁手各笞四十，綱官、節級已上並放。所有行運程限，仍須限一年往迴。嘉州排岸司候行運日出給行程，付本綱收執，所到州軍批書到發時日、阻滯因依。候迴，嘉州委排岸司點檢。如有不因風浪，故作拖延，有違程限，並依法科斷，仍罪止杖一百。若違限三月已上，其本綱（稍）〔梢〕工、椁手、押載綱官、節級、人員、押綱使臣、殿侍、省員斷訖勒下，不令押綱。省司看詳，緣有上項賞罰條貫，所奏難議施行。」從之。

二十五日，三司言：「臣僚起請：『兩川四路物帛綾羅、錦綺、絹布、紬綿每日綱運甚多，遞鋪常有積壓，其餘藥物更有水路綱運，不可勝紀。且兩川之富，出産雖多，計其地利，亦有窮竭。科率之時，不無擾人，般運不絶，物價何由賤平？伏望兩川所發綱運，以一年計其數目，於内詳酌不急之物，量與減放三二分。』省司（看）〔勘〕會：益州路收買鬱金、大黄，夔州路收買黄藥子，每於匹帛綱内附載往荆南，轉附赴京，今藥（密）〔蜜〕庫各有見在。欲自今於每年買數十分中量減二分。」從之。

十月，三司言：「三門白波發運使文洎奏般鹽條件：白家場去河中府五七里，三門集津垛鹽務去陝府四十五里，乞委兩處同判依例充季點納下鹽貨，及乞許三門發運使、判官提舉點檢。每年上供鹽，欲乞鈐轄支裝堪好明白鹽席，分明定樣，兩平交裝上船，無令欺壓秤勢。及戒約押綱人員鈐束梢兵愛護，不得信縱偷盜拌和。到京，於都（監）〔鹽〕院交納後，有少欠、拌和不堪鹽數，即申解赴省勘罪，依格條等第斷遣。沿路偷賣鹽貨，其買人多鄉村凶惡之輩販賣取利，地分巡檢、村耆人等隱庇不言。欲乞下本司檢坐元降告捉偷盜官物支賞條貫，遍牒沿路州軍出榜曉示。許人首告，勘逐不虚，依元條支賞外，如五十斤已上，告人二税外，免户下一年差徭；百斤已上，免二年差徭。犯人如赦後再犯，凶惡不可留在彼者，斷訖配五百里外牢城。所犯重，自依重法。經歷地分巡檢、村耆人等知情，並依法嚴斷。綱副知情，自依本條；若不知情，亦乞依糧綱偷盜斛㪷例，於本犯人名下減三等定斷。其在京鹽院所納船般鹽貨，並須公平受納，不得欺壓秤勢。支絶縱有出剩，不爲勞績。但一界別無少欠〔一〕，即依元條施行。監官三司申奏，下三班、審官院磨勘施行。鹽綱如納正數足外，收到水路鹽出剩，不以席數，並盡數正收入官申省〔二〕。檢會天聖
16 元年敕，只於在京支給賞錢。其鹽院監專不得隱落，故意不收；如稍違犯〔三〕，並行勘斷。」從之。

八年正月，三司言：「廣濟河都大催遣輦運任中師

〔一〕少欠：原倒，據本書食貨四六之一三乙。
〔二〕省：原作「著」，據《補編》頁五六三改。
〔三〕稍：原作「梢」，據本書食貨四六之一三改。

奏：『乞自今本河每年逐綱約定地里，所般斛〔㪷〕數目，量與酬奬。』省司檢會《編敕》：『運河押綱使臣、人員等，一年之内，全綱所般斛㪷依得萬數，候住運日，令發運司磨勘。内梢工支錢三千，綱官支五千。管押人本司具勞績申奏，重將與轉大將〔一〕，使臣、大將即與引見酬奬。并年終住運，除全綱一年無拋失、少欠〔二〕，依前項施行外，所有一綱之中，内有（稍）〔梢〕工至年終委寔逐運別無少欠、拋失，亦與據梢工人數支賜賞錢，其本綱人員，綱官即不得一例酬奬。如（稍）〔梢〕工接連三年各無拋失、少欠，除支賞外，與轉小節級名目，便充綱官勾當。若充綱官後，相接更二年全綱並無拋失、少欠，支與賞錢一千，更轉一資。』又《編敕》：『應差押運省員、殿侍、三班借職等，每人各給印紙五十張充曆子，付逐人收掌。據逐運送納官物有無少欠〔三〕，行船違與不違程限，及拋失舟船、雜犯愆罪，並於催綱、裝卸、排岸司批上曆子。年滿得替，赴省投納，比較磨勘。如逐人合該年滿得替，別無少欠官物及愆罪，量與酬奬。』今相度，廣濟河押糧綱軍大將、殿侍，三年内般過斛㪷別無少欠，已依條申奏，乞量與酬奬。其本河梢工、綱官即未有條貫。欲乞下廣濟河輦運司，今後廣濟河糧綱，如一年之内般得鄆州、徐州、淮陽軍三運，并曹州、廣濟軍、濟州五運斛㪷至京交納，並無少欠過犯，候住運日，令輦運司磨勘。其綱梢令比附汴河酬奬體例，特支錢一千。梢工接連五年各無拋失、（欠少）〔少欠〕，除支賞外，與轉小節級名目，便充綱官。充綱官後及已充綱官人，相接三年全綱並無拋失、少欠，支與賞錢五千，更轉一資。」從之。

三月，三司言：「河北都轉運司言：『相度今後正（受）〔授〕潮、御、界河催綱官員、使臣，三年滿日，催般過斛㪷比附已前年分般過數多兩倍，即優與陞陟差遣〔四〕。若緩急邊上闕少軍糧，權於轄下州軍選官催驅般運斛㪷，一年内般得麤、細色及十五萬碩，亦與陞陟差遣。所有押運省員、殿侍等，亦乞每人押船二十隻，如三年内只般得細色軍糧七萬碩已上，別無拋失、違程、少欠諸般罪犯，便與例酬奬，即更不拘年限。如有麤色，依倉式例六折充填。若舟船緩急撥裝別物，三年内般不及數，只據般過數比，並依舊定萬數施行。』省司看詳：其權差催綱官員、使臣緣催綱斛㪷數少，酬奬甚優，更不差遣施行。所是正授潮、御、界河催綱官員、使臣并押運軍大將、殿侍般運斛㪷，欲乞並依河北轉運司擘畫施行。仍候催綱官員、使臣三年滿日得替，委自轉運司將一界催般過數開排逐運元裝州軍至卸納去處附帳收管月分，及將前來三年權般過 17 萬數一處立項，紐計比附，委的多兩倍已上合該酬奬，即具詣實保明，申奏數目。押運軍大將、殿侍，如三年内自近裏州軍般細色軍糧

〔一〕重將：疑當作「軍將」。
〔二〕少欠：原倒，據本書食貨四六之一三乙。
〔三〕少欠：原倒，據本書食貨四六之一三乙。
〔四〕陟：原作「涉」，據《補編》頁五六三改。

七萬碩已上赴沿邊州軍卸納，依例酬獎，仍令黄河、御河都提轄司保明申本路轉運司，繳連申奏。若三年内般不及上件數目，只乞依舊定萬數施行。」從之。

五月六日，上封事者言：「普、遂等州諸般綱運，州縣差借人夫般擔，至梓州方有遞鋪兵士轉遞。伏緣川中時物常貴，差借人夫山路遥遠，不支口食，亦甚不易。竊知資、簡等州差借人夫般擔綱運至益州，自來官給米日二升。欲望應川中不置遞鋪、權差借人夫般擔綱運去處，每日官支口食。」詔下益、梓、利、夔四路轉運司相度，皆言其便。復詔三司：「今後四路州軍差借人夫般運上京并河東、陝西路州軍綱運，即每日人支口食米二升；止轉般鄰近州軍官物，即不支。」

七月，益州路轉運司言：「奉詔相度置催綱使臣，具久遠利害以聞者。竊緣當司每年起(撥)〔發〕水路布帛、牛皮綱運下往荆南卸納，自離嘉州江岸，經歷過梓、夔州路，直至荆湖北路地分沿江州軍過往[一]。尋移逐路轉運司就近相度，一准逐路牒，添置一員使臣，必免綱運逐處作弊，端坐販賣物色，人員、兵梢虚費錢糧，深爲不便。」詔：「差供奉官李蟠乘遞馬往益州路轉運司取會文字，勾當自嘉州至荆南催(捉)〔促〕起發匹帛、牛皮等綱，早赴荆南下卸。綱官、梢工、水手、兵士等多是沿路住滯，買賣興販，既被押綱使臣催趕，却言前路嶮峻，行船不得，及放船於灘磧上住泊，故要疎放，連累使臣，枉壞官物，及不伏鈐束。如有違犯，即送隨處州府勘逐情罪，依法斷遣；情理重者，配遠惡州軍牢城。押綱使臣等公然容縱，不切鈐轄，致違元限，催綱司具職位、姓名申本路轉運司，乞行勘逐[二]。李蟠常切往來提舉催促，不得只於隨處州軍端坐；如違，亦當勘斷。及下益州路轉運司量差人船付蟠隨行，仍備録宣命，於沿江州軍要便處粉壁曉示。」

八月十三日，審刑院、大理寺言：「楚州奏：『自來領勘偷盜動使梢工，並從監主自盜律勅科斷。今新《編敕》内偷拆官船釘板等貨賣者，當行決配，又條：當行決配者具案聞奏。州路居衝要，日夕過往綱運不少，常有拆賣釘板兵梢，若或逐度禁奏，非唯頻煩朝廷，實見虚有淹禁。欲乞立定刑名，許令斷遣。』衆官參詳，欲自今應梢工偷拆官船釘板之類貨賣者，計贓從監主自(自)盜法，杖罪決訖刺配五百里外牢城，徒罪決訖刺配千里外牢城[三]，流罪決訖刺配二千里外牢城，罪至死者奏裁。」從之。

二十一日，三司言：「據荆湖北路轉運司狀：『荆南府准省牒，勘會昨於天聖五年爲般運布帛入城遥遠，擘畫於沙岸堤内起蓋布庫，委自沙市巡檢兼排岸提舉巡防，每益州[18]布綱到岸，只就江岸點檢，對交與上京省員。如未有

[一] 軍：原作「運」，據本書食貨四六之一四改。
[二] 逐：原作「送」，據本書食貨四六之一四改。
[三] 刺：原作「剩」，據本書食貨四六之一五改。

綱次，般赴沙市布庫送納。』及排岸司狀：『益州布綱到岸，出卸未得，兵士在綱空閑，岸司量差借應副諸處工役。如本綱交卸，却便勾抽歸綱般卸。畢，如有歸、峽州般取官物，依例搭載前去，畫時押發離岸，別無妨滯。』當司相度到屯田郎中劉漢傑等奏：益州布帛等綱兵士，自來阻風水行船未得，被沿江州軍差役，洎到荆南，官物纔卸，本府又差諸處工役當直。乞今後禁止，其綱到荆南沙岸，與限五日下卸，二十日管畢。」詔：「益州布帛等綱在路，除於沿江州軍的然值風水行船未得，兵士空閑者，許依例差役。如無阻滯，不得擅差，有妨行運。荆南更不得抽差工役當直。限五日内下卸，二十日卸畢，更半月起發。其附載生銅、馬藥等，自岸般入府城約十五里，赴雜納物等庫送納，並係本綱差人津般，虚有住滯。仍委自荆南量物斤重，更於本府差兵士同共般赴庫送納，務要本綱不違程住滯。」

十二月二十一日，三司言：「左班殿直趙世長先差廣州押香藥綱上京，三運了當，各有出剩，合依敕酬奬。」詔減一年磨勘。

二十二日，三司言：「今後西路般鹽綱到京交納數足外，如本綱收到已破耗鹽出剩數目五蓆已上，人員支錢一千二百，綱官一千，副綱八百；十蓆已上，只倍此數。梢工每蓆支四百充賞。其人員、綱副五蓆已下，及本綱内有抛失、少欠，并梢工收到一蓆已下，即不支賞錢。所有緣河諸處交納鹽貨，本綱有收到出剩鹽蓆，仍依在京則例支給一半賞錢，永爲定制。」從之。《續通鑑長編》：仁宗慶曆三年，樞密副使范仲淹言：「國子博士許元可獨倚辦[一]。」辛未，擢元江淮兩浙荆湖制置發運判官[二]。元曰：「以六路七十二州之粟不能足京師者，吾不信也。」至則命瀕江州縣留三月糧，餘悉發之，遠近以次相補。引千餘艘轉運而西，未幾京師足食。

慶曆四年正月十二日，河北、京西、陝西、河東路當遞鋪軍士特支錢有差。時雪寒，輦致綱運辛苦故也。

七年九月二十九日，發運使柳灝言：「淮南、兩（浙）〔浙〕路運河久失開淘[三]，頗成堙塞，往來綱運常苦淺澀。今歲夏中，真、揚兩界旋放陂水，仍作堨子，僅能行運。久積泥淤，底平岸淺，貯水不多，易爲滿溢。連有雨澤，即泛斗門，堤防不支，或害苗稼。竊以東南一方，諸路百郡，鹽、糧、錢、帛、茶、銀、雜物，凡所供國贍軍者，盡由此河般運，若或仍舊不加濬治，將見多滯綱運，有悞歲計。欲乞應運河經歷州縣[四]，委逐處官吏預計合用工料，開去淺澱，須得深至五尺。仍於開汴口之後、未行運已前下手，令逐處以廂軍及住綱兵士，如闕少，即量差人夫入役，依例日給口食。仍乞今後每二年一次，准此開淘。」從之。

嘉祐二年十一月十三日，三司使張方平言：「備儲廪，

[一] 辦：原作「辨」，據《長編》卷一四一改。
[二]「浙」原作「淅」，「制」原脱，據《長編》卷一四一改補。
[三] 淘：原作「陶」，據《補編》頁五六五改。
[四] 歷：原作「曆」，據本書食貨四六之一五改。

通漕運，當令河道疏[19]通，故藝祖開國，首浚諸河。按汴渠，本禹迹也，春秋時已名見諸經〔一〕，歷代皆嘗濬之。隋大發民開鑿，始名通濟渠。自漢至唐，雖都雍、洛，凡諸水運，咸資此渠，漕引江湖，利盡南海。天聖已前，每歲開理，緣河器備名品甚多，未嘗有堙壅也〔二〕。天聖初，有張君平者陳利見，始罷春夫；繼以淺妄小人苟規賞利，省減役費，以爲勞績，致茲淤塞，有妨通漕。至于惠民、廣濟二河，皆所以致四方之貨食以會京邑，舳艫相接，贍給公私，近年以來，悉皆填壅。蓋圖長利者不恤於小費，期永逸者無憚於一勞。伏乞朝廷訪問〔三〕，差擇稍知水利、精力幹事、不以文武官兩三員，經度計置，開通諸河，令據檢計〔四〕，盡功料疏理。其木岸、垻閘、堰埭材用，合繕修處，先爲計備，嚴爲責罰，必令經久。去年京畿大水，壞官私廬舍，自去秋至今春，半年之中，所脩諸軍營房十餘萬間。夫以國家物力，豈有不可成之事？但事敗於因循而成於果決，至于其所不獲已，亦必成而已。又諸脩造無名不急之處，土木之工無時暫輟，所費不可勝計。此諸河道皆是祖宗留心之地，國家大計所資，忽而不圖，是亦有司之過矣！」詔：「應通行漕運河道，宜令三司下逐地分當職官吏檢計的確功料，來春盡功開淘，須管通快。仍令都大堤舉河渠司更切提轄擘畫施行，勿令稍有阻滯。」

三年八月，詔三司以淮南上供米十萬碩，繇惠民河以饋京西路。

十一月，詔曰：「國家建都河汴，仰給江淮，歲漕資糧，溢于唐漢。曩經制之素定，有常守而不踰。六路所供之租，各輸於真、楚；度支所用之數，率集於京師。以發運使總其綱條，以轉運使斡其歲入〔五〕。荆湖舟楫，回載海鹽；淮汴舳艫，不涉江路。方冬閉塞，役卒得以少休；近歲因循，茲事從而遂廢。吏緣爲蠹，人實告勞。比飭攸司，遵用往則，曠歲于此，格詔未行。豈發運使不能總綱條，而轉運使不能斡歲入哉！今茲講復，皆本故事，維爾職僚，則有譴罰。其令江南東、西，荆湖南、北路，兩浙運司，限一年各造船，添梢工及駕船卒，團成本路糧綱。自嘉祐五年爲始，止令逐路據年額斛㪷般赴真、楚、泗州轉般倉，却運鹽歸本路。發運司更不得支撥裏河鹽糧綱往諸路。」初，發運使許元言：「江南東、西，荆湖南三路上供斛㪷，舊皆逐路載至真、楚、泗三州，復載鹽以回，而汴船不出外江，謂之裏河綱。每歲往來，四運入京，乃敷上供之數。至十月，放牽駕兵卒歸營，謂之放凍。比年諸路轉運司年額不敷，發運司不放兵卒歸，乃令出外江沿江州軍載頭運，故諸路糧船大半爲雜般綱，唯要發運司般鹽往逐處運米而還。且汴船不

〔一〕名：原作「各」，據《樂全集》卷二三改。
〔二〕壅：原無，據本書食貨四六之一六補。
〔三〕問：原作「聞」，據《樂全集》卷二三改。
〔四〕令：原作「今」，據《樂全集》卷二三改。
〔五〕斡：原作「幹」，據《宋大詔令集》卷一八四改。下同。

諳外江風水，沉失者多。」朝廷累下三司條利害，既從許元議，而會元罷去，不即行，故特降是詔。

四年八月，都水監言：「河北提點刑獄薛申言：『御河運路雖曾 20 畧通漕運，于今復已梗澀，蓋今春差官檢計差晚，已難得人工，故措置非便。即大河汎漲，又非其時，阻節公私輦運。今冬須霜降水落，經度檢計，候春天興工，事當(辨)〔辦〕集。』監司看詳，欲依所請，下本路提刑司，今冬據河合行開修去處，子細檢計合役工料，春天興修，貴通漕運，不阻舟船。」從之。

六年四月二十一日，詳定寬恤民力所言：「屯田員外郎陳安道言：『諸州軍衙前般送綱運，合請地里脚錢，逐處須候運畢方給。緣雇覓脚乘，打角官物，須至陪取債負及賤(買)〔賣〕畜産，如地遠州軍，不免侵使官物，致陷刑憲。乞今後應衙前般請綱運合支脚錢者，並於請物州軍先次支給，關報受納州軍照會。其送納綱運者，於起發州軍先次支給。如願運畢請領，各聽從便。』詳定所檢會《慶曆編敕》：上供及支撥官物等，如官有水陸迴脚，並許差人管押，附搭送納。其陸路無官般及無軍人者，許破官錢與押管人和雇脚乘，仍依圖經地里，每百斤、百里支錢百文。急速輦運雇傭不及〔一〕，即差借人户脚乘，仍具事由聞奏。其川峽有水路不便者〔二〕，轉運司計度般運。今安道所申，自合依條於請物州軍先給脚錢。竊慮州軍候運畢方給，致使衙前重有勞擾，乞今今後押綱運和雇脚乘，依上條施行〔三〕。」從之。

治平三年九月，詔淮南江浙荆湖制置發運司，若江東、西年額斛㪷不足，則許出汴河糧船七十綱以漕。初，許元言：「江東、西、湖南三路往時皆轉運以本路綱漕斛㪷至真、楚、泗州轉般倉，即載鹽歸本路。汴綱止漕三州轉般倉物上供，冬則放漕卒歸營，至春乃復集。近歲諸路因循，綱多壞，乃令汴綱至冬出江，爲諸路轉漕，漕卒不得歸息，良困苦。乞詔諸路增修糧船，載年額至真、楚、泗州卸如故事。」於是言利者亦多以元所言爲是，朝廷爲詔諸路如元奏。詔出久之，而諸路綱尚不集，嘉祐三年十一月，乃勑諸路，限至五年，汴綱不得復出江。比及五年，而諸路船終少，發運司又屢奏乞令汴綱出漕，而執政輒以中旨詆絶之。諸路既患船不給，而汴綱以出江爲利，既不得出，兵(稍)〔梢〕訖冬坐食而苦不足，皆盜拆船材以充費〔四〕。船愈壞，漕年額久愈不及〔五〕。執政初但欲漕卒得歸息，而近歲糧綱多和雇夫兒，每船卒不過一二。人既少，至冬當留守船，又實無得歸息者。至是乃詔汴綱出漕，然尚限其數，其後遂復許以皆出如故矣。

〔一〕速：原作「東」，據本書食貨四八之一七改。
〔二〕峽：原作「陝」，據本書食貨四八之一七改。
〔三〕施：原作「使」，據本書食貨四八之一七改。
〔四〕拆：原作「折」，據《補編》頁五六六改。
〔五〕久：本書食貨四六之一七作「又」。

四年十月十七日，神宗即位未改元。淮江淮等路發運使沈立言〔一〕：「近三司擘畫，汴綱與人私載物貨，許兵梢論訴，並依條斷遣。緣兵梢多是凶惡，身分衣糧尅折不全，惟務侵盜。如人員部轄整齊，方可搭載私物，了當斛㪷。若許告訴，則互相疑貳，經久轉至作弊，敗壞綱運。乞約束應係綱運，今後不得大段搭載私物，及有税物到京，並盡數 21 送納税錢。如違犯，並依條斷遣。其近降許令兵梢首告指揮乞不施行。」詔：「今後管押糧綱使臣、人員等所載私物，並依舊施行，前詔更不行用。」

十一月十四日，權發遣三司使公事邵必言：「近淮朝旨，下江淮發運司，定到綱船梢工私載，並科違制之罪；人員、綱官知情，即與同罪，物貨没官，及給告人充賞。今無故生事，創立法則，望賜追寢，且依舊法。」從之。（以上《永樂大典》卷一五九四四）

〔一〕「淮」字疑衍。

宋會要輯稿　食貨四三

漕運二

【宋會要】

❶神宗熙寧四年二月二十一日，詔：「近借内庫錢六十萬貫充河東、陝西路折斛錢，宜令於數内先撥三十萬貫赴河東，令三司選使臣、軍大將差船般至河陽，令京西轉運司和雇脚乘或差兵士，轉送赴河東路近便州軍交納。如無住滯，使臣與先次指射優便差遣，軍大將與減磨勘一年。」

五月，淮南等路發運使薛向言：「諸河押綱使臣内有老病昏昧不職之人不能部轄，及同情偷盗官物，未有立定體量指揮，直至兵梢訴論，或因買罣事發，方論如法。如不該停替，復得押綱，深屬不便。乞自今應押諸河綱使臣，委自發運使、副及本路轉運使、副體量，如内有老疾昏昧，或人員貪濁踰違，多酒慢公，并歷任内曾犯贓私停替之人，不堪管押綱運，即具事狀以聞，差人衝替。如未曾交割綱運管押，即發遣歸班，所貴綱運齊整。」從之。

六年十二月十五日，成德軍言：「在府場務差遣參用禁軍軍員，惟管押綱運只差三百料錢以下不教閲厢軍人員。」詔從之，仍不得妨本營部轄。

九年八月二十六日，熙河路經畧安撫使高遵裕言：「勘會見屯軍馬，雖累牒轉運司廣作擘畫，應副糧草，其差雇蕃脚，亦非人情所願，難以常行。乞令速行計置羅買，及別立般輦之法。」乃下秦鳳等路轉運司，於是轉運判官孫迥言：「自來多和雇蕃脚般運糧草，支與見錢，亦不聞曾有嗟怨。遵裕奏乞罷雇蕃脚，令轉運司別立輦運之法，幸本司不能供(辨)〔辦〕，即坐不職之罪，竊慮糜壞邊計。」詔雇蕃脚，令户房申行下。

十年十月二日，詔：「諸糧綱透借并諸般損濕斛㪷〔一〕，每綱不及五十碩，支充本綱兵梢月糧口食，批上券曆，於次月尅折；五十碩已上，即令變轉收糴元色填欠〔二〕。如透借斛斗，本名正數已足，更不坐欠，委本倉攤曝估賣。內逐船及十碩已上，梢工方得科罪。」

元豐二年五月二十一日，三司言：「糧綱少欠折會，請受聽借兩月，行之歲久，減免深刑，便於綱運。近爲錢綱少欠，於法未有明文，先依糧綱折會法。今再相度，既借兩月請受，慮贍養不足，別致欺弊，欲改兩月爲四月，各半分折填。」從之。

九月十九日，詔：「東南諸路上供雜物舊陸運者，委三司增置漕舟，並從水運。」

十月二十七日，三司言：「自今押汴河及江南、荊湖綱

〔一〕損：原作「捐」，據本書食貨四七之一改。
〔二〕變轉：原倒，據本書食貨四七之一乙。

運，請以七分差三班使臣、三分差軍大將、殿侍。」從之。初，詔以三班使臣在班常不下三四百員，有至一二年方得差遣者，而三司軍大將不足，庫務、綱運闕人管押，令三司議以使臣代之，仍定理任、歲限、賞罰之法。三司乃言：「汴河糧綱，舊法不限分數差遣使臣，其江南、荆湖四路許差使臣五分，并舊不差使臣路分，若悉以使臣代之，禄食視軍大將所費爲多〔一〕。」故有是請〔二〕。

四❷年四月七日，梓州路轉運司言：「都大經制瀘州夷賊公事司牒：將來入界，節次聚糧迴運，乞差顧夫五萬，本路四萬，成都府路六千，夔州路四千。」從之，仍令所差雇人、牛等，先於本路；如不足，於夔路；又不足，方於成都路。

二十七日，中書言：「勘會變運川峽路司農物帛等〔三〕，般運已至陝西，有合變轉措置，令逐路提舉司除銀并紬、絹、布依省樣可充支遣者存留，其餘變轉、移徙、出賣，或折博糴糧斛，并於邊要州郡椿管，限一月結絶。川峽至陝西在路未般物帛〔四〕，慮有損失，仰催促般運〔五〕，如闕鋪兵，亦許雇人併力輦致，所費錢並於變轉錢内支〔六〕。」從之。

七月九日，詔：「應陝西軍須物，可並以舟載至西京界，令京西轉運司運致。」

十月十二日，詔：「河東差夫及餽運乖方，命按閱三路集教義勇保甲趙卨權主管都轉運司，俟事畢依舊。令（運）〔選〕官於潞州置司，械陳安石、黄廉劾罪，莊公岳、趙咸俟隨軍回取旨。其按閱集教義勇、保甲，止令李舜舉往。」上續批：「陳安石、黄廉可且令送獄收禁劾之。」先是，上詔卨等曰：「聞河東轉運司應副軍事〔七〕，調發人夫，不量民力厚薄，致有實不可勝，屢經州縣號訴者〔八〕。卿等可因按閱所至廉問，如委有措置乖方事狀，馳驛以聞。」至是卨等體問得運司昨差夫萬一千隨軍，坊郭上户有差夫四百人者，其次一二百人，願出驢者每三驢彊當五夫，每五驢別差一夫驅喝。一夫雇直約三十千以上，一驢約八千，加之期會迫趣，民力實不能勝。又言〔九〕：「軍須調發煩擾，止是不急之物，如絳州運棗千石往麟、府，每石止直四百，而雇直乃約費三十緡；陝西買被皮供軍〔一〇〕，亦非要切。如此之類，乞特裁損。」故有是命。

十一月九日，涇原路轉運判官張太寧言：「餽運之策，莫若車便。竊見自熙寧寨至磨哆口皆大川，通車無礙，兼聞

〔一〕費：原作「貴」，據《長編》卷三〇〇改。
〔二〕請：原作「詔」，據《長編》卷三〇〇改。按，「是請」指本條首節三司所言，作「詔」則不明所指。
〔三〕「變」下原有「通」字，「峽」原作「陝」，據《長編》卷三一二删改。
〔四〕「峽」原作「陝」，「在」原脱，據《長編》卷三一二改補。
〔五〕促：原作「捉」，據《長編》卷三一二改。
〔六〕「於」原作「放」，「轉錢」誤作「轄」，據《長編》卷三一二改。
〔七〕河東：原作「東河」，據《長編》卷三一七乙。
〔八〕州：原作「川」，據《長編》卷三一七改。
〔九〕又言：原作「入」，據《長編》卷三一七改。
〔一〇〕被：本書食貨四八之一八、《長編》卷三一七作「披」。

自磨哆口至兜嶺下〔一〕，道路與此無異。自嶺以北，即山險少水，車乘難行。以臣愚慮，可就嶺南相地利建一城寨，使大車自鎮戎軍載糧草至彼，隨軍馬所在，却以軍前夫畜往來短運。更於中路量度遠近，築立小堡，以相應接。如此，則可省民力之半。止以遣回空夫併力修築〔二〕。」上批付盧秉曰〔三〕：「張太寧奏乞城蕭關故城以爲根蒂，則賊界人户盡可招來，道路氣勢，遠近相屬，可通大車轉餉。其策甚善，蓋其成效已見於熙河〔四〕，卿其早圖之，則一路不日當有几席之安矣。」

十九日，京西轉運司言：「準朝旨，於均、鄧州共發夫三萬〔五〕，每五百人差官一員部押，赴鄜延路饋運，計用官六十員。本路闕官，乞於起夫縣各差令佐，及鄰州縣不依常例，共差二十員，餘四十員乞自朝廷差官。」詔：「均、鄧州所起夫三萬，自離家日及本路程頓，並依前降指揮日支錢米外，令轉運司計自入陝西界至延州程數，日支米錢三十、柴、菜錢十文，並先併給。」

五[3]年二月十一日，罷廣濟河輦運司及京北排岸司，移上供物於淮陽軍界，計置入汴，以清河輦運司爲名，差朝奉郎張士澄都大提舉〔六〕。先是，京東路轉運司言：「廣濟河用無源陂水，常置渠以通漕〔七〕，歲上供六十二萬碩。間一歲旱，底著不行。欲移人船於淮陽軍界上吳鎮下清河及南京、穀熟、寧陵、會亭，臨汴水共爲倉三百楹，從本司計置七十萬碩上供。置輦運司，隸轉運司，歲減船三百五十、兵工二千七百、綱官典三十三、使臣十一，爲錢八萬二千緡。」下提點刑獄司（桉）〔按〕實，以爲如轉運司言。京北排岸司沿廣濟河置，故并罷之。

五月十六日，詔：「陝西都轉運司運糧應副軍興，於諸州差雇車乘、人夫，所過州交替。人日支米二升、錢五十文，至沿邊止。軍糧出界，止差厢軍。仍曉示人户知悉。」

七月二十一日，御史王桓言〔八〕：「昨廢廣濟河輦運，自清河轉淮、汴入京。臣每見累官京東博知利害者詢之，皆以爲未便。如廣濟安流而上，與清河泝流入汴，遠近險易較然有殊。望更體量。」詔令轉運、提點刑獄、輦運司以舊廣濟河并今清河行運比較利害。

六年二月六日，詔：「熙河蘭會經畧制置司計置蘭州人萬、馬二千糧草，於次路州軍剗刮官私橐駞二千與經畧司，令自熙州摺運。事力不足，即發義勇、保甲。」

二十四日，李憲言：「計置蘭州糧十萬，乞發保甲或公

〔一〕聞：原作「問」，據《長編》卷三一九改。
〔二〕此句與上文語意不接，考《長編》卷三一九，蓋脱署「又言」云云，可參看。
〔三〕天頭原批：「『付』一作『行』。」按，本卷天頭原批所謂「一作」，乃指本書食貨四七「水運」門、食貨四八「陸運」門相關條文。
〔四〕效：原作「効」，據《長編》卷三一九改。
〔五〕夫：原作「天」，據《長編》卷三二〇改。
〔六〕差：原書此字不清，據本書食貨四七之二補。
〔七〕渠：《長編》卷三二三作「壩」，義長。
〔八〕天頭原批：「『桓』一作『栢』。」按，作「桓」是。

私槖駝般運。及慮妨春耕，臣已脩整綱船，自洮河漕至吹龍寨，俟厢軍摺運赴蘭州。」詔如槖駝、舟船摺運不足，須當發義勇、保甲，即依前詔。詳見「陸運」。

九月十五日，尚書户部侍郎蹇周輔言：「累奏乞不閉御河徐曲口，以通漕運，及商旅舟船至沿邊〔一〕。」詔本路安撫、提點刑獄司與知恩州官同相度以聞。詳見「諸河」。

十一月五日，提舉導洛通汴司宋用臣言：「朝旨歲運糧百萬碩赴西京，已計置截撥東河糧綱至洛口，以淺船對裝，計會本路轉運司下卸。」從之，仍候來歲終一全年見利害，别議廢置。

七年三月十六日，詔江淮等路發運副使蔣之奇、都水監丞陳祐甫各遷兩官〔二〕，餘減（審）磨勘三年，循資有差。以上批：「聞所開龜山運河，於漕運往來免風濤百年沉溺之患，彼方上下人情莫不忻快。其本建言及董役成者，令尚書司勳第賞以聞。」

〔元祐七年〕五月三十日〔三〕，詔：「鳳翔府竹木栰應募土人，以家産抵當及八千貫以上者管押上京。如有拋失虧欠，候交納了日，給限半年填納，數足，與三班借職；半年外，與三班差使；過一年，與三班借差；過二年，即不在酬獎之限。其少欠木植名數，仍將元抵當估賣填官。」先是，熙寧初，鳳翔府寶雞縣木務舊係舉人姚舜賢願將家産抵當，獨押修河椿木上京，罷軍大將十五人廩秩之費，詔從之。而舜賢所押船栰增羡，官私利之，故有是詔。

〔元豐七年〕七月二十一日，新河東轉運副使范純粹言：「昨在 4 陝西，朝廷每給軍須，並計綱雇夫起發，頗爲勞擾。乞自今河東、陝西邊用非應副機速者，並令小作綱數，排日遞送。」從之。蘇黄門《龍（舟）〔川〕畧志·言水陸運米難易》：元祐三年春，關中小旱〔四〕，提刑司依法賑民，不以聞朝廷。呂微仲，陝人，憂之過甚。有吴革者，自白波輦運罷還，欲求堂除，因議水陸運米，以濟關中之飢。朝廷下户部，且使革領其事。革言：「陸運以車營務車、駝坊駝騾運至陝，水運以東南綱船般至洛口，以白波綱船自洛般入黄河。」革見予於户部，予謂之曰：「吾已爲君呼車營務、駝坊職掌人矣，君姑坐待之。」既至，問之，車營務無車，駝坊無駝騾。予曰：「此可以賀君矣。若有車與駝騾，君將若之何？」革曰：「何故？」曰：「陸運至難，君不過欲多差小使臣、軍大將謹其囊封耳。車營務、駝坊兵級〔五〕，多過犯配刺到〔六〕，既行，必多作緣故，使前後斷絶，監者力不能及，所至盜賊且賣。若不幸遇雨，則化爲泥土。君皆莫如之何也。」革無語。復謂之曰：「至如水運，亦且不易。汴河自京城西門至洛口水極淺，東南綱船底深，不可行。且方春，綱先至者皆稱酬奬得力綱，輙令西

〔一〕《長編》卷三三九「及」下有「令」字。
〔二〕甫各：原作「求合」，據《長編》卷三四四改。
〔三〕天頭原批：「五月三十條，一本在元祐七年，似可從，今移于後。」按，見本書食貨四七之三、《補編》頁五六七，《長編》卷四七三亦載於元祐七年五月三十日壬子。蓋《大典》誤認元祐爲元豐，因置於此。今不移動，但補「元祐七年」四字。下條仍爲元豐事。
〔四〕小：原作「水」，據傅增湘校影宋鈔本《龍川畧志》改。
〔五〕「坊」原作「防」，「級」原作「給」，據傅增湘校影宋鈔本《龍川畧志》改。
〔六〕到：原作「封」，據傅增湘校影宋鈔本《龍川畧志》改。

去〔一〕，人情必大不樂。及至洛口〔二〕，倉廩疏漏，專斗不具，雖卸納亦不如法。白波綱運昔但聞有竹木，不聞有糧食。此天下之至險，不可輕易。吾已付輦運司，令具可否矣〔三〕。然君難自言，吾當見諸公議之。」及見微仲，微仲業已爲之，不肯盡罷。予爲刷汴岸淺底船，量載米以往。未幾，予罷户部，聞所運米中路留滯，雖有至洛口，散失壞敗不可計。

哲宗元祐六年三月二十六日，江淮荆浙等路發運使晁端彦言：「請應汴河糧綱每歲運八千碩已上，拋欠滿四百碩，押綱人差替，綱官勒充重役；滿六百碩，軍大將、殿侍差替，使臣衝替外，更展三年磨勘。若行一運已上，拋欠通及一千五百碩，除該差替、衝替外，更展三年磨勘。其初運但有拋欠，仍無故稽程，至罪止者，亦行差替、重役。」從之。

四月二十一日，刑部言：「御河糧綱初係六十分重難差遣，其後以河道平穩，改作六十分優輕。今因小吴決口，注爲黄河，水勢險惡，乞復爲重難。」從之。

九月十六日，户部言：「使臣、人員押鹽糧綱没失少欠該衝替、差替者，赦降、去官不免。」從之。

八年十一月十日，江淮荆（淅）〔浙〕等路發運王宗望言：「檢準熙寧二年中書省言：綱運豫行修整舟船，欲據合雇人夫工錢十分先支二分，候合給工錢，只支八分。勘會諸綱所借錢數不多，綱梢不免多出息作債，及貴賒買鋪襯等裝發，致錢少，雇夫不足，偷侵官物。今欲乞十分内先支三分。」從之。

紹聖元年九月七日，户部言：「發運司狀：每年上供額斛及府界、南京軍糧動以萬計，止管汴河一百七十餘綱，須裝卸行運之速，乃能辦集。其汴綱在京等處卸糧多有少欠綱分，依朝旨，並批發下裝 5 發處折會結絶，而從來未有立定日限、備償明文。欲並依京東排岸司一司式立限備償，若裝發處不便結絶，自依元祐八年秋頒敕條斷罪。」從之。

二年六月二十四日，江淮等路發運司言：「汴河糧綱般過八千碩已上，或不滿八千碩，拋欠滿四百碩若六百碩者，押綱人及使臣乞勒充重役，衝替，展磨勘三年。」從之。

十一月二十一日，江淮等路發運副使張珣言：「乞添置汴綱，通作二百綱。」從之。

徽宗崇寧元年三月八日〔四〕，發運司言：「乞將諸州借裝官物上京新船，並委泗州監排岸官員置籍拘管〔五〕。有入汴舟船，當日抄劄，及梢工、押人姓名，並給公據，付本綱收執前去，不得別有諸般占留差使。」從之。

三年六月二十四日，陝府西路兼熙河路都轉運使鄭僅言：「奉朝旨，差雇夫役運糧應付河州。酌量人户財力所勝，立定保伍維持之法，人無偏重不均之弊，部夫官無逃竄人夫、散失斛㪷之患，官私稱便。雖申請到已得差夫體例，

〔一〕西：原作「曲」，據傅增湘校影宋鈔本《龍川畧志》改。
〔二〕口：原無，據傅增湘校影宋鈔本《龍川畧志》補。
〔三〕具：原作「其」，據傅增湘校影宋鈔本《龍川畧志》改。
〔四〕三月：本書食貨四七之三作「二月」，但《補編》頁五六七亦作「三月」。
〔五〕籍：原作「藉」，據《補編》頁五六七改。

緣係一時指揮，竊慮今後本路無法遵守，却致輕重不均。欲應差夫起丁，並依此施行。」詔：「非因邊事，不得立爲定法，如今後雖因邊事差夫起丁，亦未得一面差雇，仍須據合差雇數目申取朝廷指揮。」

四年二月十日，虞部員外郎辛之武言：「承朝旨，差沿路催促起發熙河、秦鳳路錢物綱。逐鋪曆多是止稱元押使臣等某人，並不抄上所押官物名色，赴甚處送納，蓋從來未有關防。欲應步路般輦錢物綱運，令逐路遞鋪置曆一道，遇官物到鋪，令管押人於曆内親書批鑿日時及某官或某人姓名、所押官物名色、至某處送納、合使車幾兩或兵士幾人。若無人車〔一〕，理合行打過者，亦須分明批鑿因依。或值擁併〔二〕，即依到鋪先後資次撥發般運。其曆令所屬州縣鎮起置，用即給付，季別一易。仍委巡轄使臣或季點官常切呼索點檢。」從之。

五年七月十九日，刑部尚書王能甫言：「國家仰給諸路綱運，全賴軍大將管押，而無關防，姦弊滋甚。欲乞今後已差及見押諸河綱運，或得替未到部，并有縮繫軍大將，應官司雖畫到特旨、朝旨抽差，並不得發遣。」從之。

大觀元年八月二十八日，詔：「綱運舟船牽挽浮駕之人既出本界，仰給沿流糧食，而州縣以非本道人兵，抑而不支，致侵盜綱米，餓殍失所。可依發運副使吳擇仁所奏，綱運管押人經過州縣合該請受，不即時勘支起發，以違制論，不以去官、赦降原減；發運司不按，與同罪。」

二年五月七日〔三〕，京畿都轉運使吳擇仁言：「奉詔，四輔各積糧草五百萬，内北輔將來計置泝河寄洛口入大河，下至臨河縣，置車鋪般摺。臣今先次相度，汜水縣去河約一里，有都大巡河廨宇，可就本處踏逐倉敖卸納，就委都大官照管盤裝入黄河船，順流入北輔。又滎澤縣通洛埧閘〔四〕，至黄河三6十里，自來遇汴水泛漲，黄、汴兩河船栰往來，若計置得糧斛數多，亦可至時裝發。又南輔渠河自長葛縣西十里堰斷，引水東入茶磨，向下開修十七里，取退水還河，足以行運。」詔擇仁相度條畫措置聞奏。

六月二十八日，詔六路起發綱米於南京畿下卸交量，並依在京司農寺條法施行。

三年四月二十六日，户部〔言〕：「檢會大觀三年四月四日湖南轉運司狀，欲將本路見闕押綱使臣下吏部權差使臣。奉聖旨，據今來見闕人數，並權許見在部小使臣免短使指射。每一運如無違欠，與減二年磨勘，及支與本資序請給外，支破券一道。看詳前件指揮，每一運如無違欠，減

〔一〕車：原作「軍」，據本書食貨四八之一九改。
〔二〕值：原作「植」，據本書食貨四八之一九改。
〔三〕天頭原批：「此條『水運』、『陸運』俱收。」今按，本書食貨四七之四「水運」門（《補編》頁五六七同）及食貨四八之一九「陸運」門俱收吳擇仁此奏，但二處各截取與本門有關之部分，内容實不相同。此處所録者與「水運」門同，而與「陸運」門不同。
〔四〕滎：原作「榮」，據《補編》頁五六七改。

二年磨勘，即是尚有違程，自合引用《元符令》，二日以上降一等，十日以上不在賞限〔一〕。如有少欠，係以全綱數折會填納外，欠不滿一釐，合依元降指揮推賞。今欲申明行下。」詔依。

四年八月五日，户部言：「契勘元豐舊法，錢綱少欠，折會填納。本船少欠滿半釐，有斷降之文；半釐外，計贓以盜論，至死減一等。押綱官亦有斷罪降等衝替指揮。法禁甚明，犯者亦少。見行條約：一分以上方送大理寺，一分以下許於本路處折會。即是一綱押錢五萬貫，明許欠錢五千貫以下。」詔依元豐。

十月九日，詔東南六路額斛復行轉般之法。

十一月十六日，臣僚言：「契勘汴綱使臣等用心鈐束往來般摺，方獲（辦）〔辦〕集，理當立酬賞。今相度，汴河押綱使臣等任滿，無抛失、少欠罪犯，亦無違程諸般不了過名者〔二〕，除依元條綱運酬獎外，更與減二年磨勘；軍大將比折收使。若不該元條酬獎者，只與上件減半年恩例。庶使激勸用心，整齊行運，軍儲早辦〔三〕。」從之。

政和元年六月二十六日，户部言：「江南東路監司乞凡依條合運載官物，所用舟車之類，委當職官臨時依民間價直僦雇，不立定制。」從之。

八月八日，户部言：「乞從發運司請，應諸路州軍起發上供錢物及附搭金銀錢帛，不以多寡，並取所押人行程當官逐一批上。如不即書，及別給文據，即乞從收支官物不即書曆科罪。」從之。

二年六月五日，江淮發運司言：「勘會見有事故綱分闕人管押，乞據踏逐到軍大將宋瑗等並特行差撥，仍乞今後依此指揮。」本部勘當〔四〕：「宋瑗等并係見押綱運并見勾當專副，及得替未到部縮繫之人，有礙勅條，不合發遣。及乞今後依例特差，難議施行。檢會大觀元年三月二十八日勅，諸路綱運押綱軍大將見闕及年滿，綱運無人差撥，特召募軍將未足見闕及數〔五〕，應諸河綱運窠名，令發運、輦運、轉運、撥發、鑄錢司下諸州，並依都官法，用家業抵保，召募土人或衙前吏人充守闕軍將，就近管押。委本貫縣司保明，申所屬州軍審察，保明申本部，給狀收補充。如州軍職官員入仕十五年以上者，與換正名軍將，並 7 只令管押本路軍大將綱闕。其逐處召募到人仍填見闕，次年滿替。差訖，即令所屬開申都官。所有向去磨勘、改轉及罪犯，並依都官條法。都官條：保人合用諸司正名二人及命官一員，慮在外難得命官爲保，土人即令召本處有物力人二名，衙前吏人一名召本色二人爲保〔六〕。若綱

〔一〕「不」下原有「准」字，據《補編》頁五六八刪。

〔二〕諸般：原作「般諸」，據文意乙。本書食貨五二之三五：「別無諸般不了等事」，詞語與此相同。

〔三〕辦：原作「辨」，據本書食貨四七之四改。

〔四〕「本部」當指户部，此處行文簡略過甚，文待不清。

〔五〕及：疑當作「之」。

〔六〕此注原作正文大字，據本書食貨四七之五改作小字。

運有輕重不同者，令所屬更互差押。如有少欠官物合該差替者，發遣歸部，依條承受差使。其本部差去押綱人，候召募到土人，即發歸部。」詔依大觀元年三月召募土人指揮施行。

七月十七日，江南西路轉運使言：「本路每年合發上供糧斛一百二十餘萬碩，雖許差衙前權押，或用土人軍將，少有行止之人。乞在部進納官銓試不中之人，許令注擬管押，以三年爲任。任内無違闕，即與依試中人例注授差遣。」從之。

十月八日，尚書省言：「奉詔措置東南六路直達綱。欲六路轉運司每歲以上供物斛，各於本路所部用本路人船般運，直達京師，更不轉般。仍自來年正月奉行。其發運司見管諸色綱船，合行分撥應副諸路，餘令發運司應副非泛綱運。其淮南轉般，舊制歲備水脚工錢四十一萬、米十二萬碩，合令本路提刑司拘收封樁。今來初行直達，諸路運司竊慮難於應辦〔一〕，每路於上件錢内支二萬貫應副一次。所有六路運糧，歲認應副南京等處米斛，除湖南、北數少外，欲令江南管認南京，兩浙管認雍丘，江東管認襄邑，淮南管認咸平、尉氏、陳留。更不差衙前公人、軍人，除使臣、軍大將外，許本路募第三等以上有物力土人管押。除依募土人法，其請給、驛券，依借職例支給。若曾充公吏人或犯徒以上，並不在招募之限。招募不足，許差見在官；又不足，即募得替待闕、無贓私罪、非流外官充。逐路各差承務郎以上文臣一員，自本路至國門往來提轄催促，杖印隨行綱運。有犯，許一面勘斷。請給、人從依轉運司主管官例，仍給驛券。許招置手分、貼司各二人，仍與本路轉運司吏人衮理名次升補。江南四路地理遥遠，更差大使臣以上武臣一員，往來催促檢察。其請給、理任依本資序，仍別給驛券。江、湖綱運管押人，如二年般及三運至京或南京、府界下卸，拖欠折會外，不該坐罪，使臣與減二年磨勘，軍大將依法比折，土人與補軍大將外，仍減五年磨勘；再押該賞，依使臣比折。若一年及兩運，亦依上法推恩。淮、浙一年般及兩運〔二〕，與減一年磨勘；三運以上，減二年。餘依前法。逐路綱官、梢工連併兩次該賞者，仍許綱船内並留一分力勝，許載私物。沿路不得以搜檢及諸般事件爲名，故爲留滯，〔留滯〕一日笞三十，二日加一等，至徒二年止，公人、攔頭並勒停。官司如敢截留人船借撥差使者，以違制論；截留附搭官物者，徒二年，官員衝替，人吏勒停。所有起8發交卸條限與舊不同：淮、浙初限三月，次限六月，末限九月；江、湖止分兩限，上限六月，下限十月終般足。兵梢偷盜若諸色人博易糴買并過度人，並同監主科斷，至死減一等。」並依，内提轄文臣候催了日，赴尚書省呈納具狀，以行陞黜。

〔一〕辦：原作「辨」，據《補編》頁五六八改。
〔二〕浙：原作「折」，據本書食貨四七之六改。

十二月二十二日，發運副使賈偉節言：「綱運經由多是於兩界首住滯，今來興復直達，須藉稽考。欲乞應沿流催綱官司，並將所置催綱曆改爲催綱簿，半年一易。應有綱運出入本界，並真書抄轉上簿，庶幾易爲省覽。」詔依。

三年正月二十九日，兩浙轉運司言：「見奉行直達之法，今措置下項：兵官差刷上綱兵士，未有罪賞專法，除已將諸州所管廂軍多寡以十分爲率，每州歲差三分，配上糧綱牽駕行運，依條一年一替外，乞立法：諸州兵官任滿〔一〕，如差足糧綱，兵士逃亡不及三分之一，比附押綱使臣一年三運以上，與減年酬獎。若歲終差刷不足，或逃亡及三之一，即乞罰俸兩月。若差不及一半，或雖差足，若逃亡一半以上，並乞特行差替。仍依課利虧欠法，官吏並不以赦原減。又本路見管禁軍二萬四千餘人，依熙寧、元符敕令〔二〕，許差下禁軍兼廂軍充知州、通判等官員當直。近因大觀二年朝旨，不許差撥禁軍當直，從此盡占廂軍。竊緣禁軍自有分輪番次之法，即不妨教閲。欲乞權依熙寧、元豐令文，許令兼差充，那廂軍差上糧綱。」户部「檢承勅：『兵梢、綱官、團頭在路逃亡、病患事故，並仰所在官司即時填差。若不行差撥，並杖一百，公人勒停。』今來本司所乞除差撥上綱人兵沿路逃亡係屬本綱，其元差處本官難以認數立罰。如差撥數足，自係本職，亦難比附押綱使臣一年三運以上減年酬獎。」詔禁軍當直，不妨教閲，兵官賞罰等，並依本司所乞，餘路依此。

三月八日，金部員外郎盧法原言：「承朝旨，差委催督直達糧綱，其批書行程妄破限，無緣檢察虛實。欲乞將糧綱行程候回元裝發官司，歲終類聚，參照雨雪風水事故，察其虛實真妄，批官司類申户部，乞行黜責。」從之。

十八日，户部尚書劉炳等言〔三〕：「乞應諸路大禮上供錢物綱，並令不許沿流州軍附搭諸般官物。如有違犯，乞從本所依朝旨送所屬或鄰州縣官員取勘，具事奏聞，仍不以赦原免。」從之。

七月二十三日，發運司管勾糴羅顔彦成言：「綱運自來抛失，係地分軍兵及河清馬遞鋪等人給借濕米。雖累借不得過十碩，而官司未嘗計之〔四〕。及每月尅折，亦不過三二斗，纔還隨借，終身不能備償。欲應抛失濕米，並只許估價出賣，或貸借民户，依法隨税送納，不許諸兵借請。」從之。

四年二月二日，兩浙轉運司言：「綱運自北入瓜洲閘〔五〕，並係空綱，鎮江府江口放重綱出江之時，望瓜洲上口要入，往往被空綱迎頭相礙。今瓜洲閘外自有河 9 道，

〔一〕諸：原作「請」，據文意改。宋代條法，每條多以「諸」字開端。
〔二〕元符：按下文作「元豐」，二者必有一誤。
〔三〕劉炳：原作「劉柄」，據本書職官二七之二一、食貨五一之四〇、《宋史》卷三五六《劉昺傳》改。
〔四〕官司：本書食貨四七之七作「公私」。按，當以「官司」爲是。
〔五〕洲：原作「州」，據《補編》頁五六九改。

謂之下口，欲乞自今後北來空綱並於下口出江，使重綱於上口入閘，極爲便利。伏望下淮南轉運司約束施行。」從之。

十一月二十日，詔：「諸路召募到等第土人押綱，初運並令支撥優便去處裝發一次。如運内有欠，次運即却入重難；無欠者，還依前法。即撥入重難而一運或次運能補足前運所欠之數，及今運亦無欠者，並却入優便去處支裝。如違，及不依次輒差餘人者，徒二年，不以失及赦降原減。其諸路綱運見押人如係衙前公吏管押，若已起發，並候回本路日，別差應入人交割訖替罷；未起發綱運並改正，別差人管押。」從尚書省請也。

五年七月九日，祠部員外郎胡獻可言：「乞諸路綱運召募土人，除各有已降指揮外，欲乞應綱運窠名輕重及理界年分并理運數，並依自來都官差副尉條法施行〔一〕，候界滿日，令更互管押。」從之。

十二月二十二日，詔：「脚户侵用般運錢物，許人告獲，先支賞錢五百貫，後於犯人名下追納。如不足，應干係及交易人均備，並以自盜論。」從河東轉運司請也。

宣和元年六月十八日，詔：「陳留縣等處應開決河口地，速行修閉，仍令都提舉汴河隄岸司、洛口都大司依已降指揮，疾速放水行綱運，不管小有阻節。令尚書省繼日催促。」

二年六月十九日，發運司言：「臣僚言：『東南歲漕召募土人，有物力自愛之民多不應募，惟無賴子弟産業僅存及兵梢姦猾者，則旋以百千置産，使親屬應募，遂補守闕進義副尉。及得管押萬碩綱至京，欠及一分五釐，計米一千五百碩，纔得杖罪差替，復多引赦用例，止罰銅十斤。計一歲六百二十萬碩之數，所欠無慮數十萬矣。』乞下六路，應米麥綱運依法募官，先募未到部小使臣及非泛補授校尉已上未許參部人并進納人管押。淮南以五運，兩浙及江東二千里内以四運，江東二千里外及江西以三運，湖南北以二運，各欠不及五釐，依格推賞外，仍許在外指射合入差遣一次。若應募而輒敢沮抑及乞取者，並科違制罪。」詔依前項先次施行，召募土人法並罷。其餘應合條畫事件，仰陳亨伯、趙億限一月同共措置，條畫以聞。「今條具：直達綱差管押人，先大小使臣、校尉合注授人，次校尉以上未參部及未到部人，次非泛補授校尉以上未許參部人，次進納文武官，次副尉〔二〕。校尉理當管押水陸重難綱運〔三〕，副尉理當重格差遣各一次。再任者候到部，再免一次。進納人免參部。每運至卸納處，無拋欠，減磨勘三年；併押兩運無拋欠者，轉一官資，仍減磨勘三年。進納人依正法〔四〕，併押五運無拋欠，依捕盜法改

〔一〕都官：原作「都管」，據本書食貨四七之七改。

〔二〕副尉：原脱「尉」字，據文意補。「校尉」二字屬下讀，宋代只稱「副尉」，不稱「副校尉」。

〔三〕「校尉」上疑脱「使臣」二字。

〔四〕依正法：《補編》頁五七〇作「礙止法」，似是。

換使臣〔一〕。不及一釐，謂折會借納外，下准此。減磨勘二年；不及二釐，減磨勘一年。以上副尉依使臣法比折，展年准此，少欠坐罪自依本法〔二〕。三釐，展[10]磨勘一年；四釐，展磨勘二年；五釐，展磨勘三年；一分，拋失空重船及十五隻同〔三〕。衝替；副尉勒停。三分，勒停。副尉仍展三期敘。罪至衝替以上者，奏裁。副尉勒停准此。押綱人衝替者，綱官配五百里，勒停者配千里。沿路官司或非本路綱運，坐視不問。今後拋失或偷盜，並令地分官司限一日具數申發運司置籍〔四〕，輒隱庇或漏落實數者，徒二年；申報違限者，徒一年。發運司置籍，候歲終，關拋欠地分轉運司〔五〕，次年依上供條限承認補發外，仍各計逐路年額上供數，令發運司以元起發路分年額十分爲率，計經由路分拋欠數，具奏責罰。轉運司官如在本路拋欠者同。五釐展磨勘二年，七釐三年，一分取旨。自今應綱運經由地分，發運及別路轉運司官覺察偷盜作過及留滯損壞等事〔六〕，任責並如本路轉運司。六路拋失，歲終，户部比較三年數，申尚書省取旨，陞發運司官〔七〕。其專置提轄官在路拋失，自今計本路年額，以十分爲率責罰，令發運司具奏。三釐展磨勘三年，五釐降一官，一分取旨。經由地分巡捕官司，自今應偷盜軍人、公人不覺察者，杖一百；累及五綱以上者，徒一年。命官各減一等，即故縱者，各加三等。軍人、公人不以赦降、自首原免；命官雖會赦，仍奏（栽）〔裁〕。若能用心巡察，捕獲犯人，計贓不滿一貫，命官陞半年名次；五貫以上，減磨勘一年；每及十貫，更減磨勘半年；一百貫以上，轉一官。諸色人計贓不滿一貫，賞錢十貫；五貫以上，錢三十貫；每及十貫，加錢十貫；一百貫以上，錢二百貫。軍人、公人仍轉一資。」詔依。

三年正月二十四日，詔：「江、湖、淮、（淅）〔浙〕錢帛糧綱見在運河阻淺，及江潮未應，難以前來。可令發運司相度，權行寄卸於真、揚、楚、泗州、高郵軍在城逐倉，令空船且往逐路摺運，庶免日久綱兵侵欺官物，坐費糧食。如三、四月河水通行，却載向上空船裝發上京。」其後二十七日，尚書省言：「今來將近中春，江潮已應，即與冬月不同。若上件綱運能至楚、泗州，即通淮、汴更無阻節，自可直至闕下；若於逐州寄卸，舟行，計置舟船般運，轉見迂枉。竊慮有礙中都歲計支遣。」詔已行下文字更不施行。

二月十八日，詔：「應官員下班祗應、副尉管押綱拋失、少欠，見今勒住差遣者，累降指揮，如元非侵盜，特與放行差遣，仍據合催欠負〔八〕，於請受内依條尅納。」

三月十四日，淮南江浙荆湖制置發運使趙億言：「今

〔一〕此注原作大字，據本書食貨四七之八改小字。
〔二〕「以上副尉」以下原作大字，據本書食貨四七之九改爲小字。
〔三〕船：原作「般」，據本書食貨四七之九改。
〔四〕籍：原作「藉」，據《補編》頁五七〇改。
〔五〕「關」原作「開」，據文意改。「拋」原作「拖」，據前後文例改。
〔六〕損：原作「捐」，據本書食貨四七之九改。
〔七〕陞：疑誤。
〔八〕負：原作「員」，據《補編》頁五七〇改。

月六日，奉御筆：『運河淺澀，中都闕誤，仰火急措置拖拽，用車畎水，須管於三日中三十綱到京，及別行措置自江入淮到汴利害聞奏。』契勘真、揚等州運河淺澀，（潮）〔湖〕濼皆乾，別無水源，止可車取江水。臣見與逐州并本司官分頭措置車畎江水，爲河道遥遠，未至添長。所有自江入淮到汴，緣經涉大海，泛洋轉至淮河，方可入汴，未見得可與不 11 可泛海入淮河行運。先已牒通、海州、鎮江府子細相度，講究的確利害。」次又奏：「勘會去年楚州界河淺，奉御筆，於河東常平錢穀内特給降錢米各五千貫碩付陳亨伯〔一〕，募綱食人淘河車水。今來欲乞特降指揮下淮東提舉常平司，量於東京路借撥到錢米内各支五千貫碩〔二〕，雇人車水等使。」詔趙億遵稟已降御筆處分，疾速措置津遣綱運，其所乞事理依奏。

六月十日，發運司言：「糧綱昨降指揮，召募土人法並罷，差大小使臣等管押。契勘土人内有諳知行運次第，自管押糧綱以來少欠不礙分釐，不曾被罰，曾經推賞，有心力可以倚（辨）〔辦〕之人，欲乞存留。」從之。

五年六月九日，詔：「應押綱人犯罪或違程、抛欠，合批書印紙，而收匿避免批書者，杖一百。」

十日，發運副使呂淙言：「欲下諸路轉運司，須管見得逐州縣申到實有米糧，方得支綱，仍依條預借綱梢三分錢。如違限，許逐綱陳訴。」從之。以轉運司科數下州縣支綱〔三〕，實無見管糧料，綱運等動經數月，又不支借三分工錢故也。

七月十八日，發運司言：「契勘江、湖路裝糧重船，多是在路買賣，違程住滯。本司看詳，上供錢物綱在路有故違程，依法不得過三日，累不得過一月。所有諸路糧綱即未有立定明文，今欲比類上供錢物立定：有違程，不得過十日。内江東、淮南、兩浙路地〔近〕累不得過一月，湖南、北、江西路地遠不得過兩月，所有守閘日分許與除豁。及無稽程并經由催綱地分官司，亦乞比附上供錢量行增立法禁。」詔六路糧綱地分官司不催發，杖一百。

十月二十三日，江南運判蕭序辰言：「嘗諸綱船折欠〔四〕，多因沿路稽留，而沿路官司故有阻節，有合支請給處而不即支散，有附帶官物處而不即支付，有風水靠閣處而不即救應催發〔五〕，有回運合支工錢處，其寄樁錢輒已移用，推託不支。又有一路漕司不自計置舟船，輒有申陳截留他路回綱，尤爲不便。欲乞嚴行約束。」詔令發運司措置。

〔一〕陳：原作「東」，據本書食貨四七之一〇改。
〔二〕東京路：疑當作「京東路」。
〔三〕科數：疑當作「科敷」，意即攤派。
〔四〕諸：本書食貨四七之一〇、《補編》頁五七一作「請」，皆不可通，據文意似當作「謂」。
〔五〕救：原作「敕」，據本書食貨四七之一〇改。

〔十一月〕十九日〔一〕，發運司言：「江西、湖南、北、兩〔浙〕〔浙〕西路新用勅告、香藥鈔均糴斛㪷，已准指揮，權暫和雇舟船般運。合要管押人自合依前後所降處分召募起發外，相度欲乞從吏、刑部每路各更差小使臣并副尉、校尉一十人，發遣赴逐路，相兼差押綱運〔二〕。」從之。

十二月十九日，詔：「應管押綱運使臣等〔三〕，並不許諸處抽差，如違，官司及被差人各徒一年。」從戶部尚書盧益請也。

六年三月二十九日，發運副使呂淙言：「准給降香藥鈔、告勅，計一百萬貫，分糴斛㪷，應副般轉。乞令逐路據已糴米，那借係省官錢雇船起發。」從之。

閏三月六日，戶部言：「勘會東南路歲起上供布六十萬匹，兩次朝旨下發運司催趕，至今未盡數到京。其沿路官司坐視，略無督責。欲乞逐官各置催綱行程曆，從本路轉運司就便印給，逐時抄上綱 12 運入界時日、押人姓名、船隻所載官物，躬親監催起發，至甚日時出界、本地分內有無風水拋失住滯緣故，晝時關報下界首官司，逐旬開具申本司。至歲終，本司取索行程曆點檢驅磨。如能巡捕督促，別無留滯及拋失舟船，若獲到兵梢等人博易盜賣，乞從本司比較，取摘三兩員最優者保奏，等第推賞。如依前弛慢，除〔依〕法斷罪外，仍從本司酌其情重者奏劾。」詔依。

〔政和〕七年二月四日〔四〕，尚書〔省〕言：「勘會東南六路諸州軍逐年裝發上供額斛，自來立定知、通任滿賞格，輕重未至均當。近又因兩浙申請，將不滿一任替罷之人，不論到任月日淺深、年起斛㪷多寡，但管勾裝發無違限，便依任滿法，作不滿三十萬碩，皆減年磨勘。今修下條：一萬碩以上陞一季名次，五萬碩以上陞半年名次，十萬碩以上減半年磨勘，二十萬碩以上減一年磨勘，三十萬碩以上減一年半磨勘，四十萬碩以上減三年磨勘。」從之。

〔宣和七年〕二月八日〔五〕，詔：「燕山闕糧，可自京師運米五十萬斛，令工部侍郎孟揆親往措置。」

四月十一日〔六〕，尚書省言：「近降指揮，罷兩河土人押綱。契勘土人有財力家業，軍校單身貧弱，綱運不繼，往往逃亡，其弊可以坐見，合行修復。」從之。

〔一〕十一月：原脱。天頭原批：「『十九日』一作『十月十九日』，又重上，疑『十一月』之訛。」按本書食貨四七之一〇作「十月十九日」，然據本書職官四二之四七，實爲十一月十九日事，因補。

〔二〕兼：原作「度」，據本書職官四二之四七改。

〔三〕臣：原脱，據本書食貨四七之一〇補。

〔四〕政和：原無。按自此條至建炎元年條之前共十七條，今《輯稿》均編於宣和六年之後，似以下皆爲宣和七年事，其實不然。其中此條及下文九日、六月八日、二十一日、八年三月十二日、閏九月十一日共六條，本書食貨四七之七、四七之八、《補編》頁五六九繫於政和七、八年。其中四條可考，確係政和事。如本條事，《宋史》卷一七五《食貨志》上三即明記於政和七年。由此可證食貨四七及《補編》繫於政和可信。其餘十一條經考，有一條爲宣和六年，餘爲宣和七年。今據考定，於有關條分別添加年號或年月。

〔五〕宣和七年：原無，據本書食貨四八之一九、《宋史》卷二二《徽宗紀》四補。

〔六〕此亦宣和七年，見本書食貨四七之一一、《補編》頁五七一。

五月三日〔一〕，詔：「盧宗原拘收糴本，興復轉般，並係御前措畫親筆處分，無預漕計，亦無取斂於民。訪聞諸路漕司輒敢觀望，指準補欠，便不以上供歲額爲意〔二〕，發運司官又欲以補欠爲己功，不復督責，舉此以廢彼。其宗原所拘收錢本，可令不住於夏秋豐熟去處廣行收糴。其已糴到并去歲均糴斛㪷，並行樁管，以御前措置封樁斛㪷爲名。所有諸路上供額斛㪷，除已代發過數合行截還外，且令依舊徑發上京。如違，以大不恭論。」

〔政和七年五月〕九日〔三〕，臣僚言：「取押木栰，自來號爲重難。本臺累據使臣陳訴，工部推恩稽慢。有以受納不即報應，曲有留滯者；有以起發官司尺寸不同，因爲沮間者；有以外處不能盡知條法，而責其必先依式開具保明者。欲望有司嚴責日限，不得曲爲沮留，以爲赴功之勸。」詔工部限一月結絶。

六月八日〔四〕，户部尚書劉昺言：「諸路糧綱情弊甚多，沿流居民無不收買官綱米斛。欲今後委逐路官司覺察，沿流人户買官物一升，賞錢十貫；一㪷，賞錢五十貫，至三百貫止。買賣人決配千里外，鄰人知情，與同罪；不知情，減一等。許諸人告捕，犯人自首，與免罪。」從之。

〔六月〕十三日〔五〕，發運司言：「應直達綱經由處，其地分催綱官抛失重船沿江十隻，展磨勘三年。仍令地分官司遇抛失空船，限即時具船隻綱分、姓名申本州軍通判，本廳置籍抄上〔六〕，候歲終，開具地分、抛失隻數、合干官吏姓名申發運司責罰〔七〕。」從之。

〔宣和七年〕七月十九日〔八〕，發運使盧宗原奏：「乞諸路起發錢物，即給走曆，於卸納處繳曆驅磨。如地分巡尉苟簡，或致侵欺移易，13乞賜黜責。」詔違者以違御筆論。

〔宣和六年〕四月二十四日〔九〕，詔宗室並不許召募押糧綱。從尚書省請也。

〔政和七年七月〕二十一日〔一〇〕，開封尹王革奏：「劉昺所立罪賞，已是嚴重，無圖之輩因緣生姦，詐誘兵梢，復行告捕。欲乞詐誘及故令綱運兵梢糴糶米穀因而告捕規賞者，並以被誘人所得刑名決配支賞，許人告捕。糧綱到岸，應管勾河岸鋪兵、公人、岸子之類知情容縱兵梢糶糴綱運

〔一〕此亦宣和七年，見本書食貨四七之一一。

〔二〕意：原作「易」，據本書食貨四七之一一改。

〔三〕政和七年五月：原無，據本書食貨四七之七、《補編》頁五六九補。

〔四〕按，據本書食貨四七之七、《補編》頁五六九，此亦政和七年事。考本書中有關劉昺（炳）諸條及《宋史》卷三五六《劉昺傳》、《九朝編年備要》卷二八，此人於政和二年至七年間任户部尚書，重和元年六月坐妖訕長流瓊州死，是不及宣和也。

〔五〕六月：原無，據本書食貨四七之一一補。但此爲何年，不敢確定。

〔六〕籍：原作「藉」，據《補編》頁五七一改。

〔七〕司：原脱，據《補編》頁五七一補。

〔八〕宣和七年：原無，據本書食貨四七之一一補。

〔九〕宣和六年：原無，據本書帝系五之三一補。天頭原批：「四月二十四日條移在五月三日前。」不可從。

〔一〇〕政和七年七月：原無，據本書食貨四七之八、《補編》頁五六九補。

米穀，乞受錢物，計贓並依河倉法決配支賞，引領牙人并知情、停藏、負載者〔一〕，同罪。」詔改賞錢「十貫」字作「一貫」，「五十貫」字作「五貫」，「三百貫」字作「一百貫」，餘依奏。

〔宣和七年〕十一月十三日〔二〕，詔：「東南六路糧綱回運空船，沿流官司依重綱逐界催趕出界，批書出入界日時。沿汴委都大官、餘委逐路漕臣按察，具所部催綱官勤墮申發運司覆實比較以聞〔三〕。」

十七日〔四〕，詔：「發運司累歲興復轉般，今方就緒，盧宗原見措置糴到米，并淮南倉見在均糴及經制餘錢糴到米，各已累降指揮，並充轉般代發歲斛。如諸司輒敢陳乞借撥，別充他用，或別項起發，并截借措置到綱船，沮壞轉般良法，仰發運司密具以聞，當議重行貶竄，人吏決配。雖專奉特旨，仰執奏不行。」

十九日，南郊赦書〔五〕：「諸路起到綱運，在路風水積壞，見今監繫，勒令陪納，情寔可矜。仰交納官仔細驗認，〔加〕〔如〕封記圓全，別無換易情弊，即與先次交納。其合估剥官錢，行下本處依條施行。」

十二月十六日〔六〕，京東路轉運使言：「乞今後諸州軍府遇上供綱運起發盡絶日，於本處許差出官內選差官一員，沿路根究催趁。」詔諸路依此。

二十一日〔七〕，都省言：「諸路封樁斛㪷闕舟船般發，今來邊防警急，合廣儲備。契勘已奉御筆手詔，結絶應奉司，江淮諸局所進花石綱並罷，舟船令轉運司拘收。」詔：「逐路漕臣悉心體國，疾速拘收舟船，分撥赴已樁糧斛州縣，盡數裝發，催併到來，應副急闕支遣。仍選差或召募得力使臣，多方差綱梢人兵牽拽。沿路經過合批收口券錢糧，限即時應副。內有裝載官物若石，並仰隨所至州軍卸納官物，仍仰如法安置，不得損失。如糧綱到京，沿路別無留滯，候卸納訖，令司農寺具管押人保明申尚書省取旨，優加推恩。如稍涉稽滯〔八〕，及本路監司、州縣不切用心應副，並當重寘典刑。」

〔政和〕八年三月十二日〔九〕，臣僚言：「東南諸路斛㪷

〔一〕載：原作「戴」。按「停藏負載」一語，本書共九處，其中四處作「戴」，誤。此乃宋代法律用語，「停藏」謂窩藏贓物，「負載」謂搬運贓物，《慶元條法事類》卷二八、二九屢見，《長編》卷二九〇亦作「載」字。據改。

〔二〕宣和七年：原無，據本書食貨四七之一一、《補編》頁五七一補。

〔三〕勤：原作「勒」，據本書食貨四七之一一改。

〔四〕此條本書食貨四七之一一亦有，年代不明，但此處前後條均爲七年，此條亦當同。

〔五〕此條食貨四七之一一亦在宣和七年。此年十一月十九日丙戌南郊，見《宋史》卷二二《徽宗紀》四。

〔六〕此條亦見本書食貨四七之一一，年代不明，但此處前後條均爲七年事，本條亦應相同。

〔七〕本條又見本書食貨四七之一二，在宣和七年十二月。按，《三朝北盟會編》卷二五載御筆手詔罷花石綱在宣和七年十二月二十一日戊午，與此合。

〔八〕稍：原作「梢」，據本書食貨四七之一二改。

〔九〕政和：原無，據本書食貨四七之八、《補編》頁五六九補。宣和無八年。下條閏九月亦在政和八年。又，「十二日」，本書食貨四七之八、《補編》頁五六九均作「二十二日」，疑此處脱「二」字。

自江、湖起綱，至于淮甸以及真、揚、楚、泗，建置轉般倉七所聚(畜)〔蓄〕糧儲，復自楚、泗置汴綱般運上京。崇寧三年，因臣僚建言直達京師，致多(拖)〔拋〕失。邇來召募土人管押，欺弊百端。伏望先將土人選使臣等抵替，委發運司計置，依舊興修轉般倉。候成，降賜本錢，令轉運司計置斛㪷，然後置直達之法。」詔任諒相度聞奏。

閏九月十一日，尚書省言：「直達之法，事法詳備，有補無損，今妄有改更，徒爲勞費。前降指揮更14不施行。」

高宗建炎元年五月十七日，路允迪奏：「都城自來惟仰諸路綱運轉給〔一〕，今來車駕臨駐傍京，汴河綱運理宜先次措置。欲乞下户部及發運司計度合用數外，速令催發前去京城下卸，應副急闕支用。廣濟河、蔡河綱運，亦乞下逐處輦運〔二〕、撥發司速行催發前去。」從之。

六月二十七日，户部尚書黃潛厚言：「已得指揮，諸路起發上供錢物並赴東京送納。契勘南京左藏庫見在錢物不多，乞應東南上供綱運〔三〕，令行在户部相度，隨宜分撥赴東京或南京下卸。」從之。

七月八日，詔：「諸路發到米綱，以三分之一給行在支遣，餘於京師樁管。其已卸下空船，自京師般載六曹案沓及器甲等至行在〔四〕。」先是，汴河以河口決壞〔五〕，綱運不通，詔差提舉京城所陳良弼同都水使者榮嶷、陳求道修治決口〔六〕，至是綱運漸至，故有是詔。

八月一日，京東路轉運副使李祐言：「諸路應副朝廷大計，發運司最爲浩瀚，近年歲額未嘗數足，蓋緣管押使臣多是干請差委，不曾選擇能幹之人。又沿河居民盜(買)〔賣〕官米，官司並不覺察，致每運少欠不下數千碩者，至沉溺舟船。欲下發運司，選擇有行止、無過犯、能管押使臣，如每運無少欠或欠數多〔七〕，及沿流官司能爲覺察盜賣及不覺察去處，重行賞罰，以爲勸沮，及令本司官不住往來催促。」詔除少欠數多及無欠一節別作施行外，餘並從之。

九月十二日，同知樞密院事張愨言：「東南六路歲運糧斛六百萬碩，去年與今年未到數目甚多。今乞責東京及南京排岸司各置簿抄上見下卸糧綱并諸色綱運船元來路分州軍府下卸官物日、綱回運就差是何官員乘載使用，至甚處下卸，各不得出本路界。抄上綱官、綱梢、椩手、兵士姓名人數。如違，綱梢各量情犯斷勒。」從之。

二年正月十日，詔：「糧綱卸訖，空船雖許差乘，若往

〔一〕路：原脱，據本書食貨四七之一二補。

〔二〕處：原作「去」，據本書食貨四七之一二改。

〔三〕供：原作「路」，據《補編》頁五七二改。

〔四〕自「七月八日」至此，原脱，據本書食貨四七之一二、《補編》頁五七二、《梁谿集》卷一八〇《建炎時政記》下補。又「沓」字，原作「杳」，《補編》作「水口」，皆誤，亦據《梁谿集》改。

〔五〕壞：原作「糧」，據本書食貨四七之一二、《補編》頁五七二改。

〔六〕求：原作「水」，據《宋史》卷四四八《陳求道傳》改。本書食貨四七之一二、《補編》頁五七二作「永」，亦誤。

〔七〕運：原作「數遇」，據本書食貨四七之一二改。

別路及經過所差州軍，元差官司并乘船官各徒二年。真州排岸及瓜洲堰閘官不切檢察者，各杖一百。其以前已差往別路糧斛船，令轉運司委官催回本路。如乘船官占恡，依『未出本路，非理遷延占留人船，致妨本處裝運錢糧，計日坐罪』指揮施行。」

十八日，發運使梁揚祖言〔一〕：「准尚書省劄子，據倉部員外郎曾慥狀：近降聖旨，差措置催促綱運。契勘發運司見行糧綱船例皆四五百料以來，於法許載二分私物。體訪得糧綱往往沿路留滯，蓋緣押綱自買船隻僅及千料以上，謂之隨綱座船，併行般運，增添隻數，名裝官物十分，攬載私貨。至如入汴，多致阻淺，其全綱船隻不免一例住岸。今措置，欲自今後綱運隨綱船不得過見押官船料，例止許置兩隻，如敢依前置買大料船隻隨綱，及置買過數，許所在官司覺察，没納入官。」從之。

五月十九日，詔：「在京歲用斛㪷浩瀚，從來指擬東南漕運。除發運司合應副南京、拱州斛㪷共四十四萬碩，并淮、浙合赴京畿下卸年額斛㪷共九十萬五千碩〔二〕，逐司自當別行應副外，將發運司未起今歲合發額 15 斛二百五十八萬九千八百餘碩，淮、浙今歲未起額斛，淮南一百四萬七千餘碩，兩浙六十八萬七千餘碩，並仰多方措置，限十月終已前須管盡數般運至京。其逐路建炎元年已前舊欠，各仰前期計置樁辦，自來年爲始，分限三年發，不得更有拖欠。其措置不擾，及押人如期到京，不礙分數，並轉運司取旨，優加酬賞。若催發稽慢，不及今來所起之數，并押綱人遷延違滯，令逐處按劾，官當竄逐，人吏遠配。如闕少綱船，仰依已降手詔優支雇直和雇。其牽挽人夫亦仰添支雇錢雇募，仍約束押綱人常切存恤。其江、湖未起之數浩瀚，專委司農卿史徽催促收樁，候逐路斛㪷裝發離岸，專委發運呂源催趕至淮南，自淮南專委梁（楊）〔揚〕祖催趕至泗州，自泗州專委李祉催趕至東京。仰所委官各給押綱人行程，若有住滯，所委官隨分定地分行遣。仍仰東京户部官躬親常切點檢覺察，毋令少有稽違住滯。」

六月九日，淮南路轉運副使李傳正言：「本路綱運入汴，若餘船輒占河岸行者，杖一百。比年以來，往往官員乘坐船不肯一岸分行，恃勢攙抹，阻滯綱運〔三〕，所至官司莫敢誰何。欲望嚴立法禁，許押綱人經隨處官司地分陳訴承報，限時拘收，梢工送所屬依法推治，内兵梢解押赴本州，牒送住營州軍勒重役，永不得再差充坐船梢工。承報官司不即公行，或有觀望故縱，與犯人一等科罪。」詔可，行在仍令御史臺覺察聞奏。

二十三日，户部言：「江南東路轉運司言：『本路綱運舊行直達日，每綱用剩下二分私物力勝裝載糧斛，依雇客

〔一〕「使」原作「司」，「揚」原作「楊」，據《補編》頁五七二改。
〔二〕十：原作「千」，據《補編》頁五七二改。
〔三〕自「六月九日」至此句「阻滯」：原脱，據本書食貨四七之一三補。其中「攙」原作「挽」，據《補編》頁五七二改。

船例支錢。復行轉般，本路額斛依專法秖至淮南下卸。向緣靖康元年九月二十二日朝旨，不許裝載二分私物，以此綱運繳計不行，押綱人皆不願管押。今欲且令本路綱運依舊例用二分私物力勝攬載年額斛㪷，依和雇客船例支給雇錢，更不攬搭客貨。如押綱人輒更搭攬私貨，即乞朝廷重立法禁。』本部勘當，欲依本司所乞，非情願投狀承攬者，不許抑勒；如已攬載額斛力勝外，更載私物，因致稽滯者，於本罪各加一等。」從之。

八月，發運副使呂源言：「綱運舊條，以二分力勝許載私貨。今官拘力勝〔一〕，而所支二分加料雇夫錢米太微〔二〕，必致侵盜。乞加料每十石破一夫錢米。」從之。

九月五日，專一措置財用黄潛厚奏：「乞諸路錢綱並赴行在左藏庫送納。」從之。

十二月二十四日，江南西路轉運司言：「本路歲額上供糧斛，舊押綱使臣多爲發運司拘截，真、揚排岸司所遣者，多浮浪不根及有因應募效用補授副尉之人〔三〕，既無家業可以倚仗，兼不諳熟綱運次第〔四〕，欲乞應有副尉乞押本路糧綱，並先令供其家業，及召命官或有物力人保委，審量心力可以委付，即乞發遣前來。」從之。

三年四月十日，詔：「東路軍民久闕糧食，已撥發上京糧斛，令尚書省差發運使一員，同本路漕臣專一往來催促起發，須管於七月一日以前起發盡絶。所在巡尉及 16 應干捕盗官部領弓兵往來防護，各至界首交割，不管稍有疎虞。如有弛慢不職去處，令發運使按劾以聞，當議重行停降。」

十二日，司農寺丞蘇良冶言：「淮、(淅)〔浙〕路并發運司糧綱到京，依條少欠一分五釐批發，及江、浙兩路轉般赴淮南用一分。今來車駕駐蹕杭州，節次即未有立定分數。欲乞將江東路糧綱依舊用一分法，兩浙路地里不遠，權用五釐法施行。」詔已降指揮移蹕江寧府，重别措置，申尚書省。司農寺措置：「兩(淅)〔浙〕并江西路綱運少欠乞用一分法外，若地里及三百里已下，乞用三釐法；四百里以下，乞用四釐法；五百里以下，乞用五釐法；八百里以下，乞用七釐法；一千里以下，乞用八釐法，餘並乞用一分法。若有礙分綱運，依京倉施行。」從之。

五月十六日，發運副使葉宗諤言〔五〕：「押綱人乞依舊條酬賞外，更與減三年磨勘。近降赦書，除軍功酬賞外，其餘權住行遣一年。今來押綱人員所得酬獎，乞依軍功例施行。」從之。

建炎四年七月三十日，户部言：「準都省批下發運副

〔一〕勝：原作「升」，據本書食貨四七之一四改。
〔二〕料：原作「科」，據本書食貨四七之一四改。
〔三〕授：原作「受」，據本書食貨四七之一四改。
〔四〕諳：原作「譜」，據本書食貨四七之一四改。
〔五〕諤：原作「鄂」，據本書食貨四七之一四、《補編》頁五七三改。

使宋煇劄子〔一〕：『契勘本司舊行轉般支撥綱運裝糧上京，自真州至京，每綱船十隻，且以五百料船爲率，依條八分裝發，留二分攬載私物。如願將二分力勝加料裝糧〔二〕，聽。八分正裝計四百碩，每四十碩破一夫錢米；二分加料計一百碩，舊法每二十碩破一夫。建炎二年内裝發東京糧緊切，晝降聖旨，加料每十碩支破一夫。後來前本司官葉宗諤去年内得指揮〔三〕，撥還東京糧料沿汴少欠，就顧牽駕舟船，申晝指揮：加料依和雇客船則例支給雇錢，入汴添支三分水脚錢，及舊法支給蓌蓆、刺水、鋪襯等錢，并管押人依條除本身請給外，重船又別給驛券。每運至東京卸納，無欠折，轉一官資，綱梢並支撞岸及賞錢，所請脚剩等大段優潤。今來依奉聖旨，雇船起發（淅）〔浙〕西勸誘等米，其押綱除本等資序請給外，止添食錢三五百文，別無立定了納賞罰。兼本司見打疊舟船，團結官綱〔四〕，起發行在物斛，浙西州軍至越州地里不遠，若不權宜立定賞罰，無以勸懲。今相度，除雇船自有立定地里水脚錢外，有官綱欲乞依本司昨來起發上京綱運例，除添支三分水脚錢不及外，餘依舊例支破。所有官、客綱人賞罰，（令）〔今〕以地里遠近、所裝米數參酌立定下項：賞：每運押米五千碩以上，地（理）〔里〕至卸納處無違程、折會償納外少欠，依下項：副尉比折收使，八百里減磨勘二年半，五百里減磨勘二年，三百里減磨勘一年。罰：每運押米五千碩少欠一分，使臣衝替，副尉勒停，仍根究致欠因依；七釐，展磨勘三年；五釐，展磨勘二年；三釐，展磨勘一年。』後批送户部勘當，申尚書省。本部今欲依本官所乞施行，内賞係別無少欠。倉部供到狀：近勘當發運副使宋煇劄子，起發浙西諸州米斛至 17 越州，乞依舊八分裝，每四十碩破一夫錢米，二分加一料〔五〕，每二十碩破一夫，并以地里遠近賞罰。合支蓌蓆、刺水、鋪襯等錢，已勘當，依本官所乞。内押人依條除本身請給外，重船又別給驛券，緣今來止是一時裝發斛㪷，比之上京綱運事體不同，若更破驛券，委是太優，欲乞重船日支食錢四百文省。」詔依。

十二月十日〔六〕，度支員外郎韓球言：「欲前去饒、信等州刬刷錢糧，乞將沿流州軍並起發見錢；其不通水路去處，依指揮變轉輕賫。」從之。

紹興元年二月十六日，詔：「令韓球照會前降事理，體度行在贍兵數多，將見刬刷不以麤細色綱運，遵依建炎四年十月一日已降陸運指揮疾速施行〔七〕，不得少涉搔擾。」

〔一〕都：原作「部」，據本書食貨四七之一四、《補編》頁五七三改。
〔二〕勝：原作「升」，據本書食貨四七之一五改。
〔三〕年：原無，據本書食貨四七之一五補。
〔四〕結：原作「給」，據本書食貨四七之一五改。
〔五〕一料：《補編》頁五七三無「一」字，疑是。本條上文亦云「二分加料」，無「一」字。
〔六〕天頭原批：「此條水陸兩收。」按，此指本書食貨四七之一五「水運」門及食貨四八之一三「陸運」門均收有此條。
〔七〕天頭原批：「『一』一作『二』。」按指本書食貨四八之二〇。

內合應副張俊下軍錢糧，仰於今來所般數內量度撥留應副。」其後內降：「應干合於饒、信州樁垛錢物糧斛等事理，更不施行。」

元年三月十二日，戶部言：「越州通判趙公竑言：『兩（浙）〔浙〕路見有起發米斛萬數不少，內有經由海道前來綱運，除官綱平河行運合依宋煇措置外，海道般運糧料係爲登險，理當優異。』本部今比附重別措置，每運至卸綱納處，無拖欠、違限，折會償納外，依下項。內賞比平河已是優異，其罰格亦比附申請措置遞減一等。賞格：一萬碩已下，所裝雖多者同。一千里無拖欠，轉一官；不滿一釐，減四年磨勘；副尉依使臣法比折收使，下准此。不滿二釐，減三年。五百里無拖欠，減四年；不滿一釐，減三年；不滿二釐，減二年。五千碩，所裝不及五千碩，若併押兩運如及所立之數，亦乞通行推賞。一千里無拖欠，減四年；不滿一釐，減三年；不滿二釐，減二年。五百里無拖欠，減三年；不滿一釐，減二年；不滿二釐，減一年半。罰格：欠三釐，展一年磨勘；副尉亦合比展。欠四釐，展一年半；欠五釐，展二年半；欠七釐，展三年半；欠一分，展四年；欠三分，拋失空船一十五隻同〔一〕。使臣、校尉衝替，副尉勒停，仍根究致欠因依。」從之。

二十七日，戶部言：「上供錢物糧斛，依法雖請降特旨截留借兑支撥，執奏不行。及承指揮，統制軍馬等官以便宜行事，拘截上供錢物斛㪷，官吏並流三千里；主司聽之，減三等。所有今後起赴行在送納綱運輒敢拘截卸納，亦乞朝廷嚴賜施行。」詔：「諸路應赴行在錢物斛㪷，官司輒截留借兑支撥，並依上供條法指揮。」

六月二十四日，戶部言：「諸路歲起糧斛，舊制江、湖轉般，兩浙直達上京。比緣軍興，淮南轉般倉敖燒毀殆盡，其江、湖糧綱自合權宜直達赴行在。」詔依。

九月十八日，明堂大禮赦：「勘會糧綱舊六路直達法，卸納少欠一分五釐已下，本路備償折會，過一分五釐，即行根究〔二〕。比來行在下卸糧綱，因有司申請減下欠數，和雇客船填納不及五釐，官綱一分已下，方許批發歸回補發。緣此留滯綱船，淹延刑禁，18 無補公私。自今並依舊直達法施行。」

十月十九日，三省言：「保義郎翁㮚等狀：『準建炎四年聖旨指揮，措置收糴糧斛〔三〕，每一萬碩爲綱，選差有才幹使臣兩員管押。舟船綱運經由海道，載至福州交納，如無疎虞，依六月九日已降指揮，各與轉一官，仍與家便差遣。㮚等於建炎四年十月內蒙差就潮州裝發三綱，每綱各一萬碩，經涉大海，於今年正月內到福州交卸了足。竊見成忠郎潘和等亦於潮州裝發綱運，前來溫州交卸，各有拋失，亦已依前項聖旨各與轉官。乞行推賞。』」詔各與轉

〔一〕拋：原作「拖」，據本書食貨四七之一六改。
〔二〕天頭原批：「『究』一作『治』。」按，自此以下天頭原批所云「一作」，指本書食貨四七之一六以下複文。
〔三〕措：原脫，據《補編》頁五七四補。

一官。

二年三月十二日〔一〕，詔：「應綱運不以人糧、馬料，不得在外一面支遣，並赴合屬倉分送納。如違，並從杖一百科罪。每名賞錢五十貫文，以犯事人家財充，仍先以官錢代支。」

三月四日，户部言：「應上供錢物綱運，欲令州縣遇裝訖，即時計所裝船隻錢物數目、押人姓名、離岸日時，先次飛申户部，仍關報前路州縣綱運官司繼續催趕出界，依此飛申出入界日時，入急遞報户部，下所屬庫分拘催。」從之。

四月二日，紹興府言：「閩、廣、温、台二年以來，海運糧斛錢物前來紹興府，並係至餘姚縣出卸，騰剥般運，而本縣常患無船，不能同時交卸，往往留滯海船。今既移蹕臨安，緣自定海至臨安海道，中間砂磧不通南船，是致沿海之民歲有科調之擾。契勘明州自來有般剥客旅貨物湖船甚多，欲乞專委官一員措置，將閩、廣、温、台等處發到錢物斛㪷，並就本州出卸，優立價直，雇募湖船騰剥，就元押人由海道直赴臨安江下。既得少舒紹興諸縣民力，又免海船留滯之患，糧斛不致失期。」從之。

十二月十九日，呂頤浩奏：「近遣郎官孫逸督江西上供米，比聞已起三綱，可準擬三十萬斛。」上曰：「以江西漕臣不以時起，必待朝廷遣郎官催促〔二〕，然後起發。如此，則漕臣失職，可黜責。朕嘗面訓都轉運使張公濟〔三〕，俾先理會常賦。若常賦不入，乃反務横斂，非朕愛民恤下之意。」

三年四月二日，詔：「今後起綱，如本州差過三員皆未還任，接續有合發綱運，即先從倚郭縣差縣丞或主簿一員管押，以後先近遠於諸縣輪差。如被差輒敢規避，並從徒二年科罪。管押官候到行在，別無疎虞，依已降指揮推恩。」

十二月二日，户部言：「兩浙運判孫逸劄子〔四〕：諸州縣起發綱運赴行在卸納，別無抛欠〔五〕，其管押人乞特行犒設。今立定下項：其錢於和糴場百陌錢内支破，如無見在，移文本路運司，於移用錢内限當日支給。三百里以上，三千碩已上欲支一十五貫文省，五千碩已上欲支二十貫文省；五百里以上，三千碩已上欲支二十貫文省，五千碩已上欲支三十貫文省。」詔依，今後如遇綱運卸納了當，別無緣故，排岸司非理留難阻節，官吏並從杖一百科罪。

三十日，户部言：「已降指揮：『[19]兩浙諸州起發糧斛、馬料綱運赴行在卸納，別無抛欠〔六〕，其管押人特行犒

〔一〕天頭原批：「下有三月四日，此『三』字疑是『二』字或『正』字。」
〔二〕促：原作「捉」，據本書食貨四七之一七改。
〔三〕嘗：原作「常」，據本書食貨四七之一七改。
〔四〕判：原作「司」，據本書食貨四七之一七改。
〔五〕抛：原作「拖」，據文意改。按本書漕運諸門叙綱運卸納每言「抛欠」，謂抛失、少欠。若作「拖欠」，則於義不合。
〔六〕抛：原作「拖」，據本書食貨四七之一七改。

設。三百里已上，三千碩已上支一十五貫，五千碩已上支二十貫等。雖不及三百里已上，亦合比類犒設。』今相度，欲將諸州縣起到綱運，如地里不及三百里，三千碩已上支錢一十貫文省，五千碩已上支錢一十五貫文省，特行犒設。」從之。

四年四月二十八日，內殿進呈造船文字，宰臣朱勝非等曰：「近來諸路般發綱運大段費力，雖州縣優支雇直，人戶少應募者〔一〕。蓋因軍興以後，船戶例遭驅虜，民間莫敢置船。欲令兩浙、江東、西路各造船二百隻，專充運糧使用。」上曰：「須於船上分明雕刻字號，諸處不得指占，雖奉聖旨，聽執奏不行。」

七月二十六日，戶部侍郎梁汝嘉等言：「勘會提轄綱運官依法許將帶杖印隨行，自本路至國門以來催促糧綱，有犯，聽勘決。若綱梢偷盜，官司故縱，留難阻節，許報所至監司追究。候催促了日，赴尚書省呈納足狀。續承朝旨：糧綱在路，提轄官端閑不爲催督檢察，致少欠數多，令每半年具催促點檢過事因并住滯官司申部看詳施行。仍候六路提轄官到闕呈納足狀，從本部取索案牘點檢，歲終具逐官績狀優劣，申取朝廷賞罰施行。本部契勘：江、湖提轄官昨改隸充發運司提轄催促，緣後來發運司官屬已罷，惟兩浙路見在提轄綱運二員。自移蹕後來，其提轄官全無職事，又無治所廨宇，亦無申到催發糧綱文狀。今來起到糧綱，多有糠粃、損濕、少欠，事屬不便。兼即目駐蹕兩浙，地(理)〔里〕比近，即與昔日事體不同。乞委自兩浙轉運司各出印曆，付提轄綱運官二員，於本路裝糧州軍不住互各往來檢察催督，仍於州縣批書所至日分，依監司例，無故不得住過三日。候到，先從本司點檢，以憑本部不時收曆點檢。如有糧綱情弊，具提轄官事因申乞朝廷特賜施行。所有逐官合破乘坐舟船，仍令本司早依格應副，所貴有以責辦〔二〕。」從之。

二十七日，詔：「使臣、校尉押發糧斛等到行在交納，無違程、拋失、少欠〔三〕，或少欠不礙分釐，若納足，不願支給犒設錢，依立定：平江府、湖州二萬五千碩，秀州三萬碩，減磨勘一年。」

九月二十九日，戶部言：「湖、秀州、平江府管押糧綱使臣、校副尉押發官綱米斛到行在，無違程、拋失、少欠，或少欠不礙分釐、次運補足之人，量與減年磨勘事，批送部勘當，申尚書省。本部勘會，近承朝旨，浙西管押糧綱使臣每運裝發一千碩，無拋失、少欠，并有欠不礙分釐、次運補足，別無違程，若不願支給犒設錢，平江府、湖州與陞三季名次。今來兩浙轉運司申明，校副尉押綱亦合依使臣體例推賞。本部今勘當，欲將使臣、校副尉押發糧斛到行在交納，

〔一〕募：原作「慕」，據本書食貨四七之一七改。
〔二〕辦：原作「辨」，據《補編》頁五七四改。
〔三〕欠：原作「錢」，據本書食貨四七之一八改。

無違程、抛失、少欠，或少欠不礙分釐，若納足，不願支給犒[20]設錢，依立定：平江府、湖州二萬五千碩、秀州三萬碩，已上二項減磨勘一年。平江府、湖州二萬碩，秀州二萬五千碩，已上二項免短使，陞二年名次；如願換減磨勘九箇月，聽。平江府、湖州一萬五千碩，秀州二萬碩，已上二項陞一年名次；如願換減磨勘半年，聽。平江府、湖州一萬碩，秀州一萬五千碩，已上二項免短使，陞半年名次。」從之。

五年三月十五日，兩(淅)〔浙〕運副吳革言：「給事中陳與義奏：『州郡官民交病者，雇船以轉輸是也。乞令諸郡破官錢買民間堪乘載二百料以上船，仍嚴立約束，州郡不得他用，轉運司不得拘占。』有旨，令江浙轉運司措置。本司契勘：本路除溫、台、處州不通水路，及臨安、鎮江府不係接目般運去處外，其餘州府每歲起發上供米斛、錢帛、馬料，欲依陳與義申請，令逐州和買堪好客船，以三十隻爲一綱。內秀、常、湖州、江陰軍、平江府係平河行運，衢、婺、嚴州係自溪入江，明州、紹興府運河車堰渡江，各買二百料、止三百料船，專一往來般運。本州合發行在錢斛，官司不許拘截及充他用，雖奉特旨，許本司及諸州執奏不遣。如違，以違制科罪。所有合用價錢，乞特許借支不以諸司窠名錢應副，責令逐州收簇合充雇船水脚錢，分限一年撥還取足。一、合差梢工、棹手、牽駕人兵，欲乞令逐州府據每綱合破人數，依條於厢軍內選差有家累及諳會船水之人充役。如實無可選差，即行招刺。其合用例物等錢，乞依買船例，不以諸司窠名借支，分限撥還。一、管押使臣、兵梢等合支請受、衣賜〔一〕、口券、錢米，州縣往往不依時支給，是致侵盜官物。今欲依令逐州據見今般運官綱，照驗本司所給隨綱拘管棹梢文曆，子細檢察的實人數，遵依直達條法，限當日內勘給，於係省及移用錢內通融應副。一、所差押綱使臣，今相度，欲從本司於大小使臣、校副尉內踏逐實有心力，曾經任無過犯，不係欠失之人選差管押，不許諸處抽差。一、起發物斛赴行在，合比較功過賞罰。除(淅)〔浙〕西已有紹興四年七月二十七日賞格外，浙東並經過大溪及錢塘江，即與浙西平河行運不同。今相度，欲乞將浙東逐州所起糧米赴行在，如無違程、抛失，少欠不礙分釐，若納足，不願支給犒設錢，內衢、婺、明州及一萬碩，紹興府、嚴州一萬五千碩，依前項已降指揮減磨勘一年，錢帛比類推賞。一、所買客船，所委官不切躬親看驗，信憑合干人與船户通同作弊，或受請求將年深不堪舊損船中賣，及虛增料例，大估價錢，其間寔係堪好舟船妄有阻難，百端情弊，乞覓錢物，及因緣搔擾，如有違犯，許諸色人告捉，供申朝廷，乞重施行斷遣。仍每名特給賞錢一百貫，以犯人家財給告捉人充賞。」詔依，內第二項如敢大破虛椿人數，冒請錢糧，取旨重作施行。

四月[21]七日，詔：「押綱人選法并差撥、資次、理任，

〔一〕天頭原批：「『衣』一作『依』。」

並依舊直達綱運法。內見任官如係使臣，於本任別無規避，方得正行差遣，並經本路轉運司投狀。如應得選法，即一面差訖，申尚書省。出給付身不圓，及不經吏部審量人，不在差撥之限。」

十一月二十五日，權戶部侍郎張志遠等言：「諸州縣起發行在斛㪷綱運，和雇舟船裝載，依所降指揮，將合支雇船水脚錢以十分爲率，先支七分付船戶掌管，若有欠折，並令船戶管認。餘三分樁留在元裝州縣，準備糴填。納訖，不礙分釐，批發前去，少欠之數，其押綱官更不認數。戶部契勘，兩浙州縣起發斛㪷至行在，地里止及數百里，其船戶爲見有未支三分水脚錢可以糴欠，及爲州縣自來例不曾支還上件脚錢，無可指準，遂於沿路恣意偷盜官物，意在先指取合折三分錢數，因而侵用過多，無可償納。所有管押人亦不鈐束，容縱船戶公然作弊，雖有少欠，令所屬監納，若不礙分釐，批發前去元裝去處補填。其州縣近來往往將船戶三分水脚錢元不依數樁管，或已別作支使，致船戶詞訟不絕，其欠數遷延月日，不能補發了足。緣大數計之，失陷不少，若不別作擘畫，深恐暗失省計。今相度，欲下兩浙轉運司行下所屬州縣，今後和雇客船起發行在糧斛、馬料綱運，令元裝去處將合支雇船水脚錢盡數支付船戶，并管押人同共交領，仍措置鎖仗，多方關防，起發前來。若赴行在交納外有欠，令押人并船戶同共認欠，除依條破耗外，以十分爲率，令押綱官認二分，其船戶管認八分，只於行在填納，顆粒不得欠折。如將上件錢填納不足，委自司農寺監勒押綱并係干船戶以隨行動使等出賣填納；猶不足，即移文轉運司，差人除程限十日，勒令元牙保人拘收產業出賣，發錢前來，須管補糴數足，庶幾不致綱運拖欠官物。其所屬官司不即支還脚錢，即許押人并船戶、梢工經省部越訴。」從之。

十二月五日，禮部尚書李光言：「伏覩陛下駐蹕東南，江浙寔爲根本之地，自兵興以來，科須百出，民力既殫，理宜優恤。今州縣綱運，漕司既不任責，轉輸之職，趣辦州縣[一]。乞檢會舊例，應州縣上供及軍糧、錢帛等，並令漕司計置綱運，專差使臣團綱起發。其水脚、縻費等錢，乞依條將直達係省頭子錢樁充[二]，漕司不得互用。」詔諸處轉運司措置，依此施行。

六年三月五日，中書門下省奏：「川陝屯駐大軍屏蔽四川，歲用糧食數目浩瀚，州縣官吏所宜協力津運，共濟國事。軍前米糧大段闕乏，雖水運般發，每患留滯。」詔令趙開躬親前去軍前極力措置水運，如委寔般發遲緩，不能接濟軍前見今急闕，即隨宜從長措置施行，務要按月糧斛足辦[三]。如少有稽滯，重作施行。（以上《永樂大典》卷一五九四五）

[一] 辦：原作「辨」，據本書食貨四七之二〇改。
[二] 係：原無，據本書食貨四七之二〇補。
[三] 辦：原作「辨」，據本書食貨四七之二〇改。

宋會要輯稿　食貨四四

漕運三

【宋會要】❶紹興六年十一月十八日，四川安撫制置大使席益言：「蜀中民已告病，而軍尚乏食，詳觀弊源，圖所以救之，不一而足。所以奏請轉般，欲於上流水澀之時，併運在閬、利近處，春水生後，一發運至軍前，庶免如今年夏秋，頓至闕絶，一也。又奏請於利、閬州就糴入中，庶免如今年多支脚錢而運遠路之貴米，二也。又於瀘、叙、嘉、黔等州打造運船，及自用收拾水流木、斫伐官地木造船，庶免向來拘船之弊，致客旅逃避，棄毁其船，官失指準，而又得綱運齊整，三也。秋初，於閬州急糴萬斛，以應軍前急闕，又遣官於軍前計議，於梁、洋就糴十萬碩，庶免向來陸運之弊，人民役死，田萊多荒，又得軍前早有糧餉，四也。行下三路漕司，任責起發合運之米，自五月後來至今，在倉米數起發將盡，庶免如向來積米在倉，軍前告乏，五也。又差本司屬官齎本司錢物往瀘、叙、恭、涪，依私下糴買新米，就近發赴軍前，却於西路水運最遠去處兑樁米數，省水運舟船之費，而民無科糴之苦，六也。」詔：「益前項措置事理曲盡利害，備見體國之誠，令學士院降詔奬諭。」

七年二月二十九日，詔：「訪聞兩浙路諸州縣比因和雇舟船般發大軍錢糧，官吏並緣爲姦，多是立爲料次，預行過數科率民間見錢，規求贏餘，妄充他費。至如欲作某用，即支第幾料和雇船錢應副公私，侵欺藏隱，弊端百出，民甚苦之。除已令轉運司打造官船計置綱運外，委提點刑獄官躬親遍詣管下州縣子細體訪，如有違犯去處，按劾以聞，其官吏當重置典憲；或監司隱庇不發，並當一例坐罪。仍令提刑司鏤板印榜，散給州縣曉示。」

十一年八月十六日，詔：「管押錢物及兩全綱，令六部對數增賞，今後管押人聽押至兩全綱止。」

十二年七月八日，户部言：「兩浙轉運司所發行在米斛，例各稽遲，訪聞多是押綱使臣等作過，沿路住滯，偷盜拌和，多致失陷官物，虚有費耗。相度得浙西秀、湖、常州、平江府、江陰軍地里遠近，紐計在路合破日分：秀、湖州至行在地里〔一〕，秀州至行在計一百九十八里〔二〕，計四日二時；平江府至行在計三百六十里，計八日；湖州至行在計三百七十八里，計八日二時；常州至行在計五百二十八里〔三〕，計一十一日四時；江陰軍至行在計七百三十八里，計一十六日。欲令裝發去處，才候裝畢，於本綱行程上批

〔一〕按，此句似爲衍文。

〔二〕「州」原無，「一百」原作「二百」，據本書食貨四八之一、《補編》頁五七六補改。

〔三〕二十八：原脱「八」字，據本書食貨四八之一、《補編》頁五七六補。

定所定日分地里，於經由去處批鑿到岸及起發日時，候到卸納去處，伺候司農寺驅磨。如內有押綱不依今來立定日限、地里行運，在路無故違程，或有礙分少欠官物之人，並申朝廷嚴賜指揮施行。及沿路巡尉妄與批破程限，即從所屬按劾，依條施行。」從之。

十四年四月四日，户部言：「兩浙轉運司申：『乞今後押綱使臣、校副尉管押米斛、馬料赴行在及軍前交卸，不以地里遠近，除破耗外，別無拋失，及少欠不礙所立分鏊、次運(所)〔折〕會補足，別無違程，一歲內每綱 2 累界押及三萬碩，減磨勘一年。每增一萬碩，減磨勘一年。內馬料陸折推賞。』從所屬勘會次第，保明申户部指揮推賞。欲依本司所申施行。」從之。

十五年三月二十七日，户部言：「近來兵梢爲見所立分鏊稍寬，公然偷盜，於沿路糶賣，止及所立批發分鏊前來卸納，以致少欠數多。今措置，欲依前項所立分鏊，止量度遞減一鏊批發。其押綱押米少欠，非獨兵梢盜糶，其間亦有元裝州軍專㪷等意在拘收出剩米斛，作弊移易，於交裝之時，減縮㪷面優量；及當來糴納米斛多有濕惡，或米雜糠粃，致下卸攤暴，擲颺净米送納，其欠折止令押綱兵梢備償。今欲行下浙西州軍，如遇當司押綱到來，裝發糧斛，並仰於職官及司户、主簿或監當雙員更差撥一員〔一〕，於交裝倉分先次監視斛面及封記過船堵面，方得發行，亦免偷侵之弊。如有欠少，依條施行〔二〕。仍乞約束行在諸倉，今後交卸官物，並請監官躬親監視，兩平交量卸納，毋令合干人作過大量，所貴不致虧損。」從之。

七月四日，四川宣撫使司奏：「准紹興十三年冬祀大禮赦，內一項：『四川向緣般發糧運，泝流牽挽，間有拋失欠折之數，淹繫囹圄，償納不足，深可憐憫。仰宣撫司分委彊明官覈實，如委因風水拋失，即與蠲放；其有侵盜，已被拘籍財物，償納不足者，責限十日結絶，仍各録事狀以聞。』今據知恭州〔三〕、權夔州路提點刑獄張茂申：取會覈實到涪、黔、開、達州、南平軍等處共拋失米二千七百五十餘碩，錢六百五十餘貫，並係實無家業償納。依赦合行蠲放。」詔依。

十六年二月九日，詔：「成都府路合應副紹興十七年水運對糴米，可依紹興十五年正月已降指揮減免施行。」以四川宣撫司有請故也。

五月四日，上諭宰執曰：「聞近日綱運到，往往門外剥卸，再般運入倉，極爲費力。自有河道，可令開撩，恐漸致堙塞，非特綱運不通，商旅亦自阻絶。」

十八年五月八日，臣僚言：「竊見兩浙路運米使臣係(曹)〔漕〕司差募，例皆參部有礙，或貧乏不能待次，求爲押

〔一〕雙：原作「二」，據《補編》頁五七六改。
〔二〕條：原作「依」，據本書食貨四八之一改。
〔三〕今：原作「令」，據本書食貨四八之二改。

綱，志在盜糶官物，以給衣食。賞罰不能爲之利害，故勸沮不行焉。押米之法，最爲詳備，既不到部，則減、展磨勘，遂成虛文。歲月滋久，積欠有至數千碩者，理難一併追索，不過行下所屬除豁兵梢請給，移文不已，實無有也。欲望改付銓曹，選有心力使臣管押，理爲短使，無欠而願一併押者聽之。如此，則畏勸行而官物不失矣，亦革弊之一端也。」詔令吏、户部措置，申尚書省。逐部今措置：「欲依臣僚所請，候兩浙運司實封報到合用員數，將前任請大添支回參部大小使臣先次差撥；如不足，大使臣差前任請驛料人，小使臣差合着常程短使人。其所差人，兩選間隔差撥，謂如報到兩員，各差一員。應副管押一次，更不摺運。如願再押者聽。差管押別無少欠不了事件，除所屬合得酬奬外，不以遠近地里，更與先次占射差遣一次。今後如遇兩浙運司報到合用員數，依此差撥。」從之。

十九年十月六日，太3府寺丞李濤奏[一]：「竊以國家常賦，皆自諸路綱運起發，俱有著令[二]。比年以來，州郡、監司不務遵守，往往多差未出官選人管押，以覬賞典，多不得人，例將官錢變易，公然盜用。良由初官未諳世務，不知憲章，既無顧藉，得肆侵欺。欲望特詔有司申嚴行下，今後綱運不得輒差初官人管押，庶免欺弊。」詔令户部看詳。本部契勘：「合發錢物，全在當職官恪意選擇畏謹有心力官管押。所有未出官選人，竊慮其間亦有顧藉酬奬，可以倚仗之人。緣合得賞典太優，今欲下諸路監司州軍，如差未出官選人押發綱運，令增倍管押，候到合屬庫務交納了足，止與依見行本等格法推賞。」從之。

二十一年七月二日，上諭宰執曰：「漕司米綱近年多差本司使臣，往往作弊，致濕惡腐壞。可令本司申吏、户部依祖宗法，差在部短使人，庶有顧藉，不敢作弊。」

八月七日，詔：「武畧大夫、筠州指使陳寶追毁出身以來告勑文字[三]，除名勒停，送歸州編管。」以寶管押本州折帛錢綱赴池州、太平州交納，在路違法借貸，法當絞，特貸之。

九月十六日，詔諸路轉運司：「今後押綱使臣許於本路州軍見任指使、准備差使内，踏逐選差有心力、可以倚仗之人。」先是，本司多差不曾到部、付身不圓、軍中揀汰使臣，無賴作過，官米濕惡，不堪支用。至是户部有請，從之。

二十二年三月二十六日，詔：「四川監司、州軍今後募差管押綱運，須管先選有行止、可以倚仗官，及有行止、付身圓備之人充保。如押人侵使移易，其保官與降兩官，元募差不當官吏依紹興五年已降指揮降一官放罷，人吏從杖一百斷停。所少錢物，除押人依法斷罪，仍估賣家産填納起發外，如有未足數目，於干繫人名下依條追理。」從户部

[一] 李濤：本書食貨四八之二作「李壽」。
[二] 「俱」原作「具」，「著」原作「着」，據本書食貨四八之二改。
[三] 指使：原作「指揮」，據本書食貨四八之三改。

請也。

十一月十八日，南郊赦：「勘會監司、州軍差委見任官管押綱運，交納别無違欠，合行推賞。內有依條不應差出官，以此不與推賞，無以激勸。今後似此之人如無少欠、違程，與比附正押綱官減半推賞。」

十二月六日，户部言：「諸路合起發米斛赴行在，并外路卸納綱運，除官綱係差短使或指使，自有立定分釐耗折罪賞外，所雇客綱係逐州軍依見行條法指揮召募文武官管押〔一〕，從來多無欠折，至卸納處如交納了足〔二〕，方行推賞。近來所押客綱却有欠折，下卸去處便依官綱地里分釐除破耗折，暗虧官物。兼客綱自合依所降指揮，拘收水脚錢分數前來卸納處准備填欠，其客綱破耗，即與官綱事體不同。欲乞將江、湖等路今後如募差文武官管押客綱，破耗與比官綱減半除豁耗米，方得推賞。所有今來未申請以前元管押客綱未經推賞、破耗綱運，且依已保明到推賞事理施行，即於見行條法别無相妨，庶免暗虧官物。」詔依。

二十三年六月五日，户部、司農寺言：「契勘諸路起發㪷斛赴卸納處，依節次所降指揮，押人已有等第推賞。內除兩浙賞格已是適中外，有其餘路分合起糧斛、差募押綱，舊立賞典委是稍優。今相度，欲乞申 4 明，將江南東西〔三〕、荆湖南北、淮南路諸州軍今後起發米斛綱運至下卸處，差募文武官、校副尉并未出官選人及不應差出官，依見行酬賞指揮上各與三分內減一分，所有日前赴所屬納畢綱運，亦乞且依先保明到事理依舊推賞，餘依見行條法指揮施行，庶得均濟。」從之。

十八日，右正言、前崇政殿説書史才奏：「伏見諸路州軍起綱發納錢物，差官及使臣、衙前、兵梢等押赴行在所合屬倉庫交納，至有折欠數，並將合干人押下排岸司追理。排岸非行法官司，無所研問，得其人則使人監守，夜則寄禁錢塘、仁和兩縣獄中。其人皆遠去家鄉，無親故可以假貸，身爲囚繫，欲償無路，情不獲伸，徒淹歲月。凝寒烈暑，不得休息，糧餉不繼，困餓狼狽，纍纍相屬，而莫之恤。夫損失官物而責其備償，有侵盜貿易之弊者付有司治之，則情可得而失物可追，不待監禁之嚴而弊已革矣。乞應倉庫交卸綱運折欠，並即時具名色數目申解所屬，見得有侵盜貿易之弊者，送大理寺推治。其過誤損失，並押下元起綱處依法施行。況本處自有抵當委保與身分請給，皆可備償追足，附綱起發，則折欠可不擾而辦。」從之。

二十六年七月十三日，詔：「行在排岸司見監繫米斛綱運管押人并綱梢一百餘人〔四〕，陪填在路批發折欠米斛，皆是貧乏之人，無可填償，日夕飢餓，情實可憫，並與蠲放。外路有見繫似此之人，若非侵欺盜用，委是折欠，即依此

〔一〕官：原脱，據《補編》頁五七七補。
〔二〕「處」字下本書食貨四八之三有「並無耗折」四字。
〔三〕「西」下原批「京」字，據《補編》頁五七七删。
〔四〕斛：原作「料」，據本書食貨四八之四改。下同。

施行。」

二十七年七月十二日，兩浙路轉運司言：「爲浙西州軍人户納苗米水脚錢赴通判廳、縣丞廳，於經總制庫收貯，并管押米斛、馬料赴行在及軍前交納，每船及二萬碩，計減磨勘一年，每增一萬碩，減磨勘半年；及押綱使臣〔一〕、兵梢合得請給，乞撥定州府應副，依條限幫支。」倉部勘當：「押綱使臣管押米斛、馬料赴行在及軍前交卸，除破耗別無拋失，及少欠不礙所欠分釐，次運折會補足，別無違程，一歲内每綱累押及二萬碩，乞許減磨勘一年，每增一萬碩，減磨勘半年。所有欠多押綱兵梢合該責罰，及兵梢納足特賞，並乞依見行條法施行。」從之。

二十八年七月三日，直敷文閣、新權江南西路計度轉運副使李邦獻言：「奉旨，令臣與李若川將江西路紹興二十一年至二十六年分已起未到米一百六萬四千五百餘碩〔二〕，疾速催趕前來，并未起七十萬五千二百餘碩併綱裝發，並限半年到行在等處。竊緣江西米運，其弊有五：一則押綱不得其人，二則官綱舟船滅裂，三則水脚縻費不足，四則不曾措置摺運遠邇〔三〕，五則卸綱處乞取太重，斛面太高，不除攧颺折耗，所以失陷數多。欲望許召募土豪及子本客人裝載，並與依舊例上更許搭帶一分私載，於裝發米處出給所附行貨長引并批上行程赤曆，沿路與免商税，即不得留滯綱運。如不願請船脚錢者，管押及二萬碩、無少欠，與補進武校尉，二萬碩加一資〔四〕，依軍功補官法。如土豪客船不足，許令逐州選差見任文官 5 宣教郎以下至選人及武官大小使臣管押。若無欠少，與依紹興五年十一月立定賞格推恩〔五〕。如一萬碩、一千里以下，減四年磨勘；二萬碩，更乞與減二年磨勘；三萬碩，轉兩官止。」户部看詳：「一、乞召募土豪及子本客人裝載，今欲許召募有家業及得所押物數〔六〕，不曾充公人，亦不曾犯徒刑，非兇惡編管會赦原免之人，當職官審驗詣實。其自備人船，每碩三千里支水脚錢三百文省〔七〕。餘計地里紐支。許將一分力勝裝載私物〔八〕，與免收税，批上行程，沿路照驗。若所供不實，或借人抵産，許人陳告，依詭名挾户條勑斷罪，財産没官。經由税場，監官即躬親照驗放行，干係公吏乞覓，論如監臨主司受財法計贓斷罪；無故留滯者，杖一百。到卸納處，依自來綱運條例，計地里除破耗米，如有少欠，候補足，保明申朝廷，降付户部勘驗，關吏部等處依今來修立賞格請降付身。所乞逐州選差見任文武官，今欲令江西運司於見任應差出之官内選差，或募寄居待闕官。召保官二員。

〔一〕使臣：原作「使司」，據下文改。
〔二〕餘：原無，據《補編》頁五七八補。
〔三〕摺：原作「指」，據《建炎要録》卷一八〇改。
〔四〕二萬：《建炎要録》卷一八〇作「三萬」。
〔五〕原稿「紹興」下有一空格，然本書食貨四八之四、《補編》頁五七八皆不空。
〔六〕得：原脱，據《補編》頁五七八補。
〔七〕三千：原作「三十」，據本書食貨四八之五、《補編》頁五七八改。
〔八〕勝：原作「券」，據《建炎要録》卷一八〇改。

除計地里合破耗外，如無拋失少欠、違程，從交納官司保明，依今來修立到賞格等推賞。並重別增損，擬定賞罰格如後：土豪、子本客人運載米斛二萬碩，舟運每二萬碩轉一官資，通押及四萬碩，行放參部〔一〕，注授差遣。三千里以上，承信郎；二千里以上，進武校尉；一千里以上，進義校尉。右除地里折耗外，如少欠三釐以下，與依格推賞；如三釐以上，候補足日推賞。命官差募管押，賞：一萬碩，二千里以上無官欠，減四年磨勘；每加一萬碩，增一倍推賞。不滿一釐，減三年半磨勘；不滿二釐，減三年磨勘。一千里以上無官欠，減三年磨勘；每加一萬碩，增一倍推賞。不滿一釐，減二年半磨勘；不滿二釐，減二年磨勘。三千里以上，與遞增一等推賞。謂如元合減四年磨勘，而及三千里以上者，減三年磨勘之類〔二〕。罰：少欠三釐，展三季磨勘，每加一釐展一季，展至一分止。少欠二分，每分加展半年磨勘，至四分止。副尉、下班祗應比類。少欠五分，命官衝替，副尉、下班祗應勒停。一、卸納處乞取太重，斛面太高，不除擲颺折耗。今欲令江西轉運司將合起米先次差人別賫一般樣赴司農寺照會，候綱到日申户部，差郎官一員前去對樣交卸，不得將所起米擅便擲颺折耗，疾速交納。其合赴總領所米，亦合依此封樣，候到，差官交納。仍令户部長貳、總領官不測赴倉點檢，如有違戾，各仰按劾施行。其押到米與元樣不同，委有夾雜沙土，即申本部及總領所差官看驗，依條交卸。一、水脚縻費錢。本路所起米一百七十餘萬碩，有逐州隨苗收到水脚錢三十四萬餘貫，兼朝廷給降乳香套一十三萬貫，并就撥經制總錢十七萬八千餘貫應副裝發，本司自合將上件錢相兼措置起發。自餘押綱作弊，舟船滅裂，並係本司合行事務，欲下江西路轉運司一面措置。」從之。

九日，户部員外郎莫濛言：「比來諸路綱運率多稽違，至有申到綱解經涉歲月而猶未6至者，逗留數旬，方能起發，致押綱人得以肆其奸弊。雖給行程文曆，所至計囑，妄作緣故開破月日。望飭諸路州軍，應起發綱運，具實離岸月日先申户部，仍牒前路州縣遞相關報，亦各具出入界月日開申。仍委本部以申狀類聚，候綱到，擇其稽違之甚，比較沿路留滯最多去處，令本路漕司根治。」上曰：「諸路綱運之弊，其來已久，蓋緣押綱之人多是請求而得，往往沿路移易官物，於所至州縣收買出產物貨，節次變賣，以規利息，至有一二年不到。此猶是不作過者。其間用意作過之人，公然乾没，量留些小至行在，謂之打官方錢。又既到之後，倉庫合干人等多量巧取，百端邀阻，其弊不可勝言者。卿等宜令逐一措置，革去弊源，庶幾不至失陷官物。」宰臣沈該等奏曰：「比因起江西米運，已令户部條畫措置，務要盡革宿弊。」今濛又有陳請，當就令措置。」於是詔户部看

〔一〕行放：似當作「放行」。
〔二〕三年：似當作「五年」，蓋此處言增賞，上句言運行一千里者已減四年磨勘，而三千里以上者只減三年，是降等而非增等也。

詳。本路言〔一〕：「今欲將諸州軍申到綱解文狀，並行下太府寺籍定，將州軍綱運每半年一次，擇其稽違之甚者，申户部所屬曹分，行下本路漕司根治施行。」從之。

同日，詔：「諸路糧綱到行在交納，其受納官司往往取賂，斗器加大，擲颺欠折，致拘留押綱一行人在岸，催納欠息，急於星火，以致日久折賣舟船，填數不足。仰户部長貳契勘，自今糧綱欠折者，如委無欺弊，並先與責放，仍令牽駕空船各回本處，將合陪還確實數目令本州剋納，依數補發。今後依此施行。」

二十九年四月十七日，權户部侍郎、兼提領諸路鑄錢趙令詪奏：「行在錢糧，全仰舟楫，而河水淺澀，留滯綱運。自臨安府至鎮江府沿流堰閘往往損壞，經久不修，走泄運水。望令逐州守臣差官前去相視計置，如法修整。」從之。

二十三日，詔：「今後除依條合團併錢物照應見行條法施行，其餘州軍合發錢物，並不得差募官附押兩州錢物。如違，將所押正綱合得酬賞減半，其附押官物請過水脚、縻費等錢，於違戾差押官司人吏名下追理入官，將所差違戾官司從杖一百科罪。」

二十八日，總領四川財賦軍馬錢糧所言：「四川押綱官不許附押他司錢物，并乞修立斷罪條。」户部欲自今後四川州軍諸司起綱去處輒差官附押他司錢物，及押綱官受差附押者，準《紹興勑》諸因職事例受制書而違條科罪，受差官正綱合得賞典便行減半，脚錢追理發納。從之。

三十年四月九日，右正言沈瀋奏：「竊見四方綱運輻輳闕下，頃以衙校管押，多致失陷，乃選差命官俾任其責，遂定賞格以勉之，不然，罰亦隨至。今者有自川、廣數千里之遠，涉風波，冒不測，（曆）〔歷〕歲月之久，方抵闕下。幸而無虞，元數已足，方獲朱鈔；次經太府寺陳乞保明，申部推賞。寺中阻難已畢，方肯申部，部中又復阻難。望下所屬官司，如已獲朱鈔，許令節次保明推賞，或有小節未圓，亦許先次放行。其或所屬奉行違戾，許部綱官徑赴朝廷越訴，重行根治。」從之。

八月二日，臣僚言：「竊惟漕運所用，莫急於舟。江東諸郡 7 皆雇客船，江西則於洪、吉、贛三州官置造船場，每場差監官二員，工役兵卒二百人，立定格例，日成一舟，率以爲常。運司募押綱使臣，悉由關節，訪聞一綱例行賂七百緡始得之，皆胥吏輩爲奸也。且以江東與江西事體相類，但江西運米稍多耳。江東每綱給水脚、縻費錢付之押綱官，令自雇客舟及水手以往。客人愛護其舟，亟去亟還，不肯留滯。獨江西撥船發卒，一切仰給於官，較之江東雇舟，大不相侔。乞委江西帥臣或提舉常平司同吉、贛州守臣公共相度造舟與雇舟利害以聞，别賜裁酌。」從之。

同日，臣僚言：「諸路轉漕米綱最爲急務，前後條約未免於有弊。且運司胥吏邀阻乞覓，篙梢乘此恣行侵盜，所

〔一〕本路：似當作「本部」，即户部。

以交卸虧折，不免監繫。不若令州郡自募，有合起綱等錢，就令趣辦。但運司每歲將上供米數着實撥下諸州，以下卸去處分道里遠近〔一〕，責其限程，時行比較，違戾者罰，其運使更不差官。又揀汰軍員置在州郡，多者百十人，少者三五十人，久在軍旅，練歷艱辛，今止分布守衙坐食，若令隨押綱官管轄照顧，必得其力。除見請受外，量支食錢，以夫船之多寡輪次差使。」户部看詳：「諸路綱運司及州軍指使、准備差使有心力倚仗之人内差撥〔二〕。江西許差土豪及選逐州見任文武應差出官及募寄居待闕官管押，兩浙係差短使内有再願充押綱及付身圓備、曾到部使臣管押。緣逐路漕司並不遵守，致令乞覓作弊。今依所請，其所差揀汰軍員，舟船多寡，斟量差撥。」從之。

三十二年九月二十四日，孝宗即位未改元。權江淮荆浙福建廣南路提點坑冶鑄錢魏安行言：「乞自正月以來，募官押發今年錢綱，依舊以二萬貫爲一全綱，自二萬貫以上添押之錢，與據數推賞。謂如一萬貫合減十箇月零半月磨勘，五千貫合減五箇月零七日磨勘之類，不必須成全綱。如此，則易爲起發，免致留滯。」從之。

十月六日，詔：「諸路綱運起發，本州具的實離岸月日，及所經州軍亦具到發月日，並申户部。本部計程機察住滯，如日數多者，下所隸運司根治其由。如興販以規利者，就令經歷所在常切覺察。」以新除福建路轉運判官王淪言：「近年以來，所在起發綱運動輒遲滯，由諸州不能預辦合發錢物，率皆前期虚申綱解，稽留累月，方能裝發。官物既足，又候水脚、縻費之用，亦復旬月，方能離岸。致部綱人寅緣作弊，貸用官錢，互市物貨，隱瞞征税，至併與全綱失陷，因而竄逸。上則有虧國計，次誤支遣〔三〕；下則徒起刑禁，無所從出。」故有是命。

孝宗隆興二年七月四日，臣僚言：「昨因諸路州郡綱運遲滯，及有侵欺失陷，遂降指揮，令寄居待闕等官部押，優立賞格，以爲激勸。積久弊生，其弊不一。其一請託之弊：或以親知，或以權勢，競生指占，甚致臨期旋相攘奪。其二侵害之弊：凡所差官，或貪於厚利，則私將官錢貨鬻興販。其三夾帶之弊：既將所押官物轉變別貨，乃至隱雜禁物，引帶客船。其四僥冒之弊：部押之8賞，朝官轉官，選人循資，而選人因其循資及占射恩例，便可別就改注。凡此四弊，皆歸於權勢有力之人賄賂請求，奸巧争奪。乞將諸州郡合發綱運，今後只差見任官管押，除本州職幕與諸縣知縣不許差外，餘皆先後轉差。若不及全綱，自有本州准備差使使臣，據其多少貼差軍員〔四〕，亦可前去。其賞典且許依寄居未出官例〔五〕，不爲不優。兼既有縻費、脚

〔一〕里：原作「理」，據本書食貨四八之七改。
〔二〕此句文意未完，疑有脱文。
〔三〕次：疑誤。
〔四〕差：原脱，據本書食貨四八之八補。
〔五〕「其」下原衍一「差」字，據本書食貨四八之八删。

錢，其官吏與隨行人口券食錢之類盡不當破。所有四川係遥遠之地，即乞指揮，令本路相度，從便施行。」詔令户部看詳措置。既而本部言：「欲下諸路監司，一依今來臣僚所請事理，令監司、州軍具見任依條合差出官并本州准備差使使臣，籍定先後姓名，將合發綱運通差管押，仍差軍員隨行防綱。到交納處勘驗，如委無欠損、違程，照應等第見行格法，未出官選人例推賞施行。押官口券更不添破。防綱軍員若不出給口券，竊慮闕食留滯，欲依舊出給。合團併州軍去處，依條團併起發。其四川至行在地里遥遠，亦依今來臣僚所請，行下監司相度經久，可從便施行。」從之。

十二月十六日，德音：「楚、滁、濠、廬、光州，盱眙、光化軍管内并（楊）〔揚〕、成、西和州、襄陽、德安府、信陽、高郵軍，應州縣倉場庫務但干係官錢物，并般押諸雜綱運往别處州縣收藏，或回易興販，不曾遺失者，候德音到，限十日經所在首納，並與免罪。如限滿不首，及首納不盡，令監司、守臣究治，開具聞奏，重寘于法。」

乾道元年正月一日，南郊赦：「諸路州軍般發米斛，緣有折欠，其交納去處見將管押人并綱梢等送所屬陪填。訪聞其間有貧乏之人無力償納，日久徒有監繫，情實可憫，可將見欠五十碩以下並與蠲放。其欠五十碩以上人，除蠲免五十碩外，其餘所欠數目，行在委户部，外路委總領官取見詣實，先次批發，押下元裝發州軍依數補糴。」三年十一月二日、六年十一月六日、九年十一月九日南郊赦，並同此制〔一〕。

二年正月十九日〔二〕，詔利路運糧人夫，每名給錢二千，令紐計度牒支降。〔先〕是，敷文閣直學士、四川安撫制置使汪應辰乞優恤利路運糧百姓，而漕臣亦具奏，乞運糧一石，人支錢引三道，計合降度牒八百餘道。上謂輔臣曰：「中間亦曾免了一處。」洪适等奏曰：「成、西和等四州已嘗免夏〔三〕、秋二税一年，京西路諸州亦免二税一年。」因有是命。

十一月九日，詔：「諸路州（郡）〔軍〕綱運自指揮到日，並解發見錢，其自來不通水運去處，依舊解發輕賫。」後因江東路申請，尋詔諸路自乾道三年爲始〔四〕。

〔乾道元年正月〕二十三日〔五〕，總領淮西江東軍馬錢

〔一〕此注原在後「十一月九日」條末，且作正文大字。天頭原批：「『三年十一月』至『並同此制』條，係正月一日南郊赦文小注。」按此批乃據本書食貨四八之九、《補編》頁五八〇，今據以移正。

〔二〕按，以下二條「水運」門中無有，乃據本書食貨四八之二〇「陸運」門補入。但不當插入乾道元年諸條之間，而應移於後文乾道三年之前。

〔三〕西和：原無「西」字。按和州自在淮南西路，與成州懸隔，此處應指與成州相鄰之西和州，因補。

〔四〕詔：原脱，據本書食貨四八之二〇補。

〔五〕「乾道元年正月」六字原無，則似此爲乾道二年十一月二十三日，而據本書食貨四八之九及《補編》頁五八〇（均爲「水運」門），此條乃接於「乾道元年正月一日」條之後，則此條乃元年正月二十三日事。又，本條言「總領淮西江東軍馬錢糧楊倓」，考《景定建康志》卷二六，楊倓任淮西江東總領起隆興二年六月，至乾道二年八月五日罷任奉祠，是此條不得爲二年十一月。只因《大典》誤於此條之前插入乾道二年二條，以致造成混亂，今補六字。

糧楊倓言〔一〕：「綱運之法，各以地里遠近，官爲破耗，不爲不優，而比來糧綱失陷官物，十常二三，非皆風水之虞也。臣聞在京舊制，自發運司運糧入京，並於三司差人坐押，最爲良法。南渡以來，募官押綱，人但希恩賞，不量智力，而合干人始得肆其蠹弊矣。其終不過監繫追納，或賣船填欠，或押歸本州補發。大則枉陷官物，次則部押官徒同被罪戾。欲降9指揮，今後諸路糧綱在内於三司、在外於所料撥軍分，每米一萬碩，差使臣一員、將校軍兵十人，於裝發州軍取撥坐押，赴倉交卸，破耗、水脚、縻費、賞格，悉依募官押綱條例均給施行。其於革絶侵蠹之弊，實非小補。」詔今後令户部、總領所相度措置差撥。

六月四日，詔：「諸路州軍起解錢綱，見以會子、見錢中半發納，訪聞諸州軍却將人户納到見錢避免起綱脚剩，兑换會子起解。可遍下州軍，自今後將應合起發錢綱並以十分爲率，權許用二分會子、八分見錢解發。」從户部請也。

六日，詔：「逐路轉運司自今差募押綱，須選擇清幹官管押。若依前作弊，從本部將元差官司取旨重行黜責，公吏斷斥，押綱官及兵梢等在内令司農寺下臨安府、外路令總領所下所屬根勘，依法施行，別行差人衝替。内押綱仍具所欠數目取旨。」

七月四日，户部言：「江西州郡每歲起發米綱應副江、池、建康、鎮江府等處軍儲，以路遠，多因管押使臣及兵梢沿路侵盗，往往少欠數多。又如上江灘磧，舟船阻滯。欲下江西轉運司，就隆興府踏逐順便高阜去處，改造轉般都倉一所，官吏令運司就差。上流諸州縣合發米斛，自受納之日，便差定本州使臣或見任、寄居官計置舟船，每及三千碩或萬碩爲一綱，支給水脚、縻費等錢，先次起發，不必拘定。仍據隆興府轉般倉至交納處合用水脚、縻費等錢數附綱起發，趁江水泛漲之時，徑押赴轉般倉交納。每年所科逐軍米，各以三分爲率，二分令都統司裝載糧船，差撥官兵前去隆興府擺泊，伺候認數交裝，或就近便去處支撥起發。合用水脚、縻費等錢，將隨綱起到錢，依官綱以地里遠近則例支破耗米。其管押官酬賞，亦與依見行條法推賞。餘一分令轉運司依舊用官綱裝發。凡轉般倉受納下米斛纔及一綱，專委漕司日下支給水脚、縻費等錢，出給綱解，起發前來軍前下卸。欲自今年秋成爲始。」從之。

十月五日，權户部侍郎曾懷言：「乞下諸路州軍，將應起綱運自來年正月十分爲率，一分會子，九分見錢。内不通水路去處，依舊起發銀兩。」從之。先是，諸州綱運並要九分見錢、銀，一分會子，懷恐逐州銀價不等，以致折閲，因有是奏。

十四日，詔：「諸路州軍今後起發糧斛綱運，於見任曹職官内差撥。如不足，即依已降指揮，差撥見任文武官或寄居待闕官曾經到部、付身圓備之人管押。其合得賞典，

〔一〕淮西：原作「淮南」，據《景定建康志》卷二六改。淮東別設一總領所。

依已降指揮，每押米一萬碩、一千里以上無拋失少欠，減二年零八箇月磨勘；一萬五千碩已上，紐計地里推賞，轉至一官止。」淮東總領韓元龍奏立綱賞，因裁酌而有是命。元龍仍請召募土豪，自用人船，每二萬碩、千里以上，補進義校尉；二千里以上，補進武校尉；三千里以上，補承信郎。仍許隨綱帶三分米斛興販。如無拖折，給賞外，更免户下非泛科率半年。並從之。

三年二月十三日，詔：「今後糧綱有欠，並從司農寺一面斷遣監納施行。如情犯深重，事須推10勘，送大理寺。」以知臨安府王炎言：「《在京通用令》，諸官司事應推勘者，送大理寺，所有糧綱推勘，若有翻異，始合送大理寺，餘依祖宗條法施行。」故有是命。

是年三月一日，太府少卿魯訔言：「左藏庫逐時申解州軍綱運錢物，内有侵移少欠等。今來左藏庫即與司農寺事體一同，今後有欠，一面斷遣監納。如情犯深重，乞依司農寺已得指揮。」從之。

十一月二日，南郊赦：「諸路州軍起發金銀物帛綱運，内有色額低次之類，估剥虧官錢糧，行下補發。訪聞州縣監勒干繫等人及元賣鋪户均攤，竊慮貧乏之人不能償納，可將乾道元年赦前未追數目，如委是無可填納，並與除放。」

十二月十八日，高郵軍駐劄御前武鋒軍都統制、兼知高郵軍陳敏言：「諸路糧綱交卸無欠，其人船合自卸所徑便發回，而總司舊例不問其欠之有無，悉令所屬解押人船，謂之出豁米數。押綱之人足矣，豈須全綱盡解？往往監繫日久，所費不貲，不勝其苦。乞下諸路交卸綱糧去處，須管用斛兩平交量，候足無掛欠者，其人船先令逐便，秖將押綱之人解赴總領所出豁。如此，使無欠之人免致失所。」從之。

四年三月二十四日，臣僚言：「浙西湖、秀、蘇、常、鎮江、江陰六州歲輸上供米，若令逐州選委官兵自行裝發，運之平河，刻日可到。向來漕司迺籍無顧藉人爲押綱使臣，積累欠折，已無可償。又令自招游手爲兵梢，支破廂軍衣糧，每遇欠折，即將名下日後衣糧預行椿剋，名爲折會。夫以無顧藉之官部無衣糧之卒，使之護送官物，殆猶餓虎守肉，責以不啗，其可乎？乞將湖、秀等六州上供斛斗責逐州委官自行裝發，漕司只是嚴限拘催。」從之。

五月七日，權户部尚書曾懷言：「奉詔措置倉場卸納綱運。今條具：欲下諸路轉運司約束所部州軍，凡裝發米斛，縻費、水脚等錢不以時給，及縱容減剋，或故小量斗面，似此犯處，並依法斷罪。仍申嚴條令，於倉場門板榜示。衆綱運到岸，若有濕潤、砂土、糠皮，自有擲颺、攤曬日數，即目並不遵依條令，秖據憑專斗之口，致行用錢物，計囑求免。及應卸納綱運，司農寺丞簿亦不驗樣交量，止令公人取樣，其間行用者則免攤擲，無行用者恣縱作踐。今欲令司農寺官遇交納綱運，須遵條例躬親監視交量，以絶其弊，有犯，從户部覺察申罰。州郡支裝綱運，在法合用堵面印記封鏁。今欲下諸路轉運司申明條法，如卸納倉場驗無印記綱船，申司農寺依條按治。受納綱運，並係大小甲頭以上河入敖脚錢爲名，邀勒錢物，及計囑專㪷，欲下司農寺常切覺察，有犯，送大理寺根治。倉場合干人，欲勒令司農寺常切覺察，如有曾犯徒配改姓名冒役之人，日下勒罷，立賞許告。押綱官及兵(稍)〔梢〕少欠米斛[一]，出糶監納；往往令人代名，竊慮失陷不便，今欲日後遇有少欠，監管之人須將正身封臂施行。」從之。

五年十二月六日，户部尚書曾懷言：「乞下諸路監司、州軍，應今後所起綱運，須依法擇應差之11人管押。如欠，令交受倉庫止據實納之數先給鈔，其不足之數並作未到，下元起州軍，限半月補發。」從之。

六年十一月六日，南郊赦：「諸路州軍起發金銀錢帛綱運，内有色額低次之類，估剗虧官錢數，行下補發。訪聞州縣監勒干繫等人及元賣鋪户均攤，竊慮貧乏之人不能償納，可將乾道三年赦前未追數目，如委是無可填納，並與除放。」

七年二月十三日，詔：「諸路漕司嚴責所部州軍，如綱運經由縣道，仰縣道官催督沿流巡尉護送，催趕出界，仍於行程内批鑿日時，交付以次去處。即有欠折，根究在經由界内偷盜作奸，將本縣及巡尉吏人配流，巡尉取旨施行。」從臣僚請也。

六月四日，户部尚書曾懷言：「綱運不能如期，有悮指準，本部合差承受使臣十二員，欲於内將六員改作尚書户部催督諸路綱運，分差往來趕逐在路綱運，及催促諸州軍合發錢物，庶免留滯拖欠。仍從本部於見任或待闕已、未到部大小使臣内，不以有無拘礙選差，理爲資任。任内催納綱運别無違滯，即與減二年磨勘，占射差遣一次；如所催違滯，及事有不辦，亦賜責罰。若委有才力，保明再任，仍不許差官待闕。」從之。

九月二十二日，户部郎中、總領湖廣江西京西財賦呂游問言：「郢州至襄陽盡是灘磧，尋常綱運有三兩月以至半年不到者，致押綱與舟人通同作奸。欲於郢州要處添置撥發船運官一員，專一撥發綱運，不令失欠。職事修舉，與減磨勘三年。」從之。

十月十三日，詔：「自今廣南市舶司起發麤色香藥、物貨，每綱以二萬斤正、六百斤耗爲一綱。如無欠損、違限，依押乳香三千斤例推賞。其差募官管押等，並依見行條法。」詳見「市舶司」。

八年正月一日，詔：「自今寄居、見任文臣不限京、朝，武臣不限大、小使臣，歷任無贓罪，並許押綱。其見任官須應差出者。唯應奏薦之官，不得以綱賞湊理磨勘。選人未出官，亦許募押。其合得酬賞，循資外即不免試注授，聽於後任

[一] 斛：原作「解」，據本書食貨四八之一二改。

收使。其綱運地里不該減磨勘，到部合陞名次，選人與在外指射差遣，使臣與免短使。」先是，上封者言：「諸路錢米綱運近多少欠，今取會乾道五年、六年行在綱運，兩年計欠錢二萬四千九十四貫、米五萬一千八百九十三碩、料四千五百六十九碩，其三總領所綱運少欠不在此數[一]。皆緣所募押官多無行止，非理妄用，致綱運敗壞，積弊日深。若不措置，慮暗失歲計，欲望少更押綱之法。」故有是命。

三月十三日，詔：「近年押綱偷盜之弊不一，全無忌畏，合別措置。令户部一一相度措置，申尚書省。」户部言：「差撥押綱不當，即先將押綱官依法施行外，所差當行人亦估賣家産，均陪欠物；其知、通、當職官取旨。其交納官司無令大量㪷面。官綱兵梢，今後裝發州軍量地里遠近，約度阻風期日，寬支請給，無令闕食。管押米斛綱運，一萬碩以上，差押綱官二員，合得酬賞許行分受。仍不許押二萬碩以上。綱運經過場務，須管當日檢喝，即催趕離岸，場務官仍於行程[12]曆内批説某綱於某日到岸，某日某時起發，以憑驅磨。故作留滯，場務主吏從徒二年斷斥，監官取旨。承前押官止令㪷子認欠，全不任責，今後所差押綱並認折欠。在路所給行程，往往妄作緣故，乞自今後綱運到岸，行在委司農寺，外路委總領所，期一日先索曆驅磨，如違程，或妄作緣故，量事斷遣。若所破日限數多，即將押綱官并巡尉取旨。和雇客舟，往往牙、保人作弊，乞自今後須和雇子本客船，如依前致欠，即將和顧牙、保財産均陪。諸路州軍綱運所至州縣，令催綱、排岸官司躬親索元給行程綱解一一點檢分明，批所給行程，催趕離界，仍遞報前路官司。如有偷盜欠數，即飛申所屬。若催綱、排岸官司及經由之處不即催趕譏察，令本州按劾。仍令催綱、排岸官司旬具界内有無催過綱運名數，飛申户部。」從之。

五月十七日，詔兩浙路轉運司復置提轄催促綱運官一員。以本路計度轉運副使沈度等言：「隆興二年，減罷催促物斛等官四員，自後乏使，乞仍舊增置。」故有是命。

十一月十二日，權户部尚書楊倓言[二]：「諸路州軍起發金銀錢物、米斛綱運到行在，依元旨，寺監差丞[三]、簿一員輪日監交給鈔。比緣左藏庫提轄官監給，其太府寺官絶不前往。欲望自今依舊太府寺輪日差丞、簿監交給鈔。」從之。

九年閏正月十三日，詔：「諸路州軍起發米斛、錢物綱運少欠人，見監繫在行在官司，未能填還。可將兩浙州軍欠一分以下、餘路欠一分五釐以下，並日下權批發一次，押下臨安府，送元起州軍追理補發。其見監兩浙欠一分以上、餘路欠一分五釐以上之人，候納及前項分釐，并雜物綱，令所屬庫分將元押及見欠數目估價紐折，依此施行。」

[一] 三：原作「王」，據本書食貨四八之一二改。
[二] 部：原脱，據《補編》頁五八二補。
[三] 丞：原作「承」，據《補編》頁五八二改。

二月十五日，權户部尚書楊倓言：「乞下諸路州縣，今後錢物糧斛綱運止令州縣長官任責，照已得旨依公選委才力能部押人，於綱解内明具元差守令職位、姓名，如有失陷，從户部開具取旨。監司即不許差撥，若有差撥，亦具姓名以聞。所差官更不理賞。」從之。

十月六日，臣僚言：「兩浙州縣所發綱運無不欠者，嘗究其原。向來臣僚申請，每綱(拖)〔拋〕欠及一分，方送有司究弊，所押綱之人守法而不敢輕犯。後來獻説者止欲從窄，減作五釐。且以米一百碩論之，五釐即五碩耳，其使之全無侵蠹，當風擲颺，東量西折，亦恐不免五釐之少。如是，則舉無納足之綱，是絶其自新之路，啓其作弊之端。乞將兩浙綱運依舊欠及一分，方下有司根治。」户部契勘：「欲將兩浙綱運少欠五釐以上、一分以下之人，立限二十日糴填。候及五釐，即押下元裝州軍依限補發。限滿不足，行在令司農寺、外路總領所送所屬根究，依法施行。少欠一分之人，亦令限十日糴填；不足，即送所屬根究。餘依見法。」從之。

二十九日，詳定一司敕令所修立到：「諸綱運以本州縣見任合差出官各籍定姓名，從上輪差，不許辭免。無官可差，即募官管押。先選本州本路，次别路寄居，未到部人非。得替、13待闕官。並選差有舉主、年未六十、無疾病、有心力可以倚仗人，取付身照驗圓備，寄軍資庫，獲收附回日，即時給還付身。土豪官砧基簿契准此。召本等保官二員。土著官亦許募。仍取願狀，取見産業及得所押價直，拘收砧基簿契在官抵當；産業不及者，拘收外，召保官一員。即曾犯贓及私罪衝替、押綱欠折，并通判、路分都監以上及本州僉判，並不許募。其見任官許於替前六十日内指射，各以下狀先後爲次。即雖應選，若當職官審量不可付者，聽别選。以上各於綱解内具到元差募監司、謂係本司應起發者。守令名銜。諸宗室及見任本州守貳、本路監司子弟親戚，或諸軍揀汰使臣及不應差出之官，並不得差募押綱。下班祗應、副尉、衙前、公吏、㪷級、將校、軍兵、無官土豪准此。諸綱運於裝發州給行程曆付押綱人。募押者止批本官印紙，差押者准募押式批書。水路於排岸、催綱運、巡檢司，陸路於州縣鎮寨，即時批到發日時、附載物名數，或風水事故實狀。通判督責催綱，巡尉差人防護，監趕出界，關報前路催綱官司。若風濤不可停船，聽押綱人從實聲説事因、到發日時，結朝典狀赴以次官司併批。仍押官用印，結罪保明。其赴闕者，水路排岸司、陸路所屬省部寺監，在外者卸納官司點檢。諸處起發官物應給路費錢者，並計所至，謂如上供物以至京，往别路以卸納處之類。以應給錢全支付押綱人，水路綱約度阻風日分寬處。仍批書解綱行程曆。若緣路截留或寄納，即據銷破不盡數與所卸官物，各具鈔納。水路不曾阻風，有餘剩，回日納官。再起發者，以所納錢給如法。諸押綱人卸納官物訖，所在官司限一日取索行程曆、印紙驅磨，仍批書有無違程、欠剩。諸監糧綱綱梢犯罪不可存留者，押綱人具事狀申轉運或發運、輦運、撥發司審度，差人交替。若兵梢在路糴賣，送本地分州縣施行；如闕人牽駕〔一〕，即令所在貼差。諸押綱得減年賞者，不許湊理磨勘轉至應蔭補官，雖得轉官賞，亦候轉過日收使。諸糧綱每綱不得過二萬碩，裝載訖，限三日起發。諸綱運應募土著官管押者，於行程內聲説起綱事件，並依見任官法。諸綱運募土著管押應賞者，依見任官法。諸綱運差募押綱官不當，致盜貸、移易、失陷，具元差募監司、守令職位、姓名申尚書省取旨。諸倉受納糧斛，以元樣比驗交量，非夾雜糠粃，不得抛颺。司農寺丞、簿輪日分巡諸倉，仍聽户部官不時下倉點檢。」從之。先是，中書門下言：「諸路監司、州軍選差管押錢物、米斛綱運人指揮雖已詳備，竊慮引用不一，兼所差孔目、典級難以責任。」詔：「除孔目、職級、典押並無官土豪、土著不許差押外，今後監司、守令起發綱運，須管任責，照前後指揮依公選委。綱解内分明聲説元差監司、守令職位、姓名，如有失陷，户部具元差官取旨施行。仍令本部檢坐條旨，同敕令所立法。」

十[14]一月九日，南郊赦：「諸路州軍起發金銀物帛綱運，内有色額低次之類，估剥虧官錢數，行下補發。訪聞州縣監勒干繫等人及元賣鋪户均攤，慮貧乏之人不能償納，可將乾道六年赦前未追數目，如委是無可填納，並與除放。」

淳熙十六年閏五月三日〔二〕，臣僚言：「浙西諸州起發米運，乞罷去官綱，盡雇有家累梢工客船裝載，以革兵梢盜糶之弊。其水脚錢即時支給，内留三分，候交納足日盡數支還船户，毋得給付押綱官，或減尅作弊。令本路漕臣常切覺察。」從之。

十九日，詔：「今後浙西州縣輒敢違戾差撥兵梢裝運上供米料，許從農寺及漕司覺察聞奏，當職官以違制論，人吏決配。逐州元撥官船，令漕司日下盡數拘收，兵梢撥歸元來軍分，其過犯已經黥刺者，押送元配州軍收管。」

六月二十三日，詔：「今後起發上供綱運，令裝絶之日，須管離岸，督責巡尉催發出界，轉牒前路連接催趕，各批出入界時日於曆。其在催綱官地分之内貸盜販易者，任滿減磨勘，更不推賞；或受起綱人情錢者，依受乞所盜財物法論。」以臣僚言：「户部近具建昌軍陸規等押官錢八綱，有經四年不到者，見下江西漕、憲司追究。内柴良臣一綱一萬七千餘貫，離岸經四十四日始行，又越二百餘日方到池州。本軍與沿路坐視，畧不催發，乞申嚴催綱條法。」故有是命。

紹熙元年十二月六日，廣南市舶提舉江槹言：「本司起發香藥綱運，其願押之人多無顧藉，不可倚仗。竊見本路多有江浙官員在此仕宦，任滿赴闕，或無歸資。若於其

〔一〕牽：此字原稿似「撑」，據本書食貨四八之二一改。
〔二〕天頭原批：「『淳熙』以下補入『水運』。」按本書食貨四八『水運』門無以下文字，故有此批。

間選擇可委之人使之就押，兩得利便。但緣從條合留末後告敕在本司質當，候獲到朱鈔，方與給還，往返歲月，多不願就。今乞將本官所留末後告敕隨樣匣專人先次解赴左藏庫收管，候本官納到綱運無欠，即就庫給付；有欠，即候納足日給還。其朱鈔交付本司，隨綱兵帶回，庶得肯從差委。如本路及見任官告敕仍舊留本司，欲候今年起發綱運之時，將三兩綱乞併差文武官各一員同共管押，在路互相資助。」從之。

二年十一月二十七日，南郊赦：「諸路起發金銀、物帛綱運，內有色額低次之類，估剥虧官錢數，行下補發。州縣見監勒干繫等人及元賣鋪户均攤，已放至淳熙十三年。可將淳熙十六年終以前見欠錢數，如委無欺弊，並與除放。」五年五月十八日，至尊壽皇聖帝康復赦，更與除放紹熙元年以前錢數。

同日，赦：「諸路州軍折欠米料，已將管押人并綱梢等押下元發去處陪填。可將見欠人特與放免一百碩，餘數依條監理；其不及一百碩者，并與蠲放。勘會押綱官一時違法借貸官錢，收買貨物，致卸綱官司拘留，勒令綱官、梢工等填納，深慮無所從出。可自赦到日，仰將所拘貨物先次估賣，如有移用破毀者，亦與估價出豁，止據未足錢數行下元起解官司，照應已降指揮補發。」

五年五月一日，詔：「逐路州軍發納行在并總領所等處米斛綱運拋失少欠之數，可令司[15]農寺并逐路州軍各將見監從實契勘，如每名欠二十碩以下，並日下特與蠲放。」從三省請也。

九月十四日，明堂赦：「押綱官違法借貸官錢收買貨物，致被拘留，勒同梢工等填納，深慮無所從出。可自赦到日，仰將所拘物貨先次估賣，如有移用破毀者，亦與估價出豁，止據未足錢數行下元起解官司，照應已降指揮（發補）〔補發〕。」自後明堂、郊祀赦並同。

慶元四年十二月五日，詔：「州郡、監司選押綱官，須先次拘付身，候獲足鈔給還。如敢違戾，致令失陷數多，在內許户部、司農寺，在外總領所，具元差不當監司、守令及綱官名銜，取旨重行黜責，其當行典吏根斷均陪。」從司農少卿、兼知臨安府丁逢之請也。

五年正月二十七日，臣僚言綱運之弊：「乞申嚴前後法令，行下江東西路，日後選差綱官，專委漕臣先期刷具逐州縣見任合差出官職位、姓名置籍，自上輪差，不許妄作緣故辭避。如實闕官，方許選募。仍約束諸郡，不許以分文諸司官錢附帶，立爲定制，務在必行。」從之。

八月十六日，淮西總領曾㮚言：「本路諸郡大軍綱運，乞量地里近遠，今後解發，悉要如期，令部押等人明具起離月日，或在路風濤之阻，明於所在批鑿行程，本所置籍揭帖，以爲稽考。每季比較，歲終申取朝廷指揮，以行殿最。如循習舊弊，將虧欠最多處重行責罰；其解發不致弛慢，或先期了辦者，優加爵賞。」從之。

九月二十四日，詔：「自今如有侵用官綱之人，即具姓名及所欠數目聞奏，量重輕寘之典憲，元差官司亦坐罪。押綱官補償不足，勒令元來官吏均備，不以去官原免。」以臣僚言：「比年以來，寄居待闕僉緣請託，計會管押，見任人不復差委。」故有是命。

嘉泰二年九月十四日，臣僚言：「押綱官差待闕寄居，多將在綱錢米貿易，與綱梢通同作弊，或止令吏輩部押，俟綱到，即赴所屬保明申賞。又起發錢綱係錢、會中半，綱官輒移錢低價買會，收水脚，縻費入己。乞令諸路轉運司行下諸州，籍定見任官職位、姓名，輪差管押，不得差待闕寄居官并本州指使。」從之。

三年三月二十七日，臣僚言：「司農寺支遣急闕，常是申時朝廷借撥〔一〕，而浙西、江東等州綱運率多淹延，捐期而至，綱官與本寺逐倉人相通，偷竊夾雜。乞差都司、户部官各一人，同司農寺官抽索干照，稽考更張。繼今綱運令本州選差可倚仗人管押，計遠近立限，不得留滯，以防前弊。」從之。差權户部侍郎王邁、右司郎中趙不艱。

五月十八日，前知崇慶府林會言：「下閩、廣舶司，每歲部押綱運，不得用雜流及小小武弁，須通差文武見任及待闕有顧藉者，仰舶司籍定姓名，不許私相轉售。發綱日，嚴立程限，預申省部照府，庶免稽滯。如違，舶臣連坐。」從之。《建炎朝野雜記》〔二〕：四年，刑部員外郎劉述提舉江東常平公事，坐贓免去，而湖廣總領吳盰申省，云：述欠本所綱運甚多，請留之打算。述舟行已過鄂渚，朝旨下，盰移檄追還之，此亦頃所未有。述，成都人，淳熙七年初改京秩，以試 16 中大法，趙丞相用爲大理評事。蜀人鄙之，鄉會斥不與。未兩月，黜知雲安縣〔三〕，通判施州、恭州、崇慶府。慶元末，知廣安軍。用李銳事迎合袁起巖，以此得召。起巖罷，述亦坐黜，議者頗指銳事爲言云。方銳之敗也，述先籍其家，得法書名畫珍寶之物甚衆，其後制司始遣官盡拘其所有，吏因爲姦，隱匿復不少，計其貲猶直二百萬緡焉。

開禧三年十一月二十八日，册皇太子赦文：「應管押綱運，如風水拋失，合行陪納，或經所屬保明，委非侵盜，而貧乏無可償者，特與除放。」

嘉定四年閏二月二十九日，司農少卿吳鎧言：「諸路應起發綱米，乞專差都副吏一人，同所差官管押，將水脚等錢責付，勒自雇船裝載。有欠，止將管押都吏監納取足，重則決配，估籍填償。」從之。

五年十一月二十日，南郊赦：「應管押綱運，偶緣元差官司失於照應，致有年六十以上，或無舉主，未曾到部，及課利場務監官并有進納雜流與特奏名，并差別路官管押。或陳乞釐革之人，但所押錢物別無少欠，見礙推賞，可特與放行一次。」八年、十一年、十四年明堂赦並同。又赦文：「勘會昨因諸路州軍差官部押米綱多有折欠，已追降官資，將欠多者勒停。自今赦到日，將元起綱州軍更切契勘，如本非侵盜，即與關會交綱去處。如見得追降以後補納已足，許保明申尚書省，特與叙復，仍免勒停。其有州軍守臣因差官

〔一〕申時：似當作「申請」。
〔二〕按，今《建炎以來朝野雜記》不見以下文字。
〔三〕黜：原作「點」，據《兩朝綱目備要》卷八改。

不當，致降官、展磨，若在今赦以前元綱所欠米斛果能補足，亦仰經元交綱官司保明申尚書省，亦與叙官，免展磨勘。」八年、十一年、十四年明堂赦並同。又赦文：「勘會諸路起發金銀物帛，內有色額低次之類，估剥虧官錢數，行下補發，州縣見干繫等人及元賣鋪户均攤，已放至開禧三年。可將嘉定三年終以前欠錢數如委無欺弊，並與除放。照得州縣買納金銀物帛自有色樣等則，緣買納場分合干公人受囑，入納低次，致行估剥，訪聞比來州縣欲復槩勒民户陪納，委是重擾。所有今赦未放年分及日後應干估剥之數，並仰州縣止於元買納場分合干公人名下追理，不得均攤民户。如違，許越訴，重寘典憲。仍仰轉運司常切覺察，多出文榜曉諭。」八年明堂將六年終除放，十一年明堂將九年終除放，十四年明堂將十二年終除放。

六年七月一日，詔：「福建監司遵近降全解會子指揮，不得衷私買銀，其所經由州縣辨認封識，批會行程而後放行。如或仍前作弊，致御史臺覺察，其當州官吏並行坐罪。」時興化軍楮價頓增，而本州人吏輒將上供會子買銀至京變賣入納，因而彰露，臣僚以爲言，故有是命。

十二月七日，臣僚言：「綱運之弊，至今日極矣，蓋緣權姦專政，請託公行。起綱之初，以粗易精，以僞易（直）〔真〕。綱與所差官司分受在道〔一〕，則盜將官物非理破用。沿路雖有催綱官司，反與爲市。逮至交納，則又夤緣囑託，逼脅倉庫交受。至於泉、廣舶司綱運，姦弊尤甚。今左帑積壓香貨，有同柴薪，雖痛裁價直，無人願售。此皆押綱與交 17 綱通同作弊，重爲公家之蠹。又江西等處米綱折欠動〔至〕五六千石，皆緣元差官司請屬差委，不考程限，縱其移易，而交納官司或爲利啖勢臨，悉置不問。且在法，起綱合三申綱解，正欲關防前弊。乞降指揮，應監司、州郡起發綱運，須於發日專人齎綱解赴所屬投下，狀內書填實日并當行都吏、典級姓名。其承受官司置籍拘轄，併以當職官職位、姓名及當行都吏、典級書籍，晝時關報沿路監司，督責催綱官司嚴緊催趕，批鑿行程。至交納時，仰交納官司取索驅磨。如有非理滯留三日以上，具申所屬，行下監司，將本地分催綱官吏重作施行。如監司、州郡避免黜〔二〕，不申綱解，從所屬委鄰路監司追本處都吏斷勒。其有侵盜換易，綱官重寘典憲，元差當職官開具職位，取旨罷黜，都吏、典級決配，並不以去官、赦降原免。庶幾姦弊或可少戢。」從之。

七年六月二十五日，詔：「諸路州軍税場每遇綱運船到，若果有貨物，即從公收税；如止是起發錢糧，仰即放行，不得留滯。如違，許押綱官經州郡、監司陳訴，差官覈實，嚴與斷治。」以臣僚言：「綱運經由税場，不問有無貨物，例行拘繫，牽延月日，以致轉移侵漁，失陷官物，他日交

〔一〕「綱」下疑脱「官」字。
〔二〕「黜」下疑脱「責」字。

卸虧欠，徒煩監繫。」故有是命。

八年四月六日，臣僚言：「漕轉三弊，一曰謹擇主綱之官。竊觀今之綱運，卸納無虧，率多文臣，若武列則陷失居多。蓋文臣粗知廉耻，武弁唯利是嗜〔一〕，群下和之，姦計横生，未易件數。乞降指揮，應帛錢米綱運〔二〕，止選應差出見任文臣。如無文臣可差，方許就部内選差從義、秉義、大使臣以上廉能之人，仍詔保官兩員，餘不許妄差。令户部長貳覺察，有不遵守，以違制坐之。二曰革少受多納之弊。蓋支綱之初，州軍專斗規圖出剩，巧弄斗斛，減縮斛面勺合，初雖甚微，積累不少。至於卸綱交量，却增添升合，百端邀阻。欠折既多，又索市利，例合干官吏破産蕩家，至有殞於非命者。乞降指揮，令支綱州郡以省樣斗斛給付主綱官吏，受綱以是而出，卸綱以是而納，使出納有憑，虧折可考。三曰絶阻滯之源。夫綱運所繫至重，多是主綱官吏貪婪無耻，輒將官物移易，所過州縣收買物貨販賣，以圖倍稱之息，至有經年不到，豈不有悮國計？乞降指揮，仰所過州縣場務索取元支綱長引，契勘所部物件，其引内元無物件，並拘没入官，即時具申户部照應。不許征取税錢，隱漏不申。如違，計贓論罪。」從之。

九年五月二十三日，司農少卿趙希遠言：「綱運一項，如納苗人户元有隨苗水脚錢，州委通判、縣委丞掌管，蓋所以充起綱之用。内以錢七分給船户攬載外，以三分管押赴卸處，以備填欠。若無侵盜，即復支還。今州不屬通判，縣不屬丞，而公然互用，迫勒船户攬載。七分錢既不全支，船户路費多是盜過米斛；三分錢又不解到，勒其陪備，無所取償。乞申飭州縣，今後隨苗水脚照累降指揮，專令通判、縣丞掌管，不得互用。其七分、三分錢並用舊法，不得稽違，庶無欠折 18 澀滯、監繫破蕩之患。」從之。

十一年正月二十五日，户部言：「左藏東、西庫指定福建市舶司遵依指揮，條具裝發綱運事理下項：『一、綱運交裝之初，監官不能皆廉，下逮專庫，各有常例，隱瞞斤兩，以高爲次，弊倖百端。照得本司遞年綱運，並於未支裝前唤上船務合干人等重立罪賞，不得就綱官乞覓，方差官吏監視行人，先次分色額等第。伺交裝日，提舉官同本司官屬公共下庫，再監無干礙行人重驗色額，仍差泉州無干礙官監視。以省降銅陶法物對綱官兩平秤製觔兩，當官封角。每包作封頭兩箇：一係印提舉官階位，小書，用本司銅朱印記；一係監裝官名銜印記。外檀香窊木，並數計條截兩頭，各用提舉官押字雕皮記，責付綱官下船。仍差近上吏人、軍員各一名防察，隨綱前去，責限兩月到行在所屬庫分交納。今準指揮，本司除已遵稟，嚴行約束，日後合干人輒乞綱官錢物，將香貨以高爲次，定行根究決配。或監裝官屬容情隱庇，致因覺察得知，定申朝廷施行。此項，庫司今

〔一〕武：原抄作「右」，旁批作「武」而未删原字，今據文意删。
〔二〕「帛」上疑脱「物」字。

從本司所申事理，常切遵守，毋致廢弛，務在久遠施行。一、精選畏謹之人以充部押綱運。照得本司近降指揮，選差見任、寄居大使臣堪倚仗畏謹之人，近來本司起發綱運，移文泉州選差。況聚泉州見任、寄居大使臣少，縱有員額，又係歸明不釐務官，委是於條有礙。間差見任官，又復推避，正緣日前管押綱運有冒涉鯨波，而依限到庫者往往不蒙推賞，所以多有不願管押之人。欲（令）〔今〕後差官部押，如依程限到庫，委無欺弊少欠，乞與優加推賞。及防綱公吏，亦從本司犒勞，陞補名次。此項，逐庫檢準《慶元重修令》，諸綱運以本州縣見任合差出官，各籍定姓名，從上輪差，不許辭避；無官可差，即募官管押。竊緣先來本司不與照條差募，或差無藉之官，致有在路故作稽違，交卸又有欠損，其押綱官遂不敢乞賞。今乞下舶司，須管照條選差可倚仗謹畏之人。如所押官物無欠損、違程，即與照條推賞。一、綱官將官給之物換易變賣，沿途商販，經歲滯留。照得本司每遇差官押發綱運，並從條關報本司以至行在。凡所經由州縣及沿海巡尉官迭遞催趕，防護出界。其經由州縣與〔沿〕海巡尉官司更不用心差人趕發，是致逗留作弊。緣本司與州縣初無統攝，文牒視爲具文。今乞下綱運所經由郡縣及沿海巡尉官司，如綱運逗留界分之［一］，不即差人起發過界，並許本司移文所屬郡縣根究，如稍有違戾，申取指揮施行。此項乞朝廷行下所隸監司，嚴督催綱巡尉，遇有綱運到界，繼時催趕，防護出界，及於本綱行程分明批鑿起離時日。如有違戾，（計）〔許〕從監司、屬郡根究，重作施行。一、交裝綱運，先以色樣申解户部，不許隨綱將帶，以防換易。本司今遵稟，日後起發綱運，只發各色香樣一項，前期專差人齎發赴户部投下。伺綱運到日，照樣交納，更不出給隨綱香樣，庶革侵欺移易之弊。此項欲從本司申請，日後起綱，於所19發香貨逐件抽取色樣封角，專人先次齎赴户部投下寄留。候到庫，喚集行衆當官開拆封樣，看驗一同，即與交收。一、起發綱運，除細色香藥物貨遵陸前去不以時月，有可稽考外，其麤色物貨係雇船乘載泛海，直是四五月間支裝，趂趁南風順便發離，庶免颶風海洋阻滯。緣本司逐時遵奉省部行下催發嚴峻，逐色於秋冬時月裝發，致綱官以阻風爲詞，公然拋泊灣澳，逗留作弊。今準指揮，後起麤色物貨綱運預期支裝，候四月、五月南風順便，方趂趁風信發離，及責日限，到所屬庫分交納。如有違限，即乞根究住滯情弊，重作施行。此項乞下市舶司，應有蕃船到舶，抽收香貨，將合解數目按月具申，遇便起發，照立定程限行運。如所押官物至交卸出違限日，將綱官從條根究，亦不推賞。一、綱運至左帑交卸，牙儈看驗，帑吏經由，莫不歲有定價，幾類執券取償。常例之需既足，則交收指日了（辨）〔辦〕。今乞嚴行約束左帑合干人等，今後綱運到庫，如（有）〔看〕驗委無欺弊，即交秤給鈔，不許多方需

［一］「之」字下疑脱「内」字。

索常例。此項逐庫照得綱運到庫交卸，自有元降指揮板榜立定官脚等則例，充雇夫脚剩之費。今來本司所請綱運，乞指揮下日，重立罪賞，嚴行約束施行。』本部今勘當，欲從指定到逐項事理施行。」從之。

四月七日，臣僚言：「訪聞撫州每年受納苗米，自有合收水脚等錢，以備起綱之費。十數年來，守臣移用，抑勒富民之進納者認押米綱，責令自備水脚。間有違拒，即帖巡尉圍屋追捉，如捕盜然。部内進納者凡十七家，若已經部押之人與免再追，猶云可也，今乃籍定其人，歲歲舉行，吏胥賣弄，一概追擾，有賂者脱免，無力者脅從。本州每歲五綱，其實止用五人部押，而十七家皆受其苦，豈不可念？乞下江西轉運司，追當行人吏根勘逐年所取上户情囑財物，計贓定罪，從條施行。仍戒約本州，今後將見任官輪差(官)〔管〕押，仍將上五名都吏、典級，每綱差一人同管押交卸。併乞下諸路漕司考劾所部，如有違戾去處，亦仰一體施行。」從之。

20 嘉定十四年九月十日，明堂赦文：「諸路州軍折欠米料，已將管押人并綱梢等押下原發去處陪填。其間有委非侵盜者，可將見次人特與放免一百石，餘數依條監理；其不及一百石者，並與蠲放。及起發行在米料綱梢等人因有折欠數，押下元起綱州軍填納，監繫日久，截自嘉定十三年終，有只欠二十石以下者，亦蠲放。」同日赦文：「嘉定十一年至今赦前，間有旱傷州縣取撥樁管米斛賑濟、賑(糶)〔糶〕，因般剥欠少，見將管押人并綱梢等監繫陪填。可令提舉司覈實，委非侵盜，將未足之數並與放免。」

十五年三月二十五日，臣僚言：「國以兵爲威，以食爲命。天下四總，無非錢穀之所聚，而湖廣總所實餉京襄，萬竈雲屯，嗷嗷待哺。每歲改撥綱運，或襄陽，或郢州，或均州，或光州，四處以交卸。米多自湖南撥運，穀多自江西撥運，其水路之艱險，脚錢之不敷，以至綱運之欠折〔一〕，雖綱官有顧藉者，亦有所不能免。蓋邊烽寧息之時，重兵屯于武昌，綱運改撥于京襄者有限。若湖南、江西之江綱，多是指鄂州交卸而已。比年殘虜假息于汴，本朝宿兵于邊，舳艫蔽江，殆無虚日，勢使然也。然而所給脚錢，比之平日，曾微加益。姑以衡、鄂言之，只是計鄂州水程以支脚錢，除三分之外，例支銅錢、交子。若使止卸于鄂，尚可盤費，無甚折閲，今則才至鄂渚，多即改撥。自總所計水程至京襄者，所給脚錢，不過支湖廣會子而已。以今市直論之，二貫七百湖廣會，僅可換銅交子一貫行使，其折閲大槩可知。每綱至鄂，而聞當改撥者，莫不張皇失措，以爲必至於狼狽，而莫能即歸矣，豈不可念耶！又況漢江自嶓冢、(倉)〔滄〕浪以至于大别，水勢湍激。自漢口(沂)〔泝〕流至郢州，猶鮮灘磧；自郢州、襄陽以上，則有所謂三十六灘之險。綱運至此，必須小舟數百般載，謂之盤灘。(沂)〔泝〕流牽

〔一〕原稿「至」字前空一格。

舟，率用百丈，以竹爲之。舟至襄陽者，自漢江以竹而造，至鄂州以换〔一〕；其往均州及光化者，至襄陽復一换，謂之换竹。逐綱至鄂改撥入襄陽者，自21拖工以迄篙工，必更用識水程者爲之，顧直不廉，倍有所費。脚錢既不敷，不過取辦於官米。綱官明知船户盜糶，而勢不容戢，亦付之無可柰何。及到倉交卸，而官米之存者僅及其半，倉官斗吏，或復誅求，又不過仰給於見到倉之米。異時監納之際，縱使禁繫箠楚，情重不過一黥而已，此何益耶？觀其所由，皆原於改撥，脚錢不敷，有以致之。乞下湖南、江西諸州，於未發綱運之前，預定改撥之地，以爲某綱當卸于此州，某綱當卸于彼州，無使至總所而後改撥。所有合支脚錢，且令本所先支一半，至鄂州再支一半，庶幾以漸支使，不至泛用，以耗脚錢。」詔從之，仍令淮東、西、湖廣三總所各開具諸軍遞年綱運起發并改撥去處申尚書省。既而湖廣總領所言：「本所契勘：每年承准朝省科定江西、湖南上供綱米，應副本所諸屯大軍支遣，除江西實發米四萬五千二百石赴江州軍前卸納外，有湖南一路合發米四十七萬五千二百餘石，各有科定卸納軍前。其水脚、縻費，諸州亦以科定軍前地頭爲準，紐計合用，已作窠名隨苗收錢支給。其在平時，未見綱運艱苦，獨比年軍馬分屯沿邊，調度寖廣，專藉襄漢之水以通糧道。本所隨時措置，盡將湖南綱運米料不拘元科定額，改撥邊頭交卸，應副支遣。所有改撥襄陽、均州、光化之糧，自鄂州至交卸之地一切水脚之費，全係本所拖認，從前止支湖會，而夫米亦止（拆）〔折〕支價錢。且如襄江自郢而上，灘澇甚多，綱船至郢，必須换易小舟般剥，委是崎嶇，費用尤重，遂將合支改撥米綱水脚錢以十分爲率，到鄂州先支七分。内改支三分行至交子〔二〕，比之時價，每貫已多一貫七百湖會；餘支四分會。更有三分錢則樁留，以留其到襄陽等處〔三〕，却以交、會各半支給。至於夫米，並支本色，比之舊來折價所閔，每石暗有六升之增。由是諸綱得此優潤，不復以改撥爲難，而侵欠之弊，亦覺鮮少。今詳臣僚奏請行下湖南、江西諸州，於未發運之前預定改撥之地，所有合支脚錢，且令本州先支一半，誠革弊之良策。然自非利害，不敢不以實聞。切緣糧道之運，全藉襄江之水，而水生水落，則有時節之異。儻使江、湖綱運春夏盡到鄂州，趁此漢水汎漲，（沂涼）〔泝流〕而上，達之均、襄，無有阻滯，則公私俱可省力。設或秋冬方到鄂渚，則水落石出，爲害誠不免如臣僚之所言者。當未軍興前，湖南所起科定襄陽綱米，不過十五萬石，自軍興以後，軍馬分屯沿邊，用度益夥，所起襄陽并移撥均州、光化糧綱，以今計之，一歲趲發六七十萬石。是以本所每年春夏之間，諸州起到上供米及和糴米綱，不問元科去處，即趁水漲，改撥襄

〔一〕以：疑當作「一」。
〔二〕行至交子：似當作「行在交子」。
〔三〕「以」下「留」字疑誤。

陽諸處軍前。至秋冬水涸，却令續到之綱就近交卸，以補春夏改撥之數。權時施宜，似得其當。若必欲預定改撥，亦恐未易遽行。蓋屯駐之處不一，而增損之數有異，又且有倉猝應辦之所，皆是臨時就近改撥，實難預科。況江、湖州軍豈不知改撥泝（涼）〔流〕22之患，亦合趁此水泛，及時裝發可也。且諸郡受納米苗，在省限内已及起綱之數，今乃裝發滅裂，每致愆期，以是其弊不專在於本所之改撥，而實在乎州軍不急於裝發也。欲乞詳酌所申，速下湖南潭、衡州，將已科定正起襄陽米綱催促支裝，趁水起發，限在半年，春末夏初定到鄂州，次第趲發前赴襄陽下卸。所（所）有潭、衡兩州并永、道、全、邵州科定合發到處軍前米綱，亦乞下各州催促裝發，照定限到來。切待本所勘酌邊頭合用米斛多寡、闕少去處，改去處行〔一〕，所用一切貼支水脚交、會、夫米，本所並與抱認支給。仍乞下江西、湖南州軍，今後不許差募指使及無産業人管押綱運，須管（巽）〔選〕差見任或待闕有材幹文臣及家力素厚進納官部押。如今後諸郡仍前差募武弁無賴之人，以致欠折，乞將起綱官司議罰施行。」從之。（以上《永樂大典》卷一五九四六）

〔一〕改去處行：疑有誤。

宋會要輯稿　食貨四五

漕運　四

綱運設官

【宋會要】 1 三門白波發運司，有催促裝綱二人，以京朝官、三班充。河陰至陜州、自京至汴口，催綱各一人，並以三班以上充。廣濟河，都大催綱一人，以京朝官充，後改爲輦運司。許、汝石塘河，催綱二人，以京朝官、三班充。御河催綱一人，以三班充；提轄官二人，以安利、永静二軍知軍兼充〔一〕，分轄緣河州縣〔二〕。汴河至泗州，催綱三人〔三〕，以三班或内侍充，皆分地而領之〔四〕。蔡河撥發一人，以朝臣或三班充。又江南、兩浙、荆湖皆以三班爲撥發。諸州又有監裝卸斛㪷官一人或二人，以京朝官、三班、幕職、州縣官充。又有三門白波都大提舉輦運，都大提舉一人，同提舉二人，河陰一人，三門一人，並以朝官充，掌轄三門、河陰、汾洛人(般)〔船〕，以備輦運之事。勾押、押司、勾計、知印各一人，前後行一十一人。舊有三門白波黄渭河水路發運使一人，判官一人，慶曆三年罷發運使，其發運使事分隸陜西、京西兩路轉運使，獨存三門發運判官一員。以白波發運判官兼知西京河清縣事，而添置河陰發運判官，兼知孟州河陰縣事。八年復置，嘉祐五年廢，以京西轉運使都大提舉催促綱運，於白波創立催綱司，以朝臣一員專領其事。是年，改爲都大提舉輦運公事。廣濟河專一管勾催綱官一人，以京朝官充。皇祐五年罷，以曹州通判兼管廣濟河輦運司。嘉祐四年復置，以朝官充。許、汝石塘河催綱官二人，以京朝官、三班使臣充。皇祐五年罷，以郾城知縣兼管。嘉祐四年復置，以朝官一人充。黄、御等河催綱官一人，以三班使臣充，慶曆三年廢。至和二年復，以朝官充。提轄官一人。以永静知軍兼充，因罷催綱官，其知軍更不兼官。嘉祐五年，復以永静知軍依舊兼充。蔡河撥發官一人，以三班使臣充。皇祐五年罷，(致)〔至〕和二年，以潁州通判兼管勾蔡河撥發。治平復置，以朝官一人充。河陰至陜州、自京至汴口，催綱官一人，並以夾河巡檢武臣兼；汴河至泗州，催綱官一人，並以沿汴捉賊巡檢監押武臣兼。諸州監裝卸斛㪷官一人或二人〔五〕，並以逐州知縣及監糧料院文臣兼。

真宗大中祥符四年八月，詔復置廣濟河催綱朝臣〔六〕。是職舊命常參官，近歲省去，止用使臣，而州郡皆不承稟，故復之。

八年七月，詔三班院：「自今諸河催綱巡檢，並選曾經

〔一〕「知」下原衍「兼」字，據本書職官四二之五删。

〔二〕分轄緣河州縣：原作「御河催□縣」，據本書職官四二之五改。

〔三〕催：原作「至」，據本書職官四二之五改。

〔四〕天頭原批：「『三門白波』至『而領之』一條，與《職官》複。」按，指本書職官四二之一三，但「三門白波」下多「黄渭汴河」四字。而本書職官四二之五自「三門白波」至下文「幕職州縣官充」則與本條全同。

〔五〕斛：原脱，據《職官分紀》卷四七補。

〔六〕復：原脱，據《職官分紀》卷四七補。

監押、巡檢殿直幹事者充。」初，三班定侍禁李世隆爲蔡河撥發兼巡檢捉賊〔一〕，真宗曰：「世隆年方二十五，未經歷。」又上封者屢言催綱捉賊多差權勢子弟，故條約之。

九年五月十五日，詔：「河、汴、廣濟、石塘河催綱巡河京朝官、使臣，自今每歲許一次入奏，三門白波發運使、判官每歲許二人更番入奏。」

仁宗天聖三年正月，三司言：「廣濟河催綱、太子中舍成璧到任二年〔二〕，催綱斛㪷五十六萬二千六百餘石，比前界甚有出剩，乞降敕書獎諭。」從之。

七年六月，詔輦運司年終點檢緣廣濟河并夾黃河縣分令 2 佐栽種榆柳。

八年正月，詔：「今後廣濟河糧綱，如一年内鄆州、淮陽軍三運，并曹州、廣濟軍、濟州五運，至京交納無欠，令輦運司磨勘綱梢遞賞。」

慶曆四年三月，省廣濟河催綱朝臣一員〔三〕。

五年二月十三日，以供奉官劉孝孫充淮南撥發。從發運使方偕保請也〔四〕。

皇祐五年十月十八日，詔：「諸路所舉文武臣僚充催綱、撥發者，並依從減罷，今後更不差置。見任官未成資者，即後任通理年月。」

英宗治平三年六月，詔發運司勾當公事傅永兼催發鹽綱〔五〕。

神宗熙寧元年七月二十五日，詔虞部郎中、知河陰縣張宗道，虞部員外郎、發運司勾當公事傅永，並專切催遣自京所撥赴河北糧綱。

三年四月十七日，命僉書鎮東軍節度判官廳公事張次山權發遣廣濟河都大輦運司公事，尋以職方郎中向宗道代之。初，除次山提舉常平倉事，弗就，至是提舉輦運闕，宰相曾公亮等言次山可用。翌日，詔次山資叙過淺，可再取旨，故有是詔。

八月二十六日，詔蔡河撥發、（提）〔堤〕岸、㪷門公事等，今後並隸都大制置發運司提舉管轄。

四年九月二十三日，以職方郎中李孝孫爲三門白波都大提舉輦運公事。

元豐二年五月二十九日，詔廣濟河都大催遣輦運官與本部通判以上序官，在提點刑獄下。

七月十九日，知都水監丞范子淵請移河陰輦運司於行慶關，兼主管洛口。從之。

四年九月二十九日，上批：「聞三司昨雇百姓車户大車輦絹赴鄜延路，纔及半道，其挽車人已盡逃散，今官物並

〔一〕定：原無，據《長編》卷八五補。

〔二〕璧：原作「壁」，據本書職官四二之一三改。

〔三〕員：原作「官」，據本書職官四二之一三改。

〔四〕方偕：原作「方皆」。按《乾道臨安志》卷三載：慶曆五年十月，徙淮南江浙荆湖制置發運使方偕知杭州。是「方皆」乃「方偕」之誤也，因改。

〔五〕「永」原作「承」，「鹽」原作「監」，據本書職官四二之五改。

抛棄野次〔一〕。逐縣科差保甲，甚擾費人力〔二〕，未知何人處晝如此乖方，可取索進呈。」三司言：「起發應副鄜延、環慶〔三〕、涇原三路經略司絹十七萬五千匹，市易司起發十五萬五千疋，用驘馬百二十四頭及官船水運至西京〔四〕，乃用步乘。應副河東衣賜絹十萬匹赴澤州，及紬二萬匹，用驘馬百八十三頭、小車五十兩并橐駞般馱，又三萬匹用步乘。應副延州銀十五萬兩，鹽鈔五萬席，用驘馬九十八頭；絹十五萬匹爲五綱，一綱用橐駞〔五〕，四綱用小車二百一十兩。應副河東、鄜延、環慶、涇原、熙河、秦鳳路絹紬總百萬匹，用小車爲三十綱，並不用官私大車輦載。」詔三司選差幹當公事官一員緣路點檢催促，其津般乖方處，根究以聞。

五年二月十一日，罷廣濟河輦運司及京北排岸司，移上供物於淮陽軍界計置入汴，以清河輦運司爲名，差朝奉郎張士澄都大提舉〔六〕。先是，京東路轉運司言：「廣濟河用無源陂水，常置埧以通漕，歲上供六十二萬石。間一歲旱，底著不行。欲移人船於淮陽軍界上吳鎮〔七〕、下清河及南京穀熟、寧陵、會亭，臨汴水共爲倉三百楹，從本司計置七十萬石上供。置輦運司，隸轉運司，歲減船三百五十、兵工二千七百，綱官典三十三，使臣十一，爲錢八萬二千緡。」下提點刑獄司按實，以爲如轉運司言。京北排岸司沿廣濟河置〔八〕，故并罷之。

六年九月四日〔九〕，三門白波提舉輦運司乞借本 3 司所轄阜財監上供錢萬緡，遣官於鄭州市木，於本司造船場造六百料運船，下陝西轉運司依數撥還。從之。

哲宗元祐元年十一月十五日，詔都大提舉清河輦運司依舊以廣濟河都大管勾催遣輦運司爲名〔一〇〕。

十二月二十二日，詔廣濟河催遣輦運、提舉三門白波輦運、蔡河撥發，並以三十月爲任。

二年正月二十五日，左諫議大夫、兼權給事中鮮于侁言：「蔡河撥發催綱司督京西淮南糧運，以供畿内，半歲不能周一運。請令催綱司統按縣道，立賞罰，使人自爲功。」從之。

紹聖元年九月七日，户部言：「發運司狀：每年上供額斛及府界、南京軍糧，動以萬計，止管汴河一百七十餘綱，須裝卸行運之速，乃能辦集。其汴綱在京等處卸糧，多有少欠綱分，依朝旨，並批發下裝發處折會結絶〔一一〕，而從

〔一〕今：原作「令」，據《長編》卷三一六改。
〔二〕甚：原作「其」，據《長編》卷三一六改。
〔三〕環：原脱，據《長編》卷三一六補。
〔四〕驘：原作「羸」，據文意及字形改。下同。《長編》卷三一六作「騾」，驘同騾。
〔五〕駞：原作「馳」，據《長編》卷三一六改。
〔六〕澄：原作「登」，據本書食貨四七之二、《長編》卷三二三改。
〔七〕「人」下原有「般」字，據《長編》卷三二三刪。
〔八〕北：原作「兆」，據《長編》卷三二三改。
〔九〕按，《長編》卷三三九繫於九月六日戊申。
〔一〇〕後「都大」原作「記」，據《長編》卷三九一改。
〔一一〕批發：原作「批撥」，據本書食貨四七之三改。

來未有立定日限備償明文。欲並依京東排岸司一司式立限備償。若裝發處不便結絶，自依元祐八年秋頒敕條斷罪。」從之。

元符元年四月二十三日，户部言：「發運司奏歲額帳狀乞限次年九月終，撥發、輦運司限六月終。」從之。

二年二月六日，吏部言：「發運（司）使張商英奏，乞罷真、（楊）〔揚〕、楚、泗州監倉門、㪷面官四員，置巡轄綱運官四員。」從之。

三年二月二十四日，刑部言：「荆湖北路提點刑獄司申：『檢準治平二年三司使韓絳等奏，使臣管押汴河糧綱，若於綱運内有過犯，並委三司、發運司取勘罰贖。又準元祐七年敕：小使臣在官處犯公罪，杖以下並本州斷罰，其應斷罰而所犯情輕者，申提點刑獄司，委檢法官看詳。又準紹（興）〔聖〕五年敕：諸押綱小使臣犯笞罪，批上行程，至卸納處排岸司點檢，在外就近送轉運或發運、輦運、撥發司施行。今看詳治平朝旨，係專言渭、汴河綱使臣，即不言諸路押綱使臣有相合，依是何條令。』尋送大理寺參詳。今據本寺狀：『治平朝旨既係一司專條外，諸路押綱使臣雖依紹聖五年敕，令排岸司點檢，送轉（運）司行遣，如所犯情輕者，除發運司合依本司專條勘罰外，其轉運、輦運、撥發司即亦合關報提點刑獄司，依條看詳當否施行。』」從之。

徽宗建中靖國元年七月十七日，户部狀：「準都省批送下發運司：『契勘諸路合起上供錢帛斛㪷，内年額錢依條分作兩限封樁起發，及紬絹物帛並限歲終起發。如起發違限并不足，許發運司牒鄰路提刑司取勘。』今相度，諸路合起年額上供兩限起發，上限七月終，下限歲終。真、揚州岸司拖照起發月日申發運司，并上供錢及六路轉運司年額斛㪷，須管依元條限次逐限内樁起了足。如違并不足，並從本司申尚書户部，下本路提點刑獄司，先行取勘轉運司人吏。所有合干官員，即依元條施行。」從之。

崇寧三年八月十三日，江淮荆浙等路發運司奏：「契勘本司總轄東南諸路，内兩浙路每年合起上供歲計糧斛錢帛萬數浩瀚，比之其它路分數目最多，及有福建路合起上供錢帛綱運不少，盡皆經由兩浙團發，從來4未有專置催轄綱運官。數内自江州至荆、岳一員，所歷路分州軍不多。今相度，欲將江州至荆、岳州催轄綱運官一員移於兩浙自潤州至衢州以來催轄綱運，於蘇州安置廨宇。所有應緣諸般約束事件，並依催轄綱運官已得指揮施行。」從之。

政和三年三月四日，尚書省言：「訪聞東南諸路綱運往往沿流州縣（注）〔駐〕泊，蓋緣闕人牽轉，多被合干人等盜賣，或致散失，有妨都下指擬使用。」詔令沿流州指揮逐地分縣令佐及催綱官司、巡尉捕盜等官，遇有綱栰，輪那一員躬親前來巡防照管，出界遞相交割，立便趕趁前來。如委闕人兵牽轉，即仰所屬官司那差廂軍；或不足，仰於本地分清河内差刷，相兼應副；又不足，即一面支轉運司錢和雇人夫牽挽訖，申知本司，不管少有住滯。仍仰逐地分官司纔候趕趁訖，申尚書省。

八日，中書省、尚書省〔言〕：「檢會政和二年十二月十三日敕：『〔令〕〔今〕後應押栰使臣、殿侍、軍大將等，如押竹木綱栰送納別無少欠，雖有不敷元來徑寸，如有綱解大印照驗分明，係是元起官物，別無欺弊，仰所屬一面取會元發木官司認狀外，其管押人聽先次依法推賞。如會到別有違礙欺弊，不該推賞，即行改正，依條施行。』勘會未降上件指揮日前，亦有似此之人，理合一體。」詔並依政和二年十二月十三日朝旨施行〔一〕。

七月十二日，尚書省言：「淮南路轉運司提轄催〔提〕〔促〕直達綱運宋子雍狀〔二〕：『近點檢得本路州軍裝發地頭妄破諸般緣故，至有住滯等，欲望特賜重行立法。』今修下條：諸綱運裝卸，無故違限過五日者，附載官物裝卸違限同。一日笞三十，二日加一等；過杖一百〔三〕，三日加一等；罪至徒二年〔四〕。事由裝卸官司，本綱不坐；事由本綱，裝卸官司准此。仍各以所由爲首。和雇私船運官物而裝卸違限，並準此。內事由本船者，止坐船主。違限請過口食，干繫人均備。」從之。

九月十三日，兩浙轉運司奏：「本路歲發上供額斛萬數浩瀚，奉旨直達都城，唯藉綱運趁限裝發，了辦歲計。緣本路所管綱船並是三百料，與他路大料綱船不同，除許附載私物外，裝發米數不多。近朝旨許加一分力升，通舊二分，附載私物。今乞依《政和令》，許二分附載私物，情願將逐船所剩力升如無私物攬載，即加裝斛㪷，每二十石添破一夫所得雇夫錢米。不唯優恤兵梢，實於官物不致侵盜，兼亦使愛惜舟船，委得利便。今來所乞二分附載私物，每船一隻裝米二百四十石外，有六十石力升，若願加裝米斛，每二十石添破一夫，每船增三夫，以酌中平江府至都城地〔理〕〔里〕約度，共添得雇夫錢七貫五百文、米二石一㪷，即與附搭客人行貨所得錢數不致相遠，所貴綱梢愛惜官物舟船。」從之。

五年七月九日，祠部員外郎胡獻可奏：「土人管押綱運〔五〕，若不立定理界年限，輕重等第，更互交押，委是勞逸不均。今相度，欲乞應募土人路分綱運窠名輕重及理界年分并理運數，並依自來都官差副尉條 5 法施行，候界滿日，令更互管押。」從之。

宣和二年八月十六日，中書省言：「勘會東南糧綱爲拋失少欠數多，近已奉御筆措置罷募土人，改差使臣等管押，及令經由拖欠路分任責。〔令〕〔今〕有合申明事件下項：一、六路召募土人法罷，其兩河糧綱所募土人，亦合並

〔一〕十二月：原作「十一月」，據上文及本書職官四二之八改。
〔二〕達：原作「連」，據本書食貨四九之二九改。
〔三〕「過」上原有「不」字，據本書食貨四八之二九刪。
〔四〕自「一日」至「二年」，原作小注，據文意改爲正文。
〔五〕土人：原作「士人」，據下條改。下同。按土人謂本地人，本書食貨類中屢載「土人押綱」。作「士人」無謂。

罷，遵依已降指揮施行。一、六路罷募土人糧綱并年滿事故等，關轉運司，已降指揮出闕召人指射。如過兩月無人指射，或雖有人指射，不應差注者，即具闕報發運司召人。以上差訖，除具職位、姓名申尚書省外，仍申所屬曹部出給付身。或發運司過一月無應入人指射，即申吏部；又過一月，猶無應入人，即關都官差注，其資次並依已降指揮。一、兩河土人糧綱并年滿事故等，關輦運、撥發司出闕召人指射〔一〕。差訖，除具職位、姓名申尚書省外，仍申所屬曹部出給付身。過三月無人指射、不應差注者，即具闕申吏部；又過一月無應入人，即關都官差注，其資次並依六路已降指揮。一、管押人雖已有副尉指射，若定差未了間，却有校尉以上人願就者，自合先差校尉等。一、今來所罷土人，候差到人交割訖，發遣歸都官，別承差使，即不得再押糧綱。一、沿路拋欠斛㪷，除合依已降指揮令經由拋欠路分轉運司任責，次年依上供條限補發外，其六路每年隨正額合起酌中補欠數目，自合依舊起發。候次年經由拋欠路分補發到京，如實補發到數目過於本路隨正額合起酌中補欠之數，即將剩豁除。一、兩河拋欠斛㪷，其經由路分任責補欠置籍等，亦合依東、西直達綱已降指揮施行。內拋欠斛㪷，並令地分官司、京東輦運司、蔡河撥發司置籍。一、經由京畿地分如有拋欠，緣京畿別無上供斛㪷，自合據合補數目於外路起到應副本路綱內依數改撥，補發上京。一、提轄文臣已立拋欠分釐責罰，其檢察武臣亦合依此。一、土人如爲已有替罷指揮，輒敢作過偷盜糧斛，拆賣舟船，仰所在官司常切覺察，具違犯申尚書省，法外重行斷遣。」從之。

五年五月十五日，詔：「令呂淙、胡直孺，東南六路轉運、輦運、撥發司官，限指揮到，據未起斛㪷數目躬親嚴緊催督，須管日近攛併相繼起發到京。其已起在路數目，亦仰催促沿途經由州縣及催綱等官司，速行遞相趕發，兼程前來。尚敢違慢，以違御筆論。」

六月二十五日，發運使副呂淙、陳亨伯奏：「準尚書省劄子，權知宿州林篪奏發運司利害及管見十事，劄付臣等照會。數内第二十二項，自行直達，每路並差提轄官一員。今來復行轉般，所有湖南、湖北、江南東、西四路提舉官合與不合減罷，取自朝廷指揮。」倉部勘會：「東南六路提轄官昨緣直達，朝廷降指揮差置。今來雖江、湖四路復行轉般，其逐路有合發斛㪷萬數浩瀚，并係在京指擬支遣數目，見不住裝發綱運直達上京〔二〕，唯藉提轄官往來檢察催督。今勘會，江、湖四路提轄官，候發運司有收羅到或可代發斛㪷奉行轉般日〔三〕，即行寢罷。6本部勘會，諸路提轄綱運官，淮、浙各兩員，江、湖四路各止一員，依法自本路至國門

〔一〕撥：原作「不」，據本書職官四二之九改。
〔二〕住：原脱，據本書職官四二之一〇補。
〔三〕奉：下文引此句作「奏」。

往來催促綱運，檢察違滯。近發運呂淙、陳亨伯措置轉般晝一，內一項申明江、湖四路提轄官係直達，差置合與不合減罷。已承指揮，候發運司有收糴到或可代發斛㪷奏行轉般日寢罷。及發運司勾當公事官陳亨伯稱：係諸般差委，及間有朝旨，令分委勾當。今來林僥所乞，每歲分輪提轄官於界首取索驅磨行程，及乞每歲輪差發運司勾當公事官於拱州取索行程驅磨事理，即有礙元條及妨闕勾當，委是難行外，其陳亨伯乞今後提轄官並依法自本路至國門往來催促綱運，發運司常切檢察。如每歲不見往來經由真、(楊)〔揚〕、楚、泗，致綱運於本路及他路住滯，偷盜數多，聽發運司於所部選承務郎以上清(疆)〔彊〕官對移，或乞令具事理申尚書省，差官替罷事理施行。」並從之。

九月五日，户部奏：「荆湖南北路𠞰刷大禮錢帛趙庠申：『勘會荆湖南北路諸州軍起發上供錢物，有畸零數少去處，依條般往近便及沿流去處州軍團併成綱，起發上京，限日轉發，違限杖一百。今團併州軍承他處起到錢物〔一〕，如不依限交收轉發，欲望立法約束，及許管押人越訴。』户部看詳，欲依趙庠所乞，如他州或別路起到錢物，限次日交收，仍乞立法施行。諸路準此。」從之。

七年三月二十日，江南西路轉運判官高述奏：「本路宣和七年合起發上供額米一百二十萬八千九百石，依近降御筆處分，般至淮南下卸。依條分三限，內第一限二月，計四十萬二千九百七十石，本司牒諸州縣計置起發。今據申，已發過四十一萬九千六百十一石九㪷八升前去淮南下卸，內已充足第一限合發米數外〔二〕，又攙發過第二限米一萬六千六百四十一石九㪷八升，已具綱名細數申尚書省去訖。」詔：「高述頃以事罷漕司，旋命復職。今能脩舉漕計，今春上供四十餘萬石，已足上限，繼運下限亦已起發。奉法脩職，可特除直祕閣，以勸諸路奉公之吏。」

四月十三日，應奉司奏：「勘會兩浙路所管本司應奉綱船差破兵梢不少，除裝發行運外，其檢計修船、擺泊守凍，伺候裝發，不行運月日甚多，坐費糧食，合行措置。今相度，欲兩浙路本司綱船每船存留梢工、槔手各一名，每綱留節級、綱團、軍典、木匠各一名。除船料例候裝綱，日支錢雇夫，下水依糧綱人數除留人外，據闕貼雇。合用雇夫錢米，並要委本路應奉官相度措置應副。所有抵替下人兵，逐旋發歸所屬，別奉差使。其上下水雇夫錢，支付管押人掌管，節次支散。候回本路，(令)〔令〕應奉官取索驅磨，如無侵欺，及無綱運稽滯，除任滿推賞外，每任更與減磨勘二年。伏乞特降睿旨施行。」從之。

二十五日，講議司奏：「契勘諸州軍起發上供綱運，已準宣和四年九月二十五日敕，經過並時遞相關報檢察〔三〕，

〔一〕處：原作「載」，據本書職官四二之一一改。
〔二〕第一限：原脱「一」字，據本書職官四二之一一補。
〔三〕經過並時：疑有誤。

催趕出界。如容縱或失於檢察，至有侵盜貿易者，其所犯地分官司仰户部量事輕重按劾 7 施行外，其餘起發上京錢物未有約束。欲令後諸路應發上京錢物綱運，並依前項指揮，如違，並令所至州軍按劾施行。」從之。（以上《永樂大典》卷一五九四七）

漕運五

綱運令格〔一〕

【宋會要】 8 捕亡令〔二〕 諸江、淮、黄河内盜賊、煙火、榷貨及抛失綱運，兩岸捕盜官同管。其繫岸船栰，隨地分認。

賞格 命官：捕盜官謂職應催綱者。能檢察綱運兵梢不犯故沈溺舟船，或有故而收救官物别無失陷者，任滿，減磨勘一年。檢官能覺察綱運妄稱被水火盜賊、損失官物欺隱入己者，免試。諸色人：獲故沈溺綱船，及有人居止船雖未沈溺，每隻錢五十貫。因侵盜官物者一佰貫。江河深險處收救得沈溺船所失官物，准給價三分。收救得流失官船，每隻准價不及一佰貫，諸河空船錢五貫，重船錢一十貫；江、淮、黄河空船錢一十貫，重船錢二十貫；一佰貫以上，諸河給一分，江、淮、黄河給二分。

雜勅 乾道八年五月二十三日，尚書省批狀：「綱運經由地分遇風水抛失，遵依見行條法，仍申所屬州縣，州委幕職官、縣委丞佐，即時躬親前去抛失地分驗實保明，再批行程，結罪申州，備申司農寺，外路申總領所。候本綱到下卸處，即依條施行。如違，從本路轉運司追當行人吏斷遣，〔命〕官申取朝廷指揮施行。」〔三〕

欺弊

盜賊勅 諸博易、糴買綱運官物，官船、車、脚板、船具。驅馱及其器用同。餘綱運條稱官物者准此。計已分依貿易官物法計利，以盜論加二等。牙保、引領人與同罪。許人告。强者計利，併贓以强盜論。以上再犯，不該配者，鄰州編管；罪至死者，減一等，皆配二千里。二十貫，爲首者絞；殺傷人者，依本殺傷

〔一〕湯中《宋會要研究》卷三頁一四云：「嘗見食貨類内『綱運令格』一卷，有徐氏之簽註云：『此卷綱目混淆，既非編年，又難分類，思之再四，不得編排主腦，意抄胥有顛倒脱落，非檢原書，未敢一定。』」按，徐松此簽註今未見。此題原爲旁批，然不夠確切。唐宋人連稱「勅令格式」，以下正文勅、令、格、式、申明均有，並非只有令、格，似宜仿《慶元條法事類》題作「綱運條法」。又此門正文編排頗爲混亂，原稿當提行處只作空格，諸條之間亦爲空格，以致層次不清。考今存殘本《慶元條法事類》一書，其性質、體例與《會要》相類，此書編排體例大致爲：先分門，如職制門、選舉門、財用門、蠻夷門等等，相當於會要之大類；其下爲細目，如財用門之「封樁」、「理欠」之類；又其下分列勅、令、格、式、申明（含「隨勅申明」），按此次序分録有關條文。《宋會要》綱運條法之編排體例當亦如此，觀本門下文「押綱賞」一節，其體例即全同於《慶元條法事類》，條理井然。惜其前條文並非如此，蓋《大典》輯録時有脱漏錯亂。

〔二〕按此條之前，《宋會要》原文當有細目。以下三條内容大致爲抛失綱運。

法。以上運載船、車、畜産没官。知情借賃者准此。被强之人不速告隨近官司者，杖六十；因被强而受贓者，以凡盗論。　諸以私錢貿易綱運所般錢監上供錢者〔一〕，許人捕。　諸錢綱押綱人、部綱兵級本船梢工同。以私錢貿易所運錢，雖應計其等，依監主自盗法；罪至死者，減一等配千里。本船軍人及和雇人犯者，亦以盗所運官物論。

雜勑　諸押綱人、部綱兵級、梢工失覺察盗易欺隱本綱及本船官物，事雖已發而能自獲犯人者，除其罪。二人以上同犯，但獲一名亦是。　諸綱兵級和雇人同。博易本船官物，罪至徒；杖罪兩火同。地分催綱、排岸巡檢、縣尉司干繫人失覺察者，杖一伯，命官減二等。三十日内能獲犯人者，不坐；二人以上獲一名，亦准此。　諸路年額及上供糧綱兵級和雇人同。若博易、糴買之者，其所犯并破贓地分催綱、排岸、巡檢、縣尉及捕盗人村保、地分鋪頭同。故縱者，減犯人罪一等。受贓重者亦從重。　諸差雇運送官物，而收貯他物欲拌和者，以收貯物數計所欲拌和官物價，准盗論，許人捕；已拌和者，入水及以透堵腐爛拌和者同，下條准此。計虧官價，依主守自盗法，至死者減一等，配二千里以上；贓輕者杖一百。　諸不覺本綱人以他物拌和所運官物者，部綱兵級杖七十，計所 9 虧官價，一分杖八十，一分加一等，罪止杖一百。　押綱人減部綱兵級罪二等。部綱兵級及五分，或一年内兩犯至罪止者，降一資。長行充部綱兵級者，勒充別綱牽駕。　諸鹽糧綱封印有損動者，梢工杖八十，篙手減一等。

詐僞勑　諸僞造封綱船堵面印，論如餘印律；已行用者，不刺面，配本城，兵級配鄰州。許人告。

職制令　諸巡捕官獲綱運拌和官物，所屬監司歲終比較，具最多、最少之人，最少謂地分内透漏及犯者數多而獲到數少者。每路各二員以聞。

輦運令　諸博易、糴買綱運官物，并以他物拌和所運官物，應干條制，州縣於裝卸及沿流要會處粉壁曉示，歲一舉行。　諸年額及上供糧綱，轉運、提點刑獄司常切督責捕盗官等警捕博易、糴買之人〔二〕，其應干罪賞條制，仍歲首檢舉，於裝卸及沿流要會處粉壁曉示。

賞令　諸六路并汴河綱運所經州縣，以發運司息錢椿管，如無息錢，州縣兑及官錢，具數報本司撥還。遇獲博易、糴買若糶賣綱運官物者，以椿管錢當日支賞。椿管錢已支不及五分，即申發運司貼支。仍置籍，於犯人及停藏負載人追理；若不足，於犯人鄰保及本綱保内均備；又不足，于地分及本綱干繫人；尚不足者，以犯人(役)〔没〕官船、車、畜産估償納，逐旋銷注。諸備賞，應以犯人財産充而無或不足者，差雇運送官物而收貯他物，欲拌和所運官物，及已拌和者，責部綱兵級、押綱人均備。

輦運格　六路并汴河綱運經過州縣，椿管發運司息

〔一〕般：原作「盤」，據下食貨四五之九「賞格」條改。
〔二〕常切：原作「賞功」，據本書食貨四五之一一「輦運令」條改。

錢，充博易、糴買、糶賣綱運官物賞錢數，州三百貫，縣二百貫。

賞格　諸色人：獲結集徒黨强博易、糴買綱運官物者，仍以其財産，徒罪給三分，流罪給五分，死罪全給。獲以私錢貿易綱運所般錢監上供錢者，錢三百貫。獲博易、糴買若糶賣六路并汴、蔡河綱運官物，錢五貫。贓及一貫者給一十貫，每貫加五貫，至一百貫止。獲差雇運送官物而收貯他物欲拌和及已拌和者，錢三十貫。已拌和計虧官價一十貫外，每貫仍加五百文，至一百貫止。虧及二千貫者，仍轉一資。告獲僞造封綱船堵面印，錢三十貫。

廨庫〔一〕　乾道六年十二月三日敕：「起發上供綱運并諸司錢物，並合用錢、會中半。訪聞在外州縣會子或有損折，其押綱官却將合發見錢贏落水脚〔二〕，盡買會子前來臨安府私充見錢送納，反復贏落厚利，是致會子不復流轉。自今起綱，仰於綱解内分明開具所發錢、會數目，押綱保官狀内仍聲説如所保官有前項移易，甘伏同罪。所押官并隨綱合干篙、梢等，仍前通同作弊，許諸色人經所在州縣陳告，其告人每一千貫支賞錢一百貫文，犯人計所移易數，以監臨自盗贓論。若合干篙、梢等能自首，與免罪，亦支給上件賞錢。今來會子務要流通，如不畏公法之人妄有扇摇，許諸色人指證着實陳，並科違制之罪，不以官蔭、赦降原減。」

盗賊敕〔三〕　諸竊盗得財杖 10 六十，四(伯)〔百〕文杖七十，四百文加一等；二貫徒一年，二貫加一等；過徒三年，三貫加一等；二十貫，配本州。諸强盗得財徒三年，二貫五百文流三千里，二貫五伯文加一等；拾貫絞，即罪至流，皆配千里。　諸監臨主守自盗，及盗所監臨財物，罪至流，配本州；謂非除免者。　三十五匹，絞。　其運送官錢而自貸，罪至流，應配本城至死者奏裁。　諸梢工盗本船所運官物者，依主守法，徒罪勒(克)〔充〕牽駕，流罪配五百里。　本船軍人及和雇人盗者，減一等，流罪軍人配本州，和雇人不刺面配本城。

輦運令　諸鹽糧綱裝訖，梁上置鎖仗封鎖〔四〕，徧用省印，押綱人點檢。若封印損動，即時報隨處催綱、巡捕官司，限當日同押綱人開視訖，以隨處官印封鎖，批書本綱曆照驗。

盗貸

盗賊敕　諸梢工盗本船所運官物者，依主守法，徒罪勒充牽駕，流罪配五百里。本船軍人及和雇人盗者，減一等，流罪軍人配本州，和雇人不刺面配本城。　同保人受贓，及已分重於知情者，以盗論；非同保知而不糾及受贓者，各減同保人罪一等；受贓滿二十貫者，鄰州編管。　諸於

〔一〕按，據《慶元條法事類》之體例，此乃「隨敕申明」。
〔二〕贏：原作「嬴」，據文意改。下同。本書中屢見「贏落」一詞，其意爲賺取。
〔三〕以下二條，據内容當另屬一題，疑脱。
〔四〕仗：原作「伏」，據《長編》卷五一〇改。

管押官物或受雇立案承領官物人名下私攬運送而盜貸者，依主守法減一等。展轉受雇運送而犯者，亦准此。　諸巡防守禦人於本地分犯盜者，以盜所監臨財物論。　其盜官物者，從主守法，罪至死，減一等，配千里。竹木栰團頭、水手大下盜本栰官物〔一〕，梢工盜本船釘板船具者，准此〔二〕。　諸運送官錢而自貸，罪至流應配者，配本城；至死者，奏裁；即受雇立案承領官物而運載者，同主守法。　諸盜官船釘板、船具者，加凡盜一等。

雜勅　諸綱運不覺盜所運官物，梢工依主守不覺盜律，罪輕者減盜，重者罪五等，雖持杖，亦從不持杖竊盜減。　徒罪勒充本綱牽駕。　部綱兵級減梢工一等。　其不覺本綱人盜所運官物，部綱兵級罪至杖一百，差替。　仍勒充重役三年。　即故縱罪至死者，減一等配千里。　諸押綱人、部綱兵級不覺本綱人盜所運官物，梢工不覺本船人盜所運官物同。　雖自覺舉，至下卸畢，犯人猶不獲，不得原罪。　若本綱及船更有欠，即以被盜物併爲欠數科之，仍不倍。併不加重，止科不覺罪。　獲盜應免罪者，所盜物不理爲欠。　諸押綱、部綱兵級、梢工失覺察盜易欺隱本綱及本船官物，事雖已發而能自獲犯人者，除其罪。二人以上同犯，但獲一名，亦是。　諸綱兵級和雇人同。盜本船官物，罪至徒。杖罪兩火同。　地分催綱、排岸、巡檢、縣尉司干繫人失覺察者，杖一(伯)〔百〕，命官減二等。　三十日內能獲犯人者，不坐；二人以上獲一名，亦准此。　諸路年額及上供糧綱兵級和雇人同。　盜所運官物者，其所犯并破贓地分催綱、排岸、巡檢、縣尉及捕盜人村保、地分鋪頭同。　故縱者，減犯人罪一等。受贓重者自從重。　諸香藥並市舶司物貨綱緣路侵盜或貨易，而地分人若催綱官司失覺者，杖六十。

廐庫勅　諸起發 11 上京錢物管押人侵盜移易入己者，不以自首原免。

職制令　諸處捕獲綱運偷盜官物，所屬監司歲終比較，具最多、最少之人，最少謂地分內透漏及犯者數多而獲到數少者。每路各二員以聞。

理欠令　(謂)〔諸〕糧綱犯自盜案首，其所盜官物並理爲欠數，至罪止〔三〕。應配者，配如法。

輦運令　諸年額及上供糧綱，轉運、提點刑獄司常切督責捕盜官等警捕侵盜之人〔四〕，其應干罪賞條制〔五〕，仍歲首檢舉，於裝卸及沿流要會處粉壁曉示。

賞格　命官催綱或捕盜官獲綱運人盜所運官物，計價累及二百五十貫，免試；五伯貫，減磨勘一年，仍陞半年名次；一千貫，減磨勘三年。

廐庫〔六〕　紹興三年十月十八日，尚書省批狀：「州縣

〔一〕大下：似當作「火下」。「火下」謂手下、同伙，本書中多見。
〔二〕此注原作正文大字，據文意改。
〔三〕止：原作「正」，據文意改。本門中屢見「至罪止」一語。
〔四〕點：原作「檢」，據本書食貨四五之九「輦運令」條改。
〔五〕制：原作「置」，據本書食貨四五之九「輦運令」條改。
〔六〕據《慶元條法事類》，此是申明。

起發上京錢物，管押人侵盜移易入己，不以自首原免。今來車駕駐蹕臨安府，自合引用上條不以自首原免斷罪。」一

厩庫勅〔一〕　諸私貸官物而以物質當，或有簿籍及抄領曾經官司判押者，並同有文記法。即倉庫簿曆及般運交請文憑，或私自抄上簿籍單狀之類，並不爲（大）〔文〕記。諸監主以官物私自貸，雖有還意而不還，或償不足者，計所少之數，不以赦降原減。因首告減等及保人償足者，非。

名例勅　諸稱「不以赦降原減」，除緣姦細事或傳習妖教、託幻變之術，及故決、盜決江河隄堰已決外，餘犯若遇非次赦，或再遇大禮赦者，聽從原免。

賊盜勅　諸竊盜得財杖六十，四伯文杖七十，四伯文加一等；二貫徒一年，二貫加一等；過徒三年，三貫加一等；二十貫配本州。　諸監臨主守自盜財物，罪至流，配本州，謂非除免者。三十五匹絞。

厩庫勅　諸糧綱少欠，於折會借納外，梢工計本船欠一釐，笞三十，一釐加一等。元裝千石以上船，半釐加一等，並至四釐止，四釐外計贓，重者准盜論。於見欠處估價。至罪止者，配鄰州。

職制勅　諸押綱人及部綱兵級并本船梢工以和雇人工食錢於官司行用者，減凡盜三等坐之。官司受財滿五貫者，徒二年；不滿五貫，杖一百。受財枉法之類計贓重者，自依本法。　諸排岸、催綱司橋堰、應沿河地分公人、兵級受乞綱運人財物，計贓一貫，公人勒停，兵級降配；罪至徒，公人不刺面配本城，兵級配鄰州。

鬬訟勅　諸綱兵梢每三船爲一保，若於本綱侵盜或負載及販私有榷貨并藏匿盜及逃亡兵級者，犯人雖于法不許捕者，亦許人捕。同保知而不糾，依伍保有犯律，杖罪笞三十；不知情，各減三等。部綱兵級不知情，減保人罪一等。不覺盜罪重者，依本法。即因保人告獲犯人者，應連坐人不覺之罪並免。　諸綱運兵級違犯押綱人，杖一百；刺面人違犯本轄官，徒一年；詈者各徒二年，毆者各加二等，配五伯里；情重者奏裁。毆命官致折傷者，當行處斬。　諸長行權充部綱兵級，而本轄兵梢違犯者，減階級法一等。　諸綱運和雇人違犯押綱命官，杖一伯，詈者徒一年；餘押綱人杖八十，詈者杖一百，毆者各徒二[12]年。即毆命官致折傷者，徒三年，配五伯里。　諸綱運人告押綱人侵盜或拌和官物、販私有榷貨、謀殺人若妄破程限及干己事，聽受理；餘犯流以下罪，雖於法許告捕，亦依事不干己法。

雜勅　諸權差主駕綱船人有犯，依梢工法。　諸平河全沈失糧船，梢工徒三年，篙子減一等，部綱兵級杖六十，押綱人減二等。餘條有部綱兵級罪名而不言押綱人者，准此減之。每收救一分，各減一等。　諸綱船軍人，歲終所至官司驅磨，在綱逃、死及四分，不滿十人一名當一分。部綱兵級杖八十，押綱人減二等；再犯者，押綱人展磨勘一年，磨勘年限不同者准使臣

〔一〕據内容，以下當另屬一類。

五年爲法比折展之。無磨勘者准前科罪；部綱兵級差替，勒充重役。　諸押綱人無故離本綱空船綱非。經時者，杖一百；雖有故而經三時者，罪亦如之，各不在覺舉自首之例。年月雖滿，不候替人交割，准此。　諸押綱人疾病，綱雖空而擅離者，依擅去官守法。　諸部綱兵級犯罪應降長行者，若元係長行，勒充別綱牽駕。　諸押綱人犯罪或違程、拋欠，應批書印紙而收匿以避批書者，杖一百。　諸兵梢、部綱兵級憑藉事勢，於官私船栰乞取財物者，杖一伯；計贓一貫，移配五百里重役處。　諸官船兵梢、部綱兵級，於所載命官家屬同。乞借財物者，杖八十，差替。

斷獄勅　諸募押綱運官，見任官差押綱同。因本綱事連坐，部綱兵級罪至降資及降充長行，或於本綱有犯，至罪止，而情理重者奏裁。其欠損官物非侵盜，能于百日內納足者，除其罪，仍不理爲欠折。　諸差押綱使臣於本綱犯罪者，去官不免。　諸部綱兵級應勒降，雖會恩，不免。不覺監者非。　諸押綱人罰俸半月，應加一等者，罰一月；又加一等，笞四十。其應減等准此。　諸綱運兵級運雇到火夫同〔一〕。犯笞罪，謂于本綱運有犯者。聽押綱人行決；過十下者，論如前人不合捶考律；以故致死，或因公事毆至折傷以上者，並奏裁。

輦運令　諸綱運梢工、篙手犯罪，勒充本綱牽駕者，本綱不願留，即送別綱，仍不得主管官物。　諸鹽糧綱綱梢犯罪不可存留者，押綱人具事狀申轉運或發運、輦運、撥發司審度，差人交替。若兵梢在路糶賣，送本地分州縣施行。如闕人牽駕，即令所在貼差。　諸押綱人卸納官物訖而疾病者，隨綱治，至裝發處申所屬官司驗實，差人交裝，痊日管押。

斷獄令　諸綱運兵級犯杖以下罪，未任決者，批行程曆，本綱已發者，轉關前路等截批書，有綱可附者附綱。裝卸官司檢斷勾銷。　諸犯罪綱運兵級，不在令衆之限。

辭訟令　諸綱運人未卸納而告押綱人及本綱事，杖以下罪，雖應受理，納畢乃得追鞫。卸納在他所者録報。　諸發運司所轄綱運人論（折）〔訴〕本綱請給錢米事，隨處轉送論訴人赴本司，候綱到日究治。

名例勅　諸稱當行處斬者奏裁，得旨依者，決重杖處死。

賊盜勅　諸竊盜得財杖六十，四伯文杖七十，四伯文加一等；二貫13徒一年，二貫加一等；過徒三年，三貫加一等；二十貫配本州。

鬭訟勅　諸軍廂都指揮使至長行，一階一級，全歸伏事之儀，雖非本轄，但臨時差管轄，亦是。敢有違犯者，上軍當行處斬，下軍及廂軍徒三年，下軍配千里，廂軍配五伯里。即因應對舉止偶致違忤，謂情非故有陵犯者。各減二等，上軍配五伯里，死罪會降者配准此。下軍及軍廂配鄰州。以上禁軍應配

〔一〕注文「運」字疑誤。

者，配本城。諸事不干己輒論告者，杖一百，進狀徒二年。並令衆三日。諸軍論告本轄人，仍降配，所告之事各不得受理。告二事以上，聽理應告之事，其不干己之罪仍坐。諸軍告本轄人再犯、餘三犯各情重者，徒二年，配鄰州本城。

職制勅　諸在官無故亡，擅去官守，亦同亡法。計日輕者徒二年，有規避或致廢闕者，加二等。

名例申明　紹興六年九月二十三日，尚書省劄子：「遇非次赦，或再遇大禮赦，既不以赦降原減罪許行原免，所有犯不以去官之罪，亦合原免。本所看詳上件指揮，在法不以赦降原減者，遇非次赦或再遇大禮赦，許行原免，所有犯不以去官之罪，亦合原免。竊慮州軍未盡曉，引用差誤，今編入，隨勅申明照用。」

押綱賞

詐僞勅　諸押綱人任滿，妄稱該賞或再押，并所屬官司知情而爲保明供申及批書印紙，雖會典原免，並奏裁。

考課令　諸押綱人功過，所屬官司即(特)〔時〕取行程曆印紙批書。

賞令　諸應募官願押兩綱以上者，其賞以兩綱止。諸綱運募土著官管押應賞者，依見任官法。　諸命官押綱而附押別色錢物者，令起綱官司先具申尚書吏、户部，俟獲到內足逐色錢物收附〔一〕，方許推賞。　諸管押綱運，如本州不及壹全綱，附押別州錢物揍發者，各依所起發州軍數目、地里定賞；若本州已及一全綱，而附押別州綱者，其所押正綱應得酬賞減半。　諸人因事故別差人，或所押官物緣路有截留者，計官物分數、地里遠近，比類推賞。　諸押綱人雖有欠損，若非侵盜，能于百日內納足者，賞如法。諸應募押綱，而所運之物不同者，聽通計分數理賞。謂如錢帛與軍食之類。　諸押綱人官物有欠而不批書或批書漏落者，當運不理賞；募押者雖不經裝卸處批(者)〔書〕，而勘會有實者，其賞聽理。　諸於法不應押綱人輒受差押者，不得推賞。　諸押綱人應賞而無故稽程，三日降一等，十日不在賞限。募押者十日降一等，二十日不在賞限。　諸押綱人毀失行程曆被人毀失同。而無照驗，或妄稱毀失，及本綱附載未足，而不於經過處批書者，稽程礙賞雖有緣故，應豁除日限而不曾批書亦同。各不在推賞之限。　諸運銅出剩，准格應給賞而係元稱買人者，不在給例。

賞格　命官：管押諸路綱運無少欠，謂非川峽四路者。全綱謂見錢二萬貫以上者，餘物依條比折計數，下條准此。三伯里，五分綱五百里，三分綱一千里，減磨勘一年。全綱五伯里，五分綱一千里，三分 14 綱一千五百里，減磨勘二年。全綱一千里，或五分綱一千五百里，減磨勘三年。全綱一千五百里，轉一官。應募官押綱無欠損者，全綱三百里，五分綱五百里，三分綱一千里，陞一季名次。全綱五百里，五分綱一千里，三分綱一千五(里)〔百〕里，陞半年名次。全綱一千里，

〔一〕內：疑當作「納」。

或五分綱一千五百里，免試。全綱一千五百里，不拘名次指射差遣，仍免試。　諸色人：押綱人、部綱兵級、兵梢運錮於諸處交納，若比元裝數出剩，以裝發處元價共給五分。

賞式　陳乞押綱賞狀：具官姓名，右某於某年月日准某州差管押或募押某年季分窠名錢物米綱即云於某年月日准某州差押或募押本州某年分甚名色米。若干，赴某處送納了當，即無少欠、違程，除今來納外，更無別處送納，合行團併推賞。係某獨員管押，即無同共管押合該分受酬賞之人。　押綱日〔一〕，即不是本州守貳、本路監司子弟親戚，及不係停降未敘復之官，自補授至今，歷任亦不曾犯贓罪及私罪衝替。　並是詣實，如後異同，甘伏朝典。　所有依條合得酬賞，令申繳(貞)〔真〕本行程幾道、納訖錢物公據幾道、脚色家狀在前，謹具申太府寺。米綱申司農寺。　伏乞指揮，下所屬推賞施行。　謹狀。　年月日，具官姓名狀。經總領所乞賞倣此。　保明召募押綱酬賞狀：　某司據某官姓名狀，昨蒙某州召募管押某色物，赴某處交納畢，陳乞酬賞。　今勘會下項：一、某官某年月日某州召募到管押某色物若干，赴某處交納某物若干，更有餘物，亦各開。　某物若干，比折某物計若干。　一、所裝官物係全綱，或不及全綱，則(去)〔云〕若干分。　一、某處水路或陸路，至某處計若干地里。　一、某年月日於某處倉庫交納畢，並無欠損。有即開說，雖有欠損，已依條於限内送納了足。　一、檢准令格，云云。　右件狀如前。　勘會某官管押某處某色物全綱或若干分赴某處交納畢，計若干地里，准令格，該某處酬賞，保明並是詣實，謹具申尚書某部。　謹狀。　年月依常式。

隨勅申明　厩庫　紹興元年九月十五日勅：「諸路起發綱運，依法見錢二萬貫紐計金二萬兩、銀一十萬兩，各爲一全綱推賞。　令權將金、銀計價，以金八萬貫、銀五萬貫爲一全綱，並令交納處計價推賞。　餘依見行條法。」

紹興五年正月二十四日勅：「(令)〔今〕後諸路起發到綱運，量輕重遠近分定等第，如所押官物到庫務交納別無少欠、違程，量與推恩。　今權宜立定酬獎下項：　諸路水陸綱運無少欠，全綱謂見錢二萬貫以上，餘物依條比折計數，金銀依已降紹興元年九月十五日指揮計價推賞。下准此。　三千里轉一官，選人比類施行，下准此。　二千七百里減三年半磨勘，二千四百里減三年磨勘，二千一百里減二年半磨勘，一千八百里減二年磨勘，一千五百里減一年半磨勘，一千二百里減一年磨勘，九百里陞一年名次，六百里陞三季名次，三百里陞半年名次。九分綱三千里減三年半磨勘，二15千七百里減三年磨勘，二千四百里減二年半磨勘，二千一百里減二年磨勘，一千八百里減一年半磨勘，一千五百里減一年磨勘，一千二百里陞一年名次，九百里陞三季名次，六百里陞半年名次，三百里陞一季名次。　八分綱三千里減三年磨勘，二千七百里減二年半磨勘，二千四百里減二年磨勘，二千一百里減一年半磨勘，一千八百里減一年磨勘，一千五百里陞一年名

〔一〕日：疑當作「人」。

次，一千二百里陞三季名次，九百里陞半年名次，六百里陞一季名次，三百里支賜絹六匹半。七分綱三千里減二年半磨勘，二千七百里減二年磨勘，二千四百里減一年半磨勘，二千一百里減一年磨勘，一千八百里陞一年名次，一千五百里陞三季名次，一千二百里陞半年名次，九百里陞一季名次，六百里支賜絹六匹半，三百里支賜絹六匹。六分綱三千里減二年磨勘，二千七百里減一年半磨勘，二千四百里減一年磨勘，二千一百里陞一年名次，一千八百里陞三季名次，一千五百里陞半年名次，一千二百里陞一季名次，九百里支賜絹六匹半，六百里支賜絹六匹，三百里支賜絹五匹半。五分綱三千里減一年半磨勘，二千七百里減一年磨勘，二千四百里陞一年名次，二千一百里陞三季名次，一千八百里陞半年名次，一千五百里陞一季名次，一千二百里支賜絹六疋半，九百里支賜絹六疋，六百里支賜絹五匹半，三百里支賜絹五疋。四分綱三千里減一年磨勘，二千七百里陞一年名次，二千四百里陞三季名次，二千一百里陞半年名次，一千八百里陞一季名次，一千五百里支賜絹六疋半，一千二百里支賜絹六匹，九百里支賜絹五疋半，六百里支賜絹五疋，三百里支賜絹四疋半。三分綱三千里陞一年名次，二千七百里陞三季名次，二千四百里陞半年名次，二千一百里陞一季名次，一千八百里支賜絹六疋半，一千五百里支賜絹六匹，一千二百里支賜絹五匹半，九百里支賜絹五疋，六百里支賜絹四匹半，三百里支賜絹四匹。二分綱三千里陞三季名次，二千七百里陞半年名次，二千四百里陞一季名次，二千一百里支賜絹六疋半，一千八百里支賜絹六疋，一千五百里支賜絹五疋半，一千二百里支賜絹五疋，九百里支賜絹四疋半，六百里支賜絹四疋，三百里支賜絹三匹半。一分綱如止及一千貫以上減半。三千里陞半年名次，二千七百里陞一季名次，二千四百里支賜絹六匹半，二千一百里支賜絹六疋，一千八百里支賜絹五疋半，一千五百里支賜絹五疋，一千二百里支賜絹四疋半，九百里支賜絹四疋，六百里支賜絹三疋半，三百里支賜絹三疋。」

紹興五年三月十五日，勅：「〔令〕〔今〕後行在差人管押錢物往外路州郡應副軍須支遣及充糴本之類，其所押人如至交納處別無疎虞欠損，今比照諸州郡差人管押錢物赴行在綱運參16酌立定推賞等第下項：全綱謂見錢二萬貫以上者，餘物依條比折計數，金銀依已降紹興元年九月十五日指揮，並從行在紐計推賞。三千里減三年半磨勘，選人〔止〕〔比〕類施行，下准此。二千七百里減三年磨勘，二千四百里減二年半磨勘，二千一百里減二年磨勘，一千八百里減一年半磨勘，一千五百里減一年磨勘，一千二百里陞一年名次，九百里陞三季名次，六百里陞半年名次，三百里陞一季名次。九分綱三千里減三年磨勘，二千七百里減二年半磨勘，二千四百里減二年磨勘，二千一百里減一年半磨勘，一千八百里減一年磨勘，一千五百里陞一年名次，一千二百里陞三季名次，九百里陞半年名次，六百里陞一季名次，三百里支賜絹六疋半〔一〕。八分綱三千里減二年半磨勘，二千七百里減二年磨勘，二千四百里減一年半磨勘，二千一百里減一年磨勘，一千八百里陞一年名次，一千五百里陞三季名次，一千二百里陞半年名次，九百里陞一季名次，六百里支賜絹六匹半，三百里支賜絹六疋。七分綱三千里減二年磨勘，二千七百里減一年半磨勘，二千四百里減一年磨勘，二千一百里陞一年名次，一千八百里陞三季名次，一千五百里陞半年名次，一千二百里陞一季名次，九百里支賜絹六疋半，六百里支賜絹六匹，三百里支賜絹五匹半。六分綱三千里減一年半磨勘，二千七百里減一年磨勘，二千四百里陞一年名次，二千一百里陞三季名次，一千八百里陞半年名次，一千五百里陞一季名次，一千二百里支賜絹六匹半，九百里支賜絹六匹，六百里支賜絹五疋半，三百里支賜絹五匹。五分綱三千里減一年磨勘，二千七百里陞一年名次，二千四百里陞三季名次，二千一百里陞半年名次，一千八百里陞一季名次，一千五百里支賜絹六疋半，一千二百里支賜絹六疋，九百里支賜絹五疋半，六百里支賜絹五疋，三百里支賜絹四疋半。四分綱三千里陞一年名次，二千七百里陞三季名次，二千四百里陞半年名次，二千一百里陞一季名次，一千八百里支賜絹六匹半，一千五百里支賜絹六疋，一千二百里支賜絹五疋半，九百里支賜絹五疋，六百里支賜絹四疋半，三百里支賜絹四疋。三分綱三千里陞三季名次，二千七百里陞半年名次，二千四百里陞一季名次，二千一百里支賜絹六疋半，一千八百里支賜絹六匹，一千五百里支賜絹五疋半，一千二百里支賜絹五疋，九百里支賜絹四疋半，六百里支賜絹四疋，三百里支賜絹三匹半。二分綱三千里陞半年名次，二千七百里陞一季名次，二千四百里支賜絹六疋半，二千一百里支賜絹六匹，一千八百里支賜絹五疋半，一千五百里支賜絹五疋，一千二百里支賜絹四疋半，九百里支賜絹四疋，六百里支賜絹三疋半，三百里支賜絹三疋。一分綱如止一千貫以上 17 減半。三千里陞一季名次，二千七百里支賜絹六疋半，二千四百里支賜絹六匹，二千一百里支賜絹五匹半，一千八百里支賜絹五疋，一千五百里支賜絹四疋半，一千二百里支賜絹四疋，九百里支賜絹三疋半，六百里支賜絹三疋，三百里支賜絹二匹半。」

紹興五年九月二十四日，勅：「今後外路合起赴行在錢物，承朝廷指揮支移起發應(付)〔副〕別路州軍屯駐軍兵支遣，令交納處勘驗所押錢物綱運，如無欠損、違程，保明申尚書省，降下所屬，依紹興五年三月十五日行在支降錢物往他處州軍支遣立定等第推賞。」

紹興七年閏十月一日，勅：「四川金銀綱運令比倣《路

〔一〕半：原脱，據前後文補。前後文言綱賞，凡賜絹之第一等皆爲六匹半，此處即爲第一等，若無「半」字，即與下八分綱賞之三百里賞同，不合情理，因補。

押綱賞格》重别參酌，量輕重遠近，分定等第酬賞。如所押官物到庫務交納別無少欠、違程，並依立定賞格紐計推賞。令重別參酌權宜立定酬奬下項：四川路水陸綱運無少欠，全綱謂見錢二萬貫以上者，餘物依條比折計數，金銀依已降紹興元年九月十五日指揮計價，以金六萬貫、銀四萬貫各爲一綱推賞，下准此。六千五百里轉一官，減三年磨勘；選人比類施行，下准此。六千里轉一官，減二年半磨勘；（六）〔五〕千五百里轉一官，減二年磨勘；五千里轉一官，減一年半磨勘；四千五百里轉一官，減一年磨勘；四千里轉一官，陞一年名次；三千五百里轉一官，陞半年名次；三千里轉一官。九分綱六千五百里轉一官，減二年半磨勘；六千里轉一官，減二年磨勘；五千五百里轉一官，減一年半磨勘；五千里轉一官，減一年磨勘；四千五百里轉一官，陞一年名次〔一〕；四千里轉一官，陞半年名次；三千五百里轉一官；三千里減三年半磨勘。八分綱六千五百里轉一官，減二年磨勘；六千里轉一官，減一年半磨勘；五千五百里轉一官，減一年磨勘；五千里轉一官，陞一年名次；四千五百里轉一官，陞半年名次；四千里轉一官；三千五百里減三年半磨勘；三千里減三年磨勘。七分綱六千五百里轉一官，減一年半磨勘；六千里轉一官，減一年磨勘；五千五百里轉一官，陞一年名次；五千里轉一官，陞半年名次；四千五百里轉一官；四千里減三年半磨勘；三千五百里減三年磨勘；三千里減二年半磨勘。六分綱六千五百里轉一官，減一年磨勘；六千里轉一官，陞一年名次；五千五百里轉一官，陞半年名次；五千里轉一官；四千五百里減三年半磨勘；四千里減三年磨勘；三千五百里減二年半磨勘；三千里減二年磨勘。五分綱六千五百里轉一官，陞一年名次；六千里轉一官，陞半年名次；五千五百里轉一官；五千里減三年半磨勘；四千五百里減三年磨勘；四千里減二年半磨勘；三千五百里減二年磨勘；三千里減一年半磨勘。四分綱六千五百里轉一官，陞半年名次；六千里轉一官；五千五百里減三年半磨勘；五千里減三年磨勘；四千五百里減二年半磨勘；四千里減二年磨勘；三千五百里[18]減一年半磨勘；三千里減一年磨勘。三分綱六千五百里轉一官，六千里減三年半磨勘，五千五百里減三年磨勘，五千里減二年半磨勘，四千五百里減二年磨勘，四千里減一年半磨勘，三千五百里減一年磨勘，三千里陞一年名次。二分綱六千（里）〔五〕百里減三年半磨勘，六千里減三年磨勘，五千五百里減二年半磨勘，五千里減二年磨勘，四千五百里減一年半磨勘，四千里減一年磨勘，三千五百里陞一年名次，三千里陞三季名次。一分綱如止及一千貫以上減半。六千五百里減三年磨勘，六千里減二年半磨勘，五千五百里減二年磨勘，五千里減一年半磨勘，四千五百里減一年磨勘，四千里陞一年名次，三千五百里陞三季名次，三千里陞半年

〔一〕陞：原作「減」，據前後文改。

名次。」

紹興十一年八月十六日，勅：「勘會諸路管押綱運赴行在，依格二萬貫爲全綱，若押及兩全綱，令户部對數增賞。今後管押人聽押至兩全綱止。」

紹興十一年十二月四日，勅：「（令）〔今〕後管押外路州軍合赴行在錢物，承朝廷指揮支移應副别路屯駐軍兵支用，其管押人如押及兩全綱已上，據地里遠近，與作一綱半推賞。如所押官錢物不及兩全綱之人，止作一全綱。餘依見行條法。」

紹興二十三年四月二十六日，勅：「諸路錢物綱運赴行在，昨緣道路梗澀，及朝廷支降錢物往他處，并外路合發行在錢物承指揮支移應副别州郡屯駐軍兵，及總領所等差官押到錢物，節次以紐計推賞太優。今來道路通快，比前日不同，今後管押逐色綱運如無欠損、違程，並依見行賞格上減半推賞。二人已上管押，依條分受，餘依見行條法指揮。」

紹興二十八年十一月四日，勅：「（令）〔今〕後應諸路州軍起發上供等錢物赴行在，内有經過建康、鎮江府，總領所就行拘截，或兑換輕齎綱運。如係專承朝廷指揮，許令兑截交納訖，别無欠損、違程，與計元指送綱去處地里依格法推賞。其不徹地里水脚錢，令兑截官司依舊拘收入官。」

紹興三十年六月二十九日，勅鑄錢司：「今年錢綱依舊以二萬貫爲一全綱，自二萬貫已上添押之錢，與據數推賞。謂如一萬貫合得減十箇月零半月磨勘，五千貫合得減五箇月零七日磨勘之類。」

紹興三十二年九月二十四日，勅鑄錢司：「應募官押發紹興三十一年以後錢綱，並依紹興三十年六月二十九日已降指揮推賞施行。」

紹興三十二年十二月二十九日，勅：「今後諸州綱運起發赴行在送納，内有經過建康、鎮江府總領所拘截之數，許令就行在所屬陳乞，取索隨身逐處鈔據并不徹地里水脚錢干照勘驗，一併依條推賞。」

隆興二年二月八日，勅：「（在）〔左〕朝奉郎馮忠嘉、右奉議郎許牧管押成都府路提刑司銀絹綱赴内藏庫交納，各紐及一全綱零七分，已各減三年半磨勘了當。今來馮忠嘉等乞放行零分綱賞，令户部照應零分格法，與減半推賞。今後依此施行。」本所看詳前項逐件指⑲揮，並係權宜所降，難以修爲成法。緣係見行，今編節作《申明》，存留照用。

乾道七年正月二十九日，尚書省批下户部申：「相度今後諸路州軍起發金銀錢帛糧斛綱運赴行在及外路總領所（缺）〔卸〕納，經涉重湖大江及平河并路分作等第程限，如違，更不推賞。若經過閘堰，如有緣故，或遇釘閘日分，即令監押官於行程曆内分明批鑿到閘及啓閘通放日時除豁施行。今開具下項。」後批送户部，依相度到事理施行。

一、經由重湖大江綱運，不時有風濤卒暴湍險去處，依法於行程曆上批説風水事故，除豁推賞。若内有經由平河地里程限，即與重湖大江程限通行紐計，如無違程，依格推賞。若有違程，其差押人三日降一等，十日不在賞限；募押人十日降一等，二十日不在賞限。一、經由平河綱運阻淺盤剥之類，其程限不得過正破程限日子一倍半，如違，更不推賞。一、陸路綱運阻滯風雨，其程限不得過正破程限十日，如違，更不推行。」

淳熙七年十二月十六日勅：「諸路監司、州軍今後差押綱官須管遵依條法，如所差官不應格，雖官物數足，亦不推賞。若有少欠，仰所屬開具元差當職官姓名，申朝廷取旨施行。」

雜勅　淳熙八年八月三日勅：「州縣裝綱即畢，起發有日，則三申下卸官司，謂之先申綱解。及起發，則關報緣路巡尉，批鑿行程。奈何弊端百出，至於起發綱解，計會不申，緣路行程，未嘗批鑿。今後凡所申綱解不依法計，緣路催綱司應批行程而不批，縱容留滯，不即趲發，以致愆期，並不許推賞。其催綱官司與不申綱解去處，亦次第施行。」

（以上《永樂大典》卷一五九四八）

宋會要輯稿 食貨四六

水運一

【宋會要】

1 凡水運，自江、淮南〔一〕、兩浙、荆湖南北路，運每歲租糴至真、(楊)〔揚〕、楚、泗州，置轉般倉受納，分調舟船，計綱泝流入汴，至京師，發運使領之。諸州錢帛、雜物、軍器上供亦如之。陝西諸州菽粟自黄河三門沿流入汴，亦至京師，三門白波發運使、判官、催綱領之。陳、(穎)〔潁〕、許、蔡、光、壽諸州之粟帛，自石塘、惠民河沿泝而至，置催綱領之。周顯德六年，引閔水入于蔡河，以通漕運。京東諸州軍粟帛自廣濟河而至，顯德二年，於京(域)〔城〕西堤引水入于五丈河，連於濟〔二〕。亦置催綱領之。四河所運，國初未有定數〔三〕。太平興國六年，始制汴河歲運江淮秔米三百萬石、豆百萬石，黄河粟五十萬石、豆三十萬石，惠民河粟四十萬石、豆二十萬石，廣濟河粟十二萬石，凡五百五十萬石。或水旱，蠲放民租，隨減其數。至道初，汴運米至五百八十萬石，大中祥符初七百萬石，此最登之數也。大約以歲之上下或移易多少。又廣南金銀、香藥、犀象、百貨陸運至虔州，而水運入京師。天禧末，諸州軍水運、陸運上供金帛緡錢二十三萬一千餘貫兩端疋〔四〕，珠寶、香藥三十七萬五千餘斤。河北衛州東北有御河至乾寧軍，運軍食饋邊，亦有使臣主之。川、益諸州租市之布，自嘉州水運至荆南，自荆南改裝舟船，遣綱送京師，歲六十六萬疋〔五〕，分十綱。舊至百萬疋，後累減數。江南、荆湖、兩浙、建、劍諸州軍租市茶，亦水運，計綱分送沿江諸榷務筭賣。諸州歲造運船，至道末三千三百三十七艘，天禧末歲減四百二十一。處州六百五，吉州五百二十五，明州百七十七，婺州百五〔六〕，温州百二十五，台州百二十六，楚州八十七，潭州二百八十，鼎州二百四十，鳳翔、斜谷六百，嘉州四十五。

太祖開寶三年九月，2 詔曰：「成都府錢帛鹽貨綱運，訪聞押綱使臣并隨船人兵多冒帶物貨私鹽，及影庇販鬻，所過不輸税筭。自今四川等處水陸綱運，每綱具官物數目給引付主吏，沿路驗認，如有引外之物，悉没官。」

五年十月，率汴〔七〕、蔡兩河公私舟船，運江淮稻米數

〔一〕「南」下原衍「劍」字，據《歷代制度詳説》卷上删。

〔二〕「連」上原有「運」字，據《補編》頁五五六删。

〔三〕地脚原批：「《制度詳説》：江淮沿泝入汴，陝西自黄河三門沿泝入汴，陳、蔡自惠民河而至，京東自廣濟而至。」按，《補編》頁五五六即注於此句之下。見《歷代制度詳説》卷四。

〔四〕二十：原作「一十」，據《宋史》卷一七五《食貨志》上三、《歷代制度詳説》卷四改。

〔五〕疋：原無，據《宋史》卷一七五《食貨志》上三補。

〔六〕百五：《文獻通考》卷二五作「百三」。

〔七〕天頭原批：「『率』疑『詔』。」按，「率」有聚斂、徵收之意，不誤，《宋史》卷一七五《食貨志》上三亦作「率」。

十萬石，赴京以充軍食。

六年六月，命(穎)〔潁〕州團練使曹翰都大催督汴路運船。

太宗太平興國八年九月四日，以洛苑使演州刺史王賓、儒州刺史許昌裔在京同勾當水路發運事，以軍器庫使順州刺史王繼昇、駕部員外郎劉蟠在京勾當陸路發運(使)〔事〕。先是，歲漕江浙熟米四百萬石赴京，以備軍食，皆和顧百姓駕船，雖有和顧之名，其寔擾人。太宗聞之，特令給每船所用人數顧召之直，委主綱者取便顧人，不得更差擾百姓。及是，有舟船數十綱到京卸畢，月餘不能離岸者。帝訪知，乃責有司，且問其故，乃省司乘南來運船，於力勝外別附皮革雜用之物至京，而掌庫者不時受納，是有停滯之患。判使而下，減奪俸以勵之。又諸道州府有輦運錢帛赴京，及請領物貨往外道者，而所司給納之際，多有邀留，故爲奸倖。主綱將吏甚受其弊，亦有已出官物而衷私换易。帝悉窮其源，因令擇强幹之臣，在京掌水陸路發運事，凡舟車到發及財貨出納，並關報而催督之，自是遂絶邀難停滯之弊。

十三日，帝曰：「諸道州府多差部内有物力人户充軍將，部押錢帛糧斛赴京。此等皆是鄉村之民，而篙工、水手及牽駕兵士皆頑惡無賴之輩，豈斯人可擒制耶？侵盜官物，恣爲不法者，十有七八。及其欠折，但令主綱者填納，甚無謂也。亡家破産，往往有之。」乃詔：「自今荆湖諸州綱船，令三司相度合銷人數，依江、淮例差軍將、大將管押。其江、淮、兩浙諸州一依前詔，不得差大户押綱。」

九年十月，鹽鐵使王明言：「江南諸州載米至建安軍，以回船般鹽至逐州出賣，皆差税户軍將管押，多有欠折，皆稱建安軍鹽倉交裝斤兩不足。準今年三月勑，每鹽一石以上破隨綱鹵瀝鹽一升，恐卸納補填鹵瀝折耗不足，每石更破銷耗鹽二升。管押使臣、三司大將軍將、州府軍將、綱官、(稍)〔梢〕工、本綱部轄節級同認數請納，少欠，等第均填。自後未有申報欠少去處。緣已前江南諸州般鹽税户軍將逐綱請三五千石，多是欠少一分以上，動計及千貫已上錢數，無非破産填納，例遭枷禁。校料前件人皆是村民差充軍將，量其情狀，皆非侵欺，若令破産填欠，似傷風教。稍加寬恕，深便公私。其未降勑添耗已前於建安軍請出鹽貨未到本州，及雖到未經交納，欠數每碩五升已上者，乞依條勑與破耗鹽；如已經交納，及欠數不及五升者，不在此限。除破耗鹽外，更有欠少鹽價，不以前後，並乞據數勒定年限，隨夏[3]秋税租催納。如三百千已下，三年；已上至五百千，五年；已上，七年；百千已下，一年。」從之。

雍熙二年十月，帝聞汴河漕運軍人至京城，頗有寒餓者，令中官訪求，累得百餘人有飢凍之色。詰其故，乃主糧吏奪其口食而自取之。詔杖配押運使臣隸商州禁錮，斷主糧胥吏腕，狥於河側三日而後斬。仍命給軍人衣服，慰遣之。

四年十一月，詔曰：「訪聞西路所發係官竹木栰拖緣路至京，多是押綱使臣、綱官、團頭、水手通同偷賣竹木，交納數少，即妄稱遺失。自今應出竹木州軍并緣河諸州及開封府嚴行約束，每有栰拖至地分，晝時催督出界，違者準盜官物條科罪。」

至道二年二月，詔：「自三門垛鹽務裝發至白波務，每席支沿路抛撒耗鹽一斤，白波務支堆垛銷折鹽半斤。自白波務裝發至東京，又支沿路抛撒鹽一斤。其耗鹽候逐處下卸，如有攞摵消折不盡數目，並令盡底受納，附帳管係。」

八月，詔：「荆湖般糧赴真州等處卸納，迴脚千料船或裝鹽迴，並依例破十分人力，空船即破八分人力。如千料已下船，並依此比附分數。」

十二月，詔：「應諸道州、府、軍、監今後合要支用財穀等，各須預先計度，準備支遣。諸處起發上供金銀、錢帛、斛㪷綱運，並須赴京送納，緣路諸州不得輒有截留。如有擅留處，其知州軍、通判、職官等並當除名，轉運使、副各勒停，三司、轉運司、發運司、州軍孔目吏已下並決配遠惡處。」帝以三司文籍多是積年淹延，因問其故，稱諸道上供物色沿路每有截留，勘會往來，動經歲月，因止絶之。

真宗景德元年五月，詔：「京畿守凍綱運兵士，逐處縣分依例接續支口食料錢，仍每人特支醬菜錢百文，行運時全支二百文，更不剋折。仍令東、西排岸司擗掠房屋，綱運到京，庫務未納，各認排岸司分，於其門造飯供送。庫務疾速交納，不經三司使陳告，並當嚴斷。」

十月，淮南轉運使邵曄請令漕運所出州軍知州、通判，依河堤例兼管輦運公事。從之。

二年十月，詔：「黄河綱運，宜令三司，自今後一年般運無疎失者，其部轄殿侍、三司軍大將、綱官、綱副每月增給緡錢。」

三年二月，詔：「河西軍營在府州者，所給芻糧自今增置渡船，仍舊於保德軍請領。如水漲冰合，即聽隨處給遣，或預令輦載以往。委轉運司專提振之。」先是，河東民常賦及和市芻粟，並輸府州，而涉河阻山，頗爲勞苦。尋詔徙屯河東保德軍，其營在府州者，聽量留之，而芻粟之費並給於保德軍。條約已來，公私爲便。至是上封者言，慮水漲、冰結，則軍士涉河，往來艱阻。帝志在愛民，故特申前詔。

十月四日，提舉綱運謝德權言：「汴水公私舟船多有阻滯，蓋形勢船舫在岸高設檣竿，他船不可過也。乞降條約，每有船過，並令倒檣，以便於事。」帝謂王 4 欽若等曰：「如聞商旅頗以爲患，可嚴行誡約。如尚敢以形勢妨礙，令所在具名以聞，當重行罰。」

十一日，都大發運副使李溥言：「諸路逐年上京軍糧元無立定額，只據數撥發，乞下三司定奪合般年額。」三司言：「欲以淮南、江浙、荆湖南、北路至道二年至景德二年終十年般過斛㪷數目，酌中取一年般過數定爲年額。仍起自景德四年，船般上供六百萬碩，永爲定制。仍以夏秋税及和糴斛㪷除椿留準備外，餘數並盡裝般，須管數及年額。内有路分災傷，般輦不敷額，即具保明申奏，減免分數。」從之。

四年五月，詔：「河北沿河州軍綱運，自今以軍士充役，勿役部民。」

七月，詔：「諸州遣軍士赴京東下卸者，自今附口糧外，月別給錢二百，仍創營屋，每使其休息。」帝以士卒外役，即留廩給之半以贍其家，致飢寒不給，特優卹焉。

大中祥符元年二月，帝謂王旦等曰：「如聞江淮運糧和顧舟楫，商旅趣利，阻其貿易，則京師粒食或致增價。可令今後不用和顧。」

二年十月，詔：「如聞江、淮、兩浙等路運糧上供，雖甚寒不止。自今宜準例，令軍士休憩兩月〔一〕。」

三年九月，知揚州許逖請兩浙路權罷和雇舟船，所冀行商得載糧斛，以濟經旱民庶。從之。

四年十月，帝詔示王欽若等：「發運使、文思使李溥陳述年終漕輦之績，可特改北作坊使以酬之。」

五年四月，詔：「淮南堰埭運糧挽舟軍士，四時給役頗勞苦，自今冬季並令休息。」

六年三月，詔：「黃河自河陽已上至三門並峽路河，江水峻急，係山河，並依舊條外，有黃河自河陽已下，並三門已上至渭橋倉，並諸江、湖、淮、汴、蔡、廣濟、御河及應是運河，水勢調勻，本綱拋失重船一隻，依舊條徒二年，二隻遞加一等，並罪止十一隻。空船各減一等。押載、押運節級降充長行，綱副勒充梢工，使臣、人員並替，梢工、槹手罪各有差。如收救得糧斛，即以分數定刑。」

四月，重定山、平河虧失栰木條格：「栰頭以一栰爲準，團頭、綱副、監官、殿侍以一綱爲準。山河以笞，平河以杖。栰頭、團頭以家貲償官，不足則杖之。殿侍杖而勿償。」初，太平興國八年，勑定平河條格，至有杖背者。議者以其太重，而山河悉無條格。編勑所上言，付三司與刑寺評定，且請計其所失爲十分分定，罪止至杖一百。從之。

十月，三司言：「揚州運鹽四千斛赴杭州，凡四十船，船二百斛，有盜及大半者，官司止論走鹵罪，杖而免之，頗容姦弊。自今應鹽船除耗外，有隱欺者，請令劾罪備償。」從之。

八年四月，國子博士夏侯晟等言：「監百萬倉，收到出剩，乞行酬獎。」詔曰：「自京畿達於淮泗，倉庾相望，轉漕至多，若無增損之欺，寧有羨餘之積？俾均出納，屢降詔條；仍覽典司，尚形僉奏。特申明於舊制，表深示於至公。罔或損人，以圖薄効。宜令三司遍行 5 指揮，有裝納倉敖去處及在京諸倉鹽官等，並須兩平受納，不得減剋。收到出剩，並不理爲勞績。但一界了當，別無少欠，即依元勑施行。」

〔一〕天頭原批：「『漕運』有《職官分紀》一條。」按，指本書「漕運」門。

五月，詔：「諸州軍差兵士充梢工主捉綱船者，並依牽駕兵夫例支給口食。」先是，淮南江浙發運使李溥上言：「牽駕兵士不認折欠，仍給口食，梢工抱認折欠，陪納官物，即不支口食，頗未均濟。」故有是條約。

九年正月，令內藏庫，應諸州上供疋帛，內有步少損壞者，更不退還諸州。初，中使江德明勾當庫，因言：「自來綱輦中有汙損者，悉付逐州區斷。昨自去秋已來，諸道急於輦運上京，欲望有損壞者，悉免退還區罰。」帝曰：「德明此奏，頗有所長。」故從之。

四月，江淮發運使李溥言：「今年初運七十一綱，糧斛百二十五萬三千六百六十餘石。自前逐綱一員管押，既鈐轄不逮，遂多盜竊官物。今以三綱併而爲一，則監主之人加二，俾通管之，則綱船前後得人拘轄，可減盜竊。內奉職、大將三人同押當七十二綱，糧斛四十九萬石，納外止欠二百石。竊取既少，則大減刑責。押綱人乞第賜緡錢。」從之。

六月，詔：「清河並江湖綱運梢工盜取官物，却以他物拌和[一]，有人告訴者，如一船内只拌和數少，不曾故意沉溺舟船者，只將已拌和却鹽糧官物石斗數目估價直，每一千省支與告事人賞錢百文。如估直至五百千已上者，止給賞錢五十千。若估價不及一千者，亦依一千例支賞。並以係省錢充。」先是，李溥上言：「元敕：應盜官物并雜以他物，及故爲僥倖沉溺舟船者，如有人告獲，每一船給賞錢三十千，二船四十千，三船已上五十千。官司執是法以罪，而不分輕重之差，乞別行條約。」故有是詔。

天禧元年正月，詔：「漕運之務，雖國計以攸資；舟檝之勞，諒人工而可恤。其江、淮等處上供斛斗，特權罷今年春運一次。」

六月，江淮兩浙發運司言：「真州等處轉般倉及江浙上供米二百七十餘萬斛，欲留逐處，以濟闕乏。」從之。

八月十一日，詔江淮發運司漕米三萬石，由海路送登、濰、密州。

十二月，淮南江浙荆湖制置發運使黃震言：「承前諸州米綱少欠，其部送官員悉均償欠數。望令自今止勒元部綱牙校等均償。」從之，官員顯有侵欺者乃償。

是月，都大巡檢汴口堤岸張君平言[二]：「淮南、兩浙、荆湖、廣南、福建路雜般綱運軍士，望自今相度地里，就本處併給緣路日食，免費近京倉糧。」詔付三司定奪以聞。

二年正月，荆湖北路轉運使王吉長言：「綱運所過州軍，多給大小麥爲兵健日食，望令自今並支粳米。」從之。

二月，詔：「御河押運三司大將、軍將、殿侍并見在本河押運人員等，並令於元定二十萬物色上更添五萬，共作二十五萬。如三年前滿得替，自能於裝發去處認數裝般，

[一] 拌：原作「伴」，據本書食貨四二之五改。下同。
[二] 堤：原作「提」，據《補編》頁五五八改。

及得二十五萬數，即依例6引見酬獎。或内有元差諸處衙前請般物色，其押運大將、軍將、殿侍等只是管押綱船，不曾任數裝般官物，亦須及得三十萬數，别無損濕、少欠、抛失、違程及雜犯罪僁，亦許依例引見酬獎。」

四月，江淮兩浙發運司言：「今春發諸州軍銀、帛、絲、綿五十五萬五千，計糧儲四百十七萬石上供。」帝曰：「江淮方稔，宜令更留二三百萬石以充軍糧，免其擾民。」從之。

閏四月，詔：「三司所般布帛除已般輦外，所餘者並於水路般運上京，無復差輟車乘。」

六月，三司言：「汴河綱船除二百五十料至三百五十料者，已自楚州五運，泗州六運，更不增力勝斛斗。其四百料已上至五百料綱船，欲令並增力勝。」從之。

九月十八日，詔：「三班使臣部送益州綱運至荆南無遺闕者，自今每運賜錢十五千，三司軍大將十千。」

二十八日，三司言：「江、淮、兩浙、荆湖五路押綱殿侍自來不許般家，望自今許挈家隨行，所貴就得請受，益用勵心。」從之。

十月七日，三門白波發運使杜詹言：「自今有抛失收救到鹽、糧及諸官物，許本司差隨處地分官員躬親點檢送官。」從之。

十九日，淮南江浙荆湖制置發運使賈琮等言：「綱運兵梢多是盗拆舟船板木貨鬻，致官綱於江河行運闕少動使，多致疎虞。望下開封府、發運司、諸路轉運司，令遍行指揮逐處排岸司及地分巡警軍人，常加察舉。」從之。

十一月，詔：「諸路州、府、軍、監自今後應起發上京綱運，所差因便押綱得替幕職、州縣官等，並給與驛券。仍令起發綱運州軍責勒文狀，委得在路躬親鈐轄，依程赴京，不得取便别路行。犯者，從違制定斷。」初，邵武軍得替司法參軍路在押綱赴京，而中路擅自離去，爲本軍所奏，故條約之。

三年正月，殿中侍御史王臻請下發運司，自今糧綱十分人，七分差兵士，三分給和雇工錢。詔(令)令多差軍士相兼，勿得專雇人夫，仍令轉運使提舉。

十一月，詔：「荆湖、江[一]、浙、淮南水路綱運自來隨船動使及舖襯、苫蓋之類，官量給數，餘並綱官率掠兵士[二]。委自轉運司及制置發運司，應綱船動使、舖襯、苫蓋物，並從官給，不得更令兵士出辦。」

四年三月，三司言：「前詔江、淮、兩浙、荆湖五路部綱殿侍聽挈家屬隨綱，其惠民、石塘、(唐)〔廣〕濟、黄[三]、御、蔡河押薪炭者，亦望如前詔。」從之。

五年十月，詔奬淮南江浙荆湖發運使周寔，以其自春至冬運上供米凡六百餘萬石故也。

[一] 江：原闕，據本書食貨四二之六補。
[二] 士：原作「士士」，據《補編》頁五五九删。
[三] 黄：原無，據《長編》卷九五補。

乾興元年三月，仁宗即位未改元。三司言：「兩浙、荆湖産茶州軍，準大中祥符三年勑〔一〕，須預辦人船，及時計綱，發赴合納榷務下卸，不得積留在彼，損惡官茶，及有誤出賣，虧失課程。諸州軍近年多不依限起發，欲乞明立科條，須限當年江河水勢未落日前，盡赴逐榷務交納，不得延至秋冬，致水小阻滯。如今後公然怠慢，不預計置 7 般送，致有稽違，並委制置司取勘官吏情罪，内干繫人依法區斷，命官、使臣取裁。」從之。

仁宗天聖元年三月，三司言：「提點倉場所奏請事件内：『綱運載斛斗上京，内有濕潤，即監鏁梢工、綱官攤乾，比元樣受納。若無欺弊，從不應爲重斷。納外有少欠，亦取勘情弊，依條施行。』省司看詳：糧綱梢工、綱官濕潤斛斗已有條例斷遣外，押綱人員未有條貫，欲乞今後如有濕潤斛斗船五隻以上，其押綱殿侍、軍大將笞二十，三隻加一等，罪止杖六十。委排岸司勘罪，申解赴省斷遣。如一年内兩爲濕潤斛斗該杖者，即勒下。每裝發綱運，委知州、通判或本判官，兵馬都監、監押、排岸使臣在倉提點，兩平量，不得虧損綱運。許押綱人員指索布袋封記，乞行盤量。如寔比元樣虧少，並勘逐元裝發倉分監事等情罪，依條施行。又自京至泗州，催綱更不差使臣三人，只令内侍曾繼華乘遞馬往來覺察，催促綱運，巡捉偷糴拌和。提點沿河地分都監、監押、巡檢、催綱使臣、令佐等，依先降編勑施行。仍令各置曆，每巡捉到公事，並令所屬州軍批書，候得替，繳連申奏，量與酬奬，違者勘罪聞奏。又每綱船至雍丘，令本縣兵馬都監具過橋牒報東排岸司，預定下卸倉分，及委排岸司候到，差人勾催，不得住滯隔驀。如違，許人陳告，不虛，支賞錢五千，以下鏁抽稅力勝錢充，排岸司官吏並當嚴斷。又自今起運時，選差使臣、忠佐一人監催下卸〔二〕，搜檢空船，不得隱藏官物。沿河排那泊處，除押綱人員船外，不得存留燈火，偷糴拌和。或綱船津濕，勒兵梢走報押綱人員，取燈火與地分巡檢同共覷步，愛護官物，不管疎虞。新城外委巡檢，開封、陳留界汴河兼巡捉催綱使臣依此施行。押綱人員能自部轄緝捉梢工，愛護官物，不至入水拌和，每運倉司看驗，並是乾圓，即令批上印紙照證。至得替，一界并不曾有斛㪷濕潤，更與押綱一次。其年終般過斛㪷、地里合該酬奬人數，不在此限。如或不切用心鈐轄，稍有彰露，即依法科罰。」並從之。

四月，詔：「淮南居河路縣分，應造下土珠、土纏擬要賣與綱運拌和斛㪷人等，已有天禧五年十二月條貫，自今仍許鄰人及諸色人告捉送官，勘逐不虛，並支與賞錢十千，以犯事人家財充。慮斷遣後，與舊居止處人別生讎嫌，移送鄰近州縣不居河路去處居住。鄰人知而不告，别致彰

〔一〕天頭原批：「『三』一作『二』。」按，本書食貨四二之七、《補編》頁五五九均作「二」。

〔二〕一人：本書食貨四二之八、《補編》頁五六〇作「二人」。

露，並重行科斷。如不知情，止從不覺察，於杖六十條斷遣。」

五月，詔：「自今般鹽船至京交納數足外，元破在路耗鹽每席二斤半，數内却能愛護，不致抛撒，留得耗鹽，於十分中量破二分，等第支與押綱人員等充賞。每收五席，只以一席錢均給。押綱省員、(數)〔殿〕侍、綱官等每人二千，副綱一千，梢工每蓆二百文。其人員、綱副收到五席已下，[8]梢工收到一蓆已下，更不支賞。人員并綱副須是全綱，逐船各有出剩，即依此支賞。若或綱内雖船數出剩，其餘船却有少欠，不在支給之限。」

是月，三司言：「黄、汴河勾當使臣年滿得替，栽種榆柳及得元條例，與家便差遣。其緣汴河都監、監官等每有綱運經過，並不鈐轄斷絶。乞今後各令於地分内催促綱運，依日限出地分，及令本處使臣遞相置曆抄上到發月日，候催促出地分，於界首使臣處印押。如内有故住却日數，亦須開説，即不得妄外取索綱運申報。候得替，除栽種到榆柳及(充)〔元〕條數目外，須是將催過綱船月日抄上曆子，令州府與栽種榆柳一處繳連申奏。及捉到偷糴拌和斛斗及欠少數目[一]，係甚刑名斷遣，批書分明，方與酬獎。」從之。

七月，詔：「自今汴河糧綱到京納外少欠，除依例給限填(内)〔納〕，不足，許將綱梢等合請糧食，令排岸司勾索隨綱券曆點檢，具合請人數則例送糧料院，據見管人合請糧食數目明白批勘，聲説坐倉不請充填欠數。仍當日内依曆具逐人名下糧斛色額、石斗，印書公文送排岸司照會。銷欠外有剩數，即令向下勘請，不得在京批勘。若填外尚有少欠，即依條施行。」

八月，詔：「淮南、江、浙、荆湖逐年起發上京斛斗，近多不及元定額數，宜令逐路轉運司依先降敕命所定年額合般斛斗數目，預先計度，用心擘畫，須管敷及年額，仍發運司不住提舉催促，不得更致虧少。」

十月，淮南江浙荆湖制置都大發運使趙賀言：「荆湖、江、浙路逐年起發糧斛、錢寶并茶貨、鹽貨不少，全藉綱運往迴疾速，方獲辦及，却被沿路經過税務不便點檢發遣，多是住滯，深見妨滯行運。欲乞嚴戒沿江河州軍商税務，自今綱運經過，如敢住滯，並乞勘罪斷遣，仍據住滯日分虚食請受攤賠，監官亦勘罪行遣。」從之。

二年十月，三司言：「御河牽駕糧船兵士，每年至綱船守凍住運，放歸本營歇泊。」從之。

十二月，詔：「真、楚、泗三州排岸使臣，並令發運司同罪保舉，與當親民差遣。」

三年十月十二日，詔：「江、淮南、兩浙、荆湖沿江河州軍排岸[二]、催綱、巡檢使臣，自今綱船到地分，晝時審看風

[一] 欠：原脱，據《補編》頁五六〇補。

[二] 「江河」間原批「府」字，據《補編》頁五六〇删。

色，催促起離〔一〕，不得勒住。今供到發文字及勾索行程批書，寔有沿路阻滯，本綱將到行程，即依條保明，批書發遣。如更故違，或乞覓錢物，其干繫人並乞依條勘斷。又逐處轉般倉監官須是公平裝卸，不得大納小支，收到出剩，不得批上曆子。至替日，但一界給納了當，即特與酬獎。應轄下州軍每遇裝發糧綱，先勒押綱人員入敖看驗斛斗，如是涼冷，即責綱衆結罪文狀裝發；若斛斗發熱，即倉司併役人力般騰出敖，就廊屋攤浪，冷定後裝發。又和糴斛斗裝發至卸納倉場，如驗得粗弱不堪上供，即委知州、通判入倉，同與監官集綱（稍）〔梢〕人員 9 對衆看驗，如寔粗弱不堪，即勒行人估定紐計虧官價錢并枉費般輦請受，牒元糴州軍勘斷。監專、斗級於合分攤人名下剋納入官，雖遇赦恩，不得除放。」

二十三日，三門白波發運使張慎言：「綱運每有抛失官物，久例取憑地分村耆并全綱人照證，結軍令罪保明除破官物。竊詳編敕止説先取責全綱上下遞相保明軍令罪狀，即與本縣官員覺察保證，深慮村耆與綱司扶同欺弊。乞自今有諸綱抛失鹽糧稍柴諸物，令本司差所屬縣分令佐親詣抛失處覺察有無情弊，保明關報本司。所貴照據分明，免有欺弊。」從之。

二十七日，舒州言：「皖口都鹽倉自來差殿侍〔二〕、三司軍將押綱到彼下卸，本州止差里正、軍將交納。每一界計鹽百餘萬斤，自乾興元年已前，累界支賣漏底，例皆欠折錢一二千貫。蓋是押運人員欺以鄉民里正生疎，多將鹽貨侵偷貨賣，或入雜拌和〔三〕，攲壓秤勢，斤兩不足，是致交納後漸次銷折。自天聖元年後來，擘畫將衙前職員自都知、兵馬使、都押衙已下至通引官已上，以職名、資次與里正、軍將新人相兼勾當，並得斤兩齊足，無拌和之弊。逐界鹽倉支賞了當，仍有出剩，又本鎮賣鹽課利，比附遞年增至三五倍。乞下本州常切遵依。」從之。

十二月十二日，詔：「自今裝載揚、楚、通、泰、真、滁、海、濠州、高郵、漣水軍等處税倉和糴斛斗，並依裝轉般倉斛斗空重力勝例，並以船力勝五十石爲準，寔裝細色斛斗四十石，與破牽駕兵士一名。其空船亦依差裝轉般倉例。」

二十四日，詔：「自今應請般小河運糧鹽人員坐船，許令只裝一半官物，餘一半即令乘載家計物色，所貴人員易爲部轄，免致兵梢論訴。」

四年五月二十一日，詔制置發運司：「兩浙裝鹽舟船合用鋪襯荷葉、蘆蓆等物，舊止令兵梢出備，以此之故，多有率掠，及別致侵盜官物。自今並從官給。」

閏五月，臣僚上言：「經過荆湖、江、淮四路州軍，體問逐州在市米價，或七八十，有至百文足者。率言州縣和糴

〔一〕催促：原作「催捉」，據《補編》頁五六〇改。
〔二〕皖：原作「睆」，據《補編》頁五六〇改。
〔三〕拌：原作「伴」，據《補編》頁五六〇改。

場緊急欲糴及萬數，兑那秋税斛斗上供，小民闕食。伏覩咸平、景德中，發運司遞年上供斛斗不過四百五十萬，是時江淮人民富樂，國家儲蓄有備。其後本司惟務添及萬數，以爲勞績，比至近年，上供已及六百五十萬。欲乞先勘會在京見管斛斗數，即於咸平、景德已來逐年上供數内酌中取一年立爲定額。」詔下三司詳定。三司言：「勘會在京所支人糧、馬料斛斗萬數浩大，全藉向南諸路船般應副。今欲酌中於天聖元年額定船般斛斗六百萬石上供數内權減五十萬石，起自天聖五年後，每年以五百五十萬碩爲額。」從之〔一〕。

十一月，詔：「温州所支綱運兵梢、綱官轉海至明州添支米，人日一升半，元破四十五日。内有船或遇便風時月，
10 別無阻滯，及軍(稍)〔梢〕用心擺駕，轉海行運，不約日限到明州本鎮，其餘日添支米舊合回納，自今與免剋筭填官，一例消破。」

十二月，河北轉運司言：「德州將陵知縣張存申：『昨撥定額殿侍黄志、蓋玉、馮信、張榮、王克明等五綱赴縣交裝，支下保、趙州、安肅、信安、順安軍斛㪷。内有張榮經今半年，並未曾到縣；馮信曾裝斛㪷一轉赴順安軍，又却於别州軍裝載雜物過往向南州軍，今及四月有餘未迴。體問得止是押綱人員避見裝載斛㪷，多於逐州軍私相計會截撥裝般錢帛雜物，務要萬數益多，苟求遷轉，遂致沿河州縣斛㪷積壓年深，枉有陳損。蓋條約未備，因緣爲姦。欲乞檢詳御河押綱人員條例，於三年所般三十萬官物數中别定，須得兼載斛㪷三萬已上。如般過錢帛、雜物萬數雖多，亦不得準折充數。如此，不惟止絶得綱船輂運倖門，兼向去沿河州軍亦可廣謀計置。』當司相度，欲依張存所申，其般三十萬官物數中，須令兼般斛㪷三萬石，方得理爲酬奬。」事下三司：「勘會河北沿邊居河路州軍所要支贍軍儲，自來全藉潮、御河相兼輂運般供，欲自今押運省員、殿侍三年内般輂諸官物數中，斛㪷須是般及細色軍糧三萬石已上；如般粗色，即依倉式例準折，貴使押綱人員各自用心，趁逐般輂軍糧，應副沿邊支用。」從之。

五年八月，江淮發運司言：「管押汴河糧綱殿侍、軍大將，准條四百料至五百料綱船，自今楚州般得四運斛㪷及三萬六千石已上，泗州般得五運斛㪷及四萬二千石已上，到京卸納了足，及經冬短般，至年終無拋失欠少，即依條酬奬。近年諸綱才般及一兩運斛㪷，便於逐處排岸司僥求借撥别綱舟船相添般運，要趁酬奬。本司見行撥并汴河每五百料船二十五隻爲一綱，四百料船三十隻爲一綱，應副趁辦酬奬。欲乞今後汴河糧綱不得更於逐處排岸司借撥别綱舟船般運，如違，並當依法勘斷，仍至年終不爲勞績。」從之。

六年二月，虞部員外郎蘇壽言：「近年少有泊船到廣

〔一〕天頭原批：「副本有《玉海》一條附注。」

州，其管押香藥綱使臣端坐請給，欲乞抽歸三班院別與差使。自今遇有舶船起發香藥綱，即具馬遞申奏，下三班院逐旋差使臣往彼。」從之。

三月二十三日，三司言：「制置發運司言：『準編勑，諸河押綱殿侍、三司軍大將應杖罪，如不係上京，內三司軍大將即就近送本路轉運或發運司勘決訖，具所犯因依、斷遣刑名申省；其殿侍即勘罪申省，降杖區分。仍並令依舊押船。其徒罪已上，並差人替下，押赴省。發運司勘會：諸河押運殿侍爲有上項條貫，多不用心，信縱兵梢作弊侵欺，損失官物。雖省牒降到合決杖數，又緣行運往來無定，不時決遣，或該遇赦宥，是致全無畏懼。今檢會天聖四年至五年共有殿 11 侍二十四人違犯拋失、偷侵、少欠茶鹽糧斛，並該赦放罪。欲乞自今諸河押綱殿侍不係上京，或有罪犯徒已上，依元條替下，申解赴省。若該杖罪，乞依三司大將例，就近申送轉運、發運司勘決訖申省。』」從之。

六月，制置發運使鍾離瑾言：「江、浙、荊湖諸州軍逐年買下茶貨，般裝赴沿江榷務及淮南州軍綱運，或遭風拋失，全綱載不收，其綱梢、人員依編勑等第斷遣[一]，其茶貨便即除破。若綱梢、人員收救得水濕茶貨到卸納處，將茶味定驗分數勘斷後，紐計虧分價錢，剋折軍人請受填納。切詳全載不收，決訖疎放；收得分數，既已科罪[二]，又更剋納虧分價錢，以此條約不均，是致茶綱每遭風水，皆不肯收救，枉失官物。欲自今應茶綱遭風拋失，兵梢自能用心收救，即差官點檢，委寔別無欺弊，與依編勑，取責一綱上下地分村耆等人，結伏無虛僞罪狀[三]，勘逐綱梢、人員依法施行。所有收救到茶貨至卸納處，只據見在分數收納入官，更不紐計剋納虧官價錢。若在路不切愛護，致有水損，但不係遭風拋失收救到茶數，即依元勑剋納虧官價錢。」從之。

九月，嘉州言：「據行迴疋帛第二綱上運三司軍將張承祐申：昨準荊南排岸司差撥本綱謝進等舟船四隻并元駕兵級三十人，載送新授閬州司理參軍薛儲上水赴任。又申：楊順手下人船亦準荊南府牒，差撥載送新授歸州判官元泊赴任。又却準歸州差，載送本州得替知州下往荊南，未迴。切緣當州逐年載運益州等處布帛十綱赴荊南，近來向下州軍輙將布帛綱人船與川峽、荊南官員赴任得替，擅便於綱運內抽射人船，不惟久占舟船在外，并帶領兵級虛破口食，乞嚴降指揮止絶。」詔下三司定奪。省司言：「緣在京四排岸司迴脚空船，官員指射乘載赴任，已有編勑，其川峽迴脚空船即未曾明立條貫。欲自今川峽赴任并得替官員，如委的係沿江地分該得空船迴路，即得指射一隻，因便乘載。不得迂迴，往復占射，別致住滯，有妨輦運。如

[一] 人員：原作「人貨」，據下文改。
[二] 既：原作「即」，據本書食貨四二之一三改。
[三] 伏：原作「狀」，據本書食貨四二之一三、《補編》頁五六二改。

違，其元差綱船干繫官吏必行勘斷，仍據往復支過兵梢、人員錢糧口食，勒令均攤，陪填入官。」從之。

十月，三門白波發運使、比部員外郎盧隨言：「點檢本司押鹽糧綱船殿侍、軍大將或有拋失舟船，臨時旋於諸處申報患狀，要免科罰。伏緣殿侍、軍大將三年如無拋失罪名，便該酬獎。今既見拋失，却與綱副上下扶同，作倖稱疾，要免科罰。欲乞自今如有拋失舟船，其殿侍、軍大將信縱有申報患狀，並不免拋失罪名。所貴杜塞倖門，一向用心部轄。」從之。

七年三月十六日，屯田郎中李濤言：「渝州城當二江會流[一]，綱船順流至者多爲風患漂溺[二]，舟人不敢收救。蓋以敕條全綱没溺，或收救足數，方免罪，若失三五分，須責備償之故，12凡有没溺，不復收救。望別爲條制。」事下三司。三司言：「濤所陳太過，望委轉運使參議。」乃請：「自今於古灘暴風溺舟者，責部綱使臣集近村耆保併力援救。若全綱失者，篙工、梢工皆杖一百，主吏、使臣遞減一等。所溺物計爲三分，須備償一分；如救及分，別無侵欺者，原其罪。」從之。

六月七日，三司言：「益州路轉運使高覿言：『乞今後管押布綱使臣、省員三運全無拋失，不違元限，三司軍大將、三班差使、殿侍乞與改轉，其使臣未親民者乞與家便差遣，已親民者乞與五年磨勘。如是使臣、省員馳慢，沿江拋失官物，及住滯綱運[三]，有違元限，乞自當司取勘情罪申奏，乞行衝替[四]。』省司檢會，使臣差益州押疋帛綱赴荆南下卸，別無拋失，每運支官錢十五千，軍大將十千文。天聖七年勅：『今後川峽行運布綱拋失官物，若全拋失，收救不獲，其本綱梢工、槔手各斷杖一百，配別州軍牢城收管；綱官、節級各杖九十，押綱使臣各杖八十，並勒下，不令押綱。或十分中收救得一分已上，依全拋例斷遣；二分已上至四分已上，梢工、槔手、綱官、節級、使臣、殿侍、省員每一分各遞減一等斷遣訖，梢工、槔手勒充軍牽駕兵士，其綱官、節級已上並依舊押綱；或收救及五分已上、不滿元數，梢工、槔手各杖六十，綱官、節級、人員各笞五十，使臣、殿侍、省員罰一月食直，斷訖，並依舊行運。所有綱官、節級、人員、使臣、殿侍、省員，如遇本綱更有拋失，據隻數，每一隻加一等，罪止杖一百，其罰食直加入笞五十；仍並據拋失收救不獲數目，勒本綱上下等第均攤，陪納入官。若收救官物並足，不失元數，梢工、槔手各笞四十，綱官、節級已上並放。所有行運程限，仍須限一年往迴。嘉州排岸司候行運日出給行程，付本綱收執，所到州軍批書到發時日、阻滯因依。候迴，嘉州委排岸司點檢。如有不因風浪，故作拖延，有違程限，並依法科斷，仍罪止杖一百。若違限三月已上，

[一] 渝：原作「泉」，據《長編》卷一〇七改。
[二] 風患：《長編》卷一〇七作「風濤」，《補編》頁五六二作「風惡」。
[三] 住：原作「注」，據本書食貨四二之一四改。
[四] 衝：原作「衡」，據本書食貨四二之一四改。

其本綱梢工、橰手、押載綱官、節級、人員、押綱使臣、殿侍、省員斷訖勒下，不令押綱。』省司看詳，緣有上項賞罰條貫，所奏難議施行。」從之。

二十五日，三司言：「臣僚起請：『兩川四路物帛綾羅、錦綺、絹布、紬綿每日綱運甚多，遞鋪常有壓積，其餘藥物更有水路綱運，不可勝紀。且兩川之富，出産雖多，計其地利，亦有窮竭。科率之時，不無擾人，般運不絕，物價何由賤平？伏望兩川所發綱運，以一年計其數目，於內詳酌不急之物，量與減放三二分。』省司（看）〔勘〕會，益州路收買鬱金、大黃，夔州路收買黃藥子〔一〕，每於疋帛綱內附載往荆南〔二〕，轉附赴京，今藥（密）〔蜜〕庫各有見在。欲自今於每年買數十分中量減二分。」從之。

十月，三司言：「三門白波發運使文洎奏般鹽條件：白家場去河中府五七里，三門集津垛鹽務去陝府四十 13 五里，乞委兩處同判依例充季點納下鹽貨，及乞許三門發運使、判官提舉點檢。每年上供鹽，欲乞鈐轄支裝堪好明白鹽席，分明定樣，兩平交裝上船，無令欺壓秤勢。及戒約押綱人員鈐束梢兵愛護，不得信縱偷盜拌和。到京，於都（監）〔鹽〕院交納後，有少欠、拌和不堪鹽數，即申解赴省勘罪，依格條等第斷遣。沿路偷賣鹽貨，其買人多鄉村兇惡之輩販賣取利，地分巡檢、村耆人等隱庇不言。欲乞下本司檢坐元降告捉偷盜官物支賞條貫，遍牒沿路州軍出榜曉示。許人首告，勘逐不虛，依元條支賞外，如五十斤已上，告人二稅外免戶下一年差徭；百斤已上，免二年差徭。犯人如赦後再犯，兇惡不可留在彼者，斷訖配五百里外牢城。所犯重，自依重法。經歷地分巡檢、村耆人等知情，並依法嚴斷。綱副知情，自依本條〔三〕；若不知情，亦乞依糧綱偷盜斛㪷例，於本犯人名下減三等定斷。其在京鹽院所納船般鹽貨，並須公平受納，不得欺壓秤勢。支絕縱有出剩，不爲勞績。但一界別無少欠，即依元條施行。監官三司申奏，下三班、審官院磨勘施行。鹽綱如納正數足外，收到水路鹽出剩，不以席數，並盡數正收入官申省〔四〕。檢會天聖元年敕，只於在京支給賞錢。其鹽院監專不得隱落，故意不收；如稍違犯，並行勘斷。」從之。

八年正月，三司言：「廣濟河都大催遣輦運任中師奏：『乞自今本河每年逐綱約定地里、所般斛〔㪷〕數目，量與酬獎。』省司檢會《編敕》：『運河押綱使臣、人員等，一年之內，全綱所般斛㪷依得萬數，候住運日，令發運司磨勘。內梢工支錢三千，綱官支五千。管押人本司具勞績申奏，重將與轉大將〔五〕，使臣、大將即與引見酬獎。并年終住運，除全綱一年無拋失、少欠，依前項施行外，所有一綱之

〔一〕買黃：原作「賣」，據本書食貨四二之一五改補。
〔二〕荆：原作「京」，據本書食貨四二之一五改。
〔三〕條：原作「路」，據本書食貨四二之一五改。
〔四〕省：原作「着」，據《補編》頁五六三改。
〔五〕重將：似當作「軍將」。

中，內有〔稍〕〔梢〕工至年終委寔逐運別無少欠、拋失，亦與據梢工人數支賜賞錢，其本綱人員、綱官，即不得一例酬獎。如〔稍〕〔梢〕工接連三年各無拋失、少欠，除支賞外，與轉小節級名目，便充綱官勾當。若充綱官後，相接更二年全綱並無拋失、少欠，支與賞錢一千，更轉一資。』又《編敕》〔一〕：『應差押運省員、殿侍、三班借職等，每人各給印紙五十張充曆子，付逐人收掌。據逐運送納官物有無少欠，行船違與不違程限，及拋失舟船、雜犯僁罪，並於催綱、裝卸、排岸司批上曆子。年滿得替，赴省投納，比較磨勘。如逐人合該年滿得替，別無少欠官物及僁罪，量與酬獎。』今相度，廣濟河押糧綱軍大將、殿侍，三年內般過斛斗別無少欠，已依條申奏，乞量與酬獎，其本河梢工、綱官即未有條貫。欲乞下廣濟河輦運司，今後廣濟河糧綱〔二〕，如一年之內般得鄆州、徐州、淮陽軍三運并曹州、廣濟軍、濟州五運斛斗至京交納，並無少欠過犯，候住運日，令輦運司磨勘。其綱梢令 14 比附汴河酬獎體例，特支錢一千。梢工接連五年各無拋失、欠少，除支賞外，與轉小節級名目，便充綱官。充綱官後及已充綱官人，相接三年全綱並無拋失、少欠，支與賞錢五千，更轉一資。」從之。

三月，三司言：「河北都轉運司言：『相度今後正〔受〕〔授〕潮、御、界河催綱官員、使臣，三年滿日，催般過斛斗比附已前年分般過數多兩倍〔三〕，即優與陞陟差遣。若緩急邊上闕少軍糧，權於轄下州軍選官催驅般運斛斗，一年內般得粗、細色及十五萬石，亦與陞陟差遣。所有押運省員、殿侍等，亦乞每人押船二十隻，如三年內只般得細色軍糧七萬石已上，別無拋失、違程、少欠諸般罪犯，便與例酬獎，即更不拘年限。如有粗色，依倉式例六折充填。若舟船緩急撥裝別物，三年內般不及數，只據般過數比，並依舊定萬數施行。』省司看詳，其權差催綱官員、使臣緣催綱斛斗數少，酬獎甚優，更不差遣施行。所是正授潮、御、界河催綱官員、使臣并押運軍大將、殿侍般運斛㪷，欲乞並依河北轉運司擘畫施行。仍候催綱官員、使臣三年滿日得替，委自轉運司將一界催般過數開排逐運元裝州軍至卸納去處附帳收管月分，及將前來三年權般過萬數一處立項，紐計比附，委的多兩倍已上合該酬獎，即具詣寔保明，申奏數目。押運軍大將、殿侍如三年內自近裏州軍般細色軍糧七萬碩已上赴沿邊州軍卸納，依例酬獎，仍令黃河、御河都提轄司保明申本路轉運司，繳連申奏。若三年內般不及上件數目，只乞依舊定萬數施行。」從之。

七月，益州路轉運司言：「奉詔相度置催綱使臣，具久遠利害以聞者。竊緣當司每年起〔撥〕〔發〕水路布帛、牛皮綱運下往荆南卸納，自離嘉州江岸，經歷過梓、夔州路，直

〔一〕敕：原書此字不清，上部作「次」，據本書食貨四二之一六改。
〔二〕後：原作「據」，據本書食貨四二之一六改。
〔三〕倍：原作「陪」，據本書食貨四二之一六改。

至荆湖北路地分沿江州軍過往。尋移逐路轉運司就近相度，一准逐路牒，添置一員使臣，必免綱運逐處作弊，端坐販買物色，人員、兵稍虚費錢糧，深爲不便。」詔：「差供奉官李蟠乘遞馬往益州路轉運司取會文字，勾當自嘉州至荆南催促起發布帛、牛皮等綱，早赴荆南下卸。綱官、梢工、水手、兵士等多是沿路住滯，買賣興販，既被押綱使臣催趕，却言前路嶮峻，行船不得，及放船於灘磧上住泊，故要疎放，連累使臣，枉壞官物，及不伏鈐束。如有違犯，即送隨處州府勘逐情罪，依法斷遣；情理重者，配遠惡州軍牢城。押綱使臣等公然容縱，不切鈐轄，致違元限〔一〕，催綱司具職位、姓名申本路轉運使，乞行勘逐。李蟠常切往來提舉催促，不得只於隨處州軍端坐；如違，亦當勘斷。及下益州路轉運司量差人船付蟠隨行，仍備録宣命，於沿江州軍要便處粉壁曉示。」

八月十三日，審刑院、大理寺言：「楚州奏：『自來領勘偷盜動使梢工，並從監主自盜律勑【15】科斷。今新《編勑》：内偷拆官船釘板等貨賣者，當行決配；又條：當行決配者具案聞奏。州路居衝要，日夕過往綱運不少，常有拆賣釘板兵梢，若或逐度禁奏，非唯頻煩朝廷，寔見虚有淹禁。欲乞立定刑名，許令斷遣。』衆官參詳，欲自今應梢工偷拆官船釘板之類貨賣者，計贓從監主自盜法，杖罪決訖刺配五百里外牢城，徒罪決訖刺配千里外牢城，流罪決訖刺配二千里外牢城，罪至死者奏裁。」從之。

二十一日，三司言：「據荆湖北路轉運司狀：『荆南府准省牒，勘會昨於天聖五年爲般運布帛入城遥遠，擘畫於沙岸堤内起蓋布庫，委自沙市巡檢兼排岸提舉巡防，每益州布綱到岸，只就江岸點檢，對交與上京省員。如未有綱次，般赴沙市布庫送納。』及排岸司狀：『益州布綱到岸，出卸未得，兵士在綱空閑，岸司量差借應副諸處工役。如本綱交卸，却便勾抽歸綱般卸。畢，如有歸、峽州般取官物，依例搭載前去，晝時押發離岸，別無妨滯。』當司相度到屯田郎中劉漢傑等奏，益州布帛等綱兵士，自來阻風水行船未得，被沿江州軍差役，洎到荆南，官物纔卸，本府又差諸處工役當直。乞今後禁止，其綱到荆南沙岸，與限五日下卸，二十日管畢。」詔：「益州布帛等綱在路，除於沿江州軍的然值風水行船未得，兵士空閑者，許依例差役。如無阻滯，不得擅差，有妨行運。荆南更不得抽差工役當直。限五日内下卸，二十日卸畢，更半月起發。其附載生銅、馬藥等，自岸般入府城約十五里，赴雜納物等庫送納，並係本綱差人津般，虚有住滯。仍委自荆南量物斤重，更於本府差兵士同共般赴庫送納，務要本綱不違程住滯。」

十二月二十一日，三司言：「左班殿直趙世長先差廣州押香藥綱上京，三運了當，各有出剩，合依勑酬獎。」詔減一年磨勘。

〔一〕限：原作「恨」，據本書食貨四二之一七改。

二十二日，三司言：「今後西路般鹽綱到京交納數足外，如本綱收到已破耗鹽出剩數目五席已上，人員支錢一千三百，綱官一千，副綱八百；十席已上，只倍此數。梢工每席支四百充賞。其人員、綱副五席已下，及本綱内有抛失、少欠，并梢工收到一席已下，即不支賞錢。所有緣河諸處交納鹽貨，本綱有收到出剩鹽席，仍依在京則例支給一半賞錢，永爲定制。」從之〔一〕。

慶曆七年九月二十九日，發運使柳灝言：「淮南、兩浙路運河久失開淘，頗成堙塞，往來綱運常苦淺澀。今歲夏中，真、（楊）〔揚〕兩界旋放陂水，仍作垻子，僅能行運。久積泥淤，底平岸淺，貯水不多，易爲滿溢。連有雨澤，即泛斗門，堤防不支，或害苗稼。切以東南一方，諸路百郡，鹽、糧、錢、帛、茶、銀、雜物，凡所供國贍軍，盡由此河般運，若或仍舊不加濬治，將見多滯綱運，有悮歲計。欲乞應運河經歷州縣，委逐處官吏預計合用工料，開去淺澱，須得深至五尺。仍於開汴口之後、未[16]行運已前下手，令逐處以厢軍及住綱兵士，如闕少，即量差人夫入役，依例日給口食。仍乞今後每二年一次，准此開淘。」從之。

嘉祐二年十一月十三日，三司使張方平言：「備儲廪，通漕運，當令河道疏通，故藝祖開國，首浚諸河。按汴渠，本禹迹也，春秋時已名見諸經〔二〕，歷代皆嘗濬之。隋大發民開鑿，始名通濟渠。自漢至唐，雖都雍、洛，凡諸水運，咸資此渠漕引江湖，利盡南海。天聖已前，每歲開理，緣河器備名品甚多，未嘗有堙壅也。天聖初，有張君平者陳利見，始罷春夫；繼以淺妄小人苟規賞利，省減役費，以爲勞績，致茲淤塞，有妨通漕。至於惠民、廣濟二河，皆所以致四方之貨食以會京邑，舳艫相接，贍給公私，近年以來，悉皆填壅。蓋圖長利者不恤於小費，期永逸者無憚於一勞。伏乞朝廷訪問，差擇稍知水利〔三〕、精力幹事、不以文武官兩三員，經度計置，開通諸河，令據檢計，盡功料疏理。其木岸、垻閘、堰埭財用，合繕修處，先爲計備，嚴爲責罰，必令經久。去歲京畿大水，壞官私廬舍，自去秋至今春，半年之中，所修諸軍營房十餘萬間。夫以國家物力，豈有不可成之事？但事敗於因循而成於果決，至於其所不獲已，亦必成而已。又諸修造無名不急之處，土木之工無時暫輟，所費不可勝計。此諸河道皆是祖宗留心之地，國家大計所資，忽而不圖，是亦有司之過矣！」詔：「應通行漕運河道，宜令三司下逐地分當職官吏檢計的確功料，來春盡功開淘，須管通快。仍令都大提舉河渠司更切提轄擘畫施行，勿令稍有阻滯。」

三年八月，詔三司以淮南上供米十萬碩，繇惠民河以饋京西路。

〔一〕天頭原批：「『漕運』有《續通鑑長編》一條。」
〔二〕名：原作「各」，據《樂全集》卷二三改。
〔三〕稍：原作「梢」，據本書食貨四二之一九改。

十一月，詔曰：「國家建都河汴，仰給江淮，歲漕資糧，溢於唐漢。繄經制之素定，有常守而不踰。六路所供之租，各輸於真、楚；度支所用之數，率集於京師。以發運使總其綱條，以轉運使斡其歲入[一]。荆湖舟檝，回載海鹽；淮汴舳艫，不涉江路。方冬閉塞，役卒得以少休；近歲因循，玆事從而遂廢。吏緣爲蠹，人實告勞。比飭攸司，遵用往則，曠歲於此，格詔未行，豈發運使不能總綱條，而轉運使不能斡歲入哉！今玆講復，皆本故事，維爾職僚，則有譴罰。其令江南東、西，荆湖南、北路，兩浙轉運司，限一年各造船，添梢工及駕船卒，團成本路糧綱。自嘉祐五年爲始，止令逐路據年額斛㪷般赴真、楚、泗州轉般倉，却運鹽歸本路。發運司更不得支撥裹河鹽糧綱往諸路。」初，發運使許元言：「江南東、西、荆湖南三路上供斛㪷，舊皆逐路載至真、楚、泗三州，復載鹽以回，而汴船不出外江，謂之裹河綱。每歲往來，四運入京，乃敷上供之數。至十月，放牽駕兵卒歸營，謂之放凍。比年諸路轉運司年額不敷，發運司不放兵卒歸，乃令出外江沿江州軍載頭運，故諸路糧船
17 大半爲雜般綱，唯要發運司般鹽往逐處運米而還。且汴船不諳外江風水，沉失者多。」朝廷累下三司條利害，既從許元議，而會元罷去，不即行，故特降是詔。

四年八月，都水監言：「河北提點刑獄薛申言：『御河運路雖曾畧通漕運，於今復已梗澀，蓋今春差官檢計差晚，已難得人工，故措置非便。即大河汎漲，又非其時，阻節公私輦運。今冬須霜降水落，經度檢計，候春天興工，事當辦集。』監司看詳，欲依所請，下本路提刑司，今冬據河合行開修去處，子細檢計合役工料，春天興修，貴通漕運，不阻舟船。」從之。

治平三年九月，詔淮南江浙荆湖制置發運司，若江東、西年額斛㪷不足，則許出汴河糧船七十綱以漕。初，許元言：「江東、西、湖南三路往時皆轉運以本路綱漕斛㪷至真、楚、泗州轉般倉，即載鹽歸本路。汴綱止漕三州轉般倉物上供，冬則放漕卒歸營，至春乃復集。近歲諸路因循，綱多壞，乃令汴綱至冬出江，爲諸路轉漕，漕卒不得歸息，良困苦。乞詔諸路增修糧船，載年額至真、楚、泗州卸如故事。」於是言利者亦多以元所言爲是，朝廷爲詔諸路如元奏。詔出久之，而諸路綱尚不集，嘉祐三年十一月，乃勑諸路，限至五年，汴綱不得復出江。比及五年，而諸路船終少，發運司又屢奏乞令汴綱出漕，而執政輒以中旨詆絶之。諸路既患船不給，而汴綱以出江爲利，既不得出，兵梢訖冬坐食而苦不足，皆盜拆船材以充費[二]。船愈壞，漕年額又愈不及[三]。執政初但欲漕卒得歸息，而近歲糧綱多和顧夫兒，每船卒不過一二。人既少，至冬當留守船，又寔無得

[一] 斡：原作「幹」，據《宋大詔令集》卷一八四改。下同。
[二] 拆：原作「折」，據《補編》頁五六六改。
[三] 又：本書食貨四二之二〇作「久」。

歸息者。至是乃詔汴綱出漕，然尚限其數，其後遂復許以皆出如故矣。（以上《永樂大典》卷一七五四五）〔一〕

〔一〕按，此卷《大典》卷次原缺，但本門後文食貨四八之八以下數頁原稿版心標有「卷一萬七千五百四十七」，據此倒推，本卷應爲卷一七五四五，因補。《大典》以下數卷與此卷相接，皆爲「貨」字韻「食貨」目。

宋會要輯稿　食貨四七

水運二

【宋會要】

1 治平四年十月十七日，神宗即位未改元。淮江淮等路發運使沈立言〔一〕：「近三司擘畫，汴綱與人私載物貨，許兵（稍）〔梢〕論訴，並依條斷遣。緣兵（稍）〔梢〕多是兇惡，身分衣糧剋折不全，惟務侵盜。如人員部轄整齊，方可搭載私物，了當斛㪷。若許告訴，則互相疑貳，經久轉至作弊，敗壞綱運。乞約束應係綱運，今後不得大段搭載私物，及有稅物到京，並盡數送納稅錢。如違犯，並依條斷遣。其近降許令兵梢首告指揮，乞不施行。」詔：「今後管押糧綱使臣、人員等所載私物，並依舊施行，前詔更不行用。」

十一月十四日，權發遣三司使公事邵必言：「近准朝旨，下江淮發運司，定到綱船梢工私載，並科違制之罪，人員、綱官知情，即與同罪，物貨沒官，及給告人充賞。今無故生事，創立法則，望賜追寢，且依舊法〔二〕。」從之。

神宗熙寧四年五月，淮南等路發運使薛向言：「諸河押綱使臣內有老病昏昧不職之人，不能部轄，及同情偷盜官物，未有立定體量指揮，直至兵梢訴論，或因罥罣事發，方論如法。如不該停替，復得押綱，深屬不便。乞自今應押諸河綱使臣，委自發運使副及本路轉運使副體量，如內有老疾昏昧，或人員貪濁踰違，多酒慢公，并歷任內曾犯贓私停替之人，不堪管押綱運，即具事狀以聞，差人衝替。如未曾交割綱運管押，即發遣歸班，所貴綱運齊整。」從之。

十年十月二日，詔：「諸糧綱透借并諸般損濕斛㪷，每綱不及五十碩，支充本綱兵梢月糧口食，批上券曆，於次月剋折；五十碩已上，即令變轉收糴元色填欠。如透借斛㪷，本名正數已足，更不坐欠，委本倉攤曝估賣。內逐船及十碩已上，梢工方得科罪。」

元豐二年五月二十一日，三司言：「糧綱少欠折會，請受聽借兩月，行之歲久，減免深刑，便於綱運。近爲錢綱少欠，於法未有明文，先依糧綱折會法。今再相度，既借兩月請受，慮贍養不足，別致欺弊，欲改兩月爲四月，各半分折填。」從之。

九月十九日，詔：「東南諸路上供雜物舊陸運者，委三司增置漕舟，並從水運。」

十月二十七日，三司言：「自今押汴河及江南、荆湖綱運，請以七分差三班使臣，三分差軍大將、殿侍。」從之。初，詔以三班使臣在班常不下三四百員，有至一二年方得

〔一〕「淮」字疑衍。
〔二〕法：原作「依」，據本書食貨四二之二一改。

差遣者〔一〕，而三司軍大將不足，庫務、綱運闕人管押，令三司議以使臣代之，仍定理任、歲限、賞罰之法。三司乃言：「汴河糧綱，舊法不限分數差遣使臣，其江南、荊湖四路許差使臣五分，并舊不差使臣路分，若悉以使臣代之，禄食視軍大將所費爲多〔二〕。」故有是請〔三〕。

四年七月九日，詔：「應陝西軍須物，可並以舟載至西京界，令京西轉運司運致。」

五年二月十一日，罷廣❷濟河輦運司及京北排岸司，移上供物於淮陽軍界，計置入汴，以清河輦運司爲名，差朝奉郎張士澄都大提舉。先是，京東路轉運司言：「廣濟河用無源陂水，常置渠以通漕，歲上供六十二萬碩。間一歲旱，底著不行。欲移人船於淮陽軍界上吳鎮下清河，及南京穀熟、寧陵、會亭，臨汴水共爲倉三百楹，從本司計置七十萬碩上供，置輦運司，隸轉運司，歲減船三百五十、兵工二千七百、綱官典三十三、使臣十一，爲錢八萬二千緡。」下提點刑獄司按寔，以爲如轉運司言。京北排岸司沿廣濟河置，故并罷之。

七月二十一日，御史王桓言〔四〕：「昨廢廣濟河輦運，自清河轉淮、汴入京。臣每見累官京東博知利害者詢之，皆以爲未便。如廣濟安流而上〔五〕，與清河泝流入汴，遠近險易較然有殊。望更體量。」詔令轉運、提點刑獄、輦運司以舊廣濟河并今清河行運比較利害。

六年二月二十四日，李憲言：「計置蘭州糧十萬，乞發保甲或公私橐駞般運，及慮妨春耕，臣已修整綱船，自洮河漕至吹龍寨，俟厢軍搊運赴蘭州。」詔如橐駞、舟船搊運不足，須當發義勇、保甲，即依前詔。詳見「陸運」。

九月十五日，尚書户部侍郎蹇周輔言：「累奏乞不閉御河徐曲口，以通漕運，及商旅舟船至沿邊。」詔本路安撫、提點刑獄司與知恩州官同相度以聞。詳見「諸河」。

十一月五日，提舉導洛通汴司宋用臣言〔六〕：「朝旨歲運糧百萬碩赴西京，已計置截撥東河糧綱至洛口，以淺船對裝，計會本路轉運司下卸。」從之，仍候來歲終一全年見利害，別議廢置。

七年三月十六日，詔江淮等路發運副使蔣之奇、都水監丞陳祐甫各遷兩官〔七〕，餘減磨勘三年，循資有差。以上批：「聞所開龜山運河，於漕運往來免風濤百年沉溺之患，彼方上下人情莫不忻快。其本建言及董役成者，令尚書司勳第賞以聞。」

八月十九日，都提舉汴河隄岸司言〔八〕：「京東地富穀

〔一〕差遣：原倒，據《補編》頁五六六乙。
〔二〕費：原作「貴」，據《長編》卷三〇〇改。
〔三〕請：原作「詔」，據《長編》卷三〇〇改。
〔四〕桓：原作「栢」，據本書食貨四三之三改。
〔五〕濟：原作「流」，據本書食貨四三之三改。
〔六〕導：原作「道」，據本書食貨四三之三改。
〔七〕甫各：原作「求合」，據《長編》卷三四四改。
〔八〕隄：原作「提」，據《補編》頁五六七改。

粟，可以漕運。其廣濟河下接逐處，但以水淺，不能通舟。本司近修狹京東河岸，開斗門通廣濟河，爲利甚大。今欲於通津門裹汴河岸東城裹三十步内〔一〕，令修城人兵就便開河一道，取土修城，及置斗門，上安水磨，下通廣濟河，應接行運。」從之。

八年五月四日，詔罷運糧一百萬碩赴西京。

哲宗元祐六年三月二十六日，江淮荆浙等路發運使晁端彦言：「請應汴河糧綱每歲運八千碩已上，拋欠滿四百碩，押綱人差替，綱官勒充重役；滿六百碩，軍大將、殿侍差替，使臣衝替外，更展三年磨勘。若行一運已上，拋欠通及一千五百碩，除該差替、衝替外，更展三年磨勘。其初運但有拋欠，仍無故稽程，至罪止者，亦行差替、重役。」從之。

四月二十一日，刑部言：「御河糧綱初係六十分重難差遣，其後以河道平穩，改作六十分優輕。今因小吳決口〔二〕，注爲黄河，水勢嶮惡，乞復爲重難。」從之。

九月十六日，户部言：「使臣、人員押鹽糧綱没 3 失少欠該衝替、差替者，赦降、去官不免。」從之。

七年五月三十日，詔：「鳳翔府竹木栰應募土人，以家産抵當及八千貫以上者管押上京。如有拋失虧欠，候交納了日，給限半年填納，數足，與三班借職；半年外，與三班差使；過一年，與三班借差；過二年，即不在酬奬之限。其少欠木植名數，仍將元抵當估賣填官。」先是，熙寧初，鳳翔府寶雞縣木務舊係舉人姚舜賢願將家産抵當，獨押修河椿木上京，罷軍大將十五人廩秩之費，詔從之。而舜賢所押船栰增羡，官私利之，故有是詔。

八年十一月十日，江淮荆浙等路發運王宗望言：「檢準熙寧二年中書省言：綱運豫行修整舟船，欲據合雇人夫工錢，十分先支二分，候合給工錢，只支八分。勘會諸綱所借錢數不多，綱梢不免多出息作債，及貴賒買鋪襯等裝發，致錢少，雇夫不足，偷侵官物。今欲乞十分内先支三分。」從之。

紹聖元年九月七日，户部言：「發運司狀：每年上供額斛及府界〔三〕、南京軍糧動以萬計，止管汴河一百七十餘綱，須裝卸行運之速，乃能(辨)〔辦〕集。其汴綱在京等處卸糧多有少欠綱分，依朝旨，並批發下裝發處折會結絶，而從來未有立定日限、備償明文。欲並依京東排岸司一司式立限備償，若裝發處不便結絶，自依元祐八年秋頒勑條斷罪。」從之。

二年六月二十四日，江淮等路發運司言：「汴河糧綱般過八千碩已上，或不滿八千碩，拋欠滿四百碩若六百碩者，押綱人及使臣乞勒充重役、衝替，展磨勘三年。」從之。

十一月二十一日，江淮等路發運副使張珣言：「乞添

〔一〕汴河岸東：原作「三十步内」，據《補編》頁五六七、《文獻通考》卷二五改。
〔二〕今：原作「令」，據本書食貨四三之四改。
〔三〕斛：原作「觧」，據本書食貨四三之四改。

置汴綱，通作二百綱。」從之。

徽宗崇寧元年二月八日〔一〕，發運司言：「乞將諸州借裝官物上京新船，並委泗州監排岸官員置籍拘管。有入汴舟船，當日抄劄，及梢工、押人姓名，並給公據，付本綱收執前去，不得別有諸般占留差使。」從之。

三年九月二十九日，户部尚書曾孝廣言：「東南六路歲漕六百萬碩輸京師，往年南自真州江岸、北至楚州淮堤(偃)〔堰〕，瀦水不通重船，般剥勞費，遂於堰傍置轉般倉，受逐州所輸，更用運河般載之人自汴以達京師。雖免推舟過堰之勞，然侵盜之弊，由此而起。天聖中，發運使方仲荀奏請廢真、楚州堰爲水閘，自是東南金帛茶布之類直至京師，惟六路上供猶循用轉般法。今真州共有轉般七倉，養吏卒縻費甚大，而在路折閱，動以萬數，良以屢載屢卸，故得因緣爲奸也。欲將六路上供斛斗，並依東南雜運，直至京師或南京府界卸納，庶免侵盜。其轉般七倉所置吏卒，及造船場、春料場、排岸司工匠、吏額等，及汴河二百納額船共六百艘，逐路破兵梢、火夫等，亦當減省，既免侵盜乞貸之弊，亦使刑獄少清。」從之。

五年七月十九日，刑部尚書王能甫言：「國家 4 仰給諸路綱運，全賴軍大將管押，而無關防，奸弊滋甚。欲乞今後已差及見押諸河綱運，或得替未到部，并有繒繫軍大將，應官司雖畫到特旨〔二〕、朝旨抽差，並不得發遣。」從之。

大觀元年八月二十八日，詔：「綱運舟船牽挽浮駕之人既出本界，仰給沿流糧食，而州縣以非本道人兵，抑而不支，致侵盜綱米，餓殍失所。可依發運副使吳擇仁所奏，綱運管押人經過州縣合該請受，不即時勘支趕發，以違制論，不以去官、赦降原減。發運司不按，與同罪。」

二年五月七日，京畿都轉運使吳擇仁言：「奉詔，四輔各積糧草五百萬，内北輔將來計置泝河寄洛口入大河，下至臨河縣，置車鋪般摺。臣今先次相度，汜水縣去河約一里，有都大巡河廨宇，可就本處踏逐倉敖卸納，就委都大官照管盤裝入黄河船，順流入北輔。又滎澤縣通洛堤閘〔三〕，至黄河三十里，自來遇汴水泛漲，黄、汴兩河船栰往來，若計置得糧斛數多，亦可至時裝發。又南輔潩河自長葛縣西十里堰斷，引水東入茶磨，向下開修十七里，取退水還河，足以行運。」詔擇仁相度條畫措置聞奏。

六月二十八日，詔六路起發綱米於南京畿下卸交量，並依在京司農寺條法施行。

三年四月二十六日，户部〔言〕：「檢會大觀三年四月四日湖南轉運司狀，欲將本路見闕押綱使臣下吏部權差使臣。奉聖旨，據今來見闕人數，並權許見在部小使臣免短使指射。每一運如無違欠，與減二年磨勘，及支與本資序

〔一〕天頭原批：「『二』一作『三』。」按，本書食貨四三之五、《補編》頁五六七俱作「三月」。
〔二〕畫：原作「盡」，據本書食貨四三之五改。
〔三〕滎：原作「榮」，據《補編》頁五六七改。

請給外，支破券一道。看詳前件指揮，每一運如無違欠，減二年磨勘，即是尚有違程，自合引用《元符令》，二日以上降一等，十日以上不准在賞限。如有少欠，係以全綱數折會填納外，欠不滿一釐，合依元降指揮推賞。今欲申明行下。」詔依。

四年八月五日，户部言：「契勘元豐舊法，錢綱少欠，折會填納。本船少欠滿半釐，有斷降之文；半釐外，計贓以盜論，至死減一等。押綱官亦有斷罪降等衝替指揮。法禁甚明，犯者亦少。見行條約，一分以上方送大理寺，一分以下許於本路處折會。即是一綱押錢五萬貫，明許欠錢五千貫以下。」詔依元豐。

十月九日，詔東南六路額斛復行轉般之法。

十一月十六日，臣僚言：「契勘汴綱使臣等用心鈐束，往來般摺，方獲（辨）〔辦〕集，理當立酬賞。今相度，汴河押綱使臣等任滿，無拋失少欠罪犯，亦無違程諸般不了過名者〔一〕，除依元條綱運酬獎外，更與減二年磨勘。軍大將比折收使。若不該元條酬獎者，只與上件減半年恩例。庶使激勸用心，整齊行運，軍儲早辦。」從之。

政和元年六月二十六日，户部言：「江南東路監司乞凡依條合運載官物〔二〕，所用舟車之類，委當職官臨時依民間價直僦雇，不立定制。」從之。

八月八日，户部言：「乞從發運司請，凡諸路州軍 5 起發上供錢物及附搭金銀錢帛，不以多寡，並取所押人行程，當官逐一批上。如不即書，及別給文據，即乞從收支官物不即書曆科罪。」從之。

二年六月五日，江淮發運司言：「勘會見有事故綱分闕人管押，乞據踏逐到軍大將宋瑗等並特行差撥，仍乞今後依此指揮。」本部勘當：「宋瑗等並係見押綱運并見勾當專副，及得替未到部縮繫之人，有礙勅條，不合發遣。及乞今後依例特差，難議施行。檢會大觀元年三月二十八日勅：諸路綱運押綱軍大將見闕及年滿，綱運無人差撥，特召募軍將未足見闕及數〔三〕，應諸河綱運窠名，令發運〔四〕、輦運、轉運、撥發、鑄錢司下諸州，並依都官法，用家業抵保，召募土人或衙前吏人充守闕軍將，就近管押。委本貫縣司保明，申所屬州軍審察，保明申本部，給狀收補充。如州軍職官員入仕十五年以上者，與換正名軍將，並只令管押本路軍大將綱闕。其逐處召募到人仍填見闕，次年滿替。差訖，即令所屬開申都官。所有向去磨勘、改轉及罪犯，並依都官條法。都官條：保人合用諸司正名二人及命官一員，慮在外難得命官爲保，土人即令召本處有物力人二名，衙前吏人一名召本色二人爲保。若綱運有輕重不同者，令所屬更互差押。如有少欠官物合該差替者，發遣歸部，依條承受差使。其本部差去押綱人，候召

〔一〕諸般：原作「般諸」，據文意乙。
〔二〕凡：原作「依」，據本書食貨四三之六改。
〔三〕及：疑當作「之」。
〔四〕令：原作「今」，據本書食貨四三之六改。

募到土人，即發歸部。」詔依大觀元年三月召募土人指揮施行。

七月十七日，江南西路轉運司言：「本路每年合發上供糧斛一百二十餘萬碩，雖許差衙前權押，或用土人軍將，少有行止之人。乞在部進納官銓試不中之人，許令注擬管押，以三年爲任。任内無違闕，即與依試中人例注授差遣[一]。」從之。

十月八日，尚書省言：「奉詔措置東南六路直達綱。欲六路轉運司每歲以上供物斛，各於本路所部用本路人船般運，直達京師，更不轉般，仍自來年正月奉行。其發運司見管諸色綱船，合行分撥應副諸路，餘令發運司應副非泛綱運。其淮南轉般舊制，歲備水脚工錢四十二萬、米十二萬碩，合令本路提刑司拘收封樁。今來初行直達，諸路運司竊慮難於應辦[二]，每路於上件錢内支二萬貫應副一次。所有六路運糧，歲認應副南京等處米斛，除湖南、北數少外，欲令江南管認南京，兩浙管認雍邱，江東管認襄邑，淮南管認咸平、尉氏、陳留。更不差衙前公人、軍人，除使臣、軍大將外，許本路募第三等已上有物力土人管押，除依募土人法，其請給、驛券，依借職例支給。若曾充公吏人，或犯徒以上，並不在招募之限。招募不足，許差見在官；又不足，即募得替待闕、無贓私罪、非流外官充。逐路各差承務郎以上文臣一員，自本路至國門往來提轄催促，杖印隨行，綱運有犯，許6一面勘斷。請給、人從，依轉運司主管官例，仍給驛券，許招置手分、貼司各二人，仍與本路轉運司吏人衮理名次升補。江南四路地里遥遠，更差大使臣以上武臣一員，往來催促檢察[三]。其請給、理任依本資序，仍別給驛券。江湖綱運管押人，如二年般及三運至京或南京府界下卸，拖欠折會外不該坐罪，使臣與減二年磨勘，軍大將依法比折，土人與補軍大將外，仍減五年磨勘。再押該賞，依使臣比折。若一年及兩運，亦依上法推恩。淮浙一年般及兩運，與減一年磨勘；三運以上，減二年；餘依前法。逐路綱官、梢工連併兩次該賞者，仍許綱船内並留一分力勝，許載私物，沿路不得以搜檢及諸般事件爲名，故爲留滯，一日笞三十，二日加一等，至徒二年止，公人、欄頭並勒停。官司如敢截留人船借撥差使者[四]，以違制論；截留附搭官物者，徒二年，官員衝替，人吏勒停。所有起發交卸條限與舊不同，淮浙初限三月，次限六月，末限九月；江湖止分兩限，上限六月、下限十月終般足。兵梢偷盜若諸色人博易糴買并過度人，並同監主科斷，至死減一等。」並依，内提轄文臣候催了日，赴尚書省呈納具狀，以行陞黜。

十二月二十二日，發運副使賈偉節言：「綱運經由多

[一] 授：原作「援」，據《補編》頁五六八改。
[二] 辦：原作「辨」，據《補編》頁五六八改。
[三] 催促：原作「檢察」，據本書食貨四三之七改。
[四] 截：原作「載」，據《補編》頁五六八改。

是於兩界首住滯，今來興復直達，須藉稽考。欲乞應沿流催綱官司，並將所置催綱曆改爲催綱簿，半年一易。應有綱運出入本界，並真書抄轉上簿，庶幾易爲省覽。」詔依。

三年正月二十九日，兩浙轉運司言：「見奉行直達之法，今措置下項：兵官差刷上綱兵士〔一〕，未有罪賞專法，除已將諸州所管廂軍多寡以十分爲率，每州歲差三分，配上糧綱牽駕行運，依條一年一替外，乞立法：諸州兵官任滿〔二〕，如差足糧綱，兵士逃亡不及三分之一，比附押綱使臣一年三運以上，與減年酬獎。若歲終差刷不足，或逃亡及三之一，即乞罰俸兩月。若差不及一半，或雖差足，若逃亡一半以上〔三〕，並乞特行差替。仍依課利虧欠法，官吏並不以赦原減。又本路見管禁軍二萬四千餘人，依熙寧、元符勑令〔四〕，許差下禁軍兼廂軍充知州、通判等官員當直。近因大觀二年朝旨，不許差撥禁軍當直，從此盡占廂軍。竊緣禁軍自有分輪番次之法，即不妨教閱，欲乞權依熙寧、元豐令文，許令兼差充，那廂軍差上糧綱。」户部「檢承勑：『兵梢、綱官、團頭在路逃亡、病患事故，並仰所在官司即時填差。若不行差撥，並杖一百，公人勒停。』今來本司所乞，除差撥上綱人兵沿路逃亡係屬本綱，其元差處兵官難以認數立罰。如差撥數足，自係本職，亦難比附押綱使臣一年三運以上減年酬獎。」詔禁軍當直，不妨教閱，兵官賞罰等，並依本司所乞，餘路依此。

三月八日，金部員外郎盧法原言：「承朝旨，差委催督 7 直達糧綱，其批書行程妄破限，無緣檢察虛實。欲乞將糧綱行程候回元裝發官司，歲終類聚，參照雨雪風水事故，察其虛實真妄，批官司類申户部，乞行黜責。」從之。

十八日，户部尚書劉〔柄〕〔炳〕等言：「乞應諸路大禮上供錢物綱，並令不許沿流州軍附搭諸般官物。如有違犯，乞從本所依朝旨送所屬或鄰州縣官員取勘，具事奏聞，仍不以赦原免。」從之。

七月二十三日，發運司管勾糴糶顏彥成言：「綱運自來拋失，係地分軍兵及河清馬遞鋪等人給借濕米，雖累借不得過十碩，而官司未嘗計之〔五〕，及每月剋折〔六〕，亦不過三二斗，纔還隨借，終身不能備償。欲應拋失濕米，並只許估價出賣，或貸借民户，依法隨稅送納，不許諸兵借請。」從之。

四年二月二日，兩浙轉運司言：「綱運自北入瓜洲閘，並係空綱，鎮江府江口放重綱出江之時，望瓜洲上口要入，往往被空綱迎頭相礙。今瓜洲閘外自有河道〔七〕，謂之下

〔一〕刷：原作「制」，據本書食貨四三之八改。
〔二〕諸：原作「請」，據文意改。
〔三〕一：原作「以」，據本書食貨四三之八改。
〔四〕元符：下文作「元豐」，當有一誤。
〔五〕官司：原作「公私」，據本書食貨四三之八改。
〔六〕折：原作「拆」，據本書食貨四三之八改。
〔七〕瓜洲：原作「瓜州」，據上文改。

口，欲乞自今後北來空綱並於下口出江，使重綱於上口入閘，極爲便利。伏望下淮南轉運司約束施行。」從之。

十一月二十日，詔：「諸路召募到等第土人押綱，初運並令支撥優便去處裝發一次。如運内有欠，次運即却入重難；無欠者，還依前法。即撥入重難而一運或次運能補足前運所欠之數，及今運亦無欠者，並却入優便去處支裝。如違，及不依次輒差餘人者，徒二年，不以失及赦降原減。其諸路綱運見押人，如係衙前公吏管押，若已起發，並候回本路日，别差應入人交割訖替罷；未起發綱運並改正，别差人管押。」從尚書省請也。

五年七月九日，祠部員外郎胡獻可言：「乞諸路綱運召募土人除各有已降指揮外，欲乞應綱運窠名輕重及理界年分并理運數，並依自來都官差副尉條法施行，候界滿日，令更互管押。」從之。

七年二月四日，尚書〔省〕言：「勘會東南六路諸州軍逐年裝發上供額斛，自來立定知、通任滿賞格，輕重未至均當。近又因兩浙申請，將不滿一任替罷之人，不論到任月日淺深，所起斛㪷多寡，但管勾裝發無違限，便依任滿法作不滿三十萬碩，例皆減年磨勘。今修下條：一萬碩以上陞一季名次，五萬碩以上陞半年名次，十萬碩以上減半年磨勘，二十萬碩以上減一年磨勘，三十萬碩以上減一年半磨勘，四十萬碩以上減三年磨勘。」從之。

五月九日，臣僚言：「取押木栰，自來號爲重難，本臺累據使臣陳（訢）〔訴〕，工部推恩稽慢，有以受納不即報應曲有留滯者，有以起發官司尺寸不同，因爲阻間者，有以外處不能盡知條法，而責其必先依式開具保明者。欲望命有司嚴責日限，不得曲爲沮留，以爲赴功之勸。」詔工部限一月結絶。

六月八日，户部尚書劉昺言：「諸路糧綱情弊甚多，沿流居民無不 8 收買官綱米斛。欲今後委逐路官司覺察〔一〕，沿流人户買官物一升，賞錢十貫；一㪷，賞錢五十貫；至三百貫止。買賣人決配千里外，鄰人知情與同罪，不知情減一等。許諸人告捕，犯人自首與免罪。」從之。

七月二十一日，開封尹王革奏：「劉昺所立罪賞已是嚴重，無圖之輩因緣生姦，詐誘兵（稍）〔梢〕復行告捕。欲乞詐誘及故令綱運兵梢糴糶米穀因而告捕規賞者，並以被誘人所得刑名決配支賞，許人告捕。糧綱到岸，應管勾河岸鋪兵、公人、岸子之類，知情容縱兵梢糶糴綱運米穀，乞受錢物，計贓並依河倉法決配支賞。引領牙人并知情、停藏、負（戴）〔載〕者，同罪。」詔改賞錢「十貫」字作「一貫」，「五十貫」字作「五貫」，「三百貫」字作「一百貫」，餘依奏。

〔一〕今：原作「令」，據《補編》頁五六九改。

八年三月二十二日〔一〕，臣僚言：「東南諸路斛㪷自江湖起綱，至於淮甸以及真、（楊）〔揚〕、楚、泗，建置轉般倉七所，聚蓄糧儲，復自楚、泗置汴綱，般運上京。崇寧三年，因臣僚建言直達京師，致多（拖）〔抛〕失。邇來召募土人管押，欺弊百端。伏望先將土人選使臣等抵替，委發運司計置，依舊興修轉般倉。候成，降賜本錢，令轉運司計置斛㪷，然後罷直達之法。」詔任諒相度聞奏。

閏九月十一日，尚書省言：「直達之法，事法詳備，有補無損。今妄有改更，徒爲勞費。前降指揮更不施行。」

宣和元年六月十八日，詔陳留縣等處應開決河口地速行修閉，仍令都提舉汴河堤岸司、洛口都大司依已降指揮，疾速放水行綱運，不管小有阻節。令尚書省繼日催促。

二年六月十九日，發運司言：「臣僚言：『東南歲漕，召募土人，有物力自愛之民多不應募，惟無賴子弟、產業僅存及兵梢姦猾者，則旋以百千置產，使親屬應募，遂補守闕進義副尉。及得管押萬碩綱至京，欠及一分五釐，計米一千五百碩，纔得杖罪差替，復多引赦用例，止罰銅十斤。計一歲六百二十萬碩之數，所欠無慮數十萬矣。』乞下六路，應米麥綱運依法募官，先募未到部小使臣及非泛補授校尉已上未許參部人并進納人管押。淮南以五運，兩浙及江東二千里内以四運，江東二千里外及江西以三運，湖南、北以二運，各欠不及五釐，依格推賞外，仍許在外指射合入差遣一次。若應募而輒敢沮抑及乞取者，並科違制罪。」詔依前項先次施行，召募土人法並罷。其餘應合條畫事件，仰陳亨伯、趙億限一月同共措置，條畫以聞。「今條具：直達綱差管押人，先大小使臣、校尉合注授人，次校尉以上未參部及未到部人，次非泛補授校尉已上未許參部人，次進納文武官，次副尉〔二〕。校尉理當管押水陸重難綱運，副尉理當重格差遣各一次。再任者，候到部，再免一次。進納人免參部。每運至卸納處，無拋欠，減磨勘三年；并押兩運無拋欠者，轉一官資，仍減磨勘三年。進納 9 人依正法〔三〕，并押五運無拋欠，依捕盜法改換使臣。不及一釐，謂折會借納外，下准此〔四〕。減磨勘二年；不及二釐，減磨勘一年。以上副尉依使臣法比折，展年准此。少欠，坐罪自依本法。三釐，展磨勘一年；四釐，展磨勘二年；五釐，展磨勘三年；一分，拋失空重船及十五隻同。衝替；副尉勒停。三分，勒停。副尉仍展三期叙。罪至衝替以上者，奏裁。副尉勒停准此。押綱人衝替者，綱官配五百里，勒停者配千里。沿路官司或非本路綱運，坐視不問。今後拋失或偷盜，並

〔一〕天頭原批：「八年三月二十二日，又閏九月十一日，不知何時。考宣和無八年，欽宗元年無閏月。」按，此批語顯誤，此兩條承前爲政和年，明白無誤。另按，本書食貨四三與本卷條目多同，然將政和年間多條誤入宣和年間。原整理者本當將批語置於食貨四三，蓋當時正用兩本對勘，誤寫於此。

〔二〕副尉：原與下句「校尉」通作「副校尉」，《補編》頁五七〇作「副尉校」，皆脱一字，今據文意並參兩本補。

〔三〕依正法：《補編》頁五七〇作「礙止法」。

〔四〕下：原作「不」，據本書食貨四三之九改。

令地分官司限一日具數申發運司置籍，輒隱庇或漏落寔數者，徒二年；申報違限者，徒一年。發運司置籍，候歲終，關抛欠地分轉運司〔一〕，次年依上供條限承認補發外，仍各計逐路年額上供數，令發運司以元起發路分年額十分爲率，計經由路分抛欠數，具奏責罰。轉運司官如在本路抛欠者同。五釐展磨勘二年，七釐三年，一分取旨。自今應綱運經由地分，發運及别路轉運司官覺察偷盜作過及留滯損壞等事，任責並如本路轉運司。六路抛失，歲終户部比較三年數，申尚書省取旨，陞發運司官〔二〕。其專置提轄官在路抛失，自今計本路年額，以十分爲率責罰，令發運司具奏。三釐展磨勘三年〔三〕，五釐降一官，一分取旨。經由地分巡捕官司自今應偷盜軍人、公人不覺察者，杖一百；累及五綱已上者，徒一年。命官各減一等，即故縱者，各加三等。軍人、公人不以赦降、自首原免；命官雖會赦，仍奏裁。若能用心巡察，捕獲犯人，計贓不滿一貫，命官陞半年名次；五貫以上，減磨勘一年；每及十貫，更減磨勘半年；一百貫以上，轉一官。諸色人計贓不滿一貫，賞錢十貫；五貫以上，錢三十貫；每及十貫，加錢十貫；一百貫以上，錢二百貫。軍人、公人仍轉一資。」詔依。

三年正月二十四日，詔：「江、湖、淮、浙錢帛糧綱，見在運河阻淺，及江潮未應，難以前來，可令發運司相度，權行寄卸於真、（楊）〔揚〕、楚、泗州、高郵軍在城逐倉，令空船且往逐路摺運，庶免日久綱兵侵欺官物，坐費糧食。如三四月河水通行，却載向上空船裝發上京。」其後二十七日，尚書省言：「今來將近中春，江潮已應，即與冬月不同。若上件綱運能至楚、泗州，即通淮、汴，更無阻節，自可直至闕下。若於逐州寄卸，舟行，計置舟船般運，轉見迂枉，切慮有礙中都歲計支遣。」詔已行下文字更不施行。

二月十八日，詔：「應官員下班祗應、副尉管押綱抛失、少欠，見今勒住差遣者，累降指揮，如元非侵盜，特與放行差遣，仍據合催欠負，於請受内依條尅納。」

三月十四日，淮南江浙荆湖制置發運使趙億言：「今月六日，奉御筆：『運河淺澀，中都闕誤，仰火急措置拖拽，用車畎水，須管於三日中三十綱到京，及别行措置自江入淮到汴利害聞奏。』契 10 勘真、（楊）〔揚〕等州運河淺澀，（潮）〔湖〕、濼皆乾，别無水源，止可車取江水。臣見與逐州并本司官分頭措置車畎江水，爲河道遥遠，未至添長。所有自江入淮到汴，緣經涉大海，泛洋轉至淮河，方可入汴，未見得可與不可泛海入淮河行運。先已牒通、海州、鎮江府子細相度，講究的確利害。」次又奏：「勘會去年楚州界河淺，奉御筆，於河東常平錢穀内特給降錢米各五千貫碩付陳亨伯，募綱食人淘河車水。今來欲乞特降指揮下淮東提舉常

〔一〕「關」原作「開」，據文意改；「抛」原作「拖」，據前後文例改。
〔二〕陞：疑誤。
〔三〕展：原作「轉」，據本書食貨四三之一〇改。

平司，量於東京路借撥到錢米內各支五千貫碩〔一〕，雇人車水等使。」詔趙億遵稟已降御筆處分，疾速措置津遣綱運，其所乞事理依奏。

六月十日，發運司言：「糧綱昨降指揮，召募土人法並罷，差大小使臣等管押。契勘土人內有諳知行運次第〔二〕，自管押糧綱以來少欠不礙分釐，不曾被罰，曾經推賞，有心力可以倚辦之人，欲乞存留。」從之。

五年六月九日，詔：「應押綱人犯罪或違程、拋欠，合批書印紙，而收匿避免批書者，杖一百。」

十日，發運副使呂淙言：「欲下諸路轉運司，須管見得逐州縣申到寔有米糧，方得支綱，仍依條預借綱梢三分錢。如違限，許逐綱陳訴。」從之。以轉運司科數下州縣支綱〔三〕，寔無見管糧料，綱運等動經數月，又不支借三分工錢故也。

七月十八日，發運司言：「契勘江、湖路裝載糧重船，多是在路買賣，違程住滯。本司看詳，上供錢物綱在路有故違程，依法不得過三日，累不得過一月，所有諸路糧綱即未有立定明文。今欲比類上供錢物立定：有違程，不得過十日。內江東、淮南、兩浙路地〔近〕累不得過一月，湖南、北、江西路地遠累不得過兩月，所有守閘日分許與除豁。及無稽程并經由催綱地分官司，亦乞比附上供錢量行增立法禁〔四〕。」詔六路糧綱地分官司不催發，杖一百。

十月二十三日，江南運判蕭序辰言：「嘗請綱船折欠〔五〕，多因沿路稽留，而沿路官司故有阻節，有合支請給處而不即支散，有附帶官物處而不即支付，有風水靠閣處而不即救應催發，有回運合支工錢處，其寄樁錢輒已移用，推託不支。又有一路漕司不自計置舟船，輒有申陳截留他路回綱，尤爲不便。欲乞嚴行約束。」詔令發運司措置。

十〔一〕月十九日〔六〕，發運司言：「江西、湖南、北、兩浙西路新用勑告、香藥鈔均糴斛㪷，已准指揮，權暫和雇舟船般運。合要管押人自合依前後所降處分召募起發外，相度欲乞從吏、刑部每路各更差小使臣并副尉、校尉一十人，發遣赴逐路，相兼差押綱運。」從之。

十二月十九日，詔：「應管押綱運使臣等，並不許諸處抽差，如違，官司及被差人各徒一年。」從戶部尚書盧益請也〔七〕。

六年三月二十九日，發運副使呂（琮）〔淙〕言：「准給降香藥鈔、告勑計一百萬貫，分糴斛㪷應副般運。乞令 11 逐

〔一〕東京路：似當作「京東路」。
〔二〕諳：原作「諸」，據《補編》頁五七〇改。
〔三〕科數：疑當作「科敷」，意即攤派。
〔四〕量：原作「糧」，據《補編》頁五七一改。
〔五〕請：疑當作「謂」。
〔六〕十一月：原作「十月」。天頭原批：「『十月十九日』疑是『十一月十九日』之譌，以上有十月二十三日也。一本無『十月』二字，亦非。」按，本書職官四二之四七載此條事正作十一月十九日，據補。
〔七〕戶部：原作「部部」，據《補編》頁五七一改。

路據已糴米，那借係省官錢雇船起發。」從之。

閏三月六日，户部言：「勘會東南路歲起上供布六十萬匹，兩次朝旨下發運司催趕，至今未盡數到京。其沿路官司坐視，畧無督責。欲乞逐官各置催綱行程曆，從本路轉運司就便印給。逐時抄上綱運入界時日、押人姓名、船隻所載官物，躬親監催起發，至甚日時出界，本地分內有無風水拋失、住滯緣故，畫時關報下界首官司，逐旬開具申本司。至歲終，本司取索行程曆點檢驅磨，如能巡捕督促，别無留滯及拋失舟船，若獲到兵梢等人博易盜賣，乞從本司比較，取摘三兩員最優者保奏，等第推賞。如依前弛慢，除〔依〕法斷罪外，仍從本司酌其情重者奏劾。」詔依。

七年七月十九日〔一〕，發運使盧宗原奏：「乞諸路起發錢物，即給走曆，於卸納處繳曆驅磨。如地分巡尉苟簡，或致侵欺移易，乞賜黜責。」詔違者以違御筆論。

〔宣和六年〕四月二十四日〔二〕，詔宗室並不許召募押糧綱。從尚書省請也。

六月十三日〔三〕，發運司言：「直達綱經由處，其地分催綱官拋失重船沿江十隻，展磨勘三年。仍令地分官司遇拋失空船，限即時具船隻綱分、姓名申本州軍通判，本廳置籍抄上，候歲終，開具地分、拋失隻數、合干官吏姓名，申發運司責罰。」從之。

〔宣和七年〕十一月十七日〔四〕，詔：「發運司累歲興復轉般，今方就緒，盧宗原見措置糴到米，并淮南倉見在均糴及經制餘錢糴到米，各已累降指揮，並充轉般代發歲斛。如諸司輒敢陳乞借撥，别充他用，或别項起發，并截借措置到綱船，沮壞轉般良法，仰發運司密具以聞，當議重行貶竄，人吏決配。雖奉特旨，仰執奏不行。」

十二月十六日，京東路轉運司言：「乞今後諸州軍府遇上供綱運起發盡絶日，於本處許差出官內選差官一員，沿路根究催趁。」詔諸路依此。

七年四月十一日，尚書省言：「近降指揮，罷兩河土人押綱。契勘土人有財力家業，軍校單身貧弱，綱運不繼，往往逃亡，其弊可以坐見，合行修復。」從之。

五月三日，詔：「盧宗原拘收糴本，興復轉般，並係御前措畫親筆處分，無預漕計，亦無取歛於民。訪聞諸路漕司輒敢覬望，指揮補欠，便不以上供歲額爲意；發運司官又欲以補欠爲己功，不復督責，舉此以廢彼。其宗原所拘收錢本，可令不住於夏秋豐熟去處廣行收糴，其已糴到并去歲均糴斛㪷，並行椿管，以御前措置封椿斛㪷爲名。所

〔一〕按此條本書職官四二之四二原稿承上在宣和二年，《補編》頁五七一承上在宣和六年，皆不可從，當以此條「七年」爲是。下文所謂「發運使」，實爲發運副使，盧宗原任發運副使在宣和六年末（參見本書職官四二之二八校記）。

〔二〕宣和六年：原無，按本書帝系六之三一，此是宣和六年事，非七年，據補。

〔三〕此條爲宣和六年或七年不敢確定。

〔四〕宣和七年：原無。按，以下二條又見本書食貨四三之一二，乃宣和七年事（參彼處校記），因補。

有諸路上供額錢，除已代發過數合行截還外，且令依舊徑發上京。如違，以大不恭論。」

十一月十三日，詔：「東南六路糧綱回運空船，沿流官司依重綱逐界催趕出界，批書出入界日時。沿汴委都大官、餘委逐路漕臣按察，具所部催綱官勤墮申發運司覆寔，比較以聞。」

十九日，南郊赦書：「諸路起到綱運，在路風水積 12 壞，見今監繫，勒令賠納，情寔可矜。仰交納官子細驗認，（加）〔如〕封記圓全，別無換易情弊，即與先次交納。其合估剥官錢，行下本處依條施行。」

十二月二十一日，都省言：「諸路封樁斛㪷闕舟船般發〔一〕，今來邊防警急，合廣儲備。契勘已奉御筆手詔，結絶應奉司，江淮諸局所進花石綱並罷，舟船令轉運司拘收。」詔：「逐路漕臣悉心體國，疾速拘收舟船，分撥赴已樁糧斛州縣，盡數裝發催併到來，應副急闕支遣。仍選差或召募得力使臣，多方差綱梢、人兵牽拽，沿路經過合批收口券、錢糧，限即時應副。內有裝載官物若石，並仰隨所至州軍卸納官物，仍仰如法安置，不得損失。如糧綱到京，沿路別無留滯，候卸納訖，令司農寺具管押人保明，申尚書省取旨，優加推恩。如稍涉稽滯，及本路監司、州縣不切用心應副，並當重寘典刑。」

高宗建炎元年五月十七日，路允迪奏：「都城自來惟仰諸路綱運轉給，今來車駕臨駐傍京，汴河綱運理宜先次措置。欲乞下户部及發運司計度合用數外，速令催發前去京城下卸，應副急闕支用。廣濟河、蔡河綱運，亦乞下逐處輦運、撥發司速行催發前去。」從之。

六月二十七日，户部尚書黄潛厚言：「已得指揮，諸路起發上供錢物並赴東京送納。契勘南京左藏庫見在錢物不多，乞應東南上供綱運，令行在户部相度，隨宜分撥赴東京或南京下卸。」從之。

七月八日，詔：「諸路發到米綱，以三分之一給行在支遣，餘於京師樁管。其已卸下空船，自京師般載六曹案沓及器甲等至行在〔二〕。」先是，汴河以河口決壞，綱運不通，詔差提舉京城所陳良弼同都水使者榮嶷、陳求道修治決口〔三〕，至是綱運漸至，故有是詔。

八月一日，京東路轉運副使李祐言：「諸路應副朝廷大計，發運司最爲浩瀚。近年歲額未嘗數足，蓋緣管押使臣多是干請差委，不曾選擇能幹之人。又沿河居民盜買官米，官司並不覺察，致每運少欠不下數千碩者，至沉溺舟船。欲下發運司選擇有行止、無過犯、能管押使臣，如每運無少欠或欠數多，及沿流官司能爲覺察盜賣及不覺察去處，重行賞罰，以爲勸沮。及令本司官不住往來催促。」詔

〔一〕船：原作「般」，據本書食貨四三之一三改。
〔二〕沓：原作「杳」，《補編》頁五七二作「水口」，俱誤，據《梁溪集》卷一八〇改。
〔三〕陳求道：「求」原作「永」，據《宋史》卷四四八《陳求道傳》改。

除少欠數多及無欠一節別作施行外，餘並從之。

九月十二日，同知樞密院事張慤言：「東南六路歲運糧斛六百萬碩，去年與今年未到數目甚多。今乞責東京及南京排岸司各置簿，抄上見下卸糧綱并諸色綱運船元來路分州軍府下卸官物日，綱回運就差是何官員乘載使用，至甚處下卸，各不得出本路界。抄上綱官、綱梢、橰手、兵士姓名、人數。如違，綱梢各量情犯斷勒。」從之。

二年正月十日，詔：「糧綱卸訖，空船雖許差乘，若往別路及經過所差州軍，元差官司并乘船官各徒二年。真13州排岸及瓜洲堰閘官不切檢察者，各杖一百。其以前已差往別路糧斛船，令轉運司委官催回本路。如乘船官占恡，依未出本路，非理遷延，占留人船，致妨本處裝運錢糧，計日坐罪指揮施行。」

十八日，發運使梁揚祖言〔一〕：「准尚書省劄子，據倉部員外郎曾愷狀：近降聖旨，差措置催促綱運。契勘發運司見行糧綱船，例皆四五百料以來，於法許載二分私物。體訪得糧綱往往沿路留滯，蓋緣押綱自買船隻，僅及千料以上，謂之隨綱座船，併行般運，增添隻數，名裝官物十分，攬載私貨。至如入汴，多致阻淺，其全綱船隻不免一例住岸。今措置，欲自今後綱運隨綱船不得過見押官船料，例止許兩隻。如敢依前置買大料船隻隨綱，及置買過數，許所在官司覺察，没納入官。」從之。

五月十九日，詔：「在京歲用斛斗浩瀚〔二〕，從來指擬東南漕運，除發運司合應副南京、拱州斛斗共四十四萬石，并淮、浙合赴京畿下卸年額斛斗共九十萬五千石〔三〕，逐司自當別行應副外，將發運司未起今歲合發額斛二百五十八萬九千八百餘碩，淮、浙今歲未起額斛，淮南一百四萬七千餘碩，兩浙六十八萬七千餘碩，並仰多方措置，限十月終已前須管盡數般運至京。其逐路建炎元年已前舊欠，各仰前期計置樁辦，自來年爲始，分限三年發，不得更有拖欠。其措置不擾，及押人如期到京，不礙分數，並轉運司取旨，優加酬賞。若催發稽慢，不及今來所起之數，并押綱人遷延違滯，令逐處按劾，官當竄逐，人吏遠配。如闕少綱船，仰依已降手詔優支雇直和雇。其牽挽人夫，亦與添支雇錢雇募，仍約束押綱人常切存恤。其江、湖未起之數浩瀚，專委司農卿史徽催促收樁，候逐路斛斗裝發離岸，專委發運呂源催趕至淮南，自淮南專委梁（楊）〔揚〕祖催趕至泗州，自泗州專委李祉催趕至東京。仰所委官各給押綱人行程，若有住滯，所委官隨分定地分行遣。仍仰東京、户部官躬親常切點檢覺察，毋令少有稽違住滯。」

六月九日，淮南路轉運副使李傳正言：「本路綱運入汴，若餘船輒占河岸行者，杖一百。比年以來，往往官員乘

〔一〕揚：原作「楊」，據《建炎要録》卷五改。
〔二〕用：原作「月」，據本書食貨四三之一四改。
〔三〕九十：原作「九千」，據《補編》頁五七二改。

坐船不肯一岸分行，恃勢攙抹，阻滯綱運，所至官司莫敢誰何。欲望嚴立法禁，許押綱人經隨處官員地分陳訴承報，限時拘收，梢工送所屬依法推治，内兵梢解押赴本州，牒送住營州軍勒重役〔一〕，永不得再差充坐船梢工。承報官司不即公行，或有觀望故縱，與犯人一等科罪。」詔可，行在仍令御史臺覺察聞奏。

二十三日，户部言：「江南東路轉運司言：『本路綱運舊行直達日，每綱用剩下二分私物力勝裝載糧斛，依雇客船例支錢。復行轉般，本路額斛依專法秖至淮南下卸。向緣靖康元年九月二十二日朝旨，不許裝載二【14】分私物，以此綱運繳計不行，押綱人皆不願管押。今欲且令本路綱運依舊例用二分私物力勝攬載年額斛㪷，依和雇客船例支給雇錢，更不攬搭客貨。如押綱人輒更搭攬私貨，即乞朝廷重立法禁。』本部勘當，欲依本司所乞，非情願投狀承攬者，不許抑勒。如已攬載額斛力勝外，更載私物，因致稽滯者，於本罪各加一等。」從之〔二〕。

八月十六日，詔：「諸路州軍綱運，二廣、湖南北、江東西路赴江寧府送納，福建、兩浙路赴平江府送納，京畿、淮南、京東西、河北、陝西路及川綱，並赴行在左藏庫送納。二廣、湖南北綱運如經由兩浙路，亦許平江府送納，福建綱運經由江東、西，亦許赴江寧府送納。逐州府選委清（疆）〔彊〕官受納，專委通判監視，提點刑獄官常切點檢。如所在州軍輒敢移用，依擅支朝廷封樁法加等科罪。」以行在左藏庫隘陋故也。

九月五日，專一措置財用黄潛厚奏，乞諸路錢綱並赴行在左藏庫送納。從之。

八月〔三〕，發運副使呂源言：「綱運舊條，以二分力勝許載私貨，今官拘力勝，而所支二分加料雇夫錢米太微，必致侵盜。乞加料每十碩破一夫錢米。」從之。

十二月二十四日，江南西路轉運司言：「本路歲額上供糧斛，舊押綱使臣多爲發運司拘截，真、（楊）〔揚〕排岸司所遣者多浮浪不根及有因應募効用補授副尉之人，既無家業可以倚仗，兼不諳熟綱運次第。欲乞應有副尉乞押本路糧綱，並先令供具家業，及召命官或有物力人保委，審量心力可以委付，即乞發遣前來。」從之。

三年四月十日，詔：「東路軍民久闕糧食，已撥發上京糧斛，令尚書省差發運使一員，同本路漕臣專一往來催促起發，須管於七月一日以前起發盡絶。所在巡尉及應干捕盜官部領弓兵往來防護，各至界首交割，不管稍有疎虞。如有弛慢不職去處，令發運使按劾以聞，當議重行停降。」

十二日，司農寺丞蘇良治言：「淮、浙路并發運司綱運

〔一〕住：原作「往」，據本書食貨四三之一五改。

〔二〕天頭原批：「『從之』下接『八月發運副使』一條。」按，此批之意蓋謂將下文「八月，發運副使呂源言」一條移於此。

〔三〕按，此條又見本書食貨四三之一五「漕運」門。《補編》頁五七二「水運」門複文此處並無此條，蓋《大典》從别處移來，然當置於上條之前。

到京〔二〕，依條少欠一分五釐批發，及江、浙兩路轉般赴淮南用一分。今來車駕駐蹕杭州，節次即未有立定分數。欲乞將江東路糧綱依舊用一分法〔三〕，兩浙路地里不遠，權用五釐法施行。」詔已降指揮移蹕江寧府，重別措置，申尚書省。司農寺措置：「兩浙并江西路綱運少欠，乞用一分法外，若地里及三百里已下，乞用三釐法；四百里以下，乞用四釐法；五百里以下，乞用五釐法；八百里已下，乞用七釐法；一千里已下，乞用八釐法；餘並乞用一分法。若有礙分綱運，依京倉施行。」從之。

五月十六日，發運副使葉宗諤言：「押綱人乞依舊條酬賞外，更與減三年磨勘。近降赦書，除軍功酬賞外，其餘權住行遣一年。今來押綱人所得酬奬，乞依軍功例施行。」從之。

閏八月二十日，詔：「日後諸路送納綱運物色，除見 15 錢并糧斛赴建康府户部送納外，其餘金銀絹帛之類，并赴行在送納。其已降朝旨，江東轉運司收買大麥草數内及折變稅草，合赴建康府送納。」

四年七月三十日，户部言：「准都省批下發運副使宋煇劄子：『契勘本司舊行轉般，支撥綱運裝糧上京，自真州至京，每綱船十隻。且以五百料船爲率，依條八分裝發，留二分攬載私物；如願將二分力勝加料裝糧，聽。八分正裝計四百碩，每四十碩破一夫錢米。二分加料計一百碩，舊法每二十碩破一夫。建炎二年内裝發東京糧緊切，（晝）〔晝〕降聖旨，加料每十碩支破一夫。後來前本司官葉宗諤去年内得指揮，撥還東京糧料，沿汴少欠，就雇牽駕舟船。申畫指揮，加料依和雇客船例支給雇錢，入汴添支三分水脚錢，及舊法支給蘼蓆、刺水、鋪襯等錢；并管押人依條除本身請給外，重船又別給驛券。每運至東京卸納無欠折，轉一官資，綱梢並支撞岸及賞錢，所請脚剩等大段優潤。今來依奉聖旨，雇船起發浙西勸誘等米，其押綱除本等資序請給外，止添食錢三五百文，別無立定了納賞罰。兼本司見打疊舟船，團結官綱，起發行在物斛。浙西州軍至越州地里不遠，若不權宜立定賞罰，無以勸懲。今相度，除雇船自有立定地里水脚錢外，有官綱欲乞依本司昨來起發上京綱運例，除添支三分水脚錢不及外，餘依舊例支破。所有官、客綱人賞罰，（令）〔今〕以地里遠近、所裝米數參酌立定下項：賞：每運押米五千石以上，地（理）〔里〕至卸納處無違程，折會償納外少欠，依下項：副尉比折收使，八百里減磨勘二年半，五百里減磨勘二年，三百里減磨勘一年。罰：每運押米五千碩，少欠一分，使臣衝替，副尉勒停，仍根究致欠因依；七釐，展磨勘三年；五釐，展磨勘二年；三釐，展磨勘一年。』後批送户部勘當，申尚書省。本部今欲依本官所乞施行，内賞係別無少欠。倉部供到狀：近勘

〔二〕路：原作「洛」，據本書食貨四三之一六改。
〔三〕依：原作「用」，據《補編》頁五七三改。

當發運副使宋煇劄子，起發浙西諸州米斛至越州，乞依舊八分裝，每四十碩破一夫錢米，二分加一料，每二十碩破一夫，并以地里遠近賞罰。合支蘋蓆、刺水、鋪襯等錢，已勘當，依本官所乞。内押人依條除本身請給外，重船又別給驛券，緣今來止是一時裝發斛㪷，比之上京綱運，事體不同，若更破驛券，委是太優，欲乞重船日支食錢四百文省。」詔依。

十二月十日，度支員外郎韓球言：「欲前去饒、信等州刬刷錢糧，乞將沿流州軍并起發見錢，其不通水路去處依指揮變轉輕齎。」從之。

紹興元年三月十二日，户部言：「越州通判趙公竑言：『兩浙路見有起發米斛萬數不少，内有經由海道前來綱運，除官綱平河行運合依宋煇措置外，海道般運糧料係爲登險，理當優異。』本部今比附重別措置，每運至卸綱納處，無拖欠、16違限，折會償納外，依下項。内賞比平河已是優異，其罰格亦比附申請措置遞減一等。賞格：一萬石已下，所裝雖多者同。一千里無拖欠，轉一官；不滿一釐，減四年磨勘；副尉依使臣法比折收使，下准此。不滿二釐，減三年。五百里無拖欠，減四年；不滿一釐，減三年；不滿二釐，減二年。五千石，所裝不及五千石，若併押兩運如及所立之數，亦乞通行推賞。一千里無拖欠，減四年；不滿一釐，減三年；不滿二釐，減二年。五百里無拖欠，減三年；不滿一釐，減二年；不滿二釐，減一年半。罰格：欠三釐，展一年磨勘；副尉亦合此展。欠四釐，展一年半；欠五釐，展二年半；欠七釐，展三年半；欠一分，展四年；欠三分，拋失空船一十五隻同。使臣、校尉衝替，副尉勒停，仍根究致欠因依。」從之。

二十七日，户部言：「上供錢物糧斛，依法雖請降特旨截留借兑支撥，執奏不行。及承指揮，統制軍馬等官以便宜行事拘截上供錢物斛斗，官吏並流三千里，主司聽之，減三等。所有今後起赴行在送納綱運輒敢拘截卸納，亦乞朝廷嚴賜施行。」詔諸路應赴行在錢物斛斗，官司輒截留借兑支撥，並依上供條法指揮。

六月二十四日，户部言：「諸路歲起糧斛，舊制江、湖轉般，兩浙直達上京。比緣軍興，淮南轉般倉敖燒毁殆盡，其江、湖糧綱自合權宜直達赴行在。」詔依。

九月十八日，明堂大禮赦：「勘會糧綱舊六路直達法，卸納少欠一分五釐已下，本路備償折會，過一分五釐，即行根治〔一〕。比來行在下卸糧綱，因有司申請減下欠數，和雇客船填納不及五釐、官綱一分已下，方許批發歸回補發。緣此留滯綱船，淹延刑禁，無補公私。自今並依舊直達法施行。」

十月十九日，三省言：「保義郎翁㮚等狀：『准建炎四年聖旨指揮，措置收糴糧斛，每一萬石爲綱，選差有材幹使臣兩員管押。舟船綱運經由海道，載至福州交納，如無疎

〔一〕天頭原批：「『治』一作『究』。」按，指本書食貨四三「漕運」門複文。下同。

虞，依六月九日已降指揮，各與轉一官，仍與家便差遣。臬等於建炎四年十月内蒙差就潮州裝發三綱，每綱各一萬石，經涉大海，於今年正月内到福州交卸了足。切見成忠郎潘和等亦於潮州裝發綱運，前來温州交卸，各有抛失，亦已依前項聖旨各與轉官。乞行推賞。』」詔各與轉一官。

二年三月十二日〔一〕，詔：「應綱運不以人糧、馬料，不得在外一面支遣，並赴合屬倉分送納。如違，並從杖一百科罪。每名賞錢五十貫文，以犯事人家財充，仍先以官錢代支。」

三月四日，户部言：「應上供錢物綱運，欲令州縣遇裝訖，即時計所裝船隻錢物數目，押人姓名、離岸日時，先次飛申户部，仍關報前路州縣綱運官司，繼續催趕出界，依此飛申出入界日時，入急遞報户部，下所屬庫分拘催。」從之。

四月二日，紹興府言：「閩、廣、温、台二年以來，海運糧斛錢【17】物前來紹興府，並係至餘姚縣出卸，騰剥般運，而本縣常患無船〔二〕，不能同時交卸，往往留滯海船。今既移蹕臨安，緣自定海至臨安海道，中間砂磧不通南船，是致沿海之民歲有科調之擾。契勘明州自來有般剥客旅物貨湖船甚多，欲乞專委官一員措置，將閩、廣、温、台等處發到錢物斛斗，並就本州出卸，優立價值，雇募湖船騰剥，就元押人由海道直赴臨安江下。既得少舒紹興諸縣民力，又免海船留滯之患，糧斛不致失期。」從之。

十二月十九日，呂頤浩奏：「近遣郎官孫逸督江西上供米，比聞已起三綱，可準擬三十萬斛。」上曰：「江西漕臣不以時起，必待朝廷遣郎官催促，然後起發。如此，則漕臣失職，可黜責。朕嘗面訓都轉運使張公濟，俾先理會常賦。若常賦不入，乃反務横歛，非朕愛民恤下之意。」

三年四月二日，詔：「今後起綱，如本州差過三員皆未還任，接續有合發綱運，即先從倚郭縣差縣丞或主簿一員管押，以後先近遠於諸縣輪差。如被差輒敢規避，並從徒二年科罪。管押官候到行在，别無疎虞，依已降指揮推恩。」

十二月二日，户部言：「兩浙運判孫逸劄子：諸州縣起發綱運赴行在卸納，别無抛欠〔三〕，其管押人乞特行犒設。今立定下項：其錢於和糴場百陌錢内支破，如無見在，移文本路運司，於移用錢内限當日支給。三百里以上，三千石已上欲支一十五貫文省，五千石已上欲支二十貫文省；五百里已上，三千石已上欲支二十貫文省，五千石已上欲支三十貫文省。」詔依，今後如遇綱運卸納了當，别無緣故，排岸司非理留難阻節，官吏並從杖一百科罪。

三十日，户部言：「已降指揮：『兩浙諸州起發糧斛、馬料綱運赴行在卸納，别無抛欠，其管押人特行犒設，三百

〔一〕天頭原批：「按下有三月四日，此『三』字疑是『二』字或『正』字。」
〔二〕縣：原作「運」，據本書食貨四三之一八、《補編》頁五七四改。
〔三〕抛：原作「拖」，據文意改。

里已上，三千石已上支一十五貫，五千石已上支二十貫等。雖不及三百里已上，亦合比類犒設。』今相度，欲將諸州縣起到綱運如地里不及三百里，三千石已上支錢一十貫文省，五千石已上支錢一十五貫文省，特行犒設。」從之。

四年四月二十八日，内殿進呈造船文字，宰臣朱勝非等曰：「近來諸路般發綱運大段費力，雖州縣優支雇直，人户少應募者。蓋因軍興以後，船户例遭驅虜，民間莫敢置船。欲令兩浙、江東西路各造船二百隻，專充運糧使用。」上曰：「須於船上分明雕刻字號，諸處不得占執，雖奉聖旨，聽執奏不行。」

七月二十六日，户部侍郎梁汝嘉等言：「勘會提轄綱運官依法許將帶杖印隨行，自本路至國門以來，催促糧綱，有犯，聽勘決。若綱梢偷盜，官司故縱，留難阻節，許報所至監司追究。候催促了日，赴尚書省呈納足狀。續承朝旨：糧綱在路，提轄官端閑不爲催督檢察，致少欠數多，令每半年具催促點檢過事因并住滯官 18 司申部看詳施行。仍候六路提轄官到闕呈納足狀，從本部取索案牘點檢，歲終具逐官績狀優劣，申取朝廷賞罰施行。本部契勘：江、湖提轄官昨改隸充發運司提轄催促，緣後來發運司官屬已罷，惟兩浙路見在提轄綱運二員。自移蹕後來，其提轄官全無職事，又無治所廨宇，亦無申到催發糧綱文狀。今來起到糧綱，多有糠粃、損濕、少欠，事屬不便。兼即日駐蹕兩浙，地里比近，即與昔日事體不同。乞委自兩浙轉運司各出印曆，付提轄綱運官二員，於本路裝糧州軍不住互各往來，檢察催督。仍於州縣批書所至日分，依監司例，無故不得住過三日。候到，先從本司點檢，以憑本部不時收曆點檢。如有糧綱情弊，具提轄官事因申乞朝廷特賜施行。所有逐官合破乘坐舟船，仍令本司早依格應副，所貴有以責辦。」從之。

二十七日，詔：「使臣、校尉押發糧斛等到行在交納，無違程、拋失、少欠，或少欠不礙分釐，若納足，不願支給犒設錢，依立定：平江府、湖州二萬五千碩、秀州三萬碩，減磨勘一年。」

九月二十九日，户部言：「湖、秀州、平江府管押糧綱使臣、校副尉押發官綱米斛到行在，無違程、拋失、少欠，或少欠不礙分釐、次運補足之人，量與減年磨勘事，批送部勘當，申尚書省。本部勘會，近承朝旨，浙西管押糧綱使臣每遇裝發一千石，無拋失、少欠，并有欠不礙分釐、次運補足，別無違程，若不願支給犒設錢，平江府、湖州與陞三季名次。今來兩浙轉運司申明，校副尉押綱亦合依使臣體例推賞。本部今勘當，欲將使臣、校副尉押發糧斛到行在交納，無違程、拋失、少欠，或少欠不礙分釐，若納足，不願支給犒設錢，依立定：平江府、湖州二萬五千碩〔一〕、秀州三萬碩，已上二項減磨勘一年。平江府、湖州二萬碩、秀州一萬五

〔一〕五千：原作「二千」，據本書食貨四三之二〇改。

千碩，已上二項免短使，陞二年名次；如願換減磨勘九箇月，聽。平江府、湖州一萬五千碩，秀州二萬碩，已上二項陞一年名次；如願換減磨勘半年，聽。平江府、湖州一萬碩，秀州一萬五千碩，已上二項免短使，陞半年名次。」從之。

五年三月十五日，兩浙運副吳革言：「給事中陳與義奏：『州郡官民交病者，雇船以轉輸是也。乞令諸郡破官錢買民間堪乘載二百料已上船，仍嚴立約束，州郡不得他用，轉運司不得拘占。』有旨，令江浙轉運司措置。本司契勘：本路除温、台、處州不通水路，及臨安、鎮江府不係接目般運去處外，其餘州府每歲起發上供米斛、錢帛、馬料，欲依陳與義申請，令逐州和買堪好客船，以三十隻爲一綱。内秀、常、湖州、江陰軍、平江府係平河行運，衢、婺、嚴州係自溪入江，明州、紹興府運河車堰渡江，各買二百料、止三百料船，專一往來般運。本州合發行在錢斛，官司不許拘截及充他用，雖奉特[19]旨，許本司及諸州執奏不遣。如違，以違制科罪。所有合用價錢，乞特許借支不以諸司窠名錢應副，責令逐州收簇合充雇船水脚錢，分限一年撥還取足。一、合差梢工、橶手、牽駕人兵，欲乞令逐州府據每綱合破人數，依條於廂軍内選差有家累及諳會船水之人充役。如寔無可選差，即行招刺。其合用例物等錢，乞依買船例，不以諸司窠名借支，分限撥還。一、管押使臣、兵梢等合支請受、衣賜〔一〕、口券、錢米，州縣往往不依時支給，是致侵盜官物。今欲依令逐州據見今般運官綱，照驗本司所給隨綱拘管橶梢文曆，子細檢察的寔人數，遵依直達條法，限當日内勘給，於係省及移用錢内通融應副。一、所差押綱使臣，今相度，欲從本司於大小使臣、校副尉内踏逐寔有心力，曾經任無過犯、不係欠失之人選差管押，不許諸處抽差。一、起發物斛赴行在，合比較功過賞罰，除浙西已有紹興四年七月二十七日賞格外，浙東並經過大溪及錢塘江，即與浙西平河行運不同。今相度，欲乞將浙東逐州所起糧米赴行在，如無違程、抛失、少欠不礙分釐，若納足，不願支給犒設錢，内衢、婺、明州及一萬碩，紹興府、嚴州一萬五千碩，依前項已降指揮減磨勘一年，錢帛比類推賞。一、所買客船，所委官不切躬親看驗，信憑合干人與船户通同作弊，或受請求將年深不堪舊損船中賣，及虛增料例，大估價錢，其間寔係堪好舟船妄有阻難，百端情弊，乞覓錢物，及因緣搔擾，如有違犯，許諸色人告捉，供申朝廷，乞重施行斷遣〔二〕。仍每名特給賞錢一百貫，以犯人家財給告捉人充賞。」詔依，内第二項如敢大破虛樁人數，冒請錢糧，取旨重作施行。

四月七日，詔：「押綱人選法并差撥、資次、理任，並依舊直達綱運法。内見任官如係使臣，於本任別無規避，方

〔一〕天頭原批：「『衣』一作『依』。」按，見《補編》頁五七五。
〔二〕施行：原作「行施」，據本書食貨四三之二〇乙。

得正行差遣，並經本路轉運司投狀。如應得選法，即一面差訖，申尚書省。出給付身不圓，及不經吏部審量人，不在差撥之限。」

十一月二十五日，權户部侍郎張志遠等言：「諸州縣起發行在斛㪷綱運，和雇舟船裝載，依所降指揮，將合支雇船水脚錢以十分爲率，先支七分付船户掌管，若有欠折，並令船户管認。餘三分樁留在元裝州縣，準備糴填。納訖，不礙分釐，批發前去，少欠之數，其押綱官更不認數。户部契勘：兩浙州縣起發斛㪷至行在，地里止及數百里，其船户爲見有未支三分水脚錢可以糴欠，及爲州縣自來例不曾支還上件脚錢，無可指準，遂於沿路恣意偷盜官物，意在先指取合折三分錢數，因而侵用過多，無可償納。所有管押人亦不鈐束，容縱船户公然作弊，雖有少欠，令所屬監納，若不礙分釐，批發前去元裝去處補填。其州縣近來往往將船户三分水脚錢元不依數[20]樁管，或已別作支使，致船户詞訟不絶，其欠數遷延月日，不能補發了足。緣大數計之，失陷不少，若不別作擘畫，深恐暗失省計。今相度，欲下兩浙轉運司行下所屬州縣，今後和雇客船起發行在糧斛、馬料綱運，令元裝去處將合支雇船水脚錢盡數支付船户并管押人同共交領，仍措置鎖伏，多方關防，起發前來。若赴行在交納外有欠，令押人并船户同共認欠，除依條破耗外，以十分爲率，令押綱官認二分，其船户管認八分，只於行在填納，顆粒不得欠折。如將上件錢填納不足，委自司農寺監勒押綱并係干船户以隨行動使等出賣填納；猶不足，即移文轉運司，差人除程限十日，勒令元牙保人拘收産業出賣，發錢前來，須管補糴數足，庶幾不致綱運拖欠官物。其所屬官司不即支還脚錢，即許押人并船户、梢工經省部越訴。」從之。

十二月五日，禮部尚書李光言：「伏覩陛下駐蹕東南，江浙實爲根本之地，自興兵以來，科須百出，民力既殫，理宜優卹。今州縣綱運，漕司既不任責，轉輸之職，趣辦州縣。乞檢會舊例，應州縣上供及軍糧、錢帛等，並令漕司計置綱運，專差使臣團綱起發。其水脚、縻費等錢，乞依條將直達係省頭子錢樁充，漕司不得互用。」詔諸處轉運司措置，依此施行。

六年三月五日，中書門下省奏：「川陝屯駐大軍，屏蔽四川，歲用糧食數目浩瀚，州縣官吏所宜協力津運，共濟國事。軍前米糧大段闕乏，雖水運般發，每患留滯。」詔令趙開躬親前去軍前極力措置水運，如委寔般發遲緩，不能接濟軍前見今急闕，即隨宜從長措置施行，務要按月糧斛足辦。如少有稽滯，重作施行。

十一月十八日，四川安撫制置大使席益言：「蜀中民已告病，而軍尚乏食[一]，詳觀弊源，圖所以救之，不一而足。所以奏請轉般，欲於上流水澀之時，併運在閬、利近

[一] 尚：原作「向」，據本書食貨四四之一改。

處，春水生後，一發運至軍前，庶免如今年夏秋〔一〕，頓至闕絶，一也。又奏請於閬、利州就糴入中，庶免如今年多支脚錢而運遠路之貴米，二也。又於瀘、叙、嘉、黔等州打造運船，及自用收拾水流木、斫伐官地木造船，庶免向來拘船之弊，致客旅逃避，棄毁其船，官失指準，而又得綱運齊整，三也。秋初，於閬州急糴萬斛，以應軍前急闕，又遣官於軍前計議，於梁、洋就糴十萬碩，庶免向來陸運之弊，人民役死，田萊多荒，又得軍前早有糧餉，四也。行下三路漕司，任責起發合運之米，自五月後來至今，在倉米數起發將盡，庶免如向來積米在倉，軍前告乏，五也。又差本司屬官齎本司錢物往瀘、叙、恭、涪，依私下糴買新米，就近發赴軍前，却於西路水運最遠去處兑樁米數，省水運舟船之費，而民無科糴之苦，六也。」詔：「益前項措置事理曲盡利害，備見體國之誠，令學士院降 21 詔獎諭。」

七年二月二十九日，詔：「訪聞兩浙路諸州縣比因和雇舟船般發大軍錢糧，官吏並緣爲姦，多是立爲料次，預行過數科率民間見錢，規求贏餘，妄充他費。至如欲作某用，即支第幾料和雇船錢應副公私，侵欺藏隱，弊端百出，民甚苦之。除已令轉運司打造官船、計置綱運外，委提點刑獄官躬親遍詣管下州縣，子細體訪，如有違犯去處，按劾以聞，其官吏當重寘典憲；或監司隱庇不發，並當一例坐罪。仍令提刑司鏤板印榜，散給州縣曉示。」

十一年八月十六日，詔：「管押錢物及兩全綱，令六部對數增賞。今後管押人聽押至兩全綱止。」（以上《永樂大典》卷一七五四六）〔二〕

〔一〕夏：原作「下」，據本書食貨四四之一改。

〔二〕《大典》卷次原闕，今補，參上卷末校記。

宋會要輯稿 食貨四八

水運 三

【宋會要】

1 紹興十二年七月八日，户部言：「兩浙轉運司所發行在米斛，例各稽遲，訪聞多是押綱使臣等作過，沿路住滯，偷盜拌和，多致失陷官物，虚有費耗。相度得浙西秀、湖、常州、平江府、江陰軍地里遠近，紐計在路合破日分者：秀、湖州至行在地里〔一〕，秀州至行在計一百九十八里，計四日二時；平江府至行在計三百六十里，計八日；湖州至行在計三百七十八里，計八日二時；常州至行在計五百二十八里，計一十一日四時；江陰軍至行在，計七百三十八里，計一十六日。欲令裝發去處才候裝畢，於本綱行程上批定所定日分地里，於經由去處批鑿到岸及起發日時，候到卸納去處，伺候司農寺驅磨。如内有押綱不依今來立定日限、地里行運，在路無故違程，或有礙分少欠官物之人，並申朝廷嚴賜指揮施行。及沿路巡尉妄與批破程限，即從所屬按劾，依條施行。」從之。

十四年四月四日，户部言：「兩浙轉運司申：『乞今後押綱使臣、校副尉管押米斛〔二〕、馬料赴行在及軍前交卸，不以地里遠近，除破耗外，別無抛失，及少欠不礙所立分釐，次運（所）〔折〕會補足，別無違程，一歲内每綱累界押及三萬碩〔三〕，減磨勘一年。每增一萬碩，減磨勘一年。内馬料陸折推賞。從所屬勘會次第，保明申户部指揮推賞。』欲依本司所申施行。」從之。

十五年三月二十七日，户部言：「近來兵梢爲見所立分釐稍寬，公然偷盜，於沿路糶賣，止及所立批發分釐前來卸納，以致少欠數多。今措置，欲依前項所立分釐，止量度遞減一釐批發。其押綱押米少欠，非獨兵梢盜糶〔四〕，其間亦有元裝州軍專斗等意在拘收出剩米斛〔五〕，作弊移易，於交裝之時，減縮斗面優量；及當來糴納米斛多有濕惡，或米雜糠粞，致下卸攤暴，擲颺浄米送納，其欠折止令押綱兵梢備償。今欲行下浙西州軍，如遇當司押綱到來裝發糧斛，並仰於職官及司户、主簿或監當雙員更差撥一員〔六〕，於交裝倉分先次監視斗面，及封記過船堵面，方得發行，亦免偷侵之弊。如有欠少，依條施行。仍乞約束行在諸倉，今後交卸官物，並請監官躬親監視，兩平交量卸2納，毋令合干人作過大量，所貴不致虧損。」從之。

〔一〕按，此句似爲衍文。
〔二〕副尉：原倒，據本書食貨四四之一乙。
〔三〕押：原無，據本書食貨四四之一補。
〔四〕糶：原作「糴」，據本書食貨四四之二改。
〔五〕斛：原作「船」，據本書食貨四四之二改。
〔六〕雙：原作「一」，據《補編》頁五七六改。

七月四日，四川宣撫使司奏：「准紹興十三年冬祀大禮赦，内一項：『四川向緣般發糧運，泝流牽挽，間有抛失欠折之數，淹繫囹圄，償納不足，深可憐憫。仰宣撫司分委彊明官覈實，如委因風水抛失，即予蠲放；其有侵盜，已被拘籍財物，償納不足者，責限十日結絶，仍各録事狀以聞。』今據知恭州、權夔州路提點刑獄張茂申：取會覈寔到涪、黔、開、達州、南平軍等處共抛失米二千七百五十餘碩、錢六百五十餘貫，並係寔無家業償納。依赦合行蠲放。」詔依。

十六年二月九日，詔：「成都府路合應副紹興十七年水運對糴米，可依紹興十五年正月已降指揮減免施行。」以四川宣撫使有請故也〔一〕。

五月四日，上諭宰執曰：「聞日近綱運到，往往門外剥卸，再般運入倉，極爲費力。自有河道，可令開撩，恐漸致堙塞，非特綱運不通，商旅亦自阻絶。」

十八年五月八日，臣僚言：「竊見兩浙路運米使臣係（曹）〔漕〕司差募，例皆參部有礙，或貧乏不能待次，求爲押綱，志在盜糴官物〔二〕以給衣食。賞罰不能爲之利害，故勸沮不行焉。押米之法，最爲詳備，既不到部，則減展磨勘，遂成虚文，歲月滋久，積欠有至數千碩者，理難一併追索，不過行下所屬除豁兵梢請給，移文不已，實無有也。欲望改付銓曹，選有心力使臣管押，理爲短使，無欠而願一併押者聽之。如此，則畏勸行而官物不失矣，亦革弊之一端也。」詔令吏、户部措置，申尚書省。逐部今措置：「欲依臣僚所請，候兩浙運司實封報到合用員數，將前任請大添支回參部大小使臣先次差撥；如不足，大使臣差前任請驛料人，小使臣差合着常程短使人。其所差人，兩選隔間差撥，謂如報到兩員，各差一員。應副管押一次，更不摺運。如願再押者聽。差管押別無少欠不了事件，除所屬合得酬獎外，不以遠近地里，更與先次占射差遣一次。今後如遇兩浙運司報到合用員數，依此差撥。」從之。

十九年十月十六日，太府寺丞李壽奏〔三〕：「竊以國家常賦，皆自諸路綱運起發，俱有著令。比年以來，州郡、監司不務遵守，往往多差未出官選人管押，以覬賞典，多不得人，例將官錢變易，公然盜用。良由初官未諳世務，不知憲章，既無顧藉，得肆侵欺。欲望特詔有司申嚴行下，今後綱運不得輒差初官人管押，庶免欺弊。」詔令户部看詳。本部契勘：「合發錢物，全在當職官恪意選擇畏謹有心力官管押，所有未出官選人，竊慮其間亦有顧藉酬獎，可以倚仗之人。緣合得賞典太優，今欲下諸路監司、州軍，如差未出官選人押發綱運，令增倍管押，候到合屬庫務交納了足，止與依見行本等格法推賞。」從之。

〔一〕使：本書食貨四四之二作「司」，義勝。
〔二〕糴：原作「羅」，據本書食貨四四之二改。
〔三〕李壽：本書食貨四四之三作「李濤」。

二十一年七月二日，上諭宰執曰：「漕司米綱，近年多差本司使[3]臣，往往作弊，致濕惡腐壞。可令本司申吏、户部依祖宗法，差在部短使人，庶有顧藉，不敢作弊。」

八月七日，詔：「武畧大夫、筠州指使陳實追毁出身以來告勑文字，除名勒停，送歸州編管。」以實管押本州折帛錢綱赴池州、太平州交納，在路違法借貸，法當絞，特貸之。

九月十六日，詔諸路轉運司：「今後押綱使臣許於本路州軍見任指使（一）、准備差使内，踏逐選差有心力、可以倚仗之人。」先是，本司多差不曾到部、付身不圓、軍中揀汰使臣，無賴作過，官米濕惡，不堪支用。至是，户部有請，從之。

二十二年三月二十六日，詔：「四川監司、州軍今後募差管押綱運，須管先選有行止、可以倚仗官，及召有行止、付身圓備之人充保。如押人侵使移易，其保官與降兩官，元募差不當官吏，依紹興五年已降指揮降一官放罷，人吏從杖一百斷停。所少錢物，除押人依法斷罪，仍估賣家産填納起發外，如有未足數目，於干係人名下依條追理。」從户部請也。

十一月十八日，南郊赦：「勘會監司、州軍差委見任官管押綱運，交納别無違欠，合行推賞。内有依條不應差出官，以此不與推賞，無以激勸。今後似此之人，如無少欠、違程，與比附正押綱官減半推賞。」

十二月六日，户部言：「諸路合起發米斛赴行在，并外路卸納綱運，除官綱係差短使或指使，自有立定分釐耗折罪賞外，所雇客綱係逐州軍依見行條法指揮召募文武官管押，從來多無欠折，至卸納處並無耗折，如交納了足，方行推賞。近來所押客綱却有欠折，下卸去處便依官綱地里分釐除破耗折，暗虧官物。兼客綱自合依所降指揮，拘收水脚錢分數前來卸納處准備填欠，其客綱破耗，即與官綱事體不同。欲乞將江、湖等路今後如募差文武官管押客綱，破耗與比官綱減半除豁耗米，方得推賞。所有今來未申請以前元管押客綱未經推賞、破耗綱運，且依已保明到推賞事理施行，即於見行條法别無相妨，庶免暗虧官物。」詔依。

二十三年六月五日，户部、司農寺言：「契勘諸路起發斗斛赴卸納處，依節次所降指揮，押人已有等第推恩。内除兩浙賞格已是適中外，有其餘路分合起糧斛差募押綱，舊立賞典委是稍優。今相度，欲乞申明，將江東西、(京)荆湖南北、淮南路諸州軍今後起發米斛綱運至下卸處，差募文武官、校副尉并未出官選人及不應差出官，依見行酬賞指揮上各與三分内減一分，所有日前赴所屬納畢綱運，亦乞且依先保明到事理依舊推賞，餘依見行條法指揮施行，庶得均濟。」從之。

十八日，右正言、前崇政殿説書史才奏：「伏見諸路州軍起綱發納錢物，差官及使臣、衙前、兵梢等押赴行在所合

（一）「指」下原有「揮」字，據本書食貨四四之三删。

屬倉庫交納，至有折欠數，並將合干人押下排岸司追理。排4岸非行法官司，無所研問，得其人則使人監守，夜則寄禁錢塘、仁和兩縣獄中。其人皆遠去家鄉，無親故可以假貸，身爲囚繫，欲償無路，情不獲伸，徒淹歲月。凝寒烈暑，不得休息，糧餉不繼，困餓狼狽，纍纍相屬，而莫之恤。夫損失官物而責其備償，有侵盜貿易之弊者，付有司治之，則情可得而物可追，不待監禁之嚴，而弊已革矣。乞應倉庫交卸綱運折欠，並即時具名色、數目申解所屬，見得有侵盜貿易之弊者，送大理寺推治。其過誤損失，並押下元起綱處依法施行。況本處自有抵當委保與身分請給，皆可備償追足，附綱起發，則折欠可不擾而辦。」從之。

二十六年七月十三日，詔：「行在排岸司見監繫米斛綱運管押人并綱梢一百餘人，陪填在路批發折欠米斛〔一〕，皆是貧乏之人，無可填償，日夕飢餓，情寔可憫，並與繝放。外路有見繫似此之人，若非侵欺盜用，委是折欠，即依此施行。」

二十七年七月十二日，兩浙路轉運司言：「爲浙西州軍人户納苗米水脚錢赴通判廳、縣丞廳，於經總制庫收貯，并管押米斛、馬料赴行在及軍前交納，每船及二萬碩，計減磨勘一年，每增一萬碩，減磨勘半年。及押綱使臣〔二〕、兵梢合得請給，乞撥定州府應副，依條限幫支。」倉部勘當：「押綱使臣管押米斛、馬料赴行在及軍前交卸，除破耗別無拋失，及少欠不礙所欠分釐、次運折會補足，別無違程，一歲内每綱累押及二萬碩，乞許減磨勘一年，每增一萬碩，減磨勘半年。所有欠多押綱兵梢合該責罰，及兵梢納足特賞，並乞依見行條法施行。」從之。

二十八年七月三日，直敷文閣、新權江南西路計度轉運副使李邦獻言：「奉旨，令臣與李若川將江西路紹興二十一年至二十六年分已起未到米一百六十萬千五百餘碩〔三〕，疾速催趕前來，并未起七十萬五千二百餘碩併綱裝發，並限半年到行在等處。竊緣江西米運，其弊有五：一則押綱不得其人，二則官綱舟船滅裂，三則水脚糜費不足，四則不曾措置摺運遠邇〔四〕，五則卸綱處乞取太重，斛面太高，不除攧颺折耗，所以失陷數多。欲望許召募土豪及子本客人裝載，並與依舊例上更許搭帶一分私載，於裝發米處出給所附行貨長引，并批上行程赤曆，沿路與免商税，即不得留滯綱運。如不願請船脚錢者，管押及二萬碩，無少欠，與補進武校尉，二萬碩加一資，依軍功補官法。如土豪客船不足，許令逐州選差見任文官宣教郎以下至選人及武官大小使臣管押，若無欠少，與依紹興五年十一月立定賞格推恩。如一萬碩、一千里以下，減四年磨勘；二萬碩，更乞與

〔一〕折：原作「所」，據本書食貨四四之四、《補編》頁五七七改。
〔二〕臣：原作「司」，據下文改。
〔三〕一百六十萬千五百：本書食貨四之四、《補編》頁五七八並作「一百六萬四千五百」，當是。
〔四〕摺：原作「指」，據《建炎要録》卷一八〇改。

減二年磨勘；三萬碩，轉兩官止。」户部看詳：「一、乞召募土豪及子本客人裝載，今欲許召募有家業及得所押物數〔一〕，不曾充公 5 人，亦不曾犯徒刑，非兇惡編管會赦原免之人，當職官審驗詣實。其自備人船，每碩三千里支水脚錢三百文省。餘計地里紐支。許將一分力勝裝載私物〔二〕，與免收稅，批上行程，沿路照驗。若所供不實，或借人抵産，許人陳告，依詭名挾户條勑斷罪，財産没官。經由稅場，監官即躬親照驗放行，干繫公吏乞覓，論如監臨主司受財法計贓斷罪；無故留滯者，杖一百。到卸納處，依自來綱運條例，計地里除破耗米，如有少欠，候補足，保明申朝廷，降付户部勘驗，關吏部等處依今來修立賞格請降付身。所乞逐州選差見任文武官，今欲令江西運司於見任應差出之官内選差，或募寄居待闕官。召保官二員。除計地里合破耗外，如無拋失、少欠、違程，從交納官司保明，依今來修立到賞格等推賞。並重別增損，擬定賞罰格如後：土豪、子本客人運載米斛二萬碩，舟運每二萬碩轉一官資，通押及四萬碩，行放參部〔三〕，注授差遣。三千里以上，承信郎；二千里以上，進武校尉；一千里以上，進義校尉。右除地里折耗外，如少欠三釐以下，與依格推賞；如三釐以上，候補足日推賞。命官差募管押，賞：一萬碩，二千里以上無官欠，減四年磨勘；每加一萬碩，增一倍推賞。不滿一釐，減三年半磨勘；不滿二釐，減三年磨勘。一千里以上無官欠，減三年磨勘；每加一萬碩，增一倍推賞。不滿一釐，減二年半磨勘；不滿二釐，減二年磨勘。三千里以上，與遞增一等推賞。謂如元合減四年磨勘，而及三千里以上者，減三年磨勘之類〔四〕。罰：少欠三釐，展三季磨勘；每加一釐，展一季，展至一分止。少欠二分，每分加展半年磨勘，至四分止。副尉、下班祗應比類。少欠五分，命官衝替，副尉、下班祗應勒停。一、卸納處乞取太重，斛面太高，不除擲颺折耗。今欲令江西轉運司將合起米，先次差人别齎一般樣赴司農寺照會，候綱到日，申户部差郎官一員前去對樣交卸，不得將所起米擅便擲颺折耗，疾速交納。其合赴總領所米，亦合依此封樣，候到，差官交納。仍令户部長貳、總領官不測赴倉點檢，如有違戾，各仰按劾施行。其押到米與元樣不同，委有夾雜沙土，即申本部及總領所差官看驗，依條交卸。一、水脚縻費錢。本路所起米一百七十餘萬碩，有逐州隨苗收到水脚錢三十四萬餘貫，兼朝廷給降乳香套一十三萬貫，并就撥經制總錢十七萬八千餘貫應副裝發，本司自合將上件錢相兼措置起發。自餘押綱作弊，舟船滅裂，並係本司合行事務，欲下江西路轉運司一面措置。」從之。

〔一〕得：原脱，據《補編》頁五七八補。
〔二〕力勝：原作「力券」，據《建炎要録》卷一八〇改。
〔三〕行放：似當作「放行」。
〔四〕三年：似爲「五年」之誤。蓋此云增等推賞，元合減四年磨勘，則「三年」爲減等而非增等也。

九日，户部員外郎莫濛言〔一〕：「比來諸路綱運率多稽違，至有申到綱解經涉歲月而猶未至者，逗溜數旬，方能起發，致押綱人得以肆其姦弊。雖給行程文曆，所至計囑，妄作緣故，開破6月日。望飭諸路州軍，應起發綱運，具實離岸月日先申户部，仍牒前路州縣遞相關報，亦各具出入界月日開申。仍委本部以申狀類聚，候綱到，擇其稽違之甚，比較沿路留滯最多去處，令本路漕司根治。」上曰：「諸路綱運之弊，其來已久，蓋緣押綱之人多是請求而得，往往沿路移易官物，於所至州縣收買出産物貨，節次變賣，以規利息，至有一二年不到。此猶是不作過者，其間用意作過之人，公然乾没，量留些小至行在，謂之打官方錢。又既到之後，倉庫合干人等多量巧取，百端邀阻，其弊不可勝言者。卿等宜令逐一措置，革去弊源，庶幾不致失陷官物。」宰臣沈該等奏曰：「比因起江西米運，已令户部條畫措置，務要盡革宿弊。今濛又有陳請，當就令措置。」於是詔户部看詳。本路言〔二〕：「今欲將諸州軍申到綱解文狀，並行下太府寺籍定，將州軍綱運每半年一次，擇其稽違之甚者，申户部所屬曹分，行下本路漕司根治施行。」從之。

同日，詔：「諸路糧綱到行在交納，其受納官司往往取賂，斗器加大，擲颺欠折，致拘留押綱一行人在岸，催納欠息，急於星火，以致日久折賣舟船，填數不足。仰户部長貳契勘，自今糧綱欠折者，如委無欺弊，並先與責放，仍令牽駕空船各回本處，將合陪還確寔數目令本州尅納，依數補發。今後依此施行。」

二十九年四月十七日，權户部侍郎、兼提領諸路鑄錢趙令詪奏：「行在錢糧，全仰舟楫，而河水淺澀，留滯綱運。自臨安府至鎮江府沿流堰閘往往損壞，經久不修，走泄運水。望令逐州守臣差官前去相視計置，如法修整。」從之。

二十三日，詔：「今後除依條合團併錢物照應見行條法施行，其餘州軍合發錢物，並不得差募官附押兩州錢物。如違，將所押正綱合得酬賞減半，其附押官物請過水脚、縻費等錢，於違戾差押官司人吏名下追理入官，將所差違戾官司從杖一百科罪。」

二十八日，總領四川財賦軍馬錢糧所言：「四川押綱官不許附押他司錢物，并乞修立斷罪條。」户部欲自今後四川州軍諸司起綱去處輒差官附押他司錢物〔三〕，及押綱官受差附押者，準《紹興勅》諸因職事例受制書而違條科罪，受差官正綱合得賞典便行減半，脚錢追理發納。從之。

三十年四月九日，左正言沈濬奏：「竊見四方綱運輻輳闕下，頃以衙校管押，多致失陷，乃選差命官，俾任其責，遂定賞格以勉之，不然，罰亦隨至。今者有自川、廣數千里之遠，涉風波，冒不測，歷歲月之久，方抵闕下。幸而無虞，

〔一〕外：原脱，據本書食貨四四之五補。
〔二〕本路：似當作「本部」，即上文所云「户部」。
〔三〕輒：原作「輙」，據本書食貨四四之六改。

元數已足，方獲朱鈔；次經太府寺陳乞保明〔一〕，申部推賞。寺中阻難已畢，方肯申部，部中又復阻難。望下所屬官司，如已獲朱鈔，許令節次保明推賞，或有小節未圓，亦許先次放行。其或所屬奉行違戾，許部綱官 **7** 徑赴朝廷越訴，重行根治。」從之。

八月二日，臣僚言：「竊惟漕運所用，莫急於舟。江東諸郡皆雇客船，江西則於洪、吉、贛三州官置造船場，每場差監官二員，工役兵卒二百人，立定格例，日成一舟，率以爲常。運司募押綱使臣，悉由關節，訪聞一綱例行賂七百緡始得之，皆胥吏輩爲姦也。且以江東與江西事體相類，但江西運米稍多耳。江東每綱給水脚、縻費錢付之押綱官，令自雇客船及水手以往。客人愛護其舟，急去急還，不肯留滯。獨江西撥船發卒，一切仰給於官，較之江東雇舟，大不相侔。乞委江西帥臣或提舉常平司同吉、贛州守臣公共相度造舟與雇舟利害以聞〔二〕，別賜裁酌。」從之。

同日，臣僚言：「諸路轉漕米綱，最爲急務，前後條約，未免於有弊。且運司胥吏邀阻乞覓，篙梢乘此恣行侵盜，所以交卸虧折，不免監繫。不若令州郡自募，有合起綱等錢，就令趣辦。但運司每歲將上供米數着寔撥下諸州，以下卸去處分道里遠近，責其限程，時行比較，違戾者罰，其運使更不差官。又揀汰軍員置在州郡，多者百十人，少者三五十人，久在軍旅，練歷艱辛，今止分布守衙坐食，若令隨押綱官管轄照顧，必得其力。除見請受外，量支食錢，以夫船之多寡輪次差使。」户部看詳：「諸路綱運司及州軍指使〔三〕、準備差使有心力倚仗之人內差撥，江西許差土豪及選逐州見任文武應差出官及募寄居、待闕官管押，兩浙係差短使內有再願充押綱及付身圓備、曾到部使臣管押。緣逐路漕司並不遵守，致令乞覓作弊。今依所請，其所差揀汰軍員，舟船多寡，斟量差撥。」從之。（以上《永樂大典》卷一七五四六）〔四〕

【宋會要】〔五〕

8 紹興三十二年九月二十四日，孝宗即位未改元。權江淮荆浙福建廣南路提點坑冶鑄錢魏安行言：「乞自正月以來，募官押發今年錢綱，依舊以二萬貫爲一全綱，自二萬貫以上添押之錢，與據數推賞。謂如一萬貫合減十箇月零半月磨勘，五千貫合減五箇月零七日磨勘之類，不必須成全綱。如此，則易爲起發，免致留滯。」從之。

十月六日，詔：「諸路綱運起發，本州具的實離岸月日，及所經州軍亦具到發月日，並申户部。本部計程機察

〔一〕寺：原作「丞」，據本書食貨四四之六改。
〔二〕造舟：原作「造舟舟」，據本書食貨四四之七刪。
〔三〕指：原作「支」，據本書食貨四四之七改。又按，此句似有脱文。
〔四〕《大典》卷次原缺，按原稿，《大典》以上文字與上卷同爲一卷，因補。
〔五〕原稿此下原題「水運」，又有旁批「食貨三十二」，此爲《大典》之標題及事目。

住滯，如日數多者，下所隸運司根治其由。如興販以規利者，就令經歷所在常切覺察。」以新除福建路轉運判官王淪言：「近年以來，所在起發綱運動輒遲滯，由諸州不能預（辦）〔辦〕合發錢物，率皆前期虛申綱解，稽留累月，方能裝發。官物既足，又候水脚、縻費之用，亦復旬月，方能離岸。致部綱人寅緣作弊，貸用官錢，互市物貨，隱瞞征税，至併與全綱失陷，因而竄逸。上則有虧國計，次誤支遣，下則徒起刑禁，無所從出。」故有是命。

孝宗隆興二年七月四日，臣僚言：「昨因諸路州郡綱運遲滯，及有侵欺失陷，遂降指揮，令寄居待闕等官部押〔一〕，優立賞格，以爲激勸。積久弊生，其弊不一。其一請託之弊：或以親知，或以權勢，競生指占，甚致臨期旋相攘奪。其二侵害之弊：凡所差官或貪於厚利，則私將官錢貨鬻興販。其三夾帶之弊：既將所押官物轉變別貨，乃至隱雜禁物，引帶客船。其四僥冒之弊：部押之賞，朝官轉官，選人循資，而選人因其循資及占射恩例，便可別就改注。凡此四弊，皆歸於權勢有力之人賄賂請求，姦巧争奪。乞將諸州郡合發綱運，今後只差見任官管押，除本州職幕與諸縣知縣不許差外，餘皆先後轉差。若不及全綱，自有本州准備差使使臣，據其多少貼差軍員，亦可前去。其賞典且許依寄居未出官例，不爲不優。兼既有縻費、脚錢，其官吏與隨行人口券食錢之類盡不當破。所有四川係遥遠之地，即乞指揮令本路相度，從便施行。」詔令户部看詳措置。既而本部言：「欲下諸路監司，一依今來臣僚所請事理，令監司、州軍具見任依條合差出官并本州準備差使使臣，籍定先後姓名，將合發綱運通差管押，仍差軍員隨行防綱。到交納處勘驗，如委無欠損、違程，照應等第見行格法、未出官選人例推賞施行。押官口券更不添破。防綱軍員若不出給口券，竊慮闕食留滯，欲依舊出給。合團併州軍去處，依條團併起發。其四川至行在地里遥遠，亦依今來臣僚所請，行下監司相度經久，可從便施行。」從之。

十二月十六日，德音：「楚、滁、濠、廬、光州、盱（貽）〔眙〕、光化軍管内并揚、成〔二〕、西和州、襄陽、德安府、信陽、高郵軍，應[9]州縣倉場庫務但干係官錢物，并般押諸雜綱運往別處州縣收藏，或回易興販，不曾遺失者，候德音到，限十日經所在首納，並與免罪。如限滿不首及首納不盡，令監司、守臣究治，開具聞奏，重寘于法。」

乾道元年正月一日，南郊赦：「諸路州軍般發斛米，緣有折欠，其交納去處見將管押人并綱梢等送所屬陪填。訪聞其間有貧乏之人無力償納，日久徒有監繫，情實可憫，可將見欠五十碩以下並與蠲放。其欠五十碩以上人，除蠲免五十碩外，其餘所欠數目，行在委户部、外路委總領官，取見諳實，先後批發，押下元裝發州軍依數補糴。」三年十一月二

〔一〕待：原作「侍」，據本書食貨四四之七改。
〔二〕成：原作「城」，據本書食貨四四之八改。

日、六年十一月六日、九年十一月九日南郊赦，並同此制。

二十三日，總領淮西江東軍馬錢糧楊倓言〔一〕：「綱運之法，各以地里遠近，官爲破耗，不爲不優，而比來糧綱失陷官物十常二三，非皆風水之虞也。臣聞在京舊制，自發運司運糧入京，並於三司差人坐押，最爲良法。南渡以來，募官押綱，人但希恩賞，不量智力，而合干人始得肆其蠹弊矣。其終不過監係追納，或賣船填欠，或押歸本州補發，大則枉陷官物，次則部押官徒同被罪戾。欲降指揮，今後諸路糧綱在内於三司、在外於所料撥軍分〔二〕，每米一萬碩，差使臣一員、將校軍兵十人，於裝發州軍取撥坐押，赴倉交卸，破耗、水脚、縻費、賞格，悉依募官押綱條例均給施行。其於革絶侵蠹之弊，實非小補。」詔今後令户部、總領所相度措置差撥。

六月四日，詔：「諸路州軍起解錢綱，見以會子、見錢中半發納，訪聞諸州軍却將人户納到見錢避免起綱脚剩，兑换會子起解。可遍下州軍，自今後將應合起發錢綱並以十分爲率，權許用二分會子、八分見錢解發。」從户部請也。

六日，詔：「逐路轉運司自今差募押綱，須選擇清幹官管押。若依前作弊，從本部將元差官司取旨重行黜責，公吏斷斥，押綱官及兵梢等在内令司農寺下臨安府、外路令總領所下所屬根勘，依法施行，別行差人衝替。内押綱仍具所欠數目取旨。」

七月四日，户部言：「江西州郡每歲起發米綱應副江、池、建康、鎮江府等處軍儲，以路遠，多因管押使臣及兵梢沿路侵盜，往往少欠數多。又如上江灘磧，舟船阻滯。欲下江西轉運司，就隆興府踏逐順便高阜去處，改造轉搬都倉一所，官吏令運司就差。上流諸州縣合發米斛，自受納之日，便差定本州使臣或見任、寄居官計置舟船，每及三千碩或萬碩爲一綱，支給水脚、縻費等錢，先次起發，不必拘定。仍據隆興府轉搬倉至交納處合用水脚、縻費等錢數附綱起發，趁江水泛漲之時，徑押赴轉搬倉交納。每年所科逐軍米，各以三分爲率，二分令都統司裝載糧船，差撥官兵前去隆興府擺泊，伺候認數交裝，或就近便去處支撥起發。合用水脚、縻費等錢，將隨綱起到錢依官綱以地里遠近則例支破耗米。其管押官酬賞，亦與依見行條法推賞。餘一分令轉運司依舊用 10 官綱裝發。凡轉搬倉受納下米斛，纔及一綱，專委漕司日下支給水脚、縻費等錢，出給綱解，起發前來軍前下卸。欲自今年秋成爲始。」從之。

十月五日，權户部侍郎曾懷言：「乞下諸路州軍，將應起綱運自來年正月十分爲率，一分會子、九分見錢。内不通水路去處，依舊起發銀兩。」從之。先是，諸州綱運並要九分見錢、銀，一分會子，懷恐逐州銀價不等，以致折閲，因有是奏。

〔一〕西：原作「南」，據《景定建康志》卷二六改。
〔二〕料：疑作「科」。

十四日，詔：「諸路州軍今後起發糧斛綱運，於見任曹職官内差撥。如不足，即依已降指揮，差撥見任文武官或寄居待闕官曾經到部、付身圓備之人管押〔一〕。其合得賞典，依已降指揮，每押米一萬碩、一千里以上無抛失少欠，減二年零八箇月磨勘；一萬五千碩已上，紐計地里推賞，轉至一官止。」淮東總領韓元龍奏立綱賞，因裁酌而有是命。元龍仍請召募土豪，自用人船，每二萬碩、千里以上，補進義校尉；二千里以上，補進武校尉；三千里以上，補承信郎。仍許隨綱帶三分米斛興販〔二〕。如無抛折，給賞外，更免户下非泛科率半年。並從之。

三年二月十三日，詔：「今後糧綱有欠，並從司農寺一面斷遣監納施行。如情犯深重，事須推勘者，送大理寺。」以知臨安府王炎言：「《在京通用令》，諸官司事應推勘者，送大理寺。所有糧綱推勘，若有翻異，始合送大理寺，餘依祖宗條法施行。」故有是命。

是年三月一日，太府少卿魯訔言：「左藏庫逐時申解州軍綱運錢物，内有侵移少欠等。今來左藏庫即與司農寺事體一同，今後有欠，一面斷遣監納。如情犯深重，乞依司農寺已得指揮。」從之。

十一月二日，南郊赦：「諸路州軍起發金銀物帛綱運，内有色額低次之類，估剥虧官錢糧，行下補發。訪聞州縣監勒干繫等人及元賣鋪户均攤，竊慮貧乏之人不能（賞）〔償〕納，可將乾道元年赦前未追數目，如委是無可填納，並與除放。」

十二月十八日，高郵軍駐劄御前武鋒軍都統制〔三〕、兼知高郵軍陳敏言：「諸路糧綱交卸無欠，其人船合自卸所徑便發回，而總司舊例不問其欠之有無，悉令所屬解押人船，謂之出豁米數。押綱之人足矣，豈須全綱盡解？往往監繫日久，所費不貲，不勝其苦。乞下諸路交卸綱糧去處，須管用斛兩平交量，候足無掛欠者，其人船先令逐便，秪將押綱之人解赴總領所出豁。如此，使無欠之人免致失所。」從之。

四年三月二十四日，臣僚言：「浙西湖、秀、蘇、常、鎮江、江陰六州歲輸上供米，若令逐州選委官兵自行裝發，運之平河，刻日可到。向來漕司迺籍無顧（籍）〔藉〕人爲押綱使臣，積累欠折，已無可償。又令自招游手爲兵梢，支破廂軍衣糧，每遇欠折，即將名下日後衣糧預行椿尅，名爲折會。夫以無顧（籍）〔藉〕之官部無衣糧之卒，使之護送官物，殆猶餓虎守肉，責以不啗，其可乎？乞將湖、秀等六州上供斛斗責逐州委官自行裝發，漕司只是嚴限拘催。」從之。

五月七日，權户部尚書曾懷言：「奉詔措置倉場卸納綱運。今條具，欲下諸[11]路轉運司約束所部州軍，凡裝發

〔一〕付：原作「赴」，據本書食貨四四之九改。
〔二〕許：原作「計」，據本書食貨四四之九改。
〔三〕鋒：原作「綘」，據本書食貨四四之一〇改。

米斛，糜費、水脚等錢不以時給，及縱容減尅〔一〕，或故小量斗面，似此犯處，並依法斷罪。仍申嚴條令，於倉場門板榜示。衆綱運到岸，若有濕潤、砂土、糠皮，自有擲颺攤曬日數，即日並不遵依條令，祇據憑專㪷之口，致行用錢物，計囑求免。及應卸納綱運，司農寺丞簿亦不驗樣交量，止令公人取樣。其間行用者則免攤擲，無行用者恣縱作踐。今欲令司農寺官遇交納綱運，須遵條例躬親監視交量，以絶其弊；有犯，從户部覺察申罰。州郡支裝綱運，在法合用堵面印記封鏁。今欲下諸路轉運司申明條法，如卸納倉場驗無印記綱船，申司農寺依條按治。受納綱運，並係大小甲頭以上河入厫脚錢爲名，邀勒錢物，及計囑專斗，欲下司農寺常切覺察，有犯，送大理寺根治。倉場合干人欲勒令司農寺常切覺察，如有曾犯徒配、改姓名冒役之人，日下勒罷，立賞許告。押綱官及兵梢少欠米斛，出豁監納，往往令人代名，竊慮失陷不便，今欲日後遇有少欠，監管之人須將正身封臂施行。」從之。

五年十二月六日，户部尚書曾懷言：「乞下諸路監司、州軍，應今後所起綱運，須依法擇應差之人管押。如欠，令交受倉庫止據實納之數先給鈔，其不足之數並作未到，下元起州軍，限半月補發。」從之。

六年十一月六日，南郊赦：「諸路州軍起發金銀錢帛綱運，内有色額低次之類，估剥虧官錢數，行下補發。訪聞州縣監勒干繫等人及元賣鋪户均攤，竊慮貧乏之人不能償納。可將乾道三年赦前未追數目，如委是無可填納，並與除放。」

七年二月十三日，詔：「諸路漕司嚴責所部州軍，如綱運經由縣道，仰縣道官催督沿流巡尉護送，催趕出界，仍於行程内批鑿日時，交付以次去處。即有欠折，根究在經由界内偷盜作姦，將本縣及巡尉吏人配流，巡尉取旨施行。」從臣僚請也。

六月四日，户部尚書曾懷言〔二〕：「綱運不能如期，有悮指準，本部合差承受使臣十二員，欲於内將六員改作尚書户部催督諸路綱運，分差往來趕逐在路綱運，及催促諸州軍合發錢物，庶免留滯拖欠。仍從本部於見任或待闕已、未到部大小使臣内，不以有無拘礙選差，理爲資任。任内催納綱運别無違滯，即與減二年磨勘，占射差遣一次；如所催違滯，及事有不辦〔三〕，亦賜責罰。若委有才力，保明再任，仍不許差官待闕。」從之。

九月二十二日，户部郎中、總領湖廣江西京西財賦呂游問言：「郢州至襄陽盡是灘磧，尋常綱運有三兩月以至半年不到者，致押綱與舟人通同作姦。欲於郢州要處添置撥發船運官一員，專一撥發綱運，不令失欠。職事修舉，與

〔一〕縱：原作「蹤」，據本書食貨四四之一〇改。
〔二〕「户部」下原有「言」字，據本書食貨四四之一一删。
〔三〕辦：原作「辨」，據本書食貨四四之一一改。

減磨勘三年。」從之。

十月十三日，詔：「自今廣南市舶司起發粗色香藥、物貨，每綱以二萬斤正、六百斤耗爲一綱。如無欠損、違限，依押乳香三千斤例推賞。其差募官管押等，並依見行條法。」

八年正月一日，詔：「自今寄居、見任文臣不限京、朝，武臣不限12大、小使臣，歷任無贓罪，並許押綱。其見任官須應差出者。唯應奏薦之官不得以綱賞湊理磨勘。選人未出官，亦許募押。其合得酬賞，循資外即不免試注授，聽於後任收使。其綱運地里不該減磨勘，到部合陞名次，選人與在外指射差遣，使臣與免短使。」先是，上封者言：「諸路錢米綱運近多少欠，今取會乾道五年、六年行在綱運，兩年計欠錢二萬四千九十四貫，米五萬一千八百九十三石，料四千五百六十九石，其三總領所綱運少欠不在此數。皆緣所募押官多無行止，非理妄用，致綱運敗壞，積弊日深。若不措置，慮暗失歲計，望少更押綱之法。」故有是命。

三月十三日，詔：「近年押綱偷盜之弊不一，全無忌畏，合別措置。令户部一一相度措置，申尚書省。」户部言：「差撥押綱不當，即先將押綱官依法施行外，所差當行人亦估賣家產，均陪欠物；其知、通、當職官取旨。其交納官司無令大量斗面。官綱兵梢，今後裝發州軍量地里遠近，約度阻風期日，寬支請給，無令闕食。管押米斛綱運，一萬石以上，差押綱官二員，合得酬賞許行分受。仍不許押二萬石以上。綱運經過場務，須管當日檢喝，即催趕離岸，場務官仍於行程曆内批説某綱於某日到岸，某日某時起發，以憑驅磨。故作留滯，場務主吏從徒二年斷斥，監官取旨。承前押官止令斗子認欠，全不任責，今後所差押綱並認折欠。在路所給行程，往往妄作緣故，乞自今後綱運到岸，行在委司農寺、外路委總領所，期一日先索曆驅磨，如違程，或妄作緣故，量事斷遣。若所破日限數多，即將押綱官并巡尉取旨。和顧客舟，往往牙、保人作弊，乞自今後須和顧子本客船，如依前致欠，即將和顧牙、保財產均陪。諸路州軍綱運所至州縣，令催綱、排岸官司躬親索元給行程綱解一一點檢分明，批所給行程，催趕離界，仍遞報前路官司。如有偷盜欠數，即飛申所屬。若催綱、排岸官司及經由之處不即催趕譏察，令本州按劾。仍令催綱、排岸官司旬具界内有無催過綱運名數〔一〕，飛申户部。」從之。

五月十七日，詔兩浙路轉運司復置提轄催促綱運官一員。以本路計度轉運副使沈度等言：「隆興二年，減罷催促物斛等官四員，自後乏使，乞仍舊增置。」故有是命。

十一月十二日，權户部尚書楊倓言：「諸路州軍起發金銀錢物米斛綱運到行在，依元旨，寺監差丞、簿一員輪日監交給鈔。比緣左藏庫提轄官監給，其太府寺官絶不前往。欲望自今依舊太府寺輪日差丞、簿監交給鈔。」從之。

〔一〕旬：原作「勾」，據本書食貨四四之一二改。

九年閏正月十三日，詔：「諸路州軍起發米斛錢物綱運少欠人，見監繫在行在官司，未能填還。可將兩(浙)〔浙〕州軍欠一分以下、餘路欠一分五釐以下，並日下權批發一次，押下臨安府，送元起州軍追理補發。其見監兩浙欠一分以上、餘路欠一分五釐以上之人，候納及前項分釐，并雜物綱，令所屬庫分將元押及見欠數目估價紐折，依此施行。」

二月十五日，13權戶部尚書楊倓言〔一〕：「乞下諸路州縣，今後錢物糧斛綱運止令州縣長官任責，照已得旨依公選委才力能部押人，於綱解內明具元差守令職位、姓名，如有失陷，從戶部開具取旨。監司即不許差撥，若有差撥，亦具姓名以聞，所差官更不理賞。」從之。

十月六日，臣僚言：「兩(浙)〔浙〕州縣所發綱運無不欠者，嘗究其原。向來臣僚申請，每綱(拖)〔拋〕欠及一分，方送有司究弊，所押綱之人守法而不敢輕犯。後來獻說者止欲從窄，減作五釐。且以米一百碩論之，五釐即五碩耳，其使之全無侵蠹，當風擲颺，東量西折，亦恐不免五釐之少。如是，則舉無納足之綱，是絕其自新之路，啓其作弊之端。乞將兩(浙)〔浙〕綱運依舊欠及一分，方下有司根治。」戶部契勘：「欲將兩浙綱運少欠五釐以上、一分以下之人，立限二十日糴填。候及五釐，即押下元裝州軍依限補發。限滿不足，行在令司農寺、外路總領所送所屬根究，依法施行。少欠一分之人，亦令限十日糴填；不足，即送所屬根究。餘依見法〔二〕。」從之。

十一月九日，南郊赦：「諸路州軍起發金銀物帛綱運，內有色額低次之類，估剝虧官錢數，行下補發。訪聞州縣監勒干繫等人及元賣鋪戶均攤，竊慮貧乏之人不能償納。可將乾道六年赦前未追數目，如委是無可填納，並與除放〔三〕。」(以上《永樂大典》卷一七五四七)

陸運

【宋會要】

凡陸運，川峽諸州軍金帛自劍門列置遞夫，負搭車輦以至京，或轉支至陝西、河東沿邊供軍。廣南諸州自桂州由湖南、北、江陵、荆門而至；福建自洪州渡江，由舒州而至。又有川(陝)〔峽〕布綱供京西諸軍用度者，由荆南、襄州列遞轉送。舊自廣南至京，有香藥遞鋪，今亦罷去。諸州陸運，惟主綱者部送，道路給券，不置使主之。諸邊戍軍衣賞給，亦多陸運送致。

太祖建隆三年三月，詔三司：「起今戍軍衣，並以官脚搬送，不得差編戶民。」

〔一〕倓：原作「琰」，據本書食貨四四之一二改。
〔二〕餘：原作「除」，據本書食貨四四之一二改。
〔三〕天頭原批：「缺淳熙以後，應補抄。見『漕運』。」按，見本書食貨四四之一四至四四之二一。

乾德六年五月，詔曰：「王者之道，使人以時，非惟不奪於農功，亦冀無煩於民力。自今應諸道州府軍縣上供錢帛，並官備車乘輦送。其西川諸州合般錢物，即於水路官自漕運，不得差擾所在民人。仍於逐處粉壁揭示詔書〔一〕。」

太宗太平興國七年二月，詔：「先是，劍南兩川、嶺南、荆湖、陝西諸州每歲上供錢帛，悉發民負擔，頗爲擾，宜罷之。自今並以傳置卒充其役。」

至道三年十一月，詔曰：「西鄙運糧，蒸庶勞弊，近遣諸軍輓送，所以息民。今嚴冬在候，士卒亦宜放歸，仍賜緡帛。」

真宗咸平四年八月，詔：「至道三年部糧草入靈州官員，自來不該元降勅命酬奬者，並特放選，注家便差遣。」

十月，詔曰：「國家以近邊諸郡式遏寇戎，歲屯萬旅之師，日有千金之費。雖賦租無闕，量經費以滋多；而轉餉頗勞，在久長而可慮。14主其豐耗，屬在計司。免貽旰食之憂〔二〕，爰訪贍邊之畧。佇聞婉畫〔三〕，式副虚懷。宜令三司三部衆官同共商議，擘畫久遠，常得辦濟〔四〕，不致悮闕，仰一一具奏。仍差吏部侍郎陳恕監議。」至十一月，恕等條上利害。事具「監門」。

五年七月，詔户部判官凌策與江南轉運使同計度，罷省自京至廣南香藥遞鋪軍士及使臣計六千一百餘人，皆陸運至虔州，然後水運入京。

大中祥符元年三月，徙麟州、府州戍兵及鈐轄於河東。以邊部寧謐，減轉餉之煩也。仍（令）〔令〕轉運使於河西預積芻糧，以備緩急，免非時擾民餽送。

九月，詔：「福建山路險惡，其輦致官物軍士自今遇旬休節序，並特給假。」

七年四月，詔：「廣南諸州上供物色，雖綱運不多，如聞皆自本州專差牙校管押赴京，地里遥遠，頗聞勞止。自今並令減省其數，遞送赴闕。」

八年閏六月，詔：「廣南、西川京、朝，幕職，州縣官丁憂離任，情願管押綱運者並聽，仍給驛券。」

九年二月，詔：「如聞廣南上供綱運悉令官健護送至闕〔五〕，頗亦勞止，自今令至虔州代之。」

天禧元年七月，知許州向敏中言：「京西轉運司支撥均、襄、房、鄧州軍見錢於許州下卸，支與西京及諸州充備收糴斛㪷。先准見錢不得令遞鋪遞，若止差衙前破官錢顧脚搬載，自是衙前人因搬錢陪補，破産者甚衆。況（至）〔自〕襄至許，香藥遞鋪別無大段綱運，其計度收糴斛㪷價錢，欲乞權且入香藥遞鋪遞至許州下卸，候轉遞諸州（收）糴斛㪷價錢有備，即依舊制。」從之。

〔一〕粉壁：原作「粉粉壁」，據本書食貨四二之一删改。
〔二〕旰：原作「盱」，據本書食貨四二之三改。
〔三〕佇聞婉畫：原脱，據本書食貨四二之三補。
〔四〕辦：原作「辨」，據本書食貨四二之三改。
〔五〕天頭原批：「『綱』一作『銅』。」按，作「銅」者今未見。

十(一)〔二〕月十二日〔一〕，詔：「京東西、河東、河北、陝西、淮南等路州軍上供綱運，陸路至京者在道苦寒，宜分差使臣馳驛往逐州，應有綱運到處，悉令准數交納，置庫收管。其部送牙校當給日食者勿停留，至來春輦送赴闕。」

十五日，詔：「河東沿邊諸州軍，河外麟、府州〔二〕，歲調民輦送芻糧者，宜令特免一年。」

四年十一月，詔罷河東沿邊州軍明年轉般芻糧。以本路轉運司言邊儲有備故也。

五年八月，三司使李士衡言：「京西、河北轉運司元規度於河東晉州發斛斗三十萬赴滑州，山路艱險，慮或稽期，欲止於滑州、通利軍入中，優給其直。」從之。

乾興元年十二月〔三〕，仁宗即位未改元。上封者言〔四〕：「兩川四路物帛綱運，每日遞鋪常有積壓，主持人等搬運苦辛，科率之時，不無勞擾。國家取之無窮，使蜀中物價何由平賤？望以兩川所發綱運一年計其數，於內詳酌不急之物，可與減放二三分，庶使遠民寬裕，聖澤普均。」詔三司定奪聞奏。三司言：「兩川疋帛，自來計度每年聖節、端午、十月一日內人春冬衣賜〔五〕，并准備非時傳宣取索及國信往來，兼應副南郊支用綾羅〔六〕、錦綺、鹿胎、透背、欹正、生白、大小綾花、紗絹等，下益、梓州兩路織買出染，并逐州依久例，於出産州軍逐旋計綱起發上京，於內藏庫送納。今詳所陳，乞與減二三分，誠爲便民，其如國家年計支費不少，若或減省，深慮闕供。今定奪，除錦三十五段全減不織造外〔七〕，其餘欲且依舊。其絹、布、紬、絲、綿自來於益、梓、利、夔15四路轉運司轄下州軍每年買納〔八〕，除應副陝西、河東、京西轉運司及本路州軍衣賜支遣外，如有剩數，即令逐州軍差人管押上京送納〔九〕，即每年省司元不曾樁定上京數目〔一〇〕。所有自西川水路起發布帛六十六萬疋赴荊南水路轉搬上京，並要應副在京并京西州軍衣賜支遣，今定奪難議減省，欲且依舊。」從之。

仁宗天聖元年五月，三司鹽鐵副使俞獻可言：「乞下陝府西路轉運司指揮鳳州或鳳翔府，每川陝綱運到驛，令稅務監官每十(檐)〔擔〕計抽揀一兩(檐)〔擔〕，如有影帶疋帛，盡底點檢勘罪，依條施行。」從之。

七月，三司言：「陝府西路轉運司奏：『轄下沿邊四路州軍大屯軍馬，每年支撥軍須物色萬數不少，逐州軍所管

〔一〕十二月：原作「十一月」，按《長編》卷九〇此條及下條詔均在十二月，據改。
〔二〕州：原脱，據《長編》卷九〇補。
〔三〕乾興元年：《長編》卷九六記於真宗天禧四年閏十二月，疑此誤。
〔四〕者言：原作「言者」，據本書食貨四二之七乙。
〔五〕日：原脱，據《長編》卷九六補。
〔六〕綾：原作「凌」，據《長編》卷九六改。
〔七〕錦：原作「綿」，據本書食貨四二之七、食貨六四之二〇改。《長編》卷九六作「綺」。
〔八〕天頭原批：「『轄』一作『轉』。」按，指本書食貨四二之七。
〔九〕令：原作「今」，據本書食貨四二之七改。
〔一〇〕曾：原作「拋」，據《長編》卷九六改。

衙前人數又多例各一年兩次差遣。當司相度，欲依河東轉運司例，每年於在京駞務差撥駱駞二百頭，差殿侍或三司軍大將四人，每人分駱駞五十頭，就近於草地牧放餵養，准備沿邊州軍緩急少闕軍須物色，立便抽差部轄，管認般送應副，不至撓民。』詔下三司定奪。省司檢會：「在京見管駱駞無多，即目在石州牧放未迴。今欲先於石州見牧放數內就近支撥百頭赴陝西交割，即令本路破係省錢收買，就華州華陰縣界泉店牧放。其軍大將即從省司差。應有鈐轄事件，並依河東路駱駞般運條例。」從之。

二年五月，詔：「蜀州四縣折納夏秋税布，從來止令本州打角，差夫般往新津縣堆貯，候交與押綱人員、使臣入船，下往嘉州合併起發。所差人夫倍多，擾費民力。自今止令新津縣置庫受納，候及數目，就彼計綱打角，支與水路綱運起發。合銷庫屋下蜀州脩蓋，逐年依條差專副，只委新津知縣、監押同受納。」

十月，詔：「應外處請賞給折支物色，自來管押使臣三班院差定，慮不知外處差人等候，同共請領，妨滯起發。自今三班院應承受得密院劄子，並書鑿到院月日時辰，於當日或次日定差，當降宣命。如稽遲，勾押官已下當勘罪施行。」

五年二月，京西轉運司言：「唐、汝、隨、郢州、光化軍月收諸色課利錢，除留州支遣外，其餘自來並入香藥遞赴許州下卸，應副以北州軍糴買糧斛及諸般支用。自編敕條貫後，不得入香藥遞鋪搬運，諸州軍止差衙前支官錢雇脚般載，陪備錢物，或致破産。勘會均、襄、房、鄧州軍錢已許入香藥遞鋪轉送外，上件諸州軍欲乞依例。」從之。

六年正月，陝府西路轉運使杜詹言：「本路沿邊環、慶、鄜、延、原、渭等州軍屯泊軍馬，支費見錢不絶，供饋或至少闕。欲將近裹州軍每月課利見錢，勘會就地里近便送納，那近邊場務課利見錢在邊上送納，免致闕絶。兼逐處場務勾當人但於就近送納，免差衙前般運陪備及兵士搬擔辛苦，枉破地里脚錢。」從之。 寧州彭原、赤城、寧羌、午狼、楚村、王澤莊、狼山等務，並赴慶州； 邠州永昌、韓村、秦店、左勝、洪河、龍安莊、曹公莊、房陵村、李村買撲石炭，定平縣、張村、陵頭村等務，並赴寧州； 乾州麻亭、郭下、永壽鎮、【16】新店、平泉村、蓋村、東大樹村、北務村、巨家莊、馬坊村、南舜城、羊馬店、權家莊、下交、秋林村、梁店、蒿店、常寧寨、平陽村、永寧村、白石泉等務，並赴邠州； 永興軍興平縣、甘北、醴泉縣、臨涇、武功縣、甘河等務，並赴乾州； 鳳翔府普潤縣、麟遊縣、崔模、法善寺、洛谷、扶風縣、盩厔縣、清平鎮、岐陽鎮、坧子坑等務，並赴乾州〔一〕； 華州華陰縣、關西鎮、常樂、車渡〔二〕、荆姚、漢帝、下邽、來化、敷

〔一〕並赴乾州：前已有此語，兩「乾州」當有一誤。疑當作「涇州」，參見本書食貨四二之一二校記。

〔二〕車渡：原作「庫渡」，據《長安志》卷一八改。

水、泉店、潼谷、蒲城、零起、石炭店、渭津渡、晉興渡、曹村渡、温湯渡、普濟渡、黄城渡、索曲渡、嚴信渡、姚渡、使渡等務，並赴同州；〔同州〕韓城縣務赴丹州，白水縣務赴坊州。

五月，京西轉運司言：「據襄州狀：『逐年准轉運司牒，輪差轄下十餘州軍衙前往荆南般布十萬疋赴當州下卸，准備以北州軍般取充軍裝。州司檢會：荆南先造船十隻，遇諸州軍抽差綱副到般請布帛，逐州更差人員、兵士五十人往彼牽駕。上水灘磧，或至一年方到州，縱不遭風水疎失，須有上霑下濕，水漬鼠傷，估剥虧下價錢不少。復近年以船造年深，釘板疎漏，不任裝載，逐年綱副自雇舟般運布，每萬疋出雇脚錢百貫，并緣行它費不少。州司相度，當州南路省遞鋪，逐鋪各管兵士十餘人，日前曾般運南來香藥，自來轉江上京，遞鋪兵士别無般送。欲自當州至林湖鋪，荆門軍界至荆南諸鋪，各添兵士及二十人，置小車子十兩，每兩推載布二百疋，日運二千，計五十日十萬數畢。或阻陰雨，至兩月可畢。其添兵士却遣歸，小車子即委巡鋪使臣拘收封鏁，准備逐年般運，免致衙前陪備脚錢。』欲乞依襄州擘畫施行。」從之。

八月十五日，三司言：「益州路轉運司奏：『據邛州狀：每年起發上京等處綱運，乞於本州并蜀州新津縣各留兵士五十人、節級二人在彼守候綱運，般遞至益州遞鋪交割。已移文本州，今後遇起發綱運，即於本城兵士輪差般擔至益州。今知邛州萬可觀奏，乞相度邛、蜀州差兵級般擔上京綱運至益州，並一年一替。當司看詳，邛、蜀二州非要衝道路，逐年起〔撥〕〔發〕應副河東等三路物帛綱運，并非時差人般請馬藥等，并是常程綱運，别無外路州軍綱運經過，不至煩併，逐年已令依差出兵士在外例日給口食。今相度，乞依舊於本城兵士内輪次暫差，仍乞依當司所奏，邛州添招克寧兵士七十人，蜀州添招百人，用填闕額人數。』省司欲依轉運司所奏施行。」從之。

八年五月六日，上封事者言：「普、遂等州諸般綱運，州縣差借人夫般擔至梓州，方有遞鋪兵士轉遞。伏緣川中時物常貴，差借人夫山路遥遠，不支口食，亦甚不易。切知資、簡等州差借人夫般擔綱運至益州，自來官給米日二升。欲望應川中不置遞鋪、權差借人夫般擔綱運去處，每日官支口食。」詔下益、梓、利、夔四路轉運司相度，皆言其便。復詔三司：「今後四路州軍差借人夫般運上京并河東、陝西路州軍綱運，即每日人支口食米二升；止轉般鄰近州軍官物，即不支。」

慶曆四[17]年正月十二日，河北、京西、陝西、河東路當遞鋪軍士特支錢有差。時雪寒，輦致綱運辛苦故也。

嘉祐六年四月二十一日，詳定寬恤民力所言：「屯田員外郎陳安道言：『諸州軍衙前般送綱運，合請地里脚錢，逐處須候運畢方給。緣顧覓脚乘，打角官物，須至陪取債負及賤買畜産〔一〕，如地遠州軍，不免侵使官物，致陷刑憲。乞今後應衙前般請綱運合支脚錢者，並於請物州軍先次支給，關報受納州軍照會。其送納綱運者，於起發州軍先次支給。如願運畢請領，各聽從便。』詳定所檢會《慶曆編敕》，上供及支撥官物等，如官有水陸迴脚，並許差人管押，附搭送納。其陸路無官般及無軍人者，許破官錢與管押人和顧脚乘，仍依圖經地里，每百斤、百里支錢百文。急速輦運雇傭不及，即差借人户脚乘，仍具事由聞奏。其川峽有水路不便者，轉運司計度般運。今安道所申，自合依條於請物州軍先給脚錢。切慮州軍候運畢方給，致使衙前重有勞擾，乞令今後押綱運和雇脚乘，依上條施行。」從之。

神宗熙寧四年二月二十一日，詔：「近借内藏庫錢六十萬貫充河東、陝西路折斛錢，宜令於數内先撥三十萬貫赴河東，令三司選使臣、軍大將差船般至河陽，令京西轉運司和顧脚乘，或差兵士，轉送赴河東路近便州軍交納。如無住滯，使臣與先次指射優便差遣，軍大將與減磨勘一年。」

六年七月二十八日，鄜延路經畧司言：「支封樁錢於河東買駞三百，以運沿邊急闕糧草。」從之。

十二月十五日，成德軍言：「在府場務差遣參用禁軍軍員，惟管押綱運只差三百料錢已下不教閱厢軍人員。」詔從之，仍不得妨本營部轄。

九年八月二十六日，熙河路經畧安撫使高遵裕言：「勘會見屯軍馬，雖累牒轉運司廣作擘畫，應副糧草，其差顧蕃脚，亦非人情所願，難以常行。乞令速行計置糴買，及別立般輦之法。」乃下秦鳳等路轉運司，於是轉運判官孫迥言：「自來多和顧蕃脚般運糧草，支與見錢，亦不聞曾有嗟怨。遵裕奏乞罷顧蕃脚，令轉運司別立輦運之法，幸本司不能供（辨）〔辦〕，即坐不職之罪，竊慮縻壞邊計。」詔顧蕃脚，令户房申行下。

元豐四年四月七日，梓州路轉運司言：「都大經制瀘州夷賊公事司牒：將來入界，節次聚糧迴運，乞差顧夫五萬，本路四萬，成都府路六千，夔州路四千。」從之，仍令所差顧人、牛等，先於本路；如不足，於夔路；又不足，方於成都路。

二十七日，中書言：「勘會變運川峽路司農物帛等〔二〕，般運已至陝西，有合變轉措置，令逐路提舉司除銀并紬、絹、布依省樣可充支遣者存留，其餘變轉、移徙、出賣，或折博糴糧斛，并於邊要州郡樁管，限一月結絶。川峽至陝西在路未般物帛〔三〕，慮有損失，仰催促般運。如闕鋪兵，亦許顧人併力輦致，所費錢並於變轉錢内支。」從之。

十月十二日，詔：「河東差夫及餽運乖方，命按閲三路

〔一〕買：疑當作「賣」。
〔二〕「變」下原批「通」字，「峽」原作「陝」，據《長編》卷三一二删改。
〔三〕「峽」原作「陝」，「在」字原脱，據《長編》卷三一二改補。

集教義勇保甲趙18咼權主管都轉運司，俟事畢依舊。令選官於潞州置司〔一〕，械陳安石、黃廉劾罪，莊公岳、趙咸，俟隨軍回取旨。其按閱集教義勇、保甲，止令李舜舉往。」上續批：「陳安石、黃廉可且令送獄收禁劾之。」先是，上詔咼等曰：「聞河東轉運司應副軍事，調發人夫，不量民力厚薄，致有實不可勝，屢經州縣號訴者。卿等可因按閱所至廉問，如委有措置乖方事狀，馳驛以聞。」至是咼等體問得運司昨差夫萬一千隨軍，坊郭上户有差夫四百人者，其次一二百人，願出驢者每三驢當五夫，每五驢別差一夫驅喝。一夫顧直約三十千以上，一驢約八千，加之期會迫趣，民力實不能勝。又言〔二〕：「軍須調發煩擾，止是不急之物，如絳州運棗千石往麟、府，每石止直四百，而顧直乃約費三十緡。陝西買披皮供軍〔三〕，亦非要切。如此之類，乞特裁損。」故有是命。

十一月九日，涇原路轉運判官張太寧言：「餽運之策，莫若車便。竊見自熙寧寨至磨哆口皆大川，通車無礙，兼聞自磨哆口至兜領下〔四〕，道路與此無異。自嶺以北，即山險少水，車乘難行。以臣愚慮，可就嶺南相地利建一城寨，使大車自鎮戎軍載糧草至彼，隨軍馬所在，却以軍前夫畜往來短運。更於中路量度遠近，築立小堡，以相應接。如此，則可省民力之半。止以遺回空夫併力脩築。」上批付盧秉曰〔五〕：「張太寧奏乞城蕭關故城，以爲根蒂，則賊界人户盡可招來，道路氣勢，遠近相屬，可通大車轉餉。其策甚善，蓋其成効已見於熙河。卿其早圖之，則一路不日當有几席之安矣。」

十九日，京西轉運司言：「准朝旨，於均、鄧州共發夫三萬，每五百人差官一員部押，赴鄜延路饋運，計用官六十員。本路闕官，乞於起夫縣各差令佐，及鄰州縣不依常例，共差二十員，餘四十員乞自朝廷差官。」詔：「均、鄧州所起夫三萬，自離家日及本路程頓，并依前降指揮日支米錢外，令轉運司計自入陝西界至延州程數，日支米錢三十、柴菜錢十文，並先併給。」

五年五月十六日，詔：「陝西都轉運司運糧應副軍興〔六〕，於諸州差顧車乘、人夫，所過州交替。人日支米二升、錢五十文，至沿邊止。軍糧出界，止差廂軍。仍曉示人户知悉。」

六年二月六日，詔：「熙河蘭會經畧制置司計置蘭州人一萬、馬二千糧草，於次路州軍劄刮官私橐駞二千與經畧司，令自熙州摺運。事力不足，即發義勇、保甲。」

〔一〕「選」原作「運」，「潞」原作「路」，據《長編》卷三一七改。
〔二〕又言：原作「入」，據《長編》卷三一七改。
〔三〕天頭原批：「『披』一作『被』。」按見本書食貨四三之二。
〔四〕聞：原作「間」，據《長編》卷三一九改。
〔五〕付：原作「行」，按原書天頭注云：「『行』一作『付』。」又《長編》卷三一九、本書食貨四三之二均作「付」，據改。
〔六〕應：原作「廳」，據《長編》卷三二六、本書食貨四三之三改。

二十四日，李憲言：「計置蘭州糧十萬，乞發保甲或公私槖駞般運，及慮妨春耕，臣已修整綱船，自洮河漕至吹龍寨，俟廂軍搯運赴蘭州。」詔如槖駞、舟船搯運不足，須當發義勇、保甲，即依前詔。詳見「陸運」〔一〕。

七年七月二十一日，新河東轉運副使范純粹言：「昨在陝西，朝廷每給軍須，並計綱顧夫起發，頗爲勞擾。乞自今河東、陝西邊用非應副機速者，並令 19 小作綱數，排日遞送。」從之〔二〕。

徽宗崇寧三年六月二十四日，陝府西路兼熙河路都轉運使鄭僅言：「奉朝旨，差顧夫役運糧應副河州。酌量人户財力所勝，立定保伍維持之法，人無偏重不均之弊〔三〕，部夫官無逃竄人夫、散失斛㪷之患，官私稱便。雖申請到已得差夫體例，緣係一時指揮，竊慮今後本路無法遵守，却致輕重不均。欲應差夫起丁，並依此施行。」詔：「非因邊事，不得立爲定法。如今後雖因邊事差夫起丁，亦未得一面差雇，仍須據合差雇數目申取朝廷指揮。」

四年二月十日，虞部員外郎辛之武言：「承朝旨，差沿路催促起發熙河、秦鳳路錢物綱。逐鋪曆多是止稱元押使臣等某人，並不抄上所押官物名色、赴甚處送納，蓋從來未有關防。欲應步路般輦錢物綱運，令逐路遞鋪置曆一道，遇官物到鋪，令管押人於曆内親書批鑿日時及某官或某人姓名、所押官物名色、至某處送納、合使車幾兩或兵士幾人。若無人車，理合行打過者，亦須分明批鑿因依。或值擁併，即依到鋪先後資次撥發般運。其曆令所屬州縣鎮起置，用印給付，季別一易。仍委巡轄使臣或季點官常切呼索點檢。」從之。

大觀二年五月七日，京畿都轉運使吳擇仁言〔四〕：「西輔軍糧，稅賦外，發運司歲撥八萬碩貼助，於滎澤下卸〔五〕，至州尚四五十里〔六〕，遂具申請。已奉詔擺置車子三鋪，每鋪七十人，每月可運八千四百碩。兵、車已足，見修置鋪屋，候綱到般搯。向去運糧漸多，即據數增添鋪兵施行。臣踏逐得西輔北門外金水河去州倉甚近，見有官私小船往來，若將來汴河般運北轉軍糧數多，即打造或收小船相兼使用，於就近倉場剥卸裝發，庶西鋪般運不致擁滯，易見次第。乞付臣續次條畫。」詔擇仁相度條畫，措置聞奏。

政和五年十二月二十二日，詔：「脚户侵用般運錢物，許人告獲，先支賞錢三百貫〔七〕，後於犯人名下追納。如不足，應干繫及交易人均備，並以自盜論。」從河東轉運司

〔一〕此注添於地脚。按此已是「陸運」門，而又言「詳見『陸運』」，殊不可通。蓋此批本在「漕運」門此條之末，編者或抄者疏忽，又批於此。
〔二〕天頭原批：「副本有蘇黄門一條，應抄入『從之』後。」按，此指本書食貨四三之四此條末引蘇轍《龍川略志》一條爲注。
〔三〕「人」字原在本句「均」字下，據本書食貨四三之五乙。
〔四〕畿：原作「幾」，據本書食貨四三之五改。
〔五〕滎：原作「榮」，據《宋史》卷一七五《食貨志》上三改。
〔六〕四五十：原作「四十五」，據《宋史》卷一七五《食貨志》上三乙。
〔七〕三百：本書食貨四三之九作「五百」，未詳孰是。

請也。

宣和七年二月八日，詔：「燕山闕糧，可自京師運米五十萬斛，令工部侍郎孟揆親往措置。」

欽宗靖康元年十月十二日，詔：「一方用師，數路調發，軍功未成，民力先困。若京西運糧，每石六㪷〔一〕，至用錢四十貫；陝西運糧，民間陪費百餘萬緡。聞之頗爲駭異。今歲四方豐稔，粒米狼戾，但可就逐處增價收糴，不得輕議般運，以稱恤民之意。若般綱水運及諸州支移之類仍舊。」

高宗建炎四年十二月十日，度支員外郎韓球言：「欲前去饒、信等州剗刷錢糧，乞將沿流州軍並起發見錢；其不通水路去處，依指揮變轉輕齎。」從之。

紹興元年二月十六日，詔：「令韓球照會前降事理，體度行在贍兵[20]數多，將見剗刷不以麤細色綱運，遵依建炎四年十月二日已降陸運指揮疾速施行〔二〕，不得少涉搔擾。內合應副張俊下軍錢糧，仰於今來所般數內量度撥留應副。」其後內降：「應干合於饒、信州椿垜錢物糧斛等事理，更不施行。」

孝宗乾道二年正月十九日，詔利路運糧人夫，每名給錢二千，令紐計度牒支降。先是，敷文閣直學士、四川安撫制置使汪應辰乞優恤利路運糧百姓，而漕臣亦具奏，乞運糧一碩，人支錢引三道，計合降度牒八百餘道。上謂輔臣曰：「中間亦曾免了一處。」洪适等奏曰：「成、〔西〕和等四州已嘗免夏秋二稅一年，京西路諸州亦免二稅一年。」因有是命。

十一月九日，詔：「諸路州（郡）〔軍〕綱運自指揮到日，並解發見錢；其自來不通水運去處，依舊解發輕齎。」後因江東路申請，尋詔諸路自乾道三年爲始。

九年十月二十九日，詳定一司敕令所修立到〔三〕：「諸綱運，以本州縣見任合差出官各籍定姓名，從上輪差，不許辭免。無官可差，即募官管押。先選本州本路、次別路寄居、未到部人非。得替、待闕官，並選差有舉主、年未六十、無疾病、有心力可以倚仗人，取付身照驗圓備，寄軍資庫，獲收附回日，即時給還付身。土豪官砧基簿契准此。召本等保官二員。土著官亦許募。仍取願狀，取見產業及得所押價直，拘收砧基簿契在官抵當，產業不及者，拘收外，召保官一員。即曾犯贓及私罪衝替、押綱欠折，並通判、路分都監以上及本州僉判，並不許募。其見任官許於替前六十日內指射，各以下狀先後爲次。即雖應選，若當職官審量不可付者，聽別選。以上各於綱解內具到元差募監司、謂係本司應起發者。守令名銜。諸宗室及見任本州守貳、本路監司子弟親戚，或諸軍揀汰使臣及不應差出之官，並不得差募押綱。下班祗應、副尉、衙前、公吏、斗級、將校、

〔一〕石：原作「名」，據《宋史》卷一七五《食貨志》上三改。
〔二〕天頭原批：「〔二〕一作『二』。」按，指本書食貨四三之一七。
〔三〕修：原作「收」，據本書食貨四四之一二改。

軍兵、無官土豪准此。諸綱運於裝發州給行程曆，付押綱人。募押者止批本官印紙，差押者准募押式批書。水路於排岸、催綱運、巡檢司，陸路於州縣鎮寨，即時批到發日時、附載物名數，或風水事故寔狀。通判督責催綱，巡尉差人防護，監赶出界，關報前路催綱官司。若風濤不可停船，聽押綱人從寔聲説事因，到發日時，結朝典狀赴以次官司併批。仍押官用印，結罪保明。其赴闕者，水路排岸司、陸路所屬省部寺監，在外者卸納官司點檢。諸處起發官物應給路費錢者，並計所至，謂如上供物以至京，往別路物以卸納處之類。以應給錢全支付押綱人，水路綱約度阻風日分寬處。仍批書解綱行程曆。若緣路截留或寄納，即據銷破不盡數與所卸官物，各具鈔納。水路不曾阻風，有餘剩，回日納官。再起發者，以所納錢給如法。諸押綱人卸納官物訖，所在官司限一日取索行程曆、印紙驅磨，仍批書有無違程、欠剩。諸鹽糧綱綱梢犯罪不可存留者，押綱人具事狀申轉運或發運、輦運、撥發司審度，差人交替。若兵梢在路糴賣，[21] 送本地分州縣施行；如闕人牽駕，即令所在貼差。諸押綱得減年賞者，不許湊理磨勘轉至應蔭補官，雖得轉官賞，亦候轉過日收使。諸糧綱每綱不得過二萬石，裝載訖，限三日起發。諸綱運應募土著官管押者，於行程内聲説起綱事件，並依見任官法。諸綱運募土著管押應賞者，依現任官法。諸綱運差募押綱官不當，致盜貸、移易、失陷，具元差募監司、守令職位、姓名申尚書省取旨。諸倉受納糧斛，以元樣比驗交量，非夾雜糠粃，不得抛颺。司農寺丞、簿輪日分巡諸倉，仍聽户部官不時下倉點檢。」從之。先是，中書門下言：「諸路監司、州軍選差管押錢物米斛綱運人指揮雖已詳備，切慮引用不一，兼所差孔目、典級難以責任。」詔：「除孔目、職級、典押并無官土豪、土著不許差押外，今後監司、守令起發綱運，須管任責，照前後指揮依公選委。綱解内分明聲説元差監司、守令職位、姓名，如有失陷，户部具元差官取旨施行。仍令本部檢坐條旨，同勑令所立法。」

十一月九日，南郊赦：「諸路州軍起發金銀物帛綱運，内有色額低次之類，估剥虧官錢數，行下補發。訪聞州縣監勒干繫等人及元賣鋪户均攤[一]，切慮貧乏之人，不能償納，可將乾道六年赦前未追數目，如委是無可填納，並與除放。」（以上《永樂大典》卷一七五四七）

嘉定十一年四月二十三日，臣僚言：「邊陲飛輓，倚之民力。其初州縣聚集，處之無策，縱遣弓兵分布追逮，已不無擾。及其到官，伺候累日，方爲點名，甚至再點。續赴外州移運，所差出米之官又愆期不至，迨至，又必宛轉計會，始得支發。或稱上司往運[二]，則使復回，一番裏糧，未免虛費。官司不理爲役，復行再差。此猶可也，負擔在途，勞

[一] 勒：原作「納」，據本書食貨四四之一四改。
[二] 往運：疑當作「住運」。

瘁萬狀，僥倖善達，兼旬不交，或利於取贏，抑其陪備者，比比有之。且以某州點夫，某州運米，又指某州出卸，涉歷三州，道里遼邈，所運米不過八斗，計其資糧屝屨，與夫所屬邀阻誅求之費，常十倍之。官雖計程給食，一鐫於叨吏之手。大率中産顧替一夫，爲錢四五十千；其他單弱之人，一夫受役，一家離散，至有斃於道路者。乞下江、淮、荆、蜀制閫嚴督諸路漕臣悉力措置，其有道理夐隔、移運不便去處，令其參酌分撥，務適其中，庶幾人有生意。邊方根本，實基於此。」從之。

九月二22十九日，臣僚言：「陛下軫念邊氓，謂淮右陸運煩重，命漕、憲二司分督諸郡，又發緡錢以爲庸雇之直，德至渥也。但弊端難考，議匪一端。或謂一路自有東西，今運宜於東而反就於西者；或謂本州所謂未已〔一〕，而帥、總諸司又以借夫而紛至者；或謂分撥不審，至有裹糧徒手，越數百里始得運米而往者；或謂紹興之初，嘗兼水運，而今憚備舟楫，未聞有能推行者；或謂名爲斗米千錢以給路費，而實未嘗得者；或謂於正夫之外，多科名數，以爲乞覓欺弄之資者。若是之類，未易枚舉。乞下淮西提刑、轉運二司，俾之日下條具更革事宜申上，庶幾轉輸自集，民力稍寬。近見臺臣有就邊和糴之請，已蒙施行。蓋極邊如光、濠、安豐，正資漕運，今歲一稔，宜多給緡錢，不問豆麥，增價收糴，蓄之城內，則官省轉輸之煩，民獲貿易之利。乞下本路漕臣專一提督措置，比之內地和糴，又當優議酬賞，亦助軍儲、省漕運之一端也。」從之。（以上《永樂大典》卷一七五四六）

〔一〕下「謂」字疑誤。

宋會要輯稿　食貨四九

轉運司〔一〕

【宋會要】

1 轉運司，轉運使、副，並以朝官充，掌軍儲、租稅、計度及刺舉官吏之事，分巡所部。太平興國初，皆曰使，又置副使、判官，又置同勾當轉運事。俄罷諸路副使已下，止置使一員。明年，又置副使。厥後，御河、黄河又置轉運使，尋皆省之。廣、桂、邕、容、瓊等知州皆兼本管轉運事，並統於廣南轉運司，後止瓊州兼焉。凡十八路，其京東、京西、河北、河東、陝西、淮南、兩浙諸路各置使〔二〕、副，餘路不置副。大抵有二員者，或皆爲使，或皆爲副，或爲同轉運使。兩省五品以上任者，或爲都轉運使。至道二年春，置諸路承受二員，選朝官、三班爲之〔三〕。常事即與轉運使、副聯書奏報，大事即許非時乘驛入奏。真宗即位，罷之。其用師，或令都總管兼都轉運使或提舉轉運事。及車駕巡狩，置隨駕隨軍轉運，皆事畢即停。

《兩朝國史志》：有使、副使、判官，並以朝官以上充，掌均調一道租稅，以待邦國支費；分巡所部，以察官吏能否。十八路惟京東、西、河北、陝西、淮、浙各置使、副，餘路或止有使，不置副。大抵有二員者，或並爲使，或爲副，或以一員爲判官。兩省五品以上任者，爲都轉運使。判官停罷置復不常，使、副仍兼勸農使。寶元二年，詔河北轉運使兼都大制置營田屯田事。慶曆元年，改爲營田使。三年，詔諸路轉運並兼按察使，五年罷，後以京西轉運使兼白波發運（司）〔使〕。皇祐五年初，詔京東曹州、京西陳、許、鄭、滑州爲輔郡，並屬内，置京畿轉 2 運使，以按察畿輔，至和二年罷。其吏史有勾押官、有前後行，隨路繁簡而設，皆無定數。元豐改制，因之云耳。

舊制，有計度轉運使、副、判官，並以朝官以上充，兩省五品以上任者爲都轉運使。建炎以來，逐路都轉運使除授不常，唯使、副、判官常置。紹興二年，又（常）〔嘗〕置江浙荆湖廣南福建都轉運使，三年罷。五年，置四川都轉運使，十五年罷。調發軍馬，則有隨軍轉運，廢置亦不常。國初，有轉運副使，或曰同轉運使、知某路轉運事，又有同知及勾當者，知州亦有兼轉運使者。其後悉罷知、同知、勾當之名，皆止稱使或副使〔四〕，而知州亦無兼領者。又車駕巡幸則有行在轉運使，王師征討則有（隋）〔隨〕軍轉運使，或增置官勾當轉運事〔五〕，皆不常置。至道三年，分天下爲十五路，

〔一〕原無「司」字，陳智超謂當作「轉運司」（《解開宋會要之謎》頁二五七）。按正文序文及内容均爲「轉運司」，陳説是，據補。又，此門實應入職官類。

〔二〕兩浙：原倒，據《職官分紀》卷四七乙。

〔三〕三班：原作「二班」，據《職官分紀》卷四七改。

〔四〕止稱使：原作「止稱侵」，據文意改。《職官分紀》卷四七：「國朝初……或曰同轉運使、知某路轉運事。又有同知者及勾當者，知州亦有兼者。太平興國初皆曰使。」與此意同。

〔五〕事：原作「使」，據《職官分紀》卷四七改。

其後又增三路，凡十八路：一曰京東路，熙寧十年，分東、西路。二曰京西路，太平興國三年，分京西轉運爲二司，各置使一員，後併焉。熙寧七年，又分南、北路。三曰河北路，太平興國初，分河北南路，雍熙中，又分爲東西路，後併焉。熙寧六年復分。四曰河東路，五曰陝西路，太平興國二年，分爲陝西河北、陝西河南兩路，各置使一員。又有陝府西北路，後皆併焉。熙寧五年，分永興、秦鳳二路。六曰（淮）〔淮〕南路，太平興國初，分淮南東、西路，後併焉。熙寧五年復分。七曰江南東路，八曰江南西路，太平興國初，分江南東、西路，後併爲一路，置使、副二員。天禧四年，復分爲兩路，各置使一員。九曰荆湖南路，十曰荆湖北路，十一曰兩浙路，太平興國中曰兩浙東北路〔一〕，後改焉。十二曰福建路，太平興國初爲兩浙西南路，置使、副二員，後改焉，止置使一員。十三曰益州路，嘉祐四年，改曰成都府路。十四曰梓州路，十五曰利州路，十六曰夔州路，國初平劍南，有兩川，但爲西川路〔二〕，其後分爲西川東路，各置使、副。開寶六年，又分峽路，亦置使、副。咸平四年，分爲益、梓、利、夔❸四路，各置使一員。十七曰廣南東路，十八曰廣南西路。廣、桂、邕、容、瓊知州，舊各兼本管轉運事〔三〕，皆統於廣南轉運使司。開寶四年，嘗以知容州毋守素知邕州，范旻通判桂州，各知本管轉運事〔四〕，其後止瓊州兼焉。惟京東、京西、河北、河東、陝西、淮南、兩浙有二員，或爲使、副使，或皆爲使，或皆爲副使，或置判官，無定制。皇祐中，以曹、陳、許、鄭、滑五州爲京畿路，置使，尋罷。

太祖建隆元年四月，命户部侍郎高防、兵部侍郎邊光範並充前軍轉運使。乾德二年十一月，王師伐蜀，詔以給事中沈義倫爲（隋）〔隨〕軍轉運使，從鳳州路兵行；又以均州刺史曹翰爲西南面水陸諸州轉運使，從歸州路兵行。

開寶二年二月，親征河東，以樞密直學士趙逢爲隨駕轉運使。咸平二年十一月北征，以鹽鐵使陳恕充。

五年八月六日，以大理正李符知京西轉運使。九日，以知廣州山南東道節度使潘美〔五〕、保信軍節度使尹崇珂並兼（領）〔嶺〕南轉運使，王明爲副使，許九言爲判官。美等既平劉鋹，就命知廣州，俄兼領使職，踰年而罷。太平興國二年正月〔六〕，又命吏部郎中邊翊與祠部郎中李符同知廣州，兼廣南諸州轉運使，右拾遺趙晟、右贊善大夫周渭副之。二月，左補闕程能、水部員外郎崔濟同知京西轉運司事〔七〕。四年九月，命知廣州楊克讓兼管内水陸轉運使，右

〔一〕東：原作「路」，據《職官分紀》卷四七改。按《長編》卷一九：太平興國三年五月丙戌，命「楊克讓充兩浙西南路轉運使」，「劉保勳充兩浙東北路轉運使」，是也。
〔二〕「有兩川但爲」五字原脱，據《職官分紀》卷四七補。
〔三〕各：原作「名」，據《職官分紀》卷四七改。
〔四〕事：原作「使」，據《職官分紀》卷四七改。
〔五〕廣：原作「州」，據《長編》卷一三改。
〔六〕按，自此以下及「二月」、「四年九月」，皆爲同一條之連叙，以下亦多類似情況。而原稿之分段不明，嘉業堂本遂以爲以下各條皆爲太平興國事，將原稿打亂重編，大誤。
〔七〕京：原作「兼」，據《長編》卷一八改。

補闕桑偃副之。又以嶺南轉運副使許九言爲判官〔一〕。時以知廣州、節度使潘美等兼嶺南轉運使，既重其任，因易命之。

十一月〔二〕，命吏部侍郎、參知政事薛居正兼提點三司淮南湖南嶺南諸州轉運使事，呂餘 4 慶兼提點三司荆南劍南諸州水陸轉運使事。

六年，薛居正拜〔門〕下侍郎、平章事，仍兼提點轉運使事。又以中書侍郎、平章事沈倫兼提點荆南劍南轉運使事。

七年正月，以水部員外郎、通判荆南中文緯勾當劍南諸州水陸轉運使事，仍賜緋魚。

八月，詔以荆湖轉運許仲宣兼勾當南面隨軍轉運公事〔三〕。

九月，以王師征江南，命太子中允〔四〕、知荆湖轉運事許仲宣兼南面隨軍轉運使。太平興國四年正月，王師征河東，命常參官四員分掌河東轉運，侯陟東路，郭泌副之；雷德驤西路，韋務昇副之。淳化五年二月，征蜀，命少府少監雷有終〔五〕、監察御史裴莊爲峽路隨軍轉運使，工部郎中劉錫、前職方員外郎周渭起復本官，爲陝西至西川隨軍轉運使〔六〕。七月，又命户部員外郎魏廷式自陝至益州同勾當轉運事〔七〕。

太宗太平興國二年十月，詔分陝西轉運爲二司，以侍御史張煥爲陝西河北、左贊善大夫韋務昇爲陝西河南，並諸州轉運使。

三年四月九日，詔分京西轉運爲二司：孟、滑、衛、陳、(穎)〔潁〕、許、蔡、汝州，轉運使程能統之；襄、均、房、復、郢、金、隨、安、鄧、唐州及信陽軍，轉運副使趙載統之。

十日，置諸道轉運判官：著作佐郎戴允誠淮南路，大理寺丞李惟清荆湖南路，少府監丞時載京西北路，將作監丞高道基河北路，大理寺丞師頏陝府西河北路，衛尉寺丞鄭向度京東路。五年，又以太子左贊善大夫賈昭明爲兩浙 5 西南路判官。後皆罷。天聖中，又詔益、梓及廣南東路及西路各置轉〔運〕判官，以朝官充，未幾復罷。

四年正月，又就命河北轉運使侯陟充自太原城下東路使，其副郭泌同之；陝西轉運使雷德驤充自太原城下西路使，其副韋務昇同之。

二月，親征河東，命祠部郎中劉保勳充行在轉運使，右補闕高繼申副之。俄又命保勳兼勾當北面轉運使。

〔一〕「又」字原爲旁批。按，此事及下句潘美等事已見上文，不當贅述。此或是另一書之記載，非《會要》之文，後人附録於此，而誤入正文。
〔二〕十一月：此仍是開寶五年，見《長編》卷一三。
〔三〕南：原脱，據《長編》卷一五補。
〔四〕中允：原作「仲允」，據《長編》卷一五改。
〔五〕少監：原脱「少」字，據《長編》卷三五補。
〔六〕「爲」原作「自」，「使」下原有「事」字，據《長編》卷三五改删。
〔七〕按，以上「太平興國四年正月」、「淳化五年二月」二小條當是連叙親征命隨軍轉運事，因合爲一條，否則與下文年月舛亂。

十一月，以河北轉運使高繼申爲河北南路都轉運使，起居郎郭泌爲御河至關南水路轉運使，鴻臚寺丞王在田爲陸路轉運判官，著作佐郎崔邁爲水路轉運判官。

六年正月十六日，分遣朝臣爲京東、江西、江南、兩浙、劍南、荆湖轉運副使，左拾遺、直史館石熙古、王沔、宋潭、張齊賢、徐休復、趙昌言預其選。七月，又以左拾遺胡旦、趙化成、張宏、魏庠、許驤、楊緘分爲淮南西路、京東、峽路、兩浙西南、陜府南北及御河轉運副使。九月，詔選留朝臣十人復爲諸路轉運使：右補闕劉甫英河東路，殿中侍御史劉度西川路，王晦名峽路，吏部郎中許仲宣廣南路，職方員外郎高繼申河北路，駕部員外郎劉蟠淮南路，監察御史李惟清荆湖路，禮部郎中張去華江南路，膳部郎中高冕兩浙路。廢諸道轉運副使并同轉運使。三十人並爲諸州知州：右補闕趙化成密州，石熙古兖州，趙昌言袁州，趙載隰州，張宏遂州，魏庠信州，許驤鄜州，陳白安州，王沔懷州，楊緘棣州，董儼光州，徐休復明州，田錫相州，喬惟岳楚州，胡旦海州，殿中侍御6史張獻絳州，韓檢沂州，監察御史郭異饒州，王廷範吉州，李琯趙州，柴成務果州，朱昂鄂州〔一〕，王守忠魏州，殿中丞王協建州，賈昭明南劍州，虞部郎中樊若水邠州，祠部郎中羅延吉宣州，祕書丞劉慶維州，太子中允崔邁筠州，(有)〔右〕贊善大夫祖吉淄州。

三月，詔：「自今諸道轉運使察訪部下官吏〔二〕，有罷軟不勝任、簡慢不親事及黷于貨賄、害及黎元者，條其事狀以聞，當遣官鞫劾。其有清白自守、幹局不苟者，亦須明揚，必加殊奬。彰善癉惡，我無私焉。」以峽路轉運使奏渝、開、達三州知州皆弛慢不理，因降詔徧諭。

四月，以滑州節度判官孫日新爲監察御史、荆湖南路同轉運使。

雍熙四年十月，河北轉運使劉蟠言：「諸道州府監當使臣有條不得迎接，近來多不遵守，不惟住滯公事，其間亦有情弊。望令今後知州、同判、知軍、知監并監當場務京朝官、使臣，不得出城迎送轉運使。」詔從其請，違者重寘之法。

端拱元年，以右諫議大夫樊知古爲河北東、西路都轉運使。至道二年，又以左諫議大夫李惟清爲廣南東、西路都轉運使。其後樞密直學士李士衡任河北，右諫議大夫、集賢院學士李迪任陜西，龍圖閣待制范雍任陜西，皆用此例。

〔二年〕七月〔三〕，詔：「訪聞諸路轉運使、副頗務因循，或端坐本司，或故留諸7郡，深彰曠職，殊不盡心。自(令)

〔一〕昂：原作「昴」，據《宋史》卷四三九《朱昂傳》改。

〔二〕使：原作「司」，據《長編》卷二三改。

〔三〕二年：原抄稿有此二字，但又被整理者點去。蓋整理者以上條「至道二年」爲單獨之一條，此條爲至道二年七月（嘉業堂本即如此），故認爲「二年」二字爲賸文，因而刪去。實則此應是端拱二年之七月，否則與下文時序大亂。今復其舊。

〔令〕並須不住巡案所部州、府、軍、監，察訪利害，提舉錢帛糧草，無令積壓損惡，及信縱欺隱官物，並淹延刑禁。若依前不切用心，當勘罪重寘之法。應諸道州、府、軍、監，如轉運使、副所置之處無事端坐，委知州以下密具聞奏。」

淳化元年十月，詔曰：「國家擇方正之士，領漕運之權，其才甚難，所掌尤重，固宜夙夜匪懈，朝夕在公，豈可不守攸司，擅離使部？或因載誕之節〔一〕，輒以入覲爲名，陳課最以希恩，獻文章而干進。眦官離次，莫甚於斯！自衒自媒，亦孔之醜。宜伸約束，以警貪饕。自今諸路轉運使更不得以壽寧節輒來赴闕，仍不得入獻文章。其民間利害及合廢置釐革等事，止令實封附遞以聞；必須面奏者，即先具事宜入急遞聞奏，聽候朝旨，方得赴闕。」

三年二月，詔：「今後諸路轉運使、副如規畫得本處場務課利增盈，或更改公私不便之事，及除去民間弊病，或躬親按問，雪活寃獄，或邊上就水陸利便般運糧草，不擾于民者，宜令諸道州、府、軍、監(侯)〔候〕年終件析以聞。若止是點檢尋常錢穀公事，別無制置事件，亦仰具狀開説，當議比較在任勞績。」

四月，詔：「累降敕命，令轉運使、副覺察部內知州、通判、監當場務京朝官、使臣、幕職、州縣官等顯有勞績，及慢公不理，諸般罪犯，並具畫一聞奏。如轉運使尚敢徇私蓋庇，並當除名。」

五年二月〔二〕，以少府少監雷有終與監察御史裴莊 8 充峽路隨軍轉運使，以工部郎中劉錫、前職方員外郎周渭起復本官，充陝府至西川隨軍轉運使。時以馬步軍都軍頭王景部領鋭兵由劍閣路，御帶尹元由峽路，並受昭宣使王繼(思)〔恩〕節度討賊，故有是命。

八月二十九日，詔給諸路轉運使御前印紙，令部內知州、通判批書殿最，每歲上審官院考較黜陟之。

至道元年八月，荆湖轉運使何士宗上言〔三〕：「自今執政大臣出領外郡〔四〕，若有公事合申轉運司者，望令判檢，其所申狀只書通判已下姓名〔五〕。」太宗謂宰相曰：「大臣品位雖崇，若在外藩，即在轉運使所部，要繫州府，不繫於位也。此朝廷典憲，未可輕改，並仍舊貫。」

十一月，詔：「在京官内選臨事公正、寬猛得中、明於理道者十數人，分往諸路同勾當轉運司事。常事與轉運使聯書施行，非常事許乘驛入奏。」

二年閏七月九日，罷(領)〔嶺〕南都轉運使，詔李惟清赴闕。

三年七月，詔曰：「天下物宜，民間利病，惟諸路轉運使得以周知。可令更互赴闕，朕將延見詢問之。」

〔一〕誕：原作「飾」，據《宋大詔令集》卷一九〇改。

〔二〕天頭原批：「重複。」按，與前食貨四九之四内容重複，但文字不同。

〔三〕湖：原作「州」，據《長編》卷三八改。

〔四〕自：原作「目」，據《長編》卷三八改。

〔五〕只：原作「上」，據《長編》卷三八改。

真宗咸平元年三月，命右司諫、知同州張舒與陝西轉運司調發(隋)〔隨〕軍糧草。

六月，詔曰：「轉運使、副之職，在乎督饋輓，計貲儲，察官吏之能否，訪生民之利病。至於招復流徙，勸課田疇，理獄訟之寃，提簿領之要㈠，其責斯重，其務實繁。苟非徇公滅私㈡，正己率下，則旰宵之寄，何所望焉？自今居是職者㈢，如有灼然功行，爲衆所推，朕當不吝美官，特與陞陟。其[9]所涖辦集，廉幹有聞，亦當復委漕權，或授省職，優其俸入，聊以賞勞。如但事依阿，妄行威福，因循曠職，貪虐害人，大則正以刑章，小則黜之散地。信賞必罰，朕不食言。仍委御史臺察訪彈奏。」

二年八月，詔曰：「朝廷以州郡之事，委漕運之臣，提其紀綱，按以條法，凡所上請，理須盡公。亦有不協便宜，虚煩詔令，殊乖倚任，特用申明。宜令諸路轉運使、副自今起請事宜，及保舉移易官屬，皆須重覆詳審，委自公私利濟，無所私徇㈣，乃得以聞，當議降勑施行。異日事有乖當，必行重責。」

十月二日，詔諸路轉運司㈤：「今後轄下官吏慢公不理者，並須明具詣實，畫一聞奏。如朝廷差官勘鞫斷遣後，本人却有陳訴，再行覆勘，顯有虚妄，其轉運使、副，必加深罪。」時上封者言轉運使申奏部內官多涉愛(增)〔憎〕，故條約之。

五日，詔諸路轉運使、副：「今後應轄下州、軍、監如增添得户口，及不因災傷逃移却人户，並仰分明批書上御前印紙，候得替到闕日，仰三司比較詣實數目，牒報審官院，依先降勑命磨勘。如於元額外增添户額，當議酬獎；若不因災傷逃移却户額，亦當勘罪，重行責罰。」

四年正月，秘書丞查道言：「朝廷命轉運使、副，非惟計度錢穀，蓋俾黜陟賢愚，使州縣治平，以召和氣。今觀所至，多不盡公。臣以爲本無懲勸之條，是致因循之弊。欲乞今後轉運(副使)〔使副〕得替日，先批書一任舉過若干廉勤才識之士，奏過若干貪[10]暴貪濁之人㈥，如所稱皆當，及涉私狥情，乞重行賞罰。」從之。

四月十九日，以知益州、右諫議大夫宋太初兼川峽四路都轉運使㈦。先是，以西蜀遼隔，緩急應援不及，故分爲益、梓、利、夔四路。至是，又以漕輓各司其局，難於均濟，故有是命。

五月，詔以定州駐泊都總管、山南東道節度使、同平章事王顯兼河北諸州水陸計度都轉運使，應供軍錢帛糧草，

㈠簿：原作「薄」，據《宋大詔令集》卷一九〇改。
㈡徇：原作「詢」，據文意改。《宋大詔令集》卷一九〇作「循」。
㈢是：原作「一」，據《宋大詔令集》卷一九〇改。
㈣徇：原作「詢」，據《宋大詔令集》卷一九一改。
㈤路：原作「車」，據《長編》卷四五改。
㈥二「貪」字當有一誤。
㈦太：原作「大」，據《長編》卷四八改。

並同經度，其餘刑獄公事，止令轉運使、副施行。七月，又以二路副都總管、侍衛馬步軍都虞候王超、都鈐轄王繼忠、鈐轄韓崇訓並兼轉運副使。至十二月，皆罷。

六年十一月，詔曰：「漕運之職，表率一方。如聞邇來，頗懈巡按。鄉閭疾苦，安得盡知？官吏能否，若爲詳察？特行戒諭，用警因循。宜令諸路轉運使、副自今偏往管内點檢錢穀刑獄，察訪官吏，及公私利害，從長施行。」先是，真宗謂宰相曰：「諸道轉運使罕出巡按所轄州軍，其間官吏非其人，則民受其弊。轉運使不切採訪，則遠方所告〔一〕。」故命條約焉。

景德元年六月，詔：「諸路轉運使、副得替日，具在任制置利害，并所奏部内官員、使臣遷改職任及慢公不理、有負犯者件析詣實，編寫爲策，候朝見日於閤門通進。」

九月，徙荊湖北路轉運使李士衡、河北轉運使勾克儉並爲陜西轉運使、副，代楊覃、朱台符。仍下詔曰：「國家選才幹之臣，分漕運之任，苟能盡瘁，罔有不臧。其或務靡和同，互陳利害，當茲劇選，何以 11 協宜？屯田郎中楊覃，工部員外郎、直史館朱台符，輟自周行，並司外計。自臨職務〔二〕，亦涉歲時〔三〕，而各率胸襟，蔑聞公共。台符則但謀改革，有異酌中；覃則止務因循，莫能盡力。殊乖輯睦，日有異同。洎遣憲官，往詢事理，違戾之狀〔四〕，昭然可知。將肅朝綱，合行嚴譴。念經任使，嘗効勤勞，猶領郡符，實與優典〔五〕。勉親民政，更慎官箴。覃宜知隨州，台符宜知郢州，取便路赴任。仍令御史臺傳告諸路轉運使、副，各令徹勵。」

二年三月，詔徙京東轉運使、副一人廨於青州。轉運使廨舊皆在廣濟軍，以青州被海夐遠，符牒往覆，慮其淹緩故也。

八月，詔諸路轉運使不得以京朝官、使臣隨行指使。

十二(日)〔月〕〔六〕，詔：「江、淮、荊湖南、北路轉運司逐年所運上供糧儲，自今如有出剩，即與批書轉運使、副曆子，敘爲勞績。」

三年七月，詔河北轉運使、副自今迭出巡行州軍。先是，邊臣患其數至，或兩員齊到，屢有陳奏。帝曰：「轉運使巡按所部，是其職也。」遂令内地、邊上更互往焉。

四年閏五月，賜諸路轉運使、副詔曰：「朝廷設漕運之司，兼澄清之寄，其間採訪封部，延薦群臣，多乞朝命升擢，仍就本路差遣。如聞稱舉，未副簡求，頗効依違，因成朋比，宜從釐革，戒誡因循。宜令諸路轉運使、副，自今體量察訪到京朝官、使臣、幕職、州縣官等廉勤幹事，只仰連坐

〔一〕告：疑當作「苦」。
〔二〕臨：原作「令」，據《宋大詔令集》卷二〇三改。
〔三〕亦：原作「及」，據《宋大詔令集》卷二〇三改。
〔四〕戾：《宋大詔令集》卷二〇三作「例」。
〔五〕與：《宋大詔令集》卷二〇三作「從」。
〔六〕十二月：原作「十二日」，據《長編》卷六一改。

保舉堪充何官，或乞遷陟，當下逐處，候得替磨勘引見，不得乞超轉官資，指定差遣去12處，及於轄下勾當。」

大中祥符四年七月〔一〕，以右諫議大夫王曙爲河北轉運使〔二〕，又命司封員外郎李應機爲同轉運使〔三〕。

大中祥符五年七月，上封者言京東轉運使副高鸇、李湘皆登、萊人。真宗謂宰臣王旦等曰：「李湘乃三司所舉，令掌漕京東。」旦曰：「當檢勘別路對移。」從之。

七年五月，廣南西路轉運使高惠連上言：「欲依提點刑獄司例，炎瘴州郡夏月移牒點檢，至秋即躬親巡撫。」從之。如有急速公事，不得妨闕。

八月十三日，梓州路轉運使寇瑊言：「本使公宇在梓、遂州，去戎、瀘地遠〔四〕，或戎人緩急寇邊，難於應接，請徙置資州。」從之。

仁宗天聖六年十月，詔割荆湖北路安州與京西路轉運司管屬。先是，京西轉運司供億貴多〔五〕，而所管州郡賦入額少，轉運使請割安州隸管内，故有是命。

七年六月五日，詔：「益、梓、廣南東、西四路轉運司各置判官一員，與使、副繫書行遣，位在同判之上。知州依官位著緑者，仍借緋。三年一替。各給印一面，每分行勾當，即得行使，州府不得迎送。益州路差太常博士、益州同判劉經，梓州路差太常博士、密州同判郭勸，廣南東路差太常博士、知江陰軍朱昌符，廣南西路差屯田員外郎張存。勘會轉運及三年以上者，與改官，仍各賜錢二百千。」

九月，就差梓州同判、殿中丞徐越充梓州路轉運判官。舊設諸路提點刑獄朝臣、使臣各一員，近制以其生事無益，乃罷之。又以西川四路道里遐闊〔六〕，虞其有所不及，乃於轉運司特授此職。

明道二年十二月四日，中書門下言，訪13聞諸路轉運使、副多不遍於轄下州軍巡歷。詔：「令逐路轉運使、副，今後並一年之内遍巡轄下州軍，將帶本司公人、兵士不得過二十人，司屬不得過兩人。如闕人，於所到州軍差撥。諸州軍每至年終，具轉運使、副曾到與不到聞奏。其廣南兩路依舊施行。」

康定元年五月九日，權三司使公事鄭戩言：「國家所置諸路轉運使、副，即漢刺史、唐觀察使之職，其權甚重。漢法，刺史許六條問事；唐校内外官，考定二十七最，觀察使在焉。是必責功過，明黜陟，使吏勸其官，朝乃稱治。國家承平八十載〔七〕，不用兵四十年，生齒之衆，山澤之利，當十倍其初〔八〕。而近歲以來，天下貨泉之數，公上輸入之

〔一〕此條乃補於天頭，非徐松原稿之文。按此條今見於《補編》頁八七〇。
〔二〕「曙」原作「曉」，「使」字原脱，據《長編》卷七六改補。
〔三〕機：原脱，據《長編》卷七六補。
〔四〕地：原作「池」，據《長編》卷八三改。
〔五〕貴：疑當作「費」。
〔六〕里：原作「理」，據《職官分紀》卷四七改。
〔七〕八十：原倒，據《長編》卷一二七乙。
〔八〕十：原作「時」，據《長編》卷一二七改。

目，返益減耗，支調微屈，其故何哉？由法不舉、吏不職，沮賞之格未立也。臣近取前一歲所謂銅、鹽、茶、酒之課以爲比，凡虧租額實錢數百萬貫。且前之失既以數十百萬，若今又恬然不較，則軍國常需，將何以取辦？臣故曰宜循漢唐故事，行考課法。欲乞應諸道轉運使、副，今後得替到京，別差近上臣僚與審官院同共磨勘，將一任内本道諸處場務所收課利與租額遞年都大比較。除歲有凶荒，別勑權閣不比外，其餘悉取大數爲十分，每虧五釐以下，罰兩月俸〔一〕；一分已下，罰三月俸〔二〕；一分以上，降差遣。若增及一分以上，亦別與升陟。」從之。

慶曆三年三月二十七日，臣僚上言：「諸路轉運使無按察官吏之術，是致賢愚善惡，【14】無以旌別。」詔：「諸路轉運使、副並兼按察使，副使，令將轄下州、府、軍、監、縣、鎮官吏姓名置（薄）〔簿〕親掌，録其功過，課其功効明著與顯有不治者，逐旋以聞外，其稍著廉勤及僅無敗闕者，即每至年終，攢寫附遞以聞。並須盡公摭實〔三〕，如能稱職，別加進用；儻若因循，亦嚴黜降。提刑雖不帶此使名，亦當准此。」

十月，詔中書、樞密院同選諸路轉運判官。

四年九月十三日，參知政事賈昌朝言：「用兵以來，民力頗困，請下諸路轉運司，見有承例折變科率物色，並令止絶。仍今後須合折變之物，並奏聽朝旨；或雖有宣敕及三司指揮，顯然不便，難以應副者，亦具聞奏。」從之。

十二月二十五日，詔河東轉運使劉京今後更不差領均輸之任。以滋蔓生事，從宣撫使所請也。

五年五月十四日，侍御史王平言：「請自今轉運判官不得專行按察，並須關報本司。」詔：候見任轉運判官歲滿日，皆罷之。先是，諸路轉運使無副者，並置判官一員，後皆争爲苛虐，州縣苦之，又上言不便者頗衆。至是，因平之請，故有是詔。

閏五月，河北都轉運、按察使歐陽脩言：「轉運使雖合專掌金穀，不與兵戎之事，然向被朝廷密旨，令熟圖本道利害，陰爲邊備。今緣邊知州武臣不過諸司使、副，通判即是常參初入京朝官，並得盡聞機事，而臣之本司獨不得與。非欲侵撓邊臣之權，蓋調用軍儲，須量邊事之舒急，以至按察將吏，亦當知處事之當【15】否。請自今許令本司與聞邊事。」從之。

八年八月二十一日，詔：「瀕河諸州及河北轉運使，自今未及三年〔四〕，無得對移〔五〕。」

皇祐元年六月二十五日，詔：「應諸路轉運使，不得差官在本司點檢或管勾文字、勾當公事。」時臣僚上言，諸路

〔一〕月：原作「個」，據《長編》卷一二七改。
〔二〕罰：原作「罷」，據《長編》卷一二七改。
〔三〕盡：原作「進」，據《長編》卷一四一改。
〔四〕未：原脱，據《長編》卷一六五補。
〔五〕對移：《長編》卷一六五作「代移」，當是。

轉運使自令部下幕職、州縣官在司，故詔止之。

五年〔八〕〔正〕月八日〔一〕，詔：「廣南東、西、湖南、江西路新置轉運判官四員〔二〕，蓋儂賊作過，嶺表用兵，均漕運之勞，非經久之便。候在任滿三年，具逐人勞績取旨，罷而不置〔三〕。」

四月九日，詔：「令廣南東、西、〔京〕〔荆〕湖南、江西路轉運判官，每因巡歷，除本司牒委及依條點檢刑獄、錢穀、盜賊等公事外，如有廢置利害，及舉劾移易官員，並與轉運使同共施行。」

五月，詔：「如聞諸路轉運使多掊刻於民，以官錢爲羨餘，入助三司經費。又高〔佑〕〔估〕夏秋麥禾諸物，抑人户轉輸見錢，並禁絶之。」

六月二十五日，詔：「諸路轉運使前降考課賞罰之制更不施行，其上供斛斗依價收糴〔四〕，不得抑配人户。」先是，三司黨庇發運司，務於聚斂，奏諸路轉運使有上供不足，和糴不前，並降差遣。如輦運濟辦，即厚加陞陟。是〔至〕〔致〕貪冒之徒誅剥聚斂，四方之民殆不聊生。上聞而特命罷之〔五〕，天下稱慶。

十二月二十三日，詔：「轉漕之司，均輸是寄，澄清官吏，綏撫人民。苟專事於誅求，實有乖於選任。若能經畫財利，致有增盈，不必更進羨餘，留充本路支費。務寬民力，以稱朕懷。」

二十〔五〕〔七〕日〔六〕，詔曰：「朕惟有周成憲，二漢故 16 事，分置三輔，以衛中都。内史主風化，司隸察淑慝，皆規畫於千里，以表則於四方。不恢藩翰之嚴，曷大京師之制？宜以京東曹州、京西陳、許、鄭、滑州爲輔郡，並屬畿内。曹、滑仍差近侍爲知州，置京畿轉運使以按察畿輔。逐州增鈐轄一員，曹州更增都監一員。留屯兵三千人，以時教閲；若出屯〔七〕，即於開封府近縣或鄰州徙兵足之〔八〕。」以天章閣直學士王贄爲樞密直學士、京畿水陸計度轉運使。

至和元年二月，詔：「京畿轉運使，自今遇乾元節許上壽，仍歲終一入奏事。」

二年十月，罷京畿轉運使，其陳、許、鄭、滑、曹州各隸本路，爲輔郡如故，仍召轉運使王贄赴闕。

嘉祐二年五月四日，詔：「河北路今歲豐熟，人户稍蘇，本路轉運司凡干民事件，惟從寬恤，務要安居，不得便

〔一〕正月：原作「八月」。按《長編》卷一七四繫於正月八日，並録下條詔，注云：「此據《會要》。初詔正月八日，後詔乃四月九日。」據改。

〔二〕「廣南東西湖南江西路」九字原脱，據《長編》卷一七四補。

〔三〕置：原作「直」，據《長編》卷一七四改。

〔四〕供：原作「件」，據《長編》卷一七四改。

〔五〕上：原作「仁宗」，據《長編》卷一七四改。

〔六〕二十七日：原作「二十五日」，據本書方域五之二五、《長編》卷一七五、《宋史》卷一二《仁宗紀》四改。

〔七〕屯：《長編》卷一七五作「戍」。

〔八〕於：原無，據本書方域五之二五補。

行科率，却致搔擾。」

五年八月，詔：「轉運使之任，所以寄耳目、治財賦也。江南東、西，荆湖南、北，廣南東、西，福建，益、梓、利、夔凡十一路，去京師遠者萬里，近者數千里，或轉帶山海，崎嶇蠻夷，而皆一轉運使領之。處則無與參慮，出則無與同力〔一〕，設有緩急之警，調輸之煩，機會一失，民受其弊，甚非豫慮先具之策也。其各選置轉運判官一員，以三年爲一任。第二任知州人入者，滿一任與除提點刑獄； 初任知州若第二任通判入者，滿兩任亦如之。」

六年九月，詔：「轉運判官，其位本路通判及兵馬都監之上〔二〕，知州則以官叙之。」

英宗治平元年五月二十一日，三司 17 言：「河北都轉運使趙抃乞罷提點刑獄都提舉糴便，望委轉運司管勾。」從之。

三年六月十五日，詔：「今後就移轉運使，並具見任到任半月進呈取旨。」蓋患轉運使遷徙之數也。

神宗熙寧元年八月三日，詔：「河北邊防，最爲急務，悉藉轉運使副常切提振，密脩武備。每遇除人，降畫一約束付之。」樞密院具條件進呈：其一察將佐，二訓義勇，三治器甲，四完城守。 從之。

二年二月十八日，詔：「河北、陝西、河東轉運使、副，今後如有要切公事須合面奏者，即取旨，候那一員乘急遞赴闕，仍道不妨本職公務〔三〕，及住京不得過十日。」

三年七月，詔許三路都轉運司奏舉京朝官知縣資序二人充本司勾當，其京東、西，淮南，兩浙各許舉官一員。

八月二十一日，詔：「川、廣等七路轉運司，依京東等路於京朝官知縣資序人内各舉官一員充管勾文字，不得差出。」時委轉運司就注遠官之法，故特置之。

二十二日，詔：「川峽四路〔四〕、廣南東、西，福建路轉運司，除堂除、堂選知州外〔五〕，置員闕簿，如審官東西院、吏部銓〔六〕，許本路官指射就差，及置管勾文字官。」

六年十月六日，知桂州沈起言：「邕州左右江溪峒自來職司不巡歷，令轉運司杜璞前去〔七〕，深慮諸蠻驚疑。」詔杜璞依舊例出巡，其入峒點檢教閲兵甲，即令經畧司差官。

九年四月七日，詔：「自今諸路轉運司管勾文字官，如依條差出，具因依，同轉運使巡歷文狀以聞。」

元豐 18 元年〔閏〕正月四日〔八〕，詔：「河北東、西路，永興、秦鳳，京東東、西，京西南、北，淮南東、西路轉運司，並依未分路以前通管兩路，其錢穀並聽移用。除河北、陝西

〔一〕「參慮出則無與」六字原脱，據《景定建康志》卷二六補。
〔二〕馬：原作「部」，據《長編》卷一九五改。
〔三〕仍道：似當作「仍須」。
〔四〕峽：原作「陜」，據《長編》卷二一四改。
〔五〕堂：原作「常」，據《長編》卷二一四改。
〔六〕吏部銓：《長編》卷二一四作「流内銓」。
〔七〕令：原作「今」，據《長編》卷二四七改。 轉運司：《長編》作「轉運判官」。
〔八〕閏：原脱，據《長編》卷二八七補。

外，減判官一員。」

十二月二日，詔轉運司管勾文字官舉京朝官知縣人，并提（提）刑司檢法官各不得隨本司出巡。

二年八月十四日，殿中丞高鑄權發遣荆湖北路轉運判官。鑄初除權發遣登州事，得對，上批：「鑄進對論事，精神詳敏。方今難得人材之際，寘守支郡，深亦可惜，淹廢其能。宜特除一小使者，俾陳力補過。」故有是命。

三年六月九日，權提點河北東路刑獄汪輔之、陳知儉各罰銅二十觔。並坐前在河北轉運司奏錢帛數不實也〔一〕。

七月二十五日，詔梓州路轉運司：「應供軍之物，並從官給，或和買，毋輒配率，支移折變。違者，以違親被制書論。」以本路奏科夫事，上憂其乖方擾民故也。

八月十四日，詔夔、利〔二〕、成都府路轉運司：「其應瀘州軍前係軍馬所由道路，即辦具應副，非所由者，不得輒有計置。即應急速者，並從官給，勿取於民，勿致搔擾。提刑司覺察以聞，失覺舉者〔三〕，與同罪。」

十二月十三日，權荆湖南路轉運副使、瓊管體量安撫朱初平言〔四〕：「瓊管限隔巨浸，監司未嘗巡歷，故官吏恣爲姦贓。臣等乞歲或間歲專遣廣西監司一員，量與支賜，令過海巡歷〔五〕。」從之。

四年正月十一日，措置帳法所言：「被旨，先措置京西一路帳法，今已修立法式奏聞。參詳諸路【19】可以依倣推行，欲乞頒下。內京西一路可自來年先行，其餘自元豐五年依新法。」從之，仍令提舉三司帳司官候及一年取旨。諸路委轉運司官一員專推行帳法，候將來修定條式，止付逐司遵守。

七月十五日，夔州路轉運司言：「內藏庫使、忠州刺史、湖北路鈐轄彭孫不取南平路入蠻界，其差顧夫及牛馬已放歸涪、忠等州。」上批：「近指揮彭孫，止令擇便路進討〔六〕，苟南平可出賊不意，亦不失詔旨。轉運司既未見彭孫指定進兵路分，憑何擅放運糧人夫〔七〕！顯見鮮于師中畏怯避事，先令具析以聞。仍令轉運司，如彭孫指取南平路進討，軍須有闕，以乏軍興論。」

九月十二日，詔陝西諸路轉運司：「今軍興〔八〕，常管設兵將用樂，其有事合商議者，許赴有樂筵會。」

十六日，上批：「朝廷見委官專經制瀘南夷賊，其措置軍馬、經畫敵情，委之經制司；其計辦軍食金穀什物，委之轉運司。兩司所任〔九〕，各有專責。轉運、提點刑獄司累有

〔一〕在：原作「任」，據《長編》卷三〇五改。
〔二〕利：原作「州」，據《長編》卷三〇七改。
〔三〕舉：原脱，據《長編》卷三〇七補。
〔四〕朱：原作「諸」，據《長編》卷三一〇改。
〔五〕令：原作「今」，據《長編》卷三一〇改。
〔六〕便路：原作「路便」，據《長編》卷三一四乙。
〔七〕人：原無，據《長編》卷三一四補。
〔八〕今：原作「令」，據《長編》卷三一六改。
〔九〕司：原脱，據《長編》卷三一六補。

膽奏，侵越分守，未欲劾罪。自今非本職事，不得輒受官司申報。」

十月六日，河東都轉運使陳安石言：「軍興以來，應朝省封樁并諸司及提舉司錢物，並歸本司，慮緩急移用不足，乞更應副。」上批：「委路昌衡具實用之數以聞。」

二十六日，命寶文閣待制、知汝州李承之權主管陝西都轉運司公事，其汝州知州兼買木，令承之疾速舉官以聞。以上批：「訪聞陝西自朝廷以軍興於四路各權置轉運使已來，逐20人惟以調度軍食爲急，其所取辦金帛，又仰朝廷分頒之數，是以本路經費歲入，全闕官主領。繼又諸道經署，轉運司辟除文武官屬不少，知、監縣務多是寄居或衙校權攝，即目所在茶、鹽、酒税常課率皆虧耗。朝廷雖已命錢緦權領轉運司舊日職事，緣緦非有兼人幹力，慮不可獨倚辦集。況向去屯兵雖解，完葺故壞[一]，費用尚多。若不從今加意經營[二]，深恐異時有煩中都供饋。中書可速選所宜佐緦之官。」故以命承之。

十二月二十五日，鄜延路走馬承受楊元孫言：「近轉運司部夫往安定黑水堡摺運軍糧未至，所運亦不多[三]，士卒有飢餓逃亡。大兵至西界白鹽池[四]，去懷州渡止百餘里[五]，种諤準詔，已領兵回。恐近邊屯聚人馬，轉運司供給軍糧依前有闕。」上批：「鄜延路轉運使李稷應副軍糧，闕乏乖方，及累奏誕妄，致令行營士卒乏食。若不差人代領其職，付吏正治其罪，則有誤國事不細。可中書、樞密院同議其事。」詔李稷降兩官，爲轉運判官，令悉心職事。如更闕誤，當依九月二十五日詔施行。宣德郎張亞之，李稷奏舉，令幹辦無効，可罷轉運判官，令赴舊任。

五年二月三日，詔涇原路轉運司：「軍須並先令本路計置，闕，或非所産，令都轉運司應副。」

七日，河東都轉運使趙卨落天章閣待制，追兩官[六]，免勒停，知淮陽軍。坐應副餽輓不如法，稽違朝旨也。

五月九日，詔：「河東都轉運使陳安石前後奏請施21行和糴鹽、礬、坑冶之類，已成倫序，今召除尚書户部侍郎，其職事委莊公岳、蔡燁協心悉力奉行。」

六年正月十七日，詔尚書駕部郎中王欽臣爲陝西轉運副使，專在本司。前此轉運司言：「本司官法當分巡州縣，歲徧，不敢留官在司。凡有承受朝省文字，不免於巡歷所在追逐，故報上行下率多稽違。欲乞自今常令一員在司主領職事。」故有是命。

四月七日，發運司言：「江東轉運司去冬並不計置糴

[一]壞：原作「壞」，據《長編》卷三一八改。
[二]加：原作「如」，據《長編》卷三一八改。
[三]不多：原作「多不致」，據《長編》卷三二〇改。
[四]西：原作「四」，據《長編》卷三二〇改。
[五]止：原作「至」，據《長編》卷三二〇改。
[六]官：原作「宫」，據《長編》卷三二三改。

糧，乞取問轉運判官郟亶〔一〕。」詔：「轉運司事以經理財用〔二〕、供辦歲計爲職，今亶曠弛如此，宜令發運司選官劾罪。」先是，亶數上書，獻《均税圖》事目叢脞〔三〕，上以亶不修職事，專務求奇希功，久欲罷絀，故因劾之。

九月二十一日，詔：「降授朝散郎、守大理少卿呂孝廉昨任京東轉運判官〔四〕，與本司官長協心修辦職事，致課入登羨。可復所降官，爲京東路轉運副使。」

七年三月八日，詔：「京東轉運使吳居厚修舉職事，致財用登饒，又未嘗創有更革，止用朝廷舊令，必是推行自有檢察勾考法度。宜令尚書户部左曹下本官，具事曲折，從本曹删修以聞。」

七月十三日，詔鄜延路未勾收積剩錢公據二十二萬六千餘緡，給陝西轉運司。

九月四日，詔：「諸路科買上供，圓融抑配，委轉運司、提點刑獄、提舉司點檢舉劾〔五〕，聽逐司互察。」

哲宗元祐元年閏二月八〔十〕〔日〕，司馬光言：「諸路轉運使除河北、陝西、河東外，餘路乞置使一員，副使或22判官一員。」從之。

三月十八日，詔罷熙河蘭會路經制財用司，其本路財利職事，併入陝西轉運司。

四月二日，詔諸路災傷賑濟并賊盜公事，令轉運司兼管。

五月一日，户部尚書李常言：「河北舊有糴便司，專置提舉官經制邊備，後止令轉運司兼領，以措置爲名。按糴本錢不預漕計，難俾兼領。請復置提舉糴便司。」詔可，其措置司職事，令提舉糴便司與轉運司通管。

六月八日，詔：「諸路轉運司每歲支移折變，並須躬親審度地里遠近〔六〕，順便體問收成豐歉去處，遵守詔條，禁戢貪吏，務從民便。」

十二日，罷吳革江東轉運判官命。先是，轉運判官三員，革替齊諶，而劉拯尚在任，時有詔止除一員故也。

八月二十二日，詔：「應諸路轉運使、副，除河北、河東、陝西、京東、京西、淮南、兩浙、成都府路外，其餘路分許差判官兩員。」

十二月二十二日，詔轉運判官就除使、副，令通理爲任。

四年〔六〕〔七〕月八日〔七〕，詔：「陝西、河北、河東路逐年封樁保甲冬教賞物，自今後免封樁，其合用賞物，令轉運司應副。仍令保甲司秋季約度錢數，關轉運司豫排辦，於

〔一〕取：原作「欲」，據《長編》卷三三四改。
〔二〕專：原作「轉」，據《長編》卷三三四改。
〔三〕目：原作「日」，據《長編》卷三三四改。
〔四〕少：原脱，據《長編》卷三三九補。
〔五〕劾：原作「効」，據《長編》卷三四八改。
〔六〕里：原作「利」，據《長編》卷三七九改。
〔七〕七月：原作「六月」，據本書兵二七之三七、《長編》卷四三〇改。

教前足備。如違，保甲司以聞，當議重行黜責。」

十一月二十六日，尚書省言，改立轉運預妓樂宴會徒二年法，從之。

五年九月十二日，詔除三路外，諸路轉運各權添差大使臣兩員，充準備差遣。

六年五月七日，京東西路轉運副使劉昱兼提舉京西南北路將兵。

七年三月四日，詔轉 23 運司管勾文字官，除三路外，餘路並行減罷，其職事令帳司官兼行〔一〕。

八年七月二日，殿中侍御史來之邵言：「張景先自陝府西路轉運判官，不半年，就遷本路轉運副使，緣三路轉運副使例比諸路轉運使，超升過甚。昔劉摯執政，昵愛葉仲，自兩浙轉運判官就除副使，士論至今不平。今朝廷清明，謂如葉仲僥倖之事，不宜復見於今日。望賜寢罷。」元本闕降旨。

紹聖二年四月二十二日，詳定重修敕令所言：「以轉運司年額上供錢分爲兩限，第一限二月終、第二限七月終以前封樁於沿流州軍，具數上戶部。」從之。

五月一日，戶部言：「轉運司，淮南、京東、京西路每年上供額斛，依限樁足，責州縣認狀，報發運、輦運、撥發司。如不實，並從本司申戶部，委別路提刑司鞫劾。已報而擅易者，依擅支借封樁錢物法。」從之。

三年二月，詔：「六路轉運司歲應輸米限內有（有）故未備輸者，次限補，至末限足；又有故，發運司覈實保明，申尚書省。即無故，發運司申戶部，下旁路提刑司取勘。六路三限皆卸貯：淮南路第一限十二月，第二限二月，第三限四月；江東路正月、四月、六月；兩浙路四月、六月、八月；江西、荆湖南、北路二月、五月、八月。」

十二月二十二日，戶部言：「每歲取索轉運司前一年內應干上供錢物，有無不及期限起發之數，本部審覆以聞，不以去官原貸。」詔戶部：「每歲春季內具諸路轉運等司起發上供錢物多寡、職 24 事修廢之尤者，保明以聞。」

元符元年六月二十五日，朝散大夫、權河東路計度轉運使郭茂恂降爲朝請郎。以運糧給軍，雇車價少，致擾民也。

三年十二月十三日，徽宗即位（末）〔未〕改元。尚書省勘會：「近年以來，州縣所收稅務失於催收，及諸般場務、坑冶課利失於督責，致遞年次漸虧少。」詔：「令諸路轉〔運〕司各具析財賦闕乏因依，及稅租等合如何拘催，諸般場務等課利合如何關防檢察，以至應干財用如何經畫措置，限指揮到一季內奏報。違者，尚書省舉劾施行。」

二十八日，兩浙轉運司奏：「本路連年災傷，賦入減耗，拖欠朝省及他司錢〔糧〕三百五十餘萬貫石，欲望朝廷特賜倚閣。」奉聖旨：「分作一十五年撥還，自建中靖國元

〔一〕行：原無，據《長編》卷四七一補。

年爲始，每年須管均還一分。逐年終拖欠不足，所屬具數關本路提點刑獄司催促，仍取勘轉運司官吏聞奏。」

徽宗建中靖國元年四月二十六日，廣西路轉運司奏：「照會本路自來並是朝廷資助，南郊在近，合用賞給錢，伏望於本路提刑、提舉司錢内撥賜。」詔於本路朝廷封樁錢内，特借錢一十八萬貫，分作五年撥還，令借錢司分拘收，依舊封樁。

崇寧元年九月二十八日，臣僚上言：「乞委御史臺考察天下轉運使、副、判官有不勝任者，擇能吏代之，俾計度其所部財賦。仍令本司各開（折）〔析〕每歲錢穀出入名數，具册關提點刑獄司驗實，結罪保明繳奏，送尚書户部。若故爲隱匿，及虚立[25]支費，論如上書詐不以實律。」從之。

大觀元年八月十二日，熙河蘭湟秦鳳路安撫司言：「乞罷熙河路轉運司，合陝西爲一路，添置轉運使、副，令兩員應副熙河。」從之。

二年十月十三日，詔江西路轉運判官侯臨、江東路轉運副使余彦明各轉一官。先是，詔二廣、江東、西、湖南、北應副黔南路錢物，其率先了足者，委黔南安撫使張莊以聞，故有是命。

三年三月二十日，江東轉運副使余彦明奏：「本路礬貨，乞從本司就委本司并逐州管勾茶事官兼行管勾。」從之。六月十五日，詔江西、兩浙、湖南、北、廣東、西、福建、淮南八路準此。

八月十五日，詔：「應鹽、香、礬、茶、市舶、石炭之類專局去處，近併入轉運司等，仰逐司悉力奉行，如能職事修舉，課利增羡，當議推賞。令户部立殿最法，申尚書省。」

十月四日，詔：「今後擢用監司，除提舉學事不拘資格外，所有提舉常平、轉運判官用通判資序，提點刑獄、轉運使用知州資序，仍以實歷知通、有舉主、無公私過犯人充選。」

十一月十日，措置淮南路礬事乞令逐州常平或鹽香案人吏主行〔一〕。淮朝旨：諸路礬事，就委轉運司并逐州管勾茶事官兼行管勾。看詳諸州管勾茶事官若非常平，即是鹽香兼行，逐案所管人吏不少，自合隨官管勾。從之。

四年四月八日，户部奏：「諸路轉運司前後借撥提舉常平司及朝廷封樁錢物萬數浩瀚，又緣提舉司依條，每歲却有合還轉運司[26]軍人代役請受并分收造錢之類。欲乞諸路提舉常平司每歲契勘本路似此應合還錢數，更不改撥，就便拘留充填撥還。」從之。

八月二日，措置財用所狀：「奉聖旨，講究鈔法錢（弊）〔幣〕，解池近興復過額依舊法通行。已準朝旨令諸路轉運使、副一員主管外，欲乞令所委轉運使、副於逐州選委通判或判官一員專切主管。」從之。

政和元年八月二十二日，臣僚上言：「一歲之入，莫大

〔一〕此句疑有脱誤。

於租稅，而諸縣稅簿，不依條式，人户納畢，亦不驅磨；及酒稅課利，倉場庫務、交界官物，買撲酒坊河渡并房園地基等課利，諸縣鎮雜收係省錢，多不置都簿拘籍，欺弊不少。又諸軍請給，分擘小曆，因緣侵冒，歲終不曾選官驅磨。諸州支費，並由糧料院勘給，多不依條幇旁，致有詐僞。月終，又多不具已支物數磨勘對帳，申轉運司，轉運司亦未嘗檢察。準《元符令》：諸官司置都簿，五年一易，具載所轄應用簿曆，其有增減，次日報都簿司除附。臣今置造稅簿及歲納軍資庫錢物都簿，并以帳案會計歲收實數，用置本司財賦都簿。今後將逐州月申見在錢物參照，仍親點對逐州遞年實收實支錢物，置籍將逐州磨勘司月申糧料院已勘給物數參較，以備計度均節。願特詔諸路漕司，各檢舉前後詔條，以遵奉次第纂類推明，督責州縣協力施行，共圖成効。仍望立限一季，許令州縣等各改正，自來一切違法傷財事件特與免罪。[27]並從漕司推原法意，措置施行。如限滿尚有違戾，從轉運司奏劾，重行黜責。其有能悉意在公、績効顯著者，除漕臣依條格薦舉外，許本路監司同銜具功績保奏，特加褒録。」詔令諸路漕臣詳臣僚所言事理，更切相度，如委無搔擾不便，有補漕計，則仰倣此點檢施行。

二年二月十九日，詔湖南運副張徽言、通判毛衍、湖北運判王璹、運副孫漸、江西運副侯臨、張根、兩浙運副莊徽、江西運判賈偉節、運勾葉正國，各轉一官。以經畫斛斗，河水未凍已前轉般上京，頗見用心舉職，故有是命。

八月二十七日，詳定重修敕令所奏：「崇寧四年朝旨，京畿轉運副使、提點刑獄序位，並在三路轉運副使、提點刑獄之上。崇寧五年續降指揮，唯改轉運與三路轉運叙官外，提點刑獄即依舊叙位在三路提點刑獄之上，有此不同。」詔京畿轉運使、副、提點刑獄叙位，並在三路轉運使、副之上，其崇寧五年三月七日指揮更不施行。

十二月二十五日，詔：「江東轉運司官各特與轉一官，屬官減三年磨勘，(吏人)〔人吏〕各支賜絹一十疋，仍具合推恩人姓名申尚書省。」以户部奏，發運司申，本路今年上供額斛九十九萬一千一百石率先敷足，故也。

三年正月五日，陝(西府)〔府西〕路轉運使陳亨伯奏：「契勘陝西路州軍四十四縣，鎮、城、堡、寨六百有(崎)〔畸〕，所部廣遠。舊曾分擘，別爲熙河路，今來每年支降額鈔三百萬貫，及茶事常平司認定[28]錢物、岷鞏錢監鼓鑄、平貨務息錢、川路物帛茶貨之類，與秦鳳路漕臣一員通管那移。欲望聖慈依舊分熙河路別爲轉運司〔一〕，所有永興軍路自來分定應副熙河錢物依數管認。」詔依，其財用據逐年所撥盡行應副，如違，並以違制論。若熙河因致不足失事者，官吏任責，加一等科罪。

二月二十三日，户部奏：「廣南西路轉運司狀：『勘會倉庫所收頭子錢，自來依《元符令》，以五分充係省，五分充

〔一〕河：原作「秦」，據前後文意改。

不係省。本路自降大觀元年六月十日指揮，更無轉運司五分之數，一衮作不係省錢侵用。今欲便行改撥，乞申明行下。』勘會近承朝旨，止合據應收到錢，以二分屬轉運司。今來本司申明元條内『不係省』字，緣條内別無稱説五分係省、不係省之文。若依《政和令》，以所收頭子錢分用；又緣已承政和二年五月十七日朝旨，學校並依大觀三年四月已前指揮，亦合用分數頭子錢，即轉運司更無所得五分之數。今勘當，欲依大觀元年六月十日修立到條令施行。」詔依。

二月十七日〔一〕，淮南轉運司奏：「近來本路米斛價高，糯米尤甚，全少利息。竊見提舉學事司於酒價上增添錢收充學費，乞比附於見今酒價上每升更添二文，候至連年豐稔，糯米價低日，別行減罷。又買撲坊場、河渡課利入轉運(伺)〔司〕，净利入提舉常平司，遇(酷)〔酤〕賣不行，即依條均減。如坊場興盛，則買撲人惟添净利，更不增添課利。欲乞應人户買撲坊 29 場、河渡，第三界滿無拖欠，願增錢二分再(賣)〔買〕者，紐添課利錢二分；其合別召人買者，亦據所添净利錢數紐添課利錢。其錢並別樁管，專充移用。」從之。

六月七日，淮南路轉運副使章公弼除尚書虞部員外郎，夔州路轉運判官楊達兼提舉馬遞鋪，朝請大夫、江南東路轉運副使孫漸轉朝議大夫，朝請大夫、荆湖北路轉運副使燕若蒙轉奉直大夫。賞起發直達綱運之功也。

十四日，詔：「六路額斛舊行轉般，淮南依條歲認水脚工錢四十二萬貫，可並支賜六路轉運司，充直達使用。」

七月十二日，尚書省言：「淮南路轉運司提轄催(提)〔促〕直達綱運宋子雍狀：『近點檢得本路州軍裝發地頭妄破諸般緣故，至有住滯等，欲望特賜重行立法〔二〕。』今修下條：諸綱運裝卸，無故違限過五日者，附載官物裝卸違限同。一日笞三十，二日加一等；過杖一百，三日加一等；罪至徒二年。事由裝卸官司，本綱不坐；事由本綱，裝卸官司準此。仍各以所由爲首。和雇私船運官物，而裝卸違限，並準此。內事由本船者，止坐船主。違限請過口食，干繫人均備。」從之。

八月七日，詔：「諸路封樁斛斗錢物輒支借，干繫人吏並斷訖刺配千里牢城，官員劾奏，重行黜責。」

九月十三日，兩浙轉運司奏：「本路歲發上供額斛萬數浩瀚，奉旨直達都城，唯藉綱運趁限裝發，了辦歲計。緣本路所管綱船並是三百料，與他路大料綱船不同，除許附載私物外，裝發米數不多。近朝旨許加一分力升〔三〕 30 通舊二分，附載私物。今乞依《政和令》，許二分附載私物，情願將逐船所剩力升如無私物攬載，即加裝斛斗，每二十石添破一夫所得雇夫米錢。不惟(憂)〔優〕恤兵(稍)〔梢〕，實於

〔一〕按，此條時間反在上條之後，疑有誤。
〔二〕望：原作「妄」，據本書食貨四五之四改。
〔三〕力升：原作「力外」，據本書食貨四五之四改。下同。

官物不致侵盜，兼亦使愛惜舟船，委得利便。今來所乞二分附載私物〔二〕，每船一隻裝米二百四十石外，有六十石力升，若願加裝米斛，每二十石添破一夫，每舡增三夫，以酌中平江府至都城地〔理〕〔里〕約度，共添得雇夫錢七貫伍伯文，米二石二㪷，即與附搭客人行貨所得錢數不致相遠，所貴綱〔稍〕〔梢〕愛惜官物舟船。」從之。

十九日，户部奏：「京畿轉運司申明，差官點檢無額錢，已降朝旨，係隸提刑司拘收，更不令轉運司干預。乞將《政和令》『轉運司』字改作『提刑司』字。」從之。

二十三日，户部奏：「荆湖北路年額上供斛斗三十五萬石，先次般發到都數已足備，除轉運司官已蒙推恩外，有本司提轄直達綱運官鄧紹密，伏乞特賜施行。」詔特轉一官。

四年三月二十二日，詔兩浙轉運司舊欠發運司錢，每年帶還二萬貫。先有旨每年帶還五萬貫，至是轉運使李偃以應奉諸局支費有請，故有是命。

五月二十四日，詔：「諸路轉運司各具三十年以來每歲收支及泛支數，令提刑司覆按的確，結罪保明聞奏。」以臣僚言「諸路闕乏，漕臣失職」故也。

十月七日，兩浙、江西轉運司狀：「本路每年認發淮南本年冬、次年春兩季軍衣紬絹，承政和四年五月十六日敕：31應副他路軍衣物帛，並限七月十五日前到下卸處。内冬衣依條限送納外，其次年春衣，乞限隔年十二月終〔到〕下卸處。」〔從〕之。

五年二月六日，淮南路轉運司狀：「本路政和四年水脚工錢四十二萬貫，節次承朝旨，將一半分賜六路應副直達支使外，撥九萬一千五百餘貫充每歲淮南打造綱船物料錢，六千貫充六路合出備博易賞錢，自餘一十一萬二千餘貫作朝廷封樁了當。所有政和五年分錢，乞賜指揮。」奉詔今後準此。

四月二十四日，兩浙轉運副使應安道奏：「乞依常平法，每州於不許差出官内，從本司選擇强幹官一員，管勾檢察收支轉運司錢物并應辦歲計事務，於頭子錢内每月支食錢五貫文。如職事修舉，即許保明再任。」詔依，餘路依此。

十二月二十四日，陝府西路轉運副使任諒奏：「臣頃待罪河朔，申明將一路年計除破放倚閣外，盡令知、通置籍拘催，已蒙朝廷行下。臣愚乞令關陝知、通依河朔具合催之物，置籍勾銷，府則專委通判。其措置有方，許保奏三五處推賞。設或隱漏不實，並按劾以聞。」詔依奏，諸路並依此。

六年正月二十七日，詔：「漕司管勾文字官點檢一路財賦，自熙豐立法，不許差出及隨本司官巡按。遇有要切，雖許暫差勾當，歲終亦具事因聞奏。今後除依舊法外，如別官司陳請差委，雖奉特旨，亦不許差出。」

〔二〕載私：原倒，據本書食貨四五之四乙。

五月十七日，兩浙轉運司奏：「檢會已得朝旨，委知州、通判32或職官一員，專一管勾裝發上供額斛，候任滿日，從本司保明，減二年磨勘；及三十萬石以上，更減一年；及五十萬石以上，轉一官。所有在任未滿三年替罷之人，任内所發斛斗能無違限，所發米數已及原立萬數，乞許依已得朝旨等第推賞。」詔依任滿法。

八月二十三日，詔荆湖南路轉運副使程元佐、本司主管文字蘇公才各復所降一官，轉運判官喬方減三年磨勘。賞運漕之功也。

八年十月十八日，詔：「諸路少失上供錢物，限一季補發數足。違限不足，申尚書省。」宣和元年二月二十六日，敕：「押綱人少欠上供錢物，下本路限一季先次兑發。如違，依上供法施行。」

十一月八日，詔江西運副李令將轉一官，張孝純、林箎各減三年磨勘，運幹蕭序辰、張裁，提轄俞應之、張沆、焦湑各減二年磨勘，年限不同人依四年法比折。賞糧運之功也。

宣和元年八月十六日，詔：「江南東路起發上供最少，其漕臣特降兩官，人吏令提刑司勾追，決杖一百。」以户部尚書唐恪稽考到諸路已發、未發上供錢物數目，故有是命。

九月二十四日，詔陝西漕司以都轉運一員，於永興軍置司，總治六路，轉運使三員分治，每兩路一員主之。

二年六月十九日，以領樞密院事童貫奏：「陝西邊事寧息，乞依舊以三人爲額分治六路，常留一員在司發遣。内都運除分管兩路外，並總治其餘路事務。」詔從其請。

十月一日，33詔諸路轉運司管勾官並罷。

三年六月四日，詔：「夔州路軍儲年計，並入於恭、涪兩州，内大寧監鹽係糴本，應副一路。可特許本路漕司同共踏逐奏舉才幹清强官，充恭、涪兩州、大寧知監差遣一次。任滿無遺闕，保明聞奏。」

四年五月二十七日，户部奏：「諸路合發今年銀、錢、帛、絲、綿，已責限七月終到闕，如違，不以多寡，乞從本部具奏，委官及知、通、漕司，奏乞重賜黜責。若於限前率先到京，亦乞旌賞。」從之。

五年六月二十一日，户部尚書李棁乞諸路所起額斛，除本年額數足外，若更能帶發舊欠斛斗，從本部比較最多路分轉運司，奏乞朝廷推賞，所貴有以激勸。詔依。

七年正月十一日，御筆：「諸路上供錢物，可自今除格令合支撥外，發運、轉運使應敢陳請截撥，及所在限滿不及數者，並以違御筆論。」

十九日，詔：「諸路轉運司錢物應支用者，旁帖並經所在州糧勾院勘勾。右入《政和給賜令》。」二月七日，又詔：「諸不經糧勾院勘勾者，徒一年。」

二十二日，江南東路轉運判官陸寘特除直秘閣。以添認上供金銀錢帛斛斗數足故也。

七月八日，詔東西漕臣時道陳漕計全不修舉〔一〕，差提舉江州太平觀。

八月五日，詔燕山漕臣復置一員，起復朝散郎李與權除燕山府路轉運副使。

十一月一日，詔諸路漕臣：「錢物不以多寡，並經官司勘實，各相關會檢察，不得隱藏寄收。如違，以違制論。」

十五日，兩浙轉運副使[34]程昌弼奏：「伏覩先任本路運使應安道等申請，得旨，依常平法，於逐州不許差出官內，從本司選擇强幹官一員，專一管勾檢察收支轉運司錢物。仍從本司置收支并差出軍人等借請及批支驛料口券簿共四扇，給付所差管勾官收掌。凡本司一錢一升一尺以上，並注于籍，每季一易。其舊簿限次季孟月，專差人賫赴本司投下。如不依立定綱目約束事，隱漏不實，收支不明，許臣具事因奏劾，重寘典刑。內有職事修舉，亦許臣保奏，依去年十月三十日御筆詔，政治修舉者，仍令再任一次。其職事優異者，奏取睿裁，別賜陞擢。」詔依，內措置綱目事件，令諸路轉運司體倣措置施行。

十七日，兩浙轉運副使程昌弼奏：「竊見漕臣以調度經費爲職，自來並不曾會計一路財用出入之數，但止取過目前，並無載籍檢察鈎考，故官吏得以公肆詆欺。臣職司外計，輒欲以本路歲收歲支(隋)〔隨〕事分別科目，著之編册，使多寡出入、盈虛登耗之數可指諸掌。然慮州縣報應不能盡實，雖及成書，又恐不免異時隱匿之患。欲望斷自淵衷，詔臣編纂，號《宣和兩浙會計總録》，候成進呈訖，頒之郡縣，垂示無窮。」從之。

欽宗靖康元年五月十二日，詔：「轉運司於諸州除依格上供數外，不得以移用錢物侵占。」

十一月三日，詔麟、府、豐、嵐、憲州、保德、火山、寧化、晉寧軍並隸陝西鄜延路帥府，仍令陝西漕臣桑景詢同河東路漕[35]臣葛兢專一應副。增陝西轉運使一員，起復王庶直徽猷閣爲之。

高宗建炎元年七月十三日，兩浙轉運判官顧彦誠言：「經制發運司并東道都總管司差官來本路剗刷侵蠹經費。乞應逐司差官來本路剗刷錢物，州縣並須先申轉運司審度，不妨歲用，方得應副，不許直行取撥。或有抛降須索、計置物色等所用錢物，並令各司管認，庶免侵損漕計。」從之。

同日，顧彦誠又言：「鎮江府丹陽縣有都大計置剗刷錢糧官刷去錢帛及椿管物斛，并係按月合支及上供歲額之數，乞免行剗刷。」詔免剗刷，已椿下錢物通融支使，如行在到〔二〕，不管妨闕。

〔一〕東西：疑當作「京西」。據本書職官六九之四、六九之七、方域二五之二九，時道陳曾於宣和元年任京西路提舉常平，二年、三年爲京西轉運副使，張邦基《墨莊漫録》卷七亦稱「宣和中……京西漕時道陳」。是此人任職多與京西有關，蓋宣和七年仍爲京西漕臣。且「東」與「京」字形極爲接近。

〔二〕如行在到：此句疑有脱誤。

十一月六日，江南西路轉運司言：「乞依已降指揮，州縣監當官闕，令轉運司具名奏辟一次。」詔依，諸路準此。

二十三日，詔曰：「國事艱難，盜賊竊發，帥司那移軍馬，全藉漕臣支撥錢糧應副。訪聞東南監司陵轢帥臣，漕司全不應副，殊失將命體國之意。仰東南漕臣遇帥司那移軍馬去處，即據實狀奏聞。」

十二月十八日〔一〕，江南東路轉運司言：「靖康元年勑，贍學錢糧、物帛、田産皆係轉運司窠名拘收。續準發運司拘收充轉般糴本〔二〕，未蒙撥還。」詔令轉運司拘收。

二年六月十六日，司農少卿史徽言：「諸路轉運司歲起上供糧斛合用舟船，逐路各有船場認打船額〔三〕。乞取會建炎元年拖欠并今未打船數，(令)〔令〕漕司打造，添補行運。仍許依近降指揮收買舟船，總計所載料 36 例，各許理爲年額。至歲終，令發運司具虧欠多處漕司官並打船合干官吏職位〔四〕、姓名，申取朝廷指揮。」從之。

九月二十五日，發運副使呂源言：「給納錢物，並合付之州縣庫分，正附帳曆收之，以防僞冒。故專副立界，以至繳赴所屬驅磨，監司巡歷點檢。自應奉之後，廢法玩令，遂自行收支。宣和七年，因京西漕司以錢物貯別庫，移牒徑取，始立法禁，轉運司應支錢物，不經糧審院勘驗者，徒二年。比歲因緣調發，復甚如前，於本司或隨行別置庫局，妄有支費。望申嚴舊法，期於必行。」詔：如違，徒二年。

十月十六日，江東轉運司言：「本路先行直達，州縣當職官起發糧斛無違限，依法合該減年酬賞。今來復行轉般，所運斛斗及自餘紬絹等物，未有推賞明文。欲候至歲終，將一路比較勤墮三兩處保奏。乞自朝廷，起發率先數足去處，特加優賞；其通欠不足州軍，嚴賜責罰。」詔依，諸路準此。

三年三月十四日，兩浙轉運副使王琮等言：「本路利源，唯酒稅與買撲坊場課利錢所收最多，近令逐旋起發，應副車駕巡幸支用。緣逐州多占充一州使用，不肯樁撥。欲乞縣委丞簿、州委通判，每月將二分收到錢拘收赴廳，別置庫曆樁管類聚，津發赴左藏庫送納。如州縣樁占借兑，并所委官不樁收津發，並以違制論。」從之。

四月二十日，詔：「京東、西、陝西、河北東路州縣員闕，除知、通、監司及茶鹽等提舉官、武臣城寨官將 37 領以上外，餘窠闕可令轉運司依八路差官條法差注。」

十一月十二日，詔兩浙轉運司：「除承受行在指揮應副外，其餘去處，令本司具所得指揮申尚書省取旨應副。」從轉運副使陳逮之請也。

四年五月二十七日，三省言：「江南東、西路既分置三帥，其兩路轉運司難以仍舊分路差官，欲并爲一司，以江南

〔一〕《景定建康志》卷二六作建炎三年，恐誤。
〔二〕般：原作「運」，據《景定建康志》卷二六改。
〔三〕船額：原作「額舡」，據本書食貨五〇之一〇乙。
〔四〕吏：原作「倒」，據本書食貨五〇之一〇改。

路都轉運司爲名。今後差漕臣三員，内一員爲都轉運使，並通管應辦漕計，有闕誤，一等任責。」從之。

紹興元年正月十日，詔：「江南路依舊分東、西路，各置轉運司，見任漕臣依舊分路管幹職事。」

〔建炎四年〕十一月十五日〔一〕，户部侍郎孟庾言〔二〕：「行在用度錢糧，指擬兩浙轉運司認定應辦，除曾紆、徐康國分定東、西路錢物自合遍詣督責拘催外，緣行在别未有漕司官應副，乞添差漕臣一員，專一隨行在應辦錢糧。其給人吏等〔三〕，並與隨所至路分則例差破。」詔依，方孟卿添差兩浙路轉運副使，專一應副行在大軍錢糧〔四〕。

〔紹興元年〕五月七日〔五〕，兩浙轉運副使劉寧止言：「諸州縣樓店務官房廊及賃地基等錢，久來係隸漕司。自經兵火，州縣更不措置，或人吏作弊，侵欺入己，或形勢之家彊占起造，更不納錢，或非減落元賃價直〔六〕。欲乞本司委官專措置，所有已經兵火去處，量行修蓋，或召人賃地，拘收合納錢專充本司贍軍支用，州縣不得干預。所有無主地土，亦許本司蓋造屋宇，或召人承賃地基，與樓店務一等拘收，可 38 以補助贍軍支費。」從之。

八月三日，劉寧止又言：「前知臨安府徐鑄申晝指揮，將臨安府所入財計徑行拘收，自足以州支用〔七〕，更不令漕司干預移撥。欲乞許從本司會計，本府寬剩錢物聽從本司移撥施行。」從之。

八月〔八〕，詔：「江西轉運司依舊於洪州置司，仍每年遇防秋，自七月輪郡漕臣一員〔九〕，前來江州、興國軍，專一往來應辦錢糧。後至次年三月，防秋了畢，歸回本司。」以江州安撫大使朱勝非言「前此轉運權在吉州置司，江州置帥，措置屯兵，防托江路，正要漕司就近經畫錢糧」故也。

十一月十二日，户部侍郎柳約言：「江、浙、荆湖等路，紹興元年分有額上供錢物，各限七月終以前到行在。今計會未起發錢物總二百五十八萬五千二百七十八匹、兩、貫，欲乞逐路各委漕臣一員專一催督，限至歲終起發盡絕。如依前違限，從本路具轉運司違慢當職官吏申朝廷，乞重賜黜責。」詔依，如少有違慢，令本部按劾，申尚書省取旨，重

〔一〕建炎四年：原脱。按原稿月日失序，本已可疑。考《咸淳臨安志》卷五〇云：「建炎四年，車駕所幸未有定居，乃於（兩浙）東西二（轉運）使之外添差一員，專一隨行在應辦錢糧，以方孟卿爲之。」又《建炎要録》卷三九：建炎四年十一月十六日乙卯，「直徽猷閣方孟卿添差兩浙轉運副使，專一應副行在大軍錢糧。用户部侍郎孟庾請也。」據此可知，此條乃建炎四年事，此作十一月十五日，《建炎要録》作十一月十六日，亦只相差一日。今據補四字。此條應移前。

〔二〕孟庾：原作「孟庚」，據《建炎要録》卷三九改。

〔三〕給：似當作「請給」。

〔四〕副：原脱，據《建炎要録》卷三九補。

〔五〕此條仍爲紹興元年，以劉寧止此年始任兩浙轉運副使也（見《建炎要録》卷四一、四七）。

〔六〕「非」下似脱「法」字。

〔七〕州：似當作「周」。

〔八〕按，此門南宋各條皆紀事至日，此「八月」疑當作「八日」。

〔九〕郡：似當作「那」。

行黜責，人吏決配。

二年二月四日，詔李承造充兩浙路轉運副使，專一應副劉光世軍。遇有軍馬出入，即委本官隨軍移運供餽。從兩浙西路安撫大使劉光世之請也。

三月九日，臣僚言：「朝廷出師，置隨軍運使，出於一時差委，州縣謂非統屬，則不從其號令。運使視州縣既非本路，亦不恤其有無，至有陵轢官吏，搜檢蓄藏，或求羡餘，以爲己功。欲乞大軍之行，專委本路漕臣一員[39]應副，專以往來屯軍州郡或師行去處，察其欠闕，通郡羡餘以周給之。事有統屬，凡百易辦，亦知愛惜錢穀，不至横斂。」從之。

五月八日，詔：「轉運司所置諸州縣回易務〔一〕，日下並罷。」以臣僚言其「奪錐刀之利，牙儈之役〔二〕，拘欄商賈投税之物〔三〕，抑令彊賣，計物以出息錢，至賣箕帚掃除之具、匕筯調筆之物。其在外邑，則又不免暗行科配。臨安府回易務元降本錢三萬七千餘貫，一歲之間，所收息錢纔得一千三百貫有奇」，故有是命。

十月九日，詔：「大理卿張公濟除集英殿修撰，充江浙荆湖廣南福建路都轉運使，於湖州置司。」十二月二十八日，詔於常州置司。

十一日，詔：「罷兩浙路添差運判一員，其人吏、公使、什物等，並撥與都轉運司。」

二十三日，詔：「兩浙轉運司於浙西安撫大使司用申狀，於沿海制置使司、都轉運司並用公牒。」

二十八日，詔：「今後催促錢斛，並委都轉運司，更不差郎官。」

十二月十九日，（轉）〔輔〕臣呂頤浩言：「近遣郎中孫逸督江西上供米，比聞已起三綱，將來可準官三十萬斛〔四〕。」上曰：「必待朝廷遣郎官催促，然後起發，漕臣失職可責。朕當面訓都轉運使張公濟，俾先理會常賦，若常賦不入，乃反務横斂，非朕愛民恤下之意。」

三年二月十九日，詔：「應諸路漕司移用錢，每季具支使科名申户部，察其違法之甚者按劾以聞。其諸州軍亦每季（聞）〔開〕具本處有無轉運司取撥移用、赴甚處支使文狀申户部，互[40]换比照檢察。」以臣僚言「漕司移用錢，獨無所檢覈」，故有是詔。

四月十二日，詔：「江浙荆湖廣南福建路都轉運司時暫添差屬官二員，候催促今年夏税并上供折帛錢物了日罷，並從朝廷選差。」從都轉運使張公濟之請也。

同日，江浙荆湖廣南福建路都轉運使張公濟言：「諸路轉運所收移用錢，從來並係轉運司專委逐州軍主管，本司錢物官就本廳置庫拘收，遇轉運司取撥，即一面起發，州

〔一〕回易務：《建炎要録》卷五四、《宋史》卷二七《高宗紀》四作「回易庫」。
〔二〕「牙儈」上似脱一動詞。
〔三〕拘：原作「枸」，據文意改。
〔四〕準：似當作「集」，《建炎要録》卷六一此句作「則三十萬之數可集矣」。

郡並不干預，畧無關防。欲乞今後應轉運司係省錢，並依條赴軍資庫交納收支，其窠名不同者，各置文曆拘管。應通判及主管司等處送納錢物，並罷。」從之。

二十二日，詔湖南轉運司依舊於潭州置司。副使李弼孺言：「乞依湖北轉運司因荆南府殘破，於枝江縣置司例，權於衡山縣置司。」宣諭薛徽言〔言〕其不便故也。

七月二十六日，詔都督府已有户部侍郎姚舜明總領應副錢糧，其隨軍運判可省罷。

八月十六日，給事中黄唐傳言：「祖宗以來，置發運使，非特運江淮之粟，兼責委催發六路上供錢物，以防諸司移用。昨因言者乞罷發運使司，後來上供錢物頓失拘催。避發運使之名，改爲都轉運使司，蓋諸路轉運司各移一路，專以移用本路上供錢物爲事，都轉運司專收簇上供錢物。今内外臣僚復乞罷都轉運司，乞下吏、户部詳議利害。」有旨，令户部公共定奪可與不可存罷。户部言：「自置都轉運後來，比之未41置已前月日，拘催起發過錢米、金銀、綿絹等，一歲之間計增八十三萬九千九百餘貫、石、匹、兩，并點檢根究到諸路轉運司侵損上供錢物事件不一，即難以廢罷。每歲乞將本司催發過諸路合起年額錢物斛斗，候至限畢，令户部考較所起分數多寡，申朝廷賞罰。仍於撫州置司。」從之。

二十一日，詔：「都轉運司已移司撫州，可存留屬官四員并指使一員，餘并減罷。」

二十六日，詔：「都轉運使司官吏並罷，令户部將本司應干合行拘催諸路上供錢物等，限五日措置却合如何差官催發，及如何檢察漕司侵移積弊，逐一條具，申尚書省。」

十月二十二日，詔福建路提刑、轉運司置司去處，並依祖宗舊制。先是紹興二年，已詔依舊制，提刑置司福州，轉運置司建州，而臣僚有請兩易其地。至是，言者論其不當，謂建州置轉運司，團併一路上供綱運，經由本州催發；豐國監鼓鑄錢寶，北苑焙貢發御茶，本州都作院歲造四色等軍器及上四州銅鉛場等處，係本司拘收爲便。提刑置司福州，係八州道里之中，諸州刑獄案牘詳覆與決，待報行遣，仍所轄弓兵巡捕盜賊與帥司所在，緩急可以商議爲便。」故有是詔。

十二月十五日，三省進呈差沈昭遠催軍糧事。上曰：「差官數有言者，蓋常賦自有轉運司官，苟不職，自當別選能吏，豈可每每差官催督乎？至於因事差官出外，自祖宗時有之，亦不得俱廢也。」

四年四42月十二日，江南西路轉運司言：「漕計百色之費，惟仰酒税課利。比年以來，州軍多以應副軍期爲名，一面擅置比較酒務、回易庫，將漕計錢物取撥充本，又於諸城門增置税務，所收課息，並不分隸諸司。乞下諸路，除帥司措置贍軍外，其餘州郡自行創置比較酒務并回易庫及添置逐門收税去處，合趁額課，並并入漕計。」從之。

十二月二十八日，中書門下省言：「淮南轉運司今來別無漕計，難以獨置一司。」詔令本路提舉茶鹽司兼領，本司人吏減三分之一。

五年正月二十一日，詔：「淮南轉運司已省併外，茶鹽、提刑司並罷，置提點淮南兩路公事一員，兼領刑獄、茶鹽、漕運〔一〕、市易等事，應干合行事件，並依發運使例〔二〕。」

三月四日，侍御史張致遠言：「宰執侍從多分符竹，則監司之任宜稍增重。欲乞每路改置一都轉運使，以侍從官充。」從之。

四月六日，詔湖南轉運司依舊於潭州置司。以臣僚言「昨因孔彥舟盜據州城，權時移司上江，今賊寇平定」故也。

十一月十六日，中書門下省言：「四川財賦，雖各有漕臣經畫，竊慮無所統屬，常賦出入，難以稽考。」詔趙開除四川都轉運使。

六年二月二日，右僕射張浚言：「兩浙路都轉運使李迨近躬親遍詣浙西六州軍，點檢過逐州縣違戾事件三百餘項，並令改正，及措置酒稅課利，增錢僅五十萬貫。」詔李迨備見體國，修舉職事，可賜詔獎諭。

三月五日，潼川府路轉運司 43 言：「本司織造諸軍功賞并官員支降官誥度牒綾帛，每年共造一十萬匹，川陝諸路處屯駐大軍，費廣闕乏，乞特免織造。」從之。

四月八日，諸路軍事都〔會〕〔督〕行府言：「總領四川財賦、都轉運司自合依舊總治，通融移用，緣四川係四路置司，即與一路都轉運事體不同，難以同共繫銜。」詔令四川轉運司并趙開遵守施行。

十二月二十三日，臣僚言：「舊制，轉運司官除授皆命詞給告，昨因渡江已後，例給勑命，近年稍復舊制。轉運使、副見命詞給告，運判委任，與使、副無異，理宜一體。」詔今後除授諸路轉運判官，並命詞給告。

七年四月二十九日，詔淮南東、西路各置轉運一員，兼提〔舉〕刑獄、〔舉〕茶鹽、常平事。蔣璨除淮東路轉運判官，韓璡除淮西路轉運判官，提點兩路公事司官吏並罷。

八年二月六日，詔：「湖北運判夏珙職事修舉，候今任滿日，特令再任，仍陞充轉運副使。」

十年閏六月二十二日，詔京西路復置漕臣一員，兼提舉茶鹽常平等公事，襄陽府置司。

七月十四日，中書門下省言：「淮西漕臣見係兩員，其東路亦合一體。」詔淮東路更除漕臣一員。

十二年九月十四日，刑部言：「川陝宣撫司保明四川都轉運司主押官依茶馬〔四〕〔司〕格法，滿三年，補進義副尉。本部檢照，即無許補條法。今來本司檢坐尚書省劄子，四川都轉運使李迨申：本司人吏抽差召募、遷補出職應干吏額等事，并依茶馬司舊法。」詔 44 令刑部遵依已降朝旨施行。

〔一〕漕運：原作「運漕」，據《建炎要録》卷八四乙。

〔二〕例：原無，據《建炎要録》卷八四補。

十三年閏四月十日，總領湖北京西軍馬錢糧張匯言：「邊事既寧，其隨軍轉運一司理合省罷。緣自(求)〔來〕京西諸州更戍軍馬合用錢糧，並係湖北漕司兼管，今來湖北、京西御前軍馬合移運錢糧，欲乞專委湖北漕臣一員主管。」從之。

十四年十月二十二日，詔：「淮東西轉運司併爲一路，仍以淮南轉運司爲名，依舊置轉運判官二員。所有提刑司職事，亦兩路通管。」以臣僚言：「淮西寬免賦税，與淮東事(二體)〔體一〕同，而無南北使命往來應副之費，乞依舊併漕司爲一路，事力相濟。」故有是詔。

十五年四月二十五日，詔四川都轉運司罷，其官吏依省罷法，見管職事並委宣撫司。以尚書省言：「四川駐劄軍馬已移屯近裏州軍，錢糧自有逐路漕臣應副，都轉運司虛有冗費。」故有是詔。

九月六日，詔：「淮南路轉運司歲舉選人改官，可依舊法。」先是紹興七年，權作東、西兩路分舉，至是復併爲一，故有是詔。

二十六年八月十二日，上宣諭宰執曰：「新除兩浙二漕臣，可召至堂中，面諭與近屢降寬恤事件，到任後，令遍詣所部，税賦之足否，財用之多寡，民情之休戚，官吏之勤惰，悉加訪問〔一〕。如有奉行不虔、職事不舉者，並按劾以聞，庶幾可以警動諸路，使皆知所視傚〔二〕。」

十二月十八日，詔省兩浙轉運司守次押綱官一千員〔三〕。從本路漕臣趙子潚請也〔四〕。

二十九年閏六月四日，淮南路轉運 45 判官張祁言：「無爲軍有贍軍酒庫，元係都督府創置，後來撥歸朝廷，歲收息錢八千餘貫〔五〕。乞將上件所收課息權行撥隸本司應副支遣，却將諸路州所認本司諸色窠名，從本司量度蠲減。」從之。

三十一年九月二十六日，吏部言：「歸州復隸夔路，即屬八路之數，所有本州幕職、州縣官窠闕，合從本路轉運司隨四季使闕擬差。」從之。

孝宗隆興元年四月二十二日，都督江淮軍馬張浚言：差江東漕臣向子忞兼都督府隨軍運副。從之。

五月十五日，權户部侍郎向伯奮言：「契勘内外經費至廣，全藉監司協濟。依已降指揮，如有不擾而辦者，許本部(秦)〔奏〕舉，特行旌別。近委兩浙運判陳漢前去浙西州軍催發諸色窠名錢，頗見宣力，伏望詳酌指揮施行。」詔陳漢特與轉一官。

二十六日，向子忞奏：「契勘隨軍職事係干四路，全藉屬官辦集。乞差置文臣幹辦公事一員、武臣準備差使一

〔一〕問：原作「聞」，據《建炎要録》卷一七四改。
〔二〕傚：原作「効」，據《建炎要録》卷一七四改。
〔三〕一千員：疑爲「一十員」之誤。
〔四〕潚：原作「瀟」，據《建炎要録》卷一七八改。
〔五〕八千：原作「八十」，據《建炎要録》卷一八二改。

員，許令本司踏逐選差。」從之。

二年十一月二十二日，同都督江淮軍馬楊存中言：「契勘兩淮調發軍馬，隨軍錢糧最爲急務，淮西路欲乞差姚岳充隨軍轉運副使，淮東路欲乞差韓龍充江淮都督府隨軍轉運副使〔一〕，專一應辦錢糧。」從之。

十二月四日，四川總領所奏：「緣收復（泰）〔秦〕、鞏等州縣，遂令置陝西路轉運一員，仍將階、成、西和、鳳四州割隸陝西路。已降指揮，令利州路轉運判官趙不愚兼權。今來四川止管舊來界分，却有46陝西轉運一司官屬尚存。今欲乞省罷，仍將階、成、西和、鳳州撥隸利州西路。」從之。

八年八月二十五日〔二〕，詔復置兩浙路轉運司催促起發行在物斛官一員。從本路轉運司請也〔三〕。（以上《永樂大典》卷二一二二）〔四〕

〔一〕韓龍：按宋代文獻中不見有此人，疑是「韓元龍」。元龍，元吉之兄，此時任淮南路轉運判官（見本書食貨八之四二、又一〇之一九），正宜任淮東隨軍運副。

〔二〕八年：按，脱年號，疑是「乾道」。

〔三〕原稿此後另一行有題云「轉漕」，下注存目不録。按，「轉漕」門之原稿今在《補編》頁五五六至頁五八二，出自《大典》卷一七三四七至一七三四九，乃本書「水運」門之複文。

〔四〕《大典》卷次原缺，據陳智超《解開宋會要之謎》頁二五七補。按《大典》此卷爲「司」字韻「轉運司一」。

宋會要輯稿　食貨五〇

船　戰船附

【宋會要】 1 太祖乾德四年四月[一]，淮南轉運使蘇曉言：「緣江州府商人以江心爲界，各許兩岸通行。其北岸有溝河港汊，悉通大江，或穿州縣，從來客旅舟船往來經販。自禁閉口岸已來，江北商人欲入港汊興販者，巡檢使臣禁止不許。望明賜條約。」詔：「自今江北通連州縣溝河港汊，許商旅往來通行，即不得直入大江，有司謹察之。其捕漁人户，依近敕指揮。」

真宗景德二年六月，永壽縣主言：「私家有船在汴河，值官私雇船運修河物料，望放免，及蠲經由税筭。」詔聽免雇般。

大中祥符三年十月，詔：「自今勾當事使臣，如在京指射舟船往向南州軍，逐處不得更添；若是替换，亦不得過元載力勝。所有添差乘駕兵士，及抽那堰上車軍，亦不得擅差。」

五年二月，衛國長公(言)[主]言，於汴河内置到船二隻，收載供宅物，乞免頭子力勝錢。詔免諸雜差使。

六年十一月，令長公主宅於諸州河置船者，止免諸雜差遣，其路税如式。先是，宿國長公主乞免税，真宗慮其有違條制，故申明之。

八年閏六月，詔：「皇族及文武臣僚、僧道諸河般載薪炭芻粟(州)[舟]船，止准宣敕及中書、樞密院所降聖旨劄子内隻數與免差遣。如許令將錢出京城門，即置簿拘管。其見今行運有河分交互者，取索元降文字，令行納换。」先是，黄、汴河催綱王黄裳言：「以和雇民船載薪芻供應滑州修河，2 有諸宅及寺觀舟船皆執官給文字免放差遣，然其間有河分差互者，乞條約之。」故有是命。

天禧二年四月，詔：「自今赴任向南官員，如到真、楚、泗州，納下從京乘載舟船，即與勘會逐處岸下係官空閑雜般船，許差借乘載赴任。」

〔五年〕八月[二]，樞密院定皇親宅置船，長公主二，郡縣主一，聽於諸河市物，免其差撥，自餘不得爲例。

仁宗天聖元年十二月，詔：「自今有落水舟船，須畫時出取，相驗修補。如必然不堪裝載鹽糧，亦便駕送合屬去處修充雜般。委實不任修補，即差官監(折)[拆]，板木量定長闊，釘鞠秤計斤重，因便綱船附帶赴船場交納修打。鹽糧舟船，不得擅將支使。如敢擅將官中堪好舟船妄有毁拆，及將板木釘線打造家事并諸般使用，並委發運司檢舉

[一] 太祖：原作「太宗」，據下「乾德」年號改。參《長編》卷七。
[二] 五年：原脱，據《長編》卷九七補。

申奏，其典守等勘罪斷遣後，據占使却釘板，勒令均陪價錢，當職官員、使臣勘罪申奏。」

三年七月，詔：「在京諸禪院各有舟船在河般買供用物，自今不得於船頭排牌。不依次駕放，并妄外欺壓百姓舟船，並仰開封府收捉在船僧人、道士并行者及主捉舟船人等勘逐區分，如顯有兇豪，及不伏止約，依法斷訖，收禁奏裁。緣河州府縣鎮及撥發、巡檢、催綱、排岸、斗門使臣覺察，三司每季舉行宣命，無令違犯。」

四年七月，江南西路轉運司言：「吉州永新、龍泉兩縣所買造船枋木，每貫(五)尅下陌子錢六十五文，更依(例)剋下頭底錢四文，共除六十九[3]文，是致商客虧本，少人興販。(令)〔今〕勘會南安軍所買枋木，每貫止依例剋下頭底錢四文外，更不尅陌子錢六十五文。(令)〔今〕吉州所剋枋木陌子錢，乞行除放。」事下三司相度。省司勘會：「逐年般運斛斗錢帛雜物，全(籍)〔藉〕虔、洪州打造舟船應副。今來吉州永新、龍泉兩縣買枋木，請依轉運司所奏，依南安軍例，每貫收頭子錢四文外，更不減尅陌子錢六十五文。」從之。先是，吉州判官徐仲儒言：「永新、龍泉兩縣所買船場枋木，每貫於常例除尅錢四文，更尅陌子錢六十五文，致有衡州茶陵縣商人尹海經轉運司狀訴，乞給還所剋每貫六十五文陌錢。」轉運司移牒吉州會問，州稱止稱近例定奪〔一〕，初無朝省指揮。運司同奏〔二〕，請除放。

慶曆二年二月，詔京東、西瀕河諸州，造戰船五百隻赴河北。

皇祐三年九月，詔緣汴河商稅務，毋得苛留公私舟船。

四年十一月，詔：「如聞江、淮、兩浙、荊湖南、北等路守官者多求不急差遣，乘官船往來商販私物。宜令發運、轉運司，自今非急務，毋得輒差官；若當差者，即不得以官舟假之。違者，本司及被差人並以違制論。」

神宗熙寧元年正月四日，句當京東排岸司盧盛等言：「發運使每是受命，即移文報岸，差船十五隻，復自拘收江淮船，稱是本司船，多是應副人情。乞今後只與依兩制條例差撥，即不得一面拘收。理職司資序知州并提點銀銅運鹽轉運判官，並依職身條例[4]差撥。四隻除轉運使、提點刑獄外，其餘差遣，自合降敕。所有理職司資序知州、提點銀銅運鹽轉運判官，並乞只差三隻。每歲至閉汴口日，並須預催諸般空船回歸，內運糧雖般官物，並各遣回。內有量般官物爲名，乘載官員，迫閉汴口；方始到岸，只就居止，避見僦屋，遂使人船於乾汴內負重，致船縫開綻，多有損壞。乞今後應乘載官員到岸，限五日內般下，及不許將守凍舟船經冬般家居止。」並從之。

元豐元年正月十五日，詔：「川、廣、福建路官在任或替移，未出本路身亡，雖已請接送雇夫錢，許差座船一隻。」

〔一〕止稱：疑當作「止依」。

〔二〕同：疑當作「因」。

三（一）〔月〕十二日〔一〕，詔使高麗涉海新舟並賜號，其一曰凌虚致遠安濟神舟，其次靈飛順濟神舟。

三年四月二十一日，詔：「衡州茶陵縣以税米折納船材，運至潭州造船，公私縻費。自今以所輸船材即本縣造船二百艘，轉運司出錢佐其費〔二〕。」

六月二十七日，詔真、楚、泗州各造淺底船百艘，團爲十綱，入汴行運。

五年二月二日，詔：「熙河路洮河與黄河通接，如可作蒙衝戰艦運糧濟兵，令李憲計度。」

哲宗元祐五年正月四日，詔温州、明州歲造船以六百隻爲額，淮南、兩浙各三百隻。從户部「裁省浮費」之請也。

六年七月十一日，詔：「廣、惠、南恩、端、潮等州縣瀕海船户，每二十户爲甲，選有家業行止〔三〕、衆所推服者二人充大、小甲頭，縣置籍，録姓名〔四〕、年甲并船櫓棹數。其不入籍并櫓棹過數，及將堪以害 5 人之物并載外人在船，同甲人及甲頭知而不糾〔五〕，與同罪；如犯强盗，視犯人所坐輕重斷罪有差。及立告賞没官法。」從刑部請也。

八年六月二十二日，詔：「虔州應副罷任、丁憂官並孤遺骨船隻，許將五百料與四百料船均與，每歲各不得過十五隻。」

徽宗政和元年正月二十四日，中書省言：「勘會前宰相、執政差船不限隻數。」詔見今宰執差船，宰相歲不過八隻，執政官六隻，前宰執減半。差人準乘船兵卒之數，令工部立法，申尚書省。

三年三月二十五日，詔：「應今來補造到汴綱舟船及招到人兵，並仰所屬交割付賈偉節專一管幹，仍逐船雕鑿字號，打造州軍、年月記驗，常切椿管，聽候朝廷指揮支使。其人兵即仰分擘着船，仍並不得别有差占，雖直奉指揮及一切特旨，仰並具狀申尚書省奏稟。候得旨，即依所得指揮施行。違者，徒二年。」

四年正月二十一日，尚書省言：「奉詔，錢塘江陽村去年十月二十一日，海客舟船靠閣，爲江潮傾覆，沉溺物貨，損失人命，濱江居民漁户乘急盗取財物，梢徒互相計會，坐視不救，利於取財。可令杭州研窮根究，不得滅裂。未獲人名，立賞三百貫告捉，不原赦降。仍令尚書省立法以聞。今擬修下條：諸州船因風水損失，或靠閣收救未畢，而乘急盗取財物者，並依水火驚擾之際公取法。即本船梢徒互相計會，利于私取財，坐視不救，海内不可收救處非。若縱 6 人盗者，徒二年；故縱而盗罪重者，與同罪；取財贓重者，加公取罪一等。」從之。

〔一〕月：原作「一」，據《長編》卷二八八改。又「十二日」，《長編》記於十三日丁亥。
〔二〕其：原作「出」，據《長編》卷三〇三改。
〔三〕業：原作「蒙」，據《長編》卷四六一改。
〔四〕姓：原作「生」，據《長編》卷四六一改。
〔五〕及：原作「即」，據《長編》卷四六一改。

八月十九日，兩浙路轉運司奏：「明州合打額船並就温州，每年合打六百隻，所用木植，盡被造作局下公吏等託以取買諸局造作御前生活木植爲名，有失温、處等州抽解收買。除已牒杭州、平江府合用木植請徑行給據爲照，温州今後非承杭州、平江府公據，並抽解和買應副造船，乞指揮施行。」詔杭州、平江府非應奉御前而公給公據者，徒二年。

九月十四日，尚書省言：「勘會都下見闕平底船支使。」詔令兩浙路轉運司各打造三百料三百隻，江南東、西、荆湖南、北路轉運司各打造五百料三百隻。合用人兵、家事等，亦仰計置應副數足，隨船限至來年三月須管了畢，駕放到闕。所有逐船人兵，各於逐路廂軍内劄刷前來，所用錢數，亦仰於逐路應副見在封樁并常平錢内支撥，仍免執占。應合行事件，並仰比附昨賈偉節打造舟船已得指揮，具狀申尚書省。

十二月十二日，發運副使李偃言：「近承尚書省劄子節文：開修濟河畢工，下發運司打造舟船。勘會所打舟船一千三百隻，座船一百(支)〔隻〕，淺底屋子船二百隻，雜般座船一千隻，並三百料。緣真、楚、泗州先打廣濟河船，除座船打造其百料外〔一〕，其屋子并雜般船，相度並只乞打二百五十料，所貴于濟河、五丈河通快行運，亦減省得材(村)〔料〕。」從之。

五年十二月十九日，權發7遣無爲軍田望言：「竊以本軍額管坐船不多，自來每爲形勢官占留，動經(二)〔一〕二年不回，至有本軍得替官於舊任伺候歲月，狼狽不能歸者。竊見淮東路提舉學(士)〔事〕司(作)〔昨〕申請，以官司截留額管座船經隔歲月，未有遣還，今後雖有畫到一例差撥指揮，亦乞特免應副。奉聖旨依。緣即目本軍官接送乘座額船，委有防闕，欲乞依上件體例，免其它官司截占。」從之，應諸路(舟)〔州〕軍並依此。

宣和元年五月二十一日，詔：「訪聞諸路造船州軍未造數目至多，兼近來打造多不如法，易損壞。仰拖下數目，用堪好着色材木如法打造，不及百隻限半年，百隻以上限一年，須管了足。並委憲臣點檢催促，如違限拖欠，具官吏姓名申尚書省，將上取旨。今後應綱運舟船，如敢截留、借撥船般載佗物者，以違御筆論。」

七年五月十七日，户部言：「神霄宮瓊華館元降指揮，係於東、西河各置船一隻，津般道業米麪之類，並免抽税。昨依龍德太一宫置船例，即未有許依本官例於通流處往來免税〔二〕。」明年，詔依龍德太一宫例。

七月九日，詔：「聞明州造船場及作院所用木、竹、鐵、炭應干物料等，近來官吏爲姦，更不和(價)〔買〕，並係敷配

〔一〕其百料：「其」字誤，當爲一數字。前文言所有船皆三百料，後文言「只乞打二百五十料」，且可省材，則此處數字當大於二百五十，疑即「三百」。

〔二〕官：疑當作「宫」。

於六縣人户，逐等第彊取於民。監司、守令縱使掊尅，廉察使者坐視，並不按（刻）〔劾〕，未欲重作行遣。可下本路，如尚敢依前抑配取於民户，不還價錢，官並當遠竄嶺外，人吏配海島。廉訪使者常加覺察以聞。」

8 二十五日，詔：「應宮觀寺并臣僚之家舟船收税，並依舊法。其專降免税指揮，並更不施行。」

高宗皇帝建炎元年七月十一日，尚書省言：「瀕海沿江巡檢下魛魚船，可堪出戰，式樣與錢塘、（楊）〔揚〕子江魛魚船不同，俗又謂之釣槽船。頭方小，俗謂盪浪斗。尾闊可分水，面敞可容人兵〔一〕，底狹尖如刀刃狀，可破浪。糧儲、器仗置黄版下〔二〕，標牌矢石分兩掖。可容五十人者，面闊一丈二尺，身長五丈，依民間工料造打，每支約四百餘貫。今來召募諸路水戰人，且以三萬人爲率，每船可容五十人，合用魛魚船六百隻，計用錢二十四萬餘貫。江浙州縣慮財賦窘迫，欲許人户入中，每十五隻，進士補迪功郎；十八隻，補承節郎；十四隻，補承信郎。不以進納出身爲官户。有官人願入中，四隻，許占射（便鄉）〔鄉便〕合入差遣一次；非流外出身人減半。道尼女冠願入中，二隻，與四字師號。仍先降空名告敕下官司收管，候有人入中，先次書填。仍止許本州知州措置勸誘第一等以上人户入中，餘户不得預造船之役。有情願出財者，申措置官相度，非州縣抑勒，聽依例入中。」詔付楊觀復施行，其合用占射差遣公據并四字師號敕牒，候有入中人，具姓名申尚書省。

九月十六日，知（楊）〔揚〕州呂頤浩言：「滄州并濱州一帶與北界地形鄰接，最係要害去處，理宜措置。合用魛魚戰船，已行畫樣頒下州縣，欲令先次根刷應係官輕捷舟船隨宜改 9 造。如闕，即於民間踏逐，增價收買，改爲戰船，立限修整牢壯。每州三十隻，仍許備穴舟利器之屬。」詔逐州召募能没水經時伏藏之人，以五十爲額，每月請給外，更支食錢三百文，百姓支食錢二百文，月給米一石。當職官能于限内計備堪委戰舟船，召募水手足備，並轉一官，知州、通判減三年磨勘。限滿不足，當職官展二年磨勘，知州、通判展一年；不及八分，展三年磨勘，知州、通判展二年；不及七分，降一官，知州、通判展三年磨勘。内當職官計備舟船與招募水手事不相須應賞罰者，遞降一等；其公共辦力幹辦〔三〕、招置數目不等者，並比類分受賞罰。仍仰逐路提刑司各具應該賞罰官職位、姓名，及別其優劣一兩處，申尚書省取旨，重行陞黜。」

二年六月五日，發運副使呂源言：「近於江、湖四路沿流州縣打造糧船一千隻，并潭、衡、虔、吉四州兩年拖欠舟船八百三十九隻，江東路打造未到船二百五隻，乞限至年終一切了畢。緣潭、衡、虔、吉四州今年年額又合打造船七

〔一〕敞：原作「敝」，據《建炎要録》卷七改。
〔二〕黄：《建炎要録》作「簧」。
〔三〕辦力：疑當作「協力」。

伯二十三隻，共二千七伯六十七隻，散在江、湖四路沿流二十餘州軍，若不選差彊幹官催督點勘，必致違悞。欲依大觀四年發運判官王璹打造荆湖南、北、江南四路未足額船一千隻，辟差幹辦公事四員，依本司幹辦公事例，乞差朝請郎杜師恕、奉議郎林彭年二員，分路監轄催督，及差承節郎魏端臣充隨行點勘工料。」從之。

十10二日，發（遣）〔運〕副使呂源言：「近乞責限江、湖打造糧船二千七百餘隻，每船隻用棹梢三人，合與八千餘人。若從州軍差撥，往往只稱闕人。今欲從發運司委官，于轄下州軍取索厢軍開收曆并糧帳，勒合（千）〔干〕人根刷，將空閑及違法差借影占并閑慢窠坐摘那抽差，赴本司充糧船棹梢。其所差人兵遠離鄉土，每名欲量與起發錢一貫文，每日量添食錢二十文省。」詔依，遇打造到船，逐旋差撥，即不得預先差占。

十六日，司農少卿史徽言：「諸路轉運司歲起上供糧斛合用舟船，逐路各有船場認打船額，比來漕司失於督責，遇朝廷催促斛㪷，往往以闕船爲辭。乞取會建炎元年拖欠并今未打船數〔一〕，移文漕司督責。仍許依近降指揮，收買舟船，總計料例，理爲年額。歲終令發運司具虧欠最多去處漕司官并打船合干官吏職位、姓名，申朝廷（取聽）〔聽取〕指揮。」從之。

八月九日，發運副使呂源言：「措置江、湖四路打造糧船二千七百餘隻，責限來年六月了畢。乞將本司所轄六路昨來添酒錢，並令依舊拘收使用。」詔上色酒每升許添三錢，次色酒添二文，令轉運司置曆拘收，逐旋與發運司打船使用。候支撥數足日，令轉運司具數取旨，撥歸轉運司。

十二月十三日，發運副使呂源言：「乞嚴降指揮，應諸路運司七百料暖船，並發赴行在，非舊有場處，不許製造。暖船止許造五百料以下，不得過爲添飾，其長不過十丈。及11依（做）〔倣〕舊制立定年額。」從之。

三年三月四日，臣僚言：「自來閩、廣客船并海南蕃船，轉海至鎮江府買賣至多，昨緣西兵作過，并張遇徒黨劫掠，商賈畏懼不來。今沿江防拓嚴謹，别無他虞，遠方不知。欲下兩浙、福建、廣南提舉市（船）〔舶〕司，招誘興販。至江寧府岸下者，抽解收税量減分數。非惟商賈盛集，百貨阜通，而巨艦銜尾，亦足爲防守之勢。」從之。

四月十二日，尚書省言：「平江府造船場計料四百料八櫓戰船，每隻通長八丈，用錢一千一百五十九貫；四櫓海鶻船，每隻通長四丈五尺〔二〕，用錢三百二十九貫。」（照）〔詔〕依擬定速行打造，差官管押，赴江寧交割。

八月四日，工部言：「勘會發運副使葉焕劄子，欲將兩浙路州軍抽税竹木依《嘉祐敕》，以十分爲率，三分應副發

〔一〕建炎：原作「炎炎」，據本書食貨四九之三五改。
〔二〕通長四：原抄脱「長」字，整理者補於「通」「四」之間，然劃去「通四」二字，今據《老學庵筆記》卷一，並參上句用語，復此二字。

運司修整綱船。」從之。

紹興元年正月十八日，權發遣兩浙轉運副使公事徐康國言：「温州造船場年額打造本路直達綱船三百四十隻，近年財賦窘乏，打造不(魯)〔曾〕及額，官吏五人、兵級二百四十七人枉費請給。今欲除選留監官一員并兵級一百人在場應副打造外，其餘官兵並行裁減，内官員依省罷法，兵級撥歸本州，充厢軍役使。」詔令康國選留監官一員兼監買船場，餘從之。

六月二十六日，發運副使宋煇言：「闕少綱船漕運，乞將兩浙州府抽税竹木通撥五分付本司，打造鐵頭船，般運行在軍儲。」詔依，内臨安府抽税竹木以十分爲率，轉⑫運司并本司各四分，將二分應副發運司。

十月一日，詔：「令兩浙轉運司，將本司已分下州縣打造座船，改造浙東行運舫子一十七隻。所有綱船，仍打造二百五十料船三十五隻。仰別開具的實用物料錢數，申尚書省。」

二年二月一日，詔：「官司舟船須管支給雇錢，不得以和雇爲名，擅行奪占。如違，許船户越訴。」以臣僚言：「軍興以來，所在官司往往以和雇爲名，直虜百姓船隻，以便一時急用。行通行者〔一〕，惟官員與茶鹽客而已，不特失國家阜民通貨之大體，而暗損税額，所害不輕。緣此民間更不敢造船，既壞者不肯補修，船數日少，弊端日生。乞立法行下州縣，嚴行止絕。」故有是命。

三月二十二日，詔：「應官吏、軍下使臣等輒干州縣亂作名色指占舟船，及州縣因作非泛使名經過差人捉船，並從徒一年科罪。許船户越訴。仰州縣常切遵守，散出榜曉諭。如奉行不虔，許監司覺察聞奏，重行黜責。仍令工部遍牒行下。」以殿中侍御(使)〔史〕江躋奏(謹)〔請〕，故有是詔。

四月十八日，詔：「浙西起發上供糴買錢米及起發安撫大使司贍軍錢糧船户，令轉運司依實值和雇，即不得輒便差科。如違，許人户徑赴尚書省越訴。」

六月二十八日，福建兩浙淮東沿海制置使仇悆言，乞立募船推恩體例。詔沿海制置司在募到海船〔二〕，每一隻及一丈八尺以上，白身人與進義副尉；有名目人與轉一官資，仍減三年磨勘。

八月七日，尚(書)⑬省言：「訪聞提點坑冶鑄錢饒州司舊管小料七綱，共計船二百八十隻，往來般運嶺南銅鉛等物料，應辦江東錢監趁鑄額錢，並係應副上供綱運。依紹聖四年二月十一日敕旨：應係本司大小料綱經過州縣，更不得截留附搭，亦不許借撥，別裝官物。累年以來，多是過軍虜奪綱船前去，今止有一十七隻，致綱運敗闕。雖已措置應副般運，竊恐今後軍馬過往或其他官司依前承例虜

〔一〕行通：疑當作「其通」。
〔二〕在：疑當作「所在」。

奪拘占。」詔：「虔、饒州提點鑄錢司官船，其過往軍馬及他司州縣輒拘占截撥，依紹興二年三月二十二日指揮科罪，仍許梢工越訴。」

八月十一日，侍御史江躋言：「福建路海船，頻年召募把隘，多有損壞，又拘靡歲月，不得商販，緣此民家以有船爲累，或低價出賣與官户，或往海外不還，甚者至自沉毀，急可憫念〔一〕。乞令本路沿海州縣籍定海船，自面闊一丈二尺以上，不拘隻數，每縣各分三番應募把隘，分管三年，周而復始。（過）〔遇〕當把隘年分，不得出他路商販。使有船人户三年之間，得二年逐便經紀，不失本業，公私俱濟。其當番年分輒出他路，及往海外不肯歸回之人，重坐其罪，仍没船入官。如本州縣綱運，即輪差不及一丈二尺海船。其係籍把隘船户，本州縣綱並不得差使。」詔權令官户並同編民，仍委帥臣、監司自紹興三年將本路海船輪定番次。其當番年分輒出他路，並從杖一百科罪，其船仍没官。所有今 14 年募到人，與理充一次。

十二月十日，臣僚言：「伏見浙東、西各置使提領海船，浙西仇悆於平江府許浦鎮駐劄，然控扼山東海道，尚爲不可廢者。浙東差呂源，於明州提領，則非仇悆比。近見指揮，令呂源於已到岸海船内擇近下料例船一百隻，先以發回朝廷，已灼見其利害。望罷呂源一司官屬，見在舟船，只令明州守臣兼領。」詔來年正月，令呂源先次結罷。

三年七月一日，江淮東路宣撫使劉光世言：「奉御筆處分：『已降指揮，遣王瓔蕩滅楊么賊衆，全賴舟楫以濟。卿可疾速揀選堪接戰船五百隻，權暫應副，事畢便復截留。』臣契勘本軍止蒙撥到李進彦船，日近雖蒙撥到邵清船十餘隻，往往壞爛，不免修補，應副運糧。況臣自來謹守法令，不敢縱令軍中强取官私舟船，委是別無得處。竊緣韓世忠近因上江捉殺，收集到舟船三四千隻，臣本州軍船十不及一。今不敢有違聖訓，除已即時行下勾集諸處載糧舟船，候到見數，遵依發遣赴王瓔使用。」詔令劉光世依已降指揮，將李進彦見管舟船并棹梢盡數應副王瓔使用，候回日，發歸本軍。

九月二十五日，岳飛奏：「本軍即目並無舟船，若遇緩急，乞於本路州縣沿江不以官私舟船，和雇權借使用，事畢給還。」詔：「令岳飛常切明遠斥堠，如探報外敵侵犯，委是緊急，即將本路州縣江道港汊不以官私舟船，盡行拘收，隨軍使用，事息給還。即不得無 15 事便行拘收，却致搔擾。」

十二月一日，神武前軍統制、荆南岳鄂潭鼎澧黄州漢陽軍制置使王瓔言〔二〕：「鼎州畫到大軍船小様并長闊高卑步數，望於下地江分及江西〔三〕、荆湖南、北兩路各造一二十隻，付沿江備禦使用。」詔令江南東、西、荆湖南、北路

〔一〕急：疑當作「極」。
〔二〕使：原脱，據《建炎要録》卷六八補。
〔三〕下地江分：疑當作「下江地分」。

帥司依樣打造。

二十七日，中書門下省言：「江南西路安撫制置大使趙鼎奏：『本路邊臨大江，控扼千里，打造戰船二百隻，般載錢糧船一百隻，工費不下十餘萬貫。乞就吉州榷貨務支降見錢一十萬貫。』」詔：「令吉州榷貨務支降見錢二萬貫，依數打造般載錢糧船，仍開具料例及合用的確錢數，申尚書省。其戰船關送樞密院。」

四年二月七日，知樞〔密〕院事張浚言：「近過澧、鼎州，詢訪得楊么等賊衆多係羣聚土人，素熟操舟，憑恃水險，樓船高大，出入作過。臣到鼎州，親往本州城下鼎江閲視。知州程昌禹造下車船，通長三十丈或二十餘丈，每（支）〔隻〕可容戰士七八百人，駕放浮泛往來，可以禦敵。緣比之楊么賊船數少，臣據程昌禹申，欲添置二十丈車船六隻，每（支）〔隻〕所用板木材料、人工等共約二萬貫。若以係官板木，止用錢一萬貫，共約錢六萬貫。乞行支降，及下辰、沅、靖州計置板木。如係私下材植，即行支給價錢，和買使用。臣已於隨行官兵請受錢物輒那金三百兩，付程昌禹收管買木，及劄下辰、沅、靖州，多方計置應（付）〔副〕去訖。所有少缺錢物，望賜量度應副。」勘會程[16]昌禹、折彦質已降指揮，兩次各降過度牒五百道，依榷貨務見買價直，每道一百二十貫，紐計價錢各六萬貫，專充打造戰船使用外，詔依，「其張浚已應副過金三百兩，令程昌禹亦行打造戰船，買板木使用，仍仰辰、沅、靖州依已劄下事理疾速計置，不得別致搔擾。」

四月二十八日，宰臣奏呈造船文字，朱勝非等言：「近來諸路般發綱運大段費力，雖州縣優給雇直，人户少應募者。蓋軍興以後，船户例遭驅虜，民間莫敢置船。欲令兩浙、江東、西路各造船二百隻〔一〕，專充運糧使用。尚恐將來造到，另有指占。」上曰：「須於船上分明雕刻字號，諸處不得指占，雖奉聖旨，執奏不行。」

五年閏二月五日，給事中陳與義言：「州郡之間，有一事而官民交病者，雇船以轉輸是也。州縣差雇無已，水脚之費不貲。方列戍江邊，轉輸未減於前。乞令諸郡破官錢買民間堪乘載船〔二〕，不過一歲水脚所費，而官民兩利，可以支數年之用。」詔令江浙轉運司措置相度，申尚書省。

十三日，尚書省言：「車駕駐蹕臨安，四方輻湊，錢塘水闊流湍，全藉牢固舟船往來濟渡。近日渡船（恃）〔怯〕薄，棹梢乞覓錢物，以多寡先後（於）〔放〕令上船，是致争奪，壓過力勝，或遇風濤，每有覆溺。」詔令兩浙轉運司：「限十日更令添置三百料船五隻，專一濟渡，不得他用。仍將見（令）〔今〕怯薄渡船別行修換，及覺察棹梢等不得乞覓。如有違戾，重作行遣。」

五月十日，兩浙轉運副使[17]吳革言：「江浙諸州軍打

〔一〕路：原作「後」，據本書食貨四三之一九改。
〔二〕錢：原脱，據本書食貨四三之二〇補。

造九車、十三車戰船，以備控扼。緩急遇敵，追襲掩擊，須用輕捷舟船相參使用。今倣湖南五車十槳小船樣制，理宜措置打造。奉聖旨：令諸路依樣更行打造，內兩浙東、西路各一十四隻，江東一十二隻，江西一十六隻，並令逐路漕司分拋本路見造車船州軍打造。仍候指揮到，限五十日一切了畢。劄付本司疾速施行。又奉聖旨節文：浙東船隻依已降指揮，分拋製造，每(支)〔隻〕先次支錢一千貫，並於客人貼納鹽錢內取撥，疾速計置材料打造。」詔許支撥，其餘州軍依此。

十二月二十二日，詔：「昨降度牒分下州縣，付上戶打買舟船。雖江海平海樣製不同，但堪乘載，並就本縣交納。縣差人管押赴州，州團綱差人押赴轉運司，限日下交納。如有些小未備，下船場修整。敢有邀阻乞覓，依非泛科取受錢物指揮施行。」從殿中侍御史王縉之請也。

七年四月五日，中書門下省言：「諸路造船場歲額打造運糧綱船，各有立定數目，比年拖欠不敷。訪聞本路監司多是科撥打造座船，以應副朝廷爲名，侵耗工料，於打造年額綱船相妨，遂致綱運雇船般載，顯爲未便。」詔：「諸路船場不許打造座船，雖奉特旨，仰彼官司執奏不行。其年額綱船，不得依前拖欠。如有見造座船，改作糧船使用。」

十二月十七日，宰臣奏：「江東轉運司乞神主所用船，於六宮船中借，至鎮江府發還。」上曰：「朕奉祖宗，要極 [18]
嚴備，豈問還與不還？他日六宮乏用，別差綱船亦可。宜令擇堪好者，供神主乘載。」

二十八年七月二日，福建路安撫、轉運司言：「昨准指揮，令兩司共計置打造出戰魛魚船一十隻，付本路左翼軍統制陳敏水軍使用。契勘魛魚船乃是明州上下淺海去處，風濤低小，可以乘使。如福建、廣南海道深闊，非明(州)海洋之比。乞依陳敏水軍見管船樣造尖底海船六隻，每面闊三丈、底闊三尺，約載二千料，比魛魚船數已增一倍，緩急足當十舟之用。」詔從之，其合用錢，令本路轉運司上供錢糧內應副，不得因緣科擾。

九月二十二日，殿前都指揮使楊存中言：「本司見打造海戰船，合用諳會船水人駕放。乞從本司水軍招收少壯諳曉船水百姓一千人，並刺充虎翼水軍，應副教習使喚，請給乞依紹興十年所招虎翼水軍已得指揮則例支破。」從之。

二十九年七月一日，詔：「州縣應沿流係籍之舟，不舟不許官戶隱占〔一〕，並令輪次差撥，番休迭用，務在平均。如有違戾，委自知、通覺察，按劾以聞。」從左司諫何溥之請也。

三十一年六月二十七日，中書門下省奏：「溫州進士王憲上言：『伏覩給降空名告身下福建〔二〕、浙東安撫司打造海船，緣兩路船樣不同，乞下福建安撫司依溫州平陽縣

〔一〕不舟：疑爲衍文。

〔二〕身：原脱，據《建炎要録》卷一九一補。

莆門寨新造巡船〔一〕，面闊二丈八尺，上面轉板平坦如路，堪通戰鬬。』乞令人户依此打造。其温州二丈五尺面海 19 船力勝，却乞行下依憲自己海船様爲式，庶幾將來海道兩路舟船，不致攙先拖後，得成一䑸，容易號令。所有造到海舡之人，所補官資，乞作隨軍補授出身。」詔王憲陳獻海船利害，委有可採，補承節郎，差充温州總轄海船；進義校尉朱清與轉一資，差充温州海船指揮使。

三十二年二月二十二日，尚書省言：「淮南轉運司舊有祗備人使舟船三十餘隻，自去冬軍興已前，盡皆發往淛西。今來信使復通，若再行打造，決不可辦。訪聞其船轉移作人事，及有拘占在别官司及官吏之家，乞令淮南轉運副使楊抗逐一開具元管船數，不以甚處執占，並日下發遣，以備使人回程及將來久遠之用。若或隱匿，致諸色人告首，重作施行。」從之。

閏二月十九日，判建康府、江南東路安撫使張浚言：「本府界沿江通計二百五十餘里〔二〕，緊要渡口止是七處，若措置巡捕，委可禦（捕）〔備〕。惟是打造舟船合用錢物，乞支降錢四萬貫，仍乞以度牒并承信郎、迪功郎及助教告敕降下。其（松）〔沿〕江州郡，亦乞依此應副打造使用。」詔：「建康府支錢四萬貫，鎮江府支三萬貫，江陰軍、太平、池、江、鄂州、荆南府各支二萬貫，並以空名迪功郎、承信郎、助教告敕、度牒折支。仍令建康府畫様闗報，逐處專委守臣與水軍統制、統領諳曉造船之人同共措置，限七月以前了畢。」

四月三日，詔：「淮南運司見行修整奪到虜人糧船，慮有底板疏漏，不堪 20 修整，枉費工料。可盡數發赴兩淛轉運司交割，委官相（親）〔視〕，重行修換，務要堅固，不悮使用。」

七月二十七日，孝宗皇帝已即位，未改元。江淮東西路宣撫使張浚言：「昨降空名告身、度牒下（松）〔沿〕江諸州軍打造戰船，（令）〔今〕鎮江府率先造成二十四艘。守臣趙公稱委勤於職，及措置打造官水軍副統制李琦監督有勞，乞與推賞。」詔趙公稱減三年磨勘，李琦減二年。

八月二十三日，詔：「海船人户，其間有出力自辨，爲國（忤）〔扞〕禦之人，或許更戍而願長役者，所屬保明申奏，當議推恩。」

孝宗隆興二年五月二日，淮東宣諭使司言：「去年三月，都督府下明、温州各造平底海船十艘，因明州言平底船不可入海，已獲旨，準年例，藉民間海（海）船更互防拓。近都督府再令造船，每十隻之費，公家支經總錢三萬貫，兼材打採木〔三〕，公私受弊。又令兩淛漕司造江船百艘，所費尤甚。今相度，欲令逐州據已辨船數取旨，未造數目更不打

〔一〕陽：原脱，據《建炎要録》卷一九一補。
〔二〕沿：原作「松」，據文意改。「沿」俗寫作「㳂」，與「松」形近而誤。
〔三〕材打：疑有誤。

造。」從之。

乾道元年二月二十三日，兩浙運判姜詵言：「北使及接伴一行舟船，合用三十五艘，平江府報，差岸嵩〔一〕、燈籠、牽挽計一千八百二十六人，慮人數稍多。欲將平江府所計人數爲準，除牽挽一百人仍舊差軍兵倉脚外，於合用燈籠、岸嵩人數〔二〕，量損百人，通實用一千七百二十六人，其餘沿流州府，亦乞依此裁損。」從之。

八月二十五日，江西運判朱商卿、史正志言：「贛、吉州船場，每歲額管造船五百艘，近歲所 21 造糧船殊極簡蔑，皆造船官吏通爲姦弊，本司相去地遠，難以稽察。欲乞將贛、吉兩州船官見今四員，於內各省罷一員。所存留一員，自今止差文臣。兼贛州造船，多阻於灘磧，今乞移贛州一所就隆興府〔制〕〔置〕場打造，本司朝夕可以稽察。仍乞降旨，自今兩船場監官到罷，并就本司批書，庶幾專以可以督責〔三〕。」從之。

二年二月十六日，鎮江府駐劄御前諸軍都統制郭振言，乞差交替海船篙梢等。輔臣洪适等請以〔州明〕〔明州〕未立功、無名目二百人前往鎮江管船，庶幾免差替爲便。上善之，令優給盤費遣發。

六月二十四日，上問輔臣：福建、廣南盡給兩軍修之〔四〕。

九月二十一日，殿前司言：「於本軍差擇官兵二千人，募海船二十六艘，差左翼軍統領李彥椿部率，於江陰軍岸次繫泊，彈壓海賊。其船元係自泉州遣發，未給路券，乞令江陰軍依昨江上人船例，給錢米券曆，應副食用。」從之。

三年八月五日，權尚書工部侍郎薛良朋論防江，乞集沿江民夫踏駕車船，預行分撥。上以邊事不興，恐徒煩〔優〕〔擾〕，不許，止下建康、鎮江守臣密措置〔五〕，候有緩急乃集。

十二月十八日，御前武鋒軍統制、兼知高郵軍陳敏言：「竊見兩淮州軍〔界〕〔累〕經殘破，今流移散徙之民方漸歸業，全賴客旅與居民〔傅〕〔博〕易，用蘇民力。欲乞詳酌，許令客旅舟船，不以大小通放，依舊往來，但乞〔麗〕〔嚴〕敕沿淮官司禁止舟船，不得渡淮。」從〔之〕，仍詔舟船往來，令高 22 郵軍給引立限，回日依舊赴本軍繳引照驗。

四年三月十日，知建康府、充江南東路安撫使、兼沿江水軍制置使史正志言：「乞將所椿見錢十萬貫，收係制置司水軍赤曆，擇買良材於所産毓州軍〔六〕，就建康置場，增造一車十二槳四百料戰船，相兼使用。」從之。

十二月十三日，福州番船主王仲珪等言：「本州差撥

〔一〕嵩：似當作「篙」。
〔二〕嵩：似當作「篙」。
〔三〕專以：疑當作「專一」。
〔四〕此條文意不明，似有脱誤。
〔五〕「密」字上或下當脱一字。
〔六〕於：原無，據本書職官四〇之一五補。

海船百艘，至明州定海馮湛軍前。乞照平江府遞年支給梢手等人贍家錢例，下明州支給。」詔明州依平江（平）府例支其半。

五年三月二十八日，詔修武郎鄭遠特授敦武郎。以遠部海船許浦，防托應格也。

四月五日，殿前司護聖步軍統制、兼權發遣楚州左祐言：「本州之東地名鼂魚溝接淮海，最爲控扼。近申明，將本州兵馬鈐轄羊滋移往其地，警察姦盜，管轄海船。緣元轄海船二百餘艘，今已拘其半，皆積久捕魚射利之民，累往清河口備禦，并運海州軍糧[一]、間探之類，甚爲濟用。其一帶正瀕淮海，地分闊遠，羊滋獨員，或緩急却致散漫誤事。今欲創置使臣二員，從祐踏逐土豪有材力、諳曉地利、衆所推服之人，專充管轄海船，機察淮海盜賊，聽羊滋驅使。」從之。

十月六日，權主管殿前司公事王逵言：「水軍統制官馮湛近打造多槳船一艘，其船係湖船底、戰船蓋、海船頭尾，通長八丈三尺，闊二丈，並淮尺計八百料，用槳四十二枝，江、海、淮、河，無往不可。載甲軍二百人，往來極輕便。乞朝廷降下式[23]樣，令明州製造三五十艘，以備（急緩）〔緩急〕禦敵。」殿前司具呈：造船每艘計用錢一千六百七貫七百有奇，其所造五十艘，計錢八萬三百八十九貫。詔馮湛依樣措置，打造五十隻。

〔六年〕閏五月十六日[二]，兩浙路轉運判官呂正己言[三]：「行在百司等處見占本司座船，並不承受差使。往往要鬧處艤泊，私醞沽賣，酒氣薰蒸，日漸損壞，却經由所占官司陳乞，於本司船指名對換。如此，則依倚（昨）〔作〕過，壞官船之人常得遂志，委實非宜。欲自今應百司占破舟船，如實損動，即關本司檢計修整；或不堪乘，則發元船并梢工，以憑選換。庶（機）〔幾〕懲勸小人，愛惜舟楫。」從之。

七月十九日，四川宣撫使司言：「利、閬州岸溉見管瀘、叙、嘉、眉等州打造馬船一百十七隻，委官相視，選撥往江、池州都統制司。其利州所管止十二艘堅壯，并閬州委官選擇，止十三艘堪修，餘打造年深，板木朽損。乞除兩州所選二十五艘外，餘數下所委官估賣拘價。」詔令宣撫司將堪用船二十五艘疾亟發往江、池州兩都統制司收隸，餘船令本司措置修整。

八月十五日，兩浙路轉運判官呂正己、直敷文閣權兩浙路轉運判官胡昉言：「應辦人使或遇運河淺澀，從前不曾措置輕快舟船。今打造騰淺鐵頭等船共一百艘，竊慮諸處官司或妄指占，乞〔降〕旨不許諸處占差，庶幾不至乏事。」從之。

[一] 運：原作「連」，據《宋史全文》卷二五上改。

[二] 六年：原脱。按閏五月在乾道六年，且下「十一月九日」條據本書職官三六之五七亦在六年，因補。

[三] 兩浙：原作「西浙」，據下「八月十五日」條改。

十一月九日〔一〕，詔兩浙轉運司每應辦人使舟船，管船使臣往往差於臨時〔二〕，不24能管轄。自今專委臨安府於緝捕并所管使臣内選有心力才幹使臣，每船止各差一員管轄，及每船添差八厢一名、親從一名，作管船軍員名色，同使臣自盱眙軍至行在往回管幹譏察〔三〕。如能伺察違犯及失察，重加賞罰。」

二十日，兩淛路轉運司言：「北(便)〔使〕一行舟船所合用篙手，承前皆舟梢召募，多游手不根之人。今相度，欲下浙西巡檢、縣尉，每過人使，刷差慣習操舟土軍、弓手通百三十名，保明赴司，撥作逐船篙手，往回更代，不許他役，應辦畢發歸。庶幾稍知法禁，不敢爲姦。」從之。

七年正月十八日，詔：「平江府守臣將已到當番海船，照年例給犒，具所發州軍海船隻數、丈尺，及格與否，并船主職次、姓名、鄉貫、年甲，保明申樞密院推賞。」後本官言在岸防托月日不多，難全推賞，並減半。

七月二十一日，高郵軍駐劄御前武鋒軍都統制、兼知高郵軍陳敏乞根刷羊家寨海船。上詔輔臣，恐妨漁業，不許，止詔敏彈壓。

十月十二日，樞密院言：「明州正係要衝之地，制置司雖有水軍，皆諸處差至，不諳水勢。欲下廣東於增招水軍内抽差五百人，福州新招水軍盡行發遣，及兩處官船、器甲等，并乞量抽。船隻：福州延祥寨三隻，荻蘆寨兩隻〔四〕，劉崎一隻，南匿寨一隻，泉州寶林寨三隻，潮州水軍兩隻，廣東水軍天、地、(元)〔玄〕、黄宇字號五隻，並來明州駐劄。」從之。

八年二月六日，詔：「福建安撫司將已招水軍五百人畢數起發，25仍令諸寨選擇堪壯大船五隻乘載，往沿海制置司水軍收隸，却從福建安撫司截上供錢造海船二隻使用。」

同日，詔：「鄂州、荆南、江州差荆南守臣姜詵，池州以下差樞密都承旨葉衡，點檢諸軍戰船，具數奏聞。仍令逐軍疾亟修整。」先是，輔臣言：「諸軍戰船久不點檢，恐日後有悮備禦。」上曰：「舟檝，我之所長，豈可置而不問？」故有是命。

四月十三日，兩淛路計度轉運副使沈度、胡堅常言：「浙西逐州年額合發上供苗米及和糴米料，竊聞近州多乘急下諸邑〔五〕，名則和雇，科擾不一。相度欲下(淅)〔浙〕西逐州，各措置造三百五十料舟船，專一應副相兼船運米料。」詔兩(淅)〔浙〕轉運司自造三十隻，不得科擾。

十二月十九日，樞密院言：「淮東州縣循習舊例，差百姓爲往來士夫牽挽舟船，及差雇夫馬搔擾。」詔：「淮南轉

〔一〕九日：本書職官三六之五七作「十九日」，二者必有一誤。
〔二〕使：原脱，據本書職官三六之五七補。
〔三〕管幹譏察：原作「幹莅」，據本書職官三六之五七改。
〔四〕荻：原作「獲」，據《西山文集》卷一五、雍正《福建通志》卷二〇改。
〔五〕近州：疑作「近來」，或作「逐州」。

運司下所部州縣，今後除朝廷所差賀生辰、正旦及接送伴北使往還外，餘並不許差雇應副。」

九年十一月一日，江南西路轉運判官劉焞言：「已降獲旨[一]，從本司所陳，吉州造船場移隆興府。臣緣前奏猶有未盡，不敢隱默。吉州一歲運米三十七萬餘石，合用五百料船六百餘艘，每歲吉州船場造歲額舟船，止應副吉州一郡，猶或不足；又造船板木，專取之贛、袁州，逐州去吉州爲近，今失之（溝）〔講〕究遷移。比來歲自隆興府（沂）〔泝〕流撥船至吉州，載上供米，却自贛、袁州運米至隆興府，道里回還，得不償費，爲計非便，難[26]以久行，理合更較經久（害利）〔利害〕，從長施行。」詔吉州造船場權令依舊，仍仰帥、憲、提舉司同相度經久利害，便連銜保明以聞。其後逐司言：「吉州船場已移隆興府，材物（正）〔工〕匠其數不一，如令復還舊所，慮往反煩費，欲且就隆興置立。」從之。

【宋續會要】

[27]孝宗淳熙元年二月十二日，中書門下省言：「裁減兩浙路造船場每年置造糧船，宜別立額。温州元額一百二十二隻，今減作五十隻。」詔：「兩浙轉運司自此督責逐處，須管依數減定。其秀州造船錢物并逐處工匠，並不得侵移私役。」

十三日，詔：「楚州鈐轄賈懷恩不時往羊家寨點檢海湖船，仍於本寨内選擇堪任部轄人專一管轄，毋令越境作過。」

五月二十九日，詔應有戰船去處，每半〔年〕一次委官檢計脩整。

二年六月十一日，詔併潭州兩造船場爲一場。從湖南運副李椿請也。

閏九月二十一日，詔罷廣東、福建造船。

三年十月十二日，執政進呈建康都統郭剛奏：「本司應管車戰等船，内有損爛，已行補填，依海船樣製造到多槳飛江戰船。」上曰：「車船，古之艨衝。辛巳歲用以取勝，豈宜改造？可令郭剛具析，并約束沿流諸軍遇有損壞，隨即修葺，不得擅有更易。其多槳船，止許逐軍自行創造，並不得用充新管車戰船數。」

十一月一日，詔：「錢良臣造多槳船百餘隻，昨令沈复覈實可用，與轉一官。」

五年二月三日，詔：「福建帥司行下本路州軍，浙東帥司行下温、台州，將籍定三番海船内，將合起發番次數目起發一番。福建船差官管押前來平江府許浦水軍擺泊，聽于友教閲；浙東船前來明州沿海制置[28]司，於定海擺泊，聽水軍教閲。並限八月一日到岸，毋致違滯。應合行事件，並依乾道三年七月十九日指揮[二]，仍委逐州軍守臣覈實，

[一] 已降獲旨：疑有誤，或當作「已獲降旨」，或「降」字衍。
[二] 三年：原脱，據後「十二年五月二十五日」條補。

支散錢米起發，通判專一點檢。並要已印號元籍定面闊丈尺堪好壯船，及(疆)〔彊〕壯梢碇水手、隨船繩帆損具一切足備。如有滅裂，(如)〔知〕、通當重寘典憲。」

六年二月八日，詔：「諸路起發到海船，並自指揮到日爲始放散，可照年例支給犒設。餘合行事件，並依前後已得指揮體例。」

五月七日，詔：「侍衛馬軍都虞候馬定遠於江西州軍出産材植順流去處，委官造馬船一百隻，暗置女頭輪漿，使可(折)〔拆〕卸，遇軍馬行則以濟渡，遇戰則以迎敵。」

六月二十三日，詔：「建康府場務支撥鹽二千袋，付鎮江府駐劄李思齊脩整戰船及造馬船三十隻。其鹽本錢候二年後，作二年理還。」

九月二十二日，詔：「湖廣總領劉邦翰、周嗣武、鄂州江陵府駐劄郭鈞檢視參脩戰船滅裂，内邦翰去官日久，特與放罪，周嗣武展三年磨勘，郭鈞特展二年磨勘。」

八年八月三日，荆鄂都統岳建壽言：「前任帥臣郭鈞所造八車船十隻[一]，今已造成五隻，重滯不堪行使，餘舟乞改造。」上曰：「可改造七車、六車、五車共五隻，湊足十隻。」

九年二月十八日，詔福建、淛東路淳熙九年分當番合起發海船，與免起發一年。

十年正月二十八日，詔：「沿海制置司於係省錢撥二萬貫修整海船，仍自今須制置司與水軍同共任責，稍有損

29 壞，隨即修整，毋致積壓，重費官錢。」

六月十二日，工部侍郎李昌圖言：「本部有兩淛、湖南、江西三路七州造運糧船，乞下三路轉運司相度逐州每年合用實數外，並與減免。其累年未造，若曾支官錢，即追理填納。」詔逐路轉運司相度以聞。既而兩淛轉運司奏：「逐州船場，淳熙元年已經裁減，其拖欠船隻，每遇起發木料，多是倍支縻費，和雇客船。今欲將淳熙二年至六年少欠糧船，特與蠲免。其七年至八年、九年未足船隻，自十年爲始，均作三年帶造補發。」荆湖南路轉運司奏：「欲將年額所造松木糧船二百六十八隻，裁減六十八隻，每年寔造松木糧船二百隻，庶經久可與客船相兼裝載。」江南西路轉運司奏：「昨準乾道五年九月二十七日指揮，自當年爲始，每歲減免二百隻。今兩州船場造四百隻，並是本司支撥見錢，即無追擾。若更行裁減，竊慮起發(網)〔綱〕運，必致妨闕。」並從之。

十三日，知福州趙汝愚言：「本路海道闊遠，盜賊出没不常，全藉戰船逐時出海巡捕，其間有年歲深遠、損壞去處，除本州自備錢物措置修葺外，有漳、泉管下巡檢司都巡、石井鎮、石湖、小兜巡檢四寨，漳州漳浦、沿海中栅巡檢二寨，興化軍吉了、迎還巡檢二寨，並各見闕戰船。乞行下泉、漳州、興化軍，於合發窠名錢内，每船量與截撥錢五百

[一] 郭鈞：原作「郭鈞」，據上條改。

貫省添貼打造。」詔逐州軍合發户部上供錢内依數截撥。

八月七日，建康府統制官陳[30]鐙措置創造車戰等船九十隻，都統郭剛奏乞量加旋賞。樞密使周必大等奏：「前此未曾行。」上曰：「難爲開例，可令本軍支犒設錢一千貫。」

十一年二月二十九日，殿前司言：「本司水軍駐劄許浦，所管南船寄泊青龍，人船相離數百里，遇有發遣前去取船，水陸迂枉。兼青龍港窄狹，水流浚急。欲將南船盡數移戍崑山縣顧逕港，擇高阜地段建一大寨，量合用人數，於許浦差撥，同老小前去一處居止。」詔（浙）〔浙〕西提刑傅淇同本軍統領相度經久利便，保明申樞密院。既而淇等相度：「顧逕港屯泊南船，比之青龍港稍深，去海頗近，委寔利便。」從之。

十三年三月二日，殿前副都指揮使郭棣言[一]：「承指揮，福建路起發到海船，並自指揮到日放散。今據水軍統制林震申，乞將本軍大南船二十二隻，依舊就顧逕安泊，差撥官兵一千人，將帶衣甲、器械戍守戰船，及差輕捷槽船四隻，不時與黄魚垛出戍兵舡往來迎捕盜賊[二]。又應顧逕將來春水泛溢，日逐兩潮衝擊，有損戰船，合於附寨港岸開塢，取令深闊，將戰舡盡數入塢安著，如法搭蓋，不拘大小潮汎，並要浮動，出入快便，庶幾穩當。」從之。

十二年五月二十五日[三]，詔：「福建（師）〔帥〕司行下本路州軍，將籍定三番海舡内，將合發番次數目起發一番，差官管押前來平江府許浦水軍擺泊，防（遇）〔禦〕海寇，聽本軍教閱，限八月一日到岸。其應干合行事件，並依乾道三年七[31]月十九日指揮施行。」

十五年五月九日，詔：「池州駐劄御前諸軍副都統制李思孝特轉一官，其所造戰船，令都統司行下本軍，常切愛護，毋致損壞。」以淮西總領趙汝誼言「思孝所造戰舡二十七隻，打造精緻」故也。

八月二十一日，樞密院言：「殿前司申：平江府許浦駐劄御前水軍修整南船三隻，多槳船八隻，合用木植物料，已行關撥官錢，往淛東路明州山場計置買辦。乞從年例行下，差撥南船三隻，將官一員，管押駕船棹梢、官兵共二百人，作三運舡載歸軍。」詔依，仍不得夾帶商税禁物往來興販。

紹熙二年三月十三日，宰執進呈錢端忠奏檢視軍馬行司下半年船。上曰：「諸處戰船，須是別差官檢視，損者與修。總所申恐文具，緩急誤使用。」

四月二十九日，宰執進呈林枏奏：「今後防秋海船，乞

[一] 棣：原作空格。考鄭興裔《鄭忠肅公奏議遺集》卷下、《玉海》卷一三一，此時殿帥爲郭棣。本書避明成祖朱棣諱，凡「棣」字多作空格，郭棣亦然，此處亦必是「郭棣」，因補。

[二] 迎：疑當作「巡」。

[三] 十二年：依年次疑當作「十四年」。又本條詔文與淳熙五年二月三日條（見上文）詔文内容相同，俟考。

支全賞。」上曰：「海船要備緩急之用，全賞雖未可行，亦須稍加優恤。」

三年八月二十七日，詔：「殿前司行下泉州左翼軍，將創造到海船三隻常切愛護，毋致損壞。」

十月二十五日，三省、樞密院奏事，進呈權發遣楚州皇甫斌奏：「欲措置造雙桅多(漿)〔槳〕梁頭闊丈二三海船二百隻，不過費朝廷十萬餘緡，可以備不測守禦。」上曰：「一船上不知用多少人？令且造一百隻，務要堅壯。畢工日，更加審驗。」

五年十月二十三日，臣僚言：「西興渡船，乞令轉運司并臨安府日下契勘，如有損壞船隻，即行修整，庶幾行都之下，大32江往來，人人得以安濟。」從之。

閏十月十九日，沿海制置司言：「水軍見管海戰船三十八隻，内有未修船十五隻，計料實用錢三萬一千六百五十五貫五百。乞科撥官錢下水軍，趁時收買物料，併工修造。」詔令封樁庫依數支降。

慶元二年三月二十五日，兩浙漕臣王溉言：「臨安之浙江、龍山，紹興之西興、漁浦四渡舟船，倣鎮江都統制司所造揚子江見用渡船樣打造，以便往來。仍乞下鎮江都統制司時暫差備高手工匠二十人應副差使。所有材料、工食、往來之費，乞於本司樁管錢内支撥。」從之。

嘉泰三年七月五日，殿前副都指揮使郭倪言：「諸軍所管舟船年深損漏，雖有堪用者，亦難重載，竊恐緩急(闕)〔闕〕誤。今於保德門外本司後軍教場側，起造船場一所，委官監督，造到八百料馬船四隻、五百料六隻，乞差官檢視大印。兼造到五十料小船一百二隻，除已發一百隻往平江、嘉興牧放去處打割馬草外，船場見有二隻，就乞檢視。」從之。

八月十三日，淮西總領所言：「近遵指揮，選委建康府中軍統制許國興前去池州相視秦世輔所造新樣鐵(璧)〔壁〕鏵觜、平面海鶻戰船，委是快便。」詔三衙江上諸軍有戰船去處，遇有損壞，取會池州式樣製造施行。海鶻船一隻〔一〕，一千料，兩邊各安艣五枝、辟舵一枝。船身通長一十丈，計一十一倉。梁頭闊一丈八尺，中倉深八尺五寸，船底板闊四尺，厚一尺，拖泥艬板厚33三寸。捀梁一重，兩邊小棚板，闊三尺五寸。裝龍護膝板，高一尺，上安女頭，高二尺四寸。裝載戰士一百八人，踏駕棹梢水碗手四十二人。鐵(璧)〔壁〕鏵觜船一隻，四百料，兩邊各安車二座并槳三枝。船身通長九丈二尺，計一十一倉。梁頭一丈尺五〔二〕，深五尺。船底闊八尺五寸，厚六寸。拖泥艬板厚三寸。通心(眷)〔脊〕骨一條，厚九寸。捀梁二重，兩邊安護車齊頭木。畫牌二十八面，各高六尺八寸。週(違)〔圍〕安護膝板高一尺，上安女頭高一尺四寸。裝載戰士七十人，踏駕兵梢二

〔一〕鶻：原作「鶴」，據上文及《老學庵筆記》卷一改。

〔二〕一丈尺五：疑作「一丈五尺」。

十人。

四年二月九日，建康都統制董世雄言：「長江控扼去處，平日措置舟師戰艦，最爲急務。昨來買到戰船木植細小，不堪使用。今將别差官將帶錢物，前往上江收買大徑寸迭料木植，歸司打造。竊緣本司戰船數多，不及修補，費用極多，委是匱乏，無可措手。乞依別司體例，撥賜錢五萬貫，付本司計置木植物料，修造戰船使用。」詔支錢三萬貫，(今)〔令〕封樁庫以金折支，仍依元納色價值紐計。

嘉定十二年三月三日，臣僚言：「國家自殘虜渝盟之後，屯戍日增，調度寖廣，餽餉之計，誠所當先，漕運之舟，豈可不備？今得之傳聞，謂所在漕司舊例有截留舟船去處，多爲他司宛轉囑託，勒令通放，不許截留，致使裝發之際，無以應用，而轉輸之限，或致後時。姑以江東漕司言之，江西路舊例應副江東漕司三百料船一百八隻，却撥(盧)〔蘆〕蕟、麻皮以償之。紹34興以後，減免一半，合拘五十四隻。淳熙間，亦嘗拘到一百八十餘隻。年深損壞，不堪裝載。又因承平，不甚輸運，間自住截。開禧之間，漕臣以米餫不繼，遂爲總司所劾，職此之由。繼而漕司照例(載)〔截〕留江西(網)〔綱〕船在岸，(網)〔綱〕梢失覽載之例，群訴於總司，信其偏詞，徑與通放。目今並無船隻，遇有般運，旋雇客船，多致欠折。且當邊境晏然，尚慮無舟可雇，萬一騷動，客船罕至，官又無船，豈不誤事？乞降指揮，令漕運去處有(載)〔截〕留舟船舊例者，依舊拘截，擺泊岸下，以備摺運。其無例截留者，並令日下造船，以備飛輓。庶幾緩急之際，糧道不致(泛)〔乏〕絶。」從之。

十四年五月四日，温州言：「制置司降下船樣二本，仰差官買木，於本州有管官錢内，各做海船二十五隻，赴淮陰縣交管。緣前項海船費用至廣，打造了當，又須差雇梢碇水手，委官押撥，沿〔路〕支給盤纏錢米，共約五貫餘緡〔一〕。本州窮陋海邑，(材)〔財〕計無以那融，乞降度牒五十道，發下轉變，應副打造。」詔令封樁庫於見樁度牒内取撥三十道付温州，專一充打造淮陰水軍海船使用，每道作八百貫文變賣。

十五年十二月十六日，詔：「令封樁下庫於見樁湖廣會子内，取撥二萬九千九百七十貫付鄂州都統制司，專充打造濟渡船隻使用，務要如法併工造辦，不得(茍)〔苟〕簡滅裂。」先是，沿江制置司言：「乞下鄂州都統制司及漢陽軍等處，斟酌漢川縣平塘、陽臺、陽子港、南河、白35馬、綱頭六渡大小合用渡船數目，預行措置打造，渡載軍馬等用。」尋下戎司相度措置，欲創打大小馬船三十隻、脚船三十隻，計料到約用收買材物價錢九萬五千六十貫一百七十五文湖會，人工九萬八千二百四十五工。既而制司言：「都統制司所申打造六十隻之數，既令本司斟酌合用船隻，

〔一〕五貫：當爲「五萬」之誤。

竊陽自漢陽大江等處濟渡共有七處〔一〕，又有戎司雜載軍需，皆不可闕。欲先行下戎司打造三十隻，内一千五百料、一千料、三百料馬船各五隻，七十料脚船十五隻。候了畢日，更與接續打造十隻，大小船并脚船共有四十隻，則儘可濟(度)〔渡〕。所有計料先造三十隻合用材物，三場價錢當二萬九千九百七十三貫五伯四十五文，工四萬五千七百三十工。」故有是命。(以上《永樂大典》卷四九二〇)

〔一〕竊陽：「陽」字疑誤。

宋會要輯稿　食貨五一

内藏庫

【宋會要】❶太宗太平興國三年十月置，在左銀臺門外。又有西庫、景福庫隸焉。常度歲計餘積，供邦國之用。以諸司使、副、内侍置爲監官，或置都監，别有内侍一人點檢。

【宋會要】（大）〔太〕宗至道二年七月，詔：「河北三十五州軍、淮南二十一州軍、山南東道十州、京東應天府、江南昇、潤州絹並納内藏，自餘納左藏。」

【宋會要】真宗咸平五年七月，詔：「川陝商旅鬻銀者，聽詣官中賣，每兩添鐵錢一千，遞送内藏庫收掌，候有旨，乃得支撥。」

六年二月，詔：「内藏庫專、副以下，不得將庫管錢帛數供報及於外傳説，犯者處斬。」

真宗景德二年五月十日，詔内藏庫監官專、副得替後，支一季食直錢。

二十四日，詔：「榷貨務入中金錢、見錢並納内藏封椿，其紬、絹、絲、帛納左藏，仍據數兑左藏見錢入内藏。」

景德四年四月，内藏（藏）庫言：「準宣，以新衣庫充封椿庫。乞别賜名及置庫兵。」詔以「内藏西庫」爲額。

十月，内出龍圖閣待制陳彭年所撰《内藏庫記》示宰相王旦等。真宗曰：「太祖以來，有景福内庫，太宗改名内藏庫，所貯金帛，備軍國之用，非自奉也，顧外庭不知耳。二聖平荆湖、西蜀、嶺表〔一〕、江左、河東〔二〕，親祀❷郊丘，所費鉅萬，皆出於是，不出於民。三司所假凡六千萬，自淳化迄景德，每歲多至三百萬，少亦不下百萬，累年不能償，即命蠲除之。昨令彭年述其事實。此庫乃爲計司備經費耳，且計司有闕，必取於民，苟非節用，何以獲濟？」因言：「漢武外事四夷，北伐登單于臺，西征車師〔三〕，勞内地以勤遠方，此所以財用不足也。」樞密陳堯叟曰：「漢武末年，户口減半，乃封丞相爲富民侯，是亦悔於用兵也。」帝然之。

【宋會要】真宗大中祥符元年二月，内藏庫言：「舊制，宣取物色〔四〕，皆降御寶憑由除破，近因條約，庫務亦令經由三司。望再降詔旨，止令尚書内省勾檢〔五〕。」從之。

二年四月，提舉内藏庫劉承珪等上新修庫簿，詔奬之，

〔一〕嶺：原脱，據《群書考索》後集卷六四補。
〔二〕河東：原倒，據《群書考索》後集卷六四乙。
〔三〕「車師」上原有「莎」字，按《長編》此句作「西田車師」，據删「莎」字。
〔四〕宣：原作「豈」，據《長編》卷六八改。
〔五〕内：原無，據《長編》卷六八補。

賜承珪馬二疋，器幣二百，掌事官典並遷秩，賜緡錢。帝謂輔臣曰：「承珪此簿，述金帛自置是庫已來出納年月，極於周細，深可獎也。」

五年十一月，劉承珪言，以建庫以來承受宣敕條貫，本庫(鈐)〔鈐〕轄事件編成《須知》五卷以進。詔褒之，仍令自今宣敕條貫按法編綴。

六年七月，詔：「內藏庫若般錢、絹赴景福庫封樁，謄移即申三司，差驢車三十兩裝載，皇城親從、親事官百人般運。其左藏庫送還錢，只抽那親從官百人搯錢，如綱運稍稀，止五十人。」

九月，詔：「西川納綾、羅、錦、鹿胎、透背，其裹絹並令內藏入帳收數，送染院染黃，充封襌❸之用。」

八年閏六月，內藏庫言：「三司所借金、銀、綵帛，其數至多。舊借金銀，即以饒、歙等州及諸路所貢充還。今來諸處納到，三司直送左藏，本庫漸失封樁，數目不應劉承珪勾當往例。」詔三司規畫填還。

九年四月，提舉諸司庫務秦羲言：「准宣，與入內殿頭一名，計會內藏庫監官，同看驗染院染經火紕汙繒帛千六百疋，雖不堪封樁，緣裁造院內衣庫稱堪製造衣服。」詔釋其罪，餘不得緣此爲例。

天禧二年七月，詔內藏庫搯兵卒旬賜錢二百串者半之，自今給賜如常。從本庫之請也。

八月，詔：「出賣疋帛場自今於內藏庫交撥疋帛，令三司給帖交數，內藏交訖，繳送三司撥帖除放。其賣到錢，却送內藏庫。」

三年十二月，三司言：「准詔，與內藏庫會議，自今撥鹽稅錢及歲別出錢六十萬貫赴左藏庫。」從之。

是月，內藏庫言：「奉詔與三司商量，舊例，逐年內藏庫退錢三十萬貫與三司，今來三司每年更要三十萬貫。本庫將天禧二年饒、池、江等州鑄到錢七十萬貫已來爲約，若每退出錢六十萬貫文與三司外，有一十萬在庫，每三年却管認南郊大禮錢一百萬貫〔一〕，即侵本庫錢七十萬貫。如是饒、池、江等州鑄錢及得元額一百五萬貫到庫，即每年退出外，有四十五萬貫文在庫。每三年南郊大禮，却支錢一百萬貫外，三年內共有錢三十五萬貫文在庫。又緣年額諸州皷鑄送納常是數目不定，今欲與三司商量，❹若逐年通共退錢六十萬貫文准備支用，即更不別作名目申奏。乞降宣敕，撥借內藏庫錢帛。」詔：「內藏庫每年退錢六十萬貫與三司，自今三司更不得申奏乞於內藏庫指射撥借錢物。如稍有違，其三司干繫官吏並行朝典。」

【宋會要】

仁宗景祐元年九月二十三日，中書門下言：「近累於內藏庫支撥錢帛與三司收糴軍儲，宮中餘羨物色，乞指揮。」詔曰：「朕以宮闈之間，務先儉約；軍國之用，宜在優

〔一〕一百萬：原作「二百萬」，據前後所述改。

豐。念有司經畫之勤，出中禁冗餘之物，俾資常費，式表推恩。宜令入内内侍省將尚氏等位金銀錢帛物色，除各已優厚給賜逐人外，據見在數，准折價錢二十一萬貫，委内藏庫撥與三司支贍軍旅使用。」

【宋會要】

仁宗至和元年二月，三司言：「陝西、河東歲減西川所上物帛，而軍衣不足。又河北入中糧草數多，未有紬絹算還，請貸内藏庫紬十萬〔一〕、絹四十萬。欲先輸左藏庫緡錢二十萬，餘計其直，以限還之。」從之。

六月二十三日，中書門下言：「近令内藏庫支撥紬絹五十萬疋、見錢三十萬貫應副河北收糴斛㪷。」詔：「紬、絹、見錢，令内藏庫依累降指揮疾速支撥。其見錢，令三司於逐年退錢内，每年撥還十萬貫，三年還足。」

八月，出内府錢二百萬緡〔二〕，令入内供奉5官、勾當御藥院張茂則置司，以市河北入中軍糧抄。尋以諫官言而罷之。先是，上封者言：「河北入中軍糧，京師給還緡錢〔三〕、紬、絹，商人以次算請，久未能，得其抄每百千止鬻錢六十千〔四〕。今若出内藏庫錢二百萬千，量增價收市之，歲可得遺利五十萬。」帝以爲然，故施行之。而言者以爲：「内藏庫、榷貨務同是國家之物，豈有榷貨務固欲滯商人算抄，而令内藏庫乘時以市之，與民爭利？傷體壞法，莫此爲甚。」故罷之。

英宗治平四年神宗即位未改元。二月，三司言：「乞銀三十萬兩准備支賜，令内藏庫除依舊嘉祐八年所支銀外，更與支銀五萬兩。」

神宗熙寧二年正月十九日，上宣諭曰：「近見内藏庫帳，文具而已，其財物出入，全無關防。先支龍腦、珠子付榷貨務出賣，經數年不納價錢，亦無拘收。嘗聞太宗時〔五〕，内藏財貨每千計用一牙錢記之，每物所用錢各異其色，他人莫曉也。貯於匣中，置之御（閤）〔閣〕，以參文帳中數。晚年嘗出其錢以示真宗曰：『善保此足矣。』今守藏内臣皆不曉帳籍關防之法，當擇人領之。」即命勾當御藥院李舜舉代其不職者。

九月六日，制置三司條例司言：「乞令江淮等路發運司，於六路諸雜上供錢内截留三二百萬貫，（今）〔令〕糴買上供之物。其借過内藏庫錢及變轉過合係内藏庫年額物帛，却令發運司認數，逐年支金三百兩、銀五十萬兩赴内藏庫，永爲年6額。」

十月一日，詔江淮發運司：「今後應截留内藏庫物移用，即時具數關牒本庫照會。」

〔一〕「貸」原作「貨」，「庫」原無，據《長編》卷一七六改補。
〔二〕緡：原脱，據《長編》卷一七六補。
〔三〕給還緡錢：原作「給錢還銀」，據《長編》卷一七六改。
〔四〕止：原作「士」，據《長編》卷一七六改。
〔五〕「嘗聞」下，原有「熙寧二年正月十九日神宗語大臣曰」十五字，顯爲衍文，今據《宋史》卷一七九《食貨志》下一删。

是月，詔：「應江南等路提點銀銅坑冶司所轄金、銀場冶收到金銀課利，今後並依久例盡數入内藏庫，委所屬州軍至次年春季起發赴庫交納。及(抑)〔仰〕提點坑冶司每年據場冶申到所收金、銀、細數攢寫爲一帳，申三司拘催内藏庫錢帛案。其拘催案據帳照勘訖，翻録下内藏庫置籍抄上，候年終納絶鈎銷訖，具狀以聞，及申拘催案。如過期綱運未至，即申舉催促。其他路分場冶不係江南等路提點坑冶司所轄者，即仰本路提點刑獄司准此施行。」

【宋會要】

淳熙元年六月二十三日，詔：「自今諸路提刑司保奏知、通經總制無額賞錢，委户部并司勳審會内藏庫，如無虧欠本庫上供諸色窠名錢物，方許放行。」

七年七月二日，詔内藏庫將兩淮諸州軍合起發本庫綱運銅錢，並行下以銀、會各半送納。既而，八月二十九日，又詔：「如全納到會子，令除合納分數外，並退回。」

八年八月十七日，詔諸路轉運司行下諸州軍，自今起發綱運如未敷内庫正額，不許先納寬剩。以内藏言：明州合納淳熙八年坊場錢，出限兩月，止納到一千五百貫，却先納左藏庫七分坊場寬剩錢，恐諸路州軍以此爲例，有悞支用。

十一年十月一日，詔浙東路合納内藏庫坊場錢，可依自[7]來立定祖額。詳見「酒麴雜録」。

嘉定十一年十二月五日，臣僚言：「恭惟陛下清心寡欲，嗜好不聞，聲色不邇，營繕遊觀未嘗從事，服飾燕樂罔或踰度，是宜府庫充斥，阜若(邱)〔丘〕山。而臣近得之道路，謂内帑之儲殊非昔比，何爲而然耶？昔我祖宗之世，内帑所積，凡實邊備、供軍儲、賑水旱，皆於此乎出；三司有闕，則於内藏庫假貸。故自淳化至景德，每歲多至三百萬，少亦不下百萬。天禧間，四年之内，三司所借錢、絹九百十七萬；康定元年九月，出内庫錢、絹百萬助經費，十二月復出内庫絹百萬助邊費。此猶曰全盛之時，未易言也。中興駐(驛)〔蹕〕吴會，亦且出内帑以佐調度，以犒戍兵，以濟水旱。雖逆亮叛盟，師興財費，而無横歛暴賦及民者，以素有儲積也。及憲聖慈烈皇后尊居慈福，當時宫中所入已非大内之比，而金帛緡錢，府藏充塞，此陛下之所親見。今諸色窠名與夫房廊僦賃之屬，皆猶舊也，安得至是而遽耗哉？臣(來)〔采〕之公論，皆以爲諸州合解之數以屬托而寖虧，生藏出納之司以肆欺而侵盜〔一〕。今非使有所稽察以防欺蠹，俾合解者知應期會，出納者知畏簡書，則其患豈易革哉？昔成周以太宰制國用，而九府皆隸焉，雖王及后、世子服御膳羞有所不會，而亦悉得以統之，此欲其以道佐王之意深矣。祖宗之制，修内司收支文曆，亦令赴比部驅磨。其後寖失此意，僅存文具。哲宗朝上官均爲監察御史，[8]謂先朝以金部右曹主行内藏受納寶貨、支借拘催之

〔一〕生藏：疑當作「主藏」。

事，而内藏庫受納又隸於太府，因請令户部、太府寺於内藏諸庫得加檢察。祖宗深長之思，於此可見。臣願稽成周設官之制，考祖宗綱維之法，宣諭大臣參酌施行。已過者姑勿復問，方來者必杜其欺，使奸弊息絶，無蹈前習，則日累月益，雖如祖宗之盛可也。」從之。

左藏庫（一）

【宋會要】

淳熙元年三月十七日，詔差皇城親事官四人，於左藏南上庫外門添置一門，分番別行搜校。其差替、賞罰，並同東、西庫見行條例。從起居郎、提領南庫宋延祖請也。

九月二十四日，詔左藏南上、下庫各置監門一員，於文武臣内堂除，任滿無遺闕，(典)〔與〕減二年磨勘。

二年正月二十五日，臣僚言：「户部及州郡支借左藏南庫錢六百七十三萬餘貫，乞令提領所條具，立期限撥還。日後不得輒乞支借，遇有陳請，許有司執奏不行。」從之。

六月二十三日，詔：「提領左藏南庫所拘催諸路窠名錢，作四季撥還户部，以去歲到左藏庫錢爲額，據數分撥，至歲終出豁。」先是，有詔：「諸路坊場、僧道、免丁錢，除户部截使支遣大軍外，其餘數目不得擅行拘截。令提領左藏南庫〔於〕已交納錢内撥還。」至是户部言：「若候歲終撥還，恐妨支遣，仍乞自是每月於次月上旬徑從本部關報南庫，據已交納錢、銀、會子正行拘撥。」故有是命。

三十日，詔提領左 9 藏南庫：「自今步軍司每歲支借乾草本錢，特免執奏。」先是，步帥李川陳乞借支乾草本錢，已而本庫言：「承準二年正月指揮，日後不得借支，遇有陳請，許行執奏。」故有是命。

九月二十五日，詔：「自今封樁庫支降會子付官司支遣，却令左藏南庫以金、銀、見錢紐計撥還封樁。」

十月六日，詔：「提領左藏、封樁庫監官別行差人兼權，其監門就用南上、下庫監官兼，機察於逐庫各差撥副知、手分、書手、庫子各一名，仍不得干預南庫職事。」先是，詔南上、下庫并封樁庫各置官提領，其專、副等不曾分認庫分，通行掌管，未能革弊。至是，命顔度爲提領，條畫來上，故有是命。

十一月十一日，太常少卿、兼提領左藏封樁庫顔度言：「封樁上、下庫與左藏南上、下庫，金、銀、錢、物混同，乞將南上、下庫及封樁上、下庫併爲一庫，以『左藏南庫』、『左藏封樁庫』爲名，並不用『上』、『下』二字。」從之。

三年二月二十九日，詔左藏南庫出賣度牒，每道減作價錢四百五十貫。每道舊係五百貫，至是，中書門下省檢

（一）按，徐松原稿此門包括三大塊，皆以「宋會要」領起。第一塊起淳熙止嘉定，第二塊起太平興國止熙寧，第三塊起建炎止乾道。三塊版心頁碼相連，年代亦相接，但按年代次序，第一塊應移於第三塊之後。不知何以顛倒，今且仍之。

會止有四百餘道，因有是命。

三月二十四日，詔：「封樁庫監官并監門官，元係以監左藏南上庫并門，今改爲封樁庫，其理任、請給、酬賞、人從等，並依左藏南上庫已得指揮，仍通理歷過年月日。公吏亦與通理，及入役、遷補、出職、補授、合支請給等，並依南上庫。」從本所請也。

五月十六日，詔：「自今（在）〔左〕藏庫監官、監門官，不得與專知官、掌管官物使[10]臣輪宿。」從中書門下省奏也。

七月十一日，詔：「左藏庫將起到絹照應色額省樣堪充支遣，即與交納，更不須以買絹阻遏，輒有退換。仍約束諸路州軍，不得將紕疎輕薄之數夾帶起發，兼不得過數高擡價直，令民户折錢輸納。」

十六日，提領左藏封樁庫所言：「乞於皇城司差撥親事官二名，輪於庫門搜檢，半年一替。」從之。

四年二月二十五日，詔：「左藏南庫支會子三十三萬貫，應副湖廣總領所樁積備邊。以後年分，依此給降。」尚書省言：「湖廣總領所淳熙四年歲計内一項，四川合起綱運一百六萬餘貫，除折閲一半外，實有五十三萬貫。已降指揮，令四川總領所拘截五年，樁積備邊使用，理合別行科降。」故有是命。

五年二月十三日，執政言：「皇后生辰，舊係左藏南庫投進金三千兩。」詔免投進。

五月十六日，左藏庫言：「本庫元管庫子二十一名，今止存二名。緣召募須有抵産五百貫拘留在官方得充應，所以無人就募。昨降指揮，許免拘抵産，權行召募一十名，（今）〔令〕見役專、副結罪保明。（令）〔今〕乞更許放行。」詔權募一次，增召壯實保一人。其餘見闕人數，委提轄官召募有抵産人充。

六年正月四日，太府寺言：「本寺所轄左藏東、西等庫，舊例係三衙分差軍兵防護火燭。近承指揮不許差撥，竊恐日後無人防護。欲將左藏庫等處所管脚甲、雜役，并巡防兵士、作匠等人，籍定姓名結甲，於内選差人部轄。仍於各處料[11]次頭子、市例錢内量行支破，計置防火器具。」從之。

十二月十六日，詔：「自今差左藏庫監官，如未曾關陞親民資序，不放行。」

九年三月一日，詔左藏庫：「如遇郎官到庫看驗監交綱運，將見管秤子籍定姓名，旋行點委秤盤。令監官鈐束合干人，毋得乞覓作弊。」

五月九日，詔封樁庫監官許用户部長貳薦舉改官。從吏部請也。

八月一日，詔封樁庫提領官，令户部每月添支茶湯錢三十貫。

十年四月八日，户部侍郎曾逮言：「乞將左藏西庫掌管官物使臣更不差人，其專知官且從見今左藏東庫例，令本庫立界，副知權充專知官，却令押司官權充副知，及頭名、次名手分權充押司官。以下各帶理本名遞權，候將來界滿日取旨。」從之。

五月九日，臣僚言：「祖宗用人，初無清濁之别，韓琦第二人進士及第，未免監左藏庫，後爲度支判官，皆號稱職。乞明詔大臣，如行在左藏庫之類，稍重其選，與免待闕，遇館學有闕，却於此取之，以廣得人之路。」從之。

八月二十八日，詔左藏南庫撥隸户部，其提領所應管事務限五日結局。先是，户部具南庫收支項目，上謂輔臣曰：「見在錢三十五萬餘貫盡撥付户部，其餘金、銀等物，令陳居仁點檢，具數以聞。」上又曰：「欲併南庫歸左藏，令版曹自理會，朕亦省事。卿等可子細，令具南庫五年間出入帳親自點檢。」故有是詔。

十一年七月十二日，左藏東、西庫言：「諸處綱運到庫，有合用書12鋪、甲頭、脚户、般夯搭垛等人，皆是百姓。從來納綱人於所（在）州軍縻費錢内使用顧倩，未曾立定則例，遂致公吏、庫級通同過數乞取錢物。竊見内藏庫已有定立諸處入納金銀等物般運脚錢則例，今欲將左藏庫書鋪、甲頭、脚户等常例使用，依内藏庫見行體例裁酌，各量逐人名色高下立定則例有差。今後如有違戾過數乞取之人，計贓斷罪。」從之。

十二年四月十八日，右正言蔣繼周言：「南庫撥付户部于今二年，而南庫之名尚存，官吏如故。乞令户部將南庫（發）〔廢〕併，其官吏並從省罷。」上曰：「若盡廢庫眼，收支必至殽亂。可存留庫眼，以『左藏西上庫』爲名，收支盡依舊。官吏全無不得，可與裁減。」既而户部條具：「諸州軍合起發本庫定收泛收窠名錢物，照應遞年期限，並起赴西上庫送納。如有稽滯去處，從本部具違慢因依，申取朝廷指揮。其行移文字，以『户部主管西上庫所』稱呼，減罷押司官一人、庫子二人。」從之。

五月十九日，詔右司郎官何萬兼提領雜賣場寄樁庫、左藏封樁庫。先是，右司郎官尤袤分領封樁庫，袤辭以封樁、寄樁印記、人吏同係一處，難析爲二，故就差何萬兼領。

十三年十二月九日，詔：「左藏東庫減庫子二人、兵士二人，西庫減庫級五人、兵士二人，西上庫減兵士三人。」以司農少卿吴燠議減冗食，下敕令所裁定，故有是命。

十五年二月七日，詔：「左藏、封樁庫減手分一人；巡防軍兵，步軍司差撥二十人内減四13人，臨安府差撥五十人内減一十人，樞密院提轄軍兵差一十人内減二人，封樁庫門步軍司所差軍兵五人内減一人。」以司農少卿吴燠議減冗食，下敕令所裁定，故有是命。

淳熙十六年五月十七日，左藏東、西庫言：「淳熙十六年諸州軍起到進奉登寶位銀、絹，承客省發赴本庫交納，照應紹興三十二年體例，並入經常衮同應副泛支。今支遣外，見在銀一萬二千四百五十兩，絹四千八百匹。」詔將前項見在銀、絹，並日下發赴封樁庫送納樁管。

紹熙四年十一月二十七日，户部言：「行在左藏東庫申：本庫排辦每年金國使人賀正旦及生辰兩次到闕，各合用紅地細錦一十匹，内翠毛六匹(小)〔以〕盤毬錦充，倒仙四匹以方勝錦充，鹿胎五匹以雜花錦充。緣本庫並無見在，乞下左藏封樁下庫依年例數目預行支撥。」從之。

慶元元年七月二日，户部言：「訪聞左藏庫支給衣絹，惟諸司諸色人各有使用，每匹不下一二百文，例爲揩留好絹，却將揀下低次絹先次支與諸軍。雖有進呈絹樣，止是文具，庫官習以爲常，更不點檢，顯屬違戾。」詔：「令户部各照舊例合請色額，嚴行措置，務令品搭均平。所隸官司，先期須管就堆垛處逐一抽掣，比對元樣，委無不同，保明申所屬，方得支給。如本庫尚敢仍舊乞受作弊，官吏並行重寘典憲。其諸軍衣絹，亦仰依公品搭給散，不得縱容合干人乞受。如違，重作施行。」

十一月八日，臣僚言：「左藏東 14 庫每遇支散諸軍、百司等春冬衣賜，始緣經常數目不敷，户部遂約所闕數，委官置場收買，以備支遣。然場中所買，多是庫中請出之絹，復賣於官，不知經幾出納矣。又況牙儈投賣，往往下色。乞下户部，將每年合支散大軍衣賜，及諸司合干兵級等人所(諸)〔請〕多者，隨宜以分數分折支官會，每匹依逐年立定中等時價爲率。不特可以革置場買絹之弊，得絹而欲賣，亦以爲便也。」户部指定：「欲從所乞下所屬，將諸軍、諸司等處合支絹帛，候取見逐處所請數目，隨宜措置。自來年春衣爲始。合支色額折支施行，更不置場收買。所是宗室等生日支賜，并非泛賞賜絹帛，亦乞候今降指揮下日，依此隨宜折支施行。」從之。參酌下項名色，欲行折支，開具：一、年例雜支絹約一萬二千八百餘匹，欲全行折支；宗室生日六千餘匹，聖節生辰御宴樂人支賜五千二百餘匹，三年一次大禮合支賞給數内三萬一千九百餘匹，百官約一萬五千餘匹，欲於内一半折支本色；諸司局所等約一萬六千九百餘匹，欲全行折支。一、不測例外非泛進呈玉牒、會要、聖政、册寶并官員賻贈等應干雜支約一萬八千餘匹，欲全行折支。若許從今來所申，照市價以會子折〔支〕施行。如約度庫管有實闕之數，仍舊置場收買。

嘉泰四年五月十六日，户部言：「左藏庫舊來建置圍牆二重，防備甚嚴。比年多有鄰近居民、官户侵占牆外空地， 15 間有簷屋相連。朝廷近來講求火政，若不預行申奏，(怱)〔忽〕有旁近疏虞，利害非輕。乞委官相視有合去拆之所，下臨安府措置。應自己樓屋，或賃人屋宇，或平屋，其間有盡行去拆，或除一半，或量行去拆，並與斟酌間架所直，照應諸處去拆民間屋宇體例，欲乞於本部經常錢内就行支給。」從之。

八月五日，户部言：「左帑寶貨財帛之聚，監臨之官責任至重，非得公廉清敏之人爲之，安能檢柅吏姦，關防蠹病？近年以來，所差之官多以大小使臣及選人爲之，或是諸色雜流，其源不清，烏得無弊？乞今後東、西庫監官五員内：東庫二員，以一員差文臣，一員差武臣；西庫三員，以二員差文臣，一員差武臣。立爲定闕，各自承替。文臣選改官曾經作縣人，武臣選材武曾實歷親民人，仍須公廉詳練，庶可倚仗。並以三年爲任，候任滿無過犯，與内外陞擢差遣。」詔：「見任人且令終滿，已差下人依省罷法。内應選人，仰陳乞改替。其武官仍差大使臣。」嘉定五年九月，中書門下省言：「《中書令》節文：『諸左藏庫監官，武臣差親民資序，仍不差年六十以上贓私罪人。』照得左藏庫職事，即與武臣材武事不相干。」詔除去「材武」二字，餘依已降指揮。

開禧二年七月三十日，臣僚言：「選人監左藏及封樁庫，既本職各有專立賞格，不許攀援監、專二年爲界格法，須管依條三年滿替無遺闕，方許陳乞任滿轉官酬賞。」從之。

嘉定三年十月 16 二十三日，詔：「(令)〔今〕後左藏東、西庫官，並候見闕，堂除曾作縣有政績人。仍依舊法，並以二年爲任。見任武臣，令候二年解罷，已差下人依省罷法。」

六年三月六日，監行在左藏西庫汪綱言：「左藏東、西庫有《專法》一册，係紹興二年敕令所畫旨頒降，今已八十餘年。綱到任之初，根索數目，吏輩方始將出，紙已破損，漏失兩葉。其間法意周密，關防詳盡。今上下玩習，十已不能遵守二三，是致弊端日深。照得本庫法册既損失不全，其《在京庫務通用條令》亦不曾該載，自紹興以後，豈無申明起請？今乞行下敕令所，將上項條法重行頒降，付庫繕寫收掌，庶使官吏上下得以恪意遵守。又照東、西庫自紹興癸酉創置火禁，並同皇城法，文書簿曆，宜若全備。綱嘗欲稽考數年出入之數，根索踰月，互相推托，片文隻字，盡藏吏人之家。吏輩更易文書，隨以遷徙，久而散失，不可復尋。在法，漏泄庫務所管錢數者，徒三年，配二千里。今則散漫民間，何止泄漏！正緣庫無架閣專管之官，久則姦生。今因兩庫修造之際，乞於庫之中門踏逐隙地，各創造架閣庫三間。西庫專委都門官、東庫專委中門官掌治，日下監勒根索五年内應收支文書簿曆，置簿拘收入庫。仍於歲終吏人交替之際，應干文曆不許一件漏落。如界滿，吏人簿曆不足者，不得遞補出役。簿籍從省部印押發下，次第接續。庶幾帑藏干照稍稍整齊。」從之。

七 17 年正月四日，臣僚言：「左藏庫監官舊係四選通差，不加選擇，望輕責重，兩門官猶時能舉發擿之職。近來兩庫監官既盡用作縣有政績人，又有就任除擢者；兩門官率是部注選人，由是(返)〔反〕有覬望。竊謂朝廷既遴監官之選，亦豈不當稍重門官之任？況上項兩闕本是堂除，後來方發下吏部。而近者朝廷創置架閣庫，令兩門官分董其事，則其職守亦寖不輕。欲望朝廷將左藏庫都中門官，除見任人及差下人許令到任終滿外，自後並依舊取作堂除窠(關)〔闕〕，見(關)〔闕〕方除，專以待選人已經任關陞人。」從之。

四月二十六日，臣僚言：「竊見左藏東庫拘押官兩員，西庫拘押官四員，係吏部差到短使小使臣充應，向來三月一替。昨因郊霈，一月一替，專以拘押供送宮禁物色爲職，每日各支食錢二百文省，如有料曆，遇春冬衣并時服，並該支請。一歲所費，亦自不貲。照得拘押之職最爲重事，訪聞向來庫吏與行鋪敢於通同換易者，正緣拘押官（條）〔倏〕去倏來，不相諳悉，庫吏又不受其鈐制，由是公然爲弊，皆莫之知。今來兩庫官既已更革，所有拘押官六員委是冗猥，兼逐月申部更易，倍費文移。今乞將拘押短使盡行住罷，却於東、西庫專置拘押官各一員，發下吏部右選，作小使臣初任闕，以兩年爲任。俸料、衣賜並隨官資，仍每月各量與添支供給。到罷，從太府寺批書印紙。其職自拘押供送之外，如巡邏内外，打18疊溝渠，看視雨漏，蓋覆牆圍，皆係掌管。遇夜，則輪一名在中門外直宿，機察兩門啓閉。其綱運入納，並不得干預。」吏、户部相度：「今來創置上件員闕，職事繁冗，責任亦重，即與舊來專一拘押供送事務繁簡不同，理宜參酌比擬，立定請給、酬賞。欲依豐儲倉斞面官請給支破，其房賃錢一項免支。遇考并任滿，於太府寺批書。如任内無曠闕事件，仍照斞面官例，即從本庫提轄官保明申部，關報所屬，量減磨勘一年。」從之。

十六年正月四日，臣僚言：「天子之禁帑，兼受天下之貢輸也。色額繁夥，貨幣山積，監董之任不與究心，吏肆其奸，何所不至？夫絹帛之庫于東者，監官之員有二；銀會之庫于西者，監官之員有三。所謂提轄者，總其條式而振舉焉。每於受納絹帛，庫官自合監臨；銀會交收，亦須親爲稽閲。臣頃丞外府，屢往監交，提轄未嘗一來，監官則多已出局，將納之絹壅集廊廡，但見管行人吏執其去受之權。計會已行，雖羸怯而不問；賄遺弗至，縱堪好而不留。或有已印退還，更復混同在庫，仍須致賂，却與復存。銀子交秤，固非難見，且猶鹵莽，不務精詳。遂致庫胥與綱吏通同，色兩視得錢爲高下。至於給用之際，但依元數，錙銖輕重，莫之能辯。竊慮積久相仍，轉萌欺蠹。諸弊若此，而上下恬不爲怪，良以人情玩弛，殆非一朝。任於前者幸以逭其愆，繼於後者得以逐其責，可不詳慮而謹飭之乎？乞申19戒左藏庫，自今將納銀、絹，各以庫分常切監臨；所交會子，即時點對抄簿，隨與區處。毋得縱之吏手，滋長奸欺。務以職業自勤，不許先時出局。其於國計，庶有補焉。」從之。

六月一日，臣僚言：「竊見左帑一職，凡邦之財賦入出咸隸焉，至不輕也。衛以重門，分以東西，各立監臨，統以提轄，上下相維相制，有條不紊。近歲監東、西庫官專以處邑最〔一〕，是謹重厥職也。其後庫官爲門官爲選人〔二〕，未免

〔一〕邑最：原作「色最」，據文意改。「邑最」謂縣令之政績最優者，如《宋史》卷四〇一《李孟傳傳》：「知象山縣，守薦爲邑最。」是也。上文嘉定「七年正月四日」條云：「近來兩庫監官盡用作縣有政績人」，與此意同。

〔二〕上「爲」字疑當作「謂」。庫官謂門官爲選人，故輕視之，觀下文可見。

俯視。其待轄官，亦不過同體，遷擢之等級遲速，轄官又多反不及之，宜其有輕心。自（足）〔是〕都門之辨驗秤等，庚艮之等色斤兩，看視絲帛之堪否，一切皆歸於庫官之獨運，玩慢日甚，無復有聚議商訂之舉矣。轄官之弱者奉惟謹，强者或出一語，則庫官以銜之矣。至有有出身之人，而與轄官論職事，公然肆言，云若言路首當懲之。邇來統紀紊亂，姦弊日多，凡聲跡彰聞者固不少，而隱蔽不揚者又不知其幾矣。僉謂庫官之權，不容太重；門官之任，不容不謹；轄官之分，不容不尊。紹興舊典，以太府寺丞、簿兼提轄，似可舉行，或專以有出身人、有聲望者充選，如東、西庫官止用曾經爲邑無出身人，仍限以二年爲任，候解罷後無過失者，才予遷擢。蓋庫藏之官數易之，爲患最大，而激勸之權，尤足以使人盡職。欲望聖慈深察邦計之司存，豈容玩法慢令。乞明諭大臣斟酌而行之，誠非小補。」詔從之。

【宋會要】

20 太宗太平興國二年（六）〔七〕月〔一〕，詔曰：「權衡之設，厥有常制；出納之吝，謂之有司。儻求羨餘，必恣掊克。苟視成而不戒，豈爲天下守財之道焉？應左藏庫及諸庫務所納諸州上供金〔二〕、銀、絲、綿，係斤兩物色，自前多爲庫務欺壓秤盤，妄稱要收羨剩進納，致使部押之人虛抱欠折，破産償納。自今並須平定秤樣斤兩，與納人同封樣後，即得秤盤。仍自今凡有給納，並須兩平，不得更收羨剩。違者，許人陳告，主吏洎秤子、節級、庫子並當處斬，監官重寘之法，告者給賞錢二百千。」先是，諸州吏護送官物至京，藏吏率捶鈎爲姦，吏負官物，至於破産不能償。太宗知其事，下詔禁之。

八年十一月，詔：「今後諸路錢、帛、絲、綿綱運，令左藏庫驗認本州封記全，若有欠折，即隨處官吏、庫司攤填。如元無封及損動封記〔三〕，並令管押軍將陪填。」有司言：「州郡所納絲、綿、絹秤兩物色〔四〕，許百兩納耗二兩。朝廷雖嚴指揮不許多納，秤入之際，隨分須留耗折，蹙令就整，皆有羨餘。皆是裝綱交秤之時，本庫不與了當耗折，收充羨剩，欲求勞績，故（在）〔再〕令管押者陪填。望自今凡秤兩之物，不得先收羨餘。仍酌量均於束內明書斤兩，據物收數。如有封記完全，欠少分兩者，並將赴三司，與判、使已下秤盤定數；若無封記而欠者，即（勤）〔勒〕管押人填納。」從之。

淳化元年七月〔五〕，詔左藏庫金銀器皿悉毁之。侍臣

21 有言：「其間雕鏤珍奇者，欲留以備進御。」帝曰：「將焉

〔一〕七月：原作「六月」。按本書食貨四一之二七、食貨六九之一、《長編》卷一八均繫於太平興國二年七月十一日，《宋大詔令集》卷一九八今本雖誤作「三年」，然月日亦同，據改。又按，自此至本門之末應移於本門之首，參食貨五一之八校記。

〔二〕庫務：原作「軍務」，據《宋大詔令集》卷一九八改。

〔三〕損：原僅存右部「員」，據文意補。

〔四〕「絹」字原稿僅存「糸」旁及「肙」殘畫，今補。

〔五〕七月：按，《長編》卷三一繫於八月三日乙巳。

用之？汝以工巧爲貴，朕以慈儉爲寶。」監庫左正言、直史館謝泌賀曰：「聖意如是，天下幸甚。」

三年九月，詔：「左藏庫每受納匹帛絹，監官當面點數，不得將赤文不成匹及不堪物納下〔一〕。」

四年二月，詔：「左藏内庫專副、庫、秤、揀、掐等盜百錢已下，杖八十；已上，杖一百；一千已上，徒一年半，刺面配忠靖指揮；五千已上，流三千里，刺面配京窑務；贓滿三十千，依監主自盜法處死。告捉者，第給賞錢。秤司透漏，減盜者罪二等。」

十二月，詔左藏逐庫監官，自今憑由須逐時申破，如積涉經年，以違制坐之。

至道元年五月，詔：「左藏支俸錢、衣賜勘旁，如旁數小於帖數，即據旁支；大於帖數，即子細根勘。」

七月，帝問宰臣：「左、右藏庫自何年月各自給納？」對曰：「先是，朝廷置左藏庫，金、銀、錢、帛動計萬數，以此庫財幣新陳相壓，雖以時給遣，終未漏底，所以前後界分職掌之人，帳籍具存，無由了當，計司亦難按比，遂令別置右藏以代受納，左藏專掌出給。其後所司給遣之時，便於一處，有只就左藏支散，因此兩庫各自給納。」帝曰：「臣僚於公不用心如此。」遂督左藏出納文帳速磨勘了當，其妄行奏改之罪，釋而不問。

十月，詔左藏庫：「每月供帳，自今以錢金銀、匹帛〔二〕、雜色絲綿爲三帳，犀玉、腰帶、鞍轡、雜物別具帳。所差使臣，須二年滿日，與專、副一時差替。監官候交割漏底，月帳到省，則給解由 22 歸班，已替者更給添支一季。」

二年十二月，詔左藏庫支造衣服匹帛，並用天長尺徑量給付。

三年十一月，詔：「諸州綱運納裹角細絹，如磨擦損估虧官錢五千已上，奏裁；已下，與免理納。川峽遠路，不以好弱，悉據數納。」

真宗咸平四年二月，詔青、濰、登、淄、萊五(月)〔州〕絹並直納内藏。如左藏須物帛支遣，那換遠年者充。

五年十一月，左藏庫監官郭守素言〔三〕：「淮南昇、潤州紬絹價高〔四〕，望不給冬服，留充郊祀賞給軍士，可獲數倍之利。」上曰：「朝廷方覃大慶，豈復規小利也？」罷之。

景德二年八月，詔：「左藏庫般出外絹如無印者，印訖給付〔五〕。」

十一月，詔：「左藏匹帛有漬汙、狹幅不堪支給者，歲終申三司差官類估，具數以聞。」

〔一〕赤文：疑當作「赤丈」，「赤」同「尺」。後文食貨五一之三〇：「外有零丈赤積壓在庫」，亦以「赤」爲「尺」。「丈赤」猶此之「赤丈」。

〔二〕匹：原作「坐」，按下文「熙寧元年七月」王珪言：「左藏庫自來匹帛與金銀錢等分庫。」據改。

〔三〕監官：原無，據《長編》卷五三補。

〔四〕紬：《長編》卷五三作「細」。

〔五〕印：原作「即」，據上文改，言無印者加印也。

大中祥符五年正月，三司言：「左藏三庫自來各置官吏，今欲併爲一，共置監官二人。」從之。後以官少事煩，遂改如今制。

十一月，詔：「(請)〔諸〕州納左藏金銀器物者，令本庫監門使臣勒行人驗分鳌受之。」

六年正月〔一〕，詔：「內庫務監、專，諸色人食直節料，并差出諸色人盤纏，及齋醮道場所用錢絹，或傳宣取索入內及支賜諸色人恩澤，并準宣支賜。差出官員、使臣、軍員錢銀衣物及蕃部馬價例物，今後並各於左藏、新衣、茶庫等處支給。」

十二月，詔左藏庫：「應三糧料院每日批勘文旁，須次日實封送左藏庫，本庫立便上簿，監官封記到日。候請人到庫，將請受曆與正勾省帖勘同，於省帖及曆內批書日分，拆開文旁，23 對曆支付。所支文旁、正勾省帖粘連合帖，入當月或次月帳內除破。又所支官物，依舊例降正勾支帖下糧料院并合支庫務，候支絕入帳除破之時，將旁契勘元支省帖，同，即入帳開破。如省帖內文旁未到，及已支檢旁未見，委監官置曆，抄上職位、姓名、所支物色名件，明言甚年月日省帖內有檢尋未見文旁。候月帳入省，令省司追索文曆點檢，同前都手分於曆上勘同著字，隨帳入勾。磨勘亦上下批鑿書字，仰磨勘司責領，交付專、副收掌，候得替，造成一帳。有儹那下無省帖者，文旁即將曆照證旁上年月、錢數、官位、指揮，同，即依例於一帳內開破。又監官、專、副年滿日交割，仰將舊界得替末帳前月帳尾見在官物，勒行人看驗，據帳內椿訖名目交割，不得信縱亂有看驗，致與元帳不同。如行人輒取意看驗，不依元帳，令舊界監、專申解赴省，乞行勘斷；如實虧官，與元帳不同，即令新界聲説交割，別入庫屋收管。又監官食直錢，朝臣、諸司使二十千；京官殿直已上，並十五千。又逐月收到鏖分錢，上曆拘管，每旬具數申省，至月終入帳收附。其曆隨帳勾磨。又專、副如二年滿替無遺闕，並各轉一資。」

七年九月，詔：「左藏庫每出染綵帛，須分明雕匹帛州土字號，印霞頭上。候染成，看驗交納。」

仁宗天聖八年五月，提舉司言：「左藏庫受納金、銀、絲、綿綱運，收到出剩，並不即時入帳，却稱久例，直至末帳 24 內收附比折。今勘會，自去年六月一日立界，至今年三月支外，見在收出剩金七十兩、銀一千一百三十五兩，又於今年三月起置納綱出剩曆，只五十日內收出剩金二十五兩、銀一千五百四十兩，顯不依條約，陷失官物。欲下本庫監官，每綱運到庫，若有出剩，須分明上曆拘管，逐月入帳，編排官物，各著庫分排垛。其置到文曆，請下三司逐月印縫給付，不得將剩數(界)〔公〕然比折少欠。仍出榜於監官廳張掛，常令遵守。」從之。

〔一〕天頭原批：「景德無六年，疑誤。」按：此批誤，此條承前分明爲「大中祥符六年」。

慶曆三年八月，三司言：「左藏庫支用見錢浩大，不稟詳條約用絹充折，本庫又自得旨取索合用，内多有『見錢』二字，及有特令取見錢者。」詔：「今後敕葬支使依例用見錢外，凡御前取索，並依臨時所降指揮。餘支賜錢，並依舊條。一應文武臣僚、使臣差出外支盤纏，皇族迎嫁、繫親、下定諸般例物并勾當行人錢，看經道場齋料等價錢，僧道等身死孝贈等錢，宣葬、敕葬并諸般支賜錢，皇親房臥折諸物色價錢，并繫親折銀馬價錢，官員使臣身亡孝贈，御前支賜，并内中不顯出名目取索製造諸般生活了當恩澤錢，以上並用絹折。如特旨令取見錢，即依臨時指揮。賜皇親并諸般支賜，恩澤，皇親往西京汝州南祔葬，並係支見錢。」

英宗治平元年七月四日，三司使蔡襄言：「今欲乞將左藏庫、榷貨務見管錢、帛、金、銀等，比附明堂支數封樁，準備將來南郊支賜。並將見在寬剩數目[25]撥充，即不闕本庫支遣。」從之。

神宗熙寧元年七月十三日，提舉在京諸司庫務王珪等言：「左藏庫自來疋帛與金銀錢等分庫，各有專、副、人員等，唯是監官四員通管，日輪一員在金銀錢、帛庫支納。既更去不定，則容公人等乘間生弊。乞將南、北兩庫添差文資一員，各令監管，内南庫文資一、使臣二，北庫文資、使臣各一。其新添官，仍乞下三司、提舉司輪舉。其請給、酬獎，並依本庫舊例施行，自今年十月立界。所(費)[貴]逐庫各得監官專一管勾，息絕欺弊。監門即仍通管。」詔減一小使臣，添文資朝臣，餘並從之。

二年九月二十七日，詔三司指揮諸路，金、銀數並納左藏庫。令左藏庫逐年支金三百兩、銀五十萬兩赴内藏庫，永爲年額。

三年十二月，制置司言，右贊善大夫呂嘉問擘畫左藏庫利害。詔送三司官與嘉問同議，具分定庫目、關防人吏、拘轄官物、整齊文簿等事，即並從之。

五年二月十七日，内藏庫言：「勘會饒、池、江、建等州遞年額鑄錢一百五萬貫，并額外增剩錢，久來並係内藏庫送納。每年支撥逐年退錢六十萬貫，并三年一次支南郊錢一百萬貫赴三司支用，顯見往覆。欲乞下三司，今後年額鑄錢一百五萬貫，支撥一十一萬六千六百六十六貫六百六十七文，并饒、池、江、建州錢監鑄到額外剩錢，並赴本庫送納外，餘錢並令左藏庫受納〔一〕，更不令本庫逐年退錢六十萬貫，并每次南郊撥[26]賞錢一百萬貫與三司。仍乞減放兵士〔二〕、庫、掐子、節級共二十人歸左藏庫。每日只輪差庫、掐子三人赴庫祇應，如遇諸處支納錢，實據合使人數逐旋於左藏庫計會勾喚。」從之。

【宋會要】

高宗建炎二年二月三十日，中書侍郎、兼專一提領措

〔一〕餘：原作「饒」，據《長編》卷二三〇改。
〔二〕放：原作「於」，據《長編》卷二三〇改。

置户部財用張慤言：「左藏庫監官比其它庫務輕重不同，依條不許差出。今檢察得左藏東庫朝奉大夫李藻〔一〕、監西庫朝散郎許端夫，近各僥求差遣出外。除許端夫近臨替暫還本任，又以界滿不候交割官物、帳曆已離本任外，有李藻見在陝西路經制使錢蓋下充幹辦官，又別差權左藏庫官一員，增費請給。望將李藻罷左藏東庫及幹辦官差遣，仍申嚴錢穀倉庫監官不許差出及所屬不合放離任條法，以革積弊。所有許端夫差出左藏庫月日，乞依條除豁，不理爲任月日酬賞。」從之。

四年五月二十三日，詔左藏東庫置監官一員。以事務稀簡，裁減一員也。

十二月十七日，詔：「左藏西庫歲供内藏庫錢、金、銀，並依建炎四年例，止逐旋供納銀五萬兩，權免〔二〕。」

紹興元年五月五日，詔：「左藏東庫上、下界許置專知官(名)〔各〕一名，副知各一名，押司官共二名，手分共一十二名，書手共三(各)〔名〕，庫、級共二十名，兵士共二十五名。左藏西庫上、下界專知官各一名，副知各二名，押司官共【27】二名，手分共一十二名，書手共三名，庫級共二十五名〔三〕，兵士共二十五名。左藏東、西庫門手分共二名，庫子共二名。」並從户部敦減也。

十二月十七日，詔左藏東庫依元額差文臣一員，同共幹辦。户部言：「左藏東庫元額監官，文、武官各一員，昨裁減一員，見有武臣一員。」故有是命。

二年五月二十日，詔：「左藏東、西庫遇綱運到庫，如敢留難阻節，不即交納，出給鈔附，許管押人徑赴尚書省越訴。」從倉部員外郎成大亨請也。

十二月二十三日，詔東、西庫手分、書手各添一名。從監官張耆請也。

三年五月九日，詔：「左藏庫今後將每日收到應干錢物，以十分爲率樁出一分，專充大禮賞給支用。」

七月十九日，詔：「左藏庫給散諸軍衣賜，令三衙管軍、神武右中後軍統制官、忠鋭諸將官躬親在庫彈壓，無令攙先擁鬧。如有犯人，並從軍法。仍令尚書省給降黄榜曉諭。」

十一月十日，詔：「應折支絹，江南作五貫文，兩浙作六貫五百文。如遇無漬污絹，即將好絹遞增一貫文給。」今以户部狀〔四〕：「勘會支賜錢不言見錢，依法以絹折支。《宣和左藏庫格》：『浙絹漬污，每匹五貫一百文；江南漬污，每匹三貫九百一十文。』竊緣近歲諸路綱運地里不遠，即無大段漬污，又街市價例高貴，理當權行增價。」故有是詔。

四年正月二十三日，詔：「邵武軍每歲用上供錢收買

〔一〕「左藏」上似當有「監」字。
〔二〕「權」上疑脱一「餘」字。
〔三〕級：原作「給」，據上文改。
〔四〕今：似爲衍文，或當作「之」，屬上讀。

上色朱紅二十兩，限至四月終，差人管押赴行在左藏庫。」

四月[28]三十日，詔東庫添置手分、書手各一名，庫子三名。從監官任幾先請也。

六年十月十四日，詔：「文思院鑄造行在所左藏東、西印各一面，候鑄到日，將見使舊印牒送行宮本庫，候將來併庫日申繳。今來行在所印，赴禮部置櫃封鎖，遇從車駕巡幸，關請行使。」

七年二月十五日，詔左藏東庫武臣監官帶「同」字結銜。先是，舊額左藏庫官文臣一員監，武臣一員同監。建炎四年間，裁減東庫監官一員，因而除出「同」字。紹興元年間復置，內武臣差敕不曾改正，所有左藏西庫武臣監官一員却帶「同」字，至是本庫有請，從之。

十二年四月二十三日，詔：「今後恩賞支賜絹帛，除依紹興二年九月七日指揮，禁中宮人、公主、命婦、軍功、捕盜、軍前遣來之人、兩府除轉廳及中丞除授，收茶鹽錢及數支賜，許支本色外，其餘窠名，並每匹折錢三貫文。如特降指揮令支本色者，每匹增錢一貫文。」從戶部請也。

二十三年六月十八日，詔：「應倉庫交卸綱運折欠，並即時具名色[一]、數目申解。所屬見得有侵盜貿易之弊，即送大理寺推治。其過誤損失，並押下元起綱處，依法施行。」先是，止送排岸司監繫[二]，故有是命。

二十七年五月十七日，詔：「戶部於轄下丞、簿內選通曉財計人一員，兼充左藏庫提轄檢察官。任滿無遺闕，依左藏庫監官例理賞，仍每月添支茶湯錢十貫文。」從本部請也。

二十九年十二月七日，詔：「左藏庫今後[29]將應支錢物，逐一照驗憑由、旁帖（文）〔支〕給，依限繳申所屬審實，不得別立寄廊單子。如違，官吏並依收支官物不即書曆及別置私曆法科罪。」

三十年十二月六日，詔左藏庫：「每綱運若有出剩，須分明上曆拘管，逐月入帳，不得將剩數比折少欠。仍給榜監官廳遵守。」先是，委（大）〔太〕府寺官點檢秤盤，收到出剩，故有是命。

同日，詔：「左藏庫今後差京朝官、諸司使、副，其見任人令終滿，今任已差下選人、小使臣依省罷法。」

三十二年四月十八日，詔：「今後應盜官物，其本庫監門官吏，並依見行條法坐罪，不許擅用趕趁體例。」先是，左藏庫有盜絹一匹至都門而獲，其中監門官却作趕趁不坐，故有是命。

孝宗紹興三十二年未改元。七月十八日，詔：「將御前椿管激賞庫並撥歸左藏庫。自今後諸路發納到綱運，准此。」以左正言袁孚奏：「今之內藏，即當之封椿[三]，外又

[一] 名：原作「各」，據本書食貨六二之一六改。
[二] 止：原作「正」，據本書食貨六二之一六改。
[三] 當：疑當作「舊」。

有椿管御前激賞庫，亦封樁之類。臣竊聞異時天下貢賦多歸户部，近來分入内藏庫與椿管御前激賞庫，致户部有不足之患。乞會二庫一歲所入，酌取中制爲歲額。歲額之外，悉歸户部，使户部不致闕乏，則州縣不至煎熬。」故有是命。

二十一日，中書省言：「勘會御前椿管激賞庫，元係檢正都司檢詳(管)〔官〕提點，今來撥歸左藏庫。」詔令提點官編排見數，仰左藏庫逐旋交跋，以「左藏庫」爲名，專一椿管，應副軍期。臨時取旨，不得擅有支遣。

九月二十九日，詔：「椿管御 30 前激賞庫已改作行在左藏南庫，所有官吏罪賞、請給、人從，并差破巡防、雜役等應干約束事件，並依左藏庫見行條法指揮。」

隆興元年七月二十一日，詔：「李顯忠侵欺過殿前司、池州、建康府及收復宿州逐處官中金銀錢物，依已降指揮拘收入官。其私家貲産，並與免拘籍。其抄劄到前招撫使司及都督行府支犒設軍用不盡銀五千一百二十一兩四錢、絹六千五百匹，(今)〔令〕平江府並起赴左藏南庫送納，另項椿管，聽(侯)〔候〕朝廷指揮。」

乾道二年九月十四日，户部言：「契勘左藏東、西庫逐年合賜錦襖子官，除親王、宰執支全匹外，其餘官並於整上各量裂合得數目支給。外有零丈赤積壓在庫，歲久色暗，令雜賣場出賣，不免低價，暗失國用。今年欲乞並支全匹，(人)〔入〕曆幫勘。其餘零丈赤，依文臣時服條例計價納錢，牒臨安府市令司差行人估價，關報糧審院，於逐官料錢曆内除尅施行。其餘應支花羅、錦綺、鹿胎段子，並無見在，欲以別色充代折支。内合支本色而無見在者，乞依市價折支見錢。」從之。

十八日，户部言：「左藏南庫舊係椿管御前激賞庫，昨於紹興三十二年内改作左藏南庫，依元降指揮，官吏罪賞、請給等依左藏東、西庫見行條法。乞將見役人并已出職補授人，比附東、西庫立界，并界滿降一等補授名目送部勘當。南庫比東、西庫事務稍簡，所乞頗優。今乞將南庫人吏今後遞遷至副 31 知立界，并界滿，比附東、西庫降二等補授。立界日，先次補守闕進義副尉；二年界滿日，有勞無過，與補進義副尉出職施行。所有已出職補授人，難以施行。」從之。

三年六月二十八日，户部侍郎曾懷等言：「得旨：『大行皇后支費所收到左藏庫絹麤惡，係何處納到？』行下本庫契勘，係是信州、建昌軍、袁州。除已將合干專庫科斷，別行編揀抵换外，本庫元受納官吏，亦已下(大)〔太〕府寺根究，依條施行。更取見元起州軍年分數目，申取朝廷指揮。」詔：「本不爲支費所絹粗惡，恐將來支散諸軍春冬衣亦似此等。所有供送合干專庫特放罪，餘依奏。仍劄下户部，今後不得將此等絹支散諸軍。」

七月二十二日，臣僚言：「左藏庫專、副、手分、庫級等，如無人保明及無抵産，并曾經過犯，並不許入本庫守把中大門。親事官，令皇城司選差五十以上有行止、無過犯、有職名人充。如能搜獲偷盜官錢物(入)〔人〕，已有立定賞格。今後若有透漏，杖罪笞四十，徒罪杖六十，流罪杖一百，降一資，永不得差入倉場庫務；徒罪以下及三次，亦杖一百，降一資。監官、監門官見一十員，三庫共輪一員止宿，今後逐庫各輪一員。」從之。

十月三日，吏部侍郎、提領左藏南庫方滋言：「照會本庫諸色窠名錢物等元係户部行移催督，今既專差官提領，不隸户部，欲乞截日從本所行下諸路催督，如有滅裂拖欠去處，乞從本所將官吏按劾施行。昨隸户 32 部日，每月一次(默)〔點〕檢，欲乞每月分上、下半月兩次點檢。如有隱落收支不明，乞從本所直送大理寺依條施行。本所行移人吏難以創置，乞於諸處官司踏逐諳曉財穀之人兼行，每日量行添給食錢。」從之。

十二月三日，工部侍郎、提領(行)在左藏南(康)〔庫〕姜詵言：「本庫見管金銀錢物數目浩瀚，全(籍)〔藉〕監門官機察出入，不可與東、西庫監門官互相干涉。不敢創乞添置，乞降睿旨於樞密院準備差使内選差有心力使臣一員充監門官，一年一替，每日添食錢三百文，入曆幫勘。庶可革去出入姦弊。」從之。

五年八月十六日，姜詵又言：「昨承指揮，於樞密院選使臣一員充監門，一年一替。欲乞比附左藏庫監門官量推賞。」詔左藏南庫監門官在職滿一年，與減半年磨勘。

六年七月二十九日，臣僚言：「左藏庫每年支諸軍春冬衣賜，除軍兵已有立定限日給散，委是整肅，餘將佐、使臣等，緣令自請，多有計囑，好弱不均，或致争競。今亦乞自開庫後限十日，令糧審院批放，封發文旁赴左藏庫，計數揭榜，分作兩日併支，歸軍俵散。」從之。

十月二十八日，詔：「諸省門内新蓋左藏南上庫了當，差置監官二員，依南庫例堂除差人。監門官差樞密院使臣一員，權於南庫那差；專、副、手分、書手各一名，庫子二名，令本庫踏逐指差。仍於臨安府揀下有職名軍員内差十人，專一看管。其左藏南庫改作左藏南下庫，並隸提領所。」

33 七年三月四日，三省送到户部〔狀〕：「據左藏庫申：『(關)〔闕〕專知官二員，專法，許本庫踏逐曾經歷場務小使臣申吏部差。緣係吏職，多不願就。今乞從户部選差小使臣充專知官職事，以掌管左藏庫出納官物使臣書銜。依專知官請給外，月添食錢二十貫，申朝廷給降付身，理爲監當資任。仍不許與監當官接坐，令別置直舍。應係出納，先令點勘書押，後簽監官，庶有顧(籍)〔藉〕，可以倚(伏)〔仗〕。』乞依所乞施行。」從之。

十月十八日，吏部言：「左藏東、西庫監官任滿轉一官，并計日推賞。梅世昌係提轄，緣是創置闕，未有立定賞典。照得榷貨務都茶場、文思院上界提轄官，並各依本處監官推賞，今乞依逐處體例施行。」從之。

十月二十三日，户部尚書曾懷言：「準乾道六年七月十五日指揮，左藏庫交受綱運，專委太府寺丞、簿一員輪日監交、給鈔。本部竊詳左藏庫置提轄官，正欲檢察兩事情弊，若欲更差寺官，委是繁紊。今後欲盡委提轄官，其太府寺官止合每季前詣逐庫點檢。」從之。

八年五月八日，户部言：「來歲大禮，合椿賞給錢物。除已下左藏庫自五月爲始，將收到應干錢物以十分爲率椿管一分，專委本監官一員，別用庫眼收椿。如敢擅支分文匹兩，並依擅支封椿錢物法加一等科（眼）〔罪〕，仍不以去官、赦降原減。」從之。

十一月十六日，敕：「勘會饒州納到新錢，夾帶鉛錫，除鑄錢人吏并監官已施行外，其左藏西庫監官，各 34 特降兩官。」（以上《永樂大典》卷一四七八五）

度支〔一〕

【宋會要】

35《兩朝國史志》〔二〕：度支，判司事一人，以無職事朝官充。（斥）〔凡〕調度之費，皆歸於三司，本司無所掌。令史一人，驅使官一人。元豐官制行，郎中、員外郎始實行本司事。

哲宗元祐元年四月八日，户部言：「左司郎中張汝賢言：『切聞熙寧初，廟堂之議始以國用不足，大講理財之法。其後利入浸廣，費用隨增，非復曩時之比也。今既有所改爲，自兹以往，課入當復有限，則調度之費不可無節。欲乞諸路轉運司會計，自熙寧以前歲入幾何〔三〕，歲用幾何，朝廷常供之外非泛所須者歲又幾何；熙寧以後歲入幾何，歲用幾何，朝廷非泛所須者歲亦幾何。仍具出某事之費因某法而有〔四〕，今某法既改，則某費可罷〔五〕。要以省不急之用，量入爲出〔六〕，則無異時不足之患。』」從之。

十八日，左正言朱光庭言：「乞置局，取户部天下一歲之所出入，與三年郊賞、四夷歲賜，凡百經費，會計可省者省之，量入爲出，著爲令式。」詔户部相度裁減〔七〕，條析以聞。

四年二月二十八日，户部言：「自官制行，三司所掌錢穀事分隸五曹〔八〕、寺、監，皆得主行。官司既無邦計盈虛之責，各務取辦一時，不量户部有無利害，橫賞百端。請令

〔一〕原稿所批題作「度支庫」，非是。此門之文，《大典》在卷一四六五七「户」字韻「户部十一·度支部」目，按「度支部」乃明代名稱，宋代只稱「度支」。《宋史》卷一六三《職官志》三：「户部，其屬三，曰度支，曰金部，曰倉部。」是也。本門序文亦只稱「度支」，今據删「庫」字。

〔二〕按，以下一段原稿作小字，今改爲大字。

〔三〕前：原作「來」，據《長編》卷三七四及文意改。

〔四〕費：原作「廢」，據《長編》卷三七四改。

〔五〕費：原作「廢」，據《長編》卷三七四改。

〔六〕入：原脱，據《長編》卷三七四補。

〔七〕「減」及下句「條」，原脱，據《長編》卷三七五補。

〔八〕所掌：原無，據《長編》卷四二二補。

軍器、將作、少府、都水監、太府、光禄寺等處轄下應干申請創修〔一〕、添修，計置收買材料、錢物，改鑄錢料，興廢坑冶之類，並先申户部看詳檢覆〔二〕。內河防急切申稟不及者，聽逐急應副，事畢，亦申户部36點檢。」從之。

五〔年九〕月二十五日〔三〕，户部言：「勘會請給〔四〕，糧料院、審計司只得拖曆批勘，餘並聽太府寺指揮〔五〕，仍令本寺指定依某年月日條式、合支名目則例，月分、姓名、貫百石斗錢米數，行下所屬糧審院勘驗批放。如係無法式，或雖有法式而事理疑惑不能決者，即申度支取決，不得泛言『依條施行』，逐處亦不得承受。已上違者，徒二年，仍不以赦降原減。」從之。

徽宗大觀三年三月二日，户部侍郎吴擇仁等奏：「勘會户部財計，總諸路無額上供錢歲百餘萬，名色至多，全賴檢察。近諸路將應就支錢物，各指用無額上供。以其歲收不同，事目繁碎，若吏彊官怠，得以侵隱。今相度，欲乞本部行下泛買等，只許支撥有額錢，或不足，轉運司以鄰郡通支。如違，以擅支封樁錢物法施行。」從之。

十九日，詔：「驛料自來給乘驛傳，以資道塗之費，優假外祠，以益廩餼之豐。兹有常格，其何可紊？比來京見領職局等處，洎掌牋奏、點檢、管勾文字、（守）〔手〕分之類，已有月俸添給外，更支驛料者甚多，安然坐局，貪冒驛程之賜，顯屬不當。除現任外處宮祠、嶽廟外，餘悉罷。如違，仰御史臺彈糾以聞。」

（致）〔政〕和元年十月十三日，詔：「户部奏『諸路漕司侵用本部無額上供錢物，乞並隸提刑司拘收，更不令轉運司干與』等，可並依所奏，疾速行下。如有合關防措置事件，仰逐路提刑司限五日條具申尚書省，將上取旨。」

十二月一日，朝議大37夫、試尚書户部侍郎胡師文奏：「勘會政和元年上供錢除發運司截撥充鹽糴本外，尚剩二十萬貫，因户部奏請，準今年六月二十二日朝旨，將上件錢令發運司支與諸路充打船使用。緣上供錢自是户部經費，豈有應副外路漕司之理？竊恐日久爲例，暗失上供之數。臣愚欲望聖慈特降睿旨，下發運司勾收上件錢二十餘萬貫，依舊赴京左藏庫送納，應副支遣。」從之。

二年五月一日，胡師文奏：「契勘户部財用全（籍）〔藉〕諸路上供錢應副支遣，昨逐次降朝旨，令發運司拘截户部上供錢二百五十萬貫，充鹽糴本支使。本部已開具政和元年分諸路有額、無額上供錢，一面截撥去後，準政和元年十二月一日朝旨：『户部經費浩瀚，錢帛最爲數多，全（籍）

〔一〕干：原無，據《長編》卷四二二補。
〔二〕申：原作「由」，據《長編》卷四二二改。
〔三〕五年九月：原脱「年九」二字，據本書職官二七之一五、《長編》卷四四八補。
〔四〕勘會：原作「勘給」，據本書職官二七之一五改。
〔五〕「餘」原作「除」，「太」原作「大」，據本書職官二七之一五、《長編》卷四四八改。

〔藉〕諸路上供支用。近日發運司多有截兑糴買鹽本，致誤指擬，深恐未便，可並特與免截。』兼昨降到上件錢，係本部已前支遣了當，竊慮發運司尚自拘截政和二年分上供錢，致有侵用省計。臣今欲乞且依政和元年十二月一日朝旨免截，仍據未（裁）〔截〕撥數，亦乞令發運司疾速催促起發，應接中都支遣。」又奏：「臣契勘鹽本錢已有諸路賣鹽五分見錢，並諸路起發額斛并帶發舊欠預般，自可充足歲額。如蒙免截，庶幾省計不（敢）〔致〕闕誤。户部財用應副浩大，若不寬假，慮有闕誤。」〔詔〕可權依所奏，本部財用稍足，依已降指揮截撥施行。

六月三十日，參照官制格38目所奏：「《尚書度支事目格》，有點檢驅磨官員〔請受券曆、銷簿架閣等四項，至元豐七年九月二十八日準敕，將在京曆券倣帳法，本部磨訖，送比部驅磨。其在外曆券，並歸轉運司施行。紹聖二年六月已後，户部申請到朝旨，徑申比部。大觀二年四月二日修立成條：『在外券曆，申轉運司覆磨架閣；在京所給，兼請他路錢物者，申尚書刑部。』雖與《度支格目》不同，又緣《比部官格目》亦掌追納欠負、侵請，及有驅磨一項，欲乞遵依《比部格目》并元豐、紹聖、大觀逐次已降敕條釐正施行。」又奏：「乞在京出給選人文曆，令度支依官制格置簿，比部關報鈎銷。其官員事故住支請受，令度支關報比部追取驅磨。如得允當，乞行釐正。」從之。

八月二十日，都省劄子：「勘會户部財用，昨朝廷措置，本部每年約支用八百二十萬八千餘貫。將本部舊額歲入并措置出及朝廷應副共一千五十三萬七千餘貫，除支用數外，每年有寬剩錢二百三十三萬九千餘貫。其間如夾錫錢及當十錢罷鑄之類，雖有虧損之數，緣其餘所入錢數，自足應副得足。今來不住據本部申陳闕（之）〔乏〕，乞預撥歲賜額錢。似此相承借撥，即向去登帶侵用無已。」劄付户部，具析因依申尚書省。户部今具下項：「一、契勘户部財用册内，舊額歲入并朝廷應副及措置出錢一千五十三萬七千餘貫，下項舊額六百三十三萬五千餘貫，内虧二百五萬七39千餘貫；朝廷應副三百萬貫，闕下二百萬貫，係實得數；於河北、河東路夾錫錢虧一百萬貫；朝廷措置出一百二十萬二十餘貫，内虧七十七萬八千餘貫，實得四十二萬三千餘貫。已上每年計虧三百八十三萬餘貫，實得六百七十萬餘貫。」奉聖旨，於陝西、河東見封樁夾錫錢内，各支撥五十萬貫應副户部支用，仍令本部一面措置兑那支使。

政和三年七月七日，奉聖旨：「户部所虧錢，令尚書省措置補足。」尚書（少）〔省〕勘會：「昨大觀元（豐）〔年〕内會計，户部每歲約支八百二十餘萬貫。當時朝廷措置出户部財用一百二十萬二千餘貫，并朝廷應副三百萬貫，通本部舊額，都計一千五十三萬七千餘貫。除歲用外，尚有寬剩錢二百三十三萬九千餘貫。近累據户部干告闕（之）〔乏〕，陳乞應副。尋取索闕（之）〔乏〕因依，今據本部供到，數内一百一十五萬餘貫却係本部買物，并三路封樁自係本部移用支使，難以一例作虧數。并昨罷行使夾錫錢，其河北、河東每年應副共一百萬貫，朝廷近已却行應副外，其罷鑄當十錢，每歲計虧錢一百五十萬餘貫。并河北、河東、淮南礬課，係因本部申請減定，每年虧一十六萬餘貫。朝廷應副二百萬貫，并夾錫錢一百萬貫外，理當措置應副。」度支供到下項：「一、朝廷每年應副户部錢共三百萬貫，朝廷應副錢二百萬貫，兑賜河東等路夾錫錢一百萬貫。一、大觀二年朝廷措置出錢一[40]百二十萬二千餘貫，除虧外，每年實得錢四十二萬三千餘貫。」詔：「每歲特添錢二百五十萬貫應副户部支用，内一百萬貫於河東路鑄到夾錫錢内取撥，餘五十萬貫於河北、京都路（鹽）〔礬〕香鹽税司朝廷所收餘剩息錢内應副〔一〕，並聽户部措置移用。其舊賜錢一百萬貫，於河北、河東路鑄到夾錫錢内各分五十萬貫應副兑買等，並依大觀二年已降指揮。所有逐路賣礬課額，並依大觀元年所降措置朝旨施行。其減額指揮更不施行。已上通計朝廷措置應副五百萬餘貫，仰本部遵依施行。」

三年七月十一日，户部尚書劉炳奏：「朝廷指揮措置户部財用，諸路自大觀三年爲始，須管數足，依上供法，委逐路提刑催促。如違法，仰具當職官申取朝廷指揮，重行黜責，人吏決停。續取索到大觀三年分亦有未起財用金銀等去處，奉聖旨，責限兩月。本部契勘得成都府未起錢物已是出限外，有成都府仙井（鹽）〔監〕竹木務等錢已滿兩月朝限，合依元降旨，具當職官申取朝廷指揮。」詔成都府并仙井（鹽）〔監〕職官各降一官，選人依條施行。

十月十七日，户部尚書劉炳等奏：「今擬修到條：『諸吏人驅磨點檢出收到無額上供錢物供申數目不實，而侵隱、移易別作窠名收係若支使者，諸州三千貫、累滿者同，提刑司依此。提刑司六千貫，轉一資。』上條合入《政和賞格》。『諸吏人驅磨點檢出收到無額上供錢物供申數目[41]不實〔二〕，而侵隱、移易別作窠名收係若支（得）〔使〕者，州及八千貫、提刑司一萬五千貫以上，累滿者同。並奏裁。』上條合入《政和賞令》。『諸驅磨點檢出收到無額上供錢物供申數目不實，而侵隱、移易別作窠名收係若支使者，三百貫累滿者同，餘項依此。陞一名，一千貫陞二名，二千貫陞三名，四千貫陞四名，七千貫陞五名，一萬二千貫轉一資，三萬貫已上取裁。』上條合入《尚書户部司勳格》。契勘闕下支用見錢，全仰諸路上供有額、無額錢數應辦。其無額錢，元豐間歲收約一百七八十萬貫，近年以來，所收約八九十萬貫，比舊大段數少，虧損省計。緣無額上供雖有窠名而各無定數，從前據憑場務收到數目申州驅磨，報提刑司，本司備申省部拘催起發。若供申隱落，止有斷罪約束，即無點檢告賞之文。兼近承朝旨，令諸路常平司驅磨到崇寧元年至大觀三年侵使隱落上供無額錢，總計一百七十餘萬貫，金銀物

〔一〕京都路：疑當作「京東路」或「京畿路」。
〔二〕到：原脱，據本條上下文相同用語補。

帛一十萬餘斤兩等，如此顯有陷失錢物，蓋爲未有勸賞，致所屬不肯盡公點檢驅磨。今相度，欲乞今後場務收到無額錢物，供申所屬州軍、提刑司并本部，如逐處能點檢、驅磨、告發侵隱、失（隱）〔陷〕錢物，並依政和賞格令法施行。又檢會《大觀諸路上供錢物續降勑令》節文：『諸無額上供錢物，場務限次季孟月十日前具逐色都數申本州驅磨，本月二十日前申轉運司，仍具一般狀入遞，申尚書 42 户部。本司限十日申本部。諸供申無額上供錢物隱漏者，徒二年。』政和元年十月十四日朝旨節文：『諸路應無額上供錢物，並隸提刑司拘收。』政和格令：『諸告及驅磨、點檢出隱落并失陷錢物，應賞者，以所納物準價，仍依數借支。即犯人應勿追或追而不足者，干繫人均備。』及『驅磨點檢出隱落并失陷錢物，每及一分給三釐。』」詔依修定，餘依《諸路上供勑》施行。

四年四月二十日，劉炳等奏：「勘會諸路拖欠錢物，雖有分限帶發指揮，緣逐路往往不〔於〕限内計置起發盡絶，却致再有拖欠，蓋是從來約束未嚴。兼今歲夏祭排辦，本部百色支費，所用錢物浩瀚，唯仰諸路上供應辦。今相度，欲將諸路拖欠錢物，須管於元立期限起發數足。所是限滿未起，并蔡河撥發司管般斛斗拖欠三萬餘石未立定期限，仍乞責限半年，（今）〔令〕逐路提轄官催促計置起發。內窠柴、斛斗如無本色，即乞起發價錢。如違，其本處并提、轉兩司當職官吏，並乞令提舉司取勘聞奏，仍不以赦降、去官原減。所貴如期到闕，應副指擬支用。」從之。

九月二十七日，户部尚書王甫奏〔一〕：「契勘户部經費全仰諸路上供，近刻刷到見積欠錢物共三百四十三萬八千三百一十四貫石束，申降今年六月二十三日聖旨：『須管於元限起發數足。限滿未起，已有立定期限半年。如違，本處并提、轉兩司當職官吏，並令提舉司取勘聞奏，仍不以赦降、 43 去官原減。』臣竊以督責勸沮之方，莫先賞罰。今諸路催起積欠，除違限路分本部見行按舉劾奏，乞賜必行外，即未有依限起發數足推賞之文。臣愚欲望聖慈詳酌，特降睿旨，諸路如能於限内起發數足，其當職官吏並從本部敷奏，朝廷優與推賞，庶幾有以激勸。」詔令户部對立賞罰申尚書省。

五年四月二十四日，承議郎、尚書度支員外郎張汝霖奏：「自到任以來，點磨拘收到錢物，并起置過簿書。內一項，朝旨驅磨在都請受文曆，内失陷錢物三十萬，元限一年半。汝霖到任四月餘日，驅磨得二十三萬七千四貫石疋兩等。」詔張汝霖與轉一官。

郎官一人〔二〕。分案有五：曰度支，掌支度軍國財用

〔一〕王：原作「玉」，據本書選舉二五之一四改。
〔二〕以下一段原作小字，接於上條之末。按，此是南宋度支之建置，蓋爲《中興會要》之文，用以領起下列各條，今提行並改作大字，前空一行。

及會計之事；(日)〔曰〕發運，掌行上供年額封樁並科買，及漕運脚直之事；曰支供，掌供入内錢物及諸色俸禄、請給、驛券；曰賞賜，掌賞賜、支賜，並特支時服、衣襖、銀鞋、盤纏、諸色人例物，雜支錢物；曰知雜。吏額：主事二人，令史六人，書令史十六人，守當官十六人，貼司二十九人。

高宗建炎三年四月十三日，詔度支郎官以一員爲額，吏人減三分之一。

紹興三年正月七日，詔：「度支見出給文武官料錢曆頭，取會閤門、吏部都官、糧料院等處，其違限不報人吏並從杖一百科罪。」

二十五年十二月十二日，尚書右司員外郎鍾世明言：「天下財賦，窠名不一，有歸之朝廷者，有歸之户部者，要之均濟國家之用而已，44故朝廷之與户部，事實一體。比年以來，朝廷每月支降券食錢三十萬緡，又於數内尅還給關子錢，而户部窠名錢物又有爲朝廷拘收支用者。望下户部，條具自來支使錢物窠名，撥歸户部，每月以實闕錢申朝旨，取旨貼降施行。」從之。

二十六年十一月六日，禮部侍郎辛次膺言：「願詔有司取朝廷〔歲〕入歲支之數，以一年爲率。其入數則稽考欠失，嚴立譴罰；其出數則更加裁約，立爲定例。然後於歲實入之内，撥歲合支之數，以待其出。又取若干專一收樁，以爲蓄積之數〔一〕，無故不得支用。」詔吏部侍郎陳康伯、大理少卿陳章、户部侍郎王俣等同共措置。上曰：「此正今日之先務。財用止有三説：生財、理財、節財。比年以來，生財之道講求畧盡，唯是理財，多緣官司失職〔二〕，催理不以其時，致有拖欠。積欠既久，則又放免。使州縣得人，必不致此。若夫節財，則朝廷用度莫大於贍軍，然諸軍請給亦皆有定額，無可裁損，自今但當撙節浮費〔三〕，不可妄用。使理財得人，又能撙節，如此數年，蓄積自有餘矣〔四〕。」

十二月六日，詔：「諸官司料次錢，令户部取酌中一年數目，立爲定額，每年不得過今來所立數目。如支用不足，即具數申取朝廷指揮。」

同日，詔：「三省、樞密院諸房，除每上、下半年户部支給犒設外，激賞庫所支諸房并其餘官司犒設，今後每次並減三分之一。」

紹興三十二年九月十九日，孝宗即位未改元。兵部45侍郎、兼權户部侍郎周葵等言：「檢準紹興二十八年五月十一日指揮：『内外臣寮請給，今後不得陳乞免行借減。雖已得指揮，許户部執奏不行。』本部見行遵守外，照得内外臣寮、諸軍、諸司，多是於指定條格合得請給數外陳乞援例增添，及諸百官司所支料次并非泛支使錢物多有泛濫太破。欲乞今後(正)〔止〕從本部檢察稽考，許取索從實裁減。内有援例增添請給之人，雖畫降指揮，(訖)〔乞〕執奏不行。」從之。

〔一〕蓄：原作「畜」，據《建炎要録》卷一七五改。
〔二〕職：原無，據《建炎要録》卷一七五補。
〔三〕撙：原作「樽」，據《建炎要録》卷一七五改。
〔四〕蓄：原作「畜」，據《中興小紀》卷三七改。

孝宗隆興元年七月三日，户部言：「依指揮，條具併省吏額：度支見管主事二人、令史六人〔一〕、書令史一十六人，守當官一十四人、正貼司二十四人、私名五人。今減令史一名，書令史三人，守當官二人，正貼司四人；私名五人内二人係（文）〔支〕遣度牒文字添置，於内減罷一人。今將減罷人籍定姓名，候有闕日，依名次撥填。」詔依，見在人且令依舊，將來遇闕，更不遷補。

二年六月七日，殿中侍御史尹穡言：「國家之於用度，既不可以横歛加賦，則於設官置吏，惟當有以減裁其冗。今户部既有度支以總調度，又有帳司以考文籍，今則又有所謂驅磨司者，蓋因昨來陛下臨御之初，欲令户部盡見内外支費之數，胥吏之力有不辦。趙子潚爲侍郎，遂逐急創置驅磨司，使之專行，而其所差人吏月有增給。今則内外支費之數具在帳籍，遇有取索，照應便可立見，則其創置之司，自合復罷。今仍依舊存留，徒使文 46 籍山積，雖長貳不得盡觀，特付胥吏之手，致令糧料疲於供報，三衙困於追擾，無益於事。」詔驅磨司併歸度支，元差人吏並罷。

閏十一月二十日，詔於内藏庫支借銀一十萬兩應副户部支遣，日後令本部收簇撥還。

乾道四年六月二十一日，度支郎中趙不敵言：「度支所掌，在於支度軍國之用，而會其出入及其經費之數。臣嘗計方今一歲内外支用之數，大槩五千五百萬緡有奇。又以一歲所入計之，若使諸路供億以時〔二〕，別無蠲減拖欠，務場入納無虧，則足以支一歲之用不闕。然賦用之窠名猥多，而分隸於户部之五司，如僧道、免丁、常平、免役、坊場、酒課之類，則左右曹掌之；如上供、折帛、經總、無額、茶鹽、香礬之類，則金部掌之；度支則督月樁；倉部則專糴本。催理雖散於五司，悉經於度支。稽之古人量入爲出之義〔三〕，則度支一司安可以不周知其所入之數也哉？臣昨庀職之初，見其凡遇科降移用之際，一切臨時批會於五司，據憑其數，即以施行。或以吏緣爲姦，或有批報隱漏，迫於倉卒，考實無由，小則有悮於支遣，大則失陷於財賦。臣因置爲都籍，會計窠名，總爲揭貼。事雖方行〔四〕，籍書草具，而條具詳備，固已粲然易考，欲望付之本曹。自兹爲始，歲一易之，庶幾有司得以久遠遵行，不唯財賦易以稽考，抑使胥吏無所容其姦。」從之。

十一月二十七日，詔：「三總領合支官兵春冬衣，令户部 47 措置，今後並前期支降，依行在官兵條限時日支給，不得依前遲延過時。」從臣寮請也。

五年三月十五日，户房言：「每遇四孟月車駕詣景靈宮，合支散齪巷官兵并禁衛折食錢，係已得旨。依例支散。若逐次降指揮，委是重復。欲乞自將來孟夏降指揮日，添

〔一〕史：原作「吏」，據下文改。
〔二〕億：原作「應」，據《宋史全文》卷二五上改。
〔三〕入：原作「人」，據《宋史全文》卷二五上改。
〔四〕事：原作「事事」，據《宋史全文》卷二五上删。

入『今後依此』字。」從之。

六年五月四日，度支言：「依指揮條具併省吏額：見管主事二人、令史五人、書令史一十三人、守當官一十二人、正貼司二十人、私名四人。今減書令史一名、守當官二人、正貼司三人，以五十人爲額。」詔並依擬定，各從下裁減。將來見闕日，依名次撥填。其減下人，願依條比換名目者聽。

七年三月七日，詔户部支券食錢以銀、會子代支。從户部請也。

八年二月一日，户部尚書曾懷、侍郎沈复言〔一〕：「准指揮，每月券食增支錢、銀，減落會子。今具下項：一、諸路州軍合發折帛錢〔二〕，并寬剩折帛及折帛頭子錢，欲自今年受納日，以九分見錢、一分會子解發。內折帛錢四色，各增二分，共計增收見錢一百七萬六百餘貫。內有截使赴外路支遣錢二十六萬餘貫，從户部却行科撥州軍赴行在經總制窠名會子二十六萬餘貫，對兑貼湊赴外路應副支遣。一、臨安府合發折帛錢，欲以三分爲率，用一分見錢、二分會子解發，仍自受納日爲始。左藏西庫雜納綾紙等錢，欲自四月爲始，並全用見錢送納。一、務場每月券食錢三十萬貫，欲 48 自十月爲始，支撥二分銀或見錢應副支遣。一、契勘自來支遣錢、銀分數增減不定，若將來見得錢數多、銀兩數少，即合將見錢增起分數支遣。一、契勘已承指揮，增起銀兩分數支遣，街市銀兩數多，銀價自是低平。照得本部已前年分遇闕少銀兩，置場收買應副。若將來見得銀兩果有闕少，只將收到綱運并酒庫等處發到錢、會置場逐旋收買，應副支遣。」又言：「今具每月減落會子四十萬貫，一歲共增支銀、錢計四百八十萬餘貫。一歲錢增一百八十萬貫，已有下項：折帛增起二分錢一百八萬餘貫、臨安府折帛增起見錢二十萬餘貫、雜納綾紙等錢全用見錢一百萬餘貫，已上計一百四十七萬餘貫〔三〕。本部今將二月分爲則，又遣每歲實增錢止一百五十六萬餘貫，除已有外，實闕九萬餘貫。一歲銀增九十六萬餘兩，已有下項：歲剩四十二萬餘兩，務場券食增起二分銀二十一萬餘兩，已上計銀六十三萬餘兩，闕少銀三十三萬餘兩。本部已申朝廷，乞將取到綱運并諸色發到會子，除經常支用外，約一百八十萬餘貫可以收買銀五十萬餘兩，貼湊支遣。勘會今來兑起外路折帛見錢二分赴行在，止二十六萬餘貫。照得合起赴行在經總制錢數甚多，欲令户部於附近州軍合起赴行在經總制錢內，分明指定指撥錢二十六萬餘貫，却於本州軍對兑起發。」從之。

九年三月二十四日，户 49 部言：「准指揮，委官前去

〔一〕沈复：原作「沈復」，據《周文忠公集》卷一〇〇、《宋宰輔編年録》卷一七改。

〔二〕諸路：原作「路諸」，據文意乙正。

〔三〕計一百四十七萬：據前三數相加，已達二百二十八萬以上，三數中當有一誤。

浙東西、江東路諸州軍點檢官吏俸給，每月具折支錢會曆結押申繳，赴户部驅磨。勘會兩浙路温、台、明、處州、平江府及江東路諸州軍並未繳到文曆。」詔：「令温、台、明、處州、平江府并江東路逐州軍點檢會子官，各遵依指揮，將已結押文曆疾速申繳施行，不得違滯。仍先次具析未繳因依申尚書省。」

【續會要】

淳熙十三年十二月九日，詔度支減守當官二人、貼司一人、私名二人。以司農少卿吳燠議減冗食，下敕令所裁定，故有是命。

嘉定六年九月二十三日，户部侍郎、兼同詳定敕令官李珏言：「度支一司，專一審度支供錢物。凡是諸色支遣，並須經由度支，庶幾事緒歸一，易於稽攷。今來諸百官司并諸軍幫支借給〔一〕，或遇陞改增添食錢之類，其糧料院秖憑諸處諸人幫到券曆，便與批勘，更不候經由度支，是致事緒散漫，難以稽攷。乞今後應是諸百官司并諸軍，但干請給，並須經由度支審度行下，方得照條幫勘。如未曾經由度支，即不許糧料院擅行幫勘。」從之。（以上《永樂大典》卷一四六五七）

〔一〕諸：原作「路」，據下文改。

宋會要輯稿　食貨五二

御酒庫

【宋會要】

1 淳熙七年四月一日，主管御前酒庫言：「元降指揮，於步軍司差破兵士三十人，殿前司差破兵士二十人，充雜役使喚。緣本庫係在内中置局，若差撥厢軍，竊慮冗雜，不曉部轄，難以憑信。乞比附省馬院等處體例，差破禁軍使喚。遇闕，依舊於逐處差填。」從之。

九年四月二十四日，詔：「御酒、麴料庫支賣新煮酒並行住罷，將在棧煮蘭液酒二十萬瓶付點檢贍軍酒庫所。令本所自今每歲抱納息錢一十二萬貫，供納内藏庫，仍自今歲爲始。」

法酒庫

在内酒坊，專掌造供御及祠祭、常供三等之法酒，以給饗祀、(晏)〔宴〕賜之用。以京朝官諸司使、副、内侍三人監，别以内侍二人監門，匠十四人，兵校百一十人。

仁宗天聖二年十月，詔：「三司所將法酒退糟入水覆壓作酒更不行用，只令本庫依舊例支撥造醋。」

七年四月，詔：「法酒庫積壓年深煮酒，三司已撥賣與在京酒户。蓋是本庫不依年分相兼支遣，致有積壓。已令三司别具條約，自今造酒，并以見在并向去要用數目約度醞造。如更有積壓，官典並劾以聞，據損壞虧官價錢，勒令陪納。」

慶曆七年六月，詔：「九月一日已後支新酒，四月一日已後支煮酒，並須截定月分醞造。内酒坊、法酒庫除供御酒許入拱宸門外，餘供酒入内，並本庫般擔入東華門，由軍器庫 2 前崇政殿東横門至内東門外北煩地分〔一〕，祗候送納。」

至和元年六月，詔：「應供御煮法酒及三年已上者，進納入内。諸祠祭法酒，本庫别屋醞造，務令嚴潔，仍不得别有支用。每支酒者，除聖駕出(出)〔行〕、御前筵(晏)〔宴〕并北朝、夏國進奉人使錫慶院齋筵依舊例外，諸排頓并傳宣取撥去處，本庫置曆，差人計會使臣批鑿合用數，赴庫據數支撥祗應。次日，却於曆上開坐元數并支過回納酒數，批鑿發遣月日，差人監押赴庫交割。如有違犯，並從嚴斷。因而侵盜官物，重者自從重法。」

嘉祐元年五月，詔：「法酒庫、内酒坊麴貨，仰逐處監官專切用心監轄人匠精細絡造，候了，隔手差官看驗。如用糖心低弱，其麴匠嚴行科斷，刺配遠惡州軍牢城。干繫

〔一〕煩：疑當作「頭」。

典級、提舉人員亦從嚴斷，監官劾罪以聞，特行衝替。」

神宗熙寧三年六月二十三日，三司言：「勾當法酒庫陳世卿等狀：『每年宮觀道場設酌合用(注)〔法〕酒等，管勾使臣申三司下本庫支供，每處差人逐旋津般往彼祇應，多作弊倖，偷減移易，勾收空瓶，動經月餘，破却功役。乞下逐宮觀，開坐一年中常定齋醮及非泛道場合使酒色額、數目申省，下本庫給曆，令彼處上曆，以瓶赴庫請領，依臣僚俸酒體例支給。如合用瓶，亦具數預申省下庫支撥，本處附帳。』省司看詳，欲除非泛道場即令本庫依舊例供送外，一年中常定道場等，乞如所請。」從之。奉慈觀、萬壽觀、後苑、天章閣、[3]延福宮、廣聖宮、景靈〔宮〕、崇先觀、醴泉觀、集禧觀、延祥觀、建隆觀、東太一宮、西太一宮、慶寧宮。

油醋庫

油醋庫，在建初坊，掌造麻、荏、菜三等油及醋，以供膳局。以京朝官、三班及內侍二人監。有油匠六十，醋匠四人。

太宗至道二年閏七月，詔：「油醋庫賣退糟錢，除本庫土地、專典、紙筆外，至年終支不盡者，並納入左藏庫。」

真宗大中祥符二年，詔：「油醋庫舊各置監官，自今併爲一庫，減監官二人。」

仁宗天聖元年四月，定奪所言：「在京油麻，元納油醋

庫，後爲專典乞錢，三司創置受納脂麻庫，隔手支與油醋庫，歲費萬餘石。有監官、副知、雜役、斗子八人。如法酒庫、內酒坊造酒米麥，皆船般，緣河就倉納下，不別置庫。欲乞如例，只於稅倉寄廒收貯。」從之。

茶庫

太宗端拱二年八月，詔：「茶庫所納臘面茶並令盡數收拾碎茶比撲補足數。如欠，即據數依京城價填納，免罪。」

淳化元年十一月，詔：「京茶庫交茶，須依省帳等(等)〔第〕色號、年分支遣。違者，許人告捉劾罪，賞錢百千。」

真宗景德元年四月，令京茶庫今後納綱運，將一色號茶、年代一例者，別庫收掌。

三年，詔：「茶庫雜役兵士，隸收倉指揮。若須工役，就撥應役。」

大中祥符二年九月，詔：「茶庫受納片茶，各定日限看驗交納，無得留滯。片茶：潭州大坊茶伍萬[4]斤，限半月；諸州茶五萬斤，限十日；三萬斤，六日。散茶：五萬斤，四日；三萬斤，三日。臘面茶：萬斤，四日。」

熙寧八年三月六日，詔茶界復爲茶庫。事具「都鹽院」。

都茶房，在順成坊，掌受江、浙、荊湖片散茶，建、劍臘

面茶，給翰林諸司內外月俸軍食。舊二庫，咸平六年合爲一，加「都」字，以京朝官、三班、內侍二人監。江、湖、淮、浙、建、劍茶，則歸茶庫。《哲宗正史・職官志》云：以給翰林諸司，及賞賚、出鬻。

內茶紙庫

內茶紙庫，在右銀臺門內，掌供御龍鳳細茶及紙墨之物。以諸司使、副，內侍二人充役，後廢罷。

內茶炭庫

在景龍門內道西，掌供宮城及諸宮宿衛諸班諸直軍士兵卒茶、炭、席薦之物，以三班一人監。

物料庫

太平興國三年，改供備庫爲內物料庫。內物料庫，在橫門外南廊，掌供尚食及內外膳羞米、麵、飴、蜜、棗、豆百品之料。監官二人，以三班及內侍充；監門一人，以三班充。主秤三人，掌庫六人。外物料庫，舊在興道坊，掌給皇城外諸宮院油、鹽、米、麵之品。舊曰麩麵庫，大中祥符七年，改外物料庫。監官二員，以三班、內侍充。掌庫一十一人，兵士一十人。作坊物料庫，在汴陽坊，掌鐵、木、鉛、錫、羽、箭簳、油、蠟、石、矢(鏇)〔鏃〕、麻、布、毛、漆、朱等料，給作坊之用。以京朝 5 官、內侍三人監。舊三庫，景德元年合爲一。

太宗淳化元年十二月，詔作坊物料庫所支弓弩院造箭庫逐料箭簳，並令逐作預差人赴庫揀選。候數足，令監造使臣分擘造作。如損裂不堪，據數迴換。自今三司不得將閑雜破損，不係軍器物於物料庫送納。

仁宗天聖六年正月，權三司使范雍言：「作坊物料庫所受納翎毛，經年蛀蚛，河、陝諸州軍上京般請，至彼皆不任用〔一〕。欲自今除在京合銷要翎毛數目，於向南出產州軍置場收買送納外，所有河、陝、京東西五路州軍，即令轉運司破省錢收買，應副使用。(右)〔若〕本州軍不係出產，即據數預先牒鄰近出產州軍〔二〕，及申轉運司收買應副。」從之。

神宗熙寧七年九月二十六日，軍器監言：「作坊物料庫、皮角四場庫，自來諸處取索應用官物，並係本庫供送。逐庫所管又少，既妨支納，復有退換官物在外，無從關防。欲乞除在內造作依舊供送外，餘處並差人般請交領。」從之。

〔一〕至：原作「主」，據本書方域三之五二改。
〔二〕產：原作「差」，據本書方域三之五二改。

內香藥庫

內香藥庫，在橫門外南廊。舊止曰香藥庫，在內中，天禧五年，徙今庫〔一〕。掌出納蕃國貢獻、市舶香藥、寶石，以京朝官、三班二人監。

真宗景德三年六月，詔：「香藥庫今後送納香藥，即勒行人比並近月則例，不得虧損。官司估定價錢，上簿立爲定額。」

四年五月，詔香藥庫監官、專、副得替，更給一（香）〔季〕食直錢。

大中祥符元年六月，詔香藥庫用6法物，每半年一赴三司比較。

天禧五年六月，提舉庫務司請以皇城內東華門裏東宮南屋矩度爲內香藥庫，貯細色香藥，以備內中須索。從之。

七月，詔修舊裁造院舍屋，置庫，盛貯經揀庫香藥，却以經揀庫屋盛貯汴河南庫香藥。仍從提舉司所請，別立條約施行。

仁宗天聖元年四月，詔：「經揀香藥庫與香藥庫，止是香藥庫監官一處管勾。自今令將經揀庫文帳併作一道供申，仍於帳內立項開說。」

八年十一月，詔：「內外香藥兩庫〔二〕，其內庫在皇城裏，外庫在城南曹利用故宅。每遇支遣，輪那內庫監官一員往彼，或勾當不前，致公文盜竊，特添差監官一員。」

神宗熙寧元年十二月十三日，詔：「內香藥庫監官、專、副得替，收到出剩，更不理爲勞績，但界內別無少（少）欠及損惡，官物、帳籍、憑由齊整，末帳入省，監官與先次指射合入差遣。若有諸色人偷侵官物及點檢不得整齊，或帳籍、憑由積滯，並差人交替，候官物、帳籍齊足，監官方得與住程差遣，專、副別與勾當。其監門使臣兩次搜獲偷盜官物〔三〕，與家便差遣〔四〕；三次以上，與先次家便差遣。如兩次透漏官物，估價不及十千，差人衝替；若出入官物不畫時抄上，及差互透漏，估價十千以上，不以度數，並根勘以聞，與降等遠地差遣；如又係兩次透漏者，候歸班日，委三班院將衝替與降等遠地差遣比較，從一重差使。」

景德四年三月〔五〕，7詔：「杭、明、廣州市舶司般犀、牙、珠、玉到京，並納內藏，揀退者納香藥庫。諸州香藥，亦以細色納內藏，次者納香藥庫。如香藥庫收細色香藥供內，每季計度支撥。」

〔一〕徙：原作「從」，據《玉海》卷一八三改。
〔二〕兩：原作「庫」，據《補編》頁八七一改。
〔三〕盜：原無，據本書職官二七之五補。
〔四〕「差遣」下原衍「專副別與勾當其監門使臣」十一字，據本書職官二七之五刪。
〔五〕按，此條應移前。

甲庫

吏部甲庫。太宗至道三年十二月，詔吏部甲庫許置院子一人，月給錢，於祠部錢内支。

〔真宗大中祥符〕七年八月〔一〕，詔官告院：「應中書送門下擬官奏狀，並送甲庫，依黄甲例收管，准備諸處會問。」

十一月〔二〕，詔：「今後廢置司，應收到事故合廢置選人官告文字，並畫時當廳批鑿，牒送刑部毁抹。」（以上《永樂大典》卷一四七八八）

雜物庫

【宋會要】 8 雜物庫，在宣義坊，掌受内外雜輸之物〔三〕，以備支用。以甆器庫監官兼領。

真宗景德四年十二月，詔：「雜物庫所支紙，除聖旨取索外，其使臣勾當公事取紙者，須先奏聞得旨，方得供付。」

大中祥符七年十月，詔：「歙州造表紙，委官吏鈐轄工匠盡料製造，擣硾熟白，知州、職官看驗受納。」

神宗熙寧三年三月十四日，詔：「併在京甆器、藥（密）〔蜜〕兩庫入雜物庫，留藥（密）〔蜜〕庫官一員管勾，雜物庫官別與合入差遣。雜輸之〔物〕則歸雜物庫。」《哲宗正史・職官志》同。

大軍庫

嘉定五年三月二十八日，詔：「湖廣總領所於鄂州大軍庫取撥銅錢一萬貫、銀一萬兩，及於江陵府大軍庫取撥會子二萬貫，各就本庫令項樁管。」

六年五月十二日，潼川府路運判孟浩言：「本司紹興五年運判張澈申奏朝廷，以趲積到錢一十萬緡樁充備邊。蒙降指揮下制置司，令常切點檢，不得妄有支破。緣後官丁逢點檢得其錢元係樁發糴本窠名，却一時改作備邊名目，遂申朝省行下四川總領所改正，撥還糴米樁管。今契勘本路州軍如瀘、叙、長寧，控扼西南諸夷，若言水旱，則糴本固不可無，儻或緩急，則備邊亦非細事。兼本路漕司名爲轉餉，除每歲四川總領所科撥人户紬絹估錢二十五萬餘貫合行拘催買發綱運，去歲偶值豐稔，應副 9 諸州歲計外，除已補足前來糴本錢二十萬貫嘗具申奏外，今又積到一十萬緡，亦行置立別庫樁管，擬充備邊之用。乞下本司，

〔一〕真宗大中祥符：原無。天頭原批：「至道無七年，此『七年八月』、『十一月』兩條與『職官』門同，而『職官』（同）〔門〕列大中祥符五年後，俟考。」按，以下二條見本書職官一一之七九，今據補「真宗大中祥符」六字。

〔二〕按，此條似不當入「甲庫」目，蓋《大典》連帶誤收。

〔三〕内：原作「納」，據《宋史》卷一六五《職官志》五改。

日後非緣邊事，不得侵動分文。後官遞相交承，如或用過，即行補足。庶幾〔糴〕本、備邊，二者不致偏廢。」詔令四川制置司常切點檢，不得妄有支破，餘依已降指揮。

七月二十二日，户部言：「權發遣湖南提刑、兼權提舉馬大同奏：『在法，諸庫倉，監、專同封閉，并押記鎖封，掌鑰以長官。紹興十八年閏八月四日，從廣西提舉路彬申請，將州縣見管常平司但干錢物，州委知通、縣委令丞，同共管幹，每十日一次躬親點檢。而今州縣長官，例皆推而遠之，輒以匙鑰付之監官主管，而又不復躬親點檢，遂令(各)〔合〕干人恣爲姦弊。臣除已遵用前項條旨行下所屬州縣，將今來已點檢到常平糴米本錢的實見在之數，别作一庫另項樁管，不得與坊場減免役等錢交雜，其本庫匙鑰，仍從長官依條專自掌管，旬行點檢，無容合干人非時以放支别項官錢爲名，妄請匙鑰，並緣侵盜。更有文曆，亦合别行起置。若去後差官點檢，則撮其凡目，按以從事，如數一二，曉然易見，庶幾臨期免致闕悮。』」從之。

皮角場庫

皮角場庫，在顯仁坊，掌受天下骨、革、筋、角、脂、硝，給造軍器、鞍轡、氈毯。舊一場三庫，景德三年，併三庫爲一庫。先10是雍熙四年，於都亭驛遣内侍部匠造紅鞓，後隸北作坊，至是亦併此庫。又有樁水牛皮筋庫，别置監官，其年亦省，令此庫官兼長，以京朝〔官〕、三班、内侍二人監，又以三班一人監門。

專副庫掐〔一〕

專副庫。紹興十五年三月二十一日，詔：「場務府庫所管專〔二〕、副、庫、掐，多是將錢物移易，侵欺、盜用，其監臨官吏漫不加省。已降旨，官吏不覺察，徒二年。本犯人止係杖罪或不至徒二年之人，其不覺察官吏亦科徒二年之罪〔三〕。」

十九年七月二十七日，監察御史章復言：「竊見州縣凡輸納財物，不即時入庫，而有所謂『到廊』；凡支出財物，不及時出庫，而有所謂『外支』〔四〕。故專、庫等人，致有侵欺擅用。欲望督責監司、守臣覺察，杜絶『到廊』、『外支』之弊〔五〕。」詔令户部施行。

二十一年十二月三日，臣僚言：「竊見場務府庫專、

〔一〕專副庫掐：原無「掐」字。《大典》編者蓋誤認「專副庫」爲府庫之名，故以「專副庫」爲題，收入「庫」字韻之「庫名」目。實則下文所謂「專、副、庫、掐」乃指庫務之專知官、副知官、庫子、掐子等人員。今添「掐」字。正文前之「專副庫」亦當删。

〔二〕府：原無，據本書食貨五四之八及下「二十一年」條補。

〔三〕察：原脱，據本書食貨五四之八補。

〔四〕「到廊」至「所謂」十六字原脱，據本書食貨五四之八補。

〔五〕之：原脱，據本書食貨五四之八補。

副、庫、搯盜用官物，監臨官吏不覺察，徒二年。推原其情，若贓物數多，犯人罪抵極刑，或至流配，監臨官吏處以徒罪，不爲過矣；然其間有犯人罪不至徒，而監臨官吏亦處徒刑，則不覺察之罪乃重於自犯。欲望令有司於續降指揮内『官吏不覺察，徒二年』字下，添入『若犯人罪輕者，與同罪』。」詔令刑部看詳，申尚書省。其後刑部言：「今看詳，欲依臣僚奏請，所犯罪輕，刑名不至徒二年之人，其覺察官吏並與所犯人同罪，依條斷遣。」從之。

大觀庫

11 大觀庫。大觀二年三月二十三日，中書省、尚書省言：「今具去年九月發運司錢共五十五萬九千八百餘貫，勘會今來綱運直達，其錢發運司無用。」詔：「并起發上京，赴大觀庫送納。」

文書庫

真宗景德三年八月，詔金耀門文書庫，差三司軍大將二人充專、副，月給食錢二千。

四年三月，詔：「三司捉到盜案帳要切文書，不以當職不當職，人吏並決配；吏人雜閑慢文字，亦勒停。監門獲盜者，等第給賞。文書庫軍事人吏〔一〕，通同盜出貨賣，許人陳告，杖配；買人知情，與所犯分首從斷決。三司吏如的要文字照會者，本判官押帖，借取置曆抄，監官開庫檢尋，封付本判官處呈驗，十日内還庫。其文字並依部分架閣，每夜輪專知官一人押宿。」

大中祥符四年十一月，詔：「文書庫分三部，各房架閣文字逐案異架，一一交點鎖鑰，納三司使處。如非時人吏私檢文帳，即行嚴斷。」

天禧二年八月，三司定奪減省文字所言：「乞自今應係已磨勘過諸般未發憑由，一時封送金耀門文書庫收管。仍乞截自今據逐旋磨勘在京府界倉場等處界分應帳、憑由、文旁，令逐手分於每卷上批鑿庫務、名目、某年月、憑由道數，寫簽帖封記印押訖，每令手分供寫單狀。輪差後行一名取索單狀照證，收掠憑由，置曆開說合封送庫務、名目、憑由年月、道 12 數，都計幾束，般載於金耀門文書庫交割架閣。本庫官吏曆内批鑿收領，著字押曆，委一通轉都大束數簽押，準備結絶界分之時剗刷照證，只於結絶檢内聲説申奏。及(今)〔令〕文書庫依例置板簿，取三司印押給付，抄上憑由數目，準備諸處非時取索使用。仍今後專、副得替，依例交割，不得輒有損壞散失。其應帳、憑由、文(字)〔旁〕等，今後更不許於府司并諸庫務送納。」從之。

神宗熙寧二年閏十一月二十三日，三司言：「金耀門

〔一〕軍事：似當作「管事」。

文書庫，見收盛三司自太平興國以來諸般帳案。欲乞差官兩員往本庫，與監官重別編排，置簿拘管架閣，準備使用。」詔可，仍三司選官奏差。（以上《永樂大典》卷一四七八九）

藥蜜庫

【宋會要】

13在宣義坊，掌糖、蜜、藥物供馬醫[一]，以京朝官、三班三人監管[二]。

太宗淳化五年三月，詔：「藥蜜庫今後諸州交納到藥蜜，其盛貯物，若本處明有公文稱是納人自備者，即時給付。」

真宗景德四年八月，詔：「藥蜜庫支諸班軍咱馬藥，每馬上槽時，將樣逐月一次上殿進呈訖散。」

大中祥符七年三月，詔：「自今藥蜜庫只差京、朝官各一員監掌，其監官、專、副，一年一替。候守支滿底，別無少欠，即監官發遣歸班。」

七月，詔：「自今處、吉州、南安軍納糖，以五萬斤爲一綱。交裝之時，須長吏對拜入籠封記[三]，付管押吏。仍具無夾帶稀嫩汁滓狀上三司。每籠以百斤爲準，如欠數，即令官吏均償。若管押吏不切點檢，損動封記，即於管押吏催理。其藥蜜庫監官，須(折)〔拆〕籠秤數，不得傲倖。納下嫩汁者，如已後虧惡，即於本庫剋納虧官錢。」

神宗熙寧三年三月，詔併入雜物庫，仍留本庫官一員專管。

元豐庫

【宋會要】

14《職官志》：神宗元豐四〔年〕正月十八日，中書門下言：「司農寺狀，元豐庫已下手興修。」詔：「非久官制成就，其司農寺見主錢穀，自當移治户部等處，其上件庫屋可更不消修置。所有諸處起發到錢帛，宜止於內藏或左藏庫收寄。其已立木，令修蓋了當；未曾支用木植，宜令撥與提舉修蓋景靈宮諸神御殿。」

五年三月十一日，詔司農寺趣諸路提舉司起發常平并坊場積剩錢五百萬緡[四]，輸元豐庫。

十月二十五日，詔户部右曹於京東、淮、浙、江、湖、福建十二路發常平錢八百萬緡，輸元豐庫。

七年二月二十八日，户部言：「見緡不多，請發諸路積剩錢百萬緡置物貨，輸元豐庫，變易見錢，以備支用。」

[一] 醫：原無，據《文獻通考》卷五六補。

[二] 三班：原作「二班」，參後文食貨五二之三三「布庫」目改。「三班」即三班使臣。

[三] 「拜」字疑誤。

[四] 并：原作「拜」，據《長編》卷三二四改。

從之。

【宋會要】

〔元祐三年〕五月十一日[一]，詔以元豐北庫爲司空呂公著廨宇。其封椿錢物併就南庫，以元豐爲名，專主朝廷封椿錢物。

六年九月十二日，詔：「自元祐六年，每歲於内藏庫支緡錢五十萬，或以紬、絹、金、銀相兼支兑，赴元豐庫椿管，補助沿邊軍須等支費。」

《職官志》：紹聖元年十一月十七日，户部言：「諸路欠上供錢帛而朝廷展限者，其數甚多，願以元豐庫錢代支，而督上供之數還元豐庫。」上謂宰臣章惇曰：「國家須爲長久之策，何宜迫急如此？宜講求之。」

三年四月四日，詔元豐庫監官，自(令)〔今〕差承務郎以上親民 15 人。

元符二年五月二十一日，三省言：「按紹聖四年六月十五日指揮，諸路折斛錢，熙寧年並歸朝廷。自元祐以來，户部陰有侵用，不復更歸朝廷，無慮二百萬緡。緣係本部已前侵用過數，難責今日併償。」詔：「將元祐年折斛錢除户部的實已支過錢數與免撥還外，有其餘數目，并紹聖年所起折斛，及提舉司兑糴過斛㪷價錢，並仰元豐庫拘收封椿，準備朝廷支使。如户部輒敢侵用，並依擅支使朝廷封椿錢物法。」

【宋會要】

徽宗崇寧元年十一月二日，詔：「諸路起發年額坊場錢，召人入便，雖省縻費，常有積壓，不能盡起。可依元豐庫所申，難同榷貨務便錢[二]。」從户部請也。

十二月四日，尚書省言：「諸路見椿管錢，朝廷及省曹諸司金甚多，逐縣即無支用。」詔令户部指揮諸路、諸司，將諸縣應見管金數，並盡數發赴元豐庫送納。

三年正月二十七日，尚書省白劄子：「勘會見今户部改鑄得當十錢六十萬貫，計折小(千)〔平〕錢六百萬貫，欲將三百萬貫復還户部，即本部比之每年所得之數，尚有增收錢一百六十萬九千六百貫文外，將二百萬貫赴内藏庫送納，餘一百萬貫赴元豐庫封椿，應副朝廷支用。」從之。

欽宗靖康元年二月十七日，詔取諸路公使庫、神霄宮所管金銀器皿赴京師元豐庫送納。

六月五日，詔：「籍到在外田宅房廊，令 16 逐路轉運司召人承買。其價許兼用金帛隨處實價估折，所屬給據，與沿途商税力勝，限日赴元豐庫送納(乞)〔訖〕，給鈔交業。」

元祐庫

【宋會要】

[一] 元祐三年：原無，據《長編》卷四一〇補。下條亦爲元祐。

[二] 難：疑有誤。

哲宗元祐三年正月九日，詔改封樁錢物庫爲元祐庫，隸尚書省左右司。

二月七日，詔江南東西、荆湖南北、福建、成都府、梓、利、夔路元祐二年已前封樁錢物，召人入便，或計置金帛發赴元祐庫。

法物庫

【宋會要】 朝服法物庫，太平興國二年置。分三庫，一在大慶殿後〔一〕，一在右掖門内北廊，一在正陽門外西廊。掌百官朝服、諸司禮衣、儀仗，以諸司使、副使、三班、内侍三人監。

真宗大中祥符六年九月，詔：「朝服、法物，每祇應禮畢，有損缺者，即時申報修飾。」

仁宗天聖七年十二月二十七日，詔：「每遇大禮，諸軍及行事官、從人等，於朝服法物、内衣物、新衣庫支借出法物、儀注、衣服等，自（令）〔今〕後禮畢日，諸軍、諸司職掌并太常樂部並限五日，餘限十日送納。如違限及損壞官物者，令本庫檢舉。」

八年八月，詔朝服法物、内衣物、新衣庫：「自（令）〔今〕大禮，除諸司職掌係應奉祀事及儀仗内祇應人合請儀注衣服，其臣僚、從人、諸色人等，並不得支借衣服。如有違犯，閤門、御史臺覺察以聞。」

南郊家事庫

【宋會要】 17 南郊家事庫，在玉津園後。景德四年置，掌南郊家事，以本園官兼領。

嘉祐八年，詔玉津園南郊庫別差監官、專知官、手分、庫子專一管勾。

神宗熙寧五年，詔：「玉津園南郊庫差本園使以兼管勾，係將作監提轄。」

宣德門家事庫，三庫，一庫在内前御街西面，二庫在樂臺坊街北面，掌南郊所用家事。監官二員，以登聞鼓院監門官兼領。

奉宸庫

【宋會要】 慶曆四年二月三日，遣内侍齎奉宸庫銀三萬兩下陝西博糴穀麥，以濟飢民。

神宗熙寧元年十月十六日，入内内侍（有）〔省〕言：「奉宸庫珠子已鑽串緒裹，都一十五等様，計二千三百四十三

〔一〕大慶：《玉海》卷一八三同，《宋史》卷一六四《職官志》四作「天安」。

萬六千五百六十九顆。」詔入內〔內〕侍省候有因便勾當內臣，附帶與河北沿邊安撫都監王臨，就彼估價，分擘與四榷場出賣，或折博銀。其銀別作一項封樁，準備買馬。

奉宸五庫，在延福宮內，舊名宜聖殿。五庫：一曰宜聖殿內庫，二曰穆清殿庫，三曰崇聖殿庫，四曰崇聖殿受納真珠庫，五曰崇聖殿樂器庫。康定元年九月，合爲一，改(令)〔今〕名，仍鑄印給之。掌內中所降金、銀、珍寶及舊所藏祕庫內物〔一〕，備內中須索。以入內內侍二人監，入內都知一名提點。

封樁庫

【宋會要】

淳熙四年八月二十一日，以(大)〔太〕府寺改造封樁庫。是年 18 五月，詔以封樁庫窄狹，令兩浙漕臣踏逐近便空閑地或官司屋宇移置。如有干礙民去處，同臨安帥臣詳議。以太府寺基與封樁庫連接，遂以寺基建庫屋，凡一百間。

淳熙十六年十一月十九日，提領封樁庫岳霖言：「照對封樁庫截日終，有管經常會子四千八百八十三貫五百文，度牒會子三百六十五貫八百文；糴米會子一百三十萬貫，除豁未支豐儲等倉糴米會子約計八十萬貫外，見在止有五十萬貫。照九月分總支過會子三十餘萬貫，十月分支過會子五十餘萬貫，每月不下支遣會子四五十萬貫，今來本庫所管已是不多。取索到左藏西上庫狀，昨來毀鑿過第七界會子，并封樁庫供到截止今年九月終毀鑿過務場破損第七界會子，共二十三萬八千八百四十八貫九百文。欲乞指揮，對數印造第七界會子，補填已截數目，發入經常曆內樁管，應副不測支遣。」從之。

紹熙元年十月二十五日，封樁庫申：「金，元管七十九萬九千二百四兩，秤盤虧四千一百七十三兩；銀，元管一百八十六萬八千七百二十九兩，秤盤虧六千三百四十五兩。」大理寺申：「勘到專知官胡彥材等共盜過金、官會共約計一十四萬二千七百三十九貫四百文，已抄估各人財産出賣，并根括到金、銀共約四萬八千餘貫。」詔：「封樁庫已秤盤并拘收到及見管金、銀、錢、會實數，於曆內分明開項收附，日後監、19 專替移，仰照曆尾見在對行交割，同銜具狀，申提領所保明，申尚書省、大理寺。見拘樁金、銀、錢、會，日下發赴封樁庫拘樁。未賣家業等，令本所催促出賣〔二〕，拘錢發赴本庫。」

紹熙二年正月十八日，詔封樁庫：「自紹熙二年爲始，將御前犒軍會子，依淳熙十五年例，每年樁辦四十五萬貫，分作四季，各於孟月赴內藏庫供納。」

二月十四〔日〕，詔：「禮部給降度牒一千道付封樁庫，

〔一〕庫內物：原無，據《群書考索》後集卷六四補。
〔二〕本：原作「未」，據文意改。

委提領官措置出賣，仍不拘官、民户及僧道、童行，聽從便請買。每道價錢七百貫文，許用銀、會中半入納，内銀依市價(細)〔紐〕計，餘依節次已降指揮。其賣到銀、會，並就本庫樁管。」

開禧元年三月二十六日，臣僚言：「臣聞孝宗創立封樁庫，非以自奉，亦非以供雜費，蓋亦遠遵藝祖景福内庫之遺意，專以爲軍旅之備也。今封樁之數，比孝廟朝所儲之數不甚相遠，然向者孝廟創之於本無之中，今豈不能增之於既有之後耶？迺者臨安及浙漕兑借，皆未免支撥封樁，至如救火軍兵支犒數目不多，亦於此乎取之。若此之類，竊慮可惜。欲乞上體藝祖曁我孝廟之規，專務節用，以實封樁。明詔國用司，分别窠名入封樁上、下庫，將上庫錢物一毫不支，以備緩急。謹守固執，自然豐裕。如犒軍及修軍器之類，稍加撙節，止於下庫支遣。所有新賣度牒、新造會子之類，並依國用司斟量撥入上庫。此蓋自治之一端。」從之。

【宋會要】

20 紹熙元年十月二日，提領左藏封樁庫所言：「昨來置庫之初，以三省門内地步窄狹，遂取舊太府寺安頓見錢。目今號爲下庫，壁落疎漏，全無關防，兼與上庫相去隔遠，官吏不能專一監臨。竊見左藏西上庫自舊收掌朝廷封樁錢物，欲將上件封樁見錢徙入樁垜。仍乞將西上庫以『左藏封樁下庫』爲名，其元撥隸户部主管錢物，且依舊窠名從本庫撥與户部，庶幾不妨經費。」詔依。其合行事件，令提領官沈詵疾速具申尚書省。

二十三日，户部言：「昨準淳熙十年八月二十四日(提)〔指〕揮：『左藏南庫撥隸户部，所有本庫以後合收支錢物，仰户部並照應項目依數管認。』續承淳熙十二年正月三日指揮：『左藏南庫可併作西上庫，其管認收支及樁管錢物，並令依舊。』今承紹熙元年十月二日指揮：『封樁見錢徙入西上庫樁架，將西上庫以封樁下庫爲名，其元發户部主管錢物，且依舊窠名〔一〕，從本庫撥與户部。』本部竊詳昨來南庫撥隸户部，坐下項目令户部管認，總收州軍等處合發窠名錢一百九十八萬一千六百四十一貫二百七十七文，見以『户部主管西上庫所』爲名，行遣拘催。今既改名『封樁下庫』，樁管朝廷錢物，隸屬提領所，難以仍舊以『户部主管西上庫』爲名稱呼。其元撥户部錢物窠名，亦難以從封樁下庫撥與户部。竊慮支撥錢物迂枉，21 兼恐(州)〔州〕軍發納疑惑。欲乞將西上庫元撥户部窠名錢物，撥入左藏東、西庫，從本部令作一案拘催、收支、行遣，庶幾不致混雜。」詔：「將昨來南庫撥隸户部錢物，并應合樁辦行遣等事，令作一案掌行，仍舊於封樁下庫管收支施行。」

紹熙元年十一月二十九日，户部言：「左藏封樁下庫申：『檢準淳熙十年十一月八日指揮，南庫撥隸户部泛收

〔一〕舊：原作「事」，據上條改。

項目内，坐下鎮江、建康府等處沙田錢，係遞年户部先於南庫借支二十三萬貫，所以將上件納到錢數拘收理還。本庫今來改作左藏封樁下庫，所是支過紹熙元年分沙田錢二十三萬貫應副左藏西庫支遣了當，合從省部照遞年體例備申朝廷，劄下鎮江、建康府路，各將今年正月一日至截日終收到江東、淮東路州軍并本府民户沙田〔錢〕，先次盡數差官押發赴庫送納。其日後至年終收到錢數，亦仰接續起發。」從之。

嘉泰二年十二月十三日，提領左藏封樁庫所言：「本庫係乾道六年内承降指揮，於都省門内起蓋庫屋，專一樁管朝廷錢物。緣當來一時倉卒蓋造，今來年深朽（欄）〔爛〕，目今諸庫盈滿，亦無添蓋庫屋去處。欲展激賞庫、三省樞密院客司房并紙庫、樞密院大程將房取直修蓋，却將大門外兩壁挾屋仍舊充激賞庫、三省樞密院客司房等處。」詔令封樁庫支降會子一萬貫，委提領官同兩浙漕臣措置修蓋。

開禧二年七月三十日，臣僚言：「選人監左藏22及封樁庫，既本職各有專立賞格，不許攀援監、專二年爲界格法，須管依條二年滿替，無遺缺，方許陳乞任滿轉官酬賞。」從之。

嘉定七年二月三十日，監三省樞密院門、兼提轄封樁庫楊恕言：「照得提轄左藏東、西庫任滿推賞，合轉一官；在任改除，計日推賞。其封樁上、下庫監官，各有任滿轉官減年格指揮，不終任人，亦合計日推賞。所有提轄封樁上、下庫兼職，即是一職而任兩庫之重，創置之初，未審將來合與不合推賞。」詔令楊恕以「兼提轄封樁上下庫」繫銜，任滿與照提轄左藏東、西庫例推賞。

八月十一日，提轄左藏封樁庫所言：「監三省樞密院門、兼提轄封樁上下庫楊恕申：『近覩户部申，雜買務監官今後並差文臣。如封樁上庫在省門之内，監官近年多差選人；如門官，當來格法文武通差，多不得其人。今後乞只差有舉主選人，庶免致武弁雜流疎拙者冒昧居之。』」詔封樁庫監門，今後並差有經任舉主選人。其已差下武臣，並令赴尚書省別行陳乞合入差遣。

寄樁庫

【宋會要】

寄樁庫。孝宗隆興元年三月二十一日，尚書省言：「左藏南庫遇有編估到官物，自來下雜賣場出賣，係寄樁庫收錢赴南庫送納。本場爲無賞罰，不切用心，兼不曾委官，致有積壓損壞。」詔委太府寺丞，并差提點所使臣專一措置出賣。仍令户部照應雜賣場賞罰格法，參酌立23「任滿〔一〕，將任内賣到錢，比類前官數目，申取朝廷指揮，每歲比較增虧分數酬賞展降。其寄樁庫未曾立定賞罰，今照應參酌，

〔一〕「立」下當有脱文，「任滿」以下當即户部奉詔修立賞罰格法後之奏。

一體立定。本部欲依本寺立定事理施行。」從之。

乾道三年閏十月十七日，户部侍郎曾懷言：「契勘寄樁庫香藥、疋帛，初無監官，止差樞密院使臣監視出賣。緣係兼管，前後交割不明。今欲乞將本庫物色就委雜賣場提轄監官出賣，别置曆收支，其錢依舊赴南庫送納。樞密院使臣，乞更不差。」從之。

淳熙十一年十月二日，詔：「提領封樁庫所委官司，同文思院提轄監官，將估到成疋綾錦，揀選堪好可用數目，令寄樁庫出賣。其賣到錢，並赴封樁庫送納。」

十五年五月十二日，詔提領寄樁庫每月添支茶湯錢二十貫。

内衣物庫

【宋會要】内衣物庫，在文德殿後，掌諸王、宗室、文武近臣、禁軍將校時服給受之事。初爲衣庫，後改今名。太平興國二年，置受納匹緞庫，受綾錦院西川所輸錦、鹿胎、綾、羅、絹、織成匹緞之物，大中祥符元年併入。以諸司使、副及三班、内侍三人監，掌庫三十一人。

太祖開寶三年四月，命宗正丞趙孚監衣庫，仍鑄印賜之。先是，左藏庫製造衣服，復於本庫收管，至是别置庫掌納。

真宗大中祥符三年二月，詔：「内衣物庫專、副得替，攢造末帳，不得奏乞酬奬。」

八年九月，真宗謂宰臣王旦等曰：「近提舉庫務臣僚奏24林特，言逐處專、副，動五七人。如特爲移内衣庫四節衣服，只欲速見數目，逐節爲界，其新造出染至於出納，各立界分，以是差人太多。」丁謂曰：「特以緣伏之後，處分事多，分置主掌，意欲速辦爾。」帝曰：「此恐未可減省，元不給食直錢，可第給之。」

仁宗天聖七年十月，内衣物庫奉詔賜盧鑑金束帶一條，重二十兩，鑑拆秤止重十四兩有奇，以其事聞。詔樞密院指揮點檢，推究姦弊，别行條約。

神宗熙寧四年六月，詔尚衣庫官物等併入内衣物庫，仍改内衣物庫爲尚衣庫。更據本庫所管御衣、駕頭、扇筤，并應管諸般官物，立便般撥赴内衣物庫。

新衣庫

【宋會要】在太平坊，掌受錦綺〔一〕、雜帛、衣服及儀注衣物，以三班、内侍二人監，别以司天監官、三班二人監門。

真宗咸平元年三月，詔新衣庫支配軍衣服，委監庫使

〔一〕綺：原作「衣」，據《宋史》卷一六四《職官志》四改。

逐領印記給散。

十月，詔新衣、紬絹錦綺二庫，除監門得存燈火外，自餘無得停火。

四年，詔：「新衣庫先置受納衣服庫，掌諸司丁匠、諸軍服，自今併入新衣庫。」

景德二年十一月，詔：「新衣庫納裁造院衣服如小可不對，可以相兼支遣，亦令納下；若大段配破〔一〕，不堪支遣，即劾罪施行，退付本院，仍不得更拆充積尺送官。」

十二月，詔：「新衣庫所造單衣並用小印記造納年月。支遣之時，須依合支長短、尺寸、分兩。若看出退嫌者，將樣赴三司看驗勘斷。」

大中祥符二 25 年七月，改都大新衣庫爲新衣庫。

仁宗天聖七年六月，詔：「新衣庫支賜僧道衣服，內黃絹寬袖汗衫，候見在給盡，即造白絹窄袖汗衫支賜。」

神宗熙寧四年五月，詔廢新衣庫，其官物撥赴儀鸞司等處。

尚衣庫

【宋會要】

嘉祐八年四月，(大)〔太〕常禮院言：「皇帝登寶位，修製袞龍服、絳紗袍、鎮圭，合付尚衣庫與少府監修製。仍乞差內臣管勾製造。」從之。

軍器庫

【宋會要】

太宗淳化元年七月，詔：「軍器什物庫支借物色，候送納時，令於納狀內開設年月，堪與不堪數目收納。如色額不是元供物，即勒陪填，即不得私借物與人。如違，許人陳告，坐如法。」

慶曆二年十一月，以權三司使姚仲孫、殿前副都指揮使李用和、馬軍副都指揮使曹琮並管勾制置軍器司。

四年九月，詔：「定軍器庫據每月合係祗應弓弩，並仰監官躬親開庫取出，當面較定碩㪷〔二〕。下絃後，於逐張上各封記，書寫碩㪷、字號，點檢、束縛，入庫封閉。次日，亦須親自監開庫門取出，便押領入殿祗應，即不得信縱夾帶不係封下弓弩，臨時回換，與人施射。仍鈐轄祗應公人，不得令揀試諸班、諸軍人員處并就營乞(乞)覓錢物。仍令軍頭引見司常切覺察，每遇南郊支給諸班直披帶人鐵甲等，候郊禋禮畢，却送本庫送納，於南、26 北作坊差人定驗合行添修數目，更不立定拆造名目，只得添修，并量事添修。若的然年歲深遠，合行拆造，委本庫監官躬親監勒點檢，具

〔一〕「配」字當誤，或是「脆」。
〔二〕碩：原作「願」，據下文改。

合行拆造名件，晝時結罪，申提點所拆造。」

嘉祐四年九月二十一日，差內殿（丞）〔承〕制唐中和計會提舉軍器庫官員并逐庫使臣，子細相驗見在諸般兵器內，如有年深斷綻、損拆及不堪施用者，只就令本庫科坐人等，并抽差作坊逐色工匠，揀選小作料次，撥與作坊依例添修。所有作坊見今造作旬課，並且權罷，專令（忝）〔添〕修舊損兵器，早了當。

五年八月，命西上閤門使郭諮提舉修完兵器。時揀內軍器庫器甲下南北作坊繕完，而特選官提舉也。

八年六月二十三日，樞密院言：「勘會軍器庫所管兵仗萬數浩瀚，多不整齊，及有損壞。昨於嘉祐五年中，曾差駕部員外郎薛仲孺專管排垛揀選修完，已及三年，累自求罷。欲下三司，委使、副選舉員外郎以上知州資序人一員，與都大提點官員同共管勾。」從之。

英宗治平元年正月，詔：「自今內人酌獻諸陵假軍器防援者，令內侍省以數申樞密院指揮，支借乘輿出合從器仗。關報不及，令軍器庫官一員押當往還。」

二十六日，都大提點內弓箭、軍器等庫言：「乞下京東、京西、兩浙、江南路州軍，打造弓二十萬上京。」從之。

治平四年正月八日，詔都大提點軍器庫所：「今來所支諸處添差巡檢衣甲器械等，內除衣甲更不支給外，27其餘器械，據合支分數依例支給。」

神宗熙寧元年八月，詔減罷都大提舉內軍器庫文臣一員。是月，樞密院言：「監內弓槍庫承制楊安道、入內供奉官李孝基等，近以不職降黜，今提舉內軍器庫所別舉官。」詔：「今後令樞密院差內供奉官，仍委入內內侍省選定。」續詔樞密院於前班內臣中選差一員。

內軍器庫

【宋會要】《中興》

高宗建炎四年二月十日，詔：「行在軍器、衣甲、內弓箭、南內外庫四庫併爲一庫〔一〕，以『內軍器庫』爲名。除存留衣甲庫監官、專、副、手分、庫子九人，長行二十九人外，餘並罷。內庫子，令温州以等仗剌填闕額禁軍。」

七月九日，詔：「內軍器庫許置庫子、長行、架子頭，通以一百人爲額。據見闕人數內，令庫於逐庫舊人內依公選擇曾經入殿祗應慣熟之人充填。」

紹興三年三月二十六日，詔：「內軍器庫監門使臣，今後提點所申吏部指差經審量使臣填闕，不得辭避，別求差遣。」

四月十九日，詔：「逐處見管軍器、衣甲等，今後非奉旨及朝廷指揮取索，不得輒擅供報。如官吏、作匠敢有漏

〔一〕南內外庫：「內」字疑衍，下文「九年十二月五日」條、本書職官二二之一、《宋史》卷一六四《職官志》四等均只有南外庫，而無「南內庫」。

泄數目，並流三千里，不以赦降原免。」

五月十二日，詔軍器什物庫併入内軍器庫。從兵部侍郎鄭滋請也。

五年十二月八日，詔：「内軍器庫監門窠闕，依舊法理三年爲任，永爲定制。」忠翊郎、監内軍器庫國狀〔一〕：「先蒙都大提點所踏逐指差充監門填闕。緣本 28 庫監門使臣二員係三年爲任，伏覩吏（詔）〔部〕申明，應差注使臣並替二年成資闕，又緣本門自來不係吏部使闕去處。」故有是〔命〕。

九年十二月五日，詔：「内軍器庫前行依條遷補副知與監、專，自來年正月一日立界。其副知請給，止依見請手分則例，仍作内軍器庫副知。其餘已併六庫，更不作闕遷補。」都大提點内軍器庫，元係軍器、衣甲、弓槍、弩劍箭、南外、内弓箭庫，并軍器什物庫，共七庫，併爲一庫。其未併庫前，逐庫專、副共二十餘人〔二〕，昨緣併庫日，據見到行在人吏存留，當時衣甲庫副知有上件名闕未曾遷補。見管專知官止有一名，自紹興三年差到，至今未曾陳乞立界。故有是命。

十年十二月二十三日，都大提點内軍器庫言：「内軍器庫狀：「本庫元係軍器七庫，逐庫舊管庫兵共一千餘人。昨隨從車駕至温州，將諸庫併爲一庫，以『内軍器庫』爲名，通以一百人爲額。即今見管人内，除十將董□□外，別無部轄人員。今來本庫省記條内，額管人兵共一百四十八人，内節級、將虞候、十將〔三〕、副都頭、指揮使五階級職名部轄，止是省記到衣甲一庫人額，比之往日諸庫人兵大段數少，即今見行遵執。欲乞依上條立定人額、階級，遇闕，依紹興八年五月十五日已降指揮招刺，依條轉補。其副都頭，乞候三年與轉指揮。如節級闕，於架子頭、庫子内通選年月最高者充補。其節級至指揮使招刺到長行，請給口 29 食錢米，依已降指揮支破外，衣賜時服，並乞（衣）〔依〕本庫見行省記條法則例支破。兼契勘架子頭元額三十人，昨併庫日止有九人存留（見）在，緣應奉闕人，遂於庫子内選差七人相兼祗候。其庫子，依條例合受納排垛軍器，即與架子頭應奉執役相妨。欲乞於額管長行依條遞遷七人充架子頭，共作一十六人爲額。其上件架子頭一十六人，並止乞依新招前行則例支破請給。」從之。

二十六年十二月二十日，詔：「内軍器庫存留專知官一名、副知一名、前行一名、手分一名外，手分一名減罷。其減下人，令本庫出給公據，候將來額内有闕收補。」以裁減百司吏額也。

〔一〕按，此句「庫」下有脱文，當云「監内軍器庫門□□國狀」。「國」字當爲人名末一字。

〔二〕二十：原作「二千」。按，庫務專知官、副知官通常各設一二人，則七庫必不至有二千多，據文意、字形改。

〔三〕將虞候十將：原作「將將虞□將」，據《文獻通考》卷一一八、龔延明《宋代官制辭典》第三〇六頁「指揮使」條補乙。

【宋會要】

孝宗乾道五年十二月十二日，詔：「内軍器南庫見管庫屋垜放軍器，並各窄隘。令兩浙運司於南庫牆外，計劃疾速脩蓋庫屋，垜放軍器。」

六年十一月二十八日，内軍器庫言：「契勘本庫自建炎四年八月軍器七庫併作一庫〔一〕，以『〔内〕軍器庫』爲名，人兵一百四十八人爲額，如遇逃亡事故，依本所元豐令，招刺本營子弟填闕。目今見闕四十二人。先來南、北兩庫軍器止有火焙一座，今來火焙四座，九處着火烘焙弓弩，乞將見闕人數招填。」詔權以一百三十六人爲額，令招填敷額，今後遇闕准此。

七年八月七日，都大提點内軍器庫所申：「乞令脩内司差人 30 指畫，下兩浙轉運司修蓋庫屋，垜放軍器。」從之。

内弓箭庫

【宋會要】

内弓箭庫，在横門外，掌御弓矢、戎具及細鎧、具裝、槍、旗、刀、劍、斧、鉞器械。以諸司使、副使、内侍四人勾當，別以三班、内侍二人監門，領兵校及匠百三十一人。

軍器五庫，並在崇政殿東横門外，掌禁兵器、鎧甲，供軍什器儲待之物〔二〕，及受作坊、諸司及諸州造作兵器之成者。凡出納之事，皆主之。以衣、甲爲一庫，弓、槍爲一庫，劍、弩、箭爲一庫，以諸司（神）〔使〕、副使及内侍六人分庫通領。又有什物庫，在清平坊，以三班二人監領。淳化二年，又置揀選衣甲器械庫，在内弓箭庫門内，以諸司使、副使及内侍二人監領。五庫凡共有兵校四百五十人共供役事。

真宗景德二年三月，詔：「今後揀選到堪好衣甲器械，送弓箭庫、軍器庫。如有退回者，別項收數脩補。」

大中祥符二年六月二十四日，詔：「内弓箭庫日逐祗應弓弩，須監官躬親較驗石㪷力勝，下絃封記。出庫即押領入殿，不得令人抵换，硬軟不等。祗應公人不得於揀試軍班處乞錢，令軍頭司差人覺察，捉搦劾罪。」

仁宗天聖七年四（日）〔月〕，提舉諸司庫務司言〔三〕：「準三司牒：『檢會少闕黄牛皮貨，據皮角庫典并南北作坊、弓弩院工匠稱，見管黄牛皮萬數不少，不以大小、蛀蚛，並堪揀選熟造應副使用。見勒逐坊依此施行。』當司看詳，三司爲闕少黄牛皮貨，住滯下南 31 北作坊、弓弩院旬課造作。若令人匠一向將舊管年深蛀蚛、陳次皮貨兼帶供使，深慮所製器用不得牢固。欲望指揮軍器四庫并内弓箭庫，自今逐處納到衣甲器械，並須躬親監勒公人仔細點檢受

〔一〕八月：按上文建炎四年二月十日條作二月。
〔二〕儲：原抄作「待」，又加涂抹，今據《文獻通考》卷五五改。
〔三〕舉：原作「奉」，據《宋史》卷一七二《職官志》一二改。

納，須自牢壯及得元初尺寸制度，經久堪充收管供備。不得夾帶納下輕怯事數，久遠誤失供應。」從之。

慶曆二年十一月，是月九日，詔定本庫差内臣二員爲監官，二年一替，遇上番日破兩食，下番日一食。每日並親收逐庫鑰匙，至晚進入内。應每有納到金、銀裝造物色，並南北作坊、弓弩院、文思院鐫鑿監官、工匠等姓名、斤兩、件段數目。未得裝釘，令監釘使臣與内弓箭庫、軍器三庫使、副及監官、使臣、專副，就造作處同共秤盤，數足，即令裝釘，釘訖交納。

英宗治平元年五月十八日，(北)〔比〕部員外郎、提點内弓箭庫張勤言：「乞每遇後殿駕座，入殿趁赴起居。」從之。

閏五月十二日，都大提點内弓箭軍器庫所言：「乞今後每後殿引見射弓弩人等，例先進呈弓弩㪷力。」從之。

熙寧二年六月二十一日，詔令都大提點内弓箭庫，將揀到係修衣甲、槍刀器械等，重行編排，内多少名件製造精好可以添修使用，若干名件怯弱不堪添修，合行變轉，各別立庫眼排垛，件析以聞。

六年七月十三日，詔置内弓箭南庫，儲御前所修製軍器之所也，仍別差官提舉[一]。

八年五月十六日，都大提舉内弓箭庫、軍器等庫所張茂則 32 言：「轄下四庫，軍器不堪。緣逐庫監、專只以二年爲界，方欲整齊，各又交替。乞今後軍器四庫監官以三年爲界，任滿日如出納整齊，排垛物色與帳籍無差互，并專副界滿，並許當所保明，等第酬奬。」從〔之〕。

軍資庫

【宋會要】

建炎元年十一月十八日，知濠州連南夫言：「尚書省劄子：『依黄潛厚所乞，下諸路守臣、監司，各盡臣子之心，計置輕齎金帛，差官管押前來行在交納，共濟國用。』今剗刷到軍資庫見在未起夏税匹帛官絁七百七十六匹、紬三千七十九匹、絹九千匹。」詔：「軍資庫物帛既非上供額數，自合樁留，充本州、本路軍兵衣賜。諸路依此。」

建炎三年九月十六日，詔：「諸路漕司差官根刷到諸路錢物[二]，見於別庫寄收，并以後州縣起到錢物，並須管依法於軍資庫樁收。如違，及不經勘旁支給，官竄嶺南，人吏決配，並不以去官[三]、赦降原免。」

紹興十二年三月六日，臣僚言：「天下財賦所以常不足者，侵蠹之者廣也。今州縣大抵皆自立名色，別置文曆，移彼作此，蓄爲私帑，輕費妄用，逾越法制，莫可稽察。雖上供成數，猶有闕遺，其餘失陷隱漏，漫不加省。欲乞應州

[一] 「仍」原作「無」，「差」原作「在」，據《長編》卷二四六補改。
[二] 錢物：原作「物錢」，據本書食貨五四之七乙。
[三] 去：原抄作「法」，又加圈去，據本書食貨五四之七改。

縣諸司所入一金以上，盡入軍資庫收掌。要使取之民者悉歸於官，官之用悉應於法，則雖不加賦，而用自足。」從之。

紹興二十六年正月二十七日，右司員外郎、兼權户部侍郎鍾世明言：33「諸路州軍錢物，並合隸軍資庫。近年以來，州軍多將拘到錢物別置庫眼，赤曆拘收，以爲羨餘之獻，公庫之用。乞令逐路轉運司，將創置庫眼去處廢罷，其錢物撥併入軍資庫。今後州軍輒敢仍前別置庫眼者，以違制論，仍放罷。監司知而不糾者與同罪，並許人告。」從之。

布庫

【宋會要】

布庫，在常樂坊〔一〕，掌收諸州所納布，司其出給。舊係左藏庫，建隆元年移置。以京朝官、三班二人監，又以内侍一人監門。

真宗咸平五年九月，詔：「自今南布綱至京，除狀内明言漬污損傷數外，如不切愛護，（細）〔紐〕虧官錢送納，仍等第科罪：一鼇以上，笞五十；三鼇以上，杖六十；五鼇以上，杖七十；七鼇以上，杖八十；九鼇以上，杖九十；一分以上，杖一百。綱官、節級於梢工下減一等，專、副減三等〔二〕，三司軍將、管押人又減一等。」

景德四年五月，詔：「布庫所管布帛，係軍需好布，別庫收掌；其不任軍須者，具病色鋌印。若給衣賜者，常約度二年以來數目有備；如少，即三司下出産州軍科撥。應綱運揀退者，監官勒行人定驗堪與不堪轉染科造，具數申三司。」

神宗熙寧八年五月二十四日，詔布庫自常樂坊移置閶（閣）〔闔〕門外順城坊。

五月，省司契勘：「京東路淮陽軍〔三〕、徐州每年起發布共七萬疋上京，除三千疋充軍裝外〔四〕，有六萬七千疋充折府界諸縣上三等人户體量和買草。兼勘會近準朝旨，34白馬、管城、韋城、胙城、新鄭五縣隸府界。其添買草數，所用布帛數多，布庫自來將以前積留布數相添支使。今來本庫別無準備布數，年額數目支用不足，乞行計度。省司今將熙寧六年分支折過布數約度，每年除舊數外，更合要布五萬疋，相添支俵人户。欲乞下京東、京西路轉運司，分認所轄下出産布帛州軍科買〔五〕，每年依數起發上京，應副支用。」從之。

十年三月八日，詔：「自來布庫每日將鐵牌請鑰，及本庫收鑰，却將鐵牌於垂拱殿前廳子内進納。今後依在外諸

〔一〕常：原脱，據下文熙寧八年五月二十四日條補。
〔二〕三等：疑當作「二等」。
〔三〕陽：原作「揚」，據《宋史》卷八五《地理志》一改。
〔四〕三千：原作「三十」，據上下文改。
〔五〕下：原作「不」，據字形、文意改。若作「不」，則是令人於不産之地購物，豈不荒唐。

庫務例〔一〕，只令本庫官收掌，更不於鑰匙庫請納。」京師在外庫務鎖鑰，並監官監門、收掌〔二〕，惟布庫相承於大内鑰匙庫請納。至是編修内諸司敕式所以爲請而罷之。

省庫

【宋會要】

開寶四年正月，詔曰：「諸路州府買（樸）〔撲〕場院人員，訪聞以所收課利擅貸於民，以規息利。有逋欠者，取其耕牛、家資以償，或經官司理納，追禁科較，民甚苦之。自今所收課利錢，旋赴省庫送納，不得積留，擅將出放。違者當除籍及決杖配隸，告者賞之。」〔三〕

祗候庫〔四〕

【宋會要】

35 祗候庫，在横門外，掌分受錢、帛、器皿、什物、衣服、巾帶、茶菽，以備賜與。以諸司使、副、内侍三人監。

真宗景德二年二月，詔：「祗候庫管庫，不得衷私借人，許人陳告，當重置之法。」

十月，詔：「祗候庫每賜臣僚銀器，除擡賜及外國使正受外，並令將鋌銀據數折支。」

大中祥符六年正月，詔：「祗候庫據軍頭司、閤門每日御前宣賜及隨駕準備賜物外，如要準備錢，常預約數，申三司支撥，不得直行撥狀取索。」

神宗熙寧元年二月，三司言：「祗候庫近遺失官物，官吏劾罪。緣本庫每日支出物色赴軍頭司、閤門等處準備對御取索支賜，全（籍）〔藉〕監官得力。乞減罷内臣一員，從提舉司、三司輪舉京朝官、使臣，及令入内内侍省選差曾經庫務勾當内臣各一員。其監門透漏，亦乞下三班院差人衝替。」從之。

高宗紹興元年五月五日，詔祗候庫專、副共一名〔五〕、押司官一名、手分三名、庫子節級一名、庫子五名、兵士二名爲額。從户部裁減也。

三年十一月二十九日，詔：「祗候庫人吏，自入役充手分，至補副知界滿，别無不了過犯，與先補進義副尉立界，再充專知。候二年界滿，别無諸般不了等事，與依使臣法減二年磨勘，發遣歸都官。」

孝宗未改元。紹興三十二年十月三日，禮部、太常寺言：「祗候庫所掌宰執、親王、使相、侍從、百官朝祭服、冠

〔一〕庫：原作「軍」，據本書職官二七之一一改。
〔二〕監官監門：原作「門監官」，據本書職官二七之一二改。
〔三〕按，自食貨五二之一三「藥蜜庫」目至此，《大典》卷次原缺，當仍是卷一四七八九（「庫」字韻「庫名五」）。
〔四〕天頭原批「庫雜録」。
〔五〕共：疑當作「各」。

冕、玄衣等，伏見已降指揮，新除皇子鄧王、慶王、恭王，每遇行事，合服朝服[36]并祭服、冠冕，乞下文思院製造。」詳見「冠服」門。

隆興元年九月一日，祗候庫狀：「見管押司一名、手分三人，若行裁減，切慮人吏分頭管幹，應奉不前，兼依指揮即不及分數。」詔見在人且令依舊，將來遇闕，更不遷補(發)〔撥〕填。

乾道四年三月一日，詔：「樞密院逐房副承旨，見闕措金帶服繫趁赴朝參等，可令祗候庫依條例就賜。今後轉至人，依此取旨給賜。」

九月十九日，兵部言：「勘會大金賀會慶聖節使人到闕朝見日，依《政和五禮新儀》，黃麾角仗一千五十六人。乞依紹興十四年已降指揮施行。」從之。

六年閏五月十四日，詔：「等子出職例物事，親從、諸班直、(推)〔堆〕垛子例物事，依例令祗候庫徑申户部，行下所屬製造，排辦施行。」

十二月十三日，禮部、太常(等)〔寺〕言：「已降指揮，加上(先)〔光〕堯壽聖太上皇帝、壽聖太上皇后尊號册寶例用儀仗，樂正、樂工、鼓吹、樂人合用樂器、執色、服着法衣等，乞下祗候庫關借，應副施行。」

【宋會要】

淳熙四年三月二十四日，詔：「步軍司差厢軍三十六人，應副祗候庫巡防，仍不得充雜役。」舊差殿前司一十一人、(軍馬)〔馬軍〕司一十五人、步軍司一十人，後拘收入隊，本庫申乞差撥。上曰：「不須三衙，令步軍司差厢軍可也。」

十三年十二月九日，詔祗候庫減般擔役使兵士三人、防護軍兵九人。以司農少卿吳燠議減冗食，下敕令所裁定，[37]故有是命。

嘉泰元年三月二十五日，太常寺言：「祗候庫元在糯米倉巷，四邊皆是居民，屋宇相接，更無尺寸空隙去處。今因遺漏，致被延燒。照得城外郊臺相近籍田園祭器庫(傍)〔旁〕近見有空隙地段，丈尺至廣。欲將祗候庫就籍田園祭器庫之側起蓋，安頓法物，委是利便。仍乞劄下轉運司，照已管認蓋造。所有舊祗候庫基地，却乞撥下本府改造卿監、郎官廨舍。」從之。

甆器庫

甆器庫，在建隆坊，掌受明、越、饒州、定州、青州白甆器及漆器，以給用。以京朝官、三班、內侍二人監庫。

宋太宗淳化元年七月，詔：「甆器庫納諸州甆器，揀出缺璺數目，等第科罪：不及一甆，特與除破；二甆，免決勒陪，却給破者；三甆，笞四十；四甆，笞五十；五甆，杖六十；六甆，杖七十；七甆已上，不計多少，杖八十。」

真宗景德四年九月，詔：「甆器庫除揀封椿供進外，餘者令本庫將様赴三司，行人估價出賣。其漆器，架（閣）〔閣〕收管，品配供應，準備供進及榷場博易之用。」

神宗熙寧三年三月，詔併瓷器庫入雜物庫管勾。事（任）〔在〕「雜物庫」。

鞍轡庫

【宋會要】

庫在景龍門內之街西，掌御馬金玉鞍勒及給賜王公群臣、外國使并國信韉轡之名物。以諸司使、副、三班使臣〔一〕、內侍二人監，兵級及匠四十七人。

真宗大中祥符四年[38]正月，群牧司言：「請於崇政殿門外北横門北，擗截行廊屋三間，充架（閣）〔閣〕御鞍庫房。」從之。

六年二月，詔：「今後入契丹使供新鞍勒，接（絆）〔伴〕止支經借者。」

天禧二年四月，內侍馬仁俊言：「奉詔點檢鞍轡庫，數內宣賜鞍轡，乞留金鍍銀鉸具二百兩五副，八十兩三十副，七十兩麻葉、五十兩麻葉、四十兩寶相花、三十兩洛州花各三十副，二十五兩三鐶十五副，二十兩三鐶三十副，十五兩二鐶五十副，十五兩鑾雲子七十副，十七兩帶甲二十副；白成銀鉸具十二兩微窊百五十副，十二兩鈌束十五副，十五兩合口十副，二十兩合口三十副，十五兩合口五十副爲額〔二〕，準備賜與外，有金鍍銀鬧裝二百二十三兩、漏塵寶相花八十一兩各一副，金鍍陷銀花二十五兩鳳子促結三副，中箭榦三鐶二副，頻伽三鐶三十二兩、孩兒三鐶三十二兩、鹿兒三鐶二十一兩各一副，陷墨花鳳子金解落促結四十一兩十副，白成陷墨銀花瑞草二十五兩一副，二十一兩二副，龜鶴二十一兩、麒麟二十三兩各一副，鸚鵡三鐶三十三兩一副，準備取（孛）〔索〕。其餘不合副者，並拆剥送納。」從之。

仁宗天聖三年三月，上封者言：「支賜臣僚及契丹人數等鞍轡，造作多不如法，不堪乘騎，蓋是偷減物料，罪在監專。乞行驅磨，仍令陪納斷遣。」詔：「自今造作鞍、轡、韉等，須依元初式樣大小，如法盡料製造，及令新鮮牢壯。候裝釘（子）〔了〕畢，於三司呈驗，[39]方得送納。」

神宗熙寧二年二月二十三日，三司官言：「鞍轡庫乞今後支賜臣僚對衣、腰帶、鞍轡，如請本色者，依舊支給本料金銀匹段外，其餘隨鞍轡名件物料覩襯，依南郊例，並支給價錢，願請造成亦聽。」從之。

五年九月十二日，詳定庫務利害呂嘉問言：「鞍轡庫自支料價例直，未經裁減工匠，虛閑者多。今相度，除合存留外，乞依相度在京諸司庫務利害劉永淵裁定。」從之。

〔一〕使臣：原作「副」，據《宋史》卷一六四《職官志》四改。
〔二〕十五兩：上已言十五兩、二十兩，此處似當作「二十五兩」。

九年，詔那移鞍轡庫於左騏驥院。

【中興會要】〔一〕

宋高宗建炎三年，詔鞍轡〔庫〕減罷。其所管官物、庫級，併入右騏驥院。

紹興十三年十二月九日，詔依舊置內鞍轡庫，專一掌管鞍轡等職事。令右騏驥院監官兼管，就用本院印記。兵部裁度條畫：「一、下臨安府，就右騏驥院修蓋一下椽瓦屋三百間〔二〕，充庫屋使用。一、差置專知官一名，踏逐副尉充，兼行遣本庫文字，二年爲界。所有專知官并本庫見執役庫子二名請給等，並乞依本部一般所轄車輅院專知官、庫子則例。今後如遇專庫有闕，除專知官依前項體例施行外，有庫子于內外官司指名踏逐抽差，不以有無拘礙，目下發遣赴庫填闕祇應。一、下步軍司，差〔播〕〔撥〕廂軍兵士十人，專充管巡防，分番祇應，仍令本庫見執役人員部轄管幹祇應。今後遇闕，依此差填。」並從之。《中興會要》。

【宋會要】

孝宗隆興二年九月十八日，詔：「內鞍轡庫賜侍從鞍轡如闕，令文思院造作。」

乾道五年正月八日，詔：「奉使馬鞍製造減裂，令工部約束文思院官，今後精微製造。」

六年閏五月十四日，詔：「鞍轡庫應取賜宰執、兩府、侍從鞍轡訖，申明除破。及椿管宰執、侍從鞍轡內有年遠色暗者，申明下文思院修換。每遇大禮修換御座、鞍轡等，申明下軍器所、文思院同修換。」以中書門下省檢正左右司言：「得旨，條具三省煩碎不急之務合歸有司者，申尚書省。」至是申上，故有是詔。（以上《永樂大典》卷一四七九〇）

庫子

【宋會要】

（建炎）〔紹興〕三十一年六月二十九日〔三〕，荊湖北路兵馬鈐轄、鼎州駐劄、兼權知鼎州魏震言：「郡縣所收財用，窠名不一，而出納之謹，監、專之外實賴庫子。庫子入役，自有專條，40既責其產業，又責其保任，蓋先慮其失陷。然小人慮不及遠，志意易盈，輕視錢貨，僅若泥沙。已敗之後，失陷之數於是從而鍛鍊，抑勒逐户填納，多至數百緡，少至數十緡。凡有仇讎，必被攀糾，遂使平民無處控訴。今相度，諸州縣庫子，欲以一年爲界更替，不致深根固蔕，公然侵欺。既以保全庫子之家，且免濫及無辜之人。」從

〔一〕以下二條原在本卷之末，仍題「鞍轡庫」。按此仍是《大典》同一卷之文，不應分開，今據年代先後移於此。

〔二〕一下椽：疑當作「木椽」。

〔三〕紹興：原作「建炎」，據本書食貨五四之九改。

之。（以上《永樂大典》卷一四七九一）〔一〕

〔一〕按，原稿本卷之末尚批有以下文字：「庫目次：内藏庫　左藏庫　度支庫／大觀庫　元豐庫　元祐庫　封椿庫　寄椿庫／庫雜録：法物、南郊家事、奉宸、文書、甲、祇候、御酒、油醋、茶、内茶紙、藥蜜、内香藥、内茶炭、甆器、内衣物、新衣、尚衣、布、大軍、軍資、鞍轡、軍器、内軍器庫、内弓箭、物料、雜物、皮角場、專副、省、庫子。」今按，此是嘉業堂整理者將此卷之文重行編排，而批其目次於此，嘉業堂清本即據此目次編録。

宋會要輯稿　食貨五三

倉部〔一〕

【宋會要】

1《兩朝國史志》：倉部，判司一人，以無職事朝官充。凡倉庾受納租税、出給禄廩之事，皆歸於三司，而別置提點倉場官以督察之，本司無所掌。令史一人、驅使一人。元豐官制行，郎中、員外郎始實行本司事。

哲宗元祐元年四月二十六日，三省言：「尚書六曹職事閑劇不等，今欲減定員數。事簡者，倉部減郎中官一員。」從之。

十月四日，詔户部以減罷倉部郎中一員，許復置，專勾覆案并印發諸色鈔引。

郎官一人〔二〕，分案有六：曰倉場，掌糧草收支及出納欠折；曰上供，掌年額上供斛斗及封樁糧草；曰糴糶，掌糴糶坐倉折納等；曰給納，掌給禄廩、賑濟、雜給事；曰知雜；曰開拆〔三〕。吏額：主事一人、令史二人、書令史八 2 人、守當官八人、貼司九人。

高宗建炎三年四月十三日，詔倉部郎官以一員爲額。

同日，詔倉部吏人減三分之一。

同日，詔倉部印司，依《户部通用令》，先於知雜案書吏、令史内選差，無即通選。滿三年無過犯，轉一資，勘驗關司勳推賞訖，再滿三年替。

同日，詔罷司農寺。内本寺掌行諸倉支納、諸路起到上供糧斛、諸草場受納税草，行下所屬倉界草場交納、支遣事務，撥隸倉部。

紹興元年七月十五日〔四〕，詔：「行在省倉受納綱運，令户、工部斟量較定斗樣，繳申尚書省，責下所屬製造，降下諸路州軍，應受納、支遣、起綱、交量，並用省樣新斗量。今後每遇起綱，並於綱解内分明聲説係用新降斗交量起發〔五〕，仰省倉依條受納，不得作弊；如有違犯，許本綱諸色人越訴。」

二年八月五日，户部尚書黄叔敖言：「省倉草料場每日支遣卸納糧斛〔六〕、草料浩瀚，昨在京日，司農寺日輪卿、少、丞一員，點檢按察本處公人并綱運，杖以下罪並勘斷，其餘牒送所屬施行，以此人稍知畏。緣軍興及罷司農寺後

〔一〕此前原批有目次：「倉：倉部、常平倉、義倉、司農倉、折中倉。」按此亦是嘉業堂整理者所批，嘉業堂清本目次與此同。
〔二〕以下一段原作小字，接寫於上條之末。按，此是南宋倉部之建置，領起下文。今提行並改作大字，前空一行。
〔三〕拆：原作「折」，據《宋史》卷一六三《職官志》三改。
〔四〕十五日：本書食貨六二之一二作「五日」。
〔五〕交：原脱，據本書食貨六二之一三補。
〔六〕斛：原作「解」，據本書食貨五四之一六改。

來，更無輪官按察，易生姦弊〔一〕。伏望詳酌，比附在京日，從本部輪差郎官一員，將帶人吏，各不妨本職，前去點檢巡按。其合用杖直、獄子，於仁和、錢塘兩縣輪差，每十日一替。」從之。

（二）〔三〕年二月三日〔二〕，詔：「行在諸倉遇打請日，令户部前一日據合支數，令本倉般量出廒，於廊屋下安頓，遇天晴，於磚場上垛放支遣。」

四年七【3】月二十七日，詔復置司農寺。倉部昨併到司農寺所行支納糧斛、草料等事務，并撥到手分等，並依舊歸本寺。

二十二年三月十四日，殿中侍御史林大鼐言收糴馬料不得踰額、賣茶不得抑配事。上諭宰臣曰：「錢穀大計，亦要户部得人。朕觀徽宗皇帝朝，户部之職，多自發運使、轉運使擢用，蓋以經歷民事、諳練財賦故也。大鼐所奏，從之。」

二十三年六月十八日，詔：「應倉庫交卸綱運折欠〔三〕，並即時具名色、數目申解所屬。見得有侵盜貿易之弊，即送大理寺推治。其過誤損失，並押下元起綱處依法施行。」先是，止送排岸司監繫，故有是命。

孝宗隆興元年八月三日，户部言：「依指揮，條具併省吏額。倉部見管主事一名，令史二人，書令史八人，正貼司九人，私名五人。今減書令史一名，守當官一名，正貼司二人，私名一名。乞將減罷人籍定，以後有闕，依名次撥填。」詔依。見在人且令依舊，將來遇闕，更不遷補。

乾道二年十二月十九日，詔令户部將舊鎮城倉依舊撥還臨安府。從守臣王炎請也。

六年五月四日，户部言：「依指揮，條具併省吏額。倉部見管二十八人，今減守當官一名，正貼司二人，通計二十五人爲額。」詔依，各從下裁減。將來見闕日，依名次撥填。其減下人，願依條比換名目者聽。

七年正月二十九日，户部言：「行在省倉上中下界、豐儲倉、草（科）〔料〕場斗面官，並係小使臣到部合差短使之人，【4】吏部依資次差撥，每季一替。其所差官，近來多係從軍揀汰，不曉槩斗面次第，全無鈐束。欲乞令吏部於識字小使臣内，每處各行差注一員。如任内別無遺闕，依監官任滿減半推賞；如任内有量槩斗高下，展磨勘一年；如有情弊，具申朝廷別作施行。仍不得差揀汰人。所有見差在倉短使官，候差到正官，交替施行。」從之。

九年閏正月二十五日，詔令户部行下三總領所，約束見有應官兵出戍州縣，今後遇打請口食糧米，須管將堪充支遣（無遺）無糠粃陳米與新米相兼支散，仍將最陳次不堪米數，各逐旋兑充本處廂軍并賑濟等用，却以新米對數補

〔一〕弊：原脱，據本書食貨五四之一六補。
〔二〕三年：原作「二年」，據本書食貨六二之一三改。
〔三〕「庫」字原脱，「欠」原作「納」，據本書職官二六之一九、食貨四四之四、又六二之一六補改。

還，依舊窠名樁管訖，具數申尚書省。

【續會要】

淳熙七年四月二十七日，詔户部和糴場依（豐）儲倉例併入省倉下界。

八年閏三月四日，詔：「自今行在省倉上中下界、豐儲倉、豐儲西倉、草料場監門，任滿無違闕，各與減二年磨勘。」

九月二十八日，詔：「自今每遇歲終，令户部長貳、郎官同司農寺官詣諸倉，將應管經常及樁管米斛抽摘盤量。」

十三年十二月九日，詔倉部減貼司一人、私名一人。以司農少卿吳燠議減冗食，下敕令所裁定，故有是命。

紹熙元年十月十一日，户部言：「遞年承降指揮，令逐路漕司將諸路合發上供等米，以州軍地里遠近均撥，起赴屯兵去處卸納，應副支用。所 **5** 有紹熙二年合用糧斛，合措置將江、浙等路元年合發上供等米，并二年坐倉和糴米，均撥充來年一十二箇月支遣。乞下兩浙、江東西、湖南北路轉運司，除豁折納馬料、上供米外，將其餘合發數目，責所屬如數收樁，發納，并發下淮東、西、湖廣總領所，催促逐路漕司照應今來擬定數目拘催。候到，令項樁管，聽候科撥支用。仍開具州軍已赴到綱界數目申部并司農寺照會注籍，拘催施行。」從之。（以上《永樂大典》卷一四六五八）

常平倉

【宋會要】

6 太宗淳化三年六月，詔：「京（幾）〔畿〕大穰，物價至賤，分遣使於京城四門置場，增價以糴。令有司虛近倉貯之，命曰『常平』，以常參官領之。歲歉，減價以糶，用賑貧民，以爲永制。」

真宗景德三年正月，上封官請於京東、京西、河北、河東、陝西、淮南、江南、兩浙各置常平倉。惟沿邊州郡則不置。以逐州户口多少，量留上供錢一二萬貫，小州或二三千貫〔一〕，付司農寺係帳，三司不問出入，委轉運司并本州選幕職州縣官清幹者一員專掌其事。每歲秋夏〔二〕，加錢收糴，遇貴減價出糶。凡收糴，比市價量增三五文〔三〕，出糶減價亦如之，所減仍不得過本錢。以三年爲界。所收錢穀羨利，止委本寺專掌〔四〕，三司及轉運司不得支撥。事下三司詳定，請如所奏。乃命御史知雜王濟判司農寺，孫崇諫同判。

〔一〕二三千：原作「三二十」，據今存《永樂大典》卷七五〇六「倉」字韻所録此門複文及《文獻通考》卷二一改。

〔二〕秋：原脱，據《大典》卷七五〇六補。

〔三〕比：原作「北」，據《大典》卷七五〇六改。

〔四〕寺：原作「等」，據《大典》卷七五〇六改。

三月，以都官員外郎喬希顔知開封府開封縣，太常丞晁諒知開封府浚儀縣〔一〕，仍兼監常平倉。從判司農寺王濟等所舉也。

四月，司農寺言：「諸路州軍當河路、通舟船，及雖不當大路、河道，而人户繁會可以運粟贍他處者，望並令多糴。其或僻在山險之處，止約本處主、客户收糴，貴無枉費。應收糴斛㪷之時，官吏敢受行人請求〔二〕，高其價直者，許諸人糾告，嚴行區斷，告者給賞錢百千。」並從之。

大中祥符二年二月，分遣使臣出常平倉粟、麥，於京城四面開八場，減價以糶。

四月，詔司農寺：「京師所糶常平倉粟〔三〕，前詔雖已減價，可更斗減五錢。」

五年正月二十六日，詔：「京城常平倉所置七場分糶糧米〔四〕，如聞趨市者衆，遂至壅溢〔五〕。其令分爲十四，以便於民。」

六年十一月，三司言：「司農寺請以開封、祥符兩縣常平倉併爲在京常平倉。其在京及諸路常平倉斛㪷，若經二年，即支作軍糧，以新者給還。請並如所奏。」從之。

八年五月，詔：「常平倉所糴斛㪷，夏色限至八月終，秋色至次年正月終。」

七月，判司農寺盛度言：「諸路州軍常平倉斛㪷，如於元約數外增糴及一倍已上者，其當職官並與理爲勞績。」從之。

九年十二月，詔：「江南、淮南諸州軍穀價稍貴，民頗闕食，令本路轉運司以常平倉斛㪷減價，一㪷已下零細出糶。」

天禧元年二月一日，詔：「災傷州軍，常平倉斛㪷減價出糶，止以元糴價爲準。」

十二日，詔在京常平倉合計度斛㪷，並令三司擘畫，或許入中，無使擾人。

二年正月，詔：「諸州常平倉斛㪷，其不滿萬户處，許糴萬碩；萬户已上、不滿二萬户，糴二萬碩；二萬户已上、不滿三萬户，糴三萬碩；三萬户已上、不滿四萬户，糴四萬碩；四萬户[7]已上，糴五萬碩。」

六月，三司（農）言：「勘會司農寺於左藏庫封樁市米錢五萬貫，自今如有宣旨須索及諸支遣，望以其錢充給。候諸處納到，旋補其數。」從之。

四年五月，判司農寺張士遜言：「諸州常平倉斛㪷，自今每遇出糶，望委本州通判每日在倉提舉，多方約束，以絶姦倖，使貧下缺食之人市糴不至艱阻。」從之。

八月六日，詔益、梓、利、夔州、荊湖南北、廣南東西路

〔一〕浚儀：原作「浚議」，據《宋史》卷八五《地理志》一改。
〔二〕「敢」下原衍「今後令提舉官體」七字，據《大典》卷七五〇六刪。
〔三〕糶：原作「糴」，據《大典》卷七五〇六、《長編》卷七一改。
〔四〕分：原脱，據《大典》卷七五〇六補。
〔五〕溢：《長編》卷七七作「隘」，義長。

並置常平倉。

仁宗天聖二年十一月，司農寺言：「舊制，在京并府界縣分及諸州、府、軍、監常平倉如有糴糶，即供月帳；如無糴糶，只供季帳。今諸州所供多不如式，有煩往復會問。欲望自今不以有無糴糶，並作季帳供申。」從之。

是月，都官員外郎劉厚載言：「自置常平倉以來，每年司農寺、轉運司遍下諸道州府催糴夏秋斛㪷，蓋不知外方時價貴賤不同，一例行遣，其外處官吏人不能平準物價，但務多積，以爲勞效。欲望自今遇賤即糴，當貴則糶。若米、粟兩色，可以久積，其他並令減數。」從之。

景祐元年正月二十五日，臣僚上言：「伏覩滄州糧倉白米數少，小豆萬碩甚多，飢民就賤，多糴小豆。欲乞以常平倉白米五萬碩，易糧倉小豆出糶。」詔河北轉運司依奏。

七月二十五日，臣僚上言：「常平倉所管錢斛，乞降敕下司農寺、轉運司，選差幕職州縣官或京朝官兼監常平倉。」詔開封府界提點、諸路轉運施行[一]。

慶曆四年正月，詔：「陝西穀價翔貴，其令轉運司出常平倉米，減價以市貧民。」

七月二十九日，詔：「天下常平倉，本備救濟貧民，不得別有支借，違者，以違制論。其收積年深者，許依舊條兑換，毋致損惡。」

八月二日，詔令司農寺下逐路轉運使[二]、提點刑獄朝臣等，今後得替上殿，先具本路常平倉斛㪷數目進呈，移任者準此，發奏方得起離。本寺糾察之。

五年九月二十八日，司農寺言：「天下常平倉，自景德中起置，自後承准條約不少，乞將降到敕劄參定爲一司條貫，久可遵行。」從之。

六年二月三日，中書門下言：「向以臣僚上言，川峽中國初無常平倉[三]，自康定二年益州路提刑司擘畫創置。訪聞州縣收糴多是約欄入場，或分配人户，遂致物價踴貴，人民艱食。遂令司農寺下益、梓、利三路州軍罷常平倉，見管錢斛撥係省倉庫帳管；夔州路因亦不置。而司農寺復上言：川（陝）〔峽〕四路既罷常平倉，萬一川峽水旱阻饑，何以救濟？乞依舊帳管，不得別用。儻飢歉之歲，可備賑貸。」詔四路轉運司如所請施行。

皇祐三年十月十八日，淮南、兩浙路體量安撫陳升之等言：「災傷州軍，乞出糶常平倉斛㪷。」詔：「逐倉初糴並當豐年價賤，如依元價出糶，緣置場差官收糴，積貯、鋪襯、折耗費用不少，宜令淮南、兩浙、江 8 南東西、荆湖南北等路提刑司勘會，元糴價上每㪷量添錢十文至十五文足出糶。」升之復言：「如添錢，即非恤民之意。」乃詔依原糴價

[一] 天頭原批一「脱」字。按，《大典》卷七五〇六所引此門複文，於此條及下條之末分別引《九朝紀事本末》共五條爲注，而此本無此注，故整理者批云「脱」。按此等注爲《大典》編者所添，非《會要》原有，今不録。

[二] 使：原作「司」，據《大典》卷七五〇六改。

[三] 峽：原脱，據《大典》卷七五〇六補。

出糴。

至和二年三月五日，知益州張方平言：「益、梓、利、夔路賣到户絶莊田價錢，欲乞下四路轉（運）司盡撥入提刑司，添糴常平倉斛㪷。今後並依此。」從之。

嘉祐四年七月十日〔一〕，詔：「天下常平倉多所移用，而不足以支凶年。其令内藏庫與三司共支錢一百萬，下諸路助糴糴之。」

神宗熙寧元年九月十四日，司農寺言：「常平倉之法最切要，伏見諸路年歲豐凶，穀價貴賤，自來並無關報。乞下府界提點及諸路提刑司，今後夏秋，責轄下州縣供析豐荒的實分數文狀，類聚以聞，降付本寺。所貴糴糶不至失時。」從之。

二年二月八日，三司言：「天下屯田省莊，皆子孫相承，租佃歲久，兼每畝所出子㪷比田税數倍，及户絶田已撥入廣惠倉者，並乞不許賣。其餘没納莊田，願買者聽。」從之。

九月三日，詔出内藏庫錢百萬緡，分賜河北諸州，增糴常平倉穀。

五日〔二〕，制置三司條例司言：「乞令河北、京東、淮南路轉運司施行常平倉、廣惠倉移那出納及預散之法。委轉運司及提舉官，每州於通判、幕職官内選差一員專切管勾〔三〕。令知、（道）〔通〕點檢在州及諸縣錢斛。廣惠倉斛㪷，除依例合支老、疾、貧窮、乞丐人，據數量留外，其餘並令常平倉監官通管，一般轉易。其兩倉見錢，依陝西出俵青苗錢例，每於夏秋未熟以前，約逐處收成時酌中物價，立定預支每㪷價例，召人户情願請領。」又言：「今欲將常平、廣惠倉見在斛㪷，遇貴量減市價出糶，就賤量增市價收糴。其可以計會轉運司用苗税及係省錢斛就便博易者，亦許計會兑换。仍以見錢依陝西青苗錢例，取人户情願，預行支給，令隨税送納斛㪷。内有願請本色斛㪷，或納時價貴願納見錢，皆聽從便，務在優民〔四〕。如遇災傷，亦許於次料收熟日送納。兼初措置非一，欲量逐路州軍錢物多少，選官一兩員分頭提舉。仍乞於京東、淮南、河北三路先行此法，俟成次第，即下諸路施行。」並從之〔五〕。

閏十一月二十三日，又言：「乞體量鄜延、環慶、涇原三路斛㪷價高之處，權住收糴常平斛㪷。其已糴下者，即兑充軍糧。所有封樁在京鹽院見錢三十萬貫，即令轉運司及管勾常平倉官兑便到本州軍。」

二十四日，又言：「昨乞賣諸路見管廣惠倉田，爲河

〔一〕天頭原批：「『仁宗嘉祐二年』以下三條，應補抄『四年』上，在本卷『義倉末。』」按，見本卷食貨五三之三四，然該三條爲廣惠倉，當别立題，不當合於此。

〔二〕五日：按本書職官五之三、《補編》頁一六三均載此條事於四日。

〔三〕切：原無，據本書職官五之三補。

〔四〕優：原作「憂」，據《大典》卷七五〇六改。

〔五〕天頭原批：「脱一條。」按《大典》卷七五〇六此條下引《宋續通鑑長編》一條爲注，所批指此。

北、河東、京東、陝西四路常平糴本。尋準詔，諸路熙寧元年以前見管斛㪷，並令變轉見錢、金、銀、紬、絹，充河北、河東、陝西三路糴本。緣已差諸路提舉常平、廣惠倉官，若悉令變轉，移之三路，則諸路却闕斛㪷，恐不爲便。」詔淮南等路前詔更不施行，所積斛㪷，並只留本處〔一〕。

三年正月，又言：「訪聞河北、河 9 東、陝西州軍少闕省錢，多不坐倉收糴。欲乞三路如闕見錢，許提舉常平倉司坐倉收糴，以備俵散；如合留充軍糧，即却令撥兑和糴或入中。」從之。

二十三日，詔：「諸路常平、廣惠倉給散青苗錢，本爲農種之時惠䘏貧乏〔二〕，元令取人户情願。今慮諸處當職官吏不體朝廷本意，不問民間願與不願，輒行追呼，或即均配，翻爲搔擾。今仰諸路提點刑獄臣僚體量覺察，如違，即一面禁止，具官吏姓名以聞，當議重行朝典。如敢阻抑人户情願請領，亦依此施行。」

三月，制置三司條例司言：「奉旨，以臣僚累言常平倉新法不便，蓋未喻朝廷之意，令本司明諭中外，凡今所患，盡是州縣官吏弛慢，因緣爲姦，不可歸於法。請委按察官謹繩官吏，而朝廷嚴督按察官而已。今（其）〔具〕畫一：言者謂：『公家無所利其入〔三〕，今河北乃取息三分。』《周禮》民之貸者，取息有至於二十而五，今豫俵青苗價錢，但約熟時酌中物價，若熟時物貴，即許量減市價納錢。然則未定合納實數，故約束河北不得過三分，京西、陝西等路不過二分而已。所以防遇納時價貴，恐虧損百姓爾。就諸路，惟河北最多，尚不過三分，又非定取。若物價低平，即有合納本色，不收其息，或只收一二分時。多少相補，比於《周官》，已不爲多。況近令若遇物價極貴，亦不得過二分。且《周禮》國事財用取具於泉府之官賒貸之息，今則不領於三司，專以振民乏絶。言者謂：『上三等户及城郭有物力家，素患兼併，今又許貸借，況河北每保須要上三等户一名，則終不免爲貧户代（倍）〔陪〕。又提舉官峻責州縣〔四〕，如人户不願請，即結罪申報；若選官曉諭，却人户願請，即別行遣。官吏懼此，亦因有貧户浮浪願請之人，或須行散配。』本司案：鄉村上三等及城郭有物力户内，亦有闕乏之時，就人取債，豈皆是兼并之家〔五〕？今貸貧民〔六〕，有餘則以俵之，免就私家取倍息，乃是抑兼并之意〔七〕。河北每保須要上三等者〔八〕，蓋關防浮浪之輩。若官吏抑勒州縣，自違元法。況今年開封諸縣甚有上三等願請，以近驗遠，事理

〔一〕天頭原批：「脱一條。」按《大典》卷七五〇六此條之下引《能改齋漫録》一條爲注，所批指此。
〔二〕惠：原作「會」，據《大典》卷七五〇六改。
〔三〕其入：原作「於人」，據《宋名臣奏議》卷一一二改。
〔四〕責：原作「則」，據《大典》卷七五〇六改。
〔五〕之：原脱，據《大典》卷七五〇六補。
〔六〕今：原作「令」，據《大典》卷七五〇六改。
〔七〕之：原脱，據《大典》卷七五〇六補。
〔八〕北：原作「内」，據《大典》卷七五〇六改。

可知。如提舉官約束州縣，正防避事壞法之人。或急於功利，諷州縣抑配與人，即諸路各有安撫〔一〕、轉運、提刑，委任皆在其上。若有官吏故壞新法，或曲狥提舉官意抑勒百姓，自當按劾。言者謂：『百姓有本户税賦及豫買絹紬，又生此一重，則愈不易。』本司按：逐路承例科歛〔二〕，名目誠多，然當闕乏時，不免私家舉債，常出倍息，此所以貧者愈困也〔三〕。今貸與常平本錢，迺濟其難急。又令約熟時中價例納斛斗，至於時物價貴，乃納見錢，比元本不得過二分，即是免出倍息於兼并之家，何至不易？言者謂：『但躬行節儉，常節浮費〔四〕，則國用足，何必四出興利之臣，以疑遠近？』今案：先王之政，未嘗不以食貨爲始，張官置吏，大抵多爲農事【10】也。近世以來，農尤困苦，朝（延）〔廷〕但有徭役加之，而無歲時補助之法。自京畿陂防溝洫，多有不治，都城側近至棄數百里爲汙萊〔五〕，骨肉流離失業。況四方遐僻，從可推知。一方水旱，則餓死者相枕藉，而流移者填道路。如前歲河北一飢，不免漕江、淮之米以救之，然未有補於流亡也。或不免就人彊借錢物，以至典質田産以供暴令〔六〕。此亦可謂國用之窮矣〔七〕。至於差役困苦，尤使失職。今置此官，正爲憂此，即非朘削百姓，以佐人主私費，亦豈得謂之興利之臣而致疑也〔八〕？言者謂：『今常平千餘萬緡散在民間〔九〕，將須不返。常平舊法自合古制，而無失陷之弊〔一〇〕。』今新法之中兼存舊法〔一一〕，但以舊法廣儲蓄、抑兼并、賑貧弱之方未備，又無專領官司，致糴糴之時百端姦弊，貴價糴入，經數十年後，出糶不行，無補振救，故須約《周禮》賒貸，增立新法，專置一司，即非違舊制也。言者謂：『新法不當示之條約，明言利息。』本司案：《周官》貸民明言以國服爲息。聖人於天下，取之有道，非以爲私，於理何嫌，而不可明示條約？言者謂：『坊郭人户既無青苗，不可貸借。』本司案〔一二〕：常平舊法，亦糶與坊郭之人。今散農民有餘，仍不許坊郭貸借，是令常平有滯積餘藏，而坊郭之人獨不被賑救乏絶之惠也。《周禮》貸民之法，即無都邑、鄙野之限，今乃約《周禮》太平已試之法，即非專用陝西豫俵青苗條貫也。」先是，御史中丞呂公著、翰林學士司馬光、諫官孫覺、李常、御史張戩、程顥等皆言常平新法不便，或謂且召刮利〔一三〕。大名府韓琦乞罷諸

〔一〕各：原作「及」，據《大典》卷七五〇六改。
〔二〕路：原作「此」，據《大典》卷七五〇六改。
〔三〕所以：原脱，據《大典》卷七五〇六補。
〔四〕常：原作「當」，據《大典》卷七五〇六改。
〔五〕汙：原作「汗」，據《大典》卷七五〇六改。
〔六〕令：原作「今」，據《大典》卷七五〇六改。
〔七〕之窮：《大典》卷七五〇六作「乏」字。
〔八〕謂之：原作「爲」，據《歷代名臣奏議》卷二六五改。
〔九〕今：原作「令」，據《歷代名臣奏議》卷二六五改。
〔一〇〕陷：原作「限」，據《大典》卷七五〇六改。
〔一一〕之中：原脱，據《歷代名臣奏議》卷二六五補。
〔一二〕本司：原脱，據《大典》卷七五〇六補。
〔一三〕且召刮利：疑有誤，《大典》卷七五〇六「且召」下作空格，無「刮利」二字。

路提舉官。上以琦等所奏付制置司〔一〕，令申明法意，布諭諸路也。

五月四日，詔：「莫、霸、保、雄〔州〕、安肅、廣信、順安、信安、乾寧、保定軍，爲係極邊，沿塘泊及西山軍人户苦無田疇，並罷支散青苗錢。」

十八日〔二〕，詔：「今後諸路常平、廣惠倉出俵青苗錢，委轉運、府界提點提舉，每年相度留錢斛，準備非時賑濟出糶外，更不限定時月，只作一料支俵，或却作兩料送納，以便本處人情。如願分兩料請者，亦聽。」

七月二十八日，賜京東預買紬絹并所得息錢五十萬貫與本路常平倉。

九月一日，同判司農寺呂惠卿言：「淳化中，都下初置常平倉，賤糴貴發。至景德中，差開封府浚儀知縣監倉事〔三〕。祥符六年，始以兩縣常平倉併爲在京常平。其斛㪷經二年即支充軍糧，貨易新好，充見在數，其法實爲利民。而其後糴糶之政久不行，文字本末隨亦廢墜。今常平有封樁米至伍十二萬碩，但寄積在京倉界，唯據逐界每月具見數申寺，而朝廷初無發斂之政，甚可惜也。欲乞遇價貴即出之，賤即以其錢糴之，如淳化中故事。」於是中書請以司農見樁管米指射新好者貨易，仍與開封府界斛㪷通融支用。從之。

十月七日，京東路提舉常平、廣惠倉司言：「本路州軍例少見錢支 11 俵青苗，轉運司有熙寧元年朝廷借賜紬絹收買軍糧〔四〕，除已還外，餘錢一十四萬貫。欲乞借支用，候三年内依數還内藏庫。」從之。

十一月十九日，河北路提舉河北常平〔五〕、廣惠倉司言：「大名府等處州軍，今秋薄熟，人户不易。乞依舊條，作兩料支散青苗錢，及許令灾傷州軍預行支俵。」詔從所請，仍令諸路所散青苗錢料次，今後令提舉官體量施行。

二十四日，詔：「諸路給青苗錢斛官司，諸色公人取受人户錢物，雖已依斂掠乞取差點人夫錢物條約，慮未（稟）〔凜〕懼。今後應諸色公人因給納常平倉等錢斛取受，杖罪送鄰州編管，徒罪以上刺配本州牢城。並許諸色人陳告，杖罪支賞錢五十千，徒罪一百千。先以官錢給賞，後以犯事及干繫人家財充。或無可送納，官吏保明除破。」

四年正月六日，詔出賣天下廣惠倉見管田。仍令府界及諸路具年終所賣錢申司農寺，爲三路并京東常平倉本錢。其合賑濟，即以廣惠、常平等倉所貯粟麥給之。

二月八日，詔内藏庫借錢六十萬貫付淮南、江東，均給

〔一〕制：原脱，據《大典》卷七五〇六補。

〔二〕「十八」上原有「二」字，據《大典》卷七五〇六删。

〔三〕開封府：《大典》卷七五〇六、《長編》卷二一五同，然「府」字似衍，或「府」下補「開封」二字。蓋據前景德三年「三月」條，時命開封縣、浚儀縣知縣兼倉事，非一縣也。

〔四〕紬：原作「納」，據《長編》卷二一六改。

〔五〕「河北路」三字可删，蓋下有「提舉河北」語，重複。

兩路，爲常平倉糴本。其錢令淮南發運司將合撥河東〔一〕、陝西折斛錢兑還。

六月十二日，河北提點刑獄王廣廉言〔二〕：「乞將廣惠倉錢斛入常平倉。」從之。

十月十六日，賜絹七十萬匹，爲陝西常平糴本。仍許自京召人供抵當賒買，於本路送納見錢。

十一月二十八日，司農寺言：「乞將諸路出賣到户絶田土錢，從本司移助諸路常平糴本。」從之。

七年十月二十二日，詔（二）〔三〕司借上供糧十萬碩，與淮南西路提舉常平司，准備出糴或借支用〔三〕。

九年正月九日，詔司農寺，自今兩經倚閣常平錢人户更不得支散錢斛〔四〕。

八月六日，詔陝西等五路提舉常平倉司，具降指揮令諸常平存留一半錢，遇斛㪷價賤，許趁時收糴後至今夏，糴到是何斛㪷及實數目以聞。

十二月三日，詔：「開封府界諸縣人户見欠今年秋料常平錢斛并緩急錢米，除官户外，並與展限至來年，隨秋料送納。」

十二日，詔中書門下：「諸路提舉管勾常平倉官自來未有明降著令畫一職守〔五〕，致轄下官司不知適從，凡有舉動，輒與轉運司一例申稟。提舉司亦多不問是與不是本管職事，便爲行遣，或有聞奏朝廷者。上下煩勞，弊害頗甚〔六〕，宜參詳前後指揮聞奏。」

十年二月十五日，詔：「諸路熙寧十年合散常平錢斛，並勘會州縣内有數少支散不足去處，於鄰近州縣有餘處借支，却令元散州縣認數催納，即不得令人户隔遠州縣請納；有妨農作。其鄉民有因災傷全户逃移者，名下舊欠常平錢斛，候歸業日，從提舉司相度料次送納。」

三月二十七日，提舉兩浙路常平倉司言：「本路累年災傷，死損人口至多，見存人户少欠官中錢物，尚送納不辦，又爲攤填逃絶[12]户名下請過錢物，顯見難爲送納。所有攤填熙寧九年以前逃絶户請過青苗錢斛，乞候送納本户數足，向去豐熟日理納外，更有全甲人户死絶，除依條將本家財産填納外，如目下尚有少欠，一甲内死絶數多，只有一兩户見在、貧闕難爲攤納者，更乞别立條法〔七〕。」從之。

元豐元年正月二十二日，詔司農寺：「應常平留一半錢穀糶糴數，歲終類聚，春季點檢〔八〕，仍開具逐路

〔一〕撥：原作「擬」，據《大典》卷七五〇六改。
〔二〕廉：原作「兼」，據《大典》卷七五〇六改。
〔三〕《大典》卷七五〇六此條下引《續通鑑長編》一條爲注。
〔四〕按，據《長編》卷二七二熙寧九年正月丙寅（九日）條所載，時司農寺請人户兩經倚閣常平錢者乃罷支，神宗批文不許，堅持一經倚閣即罷支，與《會要》此條所述異。
〔五〕著：原脱，據《大典》卷七五〇六補。
〔六〕弊：原作「備」，據《大典》卷七五〇六改。
〔七〕條法：原倒，據《大典》卷七五〇六乙。
〔八〕春：原作「逐」，據《大典》卷七五〇六、《長編》卷二八七改。

以聞〔一〕。」

閏正月十三日，詔河北路以常平米賑貸飢民。

二月四日，京東東路體量安撫黄廉言：「西路及徐州、淮陽軍良田百餘萬頃被水，若退遲，麥種不入，秋田失期。乞於淮南路沿流豐熟州縣借常平錢十萬緡和糴，或於去年折納糧内借十萬碩，依元折價計數爲所借錢，水運赴京東，以備賑糶〔二〕，聽司農寺移用。」詔京東、淮南東路提舉官於界首會議以聞。

四月十九日，詔：「開廢田、興水利、建立堤防、修貼圩埠之類，民力不能給役者，聽受利民户具應用之數〔三〕，貸常平錢穀，限二年兩料輸足，歲出息一分。」

二十二日，詔：「麟、府、豐州見欠熙寧七年至九年振貸米人户，不以等第，與展限，分夏、秋納。」

五月十七日，詔：「常平錢穀，願以穀及金帛準市直中價計二分息折納者，聽。」

七月八日，環慶路經畧司乞以本司及常平錢帛乘秋成廣糴，如將來別無支用，即依糴價兑與轉運司。從之。

九月十四日，詔：「諸路提舉司與轉運司兑换糧，並以錢物對行交撥〔四〕。諸官户欠常平錢物，第四等以上，雖經災傷，毋得展限倚閣。」

二年二月六日，詔河北東路提舉司借常平錢四萬緡〔五〕，分給大名府、澶州糴軍糧。

四月十二日，詔河北東路提舉常平倉司，所散濱、棣〔六〕、滄州飢民食，至五月止。

九月二十四日，詔以永興路常平倉穀十九萬碩給鄜延路九將守禦之用，餘令轉運司以漸計置。以鄜延路言，歲計軍食二十七萬餘碩，而常平無餘故也。

十月六日，權發遣司農寺都丞吴雍言〔七〕：「淮浙連歲豐稔，穀賤，乞借逐路積剩免役、坊場錢，就並河州縣鎮增價糴秔米，常與別司倉儲兑换。如向去價稍高，兑充上供。」下司農寺，請如雍議，先以常平所留之半并散不盡錢充糴本〔八〕，次以坊場、免役餘錢，坊場錢留半，免役錢留二年。從之。

三年四月四日，真定府路走馬承受黄詰言：「本路差禁軍採泥城粘草〔九〕，有妨教閲，及蹂民田。」詔市以常平倉頭子錢。

六月十二日，詔司農寺於永興軍等路給常平倉穀十八萬碩，充環慶路將下守禦及緩急漢蕃弓箭手闕乏借貸。

〔一〕具：原無，據《長編》卷二八七補。
〔二〕糶：原作「糴」，據《大典》卷七五〇六改。
〔三〕數：原作「類」，據《長編》卷二八九改。
〔四〕行：原無，據《長編》卷二九一補。
〔五〕借：原脱，據《大典》卷七五〇六補。
〔六〕棣：原缺，據《長編》卷二九七補。
〔七〕發：原作「法」，據《大典》卷七五〇六、《長編》卷三〇〇改。
〔八〕充：原作「兖」，據《長編》卷三〇〇改。
〔九〕粘：原作「沾」，據《長編》卷三〇三改。

八月九日，賜常平米二萬碩、坊場錢三萬緡，付梓州路轉運司應副夷事。

二十七日，詔令於近便州縣，以常平司錢留三萬貫、米五萬碩，以待瀘南夷事支費。

同日，詔開封府界諸路提舉司，於要會州縣指占空閑
13 地或空營，蓋造常平倉。

同日，權發遣司農寺都丞吳雍言：「淮浙連歲豐稔〔一〕，昨嘗乞存留(楊)〔揚〕州轉般倉充淮浙常平都倉。欲乞委提舉司辟官一員專主管，每年廣謀收糴，除年計外，常積萬碩，及受納兩浙轉般糧斛〔二〕，與發運司上供額斛𣂰兑换。」從之。

十二月二日，詔：「瓊管州軍，皆有常平。若推行如法，自無人户倍稱出息之弊。據朱初平等所奏〔三〕，措置海南事不少，並不及常平事，令具析以聞。」

四年六月十七日，詔諸路提舉官散斂常平錢，比較增虧，中書立法。

五年二月二十四日，知秦州呂公孺言：「經畧司常平錢斛，法以救恤屬蕃、弓箭手之類。今所在甚少，望特權借提舉司錢斛相兼支俵，仍展至三月。」詔借錢斛五千貫碩。

三月二十七日，詔：「(穎)〔潁〕昌府三縣災傷，特支常平倉米二萬碩。」

十月二十一日，賜梓州路轉運司常平等米十萬碩。以本路應副瀘南軍前放閣運糧夫税，致闕乏故也。

六年正月二十一日，詔：「陝西、河東路常平倉糴價不得過轉運司，河北諸司糴價不得過措置糴便司。」

二十六日，尚書户部言：「準朝旨，諸路提舉官散斂常平物，可自行法至今，酌三年之中數，取一年立爲額，歲終比較增虧〔四〕。今以銀錢穀帛貫、碩、匹、兩定年額，散一千一百三萬七千七百七十二，斂一千三百九十六萬五千四百五十九。元豐三年散一千三百一十八萬六千一百一十四，斂一千五百萬四百二十二，比較，散增二百一十四萬八千三百四十二，斂增一百三萬四千九百六十三；元豐四年散一千三百八十三萬七千七百三十六，斂一千一百九十七萬八千九百九十四，比較，散增二百七十九萬九千九百六十四，斂虧一百九十八萬六千五百一十五。」詔三年、四年散多斂少及散斂俱少處，户部下提舉司分析以聞。

八月二十七日，賜涇原路經畧司度僧牒千道爲常平錢。禮部言已給過所立年額，於是特給。

七年三月十七日，尚書户部言：「提舉京東路常平等

〔一〕豐：原作「稔」，據《大典》卷七五〇六改。

〔二〕轉般：原作「轉運」，據《大典》卷七五〇六、《長編》卷三〇七改。

〔三〕朱初平：原作「米平」，《大典》卷七五〇六作「朱平」。按當作「朱初平」。朱初平時爲荆湖南路轉運副使、瓊管體量安撫使，見《長編》卷三一〇。此人本書中亦屢見。

〔四〕終：原作「中」，據《大典》卷七五〇六、《長編》卷三三二改。

事燕若古乞州縣積欠錢斛，對移令佐催督〔一〕。看詳，欲下提舉常平司，具可以權對移職位、姓名關吏部。」從之。

八月七日，詔户部支常平積剩錢二十萬緡，賜秦州計置糧草。從經畧使吴雍請也。

十四日，詔：「洺州水災，糧料不足，許借鄰近州縣常平倉米、麥、小豆共五萬碩，限三年還。」

二十一日，中書省言：「聞今歲廣西秋稼大稔，粒米狼戾，正宜蓄積。」詔廣南西路提舉常平司乘時廣糴。

二十九日，詔支常平積剩錢五十萬緡，付熙河蘭會路經制司市糧草。

十月十一日，尚書吏部言：「經制變運川峽路常平倉積剩錢〔二〕，所增息錢二百三十二萬緡〔三〕，乞推恩。」詔李元輔遷兩官；史君俞、張茂先候改官日各遷一官，減二年磨勘；劉何、虞仲荀減磨勘[14]年月有差。

哲宗元祐元年四月二十二日，三省言：「諸路旱災處，已降指揮賑濟外，按《常平條》：遇穀貴則量減錢糶，不得虧本；賤則量添錢糴。昨臣僚言淮南米斗直百七十文，慮官司拘執量減市價之文，致民不霑實惠，欲令府界、諸路闕食處，其常平穀價但不虧元本，並許出糶。仍委州縣嚴加覺察，不得與興販之人。」從之。

二十六日，三省言：「提舉官累年積貯錢物，委提點刑獄司主之，依舊常平倉法〔四〕。其常平倉每年春秋斂散，及歲成收糴，歲饑出糶，以陳易新，與省穀交兑，及饑饉賑貸，主司並合依法推行。元條貸常平錢〔五〕、穀、絲、麥，豐熟許隨夏税先納所輸之半。願併納者，止出息一分。」從之。

八月五日，詔府界、諸路提點刑獄司，自今後常平錢穀，令州縣依舊法糴糶，其青苗錢更不支俵。

十一月二十七日，臣僚言：「朝廷罷俵青苗錢，令諸路提刑司委豐熟州縣廣糴，意欲常有儲蓄。而户部乃請令轉運司更不收糴年計，止將常平斛㪷兑糴〔六〕，失朝廷養民之意。欲乞諸路轉運司合糴年計並先糴〔七〕，次令常平倉糴。若轉運司不預備本錢，過時占糴，致與常平倉相妨者，委提刑司覺察以聞。」從之〔八〕。

二年六月九日，户部請：「應常平穀價比市價不虧〔九〕，或雖虧而貴賤通計不及一分者〔一〇〕，移轉運司兑充和糴；或指二税，聽人户從便納錢。虧及一分已上，即不以年限，兑轉運司新穀。若三年已上虧及三分，亦許糶，或

〔一〕令佐：原作「令佑」，據《大典》卷七五〇六改。
〔二〕積剩：原作「息」，據《大典》卷七五〇六、《長編》卷三四九改。
〔三〕三十：原作「九十」，據《大典》卷七五〇六、《長編》卷三四九改。
〔四〕法：原脱，據《長編》卷三七六補。
〔五〕元條：《長編》卷三七六作「元降」。
〔六〕斛：原脱，據《大典》卷七五〇六、《長編》卷三九二補。
〔七〕司：原脱，據《長編》卷三九二補。
〔八〕天頭原批：「脱一條。」按此條之下，《大典》卷七五〇六引《九朝紀事本末》二條爲注，所批指此。
〔九〕虧：原作「毁」，據《大典》卷七五〇六改。
〔一〇〕一分：原作「二分」，據《大典》卷七五〇六、《長編》卷四〇二改。

曉諭人户，願請者聽〔一〕，仍隨夏秋税納。願納錢者，依糴價，並免出息。」從之。

三年正月二日，詔復置廣惠倉。

二月十二日，詔給廣惠倉錢三萬緡，及闕額役兵錢糧、衣賜，募貧民應役以恤之。

紹聖元年六月九日〔二〕，户部看詳役法所言：「熙寧、元豐間設提舉官，以總一路之法，州有管勾官，縣有給納官。今復免役，既置提舉官及管勾官，乞從《元豐令》，給納月分，逐縣常留簿、丞一員。」從之。

九月十二日，詔府界諸路罷廣惠倉，其户絶田土，並行出賣，并本倉見管錢斛，撥入常平倉收管。所有賑濟合行事件，令户部檢舉《元豐敕令》立法以聞。

二年十二月二十二日，户部奏：「自元祐以來，諸處官司借用常平等錢，習以爲常。乞今後他司並不許奏乞借用。」從之。其朝廷封樁錢準此〔三〕。

元符三年十月二十八日，前京東西路提刑鄭僅奏：「頃歲河北災傷，流民至齊、鄆；去歲河北又饑，流民徧及京東。今常平有折納之法而未嘗折納，有糴糶之法而多不廣糴。欲民不流，不若多積穀；欲多積穀，不若推行折納、糴糶之法。視民口多寡，使縣常有三五萬斛〔四〕，州常有三五萬斛，小饑則平價糶與下户，中饑則糶及中户而貸下户，大饑則糶及上户而貸中户，甚則貸及上户。官不虚費，而民實受惠，自不流徙。仍依和糴，用實價折納，無和糴處比市價[15]量增，庶於民户無所虧損。」從之。

徽宗崇寧五年正月七日，太府少卿張綬奏：「請依元豐舊制，復置江湖淮浙常平都倉，乘穀甚賤時，歲額外糴穀百萬貯之，(旦)〔且〕受納兩浙轉般所輸，與發運司上供額斛相易，以待那用〔五〕。」從之。

大觀二年八月十四日，户部侍郎李孝稱奏：「諸路州軍秋稼十分豐稔，所可慮者，粒米狼戾，復致傷農。已蒙朝旨，將人户輸納并積欠增價折納，仍以本司見在錢數，於沿流州軍收糴。尚慮無拋降錢數，所糴未廣。檢會崇寧四年指揮：『取今年已前五年中一年通一路所糴最多之數，加一倍收糴。』欲乞下諸路提舉常平司，今秋並依前項已得指揮加倍收糴。糴本闕處，(時)〔特〕許借支諸色係官并封樁錢應副，所貴便於公私。」從之。

三年四月十一日，詔：「常平所糴斛㪷，多是本倉合干人巧爲名目弊倖，自行收糴，甚非我神考立法之本意。可

〔一〕請：原脱，據《大典》卷七五〇六、《長編》卷四〇二補。

〔二〕天頭原批：「脱一條。」按《大典》卷七五〇六無元祐三年正月二日、二月十二日，紹聖元年六月九日三條（蓋以前二條爲廣惠倉，第三條爲免役，均與常平無關），而於元祐二年六月九日條末引《九朝紀事本末》爲注，天頭所批「脱一條」指此。

〔三〕天頭原批：「脱一條。」按《大典》此條末引《續資治通鑑長編》元符二年一條爲注，所批指此。

〔四〕三五萬：似當作「三五千」，否則縣與州所積數同，似不合情理。

〔五〕那：原作「乃」，據《大典》卷七五〇六改。

嚴行止絶，除依常憲外，重立配法，仍增賞典，許人陳告。官吏準此。」

十月八日，户部奏：「淮浙每年起發常平穀三十三萬碩上京，以備賑糴支用〔一〕。所起斛㪷綱運少欠，合依條於押綱人名下追理，及兵（稍）〔梢〕請給内尅折。緣自來未有拘催補發條限，欲乞令提舉常平司將欠數置籍拘管，候年終，具數關轉運司，據所尅合納之數次年撥還。仍令提舉常平司將追尅到數盡行起發，以補年額之數。」從之。

十五日，尚書省言：「知江寧府曾孝序奏：『江寧府界，夏秋相繼亢旱，民間高田一例不熟，諸縣人户例皆（訢）〔訴〕旱，已差官檢放。向去必大闕食，決至流移。除已出糶常平米穀，稍平物價，及依條措置賑濟，準備將來貸給外，契勘民間種田稻種，每歲於收成之時，各據地段廣狹存留，準備春種。今既歲旱，不足以充口食。欲將常平司見存諸色錢、諸司封樁錢趁時收糴稻種，候將來春種，出糶與力田之人。不惟抑兼并厚邀高價之弊，庶使被災下户來歲無曠土之患。或人户無錢趁糴，有情願借貸之人，仍許官司量度逐户田畝、税數多寡借貸。並依常平斂散之法，候秋熟先次帶納，庶幾稍寬民間嗣歲之憂。』」詔依所奏，疾速施行。

四年二月一日，提舉京西北路常平等事韓嚮奏：「比年累降朝旨，令諸路提舉司加倍收糴〔二〕，及增例折納斛㪷封樁，於沿流處計置起發，或朝廷特降指揮別作支用。竊謂常平等錢，本以視年穀豐凶，散斂糴糶，以平物價而抑兼并。今將糴折到斛㪷起發支用，深恐常平錢日朘月削，非立法之本意。欲應提舉司錢物糴折斛㪷更不封樁起發，依舊存留本路，庶無妨闕。」從之。

六月二十三日，户部奏：「常平錢物，非緣役事輒用若佗司陳乞借支者，前後敕條申明，非不詳備，蓋以示天下，使曉然知之，又以示他司無復借用之理。形之詔書，發乎宸翰，委[16]曲丁寧，固宜有司所當虔奉。而比年以來，復有官司陳乞借用，乃曰不以諸般違礙，仍免執奏，又有權免再得旨奏知不行者。如此類非一，條法殆爲虚文。今罪法非不重，禁約非不明，尚欲申嚴，無以加矣。欲乞詔自今官司尚有陳乞或借用者，請依條執奏不行外，仍許本部關報御史臺彈劾以聞。」從之。

政和元年三月十一日，户部奏：「諸路常平斛斗，本以待斂散賑濟之用，法禁擅支甚嚴，比來州縣往往擅將支用。欲乞自今來指揮到日，州縣如有擅支常平錢數等物，責限十日，經常平司自陳，依前降指揮特與免罪，從本部量多寡責限撥還〔三〕。限滿不自陳，並仰提舉司按劾以聞，仍依擅支法罪，責有以懲誡。」從之，仍限一季撥還。

〔一〕賑：原作「販」，據《大典》卷七五〇六改。
〔二〕糴：原作「糶」，據《大典》卷七五〇六改。
〔三〕還：原作「運」，據《大典》卷七五〇六改。

二十一日，臣僚言：「常平錢物擅支借、移動，禁約甚嚴。近京西漕臣違法申請借撥，若不禁止，一路不已，徧於天下，侵蠹之弊，可勝道哉！乞詔三省務遵成憲，如違，御史臺奏劾。」從之。

十二月十八日，前知汝州慕容彦逢奏：「常平之法，唯納欠多寡最見推行之實。欲乞應散歛常平錢穀，逐歲於（今）〔令〕佐印紙内批書納欠分數，候三考滿日，別立殿最之法。庶幾知所勸沮，罔或偷惰。」從之。

三年五月二十八日，詔：「逐路提舉司所糴二麥加倍斛㪷〔一〕，并收買綿帛合用本錢，若取撥封樁錢不足，許用本司不係封樁錢貼數收買，即不得有妨歲計。支用錢依已降指揮。餘路依此。」

七月十七日，河北東路提舉常平司言：「承朝旨，諸路今歲二麥收成，當乘（特）〔時〕取撥諸色封樁錢加倍收糴。仍於常平所糴一倍上更加一倍〔二〕，約計合糴十六萬餘碩。訪聞二麥不可久貯，若少候秋熟，收糴粟豆，委得經久。」詔依。餘路更有似此去處，依此。

五年七月二十四日，詔：「人户青苗錢折納到斛㪷〔三〕，逐路常平司係帳收管。其餘斛斗〔四〕，提刑司封樁。」

八月二十日，尚書省言：「勘會今歲秋苗大豐，竊慮一併上市，價賤傷農。」詔：「諸路豐熟州軍，令常平司將諸色積欠錢物見合催納者，並許依在市價直用斛㪷折納，只就本處倉送納，每月具數申尚書省。如願將未合催舊欠亦行折納者，仍於市價上增一分，並不得抑勒。」

六年正月二十（一）日〔五〕，詔：「提舉司折納斛㪷兑糴到價錢並歸提舉司，其提刑司封樁指揮一節更不施行。餘路依此。」

二十一日，臣僚言：「常平之法，天下之利，而比者州縣憚於出給文移之勞，雖遇穀貴，不即經畫出散，及朝廷訪聞，亦已後時。乞令州縣常斟酌民間闕食，隨時賑救。仍令常平司（其）〔具〕有無出糶申户部，以考勤惰。」從之。

十月二十七日，詔：「常平錢物充俵散賑貸并雇役支酬之費，豈可輒將他用？有司妄行剗刷，全失旨意。自今如奉御筆并除本司支用外，方得取撥。違者，以違御筆論。」

七年十二月十八[17]日，手詔：「應日前諸路他司借支常平錢物，並特除破，與免撥還。今後仰遵守元豐、紹聖勅

〔一〕加：原脱，據《大典》卷七五〇六補。

〔二〕加：原作「交」，據《大典》卷七五〇六改。

〔三〕青：原作「有」，據《大典》卷七五〇六改。

〔四〕斗：原脱，據《大典》卷七五〇六補。

〔五〕二十：原作「二十一」，據《大典》卷七五〇六刪。二十一日自在下條。

令，敢有陳乞借用者，以大不恭論〔一〕。」

宣和元年六月二十一日，詔曰：「神考常平之政，以年之上下制穀價，以歲之豐耗爲興積。儲蓄盛多，兼并無所牟大利。比年官失其守，他司移用殆盡〔二〕，糴本既竭，儲蓄一空，利歸兼并，民受其弊。仰諸路提舉常平司，檢詳前後詔條，令州縣官審度年歲，遇賤必糴，遇貴必糶，不許他司輒有移用。雖奉詔支借，亦須執奏不行。每歲春季，提舉司具前一年部下所糶、所糴及所收息數申尚書省，取旨賞罰。若糴糶失時，及有欺弊，官以違制論，人吏決配千里。」

八月二日，都省言：「奉詔：『常平法，在元豐中，諸司不敢請用，守官者不敢擅支，在處儲積豐盈。比年以來，有司輒行申請，執奏殆成空文，仰三省疾速措置取旨。』今恭依措置：常平司除本司常平錢依本法審度糴買外，仍許將本司管朝廷諸色封樁錢、免役、坊場剩錢，并樁留舊雇者、户長、壯丁剩錢，除合用數外，並應副乘時計置收糴。其糴到穀，並依元窠名樁管。遇本司常平斛㪷闕用，即許逐旋以常平錢依元糴價樁錢兑撥〔三〕。今後官司有擅支過錢物，按察、檢點官到，輒移兑或改易敖庫牌額，妄指別色錢物應數者，加本罪二等。按察、點檢官知而不舉，各與同罪。諸州縣如有違犯者，委廉訪使者按察以聞。他司破條宛轉因事陳乞支借移用，雖奉特旨，亦執奏；如再得旨，奏知方行。違者，以違制論。」詔依擬定。

十一日，詔：「常平提舉官任非其人〔四〕，法令日以弛廢。比覽奏牘，有一年之間，一縣拖欠常平、免役、坊場等穀錢至數萬貫碩，并逃亡詭名、失陷本息者，不可勝計。或人吏冒税户姓名，未納拖欠；或當職官容縱知情冒請錢穀，以新蓋舊，如此甚衆。其前項違法官吏等，中書省候案到，將上取旨，重行竄責。仰諸路提舉常平官（偏）〔徧〕行取旨，點檢違法廢令去處，按劾以聞。具所部有無拖欠及失陷本息。今後給納俵散，如申狀不實，若公吏人并命官之家詭名，假冒卑幼私請；并兩經倚閣，或年終有欠，輒行給散；若公吏人緣給納受乞；或將新蓋舊，抑勒留難：一切違法，當職官及主管官不檢察，提舉官不按劾，仰漕憲并廉訪使者互察聞奏，當議重行黜責。仍許人户越訴。」先是，臣僚言：「神宗皇帝理財之政，莫大於常平之法。比年借支擅用，蓄積、糴本既以兩耗，又吏緣爲姦，邀阻百端，民不肯市。去年諸路水災，常平司錢穀遂不足以賑救，致截撥

〔一〕天頭原批：「脱八年一條。」按此條見《大典》卷七五〇六，文曰：「八年，御筆：『常平斂散法，利天下甚博。而比年以來，諸路欠闕，至未及散，而遽收之，甚失神考制法之意。令常平司恪遵條令，斂散必時。違者，以大不恭論。』」然此條甚可疑，似非《會要》之文。其一，有年而無月日，與前後各條迥異；其二，其文全同於《文獻通考》卷二一。疑是《大典》引《通考》爲注，而漏標書名。

〔二〕移：原作「殆」，據《大典》卷七五〇六改。

〔三〕旋：原作「族」，據《大典》卷七五〇六改。

〔四〕非：原脱，據《大典》卷七五〇六補。

上供。望申戒諸路提舉常平，檢詳前後詔條，舉行如初。歲徧歷所部，精加稽察，繕修倉廩。本錢欠闕，那移應副。州縣官常切依法審度糴糶。其糴兑不行處，依法相度，革邀阻之弊，使民樂市，毋令兼并復擅厚利。仍每[18]歲縣以舊積所糴收息各若干數申州，州申提舉司，提舉司類逐州數申户部，户部總天下數申尚書省，尚書省度大小，以最多寡處取旨賞罰。」故有是詔。

二年三月十三日，户部侍郎虞奕等奏：「常平封樁錢物，本以待朝廷支用。昨緣諸路侵借，總計七百餘萬。大觀二年八月二十二日，詔（三）〔立〕限十年撥還。今年限已滿〔一〕，所還未及三分之一。欲將大觀二年八月已前限滿未還之數，自今年爲始，再限五年均還。其追欠約束，並依已降指揮施行。」從之。

八月二十四日，詔：「諸路今歲豐熟倍常，令常平司依條廣行收糴。」

三年九月二十四日，手詔：「常平之法，所以惠天下、垂後世，其澤甚厚。自熙豐迄今五十餘年，財用之在有司者，詔令具存。比年官失其守，侵耗殆盡，時有水旱，民或流亡，則截上供，發内帑，常平所積殆闕如也，甚非熙豐之旨。如潼川路昌州，失陷常平錢一十三萬。儻諸州類此，則所失豈可勝計？除已行根治外，仰諸路常平提舉官攷究見在實數，或官司移用，開析聞奏。」其後，四年十二月十一日，提舉潼川府路常平鄭庭芬等具常平見在錢物等四十六狀并五冊聞奏〔二〕。詔曰：「前違法侵支、移兑、拖欠、失陷等，并他司借出錢物，並限一月改正，追理撥還，内轉運司限一季。未得歸着數目，令常平司疾速根究。見緣違法等取勘去處，疾速取勘，依條施行。其不可存留之物，變轉出賣。抵當下誥勅、度牒，立限收贖，不管占壓本錢。民間見欠錢物，依條催理。如常平官奉行違戾，當議重行黜責〔三〕。」

五年八月四日，詔：「常平係熙豐成法，不可加損。今後官司妄有申請，意在侵漁〔四〕，令户部按劾以聞。」

六年閏三月十六日，新差提舉河東路常平林積仁言：「欲天下州縣每歲散常平錢穀既畢，即具所請姓名、數目揭示，逾月而斂之。庶使人户遍知，苟爲假冒，得以陳訴。」從之。

七年二月一日，詔：「二麥將登，仰諸路新除常平官，以封樁錢廣行收糴，仍具所糴及價以聞。」

六日，太宰白時中奏：「臣竊以常平之法，元豐成憲。比歲以來，任非其人，官失厥守，侵紊隳廢，浸失本旨。或並緣爲奸，謂如詭名冒請、官吏同爲侵盜之類。或倚公市私，謂如以

〔一〕已：原脱，據《大典》卷七五〇六補。
〔二〕川：原作「州」，據《大典》卷七五〇六改。
〔三〕議：原作「依」，據《大典》卷七五〇六改。
〔四〕漁：原作「魚」，據《大典》卷七五〇六改。

本司錢物獻納之類〔一〕。或名色混殽，用成侵蠹，謂如諸司錢物衮同收貯，致有侵用之類。或徇情假貸，致有失陷，謂如諸司私相那用之類。或散斂無實而本息交廢，謂如州縣散斂，轉息爲本之類。或檢察無方而名實代易，謂如州縣、監司點檢，（已）〔以〕有易無，互換諸司錢物之類。遂使良法善治殆成虛文。願詔執事，覈散給之實，嚴執奏之令，參稽本末，灼見積弊〔二〕，講畫措置行下，申之以告誡，勵之以賞罰。庶幾前日成效，漸可追復。」詔送講議司相度取旨。

六月十六日，詔諸路豐熟州縣，令提舉常19平司據合催今年夏料常平錢物，並依價加一分，取人户情願。折納亦依此施行，不得輒有抑勒。每月令逐州具數申尚書省〔三〕。

義倉

【宋會要】

太祖建隆四年三月，詔曰：「多事之後，義倉廢寢。歲或小歉，失於備豫。宜令諸州於所屬縣各置義倉，自今官中所收二税，每碩别輸一㪷貯之，以備凶歉，給與民人〔四〕。」

乾德三年三月，詔：「比置義倉，以備凶歲，若上言待報，則恐乖軫恤。自今人户欲借義倉粟充種、食，委本縣具災傷人户申州，州即處分，計口賑貸，然後以聞。仍令及時止依元數送納。至時如别有災沴，亦當更與容限。或人户衆多，義倉賑貸不足，亦具奏聞，别發廩充給。」

四年三月，詔：「朝廷比置義倉，以恤百姓，蓋防歉歲，用賑飢民。訪聞重疊供輸，復成勞擾，俾從停廢，以便物情。其郡國義倉並罷之。先有乞限送納者，並從之。」

太宗太平興國七年二月八日，詔：「廬州管内民所逋義倉米萬七千二百四十碩，特貸之。」

八年正月，宋州言：「宋城縣民自周顯德元年所給義倉斛㪷，已經二十餘年，見今督納，民實不逮，率多逃移。欲望與限，至夏秋熟日送納。」詔並除之。

淳化五年十月〔五〕，令諸州惠民倉故穀，遇糴稍貴即減

〔一〕司：原作「同」，據《大典》卷七五〇六改。

〔二〕積：原作「稽」，據《大典》卷七五〇六改。

〔三〕地脚原批：「一本有高宗以下二條，應補抄。又有淳熙至嘉定一卷，亦當抄。」按，所言「高宗以下二條」見《大典》卷七五〇六，然實爲三條，其文如下：「高宗建炎二年，臣僚言：『常平和糴，州縣視爲文具。以新易舊，法也，間有損失蠹腐，而未嘗問；不許借貸，法也，間有悉充他用，而實無所儲。』詔委官偏行按視。〇紹興九年，宗丞鄭髙言，乞以常平錢，於民輸賦未畢之時悉數和糴，即詔行之。上因諭宰執曰：『常平法不許他用，惟時賑饑，取於民者還以予民也。』〇孝宗乾道八年，知台州唐友仲言：『鰥寡孤獨、老幼疾病之人，乞依例取撥常平、義倉賑給。』上以常平米低價出糶，以義倉米賑濟。」至於此批所云淳熙至嘉定一卷，今未見徐稿。

〔四〕天頭原批：「脱一條。」按本書食貨六二之一八複文此條之下引《通鑑長編》一條爲注，所云「脱一條」指此。

〔五〕天頭原批：「惠民倉。」按，以下三條皆言惠民倉事，《補編》頁三一二别標題爲「惠民倉」。然此處前後皆爲義倉，不便别立一目，僅附識於此。

價糴與貧民，人不過一斛。

真宗咸平二年十月，庫部員外郎成肅請於福建路置惠民倉，從之。先是，三司言福建不須置倉，肅以遠俗尤宜存恤，故有是詔。是月勑：「先詔諸州惠民倉，如在市斛㪷價高，人戶闕食，速具聞奏，當差官往彼減價出糶〔一〕。深慮申奏遲延，自今止委知州、通判、幕職官吏互監開倉，比市價減錢，零細出糶。」

咸平二年十月十七日，詔：「令諸路轉運司，管内有惠民倉處，豐熟則增價以糴，歉則減直而出之。」

仁宗慶曆元年九月，詔天下立義倉。先是，判三司戶部勾院王琪言：「自景祐以來，嘗言方今之宜，莫若自第五等戶以上，於夏、秋正税外，每二碩別納一㪷〔二〕，隨常賦以入〔三〕。若遇水旱，但正税得減，則更不輸。各州於邑擇其便地，別置倉以貯之，領於本路轉運使。今天下大率取一中郡計之，夏秋正税粟、麥之類，且以十萬碩爲率，則義倉於一中郡歲得五千碩矣，矧天下所入之廣乎！使仍歲豐登，則積如京坻，不可勝計矣。明道中最爲飢歉，國家欲盡貸飢民，則兵食不足，故民有流轉之患。是時兼并之家出數千碩粟，即稱爲官吏。是豈國家以官爵爲輕歟，特愛民濟物，不獲已而爲之爾。與夫乘歲之豐，收羨餘之入〔四〕，於天下之廣，爲無窮之利，豈不大哉！且自第20一至第二等兼并之家，占田常廣，於義倉則所入常多；自（弟）〔第〕三至（弟）〔第〕四等中、下之家，占田常狹，於義倉則所入常少。及其遇水旱，行賑給，則兼并之家未必待此而濟，中、下之室實先受其賜矣。損有餘，補不足，實天下之利也。」事下有司，會議者多異同而止。至是，琪復上前所議，而仁宗爲特行之〔五〕。

二年正月，詔天下新置義倉，止令上三等（等）戶輸之。

五年七月十六日，知（楊）〔揚〕州韓琦言：「近詔罷義倉，所有斛㪷若便撥入官倉支遣，即恐未副朝廷立義倉示民以信之意。所有斛㪷，乞下諸處據數撥與常平倉附帳，別作一項椿管，或遇水旱災傷，即賑濟貧民。」從之。

皇祐五年七月九日，詔：「荆湖南、北路災傷州軍所將義倉米救濟飢民〔六〕，訪聞司農寺却令理納，甚非朝廷振乏之意，宜特與除破。」

神宗熙寧二年七月二日〔七〕，御史錢顗言：「陳汝義任京東轉運使日，以羨餘貢奉爲名，官吏希望風旨，尚行暴

〔一〕彼：原作「被」，據《補編》頁三二二改。
〔二〕二碩：原作「一碩」。按《長編》卷一三三引王琪此奏作「二㪷別輸一升」，又本條下文云「以十萬碩爲率得五千碩」，可證此句「一碩」當作「二碩」，因改。
〔三〕常：原作「嘗」，據本書食貨六二之一八改。
〔四〕入：原作「人」，據本書食貨六二之一九改。
〔五〕天頭原批：「脱。」按，本書食貨六二之一九複文此條下引《宋朝事實》爲注，又下條末引《山堂考索》爲注，所云「脱」指此。
〔六〕「所」原作「折」，「飢」原脱，據本書食貨六二之二一改補。
〔七〕二日：本書食貨六二之二一作「五日」。

歛。如去年勸誘糧斛入官，以備河北流民，而多不支散；齊州科配義倉，取數太多；曹、濟州諸縣又令耆長代納，民何以堪？乞下京東路，除二稅外，權倚閣諸逋欠，以候豐年。」詔廢義倉，已納者並給還之〔一〕。

十年九月十六日，詔開封府界提點〔二〕，先自豐稔畿縣立義倉之法。

元豐元年二月五日，提點開封府界諸縣鎮公事蔡承禧言：「義倉之法，今率之以二碩而輸一㪷，至爲輕矣。乞今年夏料科税之始，不煩中覆，悉皆舉行。」詔府界諸縣並依(以)〔已〕行義倉法〔三〕，仍隸提舉司〔四〕。

六月二十四日，詔京東、京西、淮南、河東、陝西路，依開封府界諸縣行義倉法。仍以今年秋料爲始。先以將作主簿王古言〔五〕：「去歲詔講復義倉，試於畿邑，已不擾而行。欲乞於豐稔路，委提舉司勘會省税、常平、免役錢穀欠閣共不及三分處〔六〕，先推行。庶幾數年之間，即見成効。」故有是詔。

十月十八日，權發遣興州羅觀乞頒義倉法於川峽四路〔七〕，從之。

十二月六日，詔：「應鄉村民願以所納義倉糧别鈔就便納縣倉者，聽。」從知管城縣趙燮請也。

十五日，詔民納税不及㪷者，免納義倉。

二年二月五日，詔威、茂、黎三州罷行義倉法。初，興州羅觀乞置義倉於川(陝)〔峽〕四路，許之。既而成都府路提舉司言：「威、茂、黎三州，夷夏雜居，税賦不多，舊不推行新法，歲計、軍儲皆轉運司支移蜀州税米就輸，及募人入中，恐不可置義倉。」故有是詔。

十二月二十八日，詔雅州榮經縣依茂、威、黎三州免輸義倉米。蓋以所領户雜蕃夷也。

八年十月十六日，詔罷義倉。其已納數，遇歉歲以充賑貸。

哲宗元祐八年五月一日，監察御史黄慶基言：「朝廷覆育海内，無有遠邇，一視而同仁。至於捄患卹灾，欲民無失所之歎者，尤加意於賑濟。故比歲 21 淮甸旱，倉廩不足以給民，至以上供綱運米賑之。前年浙西水，本路歲計不足，致使江西、湖北運米以濟之，所費無慮數百萬。然而不惜重費〔八〕，以濟一時，不若修舉良法，以垂惠於萬世。蓋義倉者，良法也，始自隋長孫平建議，元豐間而先帝復行其法，以爲隋唐取於民太重，慮民不堪其求，於是納苗米一碩

〔一〕天頭原批「脱」。按，本書食貨六二之二一此條下引《九朝紀事本末》爲注，「脱」指此。
〔二〕提點：原作「提刑司」，據《長編》卷二八四改。
〔三〕詔：原作「語」，據本書食貨六二之二二改。
〔四〕天頭原批：「脱《九朝紀事》條。」按，見本書食貨六二之二二，乃注文。
〔五〕古：原作「吉」，據《長編》卷二九〇改。
〔六〕欠：原缺，據《長編》卷二九〇補。
〔七〕峽：原作「陝」，據《長編》卷二九三改。
〔八〕惜：原作「措」，據本書食貨六二之二三改。

者輸義倉米五升，可謂至薄矣。夫樂歲粒米狼戾，雖多取之不爲虐。又況納苗米一碩，止輸五升，固非重歛也。蓄積稍豐，或有水旱，則所至倉廪自足以濟民矣。臣去歲道過太平州，見飢民甚衆，而無流亡溝壑者，蓋猶有當日義倉所積之米足以賑濟故也。又聞蘇、湖之民雖蒙朝廷運米以濟之，然飢者朝不及夕，往往不得霑上之惠，而殍殕者多矣。乃知義倉誠天下之良法。今其條制具在，望自今歲復行。」詔令户部詳度。

紹聖元年閏四月十六日，侍御史虞策請復置義倉[一]。三省言：「舊行義倉法，上户苗税率一碩出米五升。」詔除廣南東、西路外，並復置義倉，自來歲始。放税二分以上，免輸。所貯義倉〔米〕，專充賑濟，輒移用者論如法。

徽宗政和元年正月二十二日，臣僚言：「《元豐義倉令》，計所輸之税㪷納五合。《大觀勑》應豐熟計一縣九分以上，增爲一升。乞罷所增之數。」詔依元豐、紹聖法。

七月六日，户部言：「立到『諸義倉計夏秋正税穀數，無正税穀處，物帛之類折爲穀者，准此。每一㪷別納五合，同正税爲一抄，不收頭子、脚剩錢』，及『民限當日交入本倉。出剩通正税盤量都數紐計。即正税不及一㪷，并本户放税二分已上及孤貧不濟者，免納』等條。」詔依。以臣僚言：「省倉遇納到正税米，不即分撥義倉，轉運司多以闕乏，隨時支遣。欲於紹聖本條内，增條『過一日不撥，監、專杖一百；一日加一等，罪止徒一年』，及『因而他司移用，並依已降指揮，依擅支法施行』。」詔令户部立法故也。

二年五月二十五日，提舉京西南路常平等事范域言：「《紹聖常平免役令》：『諸納義倉穀而税應支移者，隨税附旁送納，仍准數以本處省税穀對換。無税倉處，截留下等户税。』近年轉運司多將省税量度闕剩，更互支移非要便縣分。契勘逐縣每料合納義倉之數，並依無税倉例，截留下户税，使就本處送納。伏望下有司立法。」詔令户部立法。

宣和二年三月十六日，詔：「義倉本以待水旱。頃歲諸路灾傷，有司便文自營，並不陳乞通融支用，截撥過上供年額米斛數多，致闕中都歲計。可將京畿東路、江南東西、兩浙、荆湖南北路見在義倉穀數，留三分以待本路支用外[二]，餘並令逐路提舉常平、轉運、輦運、撥發司官同共計置起發上京，補還截過上供額米斛，免執奏。内不係沿流州縣措置移那，並限至今年十月終盡數到闕。係御筆處分，如 22 敢執占，以稽滯御筆論。逐司官先具措置般發次第聞奏。」

七月七日，臣僚言：「近降指揮，京畿見在義倉穀留三分以待本路支用，合起七分義倉斛㪷三十六萬餘碩，内除沿流及中牟、鄭州合起十二萬碩兑與本路轉運司支用，并沿流尚有二萬餘碩可以兑那外，不係沿流去處，並合用車

[一] 策：原作「榮」，據本書食貨六二之二三改。
[二] 留：原脱，據本書食貨六二之二四補。

乘般載赴闕〔一〕。訪聞合起州縣，並科配民自備車乘、人畜起發。又義倉久積之穀，起發㪷面必須大段虧少，至此却科敷取足，必致大困。伏望依近降指揮，兑與京畿運司，令充逐處係省支用，却將兩浙等路起赴本路額，據數支撥至京卸納。州縣合起義倉數，既已兑充本處係省支用，合將賦税依法支移，遞償補填。」詔依前奏，疾速行下。

五年四月十三日，成都府路轉運司言：「奉詔措置糴米賑濟事。本路自淳化間民艱食，未有出糴常平、義倉賑濟之法，遂糴省倉米五萬碩〔二〕。今價稍平，民無闕食。如遇米貴，乞將常平、義倉米減價出糶，歲稔，糴以補之。候本司歲計有餘，依舊支糴省倉米。」從之。

六月九日，詔：「自今諸州供申義倉并二税納畢帳，並立項開説逐縣，通計一州豐熟分數。」

六年正月二十六日，京畿轉運司言：「京畿七分義倉穀苗起發上京，約一十萬餘碩，往往不係沿流縣分樁管。欲依宣和二年七月七日已降指揮，並兑宣和六年分歲額，據取過斛㪷，却於淮、浙起赴京畿宣和六年分歲額内，令逐路一面如數依限間綱起發上京。」從之。

五月七日，詔：「義倉積穀，本以備賑濟，著在元豐成憲。昨令所在存留三分，非唯見在之數不多，兼終違神考立法本意。今後義倉，並依《紹聖常平免役令》，唯充賑給，更不得起發赴京。」

六月二十八日，提舉京西北路常平等事李與權言：「欲今後轉運司科撥訖，限一日關報常平司；逐州承轉運司科撥，本州分科下逐縣訖，亦限一日申提舉常平司〔三〕，庶可檢察義倉斛㪷。」從之。

七年五月八日，軍器少監呂源言：「信州額理秋苗一十萬八千餘碩。若每㪷納義倉一升，歲合理義倉一萬八千餘碩，其義倉帳只理納到六千餘碩。自宣和元年至五年，實收義倉穀共二萬二千餘碩。饒州去歲人户有納正税三二十碩，却只納義倉三五斗。而本路州縣，其間有只行催理正税，不曾依條同爲一鈔輸納，往往獨欠義倉。欲申嚴條法，將今來所陳行下諸路，依此檢察，免致失陷，於常平司賑給之費不爲無補。」從之。以上《續國朝會要》。

高宗紹興二年十二月七日〔四〕，臣僚言：「常平租課，願納價錢者聽，此紹聖成法也。省部令監司不得折納價錢，於是監司執省符催納本色。一旦盡催本色，剗刷積年逋欠，亦不許納價錢，則困民甚矣。願詔省部、監司遵守成
23 法，庶幾州縣奉行，不致違戾。」詔常平租課折納價錢〔五〕。

五年四月十六日，詔令江南東西、兩浙、福建諸州軍守臣各行體度本處米價，如是騰踴，仰將見在常平米斛依條

〔一〕乘：原作「剩」，據本書食貨六二之二五改。
〔二〕遂：原作「逐」，據本書食貨六二之二五改。
〔三〕亦：原作「依」，據本書食貨六二之二六改。
〔四〕天頭原批：「常平。」
〔五〕價錢：原作「錢價」，據本書食貨六二之二六乙。

出糴。候秋成日，却行收糴撥還，依舊椿管，仍令常平司拘收。

十月九日，三省言：「湖南、江西歲旱，田畝灾傷，自今秋成之際，民間已是缺食，恐至來春大飢。欲令常平司多方廣糴，以備賑濟也。」上曰：「朕聞江、湖歲歉，夙夜爲憂。常平法自漢以來行之，乃是救荒之政。自祖宗專用義倉賑濟，最爲良法。比來多有失陷〔一〕，可降指揮申飭有司稽考之也。」上又曰：「江西、湖南歲歉，恐來春艱食。雖已廣糴以待賑濟〔二〕，可更令監司、守臣勸課種麥，庶來歲有以接濟飢民。仍更丁寧，示朕夙夜念民疾苦之意。」

同日，殿中侍御史王縉言：「近年以來，常平中罷，而義倉之法亦名存實亡。官司借兑支遣〔三〕，例皆不即撥還。其有支移、折變去處，更不收納，一有水旱，飢民流移，官司何以賑給？欲望申嚴義倉之法，應州縣納到米數，並別敖椿管，不得擅有支動。其有支移、折變及就便輸納去處，並通計一縣合收之數，截留下户苗米，於本縣送納。上户折變數多，願就納本色者，聽從便。庶幾有以備水旱之變，無坐視流移之患。」詔令户部限一日勘當，申尚書省。

六年三月五日，詔：「荆湖南路所起諸州縣減下吏人雇食錢，權暫裁留作本，添助趁時廣行糴米，以備賑濟。候將來出糴到價錢，依限起發赴行在送納。」從之。先是，詔令本路將前項錢變轉輕賚，發赴行在，至是，本路言潭、衡、永州灾傷，見措置賑濟，故有是詔。

七年九月二十二日，明堂大禮赦：「勘會人户遇灾傷，缺乏種、食，依常平法，許結保貸借常平錢穀，限一年隨税送納。内有委實貧乏無可輸納人户，理合矜憫，可令諸路常平司行下所屬州縣，逐一取見紹興七年正月一日以前應未輸納錢穀〔四〕，内委實貧乏、無可輸納者，仰本司審驗詣實〔五〕，開具所欠數目，保明申尚書省，取旨蠲免。」十年九月十日明堂，十三年十一月八日、十六年十一月十日、十九年十一月十四日、二十二年十一月十八日、二十三年十一月十九日、二十八年十一月二十三日南郊，三十一年九月二日明堂，並同此制。

九年七月二十三日，臣僚言：「國朝盛時，府界、諸路所積常平、義倉米幾千五百萬斛。天灾代有，民無流離餓殍，由有備也。艱難以來，用度不足，或取以給軍須，至於州縣他費，因以侵用，比年往往銷費殆盡，甚乖祖宗憫人恤灾之意。今日經制，議者止謂盡行經畫〔六〕，以應支遣而已，至於察其豐凶以謹散斂，勸其貯納以待賑給，未之聞也。大抵有司務紓目前之責，不思久遠之計，遂指言者無事預備之言以爲迂緩。不幸一有二三千 24 里水旱蟲蝗之

〔一〕陷：原作「限」，據本書食貨六二之二七改。
〔二〕已：原作「以」，據本書食貨六二之二七改。
〔三〕兑：原作「充」，據本書食貨六二之二七改。
〔四〕興：原作「聖」，據本書食貨六二之二八改。
〔五〕詣：原作「指」，據本書食貨六二之二八改。
〔六〕「止」原作「以」，「畫」原作「盡」，據《建炎要録》卷一三〇改。

憂，言之何及！謂宜准舊制，更加修明侵移擅用格奏之令〔一〕，使祖宗恤民備災之政不寢於聖代。」詔令户部檢坐見行條法，措置申嚴行下。

十二年五月二十三日，詔：「衢州米貴，細民不易，將義倉米置場出糶一萬碩，具實價供申朝廷〔二〕。并户部不得容令合干人作過，低估虧本，計會占糶，不及細民。仍令浙東常平司檢察施行。」從本州所請也。

十三年五月二十五日，户部言：「西州軍米貴，逐處義倉米見在數多，欲令各處取撥一萬五千碩〔三〕，量減市價，委官出糶，務要惠及細民。仍委轉運、常平司勸諭兼并之家，無得邀價閉(糴)〔糶〕〔四〕。」從之。

十五年五月十三日，大理寺丞周楙言：「頃因臣僚建言，諸道有生子不舉者，屢勤詔旨，申嚴勸誘，纖悉備至。應貧乏家生男女不能養贍者〔五〕，每人支錢四千，於常平或免役寬剩錢內支給。雖帝堯之嘉孺子，文王之保小民，莫過是也。切聞之，州縣免役寬剩錢折收微細，生民至多，豈能賙給？陛下誠欲實德及民，莫若量發義倉之粟以賑之。所在義倉，隨苗輸納，不許出糶，陳陳相因，至有紅腐而莫敢移用者。歲率一路發千斛以活千人，以諸路計之，一歲所全活者，不知幾何人也！此令一行〔六〕，民被嘉惠，仰荷君父之恩〔七〕，俯篤天性之愛，將見餘風曠然丕變〔八〕，人樂有子矣。」詔令户部措置，申尚書省。户部言：「乞下諸路常平司，依今來臣僚奏請事理，行下所部州縣，遇有下等貧乏人户生產男女，即時於見管常平、義倉米內每人改支米一碩。內鄉村去縣稍遠處，委本縣措置，將義倉米準備支散。務要實惠貧弱，無令合干人作弊阻節，減尅入己。若稍有滅裂違戾去處，按治依法施行。」

八月二十六日，權户部侍郎王鈇言：「江東西、湖南路今歲雨澤霑足，年豐米賤。若不趁時收糴，無以備水旱緩急之須，亦有傷農之患。欲令諸路常平司，將諸色錢除留歲用外，盡行取撥，委官措置，趁時收糴〔九〕，別項樁管。」從之。

十八年閏八月二十八日，御史臺主簿陳夔言：「伏覩《常平令》，歲十月州縣籍民之老疾貧乏不能自存與凡乞丐者〔一〇〕，廩給之，至三月而止。而州縣之吏，去朝廷稍遠者，往往類不知奉行。孟冬之月，未嘗檢察老疾、乞丐之人而籍之，不過行移文書，以應格、令而已。所謂日給之米，乃

〔一〕令：原作「今」，據本書食貨六二之二八改。
〔二〕具：原作「其」，據本書食貨六二之二八改。
〔三〕處：原脱，據本書食貨六二之二九補。
〔四〕得：原作「待」，據本書食貨六二之二九改。
〔五〕贍：原作「瞻」，據本書食貨六二之二九改。
〔六〕此：原作「比」，據本書食貨六二之二九改。
〔七〕恩：原作「思」，據本書食貨六二之二九改。
〔八〕丕：原作「不」，據本書食貨六二之二九改。
〔九〕糴：原作「糶」，據本書食貨六二之三〇改。
〔一〇〕與凡：原作「凡與」，據文意乙。

或移之他用，或糜於侵盜，豈不上負陛下之良法美意哉！欲乞睿斷，專責監司常切覺察，有敢因循，重寘典憲。」上因宣諭曰：「義倉之設，其來尚矣，所以備凶荒、水旱，救民於艱食之際，誠仁政之所先也。訪聞比年以來，州縣奉法不虔，或侵支盜用，而監司失於檢察，或賑濟無術，而僻遠窮困之民不得均被其惠，非所以稱朕矜恤元元之意。宜令户部措置。」户部言：「乞檢坐見行條法，申嚴行下諸路常平司，約束所25部州縣，恪意奉行，依時給散，務要實惠貧乏、乞丐之人。仍仰本司常切覺察，如有似此違戾去處，按治依法施行。仍令諸路提刑司更切覺察施行。」從之。

二十年九月一日，上諭宰執曰〔一〕：「國家設常平倉，正爲儲蓄以待水旱賑濟。宜令有司以陳易新，不得妄有侵移。若臨時措畫，假貸積穀之家，徒爲虚文，無實效也。」

二十二年正月二十一日，大理評事莫濛言：「州縣間常賦秋苗、義倉，官耗各有定數，而受納官吏往往於額外別立名色，謂之『加三收耗』及『脚耗』之類，民户受弊，至有納一、二倍纔及正額者。其多收在官之數，止資官吏侵盜欺隱。乞令有司檢坐條法行下，每遇受納，揭示民間，許令越訴。仍令監司、郡守常切覺察，如有違戾，按劾聞奏。」從之。

二十四年九月四日，監登聞鼓院曹紱言：「常平之法，肇自前古，迨及聖朝，嘉惠元元。其出納之方，尤切注意〔二〕：米賤則斂之於官，貴則散之於民，使農、末皆利而國用益裕，是堯、湯先具之備也。今者時和政協，歲已告豐，視向日新陳未接之際，其價益平。然能因天之所與以利于下，實甚盛之舉也。欲望明詔有司，俾令州縣及時廣糴，使倉廩充實，異時用以賑貸，則下民永無乏食之患。」詔令户部措置，申尚書省。其後户部言：「乞下諸路常平司，嚴切行下所屬，遵依見行法條及已降指揮施行，毋致稍有違戾。如本司不切檢察，即仰漕、憲司按劾施行。」從之。

十月三日，三省言：「諸路州軍今歲豐熟，間有高田旱傷去處。」上曰：「令常平司措置通融糴糶，務令兼濟，毋致失所。」

二十六年二月二十五日，國子監丞徐時舉言：「切觀自祖宗立常平之法，穀賤則增價糴之，不使傷農；谷貴則減價糶之，不使傷民。本末不傷，公私爲利，誠萬世不刊之典。臣觀今日郡縣，惟常平所積，動盈億萬。然米積既久，慮多陳腐，其一路使者及守倅、法官又以擅移動者獲罪非輕，不敢變易。乞詔有司於新陳未接之前，許將常平所積陳米減價出糶。一則在市米價無緣稍增，二則在倉之米以陳易新，三則郡縣多積，民食不匱。至於秋成，又許據見在錢數，以三分之一增糴新米，嚴爲約束，以絶弊倖。兹亦理財之先務也。」詔令户部措置。其後户部言：「乞下諸路提

〔一〕「上諭」上原有「時」字，據本書食貨六二之三〇刪。

〔二〕意：原作「義倉」，據本書食貨六二之三一改。

舉常平司，常切鈐束所部州縣遵依見行條法〔一〕。仍椿辦本錢，候將來秋成日，廣行收糴米斛，如法收椿，即不得抑勒搔擾。如有違戾去處，本司按治，依法施行。若本司失於檢察，即仰漕、憲司按劾施行。」從之。

四月二十四日，侍御史湯鵬舉言：「祖宗常平條制〔二〕，萬世之良法也。比者，前司農寺丞王炎輒妄申陳〔三〕，乞將諸路州軍見管常平錢盡收糴米斛，起發赴行在；而前兼權户部侍郎鍾世明因此申陳，又令諸路每歲撥積年陳次米斛一十26五萬碩起赴行在省倉等處，支遣大軍糧食。臣切見王炎、鍾世明所申，委實耗蓄積之財用，壞已成之良法。若謂以新易陳，則自有條令，州縣自應依法逐歲换易；若謂欲起陳腐之米，支給大軍食用，則深爲不便。乞申嚴有司遵守常平條制，自今以後，不得輒有奏請。王炎、鍾世明小官，敢爾申請，沮壞祖宗之成法，乞賜黜降。」詔依奏，王炎、鍾世明各特降一官。

八月十四日，宰執進呈淮南漕司開具到本路諸州縣米價，其間最賤處，每㪷不下一百二三十文。上曰：「昨聞淮南路米價極賤，朕恐太賤則傷農，故欲乘時收糴以惠民。今具到米價如是，則未須忙。候將來價減，每碩亦不下一千。至時若户部無錢，朕當自支一百萬貫令收糴。」沈該等曰：「陛下愛民之心如此，可謂至矣。」

十月二十八日，尚書省言：「諸路州軍見在常平、義倉米數，切慮日久，因而陳損。」詔令户部行下逐路常平司，將見椿管米先次支遣，却將今年收到秋苗依數撥還。候省限滿，椿管數足，申尚書省差官前去點檢、盤量。

閏十月三日，尚書省言：「諸路州軍見管常平、義倉米斛，其間有不及萬碩大段數少去處。今來米價低平，合行措置收糴。」詔令諸路常平司相度，將見管米斛數少去處，用所椿糴本錢措置趁時收糴〔四〕。仍開具合糴州軍及糴到數目申尚書省。

二十七年十月二十一日，户部言：「義倉米依法隨苗輸納，令項椿管〔五〕，專充賑濟。州縣多不即時據數取撥收椿，或並隨苗赴州倉送納，更不撥還，外縣兼有折納價錢去處。非唯違法，委是有悮賑給。欲令逐路常平司常切覺察，有違戾去處，按劾施行。」從之。

二十八年四月十七日，詔：「每歲春夏之交，新陳未接，諸州自合將常平米依條出糶。訪聞近來有失奉行，不唯不能接濟小民，亦因致陳腐。可令諸路常平司行下州縣，以時量減價錢出糶。其收到價錢，秋成日盡數收糴，依舊椿管。仍逐年具糴糶過數目申尚書省。」

二十二日，上諭輔臣曰：「常平、義倉米，所以待水旱

〔一〕鈐：原作「鈴」，據本書食貨六二之三二改。
〔二〕「祖」上原有一「而」字，據本書食貨六二之三二删。
〔三〕申：原作「中」，據本書食貨六二之三二改。
〔四〕所：原作「作」，據本書食貨六二之三三改。
〔五〕項：原作「須」，據本書食貨六二之三三改。

之變，緩急賑貸所不可闕，須委官點檢見在，勿令移易。若不先事預備，臨時科取於民，定成虚文，無補實効。」宰臣沈該等奏曰：「今州縣間往往皆有儲積，其浙東路欲委提舉官審實，具數以聞。」

二十四日，提舉兩浙東路常平茶鹽公事都潔言：「諸路州縣每遇官司減價糶米，其監糶官多是容縱公吏等人詭作小民姓名，過數多糴。伏望行下諸路，凡有此弊，必加以刑，其監糶官吏亦寘于法，則缺食之民悉被實惠。」從之。

七月六日，婺州守臣言：「依准指揮，許撥義倉米二萬碩應副出糶。今將糶盡，乞於義倉米内更撥五千碩，接續出糶。」從之。

九月十（十）〔一〕日〔一〕，權兩浙路計度轉運副使湯沂言：「諸路州縣每歲秋稔，穀不勝賤，暨27交春夏，米必騰貴。蓋緣秋成之時，所在不曾措置糴買，兼并之家乘賤收積，以幸春夏邀求厚利〔二〕。縱州縣賑糶官米，不過及城市百姓。欲望專委諸路提舉司，至歲正二月以後，減價出糶，錢依舊椿還常平庫〔三〕，遇秋成日收糴。」

十四日，左正言何溥乞命有司討論故實〔四〕，度户口以制多寡之數〔五〕，鬻官田以充收糴之本〔六〕。於是户部言：「常平米依法賑糶，義倉唯充賑給。若擅支借移用，以違制論。蓋緣日前州郡省計不敷，妄以兑易新穀爲名，暗行侵用，常平司並不躬親點檢。兼累承指揮，諸路灾傷州軍，内有常平米斛闕少去處，合撥義倉米相兼賑糶，候秋成補糴。及看詳常平司有拘收到州縣應没官、户絶等田，除紹興二十年至二十六年租税已行起發，緣常平司多拘收到人户塲務、抵當〔七〕、户絶等田産，今欲下諸路常平司行下所部州縣〔八〕，將紹興二十七年〔九〕、二十八年所收椿管錢米〔一〇〕，取見實數，盡行撥入常平窠名。仍將見今出賣没官等田産所收價錢〔一一〕，取撥三分，相兼應副常平糴本〔一二〕。仍令州縣趁時收糴。所有奏乞度户口以制多寡，亦乞下諸路常平司約束施行。」從之。

二十三日，禮部言：「江南西路州縣道觀，多有朝廷撥賜田産，近來至有全無道士去處，其田産盡爲他人侵耕盗用。欲自今更不撥充學糧，令常平司拘收，别項椿管。」從之。

〔一〕十一日：原作「十十日」，據本書食貨六二之三四改。
〔二〕求：原作「永」，據本書食貨六二之三四改。
〔三〕椿：原脱，據本書食貨六二之三四補。
〔四〕何：原作「河」，據本書食貨六二之三四改。
〔五〕制：原作「致」，據本書食貨六二之三四改。
〔六〕鬻：原作「嚮」，據本書食貨六二之三四改。
〔七〕抵：原作「坻」，據本書食貨六二之三五改。
〔八〕諸：原作「請」，據本書食貨六二之三五改。
〔九〕將：原作「收」，據本書食貨六二之三五改。
〔一〇〕收：原作「放」，據本書食貨六二之三五改。
〔一一〕出：原脱，據本書食貨六二之三五補。
〔一二〕糴：原作「糶」，據本書食貨六二之三五改。

二十五日〔一〕，三省言：「權户部侍郎趙令詪言：『州縣義倉米遇積久陳腐〔二〕，即行出糶。及水旱灾傷，乞檢放及七分，便許賑濟。』宰臣沈該等奏曰：「在法，義倉米止許賑濟，若行出糶，恐失豫備也。」上曰：「逐郡義倉米自有定數，若每歲量糶十之三，椿收價錢，次年依數收糴撥還，亦何至侵損數目？又如灾傷檢放，一州通及七分方許賑濟，飢荒自有高下，必須及七分，則合賑濟絶少矣，饑荒之民，何繇獲濟？卿等可别作措置。」沈該等奏曰：「陛下卹民之念，可謂切至。臣等當遵依聖訓，别擬進呈。」於是詔令諸路常平司，據州縣所管義倉米，以十分爲率，量行出糶，歲不得過三分。拘收價錢，次年糴還。仍歲具糶過數目申尚書省。

二十九年六月十九日，詔：「浙西差司農寺丞韓元龍，江東差平江府通判任盡言，日下前去徧詣州縣，同主管官覆實的確見在常平、義倉米、錢物數，除程限一月，開具以聞。如州縣違慢隱蔽，並許劾奏。仍將侵支〔三〕、借兑、失陷數目，報提舉常平官措置以聞。諸路並委漕臣准此。」先是，提舉浙西常平茶鹽公事吕廣問言：「常平、義倉之法，廣儲蓄以待不時之須，事久廢弛，名在實亡。縱有見存，類多陳腐。主藏之吏不過指廩固扃，執虚券以相授受。蓋緣法禁至重，干連猥多，間有州縣稍有便文去處，時暫受納省米入倉充填元數，假託以新易陳之法，隨手復支，常將一歲米斛抵擬兩司名 28 色。設有支遣，豈不悮事？欲望每路遣官一員，同提舉徧行檢察，若干係積久欠折，驗實除豁；若干係近新借兑，責限補還；自餘實若干，嚴切椿管。今後依條對兑，先交新米入倉，方得支撥陳米。又常平錢物，兵火以來，前後因循，至失稽考，今若一旦便付所司，州縣之間展轉干繫，總計諸路，何啻數千人！又況有逃亡貧乏，無可理償，獄事繁興，徒傷和氣。」故有是命。

閏六月一日，詔秀州崇德縣丞路樗先次放罷。以司農寺丞韓元龍劾樗掌常平〔四〕、義倉米斛，隱蔽違法，虚作收盤數目故也。

十二日，中書門下省言：「近已差官覈實常平、義倉米斛、錢物，今來若便行根究，切慮州縣妄有科借，却致搔擾。」詔：「令所差官同主管官依已降指揮，先次開具的確見在實數申尚書省；如有借兑、欠折數目，報提舉司措置。内侵欺盗用，候事畢日，類聚申取朝廷指揮。州縣輒敢科擾於民，仰提舉司覺察，按劾以聞，當議重寘典憲。」

七月十八日，司農寺丞韓元龍言：「浙西州縣出糶米錢，其見在庫無慮六十餘萬。今歲中稔〔五〕，乞下常平司官措置，盡數收糴米斛，别廒收貯，不得與舊管及新納到義倉

〔一〕天頭原批：「二五」一作「八」。按本書食貨六二之三五作「八」。
〔二〕遇：原作「過」，據本書食貨六二之三五改。
〔三〕將：原作「收」，據本書食貨六二之三六改。
〔四〕「丞」下原有一「縣」字，據本書食貨六二之三六删。
〔五〕今：原作「念」，據本書食貨六二之三七改。

米交雜。或恐逐縣散漫，難於稽考，則併於本州收糴樁管，不得妄行科擾，及有侵隱移兑。稍有違戾，重作施行。」從之，仍令浙西常平官措置，具接續收糴數目申尚書省〔一〕。

八月三日，祕閣修撰、兩浙路轉運副使錢端禮言：「近者支降錢本，廣行收糴，監糴之官，次第立賞。措置經畫，全在守倅，乞應諸州收糴先次數足者，許令具守倅姓名取旨。如或慢令弗虔，亦乞具不職官吏以聞。」又言：「常平米斛，前此州縣多行侵用。今來朝廷支降本錢收糴，即合如法收貯，別項樁管。欲望預行戒約，如敢移易兑借，並依違制科罪。若向去積年陳次，即仰具申朝廷聽旨，許將苗税米以新易陳，免損蛀之患。」並從之〔二〕。

十一日，詔：「令淮南東西路常平司，將見管常平錢盡數取撥，委官置場，趁時收糴。如人户情願中糴稻穀，仰本司以三分爲率，收糴一分，於沿流州軍樁管。仍逐旋具糴到數申尚書省，即不得科配民户，却致搔擾。」

二十六日，中書門下省言：「州縣義倉米，係合隨苗送納，往往抑令別鈔，又行收耗。」詔令户部申嚴約束，仍多出文榜曉示。如違，許民户越訴〔三〕，州縣委監司、漕司委户部按劾，取旨重作施行。

十二月五日，臣僚言：「欲望特降指揮，將浙西路自紹興二十三年以前應合追理少欠常平米斛、錢物，委當職官驗實除放。其二十四年以後者，分立近限追理，限滿，則選差清强官覈實。稍有違慢，重寘典憲。」從之。

三十一年十月六日，詔：「令兩浙、江東西、湖南路常平司，委官分詣所部州縣，據見管米數子細看驗，分爲上、中、下三等，各具色額及有無 29 不堪之數，限五日開具申尚書省。」

十三日，守殿中侍御史杜莘老言：「朝廷近收兩淮、湖廣等路常平、義倉米，委官覈其實數，令逐處樁管，應副不測使用。望特降指揮，令四川漕臣將諸州軍常平、義倉米數，差官往諸處點檢覈實，日下樁管。」從之。以上《中興會要》〔四〕。

紹興三十二年十一月十四日，孝宗即位未改元。臣僚言：「伏覩近日於淮東、西總領司各樁苗米一百萬碩，備宣撫司移屯支用。內撥浙西常平米一十三萬二千餘碩往淮東〔五〕，撥江東常平米三十七萬四千餘碩往淮西。竊惟常平一司，蓋以備水旱、盜賊緩急之用。今浙西一路所管雖號三十七萬二千餘碩，江東一路所管雖號九十七萬一千餘碩，然而積年陳腐，及移易、借兑、耗折、侵欺之數殆居其半，一旦三分取一，兩路所積，幾無餘矣。間遇水旱、盜賊之變，將何

〔一〕接：原作「按」，據本書食貨六二之三七改。
〔二〕並：原作「益」，據本書食貨六二之三七改。
〔三〕訴：原作「訢」，據本書食貨六二之三七改。
〔四〕此注原無，據本書食貨六二之三八補。
〔五〕撥：原作「發」，據《宋史全文》卷二三下改。

以爲備乎〔一〕？望詔二三大臣諭户部長、貳別行措置，應副樁積。」詔户部看詳。已而户部申：「乞於兩浙漕司和糴米撥一十三萬二千餘碩赴淮東，江東、西漕司和糴米并江西上供米、建康中納米九千碩共三十七萬四千餘碩赴淮西〔二〕，充樁積米。其江東、浙西常平米，更不取撥。」從之。

十二月十日，福建常平司言：「比本路糴過常平、義倉米一十一萬六千三百餘碩，收錢二十五萬餘貫。已委官置場收糴，准備賑糶。」詔：「福建見管常平、義倉米尚多，將糴到錢貫〔三〕，於内撥十萬貫措置收糴，其餘錢十五萬貫，專充本路州軍添招五分弓手錢。」

孝宗隆興元年十二月二十五日，詔：「臨安府近緣河道淺澀〔四〕，客米興販未至，深慮民庶艱食。可將本府見管常平、義倉米減價出糶。其糶到價錢〔五〕，不得妄用，候秋成日旋行補糴。」從中書門下省請也。

二年二月二十七日，敷文閣待制、知台州趙伯圭言：「本州闕雨日久，二麥未熟，米價踴貴，細民艱食。依已降指揮，將見管常平〔六〕、義倉米賑糶。竊慮貧民艱得見錢，欲特量行賑借第四等已下貧乏之户，候秋成日，依元借數隨苗償官。」詔依。自餘灾傷州郡依此施行。

乾道元年三月六日，臣僚言：「比因户部申請〔七〕，將會子一百萬道兑起諸路常平錢一百萬貫，却於會子上批鑿『不許支用』，是致諸路常平司取應干錢物盡數起發，無復見存。或遇歉歲，賑糶、賑濟之惠何所倚辦？欲乞行下諸路，將户部所降會子且以三分發赴行在，改换批鑿，許充糴本，以爲異時之備。」從之。

四月六日，詔：「去歲兩浙被水州郡民庶艱食，累降指揮，以常平、義倉米減價賑糶，所有糶到價錢，州委通判、縣委縣丞，拘收封樁，不得移易借兑，候秋成日，盡數收糴補額。仍先具見樁錢數申尚書省。餘路依此。」

八月十四日，中書門下省言：「常平、義倉米，舊 30 許州縣以新易陳，緣此多有借兑支遣者。今秋成在即，乞敕諸路提舉常平司下諸州主管官，間有借兑數目，於受納秋米内依數撥還。」從之。

十一月七日，詔：「福建提舉司具到本路見在常平米九萬九千二百餘碩、義倉米二十九萬五千六百餘碩。令本司契勘，如無陳腐，不須更行收糴。」從中書門下省請也。

二年二月二十二日，詔司農少卿陳良弼前往浙東點檢常平等倉。於是良弼言：「被旨點檢浙東常平米。所至州縣合抽摘盤量，若就用當處斗級，慮難機察。乞於行在省

〔一〕將：原作「收」，據本書食貨六二之三八改。
〔二〕四千：原作「四十」，據本書食貨六二之三九改。
〔三〕將：原作「收」，據本書食貨六二之三九改。
〔四〕淺：原作「錢」，據本書食貨六二之三九改。
〔五〕糶：原作「糴」，據本書食貨六二之三九改。
〔六〕將：原脱，據本書食貨六二之三九補。
〔七〕「比」原作「此」，又「請」下原重一「請」字，據本書食貨六二之三九改刪。

倉見管軍斗指差一名隨逐前去。其州縣有山僻去處，若候偏歷，切恐往復，徒有煩擾，欲專委諸州主管官日下親往點檢，具詣實明文申。或有侵盜、移易，許將當職官吏姓名按劾聞奏。」並從之。

四月二十四日，陳良弼言：「浙東七州見樁粳米二十五萬五千四百餘碩，其間已有陳次數目，若經暑濕蒸壞，折欠愈多。其見管糯米一萬一千二百餘碩，即非賑濟、賑糶可用之物。」詔行下本路，須以新易陳，不得損壞官物，其糯米即仰變轉收糴。

二十六日，陳良弼言：「比點檢浙東七州常平倉，其間失陷、借支、壞爛、失收米麥共二十七萬六千二百二十餘碩，并常平錢一萬四百四十餘貫。乞委提舉官遍詣所屬，剗刷係省錢米(價)〔償〕納。如所償未足，候受納秋苗日，並盡數償還。」從之。

十一月十二日，臣僚言：「國家置常平、義倉，爲水旱、凶荒之備。近來州縣循習借用，多存虛數。其間或未至侵支，亦不過堆積在倉，緘縢惟謹，初未嘗以新易陳，經越十數年，例皆腐敗而不可食用。乞下逐路常平司申儆州縣，常切以新易陳，無致損壞。仍差官盤量見在實數申奏。」從之。

三年正月十六日，户部言：「諸路歲糴米一百萬碩，權行住糴。節次承降指揮，科撥和糴北場先拋降下未糴現在錢銀〔一〕，并兩浙運司合樁今年歲額糴本移用錢，及諸路常平剩下糴本等錢，共二百萬貫，令行在并隆興、建康、鎮江府、衡、鼎州置場收糴米斛共一百萬碩，依舊作常平樁管。緣逐路提舉司自承受指揮後，循習住滯，不催督錢數起發，深慮因而過時，有悮收糴。本部今隨宜措置，行在收糴米五十萬碩，鎮江、建康府各收糴米二十萬碩，隆興府收糴米一十五萬碩，衡州收糴米一十萬碩，鼎州收糴米五萬碩。欲將所在糴本錢數劄下逐路提舉常平官〔二〕、兩浙轉運司，日下計置盡數赴逐處糴場交納。仍各具已催起錢數申尚書省。」從之。

十二月九日，户部侍郎曾懷言：「諸路常平、義倉米見在者，總三百五十七萬九千餘碩，并錢二百八十七萬一千餘貫。除兩浙東西、江東西、湖南北、廣東西、福建、成都、潼川府、利州路樁積米並已有餘外，有淮東西、京西、夔州路雖有見管，各不過 31 一十萬碩。乞委逐路常平官，將見管錢於管下州軍依市價收糴。以所糴米通舊管均撥諸州，准備水旱支用。」從之。

二十二日，徽州言：「近緣雨水霖潦，禾稼損壞，米價踴貴，民庶闕食。乞於本州見管和糴、義倉米取撥一萬碩賑糶〔三〕，將〔糴〕到價錢拘收，不得移兑。候來歲秋成日，

〔一〕科：原無，據本書食貨六二之四一補。
〔二〕在：原作「料」，據本書食貨六二之四一改。
〔三〕糴：原作「糶」，據本書食貨六二之四二改。

便行收糴，務要依元撥數及依舊窠名樁管。」從之。

同日，詔：「諸路提舉官常切點檢常平、義倉，毋致侵移，及不得虛樁數目。仍於歲終具當年所納併通見在實數聞奏。」從中書門下省請也。

四年正月二十八日，臣僚言〔一〕：「去秋霖雨之久，有傷禾稼。訪聞近日七閩及江浙近地米價漸增，將來必致騰踴。欲望特詔州縣，應有借兑常平、義倉米，仰守臣日下照數填撥，如遇艱食，平價出糶。」從之。

二月九日，權發遣隆興府沈樞言：「去歲江西諸郡類多水潦，而本府諸邑，如南昌、新建、豐城、進賢，被患尤甚。竊料歉潦之餘，民必艱食。本府常平倉米，自累歲賑糶之後，所存無幾。檢照乾道二年八月，户部撥降江西、淮西、湖北路常平錢二十五萬貫，於本府糴米一十五萬碩，就常平倉樁管。近者户部申請行下本路轉運司起發赴鄂州。今欲於十五萬碩中量留五萬碩接續賑糶，候秋成日，却行收糴起發。」從之。

四月二日，臣僚言〔二〕：「近降指揮，給度牒四百道，下成都府路充糴本，收糴米斛，賑濟飢民。切見成都一路，惟綿、漢州、石泉軍旱傷最甚，飢民日增而未已。提刑司發漢州義倉以賑之，宣撫司助萬緡，制置司亦助數千緡，上户又義助米斛，猶有不繼之憂。然則常平、義倉之政〔三〕，安可忽也〔四〕！蜀中自成都、漢州之外，常平、義倉之額雖多，而借兑之數不一，甚者但存虛籍，本無儲蓄。或遇水旱阻飢，何以爲計？乞下四路提舉常平檢察樁管〔五〕，不許移用。」從之。

五月十四日，詔：「諸路提舉常平官每歲春季巡歷逐州〔六〕，點檢常平、義倉，以實數申尚書省。不得仍前虛樁，有悮指準。」先是，臣僚言：「常平、義倉行之二百餘年，民受其賜。後緣州郡歲計窘急，移用寖多〔七〕，既不能還，徒存帳籍。又以專法不許移用，及有陳損，皆不以去官、赦降原免，所以前後官司懼有譴責，互相隱蔽，例不敢以實聞，故虛樁之數，陳腐之弊，積習因循，久莫能革。去歲朝廷劄下諸路提舉官，令諸州於歲終具當年所納并通見在實數聞奏。福建、江東近已申到，止是遍牒州縣取會供具，提舉官即不曾親自巡按，切恐循習之弊未除，虛樁之數猶在。」故有是命。

六月七日，詔：「諸路提舉常平官督責所部州縣，候秋成日，將人户合納之數依條限拘催，盡實收樁。仍以見管錢依時收糴，不得違戾。及依已降指揮，每歲春季躬歷所

〔一〕僚：原作「撩」，據本書食貨六二之四二改。
〔二〕僚：原作「潦」，據本書食貨六二之四三改。
〔三〕倉：原作「食」，據本書食貨六二之四三改。
〔四〕可：原作「有」，據本書食貨六二之四三改。
〔五〕四路提舉常平：原作「西路轉運司」，據本書食貨六二之四三改。
〔六〕提舉：原作「俱承」，據本書食貨六二之四三改。
〔七〕寖：原作「寢」，據本書食貨六二之四三改。

部州縣，盤量見在米斛，具數聞奏。」從中書門下請也。

二十七日，江西提舉胡堅常[32]言：「去歲部內十一州免於水患者纔三數處，自今春米價踴貴，諸郡賑糶，比市價三分之二。雖今秋得熟，急於收糴以補所糶，恐止及元數之半，而見在米不無積久腐敗不可食之數，爾後或值水旱，何以爲備？乞將一路常平錢除合起發外，盡數收糴。」從之。

七月十二日，中書門下省言：「照對逐路常平司具到乾道三年見在數目內，饒、信、衢三州近緣賑濟支用，却與元數不同，顯是虛樁，有悞指擬。除已別作施行外，尚慮更有似此去處。」詔：「諸州知、通候今降指揮到，限五日，將本州截日見管常平、義倉錢米，具實數申尚書省。如有虛樁不實，當職官吏重寘典憲。提舉官循情隱庇，亦當一例黜責。」

二十四日，臣僚言：「州縣常平錢穀，多有名無實。如近日江西、福建與饒、信荒歉，飢民奪米，幾於嘯聚。蓋常平法弊〔一〕，遂至於此。今雨暘適時，可望小稔，乞下諸路常平司，將見在封樁錢物，於九月、十月置場收糴。如糴本不足，則那撥別錢以繼之。兼湖南、江西諸郡有常平米積下不曾支遣者數目亦多，恐久陳腐，亦乞令提舉官分撥往常平米欠闕去處，庶易補足。」從之。

二十九日〔二〕，尚書省言：「信州常平、義倉米，元申帳狀管九萬三千餘碩〔三〕。今次提舉司申有六萬八千餘碩，及至盤量，止得一萬二千九百餘碩，其餘皆是虛數。提舉官李庚到任已及二年，並不檢察，是以闕米，有悞賑濟。知州趙師嚴〔四〕、通判李桐係乾道三年在任之人，所申帳狀隱庇虛妄。」詔李庚特降兩官放罷，趙師巖、李桐各降兩官，今後更不得與堂除差遣。

五年二月二日，知寧國府錢端禮言：「常平米雖有以陳易新之法，而州縣涉嫌，官吏不敢移易，年月既深，陳蛀損壞，腐爲塵土。乞今後有上供去處，將見在常平米擇其不陳腐者，許兑撥本年上供，却將收到新米依數樁管。內無上供州縣，聽以陳易新，則常平所貯，歲皆新米，無陳腐折欠之患。」詔：「諸路州軍將見在常平米先以本州支遣數目以新易陳。若州縣支遣數少，兑換不盡，即依今來所乞，委自守臣審實，以堪充軍食米兑作上供起發，却將收到新米依數撥還，如法樁管。」

五月七日，刑部侍郎汪大猷言：「常平、義倉之法，國家行之，最爲詳備。其錢物不得與他司交雜，它司輙乞支

〔一〕平：原脱，據本書食貨六二之四四補。

〔二〕按，此條《宋史全文》卷二六上繫於淳熙四年七月二十九日丙寅。考《吳興備志》卷一二，沈介以乾道四年代趙師嚴知信州，周必大《文忠集》卷六七《汪公大猷神道碑》亦云趙師嚴知信州在乾道，可證《宋史全文》誤認年號。該書他處亦有此例。

〔三〕三千：原作「三十」，據本書食貨六二之四四改。

〔四〕嚴：原作「巖」，據本書食貨六二之四五、《宋史全文》卷二六上改。

移借用者，皆有禁制。自紹興三十一年成閔爲湖北京西招撫使，創行申請軍馬經過州縣，批支券食於義倉米内取撥〔一〕，自後七八年間，義倉之積耗散殆盡。乞自今出戍軍兵經過州縣所批券米於上供米内支給，不許擅支義倉。如有違戾，必寘之法。」從之。

八月五日，詔：「今後知、通每遇交替，從提舉司取見管常平錢米有無陳腐〔二〕、侵支、兑用，新舊官連銜結罪，保明申朝省。」先是，湖北提舉謝師稷言：「常平之法，蓋爲水旱之33備。歷時寖久，州縣率多侵用，名存實亡。陛下洞察積弊，令逐路提舉官親歷所部盤量，取見實數，責逐州知、通交管封椿，不得侵支，惟許以新易陳，如日前虚申數目之弊，一旦盡革。臣切恐見任之人既經替移，州郡循習舊弊，又擅行借兑，無以關防。」故有是命。

六年九月十三日，江東運副、兼淮西總領張松言：「今歲江東、(一)〔二〕浙間有澇旱去處，目今米價已漸騰踴〔三〕，豈可不預爲備？切見江西、湖南、湖北三路常平倉蓄積充盈，積而不散，多至損敗。不若檢校見存之數，取撥一半轉移江、浙，則常平所移，亡慮數十萬碩。米既富足，民自無飢。」詔江西常平、義倉米通起三十萬碩，湖南常平、義倉米通起一十萬碩，並令發運司措置應副水脚錢，津發赴建康府椿管。

七年六月二十四日，臣僚言：「近來常平之法寖壞〔四〕，帑庫之積所至空虚。方粒米狼戾之際，則無本以收糴，迨野有餓殍，始爲移粟之舉，或取之鄰州，或取之别路。道路既遥，時月亦淹，救助未至，而民之骨已槁矣。今雨暘時若，有秋可望，願詔常平使者檢覆諸州常平糴本，有支移侵盜去處，各令隱括樁辦，以俟穀賤傷農之際增〔價〕收糴，以惠斯民。」從之。

二十六日，臣僚言：「近者魏王奏請寧國府回糴常平米五萬碩，應副官兵支遣，已降指揮除放。切惟寧國一郡，常平之儲幾何？而取其五萬斛〔五〕，異時境内一有饑饉，顧何以賑之？乞委江東常平司覈實寧國回糴之數，實計有幾，同共措置撥還。」既而户部供寧國府已收納義倉米二萬七千餘碩外，止欠二萬二千餘碩。詔禮部給降度牒一百一十道付寧國府，措置出賣，補糴昨回糴過常平之數。

八年四月十七日，權户部尚書楊倓言：「義倉，在法計夏秋税每一斗别納五合，即正税不及一斗免納。應豐熟，計一縣九分以上，即納一升。唯充賑給，不許它用。今諸路州縣歲收苗米六百餘萬碩，其合收義倉米斛不少。訪聞諸州將遞年所收更不椿管，往往擅行侵用。乞行下諸路提舉常平，限半月委逐州主管常平官取索五年的實收支文

〔一〕創：原作「剏」，據本書食貨六二之四五改。
〔二〕司：原作「同」，據本書食貨六二之四五改。
〔三〕目：原作「自」，據本書食貨六二之四六改。
〔四〕寖：原作「寢」，據本書食貨六二之四六改。
〔五〕其：原無，據本書食貨六二之四六補。

帳，申部稽考。」從之。

八月十六日，提舉浙東常平公事鄭良嗣言：「浙東去歲五月終〔一〕，一路有管常平米斛三十四萬五千餘碩，續措置收糴到米九萬一千餘碩。緣有災傷及借撥軍糧及支乞丐，見管只有四十二萬碩。今欲趁秋成更糴五萬碩。除別措置外，尚少錢五萬三千二十餘貫。」詔令禮部紐計度牒給降。

九年七月二十一日，詔：「諸路提舉將所部州軍常平、義倉錢斛委官點檢見在數目，一萬碩以下盡行盤量，一萬碩已上抽摘盤量，依實保明聞奏。」從户部尚書楊倓請也〔二〕。以上《乾道會要》。

廣惠倉〔三〕

【宋會要】34 仁宗嘉祐二年八月二十三日〔四〕，詔置天下廣惠倉。初〔五〕，樞密使韓琦請罷鬻諸路户絕田，募人承佃，以夏秋所輸之課給在城老、幼、貧乏、疾病不能自存者〔六〕。既建倉，仍詔逐路提點刑獄司專領之，歲終具所支納上三司。十萬户已上，留一萬碩；七萬户，八千碩；五萬户，六千碩；三萬户，四千碩；二萬户，三千碩；萬户，二千碩；不滿萬户，一千碩。有餘，則許鬻之。

四年二月十一日〔七〕，詔三京、諸路州軍，自今年終，應係户絕納官田土未出賣者，並撥隸廣惠倉。

是月，詔三司：「以天下廣惠倉隸司農寺，逐州幕職、曹官各一員專監。每歲十月，別差官檢視老幼殘疾不能自給之人，籍定姓名，自次月，一日人給米一升，幼者半之。三日一給，至明年二月止〔八〕。尚有餘，即量諸縣大小而均給之。（以上《永樂大典》卷一七五四一）

司農倉

【宋會要】35 置司農倉二十有五〔九〕，隸司農寺，掌九穀廩藏之

〔一〕浙：原作「折」，據本書食貨六二之四七改。

〔二〕天頭原批：「脱紹熙以下七條。」按，此七條見本書食貨六二之四七至五二。

〔三〕原無此題。天頭原批：「以下三條應移入《常平》『仁宗嘉祐四年』上。」按，以下三條内容爲廣惠倉，與義倉不同，不應移併。今存《永樂大典》卷七五一三亦有此三條（《補編》頁三一三所録即此），題作「廣惠倉」，是也，今據補題。

〔四〕二十三日：《大典》卷七五一三引《宋會要》作「丁卯」，但其文實全抄自《長編》卷一八六，並非《宋會要》之文。

〔五〕初：原無，據《補編》頁三一三補。

〔六〕病：原脱，據《歷代制度詳説》卷八補。

〔七〕天頭原批：「廣惠倉。」

〔八〕止：原無，據《永樂大典》卷七五一三補。

〔九〕天頭原批：「上缺。」按《大典》卷七五一三今存，所録止此，並無缺文。

事，以給官吏、軍兵禄食之用。凡綱運受納及封樁、支用，月具數以報司農。（以上《永樂大典》卷七五一三）

折中倉

【宋會要】

36 宋太宗端拱二年，置折中倉，許商人輸粟，優其價，令執券抵江〔一〕、淮，給其茶鹽。每一百萬石爲一界。禄仕之家及形勢户不得輒入粟〔二〕。尋以歲旱中止。淳化二年，改折博倉〔三〕。（以上《永樂大典》卷七五一四）〔四〕

〔一〕令：原作「今」，據《大典》卷七五一四改。
〔二〕輒：原作「輙」，據《大典》卷七五一四改。
〔三〕博：原作「傳」，據《長編》卷三二改。
〔四〕《大典》卷次原缺，按，此條見於今存《大典》卷七五一四，據補。

宋會要輯稿　食貨五四

諸州倉庫[一]

1 太祖建隆四年七月，詔曰：「爲國之計，足食是先。屬年穀之豐登，顧倉儲之流衍，苟暴涼之失節，即損壞以爲虞。必資守土之臣，共體分憂之寄。應所在倉廩，並委長吏躬親檢校，勿令損惡。」

乾德四年四月，詔曰：「出納之吝，謂之有司。儻規致於羨餘，必深務於掊克。知光化軍張全操言：『三司令諸處倉場主吏，有羨餘粟[二]及萬碩、芻五萬束以上者，上其名，請行賞典。』此苟非掊納民租[三]，私減軍食，亦何以致之乎？宜追寢其事，勿復頒行。除官所定耗外，嚴加止絶。」

開寳四年正月，詔曰：「諸路州府買撲場院人員，訪聞以所收課利擅貸於民，以規息利。有逋欠者，取其耕牛、家資以償，或經官司理納，追禁科較，民甚苦之。自今所收課利錢，旋赴省庫送納，不得積留，擅將出放。違者當除籍及決杖配隸，告者賞之。」

五年十月，詔：「州府場院官、糧料使并鎮將，自今並三周年爲滿。」

八年七月，詔：「訪聞近日多有閒人，或因恐嚇貨財，或爲私下讎隙，妄生枝蔓，堅乞推窮。皆稱察知偷謾、陳告出剩，遂致刑禁，日有淹延。因此告論，却成攪擾，宜行止絶，庶静(沿)[訟]庭。應諸路幹當省司錢穀及買撲場務等，宜令自今年七月三日後，不許諸色人妄稱已前偷謾，更有陳告。其場務委自省司提舉課額，責在逐處監臨官員等收附羨餘。如有詐欺，必當重行朝典。如是諸色人違敕妄來陳告，並當劾罪重斷。」

太宗太平興國元年十月，詔：「應買撲四場務人，自來多有增添，將家業抵當。及至得場務主持，額錢多却不辦，其所(役)[投]納家業又全不直元估價錢。蓋是從初用倖，致有虧官。朕初嗣皇圖，務求理本，唯思利物，不欲陷人。期遠久之遵行，庶公私之共便。宜令三司，自今後只管認見定年額，更不(添許)[許添]長買撲。」

雍熙二年七月[四]，帝謂宰臣曰：「國家儲蓄，最是急務，蓋以備凶年、救人命也。昨者江南數州微有災旱，朕聞之，急遣使往彼分路賑貸。果聞不至流亡，兼無餓殍，亦無盜賊之患。苟無積粟，何救飢民？今天下數年已來，連歲豐稔，諸道州府見管斛㪷，慮主者弛慢，或致損敗，可嚴爲戒勵。」乃詔曰：「邦家所切，儲蓄是資，所以防水旱之爲

[一] 天頭原批：「食貨二七。」按此乃《大典》卷一七五四二之事目與編序。
[二] 粟：原作「栗」，據本書食貨六二之五三、《長編》卷七改。
[三] 掊：原作「倍」，據《長編》卷七改。
[四] 「月」下原有「内」字，據今存《大典》卷七五一二、本書食貨六二之五三刪。

災，救生靈之缺食。稍有飢荒之患，便行賑貸之恩，免致流亡，式彰勤恤。濟民惠物，何以加兹！今天下雖屢豐穰，頗多貯積，官吏或失於提點，儲廪則至於損傷。不唯陷主掌之人員，兼亦悮朝廷之計度。宜行告諭，用警因循。應天下州郡、軍、監見管諸色糧，宜令逐路轉運司與逐州知州、通判及軍、監官吏并當職人吏等常切提舉〔一〕，倉司不得非理損惡官物。其計度支用外，積數多處，並仰設法變換，或作時價出糶，或借貸與民充食。或有水路處，即般運赴京及軍馬❷屯駐之處并館驛大路。違者，等第科罪，雖去官，猶論如律。」

四年六月，詔：「兩京及諸道州府場院、庫院少欠錢物，不得别將出剩物色充折，一依元欠色額數目催填。」

淳化五年四月，詔：「倉場庫務，國家爲經費之源；主守監臨，給納有（運）〔連〕坐之典。儻監主絶侵欺之倖，則錢穀無失陷之由。爰自近年，頗多積欠，既難催督，遂有均攤。本因主者自作弊端，致及旁人俱成困苦。言念於此，彌動盡傷。特行恤隱之恩，别下惟新之令。永思遵守，無瀆憲章。今後諸場務欠折人，更不於元差干繫官典及房親人處均攤，只責在監官及（生）〔主〕掌人等。自前所欠錢物四十五萬餘貫碩斤兩，悉蠲放焉。」

真宗咸平元年正月，詔：「諸路場務逋欠官物〔二〕，令主典備償者，監臨官非同爲欺隱，勿令填納。」

大中祥符三年七月，宣示王旦等：「省司近日責罰諸州虧少課利，條法稍嚴。若爾，則率之於民日益增峻。可特降詔示〔三〕：今後逐年比較場務去處，如内有界分得替，零月或有虧少，更不比較責罰。並以（租）〔祖〕額全年立定分數比較，如有虧少，許將前界出剩撥填外，更有虧少，即依編勑將多補少，就輕依條施行。」

五年閏十月，詔：「諸州衙前有緣官中差遣欠折至没入莊産者，十五年内許其親的子孫、同居骨肉收贖。」初，大中祥符三年六月勑：「場務欠折人，籍其産者，（計）〔許〕其家收贖。」至是，華州民王先狀訴父順以官遣市牛不如式，没其莊産。州以元條止云場務事，從申覆，且命三司定奪，故有是命。

六年三月，詔：「兩京諸路場務、津渡、坑冶等，不得令士宦之家該廕贖人主掌〔四〕。其合該贖金及疾耄者，即以次家長代之。」先是，陳留縣民田用之、盧昭一争奪酒務，用之父見任幕職〔五〕，昭一身爲試秩〔六〕，因條約焉。

十一月三日，帝謂王旦等：「言事者云江淮大稔，所在積稻粟，倉庾不能貯。」旦等請下州郡（與）〔興〕葺廪舍，帝

〔一〕常：原作「掌」，據本書食貨六二之五四改。
〔二〕路：原無，據《長編》卷四三補。
〔三〕詔：原作「語」，據本書食貨六二之五四改。
〔四〕贖：《長編》卷八〇作「襲」，當是。
〔五〕父：原無，據《長編》卷八〇補。
〔六〕昭：原作「照」，據《長編》卷八〇改。

曰：「近聞民間粒食愈賤，可依例增價收糴，以惠農民。」仍令所在州軍，除上供外，常積三年儲。馬知節言：「江淮卑濕，困倉必作地梁方免麋潰。」旦言：「廩庾並委轉運司規畫創造，上供、收糴依例施行。」帝然之。

十五日，令諸州倉場所納旁鈔，自今證驗訖，具斤數送軍資庫。每經三年一定價，鬻錢入官，不得妄有費用，違者坐之。初，景德二年勅：「逐年貯積，以備檢會。」至是，河北轉運司言：「貯積既久，多即麋壞，而檢會之際，第用帳曆，請悉出市於人。」三司總括天下之數，且請二周歲即鬻之〔一〕，故有是命。

九年七月，令保州徙監草場使臣廨舍于場外。以煙爨密邇，謹火患也。

天禧二年三月，河東轉運使言：「并、潞州倉，元支剩五千斛，及復欠四千斛。昨准大中祥符八年六月二十八日勅，給支三年以下欠數者、償納半年以上者，咸釋之。切以此輩仰恃明詔，別有欺弊，3已移牒根究償納〔二〕。臣所部州郡積粟皆三五年，此若不行，弊必滋長，望特定條制。」三司言：「至道元年五月十七日勅：『諸州受納斛㪷收到剩數，支絶日，除雀鼠耗外，欠者償官。』今請祥符八年以前用至道勅，八年以後用新勅。其每歲納粟，正收、雀鼠耗著于籍〔三〕。歲除雀鼠耗外，三年已下，咸令償納；已上，於剩數更免什之三；五年已上，免什之五；七年已上，免什之七。（起）〔乞〕今後受納界分少剩，並如今奏。」從之。

三年四月，左班殿直、（閤）〔閣〕門祗候任中立言：「沿邊諸處糧草，逐處雖有專監使臣，每至支散月糧及口食，管勾不逮。欲乞今後諸處只就彼令職官與使臣同監，仍以一員依在京例監支認籌。以此遞相覺察，可絶欺弊。」從之。

四年八月，兵部員外郎、知制誥呂夷簡言：「沿邊州軍寨倉、草場（坊）〔防〕護糧草，如稍疎違，監官、人吏，大理寺並斷斬刑，及違制奏裁。望別定沿邊刑名。」詔法寺詳定以聞。

五年十月，淮南江浙荆湖制置發運使周寔，請於泗州轉般倉側隙地量蓋倉敖三五百間。

仁宗天聖二年九月，淮南〔江〕浙荆湖制置發運使方仲荀等言：「真、楚、泗州轉般倉監官，今後收到出剩，不得批上曆子，理爲勞績。江、浙州軍多裝發熱斛〔四〕，乞依真、楚、泗州例支裝〔五〕。沿江巡檢、排岸司多有勾索綱運，邀難住滯，乞行止絶。并淮南、兩浙州軍和糴場監官內，有糴下麤弱斛㪷，不任上供，乞勘逐理納價錢。」並從之。又

〔一〕二：原作「上」，據本書食貨六二之五四改。
〔二〕根：原作「梗」，據本書食貨六二之五五改。
〔三〕雀鼠耗：原作「雀耗」，據上下文改補。
〔四〕斛：原作「解」，據本書食貨六二之五五改。
〔五〕「支裝」下原有「發」字。按「支裝」與「裝發」同義，本書及他書中常見此二詞，但未見「支裝發」三字連用者。《大典》卷七五一二此條「支裝」下作空格，今刪「發」字。

言：「舒、廬等十三州軍逐年和糴斛㪷，乞只於真、楚、泗州就近收糴之。」帝令三司與仲荀同共相度聞奏。

三年八月，三司言：「京東轉運司言：『轄下諸州軍鄉村酒務户數不少，每至年滿，有人承買，內有於年額錢外〔上〕〔止〕是添長到些小錢數，紊繁行遣。欲乞自今鄉村酒務年滿，有人添錢承買勾當，候本州官吏保明到諳實事狀，只委自當司勘會體量，合加添課利盡數并出辦得及，不至虧欠。如得諳實，依舊例一面指揮本州交割幹當。』省司今相度，欲下逐路轉運司，據州軍縣鎮鄉村道店并自來人户相承買撲去處，如勾當年限已滿，有人承替，或添長課利百貫以上，並委自逐州府官吏體量，及檢詳前後所降宣敕條貫，具諳實狀申轉運使。候到，勘會諳實，即差替勾當。」從之。

四年正月三日，三司言〔一〕：「近敕逐路轉運司相度轄〔下〕州軍(外)〔鄉〕鎮道店商税場務課利，年額不及千貫至五百貫以下處，許依陝西轉運司擘畫體例施行，具有無妨礙諳實事狀申奏。內河東轉運司相度別無妨礙；廣南西、荆湖南北、梓州、江南東西、河北、兩浙路轉運司相度到事理，除乞依舊施行外，有利州、夔州路轉運司相度到轄下州軍管界鎮務道店商税場務課利年額不及千貫至五百貫已下處，許人認定年額買撲，更不差官監管，別無妨礙。省司看詳，欲依 4 逐路轉運司所陳事理施行。」從之。

七年七月，臣僚上言：「切見陝西沿邊州軍鎮寨草場積疊萬數不少。先降宣命，專委逐處當職官吏差人，據所納草積上，並須厚使泥蓋護。近年已來，多不依稟，致昨來鎮戎軍彭陽城天聖寨燒却草場，停替使臣。伏望委自轉運使，令轄下去處厚使泥蓋護草積，貴不引惹火燭，免悮邊上支食，及不致當職官吏、軍人陷於刑憲。仍仰轉運司每年檢舉施行。」從之。

九月，臣僚言：「伏覩《編敕》：諸處倉場受納所收頭子錢，除一半納官外〔二〕，其餘並於倉場內置櫃封鎖。凡有支破，監官與知州、通判同上文曆。其縣鎮逐旋具支破數目申州，候納罷日磨勘，具帳申奏。并税倉支遣斛㪷漏底如不少欠，元收出剩亦不破雀鼠耗，及無損惡官物，其支使不盡頭子錢，不以三年內外，並將一半納官，餘一半支與專副。若是元收出剩斛㪷支遣漏底却有少欠，及破雀鼠耗、損惡官物，其存留頭子錢更不支與專副〔三〕，並送納入官。天下所收頭子錢，貫萬浩瀚，其倉場納罷，只將一半納官，內一半逐州官吏皆依舊來體例支遣，但有名目破使去處，即便使用。又緣元敕，候倉場漏底不破雀鼠耗，許將一半支與專副。其倉場漏底，實見少有不破雀鼠耗者，以此天下一半頭子錢，多是逐州依例因循破用。今乞每年所收頭

〔一〕三司：原脱。按下文言「省司看詳」，據上條之例，「省司」乃指三司，因補。

〔二〕除：原作「降」，據本書食貨六二之五六改。

〔三〕其：原作「具」，據本書食貨六二之五六改。又「其」下原有「亦不破雀鼠耗」六字，此乃因上文而衍，據文意刪。

子官錢，除合給與鋪襯、紙筆、（倉）〔食〕直錢外，並乞一齊收納入官，更不存留封鎖。如此，則拘轄官錢不至枉用。」詔：「諸處倉場所收頭子錢納官外，內有合行支使者，並依先降條貫明上文曆支使，不得妄作名目枉有破用。如敢故違〔一〕，並當劾罪嚴斷。」以上《國朝會要》。

神宗熙寧七年正月一日，詔：「諸倉庫所收課利錢鈔數封送本縣。若受納別州支移官物，每季逐州縣所納數對曆開項，具狀二本，並實封鈔申本州。內一狀留充案，一狀出內引關子與鈔同封，遞送支移處。其逐處收領點對訖，登時繳回關子照會。以上候都大數足，本倉庫出給收附，申州亦依舊封送。（裹）〔衷〕私取領、收附并給。違者，各杖一百。諸務場所收課利，除縣寨合截留外，並於軍資庫送納。其在州錢數，多者即次日，少者即五日一納。外縣鎮寨次月上旬，裏外買撲場務次月內併納。若支移折變往別州，三百里外即許每季一納，仍限次季內納足。違者，各杖六十。其官監場務，仍置州印曆，隨錢取庫務監官往來通押。買撲在州官監酒課利錢，並五日一納。」從編敕所定也。

十年九月四日，詔：「諸河倉納粟，至次年支給，一碩破耗一升，歲加一升，至八升止。」

元豐元年閏正月九日，賜度僧牒百道，付河北東路轉運司買材木，應副大名府、澶州修倉。

八月十六日，詔京 5 東路轉運司：「齊州章丘縣被水，修縣城、倉庫，並給省錢。」

四年四月二十八日，詔：「以（瀛）〔瀛〕、定、滑州擬修盛貯封樁糧斛倉屋圖〔二〕，每州兩庫修蓋，付專切措置河北糴便蹇周輔〔三〕，差官往彼，度所宜建置處以聞。」

九月二十七日，權發遣三司度支副使公事〔四〕、河北東西路體量安撫蹇周輔乞就西山採斫木植，修蓋北京等處倉敖等。從之，仍命周輔經畫提舉。

五年九月二十一日，措置河北糴便司言：「准朝旨，於（瀛）〔瀛〕、定二州修倉六所，先後給度僧牒千五百道，其錢已盡用，乞增給。」詔給一千。

元符三年四月二十日，徽宗即位未改元。詔：「訪聞諸路灾傷州軍，緣倉庫蓄積不廣，致支散諸軍月糧、口食等多以情願坐倉為名，又支價錢低小，致食用不足，因玆逃竄餓殍，恐寖久聚為盜賊。自今支散月糧等〔五〕，須是斟量食用豐足之外，方許將有餘情願坐倉，依見和糴價支錢。所屬官司即不得順從，承望抑脅。如有違，並科違制之罪。仍令提刑司常切覺察，及令戶部立法聞奏。」

徽宗大觀元年十一月五日，陝西路轉運副使薛嗣昌

〔一〕故：原作「固」，據本書食貨六二之五七改。
〔二〕滑州：《長編》卷三二一改作「澶州」，詳本書食貨六二之五七校記。
〔三〕蹇：原作「司」，據本書食貨六二之五七改。
〔四〕發：原作「撥」，據本書食貨六二之五七改。
〔五〕糧：原作「量」，據本書食貨六二之五七改。

言：「涇原見准詔，就鎮戎軍、平夏城、通峽寨〔一〕、西安州四處營建都倉草場，欲乞賜名額。」詔：「都倉可賜平夏城曰『裕財』，鎮戎曰『裕國』，通峽曰『裕兵』〔二〕，西安曰『裕邊』。」

三年六月二十日，詔：「內外諸司庫務倉場等受給支遣官物，法禁弛緩。爲緣監官（荀）〔苟〕簡失職，姑息當直兵級請手書押旁曆文鈔，攙先給納，專典、庫級因而窺視生弊。熙豐推行倉法，可令刑部取索看詳，若有未盡未便，重行删修，行下應副受給官司係行倉法處，明行曉諭禁止。」

四年十二月九日，詔：「日近諸倉月給軍糧，多有減尅，監視斗面官不切躬親檢察〔三〕。仰司農寺檢具條制，申飭施行。如有違犯，官員重行黜責，吏人決配千里。」

政和元年五月三十日，詔：「諸庫月糧〔四〕、口食，雖食用有餘，不取情願而抑令坐倉收糴者，徒二年。」以臣僚乞嚴立抑勒之罪〔五〕，復坐倉之法。若果是食用之餘，情願依實值價，使以見錢給之，因亦可行，但須嚴立抑勒條法〔六〕。故復立此條。

八月二十二日，臣僚言：「軍資庫係通判提舉，欲令通判置籍拘轄外，縣、鎮、寨關報起發錢物月日，驗鈔勾銷點勘。違滯失陷，縣置簿，先抄上起發錢物月日，報通判狀，候獲鈔點勘鈎銷。」從之。

同日，臣僚言：「州縣倉庫錢穀出入，繫於簿曆，其名數不一，各有司屬，總而檢察，並在本州。《元符令》：『諸官司置都簿，五年一易，具載所轄應用簿曆。其有增損，次日報都簿司除附。』倉（軍）〔庫〕〔七〕，比臣訪聞諸州軍多不曾依上條置都簿司，致錢穀簿曆增減隱匿，無所關防。望特詔諸路漕司檢舉詔條，督責施行。」從之。

二年十一月二日，臣僚言：「麟州路州軍支給（請）〔諸〕軍月糧，許走馬承受親臨，或委將副都監往 6 彼，於已請出月糧內，取一二合附遞進呈。切詳朝廷取進糧樣，以防巧僞，恐其弗堪，不足以充軍食。緣並邊州軍住營指揮少，駐泊人兵多，旬請口食米，未聞封樣。欲於『月糧』字下添入『口食』二字，候月終，類聚附遞進呈。」詔依奏。諸路准此，合宣旨倉庫立法。

三年閏四月三日，詔：「諸監倉門官應差出者，常留正官一員在倉，係獨員者不得差〔八〕。」以尚書省言「諸州監倉門官差出，全無正官在倉，雖有權官，於受給不得專」故也。

〔一〕峽：原作「陝」，據《宋史》卷八七《地理志》三、卷一七五《食貨志》上三改。下同。
〔二〕「鎮戎」二句：《宋史》卷一七五《食貨志》上三作「鎮戎軍曰『裕軍』，通峽寨曰『裕民』」。
〔三〕斗面：原作「地而」，據本書食貨六二之五八改。
〔四〕月：原作「日」，據本書食貨六二之五八改。
〔五〕勒：原作「弊」，據本書食貨六二之五八改。
〔六〕嚴：原作「願」，據本書食貨六二之五八改。
〔七〕按，上引《元符令》又見本書食貨四九之二六，至「除附」止，「倉庫」二字疑衍。
〔八〕得：原作「待」，據本書食貨六二之五八改。

四年八月十七日，京畿提點刑獄公事林篪言：「諸州縣倉屋損壞，公吏喜於作倖，漕司憚於應副。伏見省倉之法，以收息五釐椿充修補之用。欲應倉屋以本倉盤量到出剩十分椿一分，如省房收息之法，專充修倉之用，庶使天下倉庾常加修飭，無復侵竊腐蠹之患㈠。」從之。

五年四月十八日，臣僚上言：「高陽關路諸州軍倉敖內，滄州寶嘉倉白米經今十年，別無損爛，受納官周志行顯見用心。保定軍省倉白米，均糴未及二年，已多腐爛，監糴官趙升之顯見受納濕惡。」詔志行特循一資，升之特降一資。

同日，詔：「河間府豐利、廣富倉檢計合用錢數，支撥滄州鹽倉頭子錢，令吳玠措置修葺。」以臣僚言：「河間府控扼衝要之地，兵屯既衆，豐利、廣富兩倉二千餘間，經三十五年。乞就近支撥滄州鹽倉頭子錢，或借支鹽息錢，充修倉支用，令變轉回易，分限撥還。」故也。

十一月十五日，陝西路轉運使席貢言：「《續降政和令》：『諸倉監官應差出者，常留正官一員在倉，係獨員者不許差出。』其諸州軍資庫監官，與監倉職事無異，欲今後並不許差出，責令專一管出納。」從之。

六年十二月十七日，詔：「封椿錢將以待非常之用，有司失於經畫，妄乞支撥。自今輒有陳乞，以違御筆論㈡。」從户部請也。

八年二月四日，臣僚上言：「州縣倉庫受納、糴買，國用所繫。永静軍縱令攬納麄惡税斛八萬餘碩，畧行估剥，虧官錢三萬緡，却於攬納户處賤糴黄米入公使庫，償以淡酒；又令納倉獻送遺利錢數百緡，復以酒持送倉官。雖知州但以不知情贖金，而麄惡損折之物無緣償足。切慮此類尚多，欲乞應總領財用監司巡歷所至，檢察違戾者奏劾。」從之。

宣和元年十月十三日，詔：「濱州南、北兩倉五百餘間敖屋，例皆疎漏。見收貯措置糴便司斛㪷不少，仰措置糴便司於所收二分頭子錢內，支撥見錢五千貫，付知、通修葺。候畢工日，令廉訪使者點檢保奏。」

七年二月十四日，詔：「諸路州軍所在軍糧窘缺，支散不時，又多麄惡，致汝州、安肅軍、雄州、廣信軍、興仁府兵士作鬧。又拱州出戍雄州兵士例皆赤露㈢，並無衣裝，只因衣糧大段闕絶㈣。除已重作施行外，可令尚書省嚴行約束諸路漕臣，應合支軍兵衣糧，並如期給散。仍不得夾雜糠粃及用麄色折兑。如敢違戾，重行貶[7]竄，不以去官赦原。」

四月二十七日，講議司言：「勘會收支官物，州縣官司則憑簿曆，朝廷、省部、監司則憑帳狀，而帳内官物與簿曆

㈠ 竊：原作「切」，據本書食貨六二之五八改。
㈡ 自「有司」至「以違」十八字原脱，據本書食貨六二之五八補。
㈢ 戍：原作「戌」，據本書食貨六二之六〇改。
㈣ 衣：原作「依」，據本書食貨六二之六〇改。

不同，簿曆內又與倉庫見在不同，至有帳尾見在錢物一二十萬，而曆與庫內全無見在。攢造驅磨申奏，徒爲無用之空文。除諸司封樁錢物已降指揮委常平司官取索驅磨外，其非封樁錢物，欲令所屬監司委諸州通判遍詣本州及管下倉、場、庫、務，將帳檢及逐處赤曆文簿，取見在官物實數，於勾院置簿拘籍。」從之。

欽宗靖康元年十月十二日，詔：「諸路漕司據住營〔一〕、駐泊廂禁軍未支軍糧，疾速應數按月支給，不得循習舊弊，及坐倉虛稱官買，量給錢價。違者，重行竄責。」以上《續國朝會要》。

高宗建炎元年五月一日，赦：「自崇寧以來，州縣倉庫受納稅賦，務加槩量，以圖出剩，東南六路爲甚。其弊本於補發綱運斛㪷額外增數。可除歲額上供數外，其每年認起補發額斛並權住罷。」

十一月十八日，知濠州連南夫言：「尚書省劄子：『依黃潛厚所乞，下諸路守臣、監司，各盡臣子之心，計置輕賷金帛，差官管押前去行在交納，共濟國用。』今刬刷到軍資庫見在未起夏税疋帛官絁七百七十六匹、紬三千七十九匹、絹九千匹。」詔：「軍資庫物，既非上供額數，自合樁留，充本州本路軍兵衣賜。諸路依此。」

二年二月十日，淮南西路提刑司言：「近年以來，諸州受納官與專、斗作弊，公然受納濕惡僞濫之物。或年月深遠，不曾依條兌換，將不堪斛㪷盛貯別敖，專充軍糧，兌留好米支見任官月糧。欲乞今後在倉應受糧斛，不得分別官員、軍兵，並令一敖收支。內有大段損壞〔二〕、全不堪支遣，即勒元受納官備償。仍許監司出巡檢察。」從之，仍坐條行下。

十一月二十二日，赦：「應金人及盜賊經由州縣內有燒毀係官屋宇等處〔三〕，除城池、倉庫外，餘並未得興修，以寬民力。如違，以違制論。仍令監司按舉。」三年四月八日、四年二月二十三日赦並同。

三年九月十六日，詔：「諸路漕運司差官根刷到諸路錢物，見於別庫寄收，并以後州縣起到錢物，並須管依法於軍資庫樁收。如違，及不經勘旁支給，官竄嶺南，人吏決配，並不以去官、赦降原免。」

紹興十一年七月七日，詔：「鎮江府起蓋倉屋二百間，計其費不下十數餘萬緡。方此農務之時，遽有追呼之擾。特令有司措置，不須修蓋。」以臣僚言「諸縣奉行，鳩集夫匠般運木植，勞民」故也。

十二年三月六日，臣僚言：「天下財賦所以常不足者，侵蠹之者廣也。今州縣大抵皆自立名色，別置文曆，移彼作此，蓄爲私帑，輕費妄用，逾越法制，莫可稽察。雖上供成數，猶有8闕遺，其餘失陷、隱漏，漫不加省。欲乞應州

〔一〕住：原作「營」，據本書食貨六二之六〇改。
〔二〕壞：原作「外」，據本書食貨六二之六一改。
〔三〕毀：原缺，據本書食貨六二之六一補。

縣諸司所入一金以上，盡入軍資庫收掌，要使取之民者悉歸於官，官之用悉應於法，則雖不加賦，而用自足。」從之。

十五年三月二十一日，詔：「場務府庫所管專、副、庫、掐，多自將錢物移易侵欺盜用。其監臨官吏，漫不加省。已降指揮，官吏不覺察，徒二年；本犯人止係杖罪或不至徒二年之人，不覺察官吏亦科徒二年之罪。」

十九年七月二十七日，監察御史章復言：「切見州縣凡輸納財物，不即時入庫，而有所謂『到廊』；凡支出財物，不即時出庫，而有所謂『外支』。故專、庫等人，致有侵欺擅用。欲望督責監司、守臣覺察，杜絶『到廊』、『外支』之弊。」詔令户部施行。

十一月十三日，詔省合州轉般倉。從四川諸州總領錢糧所請也。

二十一年十二月三日，臣僚言：「切見場務府庫專、副、庫、掐盜用官物，監臨官吏不覺察，徒二年。推原其情，若贓物數多，犯人罪抵極刑，或至流配，監臨官吏處以徒罪，不爲過矣；然其間有犯人罪不至徒，而監臨官吏亦處徒刑，則不覺察之罪乃重於自犯。欲望令有司於續降指揮内『官吏不覺察徒二年』字下，添入『若犯人罪輕者，與同罪』。」詔令刑部看詳，申尚書省。其後刑部言：「今看詳，欲依臣僚奏請，所犯罪輕，刑名不至徒二年之人，其覺察官吏並與所犯人同罪，依條斷遣。」從之。

二十二年二月二十八日，知滁州魏安行言：「頃歲廣德軍受納，常用平斛，令人户自槩，田野墾闢，倉廩充盈。及滁州亦用平斛，民間樂耕，見今州倉已有三年之儲。儻聖慈以前件平斛或可行用，乞先自兩淮始。」詔令户部措置。

二十六年正月二十七日，右司員外郎、兼權户部侍郎鍾世明言：「諸路州軍錢物，並合隸軍資庫。近年以來，州軍多將拘到錢物別置庫眼，赤曆拘收，以爲羡餘之獻、公庫之用。乞令逐路轉運司，將創置庫眼去處廢罷，其錢物撥併入軍資庫。今後州軍輒敢仍前別置庫眼者，以違制論，仍放罷。監司知而不糾者，與同罪，並許人告。」從之。

八月十七日，尚書户部郎中、總領湖廣江西京西路財賦、湖北京西軍馬錢糧逢汝霖言：「州縣受納人户租税米斛，取耗唯恐不多，前後累降約束非不嚴備，然終不能遏絶者〔一〕，其説以謂贍養官吏、軍兵悉出於此。就使如其説，已犯禁網〔二〕，而近年又復輒將在倉米斛出糶，收其價直，以資妄用，此殊可駭。若軍期急闕，猶當申稟，苟爲不然，其可擅乎？乞特降處分，應州縣係省米斛，不得擅糶。如委因闕乏〔三〕，事須出糶，即具因依申轉運司，待報施行。仍令轉運司覈實，申户部照會，庶不致重困民力，輕耗國

〔一〕遏：原作「過」，據本書食貨六二之六一改。
〔二〕已：原作「以」，據本書食貨六二之六一改。
〔三〕因：原作「困」，據本書食貨六二之六一改。

計。」從之。

三十年四月二十四日，臣僚言：「切見川、廣、荆湖般運糧斛錢物至行在者，經涉江湖，道里遥遠。既入浙河，又有守閘阻淺[9]之患，而建康府溧陽縣東垻鄧步、溧水縣銀林、太平州之間有陸路，遠者二十五里，近者十五里，正川、廣、江、湖舟楫經從之地。若於此置轉般倉，下卸川、廣、江、湖漕運之物，及支撥四向旁近州縣不通水路物斛，及省併江東轉運司蕪湖縣倉，於此受納，實爲利便。又訪聞銀林、鄧步中間陸路舊曾開通，見有堰閘溝港遺跡可攷。問其所廢之因，則謂宣州境内地高，每遇水漲，則無以防遏爲害。只當量留最高處三二里間不必開通，以爲置倉之基，則於般運尤易。」詔並令本路轉運司相度施行。

三十一年六月二十九日，荆湖北路兵馬鈐轄、鼎州駐劄，兼權知鼎州魏震言：「郡縣所收財用，窠名不一，而出納之謹，監、專之外，實賴庫子。庫子入役，自有專條，既責其産業，又責其保任，蓋先慮其失陷。然小人慮不及遠，志意易盈，輕視錢貨，僅若泥沙。已敗之後，失陷之數於是從而鍛鍊，抑勒逐户填納，多至數百緡，少至數十緡。凡有仇讎，必被攀糾，(逐)[遂]使平民無處控訴。今相度，諸州縣庫子，欲以一年爲界更替，不致深根固蔕，公然侵欺。既以保全庫子之家，且免濫及無辜之人。」從之。以上《中興會要》[一]。

孝宗乾道二年七月四日，詔置隆興府轉般倉。詳見「水、陸運」。

三年八月三十日，詔：「江州、荆南、襄陽府大軍倉庫，並聽逐處守臣檢察。如有違戾事件，並申總領所劾治。」先是，尚書度支郎中唐瑑言：「湖廣總領所江州、荆南、襄陽府各有大軍倉庫，其逐處監官，州府不敢何問，不能不生姦弊。」故有是命。

四年二月二十一日，前監鎮江府户部大軍倉王晞言[二]，乞依行在省倉監官體例，任滿推賞。户部下司農寺指定，欲依紹興十八年五月二十一日已降指揮，比附行在省倉監官體例，與減二年磨勘，推賞施行。從之。

三月十七日，詔：「諸倉支諸軍月糧、口食，抑勒坐倉，低價糴買；及將軍人與在外糴米人非法斷罪，追理賞錢。並令從便，不得依前抑勒糴買。」從中書門下省請也。

四月八日，荆湖南路轉運判官邵及之言：「被旨，郢州創造轉般倉一所，合專置官吏。欲差排岸官一員拘催交卸，監官一員給納，專知官、攢司各一名掌管收支。排岸官就差本州都監兼管，專知、攢司從本路轉運司踏逐見役人吏、衙前充。每月量行添支專知官食錢一十五貫，攢司一十二貫。監官不拘大小使臣、京官、選人，或乞令踏逐所隸州縣見任官管幹，每月添支茶湯錢二十貫，排岸官十五貫。」從之。

[一] 此注原無，據本書食貨六二之六二補。
[二] 晞：原作「睎」，據本書食貨六二之六二改。

五月七日，太府卿、總領湖北京西軍馬錢糧鍾世明言：「襄陽等處倉庫，收支錢物浩瀚，本所差遠，難以稽察。昨雖有指揮令守臣檢察，亦恐不專，切慮暗失本所財計〔一〕。乞許臣間或前去點檢，及詢訪支遣官兵請受有無減尅之弊〔二〕，10兼民間休戚亦得奏聞。」從之。

五年八月二十九日，詔：「應管官物倉、場、庫、務等去處，自乾道二年除放之後，如有少欠錢物，令所屬並須管依條陪還，即不得仍前妄行申請除放。令户部申嚴行下。」從中書門下省請也。

六年九月三日，新權知汀州謝知幾朝見，奏乞令諸州司法同司户管幹倉庫職事。上曰：「刑獄事重，倉庫利害稍輕，令司户專管。」

十月八日，平江府許浦鎮駐劄御前水軍諸軍統制馮湛言：「臣移屯許浦，屢嘗申請，乞就梅里鎮置立倉廩，應副支請，得旨依臣所乞。今踏逐到梅里鎮勝法寺空閑廊屋庫堂大小共三十間〔三〕，可以安頓錢糧。」詔胡堅常疾速措置擗截，津運錢、米前去。

八年八月七日，淮南運判向士偉言：「本路廬、和州、巢縣等處，見屯戍軍旅，轉餉兵食，水路回遠，初無經久利便聚糧之所。就無爲軍造轉般倉一所，約可儲三十萬斛。今相度得本司後倉屋見有二十餘間，周回空地可添造倉敖。」詔令馮忠嘉疾速修蓋。運判馮忠嘉言：「無爲軍距巢縣水路一百四十里，路稍徑直，在所不論；距和州，則下水九十里至裕溪口，合九江。水路之間，冬乾則成下水，春水生則爲上水。〔下水〕則快而易進，上水則急切難遡。又下水六十里至楊林渡，又上水二十五里始至和州，凡上、下水一百七十五里，迂遠如此。臣獨謂聚糧最宜乘水未退運入，廬州爲上，其次則莫如和州，又其次則莫如巢縣。蓋倉合肥，運道不惟艱難，且有不通之時，至和州自可指撥下卸，何苦自爲迂遠？伏望詳酌置倉去處，且仍舊貫。」詔令趙善俊、王楫同共相度合與不合修蓋。

九年正月二十四日，有旨，令淮南轉運司於和州并巢縣各蓋造可以盛貯米斛一十萬碩倉敖一所，其無〔爲〕軍倉敖更不修蓋〔四〕。（以上《永樂大典》卷一七五四二）

炭場〔五〕

【宋會要】

11三炭場，在京，掌年額税炭、木炭，供內外之用。京西二場，分南、北，南場在大通門外，北場在開遠門外。城

〔一〕切：原作「功」，據本書食貨六二之六三改。
〔二〕及：原作「乃」，據本書食貨六二之六三改。
〔三〕廊：原作「廓」，據本書食貨六二之六三改。
〔四〕天頭原批：「淳熙以下缺，應補抄。」按，淳熙以下見本書食貨六二之六四至七五。
〔五〕上頁之末原批有「場」下各子目，乃嘉業堂整理者所批，今删。

南一場，在安上門外天馬坊。並以受納四十萬秤爲一界。監官二人，支遣及半，即從上發遣一人歸三班。新置炭場，在敦教坊，所掌與上并同。

真宗天禧元年十二月二十六日，詔：「在京賣炭場一斤以上咸鬻之，仍以辰時爲候。」初，官以五鼓開場，又限以一秤，貧民趍走寒路，又錢資不充，多虛往者，故條約之。

仁宗天聖三年六月，詔：「自今應三炭場監官、專、副，並三年一替，依舊守給支遣。如一界支見數破一十萬秤，其監官二員內，先發遣一員歸班，只留一員守給，管認結絕。其歸班使臣理作重難，與往程差遣一次。所留守給使臣，候得代，結絕官物别無侵欺少欠，即優與家便差遣。仍增逐人每月食直錢作六千。」

六年八月，三司言：「三炭場監官，欲乞自今二年一替，交與本場見受納界分出，令元舊專、副、秤子認數守給。監官遞相交割印記，發遣舊界使臣歸班。」從之。

神宗熙寧三年正月二十六日，三司言：「提點倉場所勘會，城南新置抽稅炭場、城南、城西稅炭場共三場，給納柴炭萬數浩瀚。其監官多差初三班未曾歷任，并年高昏昧，有過犯，或軍班并押綱軍大將、吏人等出職使臣，致事不整齊。欲乞逐場添差文官各一員，與使臣同管；自來每場合差使臣二員，乞減其一。仍下審官院選差合入知縣或第二任資序有舉主廉幹京朝官一員，三班院選差使臣一員，須有舉主、歷任無過犯。若是軍班等出職，不至年高昏昧，有舉主無過犯者，亦聽。仍截年月立界交割，及乞比類見今諸倉界監官條例，與理資任，支破添給。」從之。

五年四月二十五日，中書門下言：「户房今欲立定：應三炭場逐界監官，文資使臣各一員，今後並委審官東院、三班院選親民資序人，許於第二任監當人內選差使臣。每月添支錢十千。當直剩員六人，候本界納足日，令提點倉場所探減一員，只留守支。並三年理爲一任，五年以上理爲兩任。其減罷人，如及二年以上，理一任。京朝官仍與先次，使臣免短使，并近地差遣。不及二年，並與近地差遣，仍理元到院月日。」從之。

八年六月二十三日，都提舉市易司言：「城南並新置炭場，自來受納石塘河綱炭，并支遣抽稅，係提點倉場所管轄。石塘河綱運既以廢罷〔一〕，年計炭數納稅又從本司管認，抽稅官炭與商稅事體一般，合隸本司，別無干係提點倉場所事節。欲乞撥隸本司管轄，監官仍從(奉)〔奏〕舉。」從之。

附

增錢市炭〔二〕

【宋會要】

〔一〕塘：原作「唐」，據上文改。

〔二〕原無「附」字，據嘉業堂整理者所批題目（見前）補。

12 太宗太平興國八年，詔：「饒州歲市炭，秤爲錢十〔一〕，自今秤增三錢。」（以上《永樂大典》卷一六四八〇）

抽税箔場

【宋會要】

13 京東抽税箔場，在崇善坊，建隆元年置。掌抽筭汴河、惠民河商販箄箔、蘆蓆、蒲藺蓆，以給内外之用。監官二人，以京朝官、内三班充。（以上《永樂大典》卷六五三八）

麥䴷場

【宋會要】

14 場在嘉慶坊，掌受京畿諸縣夏租䴷𪍿，以三班一人監〔二〕。

真宗景德二年八月，詔：「麥䴷場今後支遣破萬，交與下次界分，内憑由各認界分，開坐已支未支數目，收掠入帳結絶。」（以上《永樂大典》卷六五三九）

事材場

【宋會要】

15 事材場，太平興國七年置，在開仁坊。掌度材樸斲〔三〕，以給營繕。以諸司使、副使、閤門祇候、内侍四人監，領匠一千六百五十三人，雜役三百四人。

退材場〔四〕，掌受京城内外廢退材木〔五〕，掄擇以給營造什器及樵薪之用。太平興國七年置，景德三年省，（蓋）〔監〕官令事材場兼掌。

太宗雍熙二年十一月，詔事材場八作司匠每月給假一日請糧。

淳化四年十月，詔事材場木㭊每月一散工匠。

真宗景德四年十月，詔：「事材場雜役軍士不得差諸處占役。如傳宣指抽者，再令本場相度，功畢立便抽歸。」

天禧三年，三司言：「事材場最處重難，其專、副每月請給直錢二千。欲據本場見勾當并今後新舊專、副，乞支與三千。得替日，（後）〔復〕依舊例支，次第等候守給支遣漏底，勘會別無少欠官物，即與見職名上與轉一資。」從之。

仁宗天聖四年四月，詔：「事材場自今諸處抽差人匠外役，並令本場將第一等至第三等工匠相兼品配差撥，更不得定名抽取。」

七年十月，提舉司言：「西造舡務人匠，自停廢修舡

〔一〕錢：原脱，據《長編》卷二四補。
〔二〕一：原脱，據《文獻通考》卷五七補。
〔三〕掌：原作「堂」，據《文獻通考》卷五七改。
〔四〕天頭原批有「退材場」一目，但退材場只一條，且亦廢併入事材場，因刪。
〔五〕受：原作「授」，據《文獻通考》卷五七改。

場，即（令）〔令〕人匠撥入事材場，相兼事造熟材。如打造舟舡，本場依例供應。見今名籍、請受，並屬步軍司，其逐日差使工役去處，却係事材場。欲乞割屬本場管係，只以見管人數名目爲額差使，更不屬步軍司管轄。」從之。

草料場

【宋會要】16高宗紹興二年八月五日，户部尚書黄叔敖言：「省倉草料場每日支遣、卸納糧斛、草料浩瀚。昨在京日，司農寺日輪少〔一〕、丞一員點檢按察，本處公人并綱運，杖以下罪並勘斷，其餘牒送所屬施行，以此人稍知畏。緣軍興及罷司農寺後來，更無輪官按察，易生奸弊。伏望詳酌，比附在京日，從本部輪差郎官一員，將帶人吏，各不妨本職，前去點檢巡按。其合用杖直、獄子，於仁和、錢塘兩縣輪差，每十日一替。」從之。

十二月三十日，詔草場、省倉草料場火禁，並依皇城法。

十二年五月二十九日，詔：「草料場監門官任滿，能搜檢無透漏官物，比本場監官減半推賞；武臣依四年法比折。」以本場援省倉例申請，司農寺尋行下南、北、東倉取會。據逐處申，監官任滿，減三年磨勘；監門官任内能搜檢無透漏官物，比監官減半推賞。今來草料場所申監門官乞推賞，即未有立定推賞指揮。故有是命。

二十五年十二月二十四日，詔：「殿前、馬、步軍司諸軍官馬合支乾草月分，可令户部自二十六年爲始，就行在草場全支本色，更不折錢。」

孝宗乾道九年六月十四日，户部言：「行在草料場專、副，係主持給納官物，事務稍勞，遇有闕日，從本部下臨安府，將籍定正額衙前從本部點差上名人前去執役，依例支破請給，以二年爲界。界滿無綰繫遺闕，與減一年磨勘施行。」從之。（以上《永樂大典》卷六五三七）

雜賣場

【宋會要】17雜賣場，舊在利仁坊，後徙崇明門外。掌受内外幣餘之物〔二〕，以出貨之。景德四年置。又雍熙四年置積尺剜子庫，掌收裁造院餘帛，計置以備准折之用，大中祥符元年併入。以内侍及三班二人監，後亦差文、武朝臣。掌庫八人。

真宗景德四年五月，詔：「雜賣場撥納到折支布帛，別立帳，申三司。」

〔一〕「少」字之上，本書食貨五三之二有一「卿」字。
〔二〕幣：原作「弊」，據《宋史》卷一六五《職官志》五改。

大中祥符四年六月，詔：「雜賣場得替監官、專、副，支一季宿直錢。」

仁宗乾興元年即位未改元。三月，三司言：「雜賣場每季共申文帳三道，內出賣帳官物萬數，最爲繁多，名件細碎，每道淨案六千餘紙〔一〕，自來攢寫費功，逐界五七年間方始結絶。欲望自今止令開説名色、都數、逐件大小、輕重。如都項內已見，即更不重覆開説。每道約減二千餘紙，庶易爲寫造，早待文帳入省。」從之。

天聖三年十二月，三司言：「雜賣場言：『出賣官物，逐年課利元額五萬貫，內二萬五千六百貫割屬榷貨〔務〕承認賣茶錢外，餘二萬四千四百貫，係當場趁辦。緣累界遞相交割，在場物色多是積壓，少人承買，必至年終有虧課利。』省司勘會：本場出賣物色內，諸州軍贓罰、户絶閑雜物色已不起發赴京。經揀庫元管火燒物帛，已交撥出賣、支遣了畢。本場元額錢，欲自今後更不充額比較，見管合係折支物色，即充折支給遣。今後諸處納到合係出賣物色，即令依例出賣，收錢納官。」從之。

嘉祐三年三[18]月，詔：「禁中所降物帛送雜賣場。令三司判官一員監勒平估之。毋得抑配人户〔二〕。」

神宗熙寧八年二月十四日，三司言：「前勾當在京雜賣場王頤乞廢罷本場，又內香藥西庫併歸雜賣場。看詳內香藥西庫難以併罷外，緣近准朝旨，三司與市易務上界相通物貨，上界已遷過永豐倉，敖屋倍多，可以盛貯。凡賣官物，皆合撥入本務。兩界諸處閑雜物色，專有編估官員。其合充官用者，自可令諸處請撥；合充折支者，亦合依茶布之類各就本庫務請領，豈須更般赴雜賣場，然後支給？既置編估官，即今後無復更似日前廣有積滯物色。其雜賣場，委實可以廢罷。」從之。

十月，詔復置雜賣場。從三司所請也。

高宗紹興四年三月十三日，詔：「雜賣場置交跋曆，應有諸處官物，當官對曆交點，方得出賣。若輒敢截留、關借出外，並從杖一百科罪。」

同日，詔：「雜賣場專典，半年一曆。所有合造帳籍，半年一易。合用行遣紙扎，每月降帖左藏東庫支給。」

同日，詔：「雜賣場依左藏庫見出賣香等體例，每貫收頭子錢二十文省，充雜支使用，仍置曆收支。如有剩數，上、下半年終，赴左藏庫送納。」

同日，詔：「雜賣場依榷貨務例，顧人串省陌錢，每貫支錢六文；已交跋官物，每一百斤支脚錢八十文省；般擔錢至左藏庫送納，每貫支長短脚錢三文足。並於頭子錢內支破。」

同日，詔雜賣場監官差破白直兵士四人，下步軍司

〔一〕六千：原作「六十」，據下文改。下文云需「五七年間方始結絶」，又云減下者已達「二千餘紙」，可見作「六十」誤。

〔二〕毋、抑配：原注「缺」，據《長編》卷一八七補。

差撥。

同日，〔詔〕雜賣場監19官添給食錢四十貫文，於收到頭子錢支給。

六月二十日，詔：「雜賣場置專知官、手分各一名，庫子二名，秤子一名。內專知官以三年爲界，每月添給錢一十五貫文，食錢每日二百文〔一〕。踏逐曾經庫務校、副尉、小使臣內指名差取，與理爲合入資任。界終無曠闕，官物無少欠，與減三年磨勘。手分募充，每月料錢一十二貫文、每日食錢二百文。秤子、庫子，每月料錢八貫文、每日食錢一百八十文。其錢除本場已收頭子錢外，每貫更收市例錢五文足，相兼充吏禄。」先是，專吏皆左藏庫差撥，半年一替，本場以爲不便，故有是命。

同日，詔：「雜賣場巡防兵士，令臨安府更差一十人，共二十一人。」從本場請也。

二十四日，詔：「雜賣場置打套所，令本場官吏一就置局管幹，以『打套雜貨場』爲名，逐旋於榷貨務、左藏庫〔闕〕〔闕〕撥。舊管香藥、雜物，赴場編估。」舊來編估，打套，係專置打套所，及雜物係專置編估局，品搭，編打成套，逐處椿管，榷貨務隔手投下文鈔，關報逐處支給。今户部有請，故有是命。

七月二十六日，詔：「編估、打套局今後行衆逐旋供刺增減名件價數，委自雜賣場官審實，限當日實封，申太府寺，本寺晝時實封，備申户部尚書廳，隨宜增減。如有減價，即申尚書省、總制司，候指揮添價，一面行□增減出賣。」

同日，詔：「客人□請香藥等套欲出外路販賣者，照引與免出門并沿路商税。如敢夾帶不係套内官物者，依匿税法加二等。」

六年八月十五日，詔雜買務、雜賣場置提轄官一員，依文思院提轄官體例。

八20年七月二十九日，詔：「雜賣場監官依雜買務官，每月食錢二十貫文，添支一十五貫文，第四等折食錢三十二貫五百文。」從本場監官王植之請也。

十一月十九日，詔：「監雜賣場劉彦昭，任内收趁錢三十一萬四千餘貫，減二年磨勘。」

九年五月二十一日，詔：「雜買務、雜賣場提轄官，依文思院提轄官申降到紹興八年九月二十六日指揮，許計日推賞。」從提轄官王約之請也。

十年六月十九日，詔：「監雜賣場王植，任内收趁錢五十一萬八千九百餘貫，減三年磨勘。」

十二年八月十三日，詔：「雜賣場權手分闕，改爲正額，通建康府、本場，共二名爲額；添置書手一名，通建康府、本場，共三名爲額。令本場並依見行條例，踏逐召募一次，各理到場月日先後，俟排節次。如日後有闕及專知官

〔一〕日：原作「月」，據文意改。參下文手分、秤子等食錢，皆以日計。

界滿，許將建康府并行在本場頭名手分，依次第遷補，充專知官。以三年界滿、通役二十年無遺闕，依祗候庫與進義副尉，發遣赴都官。以次手分依名次遞遷〔一〕。」

十三年三月二十三日，詔：「雜賣場添置副知一名、手分一名、庫子一名，從本場踏逐填闕。」以本場言事務繁多故也。

十四年二月十三日，詔：「雜賣場手分，依打套局手分例，每月支破米一碩一斗三升，秤、庫子，依本局庫子例，支破米五斗四升。其時服衣賜，更不支破。」從本場請也。

二十二年十月二十六日，詔：「權監雜賣場鄭穀在任九個月，收錢三十三萬四千餘貫，比附前21任正官劉彥昭例減半推賞，減一年磨勘〔二〕。」權官初無賞格，以太府寺言「失陷官物，例被責罰，難以無賞」故也。

二十六年十一月十八日，詔：「雜賣場監官趙益在任一年零十箇月，賣到錢八十八萬九千餘貫，減三年磨勘。」以元無立定賞格，皆比附推賞也。

二十九年十月二十日，詔：「成忠郎、監建康府行宮雜賣場慕師賢，任内賣到一十一萬二千餘貫，特與減一年磨勘。」從淮西總領所之請也。

三十年二月十三日，詔：「馬、步軍司於雜賣場買去川布，令追還户部。」先是，上諭知樞密院王倫等曰：「近聞馬、步軍司於雜賣場買去川布數目甚多。此雖自有立定價值，切慮增搭利息，刻剥軍人，不可不察。卿等可同三省詳議，行下禁止，今後不得賣與軍下，以革抑配軍人之弊。」故有是命。

孝宗乾道元年三月五日，户部言：「淮西總領楊倓奏：『淮西總領所雜賣場止是出賣藥物，事務不多，乞將雜賣場令惠民局官兼管。』本部勘當，欲依所乞，以『監總領淮西江東軍馬錢糧所太平惠民局兼監行宮雜賣場』稱呼〔三〕，所有減罷去處，（以）〔已〕差下人並依省罷法。」從之。（以上《永樂大典》卷六五三八）

〔一〕手分：原倒，據文意乙。

〔二〕年：原抄作「年」，被圈去，旁批作「半」，反覺文詞重複，文意不明，今依原抄。

〔三〕行宮：原作「行言」，據前「二十九年十月二十日」條改。

宋會要輯稿 食貨五五

水磨務〔一〕

【宋會要】 1 水磨務，掌水磑磨麥，以供尚食及內外之用。東、西二務，東務在永順坊，西務在嘉慶坊，開寶三年置。監官各二員，以三班內侍充，匠共二百伍人。又有大通門務，淳化元年置，監官一員。大中祥符二年，止以西內染院監官兼領，匠二十九人。鄭州有水磨三務，磨麥以上供，各置監官主(興)〔典〕之。

神宗熙寧七年三月，勾當更置水碾磨事梅宰言：「所有工匠、材料、地步等，若逐次舉申，竊恐稽延，難以集事。乞許於將作監權指名抽差工匠，并請撥材料。」(治)〔詔〕將作監差人應副，餘依所請。

冰井務

冰井務，在夷門內，掌藏冰，以薦宗廟、給邦國之用。以內侍一人監。

太祖建隆二年，詔置冰井務，隸皇城司。

仁宗慶曆六年四月七日，樞密院劄子：「以夏國賀乾元節到闕，令於冰井務三日一次取冰三(檐)〔擔〕，作押伴引意遺之〔二〕。」

十二月二日，皇城司言：「乞今年供冰去處額定數目，自今永以爲例供應。」從之。

神宗熙寧五年九月十二日，相度在京諸司庫務利害劉永淵言：「相度將來只於瓊林苑收藏冰，更不般往冰井務，其爲省便，永遠可行。今相度，冰井務減罷監官外，應餘人盡撥屬瓊林苑管轄，依舊請受。」從之。

六年十二月，皇城司言：「奉旨，爲今年冰消溶過數，令候瓊林苑金明池收外，依去歲更於冰井務收三井。本司看詳，乞於本苑更增收貯，不應兩 2 興井窨。欲(折)〔拆〕移冰井務磚石就苑營造供應。」詔依已降指揮收三井外，並從之。

左右廂店宅務

左、右廂店宅務，掌官屋〔三〕、邸店計直，出僦及修造、繕完。國初以爲樓店務，太平興國初改名。端拱二年，併爲都店宅務〔四〕，以其錢供禁中脂澤，日百千。淳化五年，

〔一〕原稿此下又批有「務雜録」，此是嘉業堂整理者所批，參見本卷末校記。
〔二〕押伴引：疑當作「押、引伴」，即押伴官、引伴官。
〔三〕屋：原脱，據《宋史》卷一六五《職官志》五、《文獻通考》卷五六補。
〔四〕都：原作「邸」，據《長編》卷三〇改。

分爲兩厢。至道三年，復併爲今名。咸平元年，又改爲都大店宅務兼修造司。六年，析修造别爲一司。景德三年，復以修造司兼之。大中祥符元年，以修造司隸八作。六年，復改今名。以京朝官、三班、内侍三人爲監官，領修造指揮五百人。

太宗淳化四年四月，詔店宅務今後不得擘畫市在京宅舍增僦。

至道三年四月，詔店宅務監官，專典並番宿本務。

真宗咸平二年三月，詔：「店宅務兵士二十人分地分覷步看管室屋，召人承賃，夜即歸營。」

五年十月，詔：「應退賃官屋，須監官點檢元數，收取賃曆，申三司應勾磨勘。」

景德元年十月，詔：「應宣借舍屋，須的是正身居止，如已有産業，却將轉賃，委店宅務常切覺察，收管入官。自今悉如此例。」

二年六月，詔：「店宅務舍屋欹墊，人户欲備材添修者，須約退賃時潤官不（折）〔拆〕動，〔拆動〕即委監官相度，如不虧官，亦聽。」

三年十月，詔左、右厢店宅務併爲一司，應父帳各認厢分，比告增虧[一]。凡倒塌、收拆、創蓋，如〔放〕牧地段，並置簿抄上起退賃月日，十日一赴三司取押；若空閑地段有人承賃，即將鄰舍課利比類收額。3 每納錢左藏，即日收數以聞，及申三司。其掠錢親事官人立一項，認名收落，及具有無拖欠供申。

四年三月，詔：「店宅務倒塌舍屋及損下退材，委監官躬親點檢，還退材場。各堪供使者，並徑量色額收數，不得充柴。如有合蓋造，即揀取供使；不入料者，具數結罪申三司，方得撥充柴。」

五月，詔：「如聞店宅務將人户欠賃屋增僦錢，但成勞擾，速罷之。」

九月，詔：「自今皇城内外親王宮宅、寺觀、祠廟用石灰泥，諸司庫務營舍、廳堂、門屋用破灰泥，自餘止麥糠細泥，營舍、廳堂、門屋用赤色裝。如自備泥飾者，聽。」

大中祥符元年四月，詔：「没官舍屋，其元業主無得請贖。」

二年十二月，詔：「人户侵地步屋，舊來店宅務並（許）〔計〕侵占年月日收課，自今與免追理，止計附帳後理納。」

三年二月，詔：「賃官屋者，如自備添修，店宅務無得旋添僦錢；如徙居者，並聽拆隨。」

六月十一日，詔：「在京店宅，自今止以元額爲定，不得輒增數剗奪。違者，罪在官吏。」

二十四日，詔店宅務：「自今但倒塌、燒爇舍屋修蓋未了，人户欲權柱修候者[二]，與免房錢。」

[一] 比告：疑當作「比較」。

[二] 權柱修候：此語不可解，疑當作「權住候修」。

九月，詔：「應宣借宅，如欹側破損者，不須官修。」

五年正月，詔：以雪寒，店宅務賃屋者，免僦錢三日。

十二月，詔：「店宅務據賃官地已係浮造舍屋者，令且掠地課錢入官，仍於帳內別項收數。其已蓋造，如願移賃貨賣，並(申)〔中〕賣入官，無得衷私轉賃貨賣。違者科罪，舍屋沒官。」

六年二月，【4】詔：「應户絶抛下店屋家産，得及千貫已上，差使臣、曹官各一人，千貫以下只差曹官一人，並與點校所使人同點檢，送省司置簿拘管。其估直充葬嫁者，官給錢支費，以店屋送店宅務管係。」

七月，詔：「應臣僚不得進狀買官田宅，其通進銀臺司、閤門無得收接。」

十一月二日(一)，詔：「店宅務親事官各給印紙，抄上錢數，每月一赴三司呈押。替日，解發磨勘。」

六月，詔：「店宅務自今選差京朝官、使臣各二員，曾歷知縣、監押以上者，分左、右廂勾當。二年一替，立界交割，具見賃、見閑、欹墊、倒塌四等及課利數，給審官、三班院曆子，批上比附增虧。年滿磨勘引見，無遺闕，與家便親民差遣。又於三司選(諸)〔諳〕錢穀、有行止軍大將充專知，勾當算造一界帳。磨勘無遺闕，與第一等優輕差使。又選三司親事官五十人掠錢，一年一替。人給印曆，開坐地分、舍屋間椽、地段、錢數，分月掠，日掠數立限送納。若盜用官錢，不計多少，並勒停，無得輒作身後錢。違者，科違敕之罪。人户退賃，令監官躬往檢覆，更不差檢覆退賃指揮，仍令先納舊曆，方得起移。應承賃者，須立班名，不得展轉承賃。官司常切覺察，劾罪嚴斷。」

七年二月，詔：「貧民住官舍者，遇冬至、寒食，免僦直三日。」

三月，詔：「店宅務退材及倒屋材植，每親事官三人地分內置場，打牆圍遶，置門户扃鎖，每月給納，須監官躬往封鎖。其修造兵匠給與日食，自今無得放歸假。【5】每人户賃屋，免五日，爲修移之限，以第六日起掠。」

五月，詔店宅務凡傳宣借賜宅及收市者，自今須地圖寔封同進。

八月，詔店宅務年納課利十四萬一百九十七貫並送內藏。其錢陌不整，自今令兑鹽院錢十四萬二百貫充。」

十二月(二)，詔：「店宅務空閑屋舍，令開封府每月差職員點檢，無得縱人損壞。」

八年正月，詔：「市中延燔官舍，其修蓋訖移居者，免僦居二十日。應僦官舍居賦直十五錢者，每正、至、寒食，免三日之直。」

(一) 天頭原批：「十一月二日條移後。」按，若依原抄，不僅此條當移後，下「六月」條亦當移前，然疑兩條位置不誤，而是「六月」當作「六日」，即十一月六日也。本書中「月」「日」二字常互誤，故有此疑，然未得確證，姑存疑俟考。

(二) 天頭原批：「十一月二日條移十二月上。」按「十一月二日」條爲祥符六年，不得移至「十二月」條前。

仁宗天聖元年四月，三司言：「得店宅務帳點檢，欠房錢三千五百餘貫。檢會舊條，店宅務每界交檢出給曆子，比附增虧酬獎，須選差知縣監押者充。今差官多未歷任，欲候界滿，依條選差。」從之。

二年正月，三司言：「店宅務賃宅多乞添蓋涼棚，枉破材料。緣所賃只據屋間架，欲乞今後更不蓋造。」從之。

四年二月，入内押班江德明言：「昨奉詔，以臣僚言店宅務課利虧少舊額，令取索數目進呈。勘會自大中祥符五年，左廂錢八萬八千七百五十七貫，右廂錢五萬四千七百九十二貫。天禧元年，兩廂錢十四萬九十貫〔一〕：左廂八萬五千八百八十貫，右廂五萬四千二百一十三貫。天聖三年，兩廂錢十三萬四千六百二十九貫：左廂八萬二千九百三十九貫，右廂五萬一千七百貫。即是歲有虧少。其天禧元年全屋都管二萬三千三百間，天聖三年屋二萬六千一百間，比天禧 6 元年即是屋多錢少，比大中祥符中計虧八千九百五貫文〔二〕。又勘會，左廂管舍屋萬三千三百一十間半，除萬一千七百四十間係元帳管數，千五百七十一間半係没納修造，内三百二十九間只有地位，别有倒塌一千四百八間、空地八百一十七間；右廂管舍屋萬二千八百九間，除萬二千八百九十三間係元帳管數〔三〕，内八百六十八間無材料，别有倒塌六百四間、空地千九百十六間。今言者稱是監官信憑專典，不能關防至此。其監官四人、專副四人、勾當官二人、前行一名，一務勾當，分析兩廂。欲乞於入内内侍省選使臣二人、三班院選使臣一人同勾當兩務，每日輪二人諸處提舉，一人管納官錢。只差專、副、勾押官各二人，不用前行。勘會兩務見有監官六人，望依此定差。又詳本務係第一等重難，三司差軍大將充專、副，二年界滿得替，並無破帖憑由，亦無界末文帳，是致難以點檢。今後差軍大將立界，候二年界滿，起置交頭交割，供申界末帳赴三司，候勾磨了日，别與優輕差遣。又帳管空地〔四〕，元許指射承賃，先準賃地浮造。如欲轉賃、貨賣，並中賣入官。及應係官地，並不得出賃、修蓋浮造。自來須中賣入官，每令莊宅行人相度，多有材植不堪，却令收拆退地，除落課利。又不許再賃與人，以此荒閑，侵占退落課利不少。今請欲起移賃賣，即依前條貫，委店宅務相度，如堪入官，即估定實直，7 保明申三司給價收買，附帳出賣；如不堪，即任從私賣，則不至荒閑，又獲地課。況見管空地不少，若於緊處起屋出賃，必增年課。其慢處地不堪蓋造，即許令指射承賃，止納地課。又大中祥符七年十二月，準

〔一〕按，「兩廂錢十四萬九十貫」，與下文左廂、右廂錢之和「十四萬九十三貫」數字有出入。下「天聖三年」條類此。

〔二〕按，此數字同上文大中祥符五年左右廂錢數與天聖三年左右廂錢數之差有出入。

〔三〕按，據文意及上文左廂體例，此數字「萬二千八百九十三」應比右廂管屋間數「萬二千八百九」少，疑此二數字當有一誤。

〔四〕管：原作「營」，據下文改。

敕：『空閑官屋，令開封府覷步，職員提舉。』自經天禧年大雨倒塌，各有少欠材料，本地場子陪填，至今未足，有妨修蓋。乞今後應倒塌屋，畫時收拆入場，令作頭計料，抽換材料，支給修蓋。少欠，只勒厢巡場子同陪。場子自盜，即厢巡捉（捉）搦送官。又自來請到材料，只監收節級封訖堆垛。乞自今每三四人親事官地分置材料場，以貯新舊材料。旋依數撥與修人，每一場差一人剩員看覷，置出入官物曆簿押。逐地分場子，每年一替，置曆抄上門户板踏，具帳申務。年滿欠少，便勒陪填。又帳管空地甚多，既不蓋屋，復不許人承賃。今乞擇緊處官蓋，慢處許人指射浮造。其見管浮造舍屋，並是大中祥符五年已前將緊地作課利出賃，起蓋浮造，大段掠錢，只以少許納官。乞許本務根括，如日掠子錢者，納四百入官，充賃地課利。」於是差内藏庫副使安繼昌、殿中丞宋可行權提舉制置。凡兩務合擘畫事件，與逐務監官從長相度。出辦舊額課利，比大中祥符五年課利十四萬貫。若及十五萬貫，有空閑倒塌屋添復舊額，即所差臣僚與本務監官並特與轉遷。所要添修物料，權遣應副。或三司有所住[8]滯，許上殿聞奏。仍每月具增掠錢數、添修舍屋件析以聞。候三年間課利及數，即罷提舉，只具式樣降付逐務遵行。事下樞密院看詳，並從之。

四月，詔：「開封府民有賃店宅務客店者，與免諸般差遣。」

閏五月，勾當店宅務朱昌符等言：「左、右厢帳案點檢並各地分舍屋多有差（牙）〔互〕，蓋是累界因循，致虧課利。見管曹手分十人，掠房錢親事官四十四人，自來逐手分分定親事官數，不拘厢分。其本務月帳只拘轄官錢夫着，地步帳只拘管疆界，務司却每月須寫造舍屋間數與退賃課利，衮同供申，虚煩寫造。今欲將十厢地分案分厢執行，每一年輪替，了換交割，所貴遞相覺察，不至作弊。其親事官即依舊，或都掠或兼掠，依例供申舍屋户地步帳一本。仍將本務年帳、租帳，帶領專典詣地根括，自新抄劄，改正帳案，永爲定式。其每月課利帳，只寫所收管錢、退賃房屋闕子，送納官錢月日供申，比附增虧數申省。候至年終，供地步、舍屋、官物、界至帳各一道，依今來創新根括鈔録，候二年界滿，即攢造末帳。所有逐地分親事官，一年一替，對交舍屋，寫交頭帳一道，具有無少剩、欺弊結罪狀赴務。如無欠少，發遣歸（督）〔省〕。所差地分場子，並令都將已下委保有行止人差充。應地内屋宇、林木、地段係官物，差替之時，遞相交點。除見賃舍屋人各有賃曆外，空閑舍屋、地段、林木、官物、材植等，並須交割。如有失欠，勒[9]舊界場子陪納；顯有偷盜，場子、都將依法斷罪均（滇）〔填〕。自來修造薦拔，計料材植，申報三司，問難往覆，（勤）〔動〕經半年，拖延生弊。乞將右厢先倒塌未修舍屋，及左、右厢（折）〔拆〕修、薦拔、創修舍屋，依八作司例差三司軍大將，逐厢各三五人，分定間數，主管材植。限三年爲一界，差替歸省。界内官物别無失陷，與優輕差遣。所有逐厢修造節級，只令部役。但地望緊慢不同，一例修蓋，閑處多無人賃，則枉費工役。又所管空地甚多，既不許人賃，亦不得移易修蓋，虚降帳籍。今欲將見今〔開〕〔閑〕慢舍屋材料，相度移着望緊處蓋造。所差三司親事官四十四人，分廂掠錢。舊例，共親事官六人，委保甘認陪填結罪狀兩本，或疾患重，即權差專、副、庫子收掠。欲乞今後親事官請假，同保人内直抽一名，權令收掠。」並從之。

七月，權三司使范雍言：「近準宣〔爲〕勅，浮造舍屋中賣入官，須材料不堪，方許私下唱賣。累據店宅務狀，乞買浮造支價錢。竊詳人户賃空地，納課錢，又收買浮造，不惟添課〔歷〕〔利〕多，兼自中賣至支錢三兩月，住滯搔擾，不許任便私自唱賣。若願中賣入官，須看望居緊、材植好，畫時估直結罪，委不虧官，即給錢收買。」從之。又詔：「店宅務積年虧少課利，失陷舍屋。近專差使臣勾當及添長房錢，慮其中有貧民供納不易，宜特與免添長。若顯是形勢侵占官地、修蓋屋舍、收掠房錢，全然不同者，令將見住舍屋比類相度[10]施行。本務使臣各在公平，不得顔情抑勒人户。仍自今更不添長。」

五年三月，朱昌符等言：「本務全少簿曆拘管官物，以致作弊，有失關防。近創置〔薄〕〔簿〕曆拘轄，甚得齊整。慮久遠不切從稟，别致隳壞，乞傳宣下務，常切遵守。」從之。舊管入庫簿四，月納簿三，退簿、賃簿八，欠錢簿四，納錢曆二，場子曆三十四，親事官曆五十六，卯曆二，宿曆一。新創潤官簿二，接續簿二，減價簿二，空閑年月簿二，輟借物簿二，承受宣省簿二，出入物料簿四，欠官物簿二，架閣文書簿二，新舊界倒塌屋簿三，承受公牒檢計簿二，寄庫曆二，承受檢計曆十，發放曆二，印曆二，承受生事簿十，監修軍將轉押修屋曆六，功課曆六，居占舍屋簿二面。

六年二月，詔：「三司、開封府、殿前、侍衛馬步軍司，自今有合配効役窑務、車營務兵士，並只配店宅務修造指揮，候填定本務見闕人數，即住。」

九月，三司言：「店宅務闕勾押官，當務人吏並未該遞年遷限。檢會天禧三年條，如有額定曹司後行遞遷充副知、勾押官立界，即具依舊例，於三軍大將内定差。今來店宅務不曾有差軍大將之例，却有抽差三司後行例。今欲於在省揀選飯料後行二人充勾押官，候三年界滿，無贓私過犯、趁逐課利不虧，與本職名〔止〕〔上〕轉一資。」從之。

十二月，臣僚上言：「近年多將閑慢賃屋對換官中緊屋，虧損官〔諫〕〔課〕，望行禁止。」從之。

七年六月，三司言：「店宅務[11]掠房錢親事官年滿，尋揀定孫榮等五十四人，勒令召保。自來一年一替，今已各三年及二年半有餘，未有充替，累行指揮，無人肯保，遂下本務擘畫。其孫榮等稱：『自來差掠錢，只召保三人，少欠東西，便勾保人於地内〔内〕〔刷劃〕〔劃刷〕欠錢送納外，有欠，保人均填，即不差保人權掠房錢，只自擘畫權掠，遂致無人肯保。』省司欲依舊例，一名召保三人，如將帶官錢、東西，勒保人剗刷人户錢均攤填納，捕捉勘斷，據合替人晝時差撥。其日納錢，即本務權差人收掠。榮等又稱：『本務爲分定錢數，截日爲界收掠，如有年終虧課，並以掠錢親事官爲首科斷。若人户賃屋多者，却自三月一赴務送納。内貧下户日納畸零，並是親事官收掠。』本務稱，掠錢每千，交索子錢一文；若本户直納，減得索子錢二百。省司以潤官無多，欲依舊例，不以多少，並令親事官收掠。榮等又稱：『舊掠錢親事官各壓得當日錢，準備貼納收掠不得者，名爲身後錢，却剋留每月食直錢一貫在務不支。緣親事官到務後，支費造帳，須乞覓人紙筆，約使錢二千已來，其一月身後錢破使無多，人户少，無可填納，便須東西。如收掠遲晚，更差監還，轉更縻費。乞今後只供申交到逐户日納錢數單帳一本，不供夾細帳。』本務稱礙朱昌符等擘畫。省司勘會，本務自有年終地步四止點檢諸帳，只令截界日供申舍屋錢數單帳赴務，更不供夾細帳。榮等又[12]稱：『所管舍屋去處不少，逐日自早至夜，尚收掠不足。今空屋前面賃貼子，並是親事官買紙印押，多被雜人揭去。乞今後只令親事官印押粘貼，交與場子看管。』榮等又稱：『舊例，於本地内破得屋一間，日掠十錢者，月計四百。乞今後不破舍屋，只添食直錢五百，充添陪拖欠錢。』省司依所請。」從之。

九月，勾當店宅務李柬之言：「本務課利浩瀚，全藉舍屋出賃，雖許將閑屋拆移緊處，又緣緊地全少，却有不係帳地數多，不敢一例出賣。欲乞將係帳空地依例出賃，如有願賃浮造搭蓋薦踏屋地，亦令本務相度出賃。」事下三司相度。省司請自今應有百姓賃空地并薦踏地位，即具著望申省，方得相度。如不是官街有妨車馬過往、遮攔門面經地，即得出賃。如非時治道，權且拆去浮造屋舍，亦不得住賃錢。從之。

寶元二年七月八日，三司言：「左、右厢店宅務宣借舍屋，乞令監專覺察，如大段根究罄盡入官，得替與遷轉，次者優與差遣。如不切根究，致人陳述及諸處根究，磨出虚占舍店，亦乞劾罪施行。失收課利，於干繫人等處均攤。」詔：「如大段根究得罄盡入官[一]，替日監官許指射合入優便差遣，專、副於本等指射優便差遣。餘並從之。」

神宗治平四年九月，三司言：「左、右厢店宅務見管薦屋子合盡去拆，今後更不令修蓋。乞令街道司常切覺察，兩厢店宅務今後不得將街坊白地出賃，及復令人搭蓋薦[13]棚屋子，妨礙車馬過往。如稍違犯，申乞根勘。逐務官吏仍每季一度具委得遵守條貫事狀申省。如本司不申舉，省司覺察彰露，其干繫官吏亦乞(刻)[劾]罪嚴斷。」從之。

熙寧十年七月十二(月)[日]，權三司使公事薛向等言：「近勘會左、右厢店宅務有空閑舍地基數甚多，虧減日額課利。尋奏差監修使臣修葺，已撥屬將作監管勾。今據

[一] 盡：原作「得」，據上文改。

點檢兩務場呂遺言，甚有空閑，損壞舍屋，申乞相度修整。勘會左厢六百四間、右厢五百八十八間，日約較錢二百二貫五百二十九文足，如此虧欠課利，兼恐散失瓦木。乞令將作監委官檢計，支破物料，併工修整。」從之。

竹木務

【宋會要】京西抽稅竹木務，在汴河上鏁東南，掌受陝西水運竹木、南方竹索，及抽箄黃、汴、惠民河商販竹木。以京朝官或(閣)〔閤〕門(秖)〔祗〕候一人勾當。舊有京東、西抽稅竹木場，大中祥符四年，併入此務。

太宗淳化四年三月，詔三司：「凡運竹木，須具長短、闊厚徑寸及竹木名目。」

至道三年四月，詔：「應納修河竹篾等，令竹木務別具帳，申三司冑案。」

真宗大中祥符三年五月，詔：「竹木務每納鳳翔司竹監，除留二年准備修造外，剩數許令出賣。」

煎膠務

【宋會要】太平興國元年，置場，煮皮爲膠，以給諸司之用。以三班及内侍一人監。其退料，亦置場出鬻。匠十二人。

真宗 14 景德二年三月，詔皮角庫：「今後作坊、弓弩院合使麑鹿皮，常約數申三司。」

三月，詔：「皮角場庫舊監官五人，自今止置二員。」

神宗熙寧七年四月二十二日，軍器監(官)〔言〕：「勾當皮角四場庫解師錫申：『本場闕少工匠，檢會元額，諸作五百三十人，見闕三百一十人。自來除造旬課外，如有非次生活，並於諸作相兼拖(功)〔工〕製造。本作別無生活，即權分諸作執役。體得逐作課輕，可以量添皮數，減下人工，元請物料亦可減省。今相度，減省物料、工限造作，每日計得一百五十餘工。』本監欲依所請。」從之。

十月十五日，詔：「皮角庫皮場見管及接續收到不堪膠料皮并碎皮，不得支遣，準備内中取索。」

八年十月二十六日，詔：「皮角四場庫監官並給添支十二千。二年爲一任，界中無遺闕，與第等酬獎。」從軍器監所請也。舊以官序定添支多少，本監以任責既均，不可增減，故有是請。

十年二月，軍器監言：「編排皮角場庫官物錢師孟狀：『物數浩瀚，不曾支遣，堆積暴露，致有損壞。』本監欲乞令本庫權住支納，且將見在皮筋角委師孟同共編排，各着庫眼收盛。如遇諸處納了皮貨，即輪監官一員就倉交納。若敖眼少，即下倉場司權借。候支遣有序，却依舊交納。今後熟造皮，先須契勘見在，依年月資次支遣，別無入料皮，方許創行熟造。如失契勘，致有積壞，並罪干係官吏。」從之。

雜買務

15 雜買務，在常樂坊，掌應奉内中賣買物色，平其價直。以京朝官及三班、内侍三人監，有庫子、秤子、外催。

太宗太平興國八年四月，詔：「内外諸司庫務及内東門諸處造作，如官庫内有物，不得更下行收市。應要物，委三司職官常預計度。若急須物色，官庫内無，即於出産處收市；若不及，即從三司下雜買務收買，即不得直下行鋪〔一〕。如違，許諸色人陳告，監官劾罪嚴斷。」

真宗咸平二年五月十一日，詔：「官中禁物，勒行人於雜買務納下，本務令人供應。」

二十二日，詔：「雜買務買物支價錢，委監官當面將旬價紐計錢數責領。若三司乞破之時，須繳元帖并領狀申三司。」

景德三年五月九日，特奉詔：「内東門買賣司，應内降出賣匹段，自今明上簿曆，令使臣當面差人印記，具關子送下雜買務出賣。所有金銀，即封記交付〔二〕，更不得私將抵換匹帛下行出賣。所有諸宮院，亦令依此置曆抄上。又内中自來有直賣諸般物色，並令抄上簿曆拘管，依例具關子下雜買務取索供納。又内中降出見錢，合雜買務收買供應物色〔三〕，自今便仰據數送下，依例下行收買供應，更不得將見錢轉換不堪匹段兑賣〔四〕。又内中所買羊肉，自今並令使臣上曆，出給印押帖子，差輦官下行取買。諸宮院準此。」

十五日，詔内東門降出賣匹段，令左藏庫送納，關報雜買務依時估納錢。

十九日，詔：「如有内東門買賣輦官、諸色人將低 16 次匹帛換内降上好匹段，自今令雜買務榜門曉示，須先上門曆，方將物於監官出頭。仍椿定錢四千貫，分兩番一季結筭，依舊收蹙零脚錢。每供物、賣物，限半月納錢齊足，仍各置曆拘轄。」

大中祥符二年五月十一日，上封事者言，雜買務與内東門司出納，因緣爲姦〔五〕。真宗曰：「此二司屢曾制置，常給錢五百萬於本司，以備支遣，不欲稽滯價直也。先帝時，常以錢百萬命宋思恭檢校，凡宮中市物，令即時面給其直〔六〕。用訖，復增，常滿其數。仍聞思恭亦不能盡副先旨。近日宮中凡所須索，並付左藏庫，雖動須變轉，且免擾

〔一〕下：原作「行」，據本書食貨六四之四〇改。
〔二〕即：原作「印」，據本書食貨六四之四〇改。
〔三〕合：本書食貨六四之四〇作「令」。
〔四〕堪：原作「勘」，據本書食貨六四之四〇改。
〔五〕「姦」下原有「也」字，據本書食貨六四之四一删。
〔六〕直：原作「上」，據本書食貨六四之四一改。

民也。」

八月十日，詔：「洞真宮、開寶院、韓國長公主宅、廣平公保信軍院及應敕葬所買賣物色，並聽從便，不須下雜買務。」

是月，詔：「崇真資聖禪院於雜買務買物，慮其擾人，今後具數以聞。」

十月二十二日，詔：「內東門降出宣賜銀及成器物，有鐫鑿官匠，觔兩、字號者，委雜買務使臣看驗分鑿、色號，依時估取係省錢收買，送左藏庫。候近千兩，申三司煎煉。若無字號，不及色額器物釵釧，即付行出賣。」

二十三日，詔：「雜買務每有買賣，晝時支給價錢〔一〕，不得邀滯。」

五年八月，詔雜買務市物，並須支一色見錢。

六年十一月，詔：「自今內降及諸宮院賣金銀器物〔二〕，並送左藏庫給錢；有帶膠銲細碎物件〔三〕，於雜買務出賣。」

七年十一月，詔：「內東門、順儀院、崇真資聖院〔四〕、太和宮及房卧使臣取買17物〔五〕，許於雜買務下行收買〔六〕。除官庫所有物外，各令行人等第給限供納〔七〕。」

是月，詔雜買務：「應下行買物人，價錢不得住滯邀乞。其外催受得買物關子，次日須通下行户置曆〔八〕，於監官處書押。」

天禧二年十二月，提舉庫務司言〔九〕：「雜買務準內東門劄子，九月收買匹帛，內白絁每匹二千二百；十月收買皂絁，每匹二千八百；及收買果子，添減價例不定，稱府司未牒到時估。檢會大中祥符九年條例，時估於旬假日集行人定奪。望自今令府司候入旬一日，類聚牒雜買務，仍別寫事宜，取本務官批鑿月日，齎送當司，置簿抄上點檢。」從之。

是月，詔：「三司、開封府司指揮〔一〇〕，自今令諸行鋪人户依先降條約，於旬假日齊集，定奪次旬諸般物色見賣價，狀赴府司，候入旬一日牒送雜買務。仍別寫一本，具言諸行户某年月日分時估，已於某年月日赴雜買務通下。取本務官吏於狀前批鑿收領月日，送提舉諸司庫務司置簿，押上點檢。府司如有違慢，許提舉司勾干繫人吏勘斷。」

仁宗皇祐四年三月二十六日，詔：「雜買務自今凡宮禁

〔一〕時：原作「一」，據本書食貨六四之四一改。

〔二〕宮院：原作「色買」，據本書食貨六四之四一改。按，此處只涉及賣，不涉及買。

〔三〕件：本書食貨六四之四一作「即」，屬下讀，義較長。

〔四〕真：原作「政」，據本書食貨六四之四一改。

〔五〕取買物：原作「買賣」，據本書食貨六四之四一改。

〔六〕於雜買務下：原作「令通□」，據本書食貨六四之四一改補。

〔七〕令：原作「仰」，據本書食貨六四之四一改。

〔八〕次日須：原作「等物價」，據本書食貨六四之四二改。

〔九〕司：原作「所」，據本書食貨六四之四二改。「提舉庫務司」即「提舉諸司庫務司」之簡稱，不稱「所」。

〔一〇〕府司：原脱，據本書食貨六四之四二補。

所市物，先須勘會庫務委闕者，方得下行，仍皆給實直〔一〕。其所非闕者，毋得市。」初〔二〕，仁宗謂輔臣曰：「國朝監唐世宮市之患，特置此務，以京朝官、内侍參主之，且防擾人。近歲非所急之物，一切收市，擾人亦甚矣。」故降是詔。

至和元年十一月，知開封府蔡襄言：「内東門市行人物，有累年未償 18 價錢者，請自今並關雜買務，以見錢市之。其降出物帛，亦估直〔三〕，於左藏庫給錢。」從之。

高宗紹興六年二月四日，詔：「和劑局藥材，令雜買務收買。仍就令太府寺準備差使兼雜買務監門〔四〕，機察錢物出入。除本身請給外，每月添支和劑局監門官日支食錢一色。」

同日，詔：「雜買務收買藥材，除舊額專、副、手分、攢司、庫子外，添置手分一名、書手一名。」

同日，詔：「雜買務收買藥材，依雜賣場例，每貫收頭子錢二十文省，市例錢五文足，應付脚剩等雜支使用，置曆收支。年終，將剩數併入息錢。所有熟藥所納錢、看揞，並依左藏西庫條法〔五〕。其納到錢，除納支藥材價錢外，見在錢並行樁管。」

同日，詔雜買務令臨安府輪差兵士一十五人充把門、搜檢、巡防等役使。

二十三日，詔：「太府寺置牙人四名，收買和劑局藥材，每貫支牙錢五文，於客人賣藥材錢内支。如入中，依市直定價，責牙人辯驗無僞濫堪充修合狀〔六〕，監官再行審驗，定價收買。如受情中賣僞濫，牙人例外收受錢物，許〔入〕人告〔七〕，每名支賞錢五十貫，並依僞濫律斷罪。及官知情，各與同罪〔八〕；不覺察，減二等。」五月十五日，朝旨：每貫於客人處更支牙錢二十文。以無人應募也。

同日，詔：「收買藥材，令臨安府市令司每日開具藥物名件、實直價例報雜買務，申太府寺照會。」

孝宗隆興二年二月十六日，吏部狀：「都省批下本部申明：『雜買務闕，未審日後合從是何選分差注，19 或係堂除？』後批：『照應已降指揮，許通差文、武臣。』尚書左選勘會：『今將《紹興格》并續降指揮參照立定差法：雜買務選注通判、知縣資序、不曾犯贓私罪、年未六十人，仍不注初磨勘改官人。』尚書右選勘會：『雜買務闕，通差文、武臣，今欲差親民資序、不曾犯贓私罪、年未及六十人，候尚書左選闕到指揮日，出榜召官指射。如同日有官願就，即先差承務郎以上，次注大使臣〔九〕。其爲任、使闕年限，並

〔一〕實：原脱，據本書食貨六四之四二補。
〔二〕初：原作「初年」，據本書食貨六四之四二刪。
〔三〕估：原作「值」，據本書食貨六四之四二改。
〔四〕兼：原脱，據本書食貨六四之四二補。
〔五〕西：原脱，據本書食貨六四之四三補。
〔六〕堪：原作「勘」，據本書食貨六四之四三改。
〔七〕人：原作「入」，據本書食貨六四之四四改。
〔八〕「罪」及下句「不覺」，原脱，據本書食貨六四之四四補。
〔九〕臣：原脱，據本書食貨六四之四四補。

依見行格法施行。』」

鑄鎔務

鑄鎔務，在顯仁坊，掌造銅鐵鍮石諸器及道具，以供出鬻之用。舊在京鑄錢監，景德三年廢錢監，改今名。以京朝官、三班二人監，工匠一百十人。

真宗大中祥符二年六月，詔：「京城修造樓臺殿宇、三門帳生所用門環、浮漚、釘線、葉段，令鑄鎔務將物料點鍮石充用。其造相輪，將鍮石與生熟銅相兼鑄造。」

五年六月，詔鑄造務諸作，每夏月役半功，至午時放。

天禧元年，詔點合鍮石所，以其事併入鑄鎔務。

仁宗天聖八年四月，三司言：「準《編敕》：『鐃、鈸、鐘、磬、酒鏇子、照子等，許令在京鑄鎔務、在外於就近便官場收買，並須鐫勒匠人、專、副姓名，并監官押字。將往外處者，仍給公據。』今詳鑄鎔務逐旬造到器用功課斤兩，欲先令盡數赴省呈驗訖，差人押赴在京商稅院出賣。」從之。

車營務

車營務，在敦教坊，掌養飼驢牛駕車，給內外之役。以京[20]朝官、諸司使、副、三班、內侍三人監，役卒四千四百零一十二人。

致遠務

致遠（坊）〔務〕，在永泰坊，掌養飼驢、騾，以供載乘輿行幸什器及邊防軍資之用。監官三人，以車營務兼領，兵校千六百二十四人。

折博務

畢（仲）衍《備對》：陝西一十四州軍折博務，係入中見錢、糧草，算買鹽鈔。內延、環、慶、原、（謂）〔渭〕州，鎮戎、順德、保安軍，并買白鹽。諸路五折博務。秦州、熙州、河州、洮州、岷州、延州、環州、慶州、原州、（謂）〔渭〕州、通遠軍、鎮戎軍、德順軍、保安軍。

《建安志》：折博務，建安州舊有之，後廢。按《會要》：至道二年，發運使楊允恭請令商人入金帛于務，悉償以茶。自是鬻鹽得實錢，茶無（帶）〔滯〕貨，歲課增五十餘萬緡。

窑務

【宋會要】

京東西窑務，掌陶土爲磚瓦器，給營繕之用。舊有東、西二務，景德四年廢，止於河陰置務，於京城西置受納場，歲六百萬。大中祥符二年復置東窑務〔一〕。以諸司使、副使、三班三人監領，匠千二百人。受納場改爲西窑務，以三班二人監。所有匠，有瓦匠、甎匠、裝窑匠、火色匠、粘較匠、鴟獸匠、青作匠、積匠、窨窑匠、合藥匠十等。歲千一百五十四萬。二月興工，十月罷作。

真宗景德四年七月，詔 21 以廢窑務薪蒸分給諸班直〔二〕、諸軍司。

大中祥符二年五月，以修玉清昭應宮，特置東（窨）〔窑〕務。

三年十二月，詔東（窨）〔窑〕務蒿場，自今止使臣二人監當，月給食直錢五千。

神宗熙寧七年五月，江陵府江陵縣尉陳康民言：「相度南京、宿、亳收市（窨）〔窑〕柴衙前合行減罷。勘會在京（窨）〔窑〕務，所有柴數，于三年内取一年最多數，增成六十萬束，仍與石炭兼用。除場驛課撲到外，召人户斷撲，自備船脚。其石炭，自于懷州九鼎渡、武德縣收市及勾當。」東（窨）〔窑〕務孫石乞將石炭出賣，只以（窨）〔窑〕柴供應，下將作監相度。監司言：「乞將南京、宿、亳州拋買未起（窨）〔窑〕柴，般運赴京（椿）〔樁〕充準備外，宜依康民所請。其出賣石炭，每秤定價六十文。」詔除武德縣收市不行外，餘並從之。（以上《永樂大典》卷一四九九〇）

榷貨務

【宋會要】

22 榷貨務，舊在延康坊，後徙太平坊。掌受商人便錢、給券，及入中茶鹽，出賣香藥、象貨之類。以朝官、諸司使、副、内侍三人監。太平興國中，以克平嶺南〔三〕，及交趾、海南諸國連歲入貢，通關市，商人歲乘船販易外國物，自三佛齊、勃泥、占城，犀、象、香、藥珍異之物充盈府庫，始議於京師置香藥榷易院〔四〕，增香藥之直，聽商人市之。命張遜爲香藥庫使以主之，歲得錢五十萬貫。大中祥符二年二月，撥併入榷貨務。

太宗淳化五年三月，詔：「在京榷貨務入博絹帛，今後或價減，委監官子細勘會，價長即申三司取旨揮。」

至道二年十一月，詔：「榷貨務博賣香藥收錢帛，每月收十次送納。」

真宗咸平二年九月，詔：「榷貨務招誘客人，將銀、錢、紬、絹入中，并賣象牙，令香藥庫將合出賣第一等牙品配支撥。」

〔一〕窑：原作「窨」，據《事物紀原》卷七改。下同。
〔二〕窑：原作「窨」，據《長編》卷六六、《事物紀原》卷七改。
〔三〕克：原作「先」，據《事物紀原》卷六改。
〔四〕榷：原脱，據《事物紀原》卷六補。

四年六月，詔：「榷貨務每月支俸錢，並依次排垛支給，監官提舉，無得夾帶新小鐵錢。」

七月，詔澤州大廣鐵冶，許商旅於澤、潞、威勝軍入納錢、銀、匹帛、糧草折博，及於在京榷貨務入中(傳)〔博〕買。

景德元年正月，詔榷貨務入中金、銀並納内藏庫。

閏九月，詔：「榷貨務所賣紫赤礦、香藥，令依市寔價出賣，不得虧官。」

三年二月，詔：「客旅見錢往州軍使用者，止約赴榷貨務便納，不得私下便換。如違，許人陳告，依漏税條抽罰後重罪之。仍令開封府出榜曉諭。其諸城門鎖，不得私放出見錢。」

23 三月，詔榷貨務：「應有客旅入到羅、絁、綾，並以見賣估價，折博紐筭，支解鹽交引。」

大中祥符二年正月，(許)〔詔〕：「許販茶客於榷貨務投狀，具言有若干交引在某場欲往請，合納税錢，上簿拘轄，令三五人連狀委保。又召交引鋪户充保，給公憑付客。支訖，本場徑具數(人)〔入〕遞，關報本務。立限半年送納税錢，限滿不至，於元保人處理納。候客齎到脚地公引，合筭一路税錢數同，即勾簿毁公憑。」

二月，詔香藥榷易院自今併入榷貨務，一處勾當。

六月，詔：「榷貨務課利浩大，本務公人，(請)〔諸〕處不得抽差。」

八月，詔榷貨務：「客便納金銀、錢帛、糧草，合支香藥、象牙者，於香藥庫撥請還客。年額五十萬，不得於榷貨務課利衮折。各具增虧比較申奏。」

四年十月，詔：「雜賣場今後更不賣茶，止令榷貨務將每年折支料錢茶二萬五千六百貫，招致客旅入中，往向南茶市收錢數樁撥，充雜賣場課額。」

是月，三司言：「衣庫使、監榷貨務安守忠，一界收到出剩課利萬數至多，覆之皆寔。」詔特改軍器庫使。

五年十一月，詔榷貨務：「每年許客便見錢五萬貫，指射廣南東路州軍支還。如(常)〔市〕舶司要錢，即預申三司任便。」

六年七月，詔：「交引鋪户，榷貨務給與印曆，逐名抄上客鈔，紐筭交引請錢。以三五名爲一保，具物産抵當，每鋪户據名具申三司。開封府取責門鋪曉示客人，許令下鈔貼筭，牙保人須得引客於王名鋪内下鈔〔一〕，不得邀滯。」

七年五月十 24 七日，詔：「應入中交引請乳香者，元保鋪户引客於監務處，當面支給。」

十九日，詔：「應假香、回紇香、黑錫、白鑞私下便錢，令京城門商税院緝逐告捉，榷貨務不須巡捕。」

天禧元年四月六日，三司言：「在京榷貨務入便，請以大中祥符七年收錢二百六十一萬餘貫爲額，每歲比較。不及數，當職官吏準條科罰。」從之。

〔一〕王：疑當作「主」。

四年四月，以弓弩院爲榷(火)〔貨〕務，遠火患也。

仁宗天聖元年四月，詔：「(詔)〔訪〕聞在京榷貨務入中羅帛低次輕快，虧損官價，蓋本務監、專不切子細看估。自今令三司、都大提舉諸司庫務司鈐轄，應是納折博(人)〔入〕中官物，並仰用心點檢。更敢違慢，重寘之法。」

三年三月，三司言：「乞選差曾經外任廉幹使臣殿直已下二員，監在京榷貨務門，仍二年一替。」從之。

神宗熙寧二年九月三日，詔令在京榷貨務封樁折斛錢内〔一〕，借支與在京府界縣分等收糴斛㪷。據糴到數，充來年淮南發運司上供年額〔二〕。所借過錢，即令發運司却據錢數收買金、銀、絹、帛送還本務，以免歲計般輦不足也。

三年十月二十五日，三司言：「近乞舉榷貨務監官文臣兩員、使臣一員，奉詔舉小使臣一員，緣舊條舉大使臣勾當。」詔今後於大小使臣内通選奏舉。

四年正月十二日，出榷貨務錢五十萬貫，助糴陝西軍糧。復以京東支與河北封樁紬絹三十萬匹、錢十萬貫還榷貨務。

五年七月五日，詔：「併榷貨務入市易務，將市易務作上界，以榷 25 貨務作下界，仍以東、西務爲名。所有公人，即將榷貨務舊額并市易務新添人數量行拘定。」從提舉市易務所請也。

高宗建炎二年正月十日，詔真州榷貨務與行在印賣鈔引并爲一司，以「行在榷貨務」爲名，依舊隨處置局，梁(楊)〔揚〕祖、楊淵依舊提領。其提轄等官，以「行在榷貨務」繫銜。初，專一措置財用、充車駕巡幸提舉一行事務黃潛厚言：「茶鹽之法，令客人於在京榷貨務入納見錢，請買鈔引，於諸路筭請茶鹽。近令真州置司，印賣鈔引。今來車駕駐揚州，去真州止五十餘里，又水陸相通，而兩處出賣鈔引，客旅盡赴行在興販物貨，理宜從長措置。欲乞移真州榷貨務於行在(楊)〔揚〕州置局。其真州茶鹽司已造下及揚州通判見賣鈔引，併入行在榷貨務，衮同招誘出賣。將來回鑾，依舊併入在京榷貨務。」故有是詔。

十月十九日，詔：「提領措置茶鹽司官吏并行在都茶場、榷貨務官吏，依自來實合推恩人例，各轉一官。」以在京榷貨務、都茶場近移真州置司，措置東南茶鹽，印造鈔引、招誘請筭，收課息五百餘萬貫故也。

三年十月二十五日〔三〕，詔：「客人願於行在送納見錢，或用金銀筭請鈔引者聽。仍令提領司措置受納，限日下給公據或合同遞榜前去。令杭州本場候到，日下筭給鈔引。」

紹興元年八月五日，詔以榷貨務、都茶場自建炎四年五月十五日至紹興元年七月三日終，收到茶、鹽、香錢六百

〔一〕斛：原作「解」，據本書職官二七之六、食貨三九之二一改。
〔二〕來年：原作「聚每年」，據本書職官二七之六、食貨三九之二一改。
〔三〕天頭原批：「三年十月二十五日條移後。」按，此是建炎三年，時間順序不誤，不當移後。

八萬九[26]千餘貫，左、右司官吏各轉二官。左司員外郎林平之已離任，與減二年磨勘。

二年閏四月四日，左司郎中姚舜明、右司郎中張公濟、員外郎胡世將、檢正諸房公事仇悆言〔一〕：「榷貨務、都茶場收椿錢七百萬貫，各該轉一官。舜明等主管本司職事日淺，難以叨冒恩賞，且茶鹽司羨，固亦何功？乞更不施行。」從之。

九日，詔紹興府榷貨務、都茶場移於建康府置局〔二〕，限三日結絶訖，起發前去。

二十三日，詔：「榷貨務今後如椿收錢及一千萬貫，其應干官（官）吏，仍須首尾在職管幹，不係去官改役之人，方合推恩轉官。」以左司郎中姚舜明等辭賞，因有是詔。

十二月三十日，詔榷貨務依在京日火禁，並依皇城法。

（二）〔三〕年四月一日〔三〕，詔：「吉州榷貨務、都茶場監官陳藹等，到任一季内起到茶、鹽等錢三十萬貫，職事修舉，特與轉一官。餘官吏並依已降指揮施行。」

五月七日，詔：「今後鎮江府、吉州榷貨務、都茶場應申奏行移，各以『行在場務某州某府置場務』爲名。」以從來槩稱「行在場務」，無以區別，故有是詔。

八月二十八日，詔榷貨務、都茶場許臺諫取索及勾喚人吏。

十二月二十三日，詔提轄榷貨務兼都茶場見闕官，令黄叔敖具名奏差一次。

四年四月十七日〔四〕，詔：「榷貨務、都茶場官吏、專副、押號簿使臣、諸色（秖）〔祗〕應人，提領司、左右司、太府寺、交引庫官吏，（二）〔三〕省户房專呈新法并本房寔該首尾人，並依去年收支及一千萬貫推恩[27]體例施行，餘並更不推恩。願換支賜者，依紹興二年四月二十二日權減半指揮支給。轉官礙止法人，於元推恩體例内除去『行』字，止令依條回授。三省該轉資人，更不支破所轉資請給。」以提領榷貨務、都茶場申，本務場并真州、吉州、鎮江府務場一年内共收到茶鹽、香錢一千六百餘萬貫，乞推賞故也。

五年三月三十日，（認）〔詔〕於真州別置務場，給賣鈔引，只許客人筭請楚州鹽鈔。其乳香、茶引，不拘路分，並許給賣。既本州興（賈）〔置〕務場，即鎮江府定是入納不多，可那移官吏前去真州。其鎮江府務場，依舊存留看管，不得損壞。

十一月六日，都省言：「行在榷貨務狀：『契勘吉州榷

〔一〕諸房公事仇悆：原作「諸公之事仇愈」，據《宋史》卷三九九《仇悆傳》改。

〔二〕按《建炎要録》卷五三云「詔移紹興府榷貨務都茶場於臨安」，與此異。

〔三〕三年：原作「二年」。按前爲二年，後爲四年，則此應是「三年」。又考本條「陳藹」，據胡寅《再論朱勝非疏》言：勝非「再爲相，遂差藹監吉州榷貨務」（《斐然集》卷一五）。考《宋史》卷二一三《宰輔表》，勝非再爲相在紹興二年九月，則陳藹監吉州榷貨務在二年九月之後。凡此可證本條之「二年」當作「三年」。又下文云「到任一季」，則當爲二年末或三年初到任。

〔四〕天頭原批：「『三年十月二十五日』條，移『四年四月』上。」按，此批誤，參建炎三年條校記。

貨務給賣廣東鹽鈔，係客通販往荆湖南北、處、吉州、南安軍及廣東本路住賣。依近降紹興五年十月六日指揮，廣東一分鹽，依舊官般官賣應付漕計外，二分鹽只許在廣東本路住賣，不得販往荆湖南北、江西吉州、南安軍。其吉州榷貨務，止係給賣（東）〔廣〕東二分鹽鈔，所管職事不多，兼洪州安撫司即目亦賣上件鹽鈔，其吉州自不須專治務場。』」詔吉州榷貨務、都茶場並罷。

六年八月，詔：「每歲通收錢一千三百萬貫，即依已降指揮推賞。」紹興二十四年，行在、建康、鎮江三務場共收二千六十六萬七千四百九十一貫二百六文：鹽錢一千五百六十六萬五千六百二十五貫四百三十文，茶錢二百六十九萬四千四貫五百七十七文，【28】香礬錢一百九萬九千一百八貫六百八十五文，雜納錢一百二十萬八千七百六十二貫五百一十四文。紹興三十二年，回税場共收二千一百五十六萬六千九十二貫六百七十一文〔一〕：鹽錢一千七百九十六萬九千一十一貫六百九文，茶錢二百一十二萬一千四百七十七貫七百五十八文，香礬錢一百一十九萬五千八百五十四貫二百四十六文，雜納錢二十七萬九千四百四十九貫五十八文。至乾道六年三月二日，詔：「將三務場收到茶、鹽、香礬錢各立定歲額錢數，行在八百萬貫，建康一千二百萬貫，鎮江四百萬貫。如及額，官吏方得依例推賞；如虧，不及一分，免行責罰。」

十一月二十五日，詔榷貨務、都茶場監官通行管幹，仍以「監榷貨務、都茶場」繫銜。

七年閏十月二十四日，詔榷貨務撥隸户部。户部尚書章誼劄子：「契勘榷貨務舊曾申明乞罷提舉官，將職事隸屬户部。近來朝廷以事任至重，復置提舉，見係誼總領〔二〕。緣獨員，別無同官商量，竊恐悮事。欲望朝廷指揮，依舊隸屬户部，同郎官、長貳通行簽押，或只乞長、貳通行提舉。」故有是詔。

八年六月二十五日，詔：「起發廣鈔，差樞密院使臣管押，除身分驛券外，每員依本務號簿官，往回每日支食錢五百文省。起發日，從交引庫勘會的實程數合支錢，報本務支給。仍每員支起發錢一十五貫文，月給贍家錢一十貫文。出門起支，入門日【29】住給。止於本務頭子、市例錢内支給。」

十一年二月三十日，詔：「茶鹽（惟）〔推〕賞，其本部郎官〔三〕、太府寺及榷貨務、都茶場官，自紹興元年以後到任之人，並計日推賞。」先是，指揮以在歲終合該全賞，及三季已上減半，緣未及三季之人，不預賞典，故有是命。

十四年二月二日，三省言榷貨務、都茶場茶鹽推賞文

〔一〕按，此數字與下文鹽錢、茶錢、香礬錢、雜納錢四者之和有一定出入。

〔二〕誼：原作「宜」，據《建炎要録》卷一一六改。誼，章誼也。

〔三〕本部郎官：原作「本務郎官」，據文意改，蓋省部方有郎官，其場務則稱提舉、監官等。又所謂本部，即指户部，蓋此時榷貨務撥隸户部，故得一例推恩。

字，上因論及祖宗時茶鹽鈔法：「邊面納粟，京師請鈔，公私皆便，不惟可以實邊，又免漕運之勞。朕嘗思之，祖宗立法無有不善者，豈可輕議變易？」

孝宗隆興元年八月十四日，権貨務、都茶場狀：「元管號簿官共一十二員，今欲権貨務、都茶場各於六員内減二員。」從之。

二十三日，詔户部將諸路茶鹽司起到錢物令項樁管，非奉朝廷指揮，不得擅行支用。具已收到數目申尚書省。今後遇有合起發錢物，並赴行在権貨務、都茶場送納。

二年正月二十五日，户部言：「権貨務、都茶場隆興元年正月四日至隆興二年正月三日終，一全年收趁到茶鹽、乳香等錢增羡。照得檢正都司、三省户房、點檢催驅印房、金部、太府寺及交引庫，各有轉官減年等第支賜。今勘當，欲依所定乞施行。」從之。

乾道元年七月二十日，詔建康府権貨務、〔都〕茶場合令工部鑄印一面，付禮部給降。候新印到日，將舊印申繳禮部施行。

八月二十八日，宰執進呈権貨務、都茶場趁辦茶鹽推賞等第，上曰：「三場務官吏可依舊制，其餘該轉官、減年，
30 並給公據。所有比换支賜，權行住罷。」

九月二十六日，權户部侍郎曾懷言：「〔行〕在、建康、鎮江府権貨務、都茶場收趁茶鹽錢，每遇次年正月四日一全年，照遞年所收各行比較，更不通比。如有增羡去處，乞依舊格推賞。或有虧欠，取旨黜責。庶幾賞罰公明，可以懲勸。」詔從之。

十一月三日，户部言：「権貨務給賣鹽鈔，每袋添錢三貫文省，永爲成法，日後更不增減。」從之。

五年十二月二十三日，詔権貨務、都茶場依建炎三年指揮，委都司官提領措置，户部長貳更不兼領。

六年二月三日，吏部〔言〕：「檢準乾道三年指揮：『権貨務、都茶場提轄監官、左藏庫監官，今後並先差知州，次通判，次第二任知縣人。』今看詳，乞依乾道三年指揮施行。」詔今後依舊通差武臣大使〔臣〕以上第二任親民資序人，其文、武，依吏部看詳到事理施行。

三月一日，權户部侍郎葉衡言〔一〕：「勘會三務場每歲所收入納茶、鹽等錢〔二〕，依已降指揮，各行比較，如有增羡，方合理賞。竊慮却將別色應數，乞將三務場收到茶、鹽、香礬錢各行立定歲額錢：行在八百萬貫，建康一千二百萬貫，鎮江四百萬貫〔三〕。如收趁及額，官吏方得推賞；如虧及一分已上，各降一官，吏各從杖一百科斷。其降出外路茶鹽鈔引，候賣到錢赴務場交納訖，方許理數。」從之。

七年十二月十二日，中書門下省言：「勘會提領軍器

〔一〕衡：原作「行」，據《宋史全文》卷二五上改。
〔二〕三務：原作「二務」，據《宋史全文》卷二五上改。
〔三〕百：原脱，據《宋史全文》卷二五上改。

所及提領犒賞酒庫，皆已差置幹辦公事。提領三務場管茶鹽課額31浩大，與軍器所〔一〕、酒庫事體一同，乞置幹辦公事一員。」從之。

九年七月十八日，樞密院言：「馬軍司合差撥將兵二百人，祗備不測風燭，赴榷貨務防護。今欲將上件潛火軍兵分行差撥：内殿前司差一百人，馬、步司各五十人，認定差撥。」從之。

市易務

市易務在太平坊，隸都提舉司。召人抵當借錢、出息，乘時貿易，以通貨財。監官三員，文、武使臣充。

神宗熙寧三年二月十一日，同管勾秦鳳路經略司機宜文字王韶言〔二〕：「沿邊州郡，惟秦鳳一路與西蕃諸國連接，蕃中物貨四流，而歸於我者歲不知幾百千萬，而商旅之利盡歸民間。欲於本路置市易司，借官錢爲本，稍籠商賈之利〔三〕，即一歲之入，亦不下一二十萬貫〔四〕。」詔令將本司見管西川交子差人往彼轉易物貨，赴沿邊置場，與西蕃市易。如合選差官與王韶同共管勾，及應有經畫事件，仰轉運司從長相度施行，仍件析以聞。

七月十日，詔陝西轉運司詳度移市易司於古渭寨利害以聞。先是，王韶召對，言邊事，請於古渭寨置市易司，許之。已而，李師中與韶異議〔五〕，遣内侍押班李若愚與三司判官王克臣同行視，與師中協。上疑不寔，故復下轉運司。

熙寧五年三月二十六日，詔：「天下商旅物貨到京，多爲兼併之家所困，往往消折。至於行鋪稗販，亦爲較固取利，致多窮窘失業〔六〕。宜令在京置市易務，選差監官二員、提舉官32一員、勾當公事官一員，召諸色牙人投狀，充本務行人、牙人，即不得拘繫衙喏，非時勾集。内行人供自己或借他人産業金銀充抵當，五人以上爲一保。遇客人販到物貨出賣不行、願賣入官者，官爲勾行、牙人與客人兩平商量其價，據行人所要物數，先支官錢收買。願折博官物者亦聽。隨抵當物力多少，令均分賒請，立一限或兩限送納價錢，半年内出息一分，一年即出息二分。並不得抑勒。若非行人見要物，然寔可收蓄變轉〔七〕，委本司官同相度，指揮收買，隨時價出賣，即不得過收利息。其三司、諸司庫務年計物若比在外科買得省公私煩費〔八〕，亦就務收買。

〔一〕軍器所：「所」字原在「酒庫」下，參上文乙。
〔二〕司：原作「使」，據《通鑑續編》卷八改。
〔三〕利：原作「剎」，據本書食貨三七之一四改。
〔四〕一二十：原作「一二千」，據本書食貨三七之一四、《補編》頁八七九改。按本門後文，在京市易務一歲之入亦不過一百三十餘萬貫，秦鳳一路所收何能至一二千萬貫？
〔五〕議：原作「義」，據《長編》卷二一三改。
〔六〕致：原作「至」，據《長編》卷二三一改。
〔七〕蓄：原作「畜」，據《長編》卷二三一改。
〔八〕私：原作「利」，據《長編》卷二三一改。

其置務，令三司相其地，以官屋充。其餘條約，委三司、本司官申中書詳定施行。」《九朝紀事本末》〔一〕：贊善大夫、户部判官呂嘉問提舉在京市易務，仍賜內藏庫錢一百萬緡爲市易本錢，其餘合用文鈔及折博物，令三司應副。四月，先是三司起請市易十三條，其一云：「兼并之家〔二〕，較固取利，有害新法。令市易務覺察，申三司按置以法。」御批：「減去此條，餘悉可之。」御史劉孝孫言：「於此見陛下寬仁愛民之至。」王安石曰：「孝孫稱頌此事，以爲聖政，臣愚竊謂此乃是聖政之闕。」上曰：「若但設法傾之，即兼并自不能爲害。」安石曰：「若不敢明立法令，但設法相傾，即是紙鋪孫家所爲。」陳瓘論曰：「呂嘉問謂於律外別立市易較固一條，神考聖訓以爲已有律，不須立條。其時劉孝孫稱頌聖訓曰：『此仁厚愛民之意也。』安石奏曰：『孝孫之計非也，此事正是聖政之闕。陛下不欲行此，此兼并所以窺見陛下於權制豪強有所不敢〔三〕，故內連近習，外惑言事官，使之騰口也。』臣竊謂神考不欲於律外立較固之條，可謂仁厚愛民之意，劉孝孫將順聖美，不爲過也。《日録》之內，但爲顯揚嘉問，不以御批爲是，不以孝孫爲然，於是造神考之言曰〔四〕：『若設法傾之，則兼并不能爲害。』又撰對上之言曰：『若不能明立法制，但設法相傾，即是紙鋪孫家所爲。紙鋪孫家爲是百姓，制百姓不得，故止如此。豈有爲天下主，乃只如孫家紙鋪所爲，何以謂之人主〔五〕？』嗚 33 呼，『設法相傾』之語，謂之不誣可乎？『紙鋪孫家』之語，謂之不詆可乎？神考愛民守法，而指爲闕政，力主嘉問，遂至於侮薄君父，不亦悖乎！」

七月五日，詔以榷貨務爲市易西務下界，市易務爲東務上界。

〔八月〕十七日〔六〕，鎮洮軍置市易司〔七〕。《九朝紀事本末》：七月辛卯，詔在京商税務、雜賣場〔八〕、雜買務並隸提舉市易務。閏七月，先是，上批付王安石：「聞市易買賣極苛細，市人籍籍怨謗，以爲官司侵淫盡收天下之貨，自作經營。可指揮，令只依魏繼宗元擘畫施行。」於是安石留身，白上曰：「陛下所聞，必有事寔，乞宣示。」上曰：「聞榷貨賣冰，致民賣雪都不售。」安石曰：「賣冰乃四園苑〔九〕，非市易務。」上曰：「又聞買梳朴即梳朴貴〔一〇〕，買脂麻即脂麻貴。」安石曰：「若買即致物貴，即諸物當盡貴〔一一〕，何故脂麻獨貴？」上曰：「或云呂嘉問少年不練事，所置勾當人盡姦猾，嘉問不能檢察〔一二〕。」安石曰：「嘉問所置勾當人，如沈可道、孫用勤，若不收置務中，即必首爲兼并害法。今置之務中，所謂御得其道，狙詐咸作使是也。」上曰：「又聞立賞錢捉人，不來市易司買賣。」安石曰：「此事尤可知其妄。呂嘉問連日或數日輒一至臣處，爲事初臣要見施行次第，若有牓如此〔一三〕，臣無容不知。果有此事，則是臣欲以聚斂誤陛下。陛下當知臣素行，若臣不如此，即無緣有此事。」上曰：「卿固不如此，但恐所使令未體朝廷意，更須審察。」安石曰：「此事皆有迹，容臣根究勘會，別具聞奏。」十一月丁巳，上謂王安石曰：「市易賣果寔，審有之，即太煩細，令罷之如何？」安石曰：「市易司但以細民上爲官司科買所困，下爲兼并取息所苦，自投狀乞借官錢出息，行倉法供納官果寔。自立法以來，販者比舊皆即得見錢，行人比舊官司、兼并所費十減八九，官中又得好果寔供應。此皆逐人所供狀及案驗事寔如此。陛下謂其繁

〔一〕按，以下各段所引《九朝紀事本末》，今見《長編紀事本末》卷七二，今以《長編》校之。

〔二〕家：原作「象」，據《長編》卷二三二改。

〔三〕此兼并：原脱「此」字，據《長編》卷二三二補。

〔四〕是：原脱，據《長編》卷二三二補。

〔五〕謂之人主：原作「爲之神主」，據《宋史全文》卷一二上改。

〔六〕八月：原脱，據《長編》卷二三七補。

〔七〕司：原作「市」，據《長編》卷二三七改。

〔八〕賣：原作「買」，據《長編》卷二三五改。

〔九〕四：原作「西」，據《長編》卷二三六改。

〔一〇〕買：原作「賣」，據《長編》卷二三六改。

〔一一〕物：原脱，據《長編》卷二三六補。

〔一二〕能：原脱，據《長編》卷二三六補。

〔一三〕牓：原作「謗」，據《長編》卷二三六改。按「牓」謂懸賞之文榜。

細，有傷國體，臣愚切謂不然。今設官監酒，一升亦賣；設官監商稅，一錢亦稅，豈非細碎？人不以爲非者〔一〕，習見故也。臣以謂酒、稅法如此，不爲非義，何則？自三代之法固已如此。《周官》固已征商〔二〕，然不云須幾錢以上乃征之；泉府之法，物貨之不售，貨之滯於民用者，以其價買之以待賣者〔三〕，亦不言幾錢以上乃買。又珍異有滯者，斂而入於膳府，供王膳，乃取市物之滯者。周公制法如此，不以煩碎爲耻者，細大並舉，乃爲政體。但尊者任其大，卑者務其細，此先王之法，乃天地自然之理。如人一身，視、聽、食、息皆在元首，至欲搔癢則須爪甲。體有小大〔四〕，所用不同〔五〕，然各不可闕〔六〕。如天地生萬物，一草之細，亦皆有理。今爲政，但當論所立法有害於人物與否，不當以其細而廢也。」上笑且曰：「買得果寔，誠比舊極佳，行人亦極便。但行人皆貧弊，宜與除放息錢。」安石曰：「行人比舊已各蘇息，可以存活，何須除放息錢？34若行人已蘇息，比舊侵刻之苦已十去八九〔七〕，更須除放息錢，即見今商稅所取不擇貧富，固有至貧之人尚爲稅務所困〔八〕，亦合爲之蠲除，彼何獨蠲除？今諸司吏禄極有不足，乃令乞覓爲生，不乞覓不能自存，乞覓又犯刑法。若除放息錢，何如以所收息錢增此輩禄〔九〕？」明日，進呈内東門及諸殿吏人名數，白上曰：「從來諸司皆取賂於果子行人，今行人歲入市易務息錢幾至萬緡，欲與此輩增禄。」上曰：「諸殿無事，惟内東門司事繁，當與增禄。」安石曰：「如入内内侍省吏人〔一〇〕，亦當與增禄。蓋自修宗室條制，所減貨賂甚多故也〔一一〕。」云云。又録《廛人》、《泉府》事白上曰〔一二〕：「此周公所爲也。」上曰：「周公事未能行者豈少？」安石曰：「固有未能行者〔一三〕，若行之而便於公私，不知有何不可，而乃變易以從流俗所見〔一四〕？」十二月乙亥朔，詔罷諸路上供科買。以提舉在京市易務言，上供薦蓆、黄蘆之類六十色〔一五〕，凡百餘州，不勝科擾，乞計錢數，從本務召人承攬以便民也。

熙寧六年正月一日，中書言，欲以市易務上、下界隸都大提舉諸司庫務〔一六〕。從之。《九朝紀事本末》：商稅院、翰林圖畫院、雜買務、雜賣場、諸宮觀真儀法從、南郊太廟家事、府司檢校等庫〔一七〕，都亭、懷遠驛、三糧料院、内軍器五庫，隸都大提舉諸司庫務。上批：「内軍器五庫官物，儲積多在宮禁及收内降物，兼自有提舉提點官，可不隸提舉諸司。餘從之〔一八〕。」辛亥，樞密使文彦博言：「臣近言市易司遣官監賣果寔，有損國體，斂民怨，乞寢罷。至今涉旬，未聞施行。凡衣冠之家，罔利於市，搢紳清議，尚所不容，豈有堂堂大國皇皇求利，而不爲物議所非者乎？」王安石白上曰：「陛下近歲放百姓貸糧至二百萬，支十斗全糧給軍，一歲增費亦計數十萬緡，以至添選人俸，增吏禄，給押綱使臣，所費又亦百萬緡。天下愚智，孰不以此知陛下不殖貨利，豈有所費如此，而乃於果寔收數千緡息以規利者，直以細民久困於官中須索，又爲兼并所苦，故爲立法耳。」彦博所言，遂寢不報。二月丙子，龍圖閣直學士、給事中張燾提舉在京諸司庫務。

〔一〕人：原作「又」，據《長編》卷二四〇改。
〔二〕征：原作「似」，據《長編》卷二四〇改。
〔三〕待賣：原作「待買」，據《長編》卷二四〇改。
〔四〕體有：原脱，據《長編》卷二四〇補。
〔五〕用：原作「在」，據《長編》卷二四〇改。
〔六〕各：原作「亦」，據《長編》卷二四〇改。
〔七〕苦：原作「石」，據《長編》卷二四〇改。
〔八〕之：原作「乏」，據《長編》卷二四〇改。
〔九〕禄：原作「録」，據《長編》卷二四〇改。下文「此輩增禄」同。
〔一〇〕侍：原作「内」，據《長編》卷二四〇改。
〔一一〕賂：原作「務」，據《長編》卷二四〇改。
〔一二〕泉：原作「象」，據《長編》卷二四〇改。
〔一三〕有：原脱，據《長編》卷二四〇補。
〔一四〕流俗：原倒，據《長編》卷二四〇乙。
〔一五〕蘆：原作「廬」，據《長編》卷二四一改。
〔一六〕大：原作「省」，據《長編》卷二四二改。
〔一七〕校：原作「詳」，據《長編》卷二四二改。
〔一八〕餘：原作「條」，據《長編》卷二四二改。

十二月二十七日，詔：「市易司市利錢量留支用外〔一〕，十萬貫並送抵當所出息，準備支充吏禄。其抵當所令都提舉市易統轄，罷勾當曹官一員，却置勾當公事二員，專切檢估。」《九朝紀事本末》：熙寧七年正月癸亥，遣三司勾當公事李杞相度成都府置市易務利害。先已遣蒲宗閔、沈逵，(令)〔今〕復遣杞。其後，上與輔臣論及市易，馮京曰：「曩時西川榷買物，致王小波之亂，故頗以市易爲言。」臣檢《寔録》，寔有此説。」王安石曰：「王小[35]波自以飢民衆，不爲官司所恤，遂相聚爲盜。而史臣乃歸咎般取蜀物上供多而致然，不知般取孟氏庫府物以上供，於飢民有何利害？」上曰：「李杞行未？」安石曰：「未也。然願陛下勿疑，臣保市易必不能致蜀人爲變也。」三月，先是，去年八月詳定行户利害所言：「乞約諸行利入厚薄，納免行錢以禄吏，與免行户祇應。自今禁中買賣，並下雜買務，仍置市司，估市物之低昂。凡内外官司欲占物價，則取辦焉。」皆從之。上曰：「此固便於民，然須嚴立防禁，覺察毋使墮廢〔二〕。如天下百姓納麴錢、鹽錢〔三〕，異時鹽酒既榷，其錢不能免也。」至是，上問安石：「納免行錢如何？或云提湯瓶人亦令出錢，有之乎？」安石曰：「若有之，必經中書指揮。中書寔無此文字。」馮京曰：「聞後來如此細碎事都罷矣。」安石曰：「馮京同簽書中書文字，皆所親見，如何却言『聞』，不知先來如何細碎收錢，後來如何都罷？若據臣所見，即從初措置如此，非後來方不收細碎事。不知馮京何所憑據，有此奏對。」且言：「提湯瓶亦令出錢，必有人。陛下何故不宣示，付所司考寔。陛下治身比堯、舜寔無所愧〔四〕，臣誠無復可以論陳，至于難任人、疾讒説，即與堯、舜寔異。如市易司，非呂嘉問孰敢守法〔五〕，不避左右近習？非臣孰敢爲嘉問辯明，以忤近習？且市易事，臣一一親經理其事，亦頗爲勞費精神，正以不欲背負所學，爲天下立法故也。若每每忤聖意，而又召致近習讒毁，乃作擾害百姓之事，不知臣欲以此何爲？以爲名，則不善；以爲利，則無獲。陛下試察臣所以區區爲此者何意？」上曰：「何故士大夫言不便者甚衆？」安石曰：「士大夫或不快朝廷政事，或與近習相爲表裏。今大小之臣，與近習相表裏者極多，陛下不察耳。自古未有令近習如此，而能興治功者。」初，呂嘉問以户部判官提舉市易務，挾王安石勢，陵慢三司使薛向，且數言向沮害市易事。及曾布代向爲三司使，素知嘉問驕恣，懷不能平，又聞上數以市易苛細詰責中書，意欲有所更張，未得間也。是月丁巳，上夜降手劄賜布曰：「市易務近日收買貨物，有違朝廷元初立法本意，可詳具奏。」布先受命察訪河北，辟魏繼宗同監市易務，嘉問自初建議〔六〕，以至其後增損措置，莫不與聞。布遂携繼宗見安石，具言曲折，曰：「布翌日當對，欲悉以此白上。」安石諾之。辛酉，布對崇政殿，具奏所聞。上覽之，矍然喜見於色〔七〕，問布曰：「王安石知否？」又問：「安石以爲如何〔八〕？」布皆對以寔，且言事未經覆案，未見虚寔。上曰：「朕久已聞之，雖未經覆案，思過半矣。」布始得對，方待次，安石先奏事，上謂安石曰：「曾布言市易不便，知否？」安石曰：「知之。」上曰：「布言如何？」安石曰：「布今上殿，必自言。」遂留身白上市易事：「臣每日考察，恐不致如言者，陛下但無倉卒，容臣推究，陛下覆驗，自見曲直〔九〕。布與嘉問不相足。」布所言既送中書，是夜，上批問安石：「恐嘉問寔欺罔，非布[36]私忿移怒。」安石具奏，明其不然。於是有詔，令布與呂惠卿同根究市易務不便事〔一〇〕。安石意主嘉問，而不以布言爲是，故使惠卿居其間也。乙丑，曾布既受詔同呂惠卿根究市易務事，或爲言：「中書每以不便事詰嘉問，嘉問

〔一〕量：原作「糧」，據《長編》卷二四八改。
〔二〕覺察毋使：原作「毋使覺察」，據《長編》卷二四六乙。
〔三〕鹽錢：原脱，據《長編》卷二四六補。
〔四〕比：原作「以」，據《長編》卷二五一改。
〔五〕「呂」字原在下文「嘉問」上，據《長編》卷二五一移。
〔六〕「嘉」原作「喜」，「建」原脱，據《長編》卷二五一改補。
〔七〕色：原作「見」，據《長編》卷二五一改。
〔八〕安：原作「王」，據《長編》卷二五一改。
〔九〕自見：原作「更加」，據《長編》卷二五一改。
〔一〇〕惠：原作「嘉」，據《長編》卷二五一改。

未嘗不巧爲蔽欺；至于案牘，往往藏匿改易。」布又聞嘉問已呼胥吏將案牘還私家隱藏更改，遂奏乞出榜，以厚賞募告者。明日，上批：「依奏，付三司施行。」布即榜嘉問所居。又明日，惠卿至三司，召魏繼宗及行人問狀，無復有異辭者。惠卿退，以繼宗還官舍，詰布所以辟魏繼宗爲指使緣由，再三誘脅繼宗令誣布，以增加所言。繼宗不從，反具以告布。惠卿又遣温卿密造王安石，言張榜事，且曰：「行人辭如一，不可不急治繼宗。若繼宗對語小差，則事必可變。」而嘉問訴於安石尤切。安石欲夜收張榜，左右白以有御寶批，乃止。是日〔一〕，惠卿以急速公事求獨對，布亦具繼宗所告曲折以聞〔二〕，并言惠卿所見不同，不可共事，乞别選官根究。未報，而中書建白：「三司承内降，當申中書覆奏取旨。擅出榜，欲案治。」詔官吏特釋罪，其元批「依奏」指揮更不施行，榜仍繳納中書。布論：「三司奏請御批例不覆奏〔三〕，且三司嘗申知中書〔四〕，慮無罪可放。」尋有詔如布請，惠卿等側目矣。

熙寧七年四月五日，詔：「自今諸國進奉人到闕，更不差市易務上界官主買賣。」《九朝紀事本末》：四月己巳，翰林學士呂惠卿言：「奉詔與曾布同根究市易事，勾集行人照證，而有臣未到已前布所取狀，臣恐當再行審覆。乞下開封府，暫追付臣處供析，即更不繫禁。」中書欲依惠卿所乞施行。上批：「可令布、惠卿一處取問，所貴不致互有辭説。」三司既收榜放罪，上復以手劄賜布，令求對。布即具陳行人所訴，并疏惠卿姦欺以聞。及是布對，上慰諭久之，因曰：「惠卿誠不可更共事。」而又陳薛向編管無罪牙人事，上惕然咨嗟曰：「此事朕與有罪，當時失於詳究，便令依奏，今已無及，唯當速釋之耳。」布言：「編管人情輕，一朞即放逐便，其人皆已放還矣。」時上意猶必欲按治，而王安石卒不肯舍惠卿用他官。惠卿奏請審覆，蓋謀獨變此事也〔五〕。上疑焉，故仍以付兩人。己卯，詳定行户利害所言：「自今凡有體問行户所狀，乞降本所，以憑具析申奏。」從之。上初以布言爲是〔六〕，已而中變，從惠卿請，送魏繼宗於開封府知在。布又言：「臣自立朝以來，每聞德音，未嘗不欲以王道治天下。今市易之爲虐，固已凜凜乎間架阡陌之事矣〔七〕。近日嘉問奏稱熙寧六年收息八十餘萬，貼黄云：『近差官往湖南販茶、陝西販鹽、兩浙販紗，皆未敢計息。』臣以謂如此政事，書之簡牘，不獨唐虞三代所無，歷觀秦漢以來衰亂之世，恐未之有也。」上笑而頷之，謂布曰：「惠卿不免共事，不可與之喧争，於朝37廷觀聽爲失體。」退與惠卿召行人於東府，再詰其所陳，如前不變。而王安石懇求去位，引惠卿執政，上既許之。乙酉，布復與惠卿會，惠卿頗有得色，詬罵行人及胥吏，以語侵布，布不敢較也。丙戌，禮部侍郎、平章事王安石罷知江寧府。觀文殿大學士、吏部侍郎、知大名府韓絳依前官平章事、監修國史，呂惠卿爲參知政事。安石爲政凡六年。會久旱，百姓流離，上憂見顔色，每輔臣進對，嗟嘆懇惻，益疑新法不便〔八〕，欲罷之。安石不悦，屢求去，上不許，而呂惠卿又使其黨日詣匭函假名投書，乞留安石，堅守新法，安石堅求去。餘見《王安石事迹下》〔九〕。壬辰，中書奏事已，上論及免行利害，且曰：「今日之法，但當使百姓出錢輕如往日，便是良法。至如減定公使錢，人猶以爲言者，此寔除去衙前陪費深弊。且天下貢奉之物，所以奉一人者，朕悉已罷去。人臣亦當體朕此意，以愛惜百姓爲心。」馮京曰：「朝廷立法，本意出於愛民，然措置之間，或有未盡。陛下但當闢廣聰明，盡天下之議，便者行之，不便者不吝改作，天下受賜矣。」五月辛酉，中書户房比對市易務事，及曾布根究市易違法事。詔章惇、曾孝寬就軍器監置司根究以聞。呂惠卿又令户房會計治平〔一〇〕、熙寧財賦收支之數，與布所陳皆不

〔一〕日：原作「以」，據《長編》卷二五一改。
〔二〕折：原作「拆」，據《長編》卷二五一改。
〔三〕奏請：原倒，據《長編》卷二五一乙。
〔四〕司嘗：原作「三常」，據《長編》卷二五一改。
〔五〕此：原脱，據《長編》卷二五二補。
〔六〕是：原作「足」，據《長編》卷二五二改。
〔七〕「已」原作「以」，「間」原作「問」，「阡」原作「除」，據《長編》卷二五二改。
〔八〕便：原作「從」，據《長編》卷二五二改。
〔九〕事：原脱，據《長編紀事本末》卷七二補。
〔一〇〕令：原作「於」，據《長編》卷二五三改。

同〔一〕。上令布分析所以不同因依具奏。後八日，布對於延和殿，言户房所以不同之故，上以布言爲然。布因言：「市易已置獄，朝夕竄黜，自爾必無繇復望清光。」上曰：「卿爲三司，案所部違法，有何罪？」布曰：「陛下以爲無罪，不知中書之意如何？況臣嘗自言與章惇有隙，今乃以惇治獄，其意可見。」上曰：「有曾孝寬在，事既付獄，未必不直。」布曰：「臣與惠卿争論職事，今惠卿已秉政，勢傾中外，雖使臣爲獄官，亦未必敢以臣爲直、以惠卿爲曲。然臣爲翰林學士、三司使，地親職重莫如臣，所陳之事皎如日月，然而不得伸於朝廷，孤遠之士，何以望於陛下？都邑之下，人情恟恟，怨嗟沸騰，達於聖聽，然而不得申於朝廷，海隅蒼生，何所望於陛下？臣得罪竄謫，何所敢辭？至于去就，亦不係於朝廷輕重，但恐中外之士以臣爲戒，自此議論無敢與執政不同者爾。」上慰勞之曰：「卿不須如此。」自爾不復請對，後八十餘日乃貶。七月乙卯，詔廣州市舶司依舊存留，更不併歸市易務。八月丙寅朔，上批：「提舉市易司奏，市易二年，收息錢九十六萬餘緡，累年朝旨已支九十五萬緡。可契勘何月日指揮，支往何處？」訖無行遣。朱史削去，以爲支撥息錢不合書，新本亦削去。今復存之，此亦可見市易司爲欺也〔二〕。壬午，翰林學士、行起居舍人、權三司使曾布落職，以本官知饒州；都提舉市易司、國子博士呂嘉問知常州。軍器監獄具，布坐不覺察吏人教令行户添飾詞理〔三〕，不應奏而奏，公罪杖八十；嘉問亦坐不覺察雜買務多納月息錢，公罪杖六十。而中書又言：「布所陳 38 治平財賦有内藏庫錢九十六萬緡〔四〕，當於收數内豁出，布乃於支數除之。（令）〔今〕御史臺推直官蹇周輔劾布所陳〔五〕，意欲明朝廷支費多於前日，致財用闕乏，收入之數不足爲出，當奏事詐不寔，徒二年。」而有是命。魏繼宗仍追官勒停。初，市易之建，布寔同之，既而揣上意疑市易有弊，遂急治嘉問。會惠卿與布有隙，乘此擠布，而議者亦不直布云。周輔，雙流人也。

九月十七日，都提舉在京市易司乞罷本司提舉官歲終比較推恩，其監官自從舊賞格。從之。

十八日，詔新知常州、國子博士呂嘉問監市易務上界，職方員外郎劉佐、西頭供奉官吳直卿並遷一官，勾當公事、項城縣尉劉迥爲奉禮郎〔六〕，各減磨勘三年。餘官吏循資、賜錢有差。以三司驅磨市易上界課利，比六年增十餘萬緡也〔七〕。

十月十九日，河北西路轉運司言：「連歲災歉，乞賜錢資助經費。」詔賜發運司支市易務收管錢二十萬緡。

八年四月三日〔八〕，詔熙河路市易隸經畧司。從知熙州高遵裕等請也。《九朝紀事本末》：（七年）十二月乙亥〔九〕，虞部員外郎、新知常州呂嘉問提舉河北糴便糧草，復理提點刑獄資序。以檢正中書户房公事張諤訟嘉問不應黜降故也。初，王安石既有江寧之命，諤與嘉問持安石而泣，安石勞之曰：「已薦呂惠卿矣。」兩人收淚謝安石。「收淚謝安石」，此據魏泰《東軒録》。

熙寧八年二月，詔秦州、永興軍、鳳翔府、潤州、越州、真州、大（明）〔名〕府、安肅軍、瀛州、滄州、定州、真定府並置

〔一〕皆：原脱，據《長編》卷二五三補。

〔二〕按，此爲李燾原注，見《長編》卷二五五。

〔三〕飾：原脱，據《長編》卷二五五補。

〔四〕平：原作「中」，據《長編》卷二五五改。

〔五〕劾：原作「合」，據《長編》卷二五五改。

〔六〕項城：《長編》卷二五六作「須城」。

〔七〕也：原脱，據《長編》卷二五六補。

〔八〕天頭原批：「八年四月三日條移後。」下文「四月二十二日」條上又批：「八年四月三日條移四月二十二日上。」今按「四月二十二日」條實乃熙寧九年事（見下文校記），此批語非是。本條正文應與下條位置互易（二條年月均不誤，見《長編》）。

〔九〕七年：原無，按注文仍爲七年事，而正文已是八年，特添此二字，以免誤會。本條注文應移於上條之末。

市易司。《九朝紀事本末》：二月癸酉，觀文殿大學士、吏部尚書、知江（江）寧府王安石依前官平章事、昭文館大學士。三月戊午，上問王安石外事，安石具道「雖勝往時，然監司未盡稱職」。上曰：「人才止如此。」安石曰：「人才誠是少，然亦多觀望，不盡力。緣盡力則犯衆，衆怨則傷以法，而朝廷或不能察，不能察則反得罪，不如因循偷惰之可自安。外官固未論，如呂嘉問，内則犯近習貴戚，外則與三司、開封日夕辦事，以守職事行法，至于置獄推究，姦罔具得；而嘉問乃以不覺察雜買務剩收人情願納息錢二貫降小處知州。若剩收息錢可罪，監官宜不免；監官以去官 39 獲免，則嘉問是因罪人以致罪，如何更有罪可科？且自來提轄場務、諸省寺之屬，何曾有坐轄下場務不覺察杖罪降差遣者？天下皆見盡力爲朝廷守法立事如嘉問，苟不容，則孰肯盡力，莫不爲因循偷惰之行。」上曰：「嘉問已與復差遣。」安石曰：「李直躬之徒作轉運，却令嘉問提舉便糴，此豈官人之宜？」上曰：「與移一路轉運。」安石曰：「陛下必欲修市易法，則須却令嘉問領市易。」上曰：「恐吳安持忌其來，又復失吳安持心。」安石曰：「臣以女嫁安持，固當爲其審處。今市易事重，須嘉問與協力乃可濟，不然他時有一闕失，必更上煩聖慮。」又薦嘉問及張安國可爲宰屬，上皆以爲可。閏四月，上嘗與岐王顥、嘉王頵擊毬，戲賭玉帶，頵曰：「臣若勝，不用玉帶，只乞罷青苗、市易。」上不悦。十月，都提舉市易司言：「袁州和買紬絹，舊以鹽準折。（令）〔今〕乞依諸路例，每疋給錢若干，從本司遣官，據今支鹽數，以末鹽鈔赴州出賣。」從之。辛亥，復置雜賣場〔一〕。初，三司請廢雜賣場，中書户房以爲不便，下三司，而三司議與前異，乃復置。詔三司官上簿〔二〕。

熙寧九年正月二十二日〔三〕，中書門下言：「都提舉市易司申，杭州市易務今年課息比較，立定酬奬：第一等，同提舉官孫迪轉一官〔四〕，賜錢百千；第二等，兼提舉、權轉運使王庭老減二年磨勘〔五〕，勾當公事曹彦候及三考日循一資；第三等已下官吏，依在京市易務次第支賞。」從之。

二十四日，三司言：「市易務上、下界監官同共相度，欲將上界併入下界，其官物買賣，並從一人出入。令監門官員各管本界門曆，委（委）得各無相妨。」從之。

四月二十二日〔六〕，體量成都府等路茶場利害劉佐言〔七〕：「詢究商賈及牙店人久來通販射利本末，自來陝西客人興販解鹽入川，却買川茶於陝西州軍貨賣，往還獲利最厚。今欲依客例，逐年以鹽十萬席易茶六萬馱爲額〔八〕，約用本錢二百一萬貫足，比商賈取利，皆酌中之數。更不許客人興販入川、陝路。」從之。仍以佐提舉成都府、利州、秦鳳、熙河等路茶場公事，兼熙河路市易司。《九朝紀事本末》：〔八年〕四月甲申〔九〕，金部員外郎、檢正中書户房公事呂嘉問兼提舉市

〔一〕賣：原作「買」，據《長編》卷二六九改。

〔二〕詔：原作「場」，據《長編》卷二六九改。

〔三〕按，以下二條原作小字，接上抄寫，似仍爲《長編紀事本末》之文，然該書並無此文，《長編》卷二七二雖亦記載本條所述之事，然文字絶異。且《長編》均以干支紀日，而此二條爲數字紀日。顯然此二條乃《宋會要》本文，《大典》誤抄作小字，今改正。

〔四〕孫：原作「遜」，據《長編》卷二七二改。

〔五〕磨：原作「勘」，據《長編》卷二七二改。

〔六〕按，以下四條均爲熙寧九年事，見《長編》卷二七四、二七七、二七九，益可證上兩條爲《會要》正文。

〔七〕「路」原脱，「佐」原作「呸」，據《長編》卷二七四補改。下「佐」字同。

〔八〕易：原脱，據《長編》卷二七四補。

〔九〕八年：原無。今按，《長編紀事本末》此條，查《長編》卷二六二，乃熙寧八年事，今添二字，以免誤會。《大典》編者誤以爲此條正文乃熙寧八年四月二十二日，故以此注置於本條之末。

易司。王安石言：「近京師大姓多止開質庫，市易摧兼并之效似可見〔一〕，方當更修法制，驅之使就平理。」上曰：「均無貧固善，但此事難爾。」安石曰：「秦能兼六國，然不能制兼并〔二〕，反爲寡婦清築臺。蓋自秦以來，未嘗有摧制兼并之術，以至今日。臣以爲苟能摧制 40 兼并〔三〕，理財則合與須與，不患無財。臣嘗論廩餼當稱事，政爲此也。」後數日，吳安持辭市易，上不許。安石曰：「臣與嘉問親厚，非有它，但與議市易而已。然其被誣，臣以親厚之故，已難爲之辯明。況臣女婿，恐有事愈難爲言〔四〕，乞別選人。」上固不許。丁亥，都提舉市易司賈昌衡等言：「金寶非衣食所資，但當禁其侈僭。若有縻壞，舊法致之以死，則論罪太重；購以厚賞，則爲禁太密。今新勑止坐以銷金爲飾者，舊法已刪改，其縻壞金銀蓋已無禁，然民尚循前法，未敢通用。已令本司造金銀箔出賣〔五〕。」上批：「市易務箔金宜罷出賣，已成者聽於後苑作折換〔六〕。」〔九年〕五月〔七〕，都提舉市易司言：「本司統轄抵當官錢，然檢校庫自隸開封府，若本庫留滯差失，無緣檢舉，乞撥屬本司統轄。」從之。

八月十九日，詔三司驅磨在〔京〕市易務上界去年八月至今年七月終本息增收數目，保明以聞。三司言：「市易務上界等處，收到息錢、市利錢共一百三十三萬二千二百二十九貫三十九文，合該酬獎。」詔提舉官呂嘉問、吳安持並各轉一官，升一任，支賜錢三百千，嘉問仍更減一年磨勘。餘監官以下，並等第推恩。仍自今二年一次比較酬獎。《九朝紀事本末》：十月，王安石罷相，吳充代之。

十一月十三日〔八〕，詔三司：「諸路賣銅、鉛、錫錢，相度兑發地遠者變易物貨，並於市易務下界封樁。」

十二月一日，詔：「自今在京市易務上界官吏，依例每年比較酬獎。提舉官即依舊二年一次取旨。仍麻、櫱、竹篾之類，自今更不計置收市。」《九朝紀事本末》：熙寧十年十一月甲寅，詔都提舉市易司上界本錢以七百萬爲定額，如不足，以歲所收息補滿。其先借內藏庫錢，以息錢二十萬還之。是歲，司馬光以書與吳充，請罷青苗、免役、保甲、市易之息。詳見「論青苗法」下。

十年十二月十八日，詔榷場以「市易司」爲名，餘令立法以聞。

元豐元年閏正月一日，中書言〔九〕：「在京舉差選人處，欲並令舉京朝官或使臣〔一〇〕，見任選人聽滿任。唯市易上界監官〔一一〕、41 檢估官，雖進納選人，聽差。」從之，仍候見任人滿日施行。

十二月十四日，詔：「在京市易務上界幹當公事、秘書丞應瑜等減磨勘一年〔一二〕；三班借職李漸三年；大理寺丞郭規轉一官，減磨勘一年；杭州觀察支使董經換東頭供奉

〔一〕摧：原作「榷」，據《長編》卷二六二改。
〔二〕制：原作「兼」，據《長編》卷二六二改。
〔三〕「摧」後原有一「能」字，據《長編》卷二六二刪。
〔四〕爲：原脱，據《長編》卷二六二補。
〔五〕「令」原作「今」，「箔」原脱，據《長編》卷二六二改補。
〔六〕換：原作「銀」，據《長編》卷二六二改。
〔七〕九年：原脱，據《長編》卷二七五、《長編紀事本末》卷七二補。
〔八〕十三日：《長編》卷二七九繫於二十五日丁丑。
〔九〕言：原作「舍人」，據《長編》卷二八七改。
〔一〇〕「欲」字原脱，「臣」原作「人」，據《長編》卷二八七補改。
〔一一〕官：原脱，據《長編》卷二八七補。
〔一二〕應：原脱，據《長編》卷二九五補。

官，各賜錢有差。」《九朝紀事本末》：元豐二年正月己卯，詔〔一〕：市易舊法聽人賒錢，以田宅或金銀爲抵當；無抵當者，三人相保，則給之。皆出息十分之二，過期不輸，息外每月更罰錢百分之二。貪人及無賴子弟多取官貸〔二〕，不能償積息，罰愈滋，囚繫督責，徒存虛數，寔不可得。於是都提舉市易王居卿建議，以田宅金銀抵當者，減其息；無抵當、徒相保者，不復給。自元豐二年正月一日以前，本息之外，所負罰錢悉蠲之，凡數十萬緡；負本息者，延期半年。衆議頗以爲愜。

〔二年〕二月二十九日〔三〕，經制熙河路邊防財用司言：「鳳翔府增置市易務，與秦鳳等五市易務相爲表裏，三州一軍移用變易〔四〕。四市易務各增監官一員，兼領市糴，可減罷本司準備差使四人。」從之。

十二月八日，詔：「自今申請財利與市易相干者，先下都提舉市易司相度。」

二十四日，在京市易務官吏轉官、減磨勘年、賜緡錢有差。以三司言，市易務去年八月至今年七月，收息錢、市利錢總百三十三萬餘緡也。

元豐三年四月三日，户房檢正官吳雍、王震上《都提舉市易司勅》。

五月二十一日，御史何正臣言：「近日舉官，鮮以寒士爲意，利禄所厚，多在貴游之家，而市易爲甚。望詔中書取索在京應舉差或權差已到未上官〔五〕，有無本族、外姻在朝食禄，取旨去留，以示公議。」詔劄與都提舉市易王居卿，仍令中書立法。

六月十八日，詔同文館置司驅磨市易務錢 42 物，以同修起居注舒亶領其事。《九朝紀事本末》：元豐四年五月乙巳〔六〕，詔：「内外市易務，民户見欠屋業等抵當〔七〕，并結保賒請錢物、息罰錢並等第除放。其本錢分三季輸納，息錢並出限罰錢分爲三分〔八〕，等第除放。第一季本錢納足者，息罰錢並放；第二季放二分；第三季放一分。出限尚欠，即估賣抵當，及監勒保人塡納。所催錢物，在京於市易務下界，在外提舉司封樁。五年正月辛亥，都提舉市易司賈青言：「市易既革去結保賒請之弊，專以平準物價，及金銀之類抵當〔九〕，誠爲良法。乞推抵當法行之畿縣。」從之。六年十一月丁巳〔一〇〕，開封府言：「據司録司、抵當免行所言，熙寧十年始立年額，其賞罰條約，依三萬緡以上場務法。自元豐元年至五年併增，當立新額。」户部詳度，欲酌中用元豐二年三萬九千七百緡爲新額。從之。

元豐七年四月十二日，户部乞改市易下界依舊爲榷貨務，其上界爲市易務。從之。

〔一〕按，此「詔」字不當有。查《長編》卷二九六原文，於録神宗詔後，據《涑水紀聞》叙述降此詔之緣起，即此段是也（見《涑水記聞》卷一四）。《長編紀事本末》編者誤讀《長編》，以此爲詔文，非也（《文獻通考》卷二〇亦同其誤）。

〔二〕貸：原作「貨」，據《長編紀事本末》卷七二、《涑水紀聞》卷一四改。

〔三〕二年：原脱，據《長編》卷二九六補。下二條亦爲二年事，見《長編》卷三〇一。

〔四〕三州一軍：《長編》卷二九六無此四字。據《長編》上文，「三州一軍」指熙、河、岷州、通遠軍。

〔五〕望：原作「詰」，據《長編》卷三〇四改。

〔六〕乙巳：原作「一日」，據《長編》卷三一二改。今《長編紀事本末》卷七二訛作「己巳」。按乙巳爲五月二十一日。

〔七〕屋：原作「房」，據《長編》卷三一二、《長編紀事本末》卷七二改。

〔八〕三分：原脱「分」字，據《長編》卷三一二補。

〔九〕抵：原脱，據《長編》卷三二二補。

〔一〇〕巳：原作「酉」，據《長編》卷三四一改。

元豐八年四月八日，詔：「在京并京西及泗州所置物貨等場並罷。在京委監察御史黄降、駕部員外郎賈種民，京西令本路轉運副使沈希顔，泗州令權發遣江淮等路發運副使路昌衡點磨物數，令當職官吏交割樁管，措置結絶以聞。」《九朝紀事本末》〔一〕：四月辛未〔二〕，中書省言：「今年正月九日赦書：『内外人户見欠市易錢物，並仰所屬勘會元賒請本息等錢，并已納、見欠數目，條具聞奏。其息錢當議減放。』在京至今未見有司依赦以聞。」詔監察御史劉拯、兵部員外郎杜常、太府少卿宋彭年赴御史臺置局，點磨所欠息錢。大姓户放七分，小姓户全放外，合納數目，關所屬依條催納〔三〕。仍曉諭人户，并具無欺弊聞奏，限一月。

七月二日，詔諸鎮寨市易、抵當並罷〔四〕，仍立法。

八月八日，詔：「諸路州軍抵當取息至薄，民間緩急賴之，可以存留。其中市易餘並罷〔五〕。如抑勒，依給納常平錢物法。」從户部請也。《九朝紀事本末》：八月己巳，户部狀：「勘當諸路自去年推行市易、抵當〔六〕，至今一年有餘，逐旋申明條畫頒行。訪聞諸路商賈少願中賣物貨入官，本處官吏或不曉法意，未免拘攔障固。本部雖屢行約束，尚恐未能止絶。歲課未集，已有侵擾之患，兼勘會鎮寨市易、抵當〔七〕，已準勅旨更不興置。今相度，除諸路 43 州軍抵當收息至薄，以濟民間緩急可存留外，其州縣市易及餘處抵當，一切皆可省罷。」從之。仍詔：「抵當如敢抑勒，依給納常平錢物法。」抵當元不罷，但罷市易而已。十一月戊申〔八〕，兵部員外郎葉祖洽奏：「市易之逋，一旦官中以法督促〔九〕，近雖有寬期會、減分數之惠，然民力已弊，必無從出。願勅有司檢察，如委無可納，特議蠲放。」詔大姓户見欠市易三分息錢，並特與除放；其人户本錢，仰所屬依詳前後指揮催納。元祐元年正月辛丑，朝散大夫、光禄卿吕嘉問知淮陽軍。以監察御史孫升言：「市易之法初行，嘉問寔領其事，罔上壞法，失陷甚多。」故有是命。閏二月丙午〔一〇〕，詔户部：「應諸路人户見欠市易息錢〔一一〕，並特與除放。」己酉，詔：「市易務見計置下準備外國人使收買之物約五萬餘貫，令止據見在數目供賣，候結絶，罷行計置，令行人依舊例供應。所有元豐四年二月二十四日『西驛買賣祗應，令市易管認出賣』朝旨，更不施行。」丁巳〔一二〕，詔：「應内外見監理市易官錢，在京委太府寺，開封府界令提點司，諸路令轉運司，各限一月，取索逐户元請官本點勘，特許以納過息罰錢充折。如已納及官本，即便與放免。并坊場净利錢〔一三〕，亦依此，許以納過罰錢折填净利。已上通折外，尚欠官本錢并净利，而家業蕩盡及無抵保，或正身并保人孤貧者，權住催理〔一四〕。及今日已前積欠免役錢，與減放一半，餘分限三年，隨夏税帶納。所有今月四日勘會欠負指揮更不施行。」七月壬午，右司諫蘇轍言：「臣頃曾上言，乞將市易欠錢人户通計所納息罰錢數〔一五〕，如已納及所請官本數目，即與除放。蒙

〔一〕按，以下所引《九朝紀事本末》見《長編紀事本末》卷一一〇。
〔二〕月：原作「年」，據《長編》卷三五四改。
〔三〕納：原作「給」，據《長編》卷三五四改。
〔四〕鎮寨：原作「寨鎮」，據《長編》卷三五八乙。
〔五〕按，據《長編》卷三五九李燾原注，《會要》此條乃取自《新録》，唯此句無「餘」字。李燾云此句「脱誤不可曉」，因據《法册》改爲「其州縣市易及餘處抵當一切皆可省罷」。
〔六〕「勘會」原作「勘當」，「行」原作「易」，據《長編》卷三五九改。
〔七〕勘會：原作「會勘」，據《長編》卷三五九乙。
〔八〕一：原作「二」，據《長編》卷三六一改。
〔九〕促：原作「從」，據《長編》卷三六一改。
〔一〇〕丙午：原作「甲辰」，據《長編》卷三六九改。
〔一一〕「路」原作「户」，「息」原脱，據《長編》卷三六九改補。
〔一二〕丁巳：原作「丙辰」，據《長編》卷三七〇改。
〔一三〕錢：原脱，據《長編》卷三七〇補。
〔一四〕住：原作「往」，據《長編》卷三七〇改。
〔一五〕錢：原作「數」，據《長編》卷三八三改。

聖恩依此施行，德澤滂霈，所及甚廣。然臣訪聞京師欠户貧乏之家，從初多作詭名，請新還舊，以此無緣通計息罰。故除放之恩，多止上户。臣近日再行體問，據通直郎、監在京市易務宋肇爲臣言，若截自欠二百貫以下人户一例除放〔一〕，則所放人户至多，事亦均一。仍具本務一宗節目及利害文字〔二〕，請臣論奏。臣詳究其説，竊以市易本錢，前後諸處撥到共一千二百二十六萬餘貫，中間撥還内藏庫等處共計五百三十萬餘貫〔三〕，朝廷支使過共計三百八十四萬餘貫，即今諸場務見在共計三百五十三萬餘貫。將此三項已支、見在計算，已是還足本錢，則今來人户所欠，皆出于利息。若將見欠二百貫以下人户除放，所放錢數不多。伏乞聖慈較其利害，斷自聖意，特與除放。或因將來明堂赦書行下，或更溥行諸路，則細民荷戴恩德，淪入骨髓，社稷之利，不可勝計！然臣竊見太府寺今歲終較課，以本理息〔四〕及一分以上，具官員等第保明聞奏。自來市易官因此酬奬轉官，及請賞錢，所得無數。今來既見市易已支見在之數，僅能還足本錢，則以本理息，皆是欺罔。從前官吏轉官請賞，皆當追奪官爵及所賞錢物，亦乞朝廷根究前後緣市易轉官 44 請賞之人，依理施行。内有呂嘉問係創行市易，害民最深，雖已經降責，尚竊有民社，未允公議，更乞重行竄謫，以謝天下。所有宋肇劄子三道，輙備録進呈如左。」明堂赦書〔五〕：「應内外欠市易錢人户，見欠二百貫以下，並特與除放。」蓋從轍所請也。二年四月末李常奏議更詳之〔六〕。癸未，户部言：「乞罷市易所置賣鹽場〔七〕。」從之。

〔元祐元年〕十一月四日〔八〕，詔户部：「自置市易以來，應官吏以收息賞轉官、減年磨勘、陞任、循資之類，已、未收使，具職位、姓名以聞。」以右司諫王覿言「緣市易冒賞人，獨呂嘉問降知淮陽軍，而其餘未追奪」故也。《九朝紀事本末》：元祐二年四月戊申〔九〕，户部尚書李常言：「臣愚夙夜伏思〔一〇〕，今日人情猶鬱，窮弱尚困〔一一〕，唯有市易一事。臣質之簿書，考見詳寔，自蒙恩賚除放二百貫文以來，消減亦不少矣。昔稱三萬户者，今存四十餘保矣；昔稱百餘萬緡者，今纔二十九萬餘貫矣。蠲除者既見不少，理索者獨爲不幸。蒙蠲除者寬釋自如，方理索者禁錮困苦。此窮困之情有所未舒，而臣愚切慮和氣因以未浹也。臣待罪户部，典領邦計，凡一錢之金，一尺之帛，莫不爲朝廷愛惜。今不顧萬死，冀以蠲放爲事者，誠以上累聖政，下撓至和。伏望聖慈決之不疑，出于獨斷。兼先帝祥除已久〔一二〕，禫祭在近〔一三〕，若於此時特下詔令，尤爲宜當，而比諸崇異方之教以祈福祥，相萬萬也。」

二年五月六日，詔：「應官員緣市易增羡酬奬，唯身亡、致仕及得減一年以下磨勘人並免〔一四〕，其餘轉官〔一五〕、陞任、減年磨勘、循資者，並各追奪一半〔一六〕；循一資、陞一任，以磨勘年數比類減之。選人俟改官後，展其循資；已改官并減年磨勘不成一資者，並以磨勘年限對展。内呂嘉問追三官、展四年磨勘，吴安持追兩官，賈昌衡追一官。」《九

〔一〕自：原作「日」，據《長編》卷三八三改。

〔二〕宗：原作「京」，據《長編》卷三八三改。

〔三〕萬餘：原作「餘萬」，據《欒城集》卷三九乙。

〔四〕理：原作「利」，據《長編》卷三八三改。

〔五〕按，自此句至「更詳之」乃《長編》卷三八三李燾原注。

〔六〕末：原作「丁未」，據《長編》卷三八三改。按李常奏見《長編》卷三九九（即下條注所引），在元祐二年四月二十七日戊申，故此云「四月末」。

〔七〕鹽：原脱，據《長編》卷三八三補。

〔八〕元祐元年：原脱，據《長編》卷三九一補。

〔九〕戊申：原作「丁未」，據《長編》卷三九九改。

〔一〇〕伏：原脱，據《長編》卷三九九改。

〔一一〕弱：原作「若」，據《長編》卷三九九改。

〔一二〕帝：原脱，據《長編》卷三九九補。

〔一三〕禫：原作「社」，據《長編》卷三九九改。

〔一四〕下：原作「上」，據《長編》卷四〇〇改。

〔一五〕餘：原無，據《長編》卷四〇〇補。

〔一六〕奪：原脱，據《長編》卷四〇〇補。

朝紀事本末》：三年二月己亥，詔罷變賣市易司元豐庫物。從三省請也。

紹聖（三）〔四〕年十二月二十二日〔一〕，詔：「戶部、太府寺同詳熙寧立法意，復置市易務，許用見錢交易，收息不過二分，不許賒請。監官惟立任滿賞法，即不得計息理賞〔二〕。其餘應雜物並不許 45 輒有措置。限十日條畫以聞。」從三省請也。

元符元年十月十三日，戶部侍郎虞策言：「先朝立市易法，本意甚美。其本務官吏敢有違戾者，乞從戶部奏劾，及御史臺覺察彈奏。」從之。

三年五月十七日，徽宗已即位〔三〕，未改元。太府少卿賈種民勘會：「舊戶部與太府寺各置市易案，與市易務各相照。準今年三月二十五日敕，依元豐七年五月二十六日朝旨，將戶部右曹、太府寺市易案並改爲平準案。今來務名市易，合依案名改爲平準，使四方曉知朝廷止欲平物價，抑兼并，來商賈，便百姓，仰副神考改定案名之意。」從之。

崇寧二年三月二十四日，命官提舉諸州市易務兼抵當庫，置監官一員，大州增一員。

四月十九日，詔諸路州及萬戶縣，並置監市易務兼抵當庫官，大州二員，餘州及縣一員，專行其事。所差官，（太）〔大〕州大使臣一員、文臣一員，承務郎以上。

六月十八日，詔：「府界諸縣，除萬戶及雖非萬戶而路居要緊去處，市易、抵當已自設官置局外，其不及萬戶處、非衝要及諸鎮有監官却係商販要會處〔四〕，依元豐條例，並置市易、抵當，就委監當官兼領。」

十二月七日，提舉河北西路常平吳亮奏：「竊見天下州縣推行市易之法，而市易之官皆授於吏部。法行之初，要在擇官。欲乞令諸路提舉官量能幹之才與風力稍弱者，得具聞奏，繁簡對移，庶使各稱其職。」從之。

大觀四年十二月三日，詔：「熙、豐市易之法，本與公私貿 46 遷有無，買賤賣貴，以阜商賈，非取利於官。近年市易官司專截買客人過稅之貨，及不許計貴賤一例取息，與民爭利，非朝廷立法之意。令戶部檢會元豐條，下諸路監司，常切誡市易官吏，如敢違犯，許客人徑詣所屬陳訴推治。即不得將客人一例拘留，有妨商販。」

政和六年二月二十二日，中書言：「平貨務前後累年裏外官吏宣力有勞，理宜推恩。」詔各轉一官。於是提舉陝西平貨張仲英等凡十五人咸遷秩焉。

欽宗靖康元年六月二十九〔日〕，詔令諸路轉運、常平司同共相度州縣市易務可以存廢去處，限十日以聞。

〔一〕四年：原作「三年」，據《長編》卷四九三、《宋史》卷一八六《食貨志》下八改。又「二十二日」，《長編》繫於二十四日甲辰。
〔二〕賞：原脱，據《長編》卷四九三補。
〔三〕徽宗：原作「徽宗」，徑改。
〔四〕衝：原作「充」，據本書食貨三七之三五改。

供庖務

供庖務，在敦化坊，掌受牛羊司羊畜刲宰，以給中外庖爨之用。舊名宰殺務，大中祥符四年二月，詔改今名。監官二人，以三班充；宰手九十七人。

真宗大中祥符四年十二月，詔宰殺務選差使臣二人立界勾當，不屬牛羊司。每日據數撥與牛羊，先團估斤重，監視宰殺，據寔秤肉數，給憑由收破。使臣除食直、骨血錢外，增給羊糞錢百四十。二年一替，如年滿無公私罪犯，與家便差遣。

天禧元年四月，提舉諸司庫務夏守贇言：「供庖務狀，每排頓造食羊，新城内即大務供應，新城外即就彼供殺。其供過數及使不盡物，係收管錢官只憑御厨、手分、宰手寫白劄子開説，並無使臣押書，切慮隱落。乞今後令勾當使臣躬親點檢，據數宰殺外，有供使不盡者，出給憑 47 由二道，簽押寔封，各付御厨、手分、宰手點對照證，免兹弊倖。又每聖節，本務預期殺上好羊約三千餘口，壁牙數少，多在地用箔堆放。若遇雨雪，損污官物，或供用不盡，難以轉供。乞今(復)〔後〕將至聖節，御厨預行計的寔合使斤數，報務宰殺，一併送納。又親王宫宅、御厨、禮賓院每日食羊，並本處官員書曆放數，内會靈觀只憑手分白劄子取撥。乞今後令本管官員置曆，赴務供納，及乞勒手分攢寫文狀，赴御厨勘會，入帳點對，月終別出憑由開破。應諸宮造食羊，並是憑諸宮放數品配，除正色額外，以次者品配訖，宰手爲齎赴逐處。内有嫌肉下者，不問日下，只憑局分，并宰手送省勘斷，却旋發好羊送納，以致宰手典質陪填。乞今後似此退嫌者，勾取元定羊赴省看驗，如是品配依得條例，亦乞區斷戒勵；若不依例，乞罪品配節級；若只羊瘦，即罪養羊手分。又每日差節級、曹司、秤子驅羊赴御厨宰殺供應，多是揀肥羊殺外，退次瘦者，本厨只是手分寫白貼子旋放數，與本務節級宰殺供應。雖有監秤人員，自來只管秤斤兩，失陷官物，無以點檢。伏見御厨有監後門使臣二人，常輪一人直宿。欲乞今後應赴厨殺羊，就差點檢品配監殺，與牛羊司人員同秤交付御厨。今後應殺羊數，並具官員、專副、手分押書劄子，候供應畢，亦具數目及供使不盡名件，係宰手某人管係文字二道，令監秤使臣點檢，各 48 赴御厨，與本務節級賫歸，照證入曆。若有違者，許知次第人經所在官司陳告，勘鞫不虚，重行嚴斷。又每年差宰手隨三番接伴契丹使，離京之日，人請盤纏錢一千、皂衲棉披襖一，緣路日請驛券食錢四十。蓋都亭驛内亦得皂衲棉披襖一、絹袴一，日得餻餬二分。了日，每人錢五百。其陳橋、長垣等處祗應者，直候二番使過，方始驅喝供使不盡羊赴務；其供使不盡頭肚、圈脂、白腸合納官，各不送納。乃是元不曾請例物、盤纏，又無驛券，元給憑由只言供使却肉，不言骨血收錢入官。今後乞依三番例支賜。」並從之。

内茶湯步磨務〔一〕

【宋會要】 内茶湯步磨務，在崇慶坊，景祐三年置。掌磑末茶湯，供翰林司。以北排岸官兼領。後廢罷。（以上《永樂大典》卷一四九八九）〔二〕

〔一〕原無「内」字，據正文補。

〔二〕原稿此卷之末尚批有以下文字：「務目次：一左右廂店宅務　二雜買務　三榷貨務　四市易務　五務雜録：水磨、冰井、竹木、煎膠、鑄鎢、車營、致遠、折博、窰、供、庖、内茶湯步磨。」按，此亦是嘉業堂整理者所批。此目次乃將以上二卷諸務重新排列，各大務單獨立目，諸小務則合入「務雜録」。嘉業堂清本基本上照此編排，惟將折博務亦升爲大務單列。如此編次較爲合理，但原稿大務小務相混，本書限於體例不加移動，因之不能分級標目，只能一律作爲二級標題。

宋會要輯稿　食貨五六

金部〔一〕

【宋會要】

❶《兩朝國史志》〔二〕：金部，判司事一人，以無職事朝官充。凡庫藏出納之節，金寶財貨之用，皆歸於三司，而權衡度量之制主於太府寺，本司無所掌。令史二人。元豐官制行，❷郎中、員外郎始實行本司事〔三〕。

《神宗正史・職官志》：金部，凡造升、斗、尺、秤，皆以法頒其禁令。若事應諮決擬書者，視度支，餘曹亦如之。分案七，設吏七十有二。《哲宗・職官志》同。

哲宗元祐三年四月八日，户部言：「陝西沿邊五年之蓄，計緡錢九百餘萬〔四〕，請注籍，以備鉤考。」從之。

紹(興)〔聖〕元年七月二十七日，詔户部改帑藏庫案依舊爲外藏兩案：外藏案作第一等，内藏案作第二等。

徽宗元符三年五月二十三日，即位未改元。金部員外郎都貺狀：「準敕，令貺專切交領結絶鹽事，乞於内外官司移文取會申請之類，體大者同長、貳行遣。仍乞以『尚書户部』爲名，就使金部印(字)〔子〕。」從之。

大觀元年八月三日，試户(部)尚書徐處仁劄子奏：「契勘諸路上供錢帛、糧斛等，萬數浩瀚，内錢帛已依崇寧上供錢物法，置簿拘管鉤銷。每歲易簿，若有少欠未起錢物仍在舊簿，難以檢察，理合別籍謄出，專一拘催。今刻刷到金、倉部有諸路積欠上供錢物共三百餘萬貫、斤、疋，糧斛一百餘萬石，雖有案牘，緣散在諸案，未有拘籍，深慮經久失陷。今欲乞逐部專置拘催少欠簿各一面，將外路新舊拖欠上供錢帛、糧斛逐一抄轉，候起發到京，納訖鉤銷。仍三年一易。舊欠謄入新簿。其舊簿，委郎官點檢訖，並立號架閣。所貴有以關防。」從之。

政和元年十一月二十六日，户部(待)〔侍〕郎胡師文奏：「昨准聖訓，(今)〔令〕經畫户部財用。今先次措置❸到下項：東南七路收納茶税錢約一十五萬貫，契勘東南七路所收茶税錢，久來並依無額上供應副户部支費。昨熙寧年間歲收不下五六十萬貫，大觀年每歲約收四十餘萬貫，比熙寧年約少收一二十萬貫，蓋是官司因循，失於檢察拘收，致虧省計。臣已措置申請到今年十二月十六日敕〔五〕，差本部郎官李文仲點檢驅磨外，每歲約增收錢一十五萬

〔一〕原稿此標題之前又批有「金户部度支」一總題。按此亦是嘉業堂整理者所批，嘉業堂清本即有「金户部度支」上、中、下三卷。但本書本卷只有金部、户部，故不取。

〔二〕天頭原批：「與『職官』重。」按，指本書職官一二之一。

〔三〕以上一段原作小字，今改作正文大字。

〔四〕九百：《長編》卷四〇九作「五百」。

〔五〕十二月：按，本條之首云「十一月」上奏，二者矛盾，疑此處衍「二」字，當作「十月」。

貫，添助户部經費。發運司歲發賣礬錢三萬三千一百貫，契勘東南逐路歲用礬貨，熙、豐、紹聖後來係屬發運司總領九路官般出賣。自大觀二年罷官賣，許客販後來，至今僅及四年，已虧户部上供額合得賣礬錢八萬餘貫。臣已措置申朝廷，乞依熙、豐舊法官般出賣，罷客販。將合發賣礬錢，依紹聖敕條，令發運司管認舊額，每歲起發錢二萬三千一百貫上京，添助户部經費。」從之。

二年五月六日，參照官制格目所奏：「金部掌財貨出納之政令，本部立錢帛案，主行催發年額錢帛、折斛、封樁錢物之事。元豐五年十一月七日朝旨：『選差人吏，專一主行置簿拘管諸路無額上供錢物，關所屬案分兑便舉催。』至元祐元年，隳紊官制事務，改錢帛案爲催納案。雖崇寧二年已行改正，緣大觀二年後來節次承朝旨，併錢帛案入都(局)〔拘〕轄司，分爲八案，與《官制格目》不同，今來合稟自聖裁。」詔依元豐官制格等。

宣和元年十月五日，户部尚書唐恪等奏〔一〕：「4承都省劄子，總領左藏(軍)〔庫〕所劄子奏：『勘會左藏庫每歲合納諸路上供綱運應副支用，自來兩庫止據納到數目收附，其未到錢物，隔年拖欠。本所尋驅刷去年分上供合起錢物，尚有未到一百九十三萬九百二十三貫匹兩有奇。』切慮內有條格該載并逐庫聲説未盡名色，及户部一時改科折變物數多寡不同，難以幾察的確，深恐經久失陷。今攢類成冊，伏望下户部參照確實行下，仍乞責限催促起發，前來送納。」奉御筆：「神考董正治官，三司之職盡歸户部。比年任非其人，偷惰廢弛，自曠厥官。凡財用之在諸路者，句攷會計，乘其出入，漫不省察，坐致匱乏。則但知仰給朝廷，豈不深負先帝設官分職之重？比覽總領左藏庫所奏，一歲之間，財用虧陷與失於拘催者，動以萬計。御前覆行取索考覈，大約除已到及供具不同外，虧失違滯出納不明者，猶無慮一百七十九萬有奇。求財用之充，顧豈可得？可依前項處分，專委唐恪、沈積中措置施行。」

二年六月二十一日，户部尚書詹度奏：「今攢簇宣和元年已前諸路拖下未樁發錢物，總一百五十八萬餘貫、疋、兩、段。蓋是從來監司、州郡稽慢，遂被積累登帶，拖滯不足。若只泛行催促，别無嚴責條限，竊恐卒不能樁發了當。欲乞將前項積下數，本部别籍責限，專一拘催。內宣和元年未樁發錢物，限至今年冬季終；重和元年數，至來年夏季終；政和六5年、七年數，至來年終。須管盡數樁發數足。如違，其提刑司、州郡官吏，從本部奏劾，依上供法施行，與免妨關〔二〕。」從之。

郎官一人〔三〕，分案有六：曰左藏，掌行庫藏出納金、

〔一〕恪：原作「格」，據下文及本書食貨四九之三二、職官六九之五改。
〔二〕與免妨關：似當作「以免妨闕」。
〔三〕以下一段原作小字，接於上條之末。按，此是南宋金部之綜述，今提行並改爲大字。

銀、錢、帛、絲、綿、銅、鉛、錫、鐵及頒度量權衡；曰右藏，掌内藏受納寶貨，支借拘催及雜物；曰錢帛，掌催收年額錢帛、折斛封樁錢物；曰（確）〔榷〕易，掌市舶、榷場禁榷及商税，香、茶、鹽、礬便錢，檢校行户事；曰請給，掌合同取索、給俸、請給時服及雜給事；曰知雜。吏額主事二人，令史七人，書令史二十一人，守當官二十二人，貼司四十一人。

高宗建炎元年八月十三日，同知樞密院事張慤言：「近被旨，專一提領措置户部財用。今係冬祀大禮前一年，依條合差官六員，分詣江、淮等路劄刷催發金帛，因便點檢驅磨逐路已未起發歲額糧斛等。所有江南東西路、荆湖南北、淮南路及自京至真州往來催促綱運，依舊制共差官四員；兩浙、福建兩路地里闊遠，舊例共差一員，今欲各專差官一員；所有京東路地里至近，欲就委京東西路提刑司劄刷催促，通不過六員。」從之。

十六日，詔常平司見管山澤坑冶，並依舊法撥隸金部。山澤坑冶之利，舊法在外隸轉運司，在京隸金部。自崇寧二年舊坑新發，漕司不應副錢本，悉令常平司應副，始隸右曹，至是改之。

三年四月十三日，詔金部郎官一員爲額，吏人減三分之一。

同日，詔罷太府寺，撥隸金部。

紹興6五年五月十一日，刑部尚書、兼權户部尚書章誼言：「（權）〔榷〕貨務、都茶場，自來不屬户部，止差户部長、貳兼行提領。緣茶鹽職事正是金部所隸，自合户部長貳、郎官通行簽押，更不須别置提領之名。其見行人吏，且令依舊存留，其添給亦依舊，候金部人吏行遣習熟日，各歸本曹。」從之。

八年五月二十六日，詔：「三路市舶司香藥物貨，并諸州軍起到無用贓物等，係左藏東、西庫收納。先經編估局編揀，定等第、色額，估價，申金部下所屬復估審驗了當，本部連降估帳，行下打套局施行。」詳見「打套局」門。

九年六月二十一日，詔：「三路市舶司香藥物貨，并諸州軍起到無用贓罰衣物等納訖，牒報編估局官吏，將帶合用行、牙人，前去就庫編揀等第、色額訖，差南綱牙人等，同市舶司看估時直價錢，供申尚書金部，符下太府寺，請寺丞一員覆估訖，徑申金部提振郎中廳審驗了當，申金部施行。」詳見「編估局」門。

二十九年閏六月八日，詔：「諸州知、通拘收起發無額錢，除一歲及五千貫以上者與減三季〔一〕，及三千貫以上者與減兩季，及二千貫以上者與減一季。」先是，止有及五千貫賞典，往往有不及數者，將樁到錢物即行侵用。臣寮上言，故有是命。

孝宗隆興元年八月三日，户部言：「依指揮，條具併省吏額。金部見管主事二人，令史七人，書令（吏）〔史〕二十一人，守當官一十九人，正貼司二十九人，私名七人，今減7令史一名，書令史四人，守當官三人，正貼司八人。及將減

〔一〕千：原作「十」，據下文改。

罷人籍定，以後有闕，依名次撥填。」詔依，見在人且令依舊，將來遇闕，更不還補。

乾道六年正月十三日，户部言：「左藏西庫每歲供内庫金三百兩、銀五萬兩、錢一十五萬貫，不得出春季。如違，徒二年。據西庫申，自紹興二十八年後來，金於正月内全行支供，銀分作三箇月送納，錢每月供納二萬貫。竊緣本庫即目見在錢物不多，所有乾道六年分歲供内藏庫金三百兩、銀五萬兩、錢一十五萬貫，欲依年例，將金於正月内全行支供，銀分三箇月送納，錢每月供納二萬貫。其合用錢，候至當支月分，於本庫經總制、折帛錢内支破。所貴不致闕悮。今後年分，並乞依此施行。」從之。

二月五日，臣寮言：「比年以來，冶鑄不登，泉貨稀少，權以楮幣，而富家豪室收藏見鏹，公私窘匱。仰賴聖神臨御，地不愛寶，銀坑興發，如松溪縣瑞應場及政和縣赤石、松溪一帶，近於發泄。諸路收買管發銀數，每歲萬數浩瀚，左藏南庫儲積頗多，而西庫收支所餘無幾。臣竊謂楮幣可行於無事之時，而不可行於有事之際，或邊方有風塵之警，則楮幣難行，銀價增（責）〔貴〕，見鏹必出，以銀代錢，無往不可。當今國家閑暇之時，銀價低平，宜廣行收買，或以度牒折納。除歲幣及經常大軍券食支用、聖節大禮支賜外，其餘非泛，並以楮幣行使。令諸路監司隨處收買，別立庫眼
8 安頓，以備邊爲名。積三五年，數必大贏，緩急支用，以代楮幣，實佐國用之要務也。」從之。

五月四日，户部言：「依指揮，條具併省吏額。金部見管六十九人，今減書令史二人、守當官三人、正貼司四人，通以六十人爲額。」（照）〔詔〕依，各從下裁減，將來見闕日，依名次填撥。其減下人，願依條比換名目者聽。

【續會要】

淳熙十三年十二月九日，詔金部減守當官一人、貼司二人、私名一人。以司農少卿吳燠議減冗食，下敕令所裁定，故有是命。《續會要》。（以上《永樂大典》卷一四六五八）

户部

【宋會要】

9 三司凡二十四案，曰兵、刑、胄、鐵、商税、茶、顆鹽、末鹽設、賞給、錢帛、發運、百官、斛㪷〔一〕、糧料、騎、夏税、秋税、東（西）上供、修造、竹木、麴、衣糧、倉。舊例，鹽鐵六案，度支十四案，分押户部四案。乾德五年，度支判官侯陟言其不均，始令三部各分領八案焉〔二〕。咸平四年，併夏、秋税兩案爲一，曰户税；併東、西上供曰上供；併竹木歸修造，倉案歸衣糧。大中祥符七年，别置常平案。其後重定：鹽鐵八案，判官三員分領，曰兵、刑、胄、鐵，曰商税、

〔一〕㪷：原作「米」，據《職官分紀》卷一三改。

〔二〕自「舊例」至此一段原在下文「别置常平案」下，據《職官分紀》卷一三移。

茶，曰顆鹽、末鹽設；度支八案，判官三員分領，曰賞給、錢帛，曰發運、斛㪷、百官，曰糧料、常平、騎；户部五案，判官三員分領，曰兩稅、麴，曰上供，曰修造、衣糧。詳「司」。

户部主受天下土貢之物，若正旦朝會立仗，則陳方物於殿庭，及旌表門閭雜事。以朝官一員主判。度支、金部、倉部，皆無所掌，(合)〔各〕以朝官一員主判。

至道三年五月，真宗即位未改元。詔：「應進土産州軍，今後只於户部通下，更不於奏院送納。仍以係省錢收市，不得用庫頭子錢。犯者勘罪定斷。」

真宗咸平四年二月，詔京百司人吏，並不得放免下户差徭科配。户部舊有蠲符案〔一〕，主百官人吏蠲免差配，給蠲符，自此廢之。其諸州先貢蠲符亦免。

景德四年閏五月，詔定逐年土貢，劍州等六十六處特與減放，夔州等二十七處更不進物，每至賀正，只具表聞奏。是餘並令依舊，仍仰官吏 10 (休)〔體〕認朝廷務便於民，特與蠲免。今後不得以土貢爲名，妄有配率，致令煩擾。凡劍、普、昌、遂州蠲紙，龍州蠲紙，白絹、天雄，果州絲、布、天門冬，達州挺子香、蠲紙，緇州長治石，睦州鳩坑茶，寧州鍾馗石硯、土酥、荆芥，渝州蠲紙，牡丹皮，歙州表紙、麥光、白滑、冰翼紙，乾預藥、臘牙茶、細布，連州乳石，施州黄連、木藥、黄蠟，蘄州團黄茶、簟篻笛材，蘇州生絲、鞋，宣州細筆、竹簟、望春茶，河南府桔梗、桑白皮、莞花、大戟、半夏、甜參、白蠟、丹參、旋覆，蓬州梁米、墨，眉州巴豆，濱州白花鹽，(菜)〔萊〕州牡礪、海藻，德州兔毫毛，潭州長模紙、黄蠟，嘉州紫菖、巴豆，黄州貲布、松籮、連翹，商州枳殼，邠州甘草、藻豆，華州紫草、知母，蔡州澤蘭、茱萸，齊州防風，慶州知母、郁李仁，兖州生松明，潞州蜜〔二〕，隰州苽蔞根、蕤仁、栢子仁，襄州貝母，萬州荆子、牽牛子、白頭翁，並減去。夔、賀、許、蔓、曹、除〔三〕、延、晉、慈、汾、衛、榮、泰、處、黔、石、均、隰、丹、耀、金、潭、歸、峽、萬州、興元府、淮陽軍，並不貢。

大中祥符五年十二月，詔：「自今諸州土貢物至京，令尚書户部牒合屬庫務先次受納，來人遣回。(侯)〔候〕正旦朝賀排仗，差人齎擎排列。」

户部〔四〕，《兩朝國史志》：户部判部事一人，以兩制以上充。凡户口、田産、金穀食貨之政令，皆歸於三司。本曹但受天下土貢，元會陳於庭而已。令史三人。元豐五年改官制，三司事併歸户部〔五〕。

《神宗正史·職官志》：三司，沿後唐置，國朝以兩制、學士充使，亦有前執政充者，於天下財計無所不統。熙寧初，上立政以理財。二年，以知樞密院陳升之、參知政事王安石制置條例，建官設屬，取三司條例看詳，具可行事付之。三年，罷歸中書，以常平、免役、農田、水利新法歸司農。時吴充爲使，始請復置推勘官。七年九月，三司火，燔屋千八十楹，案牘殆盡，權使元絳落侍讀學士罷。復建三

〔一〕符案：原作「苻按」，據《長編》卷四八改。
〔二〕蜜：原作「密」，據《宋史》卷八六《地理志》二改。
〔三〕蔓曹除：按宋代無蔓、除二州，此二字當有誤。
〔四〕户部：按，此二字疑本是《會要》之標題，《大典》誤抄入正文。
〔五〕此段原接於上條之末，又「兩朝」以下作小字。按此亦當屬下讀，用以領起神宗以下各條，今分段改爲大字。

司，買民居益其地，仍權寓三司於尚書省。下諸路，自熙寧五年文帳封印〔一〕，以其數上提舉司。三司吏，限三日以所燔所救文籍數上使，量輕重制賞罰。11又詔三司事未見前比者，審議行之，大事稟二府。吏因火爲姦及增減功過者，論如違制律，贓重以枉法論。其官屬，自副使至勾當公事，各有常員。鹽鐵、度支、户部副使，舊制官至諫議大夫，從本班。熙寧三年，以兵部員外郎、直昭文館傅堯俞權鹽鐵副使。上曰：「堯俞性疎緩，不自立，先朝擢御史知雜，迫於浮言，固辭不受命。今茲超越倫輩，恐無以鼓動趍功務實之流，而因循者得以僥倖。可權發遣公事。」權發遣自堯俞始。七年，定式：三部副使序位以先後爲次。判官，舊爲監司出入資，無久任者，英宗治平元年始著令，以鹽鐵設案、度支錢帛發運案、户部修造案及開拆司尤繁劇，選秩通判者五人爲判官，閱九年，乃得出爲提點刑獄或轉運副使。上即位，詔許通選合入知州人，其已嘗知州者，任職及二年，秩提點刑獄。勾院，前世或合爲一，或分爲三，熙寧七年，詔以鹽鐵、度支、户部三勾院爲都勾院，省主判官二，而胥吏皆如舊。明年，復減勾覆官二，存其一，餘皆酌損之。憑由理欠司，熙寧八年，詔與入内都知、押班通領。開拆司，熙寧八年廢。及沈括爲使，言自廢開拆司，三（都）〔部〕文案坐失關防，無以檢察，遂復置。從衙司〔二〕，掌大將、軍將，熙寧七年，詔大將、軍將以千五百人爲額。提舉帳勾磨勘司，熙寧五年，曾布言：「給納斂散，登耗多寡，非有簿書文籍以鉤考之，漫不可知。」遂選吏二百置司，以驅考天下帳籍。以至三12部勾院，亦皆選置官吏，責以審覆〔三〕，優其吏禄，課以功限〔四〕，制爲賞罰，仍選官提舉。於是詳定帳籍所言：「三司文帳，自天聖九年，官吏瘝職，上下因循，徒有點算之名，而無覆察之實。畧計自治平二年至熙寧二年，新舊帳送勾者，十有二萬，並未嘗有所按舉。若非別置司，專差官提舉，即終難整齊。」乃詔置提舉官、同提舉帳勾催驅官各一，以三年爲任。八年，詔提舉三司帳勾磨勘司官止差一員。十年，詔擇資任稍深者爲提舉，位主判官上。元豐元年，詔止依三司判官法。後數日，復置催驅官一。是歲冬，三部帳司各置官專管勾，三員，使、副通舉陞朝官。主簿，熙寧七年省三部都孔目、勾覆官各一，而置主簿三員，詔於京官、選人内奏舉。章惇以既置主簿，則承受催驅及鈎銷簿曆皆可辦，由是奏廢開拆司，復廢主簿。勾當公事官四人，舊用京朝官，熙寧八年省一員，内一員仍改用三班使臣。帳司、理欠司，歸比部；衙司，歸都官；坑冶，歸虞部。尚書户部，其屬有三：曰度支，上供、奉賜及邦國經度會計之事隸焉；曰金部，貨賄出納之制及權衡度量、頒

〔一〕文：原作「又」，據《九朝編年備要》卷一九改。

〔二〕從衙司：「從」字當爲衍文，《宋史》卷一六二《職官志》二：「衙司，……掌大將、軍將名籍」，是也。本條下文亦云「衙司歸都官」。

〔三〕覆：原作「復」，據本書職官五之二七改。

〔四〕天頭原批：「『限』一作『罪』」。按，指本書職官五之二七。

禁之令隸焉；曰倉部，凡國之倉廩儲積及其給受之數隸焉。舊三司使，即今尚書；舊三司副使，即今侍郎；其權發遣副使，即今權侍郎；舊三司判官、推官及判子司官，即今郎中、員外郎。元豐元年以前，使、副、判官及判子司官并勾當推勘等官，並附此。

治平四年四月二十13四日，神宗即位未改元。手詔罷諸道入貢之物。漳州山薑花，楚州糟藏淮白魚，成都府色樣糖、撚糖，泉州上色橄欖，舒州新茶，廣德軍先春茶〔一〕，廣州椰子，高郵莧茈粉〔二〕，西京櫻桃、紫櫻桃、笋、内園櫻桃，淮南等路發運司海鹽，河陽玉版鮓，泉州生薑花、橄欖，揚州新茶，光州新茶，鄂州雨前茶，池州九華山石菖蒲，蘇州薫橘，荆南府藥橘、新法藥橘，河南府新嫩紫薑，揚州藏薑，虔州土薑、白沙糖，涪州乾荔枝，潞州人參、葡萄，晉州葡萄，太原府新熟葡萄、新收榛子仁、林檎錢，通州海味六種，建昌軍銀珠稻米，大名府鵝梨、棠梨，襄州紅薑、襄荷，成德軍土産栗，永興軍新笋，陝州土産鳳栖梨，廣州金橘，鼎州柑，湖州、壽州新茶芽，同州石傲餅、榅桲〔三〕、鵝梨，邠州桃條剪刀，蘄州烏蛇，澤州人參，睦州麥門冬煎，杭州鹽芨姜，虢州麝香，梓州曾青、空青，鄆州阿膠〔四〕，宣州花木瓜。

八月十七日，詔：「提點開封府界諸縣鎮公事、群牧判官，並令滿三年，職事修舉，即除三司、開封府判官。其三司久任權發遣判官五員，許於知州任内通選。如已經知州，候到二年，即令再任，理提點刑獄資序。」

九月五日，三司使韓絳上《治平會計録》六卷。降詔獎諭。

十月六日，新知潭州燕度請於三司使廳置河北榷場物貨總轄司，河北四榷場所須物貨，令省司賞給案取索定數，授諸案施行。詔：「三司使廳催轄司專主管，及令度支賞給案判官置簿，催驅諸案。仰緣邊安撫（司）〔使〕司，今後四榷場文字，實封於三司使廳催轄司投下。」

神宗熙寧元年八月三日，詔：「自今諸司（局）〔勾〕取工匠，聽三司一面指揮。」先是，内侍楊梲等已得旨，差後苑工匠造舒國、祁國公主下嫁禮物，而後苑奏留不遣，中書奏令兩所祗應。上批：「末事也，自今可止令三司一面指揮。」故有是詔。

二十八日，三司勾當修造案王荀龍，請南郊14青城諸殿以平土代塼，加地衣，省塼十萬，及免般請、磨甃之役萬五千工。從之。

二年五月十九日，權發遣開封府，當避親故也〔五〕。

二十八日，罷提點修造司。應修造事，並只令三司點檢修造所管勾施行。

八月十八日，三司度支副使、兵部郎中蘇寀爲太常少卿、集賢殿修撰、知梓州。曾公亮初欲除寀諫議大夫，上弗

〔一〕廣德軍：原脱「德」字，按宋庠《元憲集》卷二八、歐陽修《文忠集》卷八六皆有廣德軍進先春茶事，據補。

〔二〕茈：原作「芘」。《集韻·虞部》：「莧，莧茈，草名，生下田，根可食。」按，即荸薺也，據改。

〔三〕榅：原作「韫」，據《長編紀事本末》卷八一改。《廣韻·没韻》：「榅，榅桲，果似樝也。」

〔四〕阿：原作「河」，據《宋史》卷八五《地理志》一改。

〔五〕按，此條文義不明，當有脱文。

許，公亮曰：「若除待制，即更優。」上曰：「只與轉一官。」公亮及抃固爭。上曰：「吳充除三司使，已不轉官。」公亮及抃又固争，以爲三司副使劇任，如此即無以勸人。上曰：「勸者，將勸其任職，寀果任職否？」公亮又曰：「省副但可擇人，不可減其恩例。」王安石請以寀爲修撰，上許之。三司副使罷不除待（待）制，自此始。

二十七日，詔江淮等路發運使薛向見理三司副使資序，令三司給以本俸。

九月四日，權三司使公事吳充言：「本司舊有管勾推勘官一員，因循廢罷。欲乞復置，仍舉京朝官或幕職州縣官充。」從之。

十九日，權三司使公事吳充言：「乞本司應行諸路州外州軍公事〔一〕，分急、慢、次急三等，除程外（主）〔立〕定外處應報日數，委逐路轉運司各選差官吏，就本廳置簿專管。如一任中别無稽違不了，替日，委本省保明，與先次差遣。若累有住滯，當行勘罰。其行下發運、轉運、提點刑獄、府界提點等處，亦準此，委官置簿。其轉運司先具差官吏姓名申（者）〔省〕。所有在省三部九子司應行下文字，先呈押判官，15委是合行，方得書押。除軍期急速外，仍相度程途遠近，計日數催促，不得繁併。其外處承領，難以遵行，或以申稟久無回報，仰實封申判使廳，以憑根逐。其在京諸倉場庫務行下文字，亦（此）〔比〕類施行。」從之。

同日，吳充又言：「諸庫務每一庫眼只置門牌一面，但記號本庫內官物色額，不須抄上數目。其庫經即拘管見在逐色數目，遇有支取，即更抄轉，亦不須更聲説收支窠名、去處，候旬終，結計見在。若旬內並無支收，亦不須轉結。即不許揭貼改鑿。如此，則文曆簡便，不失關防，亦不失編勑并元奏請本意。所是新舊界交割，只依舊用三司印給交頭。遇有交過官物赴别庫眼收貯，即更將所交收庫眼門牌，庫經對行收落。已上庫經、門牌、交頭如有差錯，只令監官當面勘會，改正用印。其提舉司所置逐庫交頭，并令門牌上抄寫數目，及自來都庫經，顯屬無用，合行廢罷。」並從之。

閏十（月）〔一〕月二十三日〔二〕，權三司使吳充薦虞部員外郎王時、沈希顏勾當公事。又言：「金耀門文書庫藏三司太平興國以來帳案，乞差官兩員，與監官重編排，置簿拘閣，以備檢用。」並從之。其編排官令三司奏差。

十二月二十二日，詔：「今後權發遣三司副使，據見在官資支給見錢外，其諸添支、衣賜等，並從正、權副使例施行。」

三年六月九日，詔三司分在京諸司庫務爲四窠，令三司并提舉司勾當公事官每半年一次輪轉，各16點檢一窠。以三司言：「提舉諸司庫務所管七十二處，所差勾當公事

〔一〕州外州軍：「外州」二字當屬衍文。

〔二〕十一月：原作「十月月」，據陳垣《二十史朔閏表》改。

止是每季點檢官物齊整，其積壓、陳損，合係三司變轉。乞令因點檢除申本司，更申三司。」故有是詔。尋罷之。

八月二十八日，命提舉在京諸司庫務王珪、李壽朋，同三司使、副使提舉編修三司令式。候成，各賜一本，令三司通共遵守施行。

九月十四日，天章閣待制、知定州李肅之權發遣三司使。

二十一日，上批：「三司使未到闕，副使三人，一人差出，一人未到，止有傅堯俞一人。計省事劇，可速選差官權。」遂詔給事中、天章閣待制李中師兼權發遣三司使事。

十一月十二日〔一〕，權發遣三司使李肅之權三司使〔二〕。肅之未至，上屢趣之，至未久，復有是命。

十二月一日，詔三司差委本司勾當公事官一員，就催轄司人吏(薄)〔簿〕曆專切管勾檢舉催促諸案，勘會六路上供之物，應報發運司。

四年三月七日，江淮發運使、天章閣待制薛向權發遣三司使。詔賜金帶，以向職未至學士，示特恩也。

十月二十五日，詔虞部郎中、權發遣三司理欠憑由司張宗道，駕部郎中、權發遣三司户部判官王休復，屯田郎中、三司勾當公事胡宗道，並送審官東院。以御史蔡確言其不材故也。《日録》五年五月六日，更詳之〔三〕。

五年六月十六日〔四〕，權三司使、司勳郎中、天章閣待制薛向爲右諫議大夫。明堂禮成，有司誤遷向官，詔罰中書吏，而遷向官如故。

六年六月二十七 17 日，以三司胄案爲軍器監。詳具「軍器監」。

八月十九日，判軍器監呂惠卿言：「乞撥三司胄案吏赴本監及東、西八作司。廣備指揮兵級，本監與提舉司〔五〕、將作監等同統領。」從之，仍詔廣備指揮專隸軍器監。

七年正月二十五日，遣三司勾當公事李杞相度成都府置市易務利害。

三月八日，宰臣王安石言，提舉編修《三司勅式》〔六〕，成四百卷，乞修寫付三司等處。從之。

四月五日，詔三司勾當公事李杞等罷相度成都府置市易務，止具經畫買茶於秦鳳〔七〕、熙河路博買利害以聞。其後成都府轉運司同議，亦以爲便。從之。

八月七日，罷諸路劄刷錢帛官。先是，上批問三司：「見差是何官在淮南劄刷錢帛？」中書言：「司門郎中王道恭、太子中舍趙鼎。」詔罷之。

〔一〕十二日：按《長編》卷二一八繫於二十四日辛亥，疑此誤。

〔二〕發：原脱，據前「九月十四日」條補。

〔三〕按，此注乃《長編》該條李燾原注（見《長編》卷二二七），當是《大典》編者轉録於此，非《會要》本文。

〔四〕十六日：《長編》卷二三四繫於十四日壬戌。

〔五〕本監：原作「本軍」，據《長編》卷二四六改。

〔六〕勅：原作「劾」，據《長編》卷二五一改。

〔七〕「止」原作「山」，「買」原脱，據《長編》卷二五二改補。

十七日，命翰林學士、兼侍讀學士、尚書工部侍郎元絳權三司使。絳乞免赴講筵。從之。

九月十七日，三司火，自巳至戌止。焚屋千八十楹，案牘殆盡。詔三司權於尚書省蒞事。

十九日，檢正中書五房公事李承之言：「三司帳案文字焚燒幾盡，外方人吏因此拆兑隱藏案檢〔一〕。乞下諸路，應熙寧五年後文帳案檢，委州縣畫時監勒吏人檢取〔二〕，封印架閣〔三〕，具道數申提舉帳司。其吏人各據所管生事文帳及案底簿曆，開拆收救名件，限三日，判使紐計分數，并具火勢先後申中書省，看詳收救并燒失若干，量輕重賞罰〔四〕。如敢隱藏或故毀棄，即令點檢申舉。許人告，犯[18]人以違制論。情理重者，當刺配。告人給賞錢二百千。」從之。

同日，詔：「三司點檢編排帳目文字，具散失數及收救不足，並申中書或樞密院，下諸司檢録降下。中外奏聞事關三司未回報，并諸處承受三司指揮勘會事未回申，雖已回申、未行下指揮當結絶者〔五〕，限五日申中書或樞密院。元申牒三司文字，即一面申牒三司。以上並令本司置簿拘管，敢有隱落，以違制科罪。其應見行事，如未見條例，並審議施行。如事體稍大，申中書或樞密院。諸因三司火文案不全，輒敢詐欺、規圖官私財物，及增減功過，以違制論；計贓重者，以枉法論。」

二十日，知制誥、直學士院章惇權發遣三司使。詔惇選舉判官，不爲例。

同日，詔：「將作監檢計三司地基〔六〕，分布修蓋。除副使、判官不置堂外，餘修如故。買民居增廣地步。所用材木，令熙河採伐輸運，委都運使熊本、提點刑獄鄭民憲管勾。」

十月八日，詔將作監具已科定修三司所用監官、兵匠之數，及合役月日以聞。

十六日，詔三司置會計司，以宰臣韓絳提舉。先是，絳奏：「三司總天下財賦，其出入之數，並無總要考校盈虚之法。欲選官置司，以天下户口、人丁、税賦及場務、坑冶、河渡、房園之類租額年課，及一路錢穀出入之數，去其重複，注籍〔七〕，歲比較增虧，及具廢置名件、錢物羨餘、横費等數〔八〕。或收多，則尋究因依，以當職之官能否爲黜陟。若支不足，或有羨餘，理當[19]推移，使有無相濟。如此，則國計大綱，朝廷可以省察，議論政事，足寬民力。仍乞臣絳提

〔一〕「拆」原作「折」，「案檢」原作「案驗」，據《長編》卷二五六改。下「案檢」同。
〔二〕時：原脱，據《長編》卷二五六補。
〔三〕架閣：原作「案閣」，據《長編》卷二五六改。
〔四〕罰：原作「給」，據《長編》卷二五六改。
〔五〕結絶：原倒，據《長編》卷二五六改。
〔六〕基：原作「綦」，據《長編》卷二五六改。
〔七〕籍：原作「節」，據《長編》卷二五七改。
〔八〕費：原作「曹」，據《長編》卷二五七改。

舉〔一〕。」而三司使章惇亦言：「天下財賦，帳籍汗漫，無以察其耗登之數。請選置才士，删修爲策，每年校其增虧，以考驗諸路當職之官能否，得以升黜。」故有是命。

同日，權發遣三司使章惇奏：「乞從臣委官，及選檢法官一員，同取索在省主行文籍，逐一看詳，素有令式者歸有司，未有令式者立條制。」又奏：「三司僚屬，從臣選舉。外司之財，三司總領。如外司有不職不奉法者，以時按舉。」從之。

十一月五日，三司使章惇乞減罷都孔目官、勾覆官各一人，辟官三員，充三部主簿。詔許舉京官、選人。惇以既置主簿，則承受催驅及鈎銷簿曆皆可辦，由是奏廢開拆司。

八年二月三日，以太常（侍）〔寺〕太祝王安上爲右贊善大夫，權發遣度支判官。用權三司使章惇之舉也。

十四日，廢在京雜賣場。三司請如勾當官王頤奏廢場，歲省官吏廩禄二千餘緡故也。十月，又從三司請復置。

五月六日，詔三司判官杜訢展二年磨勘，檢法官賈種民特衝替〔二〕。坐斷犯倉法人從杖罪，中書以爲不當故也〔三〕。

二十五日，户部判官、兵部郎中、直史館陳汝羲提點醴泉觀〔四〕。初，御史蔡承禧嘗言汝羲庸下凡近〔五〕，不可任三司判官。既而汝羲自請罷，故有是命。

是日，三司使章惇奏屯田郎中李陟可代汝羲〔六〕。上批：「今早中書方得指揮除汝羲宫觀，何故三司 [20] 已舉官？」遂寢其奏。

六月二十三日，提舉三司會計司上《一州一路會計式》，餘天下會計，候在京諸司庫務帳足編次。從之。

九月十一日，罷三司會計司。從韓絳請也。

十月二十三日，復置雜賣場。初，三司請廢雜賣場，中書户房以爲不便，下三司，而三司（儀）〔議〕與前異，乃復置。

詔三司官上簿。三月十四日廢。

十二月十二日，復置三司開拆司，廢三部主簿。初，章惇爲三司使，廢開拆司入三部，至是沈括以爲失關（坊）〔防〕點檢，故復之。

九年八月二日，三司言：「管勾軍器、將作監買木宋述得旨，除絹外給錢十萬緡。述擅支十七萬七千餘緡，理當推問。緣事屬軍器、將作，欲乞降朝旨驅磨。仍自今應支三司錢物，雖係别司，亦許點檢。」從之。

十年七月二十四日，詔三司月具在京所支金銀錢帛總數以聞。

八月二十三日，三司請今後御前及太皇太后宣旨内降

〔一〕臣：原作「自」，據《長編》卷二五七改。
〔二〕賈：原作「買」，據《長編》卷二五七改。
〔三〕「故」上原有「爲」字，據《長編》卷二五七删。
〔四〕羲：原作「義」，據下文及《長編》卷二六四改。
〔五〕近：原作「處」，據《長編》卷二六四改。
〔六〕汝：原脱，據《長編》卷二六四補。

取索，事干急速，及常須器用、酒醴、茶藥之類，先次施行，依條復奏。從之。

二十四日，詔三司使、副同講求理財經久之術，具利害條畫以聞。

元豐元年閏正月三日，三司請：「應在京官司，係支省錢物，及抛降計置出納移用，並關申三司相度指揮。」從之。

七日，復置三司帳司催驅官一員。

二月二十五日，三司奏：「在京倉庫支納浩瀚，自御厨至店宅務，其監官乞奏舉。」從之。

十二月十九日，詔罷都大提舉在京諸司庫務司，其所領事，令三司分21隸所屬。

二十四〔日〕，詔罷三司推勘公事官，減軍器監勾當公事，審官東院、流内銓及將作監、三班主簿，左右軍巡判官各一員〔一〕。

二年正月二十五日，工部員外郎、寶文閣待制、集賢殿修撰、權三司使李承之爲龍圖閣直學士。上批：「承之赴省供職，已及一年八月。」特有是命。

二月五日，詔：「近已罷都大提舉在京諸司庫務司，其所隸庫務，令三司副使、判官、勾當公事分季點檢，申中書。」

四月五日，權發遣三司鹽鐵判官、提舉成都府等路茶場、國子博士李稷言：「自熙寧十年冬推行茶法〔二〕，至元豐元年秋，凡一年，通計課利及舊界息税并已支、見在錢七十六萬七千六十六緡。」上批：「蜀茶變法，又前後奉行使者失指，議論紛紜，恐動群聽〔三〕。稷能推原法意，日就事功，宜速遷擢〔四〕，以勸在位。」遂落權發遣。

二十八日，鹽鐵副使、工部郎中李復圭爲集賢殿修撰、知滄州，候二年與諫議大夫。

五月四日，權發遣户部副使韓忠彦改鹽鐵副使，權發遣鹽鐵副使王居卿改户部副使。以上批「鹽鐵事繁，居卿兼職別司〔五〕，恐難剸辦，仍事與市易相干妨礙」故也。

九月二十九〔月〕〔日〕，詔鬻官監場務錢屬三司外〔六〕，鄉村場務買名錢依舊入司農寺。詳具「司農寺」。

十一月二十七日，權三司使李承之、户部副使王居卿、判官劉珵各罰銅十斤。以手詔：「大行太皇太后神主、虞主用桑、栗二材，即爲神體，三司乃榜雜買務市於22閭閻下民之家，褻瀆之甚〔七〕，無易於此〔八〕。」故罰之。

十二月二十六日，詔都官員外郎、權發遣度支判官李琮陞一任，餘減磨勘年，循資、堂除先次優便差遣者二十八

〔一〕「巡」上原有「隨」字，據《長編》卷二九五删。
〔二〕冬：原作「蠱」，據《長編》卷二九七改。
〔三〕群：原作「郡」，據《長編》卷二九七改。
〔四〕遷擢：原作「選權」，據《長編》卷二九七改。
〔五〕司：原作「使」，據《長編》卷二九八改。
〔六〕監：原作「鹽」，據《長編》卷三〇〇改。
〔七〕褻：原作「藝」，據《長編》卷三〇一改。
〔八〕於：原作「如」，據《長編》卷三〇一改。

人。以根究江東、兩浙路逃絶虧陷税役等錢九十九萬緡也。

三年四月十五日，提舉茶場范純粹兼三司勾當公事〔一〕。以李稷言純粹任右贊善大夫，官卑，恐不能彈壓州縣故也。

閏九月二十一日，龍圖閣直學士、朝奉郎、權三司使李承之爲樞密直學士。以應副明堂畢賞勞也。

四年正月十日，權發遣三司度支副使蹇周輔兼措置河北糴便。

四月十八日，詔權發遣度支副使、兼措置河北糴便蹇周輔兼提舉江南西路、廣南東路鹽事，其主行鹽事監司之不勝任者，體量以聞。置兩局于司農寺〔二〕。

六月四日，權發遣度支副使蹇周輔爲河北路體量安撫，除河防事李立之經畫外，應干賑恤，並詳度施行。

九月二十九日，詔三司選差勾當公事官一員，往鄜延路點檢催趣輦載紬絹等綱〔三〕，仍根究津般乖方處以聞。

五年，大改官制。四月二十三日，降授中大夫、龍圖閣直學士、權發遣三司使安燾試户部尚書。二十四日，通議大夫、知潭州謝景温，太中大夫、知制誥、知應天府李定，並守户部侍郎。景温尋改禮部，朝請郎、天章閣待制、河東路轉運使陳安石試户部侍郎。

六年三月十六日，詔：「自今擘畫創立課利，歲收每及萬緡遷一 23 資，許官吏均受。著爲令。」

四月三日，詔：「諸課利場務監官比祖額見虧者〔四〕，早入暮出。候敷及祖額，依舊卯入申出。」從大理少卿呂孝廉請也。

九月四日，詔：「自今户部考較提舉官功過係上、下等，送中書省取旨。」

十九日，新知蔡州黄好謙言：「伏見尚書六曹如户部左、右曹，事務皆繁劇，郎官自早至晚書押不絶，無暇省覽事務〔五〕，致差失稽違。乞兩員郎官處分案治事，所行符亦許員外郎簽書。」從之。

十二月二十四日，詔尚書户部右曹令侍郎專領，尚書不預。

七年三月八日，詔：「京東都轉運使吴居厚修舉職事，致財用登饒，又未嘗創有更革〔六〕，止用朝廷舊令，必是推行自有檢察鉤考法度。宜令尚書户部左曹下本官具事曲折，從本曹删修以聞。」

四月七日，尚書户部言：「本曹每歲收支常平、免役、場務、義倉金帛米數，及田産已佃未佃、已賣未賣，水利或

〔一〕司：原作「旬」，據《長編》卷三〇三改。
〔二〕寺：原作「事」，據《長編》卷三一二改。
〔三〕趣：原脱，據《長編》卷三一六補。
〔四〕比：原作「北」，據《長編》卷三三四改。
〔五〕務：原作「祖」，據《長編》卷三三九改。
〔六〕「又」原作「人」，「嘗創」原作「創嘗」，據《長編》卷三四四改乙。

增或廢，前此未有以拘考，乞從本部立法。」從之。

六月二十三日，詔：「税務年終課增額，依鹽酒務賞格。」從京西轉運司請也。

八年六月三日，詔水磨、茶場隸太府寺，仍屬户部左曹。

八月十六日，詔給户部右曹錢六十萬〔一〕，充鄜延路邊糴。

九月四日，尚書省言：「汴河堤岸司所管房廊〔二〕、水磨、茶場，及京城所所管房廊歲入錢數〔三〕，除（伐）〔代〕還免行錢指定合支數外，並充本曹年計支用。按在京諸色行户總六千四百有奇，免輪差官中祇應，一年共出緡錢四萬三千三百有奇〔四〕。數内約支二萬六千九 24 百有奇充和雇諸色行人祇應等錢外，餘一萬六千四百有奇，榷貨務送納，準備户部取撥充還支過吏禄錢。其在京免行錢，盡行放罷。自來以免行錢充吏禄及食料錢等，並以所撥汴河堤岸司及京城所房廊錢内給〔五〕。其諸色行人自來差赴官中祇應人數，下開封府並依舊條。」從之。

同日，中書省言：「在京免行錢既與放免，并汴河隄岸司、京城所房廊並撥隸户部左曹〔六〕，及歲收課利，除代還免行錢支吏禄外，餘並充本曹年計。所有水磨、茶場，乞令左曹疾速措置經久利害以聞。」從之。

十月九日，臣寮言：「在京市易帳狀舊申三司鈎考，官制行，分屬户部左曹。元豐七年，内、外市易右曹總其政令，改隸太府，其帳當歸右曹。」從之。

十三日，詔户部：諸監司裁減者，速具以聞。

哲宗元祐元年，詔增置勾當公事官二員。此據《職官志》，不得其日月。

閏二月六日，門下侍郎司馬光言：「天下錢穀之數，五曹各得支用。户部既不知出納見在，無以量入爲出〔七〕。欲乞且令尚書兼領左右曹，其諸州錢穀金帛隸提舉常平倉司者，每月具文帳申户部。六曹及寺監欲乞支用錢物，先關户部，不見户部符〔八〕，不得應副。其舊日三司所管錢穀財用事，有散在五曹寺監者，並歸户部。若户部事多官少，難以辦集〔九〕，即乞減户部冗末事務，付閑曹比司兼領，仍通隸户部。如此，則利權歸一。若選用得人，則天下之財，庶幾可理。」詔令尚書省立法。

25 四月八日，門下中書外省言：「取到户部左、右曹、度支、金部、倉部官制條例，并諸處關到及舊三司續降并奉

〔一〕六十：原作「六千」，據《長編》卷三五九改。
〔二〕廊：原作「廓」，據《長編》卷三五九改。
〔三〕所管：原脱「所」字，據《長編》卷三五九補。
〔四〕自「户總」至「一年」十七字原脱，據《長編》卷三五九補。
〔五〕廊：原作「廓」，據《長編》卷三五九改。
〔六〕廊：原作「廓」，據《長編》卷三五九改。
〔七〕爲出：原脱，據《長編》卷三六八補。
〔八〕不見户部：原脱，據《長編》卷三六八補。
〔九〕難：原作「雖」，據《長編》卷三六八改。

行官制後案卷宣敕，共一萬五千六百餘件，除海行敕令所該載者已行删去，它司置局見編修者各牒送外，其事理未便，體制未順，并係屬别曹合歸有司者，皆釐析改正，删除重複，補綴闕遺。修到敕令格式共一千六百一十二件，并删去一時指揮，共六百六十二册〔一〕，并申明畫一一册〔二〕。乞先次頒行，以『元豐尚書户部度支金部倉部敕令格式』爲名〔三〕，所有元豐七年六月終以前條貫已經删修者，更不施行。其七月以後條貫，自爲後敕。」又言：「上供錢物，舊三司雖置吏拘催〔四〕，然無總領，止據逐案關到上簿〔五〕。如有不至，遂相因習，歲月之久，官吏遷易，無以拘考。今户部雖有分職，度支主歲計，金部以度支關到之數拘催，然漫無格法。本省昨取索，欲類以成書，而諸案文簿無可考校。已詢諸庫務，求訪舊籍，互相照驗，修立爲格。其間不備事節，雖據所見送本部看詳，緣事干諸路，尚慮有未盡不同事。乞令本部取索點勘，如有未盡不同事件，即補正添入。」並從之。

七月二十四日，户部言：「府界諸路州軍錢穀文帳舊申三司者，昨付逐路轉運司、提點司點磨；其常平等文帳舊申司農寺者，昨付逐路提舉司點磨；及在京庫務文帳見分隸禮、兵、工曹者，請並收歸户部。」從之。用司馬光閏月所立法也。

26 二十八日，户部言：「今諸曹、寺監錢物悉收歸户部，獨府界錢穀舊係三司管勾，今歸府界提點司，未曾釐正，亦請收歸本部。」從之。

八月，先是，户部言，乞於尚書廳置都拘轄一司。又言：「舊三司所管場務，官制後並不曾差官點檢。欲乞除依條所轄寺監季點外，今後每季令本司檢舉，牒本部郎中詣場務點檢，具事理供申。內有已經寺監點檢了當去處，如有乖違不職，其寺監所差官亦許郎官舉劾。如不係本部所轄場務，亦依此關所屬點檢訖，報本部。」從之。

十月六日，禮部言：「户部關：『准敕：户部尚書廳置拘轄一司。按舊三司所管場務，官制後並不曾差官點檢。欲乞除依條所轄寺監季點外，如不係本部所轄場務，亦依此關所屬點檢訖，報本部。』詔今後郎官與寺監官互輪季點。今詳諸坊庫雖舊係三司主行之事，緣見隸本部所轄，若候到别部移文方行點檢，於理未順。欲乞每季終，本部郎官與光禄寺官依今來朝旨互輪點檢，更不候户部關報。如有點檢係户部事，即行關報。其餘諸部，亦合依此。」從之。

十一月一日，户部言：「近朝廷將五曹、寺監應錢穀財用，以類相從，合關中並歸户部。即諸色人酬奬，乞更不下

〔一〕册：原作「删」，據《長編》卷三七四改。
〔二〕册：原作「删」，據《長編》卷三七四改。
〔三〕倉部：原作「倉庫」，據《長編》卷三七四改。
〔四〕催：原作「摧」，據《長編》卷三七四改。
〔五〕關：原作「開」，據《長編》卷三七四改。

太府寺，止自本部審會。」從之。

十二月二日，詔：「開封府界并諸路提刑司元豐已前免役、坊場錢物，令户部別封樁，逐季具數申本曹點檢，繳申尚書省注籍。其擅支借，並依常平27錢法。」

二年二月六日，詔〔一〕：「左右廂店宅務〔二〕、諸司諸庫審計司〔三〕、糧料院、香藥庫、北抵當所〔四〕、粳米上中下、麥料上下諸界，舊隸三司舉官，其令户部奏辟。著爲令。」

七月二日，户部言：「制國之用，量入爲出，必當周知天下金穀之數，以察登耗虚實，必資成法，以爲總要。國家初置三司官〔五〕，即今户部之職，自景德、皇祐、治平、熙寧，並修《會計録》，事目類分，出納具見。歲月已久，未及編纂，宜復講修，以備觀覽。請就委本部官編集。」從之。

三年三月一日，户部言：「在京畜積歲計應用之物，欲將可存留外，有餘，令以新兑舊估賣〔六〕；闕，則前一年，其不可留者，並半年，並計度申所隸處審實，申尚書本部計置。」從之。

五月二日，三省言：「大理寺右治獄並罷〔七〕。請依三司舊例，於户部置推勘檢法官，治在京官司應干錢穀公事。」從之。又增置勾當公事官二員。此據《職官志》增入，不得其時，今附此。

十五日，户部言：「三司事務分隸六曹、寺監，今將錢穀事收歸户部，除左右曹、度支、金、倉部見今有合隨事勘斷外，它曹公事若皆承勘，於理未便。況金帛、糧草，除係本部諸案及所轄寺監庫務外，別部所領，已係支付之物，如合推治，自當送開封府。」從之。

十二月八日，户部尚書韓忠彦、侍郎蘇轍、韓宗道言：「臣等竊見本部近編成《元祐會計録》，大抵一歲天下所取錢穀、金銀、幣帛等物，未足以支一歲之出。今左藏庫見錢費用已盡，去年借朝廷28封樁末鹽錢一百萬貫〔八〕，以助月給。舉此一事，則其餘可類推矣。臣等願及今日明敕本部，取見今朝廷政事應干費用錢物者，隨事看詳，量加裁減，使多不致於傷財，少不致於害事。二聖以身率之，大臣以身先之，使天下曉然皆知事之當然，而非朝廷有所靳惜，則誰不信服〔九〕？昔治平、熙寧之間，因時立政，凡改官者，自三歲而爲四歲；任子者，自一歲一人而爲三歲一人，自三歲一人而爲六歲一人。宗室自祖免以上〔一〇〕，漸殺恩禮。天下晏然，莫以爲言。此則今日之成法也。臣等伏乞

〔一〕詔：原脱，據《長編》卷三九六補。
〔二〕宅：原作「它」，據《長編》卷三九六改。
〔三〕「庫」原作「軍」，「審」原作「專」，據《長編》卷三九六改。
〔四〕抵當：原作「底梗」，據《長編》卷三九六改。
〔五〕初：原作「措」，據《長編》卷四〇三改。
〔六〕兑：原作「充」，據《長編》卷四〇九改。
〔七〕右：原作「有」，據《長編》卷四一〇改。
〔八〕「廷」原脱，「鹽錢」原作「錢鹽」，據《長編》卷四一九補乙。
〔九〕信：原作「能」，據《長編》卷四一九改。
〔一〇〕祖：原作「祖」，據《長編》卷四一九改。

檢會竇元、慶曆、嘉祐故事〔一〕，於本部置司，選擇近臣，共議其事，嚴立近限，責以寔效。法度一成，數歲之後，費用有節，府庫漸充，傳之無窮，久而不弊，則其於聖德寔非小補也。」貼黄稱：「勘會頃降朝旨，令本部裁減浮費，前後所減三十餘事，率皆浮費之小者，然所減已約及二十餘萬貫，不爲無補。今若事無大小，並量行參酌裁損，則其爲利必大。伏乞聖慈早賜施行。」詔户部取索應干財用，除諸班、諸軍料錢、衣糧、賞給、特支依舊外，其餘浮費，並行裁省，節次以聞。

四年五月二日，詔：「諸州旬具有無雨雪申户部，開坐縣分、所降尺寸及月日時〔二〕，本部逐旬繳進。」

五年八月(二)〔十四〕日〔三〕，户部言：「請受、添給起支訖，具例申户部；未有例者，奏聞。其已奏申後應有增改者，亦申部。」從之。

六年七月七日，户部奏立役人差出五百里外借食錢法，違戾者 29 令提刑司檢察〔四〕。從之。

八月九日，户部言：「朝廷及户部封樁并常平等錢物擅支借，及他司借常平等錢糴買物斛應對行支撥、未樁撥價錢而輒支用者〔五〕，徒二年。其常平等錢，仍不以去官、赦降原減。内封樁錢物，應副軍須急速不可待報者，方許支借。仍具數申所屬，給限撥還。若兑充沿邊要切支用，而已於別州樁定錢物或召人入便，省還送之費而無妨闕者，申稟尚書省及本部。」從之。

二十八日，三省言：「諸路户口、財用，雖户部每年考會總數，即未有比較進呈之法，復不知民力登耗、財用足否。今立定式令：諸州每年供具，以次年正月申轉運司，本司以二月上户部。本部候到，於半月内以次上尚書省類聚進呈〔六〕。違者，杖一百。」從之。

七年九月五日，户部言：「本部假日諸處申解公事〔七〕，並送厢寄禁，至假開日方押赴部勘斷。其間甚有情法至輕而偶假故，連綿禁至五七日者，頗爲未便。今欲乞假日輪本部官一員午前入省，輪推司、杖直各二人直日，杖已下罪事非追究者，聽决。遇本省官當宿日，只令宿官以時入省斷遣。其省曹官吏畏避諸處問難點檢，多務因循，不即結絶，亦不卹小罪，非理淹留，如許施行，其顯有推避，不即結絶，亦乞行約束。」從之。

紹聖元年閏四月二日，詔：「六曹准備差遣、户部勾當公事，皆元祐所置，悉罷之。」

六月八日，户部言：「右曹昨因廢提舉司，罷免役、常

〔一〕檢會竇元慶曆：原作「檢書賀元慶」，據《長編》卷四一九改。
〔二〕所降：原作「除」，據《長編》卷四二六改。
〔三〕十四日：原作「二日」，蓋因上條而誤，據《長編》卷四四六改。
〔四〕令提刑：原作「令提」，據《長編》卷四六一改補。
〔五〕輒：原作「趣」，據《長編》卷四六四改。
〔六〕「省」前原有一「三」字，據《長編》卷四六四刪。
〔七〕申：原脱，據《長編》卷四七七補。

平、義倉等，事[30]務簡少，准朝旨，右曹侍郎兼領金、倉二部。今已依舊置提舉管勾官，復行免役、義倉，欲釐正左、右曹職事，並依元定官制施行。」從之。

七月八日，權户部尚書蔡京狀：「左司諫翟思言：『元祐以來，朝廷以理財爲諱，利入名額，類多廢罷。財利既已散失，復且借貸百出，悉在蠲除，而熙寧、元豐間餘積侵用幾盡。欲下諸路取會元祐以前倉庫所積金穀及已用過多少，自祖宗以來財利名額與其歲入常數廢減多少，各具條奏，立爲成法，嚴著科條，督責辦集。』詔送京看詳措置。今乞差使臣、人吏，并於本部選差四人兼行，並不支添給。候了日，量加支賜。」從之。

二年十二月二十二日，户部奏請：「右曹錢物，自元祐以來改更舊制之後，常平等錢，諸處官司奏乞借用，習以爲常。今復行免役、常平散斂之法，其役錢各有支使窠名。乞今後他司並不許奏乞借用本曹錢物。」從之。

三年正月二十四日，三省言：「元祐指揮，户部尚書舊領左、右曹事。」詔户部右曹令侍郎專領，尚書不與。

二月十日，户部侍郎李南公言：「天下財賦，若非專責人吏鈎考，無由杜絶欺弊。元豐中賞格，驅磨點到失陷官物，每榷及一分者，便給三釐充賞，别有止法〔一〕，人人有所勸激。元祐改法，每納一分，以二釐充賞，至五百貫止，則人吏不復用心，必有失陷之弊。今欲並復元豐條〔二〕，（知）〔如〕大段數多，取朝廷指揮。」從之。

九月十二日，三省言：「户部右[31]曹所領職事，係屬舊司農寺，本曹郎官兩員主行。昨自元豐七年間准朝旨郎官分治，因此遂各分定諸路。緣近時申請舉行，事既不相照，又難以逐一關會，不免其間或有異同。兼郎官一員在假，則兼領者不能盡知首尾。況今來復法之初，諸路申請甚多，須至一體行遣。」詔本曹申請文字，郎官兩員通書，其符下諸路文字，依舊分押，餘依舊條。

十一月十八日，殿中侍御史陳次升言：「監司自元祐四年後，取酒税最增、最虧及二分者，比類取旨賞罰。請令户部責限鈎考。」從之。

十二月二十二日，詔：「户部每歲春季内，具諸路轉運等司起發上供錢物多寡、職事修廢尤甚之人，保明以聞。」

二十四日，户部言：「在京所轄庫務，自來取貯官物多不整齊。請今後暫委本轄郎官一員前去點察。」詔每歲内許郎官前去點檢一次。

元符二年十一月二十五日，户部言：「元豐官制，寺監不決者，上尚書省本部；又不能決者，奏裁。若直被朝旨應覆奏者，依條仍各申知。又《六曹通用令》稱取裁者，並隨事申都省、樞密院。今請並依元豐舊制〔三〕。」從之。（以上《永樂大典》卷一四六四七）

〔一〕有：似當作「無」。
〔二〕元豐：原作「元祐」，據文意改。
〔三〕今：原作「令」，據《長編》卷五一八改。

32 徽宗建中靖國元年四月三日，户部奏：「本部累據買撲場務人户陳狀〔一〕，爲敗折少欠，拘納抵當在官，乞以所收子利填欠。檢會嘉祐以來舊條，買撲場務人户少欠課利，拘收産業，仍許子利相兼充折納官。紹聖元年，因秦鳳路提點刑獄司申請，止以課利錢折納，産業在官者方許以所收得利償欠，净利錢不許折填，理有未盡。元符新令，又不以課利、净利，皆不許償欠，尤爲未便。欲乞將買（樸）〔撲〕場務敗闕少欠課利并净利估納。産業入官之家，如未有人承買，若無欺弊者，許以所收課利填欠，償足給還，或貼納所欠錢收贖。若欠人願自往佃出納課利者，亦聽。其指揮到日已前出賣了當，或官中改修、别民占使者，不在此限。」從之。

七月十三日，知真州王漢之奏：「諸路財用歲入多寡與其登耗，官司無以周知，安能督治經畫，以待一歲之用？乞諸縣於本州爲都籍，則可以周知一州財賦之所入；舉諸州於轉運司爲都籍，則可以周知一路財賦之所入。自此總之諸路，則天下之財賦亦可舉而知也。」詔諸路轉運司如漢之所請。

崇寧五年二月九日，詔：「内外冗官頗多，不能振舉職事，徒費禄廩，虚置吏人。可依下項施行：除係宫觀、嶽廟、判太醫局減罷人員，餘並減罷。係鼇務官員，並與先次33占射差遣，軍大將與先次差遣，人吏歸元差來去處，召募到人放停。仍照會今月七日已降指揮，應今來省併減罷官局合交割諸色錢物等，令户部侍郎許幾專切提舉。所屬官司，（勤）〔勒〕令省併減罷官吏合干人等，限一月交割數足，其帳狀點檢别無綰繫漏落，即行放罷。仍將交割過錢物等總計，編類成册，申尚書省。及仰御史臺逐察取索點檢，在外令所轄監司依今月七日指揮施行。」

大觀元年八月五日，試户部尚書徐處仁奏：「國家承平日久，生齒繁庶，百倍前代。田加廣而計畝不足以夫授，（間）〔閑〕民無常職而未有轉移之法。地大物夥，理宜經畫長慮，必使人無遺力，地無遺利，然後咸得以養生送死，而無憾矣。今古之變，水陸之宜，與夫深山大澤，皆有可興之利，游手之民皆有可用之力，顧勸率之何如爾？今乞已著於令者，申戒守貳極力奉行；未見於事者，宜下攸司講究立法。蓋三農有法以勸率之，則敦本而力穡；民官有法以磨勘之，則趍事而赴功。今乞縣丞任滿，興修過農田水利，許累計頃畝，比類推賞。民之收買農器耕具，實非興販者，特與免税。仍乞縣令皆以『管勾勸農公事』入銜，庶幾宣昭德意，以示天下。」從之。

四年五月十一日，中奉大夫、試户部尚書許幾奏：「看詳諸路支俵和豫買，各施行不一。緣已有崇寧五年四月二

〔一〕務：原作「户」，據下文改。

十三日詔：『近降和買(細)〔紬〕絹，即與熙寧舊法似有違戾，可遵依熙寧二年十二月五日勑命施行。』臣今相度，欲乞特降指【34】揮下諸路，子細遵依熙寧舊法，所貴〔事〕體均一，不致臨時俵散偏重。」詔依奏。

政和元年九月五日，户部奏：「臣寮上言：『今財用之數，寖以紛紊，朝廷有司，每難覈寔。欲望許援故事，取大觀酌中一年財用支納數，約倣舊制，編次成書上進。』奉聖旨：『可令户部並依今來臣僚上言事理施行。仍就差本部郎官吏人，不妨本職，漸次編類。』本部合要内外收支錢物窠名數目，乞從本部立式取索，外路委轉運司官專一催督，供攢點勘圓備，從轉運司保明供申。如報到，檢點得却有隱漏、重覆，收支不寔，應干繫官吏科杖一百罪。并取會文字被受官司，外路限一月回報，往回文字並入馬遞。若有稽違，許本部下所屬從杖一百科斷。」左右〔司〕看詳，欲並依户部所申事理施行。從之。

二年三月二十四日，户部言：「已編定傍通格子，拘籍錢物。所有立式、取會内外官司事，並已寖罷。」從之。

二年五月二十三日，參照官制格目所奏：「伏奉詔旨，參照官制(日)〔目〕，内右曹掌(掌)〔常〕平〔一〕、免役之政令，坊場、河渡之事。本曹合行事務内，有相度改更常平、免役、坊場等事，有干大法者，許奏裁。近取會行遣，本部稱自來未有行遣，如朝廷(逸)〔送〕下諸處陳請勘當取裁(旨)〔者〕，依《六曹通用令》申都省。欲乞今後常平、免役、坊場等事，有相度改正大法者，並依格目，令本部奏裁。」奉詔批：「更革常平政令，神考彝訓委以右曹專一主行之。凡有更革大法，許本部奏具。【35】防微杜漸之旨，槩可見矣。户部雷同別曹，例申都省，顯屬失當。自今後，可依《官制格目》，仰本部直達奏裁。」

六月八日，參照官制格目所奏：「户部具到《熙寧三司勑式》，許置催轄司。本部稱：官制奉行，不曾分隸，至元祐元年承勑，依熙、豐舊三司條制，於本部置都拘轄司，總領户、度、金、倉四部財賦，後來承朝旨删去元祐指揮。契勘都拘轄司雖是沿襲三司事務，緣係元祐元年立名，今欲乞遵依《熙寧三司勑式》，以『催轄司』爲名。其應主行事務，即並依見行條貫。」從之。

三年二月，户部奏：「伏覩諸路買撲坊場，依(降)〔條〕召人實封投狀，添錢承買。準紹聖免役勑〔二〕，已買(樸)〔撲〕而官司經畫請官監者，徒二年，以革侵紊之弊。自奉行(役)〔後〕來，尚有陳請將興販去處拘取官監，計一百餘處，雖有上條，徒爲虚文。欲乞下諸路監司，今後遵依紹聖免役勑條施行。如尚敢依前陳請者，從本部申朝廷，乞重行黜責。」從之。

三月二十六日，户部尚書劉炳奏：「本部契勘諸路上

〔一〕右曹：原作「左曹」，據下文及《職官分紀》卷九改。
〔二〕役：原作「校」，據下文改。

供錢物，大觀於係以提刑司具到樁發起離本路盡絶月日〔一〕，以數比較，取率先樁發數足處，令户部保明申尚書省，係大觀已修定令文。昨承政和元年三月四日朝旨，更不施行。緣諸路上供錢物萬數浩瀚，若不旌賞，無以激勸。今欲乞依上件大觀已修條令施行。」從之。

五年五月十八日，户部尚書劉炳等奏：「契勘本部承受官員、諸色人狀詞外，有事干外路合36行取會待報件數不少，近來多是經歲月不見回報了當。雖依條三經舉催，究治人吏，緣所委究治官司互相容庇，不爲盡公施行，致本部久掛案祖不絶結〔二〕。今相度，應行下外路取會待報文字，若兩經究治，其元承受官司依前不見圓備回報，并究治官司不爲究治了當，逐處當職官並展一年磨勘，人吏配千里。若事體重者，從本部申乞朝廷，重賜施行。」詔依，餘曹依此。

十一月九日，户部尚書劉炳劄子奏：「臣(劾)〔契〕勘本(朝)〔曹〕事務最爲繁劇，逐日承受朝廷送下勘當定奪及諸色詞狀、官司關報呈請文字。其間合取會待報未結絶文字，自來雖有簿籍拘管，緣與已結絶事目一衮抄轉鈎銷，散在四部諸案，難以稽考；或行下遠路，往復動經數月，雖累究治，若無報應，其間不免有稽緩廢弛之弊。臣今相度，欲乞將本部取會待報日下不能結絶文字，從長貳廳批入鑿旁通册，首書寫見行條令，專一拘籍銷注、驅考催督。於四部人吏内，各選差(于)〔手〕分、貼司二人。見請(請)給外，手分日支食錢二百文，貼司減半。仍令催轄司檢察。此則以要治繁，不離几案之間，周知細大之務，上稱陛下訓迪治官之美。」詔依奏，六曹、寺監准此。

六年九月十九日，詔：「常平散斂之法，民受其賜，(喻)〔踰〕三十年。歲久法玩，吏緣爲姦，州縣監司習以爲常，事有稽緩，至累年不決；文移取會，輒不具報。赴訴省部，日常有之，民失其平，提舉官37號爲事簡，不復省察。紹述之政，莫此爲最，而弛廢若此，非所以奉承先志。可令户部右曹，應三催不報，或踰年不結絶，并州縣監司行遣失當，並具奏劾，官員隨重輕黜責，吏配千里。仍令尚書省、御史臺覺察糾劾以聞。」

重和元年十一月二十二日，户部奏：「契勘闕下百色經費，惟仰諸路歲入上供錢穀應辦，若稍涉稽違，則必誤指擬。欲乞今後應催促取會上供錢穀文字不報，約計往回程限，依法行下究治外，如兩經究治了當，並許本部行下鄰路提刑司取勘逐處官吏，仍不以赦降原減。檢會政和五年五月十八日勑節文：『户部劄子：本部承受官司文字，兩經究治，其元承受官司依前不見圓備回報〔三〕，并究治官司不爲究治了當，逐處當職官並展一年磨勘，人吏配千里。若

〔一〕於：疑當作「敕」。
〔二〕不絶結：似當作「不能結絶」。
〔三〕圓：原作「聞」，據前政和「五年五月十八日」條改。

事體重者，從本部申乞朝廷，重賜施行。』」詔依，餘曹依此。內取勘並申尚書省施行，餘依奏。

宣和三年(閏)〔閏〕五月四日，(詔)〔户〕部言：「財賦歲入有限，幾察出入，尤在精密。乞應在京官司場務所收課利等錢，不許他處别留支遣，並依元豐條制。」從之。

九月十六日，户部奏：「勘會轄下倉場庫務，盡係給納官物去處，收趁課利，覺察情弊，全在監官得人。其間亦有無心力之人兼權差管勾，尤更苟簡，緣此多致失陷官物不少。欲乞從本部銓量，踏逐奏差，所貴得人倚辦，稍助邦計。」詔許奏差一次。

五年七月十九日，詔：「户部職在會計，邇 38 來朝廷日以榷貨務錢應副外，所有綾絹〔紬〕綿等，亦並不預先措置催促，鈎考，備員尸禄，失職爲甚。長貳、郎官，並降兩官，責以後效。如尚敢不修舉職事，當議遠竄。諸路起發綾絹紬綿違限路分，轉運司官先次降兩官。令提刑司取勘，具案聞奏。」

六年十一月三日，詔户部辟官並依元豐法。

十七日，户部尚書盧益等奏：「契勘江東、淮南、京西、兩浙路積年拖欠上供錢物，計六十三萬二千九百餘貫匹兩，前後雖責立期限，至今並各出違再限，尚未見椿發。竊緣來歲係大禮年分，所用金帛等數目浩瀚。檢會政和四年九月二十八日朝旨，諸路拖欠錢物，令户部對立賞罰，申尚書省。今相度，欲將今來逐路拖欠錢物，比附上項朝旨，從本部别立近限，對賞修罰。本部契勘逐路數目不等，欲將元拖欠錢物二十萬貫匹兩以上路分，責限半年，盡數起發上京〔一〕。如依限起發數足，提、轉兩司當職官各減三年磨勘〔二〕，人吏支絹二十匹；限滿起發不足，各展三年磨勘，人吏降一資。元拖欠錢物一十萬貫匹兩以上路分，責限一季盡數起發上京。如依限起發數足，提、轉兩司當職官各減二年磨勘，人吏支賜絹一十五匹；限滿起發不足，各展二年磨勘，人吏降三名。元拖欠錢物一十萬貫匹兩以下路分，責限兩月盡數起發上京。如依限起發數足，提、轉兩司當職官各減一年磨勘，人吏支賜絹一十匹；限滿起發 39 不足，各展一年磨勘，人吏降兩名。以上並乞從本部開具合該賞罰路分，申取朝廷指揮施行。其椿發處，亦乞從提、轉兩司開具依限椿發數足并限滿不足去處，申部。候到，從本部申取朝廷指揮，特賜賞罰施行。」從之。

欽宗靖康元年六月十七日，户部言：「臣寮奏：『天下財用，歲入有常，理當會見大數，合歸於一，以制盈虛緩急之宜〔三〕，而量入以爲出。比年以來，有御前錢物、朝廷錢物、諸局所錢物、户部錢物，其講畫裒斂、取索支用，各不相照，以致暗相侵奪，公私受(幣)〔弊〕。豐耗不能相補，出入

〔一〕起發：原倒，據下文乙。
〔二〕兩：原作「運」，據下文改。
〔三〕虛緩：原倒，據文意乙。

無以檢察。天下常賦，多爲禁中私財，支用取足，不恤有司之上〔一〕，上溢下漏，而民力重困〔二〕。欲委户部官措置，其事目曲折，續令條畫，務要事出于一。計臣得以周知大數，而不失盈虚緩急之宜。上至宫禁須索，下逮吏卒廩餼，一切付之有司，格以法度，示天下以至公。』有旨依。本部今條具到綱目：應合屬計司所入窠名，見今他司侵占作御前或朝（庭）〔廷〕及諸局所錢物，乞委諸路漕臣總領根括。除依熙、豐舊法合屬朝廷并納内藏、奉宸庫，或轉隸他司錢物及茶鹽錢之類，止令會見大數外，自餘應諸司所入財賦，不以御前、朝廷、諸局所、户部諸色錢帛金銀物斛等，並究見所入窠名，（今）〔令〕轉運司總領拘收，盡歸計司，合而爲一。仍以政和三年後來五年收支，取一年酌中數，如内有此即目增損，改易廢罷窠名錢物，並逐項聲説，40保明申户部。所貴周知盈虚，檢察出入，裁省浮費，一遵祖宗舊制。」從之。（十九日，户部所貴周知盈虚、檢察出入、裁省浮費，一遵祖宗舊制。從之。）〔三〕

十九日，户部尚書梅執禮言：「檢承宣和七年十二月二十三日御筆手詔，罷諸局所及西城所見管錢物，並付有司。近節次拘收到擷芳園内外屋宇、田園等，見立課利，召人（乘）〔承〕佃間，却承專切提舉京城所備坐到内降御寶劄子，復拘回園地屋宇共三十四處。上件園地既係聖旨拘收，其京城所又取内降御寶指揮占奪私用，更不經由三省，顯見有司難以（奏）〔奉〕行朝廷命令。」詔並令户部拘收。

九月二十二日，詔户部尚書梅執禮爲任劇曹，免兼侍講。

尚書一人，侍郎一人，通管五司。左曹郎官一人，右曹郎官二人。左曹分案有三：曰户口，掌凡諸路州縣户口、孝義、婚姻、良賤、民間債負、州縣陞降户口、官員增收漏户酬賞、改立官户、分（折）〔析〕財産、科差人丁、典賣屋業、陳告户絶財産、索取妻男借貸錢物之類；曰農田，掌農田及田訟、務限、奏豐稔、驗水旱蟲蝗、勸課農桑、請佃地土、令佐任滿賞罰、繳奏諸州雨雪、檢按災傷、逃絶人户；曰檢法，掌凡本部檢法之事。設案有三：曰二税，掌受納〔四〕、驅磨隱匿〔五〕、支移折變；曰房地，掌諸州樓店務房廊課利、人户侵占官地、裁減房地錢、催促僧道免丁錢、土貢獻助之類；曰課利，掌諸州軍酒務課利，比較增虧知、通等職位姓41名，人户買撲官鹽場、酒務祖額、酒息，賣田投納牙契。又有開拆、知雜司。吏額：主事二人、令吏五人、書令史十二人、守當官十八人、正貼司二十人。右曹分案有

〔一〕上：疑誤。
〔二〕重困：原作「困重」，據《宋史》卷一七九《食貨志》下一乙。
〔三〕此數句因上下文而衍，今删。
〔四〕掌：原脱，據《宋史》卷一六三《職官志》三補。
〔五〕「隱匿」下原有「二税」二字，據《文獻通考》卷五二删。

六：曰常平，掌常平、農田水利及義倉、賑濟、户絶田産〔一〕、居養鰥寡孤獨之事；曰免役，掌免役、不係教閲保伍；曰坊場，掌坊場、河渡，裁定公使支酬、衙前綱運路費；曰平准，掌市准、市易、抵當、醫藥、石、木、炭等；曰檢法；曰知雜。吏額：主事一人，令史四人，書令史九人，守當官十人，貼司二十人。

高宗建炎元年七月二十五日，詔知樞密院張慤專一提領措置户部財用。

二十七日，詔右曹所轄局務并見行坊場、免役之法，併歸左曹，令户部尚書總領，人吏依元祐法五十四人爲額。以罷諸路常平司，併入提刑司也。

二年四月二十三日，中書侍郎、兼專一提領措置户部財用張慤言〔二〕：「檢准《政和敕》節文：諸收支官物不即書曆，及別置私曆者，各徒二年。欲望責限一月，各許自陳改正。限滿，從所屬及臺察點檢。有違，並依條施行。」從之。

同日，詔：「户部督責司農、太府及轄下倉場庫務，並依《政和令》，各置都簿，具載所轄應用簿曆名數，差近上職級掌管。遇有增減，報督簿司除附。遇官員替罷、人吏出職，監專替移，並申所屬，同赤曆、庫經要切簿書對交。仍增立批上印紙之法。」從張慤之請也。

九月八日，詔：「官員赴任顧人錢，候到新任日勘支。」舊制，官員赴任雇42人錢，係諸路起發上京〔三〕，於户部樁管，自駐蹕揚州，並於本州勘請，故有是詔。

十月十七日，户部言：「右曹歲奏常平等錢物等數，秋季具册以聞。今爲會問未集，乞免進一次。」詔據已到數攢造投進，餘依。

三年四月十三日，詔户部郎官以一員爲額，吏人減三分之一。

同日，詔太府、司農寺併歸户部。

十月二十四日，詔：「今後贍學錢糧，並從户部置籍拘催，諸路提刑司收（椿）〔樁〕。敢有隱漏不寔，並依供報無額錢物隱漏法斷罪。」從户部侍郎葉份之請也。

紹興四年四月十六日，詔户部供納内藏庫夏季見錢五萬貫，令左藏庫以金銀折納。以闕見錢，從户部請也。

七月三日，詔户部侍郎兩員，通治左、右曹職事。以權吏部侍郎劉岑言：「元豐官制，户部除尚書一員，侍郎二人，分治左、右曹職事。自艱難以來，止除尚書、侍郎各一員，或止除尚書若侍郎一員。今除侍郎兩員，未審合與不合分治左、右曹職事？」故有是命。

五年閏二月二十三日，詔户部尚書章誼專切措置財用，參知政事孟庾提領措置財用〔四〕。

四月五日，户部言：「臣寮上言，請倣《景德會計録》，

〔一〕田：原作「口」，據《宋史》卷一六三《職官志》三改。
〔二〕兼專：原作「專兼」，據上「元年七月二十五日」條乙。
〔三〕上：原作「詔」，據本書儀制四之二八建炎二年「九月七日」條改。
〔四〕置：原作「買」，據《宋史》卷一七九《食貨志》下一改。

自紹興元年至四年爲率，以每歲所入之數列之於前，却以今歲計之，量入爲出。詔令户部措置。今先次取會到行在轄下糧審院、左藏庫、榷貨務、都茶場、省倉、草場收支數目，攢到紹興四年一年收支數目，申納朝廷。所有已前年數，接續行下取 43 索編録。」從之。

五月十一日，刑部尚書、兼權户部尚書章誼言：「契勘榷貨務、都茶場自來不屬户部，止差户部長貳兼行提領。緣茶鹽職事正是金部所隸，自合户部長貳、郎官通行簽押，更不須別置提領之名〔一〕。伏望詳酌指揮，其見行人吏，且令依舊存留，其添給亦依舊。候金部人吏行遣習熟日，各歸本曹。」從之。

九月二十七日，户部侍郎張致遠言歲計，上曰：「今中外大小之臣鮮肯任責，若人人體國，以公事同家事〔二〕，何憂不足？仍須每事省節，積少成多。唯贍軍賞功〔三〕，務在激勸，此不足減爾。監司、守令有不經意於常賦，惰慢尸素者〔四〕，户部宜糾劾之，當議竄責。」

六年二月二十八日〔五〕，詔：「權户部侍郎劉寧止前去應副四大軍錢糧，應諸路監司、州縣事干錢糧，如有違慢，許奏劾。内通判以下許一面對移，沿邊州軍依條取勘。」

七年七月八日，起居郎樓炤言：「竊考唐故事，重理財之職，宰相領鹽鐵轉運使〔六〕，而同時在位者，或判户部，或兼度支。臣愚以謂使宰相兼有司之事則不可〔七〕，若參倣唐制，使户部長貳兼領諸路漕權，何不可之有？若户部兼領諸路漕權，内則總大計之出入，外則制諸道之盈虛，以時巡行，如劉晏自按租庸，以知州縣錢穀利弊，而事之本末，皆身親而目覩之，何者可行，何者可罷，斷然無復疑矣。望下臣之説，命大臣講究之。」詔令三省相度措置。

二十八日，詔：「户部逐時輪挪長、貳一員，出 44 外巡按，其奉行詔令違戾等事，按劾以聞。州縣財賦利病，並考究措置，事大條具聞奏，餘聽一面行訖，具申朝廷。仍依本等奉使格法。」

八月六日，詔：「户部員外郎霍蠡出使湖北，均節財用，檢察諸軍請受，不失朝廷委使之意，特轉一官。」從兵部侍郎、權湖北、京西宣撫判官張宗元奏也。

閏十月二十四日，詔榷貨務撥隸户部〔八〕。户部尚書章誼言：「榷貨務舊曾申明乞罷提舉官，職事隸屬户部。近來朝廷以事任至重，復置提舉，見係誼總領〔九〕。緣獨員，別無同官商量，切恐誤事。欲望朝廷指揮，依舊隸屬户部，同郎官、長貳通行簽押，或乞長貳通行提舉。」故有是命。

九年七月七日，詔：「户部長、貳每年合舉選人改官員

〔一〕別：原作「保」，據本書食貨五六之六改。
〔二〕以公事：原作「事以公」，據《建炎要録》卷九三乙。
〔三〕功：原作「公」，據《建炎要録》卷九三改。
〔四〕惰：原作「隋」，據《建炎要録》卷九三改。
〔五〕二十八日：《建炎要録》卷九八繫於二十一日己未。
〔六〕鹽：原作「監」，據《建炎要録》卷一一二改。
〔七〕臣愚：原無，據《建炎要録》卷一一二補。
〔八〕榷：原作「權」，據本書食貨五五之二八改。下同。
〔九〕領：原脱，據本書食貨五五之二八補。

數，至歲終如係獨員，權令通舉。」

十年閏六月一日，詔罷措置贍軍酒庫，所管官吏悉歸户部。仍委一左曹郎官專領。詳見「酒麴雜録」。

十五年正月二十五日，上諭宰（職）〔執〕以和、預買之弊，秦檜奏曰：「户、工部不可以不兼領，在祖宗時皆隸三司，（令）〔今〕户部以給財爲務，工部以辦事爲功，誠非一體。」上然之。

二十七年九月二十八日，詔：「贍軍諸酒庫併歸户部。收到息錢，逐庫監官各有減年磨勘，所有本部長貳，更不推賞。」從侍郎林覺、榮嶷之請也。

二十八（日）〔年〕五月十一日，户部侍郎徐林言版曹調度事，上曰：「朕觀祖宗以來用度名色不爲不廣，未聞有不足之説。今朝廷無它浮費，于經費中又務從簡[45]約，疑若有餘，而有司每以乏告，何也？爲今之計，尤當節減者，慮取之于民爾。孔子曰：『百姓不足，君孰與足？』藏之于民，猶外府也。卿等可與措置。」宰臣沈該等奏曰：「邇來調度，雖非有餘，然不至甚闕，私憂過計，蓋有司事爾。更加裁損，仰見陛下節用裕民之意，不勝欽嘆。」

九月二十三日，户部言：「諸司頭子錢許逐司雜用，如憲、漕二司，尚有分數可考，惟淮、浙鹽司，歲取數十萬緡或百萬緡，户部初不稽考，並係逐司非理支破。欲乞取會諸司三年内收支寔數，令户部措置，除酌中之數留充本司雜費，其餘並起發，以助國用。仍行下諸路轉運、提刑、提舉常平茶鹽司，開具紹興二十五年至二十七年逐年收支文狀，申尚書省。候降下，從本部參考措置。仍許本部點取赤曆文簿，點對施行。」從之。

十月十七日，詔户部將所在常平没官户絶田産、已佃未佃、已添（祖）〔租〕未添租，並行拘收出賣，仍以左曹郎官提領。詳見「官田」。

二十九年五月六日，上諭宰臣曰：「比緣河流淺澀〔一〕，綱運稽緩，已（令）〔今〕内帑支降錢五百萬貫，以佐調度。朕自息兵講好二十年間，所積錢物，豈以自奉哉？蓋欲備不時之須，免臨時科取，重擾民爾。卿等可更令户部會計每歲經常之費，量入爲出，而善藏其餘。自非飢饉、師旅，勿得妄有支動。」湯思退奏曰：「昔文帝嘗言：『朕爲天下守財爾。』今陛下聖德，每以天下爲心，務爲有用之用，過於孝文遠甚。臣[46]等謹當遵依聖訓施行。」

六月二十五日，上諭輔臣曰：「臣僚論及行在諸軍所請衣絹紕踈，錢陌多不足，已令卿等施行。蓋緣諸（軍）〔路〕州軍起到絹綱，固有高下不等，本庫官吏自合一（吏）〔例〕衮同支散，却乃容情作弊，分作數等，最高者應副親舊權貴，其次官吏，以其最下者給諸軍。卿等可速行禁約，今後衣絹並須衮同支散，錢陌亦點檢令齊足，無致不均。令户部長貳常切覺察，如有違犯，重置典憲。」

〔一〕比：原作「以」，據《建炎要録》卷一八二改。

閏六月十八日，權户部侍郎董苹言：「民有常賦，國有經費。會天下之賦以資國用，使州縣以時催供，部使者以時程督，綱目具存，何昔之有餘而今之不足？臣畧究今日之弊，誠有所自。蓋賞罰有一定之格，而論賞紛紛，被罰者甚鮮，有勸無沮，孰不廢弛？遂致侵欺互用，程限稽違。欲望睿旨，以累降詔令申勑監司、郡守，使各知奉上之義，應期發納。如尚循習，許户部擇其違限之最甚者，不候歲終，具名以聞，特賜降責。庶幾人知警懼，而財用無散逸，歲計可指擬矣。」從之。

三十年四月十七日，詔：「先降指揮，令户部取歲計之餘，支擬上供，于鎮江、建康各(椿)〔樁〕一百萬石。值水旱則補助軍食，遇有闕則復行補足。訪聞見椿數目，已有取撥借兑，可令户部措置補還。」從左司郎中方師尹之請也。

七月六日，詔：「户部長貳歲舉轄下選人改官五員，近以贍軍激賞酒庫隸屬户部，内撥一員舉酒庫官。(令)〔今〕酒庫已專委官，47先撥一員依舊。」

十二月二十一日，户部侍郎錢端禮言，以紹興二十九年一歲之用編類成册。詔令户部條具均節聞奏。端禮言：「伏見本朝元祐中蘇轍任户部，嘗乞取會減省浮費，將一歲出納之數，取旨均節，編纂《會計録》，以爲成法。爾後遵守，遂致富寔。臣私憂過計，以謂今日若不盡公講究，深恐以有限之數，不可應無窮之用。昔在漢世，凡有大議，必召丞相、列侯、中二千石雜議，蓋取其公論利害之要，以濟王室。臣謹具到紹興二十九年一歲之用，編類成册，望詔三省、樞密院、臺諫、兩省、侍從，同户部公共商権，究其弊源，無爲文具，直書無隱。然後條陳取旨，斟酌均節，使可施行，寔當今之急務。經國之遠圖〔一〕，莫大於此。」故有是命。

三十一年十月三日，臣寮言：「諸州錢糧，有寔數，有虛數。所謂寔數，則見在倉庫者是也；所謂虛數，則或認虛而催促未足，或積年掛欠而無寔者，及所將常平米樁數或有陳腐不堪支遣者。若一切指准，則臨時悮事，其害不細。望令户部行下本路轉運司，同本州知、通契勘見管寔數，保明申朝廷。所有虛數，可以催促而未足者，自合立近限起發。其有積欠之久，有名無寔，虛掛曆尾者，亦仰本路漕司及知、通，具申户部。果有虛數，即別行措置支撥。」詔令户部措置。

三十二年二月二十五日，詔：「今後户部事有相關，理有可疑，難以並行裁決者，並許長、貳臨時與衆郎官48聚議，文字皆令連書。既有定議，然後付本曹行遣。」户部侍郎汪應辰言：「伏見太祖皇帝乾德四年詔曰：『鹽鐵、度支、户部判官等，除各行本司常程公事外，今後應有改移制置、支撥折科、增減條流、轉輸供備，凡關起請，並繫商量〔二〕，切在依公，並須盡理。若是自曾經歷，定可區分。如或素未諳詳，不知利害，即須關牒會問曾經由臨莅者，別司判官便須同共看詳，畫時回牒可否，從長就便，方得施行。』開寶三年，又詔曰：『分曹列局，即是三司；辦事勤王，須歸一體。若乃各推(手)〔守〕分，事不相知，縱有施行，必多妨礙。宜令今後一司如有敷奏，諸司同取指揮。若是于己有妨，不得公然隨順，據其利害，盡理奏聞，直須總合便宜，方得行遣。』臣竊以人材之智，不能兼備，有宜于此而不宜於彼者，故乾德之詔，計其未達之事，別司得以看詳。事之施行，

〔一〕經國：原作「經圖」，據文意改。

〔二〕並：原作「及」，據《長編》卷七、《宋大詔令集》卷一六〇改。

不能曲盡，有便于此而不便于彼者，故開寶之詔，又令其敷奏之事，三司皆同取旨。其慮事也周矣。今之户部，昔之三司，而郎官分曹治事，各自司其局，遵守法令，以越俎代庖爲嫌，無敢出意見而議其他者，得無如太祖皇帝詔令所慮者乎？」故有是命。

紹興三十二年七月七日，孝宗已即位，未改元。詔：「户部官催督諸軍賣酒收到息錢及二十萬貫，減磨勘一年。每歲減磨勘，通不得過四年。」

二十一日〔一〕，詔户部五司主事、令史、承闕書令史，各減一年出官。該遇皇帝登寶位 49 也。

十一月四日，臣寮言：「措置浙東〔二〕、西犒賞酒庫，不應別委官，合依舊隸屬户部尚書、轉運司。且依元降指揮，令楊倓、梁俊彦措置，候有成効，取旨撥歸兩處管趁額。」從之。

孝宗隆興元年七月二十六日，詔：「六部長、貳，除尚書不常置外，置户部侍郎二員，五司郎官各一員。」從右諫議大夫王大寶等議也。

八月三日，户部言：「依指揮，條具並省吏額：左曹見管四十五人，今減書令史一名，守當官、正貼司各二人，通以四十人爲額；右曹見管四十一人，今減書令史一名、守當官一人、貼司六名，通以三十三名爲額。乞將減罷人籍定，以後有闕，依名次撥填。」詔依。見在人（耳）〔且〕令依舊，將來遇闕，更不遷補。

二十三日，詔令户部將諸路茶鹽司〔起〕到錢物，令逐項椿管。非奉朝廷指揮，不得擅行支用。

乾道元年五月六日，臣僚言：「竊聞近者户部當諸軍宣限之日，而帑藏空乏，無可支散。遂致展移日限，旋行申請，而後僅解目前之急，其亦可謂迫矣。嘗以唐劉晏之事觀之，方晏之任事，起于廣德之二年，迄于建中之元年，前後凡二十餘載，蓋若是其久也。始自户部而領度支、鹽鐵等諸使，繼拜平章事，拜御史大夫，拜右僕射，皆領使如舊，官雖數遷，而職則未嘗易也。始自河南、江、淮分（額）〔領〕之，次舉梁、益、荆、湖，又舉關河山川而悉領之。權雖益重，而所領則益廣也。惟其責任之若此，是以晏不得不任其責而盡其能矣。故 50 其歲賦之入，初六十萬，（未）〔末〕乃千二百萬。今之所謂户部，其始用也，未必擇其精；其既用也，未必任之久。多不一歲，少或半歲，固已徙職而去矣，孰能爲國家周慮寔、究源流，而圖善後之計哉？伏望陛下畧依唐用晏故事，博選中外之臣，無問乎官之崇卑，惟其材之可用者，而試之以財計之任。又觀其稍有所成，而付之版曹之職，苟稱其職，雖數遷而至乎二府，職固不徙也。勿吝其權〔三〕，使之得以號令州縣而趣督倚辦焉；勿拘其制，使之得以權衡低昂而通融流轉焉。夫然後國之有無、軍之裕乏、民之病利，皆得而責之。彼亦將朝思夕計，

〔一〕二十一日：按本書職官八之二八、一四之八載同一詔作「二十二日」，職官一五之二一亦作「二十一日」。

〔二〕東：原脱，據本書食貨二一之四補。

〔三〕吝：《宋史全文》卷二四下作「奪」。

畢精竭慮，自任其責而不辭矣。」從之。

十一月十六日，執政進呈户部申乞支降錢銀添湊支遣。上曰：「南庫所有不多，户部更不理會，常來看覷。卿等可具出每年合收支數目，要見得少剩。」

十七日，執政進呈户部每歲收支總數。上曰：「可更開具細數將上。」

十八日，執政進呈户部每年收支細數，到十月終，見管只四十二萬緡，有二百八十餘萬未到。上曰：「可督户部催促未到錢數。」

二十七日，度支郎中曾懷言：「契勘近得旨，專委措置拘催諸路州軍并酒庫未起逐年錢物，赴左藏南庫送納。先申畫到指揮，以『户部拘摧錢物所』爲名，欲乞于銜内添〔入〕〔入〕『兼措置户部拘催所』八字。」從之。

十二月六日，户部侍郎李若川等言：「遞年入冬至次年四月，正係綱運稀少月分。51以截日約度至歲終，并十二月下旬合椿辦來年正月上旬諸軍券食錢銀，指擬庫務見在及以後約收應副外，今具下項：一、乞下都茶場印降會子一百萬貫。一、務場見在并州軍起到貼納鹽錢一十餘萬貫，欲乞令左藏庫取撥，貼湊支遣。其日後續納并州軍起到貼納鹽錢，亦乞聽本庫逐旋交跋，並理充務場拖下錢數，應接支遣。一、乞左藏南庫於見管錢銀内取撥五十萬貫。」並從之。

十二日，宰執進呈户部條具理財事件。上曰：「户部財計，朕見令監户部人吏供具歲入名件，數之支遣之數〔一〕，每歲只欠三百餘萬緡。若行那移，亦可支遣得過。」

二年四月六日，詔令户部將拘催所錢物並權住催，自十月一日依舊。仍下逐路轉運司照會施行。

六月四日，户部侍郎李若川、權户部侍郎曾懷言：「户部見重行攢造版籍，要見諸路監司、州軍每年但干所入係省不係省、有額無額諸色窠名，一物一件，從當職官吏，候指揮到，限十日，將乾道元年收支見在攢類成册，結罪保明繳申。以後年分依此。伏望劄下諸路監司、州軍照應施行。」從之。

七月二十五日，詔：「令户部給降茶鹽鈔引五十萬貫，付湖廣總領所，量州軍事力均撥，招誘客人請買。糴到米，專委守臣認數椿管。其約束事件，令户部檢坐前後指揮行下。」

十一月二十六日，權户部侍郎曾懷言：「户部掌催諸路財賦，名色不一，自來緣無52版籍，故無憑稽考，往往多致失陷。今奉旨攢具到版籍，一物一件，皆有照據。欲乞自今後每歲諸郡各具所起發錢科名，總計寔數，作一項，限次年正月終申發，委逐路所隸監司覆寔，限一月上之。户部具殿最以聞，取旨賞罰。」從之。

三年十一月一日，詔：「户部爲寒凜，應從駕諸班直、

〔一〕數之：疑當作「較之」。

親從、親事(言)〔官〕，并諸軍指揮、軍兵將校等，柴炭並增三分給賜。如願請錢者聽。」

五年正月三十日，詔户部爲氣令尚寒，應在内合著火處，自二月一日爲始，續破火一月。

十二月二十三日，詔：「権貨務、都茶場，依建炎三年指揮，委都司官提領措置，户部長、貳更不兼領。」

六年二月四日，尚書省言：「諸路財賦收支浩瀚，理宜分路管認，庶幾責任稍專。」詔令户部兩侍郎分路管認。

三月四日，户部侍郎楊倓、權户部侍郎葉衡言：「得旨分路管認財賦，除已恭依施行，緣州軍起解錢物窠名(葉)〔繁〕夥，起發期限不等，遞年常是登帶拖欠，指揮擬除放。臣等既蒙委使，分路拘催，竊慮州郡尚循故態，將應干合發錢物、糧斛，仍前拖欠，有失指擬。欲望專委諸路漕、憲臣檢察拘催，責令知、通盡數收樁，依限發納。如或拖欠，即從轉運、提刑司追當行人吏斷勘，當職官具名申部，以憑奏劾。若逐司滅裂蓋庇，從臣等逐時比較最稽違拖欠去處，具監司職位、姓名申朝廷，乞取旨重賜黜責。都吏、典級，送大理寺斷勒。」從之。

五月四日，臣寮言：「諸53路州軍有積欠户部錢物，除乾道二年已前已有指揮放免，三年、四年見專委官拘催。惟是諸處有已發納到(納到)錢物，或兑支、或截撥〔一〕、或放免之數，户部不肯即時勾銷，往往登帶舊籍，重疊舉催，申明往復，動經三數年，必待遣人密持金銀計會部吏，十分如意，然後肯與豁除，州郡實受其害。今欲乞令户部專委一郎官，或即委見拘催官，據諸處已收到文字，參照稽考，便與豁除。仍關與發運司照會稽考，使州縣無重疊追擾之患。今後尚敢循習要索，或不肯即與豁除，即仰諸州密申朝廷，將部吏根究，重與科斷勒罷，官員具姓名取旨施行。」詔令户部長貳常平約束〔二〕，仍專委郎官一員，同拘催所行下倉場庫務，將諸處納到錢物數及兑支、截撥、放免之數，並仰日下勾銷除放。餘依。

同日，中書門下省言：「户部吏額，遇有差出人名闕，令以次正貼司承權，支破七分請給，却於額外無請私名内差填正貼司名闕，顯是濫額。」詔令將應差出手分，許以正貼司承權，支破七分手分請受。其正貼司職事，只令本人兼行，更不差私名填承。

同日，(詔)〔户〕部尚書曾懷等言：「依指揮，條具併省吏額：左曹見管四十五人，今減書令(吏)〔史〕一名，守當官、正貼司各二人，通以四十人爲額；右曹見管三十三人，今減守當官一名，正貼司二人，通以三十人爲額。」詔依，各從下裁減，將來見闕日，依名次撥填。其減下人，願依條比54換名目者聽。

〔一〕或兑支或截撥：原作「或兑或支截撥」，按下文以「兑支、截撥、放免」三者並列，據乙。

〔二〕平：疑當作「切」。

七月二十八日，權户部侍郎王佐言：「今之户部，祖宗時三司之職，國之會計出納，無所不統，當與朝廷爲一。比年朝廷創立南庫，本以豐儲蓄，備緩急，而不知者，則以爲割户部經常之費，爲別庫樁積之資，而朝廷亦謂户部不以盈虚之寔上聞。殊不知財之在南庫，與户部則一也，但要得其寔耳。今欲將户部凡一孔所（人）〔入〕，根考括責，造成簿籍，勾稽驅磨，俾無滲漏，欲以寔收寔支之數申奏，歲終會計其盈虚。或經常用度之餘，有趲積剩數，除量留一月約支用外，盡以歸之朝廷。或朝廷有泛支用，亦合聽户部開具申陳取撥。不惟事均一體，形跡不存，亦使有無相通，不誤緩急。臣自到部供職，財賦出入之數，必詢諸吏輩，然後能知往往異同，終莫得其寔，豈有名爲版曹而不能按籍以知盈虚？臣所以欲造成簿籍者，正欲使朝廷通知財賦虚寔出入之數，且以革去吏姦。」詔依。專委王佐〔一〕，限一月攢造簿籍，仍令陸之望同共措置。

八月十四日，詔：「除户部經常收支錢物外，應朝廷錢物、草料等，並令户部等處限五日開具見管窠名寔數，申三省、樞密院置籍。遇有收支，並仰即時供申揭帖。」

二十九日，詔：「將殿前司、步軍司所管在外酒坊，令户部日下交割。」

七年正月九日，臣寮言：「馬軍司所管酒庫，拖欠息錢積壓數多。乞將馬軍司酒庫依殿前、步軍司例拘收，歸户部差官管幹。」詔依，55仍令提領犒賞酒庫所，每年應副馬軍司錢八萬貫，充犒軍使用。

二月一日，宰執奏事畢，上問曾懷賣度牒、官誥作如何措置，虞允文等奏曰：「曾懷欲抛降諸路州軍令賣。」上曰：「如此，郡州必行科配〔二〕，豈不騷擾？」允文奏曰：「昨抛降誥牒，諸州尚有積下未（買）〔賣〕者。近日盡令解納，難以更行發下。」上曰：「然，止令户部就此置場出賣。」

十六日，詔令户部將合起赴行在經常錢米内，就便科撥錢五百七十萬貫、米七萬石赴淮西總領所，并科錢二百三十萬貫赴淮東總領所，並樁管，準備歲用支遣。

三月七日，上語宰執，語及户部財賦，且曰：「所借南庫四百萬緡，朕屢以諭曾懷，不知有甚指準撥還。」虞允文奏曰：「户部不過指準折帛錢耳。今歲除江上截撥外，約收四百萬緡，將來僅了得月中支遣，豈復有餘以償舊欠？」梁克家奏曰：「舊欠且未敢言，今左帑無三兩（之日）〔日之〕儲，大段急闕，不可支吾。」上曰：「户部有擘畫否？」允文奏曰：「有一兩事，衆論未以爲然。其一曰給典帖。」上曰：「太苛。」「其二曰鬻鈔緡。」上曰：「亦是難行。」允文奏曰：「鈔緡，祖宗時行之，今改爲勘合朱墨錢矣。既取其錢，難以更令買鈔。」上曰：「然。大率此兩事既病民，且傷體，俱不可行，更令別議以聞。」

〔一〕佐：原作「优」，據上文改。
〔二〕郡州：似當作「州郡」。

十二月二十七日，詔令户部將乾道新修條令并申明户緡續降指揮編類成册，送敕令所看詳，鏤板遍牒施行。

八年八月二十二日，户部言：「淮東省批〔一〕，湖廣總領56所申，江、鄂、荆南軍（爲）〔馬〕錢物，乾道九年分約用錢九百二十八萬八千餘貫。本所依指揮，拘催諸路乾道九年分合發錢銀外，少闕錢三百八十二萬五千五百貫，乞下户部科撥。數内七十萬貫貼降江西長、短茶引，乞下行在榷貨務、都茶場，依例印降應副，起發前去湖廣總領所交納。」從之。

十一月十八日，詔户部長、貳各特降一官。先是，饒州納到新錢夾帶鉛錫，除鑄錢司并監官已施行外，故有是命。

九年二月二十二日，詔委户部郎官薛元鼎專一拘催諸路賣到田産、乳香價錢并牙契税錢，並赴左藏南庫，令置庫眼樁管。非奉聖旨指揮，不得擅行支用。更不置司，並令户部人吏一就行遣，仍令長貳、（郎）官共催督。

七月十六日，臣僚言：「竊見令户部委郎官一員專管拘催出賣官産錢。今觀其條畫申請，諸員專限一季出賣盡絶，拘錢發納，臣竊疑焉。以江東西、二廣論之，村疃之間，人户凋疎，彌望皆黄茅白葦，民間膏腴之田，耕布猶且不徧，豈有餘力可置官産？況籍没田土，往往多是低下瘠薄，難以開墾，決無願就者。今期限既迫，州縣别無爲策，不免監錮保長，抑勒田鄰。重以不恤之守令，欲應期限，以希常典，鞭笞箠楚，無所不至，凋弊之民，其何以堪？且如浙東、西，最號人户繁盛去處，兩路所費，除合減退外，僅及百餘萬緡，今已累月，尚未足數，兼聞亦有抑勒之患。而況江東西、〔二〕廣道里遼遠，州57縣凋弊，人户蕭疎，十不及浙中之二三。米穀既平，錢貨難得，每畝價直不過貫伯，縱根括無遺，出賣盡絶，其能及浙中之數，而又應期限乎？以臣愚見，若朝廷以爲命令已行，難于寢罷，只乞寬以一年之限，戒約州縣，止許人户情願承買，不得抑勒。如有違戾，重置典憲。」從之。

九月二十八日，詔户部，應諸處月申晴雨，自今後不須進入。

【續會要】

淳熙元年九月七日，詔：「諸路綱運實到庫數目，每季各據分數，比較多寡以聞。將其間殿最，示之賞罰，以別勤惰。」從户部尚書韓彦直請也。

二年十一月（二）十六日〔二〕，臣僚言：「祖宗時有《會計録》，備載天下財賦，出入有帳，一州以司法掌之，一路以漕屬掌之。驅磨申發，賞罰條置甚嚴〔三〕。紹興七年，臣僚有請倣本朝三司之制，專置提舉帳司，總天下帳狀，以户部左曹郎官兼。積習既久，視爲文具。乞詔户部條畫，申嚴措

〔一〕淮東省批：似當作「準都省批」。
〔二〕十六日：原作「二十六日」，據《宋史全文》卷二六上删。
〔三〕條置：疑當作「條制」，本書「制」與「置」常互訛。

置，俾天下財賦有所稽考，不致失陷〔一〕。」從之。既而，户部條具合行事如後〔二〕：「一、乞下諸路監司并總領所、寺監等處，根刷州軍日前應未申帳狀，限兩月攢造審磨，繳申户部。一、行在户部激賞酒庫并犒賞酒庫，每歲出入錢物，其收到息錢，並係經常，從（未）〔來〕不曾造帳，合令造帳。一、（逮）〔建〕康、鎮江府惠民熟藥局，係行在和劑局修合湯藥賣到錢赴總領所、榷貨務送納，58從來不曾造帳，合令造帳。一、御前軍器所遇大禮年，分作料次關報度支，行下左藏等庫支撥錢物，收買物料，打造軍器，雖隸屬工部，其支過錢係户部窠名，從來不曾造帳，合令造帳。一、文思院上、下界每歲遇造作合用雇工錢，係作料次關報度支，行下左藏西庫支撥，從（未）〔來〕不曾造帳。一、昨降指揮，令本部五司將諸處無申到每歲應截使過錢物〔三〕，開具應副是何去處，充是何支使，依某年月日指揮許行截使因依，關報本司，以憑拘籍驅磨。近來逐部並不開具，合（合）〔令〕開具。一、逐路監司遇州軍申發到狀，須管從本路監司取索檢目干照等，逐一立檢審磨帳狀訖，同元檢目保明繳申户部帳司。一、昨承指揮，復置提舉帳司，人吏内差破職級、手分、貼司二十七人，專一主管。除今止管職級、手分八人，又是逐部兼行帳司事，不專一。合于左曹人吏内踏逐職級外，却于手分七人數内更減省三人，止以手分四人爲額，於本部四司内，踏逐諳曉書筭人吏，專一行遣。帳司遷補，各隨部分名次遷補。其逐部不得差各人兼行他役。」並從之。

四年正月二十一日，户部侍郎韓彦古言：「唐制，税之目有三：其一曰上供，今之户部所入是也；其一曰留州，今州郡係省得用錢是也；其一曰送使，今轉運司所得是也。今户部所知之數，則上供而已；其留州、送使，無得而攷焉。若州郡不得人，官吏侵耗，豪彊隱落〔四〕，則雖竭59民力，支遣不辦。又緣朝廷不知取民實數，輕重無制，民間合輸一石，不止兩石；合納一匹，不止兩匹。多取之罪，則隱而不言；乏興之誅，懼于立見。爲今之計，謂宜取見諸路財賦所入，稍倣唐制，分爲三等，視其用度多寡而爲之制。自上供爲始，上供所餘則均之留州，留州所餘則均之送使，送使所餘則派分遞減，悉蠲于民，朝廷不利其贏焉。然後整齊天下之帳目，在外責轉運使〔五〕、在内責户部，量入以爲出，歲攷其能否而爲之殿最。上下相恤，有無相通，此長治久安之至計也〔六〕。」上批：「彦古所陳，周知民隱。其造貢籍，可擇一才力通敏者，先次施行一郡，候就緒，當頒降諸路，依倣行之。」於是以户部員外郎薛元鼎前去秀州，依此將錢絹米斛等數具帳聞奏〔七〕。已而元鼎言：「本州財賦，從來不曾將上供窠名依寔分隸，秖是改易州用名（邑）〔色〕，先次樁辦，然後分隸上供，以致難以稽考。乞委户部行下本州，將州縣應干倉庫場務，每處止置都曆一道，應有收到錢物，並分隸上供〔八〕、州用寔合得之數，分立項目樁辦支撥，不得改立名色，互換侵用，及別置文曆之類。仍從户部委轉運司差官，每半年一次取索都曆點檢。如有虚支妄用，按劾取旨。其他州郡，亦乞依此施行。」從之。

六月十八日，户部侍郎韓彦古言：「淳熙元年未起諸色窠名錢，乞令拘催所依從來體例，立限兩年，分四限拘

〔一〕致：原作「敢」，據《宋史全文》卷二六上改。

〔二〕户部：原作「兵部」，按下文所述職事及語氣均當屬户部，與兵部無關，因改。

〔三〕無：疑當作「供」。

〔四〕豪彊：原作「毫疆」，據《群書考索》後集卷五三改。

〔五〕責：原作「則」，據《宋史全文》卷二六上改。

〔六〕長治久安：原作「長久治」，據《群書考索》後集卷五三改。

〔七〕米斛：原作「料」，據《宋史全文》卷二六上改。

〔八〕供：原脱，據《宋史全文》卷二六上補。

催。」李彥穎等因奏：「淳熙元年未起發【60】諸色窠名錢九萬九千餘貫，南庫限三月起發，似太遽，户部恐侵上供之數。乞依蔡洸畫降指揮，分兩年四限發納。」上曰：「有司各營其職，未免一偏，惟朝廷裁處其中。可令拘催所限一年分限拘催。」

十月八日，户部侍郎韓彥古言「乞下四總領所，將淳熙四年所科錢物，先次開具截日已、未起發供申」等事，上曰：「總領收到綱運，版曹豈容不知？自今可令月申，以備稽考。宜依奏行下。」

〔五〕年九月十五日〔一〕，户部尚書韓彥古言：「紹興以來，每遇大禮年分，依例於是一年申降指揮〔二〕。諸路委監司親詣諸州軍，剗刷應干合起并寬剩金銀錢帛，赴左藏西庫應副賞給。緣此，諸州軍得以並緣科擾。乞從本部選委監司，前去諸州軍盡寔取會，除合剗刷錢物據寔起發外，如有非法科擾之數，取旨蠲免。」從之。先是，道州趙汝誼奏：「本州遇郊祀年分，發納大禮錢二萬九千七十貫，除九千四百貫有畸係剗刷在州合發官錢外，一萬九千貫有奇係四縣起到應辦。並于人户常賦之外，計産均敷追納，作積欠窠名。」于是彥古言：「前郊本州雖有起到錢五千六百一十貫，只此一州，已有並緣多科錢二萬三千四百六十貫。可見諸州軍大禮年分，皆有科（數）〔敷〕錢物。」故有是命。

六年正月四日，户部侍郎陳峴言：「昨降指揮，諸路州軍合發上供及科撥在總領所之數，令歲終各行殿最。續降指揮，展至次年三月終比較。本部【61】已將州軍淳熙四年錢物赴行在之數比較殿最申奏外，緣總領所累月方申到，並皆不圓。乞將淳熙五年合赴行在錢物，于來年三月終先次比較；其總領所錢物，于來年三月供申户部，于四月攢類比較，取旨賞罰。」詔候總領所申到，令户部于四月內一就攢類比較，申尚書省。既而宰執進呈，上曰：「諸州合起錢，有元額最少而先足者，有元額最多而未足者，有前政積欠而未盡補足者，候總領所申到，令户部于四月內一就詳審比較。」因有是命。

八年八月二十四日，詔：「户部自今（知）〔如〕有蠲減、倚閣及權住催指揮，稍虧經費，須據寔以聞，不得徑自差人督催州縣，非理苛取。」

十年八月二日，户部尚書王佐言：「乞自今於次年四月，將逐路監司并諸州守倅已、未起上供各色窠名，比較奏聞，取聖裁以定賞罰。不以職位崇而闊略，不以已去官而幸免，庶幾紀綱復振，調度獲濟。」從之。

十年八月二十八日，詔左藏南庫可撥隸户部。

九月四日，詔差户部郎中勾昌泰爲左藏南庫主管官。以户部言：「已降指揮，本庫以後合收支錢物，仰户部照應今來項目，依數管認。緣南庫金銀錢物並係朝廷窠名，收支浩繁，乞委本部郎官主管。」故有是詔。

十月五日，户部郎官、兼主管左藏南庫勾昌泰言：「提領南庫所供到，淳熙八年分收總計一百九十八萬一千六百

〔一〕「年」上原缺一字，天頭原批：「當是五年。」按，此説是，因補。

〔二〕「一」字疑衍。按本書禮二五之一八載紹興元年二月六日詔：「今歲大禮，江南東西路、福建、荆湖南北路各令提點刑獄司親詣所部州縣，剗刷應干金銀錢帛，疾速計綱起發，限七月以前到行在左藏庫送納。」可與此互參。

四十一貫文，支總計二百九萬六千二百七62十三貫文，其逐項窠名，于元降敕黄開坐分明。其合行事件，乞依提領南庫所已得指揮施行。」從之。

十一〔年六〕月二十六日〔一〕，進呈權尚書户部侍郎韓彦質奏：「州郡財賦，場務縣道所入財穀，皆有名色，在法不得移易〔二〕。而守臣無忌憚者，竭公帑之儲以快私欲，至於終更，恣爲妄用，席卷而去，不恤後人，循致敗壞，使繼之者無可措手。乞今後守臣任滿，將所留諸色錢穀交割下政，具數申户部置籍。」上曰：「須令後政限一月具數申户部照會。」王淮等奏：「前政只言數贏，後政只言數縮，合令前後政各具申〔三〕。」上曰：「過限不申去處，令户部以聞。」

八月二日〔四〕，户部侍郎韓彦質言：「省部行移州縣，自合應期供報，如常平一司錢穀文字，並皆遷延日月，不即供申。至于廣西路，方申到八年二月見在之數。深慮財穀之數，省部既不能知，則州縣因而移易、借支互用，無由稽考。乞令諸路提舉司限一月，將未申奏月日見在錢物，分明開立收支之數，自今降指揮下日月分，逐一編類攢具，供申省部。仍今後按月具奏。如州縣違戾，即仰提舉司按劾；若提舉司違限失申，從本部具職位、姓名，申取朝廷指揮施行。庶幾常平錢無致侵損，緩急不誤支用。」從之。

十二年十一月十一日，權户部侍郎葉翥言：「乞特降睿旨，每遇守臣得替，開具合趁歲額諸色窠名錢物有無發足與虧欠。及許其自言，在任之日，或能關防滲漏，撙節(委)〔妄〕63費，趲儲蓄以爲一州後日計者，申尚書省，下户部以憑審寔。如此，則課最者既得以自達，而治郡不進者遂不容于幸免。陛下用是以論州郡之能否，亦十得七八矣。」從之。

十三年九月十六日，上諭宰執，每月財賦册今後更令進入，欲知增減。

十二月九日，詔户部左、右曹各減守當官一人、貼司一人、私名一人。以司農少卿吴燠議減冗食〔五〕，下敕令所裁定，故有是命。

十六年正月二十五日，三省言：「諸路州軍應發納朝廷錢物，舊係户部郎官措置拘催。」詔拘催所可罷，其催錢物，依舊令户部專委郎官，先次開具合行事件申尚書省。

淳熙十六年八月二十三日，權户部尚書葉翥言：「户部有催綱官、承受使臣各六員，專一催督諸路綱運。近(來)〔年〕以來，本部照諸郡歲額合發財賦，委監司各據所隷催發，催綱官與承受使臣差出絶少，乞各減三員。」從之。

紹熙元年正月二十七日，宰執進呈右諫議大夫何澹劄

〔一〕十一年六月二十六日：「年六」二字原脱，《宋史全文》卷二七下載韓彦質之奏於十一年六月癸未，是月戊午朔，癸未正爲二十六日，據補。

〔二〕移：原脱，據《宋史全文》卷二七下補。

〔三〕合：原作「今」，據《宋史全文》卷二七下改。

〔四〕天頭原批：「『八月二日』條移『八月二十八日』前。」按，批者未考前條年月之誤，故有此説，其實本條位置不誤。參上條之校記。

〔五〕司農：原倒，據文意乙。

子，乞置《紹熙會計録》，且言：「去歲臣僚嘗乞討論用度，已得指揮，令户部稽考。乞即降睿旨施行。」得旨，令何澹同趙彦逾依已得指揮稽考以聞。二十八日，又詔更差葉翥，仍令林大中、沈詵、楊經同共稽考聞奏。既而三月十三日，右諫議大夫何澹等言：「今置《紹熙會計録》，有合申請下項：一、今來稽考財賦，若自紹興元年以來取會，竊慮年歲深遠，難以根刷。今欲且取見紹興二十一二年、紹興64二十七八年、紹興三十二年、隆興元年、淳熙元年，并十一、十六年在京諸百司干預取支財穀去處，開具逐年出納夾細窠名數目。或恐前項年分文字不全，欲且據逐處供到及其他年分文字，參照稽考。其取會官司，並限五日回報。一、欲從本所立限，行下淮東西、湖廣、四川總領所，照上項年分，各一全年應出納夾細窠名錢物若干，逐月所支甚處屯兵元額職次各若干，自今見管官兵人數、職次各若干，支過券食、請給等錢物若干。或有創生增減，并非泛支使，逐一立項開析，攢見每月、一歲收支數目。所是(椿)〔樁〕積錢米等物，亦要見見在的確之數。一、欲從本所行下行在糧審院，各照上項年分，逐年批放過三衙、諸軍、百司，并諸司、局所額管職次人數，應干請給名色、挨排月分年分，及都總計數目，逐一攢申，以憑參攷。」並從之。

三月十三日，户部言：「去歲有經常例外非泛并創增侵支户部錢物，計一百四十四萬餘貫，除已拘收登寶位銀絹錢共四十九萬八千六百餘貫，并依遞年除豁非泛錢二十萬貫，零細香藥等錢八萬四千六百餘貫，重華宫減下供奉錢并使臣錢一十四萬七千餘貫，合除豁外，尚有五十一萬餘貫[一]。已蒙朝廷撥還一十萬貫，更乞量行支降一十萬貫。所有以後年分合應副慈福宫錢，本部自行那融，不敢申乞支降。」從之。

四月二十九日，户部侍郎張子顔言：「版曹財賦，左65右曹、度支、金部、倉部，各有窠名，彼此不相照應。其于截使，不能無重複差誤。今欲總爲一簿，凡額管逃閣、減豁、截支、寛收未到，隸於諸曹者，皆括於此，具列期會，先下諸州軍，每歲開申詳寛合廢及截使、理豁錢數，本部參照元降指揮注籍，時加攷閲。改催轄司爲總轄司，寛掌拘催消注，仍舊約度支遣，并于五司選擇吏人，專行此案，不許別兼他役。牒郎官一員主管，長貳相與點檢，既免差重之弊，仍得以如期督趍。」從之。

五月二十一日，臣僚言：「臣聞《會計》一書，行且就緒，(推)〔惟〕宫掖出入之數，未得而知。欲乞令内侍省并御藥院、内東門司同共自行稽攷，庶幾(而)〔内〕外事體均一。」從之。

十月二十一日，左諫議大夫何澹、權户部侍郎趙彦逾、殿中侍御史林大中言：「嘗考渡江之初，東南歲入止千餘萬，紹興以後，綱目始繁。據吕頤浩奏，宣和中户部支費每月不過九十萬，紹興三年户部之費每月一百一十萬。然則紹興之初，已多承平二十萬矣。所費既多，所取不得而不闊，如總制，如月樁，如折帛，如降本，如七分坊場、七分酒息、三五分税錢、三五分浄利、寛剩、折帛錢[二]、僧道免丁

[一] 五十一萬：原作「五千一萬」，據前述數目計算而改。

[二] 折帛：按折帛上文已有，二字疑衍，後文嘉泰元年條所列與此略同，亦不重出折帛。

錢之類，則紹興間權宜創置者也。如州用一半牙契錢、買銀收回頭子錢、官户不減半役錢、減下水脚錢之類，幾一百萬，則又乾道間權宜創置者也。如經制并無額錢、增收窠名之類，則紹興間因舊增添者也。如添收頭子錢、增收66勘合錢、增添監袋錢之類，凡四百餘萬，則又乾道間因舊增添者也。方其軍興之初，則以乏興爲虞，及其事定之後，則又以養兵餽虜爲憂，是以有置而無廢、有增而無減。今總天下財賦，除内藏出入之數已降指揮自行稽考外，所有四川錢引一千六百一十萬二千二百六十三道，舊年指揮自行檢察支撥，亦不復稽考。特考其歸朝廷、隸户部與夫四總領所之科降，諸戍兵、牧馬、歸明、歸正等處之截留，凡六千八百萬一千二百貫〔一〕，内朝廷九百六十五萬一千一百餘貫，户部一千八百七十二萬三千一百餘貫，四總所二千九百萬六千餘貫，諸戍兵牧馬歸正等處一千六十二萬餘貫，此其大凡也。户部歲收一千八百餘萬，歲支亦一千八百萬，每月所破宮禁、百司、三衙請俸、非泛雜支之類一百五十餘萬，然則比之紹興之初增四十萬，比之承平增六十萬矣。臣等再以淳熙十六年而較之隆興元年，則增一百二十餘萬，較之紹興三十二年，則數又倍增。欲舒國用，以寬民力，惟有裁減浮費。今具可以裁減者，畫一開具〔二〕：一、欲除供奉三宮、皇子府、奉使、入國使人到闕密賜，并接送伴公使支賜、文思院造作衣帶、招軍例物、駕出折食錢、三衙内外諸軍雪寒出戍借請、郊禮錫賜等錢物外，如宰執、文武百官司進書、慶典、拜郊支賜、生日及葬埋非泛賜賚錢物，並與三分減去一分。一、武臣正任、遥刺67以上請給，除南班及隨龍統兵戰守官，仍舊制得支真俸外，其餘乞免借減，並許户部執奏，仍許給舍繳駁。」詔依，見請人依舊。「一、諸軍額外將官，多是並緣陳乞之人，近來殿、步兩司，遂至一百四十餘員，委是冗濫。乞行住差。一、諸軍權統制、統領等官供給錢，合遞降一等支破。近來乃有軍帥陳乞差權之人，徑乞先次支破正官供給。欲乞申嚴乾道八年五月十三日指揮行下。」詔依，見任人依舊。「一、卿少、監少，乞不並置。其餘冗員（大）〔太〕甚去處，亦量行減省。一、製造御前軍器所有東作坊、萬全作坊、萬四指揮，見今凡三千二百餘人。内萬四指揮名爲雜役，其寔多供諸處當直，欲乞專委察官與本（郎部）〔部郎〕官、軍器監少同（點提）〔提點〕官躬親入所，揀汰老弱疾病之人，並行減半支請，與之養老；若無（枝）〔技〕藝之人，並與揀汰。一、御前祗應，見今五十九員，比之前日，委是大段增數。」詔權以三十人爲額，見任人許令依舊，其溢額人遇有遷改、事故，更不作闕。「一、閤門官見今四十八員，竊見祖宗時，宣贊引喝不過三五員，熙寧間始置通事舍人十三員，閤門看班祗候六員，欲乞詳酌，立一定額。」詔今後四十人爲額，見任人許令

〔一〕「二百」下原有「萬」字，據下四數相加而删。
〔二〕「開具」以下條款，原作小字，今改爲正文。

依舊。「一、建炎渡江之初，諸百官司前後打請不及，權行兜請，自後因循，不行釐正。欲乞今後支請之人，並依外郡例按月支給，更不兜請。」詔依，其已兜請人依舊。「一、三省激賞庫，每年以十萬貫爲額，於左[68]藏庫分料關支。隆興二年再添二萬貫。緣支用節次增添，故取撥雖多，而拖欠愈甚。近來宰執目子錢，並已改用乾道九年體例，所有本庫應干支用，自合一體施行。一、諸處犒設錢，本以酬勞，今所在吏職，每于年終或上下半年，輒支犒設，委是無謂。欲乞今後因事只與特支，不許泛行請也。一、雪寒錢，本以恤軍人之貧悴。今來玉牒所、祕書省、日曆所、國史院等處公吏，皆有上項支給，乞行減罷。一、省馬院見今有馬一百九十餘匹，緣爲不堪乘騎，合破省馬之官，往往却於別處借用，而本院所養兵級三百餘人，多于諸處影占身役。今乞委官覈寔，除的合存留人外，其餘發歸元來去處。」詔日後有闕，權住差撥。「一、(二)〔三〕省、樞密院録事、承旨已下所破齎擎、控馬、打食等人，緣渡江之初未有定止，權時創置，亦有體例，支破者人數猥衆。其間又有一時暫權職事，便行支破，職事既去，因仍冒請。欲乞委官究寔，庶免重耗。」詔並依，令檢正都司檢詳究寔，開具申尚書省。

紹熙五年十一月二十七日，户部言：「諸司、〔諸〕軍糧審院減省浮費，内冊寶支賜、臣僚生日支賜，照得見遵從紹熙元年指揮，三分減去一分支給。今承指揮減半支給，未審于三分已減去一分上又行減半支給，唯復止照應今降指揮減半支給？」詔全數内減半。

慶元元年正月二十四日，都省言：「户部每月所支券食錢，分數不等。(令)〔今〕以紹熙五年[69]通閏月共一十三箇月，行在務場所支錢、會、金、銀大數爲准，每月三十萬貫，立爲定額。」從之。見錢五千貫，如不敷，會子支給。會子一十三萬五千貫、金一十萬貫(一)、銀六萬貫。

三年三月二十七日，淮南運判沈作賓言：「舊例，交割歲幣銀絹了當(二)，共得減九年磨勘，係漕臣及盱眙軍守臣并過淮交割官分受。比年以來，未蒙推賞。竊詳漕臣及盱眙軍守臣即不過淮，其盱眙知縣雖同過淮，止是部押人夫。唯是所遣過淮交割官，每歲自冬涉春，津發交割，僅百來日，每日將帶銀絹萬餘匹兩，自早至暮，過淮冒寒雪，萬一中流忽遇風浪等失陷，寔任其責。又緣歲幣銀絹，北官揀擇沮難，全(籍)〔藉〕過淮交割官兩員剛柔相濟，酬應合宜，所係甚重。除臣及盱眙軍守臣、盱眙軍知縣，並乞不推賞外，乞將所差過淮交割官兩員，各與減二年磨勘。」從之。

六月十九日，户部言：「參照姚愈所陳事理，將紹熙元年、紹熙四年、慶元元年各年行在左藏庫、諸倉場等處，并淮東西、湖廣總領所取支錢物比換增減因依，及兩浙、福建、江東西、兩淮、湖(廣)〔南〕北、京西、廣東西一十二路州

(一) 一十：原作「一千」，參上下文改。
(二) 幣：原作「帑」，據下文改。

軍額發諸色窠名錢，逐一究見源流、登耗、滲漏因依，已得詳悉，分作五十八册，爲《慶元中外會計録》。已繕寫進呈外，今有究見滲漏登耗，合行撙節。數内户部人吏、諸色人，紹熙元年三百七人，支錢六萬六千九百七十貫；紹熙四年三百一十四人〔一〕，支錢六萬七千三百六十餘貫。慶元元年三百二十二人，70支錢六萬六千二百八十餘貫，比紹熙元年增一十五人，減錢六百九十餘貫；比紹熙四年增八人，減錢一千八十餘貫。照對慶元元年，比之前二年人數增多。尋究見係抽差充提領豐儲倉所等處，從已降指揮却差人承填，及官員遷除增添人從，所以增多；其所減錢數，緣主事出職，却差貼司承權，所以減少。照得既錢不增，止增人數，乞將已差出人且行仍舊。所是日後有差出人，更不作闕。」從之。先是，二年三月，監察御史姚愈言：「財賦，國家之大計，聖人之所急先務也，故林特則有《祥符會計録》，田況則有《皇祐會計録》，蔡襄則有《治平會計録》〔二〕，蘇轍則有《元祐會計録》。會計一定，而財賦、案籍無不（照）〔昭〕然可覩。太上皇帝初履帝位，主計之臣亦乞撰《會計録》以進，此蓋一代之制所不可闕者。陛下龍飛之初，有明堂之禮、阜陵之役、大軍賞賚、鄰使往來，用度頻仍，未免一時匱乏。爲有司者，豈可不知會計之策。出納之數以會計而明，虚濫之費以會計而省。惟其會計詳盡，則登耗所自，皆可得而知矣。臣嘗因中都官吏俸禄與夫兵廩支費，求其所以會計之説。熙、豐間，月支三十六萬，宣和末用二百二十萬，渡江之初，雖連年用兵，月支猶不過八十萬。比年以來，月支不下百二十萬，大略官俸居十之一，吏禄居十之二，兵廩居十之七。版曹財計，名額至繁。散給諸軍百司，每月照數以支破，循習舊例，未嘗有71所攷覈，歲月既久，豈無名存寔（云）〔亡〕、循例虚破之數乎？此在内財賦，不可不爲之會計也。外而諸路，官吏俸禄、兵廩之費，亦豈無虚破不寔之數？且如諸軍所置員闕，自統制、統領而下，至隊將、隊官，其等凡九，而所謂准備差遣、准備使唤之屬不與焉。昨來吳挺選練嚴整，不容虚濫。其本軍統制十員，闕三員；統領二十員，闕九員；正將四十七員，闕十一員；副將四十七員，闕十七員；准備將四十七員，闕十一員；部將九十四員，闕四十三員；隊將一百四十員，闕二十九員；隊官一千三百六十一員，闕七百五十一員。所闕之官，不過差人兼權，不復更破正俸。是時公家未嘗乏事，而歲省總領所錢糧幾五十萬緡。此在外財賦，不可不爲之會計也。茶鹽、酒税，經費仰給，易致滲漏，全在關防。且如景德中，商税止收四百五十萬貫，慶曆中爲之關防，遂收一千九百七十五萬貫；景德中，酒課止收四百二十八萬貫，慶曆中爲之關防，遂收一千七百一十萬貫。其餘茶鹽之數，舊額不虧，固非苛取于民，止是關防滲漏。倘或失陷，豈不可惜？此内外財賦之登耗，又不可不爲之會計也。如此之類，不一而足，豈容置而不問乎？欲望陛下明詔大臣，專委户部，行下應干關涉財賦去處，内則倉場庫務、諸百官司，外則諸州提舉、轉運、坑冶、市舶、總領等，同日下自行刷具每歲收支出入的確寔數，結罪保明，立限供申户部。其有72日前虚濫不寔，令逐一驅磨，照應本末，分明改正，與免根究。如今來再有欺隱弊倖，不盡不寔，許臺諫覺察聞奏。户部更將紹興、淳熙、紹熙出納之數，逐項（滲）〔參〕稽登耗，究見滲漏，先次具申朝廷。大臣委官精加考覈，然後議節浮費，量其出入，以制國用。令户部造册進呈，以爲《慶元中外會計録》。」户部照得昨來稽攷《紹熙會計》，已行取會紹興、隆興、淳熙年分收支造册進呈外，今來《慶元會計》，乞下諸處，開具慶元元年并紹熙元年、紹熙四年出納數目考究，委金部郎中趙師炳、户部郎中楊文昺同共攷究。乞以「會計司」爲名，權行置局。其宮掖出入之數，只令内侍（宮）〔官〕供申朝廷。從之。

九月二十五日，臣僚言：「竊惟國家財用之計，以南渡

〔一〕自「三百七人」至此句「紹熙四年」原脱，據下文文意及所列對比數字補。

〔二〕則：原作「只」，據上下文用語改。

所入較之祖宗盛時，已數倍于前。近〔來〕〔年〕以來，費用日以增廣，節用之説，在今日所當講也。國家諸費，臣不得盡知。去歲蒙恩，備數諸司審計司，自淳熙、紹熙及陛下踐阼之後，應在京諸司之俸，因得以詳攷前後數目。如省、部、寺、監等官歲給，雖時有損增，尚不遼絶。其他員數俸給，漸有增益者，臣請舉一二言之。局所庫務官，淳熙元年三百四十九人，歲支二十六萬貫有畸；紹熙元年增至四百三十四人，歲支三十八萬六千貫有畸；慶元二年四百六十三人，歲支三十八萬四千貫有畸。宫禁字號夫人，淳熙元年二十人，歲支一萬三千貫有畸；紹熙元年增至四十九人，歲73支二萬八千貫有畸；慶元二年五十七人，歲支二萬六千貫有畸。内侍官，淳熙元年一百七十四人，歲支十萬七千貫有畸；紹熙元年增至二百有五人，歲支十四萬六千貫有畸；慶元二年一百九十六人，歲支十五萬七千貫有畸。醫官，淳熙元年二十五人，歲支一萬三千貫有畸；紹熙元年增至四十八人，歲支二萬一千貫有畸；慶元二年四十五人，歲支二萬一千貫有畸。以前數項參較之，有員數雖小減，而俸給不減于舊。臣竊譬之治家者，當日夜孜孜，計一歲所入以爲一歲之出。若泛然不計出入之數，必至有日朘月削之弊。今民力日困，費用日增，似當少加裁抑〔一〕。臣竊謂數年以來，諸司事體前後一同，而員數、俸給有增者，欲望詔有司定奪，有可省者議從減省。臣照對乾道七年宫禁字號夫人一十九人，今已兩倍其數。陛下祗奉三宫，數之多寡，難以例比，兼臣小臣，不當議及宫掖。仰惟聖慮遠及國計，若可裁抑，當先從宫禁畧減一二，然後及于以次所當減者，則法令必行，國計可紓矣。如人數已定，難即裁抑，欲望陛下凡於除授之際，痛抑僥濫，使不至增加於前，則國計自此亦可少寬。然臣所知者，止于官俸一事，若夫兵籍之虚濫、内帑支賜之末節，又不知其幾也。乞與二三大臣亟〔國〕〔圖〕之，以幸天下。」詔令侍從、臺諫、兩省官集議聞奏。既而吏部尚書許及之等言：「伏覩紹熙元年詔：『近置《紹74熙會計録》，省費當自宫掖始。可以慶曆、隆興爲法，令内侍省、御藥院、内東門司同共自行稽考，庶幾内外均一。』欲乞斷自聖意，特降指揮，自内廷檢照，裁約中制，各立爲定額，比之今數，有損無虧〔二〕，庶可必行。」詔依集議到事理施行。

嘉泰元年九月二十四日，臣僚言：「竊惟户部總天下財賦之原，要必儲蓄優裕，乃可緩急支吾。今一歲所收，大約一千〔人〕〔八〕百餘萬，而支遣之數，僅亦相當。去歲國家多故，非泛費用，稍倍常年，旱傷蠲放，多有除豁。倘非内藏封樁支降補助，侵損經常，立見匱乏。契勘所入窠名，自紹興之後，權宜措置，因舊增添。如總制、月樁、折帛、降本、坊場、酒息、净利、寬剩、無額、增收之類，其名不一，欲求生財之道，已無毫髪之遺。紹熙初元，户部、臺諫嘗有奏陳，謂承平之時，收天下全盛之財賦，而大農支費，反不如

〔一〕「似」原作「以」，「裁」原作「截」，據文意及字形改。

〔二〕虧：疑當作「增」。

今日之多，畫一開具，並從裁減，委曲詳盡，悉蒙施行。自承畫旨，今已十有二年，中經典禮，官資陞轉，愈闊于前。職位穹窿，俸給支賜，又多于昔。外路（料）〔科〕撥，歲復一歲，有增無虧。倖門易啓，法久易弊。在今日之策，裁節限制，夫豈宜後？高宗皇帝患臣僚陳乞之濫，嘗降敕雖奉特旨，許令户部執奏。聖謨高遠，可法萬世。願陛下明詔有司，嚴奉紹熙初元之詔，謹守勿失。如臣僚恩數，倘非勳勞顯著、體貌所係者，若其他陳乞稍戾成憲，雖已降旨，亦宜遵守高宗聖訓，許户部執奏勿行。予之足[75]示主恩，奪之不紊國法。庶幾浮費稍抑，用度有常。積以歲月，不爲無補。」從之。

開禧二年十二月二十一日，臣僚言：「軍興以來，百費毛起，別無生財之理，惟是痛節浮費，以爲急務。上自宮掖，下至胥吏，其間虛蠹，皆合撙裁。至若省冗員之禄，減大吏之俸，孰爲當先，孰爲可後，皆當條具，以次舉行，勿卹怨尤，乃能叶濟。然而主議于一人，則無以參衆見之異同；裁決于一司，則無以酌他曹之緩急。乞降睿旨，内而有司庶府，外而一路一州，各令開具經常非泛之用，歲計幾何，某官可併，某吏可省，某俸可減，某費不爲切，計其所損，爲緡錢與米斛各若干，可以佐軍寔，可以裨國用。毋摘細故，以塞明詔。然後參之輿論，斷自公朝，可省省之，可罷罷之。」詔依，令户部遍牒施行。

嘉定五年十二月二十九日，户部言：「舊有承受使臣一十二員，專充本部諸色使喚，係從本部出帖差充，並不理爲資任。至乾道七年，遂將承受使臣十二員内，以六員改作催綱官，從本部差辟，朝廷給降付身，理爲資任。請給、人從，並依省倉斛（而）〔面〕官支破，任滿與減二年磨勘。其職甚優，而絶無責任。淳熙十六年，臣僚以其冗濫，申明朝廷，將催綱官與承受使臣並減三員，各以三員爲額，共爲六員。近年以來，所謂催綱官，未嘗舉職，往往多是有力之人經營應辟，及假催綱爲名，干謁州縣，批支驛券，需索夫馬，生事騷擾，若綱運之留滯，初不知[76]之。至有經年往來州縣，更不赴部公參，虛請俸給，委實無用。乞劄下户部，將使臣六員仍舊並作承受名目，秪從本部給帖，不理資任。所有催綱官悉行省罷。如諸州綱運或有濡滯，許于州縣見任官内選委前去催督，足可（辨）〔辦〕集。」從之。《續會要》

（以上《永樂大典》卷一四六四八）

宋會要輯稿　食貨五七

賑貸 上

【宋會要】〔一〕

❶太祖建隆元年正月，命使往諸州賑貸。《宋史・太祖紀》：建隆元年三月丙辰，宿州火，遣使恤災。建隆元年夏四月，遣使分詣京城門，賜飢民粥。十一月，振揚州城中民，人米一斛，十歲以下者半之。

建隆二年三月，以金、商、延州鼠食田苗〔二〕，民饑，遣使賑之。

十一月，詔：「濠、楚民乏食，令長吏開倉賑貸。」

三年正月，以揚、舒、滁、和、廬、壽、光、黄、濠、泗、楚、海、通、泰等十四州民乏食，令逐路長吏開倉賑給之。

三月，賜沂州民種糧〔三〕。

六月，詔宿州發廩賑饑民。《太祖(帝)〔本〕紀》：十二月，蒲、晉、慈、隰、相、衛六州饑，詔所在發廩賑之。四年二月，命使臣往澶、滑、衛、魏、晉、絳、蒲、孟等州發廩賑飢民。

乾德二年二月，陝州言民饑，遣給事中劉載往賑之。

四月，詔延州貸粟五千石，濟麟州饑民。又靈武言饑殍者甚衆，命以涇州官廩穀三萬石賑之。

四年三月，淮南諸郡言江南饑民數千人來歸。詔所在長吏發廩賑之。

六年正月，詔陝州集津鎮、絳州垣曲縣、懷州武陟縣民饑，發廩賑之。

開寶四年二月，詔諸道賑貸，借人户義倉斛斗。

是月，平劉鋹，詔：「廣南管内州縣應鄉村不接濟人户闕少糧食者，委本州官吏取逐縣委實户數，於省倉内量行賑貸。候豐稔日，令只納元數。」

六年二月，曹州言民饑。詔運太倉米二萬石往賑之。

七年正月，詔通事舍人杜繼儒赴揚、楚等州開倉賑貸〔四〕。

六月，詔河中府發廩粟三萬石賑饑民。

太宗(大)〔太〕平興國二年四月，詔延州以倉粟二萬斛貸與貧民。歲饑乏食故也。

六月，知秦州張炳言：「部民艱食，臣已矯詔開倉救急，願以抵罪。」詔釋之。

八年三月，同州言歲饑，發倉粟四萬石賑之〔五〕。

雍熙二年四月，以江南數州去秋微旱，民頗艱食，遣監察御史安國祥、太常丞馮拯、桊見素、左贊善大夫馬得一、王茂之、張茂才、樊素、著作佐郎宋鎬、張維嵩、張濤，分往

〔一〕此下原題作「賑恤」，整理者又接批「災傷」二字。按「賑恤」乃《大典》卷二〇八九八原題。
〔二〕田：原無，據《補編》頁四九七複文補。
〔三〕種糧：原作「種食」，據《補編》頁四九七改。
〔四〕楚：原脱，據本書食貨六八之二八補。
〔五〕「四」下原有一「十」字，據本書食貨六八之二九删。

虔、吉、洪、撫、饒、信等州，與長吏度人户闕食者賑貸〔一〕。仍將廪穀減價出糶，并訪察州縣官吏爲政善惡、民間利病以聞。

三年八月，劍州言穀貴，詔遣使以官粟賑饑民。

五年正月，成都府言：「部内比歲不稔，穀價翔貴，請發公廪賑糶，以濟貧民。」從之。

端拱二年八月，乾寧軍言民饑，詔以官粟二萬石賑之。

淳化元年二月九日，京東轉運使何士宗言：登州歲飢，文登、牟平兩縣民四百一十九人餓死。詔遣使發倉粟賑貸〔二〕，死者官爲藏瘞，以錢五百千分給之。其逐州官吏不早具奏，仍劾罪以聞。

二十六日，河北轉運使樊知古言深、冀州民饑。詔遣殿直成庭玉馳傳發倉粟貸之，人五斗。

是月，登州再言文登縣民二千六百六十二人饑死，詔悉令賑卹。

七月，河[2]南府言洛陽等八縣民饑，詔發倉粟賑之，人五斗。又以京師米貴，遣使臣開倉減價分糶，以賑飢民。

二年正月，詔：「永興、鳳翔、同、華、陝等州歲旱，民多流亡，宜令長吏設法招攜。有復業者，以官倉粟貸之，人五斗，仍給復二年〔三〕。」（以上《永樂大典》卷二〇八九八）

[3]二年四月〔四〕，詔：「嶺南管内諸州官倉米，先是每歲糴之〔五〕，斗爲錢四五，無所直。自今勿復糴，以防水旱饑饉，賑貸與民。」

三年二月，汝州言歲飢，詔以官倉米貸之，人三斗。

四年二月，懷州言：去年穀不登，民無藁秸以食牛，牛多死。詔本州官草留三年準備外，餘悉貸之。

十二月，詔：「民被水潦之患，饑饉者衆，令開倉減價糶。貧窮、乞丐者，爲淖糜以賜之。」

五年正月十六日，命直史館陳堯叟、趙況、曾會、王綸等并内臣四人，往宋、亳、陳、（穎）〔潁〕等州，出粟以貸飢民，每州五千石及萬石，仍更不理納。

二十一日，詔：「諸道州府被水潦處，富民能出粟以貸飢民者，以名聞，當酬以爵秩。」

至道元年二月六日，遣將作監丞榮宗範馳往漳〔六〕、泉州、興化軍賑貸貧民。以去年旱，艱食故也。

十七日，亳州〔七〕、房州、光化軍言歲飢，民乏食。詔遣使者分往，發倉粟貸之，人五斗。

三月，詔以官倉豆數十萬石貸京畿及内郡民爲種。有

〔一〕者：原脱，據本書食貨六八之二九補。
〔二〕倉：原作「食」，據本書食貨六八之二九改。
〔三〕二年：原脱，據本書食貨六八之二九、《補編》頁五八三補。
〔四〕此接上文，仍是淳化。
〔五〕是：原脱，據本書食貨六八之二九補。
〔六〕宗：原作「宋」，據本書食貨六八之三〇改。
〔七〕亳：原作「亮」，據本書食貨六八之三〇改。

司言：「請量留以供國馬。」帝曰：「甘雨沾洽〔一〕，土膏初起，民無種不能盡地利，但竭廩以給之，至秋有百倍之獲〔二〕。國馬食以芻藁可矣。」

真宗咸平元年九月，詔兩浙路留諸州運米以濟飢民。

十月，詔兩浙轉運使察管内七州乏食處，（振）〔賑〕貸訖以聞。

二年正月，江南兩浙制置鹽茶王子輿言：「兩浙諸州經旱，民户未至飢殍，賑貸斛㪷亦皆有備。」帝覽奏，因詔郡縣長吏常加體量，如稍有飢民，晝時支與口食，無令失所。

三月，遣度支郎中裴莊、内殿崇班閤門祗候史睿、祕書丞李防、供奉官閤門祗候杜睿，分往河南、兩浙諸州，發倉廩，廣爲賑卹飢民。

閏三月，筠州請發廩賑貸，從之。

四月，兩浙轉運司言：「先撥常、潤州廩米五萬石賑貸民，尚未足，請更給五萬石。」從之。

七月，度支判官陳堯叟廣南使還，言西路諸州旱。命國子博士彭文寶往權轉運司事，賑飢民。

十月，以兩浙、荆湖旱，命庫部員外郎成肅、比部員外郎劉照、太常博士李通微、閤門祗候李成象往體量賑恤。

十一月，兩浙轉運司請出常、潤州廩米十萬石賑糶，從之。

四年閏十二月，命左司諫知制誥梁顥〔三〕、供備庫副使潘惟吉往河北東路，禮部郎中知制誥薛映〔四〕、西京左藏庫使李漢贇往河北路，發倉廩賑饑民。帝召宰臣〔五〕，以河北諸州物價示之〔六〕，其中陳豆、紅粟斗不下百錢。又出麻滓、蓬實，曰：「民已食此矣，速當拯濟。」故命顥等焉。

五年二月，遣中使詣雄、霸、瀛〔七〕、莫、深、滄州、乾寧軍〔八〕，爲粥以賑飢民。

六年二月，遣朝臣、使臣分往京東西、淮南水災州軍賑恤貧民，疎理刑獄。

景德元年二月，陳、蔡、沂、密等州言民飢，命太常丞梁象、祕書丞李遹乘傳發粟以賑之。

九月，鄂州言民飢，詔開倉減價出糶以救之。

二年正月六日，詔河北轉運使、副使分詣管内諸州軍〔九〕，按視飢民，賑給之，[4]口一斛、户五斛爲限。帝以戎寇之後，居民失業，慮其飢饉流離，故有是命。

〔一〕雨：原作「露」，據本書食貨六八之三〇、《補編》頁五八四改。

〔二〕倍：原作「陪」，據本書食貨六八之三〇改。

〔三〕誥：原作「詔」，據本書食貨六八之三一改。

〔四〕制：原作「照」，據本書食貨六八之三一改。

〔五〕召：原作「詔」，據本書食貨六八之三一改。

〔六〕物：原作「諸」，據本書食貨六八之三一改。

〔七〕瀛：原作「瀛」，據《長編》卷五一改。

〔八〕乾寧軍：原作「乾德軍」，據《長編》卷五一改。按乾寧軍在今河北青縣，與雄、霸、瀛、莫、滄等州相連；而乾德軍在今湖北均縣西南，與雄、霸等州懸隔千餘里，顯然作「乾寧」爲是。

〔九〕轉運使：原作「轉運司」，據文意改。《長編》卷五九云「令河北轉運使賑飢民」。

八日，令蘄、黄州賑卹饑民。

十七日，令淮南諸州以上供軍儲賑飢民。

二十六日，命常參官二人分往荆湖北路、淮南諸州出官粟作糜粥，以養飢民。仍令擇幕職、使臣强幹者專司其事〔一〕，長吏常按視之，每十日具所賦糜粥之數以聞。自是，全活者甚衆。

二十九日，河北轉運使盧琰言，天雄軍見管米麪萬九千五百餘斤，澶州四萬二千二百餘斤。詔給兩處飢民。

二月二日，京西轉運司言：「襄、許、陳、蔡等州民飢，請減價糶倉粟賑救。」從之。

十日，命太常丞艾仲孺乘傳詣澶州，以陳粟四萬石分賑飢民。

三月，大名府飢，命轉運司發廩賑救。

四月八日，命鄂州發惠民倉粟賑飢民。

十六日，以京師穀貴，出倉粟減價出糶，以惠貧民。

二十八日，潭州言茶園乏食，請賑以官米。從之。

十一月，詔於京城出倉粟減價出糶。以汴流阻淺，運舟不至，穀價騰貴故也。

三年正月六日，遣著作佐郎劉昱往開封府諸縣，與令佐等於近便出廩米賑救災傷之民，家給兩碩〔二〕，仍貸與種糧。

十四日，又遣太常博士王汝勵、殿中丞李道、太子中允嚴登、耿説、著作佐郎張士遜、陳從易等，馳傳分往尉氏、陳留、襄邑、雍丘、太康、咸平等縣，發廩賑貧民及貸種糧。

十七日，令京西轉運司出倉粟米賑貧民，仍命著作佐郎周儀馳傳詣汝州賑貸。

十八日，詔京西轉運司體量轄下州軍，民有不能自給者，時分遣職官徑往逐處，出廩粟賑貸。

二十五日，遣殿中丞王穆、太子中允朱友直、太子洗馬盧昭華〔三〕，分往封丘、酸棗、長垣等縣，發廩貸貧民，仍給種糧。

二十六日，詔京東轉運司：「應齊、淄、青、濰〔四〕、登、萊等州人户有闕食者，依近降勅命，於封樁倉分支遣賑貸，不得差民轉般〔五〕。如近西州軍，即委三司自京津置往彼支遣〔六〕。屯田郎中楊覃馳往河北，與轉運使體量澶、濱、棣〔七〕、德、博等州民，如有闕食處，即出廩粟賑貸。」

三月，詔：「開封府、京東西、淮南、河北州軍縣人户闕食處已行賑貸，其客户，宜令依主户例量口數賑貸。孤老及病疾不能自存者，本府及逐路轉運使、副并差去臣僚，同

〔一〕臣：原作「人」，據本書食貨六八之三二改。
〔二〕碩：原作「頭」，據本書食貨六八之三二改。
〔三〕華：原作「革」，據本書食貨六八之三二改。
〔四〕濰：原作「維」，據本書食貨六八之三三改。
〔五〕不得差：原作「三月詔」，據本書食貨六八之三三改。
〔六〕置：原作「直」，據本書食貨六八之三三改。
〔七〕棣：原空，據《長編》卷六二補。

共體量，出省倉米救濟。仍便告示，更不收理。」

四月，侍御史知雜王濟言〔一〕：「伏覩國初嘗置義倉，以備賑濟。今義倉已廢，每州郡小有水旱，朝廷即詔出太倉粟借貸農民，及稔歲，復多蠲放。慮有損軍食，今後如有賑貸，望本縣置簿，以時理納，庶獲兼濟。」從之。

四年六月，詔河北轉運司：「如聞雄州、安肅、廣信軍人頗艱食，宜以（食）〔倉〕米萬斛減價出糶以濟之。」

大中祥符元年正月，陝西轉運黄觀言慶州麥粟踴貴，詔出官米萬斛減價糶之。

四月，府州言民飢，命賑之。

六月，環、慶民飢，發廩粟賤糶以濟之。

二年二月，詔賑同、華等州民，去歲逋稅 5 悉蠲之。

四月，詔陝西州軍民闕糧糗者，發廩賑之。

五月，詔西京出廩粟，賤糶以惠貧民。

六月五日，令韶州出廩粟賑糶，以濟貧民。

十二日，令慈州出廩粟賑部民。

十一月，知鄧州、右司諫、直史館張知白言：「陝西流民相續入境，有欲還本貫而無路糧者，臣諭勸豪民出粟數千斛〔二〕，計口給半月之糧。凡就路者，總二千三百家、萬二百餘口。其支貸有餘者，悉給貧老之人〔三〕，仍葬其死人〔四〕。」詔奬之。

三年三月，詔：「戎、瀘州民艱食者，賑之，仍給復一年。」

八月，詔淮南諸州發廩米賑貸及賤糶，以濟貧民。

四年四月四日，以登、萊州艱食，令江淮轉運司雇客船轉粟賑之。

十六日，同、華州飢，民有鬻子者，遣太常博士舒賁馳驛存撫賑濟之。

五月，京兆府旱。詔賑之。

六月，劍、利、閬、集、壁、巴等州饑，詔賑之。

十二月十一日，江淮發運使邵曄言：淮南路准詔賑貸及減價出糶，計廩粟三十萬石。

十六日，京城穀貴，詔發惠民倉粟，賤糶以濟之。

五年正月，詔河陽出廩米萬斛，減直給糶，以惠貧民。

二月，詔：「京西諸州軍昨以穀貴，雖已減價出糶，尚慮民有闕食者，宜令轉運司諭轄下州軍，委實有飢民之處，多方勸誘蓄積之家，除留支用外，將餘剩斛㪷分散救濟，仍差公幹官量口數監散。內有願減半價出糶者，亦聽，並當等第酬奬，無令減剋邀難及接便煩擾。」

五月，詔江淮南發運司留上供米二百萬斛〔五〕，以備賑糶。

〔一〕知：原脱，據本書食貨六八之三三補。
〔二〕豪：原作「亳」，據本書食貨六八之三三改。
〔三〕老：原作「民」，據本書食貨六八之三四改。
〔四〕仍葬其：原作「及無主」，據本書食貨六八之三四改。
〔五〕淮：原無，據本書食貨六八之三四、《長編》卷七七補。

十月十日，詔：「如聞建安軍等處自秋霖雨，頗妨農事，宜委轉運、發運使體量賑卹。」

十二月六日，令三司出炭四十萬秤，減市價之半以濟貧民。時連日大雪苦寒，京城鬻炭者每秤錢二百，故有是命。仍遣使臣十六人分置場，以內供奉官二人提總之。自是小民奔湊，至有踐死者，乃命都巡檢張旻遣軍校領徒巡護，賜死者家緡錢；無親族者，官爲埋瘞。仍令三司常貯炭五七十萬秤，如常平倉之制，遇價貴則賤出之。

二十二日，泗州飢，官給米十萬石以賑之。

六年四月十九日，詔：「如聞淮南諸州罷糜粥之賜，尚慮貧民未濟，可令依舊，俟其足食乃止。」

七年二月，泰州、淮陽軍言民飢，詔發官粟賑之。

三月，儀州言民飢，詔發官粟賑之。

十月，淮南飢，詔本路轉運、發運使發廩賑卹。

八年二月，令淮南路發廩粟爲糜粥，以濟飢民。

八月，詔京兆府、河中府、陝、同〔一〕、華、虢州，以麥種借之貧民。

九年二月十六日，詔陝西州軍減價糶粟，以賑貧乏。令本路都轉運使李迪提舉。

二十二日，上封者言：「延州蕃部闕食，正當農時，望發鄜州廩米貸借。」從之。

六月，令廣州出廩米萬石，選官出糶〔二〕，以濟居民。穀貴故也。

八月，令江淮發運司歲留上供斛㪷五十萬石，以備賑濟。

九月，詔：「如聞廣南東〔三〕、西路物價稍貴，宜令轉運司、提點刑獄官分路撫卹，發官廩減價賑糶。」

十二6月，詔：「江南、淮南諸州軍穀價稍貴，人民闕食，其無常平倉處，令本路轉運司以省倉斛斗，除留準備外，接續出糶，即不得糶與興販及形勢之家。違者，重寘之法。」

天禧元年三月八日，衛州民飢，命發倉廩粟萬石貸之。

十八日，兩浙提點刑獄鍾離瑾言：「衢、潤二州闕食，官設糜粥〔四〕，民競赴之，有妨農事〔五〕。請下轉運司量賑米二萬石，家不得過一斗。」從之。

二十五日，詔：「諸州官吏如能勸誘蓄積之民以廩粟賑卹飢乏，許書曆爲課。」

四月四日，詔：「河北大名府、磁、相、澶州、通利軍，兩浙越、睦、處州〔六〕，去秋災傷，民多闕食（食），令轉運司運米賑濟之。」

〔一〕同：原作「西」，據本書食貨六八之三五改。
〔二〕選：原作「還」，據《長編》卷八七改。
〔三〕南：原作「西」，據本書食貨六八之三五改。
〔四〕糜：原作「麋」，據本書食貨六八之三五改。
〔五〕妨：原作「赴」，據本書食貨六八之三五改。
〔六〕州：原脱，據本書食貨六八之三六補。

十一日，以趙州民飢，出廩粟萬碩賑之。

二十八日，江淮兩浙制置發運使李溥言：「江、淮去歲乏食，有富民出私廩十六萬石糶施飢民。」

五月二十四日，殿中侍御史張廓言：「奉詔京東安撫。民有儲蓄糧斛者，欲勸誘舉放，以濟貧民，俟秋成，依鄉例償之；如有欠負，官爲理償。」從之。

八月六日，知并州周起言：「河北民逐熟至州境者，州民施飯一月。」詔獎起，仍令召出米人宴犒之。起又請發廩粟萬石減價出糶，以濟飢民，從之。

二十五日，詔：「河北州軍今年夏麥不豐，民乏種糧者，官貸之。」

九月十五日，詔：「京東西、陝西、河北災傷州軍民闕麥種者，發官廩貸之。」

十六日，詔：「河東流民有復業者，發倉粟賑之。」

十二月，遣使臣置場，減價鬻官炭十萬秤。以寒故也。

二年正月八日，詔江、淮運米十萬斛付京東，及令河北轉運使出廩賑糶。以兩路粟貴故也。

二十二日，青州請以官廩粟豆二千斛設粥、米萬斛減價出糶，以惠貧民。從之。

二十五日，詔：「諸路災傷州軍並設粥、賤糶，以惠貧民。」

二月，京西轉運司言管内貧民甚多，無以賑濟，望發絳州粟十萬斛赴白波出糶。從之。

三月，知虢州查道言：「春雨滋洽，麥苗尤盛，民間多乏種糧，州倉麥除留贍用外，餘四千石望以賑貸。」從之。

十月，同、耀州飢民多流亡，詔轉運司賑之。

四年正月，令利州路轉運司賑貸貧民。以旱故也。

二月一日，以淮南、江、浙穀貴民飢，命都官員外郎韓億、閤門祗候王君訥乘傳安撫，發常平倉粟，減直出糶以賑之。民有以糧儲濟衆者，第加恩獎。其乏食持仗盜糧者，並減等論罪。

是月，詔曹、濮、鄆、單、徐州、淮陽軍賑貸民。以河決爲害故也。

三月一日，令淄州以粟貸州民飼牛。

七日，令府州賑貸(藩)〔蕃〕部。以去歲旱故也。

五月，令永興、鳳翔減價糶糧，以濟階、成、秦、鳳州流民。

六月，太常少卿、直史館陳靖言：「朝廷每遇水旱不稔之歲，望遣使安撫，設法招攜富民納粟，以助賑貸。」從之。

乾興元年二月八日，蘇、湖、秀州雨，壞民田，穀貴人飢，命出倉粟賑貸之。

十一日，徐州民飢，詔發廩粟賑貸。

仁宗天聖三年三月，京西轉運使張意言：「襄、(穎)〔潁〕、許、汝等州經水，損惡斛斗[7]八萬餘石，不堪支遣，請分給闕食之民。」從之。

四年十二月，詔：「諸處州軍經春有斛斗價高處，慮人户失所，宜令京東、京西、河北、淮南轉運司選官，將本處常平倉斛斗減價出糶。或無常平倉處，即以省倉斛斗除留準備外，出糶以濟貧民。」

六年三月，成德軍言：元氏縣民飢，請支借斛斗。從之。

五月，河北路體量安撫王沿言：「保州、永定軍百姓艱食，已令逐處發倉廩各萬石減價出糶。自邢、趙、真定府等處，各令支借種糧與歸業人户，并與倚（閤）〔閣〕今年夏秋税賦，及令逐處倍加安卹。」從之。

〔熙寧〕七年五月六日〔一〕，中書門下言：「户房申〔二〕：『訪聞災傷路分募人工役，多不預先將合用人數告示，以致飢民聚集，却無合興工役。欲乞下司農寺〔三〕，令逐路有合興工役，並依所計工數曉示，逐旋入役，免致飢民過有聚集，以致失所。』」

九年二月五日，河北西路提刑司言：「邢、懷州連年災傷，若令應副十分春夫，必難勝任。欲乞特賜免放一半。」從之。

十月十二日，中書門下言：「廣東經畧、轉運使等言，潮州海陽、潮陽兩縣人户被海潮漲〔四〕，推蕩屋舍〔五〕、田苗，死失人口。乞令本路提刑司躬親前去，依條存恤。」從之。

治平四年神宗即位未改元。六月十八日，詔：「在京永泰、景陽、通天、安肅四門，此月十七日給河北流民米，止六月終。仍曉諭以河北近得雨，令歸本貫。其不願歸，勿彊之〔六〕。仍曉令河北轉運司〔七〕，應災傷州軍縣分，依此曉告，倍加安存〔八〕。」臣僚上言，河北訛傳京師散流民米，恐未流移者因茲誘引，皆來入京，故約束之。

神宗熙寧元年七月，詔：「恩、冀州河決水災，令省倉賜粟。」詳見「恤災」門。

二年四月，降空名祠部五百道付兩浙轉運司，令分賜本路曾經水災及民田薄收州軍，相度災傷輕重，均其多寡，召人納米或錢，以備賑濟。

七月十八日，詔：「水災州軍，令本路轉運使、判官、提點刑獄分往被災處照恤。貧民闕食者，支廣惠倉斛斗賑濟；如不足，量支省倉物。仍於人户便近處減常平物價就糶。若貧人無錢，相度賒糶，令至秋送納。其非税户，即與

〔一〕熙寧：原無。按，以下三條本書食貨五九之一、食貨六八之一一一、《補編》頁八一〇「恤災」門均繫於熙寧，《長編》卷二五三記此條事亦在熙寧七年五月。蓋此三條本在「恤災」門，《大典》録補於此門，而脱去年號，誤編在此。今補。

〔二〕「申」及下字「訪」，原脱，據本書食貨五九之一補。

〔三〕欲乞：原作「並依所」，據本書食貨五九之一改。

〔四〕「陽兩縣人户被海潮」八字原脱，據本書食貨五九之一、又六八之一一一、《補編》頁八一〇補。

〔五〕蕩：原作「流」，據本書食貨五九之一、《補編》頁八一〇改。

〔六〕彊：原作「疆」，據本書食貨六八之三八改。

〔七〕「仍曉」二字疑承上文衍，前後數句不應重複二「仍」字、三「曉」字，且「曉令」二字亦不宜連用。

〔八〕安存：原作「存安」，據本書食貨六八之三八乙。

遠立日限納價錢，並委就近施行訖奏。」

三年五月八日，詔：「雄州以兩屬，人户如遇災傷，即時貸糧，接續俵散，分作料次送納。」

六月，詔：「在京諸倉米斛之數已豐，訪聞日近民間粳米價直稍貴，所有淮南上供新米，仰酌中估定錢數，遣官分詣市置場出糶〔一〕，以平物價。」

四年二月十三日，詔：「河北轉運、提刑司體量貝、冀徹邊少雨雪州軍乏食飢歉人户，多方賑貸存恤。其見欠殘零稅賦，並權與倚閣。」

三月十六日，詔判永興軍郭逵，如本路州軍有飢荒處，並以官廩賑濟。詳見「恤災」門。

十八日，詔：「緣邊熟户及弓箭手見欠貸糧未經除放，其見今闕食者，安撫司更量與賑貸。」

六年六月七日，中書門下言：「檢正刑房公事沈括狀：『乞今後災傷 8 年分，如大段饑歉，更合賑救者，並須預具合修農田、水利工役人夫數目，及召募每夫工直申奏，當議特賜常平倉斛錢，召募闕食人户，從下項約束興修。如是災傷，本處不依勅條賑濟，並委司農寺點檢察舉。』」從之。

八年十二月二日，詔：「河東歲歉，移屯戍兵馬五千歸營，以其餘糧賑濟飢民。仍具次第以聞。」

九年十二月十三日，詔淮（西）〔南〕東西、兩浙路：「應勸誘人户所出賑濟斛斗，免欠未納數目〔二〕，特與免放。其熙寧八年已後勸諭已納斛斗人口，候向去合行勸誘，即據數却與免放。」

十年二月二十五日，詔：「應經賊殺戮之家餘存人口，委是孤貧不能自活者，所在州軍勘會詣實〔三〕，特日給口食米：十五歲以上一升半〔四〕，以下一升，五歲以下半升，至二十歲止。仍令相度每五日一支。」

元豐元年正月十二日，賜廣濟河輦運司上供米十萬石，付徐州、淮陽軍，糶與水災飢民。

閏正月十三日，詔河北路以常平米賑濟飢民。

三十日，詔：「河北被水户如過河逐熟，即於白馬縣河橋差官賑之。」

四月七日，詔以瀛州陳次米依災傷及七分例貸第四等以下户，不得抑配，免出息。

八月二十八日，詔：「濱、棣、滄三州第四等以下被水災民，令十户以上立保，貸請常平糧，四口以上户借一碩五斗，五口以上户借兩碩，免出息。物稅百錢以下，權免一季。」

二十九日，詔：「青、濟、淄三州被水流民，所在州縣募少壯興役。其老幼疾病無依者，自十一月朔依乞丐人例給

〔一〕置：原作「價」，據本書食貨六八之三九改。
〔二〕免：疑當作「拖」。
〔三〕詣：原作「指」，據本書食貨六八之三九改。
〔四〕半：原脱，據《長編》卷二八〇補。

口食。候歸本土及能自營，或漸至春暖，停給。」

二年正月二十三日，上批：「聞階、成州去秋災傷〔一〕，艱食之民，流者未止，官司初不經畫賑濟。可下司農并本路提舉司疾速施行。」

二月十三日，詔：「聞齊、兖、鄆州穀價甚貴，㪷直幾二百，艱食，流轉之民頗多。司農寺其諭州縣，以所積常平倉穀，通比元入斗價不及十錢，即分場廣糶。濱、棣、滄州亦然。」

同日，三司言：「濟、淄等州穀貴，春夏之交，慮更艱食，請輟廣濟河所漕穀二十萬石減價糶。」從之。

二十六日，知滄州張問言：「民饑，至相食。今州倉大豆四萬九千餘石，可支五年，漸有陳腐。乞留二年外，斥其餘以賜飢民，可活良民三萬口。」上批：「可下提舉常平事李孝純速相度施行。」

四月十二日，詔河北東路提舉常平倉司所散濱、棣、滄州饑民食，至五月止。

三年七月十三日，入内東頭供奉官、瀘州勾當公事韓永式言：「利州路雨水，溪江泛漲，漂流民田，物價增長，民未安居。乞下本路轉運并提舉司賑濟。」詔提舉司依條施行。

九月初二日，權知都水監丞公事蘇液言：「河北、京東兩路緣河決，被患人户蒙朝廷賑濟放税，乞以其事付史館。」從之。詳見「恤災」門。

四年二月二十九日，詔：「聞階、成、鳳、岷州人户缺食流移，令逐路第四等以下人户支借常平糧斛，每户 9 不得過兩石，仍免出息。」詳見「恤災」門。

五年六月十一日，詔：「宜州主管谿洞安化三州，連歲荐飢，已差官廣爲賑濟。朝廷之意，非欲取其地〔二〕，但欲各免饑殍侵畧之災。」

六年六月二十七日，詔：「甚災傷處，第四等已下户缺乏糧種，雖非給散月，許結保借請。雖有欠缺，亦聽給，限一月〔三〕，免納息。」

七年四月二十五日，河東路提舉常平司言：「去年災傷，民户缺食，義倉穀不多。乞於常平封樁糧支三五萬石賑濟。」從之。

六月一日，詔五路提舉保甲司：「已撥常平糧準備賑濟。令相度保甲户遇災傷不及五分，當如何等第賑濟，條具以聞。」後提舉河東路保甲王崇拯言：「賑濟災傷，保丁四等以下，本户災傷及五分以上，即依常平司七分以上法。」從之。河北、陝西、開封府界准此。

七月九日，詔尚書户部員外郎張詢、幹當御藥院劉惟簡賑濟西京、大名府被水災軍民。詳見「恤災」門。

〔一〕秋：原作「後」，據本書食貨六八之四〇改。
〔二〕地：原作「他」，據本書蕃夷五之七、《長編》卷三二一七改。
〔三〕限一月：《長編》卷三三五作「限一年輸納」，當是。

二十一日，詔：「河北、河東路被水保甲，令州縣考實賑濟。小保長、保丁一碩，大保長二碩，都、副保正三碩。提舉保甲官分詣諸縣照管，具賑濟人數以聞。」

八月十四日，詔：「洺州水災，許借鄰近州縣常平倉米、麥、小豆共五萬碩。」

哲宗元祐元年二月一日，詔：「大名府自經水災，民田尚多渰浸〔一〕，人户艱食。向雖賑濟，尚慮官吏拘文，使被災之民未蒙恩澤。宜委大名府路安撫使韓絳詢訪賑濟。」四日，詔淮南東、西路提舉常平司體量饑歉，以義倉及常平斛㪷依條賑濟訖聞奏。

三月二十六日，詔：「府界并諸路提點刑獄司體訪州縣災傷〔二〕，即不限放税分數及有無披訴，以義倉及常平米斛速行賑濟，無致流移。」

同日，夔州路提舉常平官傅傳正言：「州軍去年災傷，放税分數不多，亦有全不申訴者。臣見民間困急，不敢坐視，已依災傷及七分以上賑濟。所有專輒之罪，謹自劾以聞。」詔特放罪，仍候到闕日優與差遣。

四月初二日，左司諫王巖叟言：「訪聞淮南旱甚，物價踴貴，本路監司殊不留意。」詔發運司截留上供米一十萬石，比市價量減，出糶與闕食人户，每户不得過三石。其糶到錢，起發上京。

四日，詔：「開封府諸路災傷，逐縣令、佐專切體量，人户委有闕食，速具事實申州及監司，仍許一面將本縣義倉、常平穀斛賑貸。據等第逐户計口給曆，大者日二升，小者日一升。各從民便，五日或十日至半月〔三〕，齎曆詣縣，請印給遣〔四〕。若本縣米穀數少，先從下户給，有餘則并及上户。候夏秋成熟日，據所貸過數隨税納。闕食之民，貧乏不能自存，或老幼疾病不任力役者，依乞丐法給米、豆。其賑濟糶穀，並據鄉村闕食應糶之數給曆，許五日或十日一糶，無令抑遏。此外，若令、佐別有良法，使民不乏食而免流移者，申州及監司相度施行，半月一具賑濟次第聞奏。仍體量令、佐有能用心存恤 10 闕食人户，雖係災傷並不流移者，保明聞奏，當議優與酬奬。其全不用心賑貸，致户口多有流移者，取勘聞奏，特行停替。」從三省請也。

同日，詔江淮發運司體量災傷州縣闕食處，仍令宿、亳州分析不申奏災傷次第，及具見今斛斗價例，各疾置以聞。時宿、亳災傷尤甚，監司並無奏報，右諫議大夫孫覺言：「淮、浙災傷，米穀踴貴，慮盜賊因緣而起，乞差官體量，廣行賑濟。遍下諸路轉運、提刑司，災傷各以實言，不實者坐之。災傷雖小，而言涉過當者，不問。如此，則諸路不敢不言。朝廷隨災傷之大小，賑濟而防虞之，則四海之内無倉猝之憂矣。」

〔一〕多：原作「少」，據本書食貨六八之四二改。
〔二〕界：原脱，據本書食貨六八之四二補。
〔三〕十日：原作「一日」，據《補編》頁五八七、《長編》卷三七四改。
〔四〕印：原作「給」，據本書食貨六八之四一改。

二十六日，殿中侍御史林旦言：「都城比來米麥價長〔一〕，若翔踊不已，恐細民蒙害。望下户部，依條通計米麥元價，令司農寺止以逐倉官吏每月更代管勾〔二〕，置四場出糶，以濟闕乏。」從之，仍令户部差官置場〔三〕。

五月十六日，尚書省言：「元豐六年，江淮等路發運司奏，兑置在京封樁闕額禁軍糧米五十萬石，價錢限半年上京送納。今淮南災傷，賑濟慮有闕乏。」詔令淮南轉運司相度，本路如闕斛㪷，仰依元豐六年例。

六月二十六日，詔河北路監司分詣諸州，以義倉、常平穀賑濟被水闕食人户。

十一月二十八日，權發遣淮南路轉運副使趙偁言：「楚、海等州水災最甚，乞發運司於常、潤州收糴稻種十萬石，以備楚、海等州來春布種，以糶以貸。」從之。

同日，户部言：「左司諫王巖叟言：『賑濟人户，必待災傷放稅七分以上方許貸借，而第四等以下方免出息，殊非朝廷本意〔四〕。乞如舊法，不限災傷分數，並容借貸；不均等第，均令免息。』看詳，《元豐令》限定傷災放稅分數支借種子條合依舊外，應州縣災傷人户闕乏糧食，許結保借貸常平穀。」從之。

十二月十八日，侍御史王巖叟言：「伏覩十一月二十九日勑：『户部看詳，《元豐令》限定災傷放稅分數支借種子條，合依舊存留外〔五〕。』緣臣元奏本以賑濟舊法災傷無分數之限，人户無等第之差，皆得借貸，均令免息。新條必待災傷放稅七分以上，而第四等以下方許借貸免息，殊非朝廷本意，故乞均令借貸，以濟其艱。今户部復將支借種子條依舊存留。切以災傷人户既闕糧食，則種子亦闕，豈可種子獨立限隔？臣欲乞通爲一法，於所修『糧食』字下添入『并種子』三字，庶使被災之民廣霑惠澤。」從之。

二年二月四日，詔左司諫朱光庭乘傳詣河北路，與監司一員徧視災荒賑濟。有未盡事，並得從宜；事體稍重，即奏稟。官吏奉法不虔，即按劾以聞。是歲十一月二十六日，監察御史趙挺之、方蒙言：去年北邊州郡被水災，光庭奉使體訪賑濟，不問民户〔三〕〔之〕等，一槩支貸。蓋一出使，而河北措置之財遂空，乞行黜陟，以允輿論。詔光庭具析以聞。

十一月六日，詔運淮南、二浙穀四[11]十萬斛賑濟京東路。

三年正月十二日，詔發京西南路闕額禁軍糧穀五十餘萬斛，減市價出糶，至夏麥熟日止。以雪寒，物價翔踊也。

二月六日，詔以常平錢穀給在京乞丐人，至季春止。

同日，詔：「開封府界自冬及春陰雪，民間有願借糧種

〔一〕比：原作「以」，據本書食貨六八之四三改。
〔二〕倉：原作「食」，據《補編》頁五八七改。
〔三〕令：原脱，據《補編》頁五八七補。
〔四〕本：原作「之」，據本書食貨六八之四四改。
〔五〕此下文字有節略，參《長編》卷三九三。

者，令提刑司量度户等給貸訖〔一〕，具數以聞。」

二十八日，詔陝西路轉運判官孫路賑濟鎮戎軍被傷及劫虜民户。

十二月十六日，知永興軍韓縝言：「本路比歲災傷闕食，請於法所給米豆更不限數。」從之。

五年二月七日，詔：「災傷處令、佐賑救人户不致流移所推酬奬，災傷五分以上，與第五等；七分已上，與第四等。」以户部言「於熙寧勑係第五等，於元祐勑係第四等分數，未盡立法之意」故也。

六年七月二十二日，侍御史賈易言：「浙西災荒，朝廷選差轉運使岑象求、判官楊瓌賫賜米百萬斛〔二〕、錢二十餘萬緡，俾之拯救，州縣自亦依條賑濟。欲乞明詔本路具災荒分數、賑貸次第以聞。」

八月二十八日，監察御史虞策言：「兩浙災傷州縣糴米，多爲販夫與公吏相結冒糴〔三〕，次及彊壯之人，其飢羸者轉受困餓，或被蹂躪死傷。乞下本路監司覺察。」詔〔四〕：「轉運、提刑、提舉司分布諸處賑糶〔五〕，務要實惠飢民。內興販及彊壯者，不得一例糴散。如官吏措置乖方，及公人用情，並令依法。」

八年四月十一日，兩浙路轉運、提刑司申：「檢會浙西州縣累經災傷，蒙朝廷相繼發米赴本路賑濟，除接續賑糶過外，其逐州有見管淮南、江西等路發到賑糶不盡米四十餘萬石，別無支用，欲趁此蠶月鄉民闕食之際，各許令人户赴官請借。每一斗，候至向去秋成，納新米八升還官，仍限四年均隨本户苗税帶納。」詔：其米許兑充軍糧外，餘數仰置場減價出糶。

十二月十四日，以京師流民，詔特出錢、米各十萬付開封府，計口支給。

紹聖元年二月十四日，三省言：「北京、澶、滑州民被災最重，艱食者多，及軍食闕，未見監司奏請。」詔呂希純、井亮采因按閱河北所至〔六〕，體訪所當施行，疾速具奏。

三月二十二日，三省言：「準詔賑恤流民，令還本業。昨已降指揮，應流民支與口食，遣還本土，所在官司闢官屋權令宿止，疾病者醫治。仍不限户口、米豆碩斗賑濟。令户部指揮災傷路分監司嚴加督責，州縣推行，務要民受實惠。如更有合行賑恤事，令速施行。」上曰：「聞京東、河北之民乏食流移，未歸本土，宜加意安恤，給糧種，差官就諭，使還農桑業。」范純仁等對曰：「今已給常平米，又許旨所養牛質取官緡錢〔七〕，免租税，貸與穀麥種矣。」上曰：「更

〔一〕等給：原作「等第及」，據《長編》卷四〇八删改。
〔二〕瓌：原作「環」，據《長編》卷四六二改。
〔三〕糴：原作「糶」，據《補編》頁五八八改。
〔四〕詔：原脱，據《長編》卷四六四補。
〔五〕「司」字原在「提刑」下，據後食貨五七之一二紹聖「二年二月十一日」條文例乙。
〔六〕按閱：原作「接濟」，據本書食貨六八之四六改。
〔七〕旨：疑當作「指」。

思其未至者行之。」

九月六日，詔遣監察御史劉拯乘傳按河北東、西路水災州軍，賑濟闕食人户。應合行事，令條具以聞。

二十九日，詔府界、京東、京西、河北路，應流民所過州縣，令當職官存恤誘諭，遣[12]還本土。内隨行别無資蓄者，仍計口給曆，經州縣排日給食。至本處如合賑濟，依災傷放税五分法。内老幼疾病未能自還及不願還者，計口給。

十月十七日，詔京西南、北路提舉司官躬按州縣，督視賑濟〔一〕，無令流殍。旬具所存活數申尚書省〔二〕。

二十一日，詔：「河北東、西路被災經放税户雖不及五分，所欠借貸錢斛并抵當牛錢等倚閣，候豐熟日分十料輸〔三〕。其非被災放税户所欠錢斛視此。仍除結保均陪之令。流民在他路者，官吏以至意諭曉使歸業，給券，使所過續食；不願者，所在廩給之。」

二十三日，詔滑州委官於浮橋北岸諭南來流民以朝廷寬逋，移粟賑卹曲折，使歸業。

同日，詔：「近者大河東隄防未及增繕，以故瀕河被害者衆，南來者多留京師，流離暴露。隆冬日迫，陷於死亡，坐視不恤，其謂朝廷何？既詔有司悉意賑贍，其令開封府即京城門外行視寺院、官舍以居之，至春諭使復業。」

二十五日，詔：「河北路監司令州縣官諭富民有積粟者毋閉糴，官爲酌立中價，毋得過。犯者坐之。」

同日，詔賑濟司：「河北重兵所宿，費不貲，其審閲老弱疲癃不能自存者，厚廩食之。毋專以多散蓄積爲功，而實惠不及於民，乃遣使本意。仍具措畫方畧申尚書省。」

二十六日，詔給空名假承務郎勑十、太廟齋郎補牒十、州助教不理選限勑三十、度牒五百，付河北東、西路提舉司，召人入錢、粟充賑濟。

二十八日，宰臣章惇言：「軍食不可闕，請通約他司米、豆足支一年，悉斥其餘以廩飢民。即米、豆闕，散常平錢之在官者，民得錢，亦可以市糟酵、糠籺。」上惻然曰：「飢火所迫，麻粈亦以爲食〔四〕，何暇擇？其爲朕亟行散錢之令。」

十一月十九日，詔：「河北路州縣當職官賑濟有方，能撫存飢民，才能顯著者，具事狀以聞。府界、京東、京西等路有河北流民所聚州縣，仰逐路監司准此。」

二十一日，詔：「河北路災傷州軍賑濟，並四月終住給口食外，有非老幼疾病之人，候至三月終，併支與四月分合給糧食，發遣歸業。」

二十三日，權發遣河北路轉運副使張景先言：「恩、冀、瀛、莫、雄州、順安、廣信軍約定合用糴、貸糧斛共五十

〔一〕賑濟：原作「州縣」，據本書食貨六八之四七改。
〔二〕旬具：原作「詢其」，據本書食貨六八之四七改。
〔三〕十：原作「計」，據本書食貨六八之四七改。
〔四〕粈：原作「料」，據本書食貨六八之四八改。

三萬石，緣本路斛斗不多，慮有闕乏。」詔逐州除準備軍糧及賑濟外，方許出糶，仍不得一例借貸。

十二月六日，詔京東西、河東路提舉司，將放税不及五分者審驗得災傷稍重，闕食不能自存，或老幼疾病之人，並權依五分法賑濟。

二年二月十一日，詔河北、京東路賑濟災傷，各令轉運、提刑、提舉司依先分定州縣巡歷。如官吏奉行不盡，或措置乖方，以名聞。仍令逐路安撫司常切覺察。

十四日，詔内藏庫支錢十萬貫〔一〕、絹十萬疋，分賜河北東、西兩路提舉司準備賑濟。從御史董敦逸請也。

四年九月一日，左司諫郭知章言：「兩浙歲旱，淮南又不常全[13]稔。乞下本路監司按視，早備賑貸。」詔兩浙路轉運、常平司，應荒政並舉行，及預那移廩粟。

元符三年三月二十六日，徽宗已即位，未改元。户部言：「河北被災諸郡，近據東路提舉常平司申，撥賜到措置斛斗四十五萬石。若賑給至四月終，委有餘剩數目，即許接續出糶。其西路，下提舉常平司，將來罷賑濟後，民食尚艱，即令依條減價出糶常平斛斗，並候二麥收成日住罷。其行商興販斛斗往災傷去處糶賣，乞依已得朝旨與免商税，至五月終。」從之。

五月二十七日，詔知太原府范純粹專切體量賑恤河東流亡飢殍之人。河北、陝西帥臣準此。

十二月六日，詔以大雪，令有（常）〔司〕損價出糶倉米，以惠細民。

徽宗崇寧三年正月二十四日，户部言：「新兩浙路提點刑獄公事周誼奏〔二〕：『常、潤兩州去秋蝗、旱，春夏之際，糧食尤闕。欲乞量展賑濟月分至四月末〔三〕。』看詳，欲下兩浙轉運、提刑、提舉司體度，如委有災傷人户闕食，至三月終未可住罷。」從之。

十月十四日，詔：「兩浙杭、越、温、婺州秋苗不收，人户失於披訴，並量與檢放。其孤貧不濟人户，仰提舉司廣行賑濟。如物價增長，即速以常平米平價出糶。」詳見「恤災」門。

五年正月二十五日，詔兩浙路提舉司賑濟水災乏食者。

大觀二年八月十九日，工部言：「邢州奏，鉅鹿下埽大河水注鉅鹿縣，本縣官私房屋等盡被渰浸。」詔：「見在人户，依放税七分法賑濟。如有孤遺及小兒，並送側近居養院收養。内有人户盡被漂失屋宇或財物，仍許依七分法借貸，不管却致失所。仍具賑濟、居養、存恤次第事狀聞奏。」詳見「恤災」門。

九月二十九日，水部員外郎陳長孺言〔四〕：「奉詔體量

〔一〕貫：原作「石」，據本書食貨六八之四九改。
〔二〕兩：原作「雨」，據本書食貨六八之四九改。
〔三〕「展」原作「度」，「末」原作「未」，據《補編》頁五八九改。
〔四〕陳：原作「東」，據本書食貨六八之五〇改。

邢州鉅鹿縣，被患甚重，欲指揮本路監司下所屬，疾速將本縣被水第三等人户亦依第四(第)〔等〕勑條賑貸。」從之。

十月七日，詔：「秦鳳路流民盡赴熙河路州軍，本路備邊，糴買爲重，深慮流移民户積日浸久，耗蠹並邊糧食〔一〕。可下常平司悉心措置賑濟存恤〔二〕，早令復業。仍具流移户口確實數目及賑濟措置次第以聞。」

三年八月十七日，詔：「常、潤州米價踴貴，可量發常平斛斗賑濟人民。」

九月六日，詔：「東南路比聞例有災傷，斛斗踴貴，仍下諸路監司，仰依實檢放秋苗分數，仍依條賑濟。」

四年三月二十六日，詔：「潤州、饒州災傷至甚，賑濟米、豆並展至四月終。」

四月二日，詔：「荆湖北路去歲災歉，推行賑濟，本路倉廩物斛所蓄不多，不接支用。可相度給降空名度牒二十道，借、奉職、假將仕郎告勑各七道〔三〕，量度數目多寡，并逐色所直錢數目，付本路監司，與席貢同共分擘付逐州軍〔四〕。曉諭民間，依陝西、河北人户入粟事體入中物斛，如米、豆、大小麥。計所入數合支價直，以前項物充折，别項拘收應副。奉職六千貫〔五〕，借職四千五百貫，假將 14 仕郎三千二百貫，度牒二百貫。」

四日，詔：「東南六路災傷，倉廩物斛不接支用。江南西路給降奉職、借職、假將仕郎告各七道，度牒二十道；江南東路、淮南、兩浙、湖南路各給降奉職告三道、借職告四道，將仕郎補牒三道、度牒二十道。並依湖北路已得指揮施行。」

政和三年三月二十三日，詔：「潤州丹陽、丹徒兩縣災傷放税及七分以上，常平賑貸在法至三月終罷。緣今歲有閏，田事必晚，可展至四月終。應有類此災傷州縣，亦依此施行，可疾速行〔下〕。」

五年三月二十五日，梓州計度轉運使趙遹言：「瀘州管下夷人結集作過，緣邊一方，户口數千，糧斛、財産盡被劫掠。不惟夏麥收成不得，秋穀又失種蒔，悉皆失業。除已行下抄劄，逐急以係省錢糧支借存撫外，欲望朝廷詳酌，特降指揮下本路提舉常平司，措置優加賑濟施行。」從之。

六年三月十日，詔：「浙西常、湖〔六〕、秀州、平江府等處，自去歲水災，秋成尚遠，其貧闕不濟人户，仰本路提舉常平司通融那移一路應管常平、義倉與朝廷封樁米斛，權依乞丐人法，不限户口、石數，特加賑給。」四月八日，詔添入湖州，並以七分災傷條例。

七月六日，知杭州徐鑄言：「奉詔賑濟錢塘、仁和、鹽

〔一〕並：原作「北」，據本書食貨六八之五〇改。
〔二〕下：原作「平」，據本書食貨六八之五〇改。
〔三〕仕：原作「侍」，據本書食貨六八之五〇改。
〔四〕與：原作「興」，據本書食貨六八之五〇改。
〔五〕奉：原作「本」，據本書食貨六八之五一改。
〔六〕湖：按下文云「添入湖州」，則此處似本無「湖」字。

官，餘杭、富陽縣去歲水災貧闕人户。自四月十五日接續賑給，止六月十五日，尚未有米穀相繼上市，已一面行下，展至六月終。」從之。

八月十八日，兩浙提舉常平司言：「奉詔，常、秀、湖州、平江府等處水災，權依乞丐人法賑給。今據逐州管下共二十五縣，賑濟總四十三萬餘口，乞至收成日住給。」從之。

十月十九日，詔平江府管下屬縣有水災去處，令依十分法賑濟。

八年七月十六日，詔：「高陽關路去歲賑濟，全活百餘萬人，河間府、滄州爲多。安撫使吳玠特降詔奬諭，官吏推恩有差。」

八月二十五日，詔：「江、淮、荆、浙被水州軍漲水已退，殘潦餘浸占田無藝，民不得耕，比屋摧圮，無以奠居。可令郡守〔一〕、令佐悉心賑救，提舉司於上供或封樁斛斗内，量人户多寡截充賑濟，即不得争占〔二〕。候將來豐熟，於常平司撥還。上等四十萬石，中等三十萬石，下等二十萬石。」

九月二十七日，詔：「江、淮、荆、浙，以被水人户多寡，分上、中、下三等，許截上供斛斗賑濟。可依已降處分，作三等截留四十萬〔石〕。如違，以大不恭論。」其後，宣和元年正月七日，臣僚言：「兩浙廉訪所申：『據轉運司申，截撥到本路米一十二萬七百石，其餘分下平江府、湖、秀州收糴應副。又於鎮江府截住常州米綱樁充賑濟〔三〕。』而轉運司稱係來年額斛之數，令起發渡江。恐致生靈不得均受朝廷惠養。」詔：「昨降御筆，截上供米賑濟飢民，非不丁寧，而姦吏公然違慢，不行截撥，更於闕食之地收糴以充賑給，是乃重困飢民，乖方若此。仰提刑司并廉訪使者驗實，人吏依法 15 決訖配千里，轉運司官追三官勒停。」其後，轉運司奏：已支撥賑濟米四十萬石，足備無闕。詔副使蔣彝以應奉宣力，特免勒停，追官改作降官，依舊在職。

十月八日，詔：「諸路民被水患深淺不同，州縣賑給，不可一槩限滿住罷。仰監司、州縣悉心體究，如被水尤甚，民力未能自營，不得便住賑給。務在存活人命，亦不可濫冒惠姦。」

重和元年十二月十九日，詔：「淮南被水，楚州山陽、鹽城二縣下户饑殍，三萬二千餘人無業可復。縣官悉令放散，遂攜老扶幼，號訴監司。而常平官告諭，爲乞米未下，各令歸業，轉於溝壑者已不少。指揮到日，於已截斛斗支撥賑救；不足，於鄰州、鄰路發義倉兑撥支遣〔四〕。其郡守、知縣、常平官先次勒停，受訴監司降兩官。並令提刑司取勘，限十日奏。」

〔一〕守：原脱，據本書食貨六八之五二補。
〔二〕得：原脱，據本書食貨六八之五二補。
〔三〕濟：原脱，據本書食貨六八之五二改。
〔四〕撥：原作「换」，據下條改。

宣和元年二月十八日，尚書右丞范致虚言：「奉詔，楚州山陽、鹽城二縣被水，令截撥斛斗賑救；不足，於鄰州、鄰路發義倉兑撥支遣。竊以災傷路分廣遠，自江、淮、荆湖、兩川，各被水患，物價騰踴。方春正多飢殍，彊壯者流爲盜賊，類多乞丐，以市斛斗，或采在田蔬茹之類，甚者無從得食，老稚轉徙，甚可哀痛。按義倉法，唯充賑給，不得他用。比歲數豐〔一〕，未嘗支遣，諸路義倉之粟甚多。欲望睿旨，應去歲災傷州縣，並量從核實災傷人數及外來流民，並給義倉物斛賑濟。數係災傷官司以前不曾檢行〔二〕，特與放罪；若今來指揮到，依前庇隱，令廉訪使者按劾以聞。若常平及本州通用諸縣義倉物斛計度，俵散不足，並許依楚州兩縣所得前件指揮，於鄰州、鄰路發義倉兑撥支遣。」詔：「京西路（穎）〔潁〕、汝、陳、蔡等州，見今民已流移飢殍，監司、州郡並不申奏，運司庇隱，不放租税，致不得依災傷賑濟，遂使斯民轉於溝壑。吏爲姦罔，不奉法令，以致如此，爲之惻傷。可令新京西漕臣李祐放謝辭，星夜乘騎前去體量。常平官孫延壽先次勒停，餘監司并守臣一一並具名奏。應一路義倉，可並特通融支撥賑濟施行。應災傷流移地分，並令依法放免租税，疾速行下。」

五月二十九日，詔：「淮、浙去歲被水，田業多荒。今雨暘順適，耕種是時，民無力施工。可令兩路提舉常平官散倉廩，廣行借貸，毋或失時。施行訖，具奏。」從兩浙轉運司請也。

二年六月四日，詔：「開封府賑濟乞丐二萬二千餘人，當職官吏推恩有差。」

十月九日，詔：「淮南災傷，飢民流離，常平官其躬至所部，竭力賑濟。」

十二月二十五日，詔：「睦州及管下應避賊人，令所在官司依條賑濟。」詳見「恤災」門。

三年正月十四日，詔：「宣、歙、杭、睦州民居，緣兇賊劫畧逃避，既無所得食，遂至失所。慮其間少壯之人或聚爲盜，老弱幼小不能自存，轉于溝壑，深可矜惻。仰江南、兩浙路漕臣、憲司、提舉常平及所在處郡守倅、當職官等多方撫諭，優16加存恤。如有闕食之人，官爲賑濟，務在安集，毋令失所。仍各具知稟狀以聞。」

二十六日，詔：「兩浙、江東路避賊士族、百姓流離，無以自給，及無居止，宵旰惻然〔三〕。令州縣措置賑給，借與官舍，勸誘歸業。」

八月十二日，詔：「徽州已降指揮，依七分法借貸，被賊燒劫州縣人户，依災傷流移法賑濟。其兩路復業人户，若闕少牛具、種糧等，仰提舉司審度，量行借貸訖奏。」

四年十二月十三日，詔：「德州有京東路西來流民不

〔一〕比：原作「此」，據本書食貨五九之一六、六八之五三改。
〔二〕傷：原作「複」，據本書食貨五九之一六改。
〔三〕宵：原作「霄」，據本書食貨六八之五五改。

少，本州知、通張邦榮、王景温等見行賑濟，於在城并安德、平原縣三處措置宿泊，計六百三十一户。除已該給券還鄉外，尚有五百餘户各得均濟。仰本路提點刑獄司究實聞奏，取旨量推恩。其餘路分遇有流移人户，不即依條存恤者，並仰監司、廉訪使者按劾以聞。」

五年正月四日，臣僚言：「聞蜀父老謂本朝名臣治蜀非一，獨張詠德政居多，如賑糶米事，著在皇祐甲令，（常）〔嘗〕刻石遵守，至今行且百年。其法，一斗止糶小鐵錢三百五十文〔一〕，人日二升〔二〕。團甲給曆，赴場請糴，歲計六萬碩。始二月一日，至七月終。貧民闕食之際，悉被朝廷實惠。比年漕臣不職，米直漸增，或陳腐不堪，雜以糠粃，不獨損六萬之數，且幾察不嚴。乞賜施行。」詔漕臣檢會皇祐條例，措置以聞。

十月二十八日，詔：「大河暴漲，由恩州清河縣王余渡東向泛溢〔三〕，衝蕩大名府宗城縣〔四〕。本縣被水人户，令本州提舉常平官親詣流移所在，遍行賑濟。」

六年五月十三日，前知平陽軍府事商守拙言：「契勘諸路州縣給散乞丐人米，依條立期，五日一給，不以所居遠近，皆集一處給散。欲乞遇風雪，權令就近支散，庶不失所。」從之。

八月十八日，收復燕雲赦：「應貧乏及饑民，並以係官錢米賑濟，無令少有失所。」

十月二十七日，詔：「浙西諸郡夏秋水災，穀貴艱食，民户流移。已降指揮，於所在依條賑濟。訪聞常平司見管米斛數少，可於本路實有見在米或見起上供米内，截撥五、七萬石付提舉常平官，躬親往常、秀、平江等處，隨宜分擘應副賑給，務令實惠均及飢民。」

十一月十七日，詔：「河北、京東夏秋水災，民户流移，繼踵於道。可令應所過州軍隨宜接濟。若常平、義倉不足，即發封樁應干斛斗賑給，令實惠及人。」

高宗紹興元年五月十四日，詔：「諸路見今米價踴貴，細民闕食，令州軍將常平倉見在米量度出糶。仍廣行勸誘富家，將願糶米穀具數置曆出糶。州委通判，縣委令佐。如糴及三千石以上之人，與守闕進義副尉；六千碩以上，與進武副尉；九千碩以上，與下班祗應；一萬二千碩以上，與進義校尉；一萬五千碩以上，與進武校尉；二萬石以上，取旨優異推恩。如已有官蔭，不願補授名目，當比類施行，並令州軍保奏。通判、令佐勸誘人户出糶數多，令本路監司保17奏，等第推恩。務要實惠及民，即不得虛樁數目，陳乞推恩。仍令監司覺察，如違，按劾取旨，重作責罰。」

二年八月十一日，詔：「福建路亢旱，米價翔貴。令本

〔一〕「小」下原有一「錢」字，據本書食貨五九之一九删。
〔二〕升：原作「斗」，據本書食貨五九之一九改。
〔三〕清河：原倒，據《宋史》卷八六《地理志》二乙。
〔四〕「名」原作「明」，「宗」原作「采」，據《宋史》卷八六《地理志》二改。

路提刑司將泉、福州寄卸廣南米，取撥三萬碩賑糶，仍酌量逐州軍豐歉次第分撥。」

三年六月十二日，荆湖南路宣諭薛徽言〔言〕：「已檄州縣勸誘上户借貸種本，月終考曆，以多寡爲殿最。其上三名與免公罪杖一次，稍多者又與免科役一次，優異者保明申本司。又就全、永間通那省米，應副借貸。應第四等以下户，計人爲一甲〔一〕，於本州給據，自齎赴撥米州軍請領。」於是户部言：「人户災傷，在法以常平錢穀應副，不足，方許勸誘有力之家出辦糶貸。兼已劄刷湖南有米州軍支撥二萬碩付本路提刑司，專充賑濟支用。今乞下提刑兼提舉常平司，遵已降指揮施行，毋致人民流移失所。」從之。

五年四月十四日，中書門下省言，勘會民間米斛踴貴。詔令户部借支神武中軍糧食一月，令盡數出糶。

九月七日，殿中侍御史王縉言：「應民旅般販米斛往旱傷州縣出糶，依日前指揮，許就官司判狀執據，與免經由場務力勝，亦賑救之一也。」從之。

十二月七日，江南西路轉運司言：「筠、袁、洪、吉、江、撫州、臨江〔二〕、興國軍及臨江軍新喻縣災傷，乞支給本路苗米五七萬碩，委提舉司以州縣災傷分數取撥，比市價減十分之三出糶〔三〕。及令州縣勸諭有力之家，人納粳米每一千碩，或稻穀每二千碩，如係曾得文解人，三代中有文官無刑責，補迪功郎，餘人補承信郎，依獻納人例，理選限陞陟。從本州保奏，給降付身，便作官户，免身丁、差役，免審量，令本路帥司舉辟合入差遣。其入納到米，即減價賑糶。并令州縣出給公據，勸諭商賈收糴斛斗〔四〕，從便出糶，與免力勝税錢。每米百碩，許附帶貨物約百貫。詢訪停塌斛斗之人，勸諭量取利息，責認碩㪷數目出糶接濟。及飢民合給米豆，雖放税不及七分縣分，亦許賑給〔五〕。委提舉司審度，若常平穀不足，聽取撥入納到米謂今來因災傷勸誘到者。支給，候將來有納到義倉斛斗，却行撥還。州縣當職官賑濟有方者，委提舉司保明，提刑司覈實以聞，優與旌賞。」詔：「已令收糴米斛六萬碩，準備賑濟，今乞支苗米，難議施行〔六〕。内勸諭人納稻穀，依入納米補官，便作官户一節，見別作施行外，餘並依。仍委知、通勸諭有力之人出糶斛斗接濟，不得搔擾。」

六年正月十三日，詔：「令湖南轉運司，於已科撥去年上供米内存留三萬碩，從本路帥司量度災傷輕重，分撥付州縣，專充賑濟使用。」

二十六日，上宣諭輔臣曰：「歲飢，民多流殍，朕心惻然。官爲發廩以賑給之，則民受實惠；苟爲不然，雖詔令

〔一〕計人：似當作「十人」。
〔二〕臨江：按下文又有「臨江軍新喻縣」，不應重複，疑此當作「建昌」。
〔三〕出：原脱，據《建炎要録》卷九六補。
〔四〕糴：原作「糶」，據本書食貨五九之二五改。
〔五〕賑：原作「販」，據《建炎要録》卷九六改。
〔六〕難：原作「雖」，據本書食貨五九之二五、六八之五八改。

數下，恐徒爲文具耳。宜申飭有司多方措置米斛。」

二月一日，詔：「令江西轉運[18]司於去年上供米內，支撥一萬碩付本路帥司，斟量災傷輕重，與常平米相兼均俵賑濟支用。」

七日，右諫議大夫趙霈言：「去秋旱傷，連接東南，今春飢饉，特異常歲。湖南爲最，江西次之，浙東、福建又次之。伏覩累降指揮賑濟，固備盡矣。然今日賑救有二：一則發廪粟減價以濟之，二則誘民户賑糶以給之。諸路固嘗許借常平、義倉米，又常令州縣賑糶。艱難之際，兵食方闕，州縣往往逐急移用，無可賑給，唯勸誘賑糶尤爲實惠。然自來官中賑濟，多止在城郭，而不及鄉村。願以上户所認米數，紐計城郭、鄉村人户多寡，分擘米數，縣差丞、簿，於在城及逐鄉要鬧處監視出糶，計口給曆照支，或支五日，或併支十日。其交籌收錢，並令人户親自掌管，官司不得干預。既無所擾，人亦願從。乞申嚴戒諭，如當職官不親詣鄉村監糶米斛[一]，與故縱人吏科擾，令監司按劾，及許人户越訴，其官吏重行竄斥。」從之。

三月七日，成都潼川府夔州利州路安撫制置大使、兼知成都府席益言：「東、西兩川去秋荒歉，及成都府路田事不登，物價騰踴。欲令四川都轉運司不以是何名色米，權行截撥，專充賑濟，或減價出糶，以平米價。」詔令趙開除應副軍糧外，將其餘應干米斛寬剩撥付四川安撫制置大使司，量度逐路災傷去處，均行賑糶。

二十九日，殿中侍御史周祕言：「去歲旱傷，小民艱食，命所在勸誘積粟之家置曆出糶，過三千石者，等第推恩。而州縣奉承不恪，勸導無方，乃謂富民頑悍，説諭不從，遂降指揮，許令一面酌情斷遣。州縣官吏不問民之有無，而專以刑威逼使承認，善良之民被其害矣。欲望再降指揮，專委諸路提舉官徧詣所部，戒約守、令多方勸誘，務令民户樂從，無因今來酌情斷遣指揮，輒有分毫搔擾。」詔依，令諸路提舉常平官躬親遍詣所部州縣巡按覺察，如有違戾去處，按劾聞奏。其提舉官失覺察，令御史臺糾劾。

四月十二日，江南西路安撫置制大使、兼知洪州李綱言：「已遵睿訓勸誘，出榜置曆，差官分詣諸州，委知通、縣官召上户積米之家，許留若干食用，其餘依市價量減，盡數出糶。其流民，官中賑濟。竊恐秋成尚遠，難以接濟，已一面勸誘上户納錢米入官[二]，以助賑濟。乞許給官告、度牒之類，折還價直。」從之。

二十三日，詔：「筠州高安、上高兩縣當職官，各先次特降一官放罷，令本路提刑司取勘，具案聞奏。」以提舉常平司言：「賑濟乖方，至有盜賊竊發，殍亡暴露，田畝荒萊[三]，飢民失所。」故有是命。

[一] 糶：原作「糴」，據本書食貨五九之二六改。
[二] 已：原作「以」，據本書食貨五九之二八、六八之五九改。
[三] 萊：原作「菜」，據本書食貨五九之二八、六八之五九改。

五月一日，荆湖南路安撫制置大使、兼知潭州吕頤浩言：「被旨，令廣西提刑韓璜收糴米三萬碩，般發前來賑濟。已節次催促，至今並無顆粒到來。望將上件米斛委韓璜催督，水運至湖南，却委本路運使分撥州軍交卸，以濟飢民。」19詔令劉鵬、向伯奮疾速般發。

二十六日，詔知婺州周綱除直龍圖閣，知撫州劉子翼除直祕閣，並特令再任。以中書言並治郡有方，賑濟宣力，故有是詔。

八月二十九日，詔韶州李紹祖特與減二年磨勘。以廣西提舉常平韓璜言起發湖南賑糶米有勞故也。

十二月十四日，尚書省言：「江東西、湖南路去歲旱傷，近據申奏，賑濟飢民萬數不少。其逐路帥司及常平官措置有方，甚稱委寄。」除江東帥臣葉宗諤已別作施行外，詔帥臣吕頤浩、李綱，提舉趙不已、吴序賓，令學士院降詔獎諭。

同日，尚書省言：「去秋江、湖旱傷，人民闕食，朝廷支撥米斛，及委帥臣、監司并州縣守令賑給。竊慮其間奉行滅裂，却致死損流移數多，合行比較優劣。」詔令逐路帥臣、監司，於本路旱傷州縣，各比較三兩處，保明取旨賞罰。

十五日，詔：「四川去歲旱荒之後，繼以疾疫〔一〕，流亡甚衆，深用惻然。其郡守、縣令有能賙給困窮、撫存凋瘵、善狀最著者，令席益體訪詣實，保明來上，當議獎擢，以爲能吏之勸。或廢慢詔令，坐視不恤，按劾聞奏，亦當重寘典憲。」

七年十月八日，詔潼川府守臣景興宗陞一職，廣安軍守臣李瞻、果州守臣王隮、前吏部郎中馮檝、漢州守臣王梅各轉一官，知成都府席益令學士院降詔獎諭。仍令四川安撫大使司開具其餘合轉官人職位、姓名以聞〔二〕。以四川安撫制置使席益言諸州賑貸有方，活飢民甚衆，内馮檝出米四百碩以助賑濟，故有是命。

九年十一月六日，臣僚言：「曩者旱暵爲災，官嘗發廩勸糴，而州縣奉行，姦計百出。有民户初非情願，均令認數，以應期限，而平時儲積之家得以幸免者；有所在初無收成，勒令轉糴以賑城郭，而本鄉流離不暇顧卹者。願詔執事選擇廉謹彊明之吏，推行德意，務使實惠及民，盡革前弊。」詔令户部約束。

十年三月十九日，臣寮言：「諸處糶米賑濟，只及城郭之内，而遠村小民不霑實惠。向陳正同通判婺州，賑濟極有條理，雖窮谷深山之民，無不普霑實惠，而州縣之吏亦不至勞。乞令陳正同條具賑濟事件付户部看詳，遍下諸路依此施行。」從之。

十二年三月二日，詔：「紹興府旱傷秋苗，令於義倉米内支撥一萬碩，置場出糶。」

〔一〕繼：原作「斷」，據本書食貨五九之二九、六八之五九改。

〔二〕合：原作「各」，據本書食貨五九之三〇、六八之五九改。

十三年三月十八日，詔：「令淮南總領呂希常於大軍米內支三千碩，量度分撥於鎮江府，委官管押前去米價踴貴去處，減價出糶。仍令淮西總領吳彥璋契勘本路如合出糶，依此施行。」

十四年六月十五日，上宣諭輔臣曰：「福建、浙東被水災去處，已令寬恤賑濟。尚恐州縣滅裂，令逐路監司各躬親前去，悉力奉行，務要實惠及民，不得徒爲文具。」

十五年七月三日，知泉州吳序賓言：「汀、虔盜賊鱗集，泉南七縣罹其荼毒，且致飢餓。雖軍儲不足，而義倉積粟見[20]存七萬碩，欲開倉賑貸。內殘破四縣，乞比附災傷七分之法，各借種子三千碩，自第四等以下户，委縣官隨便借貸。」詔每縣於義倉米內支撥二千碩應副借貸。

十八年十一月二十三日，上諭輔臣曰：「紹興府災傷，闕食人户以義倉米賑濟，無使失所。如別有災傷去處，亦令户部多方措置。」

十二月十二日，上宣諭輔臣曰：「近令提舉常平官躬親詣災傷去處賑濟，竊恐所轄州縣闊遠，點檢遲滯，可更令分委屬官悉力賑濟。將來春耕合用種糧，須令預先措置，臨期借給，使之耕種及時，則贍養、供輸，公私兩濟。」

十九年二月四日，上諭輔臣曰：「春雨膏潤，於農事極利。農事種糧爲急，若種糧不足，則秋成無望。昨已降指揮，災傷去處令提舉常平司借給，可更丁寧户部應副。」

十九日，詔：「逐路災傷去處，可令縣官措置，齎發米斛就鄉村賑給。逐州委通判點檢，逐路委提舉常平官按察，仍令御史臺覺察彈劾。」

二十八日，詔：「近有紹興府等處飢民在此求乞，日有饑死者，可令臨安府日下給米賑濟。」

三月二日，上諭輔臣曰：「近日紹興飢民多有過臨安者，深可憐憫。蓋是保正副抄劄漏落，是致流移。可令臨安府多方措置賑濟，户部應副糧斛。其諸路州縣災傷去處，宜申飭監司、守臣，依已降指揮貸給種糧，庶幾秋成可望。」

四月六日，上諭輔臣曰：「兩浙等處災傷去處，可令提舉常平官親詣所部借貸種糧，務要實及飢貧民户，毋令州縣及當行人侵克，徒爲具文。」

九月十三日，詔兩浙東路提舉常平秦昌時除直祕閣[一]、兩浙東路提點刑獄公事。以安撫司言：「紹興府、明、婺州水旱災傷，昌時悉力賑濟，乞賜褒擢。」故有是詔。

二十四年五月十七日，尚書省言：「衢州闕食人户，令本路常平官賑濟外，竊慮未到之前，人户闕食，有妨歸業。」詔令本州日下賑濟，仍曉諭各令歸業。

六月一日，上諭輔臣曰：「官司賑濟，止及近郭游手之人，其鄉村遠處，宜令提舉官及州縣常平官躬親措置，務使實惠及於貧下。」

[一] 常：原作「當」，據《補編》頁五九二改。

二十七年十月二十九日，詔：「令四川制置司〔一〕、總領所并逐路轉運、常平司，各具管下州縣有無旱傷聞奏。如有實被旱傷去處，仰支撥常平錢糧賑濟。或支用不足，即於存留舊宣撫司樁積錢米内量度取撥。」

二十八年八月十六日，上諭輔臣曰：「浙東、西瀕江海去處，田苗爲水、風所損，平江府最甚，紹興次之。已將常平米賑濟，尚慮貧弱下户去秋成尚遠，無錢可糴，深軫朕懷。卿等可令發義倉米賑濟。」宰臣沈該等奏曰：「在法，災傷及七分以上，合行賑濟。當遵稟聖訓，就委趙子潚、都絜依此施行。」詔：「紹興、平江府被風、水損傷，可令趙子潚、都絜體訪，委是災傷去處，將第四等以下闕食人户量行賑濟，候晚禾成日住罷。仍具逐處賑濟人户 21 及支撥過米數申尚書省。」

九月二十九日，詔：「在法，水旱檢放苗税及七分以上賑濟。緣田土高下不等，若通及七分方行賑濟，竊慮飢荒人户無以自給。可自今後，災傷州縣檢放及五分處，即令申常平司，取撥義倉米量行賑濟。」

二十九年二月二十五日，詔令逐處守臣於見管常平、義倉米内取撥二分，減市價二分賑糶。内臨安府於行在樁積米内借撥。

四月二十六日，詔：「紹興府山陰縣檢放、賑濟不均去處，令浙東常平官再驗合放實數申〔二〕。其第四等以下不曾經賑濟者，令遵節次已降指揮賑濟施行。」

閏六月四日，提舉兩浙路市舶曾惜言：「去秋州縣有被水災傷去處，細民艱食。多方賑濟，及將常平米減價出糶，飢民賴以全活。而其間奉行不至者，其弊有三：賑濟官司止憑耆保、公吏抄劄第四等以下逐家人口給曆，排日支散。公吏非賄賂不行，或虚增人户，或鐫減實數，致姦僞者得以冒請，飢寒者不霑實惠，其弊一也。賑糶常平米斛，比市價低小，既糶者不分等第，不限口數〔三〕，則公吏、倉斗家人等多立虚名盗糶，遂使官儲易於匱乏，其弊二也。賑濟户口數多，常平樁管數少，州縣若不預申常平司於旁近州縣通融那撥，米盡旋行申請，則中間斷絶，飢民反更失所，其弊三也。欲望行下有司，嚴立法禁，力革其弊。公吏抄劄不實，與夫州縣申請失時者，並寘嚴科。委提舉官往來部内賑濟去處體訪，如有違戾，按劾以聞。」從之。

三十一年正月二十六日，詔：「令逐州府差官抄劄實貧乏之家，於見樁管常平錢米内，依臨安府例賑濟。分委有心力官俵散，務在實惠，不得減剋。仍具支過錢米數目以聞。」

八月三日，都省言：「淮西州軍先因欠債逃避出没之人，理合賑濟。」令淮西提舉常平官日下於附近州軍取撥常

〔一〕四：原作「西」，據本書食貨五九之三三、六八之六一改。
〔二〕合：原作「各」，據本書食貨五九之三五、六八之六一改。
〔三〕數：原作「食」，據本書食貨五九之三五、六八之六一改。

平、義倉米三千碩〔一〕，前去濠州賑濟。仍令龔濤、劉光時照會，常切存恤，毋致失所。

三十二年二月三日，詔：「兩淮歸業民户（難）〔艱〕於食用，令本路常平司賑濟。如闕米，於浙西、江東常平米内，各取撥一萬碩應副支散。」

五月二十七日，特進、觀文殿大學士、判建康軍府事張浚言：「體訪得東北今歲米價踴貴，欲乞朝廷多撥米斛、錢物赴淮南賑濟支用〔二〕。」詔令浙西、江東常平司，各更於近便州軍支撥常平米一萬碩。（以上《永樂大典》卷一五二三九）

〔一〕倉：原作「食」，據本書食貨五九之三七、六八之六一改。
〔二〕物：原作「給」，據《補編》頁五九三改。

宋會要輯稿　食貨五八

賑貸　下

[1]孝宗隆興元年二月十八日，尚書户部員外郎、奉使兩淮馮方言：「據高郵軍百姓狀：『自前年金賊犯順，燒毁屋宇，農具、稻斛無餘，歸業之始，無以耕種。』欲乞就附近支撥常平及義倉米，委本路提舉司，令高郵軍措置借貸，抱認催索，趁此農時，早得布種，以寬秋冬艱食之憂。其餘兩淮州縣經賊馬侵犯去處，亦令依此體例施行。」從之。

三月二十九日，詔曰：「霖雨爲沴，雖側身修行，尚恐誠意未孚。可令諸路監[2]司、守令，應遇災傷去處，常切賑卹困窮，糾察刑禁，仍各條具聞奏。」

六月十八日，詔：「兩浙、江東下田傷水，衝損廬舍，理宜寬卹。令諸路常平司行下州縣，將被水人户疾速依條借貸，以備布種。將來見得損傷，即從實檢放〔一〕。其衝損廬舍之家，多方存恤賑濟，措置安泊，無令失所。」

七月十九日，權知盱眙軍周淙言：「泗州、盱眙軍去歲虜人驚移，不曾耕種。近淮北流移之民稍多，米價頓長，極邊之地，販運不通，已將本軍米斛比市價減半置場出糶，每日糶及五十碩。但去秋成稍遠，而本軍米斛已盡，乞支撥三千碩，廣行賑濟。」從之。

九月二十四日，詔：紹興府飢民，以義倉米依紹興十八年例賑濟之。從知府事吳芾請也。

十月二十一日，知紹興府吳芾言：「本府今年災傷異常，豪右之家閉糶待價。欲招誘出糶最多之人，從本府保明，申取朝廷詳酌推恩。」從之。

二十七日，兵部尚書、兼湖北京西路制置使虞允文言〔二〕：「京西一路今歲旱蝗，乞下本路常平司，候開春日，將所管常平、義倉米廣行賑濟。」從之。

二年三月十日，詔：「徽州旱蝗爲災，可將常平、義倉米出糶賑濟。如本路州軍亦有似此去處，依此施行。」

二十七日，德音：「高、(籐)〔藤〕、雷、容州應曾被焚刼逃避人户，仰守、令多方招誘歸業。內闕食不能自存之人，依災傷法賑恤；即雖歸業而無力耕種者，令提刑司以牛具、種糧借貸之。」

七月二十四日，臣寮言：「建康、鎮江、平江府、常、秀等州，今年秋淫雨不止，大水爲災。目今米價見已翔踴，乞命提舉司依條賑濟農民，不可使至流移。仍行下諸州，勸諭居停米穀之家平價出糶。」從之。

八月二十三日，詔：「臨安府米價增貴，細民艱食。令常平出米二萬碩賑糶。」

〔一〕實：原作「時」，據本書食貨五九之三八、六八之六二改。
〔二〕京：原作「荆」，據本書食貨五九之三九改。

（從二十）〔二十八〕日〔一〕，詔：「訪聞淮東有被水去處，人户遷徙。可令錢端禮於本路見管米斛内，支撥一萬碩措置賑濟。如不足，於淮東總領所大軍米内取支。」

九月四日，知鎮江府方滋言：「丹徒、丹陽、金壇三縣，今秋雨傷稼穡，已委官詣金壇縣取撥義倉米二千碩，丹陽縣一千碩，各依乞丐法賑濟。尚慮管下少有客販米斛，及乘時射利，高擡價直，民户艱於收糴，遂措置就委官於金壇縣添撥米一千二百碩，丹陽縣添撥米八百碩，丹徒縣撥米五百碩，並各減價，每升作二十五文省，置場出糶，每人日糴不得過二升。竊慮豪右之家閉糴待價，除已勸諭賑糶外，乞依紹興九年七月二十九日指揮，將出糶米穀人依立定格目推賞〔二〕。仍乞立定有官人糶米比類遷轉賞格行下。其或他州之人有能般販前來賑糶，及得數目，亦與一例保明推恩。」從之。其後方滋又言：「今歲江東、二浙皆是災傷去處，獨湖南、廣南、江西稍熟，相去既遠，客販亦難，勢當有以誘之。欲乞朝廷多出文榜，疾速行下湖、廣諸路州軍，告諭客3人，如般販米斛至災傷州縣出糶，仰具數目，經所屬陳乞，並依賞格即與推恩。州縣出糶官米，往往只在近郭，勸諭民間出糶者亦多般入城市，以至村落山谷之民無處告糴。乞敦請土人及寄居之忠實可委者，四散監糶，庶被惠者廣。州縣閉糶，朝廷舊有約束，今聞州縣不務均濟，往往禁人般販〔三〕。乞委監司嚴行覺察，將閉糶之官按劾施行。」從之。

十九日，詔：「今秋霖雨害稼〔四〕，細民艱食，出内庫銀四十萬兩付户部變轉，收糴米斛賑濟。」

二十一日，中書門下省言：「今歲浙西、江東州軍内有水傷去處，損害禾稼，竊慮民户流移闕食。乞下江西常平司，於見管常平、義倉米内取撥二十萬碩賑貸。」從之。

閏十一月十九日，臣寮言：「淮南流移百姓見在江、浙州軍，無慮十數萬衆，雖欲賑濟，緣官司米斛有限。近降指揮，有田一萬畝，出糶米三千碩。其餘萬畝以下，却有不曾經水災、收蓄米斛之家，糴價倍於常年。今相度，欲委逐州見不曾經水災處，占田一萬畝以下、八千畝以上，立定出糶米一千五百碩。如此，可以廣有出糶之數，應接急闕支遣〔五〕。」從之。

二十五日，上封事者言：「虜騎犯邊，兩淮之民皆過江南。緣鎮江潮閘不開，老小舟船艤泊江岸者數千隻，近日大雪，皆有暴露絶食之患，欲乞廣行賑濟。」詔專委浙西、江東提舉照應見行條法，通融取撥一路常平米斛，躬親賑濟。臣寮又言：「近嘗具奏，乞賑給兩淮流移之民，伏蒙施行。竊覩近日有司措置，於多田之家廣加和糴，今諸處各有糴

〔一〕二十八：原作「從二十」，據本書食貨五九之四〇、六八之六二改。
〔二〕糶：原作「米」，據本書食貨五九之四〇、六八之六三改。
〔三〕禁：原作「濟」，據本書食貨五九之四〇、六八之六三改。
〔四〕今：原作「令」，據本書食貨五九之四〇、六八之六三改。
〔五〕接：原作「按」，據本書食貨五九之四〇、六八之六三改。

到米斛。欲望於浙西、江東西諸郡和糴到米内，取撥二三十萬碩，令逐路轉運司日下措置般運，分往兩淮經殘破州縣鄉村，委逐處守、令遍行賑濟，招誘流民歸業。其貧困之人不能自存者，日計口數給糧。」詔依。

十二月十三日，詔：「兩浙路州軍内有災傷民户闕食去處，專委本州守倅，以常平米措置減價賑糶。」

乾道元年正月十九日，詔：「已降指揮，逐路州軍災傷去處，措置賑濟。訪聞州縣止是抄劄城内闕食之人，其鄉村貧民多不霑惠。令逐路轉運司行下逐州，委官遍詣鄉村賑糶，并勸糶民間米斛，不得因而搔擾。」從中書門下請也。

二十一日，詔：「紹興諸縣米價騰踴[一]，飢民闕食，沿湖之民多有死損，理宜賑恤。可專委徐嚞、喻樗多方措置賑糶，務要實惠及民。仍委提刑司體究逐縣死損過人數以聞。」從中書門下請也。

同日，詔：「浙西州軍被水災去處，已令賑濟。訪聞湖、秀州流移之人甚衆，竊慮州縣奉行不虔，可令曾愭躬親前去，多方措置賑濟，無令失所。將州縣官措置有方保明聞奏。其弛慢去處，具名按劾。」從中書門下請也。

二月三日，詔：「兩浙、江東州軍，緣去歲間有水傷去處，致今春米價翔踴，細民流移，甚可矜恤。仰守、令多方措置[4]賑濟，於本州應管錢米内取撥應副。仍籍定數目，隨管内寺觀大小均定人數賑濟，柴錢責付主首掌管支用。務令實惠均及流民，毋致殍餓。如奉行滅裂，仰提刑司按劾，重寘典憲。賑濟有方，具名聞奏，當議旌賞[二]。」

六日，中書門下省言：「兩浙東、西路緣水災，細民艱食。累降指揮，令諸州縣賑濟及勸上户糶米，并造粥給食，非不詳盡。竊慮州縣奉行滅裂，未見實惠及民。」詔：「浙西委吏部郎官魯訔、浙東委司封郎官唐閲，躬親遍詣諸路州縣檢察。如有違戾去處，具當職官姓名申尚書省。其措置有方，亦仰保明聞奏。」

八日，詔：「高郵軍、壽春府流移之民，令淮東總領所將太平州蕪湖縣起到江西常平米内，取撥一千碩應副高郵軍；於滁州金人遺棄下米内，取撥二千碩應副壽春府賑濟。」從江淮都督軍馬楊存中之請故也。

九日，詔：「臨安府諸縣賑濟，竊慮奉行不虔，差監察御史程叔達日下躬親前去檢察。如有違戾去處，具當職官姓名申尚書省；其措置有方，亦保明聞奏。」

十一日，中書門下省言：「臨安府内外饑民頗多，竊慮有賑濟未盡。」詔委姜詵、韓彦古同臨安府專一措置賑濟，毋致失所，仍約束所差官吏不得作弊滅裂。

三月十三日，詔：嚴、衢、婺、處州荒歉，發常平米以賑之。從殿中侍御史章服請也。

四月十三日，尚書度支員外郎曾愭言：「今歲浙西災

[一]踴：原作「勇」，據本書食貨六八之六四改。
[二]議：原作「經」，據本書食貨五九之四一、六八之六四改。

傷，諸縣勸論大姓出米，賑濟者即是給與，賑糶者姑損其直，賑貸者責認其償。欲乞將逐縣勸諭到賑濟米，謂如三千碩者，知縣與減一年磨勘，計其多寡以爲之等差。賑貸三百碩，比賑濟一百碩。州郡於諸縣數外自措置到賑濟、賑糶數，及委令佐分鄉勸諭者，守臣與令佐賞亦如之。大小麥減米數之半以計其數。」詔令有司第賞格行下，浙西提舉常平保奏施行。

五月二十四日，詔：「廣、英、連、韶州，肇慶、德慶府以峒民殘破，令廣東提舉常平司依條賑濟。」從廣東提刑石敦義請也。

同日，詔：「光州屢經兵火，令淮西總領所撥會子一萬貫，江西轉運司支米五百碩賑濟之。」

六月十八日，知宣州王佐言：「本州自五月七日至二十六日，雨如傾注，山發洪，被水之人闕食者衆。欲將見管常平糶米錢八萬餘貫循環作本，差官收糴米斛賑濟。」從之。

二年二月三日，兩浙路轉運判官姜詵言：「浙西州縣災傷，民户闕食。乞下諭州軍府官守臣疾速措畫，其闕食民户量行賑濟，勸諭田主、豪右之家借貸種糧。」詔令浙西提舉常平官相度措置。

九月七日，詔浙東提舉常平宋藻前去温州，將常平、義倉米賑濟被水闕食人户。如本州米不足，通融取撥。權發遣温州劉孝韙言：「本州八月十七日風潮傷害禾稼，漂溺人命。所有義倉米五萬餘碩，先蒙奉使司農少卿陳良弼盤量在倉，不得支借。5 若候申稟，深恐後時，逐急一面賑給外，有不候指揮先次開發之罪，乞施行。」得旨放罪。

十一日，詔：「温州水災，差度支郎中唐瑑，同提舉常平宋藻，守臣劉孝韙遍詣被水去處，覈實賑濟。」

三年八月二十五日，詔：「諸路州縣約束人户，應今年生放借貸米穀，只備本色交還，取利不過五分，不得作米錢算息。」以臣寮言：「臨安府諸縣及浙西州軍舊來冬春之間，民户闕食，多詣富家借貸，每借一斗，限至秋成交還，加數升或至一倍。自近年歲歉艱食，富有之家放米人立約：每米一斗，爲錢五百。細民但救目前，不惜倍稱之息。及至秋成，一斗不過百二三十，則率用米四斗方糶得錢五百，以償去年斗米之債。農民終歲勤動，止望有秋，舊逋宿欠，索者盈門，豈不重困？夫民之貧富有均，要是交相養之道。非貧民出力，則無以致富室之饒；非富民假貸，則無以濟貧民之急。豈可借貸米斛，却要責令還錢？」故有是命。

十二月二十六日，左朝散郎孫觀國言：「四川州郡亢旱，内綿、劍州尤甚。乞遣金字牌行下制，總諸司，多方賑濟。」上曰：「此去麥熟尚遠，想見飢民狼狽，當依所奏。」

四年四月十一日，司農少卿唐瑑言：「福建、江東路自今春米價稍高，民間闕食。郡縣雖已賑糶，止是行之坊郭，其鄉村遠地不能周遍。」詔：「逐路提舉常平官疾速措置〔一〕，津發見樁米斛，分委州縣清強官廣行賑糶，或勸諭積穀之家接續出糶，不得因而抑勒搔擾。諸路依此。」

六月四日，詔：「建寧府、衢州、袁州、建昌軍米價翔踴，人民闕食，並出常平米賑濟之。」

二十六日，詔：「襄陽府水旱民饑，令本府寄樁大軍米內支降二萬碩賑濟之。」

十二月二十六日，雷州言：「八月一日海潮暴漲，渰浸東南鄉民，闕食者衆。」詔令禮部降度牒十道，付廣西提刑司變賣，措置賑濟。

五年三月六日，提舉江東常平公事翟紱言：「竊見饒州諸縣去年被水災傷，合行賑糶。乞將常平舊管米一千六百五十二碩九斗六升五合，并收到乾道四年分義倉米五千二百一十五碩二斗九升五合，委官賑糶外，其池州建德縣與饒州接連，飢荒尤甚，更乞將常平米內支撥七百一十九碩六斗二升，并拘到乾道四年義倉米內支撥二百二十二碩一斗七升，將約度被水第四等〔二〕、第五等以下大小人口，量行賑濟。」從之。

九日，知鎮江府陳天麟言：「本司昨奉指揮，將歸正人顧政等二百一十八户、大小計一千一百一十口，并續括責到高琮等五十一户，計二百三十六口，許令於常平、義倉米內取撥賑濟。至乾道五年五月終合行住支，竊慮狼狽失所，兼本府又不住有一般歸正人楊貴等四十三户陳乞賑濟，欲將逐項歸正人更與展支一年，庶幾小民始終得霑恩惠〔三〕。」從之。

四月十四日，詔：「饒、信州連 6 歲旱澇，細民艱食，可出常平、義倉米以賑之。」

同日，權發遣江南路計度轉運副使趙彥端等言〔四〕：「臣等近恭奉御筆處分，以饒、信二郡常有水患〔五〕，令臣等協力應辦儲蓄賑濟。臣等措置，將信州合起赴建康府大軍米一萬五千碩截留樁管，及將合起赴鎮江府米二萬碩內，將一萬碩就便樁管，將一萬碩往饒州準備支使。今據饒州知州黄玠劄子稱：『雖蒙提刑司撥到義倉米六千八百餘碩，不了一月賑糶之數。乞備申朝廷，於樁留米內支撥二萬碩添助賑糶。』臣等照得饒州合發上供米斛，除樁留外，尚有合起赴行在米一萬一千九百六十碩。臣等除已一面逐急行下饒州，於內先次取撥一萬碩，量度市直減價賑糶外，候信州起到米一萬碩，却行拘收，理充合起之數。兼慮信州亦有似此闕食去處，臣等已行下信州取撥米五千碩，依此減價賑糶去訖。所有饒州前後樁留米四萬碩，欲乞早降指揮，許再撥一萬碩，更令接續賑糶。」從之。

〔一〕逐路：原作「諸州」，據本書食貨五九之四四、六八之六五改。
〔二〕等：原作「第」，據本書食貨五九之四四、六八之六六改。
〔三〕得：原作「多」，據本書食貨五九之四四、六八之六六改。
〔四〕「路」下原衍一「路」字，據本書食貨五九之四四、六八之六六刪。
〔五〕常：原作「嘗」，據《補編》頁五九五改。

五月十日，提舉江南東路常平茶鹽公事翟紱言：「臣近因巡歷到饒、信州，面諭逐州知、通，委請諸縣令、佐，勸諭上户將積蓄米穀減價出糶，接濟細民食用。今饒州并諸縣申到，依應勸諭得上户願糶米穀，共計一十九萬六千六百碩六斗五升，并轉運司支撥到上供米一萬碩，付饒州賑糶。緣逐項米數委可接濟細民食用，所有臣先來奏乞更支米一萬碩〔一〕，欲乞住撥〔二〕，候所糶米穀盡絶，如民間尚闕米穀，即別具奏乞支撥施行〔三〕。」

十月四日，詔台州出常平、義倉米賑濟被水之民。

六日，權發遣兩浙路轉運副使劉敏士言：「温、台二州近因風水飄損屋宇、禾稼，雖將義倉米賑濟，緣被水丁口至多，竊慮來年秋成尚遠，將何以繼？臣今措置，欲令各州勸募上户，官借其貲，就浙西諸州豐熟去處般販米糧，中價出糶，至來年秋間，却輸納錢本還官。庶幾般販既多，米稍停蓄，其價自平。今來温州已募上户，借與錢本，見行措置，唯是台州財賦窘迫，無以爲計。臣欲支錢五七萬貫給與台州，令勸募上户般販米斛，以濟飢民。」詔：「令兩浙轉運司差撥人船，於近便州軍户部樁管米及常平、義倉米内〔四〕，取撥三萬碩前去台州，委官於被水去處減價出糶。其糶到錢，令本司拘收，撥還元取米去處。」

十七日，新權發遣福建路轉運副使趙彦端言：「竊見饒、信之間，地瀕湖、江〔五〕，連有水患。欲望每歲於饒、信兩州上供米内，各截留數萬碩。若次年不曾出糶，或有出糶未盡之數〔六〕，即行起發，却以當年新米代充，稍倣常平以新易陳之意。」詔今後每歲逐州各截留三萬碩，準備出糶。

二十八日，知揚州、主管淮東安撫司公事莫濛言：「契勘本路楚州、盱眙軍沿淮鄉村間有旱傷，訪問得鄉民漸致艱食。揚州總領所樁積 7 米内，見有一萬餘碩，乞令楚州、盱眙軍般取前去賑糶。所有價錢，赴總領所輸納，却令徑自糴米，依舊樁積。不唯接濟飢民，又得以陳易新，委是兩便。」從之。

十一月十五日，詔：「今歲淮東州軍間有旱傷去處，竊慮冬春之交，米價增長，民間或致闕食。可將淮東見管常平米三萬六千六百餘碩，令淮東常平司相度，委官置場，量行減價賑糶。糶到價錢，令項樁管，候將來秋成日，却行收糴補還。」

十二月二十四日，成都府潼川府夔州利州路安撫制置使、兼知成都軍府晁公武言：「成都府自天聖間知府韓億於本府南倉創永利敖，每歲出糶，以六萬碩爲準，以拯貧

〔一〕「更」下原有「乞」字，據文意删。
〔二〕住：原作「往」，據本書食貨六八之六六改。
〔三〕別：原脱，據本書食貨五九之四五、六八之六六補。
〔四〕倉：原作「食」，據本書食貨五九之四五、六八之六七改。
〔五〕江：原闕，據本書食貨五九之四五、六八之六七補。
〔六〕未：原作「米」，據本書食貨五九之四五、六八之六七改。

民，自二月一日糶賣，至八月終止。又有拘收到户絶官田、廣惠倉米〔一〕，歲給養病貧民。崇寧五年，準詔旨：『成都糶賣貧民米如有闕數〔二〕，許轉運司樁錢對糴，常平司應副，仍不得妨常平司支用。』大觀二年，知府席旦奏請：『成都府每歲糶米六萬碩，近來轉運司以無米，應副三分之一，不足以賑惠貧民。乞下四川，每年如米價稍貴，委逐州長吏體量，將義倉米依常平法減價出糶。』至宣和五年，又準詔旨：『成都府今後如遇米價騰貴，依席旦已得指揮，將義倉米減價出糶，收樁價錢，歲稔却行收糴。』自此之後，間遇荒歉，緣義倉所收數少，賑惠不足。臣自到任後來，節次措置糴買到米四萬二千九百六十餘碩〔三〕，通本府逓年積到常平、義倉米二萬九百八十餘碩，差官抄劄府城内外貧民，給牌曆，置場減價糶賣，以濟飢民。本府雖有所收義倉米斛，一年止有八千餘碩。見根刷本府公使等庫，並制置司激賞庫錢物三十餘萬貫，差官往瀘、叙、嘉、眉等州，乘時收糴米斛，約可得六萬餘碩，津運前來府倉，別敖收貯，復韓億永利敖所樁歲（糴）〔糶〕之數，仍以廣惠倉爲名。每斗減價作三百五十文〔四〕，專充賑糶，不許他用。拘收本錢，循環添貼。日後本府諸庫儹積到錢物〔五〕，糴買以備永遠賑濟，仰副朝廷勤恤民隱之意。』詔依。其糴到錢，日後專充賑糶本，不得他用。晁公武令學士院降詔奬諭。

六年閏五月十一日，詔：浙西州軍大水，令呂正己前去措置賑濟。既而臣寮言：「已差呂正己措置浙西被水居民。乞就委漕臣於本路取見州縣被水實數，官爲貸其種穀，再種晚稻。將來秋成，絶長補短，猶得中熟。諸路如有似此去處，亦乞依此施行。」從之。

六月十二日，權江南東路轉運副使張松言：「寧國府、建康府、太平州、廣德軍圩田均被渰没，委實災傷。逐州差官賑濟被水人户，一依太平州例，每月支散錢米。所有第四等人户，依條不該賑濟，乞將常平米減價出糶。」從之。

十八日，提舉福建常平茶事鄭伯熊言：「福建路八州軍府縣，自入夏以來闕少雨澤。其上四州軍府雖時得甘雨，猶未霑足，8 早禾多有傷損；下四州軍亢旱尤甚，晚種有不得入土者。乞將所在米價依條支撥常平米斛賑濟。」從之。

八月二十四日，詔淮南路轉運司於廬州樁積米内取撥三千碩，應副濠州賑糶。

九月十四日，詔於建康府樁管米内取撥一十萬碩，限一月津發赴廬、和州樁管，準備賑糶。

十月二十一日，詔淮東總領所於揚州樁管米内〔六〕，撥

〔一〕倉：原作「官」，據本書食貨五九之四五、六八之六七改。
〔二〕米：原脱，據本書食貨五九之四六、六八之六七補。
〔三〕買：原作「置」，據本書食貨五九之四六改。
〔四〕百：原作「斗」，據本書食貨五九之四六、六八之六八改。
〔五〕積：原作「運」，據本書食貨五九之四六、六八之六八改。
〔六〕東：原作「南」，據本書食貨五九之四七、六八之六八改。

一萬碩應副楚州賑糴、五千碩應副盱眙軍賑糴〔一〕。

十二月二日，詔江東轉運司將江西路合起赴建康府米三十萬碩內，取撥十萬碩赴太平州、五萬碩赴池州椿管，準備賑糴。

九日，詔湖州將椿積和糴米五萬碩賑糴水災之民。

同日，詔淮東總領所於揚州見管米內取撥一萬碩，分淮東州軍賑糴。

二十六日，詔：「和州旱澇，禾麥損傷，可借撥米一萬碩賑糴飢民。」

乾道七年正月八日，詔兩浙路轉運判官胡堅常，同浙西路提舉常平司措置賑濟〔二〕，務施實惠。

十三日，江東轉運副使沈度言〔三〕：「廣德軍災傷尤甚，欲望支降米二萬碩，水運至本軍，委自守倅拘收賑糴。」詔令沈度取撥二萬碩，措置津運赴廣德軍，委本軍守倅賑糴。

二十二日，利州觀察使、知襄陽府韓彥直言：「去歲秋苗不登，乞於本府寄椿大軍米內，支降三萬碩賑濟。」從之。

二十九日，詔浙西常平司於平江府常平、義倉米內借支五萬碩，應副湖州賑糴，接濟飢民。從知州向沟之請也〔四〕。

二月六日，詔：「招信縣荒歉，已支米二千碩賑濟，更於揚州椿管米內撥三千碩賑糴。」

八日，權知高郵軍劉彥言：「本軍高郵、興化縣人户旱澇，又有黑鼠傷稼。乞於本軍大軍倉內取撥米一萬碩，每斗作價錢一百五十文省出糴。遇豐熟日，却從收糴。」從之。

同日，廬州言：「本州旱傷，據合肥等縣人户陳乞借貸，及有歸正人乞賑濟。近蒙支撥常平米五萬碩付廬州、和州準備賑糴，於內已撥一萬碩賑糴與和州闕食人户。今欲更支一萬碩，借貸與前項飢民及歸正人，候將來成熟日撥還。」從之。

四月十五日，光州觀察使、高郵軍駐劄御前武鋒軍都統制，兼知楚州陳敏言：「本州去年因黑鼠傷稼，兼秋間水旱，農民飢饉，蒙下通州撥米五千碩，又下總領所支米一萬碩。以通州水路遥遠，止就揚州般到米一萬碩賑糴。本州户口既繁，食用日廣，賑糴官米今已不多，欲望再撥米一萬碩付本州賑糴〔五〕。」詔令本路常平司將通州未撥米五千碩疾速科撥應副。

七月六日，詔：「江西州軍間有闕雨去處，合行措置收糴米斛，準備賑糴。可令龔茂良拘收單㸑已刷到發運司奏

〔一〕眙：原作「胎」，據本書食貨五九之四七、六八之六八改。
〔二〕浙：原作「陝」，據本書食貨五九之四七、六八之六八改。
〔三〕江：原作「浙」，據本書食貨五九之四七、六八之六八改。
〔四〕向沟：原作「向均」。按「均」當作「沟」，參見本書食貨二七之一七校記。四庫本雍正《浙江通志》卷一一五知湖州名單作「向汋」，「汋」亦「沟」之誤。
〔五〕碩：原脱，據本書食貨六八之六九補。

計錢，并江州有發運司貿易等官會子，共湊二十萬貫，於江、浙豐熟去處收糴米斛一十萬碩，均撥赴最不熟州軍樁管，申三省、樞密院。」

同日，詔：「江西路今歲間有旱傷州縣，責在守、令究心賑恤。可令本路 9 帥臣，將旱傷州縣守、令精加審量，如內有老謬不能究心職事之人，先次選擇清强能吏前去對易，措置賑濟存恤施行。開具已對易官職位、姓名及見作如何賑恤事件聞奏。」八月一日，詔湖南旱傷州縣亦合依此施行。

十三日，詔：「昨發運司於潭、衡、全、道、邵州、桂陽軍和糴米斛，未曾支撥。可令湖南轉運司，將糴到米撥赴災傷州軍樁管，賑濟、賑糴。」

八月一日，詔：「江州今歲旱傷，見今已有流民，守臣坐視，不據實申奏。專委漕臣一員〔一〕，日下起發前去江州，同守臣將見管常平、義倉米斛四萬四千餘碩措置賑糴。如不足，即仰收糴客米。或尚闕少，仰於本州見樁管朝廷米內，逐急借兑賑糴。仍具已如何措置及賑糴過數目，并委官起發月日以聞。」從中書門下請也。

同日，詔：「饒州旱傷，除已存留米一萬碩賑糴外，可於本州米內更存二萬碩，通三萬碩，日下措置賑濟。」

同日，中書門下省言：「湖南、江西間有旱傷州軍，竊慮米價踴貴，細民艱食。富室上户如有賑濟飢民之人，許從州縣審究詣實，保明申朝廷，依今來立定格目給降付身，補受名目。無官人：一千五百碩，補進義校尉；願補不理選限將仕郎者聽。二千碩，補進武校尉；如係進士，與免文解一次；不係進士，候到部，與免短使一次。四千碩，補承信郎；如係進士，與補上州文學。五千碩，補承節郎。如係進士，補迪功郎。文臣：一千碩，減二年磨勘；如係選人，循一資。二千碩，減三年磨勘，如係選人，循兩資。仍各與占射差遣一次；三千碩，轉一官，如係選人，循兩資。仍各與占射差遣一次；五千碩以上，取旨優與推恩。武臣：一千碩，減二年磨勘，陞一年名次；二千碩，減三年磨勘，占射差遣一次；三千碩，轉一官，占射差遣一次；五千碩以上，取旨優與推恩。其旱傷州縣，勸諭積粟之家出米賑濟，係敦尚義風，即與進納事體不同。」詔依。其賑糴之家，依此減半推賞。如有不實，官吏重作施行。尋詔江南東路、荆湖北路依此制。

八日，兩浙路轉運判官胡堅常言：「昨蒙朝廷委以賑糴，平江府常熟知縣趙善括勸誘上户，米數倍於諸邑；崑山知縣聞人大雅委之吏輩，寅緣爲姦。欲望朝廷將此二人量賜懲勸。」詔趙善括特轉一官，聞人大雅特降一官。

十六日，權發遣隆興府龔茂良言：「以本路旱荒，御膳進素〔二〕，而臣忝一路兵民之寄，合賜罷斥。」詔：「龔茂良爲一路帥臣，當兹旱暵，而乃引咎自歸，欲求閑退，非朕責

〔一〕專：原作「轉」，據本書食貨五九之四八、六八之六九改。
〔二〕素：原作「索」，據本書食貨五九之四九、六八之七〇改。

任帥守之意也。可劄與龔茂良，宜講救荒之政，散利薄征，以至攘除盜賊，勉修乃職，安輯一路之民。所請不允。」

二十二日，資政殿學士、知建康府洪遵言：「饒州、南康軍今歲旱災非常，早種不入土，晚禾枯槁，兩郡飢民聚而爲盜。乞檢照江西、湖南已行賑濟體例，憑遵施行。」從之。尋詔本路提舉常[10]平司，更於附近州軍取撥常平、義倉米五萬碩付饒州，五萬碩付南康軍，應副賑糶。

二十五日，權發遣隆興府龔茂良言〔一〕：「本路州軍被災，輕重不等：贛州、南安、建昌早禾小損〔二〕，晚稻無傷；次則吉、撫、袁州時有雨澤，所損亦有分數；惟是隆興〔府〕、江、筠州、興國、臨江軍荒旱尤甚，早禾皆死〔三〕，晚稻不曾栽插，自來未嘗似此飢歉。已分委官前去同守、令講究利害，相度欲將江、浙糴到米，就近逕赴建康或鎮江總領交納，却就截本處上供米賑濟，理充所糴之數。大姓巨商勢必閉糶〔四〕，本府已立下價直，每碩止一貫五百四十文足，比之市價折錢七百六十六文足。以一名若認糶二萬碩，共折錢一萬五千二百餘貫足〔五〕。若不優異推賞，恐無人願就。今進納迪功郎，係八千貫文省，比之以二萬碩米中糶入官〔六〕，折閱之數，不啻過倍。欲乞補充迪功郎，有官人許轉一官資，及見係理選限將仕郎，並許參部注受合入家便差遣〔七〕。」從之。

九月七日，詔：「江南西路諸司申到江州旱傷最甚，除已降指揮許截留并令諸司科撥米外〔八〕，可令劉孝韙日下躬親前去江州，將本路常平米接續賑糶。」

十一日，詔：「訪聞湖南今歲亢旱，民頗流離。令禮部給降度牒一百道，左藏南庫支降會子一十萬貫，付湖南提舉胡仰之收糴米斛，措置賑糶。」

二十二日，敷文閣待制、提舉江州太平興國宮張運言：「居閑躬耕，儲粟二千餘碩，適逢今歲旱歉，敢助賑濟。」詔令學士院降詔奬諭。

二十五日，白劄子：「江東西、湖南州軍今歲旱傷，欲乞依紹興九年指揮，將本路檢放、展閣之事則責之轉運司，遇軍糧闕乏處，以省計通融應副。糶給、借貸則責之常平司，覺察妄濫則責之提刑司，體量措置則責之安撫司。」詔依，仍令逐司各務遵守，三省歲終考察職事修廢以聞，送敕令所立法。本所看詳〔九〕：「災傷去處，全在賑濟。若不分隸，責之帥臣、監司，竊慮奉行違戾；諸司設有違戾，若不互相按舉，

〔一〕遣：原脱，據本書食貨五九之四九、六八之七〇補。
〔二〕早：原作「旱」，據本書食貨五九之四九、六八之七〇改。
〔三〕早：原作「旱」，據本書食貨五九之四九、《補編》頁五九七改。
〔四〕巨：原作「臣」，據本書食貨五九之四九、六八之七〇改。
〔五〕一：原作「二」，據本書食貨五九之四九、六八之七〇改。
〔六〕糶：原作「糴」，據本書食貨五九之四九改。
〔七〕入：原作「人」，據本書食貨五九之四九改。
〔八〕令：原作「分」，據本書食貨五九之四九、六八之七〇改。
〔九〕看詳：原作「詳看」，據本書食貨五九之五〇、六八之七一乙。

亦無以覺察。今參詳，許逐司互相按舉〔一〕，及將已行事件申尚書省，以憑考察。仍立爲三省通用及《職制令》。」從之。是日，宰執進呈江東西、湖南旱傷，依紹興九年諸司分認賑恤事。上曰：「它路或遇災歉，並當依此。然轉運司止言檢放一事，猶恐未盡，它日賑濟之類，必不肯任責。」虞允文奏曰：「轉運司管一路財賦，謂之省計〔二〕，凡州郡有餘不足，通融相補，正其責也。」上曰：「然今降指揮，止以『檢放』爲文，它日以此(籍)〔藉〕口逃責，何所不可？」允文奏曰：「乞立法，遇諸郡有災傷處，以省計通融應副。」上曰：「如此則盡善矣。」故令立法。

十月七日，詔：「江州旱傷，節次已降指揮，取撥本州常平、義倉米四萬四千餘碩，及兑截上供米六千五百餘碩，勸諭上户認糴米二萬八千六百餘碩，截留贛州米一萬碩，及支糴本錢四萬餘貫收糴米[11]斛，并令漕臣取撥本路常平米一十萬碩，吉、筠等州見起建康米八萬餘碩，未起朝廷樁管米九萬七千餘碩，及江州元管收糴米，均撥付本州賑糶。并立賞格，勸諭上户出米賑濟、賑糶。倚閣夏税，檢放秋苗，地主、佃户資助賑給。并將禁軍、土軍、弓手免起發，存留防賊。可令帥、漕、提舉官多出文榜。候歲終比較殿最，如官吏奉行滅裂，委御史臺覺察，按劾以聞。」

同日，詔：「饒州旱傷，已降指揮，取撥本州常平、義倉米八萬餘碩，及於附近州縣常平、義倉米内取撥五萬，并截留本州見起樁管上供米三萬碩，及獻助米二千碩付本州，并勸諭上户賑糶〔三〕、賑濟。又倚閣夏税，檢放秋税，及地主、佃户資助賑給。並將禁軍、土軍、弓手並免起發，存留防賊。可令江東帥、漕、提舉官多出文榜，督責守、令多方措置存恤。歲終比較殿最，如官吏奉行滅裂，委御史臺覺察，彈劾以聞。」

十日，權發遣隆興府龔茂良言：「竊詳所立賞格，除出米納官不請價錢即合推賞，所有賑糶，係減半推賞，然不可一槩。若依市價以收厚利，商賈之流販賤賣貴，較其碩數，則盡合補授。如此，賞典皆可濫及〔四〕，飢民不蒙其利。在法，官爲立中價，不得過有虧損。今欲將賑糶之家，並令官司差人監視給曆，記糶過之數，究實保明，申朝廷依格補轉。其客販米數或兑便上供米前來中糶入官，如願依立定價例賑糶推賞之人，並一體施行。兼上户若在豐熟處，即合指闕食州縣接濟，合隨本處時價減三分之一，官司給據照證，般載往災傷地分賑糶，即行理賞。」從之。

十二日，知饒州王秬言：「昨蒙朝廷支撥本州樁管米三萬碩，緣軍糧不繼，已兑那支遣。乞別借錢，會糴米，來歲稍稔，却當拘納。」詔令左藏南下庫支會子五萬貫，餘依。

二十三日，直祕閣、權發遣徽州趙師夔言：「本州管下

〔一〕許：原脱，據本書食貨五九之四九、六八之七一補。
〔二〕謂：原作「計」，據本書食貨五九之四九、六八之七一改。
〔三〕并勸諭：原作「勸諭諭」，據本書食貨五九之五〇、六八之七一改。
〔四〕皆：原作「及」，據本書食貨五九之五〇、六八之七一改。

旱傷，有婺源縣遊汀、來蘇兩（卿）〔鄉〕尤甚。臣措置到錢一萬五千貫，欲於本州及諸縣常平、義倉米内，依立定價回糴米五千碩，就便給散賑濟。乞令提舉官椿管上件錢，俟開春收糴，補還元數。」從之。

十一月十二日，知建康府洪遵言：「太平州蕪湖知縣呂昭問以和糴米爲名，禁止米斛不得下河。饒州旱傷，前來收糴米七百五十餘碩，本縣抄劄，不令交還。」詔呂昭問降一官放罷。

十九日，湖南轉運副使吳龜年、司馬倬等言：「本路旱傷，唯潭最甚。昨來黄鈞趲剩米四萬碩，乞充賑糶使用。」詔糴到價錢，循還作本，收糴米斛賑糶。

二十二日，權發遣隆興府龔茂良言：「乞差新知興國軍、右朝請郎陳寅往來被旱州縣，同共措置檢察。乞量差兵級，破本官驛券，行移作本司措置賑濟官。」從之。

八年二月八日，權發遣隆興府龔茂良言：「本路去歲荒旱異常〔一〕，如隆興府、江、筠州、臨江、興國軍五郡，各係災傷及七八分以12上。雖已依條將老幼疾病之人先行賑給，緣人口幾及百萬，委是賑給不周。乞將已得旨取撥到米二十萬碩，并更勸諭上户賑濟給散，庶幾稍宣德意。」詔將續撥義倉米五萬碩，令龔茂良充賑給使用，餘常平米五萬碩，依舊循環賑糶。

三月十五日，敷文閣待制知潭州陳彌作、直徽猷閣荆湖南路計度轉運副使司馬倬言〔二〕：「潭州安化縣上户進武校尉龔德新，平時兼并，遂至巨富，以進納補官。比至旱傷闕食，獨擁厚資，略不體認國家賑恤之意。」詔龔德新追進武校尉一官勒停，送五百里外州軍編管。

四月一日，權發遣隆興府龔茂良言：「本路旱荒，細民艱食，若不廣行賑給，無由可救。竊覩張暈昨緣獻米賑濟，除閣職，又得添差本貫兵官，富民歆慕。欲乞明降指揮，出米賑給者，除依格補官外，特與添差本路合入差遣一次，仍依離軍人例減半支給。蓋富民本非急禄，止欲以此爲榮，夸其閭里。如依所乞，必翕然聽從，速得米斛，濟此目前，非小補也。」從之。

十五日，湖北常平司言〔三〕：「鄂州有紹興十一年至建炎年間歸正人，委是年深，各已樂業，今來却欲同三十一年以後歸正人請錢米。深慮諸州災傷，難以支給。」詔令紹興三十年終以前人免支，自三十一年以後歸正人，照應赦文賑濟。

八月七日，詔：「四川自入夏以來，陰雨過多，沿流州縣多被其患，如嘉、眉、邛、蜀等州最甚。令四川宣撫司審實被水去處，措置賑恤。」從知成都府張震請也。

八（月）〔日〕，權發遣隆興府龔茂良言：「本司勸諭上户

〔一〕本：原作「去」，據本書食貨五九之五一、六八之七二改。

〔二〕「待」原作「侍」，「閣」原作「閤」，據本書食貨五九之五一改。

〔三〕北：原作「平」，據本書食貨五九之五一、六八之七二改。

出米賑濟㈠、賑糶，緣所立賞格比尋常鬻爵計之，其直不啻過倍，又有運載之費，欲更少加優異。紹興三十二年閏二月十九日指揮：『進納迪功、承信郎，並理爲官户。內迪功郎與免試，先次注授差遣，依奏蔭人例；承信郎、進武、進義校尉，並與免試弓馬及短使，先次注授差遣。』今來勸諭賑濟告敕，元降指揮係敦尚義風，即與進納不同，見得事理尤重。雖各係理選限，及先與添差本路合入差遣，緣許理官户一節，及將來到部免試、先次注授、依奏蔭人例等事未嘗立法。」吏、户部看詳：「欲將承信郎比附承節郎，上州文學比附迪功郎㈡，依條遇赦注授簿尉差遣。餘並依紹興三十二年閏二月十九日已得指揮，仍比擬獻納已降指揮理爲官户。」從之。

十一月六日㈢，詔：「道州營道縣主簿禼大和糴到賑濟米四萬石㈣，與減二年磨勘。」從湖南提舉常平胡仰之請也。

九年閏正月十七日，詔：「雪寒，細民艱食。令臨安府將貧乏不能自存之家，令左藏南庫支會子六千貫，豐儲倉撥米三千碩㈤，付臨安府，分委有心力官日下巡門俵散賑濟。每名支錢二百文，米一斗㈥，務在實惠，不得減剋㈦。」（以上《永樂大典》卷一五二三九）

13 孝宗淳熙元年，詔：「兩浙州縣去歲旱傷處，民户生借錢穀，今來二麥將熟，竊慮上户乘時取索，無以（擠）〔接〕濟艱食，可候秋成日理還。」

二年閏九月十四日，詔：「湖南、江西昨緣茶寇蹂踐，陣亡將佐官兵等遺骸，令所在官司即爲埋瘞，毋致暴露。及被燒毁屋宇，貧乏下户、孤老、童幼、寡婦 14（木）〔未〕有居止，可令於諸寺院及係官屋宇安泊。日計人口給義倉米二升。并遺棄小兒未有人識認，日給錢米；若有親屬，責歸存養，毋令失所。」

十七日，詔：「淮南東路間有旱傷處，已降指揮委本路漕臣同提舉常平官取撥常平、義倉米措置賑糶，及流移人户依條賑給。尚慮民户以州縣不即檢放應輸官物爲疑，致

㈠勸諭：原作「去處」，據本書食貨五九之五一、六八之七二改。
㈡上：原脱，據本書食貨六八之七三補。
㈢天頭原批：「脱十月十五日一條；『十一月六日詔』下脱『應材』至『同日』云云。」按，所言二條均見本書食貨五九之五二、食貨六八之七三、《補編》頁五九九，內容均是官吏賑濟有勞旌賞事。似是《大典》編者有意删去，非脱漏，今不補，讀者可參見上述各處。
㈣糴：原作「糶」，據本書食貨六八之七三改。
㈤儲倉：原作「倉儲」，據本書食貨五九之五二、六八之七三乙。
㈥米：原作「斗」，據本書食貨五九之五二、六八之七三改。
㈦此下原批：「下脱淳熙元年至嘉定十年一卷。」按，所云脱文指本書食貨六八之七四至六八之一一一「賑貸二」之文，起淳熙元年，止嘉定十六年，而非十年。今《輯稿》下文雖亦是淳熙至嘉定，但非批者所指，否則不應說「下脱」，且今之下文，《大典》本在「災」字韻「恤災」目，而非「賑貸」。

有賤賣牛，棄業流移〔一〕，令總領、漕司將被旱處民户應輸官物依條檢放，仍勸諭人户歸業，趁時布種。如闕糧種，官爲借貸。及於真州、高郵軍各借草七萬五千束，令漕司委官給付人户飼養耕牛，仍約束不得宰殺。」以淮南運判趙思言：「旱災之家無草飼牛，往往出賣屠宰。」故有是命。

二十八日，詔：「江西、湖南近緣茶賊爲擾，可令逐路轉運司將人户積欠官、私債負並權住催，内私債候來[110]春受理，官欠具覈實數申取指揮。及委官遍詣逐處審覈曾被（浸）〔侵〕擾人户，優加存恤，無令失業。仍覆實今春不曾布種、今秋有失收刈田畝，將今年合納秋税與量輕重，（二）〔一〕面減放。」

十月九日，詔：「台州近因溪流泛漲，漂浸居民，可支義倉米賑濟。其積欠糴米本錢并折帛錢絹，自來年爲始，分限三年帶發。」至五年三月，又以旱傷、火災，更展二年。

三年八月十一日，詔：「近日陰雨連綿，江西、江東間有損壞堰壩及被水人户，可令逐路轉運、常平司日下委官審實，依條賑濟。」

四年七月二十七日，詔：「撫州寄居迪功郎、新袁州萬載縣主簿段子雍，以歲旱，收養遺棄童幼二百二口，後至食新，並責還父母親屬。可特循從政郎。」先是，江西運判芮輝言：「鄉村僻遠去處，遺棄小兒，令州縣告諭，保明根刷，具名申官，支給錢、米撫養。如一鄉一都之内保正能收養遺棄小兒二十口以上，官爲支給犒賞。如上户、士大夫家能收養五十口，具名以聞，乞行旌賞，州縣官措置支給錢米。收養百口至二三百口者，具名以聞。」至是，段子雍應格，故有是命。

七年十月四日〔二〕，詔：「兩浙、江東西、淮西、湖北路今歲旱傷州縣，令逐路帥、（曹）〔漕〕臣行下所部州縣，將人户見欠官債並與倚閣，候豐熟日，逐旋送納。」

九日，詔：「舒、蘄、黄、和州、無爲軍，各將第四、第五等旱傷民户見欠淳熙四年至六年終畸零税賦并七年未納畸零夏税，並權倚閣。」

十一月四日，詔紹興府將上虞、餘姚二縣第四、第五〔等〕以下人户見欠淳熙七年官物權與倚閣，候來年豐熟帶納。

八年四月十一日，詔：「軍民多有疾疫，令醫官局差醫官巡門診視，用藥給散。殿前司十二人，馬軍司二人，步軍司七人，臨安府内外諸廂界二十人，各日支食錢。所有藥餌，令户部行下（利）〔和〕劑局應副，仍各置曆抄轉醫過人

〔一〕按，原稿自此句「流移」至四年七月二十七日條「收養遺」共四百三十餘字，原錯簡在本書食貨六八之一〇九嘉定十六年正月九日條「並須劾」下，致使兩處文句不通，文意不貫，年代錯亂。如此條之趙思、下文之芮輝，據諸史皆爲淳熙初運判；下條之「茶賊」（史亦稱「茶寇」），據《宋史·孝宗紀》乃淳熙二年事，而錯簡未移正時，承上皆入嘉定年。今據文句、文意及年代移於此，則一一若合符節。

〔二〕天頭原批：「後有五年七月五日條移此。」

數，日具以聞。」

十八日，詔臨安府於府城四門外相視隙地，作大塚各一所，每處委僧十人、童行三十人，15凡遺棄骸骨，不問新舊，並行收拾叢葬。棺(檢)〔殮〕之具(併)〔并〕僧行食錢，令本府量行支給。仍出牓禁戢，今後如有發去舊塚之人，依掘塚法科罪。以是歲多疾疫，已降指揮廣差醫官救(寮)〔療〕，死者尚衆。緣地主利於得錢，往往發舊改新，是致骸骨遺棄，不復收瘞，故有是命。九年四月〔一〕，浙東紹興府等處民多疾疫，兩浙漕臣吳琚亦乞依此施行，從之。

五月十六日，詔：「近者久雨，恐爲低田有傷，貧民無力再種。可令浙東、西兩路提舉常平官，同諸州守臣疾速措置，於常平錢内取撥，借第四、第五等以下人户收買稻種，令接續布種，毋致失所〔二〕。」

六月二十二日，詔嚴州將被水漂壞屋宇第四等以下户夏税並與倚閣，其身丁錢、絹更與蠲免。

十二月四日，詔江、浙、兩淮旱傷州縣，將第四、第五等户今年以前應殘欠苗税、丁錢並特住催，及官私債負理還。其流移人户拖欠官物，並與除豁，不得令保正、長代納。如願歸業，即量支錢米津遣，與免將來夏料催科。

九年六月十八日〔三〕，詔：「近聞民間貧乏，其死亡人口無力津送。大人每名支五貫，小兒支三貫。令臨安府於上供錢内支撥五千貫，分委官屬收掌給散。」

十二月十二日，新知婺州錢佃言：「臣前知隆興府，於城外置養濟院一所，收養貧病無依之人。先是，漕臣芮輝以俸錢千緡合藥以濟病者，趙汝愚以俸錢千四百緡買田以給病者食，臣又益以千緡增置長定一莊，仍創造屋一區，差人看守，輪遣醫工診視，日給口食藥餌，委官提督。16首尾九年，(如)〔始〕得就緒，恐後來官吏或不究心，便致廢壞。乞詔本路漕臣常切提督，所有錢物不許移用。」從之。

十一年正月二十八日，詔：「江東提舉司行下建康府、太平州、寧國府、池州、饒州、廣德軍、南康軍建昌縣，各多支常平錢米，將被水人户優加存恤，務要實惠及民，毋致失所。仍照應已降指揮，勸諭人户用心補種被水去處田畝。」

六月十一日，詔：「浙西、江東路州軍被水去處，令兩路提舉司多方勸諭有田之家，將本户佃客優加借貸，候秋成歸還；若致欠負，官爲理索。或其家無力，并有田闕少穀種，並許於常平錢内支借，以助補種，毋令荒閑田畝。」

八月十六日，詔處州龍泉縣被水之家，令浙東提舉司同守臣各多支常平錢米，優加存恤。

九月四日，利州路提刑兼提舉勾羅言：「本路金、洋、

〔一〕自此句以下原另作一條，用大字書寫，今據文意改。

〔二〕天頭原批：「九年六月十八日條移此。」按，此批誤，蓋批者見前有「九年四月」，便認爲「五月十六日」以下三條皆爲淳熙九年事，因言「九年六月十八日」條應移於此。按上條之「九月四日」云云乃是注文而非正文，「五月十六日」等三條仍是八年事，此文年月次序不誤，無須移動。

〔三〕天頭原批：「『九年六月十八日』條移前『六月二十二日』上。」按，此批誤，見前校。

西和州亢旱，乞給降度牒三百道，付臣措置，於豐熟去處（稱）〔趁〕時收糴。或降付總領所，用對支逐州樁積斗斛，以備賑濟。」從之。

十一日，福建提舉司言：「汀州寧化縣兇賊姜大老嘯聚，已行收捕。竊慮賊發地分被劫之家流移失所，不能自存，已行下常平、義倉取撥米斛借貸，安集流亡，無致失所。」詔福建提舉司同逐州軍守臣更切優加存恤。

十九日，臣僚言：「乞令户部行下諸路安撫、轉運、提舉三司，嚴督所部州縣，日下審究有水旱處，隨輕重速行賑濟。契勘見在之米有何指準，如何賑糶，仍會計官米可糶之外，勸諭[17]人户廣行散糶，立爲中價，使不踴貴。」從之。

十一月十八日，鎮江府言：「管下金壇縣今歲五月連遭大雨，五鄉二十四都被水渰浸，致傷禾稻。乞下本府，於有管淳熙八年賑濟、（賑）糶不盡及（糶）〔糴〕還米内，取撥應副賑給。」詔令浙西提舉司詳所申事理，於近便州府見在常平、義倉米内，通融斟量應副。

十四年正月二十七日，詔：「軍民多有疾病之人，可令和劑局取撥合用湯藥，分下三衙并臨安府，各就本處醫人巡門俵散。」

二月八日，浙西提舉羅點言：「本路州縣疫氣大作，居民轉染，多是全家病患。臣遂就局修製湯劑給散，選官監督各州職醫巡門，置曆抄劄病患人數，逐一醫治，日具（瘥）〔痊〕可人數供申本司。其間病患闕食之家，亦已措置粥食接濟。乞下諸州軍嚴切醫救，毋爲文具。」從之。

六月二十二日，臣僚言：「臨安府寶蓮山居民遺火，延燒屋宇及毁拆間架，無慮五七百家。其（家）〔間〕多是浮食細民，頓喪生理，狼狽失所。況當盛暑，老幼暴露，卒未着業，委實可憫。乞令臨安府抄劄燒燬人户姓名，計其口累實數，優支錢米賑濟，多方存恤。」從之。

七月十四日，兩浙西路提舉羅點言：「竊見本路州縣闕少雨澤，其間旱傷分數隨處不同。内臨安府鹽官縣、秀州海鹽縣被旱最重，民間目下便已乏絶，漸有流移。所有兩縣人户合納夏税、和買役錢及以前年分積欠官物，乞自第三等以下，且令住催，候將來豐熟日送納。」詔[18]令多出文牓曉諭，仍仰轉運司委官取見兩縣第三等以下住催數目申尚書省。

十一月二十三日，知建康府趙善俊言：「昨蒙恩差知鄂州，未到任間，於淳熙十二年十月初十日夜，居民遺火，延燒萬家，焚溺者千餘人。兼程疾馳，交割職事。居民暴露，將有轉壑之憂。就州治監視賑濟過米一萬一千七百餘石，乞賜蠲放。」詔自來年爲始，分作兩年撥還。

〔十〕五年七月五日〔一〕，詔知鄂州沈樞等，將被水軍民

〔一〕十五年：原脱「十」字，據本書瑞異三之一四補。天頭原批：「『五年七月五日』條移前『七年十月四日』上。」按，此乃誤批，因批者未考本條乃十五年而非五年事也。

優加賑恤，毋致失所。以樞等言「五月以來連雨，江水泛濫，民户及軍寨被浸近三千家」故也。

光宗紹熙元年六月十五日，詔：「諸路監司、帥守，應自今以後，凡有水旱去處，並合盡實以聞。苟有不實，或隱而不上，皆以違制論。」以臣僚言：「州縣之間，或有俗吏不知大體，往往以水旱爲諱，故縣不以實報州，州不以實申諸司，諸司不以實聞朝廷，是以朝廷於四方水旱無繇偏知，使國家救荒之政不得盡行實惠。」故降是詔。

二年十一月二十七日，南郊赦：「崇慶府、潼川府、果州、利州、綿州、合州、金州、龍州、漢州、大安軍、石泉軍、懷安軍及潼川府射洪縣、崇慶府晉原縣、新津縣、魚關、興州長舉縣置口倉〔一〕，汀州寧化縣，各有被水去處，及徽州、金州各經遺火，已降指揮存恤外，尚慮民户流徙，未能復業，或有貧乏不能自存之人。仰監司照應指揮，務行寬恤，毋致違戾。」

三年二月八日，淮南運判趙師䍐言：「本路州軍去歲闕少雨澤，多有旱傷去處。雖將田段檢放，又遭霜損，據人户陳乞倚閣課子。今乞每户十石以上聽從州縣施行外，餘以三等石數爲率：19 五石倚閣三分之一，二石以上倚閣一半，二石以下盡行倚閣。」從之。

四年六月一日，詔江、浙、兩淮、荆湖等路安撫、轉運、提舉司，將被水去處，須管同守臣多方措置賑恤，毋令失所。如將來人户或有流移，定將當職官吏重行責罰，不得視爲文具。既而，江西提舉司以隆興府、筠州、興國軍等處被水渰没爲請。尋詔令本司更切優加賑恤，毋令失所。

九月二十九日，詔江陵府於樁管陳次米内支撥四萬石，準備賑糶水傷民户。從守臣王藺請也。

十月十一日，詔：「逐路提舉躬親前去被水旱州縣驗實，内第四、第五等户災傷委及八分以上，今年合納官物并以前欠〔負〕，特與權行住催。如今年官物有已納在官，即理爲來年合納之數。仍多出文牓曉諭州縣，不得別作名色催理。如違，許人户越訴。」以都省言浙東、江東、淮西路諸縣多有水旱故也。

十二月三日，詔徽州將休寧縣被火之家更切優與存恤，毋致失所。從本州言休寧縣居民遺火故也。

五年六月五日，詔江東提舉司，將池州石埭縣被水之家更優加賑恤，毋令失所。以本司言也。

紹熙五年七月七日，登極赦文：「應諸路州縣緣水旱，承將指揮借撥過樁管米斛充支遣及賑糶等，可將未還數特與除破。如有見管糶到價錢，即具數申尚書省。」

八月二十三日，詔：「令鎮江府於見樁管米内取撥陳次米二萬石，禮部給降度牒五十道，付常州措置出賣，每道價錢八百貫文，賣到價錢專充賑糶。仍具糶到數目及糶過

〔一〕置口：原作「置口」。按，字當作「置」。《兩朝綱目備要》卷九：開禧二年十二月「戊辰，吳曦還興州。前二日，虜人遣吳端持詔、印授曦於置口，曦遂自置口歸興州」。《建炎以來朝野雜記》乙集卷一八、《大金國志》卷二一並同。《宋史·吳曦傳》訛作「置口」，正與此同。

米數申尚書省。」[20]以淛西提舉及常州守臣告旱故也。

同日，詔：「令淮東轉運司就本路有樁管米去處，共借撥米一十萬石，斟量所部州軍旱傷輕重，分撥應副〔賑〕糶支用。」以楚州守臣熊飛言本州亢旱，從其請也。

同日，權知和州程九萬言：「本州夏季以來久愆雨澤，旱勢已成，又有蝗蝻生發，救荒之政，所當講求。除已取撥應管官錢於得熟州軍逐急收糴米斛，準備糶濟，緣淮邊被旱，勢須糴之江南，而江南非銅錢、會子不行使。乞從朝廷借撥會子五萬貫，或以祠部準計，趁此秋成，差人徑往江西收糴，庶得自冬徂春可以接濟賑糶。」詔令和州就樁管米內借撥二萬石，以備旱傷之用，餘依。

九月十四日，明堂赦文：「兩淛、江、淮等州縣間有水旱災傷去處，已降指揮存恤外，尚慮民户流徙，未能復業，或有貧乏不能自存之人。仰監司照應累降指揮，更切體訪，優加存恤，毋致違戾。」自後郊祀、明堂赦亦如之。又赦文：「在法，病人無緦麻以上親同居者，廂耆報所屬，官爲醫治。訪聞店舍、寺觀避免看視，更不聞官，往往趕逐出外，及不令安泊，風雨暴露，因而致斃。可令州縣多方措置存恤，依條醫治，仍出牓鄉村曉諭。」自後郊祀、明堂赦亦如之。

十一月二日，中書門下省言：「已降指揮，客販米斛前來兩淛路荒歉去處出糶，經過税場，依條免納力勝錢。仍不得巧作名色，妄有邀阻。」詔逐州委官專一覺察，如有違戾去處，即將當職官吏劾按以聞。客人附帶物貨，許所經過場務量與優潤，從逐處[21]則例，以十分爲率，與減饒二分，日下通放，即不得虛喝税數。其招誘到客船，仰所委官出給行程文曆一道，批寫所載米斛若干，舟船幾隻，客人、〔稍〕〔梢〕工鄉貫、姓名，指定前往出糶州軍，經過場務照驗放行，仍批寫到發日時，至住糶處繳納。如奉行〔減〕〔滅〕裂，許客人越訴。仍仰所委官多出文牓曉諭。江陵府、復州委袁樞，鄂州、德安府、漢陽軍、岳州委胡瑑〔一〕，鼎、澧州一帶委陳謙，潭、永、衡、邵州一帶委何異，南康軍、饒州、信州委李信甫，蘄、黄州委張同之，池洲、太平州委李唐卿，建康府委趙師睪，鎮江府委吳珽，常州、江陰軍、平江府委黄灝，湖、秀州委黄黼，吉、贛、〔表〕〔袁〕、筠州、臨江軍、隆興府委趙鞏，江州、興國軍委張抑，漳、泉、福州、興化軍委詹體仁，廣東委張釜、黄掄。

寧宗慶元元年正月十九日，詔：「兩淛、〔雨〕〔兩〕淮、江東路提舉司行下所部荒歉去處，逐州逐縣各選委清彊官一員，遇有遺棄小兒，支給常平錢米措置存養。內有未能食者，雇人乳哺，其乳母每月量給錢米養贍。如願許收養爲子者，並許爲親子條法施行，務要實惠，毋致滅裂。如有違戾，仰監司覺察按劾以聞。」

二十六日，詔：「內藏庫支錢一萬貫，豐儲倉更支米三千石，付臨安守臣徐誼，措置給養貧病之民，務要實惠均濟。」既而，權工部侍郎、兼知臨安府徐誼措置，將上件流移之人逐一封臂，括責姓名，類其〔卿〕〔鄉〕貫，隨地里遠近，計程優給錢米，以爲路費。乃到鄉下

〔一〕胡瑑：原作「胡瑑」。按胡瑑不見記載，當爲「胡瑑」之誤。瑑紹熙末、慶元初爲司農卿，見《景定建康志》卷二六。

(檐)〔擔〕糧食，差人伴送津發，各歸本貫州縣。仍逐名印給曆頭，前去照證，牒與本貫賑濟存養〔一〕，庶得歸就鄉井，漸復元業，再與父子妻兒相聚同活，不致星散，流移失所。詔：「候到本貫州縣，(今)〔令〕日下支給常平米賑濟，毋致失所。」

二月五日，詔：「令學士院降詔戒飭諸道監司、守令，應水旱去處，多方賑恤，務在實惠及民，毋得徒事虛文，庸副軫念元元之意。朕將考其殿最，[22]以示勸懲。」

三月十三日，御筆：「訪聞民間病疫大作，令内藏庫日下支撥錢二萬貫付臨安府，多差官於城内外詢問疾病之家，貧不能自給者，量口數多寡支散醫藥、錢；死而不能葬者，給與棺斂。務要實惠及民，毋得徒爲文具。」五月七日，宰執進呈知臨安府錢象祖申乞續降〔二〕，余端禮等奏：「欲更與萬緡，不知當於何處支降？」上曰：「即就内帑續支與之。」鄭僑奏曰：「陛下勤恤民急，有加無已，真孟子所謂：『以不忍人之心，行不忍人之政，治天下可運於掌上也。』」

六月七日，權兩浙運副沈詵言：「竊見兩浙州縣亦多饑疫，自近及遠，德意不可不均一。浙西如湖、秀、常、潤，浙東如慶元、紹興，自今疾疫頗盛，其他州縣亦多有之。窮下之民，率無粥藥，(生)〔坐〕以待斃。乞從朝廷給降度牒五百道，下本司或提舉司變轉，隨州縣饑疫輕重撥下，逐州委官分任其事。事畢考驗(區)〔驅〕磨，以全活人數多寡旌別聞奏，優與推賞。一、州縣合選委明脉醫官，各分坊巷、鄉保醫治。其合用藥材，於所委官從實支給，仍日支食錢五百文。其有全家疾患無人煎煮者，選募僧行管幹，每日亦支食錢三百文。並各置曆抄記全活人數，事畢保明旌賞。州縣濟、糴行且結局，其不育蠶種麥者，仍舊艱食；老弱、孤獨、殘患流離道路，皆當矜恤。乞許令州縣別委官踏逐空閑屋宇、寺院收養。其間遺棄小兒，募人養之，官爲記號，月一呈驗，以給其費。今來米價已高，若罷賑糶，竊慮翔踊，惟是在市之米輻湊，庶幾其直日平。探聞商販之家多有積米，藏寄碓坊，質當庫户，猶欲[23]待價。欲乞指揮盡令出糶，如有藏匿，許人陳首。」詔令禮部給降度牒五十道，付沈詵自行措置斟量支散。餘依之。

六年十一月二十四日，右司郎中李寅仲言：「恭惟國朝漏澤園之制恩及枯胔，前古未有。竊見諸州縣寺院多有攢殯，歷年滋多。或家貧，子孫無力收葬，或遠宦因循不舉，僧徒玩視，公肆徼求，馴致暴露，枯骨無歸，深可憫恤。欲每歲委自逐路提舉司近冬檢舉，行下諸州縣委官躬親抄劄，如年深無主、家貧無力者，官爲擇地置義塚以葬之；其有子孫，不願入義塚者，責以近限收葬，庶幾枯胔不致暴露失所。歲一舉行，無爲文具，無令騷擾，庶幾仰稱聖朝澤及漏泉之意。」從之。

〔一〕「牒」上原有一「牒」字，當是誤將「證牒」二字之一旁寫作一字，據文意删。

〔二〕錢象祖：原作「錢租」，按，是時知臨安府者爲錢象祖，見《續宋編年資治通鑑》卷一二，據改。

嘉泰元年三月戊寅〔一〕，臨安大火，四日乃滅〔二〕。四月辛巳，詔有司賑恤被災居民，死者給錢瘞之。壬午，下詔自責，詔樞密院覈禁衛班直及諸軍營柵焚燬之數。癸未，避正殿，減膳。甲申，命臨安府察姦民縱火者，治以軍法。內降錢十六萬緡、米六萬五千餘石，賑被災死亡之家。

七月二十一日，臨安府言：「本府昨因被火，見在寺觀、廟宇安泊大小人口，委官抄劄到共一千三百二十一家，計五千三百四十五口。大人四千七十七口，小兒一千二百六十八口。」詔：「大（大）人每人更支錢五百，米五升，小兒支錢二百，米二升半。錢令封樁庫以會子，米令豐儲倉於慶元年米內取撥，逐處各依具到人數紐支。仍仰臨安府日下請跋，委24官審實給散，不許減尅作弊。具實支散過數目申尚書省。」

十月三日，臣僚言：「今所在州縣間遇歉歲，至八月則收狀，至九月則檢放，至十月則抄劄。又有檢放未實而再覆實檢放者，亦有抄劄未實而再覆實抄劄者，往往多至十一月而後定。然後官司行救荒之政，下勸分之令，雖至十二月，民猶有未得食者。夫早禾收以六月，中禾收以七月，晚禾收以八月，禾稼不登，民即艱食。若至十二月有未得食，則斯民之饑四閱月。蓋民一日不食則饑，饑則病，病則死，豈能延四閱月之命乎？乞下臣此章，如有災傷州縣，委本路常平使者先次措置合用米斛，日下多置場分，先於普糴拘錢入官，以備收（糶）〔糴〕。一面分頭多委檢放抄劄官，限十月內須管一切了畢，不得遷延，及不得漏濫，務要全活民命，免致流殍。」從之。

同日，詔：「令常州將用不盡常平米八萬一百六十餘石，更於本路提舉司見樁米內撥一萬九千八百餘石，湊作一十萬石。內五萬石充賑糶，五萬石充賑濟。仍令封樁庫支降會子八萬七千五百餘貫，并本州見樁管錢一萬二千四百餘貫，共作一十萬貫，接續收（糶）〔糴〕米斛出糶。其糶（其糶）到價錢，即更循環作本糶糴。仍先具賑糶米價申尚書省。」以守臣李玨言：「本州荐饑，今歲又復告旱，乞措置收糴儲蓄。」故有是命。

十二月十八日，詔令淮南路轉運司，就富安倉樁管米內取撥七萬石，將二萬石撥付楚州、盱眙軍賑濟，五萬石應副25通、泰、楚州、高郵、盱眙軍賑糶。以淮東提舉高子溶言逐州旱歉故也。

三年五月十六日，臣僚言：「臣聞仁宗皇帝天聖、皇祐中屢頒醫方，遐荒僻遠之邦，往往風土不善，民多疾癘，市藥無所，請醫無人，橫罹夭折，甚可憫也。宜命太醫局選民間所常用及已試有效、簡要可行之方，集爲一部，頒之諸路監司，監司行之州縣，州縣又撮其要者，大書揭示於聚落要鬧去處。諸州撥常平錢收市藥物，合成圓散，賤價出賣以

〔一〕此條以干支記日，顯非《宋會要》之文，經查，乃出《宋史》卷三八《寧宗紀》二。

〔二〕乃：原缺，據《宋史》卷三八《寧宗紀》二補。

濟民。畧收利息，以供官吏之費，使本錢不耗，爲循環之用。」從之。

十一月十一日，南郊赦文：「[一]廣州縣小官冒瘴而死者，家屬扶護旅(襯)〔櫬〕，不能歸鄉，實可矜憫。除廣東已於廣州置接濟庫，樁積錢米，遇有事故官員，家屬赴經畧司投狀，除(結)〔給〕倉券外，更支給路費，以濟其歸。及於城北踏逐空地，撥充義塚，起造祭亭。願將旅(襯)〔櫬〕就地内菆葬者，給也支(結)〔給〕縻費錢〔一〕。及造屋充接濟院，有事故流落家屬，欲就給屋，每日支給飯米養贍，以示寬恤。昨來廣西經畧司申，已於静江府新創廣恩院，以給士夫家屬流落者。可令諸監司常切恪意奉行，如有在官田畝之類，措置撥入。所有家屬願出廣者，仍令逐州津遣。其仕宦家屬因而流落，不能出廣，甚至子弟爲奴僕，妻女爲娼婢，深可憐憫。自今赦到日，許經所在州軍自陳，日下釋放，仍令本州津遣。」自後郊祀、明堂赦亦如之。

開禧三年八月一日，湖北提刑李埴言：「被命易[26]使湖右，自建康泝流西上，竊見所至濱江多被水患，渰浸民居，幾及屋危。詢之故老，皆謂向所未有。陂湖之田，無復可望。老弱流(徒)〔徙〕，生理蕩然，殊可憐憫。緣前此所歷，皆係江、淮一帶州郡所管，及至武昌縣交割以來，經行鄂州、漢陽兩郡之境，漲潦瀰浸，爲害尤甚。雖鄂州南市闤闠之地，積水亦深數尺，民户失業，未免痛嗟。除已一面備牒管下被水州軍，委自守貳從實抄劄，措置賑濟外，近據鄂州申到在州被水已近五(十)〔千〕五百餘户，漢陽在城被水亦三百八十七户，城市如此，鄉村可知。其他州縣尚未見申到。竊自惟念，備數察州，豈容(生)〔坐〕視？但本司素來貧匱，别無錢物可以指準支撥。欲乞朝廷惠矜遠方小民偶罹天菑，不可不速行拯救。即爲敷奏，特依淛路已行體例，重賜支降度牒付本司，發下濱江並湖諸處，酌度災傷分數等第，責付各郡守臣變賣，和糴米斛，多方賑濟，于以仰稱聖朝仁民恤遠之意。」詔令禮部給降空名度牒一百道付湖北憲、漕司，每道價錢八百貫，從便出賣，撥付被水州軍，專充措置賑濟。

嘉定元年七月八日，臣僚言：「乞明詔兩淮守令，開具户口之存亡、復業之多寡，以行賑恤之實惠。仍令監司每歲攷察流民歸業之數，以爲守令殿最。申嚴州縣分瘞之令，再立僧道酬賞之格。如紹興辛巳、壬午之間，許僧道、童行出土力收瘞，數及二百，則以度牒一道酬之。今若加增前[27]數，量給度牒，庶死亡者不致暴露於原野，流移者不至轉徙於溝壑。」從之。

二年三月二十九日，御筆：「訪聞都城疾疫流行，細民死者日衆，朕甚憫焉。官司抄劄診候，慮多文具，雖已委官措置，可更選差一二員相與協濟。臨安府委通判稽考醫藥，所有藥材疾速科撥見錢付鋪户收買，毋令減尅。其有

〔一〕給也：疑當作「給地」。

病死無力殯瘞，於内藏庫撥錢一十萬貫，別差官抄劄，畀以棺(襯)〔櫬〕。諸路州縣或有疾疫去處，令監司、守令叶心賑救，務在實惠及民，副朕惻(恒)〔怛〕之意。」

四月二日，都省言：「臨安府化人場間有建置年歲深遠去處，往往拘於禁地，多被拆去，貧乏喪葬之家，無力扛擡，遠涉重費，委有未便。」詔令臨安府開具申尚書省。既而，臨安府奏言：「化人場間有近九宫壇、黑神壇禁地一十六處，節次拆去。内金輪、梵天兩院方自嘉泰以後建置，即與年歲深遠去處不同。」詔令臨安府將見存化人場依舊外，其已拆一十六處，除金輪、梵天寺不得化人外，餘一十四處並許復令置場焚化。如遇祠壇行事，太常寺照條預前三日告示主首僧知委，不得焚化。如違，重斷。

六月十七日，左司諫劉榘言：「竊見朝廷屢行下兩淮被兵州郡，及沿江流民所聚去處，募人埋瘞遺骸，以度牒酬之。州縣官吏所當恪意奉行，仰副陛下掩骼之仁。訪聞州郡官吏不切究心勸誘，尚有收拾埋瘞未盡者。其已殯者，元不堅密，隨復暴露。乞劄下江、淮州郡，各選官勸諭，瘞埋及數則給以度牒。其所委亦許州郡保明具申，與量減磨勘。庶幾官吏、僧行樂於向前，幽壤沉魂蒙被實德。」從之。

三年四月十一日，詔令封樁庫支[28]降官會二千貫文付臨安府，充支給乞丐煖堂賃錢使用。

十二日，中書門下省言：「臨安府城内外細民因病或致闕食，實爲可憫，理宜給濟。」詔令豐儲倉取撥米三千石付臨安府，給散病民。仰守臣措置，選差通練誠實官屬分明支借，毋容吏姦，以虧實惠。仍開具支散過實數申尚書省。

十四日，中書門下省言：「臨安府城内外近有病死之人，無力殯瘞，理宜賑恤。」詔令封樁庫支降官會三萬貫付臨安府，專充支給細民病死棺(襯)〔櫬〕。委守臣措置，選差通練誠實官屬分明給散，毋容吏姦，以虧實惠。仍開具支散過實數申尚書省。

十九日，詔浙東提舉司將婺州永康縣不二寺没官田屋盡行撥付安養院。從本路請也。

五年十一月二十日，南郊赦文：「坍江田土，昨降指揮委官覈實。其山鄉邊溪，亦有被水衝決堆住砂磧，未堪耕作田畝。訪聞州縣依舊催理税賦，委是無所從出。可令逐路轉運司疾速選委清彊官覈實。如見得不堪耕作分明，即與照數先次倚閣，次第結罪保明申尚書省，當與除豁。如有將來可以興復去處，仰照應見行條法指揮施行。」自後郊祀、明堂赦亦如之。

十二月二日，詔令安邊所將劉友真所乞周筠没官地盡行撥賜充義阡使用，免納價錢。仍令封樁庫支撥二千貫貼充義阡支遣。以住持順濟宫劉友真請買周筠没官地，故有是命。

六年七月十九日，臣僚言：「近據紹興府申，稱諸暨縣六月十五日風雷驟雨，是夜同山鄉洪[29]水泛漲，湍下居民屋宇等。次日溪内救得人户壽澄一名，據稱其家老幼百口登樓避水，繼即推没，未知存亡。本縣續又據陶朱〔一〕、天稠、金興、長泰、北〔二〕、開元、花山、安俗、花亭、長浦、超越、諸山鄉人户陳訴不一。本府雖已遵從省劄指揮，催促賑恤，據節次申到，共支錢六百千、米五百石。又支錢一百貫文，於楓橋鎮打撈屍首埋瘞。候到日，别〔具〕支散細數供申。竊恐鄉分闊遠，屋宇漂流，人户墊溺者不一，其惠未能周徧，誠可憐念。乞更賜行下提舉司，照本縣抄劄被水之户，斟酌輕重，次第賑恤。仍行下轉運司，差官覈實被水鄉分，將今年夏税、秋苗特與蠲放。其田地有打成溪港，或沙石淤塞不堪開修者，保明具申，將合納苗税特與蠲閣施行。」從之。

二十三日，臣僚言：「比者，盛夏之月，霖潦爲災，毁壞室廬，漂田畝，渰民命。如嚴之淳安、紹興之諸暨，被禍尤甚，其次則臨安之錢塘、於潛，湖之安吉，皆未免有墊溺之患。乞下兩浙路監司、守臣，選差清彊官，同邑宰親詣水傷鄉分，從實根括有無被水分數，多方賑恤，或蠲租賦。其有蒙蔽不以實聞者，重寘典憲。」從之。

八年四月十二日，詔：「令封樁庫日下支撥會子一千五百貫付殿前司、六百貫付步軍司，仰各司取見的實孤、幼、病患人數，斟酌照等例給散一次。仰各司具已給散過人、錢數目申樞密院。」以時雨未濟，從樞密院所請也。

七月十六日，江西安撫司言：「照得南安縣上保石 30
溪六團人户陳廷琳等被賊殘害，殺人放火，擄掠家財、牛畜，其被殺者屍骸甚多，至今尚在郊野，無人殯埋。所存者逃居鄰保，未得回歸，田畝十有八九荒廢，委是被害至重去處。申乞敷奏朝省，將南安縣上保石溪六團人户陳〔廷〕琳等今年全年夏税、秋苗特與蠲放。」詔：「令江西安撫司，將南安縣上保石溪六團人户陳廷琳等嘉定八年全年夏税、秋苗並特與全行蠲放，仍開具蠲放過錢米數目申尚書省。并仰本司將在野遺骸日下差官措置掩藏，毋致暴露。仍行下江西轉運、提刑、提舉司照會。」先是，安撫司遵依省劄，支撥錢米前去賑濟，以泝流遲緩，遂於贛州兑撥合取運司、總所錢米內對兑，却從贛州差人於本司交領解遣。奉旨特與銷豁，併有是命。

十八日，詔：「令江淮制置司疾速契勘江東旱傷州郡，及浙西提舉契勘浙西旱傷州郡，江西提舉照江州、興國軍係旱傷去處，各從今來臣僚申請事理，疾速覈實，將所部州縣第五第人户夏税、錢絹分明指定合催納及合蠲放各若干數目，除程限十日申尚書省。其第五等人户如有已納錢絹在官，仍仰各司就先次約束州縣分明收附，不得輒行欺隱，别聽朝廷指揮。」以臣僚言：「今歲旱勢極廣，災傷深淺，郡縣不同，如蘇、湖、江陰稍得耕種，紹興災甚，饒、信可望成熟，江州、興國間有蝗孽。宜令監司選委公正精明，有志爲民之士，覈實催放蠲除分數。」故有是命。

九月十一日，臣僚言：「臣來自吳門，沿路見日來所差檢踏災傷官與抄劄賑恤之官不能遍走阡陌，就近城寺院呼

〔一〕陶朱：原作「陶宋」，據《會稽志》卷一二改。

〔二〕北：按嘉泰《會稽志》卷一二列諸暨縣二十四鄉名，無「北」鄉，當有脱誤。

集保甲，取索文狀，令人粉壁書銜，以爲躬親下31鄉巡行檢責抄劄了當。其間號爲詳熟者，亦不過畫圖本，具名姓，注排行，寫小名，以爲帳狀。縣申之州，州申之監司，監司申之朝廷，遞相傳寫，坐待結局。今幸憑由未曾給與，米斛未曾俵散，尚可拯救。所謂拯救之方，全在俵散憑由。官吏若將憑由仍前付與元所差官，必至窮困下户漏落者多，温飽之家冒請者衆。乞嚴行劄下監司、郡守，選清彊官躬親下鄉審實，如見得有合預賑糶、不應濫請賑濟憑由之人，即行改給與窮乏下户，仍别請一項空頭由子，隨行準備添給。乞令監司、郡守候至結局，將給散憑由官攷覈真濫，特與奏聞。」從之。

九年六月二十六日，殿中侍御史兼侍講黄序言：「邇日雨澤兼旬，京城閭巷至有累日突不黔者，或饑餓所迫，死於非命。近甸之地，間有被水去處，屋舍頹圮，未能支持，田畝渰没，車戽無及。早秧既或損爛，又須旋種晚禾。若此之類，民生甚艱。乞行下兩浙諸司，委清彊官體訪應近日被水去處，優加撫恤。凡屋宇渰浸者，給以常平錢米；田畝早秧損壞去處，今年夏税、和買量與寬限。」從之。

九月四日，臣僚言：「迺者夏潦暴作，溪漲横流，坍没畝壠，漂壞室廬，旄倪墊溺，禾稼傷敗，家産蕩析，十室而九。臣得之聽聞，如臨安之餘杭諸邑，紹興之諸暨、蕭山，嚴之桐廬、淳安，衢之西安、龍游，婺之金華、蘭溪，信之玉山、永豐，饒之德興、鄱陽，處之縉雲，台之黄巖，被害尤慘。乞行下諸32路監司，速委官檢視分數，着實以聞。將被水最甚郡邑，從條蠲除租税，不許縱吏誅求，遷延歲月。」從之。

三十日，臣僚言：「今夏一旱，江浙皆然。浙東數郡，多是山田，非水鄉富饒之比，今歲頗覺艱食。比台之黄巖、婺之東陽二邑嘯集作過，率是取糧於富室，彊刈人田禾。賑糶若多，米自不貴，民饑得食，誰復爲盜？乞行下浙西諸郡，撤去目前下江之禁，毋至遏糴。兩浙漕臣照比日申省之狀，更行勸諭，使人樂於轉輸，不獨可以救饑，抑可以弭盜。」從之。

十一年六月二十一日，兩浙轉運司言：「本司據武康、安吉縣申『被洪水泛漲，衝損鄉村、橋道，漂蕩人口及官廨、民居、農具、什物等』事，即分委縣官親往鄉都，括責被水之家所失人口，一面關支常平錢米分付諸廳，委各就鄉村量其存没多寡支與，養生送死。及有全家被水渰死之人，漂流溪河之間，或堆閣沙灘之上，本縣亦同縣官將錢雇人打撈，收拾埋殯，及差簿尉分頭前去逐一抄具被水之家外，所有鄉村被水衝壞田桑，候各官申到見數，别具申聞。」詔令湖州將被水之家更切多方措置賑恤，務要實惠及民，毋致失所，具已賑恤過人數申尚書省。

十三年十二月七日，詔：「令封樁庫支撥會子二萬八千一百一十六貫，仍令提領豐儲倉所取撥米三千四百三十九石八斗，並付臨安府，照應供到數目，逐一等第給散。被火全燒、全拆并半燒、半拆及踐踏 33 人户，仰本府日下差人請領，選差清彊官巡門俵散，不得縱容吏卒等人稍有減尅騷擾。候支散了畢，申尚書省。」先是，本府州橋四條巷居民遺漏，詔令臨安府日下差官抄劄被火及拆(回)〔毁〕之家，以憑賑恤。既而本府分委官吏於城内外被火處沿門逐一抄劄，除雜賣場南至州橋一帶及都亭驛一帶拆拽過民屋姓名、大小口數令項供申外，所有城内外被火之家，計二千五百七十五户，條具來上，故有是命。

十四年，明堂赦文：「蘄、黄州并管下縣鎮有曾經兵火驚擾去處，致使人户逃徙，無家可歸，理宜矜恤。令淮西制置司行下州縣，遇有歸業無屋存泊之人，即聽從便踏逐係官屋宇及寺觀安泊，毋致失所，仍多出文牓曉諭。」

十五年七月十一日，臣僚言：「今歲自春入夏，時雨優渥，雖高亢确瘠之田，靡不霑足，西成有望。比日以來，霖潦相仍，合衢、婺、徽、嚴四溪之水，迎入大江之潮，水勢迅激。紹興蕭山，濱江居下，受害獨慘，飄蕩廬舍，衝壞田野，苗腐昏墊，是誠可憫。乞下浙東漕、倉兩司，亟與委官抄劄被水之家，優加賑恤。目今合輸官賦，權與寬展。其田畝渰浸去處，則續議蠲減，實一邑更生之大幸。」從之。

十六年九月六日，臣僚言：「恭惟陛下恭儉愛人，寬恤備至，精誠格天，豐穰(婁)〔屢〕書。入夏以來，時雨霶霈，畿甸近地，上下霑足，穡實垂垂，有秋在望。聞之江浙淮堧，多苦水溢；七閩之地，間或旱乾。乞下諸路監司、州郡，將實被災傷去處遵從條令，日下疾速差官巡行檢視。或因雨水浸没，風潮漂蕩，斟酌輕重，與議蠲減分數。早出牓示通知，不得出違條限。34 嚴行戒約所差官吏，務在公心，勿爲姦弊。庶幾佃户蒙被實惠，得以了還主家之租，不至拖延，實爲公私莫大之利。臣近據江東安撫司言：『建康府自五月以後，雨墊霖淫，江流泛溢，(請)〔諸〕田畝渰浸甚多；池州屬縣官舍、居民爲水漂蕩；太平州低田、圩田坍壞渰没，已種之稻悉被浸腐。』又聞淮甸如高郵、楚州亦多被水去處，罹昏墊，將困艱食，深爲可憫。雖帥臣已行賑恤，竊慮惠利未周，容有不被其澤者。乞下江淮漕、倉兩司，委官勘實被水之家，優加賑恤，渰没之田，合輸官賦早議蠲減，俾江、淮之民得免流離凍餒之患。」從之。

十七年四月二日，詔：「令鎮江府於轉般倉見樁管米内，取撥一千石付本府，理還借兑數目，并充給濟飢民使用。并下提領轉般倉所、浙西提舉司，各證會施行。」從本州守臣趙善湘之請也。（以上《永樂大典》卷二六三三）

宋會要輯稿　食貨五九

恤災

【宋會要】 1 神宗熙寧元年正月九日，詔：「諸州軍每年春首，令諸縣告示村耆，徧行檢視，應有暴露骸骨無主收認者，並賜官錢埋瘞，仍給酒饌酹祭。」

七月，詔：「恩、冀州河決水災〔一〕，令選官分詣。若有渰死人口，量大小賜錢；其居處未安，令官地搭蓋〔二〕，或宮觀廟宇宿泊〔三〕。內有渰浸活業貧下人户，令省部賜粟。」

四年三月十六日，詔判永興軍郭逵：「如本路州縣有饑荒處〔四〕，並以官廩賑濟，仍體訪田税。其逃亡人户，亦仰設法招誘還業以聞。」

六年十月二十八日，詔：「熙河一路自用兵以來，誅斬萬計，遺骸暴野。可差勾當御藥院李舜舉往彼多方究尋，如法收瘞。仍於河、岷二州特設祭酹，作水陸齋會。」

七年五月六日，中書門下言：「户房申：訪聞災傷路分募人工役，多不（願）〔預〕先將合用夫數告示，以至飢民聚集，却無合興工役。欲乞下司農寺，令逐路有合興工役，並依所計工數曉示，逐旋入役，免致饑民過有聚集，以致失所。」從之。

九年二月五日，河北西路提刑司言：「邢、懷州連年災傷，若令應副十分春夫〔五〕，必難勝任。欲乞特賜免放一半。」從之。

十月十二日，中書門下言：「廣東經畧、轉運使等言：潮州海陽、潮陽兩縣人户被海潮漲〔六〕，推蕩居舍、田苗，死失人口。乞令本路提刑司躬親前去，依條存恤。」從之。

元豐元年正月二十三日，詔 2 河北路權停折納。爲經水災，糧草貴也。

七月二十七日，詔河北轉運判官高鎛往濱、棣州地界風雨損城及害稼處照管〔七〕。令京東轉運使司案齊州章丘縣官吏〔八〕，如不預備救護〔九〕，致人被災傷，即劾罪以聞。

八月十六日，詔京東路（路）轉運司：「齊州章丘縣被水第四等以下户欠今夏殘税權倚閣，常平苗役錢令提刑司展

〔一〕水：原脱，據本書食貨五七之七、六八之三八補。
〔二〕搭：原作「塔」，據本書食貨六八之一一二改。
〔三〕或：原作「其」，據《補編》頁八一〇改。
〔四〕路：原作「縣」，據本書食貨五七之七、六八之一一二改。
〔五〕夫：原作「天」，據本書食貨五七之七改。
〔六〕漲：原作「溺」，據本書食貨六八之一一二改。
〔七〕鎛：原作「鑄」，據本書食貨六八之一一三、《長編》卷二九〇改。棣：原脱，據《長編》卷二九〇補。
〔八〕案：原脱，據《長編》卷二九〇補。
〔九〕預備救護：原作「救護預備」，據《長編》卷二九〇乙。

料次。」

二十八日，詔：「濱、棣〔一〕、滄三州被水災，令民貸請常平糧。零販竹、木、魚、果、炭、箔等物，税百錢以下，聽權免一季。」

十月十四日，詔：「昨岳州平江縣民户爲詹遇等焚廬舍，令孫頎牒所屬，隨區數第給錢。」

二年二月十一日，詔：「聞濱、棣〔二〕、滄州昨因災傷，至今民尚乏食，其令提舉官李孝純存恤。有合行事，行訖以聞〔三〕，事體稍重者奏聽旨；察知縣、縣令〔四〕，不職者權對移。」

三月一日，詔：「兩浙路災傷，民負户絶田産價錢者〔五〕，展半年輸官。」

三年八月十七日，開封府言：「畿縣夏旱〔六〕，甚者十分，其次不減七分，已節次檢放。今秋農有望，而民力未充，其殘欠租税乞賜倚閣。」從之。

九月二日，權知都水監丞公事蘇液言：「河北、京東兩路緣河決，被患人户蒙朝廷優恤〔七〕，賑濟放税。河平，計錢穀等共七十二萬七千二百七貫碩有畸，而《靈津廟碑》失載其實，乞以其事付史官。」從之。

四年二月二十九日，詔：「聞階、成、鳳、岷州人户闕食流移，令逐州第四等以下人户借支常平糧斛〔八〕，每户不得過兩石，仍免出息。如有去年未納秋税并諸般 3 欠負等〔九〕，並權倚閣。其有往諸處逐熟帶興販物，税錢一百以下，并經過河渡合納官私渡錢處〔一〇〕，並令驗認免放。」

八月二日，詔蠲河北東路災傷州軍今年夏料役錢〔一一〕。

五年九月十四日，詔：「聞開封府界漫水，所至縣百姓有聚在高阜，不通往來，至絶糧食者，委劉仲熊乘驛遍詣有水縣，規畫舡栰，運致民户，安集於無水處，齎載薪糧就給。三日一具所濟人數上尚書省。」

七年六月二十六日，知蔡州黄好謙言：「所部水災特甚，乞放税。」詔尚書户部速施行。

七月七日，知河南府韓絳言：「伊、洛暴漲，衝注城中軍營。欲望應被水災廂、禁軍，等第與特支錢，及先修軍營。其水北軍民被害，續奏請。」詔：「經水災民户，令體量賑卹。被水廂、禁軍〔一二〕，以差賜般移錢；死者，依漂溺民

〔一〕棣：原缺，據本書食貨五七之八、《長編》卷二九一補。
〔二〕棣：原缺，據《長編》卷二九六補。
〔三〕行：原作「件」，據《長編》卷二九六改。
〔四〕縣令：原脱「縣」字，據《長編》卷二九六補。
〔五〕負：原作「貧」，據《長編》卷二九七改。
〔六〕旱：原作「早」，據本書食貨六八之一一三改。
〔七〕優：原作「憂」，據《長編》卷三〇八改。
〔八〕逐州：原作「逐路」，據《長編》卷三一一改。四州均屬秦鳳路，不得言「逐路」。
〔九〕秋税：原作「諸税」，據《長編》卷三一一改。
〔一〇〕「一百」至「渡錢」十五字原脱，據本書食貨六八之一一三補。
〔一一〕今：原作「令」，據本書食貨六八之一一三改。
〔一二〕禁：原脱，據《長編》卷三四七補。

户法給錢。」

九日，詔尚書户部員外郎張詢、幹當御藥院劉惟簡賑濟西京被水災軍民，并催督救護官物、城壁等。其合行事如有違礙，從宜施行。

同日，河北路轉運司言：「河水圍繞大名府城，乞多差兵夫、舡栰救護。」詔遣金部員外郎井亮采、幹當御藥院梁從政往賑濟，如西京指揮。

九月十(三)〔一〕日〔一〕，詔：「西京被水漂溺之家，及秋苗災五分户，並免來年夏税支移折變。」從户部員外郎張詢請也。

十三日，河北西路提點刑獄呂温卿言〔二〕：「霖雨爲災，已行賑濟。欲乞坊郭户没溺財産比舊退落七分以上，積欠及秋料役錢並展限至來年夏料〔三〕。其漂蕩家業者，不候造簿年月，先減免役錢，以寬剩錢補助。」尚書户部 **4** 言：「減放役錢，欲據家業、物力之數〔四〕，於簿内改正。其減役錢，候造簿日均敷。餘欲依温卿所乞。」從之。

十月二十二日，詔：「涇原路火死者，男丁給絹七疋〔五〕，小兒五疋。」以本路經畧司言：「西賊犯境，燒柴草積，民多火死者。」故有是命。

哲宗元祐三年正月二十八日，御史中丞胡宗愈、侍御史王覿進對，太皇太后曰：「久陰不解，雪寒甚，民不易。」對曰：「陛下分賣芻炭〔六〕，所以惠都民甚好，唯河北、京東災傷，猶須多方賑濟。」上曰〔七〕：「已一一有指揮。」宗愈、覿曰：「聞二聖焦勞，上元禁中不曾用樂。」曰：「既不御樓，亦未嘗燕會。」

二月十二日，詔給廣惠倉錢三萬緡，及闕額役兵錢糧、衣賜，募民應役以恤之。

(十)〔七〕月二十四日〔八〕，詔：「災傷放税及六分以下，其帶納欠負即隨放税外分數催納；七分以上，並行倚閣。」

四年六月十八日，資政殿學士、知陳州胡宗愈言：「本州霖雨相繼〔九〕，河流泛漲，今年夏税請遞展限一月〔一〇〕。」從之。

五年四月二日，詔府界、諸路監司：「應雨澤未足處人户合催理係官欠負權住理納，候豐熟日依舊。」以三省言「自春以來，時雨未足，民間諸欠負未能償」故也。

六年九月七日，户部言：「河東路助軍糧草，支移不過三百里，若非時急闕，亦聽相度展那，仍不得過二百里〔一一〕。」

〔一〕十一日：原作「十三日」，據《長編》卷三四八改。下條方爲十三日。

〔二〕北：原脱，據《長編》卷三四八補。

〔三〕夏料：原脱「料」字，據本書食貨六八之一一三、《長編》卷三四八補。

〔四〕業：原作「裝」，據本書食貨六八之一一四改。

〔五〕七疋：原作「四疋」，據本書食貨六八之一一四、《長編》卷三四九改。

〔六〕分：原作「斤」，據《長編》卷四〇八改。

〔七〕上曰：原作「日」，據《長編》卷四〇八補改。此爲哲宗曰。

〔八〕七月：原作「十月」，據《長編》卷四一二改。

〔九〕雨：原作「兩」，據本書食貨六八之一一四改。

〔一〇〕請：原脱，據《長編》卷四二九補。

〔一一〕二：原作「三」，據本書食貨六八之一一四、《長編》卷四六六改。

本户災傷五分已上，仍免折變。」從之。

同日，樞密院言：「夏人犯麟、府州，雖已遁去，今據陝西沿邊奏報，見各於並邊嘯聚，恐復寇别路。」詔〔一〕：「麟、府州界人常爲西賊殺虜〔二〕、燒蕩屋舍者，令經畧司，人以老幼，屋以多寡，等第給賜錢、絹。或焚毁糧草，或蹂踐田苗，亦隨5宜賑濟。」

八年四月二十六日，詔：「近日在京軍民疾患，難得醫藥，可措置於太醫局選差醫人，就班直、軍營、坊巷，分認地分診治。開封府差官提舉合藥〔三〕，并日支食錢，於御前寄收封樁錢内等第支破，候疾患稀少即罷。」

紹聖元年十月二十六日，上諭輔臣曰：「河北流民寓寺觀及官廨者尚多，雖已給券開諭，令還本土就賑濟，然宜申敕有司聽便，願南去者，毋彊使北。」

十一月十一日，左司諫張商英言：「知定州顧臨與走馬承受賈温之謝晴北嶽，摘路傍禾穗豆角觀驗，多不實。知曲陽縣郭長卿以災告，請早求所以爲備者。聞深州武彊縣民二千餘户訴災，臨輒却其牒。」詔河北東路提舉常平燕若古究實以聞。

十二月十一日，監察御史常安民言：「河朔流民多因郡縣承望轉運使張景先風旨〔四〕，遇訴災傷，曲有沮抑，使民無告。」詔河北西路提舉司體量詣實以聞。知深州吴安行坐不受民訴災傷〔五〕，特衝替。

二年三月四日，詔：「河北東、西路并京東路淄、齊、鄆、濮、濟州災傷人户催去年秋料殘零税租，並行倚閣。」

四月五日，涇原路經畧安撫司言：「本路被災人户，已令逐州軍倚閣租税逋欠〔六〕。」從之，仍原擅行之罪。

三年四月十一日，詔權倚閣陝西路今年諸逋負。以轉運司言本路災荒故也〔七〕。

四年五月九日〔八〕，左司諫郭知章言：「聞諸路守臣常於秋夏之間以雨足歲豐爲奏，後災歉，遂不敢以聞。伏望特降睿旨，下諸路6州軍嚴行約束，雖已奏豐稔，而或繼有非時水旱者，並具災傷上聞。」從之。

元符元年十(一)月二十三日〔九〕，詔：「河北、京東路州縣遭河漲，渰溺人户田廬，多致失所。令工部員外郎梁鑄體量應合賑恤及河勢利害以聞。」

三年三月二十三日，徽宗已即位，未改元。詔以疾疫，令太醫局差醫生分詣閭巷醫治。

八月四日，詔：「諸路應歲賜藥錢處，遇民疾時，州縣

〔一〕「夏人」以下至「詔」字原脱，據《長編》卷四六六補。

〔二〕府：原脱，據《長編》卷四六六補。

〔三〕差：原作「郡」，據《長編》卷四八三改。

〔四〕使：原作「司」，據本書食貨六八之一一四改。

〔五〕坐：原作「生」，據本書食貨六八之一一四改。

〔六〕税：原脱，據本書食貨六八之一一五補。

〔七〕轉：原作「輔」，據本書食貨六八之一一五改。

〔八〕九日：《長編》卷四八七繫於十一日甲子。

〔九〕十月：原作「十一月」，據本書食貨六八之一一五、《長編》卷五〇三删。

委官監視，醫人遍詣閭巷，隨其脉給藥。」

十二月三日[一]，臣寮言：「河北濱、棣等數州昨經河決[二]，連亘千里爲之一空，人民孳畜没溺死者不可勝計。今年所在豐稔，而此數州之民失業，是以至今米㪷不下三四百錢，饑凍而死者相枕藉，甚可哀也。乞朝廷選郎官，乘傳同本路監司，守令體量拯救。」從之。

徽宗建中靖國元年八月二十一日，臣寮言：「府界近京各有被旱、蝗去處，及江、淮、兩浙、福建路亦有旱災去處。其監司、郡守或不以聞，或雖聞而不敢盡以實告。州縣承望轉運司意旨，不肯依法受接人户訴狀。望指揮諸路轉運使司，應今後實有被災傷人户，並專責守、令依法受訴，提舉司依條檢察施行。」從之。

崇寧元年四月二十八日，兩浙轉運司言：「本路累歲災傷，昨權住閑慢修造。至今將欲限滿，欲乞更展一年權住。」從之。

七月二十一日，詔開封府賑䘏壓溺人，不得鹵莽。先是，雨水壞民廬，有死者，故申命之。

二年七月九日，詔：「府界、諸路監司前去親詣蝗蟲生發去**7**處，監督當職官多差人夫，部押併手打撲。本司及當職官，並仰專在地分，候打撲盡静，方得歸任。人户多方收打蝗蟲赴官，即時依條支給米穀。如官司阻節，許人户經監司陳訴。」

十月十四日，詔：「兩浙杭、越、温、婺等州秋田不收，人户失於披訴，官司憚於闔放，又將積年欠負一例併行催納，致人户漸至逃移，賊盗滋多，物價增長，細民不易。其官司並不申奏，顯是提舉、轉運司施設不職，令本路提刑司體量聞奏。其積年租欠，如是下户災傷，不以分數，並令倚閣；非災傷户，分作五料催科。人户失於披訴，委是秋苗不熟，並量與檢放；其孤貧不濟户，仰提舉司廣行賑濟。如物價增長，即速以常平米平價出糶。」

十二月十四日，詔：「户部差官剗刷合出賣及無用故紙，具數關送開封府造紙襖，遇大寒，置曆給散在京并府界無衣赤露之人。每年依此，即不得將中用文字一例剗刷。」

五年四月十六日，詔蠲兩浙水災人户租税。

大觀二年三月三十日，詔：「西京城内外日近民庶疾疫稍多，慮闕醫藥，有失治療。宜下有司，依近例疾速修合應病湯藥，差使臣管押醫人，自三月末旬後，於京城内外遍到里巷看診給散，要拯救疾苦[三]。仍速施行。」又詔令大觀庫支錢一萬赴開封府，令就差散藥使臣并逐厢地分使臣，每日量數支給。應死亡貧乏不能葬者，人給錢兩貫，小兒一貫。

八月十九日，工部言：「邢州奏：鉅鹿下埽**8**大河水

[一] 三日：本書職官五二之一三作「二十七日」。
[二] 棣：原缺，據本書避諱通例補。
[三] 「要」字前疑脱「務」字。

注鉅鹿縣，本縣官私房屋等盡被渰浸。」詔：「應今來被水漂溺身死人户，並官爲埋葬，每人支錢五貫文，買衣衾、版木，擇高阜去處安葬，不得致有遺骸。其見在人户，即依放税七分法賑濟施行。如有孤遺及小兒，並送側近居養院收養，候有人認識，及長立十五歲，聽從便。内有人户盡被漂失屋宇或財物，仍許依七分法借貸，不管却致失所。仍具埋葬、賑濟、居養、存恤次第事狀聞奏。」

三年六月二十八日，詔：「冀州宗齊鎮被水身死人户，並官爲埋葬[一]，人支錢五千，擇高阜安葬，不得致有遺骸。其見在人户，却依放税七分法賑濟。孤遺及小兒，並送側近居養院收養，候有人識認，及長立十五歲，聽逐便。内人户盡被漂失屋宇或財物，仍許依七分法借貸。仍具已埋葬、賑濟、居養、存恤次第以聞。仍仰本路提刑司各那官前去點檢賑恤，務要均濟。」

九月六日，詔：「東南路比聞例有災傷，斛㪷踴貴，可下諸路監司，仰依實檢放秋苗數，仍依條推行賑濟。」

十一月十二日，詔：「東南諸路，應今歲旱災地分，人户放税及五分以上者，本户税租、苗役，條限滿日，特與展限一季；支移者，仰轉運司相度那融就近；折變者，量與寬減施行。」

十二月十六日，詔：「秦、鳳、階、成州災傷人户，税賦已權行倚閣，候至豐歲催理，疾速施行。」

四年正月十八日，詔：「聞福建去年夏秋少雨，禾稻薄熟，兼見行賑濟，兩浙並不通放米舡過海，深 9 慮向去民食妨闕。可指揮兩路，放令福建販米海舡從便販糴，以補不足，不得仍前阻節。」

政和(五)〔二〕年正月二十二日[二]，詔[三]：「户部上諸縣災傷應被訴受狀而過時不收接若抑遏徒二年，州及監司不覺察各減三等法。」從之。

五月十二日，詔：「二麥將成，秋稼繼作，深慮州縣不恤民情[四]，妄有科差。如見均占役使者，即時放散。如有稽違，帥臣、監司按察。」

政和三年正月二十日，尚書省言：「檢會近降赦恩，訪聞開德府清豐縣去年六月七日曾被旱傷人户，其間有不知條限，至被訴不及。可令所司勘會詣實，特與依檢放災傷人户減免均糴指揮施行。」從之。

十一月二十日，詔：「時雪苦寒，道路阻滯，常平倉米、麥以衮合價錢二等出糶[五]，硬石炭每秤減價十錢。」

十二月六日，詔：「以諸路時雪稍多，道路艱阻，貧寒細民於法不合居養之人，如委實貧乏不能自存，亦合權行存恤救濟。令諸路提舉常平司更切多方存恤居養，仍許不

[一] 葬：原作「藏」，據本書食貨六八之一一六改。
[二] 二年：原作「五年」，據《補編》頁八一五改。
[三] 此「詔」字疑衍。
[四] 州：原作「川」，據本書食貨六八之一一六改。
[五] 出：原作「分」，據本書食貨六八之一一七改。

限人數支給米豆，及仰逐司以常平米粟量行減價二分出糶〔一〕。」

四年四月六日，詔〔二〕：「饒州、南康軍知、通並先次（充）〔衝〕替，令歙州疾速取勘，并本路提舉官令江東提刑司取勘，並具案奏聞。」以江東久旱艱食，並不陳請措置，至是提舉司分析以聞，故有是命。

六年二月十七日，福建路提舉常平黃靜言：「建州浦城知縣饒興遇歲民饑〔三〕，能勸誘民户賑糶，乞加賞典。」詔遷一官。

七月十九日，淮南路轉運司言：「淮河水[10]泛漲，濠、壽、楚、泗河道與鄰近民田爲一，渰浸州城。緣此斛斗不入，細民不易。淮東、西州軍見椿管提舉司斛斗三十六萬餘石，欲依元價出糶，救濟被水細民。」從之。

九月二日，詔：「在都日近遺火，被燒人户見賃官地屋，與放賃直兩季。」

十一月三日，詔：「兩浙州軍秋水害田，物價翔踴。別州鄰路粒米豐賤，輒禁米斛出界者，以違御筆論。」

七年七月六日，詔：「熙河、環慶、涇原地震旬日，壞城壁樓櫓，官私廬舍，民覆溺死傷者衆。宜速修治城壁，朝廷給其費，仍遣使撫恤軍民。」

十二月十六日，詔：「河北西路提舉常平官不奏本路災傷，特降兩官衝替，令本路提刑司具合降官姓名申尚書省。今後不即時聞奏，重寘于法。仍令刑部遍下諸路州軍并監司。」時臣寮上言：「河北自祁、趙州以南，至邢州、磁、相上下，夏雨頻併，各有災傷。」詔令本路監司具析〔四〕。至是提舉常平官以聞〔五〕，故有是命。

八年正月（正）二十四日〔六〕，詔：「河朔去歲災傷，方行賑恤，而修城買木、運糧飛輓之役，頗勞民力。其令當職官審度緩急，可罷之。或不可罷者，條具以聞。」

五月二十一日，提舉京東路常平等事王子獻言：「濟南府、密、沂、濰、徐、兖州、河北數州皆水，官司檢放不及七分，外州流民稍稍入境，移文逐處依法賑恤。蓋其貸者二十萬四百餘户，給者十萬八千六百餘户，糶者二十九萬五百餘碩。實緣檢視災傷，觀望顧畏，不實不盡。伏願詔州縣，今後驗流民來歷，實有莊帳，每縣及百户以上，即申省部，下所屬，依法書元檢放官吏[11]之罪〔七〕。」從之。

六月八日，詔：「兩浙路自今夏霖雨連綿，渰没田不少，平江尤甚。已差趙霖依舊兩浙提舉常平，如有合行奏稟事件，附入内内侍省遞以聞。仍一面多方措置護救民田。渰浸過田苗人户，及支借過圍田錢米等，並仰括責招諭，保明聞奏，不管稍有流移失所。」其後，趙霖奏：「本路有未起

〔一〕及：原作「乃」，據本書食貨六八之一一七改。
〔二〕詔：原脱，據本書食貨六八之一一七補。
〔三〕民饑：原倒，據本書食貨六八之一一七乙。
〔四〕析：原作「折」，據本書食貨六八之一一七改。
〔五〕聞：原作「間」，據本書食貨六八之一一七改。
〔六〕「月」下原衍一「正」字，據本書食貨六八之一一七删。
〔七〕法：原作「次」，據本書食貨六八之一一七改。

今年常平米十一萬餘石〔一〕，伏乞許與截留，應副急切賑濟。并轉運司見有合發末限上供米數，欲乞依知平江府應安道已得指揮，權於浙西州縣先次權發二十萬，逐急相兼應副〔二〕。候向去豐熟年分，接續收糴撥還。」詔依〔三〕。如違，以大不恭論。八月四日，又詔：「平江府第四等以下人户合納二稅〔四〕，并借過圍田常平錢物，權行倚閣。」

七月二十九日，詔：「東南諸路山水暴漲，至壞州城，人被漂溺，不能奠居。可差廉訪使者六員分行諸路，檢舉常平災傷七分法推行。法所不載〔五〕，隨宜賑救訖奏。仍許借諸司斛斗賑給，或勸誘上户借貸。仍多作船栰濟渡；及權以官物搭蓋屋宇，廣令安泊。其被溺之人，並官給棺殮。監司、郡守各協力賑恤〔六〕，無令失所。有不盡心及一行官吏因而搔動，乞取，並以違御筆論。」

同日，鎮江府言：「自六月以來，霖雨連綿，渰没民田，米價踴貴，唯藉商旅興販斛斗接濟〔七〕。欲乞降旨，應豐熟去處輒有禁止商販米穀及違法收納力勝諸般阻節，並乞依政和六年十一月三日所降指揮。」從之。

八月二十五日，詔：「江、淮、荆、浙被水州軍，漲水已退，殘潦餘浸占田無藝，民不得耕；比屋摧圮，無以奠居〔八〕。可令郡守、令佐悉心賑救。監司雖非本職，並許通行管幹，分定州縣前去巡按，具已救濟事件、人數奏。監司、郡守，自今 12 應水旱、盜賊，敢有隱蔽不奏或不盡言，並以違御筆論。應興販竹木、塼瓦、蘆葦往被水處，沿路不得收稅抽解，及攔買阻滯。仍行賑濟。」

九月七日，詔：「東南被水州縣民田雖有赴訴之限，然阡陌漫浸，州縣定驗失實〔九〕，則貧民下户臨時無告。仰逐路監司行下所轄州縣，當職官須管於收成之前，躬親按視，毋得失實。」又詔：「曾經渰浸人户納官私房錢，截自遷出日，並特與免納，候復業日依舊。」

十月二十日〔一〇〕，江南東西路廉訪使者徐衡言：「南康軍并管下建昌縣，及江州并管下德安、瑞昌縣，興國軍，坊郭舍屋被水渰浸、漫没屋脊人户各已般移。除係自己屋業外，其間賃官私舍屋居住人户〔一一〕，尚依舊管認元賃房廊地基等錢，欲下諸州軍豁除被渰月日，特與放免〔一二〕。」從之。仍詔餘依此，計其實日〔一三〕，即不得虛僞，通不得過一季。

〔一〕十一：原作「一千」，據《補編》頁八一六改。
〔二〕副：原脱，據本書食貨六八之一一八補。
〔三〕詔依：原作「治體」，據本書食貨六八之一一八改。
〔四〕納：原作「給」，據本書食貨六八之一一八改。
〔五〕「七分」至「不載」九字原脱，據同食貨六八之一一八補。
〔六〕守：原作「吏」，據本書食貨六八之一一八改。
〔七〕販：原作「賑」，據本書食貨六八之一一八改。
〔八〕以：原脱，據本書食貨六八之一一八補。
〔九〕失：原作「夫」，據本書食貨六八之一一八改。
〔一〇〕十月：《補編》頁八一六作「十一月」。
〔一一〕賃：原作「買」，據本書食貨六八之一一八改。
〔一二〕特：原作「將」，據本書食貨六八之一一八改。
〔一三〕實：原作「十」，據本書食貨六八之一一八改。

【宋會要】〔一〕

13 宣和元年正月二十七日，永興軍路安撫使董正封言：「鄠縣災傷，放税不及分，秋雨損田苗，人户闕食。勘會見今修葺永興軍城壁，欲望支降度牒四百道，乘此和顧人夫，不惟城壁計日可了，兼可以存養闕食人民。」詔特支二百道〔二〕。（以上《永樂大典》卷二〇八九九）〔三〕

14 宣和元年正月二十七日，永興軍路安撫使董正封言：「鄠縣災傷，放税不及分，秋雨損田苗，人户缺食。勘會見今修葺永興軍城壁，欲望支降度牒四百道，乘此和雇人夫，不惟城壁計日可了，兼可以存養缺食人民。」詔特支二百道〔四〕。

二月十六日，詔：「豐城縣主簿倪仲寬先次放罷，令憲司取勘以聞，候案到，將上取旨。」以江南西路轉運副使林篪奏仲寬管洪州南昌縣惠門場，非理決撻缺食人魏剩也。

十月十九日，詔：「兩浙連年災傷，今歲方始豐熟，應積欠不得一併催理〔五〕，並限三年帶納〔六〕。」

十二月十六 15 日，監察御史周武仲言：「淮甸旱暵，望蒙付以使事。賑濟莫急於錢〔七〕、米，而州縣往往無之。依淮南『許依鄰近發義倉兑撥支遣』，并京西路汝、（穎）〔潁〕等州災傷放免租税指揮，豪民大姓有願出積粟者，乞籍其名，酬以官爵，其次與免差科一次。所在係官山林塘濼，有可推以利民者，乞暫絶其禁，聽饑民採食其利。商旅般運，應鄰近路分及沿江州軍載斛米舟車，並乞與免沿路力勝錢，堰閘、關津不得稽留。」從之。仍許通一路義倉兑撥支給。其流移地分，如合放免租税，並令依條，內豪民出粟，不得抑勒。

欽宗靖康元年六月十四日，知磁州趙將之言：「种師中兵潰，有被傷之人，疲曳道路甚多。臣已隨宜措置出榜招收，權置一醫藥院收管醫治。如臣一州所醫已二百餘人，切慮別路州郡尚多有之，乞下諸州，將重傷者每人支絹一疋、錢一貫，輕傷人半支，並以係省錢物充，仍委守臣當官給付。依已降指揮，將（詔）〔招〕到潰散人，並發上邊應援

〔一〕按：此下原批「賑恤四」，此前一行原批「恤災副本」，今删。「賑恤四」乃《大典》卷二〇八九九原題。

〔二〕特：原作「時」，據下文及本書食貨六八之一一八改。按，以上一條原稿單作一頁。天頭原批：「此卷前有熙寧以下七十條，應補抄。」又批：「脱二月十六日一條。」又此條之後批云：「額上有『△』者，皆『恤災』正文；間有脱落，以『⊗』記之；正本無當補抄者，以『○』記之；額上有『、』者，皆見『賑貸』，不抄。」此頁之右下角又批云：「吳校。」「吳」不知何人，陳智超推測可能爲徐松助手（《解開宋會要之謎》頁四一）。所云「熙寧以下七十條」當即本卷上文，但實爲七十九條；「二月十六日」一條見下文。所加諸符號亦見下文原稿天頭（本書删）。

〔三〕《大典》卷次原缺，據《永樂大典目録》卷五五補。

〔四〕天頭原批：「複，應删。」按，此條與前一條重複。

〔五〕「應」下原有「欠」字，據本書食貨六八之一一九删。

〔六〕限：原脱，據本書食貨六八之一一九補。

〔七〕莫：原作「今」，據本書食貨五九之一八、六八之一一九改。

太原外，有被傷未堪驅使人〔一〕，並且令逐州醫治，候平愈日，逐旋結隊發遣。」從之。（以上《永樂大典》卷二六三三）

【16】〔宣和元年〕二月十八日〔二〕，尚書右丞范致虛言：「奉詔，楚州山陽、鹽城二縣被水，令截撥斛㪷賑救；不足，於鄰州、鄰路發義倉兑撥支遣。竊以災傷路分廣遠，自江、淮、荆湖、兩川，各被水患，物價騰踊。方春正多饑殍，彊壯者流爲盜賊，類多丐乞以市斛㪷，或采在田蔬茹之類，甚者無從得食，老稚轉徙，甚可哀痛。按義倉法，唯充賑給，不得他用。比歲數豐，未嘗支遣，諸路義倉之粟甚多。欲望睿旨，應去歲災傷州縣，並量從核實災傷人數及外來流民〔三〕，並給義倉物斛賑濟。數係災傷官司以前不曾檢行，特與放罪。若今來指揮到，依前庇隱，令廉訪使者按劾以聞。若常平及本州通用諸縣義倉物斛計度，俵散不足，並許依楚州兩縣所得前件指揮，於鄰州、鄰路發義倉兑撥支遣。」詔：「京西路（穎）〔潁〕、汝、陳、蔡等州，見今民已流移饑殍，監司、州郡並不申奏，運司庇隱，不放租税，致不得依災傷賑濟，遂使斯民轉於溝壑。吏爲姦罔，不奉法令，以致如此，爲之惻傷。可令京西漕臣李祐放謝辭，星夜乘騎前去體量。常平官孫延壽先次勒【17】停，餘監司并守臣，一一並具名奏。應一路義倉，可並特通融支撥賑濟施行。應災傷流移地分，並令依法放免租税，疾速行下。」

四月二日，京西路轉運判官李祐言：「尚書右丞范致虛奏：『京西災傷州縣，並不依災傷檢放，勒民户依舊納税，至民力愈困，罪在州縣。欲望並給義倉物斛賑濟。』奉詔令臣星夜前去體量詣實，常平官孫延壽先次勒停，餘監司并守臣一一並具名奏。應一路義倉，可並特通融支撥賑濟。應災傷流移地分，並令依法放免租税。體量得逐州人户因去秋霖雨薄收，人民闕食，汝州諸縣艱於賑濟，致有流移飢殍。唐、鄧州縣，已依法檢放税租外，賑濟管下諸縣飢殍流民，共三萬八千餘人。均、房州諸縣放税不盡，致自冬及春以來，往往聚爲盜賊。」詔均、房州知、通，逐縣知縣並衝替，汝州知、通各降一官，唐鄧州知、通各轉一官。

五月二十九日，詔：「淮、浙去歲被水，田業多荒。今雨暘順適，耕種是時，民無力施工，可令兩路提舉常平官散倉廪，廣行借貸，毋或失時。施行訖，具奏。」從兩浙轉運司請也。

六月二十七日，開封少尹虞㜸言：「去歲諸路水災，今夏二麥大稔，秋田倍收。一歲之熟，未足以盡補瘡痍，尚慮監司、州縣例行催科累年之欠，乞行約束。」從之。

十月十九日，詔：「兩浙連年災傷，今歲方始豐熟，應積欠不得一併催理，並限三年帶納。」

〔一〕未堪驅：原作「米堪驗」，據本書食貨五九之二、六八之一二〇改。

〔二〕宣和元年：原抄有此四字，然被圈去，今據本書食貨五七之一五複文補。

〔三〕核：原作「劾」，據本書食貨五七之一五改。

十二月十六日，監察御史周武仲言：「淮甸旱暵，蒙付【18】以使事。賑濟莫急於錢米，而州縣往往無之。望依淮南許依鄰近發義倉兑撥支遣，并京西路汝、(穎)〔潁〕等州災傷放免租稅指揮，豪民大姓有願出積粟者，乞籍其名，酬以官爵，其次與免差科一次。所在係官山林塘濼，有可推以利民者，乞暫絶其禁，聽飢民採食其利。商旅般運，應鄰近路分及沿江州軍載斛米舟車〔一〕，並乞與免沿路力勝錢，堰閘、關津不得稽留。」從之。仍許通一路義倉兑撥支給。其流移地分，如合放免租稅，並令依條。內豪民出粟，不得抑勒。

二年六月四日，詔：「開封府賑濟乞丐二萬二千餘人，當職官吏推恩有差。」

二年八月二十日，知壽春府侯益言：「臣昨緣去歲秋田旱災，曾具奏乞依政和七年正月二十六日指揮〔二〕，許客人於豐熟去處興販米斛，前來災傷去處出糶，與免沿路力(升)〔勝〕稅錢。後來本府夏麥收成，其上件指揮已行住罷。今歲秋田復又旱損，欲乞依宣和元年十二月十六日指揮行下。」從之。

十月九日，詔：「淮南災傷，飢民流離。常平官其躬至所部，竭力賑濟。」

十二月二十五日，詔：「睦州及管下應避賊者，令所在官司多方存恤，借與官屋、僧舍居住。內有不能自存之人，依條賑濟，疾速施行。」

三年正月十四日，詔：「宣、歙、杭、睦州民居，緣兇賊劫略逃避，既無所得食，遂致失所。慮其間少壯之人或聚爲盜，老弱幼小不能自存，轉於溝壑，深可矜惻。仰江南、兩浙路漕臣、憲司、提舉常【19】平及所在處郡守倅、當職官等，多方撫諭，優加存恤。如有闕食之人，官爲賑濟。務在安集，毋令失所。仍各具知稟狀以聞。」

二十六日，詔：「兩浙、江東路避賊士族、百姓流離〔三〕，無以自給，及無居止，宵旰惻然。令州縣措置賑給〔四〕，借與官舍，勸誘歸業。」

八月十二日，詔：「徽州已降指揮，依七分法借貸，被賊燒劫州縣人户〔五〕，依災傷流移法賑濟。其兩路復業人户，若闕少牛具、種糧等，仰提舉司審度，量行借貸訖奏。」

四年十二月十三日，詔：「德州有京東路西來流民不少，本州知、通張邦榮、王景温等見行賑濟，於在城并安德、平原縣三處措置宿泊，計六百三十一户。除已該給券還鄉外，尚有五百餘户，各得均濟。仰本路提點刑獄司究實聞奏，取旨量推恩。其餘路分遇有流移人户，不即依條存恤者，並仰監司、廉訪使者按劾以聞。」

〔一〕載：原作「截」，據本書食貨五七之一五、六八之一一九改。
〔二〕政：原闕，據本書食貨六八之一一九改。
〔三〕士：原作「亡」，據本書食貨五七之一六改。
〔四〕令：原作「今」，據本書食貨五七之一六改。
〔五〕户：原脱，據本書食貨五七之一六補。

五年正月四日，臣僚言：「聞蜀父老謂本朝名臣治蜀非一，獨張詠德政居多，如賑糶米事，著在皇祐甲令，(常)〔嘗〕刻石遵守，至今行且百年。其法，一斗止糶小鐵錢三百五十文，人日二升，團甲給曆，赴場請糴，歲計六萬石。始二月一日，至七月終。貧民闕食之際，悉被朝廷實惠〔一〕。比年漕臣不職，米直漸增，或陳腐不堪，雜以糠粃，不獨損六萬之數，且幾察不嚴。乞賜施行。」詔漕臣檢會皇祐條例，措置以聞。

十月二十八日，詔：「大河暴漲，由恩州清河縣王余渡東向泛溢〔二〕，衝蕩大名府(采)〔宗〕城縣。本縣被水人【20】户，令本州提舉常平官親詣流移所在，遍行賑濟。」

六年五月十三日，前知平陽軍府事商守拙言：「契勘諸路州縣給散乞丐人米，依條立期，五日一給，不以所居遠近，皆集一處給散。欲乞遇風雪，權令就近支散，庶不失所。」從之。

六年七月九日，詔：「兩浙州縣人户積欠常平及圍田錢米，元降指揮展限三年起催，今已限滿。訪聞本路春夏水潦害民田，民至流徙，已令將賑糶官米拯濟艱食。所有積欠及圍田錢米，特更展限一年，候豐熟日依條催理。」

八月十八日，收復燕雲赦：「應貧乏及飢民，並以係官錢米賑濟，無令少有失所。」

八月十九日，詔：「兩浙路州縣違法閉糴，邀阻客人，米價翔踴。仰提刑、廉訪體究水災去處，令常平司賑濟。州縣閉糴邀阻，速令禁止。」

十月二十七日，詔：「浙西諸郡夏秋水災，穀貴艱食，民户流移。已降指揮，於所在依條賑濟。訪聞常平司見管米斛數少，可於本路實有見在米或見起上供米内，截撥五七萬碩付提舉常平官，躬親往常、秀、平江等處，隨宜分擘，應副賑給，務令實惠均及飢民。」

十一月十七日，詔：「河北、京東夏秋水災，民户流移，係踵於道。可令應所過州軍隨宜接濟。若常平、義倉不足，即發封樁應干斛斗賑給，令實惠及人。」

十一月十九日，南郊制：「應河北、京東、河東路民户曾被劫掠或焚燒廬舍者，委州縣多方安集，早令著業，與免諸般差科二年。」

同日，南郊制：「訪聞外路夏秋之間陰雨【21】積水，占壓民田，或河防潰決，衝注鄉村〔三〕。縣官坐視，並不措置。如措置有方，實有勞効者，保明以聞，當議特加旌勸。」

欽宗靖康元年六月十四日，知磁州趙將之言：「种師中兵潰，有被傷之人疲曳道路甚多。臣已隨宜措置出榜招收，權置一醫藥院收管醫治。如臣一州所醫已二百餘人〔四〕，竊慮別路州郡尚多有之。乞下諸州，將重傷者每人

〔一〕悉：原脱，據本書食貨五七之一六補。
〔二〕清河：原倒，據《宋史》卷八六《地理志》二乙。
〔三〕衝：原作「衡」，據本書食貨六八之一一九改。
〔四〕如：原作「始」，據本書食貨五九之一五、六八之一二〇改。

支絹一疋、錢一貫，輕傷人半支，並以係省錢物充，仍委守臣當官給付。依已降指揮，將〔詔〕〔招〕到潰散人，並發上邊應援太原外，有被傷未堪驅使人，並且令逐州醫治，候平愈日，逐旋結隊發遣。」從之。《宋朝大事記講義》：元祐元年，復茶鹽法，許通商。四月，賑淮南飢，賜上供米十萬石，蠲旱傷租二年，出禁錢賜貧民。此祖宗以仁立國之意，暫息於熙寧，而復續於元祐也。使元豐、紹聖相傳襲，中間無元祐數年之澤，則靖康之禍豈止如今日之所觀哉？

〔建炎〕三年六月十二日〔一〕，都省言：「渡江之民，溢于道路，其飢餓者無飲食，疾病者無醫藥。」詔令淮南、江、浙轉運司量給錢米賑給，其病患者差官醫治，務要實惠及民，不管少致失所。

四年二月二十三日，詔：「應士庶家屬有被驅虜脱歸之人，令所在存恤，量給錢米，於寺院安泊，審問親屬所在，差人津發前去。」

四月二十八日，上諭輔臣曰：「朕聞明州遭寇焚爇，不餘片瓦，井邑丘墟，使民骨肉離【22】散，囊橐罄竭，朕力不能救，心甚憫之。可將已樁管米七千餘石，令守臣均給城下人户廬舍被焚者，少助窘乏。」

十月十八日，詔：「諸處流移百姓，所在孤苦無依者，並仰越州安泊賑濟，務在全活。其有不幸死損者，收斂瘞藏，並如近降指揮施行。」《咸淳毗陵志》：紹興元年三月二十八日，詔：「常州、平江府近有淮南、京東西等路避寇渡江流移失業之民，可專委逐州知、通措置賑卹，仍依老疾貧乏不能自存人條法給散。及慮艱得柴薪，每人每日特更給錢二十文，七歲以下減半，以本州常平錢穀支撥。深慮數目不足，平江府降度牒二百道，常州一百道，變轉應副。」

紹興元年五月十四日〔二〕，詔：「諸路見今米價踴貴，細民闕食。令州軍將常平倉見在米量度出糶〔三〕。仍廣行勸誘富家，將願糶米穀具數置曆出糶，州委通判，縣委令佐。如糶及三千石以上之人，與守闕進義副尉；六千石以上，與進武副尉；九千石以上，與下班祗應；一萬二千石以上，與進義校尉；一萬五千石以上，與進武校尉；二萬石以上，取旨優異推恩。如已有官蔭，不願補授名目〔四〕，當比類施行，並令州軍保奏。通判、令佐勸誘人户出糶數多，令本路監司保奏〔五〕，等第推恩。務要實惠及民，即不得虚樁數目，陳乞推恩。仍令監司覺察。如違，按劾取旨，重作責罰。」

十月二十三日，詔：「越州城内遺火，延燒民舍屋不少，致貧民無處居止。仰三省行下本州，分委【23】官躬親仔細抄劄。應實曾被火延燒下户，每十人作一保，結罪保明單甲、姓名申尚書省，以憑支錢賑給。應官私地基，許元賃人搭蓋，依舊居住。其合納房錢并地基錢，並與放兩月。」

〔一〕天頭原批：「脱高宗建炎元年二條。」按，此二條見本書食貨六八之一二〇。又，「建炎」二字原脱，據本書食貨六八之一二〇補。

〔二〕天頭原批：「紹興元年下脱二條。」按，見本書食貨六八之一二〇。

〔三〕糶：原脱，據本書食貨五七之一六補。

〔四〕授：原作「受」，據本書食貨五七之一六改。

〔五〕令：原作「今」，據本書食貨五七之一六改。

十一月六日，知紹興府陳汝錫言：「尋分委四兵官抄劄人戶姓名，四廂共二百三十餘戶。」詔令戶部每戶支錢二貫文，仰陳汝錫勾集赴都堂給散。

二年八月九日〔一〕，詔：「臨安府被火，百姓許於法慧寺及三天竺寺等處權安泊，應客店亦許安下，免出房錢。其四向買販木植、蘆箔、竹筏，並不得抽分收稅。官私房錢不以貫百，並放五日。內孤貧不能自存之人，令戶部省倉支米二千碩付臨安府賑濟，仍開具賑濟過人數以聞〔二〕。」

八月十一日，詔：「福建路亢旱，米價翔貴。令本路提刑司將泉、福州寄卸廣南米，取撥三萬石賑糶，仍斟量逐州軍豐歉次第分撥。」

三年六月十二日，荆湖南路宣諭薛徽言〔言〕：「已檄州縣勸誘上戶借貸種本，月終考曆，以多寡爲殿最。其上三名，與免公罪杖一次；稍多者，又與免科役一次；優異者，保明申本司。又就全〔三〕、永間通那省米應副借貸。應第四等以下戶，計人爲一甲，於本州給據，自賫赴撥米州軍請領。」於是戶部言：「人戶災傷，在法以常平倉錢穀應副，不足，方許勸誘有力之家出辦糶貸。兼已剳刷湖南有米州軍支撥二萬石付本路提刑司，專充賑濟支用。今乞下提刑兼提舉常平司，遵已降指 24 揮施行，毋致人民流移失所。」從之。

九月五日，宰臣朱勝非等言：「近訪聞泉州水溢，隳城郭，墊廬舍，已行下本州詰問，且令詣實申尚書省。」上曰：「國朝以來，四方有水旱災異，無敢不上聞者，故修省蠲貸之令隨之〔四〕。近日蘇、湖地震，泉州大水，輒不以聞，何也？」詔：「諸路如有水旱等事，令監司、郡守即時具奏。如敢隱默，當寘典憲。」

十一日，宰臣朱勝非等言：「九日夜，朝天門外居民遺火，延燒頗廣。」上惻然曰：「細民焚其室廬，生聚何從得食？必有甚失所者。可命戶部支降米五百碩，令臨安府差官，就行賑濟孤貧不能自存者，無或追呼，更致煩擾。」

二十三日，泉州言：「本州縣被水之家闕乏糧食不能自存之人，欲州委知通，縣委令佐，先次取撥見管常平、義倉米斛，躬親前去賑濟。及被水渰死，其無主屍骸，欲令本處量支官錢，如法埋瘞，無致暴露。今來深慮前項已科定錢米應副不足，欲令禮部給降福建路空名度牒一百道，專充應副前項支使。」詔依，仍令本路漕司躬親前去點檢被水州縣，奉行寬恤賑濟等事件以聞。如州縣奉行不虔，仰提刑司按劾聞奏，當議重寘典憲〔五〕。

〔一〕天頭原批：「『二年』下脱二條。」按，見本書食貨六八之一二一。
〔二〕天頭原批：「『以聞』下脱三年兩條。」按，此批誤，「八月十一日」條仍爲二年事，見本書食貨五七之一七、六八之五六等。當批於下「三年六月十二日」條下，云「『從之』下脱三年兩條。」此兩條見本書食貨六八之一二一，即三年七月十一日、二十二日兩條。
〔三〕全：原作「泉」，據本書食貨五七之一七改。
〔四〕故：原脱，據本書食貨六八之一二一補。
〔五〕天頭原批：「『典憲』下脱七條。」按，見本書食貨六八之一二二、一二三。

五年四月十四日，中書門下省言，勘會民間米斛踴貴。詔令户部借支神武中軍糧食一月，令盡數出糶。

九月七日，殿中侍御史王縉言〔一〕：「應民旅般取米斛往旱傷州縣出糶，依日前指揮，許就官司判狀執據，與免經由場務力勝，亦賑救之一也。」25從之。

十二月七日，江南西路轉運司言：「筠、袁、洪、吉、江、撫州、臨江、興國軍及臨江軍新喻縣災傷，乞支降本路苗米五七萬石，委提舉司以州縣災傷分數取撥，比市價減十分之三糶〔二〕。及令州縣勸諭有力之家〔三〕，人納粳米每一千石，或稻穀每二千石，如係曾得文解人，三代中有文官無刑責，補迪功郎，餘人補承信郎。依獻納人例〔四〕，理選限陞陟，從本州保奏，給降付身，便作官户，免身丁、差役，免審量，令本路帥司舉辟合入差遣。其入納到米，即減價賑糶。并令州縣出給公據，勸諭商賈收糴斛斗，從便出糶，與免力勝稅錢，每米百石，許附帶貨物約百貫。詢訪停塌斛斗之人，勸諭量取利息，責認石斗數目出糶接濟。及飢民合給米豆〔五〕，雖放稅不及七分縣分，亦許賑給。委提舉司審量，若常平穀不足，聽取撥入納到米謂今來因災傷勸誘到者。支給，候將來有納到義倉斛斗，却行撥還。州縣當職官賑濟有方者，委提舉司保明，提刑司覈實以聞，優與旌賞。」詔：「已令收糴米斛六萬石，準備賑濟。今乞支苗米，難議施行。內『勸諭人納稻穀，依入納米補官，便作官户』一節，見別作施行外，餘並依。仍委知、通勸諭有力之人出糶斛斗接濟，不得搔擾。」

十二月九日，詔：「雪寒，細民闕食，可令臨安府分委官措置，依賑濟人例支米三日。」後又展三日。

六年正月十三日，詔令湖南轉運司，於已科撥去年上供米內存留三萬石，從26本路帥司量度災傷輕重，分撥付州縣，專充賑濟使用。

二十六日，上宣諭輔臣曰：「歲飢，民多流殍，朕心惻然。官爲發廩以賑給之〔六〕，則民受實惠。苟爲不然，雖詔令數下，恐徒爲文具爾。宜申敕有司，多方措置米斛。」

二月一日，詔令江西轉運司於去年上供米內，支撥一萬石付本路帥司，斟量災傷輕重，與常平米相兼均俵賑濟支用。

七日，右諫議大夫趙霈言〔七〕：「去秋旱傷，連接東南，今春饑饉，特異常歲，湖南爲最，江西次之，浙東、福建又次之。伏覩累降指揮賑濟，固備盡矣。然今日賑救有二：一則發廩粟減價以濟之，二則誘民户賑糶以救之。諸路固當

〔一〕縉：原作「晉」，據本書食貨五七之一七改。
〔二〕價：原脱，據本書食貨五七之一七補。
〔三〕令：原作「今」，據本書食貨五七之一七改。
〔四〕納：原脱，據本書食貨五七之一七補。
〔五〕給：原作「納」，據本書食貨五七之一七改。
〔六〕賑：原作「濟」，據本書食貨五七之一七改。
〔七〕霈：原作「沛」，據本書食貨五七之一八改。

許借常平、義倉米，又常令州縣賑糶。艱難之際，兵食方闕，州縣往往逐急移用，無可賑給，唯勸誘賑糶尤爲實惠。然自來官中賑濟，多止在城郭而不及鄉村，願以上户所認米數，紐計城郭、鄉村人户多寡，分擘米數，縣差丞、簿，於在城及逐鄉要鬧處監視出糶〔一〕，計口給曆照支，或支五日，或併支十日。其交籌收錢，並令人户親自掌管，官司不得干預。既無所擾，人亦願從。乞申嚴戒諭，如當職官不親詣鄉村監糶米斛，與故縱人吏科擾，令監司按劾，及許人户越訴，其官吏重行竄斥。」從之。

三月七日，成都潼川府夔州利州路安撫制置大使〔二〕、兼知成都府席益言：「東、西兩川去秋荒歉，及成都府路田事不登，物價騰踴。欲令四川都轉運司不以是何名色米，權行截 27 撥，專充賑濟或減價出糶〔三〕，以平米價。」詔令趙開除應副軍糧外，將其餘應干米斛寬剩撥付四川安撫制置大使司，量度逐路災傷去處，均行賑糶。

二十九日，殿中侍御史周祕言：「去歲旱傷，小民艱食，命所在勸誘積粟之家置曆出糶，過三千石者，等第推恩。而州縣奉承不恪，勸導無方，乃謂富民頑悍，説諭不從，遂降指揮，許令一面酌情斷遣。州縣官吏不問民之有無，而專以刑威逼使承認，善良之民被其害矣。欲望再降指揮，專委諸路提舉官偏詣所部，戒約守令多方勸誘，務令民户樂從，無因今來酌情斷遣指揮，輒有分毫搔擾。」詔依，令諸路提舉常平官躬親遍詣所部州縣巡按覺察，如有違戾去處，按劾聞奏。其提舉官失覺察〔四〕，令御史臺糾劾。

四月十二日，江南西路安撫制置大使、兼知洪州李綱言：「已遵睿訓勸誘，出榜置曆，差官分詣諸州，委知通、縣官召上户積米之家，許留若干食用，其餘依市價量減，盡數出糶。其流民，官中賑給，竊恐秋成尚遠，難以賑濟，已一面勸誘上户納錢米入官，以助賑濟。乞許給官告、度牒之類，折還價值。」從之。

二十三日，詔：「筠州高安、上高兩縣當職官，各先次特降一官放罷。令本路提刑司取勘〔五〕，具案聞奏。」以提舉常平司言：「賑濟乖方，至有盜賊竊發，殍亡暴露，田畝荒萊，飢民失所。」故有是命。

五月一日，荆湖南路安撫制置大使、兼知潭州呂頤浩言：「被旨，令廣西提刑韓璜收糴米三萬石〔六〕，般發前來賑濟。已節 28 次催促，至今並無顆粒到來。望將上件米斛委韓璜催督，水運至湖南〔七〕，却委本路運使分撥州軍交卸，以濟饑民。」詔令劉鵬、向伯奮疾速般發。

〔一〕「於」原脱，「鬧」原作「閙」，據本書食貨五七之一八補改。
〔二〕撫：原作「府」，據本書食貨五七之一八改。
〔三〕濟：原脱，據本書食貨五七之一八補。
〔四〕「如有」至「覺察」十七字原脱，據本書食貨五七之一八補。
〔五〕令：原作「今」，據本書食貨五七之一八改。
〔六〕糴：原作「糶」，據本書食貨五七之一八改。
〔七〕運：原作「軍」，據本書食貨五七之一八改。

二十六日，詔知婺州周綱除直龍圖閣，知撫州劉子翼除直祕閣，並特令再任。以中書言並治郡有方，賑濟宣力，故有是詔。

六年七月十八日，尚書省言〔一〕：「廣西欽、廉、邕州，緣去歲大水，即今米價踴貴，細民艱食。欲令本路常平官體訪，如委是詣實，即立便前去，及分委官屬，各躬親遍詣逐州，取撥常平米斛賑濟。如逐州所管數少，即於鄰近州縣那撥應副。仍具各支撥過米斛數目及措置存恤事件以聞。」從之。

八月二十九日，詔韶州李紹祖特與減二年磨勘。以廣西提舉常平韓璜言起發湖南賑糶米有勞故也。

十二月五日，詔：「臨安府遺火，竊慮民户暴露不易，令行宮留守司依舊例，於户部取撥米二千碩，專委本府守臣差官，據被燒民户計口日給米二升十日。內見扈從官吏、諸色人被燒之家，亦仰留守司量度支給錢米存恤。」

十四日，尚書省言：「江東、西、湖南路去歲旱傷，近據申奏，賑濟飢民萬數不少。其逐路帥司及常平官措置有方，甚稱委寄。」除江東帥臣葉宗諤已別作施行外〔二〕，詔帥臣呂頤浩、李綱，提舉趙不已、吳序賓，令學士院降詔獎諭。

同日，尚書省言：「去秋江、湖旱傷，人民闕食。朝廷支撥米斛，及委帥臣、監司并州縣守令賑給。竊慮其間奉行滅裂，却致死損流 29 移數多，合行比較優劣。」詔令逐路帥臣、監司，於本路旱傷州縣，各比較三兩處，保明取旨賞罰。

十五日，詔：「四川去歲旱荒之後，繼以疾疫，流亡甚衆，深用惻然。其郡守、縣令有能賙給困窮，撫存凋瘵，善狀最著者，令席益體訪詣實，保明來上，當議獎擢，以爲能吏之勸。或廢慢詔令，坐視不恤，按劾聞奏，亦當重寘典憲。」

二十三日，樞密院言：「叛臣劉麟、劉猊等驅擁中原軍民前來侵犯淮西作過，雖已勦殺破蕩，緣淮北之民皆朝廷赤子，念其無辜死於鋒鏑。」詔令建康府差茅山道士二十七人修設黃籙醮三晝夜追薦〔三〕，仍委江東安撫司官應辦。

七年二月十二日，尚書省言：「鎮江府、太平州居民遺火，細民無不暴露艱食。令李謨、張匯於常平、義倉米內各支撥二千碩，分委兵官抄劄被火百姓貧乏之家，每家計口支米二升十（月）〔日〕，仍責委兵官躬親監散。如被火人民見欠公私債負，權住催理兩月。搭蓋官私白地，其見納賃錢，不以貫百多寡，並放兩月。」從之〔四〕。

七月二十四日，詔：「建康府內外居民病患者，令翰林院差官四員分詣看診。其合用藥，令户部藥局應副，仍置曆除破。如有死亡，委實貧乏，令本府量度給錢助葬，仍具

〔一〕言：原脱，據本書食貨六八之一二二補。
〔二〕臣：原脱，據本書食貨五七之一九補。
〔三〕「康府」原作「府康」，「十」原脱，據本書食貨六八之一二二乙補。
〔四〕天頭原批：「脱十三日一條。」按，見本書食貨六八之一二三。

已支數申尚書省除破。」九年六月十七日，臨安府給散同此制。

十月八日，詔潼川府守臣景興宗陞一職〔一〕，廣安軍守臣李瞻〔二〕、果州守臣王隲、前吏部郎官馮檝、漢州守臣王梅各轉一官。知30成都府席益，令學士院降詔奬諭。仍令四川安撫大使司開具其餘合轉官人職位、姓名以聞。以四川安撫制置使席益言：「諸州賑貸有方，活飢民甚衆，内馮檝出米四百石以助賑濟。」故有是命。

九年正月五日，内降新復河南州軍赦：「應河南新復州縣百姓，各安鄉井。内鰥寡孤獨不能自存之人，令州縣多方存恤，毋令失所。」

十一月六日，臣僚言：「曩者旱暵爲災，官嘗發廪勸糴，而州縣奉行，姦計百出。有民户初非情願，均令認數，以應期限，而平時儲積之家得以幸免者；有所在初無收成，勒令轉糴以賑城郭，而本鄉流離不暇顧恤者。願詔執事選舉廉謹强明之吏，推行德意，務使實惠及民，盡革前弊。」詔令户部約束。

十年三月十九日，臣僚言：「諸處糴米賑濟，只及城郭之内，而遠村小民不霑實惠。向陳正同通判婺州，賑濟極有條理，雖窮谷深山之民，無不普霑實惠，而州縣之吏亦不至勞。乞令陳正同條具賑濟事件付户部看詳，遍下諸路依此施行。」從之。

十年閏六月十(三)〔五〕日〔三〕，詔順昌府官吏軍民等：「狂虜犯境，王師扼衝。惟爾吏民，協濟軍事，保扞城壘，驅遏寇攘。眷乃忠勤，宜加撫惠。管下諸縣及鄉村人户，曾被賊馬焚劫財産屋業者，並依災傷法賑濟。應本府縣有民間利害，守臣條具以聞。詔書到日，明告吏民，各令知悉。」

十二年三月二日〔四〕，詔：「紹興府旱傷秋苗，令於義倉米内支撥一萬石，置場31出糶。」

十三年三月十八日，詔：「令淮東總領呂希常於大軍米内支三千石，量度分撥，於鎮江府委官管押前去米價踴貴去處〔五〕，減價出糶。仍令淮西總領吴彦璋契勘本路如合出糶，依此施行。」

十三年八月十三日，詔：「太平州居民遺火，令總領所於本州諸色米内取撥一千碩，檢視被火之家，計口俵散。係官屋宇并白地賃錢，並放兩月。」

十四年正月十三日，詔：「今月十二日被火居民，令臨安府於係官米内依例賑濟，具支過數申尚書省。」

五月十八日，上曰：「聞婺州溪水暴漲，渰溺去處，可令官吏多方賑濟，毋令失所。」

〔一〕川：原作「州」，據本書食貨五七之一九改。

〔二〕李瞻：原作「李贍」，據本書食貨五七之一九、《宋史》卷一七八《食貨志》上六改。

〔三〕十五日：原作「十三日」，據本書帝系九之二九、食貨六八之一二三、《建炎要録》卷一三六改。

〔四〕天頭原批：「脱十一年一條。」按，見本書食貨六八之一二三。

〔五〕米：原脱，據本書食貨五七之一九補。

六月十五日，上宣諭輔臣曰：「福建、浙東被水災去處，已令寬恤賑濟，尚恐州縣滅裂，可令逐路監司各躬親前去，悉力奉行，務使實惠及民，不得徒爲文具。」

十五年七月三日，知泉州吴序賓言：「汀、虔盜賊鱗集，泉南七縣罹其荼毒，且致飢餓。雖軍儲不足，而義倉積粟見存七萬石，欲開倉賑貸。內殘破四縣，乞比附災傷七分之法，各借種子三千石，自第四等以下户，委縣官隨便借貸。」詔每縣於義倉米内支撥二千石應付借貸。

十六年六月二十一日，尚書省言：「方此盛暑，慮有疾病之人。昨在京日，差醫官診視，給散夏藥。」詔令翰林院差醫官四員，遍詣臨安府城内外看診，合用藥令户部行下和劑局應副〔一〕，候秋涼日住罷。其後每歲降詔同此。

十八年十一月二十三日，上諭輔臣曰：「紹興府災傷，
32 闕食人户以義倉米賑濟，無使失所。如別有災傷去處，亦令户部多方措置。」

十二月十二日，上宣諭輔臣曰：「近令提舉常平官躬親詣災傷去處賑濟〔二〕，竊恐所轄州縣闊遠，點檢遲滯，可更令分委屬官悉力賑濟。將來春耕合用種糧，須令預先措置，臨期借給，使之耕種及時，則贍養供輸，公私兩濟。」

十九年二月四日，上諭輔臣曰：「春雨膏潤，於農事極利。農事種糧爲急，若種糧不足，則秋成無望。昨已降指揮，災傷去處令提舉常平司借給，可更丁寧户部應副。」

十九日，詔：「逐路災傷去處，可令縣官措置，齎發米斛，就鄉村賑給。逐州委通判點檢，逐路委提舉常平官按察。仍令御史臺覺察劾奏。」

二十八日，詔：「近有紹興府等處飢民在此求乞〔三〕，日有饑死者，可令臨安府日下給米賑濟。」

三月二日，上諭輔臣曰：「近日紹興飢民多有過臨安者，深可憐憫。蓋是保正副抄劄漏落，是至流移。可令臨安府多方措置賑濟，户部應付米斛。其諸路州縣災傷去處，宜申飭監司、守臣，依已降指揮貸給種糧，庶幾秋成可望。」

四月六日，上諭輔臣曰：「兩浙等路災傷去處，可令提舉常平官親詣所部借貸種糧，務要實及饑貧民户，毋令州縣及當行人侵尅，徒爲文具。」

九月十三日，詔兩浙東路提舉常平秦昌時除直祕閣、兩浙東路提點刑獄公事。以安撫司言：「紹興府、明、婺州水旱災傷，昌時悉力賑濟，乞賜褒擢。」故有是詔。

33 二十年六月十六日，尚書省言：「行在及諸路州軍每歲合藥，依法選官監視修合，許軍民請服〔四〕；縣、鎮、寨量應用數給付〔五〕。竊慮州軍不切奉行。」詔令户部檢坐條

〔一〕用：原脱，據本書職官三六之一〇四補。
〔二〕平官：原作「官平」，據本書食貨五七之二〇乙。
〔三〕飢：原作「餓」，據本書食貨五七之二〇改。
〔四〕服：原脱，據本書食貨六八之一二三補。
〔五〕「縣」上原有「州」字，據本書食貨六八之一二三删。

法，申嚴行下諸路州軍遵守奉行，務行實惠，毋致滅裂。其後每歲降詔同此。

二十四年五月十七日，尚書省言：「衢州闕食人户，令本路常平官賑濟外，竊慮未到之前，人户闕食，有妨歸業。」詔令本州日下賑濟，仍曉諭各令歸業。

六月一日，上諭輔臣曰：「官司賑濟，止及近郭游手之人，其鄉村遠處，宜令提舉官及州縣常平官躬親措置，務使實惠及於貧下。」

二十六年六月二十一日，三省言：「初伏，差醫官給散夏藥。」上宣諭曰：「比聞民間春夏中多是熱疾，如服熱藥及消風散之類，往往害人，唯小柴胡湯爲宜。令醫官揭榜通衢，令人預知。頗聞服此得効，所活者甚衆。」沈該等曰：「陛下留神醫藥，其恤民疾苦可謂至矣！」

二十七年十月二十九日，詔：「令四川制置司、總領所并逐路轉運、常平司，各具管下州縣有無旱傷聞奏。如有實被旱傷去處，仰支撥常平錢米賑濟。或支用不足，即於存留舊宣撫司樁積錢米内量度取撥。」

二十八年八月十六日，上諭輔臣曰：「浙東、西瀕江海去處，田苗爲風水所損，平江府最甚，紹興次之。已將常平米賑濟〔一〕，尚慮貧弱下户去秋成尚遠，無錢可糴〔二〕，深軫朕懷。卿等可令發義倉米賑濟。」宰臣沈該等奏曰：「在法，災傷及七分以 34 上，合行賑濟。當遵稟聖訓，就委趙子潚、都絜依此施行。」詔：「紹興、平江府被風水損傷，可令趙子潚〔三〕、都絜體訪，委是災傷去處，將第四等以下闕食人户量行賑濟，候晚禾成日住罷。仍具逐處賑濟人户及支撥過米數申尚書省。」

二十八年八月二十七日，詔：「令吳璘同蘇欽、許大英將被水州軍人户，取撥常平司義倉米賑濟。多方措置存恤，毋令失所。仍依條檢放，開具取撥過米數及已措置施行次第申尚書省。」

九月八日，浙西常平司言：「平江府已於在城覺報寺等八處并吳、長兩縣尉司置場賑糶〔四〕，共三萬七千碩。今來本府米價漸平，已行住糶。」詔令平江府湊足元撥五萬碩數，均下諸縣，仍行賑糶。

九月二十九日，詔：「在法，水旱檢放苗税及七分以上賑濟。緣土田高下不等，若通及七分方行賑濟，竊慮飢荒人户無以自給。可自今後，災傷州縣檢放及五分處，即令申常平司，取撥義倉米量行賑濟。」

十一月二十（月）〔日〕〔五〕，南郊赦：「勘會在法：病人無緦麻以上親同居者，厢耆報所屬，官爲醫治。訪聞比來客旅寄居店舍、寺觀，遇有病患，避免看視聞官，逐趕出

〔一〕米：原脱，據本書食貨五七之二〇補。

〔二〕糴：原作「糶」，據本書食貨五七之二〇改。

〔三〕潚：原作「瀟」，據上文及本書食貨五七之二〇改。

〔四〕「尉」原作「府」，「糶」原作「糴」，據本書食貨六八之一二四改。

〔五〕日：原作「月」，據本書食貨六八之一二四改。

外；及道路暴病之人，店户不爲安泊，風雨暴露，往往致斃，深可矜憫。可令州縣委官内外檢察，依條醫治，仍加存恤，及出榜鄉村曉諭。月具無違戾去處以聞。」

二十九年二月二十五日，詔令逐處守臣於見管常平、義倉米内取撥二分，減市價二分[35]賑糶。内臨安府於行在椿積米内借撥〔一〕。

二十九年四月十五日，詔：「鎮江府被火闕食之家，取撥常平、義倉米量行賑濟。」

二十六日，詔：「紹興府山陰縣檢放、賑濟不均去處，令浙東常平官再驗合放實數申〔二〕。其第四等以下不曾經賑濟者，令遵節次已降指揮賑濟施行。」

閏六月四日，提舉兩浙路市舶曾愭言：「去秋州縣有被水災傷去處，細民艱食。多方賑濟，及將常平米減價出糶，飢民賴以全活。而其間奉行不至者，其弊有三：賑濟官司止憑耆保、公吏抄劄第四等以下逐家人口給曆，排日支散，公吏非賄賂不行，或虚增人口，或鐫減實數，致姦僞者得以冒請，飢寒者不霑實惠，其弊一也。賑糶常平米斛，以市價低小，既糶者不分等第〔三〕，不限口數，則公吏、倉斗家人等多立虚名盜糶〔四〕，遂使官儲易於匱乏，其弊二也。賑濟户口數多，常平椿管數少，州縣若不預申常平司於旁近州縣通融那撥，米盡旋行申請，則中間斷絶，飢民反更失所，其弊三也。欲望行下有司，嚴立法禁，力革其弊。公吏抄劄不實，與夫州縣申請失時者，並寘嚴科。委提舉官往來部内賑濟去處體訪，如有違戾，按劾以聞。」從之。

九月四日，詔：「福州七月間水災，仰帥臣、監司將合行賑濟人，疾速支常平錢米賑濟，其税租依條檢放〔五〕。仍具析不即申奏因依奏聞。」

十月九日，詔福建路提點刑獄樊光遠降一官，轉運判官趙不溢放罷。以福州水災，光遠權州事，[36]不即躬親括責闕食人户賑濟，故鐫一官；不溢以不曾承受本州申到，故釋其罪，有是詔。

三十年五月十八日，御史中丞兼侍講朱倬、殿中侍御史汪澈言：「臨安府於潛、臨安兩縣，山水暴至，居民屋廬漂蕩甚衆。望令臨安府速下兩縣，委令、佐躬親看驗。如有未收瘞者，官給錢收瘞之，及隨被害之小大條具賑恤。」詔令轉運司支撥係官錢米，就委令、佐躬親賑濟，無令失所。其未收瘞人口，給官錢如法埋瘞，不得減裂。

八月十一日，直祕閣、權發遣兩浙路計度轉運副使呂廣問言：「被旨契勘湖州安吉縣向被災最甚民户實數具奏。今抄劄到闕食合賑濟第五等主户共一百八十户，望許依臨安府已得指揮，將被災人户等第與免本户應干苗税、

〔一〕積：原脱，據本書食貨五七之二一補。
〔二〕申：原脱，據本書食貨五七之二一補。
〔三〕糶：原作「糴」，據本書食貨五七之二一改。
〔四〕「斗」原作「計」，「糶」原作「糴」，據本書食貨五七之二一改。
〔五〕放：原作「於」，據本書食貨六八之一二四改。

科敷及丁身、役錢等。最甚者免四料〔一〕，其次免三料，餘免兩料。及第五等曾經賑濟之人，尚慮第五等以上雖不經賑濟〔二〕，或有田桑、屋宇被水衝損，亦合隨等第輕重減放税賦。」從之。

三十一年正月二十二日，詔：「雪寒，細民艱食。令臨安并屬縣取撥常平米，依市價減半，分委官四散置場，廣糶十日。」

二十四日，詔：「聞臨安府内外有貧乏不能自存之家，可令抄劄具數，限日下申尚書省。」

二十五日，臨安府言，已抄劄到貧乏之家。詔令本府分委有心力官，日下巡門俵散賑濟，每名支錢二百文、米一升。

二十六日，上謂輔臣曰：「百姓雖已賑濟，尚恐貧乏之家不能37自存者，更令特支柴炭。今並於内藏庫支撥給與〔三〕，務令實惠及物。然輔郡當此雪寒，細民不易，可令常平官依條賑給。」

同日，詔：「令逐州府差官抄劄實貧乏之家〔四〕，於見樁管常平錢米内，依臨安府例賑濟。分委有心力官俵散，務在實惠，不得減尅。仍具支過錢米數目以聞。」

八月三日，都省言：「淮西州軍先因欠債逃避出没之人，理合賑給。」令淮西提舉常平官，日下於附近州軍取撥常平、義倉米三千石，前去濠州賑給。仍令龔濤、劉光時照會，常切存恤，毋致失所。

八月二十四日，詔：「夔州路安撫、轉運、常平司將本路被水之人户多方存恤賑濟。漂流居民舍屋，量行等第支給官錢；其渰損田畝合納税租，依條檢放；溺死之人，官爲埋瘗。務要實惠，不得滅裂。仍各具知稟施行文狀申尚書省。」

三十二年二月三日，詔：「兩淮歸業民户〔難〕〔艱〕於食用，令本路常平司賑濟。如闕米，於浙西、江東常平米内，各取撥一萬石應副支散。」

三十二年二月二十八日，詔：「建康、鎮江府、太平、江、池州屯戍軍兵，〔近〕來多有疾疫之人。令逐路轉運司支破係省錢物，委逐州守臣修合要用藥餌，差撥職醫分頭拯救。務在實惠，不得滅裂。荆襄、四川準此〔五〕。」

五月二十七日，特進、觀文殿大學士、判建康軍府事張浚言：「體訪得東北今歲米價踴貴，欲乞朝廷多撥米斛錢物赴淮南賑濟支用。」詔令浙西、江東常平司各更於近便州軍支撥常平米一萬碩。

孝宗隆興元38年二月十八日，尚書户部員外郎、奉使兩淮馮方言：「據高郵軍百姓狀：『自前年金賊犯順，燒毁

〔一〕料：原作「科」，據本書食貨六八之一二四改。下二「料」字同。
〔二〕等：原作「第」，據本書食貨六八之一二四改。
〔三〕於：原闕，據本書食貨六八之一二四補。
〔四〕之：原脱，據本書食貨五七之二一補。
〔五〕天頭原批：「以上《中興會要》。」按，此批乃是據本書食貨六八之一二五。

屋宇，農具、稻斛無餘，歸業之始，無以耕種。』欲乞就附近支撥常平及義倉米，委本路提舉司，令高郵軍措置借貸，抱認催索，趁此農時，早得布種，以寬秋冬艱食之憂。其餘兩淮州縣經賊馬侵犯去處〔一〕，亦令依此體例施行。」從之。

孝宗隆興元年三月二十八日，詔：「霖雨爲沴，雖側身修行，尚恐誠意未孚。可令諸路監司、守令，應有災傷去處，常切賑恤困窮，糾察刑禁，仍各具聞奏。」

六月十八日，詔：「兩浙、江東下田傷水，衝損廬舍，理宜寬恤。令逐路常平司行下州縣，將被水人户疾速依條借貸，以備布種。將來見得損傷，即從實檢放。其衝損廬舍之家，多方存恤賑濟，措置安泊，毋令失所。」

七月十九日，權知盱眙軍周淙言：「泗州、盱眙軍去歲虜人驚移，不曾耕種。近淮北流移之民稍多，米價頓長，極邊之地，販運不通。已將本軍米斛比市價減半置場出糶，每日糶及五十石。但去秋成稍遠，而本軍米斛已盡，乞支撥三千石，廣行賑濟。」從之。

八月十七日，詔曰：「比日飛蝗益多，又聞諸路州縣風水爲災，螟螣害稼。咎證罔測，朕甚懼焉。朕自今月十八日避正殿，減常膳，側身修行，以祈消弭。重惟政事之闕，致姦和氣，二三大臣其盡忠省過，補朕不逮。監司、郡守各務身率，戢貪禁暴，平察寃獄，以安民庶。所在災傷，悉行具奏，依條賑卹、檢放。如39有隱匿不以聞者，重寘典憲。師徒未息，科調繁興，江、淮、襄、蜀，尤極勞擾，疆場之吏〔二〕，宜加安輯，蠲省苛斂，以稱德意。」

九月十一日，詔：「訪聞浙東、西州軍間有螟螣、風水傷稼去處，可令守臣疾速條具應合賑恤、蠲免事件聞奏，不得隱匿泛濫〔三〕。」

九月二十四日，詔紹興府飢民以義倉米依紹興十八年例賑濟之〔四〕。從知府事吴芾請也。

十月二十一日，知紹興府吴芾言：「本府今年災傷異常，豪右之家閉糶待價。欲招誘出糶最多之人，從本府保明，申取朝廷詳酌推恩。」從之。

二十七日，兵部尚書、兼湖北京西路制置使虞允文言：「京西一路，今歲旱蝗，乞下本路常平司，候開春日，將所管常平、義倉米，廣行賑濟。」從之。

二年三月十日，詔：「徽州旱蝗爲災，可將常平、義倉米出糶賑濟。如本路州軍亦有似此去處，依此施行。」

二年三月二十一日，宰臣湯思退等奏：「廣西遭寇，首尾數年，乞降德音寬恤。」上曰：「租税放得多少？不要文具，務行實惠。」

二十七日，德音：「高、藤、雷、容州應曾被焚劫逃避人

〔一〕州：原作「川」，據本書食貨五八之一改。
〔二〕疆場：原作「强場」，據本書食貨六八之一二五改。
〔三〕天頭原批：「脱十二月一條。」按，見本書食貨六八之一二五。
〔四〕詔：原脱，據本書食貨五八之二、六八之六二補。

户〔一〕，仰守令多方招誘歸業。内闕食不能自存之人，依災傷法賑恤。即雖歸業而無力耕種者，令提刑司以牛具、種糧借貸之。」

六月二十四日，詔：「浙東近因連雨大水，及兩淮亦有被水去處，理宜措置優恤。令逐路帥、漕司同共措置，委官往被水州縣賑濟。合用錢米，許於常平司見椿管錢米内取撥。若有溺死之人，與量給棺殮之具。内無居止人，亦 40 仰踏逐空閑官舍及寺觀權行安泊。其應干合檢放寬恤事件及用常平錢米，並開具申尚書省。」

二十九日，上諭宰臣湯思退等曰：「今歲江東、浙西水災，卿等思所以救災防患之術。」思退等奏：「臣等燮調無功，致有此災，未敢便乞罷黜。」上曰：「朕當思所以應天之寔，卿等更宜輔朕不逮〔二〕。」

七月二十四日，臣僚言：「建康、鎮江、平江府、常、秀等州，今年秋淫雨不止，大水爲災。目今米價見已翔湧，乞命提舉司依條賑濟農民，不可使至流徙。仍行下諸州勸諭居停米穀之家平價出糶。」從之。

八月二十三日，詔：「臨安府米價增貴，細民艱食，令常平出米三萬石賑糶。」

二十八日，詔：「訪聞淮東有被水去處，人户遷徙。可令錢端禮于本路見管米斛内，支撥一萬石措置賑濟。如不足，于淮東總領所大軍米内取支。」

九月四日，知鎮江府方滋言：「丹徒、丹陽、金壇三縣，今秋雨傷稼穡，已委官詣金壇縣取撥義倉米二千石〔三〕，丹陽縣一千石，各依乞丐法賑濟。尚慮管下少有客販米斛，及乘時射利，高擡價直，民户艱于收糴〔四〕，遂措置就委官于金壇縣添撥米一千二百石，丹陽縣添撥米八百石，丹徒撥米五百石，並各減價，每升作二十五文省，置場賑糶，每人日糴不得過二升〔五〕。竊慮豪右之家閉糴待價，除已勸諭賑糶外，乞依紹興九年七月二十九日指揮，將出糶米穀人依立定格目推賞。仍乞立定有官人糶米比類遷轉賞格行下。其或他州之人有能般販前來賑糶，及得數目，亦與一例保明推恩。」從之。其後方滋又言：「今歲江東、二浙皆是災傷去處，獨湖南、廣南、江西稍熟，相去既遠，客販亦難，勢當有以誘之。欲乞朝廷多出文榜，疾速行下湖、廣諸路州軍，告諭客人，如般販米斛至災傷州縣出糶，仰具數目，經所屬陳乞，並依賞格即與推恩。州縣出糶官米，往往只在近郭，勸諭民間出糶者，亦多般入城市，以致村落山谷之民無處告糴。乞敦請士人及寄居之忠寔可委者，四散監糴，庶被惠者廣。州縣閉糴，朝廷舊有約束。今聞州縣不務均濟，往往禁人般販，乞委監司嚴行覺察，將閉糴之官按

〔一〕焚：原作「禁」，據本書食貨五八之二、六八之六二改。
〔二〕天頭原批：「脱十二月十六日一條。」按，見本書食貨六八之一二五。
〔三〕二：原作「三」，據本書食貨五八之二、六八之六三改。
〔四〕艱：原作「難」，據本書食貨五八之二、六八之六三改。
〔五〕糴：原作「糶」，據本書食貨五八之二、六八之六三改。

劾施行。」從之。

九月十九日，詔：「今秋霖雨害稼，細民艱食，出内庫銀四十萬兩，付户部變轉，收糴米斛賑濟〔一〕。」

(一)〔二〕十一日〔二〕，中書門下省言：「今歲浙西、江東州軍内有水傷去處，損害禾稼〔三〕，竊慮民户流移闕食。乞下江西常平司，于見管常平、義倉米内，取撥二十萬石賑濟。」從之。

閏十一月十九日，臣僚言：「淮南流移百姓，見在江、浙州軍無慮十數萬衆，雖欲賑濟，緣官司米斛有限。近降指揮，有田一萬畝，出糶三千石。其餘萬畝以下，却有不曾經水災，收蓄米斛之家，糶價倍于常年。今相度，欲委逐州見不曾經水災處，占田一萬畝以下，八千畝以上，立定出糶米一千 41 五百石。如此，可以廣有出糶之數，應接急闕支遣。」從之。

二十五日，上封事者言：「虜騎犯邊，兩淮之民皆過江南。緣鎮江潮閘不開，老小舟船艤泊江岸者數千隻。近日大雪，皆有暴露絶食之患。欲乞廣行賑濟。」詔：專委浙西、江東提舉照應見行條法，通融取撥一路常平米斛〔四〕，躬親賑濟。臣僚又言：「近嘗具奏，乞賑給兩淮流移之民，伏蒙施行。竊覩近日有司措置，于多田之家廣加和糴，今諸處各有糴到米斛。欲望于浙西、江東西諸郡和糴到米内，取撥二三十萬碩，令逐路轉運司日下措置般運，分往兩淮經殘破州縣鄉村，委逐處守、令遍行賑濟，招誘流民歸業。其貧乏人不能自存者，日計口數給糧。」詔依。

十二月十三日，詔兩浙路州軍，内有災傷民户闕食去處，專委本州守倅〔五〕，以常平米措置減價賑糶。

十二月二十六日，詔：「兩淮經虜人蹂踐，流移之民飢寒暴露，漸有疾疫。令和劑局疾速品搭修合用藥四萬帖，赴淮東、西總領所交割，樞密院差使臣一員管押前去。仰逐處委官遍詣兩淮州縣鄉村，就差醫人同共給散。」

乾道元年正月一日，南郊赦：「州縣其間有被水人户，理合優恤，令本路帥臣、監司多方存恤賑濟。其渰浸田畝，照近降指揮檢放。如有因此災傷死亡之人，官爲收殮。無爲虚文，不得滅裂。」三年、六年南郊赦並同此制。

十九日，詔：「已降指揮，逐路州軍災傷去處措置賑濟。訪聞州縣止是抄劄城内闕食之人，其鄉村貧民多不霑恩。令逐路轉運司行下逐州，委官遍詣鄉村賑糶，並勸糶民間米斛，不得因而搔擾。」(此)從中書門下請也。

二十一日，詔：「紹興諸縣米價騰湧，飢民闕食，沿湖之民多有死損，理宜賑恤。可專委徐嘉、喻樗多方措置賑糶，務要寔惠及民。仍委提刑司體究逐縣死損過人數以

〔一〕糴：原作「糶」，據本書食貨五八之三、六八之六三改。
〔二〕二：原作「一」，據本書食貨五八之三、六八之六三改。
〔三〕損：原作「捐」，據本書食貨五八之三、六八之六三改。
〔四〕取：原作「收」，據本書食貨五八之三、六八之六三改。
〔五〕守：原脱，據本書食貨五八之三、六八之六四補。

聞。」從中書門下請也。

同日，詔：「浙西州軍被水災去處，已令賑濟。訪聞湖、秀州流移之人甚衆，竊慮州縣奉行不虔，可令曾愭躬親前去，多方措置賑濟，無令失所。將州縣官措置有方保明聞奏〔一〕。其弛慢去處，具名按劾。」從中書門下請也。

二月三日，詔：「兩浙、江東州軍，緣去歲間有水傷去處，致今春米價翔湧，細民流移，甚可矜恤。仰守、令多方措置賑濟，于本州應管錢米内取撥應副。仍籍定數目，隨管内寺觀大小均定人數賑濟，柴錢責付主首掌管支用〔二〕。務令實惠均及流民，毋致殍餓。如奉行滅裂，仰提刑司按劾，重寘典憲。賑濟有方，具名聞奏，當議旌賞。」

六日，中書門下省言：「兩浙東、西路緣水傷，細民艱食。累降指揮，令諸州縣賑濟及勸上户糶米，并造粥給食，非不詳盡。竊慮州縣奉行滅裂，未見寔惠及民。」詔：「浙西委吏部郎官魯訔，浙東委司封郎官唐閱，躬親遍詣諸路州縣檢察。如有違戾去處，具當職官姓名申尚書省。其措置有42方，亦仰保明聞奏。」

八日，詔：「高郵軍、壽春府流移之民，令淮東總領所將太平州蕪湖縣起到江西常平米内〔三〕，取撥一千石應副高郵軍；于滁州金人遺棄米内〔四〕，取撥二千石應副壽春府賑濟。」從江淮都督軍馬楊存中之請故也。

九日，詔：「臨安府諸縣賑濟，竊慮奉行不虔，差監察御史程叔達日下躬親前去檢察。如有違戾去處，具當職官姓名申尚書省。其措置有方，亦仰保明聞奏。」

十一〔月〕〔日〕〔五〕，中書門下省言：「臨安府内外飢民頗多，竊慮有賑濟未盡。」詔委姜詵、韓彦古同臨安府專一措置賑濟，毋致失所。仍約束所差官吏，不得作弊滅裂。

三月三日，尚書司勳員外郎、浙東檢察賑濟唐閱言：「民間頗有遺棄小兒，足食之家願得收養，〔正〕〔止〕緣于法，遺棄小兒止許收養三歲以下，緣此三歲以上者人皆不敢。乞朝廷指揮，權于今年許令自十歲以下聽人家收養，將來不許識認。」從之。

八日，權發遣臨安府薛良朋言〔六〕：「得旨，收拾街市爲患不能行步貧民，用粥藥醫治。如有死亡，每名給錢三貫文，收買棺木埋瘞。本府今選募到有心力行者王祖禧、邵惠親專一管幹津送。乞給降度牒二道與王祖禧〔七〕、邵惠親披剃。」從之。

十三日，詔：「嚴、衢、婺、處州荒歉，發常平米以賑之。」從殿中侍御史章服請也。

〔一〕官：原脱，據本書食貨五八之三補。
〔二〕首：原作「守」，據本書食貨五八之四、六〇之一三、六八之一四九改。按，主首，寺觀住持。
〔三〕州：原脱，據本書食貨五八之四、六八之六四補。
〔四〕米：原作「下」，據本書食貨五八之四、六八之六四補。
〔五〕日：原作「月」，據本書食貨五八之四、六八之六四改。
〔六〕遺：原脱，據本書食貨六八之一四七、一四八補。
〔七〕乞：原作「收」，據本書食貨六八之一二六改。

四月十三日，尚書度支員外郎曾愭言：「今歲浙西災傷，諸縣勸諭大姓出米，賑濟者即是給與，賑糶者姑損其直，賑貸者責認其償[一]。欲乞將逐縣勸諭到賑濟米，謂如三千石者，知縣與減一年磨勘，計其多寡以爲之等差；賑貸三百石，比賑濟一百石。州郡與諸縣數外自措置到賑濟、賑糶數，及委令佐分鄉勸諭者，守臣與令佐賞亦如之。大小麥減米數之半以計其數。」詔令有司第賞格行下浙西提舉常平保奏施行。

四月二十二日，詔：「兩浙州軍去歲水澇，流移闕食人頗衆。朝廷措置賑糶，存濟甚多。比因疫氣傳染，間有死亡，深可憐憫。可令行在翰林院差醫官八員遍詣臨安府城内外，每日巡門體問看診，隨證用藥，其藥令户部于和劑局應副。在外州軍，亦仰依法，州委駐泊醫官，縣鎮選差善醫之人，多方救治。藥錢于逐州歲賜合藥錢内、縣鎮于雜收錢内支給。務要寔惠及民。并仰接續給散夏藥，候秋涼日住罷。」從中書門下省請也。

五月六日，詔：「兩浙路諸州縣飢民疾疫，理宜矜恤。除下逐州守臣措置醫治外，如有死亡遺棄在路之人，亦仰委官同巡尉檢察[二]，支給官錢埋瘗，不得令狼籍道路。」

五月二十四日，詔：「廣、英、連、韶州、肇慶、德慶府以峒民殘破，令廣東提舉常平司依條賑濟。」從廣東提刑石敦義請也。

同日，詔：「光州屢經兵火，令淮西總領所撥會子一萬貫、江西轉運司支米五百石賑濟之。」

六月十八日，知宣州王佐言：「本州自五月七日至二十六日，雨如傾43注，山發洪，被水之人闕食者衆。欲將見管常平糴米錢八萬餘貫循環作本，差官收糴米斛賑濟。」從之。

【宋會要】

乾道二年二月三日，兩浙路轉運判官姜詵言：「浙西州縣災傷，民户闕食。乞下諭州軍府官守臣，疾速措置。其闕食民户，量行賑濟，勸諭田主、豪右之家借貸種糧。」詔令浙西提舉常平官相度措置。

二年五月二十五日，詔：「江西以至浙右今歲雨潦，頗害農事。宜令諸路監司、守令察今秋有田米不熟之處，預先講求救災恤荒之政。如將來有水旱去處却致無備，必寘于罰；如備預有方，當議推賞。」

九月七日，詔浙東提舉常平宋藻前去温州，將常平、義倉米賑濟被水闕食人户[三]。如本州米不足，通融取撥。權發遣温州劉孝韙言：「本州八月十七日風潮傷害禾稼，漂溺人命。所有義倉米五萬餘碩，先蒙奉使司農少卿陳良弼盤量在倉，不得支借。若候申稟，深恐後時，逐急一面賑

[一] 償：原作「價」，據本書食貨五八之四改。
[二] 尉：原脱，據本書食貨六八之一二六補。
[三] 米：原脱，據本書食貨五八之四、六八之六五補。

給外，有不候指揮先次開發之罪，乞施行。」得旨放罪。

九月十一日，詔：「溫州水災，差度支郎中唐瑑同提舉常平宋藻、守臣劉孝韙遍詣被水去處，覈寔賑濟。」

十月二日，詔：「溫州近被大風駕潮，渰死户口，推倒屋舍，失壞官物，其災異常，合行寬恤。可令度支郎中唐瑑，同提舉常平宋藻、知州劉孝韙共議，參酌措置〔一〕，條具聞奏。仍令内藏庫支降錢二萬貫付溫州，專充修築塘埭、斗門使用，疾速如法修整，不得滅裂。」繼而唐瑑言：「竊見溫州四縣並皆邊海，今來人户田畝盡被海水衝蕩，鹹鹵浸入土脉，未可耕種，及闕少牛具，不能遍耕，難令虚認苗税。乞委守臣來春差官究寔，保明申奏，即與減放當年苗税。庶幾水災之後，農民感恩，早得復舊。」從之。

三年八月五日，知紹興府洪适言：「上虞縣近有水災，飄流居民。」上曰：「近所在或有山發洪處，可令常平司常切撫存，賑濟被水之家。」

二十五日，詔：「諸路州縣約束人户，應今年生放借貸米穀，只備本色交還，取利不過五分，不得作米錢算息。」以臣僚言：「臨安府諸縣及浙西州軍舊來冬春之間，民户闕食，多詣富家借貸，每借一斗，限至秋成交還，加數升或至一倍。自近年歲歉艱食，富有之家放米人立約：每米一斗，爲錢五百。細民但救目前，不惜倍稱之息，及至秋收，一斗不過百二三十，則率用米四斗方糶得錢五百，以償去年斗米之債。農民終歲勤動，止望有秋，舊逋宿欠，索者盈門，豈不重困？夫民之貧富有均，要是交相養之道。非貧民出力，則無以致富室之饒；非富民假貸，則無以濟貧民之急。豈可借貸米斛，却要責令還錢？」故有是命。

十二月二十六日，左朝散郎孫觀國言：「四川州郡亢旱，内綿、劍州 44 尤甚。乞遣金字牌行下制，總諸司，多方賑濟。」上曰：「此去麥熟尚遠，想見飢民狼狽，當依所奏。」

四年四月十一日，司農少卿唐瑑言：「福建、江東路自今春米價稍高，民間闕食。郡縣雖已賑糶，止是行之坊郭，其鄉村遠地，不能周遍。」詔逐路提舉常平官疾速措置，津發見樁米斛，分委州縣清强官廣行賑糶，或勸諭積穀之家接續出糶，不得因而抑勒搔擾。諸路依此。

六月四日，詔：「建寧府、衢州、袁州、建昌軍米價翔湧，人民闕食，並出常平米賑濟之。」

同日〔二〕，宰執奏事之次，上宣諭曰：「昨日汪涓對曰：去秋江西被水，數州之民至有無藁秸餵牛者。朕都不知。」陳俊卿對曰：「去秋沈樞亦申來，言水災，陛下所以預令理會和糴。」上曰：「卿等更宜措置，今後水旱，須令寔申來。」蔣芾奏曰：「州縣所以不敢申，恐朝廷或不樂聞。今陛下詢訪民間疾苦，焦勞形于玉色，誰敢隱匿〔三〕？」上

〔一〕參酌：原倒，據本書食貨六八之一二六乙。
〔二〕同日：此下原有旁批「四年六月四日」六字，而此時日據前兩條已自可見，故此批實爲蛇足，不取。
〔三〕匿：原脱，據本書食貨六八之一二七補。

曰：「朕正欲聞之，庶幾朝廷處置賑濟。」既而詔：「諸路轉運司行下所管州軍，今後水旱，須管依寔具申尚書省，仍令轉運司具狀保明申奏。或州軍隱蔽不申，監司自合一面體訪聞奏。如或不盡不寔，朝廷訪聞，並當重寘典憲。」

二十六日，詔：「襄陽府水旱民飢，令本府寄樁大軍米内支降二萬石賑濟之。」

十二月二十六日，雷州言：「八月一日海潮暴漲，渰浸東南，鄉民闕食者衆。」詔令禮部給降度牒十道，付廣西提刑司變賣，措置賑濟。

五年三月六日，提舉江東常平公事翟紱言：「竊見饒州諸縣去年被水災傷，合行賑糶。乞將常平舊管米一千六百五十二石九斗六升五合，并收到乾道四年分義倉米五千二百一十五石二斗九升五合，委官賑糶外，其池州建德縣與饒州接連，飢荒尤甚〔一〕，更乞將常平米内支撥七百一十九石六斗二升，并拘到乾道四年義倉米内支撥二百二十二石一斗七升，將約度被水第四等、第五等以下大小人口，量行賑濟。」從之。

九日，知鎮江府陳天麟言〔二〕：「本司昨奉指揮，將歸正人顧政等二百一十八户〔三〕，大小計一千一百一十口，并續括責到高琮等五十一户，計二百三十六口，許令于常平、義倉米内取撥賑濟。至乾道五年五月終合行住支，竊慮狼狽失所；兼本府又不住有一般歸正人楊貴等四十三户陳乞賑濟，欲將逐項歸正人更與展支一年，庶幾小民始終得霑恩惠。」從之。

四月十四日，詔：「饒、信州連歲旱澇，細民艱食，可出常平、義倉米以賑之。」

同日，權發遣江南東路計度轉運副使趙彦端等言：「臣等近恭奉御筆處分，以饒、信二郡嘗有水患，令臣等協力應辦儲蓄賑濟。臣等措置，將信州合起赴建康府大軍米一萬五千石截留樁管，及將合起赴鎮江府米二萬石内，將一萬石就便樁管，將一萬石往饒州準備支使。今據饒州知州黄玠劄【45】子稱：『雖蒙提刑司撥到義倉米六千八百餘石，不了一月賑糶之數。乞備申朝廷，于樁留米内支撥二萬石添助賑糶。』臣等照得饒州合發上供米斛，除樁留外，尚有合起赴行在米一萬一千九百六十石，臣等除已一面逐急行下饒州，于内先次取撥一萬石，量度市直減價賑糶外，候信州起到米一萬石〔四〕，却行拘收，理充合起之數。兼慮信州亦有似此闕食去處，臣等已行下信州，取撥米五千石，依此減價賑糶去訖。所有饒州前後樁留米四萬石，欲乞早降指揮〔五〕，再撥一萬石，更令接續賑糶。」從之。

五年四月十五日，詔：「應福建路有貧乏之家生子者，

〔一〕荒：原作「寒」，據本書食貨五八之五改。
〔二〕「知」原脱，「陳」原缺，據本書食貨五八之五、六八之六六補。
〔三〕顧政：原作「顧正」，據本書食貨五八之五、六八之六六改。
〔四〕「量度」至「一萬石」十八字原脱，據本書食貨五八之六、六八之六六補。
〔五〕揮：原作「指」，據本書食貨五八之六、六八之六六改。

許經所屬具陳，委自長官驗實，每生一子，給常平米一碩、錢一貫，助其養育。餘路州軍依此施行。」以臣寮言：「福建路乃有不舉子之風，蓋緣貧乏，無以贍給。國家禁止之法不爲不嚴，而小民抵冒，尚未知革者，誠由未有以惠之之故也。」故有是命〔一〕。

五月十日，提舉江南東路常平茶鹽公事翟紱言：「臣近因巡歷到饒、信州，面諭逐州知、通，委請諸縣令、佐，勸諭上户將積蓄米穀減價出糶，接濟細民食用。今饒州并諸縣申到，依應勸諭得上户願糶米穀，共計一十九萬六千六百石六斗五升，并轉運司支撥到上供米二萬石，付饒州賑糶。緣逐項米數，委可接濟細民食用，所有臣先來奏乞更支米一萬石〔二〕，欲乞住撥〔三〕，候所糶米穀盡絶，如民間尚闕米穀，即別具奏乞支撥施行。」

十月四日，詔台州出常平、義倉米賑濟被水之民。

六日，權發遣兩浙路轉運副使劉敏士言：「温、台二州近因風水飄損屋宇禾稼，雖將義倉米賑濟，緣被水丁口至多，竊慮來年秋成尚遠，將何以繼？今欲措置，欲令各州勸募上户，官借其貲，就浙西諸州豐熟去處般販米糧，中價出糶，至來年秋間，却輸納錢本還官。庶幾般販既多，米稍停蓄，其價自平。今來温州已募上户，借與錢本，見行措置，唯是台州財賦窘迫，無以爲計。臣欲支錢五七萬貫給與台州，令勸募上户般取米斛〔四〕，以濟飢民。」詔：「令兩浙轉運司差撥人舡，于近便州軍户部樁管米及常平〔五〕、義倉米内，取撥三萬石前去台州，委官于被水去處減價出糶。其糶到錢，令本司拘收，撥還原取米去處。」

十七日，新權發遣福建路轉運副使趙彦端言：「竊見饒、信之間，地瀕湖、江，連有水旱。欲望每歲于饒、信兩州上供米内，各截留數萬石。若次年不曾出糶，或有出糶未盡之數，即行起發，却以當年新米代充，稍倣常平以新易陳之意。」詔今後每歲逐州各截留三萬石，準備出糶。

二十八日，知揚州、主管淮東安撫司公事莫濛言：「契勘本路楚州、盱眙軍沿淮鄉村間有旱傷，訪聞得鄉民漸致艱食。揚州總領所樁積米内，見有一萬餘石，乞令楚州、盱眙軍般取前去賑糶。所有價錢，赴總領所輸納，却令徑自糴米，依舊樁積。不惟接濟飢民，又得以陳易新，委是兩便。」從之。

十一月十【46】五日，詔：「今歲淮東州軍間有旱傷去處，竊慮冬春之交，米價增長，民間或致闕食，可將淮東見管常平米三萬六千六百餘石，令淮東常平司相度，委官置場，量行減價賑糶。糶到價錢〔六〕，另項樁管，候將來秋成

〔一〕故：原脱，據本書食貨六八之一二七補。
〔二〕更：原無，據本書食貨五八之六、六八之六六補。
〔三〕欲乞住：原作「付饒州」，據本書食貨五八之六、六八之六六改。
〔四〕「財賦」至「令」二十一字原脱，據本書食貨五八之六、六八之六七補。
〔五〕管米：原作「管外」，據本書食貨五八之六、六八之六七改。
〔六〕糴：原脱，據本書食貨五八之七、六八之六七補。

日，却行收糴補還。」

十二月二十四日，成都府潼川府夔州利州路安撫制置使〔一〕、兼知成都軍府晁公武言：「成都府自天聖間知府韓億于本府南倉創永利廒，每歲出糴，以六萬石爲準，以拯貧民，自二月一日糴賣，至八月終止。又有拘收到户絶官田、廣惠倉米，歲給養病貧民。崇寧五年，準詔旨：『成都糴賣貧民米如有闕數，許轉運司樁錢對糴，常平司應副，仍不得妨常平司支用。』大觀二年，知府席旦奏請：『成都府每歲糴米六萬石，近來轉運司以無米，應副三分之一，不足以賑惠貧弱。乞下四川，每年如米價稍貴，委逐州長吏體量，將義倉米依常平法減價出糴〔二〕。』至宣和五年，又準詔旨：『成都府今後如遇米價湧貴，依席旦已得指揮，將義倉米減價出糴，收樁價錢，歲稔却行收糴。』自此之後，間遇荒歉〔三〕，緣義倉所收數少，賑惠不足。臣自到任後來，節次措置糴買到米四萬二千九百六十餘石，通本府遞年積到常平、義倉米二萬九百八十餘石〔四〕，差官抄劄府城内外貧民，給牌曆，置場減價糴賣，以濟飢民。本府雖有所收義倉米斛，一年止有八千餘石。見根刷本府公使等庫，并制置司激賞庫錢物三十餘萬貫，差官往瀘、叙〔五〕、嘉、眉等州，乘時收糴米斛，約可得六萬餘石，津運前來府倉，別廒收貯，復韓億永利廒所樁歲糴之數，仍以『廣惠倉』爲名。每斗減價作三百五十文〔六〕，專充賑糴，不許他用。拘收本錢，循環添貼日後本府諸庫儹積到錢物糴買〔七〕，以備久遠賑濟，仰副朝廷勤恤民隱之意。」詔依。其糴到錢，日後專充賑糴本，不得他用。晁公武令學士院降詔獎諭。

【宋會要】

六年閏五月十一日，詔：「浙西州軍大水，令呂正己前去措置賑濟。」既而臣僚言：「已差呂正己措置浙西被水居民，乞就委漕臣，于本路取見州縣被水寔數，官爲貸其種穀，再種晚稻。將來秋成，絶長補短，猶得中熟〔八〕。諸路如有似此去處，亦乞依此施行。」從之。

六月十二日，權江南東路轉運副使張松言：「寧國府、建康府、太平州、廣德軍圩田均被渰没，委寔災傷。逐州差官賑濟被水人户，一依太平州例，每月支散錢米。所有第四等人户，依條不該賑濟，乞將常平米減價出糴。」從之。

十八日，提舉福建常平茶事鄭伯熊言：「福建路八州軍府縣，自入夏以來闕少雨澤。其上四州軍府雖時得甘雨，猶未霑足，早禾多有傷損；下四州軍亢旱尤甚，晚種有不得入土者。乞[47]將所在米價依條支撥常平米斛賑濟。」

〔一〕夔州：原脱，據本書食貨五八之七、六八之六七補。
〔二〕出：原脱，據本書食貨五八之七補。
〔三〕間：原作「聞」，據本書食貨五八之七、六八之六七改。
〔四〕義：原脱，據本書食貨五八之七、六八之六七補。
〔五〕「往」原作「住」，「叙」原作「溆」，據本書食貨五八之七、六八之六七改。
〔六〕斗：原作「年」，據本書食貨五八之七、六八之六八改。
〔七〕庫：原作「軍」，據本書食貨五八之七、六八之六八改。
〔八〕熟：原作「熱」，據本書食貨五八之七、六八之六八改。

從之。八月二十四日，詔淮南路轉運司，于廬州樁積米內(一)，取撥三千石應副濠州賑糶。

九月十四日，詔于建康府樁管米內取撥一十萬石(二)，限一月津發赴廬、和州樁管，準備賑糶。

六年十月十一日，臣僚言：「今春湖、秀低田與夫太平、宣州圩田多壞，方此秋成，米價已高，而來春之憂未艾。欲望行下守臣，令與縣令各隨其州縣，參酌所宜而預爲之計。其有奉詔不虔，視户口流移稍多者，内則從臺諫，外則從發運、監司，按劾以聞。」詔令逐州守臣限半月申尚書省。

十月二十一日，詔淮東總領所于揚州樁管米內，撥一萬石應付楚州賑糶、五千石應副盱眙軍賑糶。

十二月二日，詔江東轉運司將江西路合起赴建康府米三十萬石內，取撥十萬石赴太平州、五萬石赴池州樁管，準備賑糶。

九日，詔湖州將樁積和糴米五萬石賑糶水災之民(三)。

同日，詔淮東總領所于揚州見管米內，取撥一萬石分淮東州軍賑糶。

二十六日，詔：「和州旱澇，禾麥損傷，可借撥米一萬石賑糶飢民。」

乾道七年正月八日，詔兩浙路轉運判官胡堅常，同浙西路提舉常平司措置賑糶，務施寔惠。

十三日，江東轉運副使沈度言：「廣德軍災傷尤重，欲望支降米二萬石，水運至本軍，委自守倅拘收賑糶。」詔令沈度取撥二萬石，措置津運赴廣德軍，委本軍守倅賑糶。

二十二日，利州觀察使、知襄陽府韓彦直言：「去歲秋苗不登，乞于本府寄樁大軍米內，支降三萬石賑濟。」從之。

二十九日，詔浙西常平司于平江府常平、義倉米內，借撥五萬石應副湖州賑糶，接濟飢民。從知州向沟之請也(四)。

二月六日，詔：「招信縣荒歉，已支米二千石賑濟，更于揚州樁管米內撥三千石賑糶。」

八日，權知高郵軍劉彦言：「本軍高郵、興化縣人户旱澇，又有黑鼠傷稼。乞于本軍大軍倉內取撥米一萬石，每斗作價錢一百五十文省出糶。遇豐熟日，却從收糴。」從之。

同日，廬州言：「本州旱傷，據合肥等縣人户陳乞借貸，及有歸正人乞賑濟。近蒙支撥常平米五萬石付廬州、和州準備賑糶。於內已撥一萬石賑糶與和州闕食人户(五)，今欲更撥一萬石，借貸與前項飢民及歸正人，候將來成熟日撥還。」從之。

(一) 廬：原作「瀘」，據本書食貨五八之八、六八之六八改。
(二) 十：原作「千」，據本書食貨五八之八、六八之六八改。
(三) 糶：原作「糴」，據本書食貨五八之八、六八之六八改。
(四) 向沟：原作「向均」，今改。詳見本書食貨二七之一七校記。
(五) 於內：原作「從之」，據本書食貨五八之八、六八之六九改。

七年二月十四日，册皇太子赦：「災傷州軍，竊慮或有遺棄小兒。有人收養者，官爲置籍抄上，日給常平米二升。」

四月十五日，光州觀察使、高郵軍駐劄御前武鋒軍都統制〔一〕、兼知楚州陳敏言：「本州去年因黑鼠傷稼，兼秋間水旱，農民飢饉，蒙下通州撥米五千石，又下總領所支米一萬石。以通州水路遥遠，止就揚州般到米一萬石賑糶。本州户口既繁，食用日廣，賑糶官米今已不多，欲望再撥米一萬石付本州賑糶〔二〕。」詔令本路常平司將通州未撥米五千石疾速科撥應副〔三〕。

48 七月六日，詔：「江西州軍間有闕雨去處，合行措置收糴米斛，準備賑糶。可令龔茂良拘收單夔已刷到發運司奏計錢，并江州有發運司貿易等官會子，共湊二十萬貫，于江、浙豐熟去處收糴米斛一十萬石，均撥付最不熟州軍樁管，申三省、樞密院。」

同日，詔〔四〕：「江西路今歲間有旱傷州縣，責在守令究心賑恤。可令本路帥臣，將旱傷州縣守令精加審量，如内有老謬不能究心職事之人，先次選擇清强能吏前去對易〔五〕，措置賑濟存恤施行。開具已對易官職位、姓名及見作如何賑濟事件聞奏。」八月一日，詔湖南旱傷州縣，亦合依此施行。

十三日，詔：「昨發運司于潭、衡、全、道、邵州、桂陽軍和糴米斛，未曾支撥。可令湖南轉運司，將糴到米撥付災傷州軍樁管，賑濟、賑糶。」

八月一日，詔：「江州今歲旱傷，見今已有流民。守臣坐視，不據實申奏。專委漕臣一員，日下起發前去江州，同守臣將見管常平、義倉米斛四萬四千餘石措置賑糶。如不足，即仰收糴客米。或尚闕少，仰于本州見樁管朝廷米内，逐急借兑賑糶。仍具已如何措置及賑糶過數目，并委官起發月日以聞。」從中書門下請也。

同日，詔：「饒州旱傷，除已存留米一萬石賑糶外，可于本州米内更存二萬石，通三萬石〔六〕，日下措置賑濟。」

同日，中書門下省言：「湖南、江西間有旱傷州軍，竊慮米價湧貴，細民艱食。富室上户如有賑濟飢民之人，許從州縣審究詣實，保明申朝廷，依今來立定格目給降付身，補(受)〔授〕名目。無官人：一千五百石，補進義校尉；願補不理選限將仕郎者聽。二千石，補進武校尉；如係進士，與免文解一次；不係進士，候到部，與免短使一次。四千石，補承信郎；如係進士，與補上州文學。五千石，補承節郎。如係進士，補迪功郎。文臣：一千石，減二年磨勘；如係選人，循一資。二千石。減三

〔一〕統：原作「督」，據本書食貨五八之八、六八之六九改。

〔二〕石：原脱，據本書食貨六八之六九補。

〔三〕科：原作「料」，據本書食貨五八之八、六八之六九改。

〔四〕詔：原作「照」，據本書食貨五八之九、六八之六九改。

〔五〕前：原作「先」，據本書食貨五八之九、六八之六九改。

〔六〕「通」原作「遣」，「三」原作「二」，據本書食貨五八之九改。

年磨勘，如係選人，循兩資。仍各與占射差遣一次；三千石，轉一官，如係選人，循兩資。仍各與占射差遣一次；五千石以上，取旨優與推恩。武臣：一千石，減二年磨勘，陞一年名次；二千石，減三年磨勘，占射差遣一次；三千石，轉一官，占射差遣一次；五千石以上，取旨優與推恩。其旱傷州縣，勸諭積粟之家出米賑濟，係敦尚義風，即與進納事體不同。」詔依。其賑糶之家，依此減半推賞。如有不寔，官吏重作施行。尋詔江南東路、荆湖北路依此制。

八日，兩浙路轉運判官胡堅常言：「昨蒙朝廷委以賑糶，平江府常熟知縣趙善括勸誘上户，米數倍于諸邑；崑山知縣聞人大雅委之吏輩，寅緣爲姦。欲望朝廷將此二人量賜懲勸。」詔趙善括特轉一官，聞人大雅特降一官。

十六日，權發遣隆興府龔茂良言：「以本路旱荒，御膳進素，而臣忝一路兵民之寄，合賜罷斥。」詔：「龔茂良爲一路帥臣，當兹旱暵，而乃引49咎自歸，欲求閑退，非朕責任帥守之意也。可劄與龔茂良，宜講救荒之政，散利薄征，以至攘除盜賊，勉修乃職，安輯一路之民。所請不允。」

二十二日，資政殿學士、知建康府洪遵言：「饒州、南康軍今歲旱災非常，早種不入土〔一〕，晚禾枯槁，兩郡飢民聚而爲盜。乞檢照江西、湖南已行賑濟體例，憑遵施行。」從之。尋詔本路提舉常平司，更于附近州軍取撥常平、義倉米五萬石付饒州、五萬石付南康軍，應副賑糶。

二十五日，權發遣隆興府龔茂良言〔二〕：「本路州軍被災輕重不等，贛州、南安、建昌早禾小損，晚稻無傷；次則吉、撫、袁州時有雨澤，所損亦有分數；惟是隆興、江、筠州、興國、臨江軍荒旱尤甚，早禾皆死，晚稻不曾栽插，自來未嘗似此飢歉〔三〕。已分委官前去同守令講究利害〔四〕，相度欲將江、浙糴到米，就近徑赴建康或鎮江總領交納〔五〕，却就截本處上供米賑濟，理充所糴之數。大姓、巨商勢必閉糴，本府已立下價直，每石止一貫五百四十文足，比之市價折錢七百六十文足。以一名若認糴二萬石，共折錢一萬五千二百餘貫足。若不優異推恩，恐無人願就。今進納迪功郎，係八千貫文省，比之以二萬石米中糴入官〔六〕，折閲之數，不啻過倍。欲乞補充迪功郎，有官人許轉一官資，及見係理選限將仕郎，並許參部注受合入家便差遣。」從之。

九月七日，詔：「江南西路諸司申到江州旱傷最甚，除已降指揮許截留并令諸司科撥米外，可令劉孝韙日下躬親前去江州，將本路常平米接續賑糶。」

十一日，詔：「訪聞湖南今歲亢旱，民頗流離。令禮部給降度牒一百道、左藏南庫支降會子一十萬貫，付湖南提

〔一〕早：原作「旱」，據本書食貨五八之九、六八之七〇改。
〔二〕言：原脱，據本書食貨五八之九、六八之七〇補。
〔三〕此：原脱，據本書食貨五八之一〇、六八之七〇補。
〔四〕已：原作「也」，據本書食貨五八之一〇、六八之七〇改。
〔五〕赴：原作「付」，據本書食貨五八之一〇、六八之七〇改。
〔六〕中：原作「申」，據本書食貨五八之一〇、六八之七〇改。

舉胡仰之收糴米斛，措置賑糶。」

二十二日，敷文閣待制、提舉江州太平興國宮張運言：「居閑躬耕，儲粟二千餘石，適逢今歲旱歉，敢助賑濟。」詔令學士院降詔奬諭。

二十五日，白劄子：「江東、西、湖南州軍今歲旱傷，欲乞依紹興九年指揮，將本路檢放、展閣之事則責之轉運司〔一〕，遇軍糧闕乏處，以省計通融應副。糴給、借貸則責之常平司，覺察妄濫則責之提刑司，體量措置則責之安撫司。」詔依。仍令逐司各務遵守，三省歲終考察職事修廢以聞。送勅令所立法〔二〕。本所看詳：「災傷去處，全在賑濟。若不分隸，責之帥臣、監司，竊慮奉行違戾。諸司設有違戾，若不互相按舉，亦無以覺察。今參詳，許逐司互相按舉，及將已行事件申尚書省，以憑考察。仍立爲三省通用及職制令。」從之。

是日，宰執進呈江東、西、湖南旱傷，依紹興九年諸司分認賑恤事〔三〕。上曰：「它路或遇災歉，並當依此。然轉運司止言檢放一事，猶恐未盡，他日賑濟之類，必不肯任責。」虞允文奏曰：「轉運司管一路財賦，謂之省計。凡州郡有餘，不足，通融相補，正其責也。」上曰：「然今降指揮，止以檢放爲文，它日以 50 此藉口逃責，何所不可？」允文奏曰：「乞立法，遇諸郡有災傷處，以省計通融應副。」上曰：「如此則盡善矣。」故令立法。

十月七日，詔：「江州旱傷，節次已降指揮，取撥本州常平、義倉米四萬四千餘石，及兑截上供米六千五百餘石，勸諭上户認糴米二萬八千六百餘石〔四〕，截留贛州米一萬石，及支糴本錢四萬餘貫收糴米斛，并令漕臣取撥本路常平米一十萬石，吉、筠等州見起建康米八萬餘石，未起朝廷樁管米九萬七千餘石，及江州元管收糴米，均撥付本州賑糶〔五〕。并立賞格，勸諭上户出米賑濟、賑糶。倚閣夏税，檢放秋苗，地主、佃户資助賑給；并將禁軍、土軍、弓手免起發，存留防賊。可令帥、漕、提舉官多出文榜，候歲終，比較殿最。如官吏奉行滅裂，委御史臺覺察，按劾以聞。」

同日，詔：「饒州旱傷，已降指揮，取撥本州常平、義倉米八萬餘石，及于附近州縣常平、義倉米内取撥五萬，并截留本州見起樁管上供米三萬石，及獻助米二千石付本州，并勸諭上户賑糶、賑濟。又倚閣夏税，檢放秋税，及地主、佃户資助賑給；并將禁軍、土軍、弓手并免起發，存留防賊。可令江東帥、漕、提舉官多出文榜，督責守令多方措置存恤，歲終比較殿最。如官吏奉行滅裂，委御史臺覺察，彈劾以聞。」

十日，權發遣隆興府龔茂良言：「竊詳所立賞格，除出

〔一〕閣：原作「閲」，據本書食貨五八之一〇、六八之七〇改。
〔二〕送：原作「遂」，據本書食貨五八之一〇、六八之七一改。
〔三〕認：原作「賑」，據本書食貨五八之一〇、六八之七一改。
〔四〕糴：原作「糶」，據本書食貨五八之一〇、六八之七一改。
〔五〕糶：原作「糴」，據本書食貨五八之一一、六八之七一改。

米納官不請價錢即合推賞，所有賑糶係減半推賞〔一〕。然不可一槩，若依市價以收厚利，商賈之流販賤賣貴，較其石數則盡合補授。如此，賞典皆可濫及，飢民不蒙其利。在法，官爲立中價，不得過有虧損。今欲將賑糶之家，並令官司差人監視給曆，記糶過之數，究寔保明，申朝廷依格補轉。其客販米數或兑便上供米前來中糶入官，如願依立定價例賑糶推賞之人，並一體施行。兼上户若在豐熟處，即合指闕食州縣接濟，合隨本處時價減三分之一，官司給據照證，般載往災傷地分賑糶，即行理賞。」從之。

十二日，知饒州王秬言：「昨蒙朝廷支撥本州椿管米三萬石，緣軍糧不繼，已兑那支遣。乞別借錢、會糴米，來歲稍稔，却當拘納。」詔令左藏南下庫支會子五萬貫，餘依。

二十三日，直秘閣、權發遣徽州趙師䕫言：「本州管下旱傷，有婺源縣遊汀、來蘇兩鄉尤甚。臣措置到錢一萬五千貫，欲于本州及諸縣常平、義倉米内，依立定價回糴米五千石，就便給散賑濟。乞令提舉官椿管上件錢，俟開春收糴，補還元數。」從之。

十一月十二日，知建康府洪遵言：「太平州蕪湖知縣吕昭問以和糴米爲名，禁止米斛不得下河。饒州旱傷，前來收糴米七百五十餘石，本縣抄劄，不令交還。」詔吕昭問降一官放罷。

十九日，湖南轉運副使吴龜年、司馬倬等言：「本路旱傷，惟潭最甚。昨來黄鈞趲剩米四萬石，乞充賑糶使用。」詔糴到價錢，51循環作本，收糴米斛賑糶。

二十二日，權發遣隆興府龔茂良言：「乞差新知興國軍、右朝請郎陳寅往來被旱州縣，同共措置檢察。乞量差兵級，破本官驛券，行移作本司措置賑濟官。」從之。

【宋會要】

八年二月八日，權發遣隆興府龔茂良言：「本路去歲荒旱異常，如隆興府、江、筠州、臨江、興國軍五郡，各係災傷及七八分以上。雖已依條將老幼疾病之人先行賑給，緣人口幾及百萬，委是賑給不周。乞將已得旨取撥到米一十萬石，并更勸諭上户賑濟給散，庶幾稍宣德意。」詔將續撥義倉米五萬石，令龔茂良充賑給使用，餘常平米五萬石，依舊循環賑糶。

三月十五日，敷文閣待制知潭州陳彌作、直徽猷閣荆湖南路計度轉運副使司馬倬言：「潭州安化縣上户進武校尉龔德新，平時兼并，遂至巨萬，以進納補官。比至旱傷闕食，獨擁厚資，略不體認國家賑恤之意。」詔龔德新追進武校尉一官勒停，送五百里外州軍編管。

四月一日，權發遣隆興府龔茂良言：「本路旱荒，細民艱食，若不廣行賑給，無由可救。竊覩張翬昨緣獻米賑濟，除閣職，又得添差本貫兵官，富民歆慕。欲乞明降指揮，出米賑給者，除依格補官外，特與添差本路合入差遣一次，仍

〔一〕糶：原作「糴」，據本書食貨五八之一一、六八之七一改。

依離軍人例減半支給。蓋富民本非急禄，止欲以此爲榮，夸其閭里。如依所乞，必翕然聽從，速得米斛，濟此目前，非小補也。」從之。

十五日，湖北常平司言：「鄂州有紹興十一年至建炎年間歸正人，委是年深，各已樂業。今來却欲同三十一年以後歸正人請錢米〔一〕，深慮諸州災傷，難以支給。」詔令紹興三十年終以前人免支，自三十一年以後歸正人，照應赦文賑濟。

八月七日，詔：「四川自入夏以來，陰雨過多，沿流州縣多被其患，如嘉、眉、邛、蜀等州最甚。令四川宣撫司審寔被水去處，措置賑恤。」從知成都府張震請也。

八〔月〕〔日〕，權發遣隆興府龔茂良言：「本司勸諭上户出米賑濟、賑糶，緣所立賞格比尋常鬻爵計之，其直不啻過倍，又有運載之費，欲更少加優異。紹興三十二年閏二月十九日指揮：進納迪功、承信郎，並理爲官户。内迪功郎與免試，先次注授差遣，依奏蔭人例；承信郎、進武、進義校尉，並與免試弓馬及短使，先次注授差遣。今來勸諭賑濟告敕，元降指揮係敦尚義風，即與進納不同，見得事理尤重。雖各係理選限，及先與添差本路合入差遣，緣許理官户一節，及將來到部免試先次注授、依奏蔭人例等事未嘗立法。」吏、户部看詳：「欲將承信郎比附承節郎，上州文學比附迪功郎〔二〕，依條遇赦注受簿尉差遣。餘並依紹興三十二年閏二月十九日已得指揮，仍比擬獻納已降指揮理爲

52 官户。」從之。

十月十五日，詔：「陳寅特轉一官，徐大觀、向士俊、翁蒙之各減三年磨勘〔三〕；李宗質、王日休、江溥、向士濬、戴達先、王滸、胡振、蒲堯仁〔四〕、汪賡各減二年磨勘，謝諤、劉清之、薛斐、董述、黄旻、趙不比、王杞、鄭著、趙永年、趙公迥各減一年磨勘。」以賑濟有勞，從江西安撫龔茂良之奏也。

十一月六日，詔：「應材與轉一官，羅全畧、王阮、陳符、陳確、呂行己、孫逢辰各與減三年磨勘。」以賑濟有勞，從湖南安撫使陳彌作、提舉湖南常平胡仰之奏也〔五〕。

同日，詔：「道州營道縣主簿高大和糴到賑濟米四萬石，與減二年磨勘。」從湖南提舉常平胡仰之請也。

九年閏正月十七日，詔：「雪寒，細民艱食。令臨安府將貧乏不能自存之家，左藏南庫支會子六千貫、豐儲倉撥米三千石，付臨安府，分委有心力官日下巡門俵散賑濟。每名支錢二百文、米一斗，務在寔惠，不得減尅。」

九年五月十二日，詔：「久雨爲災，水患必廣。可令逐路守臣行下州縣，寔被水貧乏人户，多方措置存恤，依條賑

〔一〕今：原作「令」，據本書食貨五八之一二、六八之七二改。

〔二〕上：原作「二」，據本書食貨六八之七三改。

〔三〕三年：原作「二年」，據本書食貨六八之七三改。

〔四〕蒲堯仁：原作「蒲堯信」，據本書食貨六八之七三、《補編》頁五九九、《紹興十八年同年小録》改。

〔五〕胡：原作「湖」，據本書食貨六八之七三改。

給。内浸損秋苗去處，優借種本，或勸諭上户應副借貸，接續栽插〔一〕，無致失業。」

九月十日，詔：「今年浙東州縣旱傷至廣，朝廷除已行下軫恤，倚閣殘零税賦、差官檢放外，尚慮形勢之家驅迫償債，不能安業。可將浙東旱傷州縣下三等人户所欠私債並與倚閣住索，候來歲收成豐熟，即仰依約理還。」以上《乾道會要》〔二〕。（以上《永樂大典》卷二〇八九九）

〔一〕插：本書食貨六八之一二七作「種」，較勝。

〔二〕按「以上乾道會要」六字乃是後來整理者據本書食貨六八之一二七添，筆迹與徐松原抄稿不同。

宋會要輯稿　食貨六〇

恩惠　居養院、養濟院、漏澤園等雜録〔一〕

【宋會要】

1 居養院始於唐之悲田、福田院。元符元年，詔：「鰥寡孤獨貧乏不能自存者，以官屋居之，月給米、豆，疾病者仍給醫藥。」崇寧五年，始賜名「居養」，從淮東提舉司之請也。五年，淮東提舉司言：「安濟坊、漏澤園，並已蒙朝廷賜名。其居養鰥寡孤獨等，亦乞特賜名稱。」詔依京西北路以「居養」爲名〔二〕，諸路准此。

紹熙五年九月十四日，明堂赦文：「在法，諸州每歲收養乞丐。訪聞往往將强壯慵惰及有行業住家之人計囑所屬，冒濫支給，其委實老、疾、孤、幼、貧乏之人不霑實惠。仰今後須管照應條令，從實根括，不得仍前縱容作弊。其臨安府仁和、錢塘縣養濟院，收養流寓乞丐，亦仰依此施行，不得徒爲文具。如有違戾去處，仰提舉（司）〔常〕平司覺察，按治施行。內有軍人揀汰離軍之後，殘篤廢疾不能自存、在外乞丐之人，仰本軍隨營分措置收養，毋致失所。」自後郊祀、明堂赦亦如之。

慶元五年十二月十二日，廣東提刑陳曄言：「竊見所部十四郡，多是水土惡弱，小官貪于近闕，（絜）〔挈〕累遠來，死於瘴癘者時時有之，孥累貧乏，不能還鄉，遂致狼狽。曄撙節財用，起宅子六十間，專養士夫孤遺；又買官民田及置房廊，拘收錢米，創倉庫各一所。凡入宅居止者，計口日給錢。仍以其餘，遇有二廣事故官員扶護出嶺，量支路費。欲名其宅曰『安仁』，倉庫曰『惠濟』。尚慮向後不能相承，却致流落之家復至失所，乞行下本司，得以遵守。」從之。曄條具事宜云：「一、遇二廣官員事故，家屬不能出嶺，願就宅居止者，每家給屋一間，七口以上二間止。一、買到田，每歲秋成，委官收納；拘收到房錢，樁備支遣。一、計口給錢、米：十五歲以上，每口日支米一升、鹽菜錢一十文；十五歲以〔下〕支米一升。一家不過七口（口）。一、二廣官員事故，孤遺扶護出嶺，支給路費，自二十貫至五十貫止。一、過往事故官員不願出嶺，舊有叢園，就内蕺葬。一、在宅之人，亡殁支錢三貫，嫁女五貫，娶婦三貫。一、官置錢米曆子，付各家收掌，不許預借。一、置砧基簿，一面本司激賞庫，一面本州軍資庫收掌。一、依文思院式，置斛斗各二十隻，分給逐莊收管。一、錢米竊慮官司移易，比類借兑常平錢米法施行。」

嘉泰元年三月十一日，和州言：「以本路提舉韓挺申請，置居養院，收養孤老殘疾不出外乞食之人，起造屋宇，

〔一〕「恩惠」二字原在天頭，「居養院」等十二字原在「宋會要」下，此皆後來整理者所加。本卷正文取自《大典》「院」、「恤」、「園」、「老」等字。

〔二〕京西北路：原作「京西湖北」，據後食貨六〇之五改。

支給錢米，揀選僧行看管軫恤。本州去年二月，於城西(路)〔踏〕逐買到民田，修築牆(園)〔圍〕五十三丈九尺，創建居養院。根括到鰥寡(狐)〔孤〕獨無依倚人六十九口，每人日支米一升，至歲終，共支米一百七十二石八斗五升。今來已行收買材植物料，起造到養濟院一所，計瓦屋二十五間，置造應干合用床薦、什物、器用之屬，約可存養一百餘人。2 計支用錢三千二百餘貫、米二十石，並係撙節那融支使，即不敢支破朝廷錢物。乞行下提舉常平司及本州，照會常切遵守。如遇歉歲闕乏，許於本州別項米内借撥，候豐年拘收撥還。輪差僧行各一名，主掌點檢粥食；分差兵士，充火頭造飯煮粥、洒掃雜使、把門使唤；輪差醫人診候病人，用藥調治。有過往人卧病在道路、店肆不能行履，許擡舁入院，官給錢米、藥餌，候安可日，再給錢米，津遣還鄉。以養濟一百人爲率，一歲約用米四百七十餘石、錢六百貫文。根括到含山縣桐城、度安、湘城、太浦四圩課子米，令項置籍拘催。委自歷陽知縣，令大軍倉交受，置曆收附，專一撥充養濟院支用。如有餘剩，即充給散貧民，或散施貧病藥餌之用。專差巡轄兼監，知縣檢點，通判提督。」從之。(以上《永樂大典》卷一六七一五)

【宋會要】〔一〕 3 神宗熙寧二年閏十一月二十五日，詔：「京城内外值此寒雪，應老疾孤幼無依乞丐者，令開封府並拘收，分擘于四福田院住泊，于見今額定人數外收養。仍令推判官、四廂使臣依福田院條貫看驗〔二〕，每日特與依額内人例支給與錢賑濟〔三〕，無令失所。至立春後天氣稍暖日，中書省住支。所有合用錢，于左藏庫見管福田院錢内支撥。」

(元豐元)〔九〕年十二月十三日〔四〕，知太原府韓絳言：「在法，諸老疾自十一月一日州給米、豆，至次年三月終止。河東地寒，與諸路不同，欲乞本路州縣于九月以後抄劄，自十月一日起支，至次年二月終止。如米、豆有餘，即至三月終。」從之。

元豐二年三月二日，詔：「開封府界僧寺旅寄棺柩，貧不能葬，歲久暴露。其令逐縣度官不毛地三五頃，聽人安葬。無主者，官爲瘞之。民願得錢者，官出錢貸之，每喪毋過二千，勿收息。」又詔提舉常平等事陳向主其事，以向建言故也。後向言：「在京四禪院均定地分〔五〕，收葬遺骸，

〔一〕原稿本頁右側批：「副本。《恩惠》，始神宗訖孝宗。茹校。」按本書食貨六八之一二七以下有複文，蓋整理者擬以彼作正本，故此稱「副本」。「茹」不知何人，蓋亦爲歷次整理者之一。「宋會要」上批標題「恩惠」，下批「賑恤，居養院養濟院漏澤園等雜録」。

〔二〕條：原作「籍」，據本書食貨六八之一二八改。

〔三〕賑濟：本書食貨六八之一二八作「養活」。

〔四〕天頭原批：「『元豐元年』一作『九年』。」按，本書食貨六八之一二八作「九年十二月十五日」。考《長編》卷二七九載此事於熙寧九年十二月十三日乙未，今據改。

〔五〕四：原作「西」，據《長編》卷二九七改。

天禧中有敕書給左藏庫錢，後因臣寮奏請裁減，事遂不行。今乞以户絶動用錢給瘞埋之費。」六月，向又乞選募僧守護〔一〕，量立恩例。並從之。葬及三千以上，度僧一人，三年與紫衣，有紫衣與師號〔二〕，更令主管三年，願再住者準此〔三〕。

哲宗元祐二年十二月十六日，詔：「畿縣貧乏不能自存及老幼疾病乞丐之人，應給米、豆，勿拘以令〔四〕。」

元符元年九月二日，詔：「開封府依舊敕每歲冬月巡視京城凍餒者，吏部差待闕小使臣〔五〕，同職員畫地分賑贍畢，付福田院，據寔數申户部。」從監察御史蔡蹈言也。

十月八日，詔：「鰥寡孤獨貧乏不能自存者，州知通、縣令佐驗寔，官爲養之。疾病者仍給醫藥。監司所至，檢察閱視。應居養者，以户絶屋居；無户絶者，以官屋居之。及以户絶財産給其費，不限月分，依乞丐法給米、豆；若不足者，以常平息錢充。已居養而能自存者〔六〕，罷。」從詳定一司敕令所請也。

徽宗崇寧元年八月二十日，詔置安濟坊。先是，權知開封府吴居厚奏：「乞諸路置將理院，兵馬司差撥剩員三人、節級一名，一季一替，管勾本處應干事件，並委兵馬司官提轄管勾，監司巡按點檢。所建將理院，宜以病人輕重而異室處之，以防漸染。又作厨舍，以爲湯藥飲食人宿舍，及病人分輕重異室。逐處可脩居屋一十間以來，令轉運司計置修蓋。」于是有旨（仍依）〔依，仍〕賜名。

九月六日，詔：「鰥寡孤獨應居養者，以户絶財産給其費，不限月，依乞丐法給米、豆；如不足，即支常平息錢。遺棄小兒，仍雇人乳養〔七〕。」

十一月十日，河北都轉運司言：「乞縣置安濟坊，令、佐提轄。」從之。

二年四月六日，户部言：「懷州申：『諸路安濟坊應干所須，並依鰥寡乞丐條例，一切支用常【4】平錢斛。』看詳，欲應干安濟坊所費錢物，依元符令，並以户絶財産給其費；若不足，即以常平息錢充。仍隸提舉司管勾。」從之。

五月二十六日，兩浙轉運司言：「蘇軾知杭州日，城中有病坊一所，名『安樂』，以僧主之。三年醫愈千人〔八〕，與紫衣。乞自今管勾病坊僧，三年滿所醫之數〔九〕，賜紫衣及祠部牒各一道〔一〇〕。」從之，仍改爲安濟坊。

三年二月三日，中書言：「州縣有貧無以葬或客死暴

〔一〕守：原作「寺」，據本書食貨六八之一二八改。
〔二〕「有紫衣與」四字原脱，據《長編》卷二九七補。
〔三〕《宋史》卷一七八《食貨志》上六此句作「願復領者聽之」。
〔四〕以：原作「此」，據《長編》卷四〇七改。
〔五〕待：原作「侍」，據本書食貨六八之一二九改。
〔六〕已：原作「居」，據本書食貨六八之一二九改。
〔七〕人：原作「存」，據本書食貨六八之一二九改。
〔八〕千：原作「百」，據《宋史》卷一七八《食貨志》上六改。
〔九〕年：原作「千」，據本書食貨六八之一三〇改。
〔一〇〕及祠：原缺，據《補編》頁三〇九、《宋史》卷一七八《食貨志》上六補。

露者，甚可傷惻。昨元豐中，神宗皇帝嘗詔府界以官地收葬枯骨〔一〕。今欲推廣先志，擇高曠不毛之地，置漏澤園。凡寺觀寄留櫬櫝之無主者，若暴露遺骸，悉瘞其中。縣置籍，監司巡歷檢察。」從之。

四日，中書省言：「諸以漏澤園葬瘞，縣及園各置圖籍，令廳置櫃封鎖〔二〕。令、佐替移〔三〕，以圖籍交授；監司巡歷，取圖籍點檢。應葬者，人給地八尺、方甎二口，以元寄所在及月日、姓名若其子孫、父母、兄弟、今葬字號、年月日，悉鐫（訖）〔記〕甎上；立封記〔四〕，識如上法。無棺柩者，官給。已葬而子孫親屬識認，今乞改葬者，官爲開葬，驗籍給付。軍民貧乏，親屬願葬漏澤園者，聽指占葬地，給地九尺。無故若放牧悉不得入。仍于中量置屋，以爲祭奠之所，聽親屬享祭追薦。並著爲令。」從之。

四年十月六日，詔：「京師根本之地，王化所先。鰥寡孤獨與貧而無告者，每患居養之法施于四海而未及京師，殆失自近及遠之意。今京師雖有福田院，所養之數未廣，祁寒盛暑〔五〕，窮而無告及疾病者或失其所，朕甚憫焉。可令開封府依外州法居養鰥寡孤獨，及置安濟坊，以稱朕意。」

十二月十九日，興元府言：「竊惟朝廷置居養院安養鰥寡孤獨，及置安濟坊醫理病人，召有行業僧管勾外，有見管簿曆，自來止是令厢典抄轉收支，難責以出納之事。今欲乞差軍典一名，除身分月糧外，與比附諸司書手、文字軍典，每月添支米醬菜錢一貫文，有犯，依重祿法。并于常平錢米支給。所有紙筆之用，量行支破。其外縣，差本縣手分一名兼管抄轉收支，一年一替。如蒙施行，乞下有司頒降諸路常平倉司施行。」從之。

二十八日，詔：「自京師至外路皆行居養法，及置安濟坊。猶慮雖非鰥寡孤獨，而癃老疾廢，委是貧乏〔六〕，寔不能自存，緣拘文，遂不與居養，朕甚憫焉。可立條，委當職官審察詣寔〔七〕，許與居養〔八〕。速著文行下。其安濟坊醫者，人給手曆，以書所治療痊失〔九〕，歲終攷會人數，以爲殿最，仍立定賞罰條格。或佗司奉行不謹，致德澤不能下究，外路委提舉常平司，京畿委提點刑獄司，常切檢察。外路仍兼許佗司分巡，皆得受訴，都城内仍許御史臺糾劾。」

五年八月十一日，詔：「諸漏澤園、安濟坊，州縣輒限人數，責保正、長以無病及已葬人充者〔一〇〕，杖一百，仍先次

〔一〕嘗：原作「常」，據本書食貨六八之一三〇改。
〔二〕令：原作「今」，據本書食貨六八之一三〇改。
〔三〕佐：原脱，據本書食貨六八之一三〇補。
〔四〕封：原作「峯」，據《補編》頁一六〇改。
〔五〕祁：原作「祈」，據《宋大詔令集》卷一八六改。本書食貨六八之一三〇作「隆」。
〔六〕是：原作「自」，據本書食貨六八之一三一改。
〔七〕條委：原作「委條」，據本書食貨六八之一三一乙。
〔八〕居：原脱，據本書食貨六八之一三一補。
〔九〕痊：原作「瘗」，據《補編》頁三〇九改。
〔一〇〕葬：原作「杖」，據本書食貨六八之一三一改。

施行。」

二十一日，尚書省言：「新差江南西路轉運判官祖理奏：『竊見漏澤5園，州縣奉行尚或滅裂，埋瘞不深，遂致暴露，未副陛下所以愛民之意。望詢訪州縣，凡漏澤園收瘞遺骸，並深三尺。或不深三尺而致暴露者，宜令監司覺察，按劾以聞。』」從之。

九月二日，詔曰：「居養院、安濟坊、漏澤園，以惠天下窮民。比嘗申飭，聞稍就緒，尚慮州縣怠于奉行，失于檢察，仁澤未究。仰提舉常平司倍加提按，毋致文具滅裂。城、寨、鎮、市户及千以上，有知、監者，許依諸縣條例增置，務使惠及無告，以稱朕意。」

十月九日，淮東提舉司言：「安濟坊、漏澤園，並已蒙朝廷賜名。其居養鰥寡孤獨等，亦乞特賜名稱，以昭惠澤。」户部契勘：「已降都省批狀〔一〕，京西北路提舉司申請以『居養院』稱呼。」詔依所申〔二〕，以「居養院」爲名。諸路準此。

大觀元年三月十八日，詔：「居養鰥寡孤獨之人，其老者並年五十以上，許行收養。諸路依此。」先是，崇寧三年十一月二十六日南郊赦内一項云：「已詔天下置安濟坊、漏澤園，訪聞州縣但爲文具，未盡如法。並仰監司因巡按檢舉，委曲檢校，每季具已較正數及施行逐件事理，次第聞奏。」至是，河東路提點刑獄點檢到事件，故有是詔。

八月二十七日，真定府言：「居養院、安濟坊兩處所管出納官物，并日逐抄轉簿曆及供報文字，委是繁多，若共差軍典一名，顯見兩處勾當不前。伏望各差軍典一名，并添支錢米等並乞依已得指揮。」從之。諸路依此。

閏十月，詔：「在京遇冬寒，有乞丐人無衣赤露，往往倒于街衢。其居養院止居鰥寡孤獨不能自存之人，應遇冬寒雨雪，有無衣服赤露人，並收入居養院，並依居養院法。」

二年四月五日，知荆南府席震等言：「枝江縣居養人咸通一百一歲，已下縣依條就賜絹、米、酒訖〔三〕。契勘居養人年八十以上，依條許支新色白米及柴錢〔四〕；九十以上，每日更增給醬菜錢二十文〔五〕，夏月支布衣，冬月衲衣絮被。況如咸通，年踰百歲，若循前項八、九十之例，竊慮未稱朝廷惠民之政。欲將居養人咸通每日添給肉食錢，并見增給醬菜，通爲錢三十文省，冬月給綿絹衣被，夏單絹衫袴裝着〔六〕。仍乞諸路有百歲以上之人，亦依此施行。」從之。

八月十九日，工部言：「邢州鉅鹿縣水，本縣官私房等盡被渰浸。」詔：「見在人户，如法賑濟。如有孤遺及小兒，

〔一〕狀：原作「奏」，據本書食貨六八之一三二改。
〔二〕申：原似「曰」字，據本書食貨六八之一三二改。
〔三〕已：原作「依」，據本書食貨六八之一三二改。
〔四〕「色」原作「邑」，「柴」原作「紫」，據本書食貨六八之一三三改。
〔五〕醬：原作「醫」，據本書食貨六八之一三三改。
〔六〕衫：原作「紗」，據本書食貨六八之一三三改。

並側近居養院收養。」詳見「恤災」門。

三年四月二日，手詔：「居養、安濟、漏澤，爲仁政先，欲鰥寡孤獨養生送死各不失所而已。聞諸縣奉行太過，甚者至于設供張，備酒饌，不無苛擾。其立法禁止，無令過有姑息。」

十二月十六日，三省言：「户部奏：『詔居養、安濟日來官司奉法太過，致州縣受弊，可申明禁止，務在適中。看詳自降元符法，節次官司起請增添，若依舊遵用，慮諸路奉法不一。欲依元符令并崇寧五年秋頒條施行。』」詔改昨頒條注文内「癃老」作「廢、篤疾」〔一〕，并依所奏並罷。

四年八月二十五日，詔6：「鰥寡孤獨，古之窮民，生者養之，病者藥之，死者葬之，惠亦厚矣。比年有司觀望，殊失本指，至或置蚊帳，給肉食，設祭醮〔二〕，加贈典。日用既廣，糜費無藝。少且壯者遊惰無圖〔三〕，廩食自若，官弗之察，弊孰甚焉。應州縣以前所置居養院、安濟坊、漏澤園許存留外，仰並遵守元符令，餘更不施行。開封府創置坊院悉罷，見在人併歸四福田院，依舊法施行。遇歲歉、大寒，州縣申監司，在京申開封府，並聞奏聽旨。内遺棄小兒委寔須乳者，所在保明，聽依崇寧元年法雇乳。」

政和元年正月二十九日〔四〕，詔：「居養鰥寡孤獨等人，昨降指揮並遵守元符令，自合逐年依條施行，不須聞奏聽旨外，如遇歉歲或大寒，合別加優恤，若須候聞奏得旨施行，竊恐後時，仰提舉司審度施行訖奏。諸路依此。」

十二月二十四日，詔：「居養、安濟，仁政之大者，方冬初寒，宜務收恤。諸州郡或弛廢，當職官停替，開具供申，并令開封府依此檢察。」

九月二十二日，詔：「今歲節令差早〔五〕，即今天氣稍寒，令開封府自今便巡覷，收養寒凍倒卧并無衣赤露乞丐人。」

十一月十九日，尚書省言：「居養院、安濟坊、漏澤園，比來提舉常平司官全不復省察，民之無告，坐視不救，甚失朝廷惠養之意。」詔：「自今居養、安濟、漏澤園事，轉運、提刑、鹽香司並許按舉，在京委御史臺彈奏。」

四年二月一日，兩浙轉運司言：「鎮江府在城并丹徒縣居養院、安濟坊，並不置造布絮衲被給散孤老孱弱之人，未副惠養之意。兼用布絮被支費錢數不多，即非過有濫支錢物。欲應居養院、安濟坊，寒月許置布絮被給散蓋卧。」詔依所乞，許置。諸路依此。

二日，臣寮言：「訪聞諸路民之寔老而正當居養、寔病

〔一〕癃老：原作「疾廢」，據本書食貨六八之一三三改。

〔二〕設：原脱，據本書《補編》頁三〇九補。

〔三〕惰：原作「情」，據本書食貨六八之一三四改。

〔四〕天頭原批：「正月二十九日，九月二十二日，十一月十九日，十二月二十四日，四年二月一日。」按，意即以上幾條應按此順序排列。查十一月十九日條，據《補編》頁一六一、頁三一〇，標爲政和元年，則十二月條確當移後。此類大抵爲《大典》輯録零散條文插入時誤編。

〔五〕今：原作「令」，據本書食貨六八之一三四改。

而真欲安濟者，往往以親戚識認爲名，虛立案牘，隨時遣逐，使法當收卹者復被其害。官吏相蒙，無以檢察。欲令今後州縣居養、安濟人，遇有親戚識認處，委不干礙官一員驗寔。若詐冒及保明不寔，與同罪，仍不以赦降、去官原免。」從之。

四月十八日，新知（穎）〔潁〕昌府崔直躬言：「朝廷以居養、安濟惠濟鰥寡孤獨，欲冬月遇寒雪異常，許權不限數，支訖聞奏。」從之。

五年二月十七日，詔：「居養院見居養民〔一〕，合止此月二十日住罷，可更展限十日。」

六年正月五日，知福州趙靖言：「鰥寡孤獨居養、安濟之法，自崇寧以來，每歲全活者無慮億萬。乞詔有司歲終總諸路全活之數，宣付史館。」從之。

十月十八日，開封府尹王革言：「本府令，每歲冬月，吏部差小使臣于都城裏外救寒凍倒卧，并拘收無衣赤露乞丐人送居養院收養。會到吏部所差當短使人即無酬獎，惟已經短使再差或借差及三月以上減一年半，兩月以上減一年，一月以上減半年磨勘〔二〕。止是短使專法，本府別無立定酬賞。欲令後應救濟無遺闕，除省部依短使酬 7 賞外，管勾四月以上，特減二年磨勘；不及四月者，以管勾過月日，比附省部短使，依減年酬賞。」從之。

七年七月四日，成都府路提舉常平司言：「准敕，成都府路提舉常平司所請居養院孤貧小兒內有可教導之人，欲乞入小學聽讀。本司遵奉施行外，所有逐人衣服襴鞹，欲乞于本司常平頭子錢內支給置造，仍乞與免入齋之用。」詔依，餘路依此。

八月十六日，提舉淮南東路常平等事鄒子崇言：「凡居養院遺棄小兒，許宮觀、寺院養爲童行，庶得所歸。」從之。

八年七月十二日，詔：「諸州縣鎮寨及鄉村道路，遇寒月，過往軍民有寒凍僵仆之人，地分合干人即時扶舁，送近便居養院，量給錢米救濟。不願入院者，津遣出界。違而不送者，委令、佐及本地分當職官覺察〔三〕，監司巡歷所至點檢。」

宣和元年五月九日，詔：「居養、安濟等法，歲久寖隳，吏滋不虔〔四〕。可令諸路監司、廉訪使者分行所部，有不虔者劾之，重寘于法。」

二年六月十九日，詔：「居養、安濟、漏澤之法，本以施惠困窮，有司不明先帝之法，奉行失當。如給衣被器用、專顧乳母及女使之類，皆資給過厚，常平所入殆不能支。天下窮民飽食暖衣，猶有餘峙，而使軍旅之士（稟）〔廩〕食不繼，或至逋逃四方，非所以爲政之道。可參考元豐惠養乞

〔一〕民：原作「居」，據本書食貨六八之一三五改。
〔二〕勘：原作「看」，據本書食貨六八之一三五改。
〔三〕分：原作「方」，據本書食貨六八之一三六改。
〔四〕虔：原作「處」，據本書食貨六八之一三六改。

丐舊法，裁立中制。應居養人，日給秔米或粟米一升〔一〕、錢十文省，十一月至正月，加柴炭錢五文省，小兒並減半。安濟坊錢米，依居養法，醫藥如舊制。漏澤園除葬埋依見行條法外，餘三處應資給若齋醮等事悉罷。吏人、公人員額及請給、酬賞，並令户部右曹裁定以聞。」

七月三日，詔：「在京乞丐人，大觀元年閏十月依居養法指揮更不施行。」

十四日，户部言：「奉詔：『居養、安濟、漏澤之法，可參考元豐惠養乞丐舊法，裁立中制。應資給若齋醮等事悉罷。吏人、公人等員額及請給、酬賞，並令户部右曹裁定以聞。』本部今裁定：外路軍州，崇寧四年十二月敕，居養、安濟坊差軍典一名，續承大觀元年八月敕，各差軍典一名。今欲依舊居養院、安濟坊共置一名，每月給錢一貫文，充紙劄之費。」詔依，舊酬賞並不施行。

十月十七日，京畿提舉常平司言：「大觀元年三月敕：『居養鰥寡孤獨之人，其老者並年五十以上許行收養。』近奉詔參考元豐惠養乞丐舊法，裁立到應居養人日給錢米數目〔二〕，見遵依施行。緣元豐、政和令，諸男女年六十爲老，即未審且依大觀元年指揮，爲或合依元豐、政和法令。」詔依元豐、政和條令。降指揮日爲始，日前人特免改正。

七年四月十一日，尚書省言：「冬寒，倒卧人更不收養。乞丐人倒卧街衢，輦轂之下，十目所視，人所嗟憫。聖明在上，深所仁憫，立居養以救其困，所費至微，而惠澤至深，合行修復。」從之。以上《續宋會要》。

高宗建炎元年六月十三日，赦〔三〕：8「京師物價未平，致鰥寡孤獨不能自存之人艱食，除開封府依法居養外，令留守司檢察，如法居養。如錢物不足，具合用數申留守司支降。」

四年十月三日，詔曰：「諸處流移老弱到行在者，日夕飢餓，可專委官具數量支米、錢賑濟。死亡者，委諸寺僧行收瘞，計數給賜度牒。務使寔惠加于存没，以稱朕意。」

紹興元年十二月十四日，通判紹興府朱璞言：「紹興府街市乞丐稍多，被旨令依去年例日下賑濟。今乞委都監抄劄五厢界應管無依倚流移病患之人，發入養濟院，仍差本府醫官二名看治，童行二名煎煮湯藥，照管粥食。將病患人拘籍，累及二千人以上，至來年三月一日死不及二分，給度牒一道；及五百人以上，死不及二分，支錢五十貫；二百人以上，死不及二分，支錢二十貫。並令童行分給。所有醫官醫治過病患人痊愈分數，比類支給。若滿一千人，死不及一分，特與推恩。如有死亡之人，欲依去年例，委會稽、山陰縣尉各于城外踏逐空閑官地埋葬，仍委踏逐

〔一〕給：原作「就」，據本書食貨六八之一三六改。
〔二〕立：原作「正」，據本書食貨六八之一三七改。
〔三〕赦：原作「賜」，據本書食貨六八之一三七改。

官點檢，無令暴露。其養濟院及外處方到未曾入院病患死亡之人，去年召到僧宗華收斂，顧人擡舁出城掩瘗。令縣尉監視，置曆拘籍，每及百人，次第保明申朝廷，給降度牒。」詔：每掩瘗及二百人，與給度牒一道，餘依所乞。

二年正月二十四日，都省言：「昨駐蹕紹興府，每遇冬寒，例行賑救。今移蹕臨安府〔一〕，春初偶雨雪頻併，并街市不無寒飢之人，竊慮枉有死損。」詔臨安府委兩通判并都監分頭措置，應干事件，並依紹興府已得指揮施行。

三月二十六日，中書門下省言：「臨安府賑養乞丐人，三月一日已行放散，各無歸所。」詔臨安府更賑養一月，候麥熟，取旨罷。

閏四月三日，臨安府言：「被旨，乞丐人更賑養一月，合至四月二十九日滿。」詔更展一月。

三年正月二十六日，詔：「令臨安府兩通判體認朝廷惠養之意，行下諸厢地分都監，將街市凍餒乞丐之人盡行依法收養。仍仰兩通判常切躬親照管，毋致少有死損。如稍有減裂，所委官取旨，重作施行。仍日具收養人數以聞。」

四年二月十九日，尚書省言：「養濟乞丐，自來係遇冬寒收養，至春暖放散，即無立定放散月日。」詔令本府約度日限以聞。本府乞，欲支散至二月終住支，從之。

十月二十八日，臨安府言：「昨來已蒙朝廷依紹興府已得指揮，于户部支降錢米，令本府置院，賑養乞丐之人。續蒙朝廷依常平乞丐法，每人日支米一升，小兒減半。今來合依例賑給。」詔依年例養濟，仍日具人數以聞。

六年十一月二日，詔令臨安府自今月十一日爲始，依年例養濟施行。其後每歲降詔，並同此制。

二十二日，詔：「天氣寒凜，令平江府子細抄劄乞丐，依臨安府已降指揮賑濟。」

七年閏十月十九日，詔：「天氣寒凜，9 貧民乞丐，令建康〔府〕疾速踏逐舍屋，于户部支撥錢米，依臨安府例支散。候就緒日，申取朝廷指揮，爲始收養。」

十三年九月十五日，上曰：「諸處有癃老廢疾之人，可依臨安府例，令官司養濟。此窮民之無告者，王政之所先也。」

十月十四日，臣寮言：「欲望行下臨安府錢塘、仁和縣，踏逐近城寺院充安濟坊。遇有無依倚病人，令本坊量支錢米養濟。輪差醫人一名專切看治，所用湯藥，太醫熟藥局關請〔二〕。或有死亡，送舊漏澤園埋殯。」于是户部言：「今欲乞行下臨安府并諸路常平司，仰常切檢察所部州縣，遵依見行條令，將城內外老疾貧乏不能自存及乞丐之人，依條養濟。每有病人，給藥醫治。如奉行滅裂違

〔一〕今：原作「令」，據本書食貨六八之一三八改。
〔二〕請：原脱，據本書食貨六八之一四〇補。

戾〔一〕，即仰按治，依條施行。」從之。

十一月八日，南郊赦：「老疾貧乏不能自存及乞丐之人，依法籍定姓名，自十一月一日起支米、豆養濟，至次年二月終〔二〕。病者，給藥醫治。訪聞州縣視爲文具，不曾留意，監司亦不檢察，致多失所，甚非惠養寬恤之意。仰提舉司及州縣當職官遵依條法指揮，多方存恤養濟。其有病患，亦仰如法醫治，不得滅裂。」十九年十一月十四日、二十二年十一月十八日、二十五年十一月十八日、二十八年十一月二十三日南郊赦，三十一年九月二日明堂赦，同此制。

十四年十二月三日，尚書户部員外郎邊知白言：「伏覩陛下惠恤窮民，院有養濟，給藥，惟恐失所，歲所存活，不可數計。獨死者未有所處，往往散瘞道側，寔爲可憫。居養、漏澤，蓋先朝之仁政也。後來漏澤園地多爲豪猾請佃〔三〕，不惟已死者銜發掘之悲，而後死者失掩埋之所。欲乞首自臨安府及諸郡，凡漏澤舊園〔四〕，悉使收還，以葬死而無歸者。發政施仁之方，掩骼埋胔爲大，寔中興之要務也。」上曰：「此乃仁政所先，可令臨安府先次措置申尚書省，行下諸路州軍，一體施行。」

十二日，宰執、百僚賀雪，上因宣諭曰：「天下窮民，宜加養濟。孟子所謂：『文王發政施仁〔五〕，必先斯四者〔六〕。』尚慮州縣奉行滅裂，可再降指揮行下。」于是令諸路常平官嚴切約束州縣如法奉行。其所用米斛，並仰于常平諸色米内前期取撥樁備，依時給散。務要寔及貧乏，毋令少有失所。仍令逐路監司同共覺察。

十三日，臨安府言：「被旨措置漏澤舊園，葬無歸者。本府欲下錢塘、仁和縣，拘收官私見占佃元舊漏澤園，四至丈尺，爲藩牆限隔。每處選募僧人二名主管，收拾埋瘞及二百人，覈寔申朝廷，支降紫衣一道。逐處月支常平錢五貫，米一碩，贍給僧人。委逐縣令佐檢察〔七〕，不得因緣科率搔擾。」上曰：「可令諸路州軍倣臨安府已行事理，一體措置施行，仍令常平司檢察。」

十五年六月二十三日，潭州言：「崇寧間推行漏澤園，埋瘞無主死人，所降條格：棺木、絮紙、酒；仵作行下工食錢；破磚鐫記 10 死人姓名、鄉貫，以《千字文》爲號；遇有識認，許令給還；每年三元、春冬醮祭。緣逐件條格燒燬不存，乞明降指揮施行。」于是户部言：「今欲下諸路州縣，如委係無主，即于常平司錢内量行支給，仍每人不得過三貫文省。如法埋瘞，無令合干人作弊科擾。並令本司常切不住檢察，如違，亦仰按治施行。」從之。

〔一〕戾：原作「例」，據本書食貨六八之一四〇改。
〔二〕二月：原作「三月」，據《咸淳臨安志》卷八八改。
〔三〕後：原作「從」，據本書食貨六八之一四〇改。
〔四〕舊：原作「及」，據本書食貨六八之一四〇改。
〔五〕施：原作「斯」，據本書食貨六八之一四一改。
〔六〕斯：原作「施」，據本書食貨六八之一四一改。
〔七〕令：原作「知」，據本書食貨六八之一四一改。

閏十一月六日，户部言：「京西常平司開具：諸州軍府已拘收措置修蓋到漏澤園地段，及召募僧人，每月支破常平錢米看管[一]。内有隨州、信陽軍並無常平錢米支給。」于是户部言：「今乞下京西常平司，如委有見闕常平錢米去處，于係省錢米内支撥應副施行。」從之。

十六年十一月五日，上宣諭輔臣曰：「居養、安濟、漏澤，先帝之仁政。居養、安濟已行之矣，惟漏澤未曾措置，宜令條具添入。」

十日，南郊赦：「貧乏乞丐，已約束如法養濟。其死而無歸者，舊法置漏澤園藏瘞，已降指揮令諸州依倣臨安府措置。訪聞尚有未就緒去處，可令諸路常平司疾速檢舉，措置施行，無致暴露。」餘同十三年之制。

十二月十四日，給事中段拂言：「仰惟國朝愛育元元者，垂意甚備。以居養名院，而窮者有所歸；以安濟名坊，而病者有所療；以漏澤名園，而死者有所葬。行之累年，存殁受賜。望申飭有司，講明居養、安濟、漏澤之政，酌中措置，令可久行，務使寔惠，均被遠邇。」詔令户部看詳，措置申尚書省。

十七年二月二十六日，臣寮言：「伏望申飭有司，講明漏澤園之政，酌中措畫，令可久行，務使寔惠均被。」詔令户部看詳措置。其後户部言：「今措置，欲乞行下諸路常平司，鈐束覺察州縣，常切遵依見行條法指揮施行，庶使死者得以葬埋，以稱朝廷寬恤之意。如稍有奉行滅裂、違戾去處，即仰按治，依法施行。」

十八年八月十九日，臣僚言：「郡縣立漏澤園以惠天下，死亡者各得其所。州縣奉行滅裂，所屬監司全不按舉。欲望舉行之，俾死亡無人殯斂者，有園以葬埋之。」詔令户部看詳。其後户部言：「所置漏澤園，承降指揮，依倣臨安府措置事理，令常平司常切檢察。今乞下諸路常平司，檢照見行條法指揮，下所屬州縣遵守施行。若有違戾去處，按治依法施行。」從之。

十九年十一月二十八日，權發遣秀州郭瑊言：「民之飢貧不能自存者，每歲仲冬例加賑濟，可謂愛民如子，視民如傷矣。是宜州縣守令遵承聖訓，以廣寔惠。然往往有元非飢貧，巧爲計囑，得以與籍，而困窮無告却或棄遺。望申嚴守令究心檢察，庶幾惠及鰥寡，且無虚費。」詔令户部檢坐見行條法，申嚴行下。

二十一年十月十七日[二]，宰執言：「自十一月一日爲始，臨安府支養乞丐人錢米。」上曰：「此事所濟極大，當苦寒之時，貧不能自存之人，官給錢米養濟，遂可存活。」

二十二年十一月十八日，南郊赦：「11已降指揮，州縣舊有漏澤園去處，復行措置，收瘞暴露骸骨。緣其間地

[一] 看管：原作「管看」，據本書食貨六八之一四二乙。

[二] 十月：天頭原批：「『十』一作『七』。」按，本書食貨六八之一四三作「七月」，疑當以「十月」爲是。

段多是爲人占佃，縣道徇情，不行措置，仰監司、州郡常切點檢。」

二十三年十月二十二日，上諭輔臣曰：「外路養濟，恐奉行滅裂，須令寔給錢米，以施寔惠。」乃詔户部檢坐見行條法，申嚴行下。

二十四年十月十二日，三省言：「年例，令臨安府自十一月一日支給錢米，養濟乞丐。」上曰：「此一事活人甚多，可降旨行下。」

二十六年閏十月二十七日，詔：「臨安府養濟乞丐，當此雪寒，委榮薿常加檢察，依時支散錢米，毋令減尅及冒名承請，務在實及貧民。仍具知稟奏聞。」

十一月五日，試尚書户部侍郎、兼詳定一司敕令王俁言：「臨安府每歲收養飢凍貧乏、老弱殘疾不能自存乞丐之人，凡用錢、米近十餘萬，不爲不多矣，可謂仁政之所先也。倘官吏失于措畫，則宜收而棄，以壯爲弱，或減尅支散[一]，或虚立人數，如此之類，其弊多端，不可不察。雖已不住行下臨安府約束，尚慮習爲常事，虚費邦財，有害仁政。望嚴詔守臣，俾戒飭當職官吏，務在廣行收養，無致遺棄，躬親監臨，盡數支散。如有違戾，按劾以聞。其外路州縣，亦乞特降指揮施行。」詔令户部檢坐見行條法，申嚴行下。

二十七年九月二十九日，提舉兩浙西路常平茶鹽公事朱倬言：「比見郡縣之間，自冬徂春，所給乞丐錢米，例皆付之胥吏，遂使狡獪者數口之家皆預支請，而貧(屢)〔寠〕無以自存者反見棄遺[二]。乞令每歲抄劄，委州縣長吏[三]，令在郡邑者責之社甲首[四]、副，在村落者責之保正、副、長，結罪保明，使無遺濫。」從之。

十月十八日，上諭輔臣曰：「近日理會支乞丐人錢米事，所用錢米數目不少。聞官司不留意，多被胥吏輩冒名支請，其實乞丐人未必皆得。又諸路州郡支常平米賑濟，往往止及城下，其外縣、鄉村亦皆不及，甚非發政施仁之道。可與措置，革去姦弊，務要寔惠及民。」宰臣湯思退等奏曰：「恭稟聖訓，當令户部措置施行。」

二十一日，户部言：「乞行下諸路州縣，委自守令躬親措置[五]，責委坊正、耆保，抄劄貧乏乞丐姓名，盡數收養，不管漏落。仍立賞出榜，許諸色人陳告詭名冒請及減尅作弊之人[六]，斷罪、追賞施行。令常平司常切覺察。」從之。

同日，權户部侍郎林覺言：「乞措置臨安府兩縣并在城兵官[七]、公吏及甲頭，如抄劄貧民姓名不寔，及自行詭

[一] 尅：原作「刻」，據本書食貨六八之一四四改。
[二] 見：原脱，據本書食貨六八之一四四補。
[三] 吏：原作「史」，據本書食貨六八之一四四改。
[四] 令：原作「今」，據本書食貨六八之一四四改。
[五] 守：原作「令」，據本書食貨六八之一四五改。
[六] 尅：原作「刻」，據本書食貨六八之一四五改。
[七] 臨安府：原脱，據《建炎要録》卷一七八補。

名冒請錢米，許諸色人告，每一名賞錢一十貫，至三百貫止。犯人令臨安府根勘，依條計贓斷罪，追賞。若有不係貧乏、乞丐之人，追賞、斷罪施行。」從之。

二十九年(九)〔正〕月二十一日〔一〕，大理評事賈選言：「秋冬之交，委官籍定乞丐姓名，計所賑之米撥付監官，三日一給，其間疾病不能如期而至者，官吏隱藏入己。欲望行下郡邑，支散之際，或有疾病而不能來請者，令監司責付團【12】甲就給，不得減尅。守令覺察，不得違戾。」從之。

二月十三日，詔：「臨安府養濟乞丐，合至二月終住罷。今天氣尚寒，與展半月。」後又展半月。

三十年二月十二日，中書門下省言：「朝廷支降錢米，令臨安府養濟乞丐，至二月終住罷。」詔：「天氣尚寒，與展半月。」

九月二十三日，浙西常平提舉楊倓言：「乞將臨安府錢塘、仁和兩處每歲養濟貧乏不能自存之人，令逐縣知縣、兵官抄劄，開具姓名，結罪申府〔二〕，差官驗寔，各用紙封臂，用印，給牌置曆，每五日一次當官支給。如有冒濫不寔，立賞錢一百貫文，許人陳告，將犯人斷罪，其元抄劄官吏並行黜責。」又兩浙轉運司言：「浙東、西州縣乞丐，既各處依條收養，及自能經營、無疾病墮慵之人並不合入。今來養濟四院，所有本府街市西北流寓合收養之人，欲依楊倓申明，立賞出榜約束，委兩縣丞再行審驗，當官俵散。每一十人爲一甲，遞相委保。如甲内有冒名支請，許諸色人陳首。如所委官故意阻節，許直經本府陳告〔三〕。合干人因承行乞取錢物，及冒名支請錢米之人，並依重禄法，當職官亦具名申奏黜責。」從之。

三十一年九月七日，知漢州王葆言：「川蜀地狹民稠，貧窶者衆〔四〕，衣食不給，遂致乞丐。在法，每歲于十月初，差官檢察内外老疾貧乏不能自存、乞丐之人非慵墮者，籍其姓名，自十一月一日起支，每人日支米或豆一升，七歲以下減半，每五日一次併給，至次年三月終止。緣州縣自軍興以來，常平田土多已出賣，止是義倉米一色，其上件米惟充災傷以備賑給，平時難以擅行支散。今養濟指揮〔五〕，既無常平錢米，何以給散？欲乞如闕常平米、豆去處，許于見管義倉米内通融應付，日後如有收到常平司田地收椿斗斛，逐旋撥還。」從之。

孝宗隆興元年十月十四日〔六〕，詔：「天氣尚寒，其街市飢凍乞丐之人，合行措置養濟。可令臨安府自十一月一日爲始，其合用錢、米并約束事件，並依節次指揮。」每歲飢

〔一〕正月：原作「九月」，據本書食貨六八之一四五改。按，《建炎要録》卷一八一載：二十九年四月，大理評事賈選等與外任。則九月已非大理評事。

〔二〕府：原作「知」，據本書食貨六八之一四六改。

〔三〕直：原脱，據本書食貨六八之一四六補。

〔四〕窶：原作「屨」，據本書食貨六八之一四六改。

〔五〕指：原作「支」，據本書食貨六八之一四六改。

〔六〕天頭原批「養濟院」三字，此是據本書食貨六八之一四六複文所添。但本卷卷首已有此題，此處不再標目。

凍乞丐之人，令臨安府措置養濟，率以十月十五日抄劄，十一月一日爲始俵散錢、米，至次年二月終住支。大人日支米一升、錢一十文足，小兒減半。以二月天氣尚寒，後降指揮又展半月，逐年遂爲常例。

二年閏十一月十六日，詔：「臨安府内外百姓不能自存之人，每至冬月，各計口數，大小，日支錢、米養濟。訪聞尚有士人或因赴調困居旅邸，或因轉徙流離道路，裹糧罄竭，饘粥不給，情寔可憫。令臨安府專委官，于城内外如有似此之人，更切覈寔，量度支給係官錢、米，以禮賙恤〔一〕。」

十二月十二日，權發遣臨安府薛良朋言：「本府奉詔取撥常平米，委兩通判賑給饑貧之人。今措置，分委曹職官同厢官，于在城并城南北厢巡門抄劄寔係饑貧别無經營之家及流移人，開具姓名〔二〕，支米半月，大[13]人每口一㪷五升，小兒減半。委兩通判踏逐城南北厢寛闊寺院置場，照關子支給。常平米見管不多，照得昨來于省倉下界糴場封樁米内，借撥二萬石，除撥到二千二百碩外，有一萬八千八百碩未曾取撥。欲望行下省倉照會，據本府今來賑給米數，逐旋應副，候散訖，具帳銷破。」詔依〔三〕，令户部每料支二千碩〔四〕，俵散盡絶，接續支給。」

二十二日，權發遣臨安府薛良朋言：「被旨，日來雪寒，臨安府近城多有飢貧之人，令取撥常平米賑給。已委兩通判于城南、城北置場支給外，今據通判常禋、胡堅常申，日來多有鄉村及毗近州縣饑貧人户，聞知本府賑給米斛，乘勢前來陳乞支請。若或一槩支給，竊慮人衆，所支米斛至多；若不賑給，又恐有失朝廷寛恤之意。今措置，欲將日後鄉村及毗近州縣到來饑貧之人，分委錢塘、仁和縣尉躬親驗寔，如委貧乏，給牌押赴養濟院，每大人日支米一升、錢一十文足，小兒減半。」從之。

乾道元年正月一日，南郊赦：「在法，病人無緦麻以上親同居者，厢耆報所屬，官爲醫治。訪聞比來客旅寄居店舍、寺觀，遇有病患，避免看視，赶逐出外；及道路暴病之人，店户不爲安泊，風雨暴露，往往致斃，深可憫憐。可令州縣委官内外檢察，依條醫治，仍加存恤。及出榜鄉村曉諭，月具有無違戾去處以聞。」乾道三年十一月二日、六年十一月六日南郊赦〔五〕，並同此制。

十九日，詔：「已降指揮，州軍災傷去處，委官措置賑濟。（詔）〔訪〕聞臨安府城内多有乞丐之人，顯見抄劄未盡。令臨安府分差通判日下措置〔六〕，將城内乞丐盡行抄劄，依已降指揮賑濟，不管漏落。仍具已賑濟過人數申尚書省。」從中書門下請也。

〔一〕禮：原作「體」，據本書食貨六八之一四七改。
〔二〕名：原作「米」，據本書食貨六八之一四七改。
〔三〕詔：原作「照」，據本書食貨六八之一四七改。
〔四〕令：原脱，據本書食貨六八之一四七補。
〔五〕六年：原作「十六年」，而乾道僅有九年，故必有誤。今據《文獻通考》卷七二，乾道六年南郊正爲十一月六日，因删「十」字。
〔六〕差：原脱，據本書食貨六八之一四八補。

二十二日，權發遣臨安府薛良朋言：「本府見依已降指揮，支破錢米，收養乞丐。近緣浙西州軍水傷，尚有饑貧人户多在本府城内外求乞，竊慮闕食。本府欲支撥常平、義倉米斛，委官于近城寺院一十二處，煮粥給散養濟。」詔依，令臨安府恪意奉行。尋詔紹興、平江、鎮江府、台、秀、常、湖州照應臨安府已行事理，取撥常平米，疾速養濟施行。

二月八日，臨安府言：「收養乞丐所支錢米内，提舉司支撥到八千石外〔一〕，目今養濟乞丐，委是闕乏至多。今約度，乞更支撥七千碩應副〔二〕。」詔將義倉米内取撥五千碩，應副支散施行。

十一日，知紹興府趙令詪言：「本府見行賑濟，雖先就在城置場煮粥，給散養濟，緣城外鄉村闊遠，竊慮飢流人奔趍不及。今措置，更于城南大禹寺、城西道士莊添置兩場，隨所大小，均定人數，並約定時辰，煮粥給散，以革重疊之弊。仍備辦藁薦存養，從便宿泊，及將柴錢責令主首掌管支給。或恐内有病患之人，官給藥餌，專差職醫調治。及分委通判〔三〕、職官、簿、尉，日逐往諸場提督點檢。」詔：「如人數稍多，更令 14 添場，依此賑濟。」

二十六日，監察御史程叔達言〔四〕：「臣聞凡人平居無事，飢飽一失其節，且猶疾病隨至，況于久飢之民，相比而集于城郭，春深候暖，其不生疾疫者幾希。故自古飢荒之餘，必繼之以疫癘。熙寧中，浙西荒旱，取民于城而饘粥之〔五〕，死者至五十餘萬。比嘗奏乞，更于郊野設粥賑散。今飢民聚于城外，而就粥者不下數萬人，頗聞漸有病者，有斃者〔六〕。臣畧問之，城内給棺殮者〔七〕，已至七十餘人，竊慮駸駸不已。日者常詔有司擇空閑屋宇以安養之，又命醫挾劑以療治之，可謂德意周至矣。然臣竊以爲衆之所聚，疾勢易成，轉相漸染，難以復治。謂宜亟敕府縣，親行科擇，多出文榜，凡有家可歸，有鄉可依者，許其自陳，給以糧米，使之各復歸業。仍官給文引，俾就歸業之處，請粥或米以存恤之。至于無所依歸之人，乃令就病坊安養。」從之。

二十七日，詔：「常州無錫縣見有士民率米煮粥，俵散被水飢民。竊慮米斛不繼，令本州就便于本縣和糴到萬畝田米内支撥一千碩，仍委縣官一員，同共監視煮粥，接續養濟，無令失所。」從中書門下請也。

二十九日，詔：「臨安府見行賑濟飢民，訪聞其間多有疾病之人，竊慮闕藥服餌，令醫官局于見賑濟去處，每處各差醫官二員，將病患之人診視醫治。其合用藥，于和劑局

〔一〕「提」上原有「米」字，據本書食貨六八之一四九刪。
〔二〕乞：原脱，據本書食貨六八之一四九補。
〔三〕「委」下原有「職官」二字，據本書食貨六八之一四九刪。
〔四〕達：原作「逵」，據本書食貨六八之一四九改。
〔五〕取：疑當作「聚」。
〔六〕斃：原作「弊」，據本書食貨六八之一四九改。
〔七〕殮：原作「斂」，據本書食貨六八之一四九改。

取撥。仍日具醫治過人并用過藥數，申尚書省〔一〕。」從中書門下請也。

三月十四日，權發遣臨安府薛良朋言：「今來已是春深，正當農務，兼蠶麥將成，諸處流移飢民利于目前賑濟設粥〔二〕，以致將來荒廢農業，無所指望。今措置，諸處（糴）〔糶〕米、設粥，欲自四月十五日住罷，仍預期出榜告諭〔三〕。其壯健人，欲別給劄付與各人，仰州縣不得拘催官私欠負，并仰田主各支種糧，務要安居，不致離散。其有疾病、羸弱未能行履之人，欲別踏逐寺院〔四〕，散粥煎藥，以待痊安，方可發遣回歸鄉貫。」從之。

十五日，殿中侍御史章服言：「近嘗具劄子，面奏賑糶利害〔五〕，乞下臨安府知、通講究措置條具。未蒙施行間，今臨安府已得指揮〔六〕，欲于四月內並皆住罷。據臣管見，糴米者大半是街市雜人〔七〕，而流移人僅居其半。至如食粥者，皆流移飢民、疾病、乞丐之輩也。朝廷既已賑糶〔八〕，又令散粥，今忽同時俱罷，事出太遽〔九〕，似有未安。乞于未罷之前，減作每人一升出糶，旬日然後揭榜〔一〇〕，指日罷之。蓋革之以漸，人情所安，不至惶惑。至如散粥，欲乞且展一月。罷日，仍量給粥米發遣，庶幾有以藉手，不生怨望，不至喧譁。」從之。內設粥給散飢民，令本府展至四月終。

四月二十二日，詔：「臨安府城內外見今養濟飢民，已降指揮展至四月終。訪聞其間多有疾病、殘廢等人，深慮難以一槩便行住罷。令姜詵、薛良朋、韓彥古同本府通判、漕司屬官各一員，遍詣散粥及病坊去處，公共措置，15 躬親揀點，將委寔疾病殘廢、癃老羸弱、鰥寡孤獨不能自存、見在病坊之人，更展限半月，給散粥藥養濟。」既而兩浙路轉運判官姜詵言：「賑濟飢民，除揀選壯健願還鄉及有經紀之人〔一一〕，各已給米使之自便外，有其餘饑病之人，已申朝廷，每日人支米一升，各令自造粥飰，給曆，五日一次支請。今尚有五千二百七十四人，見行養濟。緣目今新米成熟，街市米價減落，今來請米之人易于求趁，不致飢餓。乞降指揮，至七月終住罷支散〔一二〕。」從之。

十月十一日，詔：「諸路州縣老疾貧乏、乞丐之人，在法以常平米斛養濟。今來天氣（尚）〔向〕寒，養濟月日不遠，竊慮奉行滅裂，未副朝廷惠民之意。令戶部檢坐條法指

〔一〕省：原脫，據本書食貨六八之一五〇補。
〔二〕目：原作「日」，據本書食貨六八之一五〇改。
〔三〕預：原作「諭」，據本書食貨六八之一五〇改。
〔四〕別：原作「州」，據本書食貨六八之一五〇改。
〔五〕糶：原作「糴」，據本書食貨六八之一五〇改。
〔六〕今：原作「令」，據本書食貨六八之一五一改。
〔七〕雜：原作「糴」，據本書食貨六八之一五一改。
〔八〕糶：原作「糴」，據本書食貨六八之一五一改。
〔九〕太：原作「不」，據本書食貨六八之一五一改。
〔一〇〕榜：原作「罷」，據本書食貨六八之一五一改。
〔一一〕經紀：原作「經濟」，據本書食貨六九之一五一改。「經紀」猶經營、營生。
〔一二〕至：原脫，據本書食貨六八之一五一補。

揮，申嚴行下，須管依時支給錢米，如法養濟，務行寔惠。」從中書門下請也。

十二月二日，詔：「浙西常平司于本司新糴到米內，取撥二千碩，應副賑濟歸正不能自存之人，大人每日支米一升，小兒五合。內有寔殘廢患病不能經營之人，每日更各添支鹽菜錢二十文，即不得妄有支用。」

二年八月十五日，詔：「令鎮江府、建康府守臣括責到貧乏歸正人，大人每日支米一升，小兒五合；內有寔殘廢患病不能經營之人，每日各更添支鹽菜錢二十文省。指揮到日，于常平錢內支破，至乾道三年五月終。仍踏逐空閑官屋應副居住。或間數不足，即將見賃屋人日納房錢減半〔一〕。」

十二月四日，浙東提舉常平司言：「州縣鎮寨每歲給散老疾貧乏不能自存及乞丐之人米、豆〔二〕，係將來常平司見管没官田產收到租課內給散。緣自出賣諸司官產，皆已賣過，即于常平司別無所入。欲將州縣所管常平司義倉米權行散給。」戶部看詳：「義倉穀，在法唯充賑給，不得他用，有礙上條。照得本司近申到諸州縣通共糴到常平米一十四萬三千餘碩，乞下本司，仰據諸州縣今各收養乞丐的寔合用米數，于前項糴到常平米內通融取撥應副。」從之。（以上《永樂大典》卷二〇九〇〇）

16 淳熙元年八月九日，詔臨安府，以買到北上門外楊□橋東地充漏澤園〔三〕，埋瘞遺骸。及日後無主死亡軍民，亦聽埋瘞。

九月二十六日，詔：「臨安府東青門外駒子院地，將一半充漏澤園，撥付殿前司埋瘞亡歿軍民。」從殿前司請也。

三年九月三日，詔平江府守臣陳峴，取會開趙所創義冢及僧庵元費用錢物，申朝廷給還，并賜庵名「廣濟祥院」，給田五百畝。先是，開趙於平江府買山立義墳，埋瘞西北人，并（庵）建造庵舍，左司員外郎陳損言費當出朝廷故也。

四年六月十七日，江州都統皇甫倜言：「乞於江州福星門外收買空閑田段，將所部諸軍亡歿之人就彼埋瘞。」從之。（以上《永樂大典》卷五一三六）

17 紹（興）〔熙〕二年十一月二十七日〔四〕，南郊赦：「在法，諸州縣每歲收養乞丐，自十一月一日爲始，至次年三月終止。訪聞近來州縣往往將强壯有行業住家之人，公然違法計囑所屬官司并團頭，貌驗養濟，冒濫支給錢米。其委

〔一〕即：原作「將」，據本書食貨六八之一五二改。

〔二〕言州縣鎮寨每歲給散老疾：原作「見管没官田產收到租課內」，據本書食貨六八之一五二改。

〔三〕楊□橋：按，據《咸淳臨安志》卷二一，臨安府城北餘杭門外有楊婆橋，疑所缺乃「婆」字（臨安北以「楊」字起者唯有此橋）。

〔四〕紹熙：原作「紹興」。據《文獻通考》卷七二，紹興二年十一月無郊祀，「紹興」乃「紹熙」之誤，因改。

實老、疾、孤、幼、貧乏、乞丐之人，正當存恤，緣無屬託〔一〕，漏落姓名，以至不霑實惠，深可憐憫。仰諸州縣，今後須管照應條令，從實盡行根括，不得仍前冒濫支請，縱容合干人作弊。令主管常平官常切覺察。其臨安府仁和、錢塘縣養濟院，每歲收養流寓乞丐，亦仰依此施行，不得徒爲文具，致失朝廷存恤之意。如有違戾去處，仰提舉常平司覺察，按治施行。」

嘉泰三年十一月十一日，南郊赦文：「在法，諸州縣每歲收養乞丐，訪聞往往將强壯慵惰及有行業住家之人，計囑所屬，冒濫支給。其委實老、疾、孤、幼、貧乏之人，不霑實惠。仰今後須管照應條令，從實根括，不得仍前縱容作弊。其臨安府仁和、錢塘縣養濟院，收養流寓乞丐，亦即依此施行，不得徒爲文具。如有違戾去處，仰提舉常平司覺察，按治施行。內有軍人（練）〔揀〕汰離軍之後，殘篤廢疾不能自存，在外乞丐之人，仰本軍隨營分措置收養，毋致失所。」自後郊祀、明堂赦亦如之。（以上《永樂大典》卷一一六二一）

〔一〕託：原作「記」，據《補編》頁四〇九改。

宋會要輯稿　食貨六一

官田雜録

【宋會要】

[1]高宗建炎元年五月十九日〔一〕，知江寧府、兼江南東西路經制使翁彦國言：「准朝廷指揮，委官拘收籍没蔡京、王黼等莊田，變賣收充糴本。竊詳逐家莊田元租與人户，歲收淨課。今若比元立租及主户所得稍損一二分〔二〕，以優佃户，自是欣然承佃，官歲收租，自有常入。比之出賣，官吏作弊，計會輕價，所得之直不多，利害較然。」詔依，租課與減二分。

三年正月十四日，江南西路安撫都總管司幹辦公事賈公曄言〔三〕：「應天下坊郭、鄉村係省田宅，見立租課有名無實，荒蕪隳毁，至於無人佃賃。昨因赦出賣，州縣口稱尋求公案不見〔四〕，無憑給賣。欲乞詳酌行下，以見賃錢數依樓店務自來體例紐折〔五〕，田産以佃租依鄉原體例紐折，並依建炎元年五月一日赦文收贖出賣。如輸納價錢違限，復没入官，别召人承買，見今西北流寓人衆乘時給賣，則官私兩濟。准條，官户許買，不許佃賃，仍乞分明行下。」户部看詳：「建炎元年五月一日赦文，止合出賣崇寧以來因買(樸)〔撲〕坊場、河渡及折欠官物没納田産。如委實元佔公案不見〔六〕，欲依本官所乞，依鄉原體例紐折出賣。其應冒占係省官田宅之家，指揮到日，限半月，許人户自行陳首，依祖來租課輸納佃賃；如無舊額，即比近鄰立定租課爲准。如違限不首，並依見[2]行條法。」從之。

四年二月三日，知永嘉縣霍蠡言：「本州四縣，見管户絶、抵當諸色没官田宅數目不少，並係形勢户詭名請佃〔七〕。每年租課多是催頭及保正長代納，公私受弊。欲乞量立日限，召人實封投狀請買，限半月拆封〔八〕，給最高之人。内有林靈素没官屋宇，爲元估價高，累榜無人承買，乞行下本州，減價出賣。」詔：「並依，仍限半月〔九〕。今來所賣田宅係要贍軍支用，全在州縣當職官吏協力措置。如敢高擡下估，虧損公私，遣官按視比近田土舍宅，稍有高下，官員取旨竄責，人吏杖脊配海島。」

七月九日，户部言：「湖州見賣拘籍到蔡京等田産，遵

〔一〕九：原抄作「五」，又圈去，今據本書食貨五之一九補。《建炎要録》卷五繫此事於十八日丁未。
〔二〕比元：「比」原作「此」，「元」字原脱，據本書食貨五之一九此門複文改補。
〔三〕曄：原作「睡」，據本書食貨五之二〇改。
〔四〕求：原作「永」，據本書食貨五之二〇改。
〔五〕店：原作「唐」，據本書食貨五之二〇改。
〔六〕佔：原作「祐」，據本書食貨五之二〇改。
〔七〕佃：原作「田」，據本書食貨五之二〇改。
〔八〕拆：原作「折」，據本書食貨五之二〇改。
〔九〕仍：原作「兩」，據本書食貨五之二〇改。

依指揮，出榜立限，召人贖買。如累榜不售，即乞量減價。其地且令見租佃人承佃，候有承買人離業，所貴不致荒廢。自餘州縣亦乞依此。」從之。

十三日，發運副使宋煇言〔一〕：「浙西召人承買收贖没到蔡京等田産，既無文籍稽考，即官吏得以爲姦，别生欺隱。乞依隱匿户絶財帛物法，計所直，准盜論斷罪。仍許人告，以所告田産，准價給三分充賞。所貴杜絶姦弊。」詔：「應官吏干繫人欺隱，根括不盡不實，或小出價錢，並依二月三日指揮斷罪。仍許人告，賞錢壹伯貫文。」

紹興元年六月九日，臣僚言：「諸路州縣係官田産，緣當時估立租額高重，産主逃移，展轉勒鄰人承佃，破壞家産，輸納不及，遂致逃移，至有累年荒廢，無人承佃者。並是科較保正長及甲頭典賣己産，3代納租課，每年有追呼之擾，而所入無幾。如向緣興崇三舍，召買田産贍學，或有因抵請市易官錢營運，或買撲坊場，或赴場監請鹽，通出田宅抵當，多是計會估量官吏、田宅牙人虛添畝角，增擡錢數。其賣贍學田人恐致敗露，且依虛增畝角出名抱佃，三年間便即逃移。及買撲坊場、抵請鹽貨、抵當市易人因消折錢本，送納官錢不足，所屬依條拘没元通産業入官。雖重估計，恐畝角、錢數不實，依法合勒元估人補償。以此遞相計囑，只依元估數，或量損畝角，紐立租數，出榜召〔田〕〔佃〕；無人願就，又勒元業人承佃。以是輸納不充，規避科較，不免逃移。更有逃户、絶户田産，因估量田宅牙人等乞覓，遂處社甲不從，故重立租課，亦無人願佃。其間不幸踏逐作職田丘段，不問有無，催督愈峻。逐項積弊，不可槩舉。監司、州郡既見逐色官産已有合納租課定額，遂行督責。所屬縣分官員苟且逃責，吏〔沿〕〔緣〕爲姦，抑勒鄰保及産業相鄰人分招承認。上户用情推免，纔行勘會，亦復計囑。雖實鄰人，妄作無鄰供具，往往下户坐受抑勒，無所〔伸〕〔申〕訴。其間又有一户産業，條許人全業承佃，佃人逃移，亦是勒有鄰人分佃。屋宇新麗，田園膏腴，悉歸上户，其貧乏下户雖有佃名，實無所得，緣此亦致逃移。延及催科保長、甲頭，逐年代納租課，爲害不細。内鹽産已係人户私典賣，自舊來雖有許用逐年子蚪消欠指揮，其間佃人4人納子蚪已過元數，緣元降指揮不許挑段，遂致官司一例追催。今有至三四十年間入納子蚪不知幾何。雖累經赦宥，特降指揮，不得拘催，已是净産，而鹽案人吏意在規求，並不除放，至今每歲拘催。及至人户畧行計囑，即便沉没原引。吏指爲衣食之源，而官實無所入。乞下逐路提舉鹽事司檢會前後所降蠲除赦文指揮施行外，有上件及該説不盡諸色官産，並不專置一司，或行下諸路州縣，分明開具土名、産段、坐落、四至，召人實封投狀承買。」詔：「並依，仍委逐路提刑總領措置田事，各許置幹辦官一員，並朝廷選

〔一〕宋煇：原作「宋暉」，據本書食貨五之二一改，詳見食貨五之二〇本條校記。

差。其請給、人從等，依監司下幹辦條例施行，候事畢日罷。」

十一月二十二日，都省言：「浙西州縣籍没到蔡京等田産，昨委宋（輝）〔煇〕出賣，訪聞州縣官吏並緣爲姦，將根括到田産並不開坐地界四至，容縱鄰人以瘠薄私田等公然抵換，欺弊百出。」詔：「令宋（輝）〔煇〕限三日重别措置關防如何不致鄰人欺弊換易事狀以聞。仍多出文榜曉諭。應今日已前有耕換易之田，限半月，許令陳首，特與免罪，更不追理日前所收地利。如出限不首，許地鄰及諸色人告，每畝給賞錢三十貫，於犯人名下追理。犯人估所換田産價直計贓，加二等科罪。地鄰人不告，與同罪。」

二年正月十九日，江南西路安撫大使李回言：「撫州宜黄縣人户熊富、吴懌等一百餘家，昨拘籍田産估賣，緣中下之家無力承買，5 今相度，欲許被估人納錢收贖。」從之。

六月二十九日，詔：「諸路委漕臣一員，將管下應干係官田土並行措置出賣。仰各隨土俗所宜，究心措置，出榜曉示。限一月召人實封投狀請買，仍置印曆抄上承買人户先後資次、姓名。限滿，當本官廳拆狀，區畫所着價最高之人。賣到錢數，申取朝廷指揮。其諸路漕臣若推行不擾，早見次第，當議優加給賞；如或視爲文具，隱蔽狥私，奉行滅裂，並當重行黜責。仍行下逐路照會。」

七月二日，詔：「諸路委漕臣一員，將應係官田並出賣。各隨土俗所宜，究心措置。若推行不擾，早見次第，當議優加旌賞；如或視爲文具，隱蔽營私，奉行滅裂，並當重行黜責。」

九月十九日，詔：「兩江轉運判官張致遠躬親前去取索浙西提刑司行遣出賣官田案檢，具違慢官吏姓名申。仍行催督本司官將未賣田産遵依已降指揮，催促所管州縣多出文榜〔一〕，疾速召人依條實封投狀承買〔二〕。除本州縣官吏、公人外，應官户、諸色人並聽承買。其未起賣田錢并租課應錢米等，仰子細檢勘拖欠去處，疾速催促送納，逐旋附綱起發。其官司擅支過錢米，仰嚴緊催促當職官吏火急依數撥還，令提刑自責近限，須管數足。如敢出違今來再責日限，當職取旨，重行竄責。」以户部言浙西未賣蔡京等田，合納租課，取會提刑司供報違慢，故有是詔。

三年三月十三日，户部言：「常平司見管閑田，權令人6 户認納二税，却於常平倉送納。候及三年，依條出賣，或立定租課，許人户添租承佃，給最高之人。若召到人所入租課與見佃人所入數同，即先給見佃人。仍先乞下湖南提刑司照會施行。」從之。

七月二十四日，臣僚言：「建州賊火勦滅之後，官司籍没到賊中同事田産不少。今來州縣輒行引用去年住賣官

〔一〕促：原脱，據本書食貨五之二二補。
〔二〕買：原作「賣」，據本書食貨五之二二改。

田指揮，一例更不推賞，止是召人請佃。往往揀擇高腴，減落頃畝，小立租課，或致賊首親戚冒濫陳乞，却要給還已分，弊倖百端。伏望申明行下：其住賣指揮自爲舊日官田，今來籍没到賊人田産，自合依法出賣。」從之。

十一月十日，江南西路轉運副使李弼孺言：「本部州縣自經兵火之後，户口減耗，稅額比舊欠折。蓋因檢括荒田，依閣稅租，官吏奉行滅裂。今乞於本路州縣官選擇四員，充專一點檢州縣根括拋荒田産，整治簿書，依條督責縣官下鄉，逐一子細取見逃亡、死絶拋荒人户田土〔一〕、合着稅租，然後再令本州差官覆實，置籍拘管〔二〕。」户部勘當：「欲下本司，先將曾經兵火繁劇一縣，依所乞推行。若因此見得賦稅歸着，不致搔擾，即具事因申取朝廷指揮。」從之。

四年九月十五日，赦：「諸路州縣人户所佃官田，其間佃人逃、死，往往違法，只勒四鄰或本保代納，顯屬違法害民。仰諸縣令佐根刷，如有似此田産，量減租課，依法召人承佃，仍仰監司常切覺察。諸路衙前因欠拘收抵當物産，【7】在法許以子利償欠。如依限納足，却給元産；限外不足，猶許租佃。其間有自父祖以來，因欠官錢歲月漸久，官司有失舉催，子孫却將抵當爲己業典賣。有經三四十年，偶因告首，便行給與告人，仍追錢業，爲害不細。仰諸路州縣守令按籍根刷，如有似此之類已經照刷者，並與銷落。未及三十年者，自今冬爲始起理租課，已前積欠並與放免。或願備元欠納者，官給還元業，再經半年，尚納不足，即依理欠法施行。如官吏用情，並許越訴。」

五年正月三日，臣僚言：「諸路州縣七色依條限合賣官舍，及不係出賣田舍，並委逐路提刑司措置出賣。州委知州，縣委知縣，令取見元管數目，比倣鄰近田畝所取租課及屋宇價直，量度適中錢數出榜，限一月召人實封投狀承買。限滿拆封〔三〕，給着價最高之人。其價錢並限一月送納。候納足日，交割田舍，依舊起納稅賦。仍具最高錢數，先次取問見佃賃人願與不願依價承買，限五日供具回報。若係佃賃及三十年已上，即於價錢上以十分爲率，與減二分價錢，限六十日送納。其賣到價錢，仰逐路提刑司總領起發赴行在送納。內不通水路，變轉輕賫，專充贍軍支用。如官司輒敢截撥、借兑、移易，伏乞朝廷重立斷罪。」詔依，仍逐路專委監司一員，江東路轉運范振、江西逢汝霖、廣東劉仿、廣西趙子嚴、兩浙提刑向宗厚、福建呂聰問總領措置。

三月二十九日，詔：「【8】出賣没官等田，今年二月二十四日已降指揮，監司、州縣官吏、公人並不許收買外，其寄居、待闕官願買者聽。」從福建路提刑呂聰問之請也〔四〕。

四月二日，總制司言：「承送下專切措置財用司奏，今

〔一〕「户」下原有「口」字，據本書食貨五之二二删。
〔二〕管：原作「官」，據本書食貨五之二二改。
〔三〕拆：原作「折」，據本書食貨五之二二改。
〔四〕呂聰問：原作「呂總問」，據上文及本書食貨五之二三改。

條具下項：一、係官田地，乞且截自宣和以後，應可以賣者，先委官根括，候見着實頃畝、四至，即大字牓示人户願買人名，以時價着錢，依已措置事理出賣。庶幾歲月未久，易於考驗，不至紛争。兼多在形勢户下，取之無傷。縱使巧爲占吝，亦須高價承買。其宣和以前田地，且令官司寬緩括責步畝，增減租課，改造砧基簿，賣與不賣，他日臨時相度。元降出賣官田指揮即不顯年限，今欲宣和以後應可以賣者，依臣僚所乞，先次出賣；其以前年分，令諸路總領官續次相度，申請施行。今來召人承買，係州委知州，縣委知縣。若論職事，合在守令，緣其間有貪有廉，有才有否，不可一槩委付。欲令逐路轉運、常平兩司，不問職位高下，州縣各精選一員同主其事。如係職官以下，許添破請給，庶相關繫，無敢容私。今相度，欲依今年正月三日指揮，州委知州，縣委知縣，取見元管數目，比倣鄰近田畝所取租課及屋宇價直，量度適中錢數，出榜召人實封投狀承買。賣到價錢，州委通判，縣委縣丞拘催，計置起發。其諸縣有實闕知縣去處，即於丞、簿内選委可以倚仗之人權行管幹，候正官到日，却行交割。所有州縣應 9 估價、檢察姦弊，乞令州縣當職官並行通僉管幹施行。一、竊謂賣田極易，惟括責實難，此全在官吏得人，然公平者少，容私者衆。乞飭諭所委官司，有違戾者，當遵用藝祖之法罷黜。其合賣田舍，承今年正月三日指揮，州委知州，縣委知縣，取見元管數目，并二月二十四日指揮，令州軍先將但干照據簿曆，子細剗刷的實合行出賣田産名色、地段、頃畝、物件，先次置籍拘管，申總領官。及承閏二月十八日指揮，應州縣因剗刷失實，别無情弊，並依被差檢覆户絶財産根括不盡條法施行。如有情弊，或爲隱漏不實，從所委監司具事因申取朝廷指揮，重賜施行。今欲乞依已降指揮施行。一、看詳户部前後所具事節已如是詳備，緣有省房租賃一色，多爲官吏之家累世隱占，有良田數百畝而歲納四五十千者，有市井地段數十丈而歲納四五十錢者，今却不係合賣七色之内。議者謂田可增價出賣，地可增錢召賃，兼逃絶田土又有累年荒廢，只是抑鄰人保甲代納租税。似此一色，若不量行減價，或許放一二年官物，決未有人承買。檢准紹興四年六月二十二日户部狀：『諸路州縣係官房廊、白地、園圃等，自軍興以來，或因賊馬殘破，簿籍不存，或逃亡未歸業，或被虜死絶事故之類〔一〕，往往人吏作弊，侵欺入己，或爲形勢之家强占起造，更不納錢，或非理減落元價。蓋緣官司失於拘籍，爲弊日久，失 10 陷官錢，不可勝數。今相度，乞下諸路運司，州委通判，縣委知縣，限五日措置關防利害，并如何可以革去僥倖，增收課入，限半月陳首。』已承指揮，依所申條具〔二〕。户部累將上件事理，委監司、州郡條具，未有申到去處。今欲依臣僚所申，如有似此隱占之

〔一〕虜：原作「膚」，據本書食貨五之二四改。
〔二〕依：原作「伊」，據本書食貨五之二四改。

家，許限一月，詣官自陳，依本處體例添納租課，仍與減免二分。限滿不首，許人陳告，即以其地給與告人，其告人所納租課亦減二分。一、實封投狀已限一季開拆〔一〕，若措置未盡，即限滿給賣，難以追改。欲乞更令户部詳細議定，速行下諸路轉運、常平司，令得遵執，庶幾不失信於民間。若慮遠方被受稽緩，即乞更展一月。今欲依臣僚所乞。」詔依措置到事理施行。

十九日，臣僚言：「兩浙諸州自建炎中殘破之後，官司亡失文籍，所有苗税元額不登。蓋爲兼并隱寄之家與鄉村保正、鄉司通同作弊，隱落官物，至有歲收千畝之家，官中收二三頃者；有歲收千斛之家，官無名籍者。乞應詭名子户隱寄田，人吏有田産而無敷配苗役者，被虜田産官司糾察不盡者〔二〕，聽一季或半年内，許令自陳。紹興四年以前所欠官物一切不問，委官根責。」專切措置財用司言：「今來所乞，與隱占官田頗同，其立限陳首、免納税課、告賞等，欲權依出賣官田指揮，行下轉運司，仍限一季自陳，遍下州縣遵守施行。」從之。

五月十日，臣寮言：「竊見兵火之後，諸處户絶田産不少，往往[11]爲有力人户侵耕，遂失官中逐年二税、免役之類。其鄉司、保正等人公然受賂，致使逐縣苗税不能及額。欲望優立轉官資賞格，仰諸州當職官與屬縣令佐竭力措置，根括土豪之家侵佃户絶田産〔三〕，仍立賞，許人越訴。如州縣官吏巧作諸般搔擾，若情理稍重者，欲乞遠竄嶺表；若事理稍輕，亦當量其所犯科罪。」專切措置財用司言：「根括失陷，未有許行推賞之文。今欲比附，依命官磨勘覆磨出税租簿内虧失錢數，立定賞格施行。仍從提舉司保明申奏。」從之。

同日，尚書省言：「近降指揮，專委逐路監司總領出賣係官田，全仰所委官悉心奉行，若不嚴行賞罰，無以激勵。」詔令户部行下諸路所委官，遵依已降指揮疾速施行。如奉行有方，即優與推賞；若有違戾，重行責罰。

六月四日，詔：「江東轉運黄子遊降一官，仍令江東提刑司取問，申尚書省取旨施行。」以都省勘會賣没官田産措置留滯也。

六年二月十二日，臣寮言：「兩浙東西、江南東西、福建、廣南東西路所管鄉村户絶并没官及賊徒田舍，與江漲沙田、海退泥田，昨爲兼并之家作弊，計囑人吏小立租額佃賃，不盡歸公上。已降指揮〔四〕，將逐色田舍委監司總領出賣。訪聞欲承買人爲見往年累次曾行出賣，復行寢罷，致有疑惑，未肯投狀。逐項田舍，依祖來條法，自是合行出賣之數，多因州縣容縱佃人作弊障固，出賣不行。尋節次措置約束[12]事件，及優恤見佃人，先次取問願與不願承買，

〔一〕季：原作「委」，據本書食貨五之二四改。
〔二〕虜：原作「膚」，據本書食貨五之二四改。
〔三〕佃：原作「田」，據本書食貨五之二五改。
〔四〕已：原作「以」，據本書食貨五之二五改。

及佃賃年歲深遠，亦減損價錢，公私皆便。遂降上項指揮，召人承買。是舉行祖來條法，即非一時指揮，與前來出賣事體不同，唯在官司遵守奉行，日後永無改易。理當申嚴告諭。」詔令逐路總領賣田監司檢坐見行條法及節次所降指揮，大字雕印文，出榜告諭人户，仰依限投狀。其買到田舍，永爲己業〔一〕，更無改易。仍令户部與監司、州縣，除出賣田舍疑惑及增潤事合行申明外，其餘並不得申請少有更改，各仰常切遵守施行。

七年二月九日，户部言：「江、浙、二廣係官田舍，已降指揮，委官出賣。其江、浙州軍係官空閑田土并無主逃田，又有指揮，摽撥充官莊，委是兩有相妨。竊慮人户疑慮，不肯成合交易。欲將應拘籍到賊徒田舍、逃田，並充官莊。其没官田舍等，並依舊出賣。」從之。

九年四月五日，詔：「令兩浙、福建、江南、荆湖、廣南東西、四川路轉運司，將今日以前人户冒占田產、舍屋，每三縣，於本州或不干礙縣分見任官内，選委清彊有風力官一員，如不及三縣，亦委一員，取見逃户姓名、田屋等數目，逐一體究括責見係甚姓名人户佃賃，逐户各有無官司給到憑據。如無，即係冒占。仰本縣立定租課，令依舊佃賃。仍令所委官立定狀式，鏤板遍下鄉村，出榜曉諭，許限一月投狀自首立租，特與免罪，及更不追理以前租課。將逐項田舍令本縣置籍，[13]分明開坐鄉村人户姓名、著落去處、合納租課數目，逐一拘管。如違限不首，許諸色人告，其犯人依條斷遣，及追理以前租課。仍將所冒田產、屋宇等頃畝〔二〕、間架估計實直，於犯人名下追理，依見行條法給賞，先次拘收没官。仍須管限一季結絶，即不得關留人户經宿，及少涉搔擾。如違，取旨重行降黜。候了畢，令運司開具體究出首陳告田產頃畝、間架、合納租課數目，與所委官職姓名，分立等第，保明申尚書省，取旨推恩。」

十年九月十日〔三〕，赦：「近因臣寮言出賣官田，許人實封投狀承買。訪聞州縣却有將見佃舍屋一例出賣，事屬搔擾。緣房廊屋宇自兵火以來，多係人户自備錢物修蓋，元降指揮不曾許賣。如有違戾去處，仰改正。」

十一年二月二十五日，詔知德清縣主簿王鑄特轉一官。以浙西提刑向宗厚言「本縣田產，首先出賣盡絶」，故有是命。

十二年十月二十一日，户部言：「常平司見出賣田產，見今未有人承買，若不依舊令人户租佃，荒廢愈深，恐出賣不行。乞下諸路提刑兼常平司并總領賣田官，將見今未賣田產，（令）〔令〕見佃人限半月添租三分，依舊承佃。如出限不願添租，即勒令離業，其積年拖欠合催理租課，並限一月

〔一〕永：原作「未」，據《宋史全文》卷一九下改。

〔二〕頃：原作「項」，據下文改。

〔三〕十年九月十日：天頭原批：「一作『九年十月十日』。」按，本書食貨五之二六作「九年十月十日」，誤，詳見彼處校記。

納足〔一〕。仍別召人，再限一月，實封投狀，添租剗佃。限滿拆封，給添租最高之人〔二〕。若無人剗佃，仰總領官措置減價。其拖欠租課，如限滿不足，當職官具姓名取旨施行。如失申及奉[14]行滅裂，委常平官覺察；失覺察，委御史臺彈劾。」從之。

十三年二月三日，户部言：「欲將常平、轉運司應管田産并提刑司所管賊徒田舍，並遵依去年十月二十一日指揮施行。內元係荒閑田土，因人户請佃，圍裏興修田産，即自請佃日，依今降指揮，各理五年日限，權免添租剗佃出賣，令依舊承佃。謂如請佃已及三年，更合展限二年之類。若限滿尚有不願添租之人，依前項備坐已降指揮，剗佃出賣施行。餘路依此。」從之。

二十年四月六日，户部言：「契勘州縣没官田土，往往形勢之家互相剗佃。今欲乞更不許人承佃，並撥歸常平拘收，與見興水利一就措置。仍令轉運、提刑、茶鹽等司，如有没官田土，即具數報常平司拘收。輒敢漏落，從本部取旨，重賜施行。」從之。

二十一年十月六日，臣寮言：「贍士公田，多爲形勢之户侵占請佃，逐年課利入於私家，以致士子常患饔廩不給。望詔有司申嚴行下，諸路提舉官常切覺察。」詔令户部措置，并緣住賣度牒，常住多有絶産，令撥充贍學支用。户部言：「除已行下諸路提舉學事官，下所部州縣遵守施行，仍令本司常切覺察，如有違戾去處，即仰按治，依法施行外，今欲乞令諸路州軍取見上件絶産各係是何寺觀、若干頃畝、間架、每年合收若干錢糧的確實數保明，無得隱落，關報提舉學事官置籍拘管。仍仰本司催促諸州軍開具供申，本司置籍，將今來所撥絶産租課錢[15]物，令項專委官封樁，具數申取朝廷指揮支撥。其州縣寺觀，於圖經內各有所載去處，近來僧道往往違法，於所在去處擅置庵院，散在民間。若無敕額，其所置田産、屋宇，亦乞依前項施行，更合取自朝廷指揮。內福州寺觀，比之張守任內括責到寺觀常住所收，歲終出剩數目並皆不同。已行下福州密切體究的確收支數目，亦乞委本路提舉學事官催促本州疾速開具。候到，審實別無侵隱，開具供申，參照施行。」詔依措置到事理施行。

二十二年三月二十二日，户部言：「數內福建路寺觀係數多去處，雖已行下本路提舉學事司開具，竊慮往反取會遲延，因致漏落。今欲乞朝廷差官一員，前去措置施行。」從之。

同日，户部言：「已降指揮，差官一員前去福建路措置寺觀常住絶産田畝。今欲專委新除司農寺丞鍾世明帶行本職，前去措置。」從之。世明措置，將寺觀田産，除二税上供、常住歲用等外，每歲躉贖錢三十六萬五千八百六貫八

〔一〕月：原作「日」，據本書食貨五之二六改。
〔二〕最：原作「再」，據本書食貨五之二六改。

百四十五文，起發赴左藏庫。續據知福州張澄乞添破童行人力米，除豁外，實計每歲起發錢三十三萬九千三百六十貫文有奇。

二十六年二月三日，户部言：「江、浙、湖南、福建路諸州軍，自紹興二十年降指揮之後，應常平司拘收到没官、户絶等已未佃賃田地、宅舍，專委提刑總領出賣。并四川、二廣州縣没官、户絶等田地，除見佃人户已添三分租課，並令16人户依舊承佃，更不出賣外，其餘有不曾添租田産，欲乞依今來措置施行。自後應没官、户絶等田地、宅舍等准此。」從之。

六月一日，户部言：「諸路没官田産，近因鍾世明申乞，盡行出賣。自後未有人承買，其未賣之田〔一〕，遂致荒廢。欲將已降出賣指揮更不施行，令江、浙、湖南、福建常平司遵依節次所降指揮，並撥歸常平司拘收，召人修葺佃賃。其四川、二廣見出賣田産，自合照應元降添租承佃指揮施行。」上曰：「建議出賣者，不過利於得錢。若許民户租佃〔二〕，量出租課，百姓必利之。百姓足，君孰與不足乎！」沈該等曰：「陛下恤民務本如此，天下幸甚！」

二十七年六月十五日，江南東路轉運判官葉義問言：「欲望將今日以後應拘没到僧道置産及寺觀絶産，並行措置，召人實封投狀，增錢承買，起理二税。」從之。

二十八年七月二十八日，知温州黄仁榮言：「因經界出僧道違法田産，即合照應見行條法拘没入官。欲乞將上件拘没田産，盡行召人實封投狀出賣，給與價高之人，仍舊令投納牙契，供輸税苗，公私兩便。如内有賣未售之田，合行權給租課，亦乞先給見租種人，紐租送納。」於是户部言：「已降指揮，似此田産，已撥充養士，今欲依所乞施行，内契税錢與免納。」從之。

十月十七日，詔户部將所在常平没官、户絶田産已佃未佃、已添租未添租，並行拘收出賣。户部措置：一、將諸路州軍應諸司并常〔平〕17司拘收簿籍内合行出賣田地、宅舍，先次選委清强官，躬親地頭，從實勘驗，取見詣實，分明立定字號，仍開具田地鄉分地名、坐落四至、膏腴瘠薄、若干頃畝。如有墳墓已葬埋在今日以前者，尅留四至各三丈，與爲己業。若所至三丈内或係别人己産，即據所至給與，不得侵越别人己産；或所至三丈内，係見今出賣水田池塘之類〔三〕，止得以岸爲至；若墓地元從官地上出入者，買主不得阻障。宅舍亦開具新舊〔四〕、間架、丈尺闊狹、城市鄉村等緊慢去處，並量度適中估價，務要公當，不致虧損公私。如拘收没官、户絶有畜産、什物，亦仰所委官取見詣實，開具估價出賣。州委知、通，縣委令、佐。如有荒田地

〔一〕賣：原作「買」，據本書食貨五之二七改。
〔二〕「許」字下原衍一「許」字，據本書食貨五之二七删。
〔三〕池：原脱，據本書食貨五之二八補。
〔四〕開：原作「間」，據本書食貨五之二八改。

多年不曾耕墾者，與買人免納二年四料稅賦〔一〕。一、令州軍造木櫃封鎖〔二〕，分送管下縣分，收接承買實封文狀。置曆一道，令買人於曆內親書日時投狀〔三〕。或有不識字人，即令承行人吏書記日時，並於封皮上押官用印訖入櫃〔四〕。限九十日內，倚郭縣分將櫃申解赴州，聚州官當廳開拆。其外縣委通判，縣分多處，除委通判外，選委以次幕職官分頭前去開拆。並先將所投文狀當官驗封，開拆簽押，以時比較，給賣着價高人〔五〕；內着價同者，即給先投狀人。或見賃佃人願依着價高人承買者，限五日投狀，聽給。限外或稱緣故有失投狀之類，官司並不得受詞。所買田產等，並與免投納契稅錢，每一貫文省止收頭子錢[18]四十三文省，更不分隸諸司，專充脚乘縻費、行遣紙札支用。仍置曆收支，具帳申戶部照會。其承買價錢，不以多寡，自拆封日爲始，並限六十日納足。若違限納錢不足，其已納錢物依條並沒入官，其田產等亦行拘收。其間如未有人承買田地、宅舍，聽見佃賃人依舊管納租課。一、前承降到指揮，止許諸色人并寄居（侍）〔待〕闕官實封投狀承買，即不許當職官吏、監司或本州縣在任官及主管公人并本州縣公吏承買。如有違犯，依條施行外，許人陳告，其所賣田舍等依舊還官。仍以買價錢爲則，每一百貫支賞錢二十貫。除支賞外，其餘價錢並行沒官。如價錢未納在官，即以犯事人家財充。一、今來所賣田地、宅舍等，專差重祿吏人承行，州縣各差二人。其差出到地頭驗實官，亦許帶吏人二名。如因職事乞取財物，並依重祿法。一、今來所賣田宅，其間若有見佃人已施工力布種，聽收當年花利，管納租課。內情願令買人償其工直即交業者，聽。一、今出賣田地，如內有佃人自造屋宇居住，未能有力承買，官司量度適中，立定白地租錢，令人戶輸納，依舊居住。元有出入行路在現出賣地上者，特與存留。如不願佃上件白地，願行拆移者〔六〕，聽。其城郭內外沒官、絕產白地，已有佃（賣）〔賃〕人蓋造屋宇，止令依舊納白地租錢。如日前計囑官吏作弊，低估賃錢，即聽官司從實量行增減。一、今來應出賣田舍〔七〕，其間有[19]見承賃人不願承買，雖合給着價高人，並限六十日般移，不得拆毀作壞〔八〕。其見賃人有自添脩蓋造，官司先次取見詣實，估定價直，別項開說，許今來承買人依價還直。如見賃人不願，欲自行拆移者，聽。一、其間見有人戶爭理，官司未曾與決，限六十日須管結絕〔九〕。如合拘收，即行出賣。

〔一〕料：原作「科」，據本書食貨五之二八改。
〔二〕令：原作「今」，據本書食貨五之二八改。
〔三〕令：原作「今」，據本書食貨五之二八改。
〔四〕訖：原作「記」，據本書食貨五之二八改。
〔五〕賣：原作「賞」，據本書食貨五之二八改。
〔六〕拆：原作「折」，據本書食貨五之二九改。
〔七〕田：原作「宅」，據本書食貨五之二九改。
〔八〕拆：原作「折」，據本書食貨五之二九改。
〔九〕結：原作「給」，據本書食貨五之二九改。

同日，權發遣浙東提刑邵大受言：「置買田産，皆有力之人。緣懼物力高重，將見在産業詭名隱寄，避免色役。今一旦承買官産，即門户驟增，無由隱諱，以致遲疑，不敢投狀。今來欲將承買官莊，每價直一千貫以下，與免三年物力；一千貫以上，免五年；五千貫以上，免十年。又出賣田地，竊慮民間被人阻障，稱某處可作宅基、某處可作墳地，候他承買，修治栽蒔了畢，用親鄰執贖，致不敢投狀。自今應承買官産之人〔一〕，已給賣後，與免執鄰取贖。及承買田産價錢，元限六十日納足；不足，没官。竊恐近日錢物最爲難得，錢一不繼，便至没官，則人不敢投。欲將價錢分作三限，每限各六十日，納足始與交業〔二〕。限滿不足，十日内許人剗買，無人剗買，即錢没官。仍許將金銀依時價折納。如州縣官吏秤估價貫斤兩虧民，許經元納官司陳狀，實封至本司，重行秤估〔三〕。如委是阻節虧損，即本司按治行遣。」於是户部言：「置官産物力〔四〕，欲一千貫以下免一年，以上免二年，五千貫以上免二年〔五〕。二税、和買、役錢之類，則依條供輸。其價錢分三限：第【20】一限六十日，第二限、三限三十日。違限納錢不足，十日内無人剗買，其已納錢物並没入官，田産等拘收，别召人實封承買。餘並依所乞施行。」從之。

二十九年二月十七日，權户部侍郎趙令詪言：「江、浙、湖南、福建、川、廣應諸司没官、户絶田産，並行出賣。今欲州委知通，縣委令丞，根括出賣。如能用心措置，每賣價錢，縣及二萬貫，州及五萬貫，與減一年磨勘；縣及四萬貫，州及十萬貫，減二年磨勘；縣及六萬貫，州及十五萬貫，減三年磨勘；縣及十萬貫，州及二十萬貫，轉一官。如欺弊滅裂，出賣稽遲，令提刑司具所委官職位、姓名申朝廷，重行黜責，人吏斷罷。及欲下諸路常平司，依已降朝旨，先次根括逐州軍合出賣田宅細數，及依温州作册，並限十日供申户部，置籍拘催。如依前滅裂違滯，從本部取會當職官吏，申朝廷重作施行。并江浙福建湖南路州軍月具，四川二廣季具已、未賣田宅數目并賣到價錢，申部照會。如有見占佃形勢、官户及豪右之家欺隱占吝，及用情障固，致人户不敢請買，仰所委官具名申朝廷，重作施行。今來措置出賣田産萬數浩瀚，若不委官驅考，竊慮散漫稽遲。今欲專委郎官一員，左右曹各差職級一名、手分二人、貼司二人，置籍揭貼，排日拘催，月具已、未賣田産及價錢數目申朝廷照會。」從之。

二十二日，權户部侍郎趙令詪言：「出賣没官田宅，見有承佃去處，令知、【21】通、令、佐監督合干人估定實價，與

〔一〕「自」原脱，「産」原作「差」，據本書食貨五之二九補改。
〔二〕納：原作「取」，據本書食貨五之二九改。
〔三〕秤：原作「稱」，據本書食貨五之二九改。
〔四〕産：原作「差」，據本書食貨五之二九改。
〔五〕五千貫以上免二年：按上文云「〔一千貫〕以上免二年」，不應五千貫以上亦免二年。據字形、文意，「二年」當是「三年」之誤。

減二分，如估直十貫，即減作八貫之類。分明開坐田段坐落、頃畝、所估價直，出榜曉示，仍差耆保逐户告示。如願依減定價例承買，並限十日自陳，日下給付；如不願承買，即依條出賣。張榜許實封投狀，限一月拆封，給價高人。如限滿未有人承買，再榜一月。自來合申常平司審覆〔一〕，竊慮地里遥遠，往來稽緩，欲令州縣一面估價給賣，止具坐落、頃畝、價直申司檢察。其承買人計囑官吏低估價錢，藏匿文牓，見佃人巧作事端，故意阻障，及所委官吏容心作弊，即仰常平司覺察，取旨施行。」從之。

二十七日，新除直祕閣、知廬州黄仁榮言：「温州根括到田地頃畝，見委官吏出賣，乞量立賞罰，責以近限。」從之。

三月二十五日，詔：「公吏等冒占係官屋宇，限一月許見住人陳首，與免坐罪，及追理日前合出賃錢，令所委官拘收出賣。如限滿不首，送所屬以違制斷罪。仍許鄰保限半月赴官陳告，將所告屋宇估定實直價錢，以十分爲率，二分給告人充賞。若鄰保限滿不告，許諸色人陳告，將鄰保從杖一百斷罪，依此給賞。如鄰及告人不願給賞，依估定價錢承買者，與減二分錢數。其冒占應干係官田産，隱匿税租，亦依此施行。」從户部郎官楊倓之請也。

四月十九日，兩浙路計度轉運副使趙子潚等言：「本司昨承指揮，將本路浙西州縣官田土作營田耕種，分三等立租，召人租22佃，拘收稻麥，應副行在馬料支遣〔二〕。」户部言：「今來具到田地隸屬轉運司，即係諸司官田，依已降指揮，合行出賣。欲乞下浙西路常平司，將前項應管田畝數目行下所屬，照應節次已降出賣官田指揮，疾速估定實直價錢，多方措置出賣。」從之。

五月一日，殿中侍御史任古言〔三〕：「福建路江海畔新出沙田，其民户自備錢本興修，數年之間，償費未足，與尋常逃移請佃官田事體不同。本路提刑樊光遠方行申審，而户部便令出賣。欲望少寬年限。仍乞將見今所在州縣出賣官田申嚴其法，使形勢之家不得更似日前多方占據，仍重州縣當職官吏殿最之格。」詔令户部看詳。户部言：「福建沙泥田，經界指揮後，實打量人户，起理税賦。已承朝旨召人實封投狀承買〔四〕，撥三分錢與元佃人户，充還興修工本之費。并田宅有形勢豪右之家占佃，已委官立罪賞根括出賣。今所陳沙田，乞行下本路提舉常平司權行住賣。其出賣官田，竊慮州縣奉行不虔，亦乞申嚴行下。」從之。

七月五日，户部提領官田所言：「江浙等路没官、户絶等田宅，近承指揮，州委知通、縣委令丞措置出賣，及委逐路常平官總領督責。今欲將未賣田宅，並依條出榜，許實封投狀。自出榜日爲始，限一月拆封，以最高錢數取問見

〔一〕平：原脱，據本書食貨五之三〇補。
〔二〕副：原作「付」，據本書食貨五之三〇改。
〔三〕古：原作「右」，據《建炎要録》卷一八二改。
〔四〕狀：原作「杖」，據本書食貨五之三〇改。

佃人，如願依價承買，限十日自陳〔一〕，與減二分價錢給賣。如不願承買，即三日批退給價高人。若見佃人先佃荒田，23曾用工開墾，以二分價錢還工力之費。如元佃熟田〔二〕，不在給二分之數。限滿，無人投狀，再限一月。若兩限無人承買，即量行減價，出榜召人買。見佃人户已買田宅，既於官中低價承買，却又增價轉手出賣〔三〕，或借貸它人錢物收買，後冒行增價準折之類，欲許諸色人經官陳告，以所買田宅價錢，三分給一分與告人充賞，餘俱沒官〔四〕，別行召人實封投買。人户所佃田宅，若有以前冒占及詭名承佃，至今耕種居住，見送納課米或二稅〔五〕，既已施工力，終是見佃之家，欲並作見佃人承買。今來賣田宅内有官户、形勢之家請佃，往往坐占，不肯承買。如出違前項拆封日限，無人投狀承買，即依官估定價直，就勒見佃人承買；如依前坐占，不肯承買，即仰常平司申取朝廷指揮施行。投狀承買田宅，拆封日，見得着價最高合行承買，却稱不願買者，依已降指揮，以所着價十分追罰一分入官，欲將此追罰錢數，限一月追理納足。仍令常平司常切覺察，如州縣不爲追理，及人户不爲送納，即具名申取朝廷指揮施行。出賣浙西營田，已承指揮權住賣外，所有其餘路分營田、官莊、屯田，前後已降指揮即不該載，今來並不合出賣。訪聞常平司并州縣人吏不將前後措置多出文榜曉諭，或州縣榜内更不寫出田段、價直，致出賣稽違。欲下逐路常平司官嚴行覺察，稍有違戾，按劾申朝廷，重作施行，人吏決配。及下兩24浙、江東西、湖南、福建、二廣、四川提舉常平司，疾速行下所部州縣遵依施行。仍令州縣多出榜文，曉諭民户通知，無令藏匿。若常平司不檢察，乞令提刑司覺察按劾。」從之。於是詔令逐路提舉常平官躬親督責，嚴行檢察欺弊。如能率先出賣數多，仰户部具申尚書省，取旨優異推恩；或出賣數少，當行黜責。州縣當職官能用心措置，亦於已立賞格外增重推賞；或稽違不職，令常平官按劾聞奏，重作施行。

十八日，詔嚴州分水縣令張升佐、宜興縣令陳起、縣丞蒲榮各特降一官資放罷。以户部提領官田所言逐縣所賣官田〔六〕於一路最爲稽遲故也〔七〕。

同日，詔知秀州黄仁榮、通判李文仲、嘉興縣丞唐叔玠各減二年磨勘。以本州言嘉興縣已將發賣官田錢數，合該賞典，故有是詔。

二十七日，户部提領官田所言：「乞下江、浙、福建、湖南、四川、二廣常平司官，疾速行下所部州府知通，督責屬

〔一〕十日：原作「一日」，據本書食貨五之三一改。
〔二〕佃：原作「田」，據本書食貨五之三一改。
〔三〕手：原作「于」，據本書食貨五之三一改。
〔四〕俱：原作「拘」，據本書食貨五之三一改。
〔五〕二：原脱，據本書食貨五之三一補。
〔六〕言：原作「賣」，據本書食貨五之三一改。
〔七〕遲：原作「違」，據本書食貨五之三一改。

縣令丞，逐一子細根括，將見佃賃未賣田宅已滿二年，與理爲見佃賃之家，依前項已降指揮承買。若未及二年者，開封日，將着價最高人錢數，先次取問見佃人，如願承買，更不減價；若不願承買，即給賣與着價最高人。如有違戾去處，仰本司官照應已降指揮〔一〕，具職位、姓名申取朝廷指揮施行。」從之。

二十八日，荆湖南路提點刑獄公事彭合言：「欲望詳酌行下，如有已行召賣、未有人承買去處，痛行裁減，不得25抑勒，民間自然爭售，實爲公私之利。」詔令户部措置。户部言：「乞下江、浙、湖南、四川、二廣常平司，遵依節次已降指揮，即不得抑令田鄰承買，及追呼監繫搔擾。如有似此去處，仍令本司依已降指揮施行，毋致違戾。」從之。

九月十一日，詔浙東提舉常平都絜特轉一官〔二〕。以户部言「比較浙東賣官田最多」，故有是命。

同日，中書門下省言：「諸路出賣没官田産，州及五萬貫，縣及二萬貫已上，各有立定遞增酬賞。」詔令户部將州縣賣錢及格應賞去處，取會當職官職位、姓名，一面審覆，推恩施行。

三十年正月四日，湖南提舉常平司何俌言：「乞將本路州縣未賣荒田，更不依元估定價錢〔三〕，並許人户自行開坐所買田段四至〔四〕，隨鄉原例量度，任便着價，實封投狀，給與最高之人。」於是户部言：「荒田無人開墾去處，若與已經開墾熟田一例估定價錢，召人承買，竊慮輕重不均，難以出賣盡絶。欲下本司，依所乞施行，仍取見詣實，多方措置出賣，拘收價錢起發。」從之。

三月十三日，試右諫議大夫何溥言：「祖宗出賣官田，舊法止令人户實封投狀，限滿（折）〔拆〕封，給與價高之人。比來建議之臣欲優卹見佃之家，許令減價二分，依舊承買。意固善矣，而復爲一説以請：見佃人户已買田宅，既於官中低價買過，却與外人相見，轉手增價出賣；或借人錢物收買，於後增價準折。若此等類，並許陳告，即行拘没。夫始憐其失業而26爲之減價，終設爲轉賣之説而開其争端。欲望聖慈特詔有司，將前項申請已得指揮即賜改正，明以示民。」從之。

四月十三日，資政殿學士、知潭州、充荆湖南路安撫使魏良臣言：「本州因兵火後，百姓復業，今已二十餘年，往往將本户元供荒産節次私下耕熟，不納官課。已行下諸縣，令十家結爲一甲〔五〕，從實供具已耕田畝，輸納二稅。自今爲始，所有日前隱匿熟田、漏納苗税，並免追理。如所供不實，即令諸色人告首，以新告田充賞〔六〕，仍每畝支賞

〔一〕已：原脱，據本書食貨五之三二補。
〔二〕都絜：原作「都潔」，據《建炎要録》卷一八三改。
〔三〕元：原無，據本書食貨五之三二補。
〔四〕開：原脱，據本書食貨五之三二補。
〔五〕結：原作「給」，據本書食貨五之三二改。
〔六〕新：似當作「所」。

錢，止於犯人名下追理所隱苗稅。如本户實有苗田無力耕作，即開具頃畝，曉示人户，令實封投狀承買。」又奏：「昨降指揮，召人承佃荒田，與免三年租課。緣無人願佃，遂降指揮，令人户納錢承買，却止免二年四料稅賦〔一〕，委是輕重不等。乞依請佃例，與免三年〔二〕。」從之。

五月十四日，臣寮言：「吉州出賣常平没官田產，元估價錢與提舉司覈實高下遼絶，遂委提刑司看詳到數目，見係可出賣者約三十一萬貫，而未售者尚居其半，其餘盡皆荒閑不耕之地。雖乞委官相視，量立中價，召人承買，今以提刑司覆實之數校之，提舉所虧者一十萬緡，而賣未盡絶，尚未可知。欲望特命有司行下所屬，如有召賣不行，理宜裁減。又除豁去處，並令條具申省，別委監司審覆取旨。」詔令户部看詳。户部言：「諸路州軍有人户見佃田宅出賣了當，欲將未賣見佃田宅再限半月，27仍於減免二分價上更減一分，今後更不減價。如見佃人依前執占〔三〕，（令）〔令〕州縣召人承買。如見佃人不願承買，及曾有人承佃〔四〕、開墾成熟田產，欲將來賣田產〔五〕，於元定價上十分減免一分，依條出榜，許諸色人實封投狀，給價高人。無人開墾荒田，近承指揮，並許人户自行開坐所買田產四至，隨鄉原任便着價，給與價高人，其買人免納三年六料稅賦，委是太優，州縣自合遵守。如有違戾去處，常平司坐視，不爲檢察〔六〕，亦乞令提刑司覺察，按劾施行。諸路州縣自降指揮，及今多日，出賣未絶，却將未賣田產巧作緣故，縱容見佃形勢之家及元拘没人户坐估花利。其所委官不協力措置，是致遲緩。欲乞行下江、浙等路提刑司官嚴行覺察，如有違戾去處，即仰按劾，重作施行。州縣已賣未起錢數，不即起發，往往移易，應副別色窠名〔七〕。今乞下常平司官，督責州縣所委官盡數根刷，日下起赴所屬送納。」從之。

七月二十四日，湖北轉運司言：「被旨照對本路州縣皆以田畝定稅外，照得純州平江縣兵火後來，復業人户自陳種石，以種定稅；二十五年，因本州措置，以丁定稅。緣以種定稅，人户往往隱匿，量行供申；以丁定稅，有力之家往往將丁隱匿，并下户丁多田少、有丁而無田者，有力之家僥倖，下户不能應辦，復行逃移。若行經界，却有不曾隱匿之家，一例被擾。欲下純州平江，應管人户附近五家爲一保，逐28保自將見佃田同共打量實耕頃畝，開具結罪保明文狀〔八〕，赴官自陳。每畝依舊納稅米二升四合〔九〕，鼎新上簿，籍記數目。仍各置砧基簿，遇典賣，對行開收。如有隱

〔一〕料：原作「科」，據本書食貨五之三二改。
〔二〕三：原作「二」，據本書食貨五之三二改。
〔三〕見：原作「限」，據本書食貨五之三三改。
〔四〕有人：原作「人有」，據本書食貨五之三三乙。
〔五〕賣：原作「買」，據本書食貨五之三三改。
〔六〕不：原脱，據本書食貨五之三三補。
〔七〕副：原作「付」，據本書食貨五之三三改。
〔八〕結：原作「給」，據本書食貨五之三三改。
〔九〕畝：原脱，據本書食貨五之三三補。

漏，許諸色人告，委官打量，將不曾納税頃畝追十年合納二税，仍將出剩頃畝給與告人爲業，犯人并保内人並從杖一百科斷。若係保内人自行告首，與免罪，依此給田。」詔依逐司相度到事理施行，仍限半年令人户從實供具，赴官自陳。

　　十月二十九日，户部言：「欲下本路轉運司行下所部，將人户包占田土，再限半年，盡行自陳，批鑿照驗，再限三年開耕。如限滿不自陳并尚荒廢，並依前項已降指揮施行。」從之。以權發遣真州徐康言：「本州兩縣自收復以來，人户歸業，識認祖産，及外人請佃荒閑田地，自有頃畝，鄰比界至多有包占，謂之大四至。今欲乞立限半月或一季，許歸業、請佃人户實具冒占之數，經所屬自陳。官司於元結莊帳公據明行批鑿頃畝四至，批上即押付人户照使。其熟田已輸納税賦自依舊外，其冒占頃畝未經開墾，拘入官，召人請佃。」故有是焉。

　　三十一年四月九日，户部侍郎錢端禮等言：「訪聞近來逐州縣出賣成熟田地，已經限滿減價之後，見佃并承買人通同計嘱合干人藏匿榜示，却令人户自行着價入狀，拆封，止以狀内價高錢數便行出賣。欲乞下逐路提舉常平司官約束所部州縣當職官吏，將未賣[29]成熟田宅，依元估減定價錢，多出文榜，分明曉諭，召人增錢實封投狀承買。候拆封日，給賣價高人爲業。如有依前滅裂違戾去處，即仰具姓名，申取朝廷指揮，重作施行。仍下逐路提刑司官常切檢察。」從之。

　　十一月十六日，户部提領官田所言：「節次承降指揮，將江、浙等路應諸司没官、户絶等田産(一)，州委知、通，縣委令、丞，專一根括，立賞出賣。今來拘籍到王繼元房廊、田園、山地等，乞下臨安府責所委官多方措置出賣，依前項立定錢數格法(或)〔減〕半推賞施行。」從之。

【宋會要】(二)

　　孝宗隆興元年十一月十五日，户部言：「昨上封者乞賣常州無錫縣省田四十萬畝，每畝直錢一十五千，得旨委兩浙漕臣親相度。今據申到，止有十六萬六千餘畝，每畝價直二貫。若許人承佃，歲得上供省苗近四萬石；如行出賣，深慮暗失上供省額，乞將上件田住賣。」從之。

　　二年四月五日，湖南常平司言：「本路荒田將近六年無人承買，今欲乞將見佃并可以開耕者措置召賣外(三)，間有難于開墾，從州縣取見畝數，撥付常平司，召人租佃(四)，與免三料合納租課。如願承買，即仰適中估價給賣。」從之。

　　乾道元年三月三日，户部言：「浙西所管營田、官莊共一百五十九萬餘畝，内有未承佃六十七萬餘畝。緣上件田

(一) 江浙：原作「浙江」，據本書食貨五之三四乙。
(二) 「宋會要」三字原稿有，又被整理者圈去。按此不當删，今復其舊。
(三) 乞：原脱，據本書食貨五之三五補。
(四) 佃：原作「田」，據本書食貨五之三四改。

產皆係肥饒，多是州縣公吏與形勢之家通同30管占，不行輸納租課。乞委官根括出賣，其冒佃人限半月陳首，與免罪及所逋租課。」從之。

二年十一月九日，權户部侍郎曾懷言：「諸路没官、户絶田産，已賣到錢五百四十餘萬貫。所有營田若便出賣，竊慮擁併，候没官田産賣畢，申朝廷接續出賣。其見佃人買者，與減二分價錢。」從之。

十七日，户部言：「諸路營田，已降指揮，令常平司出賣。今欲行下逐路常平司，盡實開具頃畝，紐計實價，保明供申，從本部置籍拘催。所納價錢，聽以金銀依市價紐折，并許用會子。應約束行遣事件，並依元降出賣没官田産指揮施行。」從之。仍令户部侍郎曾懷專一提領，其錢起赴左藏南庫令項樁管。

三年六月一日，三省言：「户部乞出賣營田事，今據兩浙運司具到本路營田已佃九十二萬六千餘畝，内二十四萬元無二税，見只納租課一色外，有六十七萬六千餘畝係元有二税，更令貼納租課。今來既令人户用錢承買，却合除豁租課，必須虧損馬料。兼據四川總領所備坐興元府申，營田所收夏秋斛斗計八千餘石，今若依江西例出賣，委是有虧租課。竊慮諸路事體不一。」詔除四川外，餘路營田可令疾速出賣。

閏七月二十五日，户部侍郎曾懷言：「諸路未賣没官田産，計價錢一百四十餘萬貫。今欲乞下逐路常平司從實估價，再限一季召人承買，二税與免十之三。」從之。

九月七日，臣僚言：「在法，品官31之家不得請佃官産，蓋防權勢請託也。今乃多用詭名冒占，有數十年不輸顆粒者。逮至許人劃佃，則又計囑州縣，不肯離業。乞自今應户絶、没官田宅，不以有無見佃之人〔一〕，並令州縣具頃畝、間架徑申户部〔二〕，行下常平司估價出賣。」從之。

四年八月三日，詔：「諸路常平司見賣户絶、没官田産，及諸州未賣營田，並日下住賣，依舊拘收租課。其人户承買而違限納價不足者，所納錢依條没官。」

六年正月二十九日，工部侍郎姜詵言：「昨令臨安府出賣王繼元没官田産、屋宇，其未有承買者尚多。乞劄下本府，更量減一分價錢。」從之。

二月一日，臣僚言：「浙西、江東、淮東諸處沙田、蘆場〔三〕，多爲有力之家請佃，包占畝步。昨據人户供具，計二百八十餘萬畝，並未曾起理租課，乞行下估價出賣。」從之。

七年正月十七日，詔户部開具州縣没官田産并營田頃畝、間架，分作三等估定價直，具實數申尚書省。從本部侍郎曾懷請也。

〔一〕無：原脱，據本書食貨五之三五補。
〔二〕徑：原作「經」，據本書食貨五之三五改。
〔三〕蘆：原作「廬」，據本書食貨五之三五改。

八年十一月六日，詔：「諸路没官田産、屋宇并營田，已降旨，令常平司開具三等九則價錢，至今累月，多未報到，或估到價直又太低少。可委户部長貳同郎官一員措置合行事件，限五日條具聞奏。」户部條具下項：「一、今來出賣諸路没官田産、屋宇并營田，雖據逐州報到價直，緣當時所委官往往未曾躬親肥瘠〔一〕，止憑牙吏作弊，或將膏腴作中、下等立價，虧損官錢。乞下諸路常平司別[32]委官審驗，具實價申尚書省，俟得指揮，限一月召人承買。見佃人願買者，就價中與減二分。其賣到價錢，計綱起發赴行在左藏南庫送納。一、出賣没官田産，州委知、通，縣委令、丞。如能究心措畫，縣及二萬貫，州及五萬貫，與減一年磨勘；縣及十萬貫，州及二十萬貫，與轉一官。若出賣稽遲，或比較數少，申朝廷黜責。一、諸路安撫、轉運、提刑等司，有拘籍到没官田産、屋宇并營田等，乞令盡數關報常平司，一就差官措置出賣。」並從之。

九年正月十五日，詔將作監丞折知常前往浙西措置出賣營田并没官田産。知常條具下項：「一、乞朝廷劄下浙西常平官，開具營田并没官田産色額數、估價關報本所。其出賣田産，除本處當職官吏外，應官户、公吏等，並許依價承買。價錢委知、通置庫拘收，計綱發赴行在。一、恐有形勢之家計囑隱占〔二〕，立價不實，全藉提舉官并知、通、令、佐盡實根括。如官吏所行滅裂，致有詞訴，許從本所具當職官姓名，申取朝廷指揮。一、今來竊慮不能徧歷州縣，欲暫委官前往計置。如所賣田産率先辦集，乞從本所具職位、姓名申朝廷推賞；或所行滅裂，亦當申奏責罰。一、田産〔三〕、屋宇除有人佃賃者合就所估價增錢承買外，間有荒棄田産及隤圮屋宇，欲委知、通、令、佐，再行相視，重裁價直，召人承買。」並從之。

同日，詔司農寺丞葉翥前往浙東措置出賣營田并没官田産。翥條具畫一，大槩與折知常同。

閏正月七[33]日，詔：「出賣官田如實係荒閑無人耕種，或有人户承買者，與免五年十料税賦〔四〕。」從江東提舉張郯請也。

二十四日，三省言：「浙西人户請佃營田，逐年租課並納稻穀充馬料，今既出賣，即合起税。乞行下州縣，並令依舊折納稻穀。」從之。

二十六日，詔：「浙東提舉司將人户承買官産，一千貫以上，免差役三年；五千貫以上，免五年。和買並免二年。其二税、役錢，自令計數供輸。」以措置官言「民户困於和買，致有避懼」故也。

二月四日，詔：「四川提舉常平司將諸州户絶、没官田産、屋宇委官估價，召人承買。其營田依昨降指揮，權行住

〔一〕躬親：疑當作「躬視」。
〔二〕占：原作「名」，據本書食貨五之三六改。
〔三〕産：原脱，據本書食貨五之三六補。
〔四〕料：原作「科」，據本書食貨五之三六改。

賣，仍舊令人請佃。」先是，資州言：「屬縣有營田，自隋唐以來，人户請佃爲業。雖名營田，與民間二税田產一同，不應出賣。」故有是命。

四月五日，詔監登聞檢院張孝賁往江東，主管官告院周嗣武往江西，措置出賣營田并没官田產。

五月三日，詔：「今來出賣營田並没官田產、屋宇，内有見佃人願承買者，日前逋欠並與蠲放〔一〕；或不願買，依舊催理。」從措置浙西官田所請也。

十一日，中書門下言：「今來出賣没官田產並營田，如見佃人願承買，即已施工布種者，依紹興二十八年指揮，聽收當年花利，輸納租課。」從之。

六月二十五日，權户部尚書楊倓言：「昨承指揮，令諸路提舉常平司委官根括没官田產、屋宇并營田，今據兩浙、江東、福建、廣東估到價錢四百餘萬貫。竊慮州郡 34 不即措置，故爲遷延，乞下逐司，限一季出賣，如無稽違，即與推賞外，有江西、湖南北、廣西、四川等路尚未申到，欲令限一月估價供申，若有違慢，申朝廷行遣。其間州縣或有收到價錢，不即起發，移易他用，致有失陷，其官吏依擅支封樁錢論。常平司失於覺察，一例施行。」從之。

七月十六日，臣僚言：「近見户部申請，諸路並限一季出賣官產，拘錢發納。且以江東西、二廣論之，村疃之間，人户凋踈，彌望皆黄茅白葦〔二〕，民間膏腴之田，耕布猶且不徧，豈有餘力可買官產？今州縣迫於期限，且冀厚賞，不免監錮保長，抑勒田鄰。乞寬以一年之限，戒約州縣不得抑勒，如有違戾，重置典憲。」從之。

淳熙元年二月十三日，工部郎中徐子寅言：「昨勸諭〔歸〕正人請佃開耕官莊田畝，及一百五十頃以下至一百一十頃以上部（較）〔轄〕及二年〔三〕，一百頃以下至六十頃以上部轄及四年，依已降指揮，白身人補正一資，已授真命人於見今官資上轉一官資。如元有借補，再加借人，乞朝廷斟酌補正。即不收所種米斛，令具各莊的實種過田畝，依立定開耕賞格年限合補正部轄人姓名，申樞密院，乞給降付身。」從之。

六月十八日，臣僚言：「伏覩根括没官田產，除兩淮、京西、湖北外，盡行出賣。始限一季，繼展一年。已賣者十不及二三。蓋已賣者盡皆膏腴之田，富家大姓計囑官吏、牙儈，低估價直，却將中下之田高其價直，是致 35 無人承（賣）〔買〕。今不若且令元佃之家著業納租，一歲之間，猶可得米數十萬石，兼亦不妨一面出賣。」從之。

二年正月十八日，詔：「諸路州軍管下未賣田產，如當來所估未致盡實，即別委官躬詣田所看驗色額高下，從實裁減，估定實價出賣。仍開具有無增損田畝以聞。」從前知

〔一〕逋：原作「連」，據本書食貨五之三六删。

〔二〕「望」字下原衍一「望」字，據本書食貨五之三六删。

〔三〕「一十」二字疑衍，以下句作「一百頃以下」，此若作「一百一十頃以上」，則中間缺十頃無所交待，於事理不合。

池州張掄請也。

二十四日，工部郎中徐子寅言：「近措置淮東官田，於楚、揚、泰州、盱眙、高郵軍共五十四莊，招集流移歸正種田人一千三百一十五名，老小五千四百二十七口，蓋造屋宇二千四百四十九間，給付耕牛農具[一]，開墾田九百一十四頃九畝。」詔徐子寅特與轉一官，減二年磨勘。

五月二十五日，湖廣總領劉邦翰言：「湖北州縣應請佃官田，并歸業人將見耕田土，許自陳，官出户帖，永爲己業，聽從典賣。將來合輸二税，分爲三限，每年起一分。若自陳不實，許人告，將所首田給與告人。」從之。

六月十一日，詔：「民間元佃户絶田産，既行承買，即是民田。既起理二税，其元佃租米並與蠲除。」

十月十二日，湖南漕臣李椿言：「本路陸地荒廢甚廣，欲行下所部州縣，委官相驗見荒官地，召人請佃。止令量納身丁錢，不立租税，不許剗佃典賣。置籍立標，限半年栽種。限滿不栽種，即從官召人請佃，地利全給佃人，地主不得争占。」從之。

三年二月四日，詔：「諸路將出賣田山等並權住賣，令見佃（入）〔人〕依舊且行承佃。其已承買納錢未 36 足，與展限一季。」從臣僚請也。

二十四日，詔：「官田所限十日結局，其已未起錢，專委户部郎官嚴緊拘催，赴封樁庫交納。」

十一月十二日，南郊赦：「官員職田，在法以官荒及五年以上逃田撥充。往往州縣不問年限拘占，以致人户無業可歸，或間有災傷，須令舊數輸納租課。如有似此去處，並仰日下依條改正除放。如尚敢違戾，許人户越訴。」六年、九年明堂赦同。

十二月三日，詔：「諸路没官田産，皆因公吏受贓、劫盜停贓，拘籍入官。已經賣絶者，不許翻論；或果冤抑須改正者，止給元價，不得復追買人。」從中書門下省請也。

六年二月三日，軍器監主簿陳杞言：「乞將没官田、沙田等出賣。」上曰：「在官之田不賣，徒爲有力者計囑州縣請佃占據，不若出賣，則苗税可補常賦。」於是詔應没官田産、屋宇并營田等，並委提舉司措置出賣。

六月七日，詔：「諸路拘没到入官田産，令提舉常平司且住出賣，候農隙日，委官覈實。如見得依法合拘没之數，别無詞訟，令官吏（給）〔結〕罪保明以聞。」從浙東提舉姚宗之請也。

九月十六日，明堂赦：「冒佃官田，限一季，聽經官自陳。其欺隱過税租，並與除放。」十二年郊、十五年明堂赦同。

十年十月十七日，浙西提舉王尚之言：「近根括到平江府五縣自淳熙三年以前出賣不盡官田及以後新收田畝，創置簿籍，抄上畝步、佃户租課數目，若私家之砧基簿者，庶幾有以稽考。只平江一府，已根括到田 37 産一十二萬

[一] 牛：原作「井」，據文意改。

四千二百三畝一角九步，歲收官租二萬一千二百三十三石一斗二升九合。本司自行差官交納，别置租課簿發下諸縣，委自令佐拘催銷落，庶使常平官租歲有所收，或遇歉歲，得以接濟。」詔：「其田籍，令尚書省用印給付浙西提舉司，行下所部州軍遵依施行。」

十二年八月三日，中書門下省言：「兩淮州軍人户見包占田土，内未耕荒田，淳熙七年五月指揮，限五年開墾。其已耕熟田，淳熙十一年十二月指揮，展限一年，令人户陳首，起理税租。如限滿不首，或所首不盡，許人陳告。照得逐項包占田畝，並合至今年限滿，若不再與展限，竊慮尚有未首數目。」詔並自來年爲始，更與展限一年。如出限不首，或所首未盡，許諸色人陳告，照應節次已降指揮，以見占田給賞，將犯人依條施行。日後更不再展。是日，進呈前知蘄州趙彦丞奏淮民冒占官田，王淮等奏：「雖有指揮，許人自首，終是不肯盡首，所以屢降指揮。」上曰：「並自來年爲始，更與展一年，日後更不再展。」

十一月二十五日，淮西提舉、兼轉運、提刑方有開言：「安豐軍奏，乞將民户未開荒田，更與展限一年。奉旨：『令淮西提刑方有開詳所奏事理，及照應去年八月三日已降指揮，疾速具申尚書省。』有開照應淮鄉地廣人稀，先遭殘破之後，民力方漸稍甦。若不更與存卹展限，恐失朝廷撫摩邊氓之意。欲將兩淮人户包占未耕荒田，38 候今年限滿日，更與展一年，令其申首。如限滿不首，或所首未盡，許諸色人陳告，以見占田給賞，將犯人依條施行，日後更不再展。」從之。淳熙十四年十一月十八日〔一〕，詔：「兩淮人户包占未耕荒田，候歲終，更與展限三年，令申官自首。如限滿不首，或所首不盡，諸色人陳告，以限占田給賞〔二〕，將犯人依條施行。仍令州軍多出文榜曉諭。」以淮西安撫司言：「安豐軍壽春、安豐、六安、霍丘四縣居民常昇等狀：蒙朝廷屢行寬恤，及官司勸諭，令認産著業。昇等經官識認田土〔三〕，在户送納官課。自乾道以來，承准朝廷指揮，立以年限，昇等假貸種糧，置牛犋，開墾營運。未幾，因累歲旱傷，客户星散，是致荒廢。昨蒙本軍申乞再限年，邊民頗有生理，得以安業。今歲粗成簿熟〔四〕，第緣春間瘟疫流行，耕牛死損，不免變賣物業，買牛荆漢間，動經半年，致有未耕之田。又況當來雖蒙展限，多是一年，未嘗有立定經久之法。其不逞之徒於年限未滿之前，妄行指射田産，故意搔擾，令邊民不得安迹。今來昇等乞自淳熙十五年爲始，展限三年，立爲定限，令邊民悋意開耕。昇等情願於三年限内，每年於見納夏秋課子上增二分，俟耕遍日，别聽官中指揮。如三年限滿，尚有荒閑田土，不以多寡，乞盡

〔一〕原書於「淳熙十四年」右旁注云：「抄後。」按，此批誤，此下内容與上文所述同是一事，史官因而連叙，並非另作一條，亦無需移動。

〔二〕限：疑當作「見」。

〔三〕昇等：原作「昇平」，據下文改。

〔四〕粗成簿熟：疑當作「秋成薄熟」。

數拘管入官，聽從官司自行措置，不敢復有陳請。」故有是命。

十三年四月十八日，户部言：「竊詳在法，諸没官田産，州縣不報所隸監39司拘收者，杖一百，吏人仍勒停，永不收叙，許人告。紹興二十三年十月五日已降指揮，令諸路常平司行下州縣，今後拘收到諸色没官田産、屋宇，并司獄承勘公事合拘收田産，關報常平司拘收，措置佃賃。續降指揮：諸道使者，各有司存，人户詞訴自合經所屬監司，不許侵互受理。前項條法指揮，已自詳備。蓋緣州縣却將已拘没到田産、屋宇等，擅行撥充贍學，或與寺觀，及將合拘收佃賃租課妄作名色支用，不即關報所隸監司。其已没官田産，往往並不照條與奪，就經它司，便行下給還。所是請佃田産多是應（付）〔副〕請求，亦不從條施行。今相度，乞下諸路州縣并監司，仰照應前項見行條法及已降指揮，如今後應有依條合行拘籍没官田産、屋宇等，即時關報所隸監司拘收，開具頃畝、間架，將合收佃賃租課報常平司拘催，盡行撥入常平。如或州縣尚敢違戾，從提舉按劾施行。所是人户理訴没官田産，自合次第經由所屬監司。若所斷不當，果有寃抑，仰合行改正〔一〕，給還請佃者，重行勘證詣實，如見得委合改正，給還請佃，即具前後因依，報提舉常平司銷豁改正，給佃施行。庶幾不致走失常平租課窠名，亦革它司請求擅自行下給佃，及州縣妄用之弊。」從之。先是，新除浙西提刑勾昌泰劄子：「常平之官，專以爲百姓根本之備。其豐凶斂散，自有成法外，所有没官田産，一頃亦合拘收租課，添40入常平。緣常平雖專司，其没官田産却有立法處。其諸司各隨私意，不一一拘入常平，或撥以贍學，或與寺觀，或别〔立〕名色樁作本州本縣支用。夫没之於百姓，當用之於百姓，此常平之意也，今徇私之吏乃敢妄立名件如此！乞朝廷專立一法，如諸司及州縣没到田産，或有違法不拘入常平者，並科違制。庶幾常平根本漸富，以待凶年。」其二，没官田産雖專屬常平，（令）〔今〕諸司皆得與聞。間有狡猾之人，更不經由提舉司，撰造事端，經由他司，稱拘没不當，或隱下事由，就它司請佃。其它司便行下州縣，給還或給佃，多是應副請求，不顧條法。洎至提舉司點檢，再行拘收，則人户執他司已斷，敢行不伏；或經臺部，詞訴紛紜。欲乞朝廷專立一法，如今後人户訴没官田産拘没不當，及欲請佃，只得經由提舉司受理，庶以杜絶他司應副請求之弊，而没官田産不（敢）〔致〕朘削。」奉旨，令户部相度措置聞奏。以措置來上，故有是命。

十四年六月十三日，臣僚言：「在法，没官、户絶之産，逐時牓賣，收到價錢，常平封樁。近年州縣不復牓賣，其産歲歲增多，盡爲猾吏隱匿，頑民冒占。乞舉行出賣指揮，盡數委官糴米，添樁州縣常平米少處，增修水旱之備。」從之。於是詔（舉）〔諸〕路提舉司，將截日以後拘到田産，並置籍，

〔一〕「仰」字當是衍文，因與上句「抑」字形近而衍。

依條估賣。其價錢令本司認數樁收，每季開具申尚書省取旨。以臣僚言：「伏覩近降指揮，從臣僚之請，將常平司41見管没官田産盡行出賣，專充常平糴本。此誠今日先務也。臣謂自今以前，所有官田，朝廷見行措置，不敢復言。乞自（令）〔今〕以後，依舊用常平免役之令，如遇州縣拘到没官田産，並聽隨時出賣，所收價錢專充常平糴本。庶幾積累本錢（銷）〔稍〕多，豐糴歉糶，循環無窮，雖有水旱之變，不足慮也。」故有是詔。

淳熙十六年閏五月十一日，浙西提舉史彌正言：「浙東路見出賣常平户絶等官産，如臨安一郡，歲支米八千餘石。今若盡賣常平田産，則租課不復可得，他日户口日增，所支乞丐等錢米益廣，則義倉所入，將盡耗於此，所謂水旱之備，全無指準。乞將本路没官田産，及常平圍田已籍在進册者，免行估價出賣。所得租課，專充老疾、貧乏、〔乞〕丐等人支遣，却將州縣逐年所納義倉，依法樁積。脱有水旱，州縣既皆有備，免致煩擾朝廷。其淳熙十四年九月以後續收常平没官田産，依已降指揮，見行出賣。其間未盡田尚有二萬一千餘畝，歲收官租二千五百餘石。如蒙併免出賣，臣當逐一籍之進册，日後若更有增添，庶可了得本路八州每歲老疾、貧乏、乞丐等支用。」從之。

紹熙二年六月十五日，詔：「平江府常熟縣拘没到孫光嗣田六百一十五畝一十步，令提舉司出牓，召人承佃。歲收課子，以爲賑濟之備。」先是有旨，撥賜本州通神庵永遠爲業，既而臣僚論奏，故有是命。

十一月二十七日，南郊赦：「官員42職田，在法以官荒及五年以上逃田撥充。訪聞州縣不問年限，輒行拘占，致人户無業可歸。間有災傷，却令依舊數輸納租課。並仰日下依條改正除放。仍令提刑司常切覺察，尚敢違戾，許人户越訴。」

同日，赦：「在法，盜耕官田，給與首者。訪聞兩淮州軍民户見耕種田土，往往多被流移人户告首，冒占頃畝，意要規圖得業，以致詞訴不絶，淮民不能安業。今後若實有寬剩地段，許令人户陳首就佃施行，庶幾可以息告訐之風，民户不致被擾。」

四年八月三日，臣僚言：「諸州軍官田并逃絶户田，令民納錢，買爲已業。近聞諸州軍富民資給健訟之人，乘時剗買見佃人田業。乞下諸路，凡民之田地，其請佃爲業者，無使他人告訐争買。應有隱漏未盡，並令從實陳首改正，依價入錢。俟其不願承買，而後售之（地）〔他〕户，則豪右兼并之風可戢，税租欺隱之弊可除。」從之。

紹熙五年九月十四日，明堂赦文：「在法，盜耕官田，給與首者。訪聞兩淮州軍民户見耕種田土，往往多被流移人户告首，冒占頃畝，意要規圖得業，以致詞訟不絶，淮民不得安業。今後若實有寬剩地段，仰州縣分明出榜，限三月，許令人户自首就佃。」自後，郊祀、明堂赦亦如之。

寧宗慶元元年八月十八日，臣僚言：「竊見江東轉運、提舉司相度没官田産，欲截自紹熙四年住賣，以後將續拘收到者，依鄉原定價，召人承買。竊詳没官田産，爲因犯罪估籍，或違[43]法交易，及户絶無人承紹者，悉合入官，召人承買，往往悉歸豪强有力之家。若照《常平令》，盡以没官田産估賣，則斂不及民，而利歸公上，莫此爲便。乞下諸路轉運、常平司，照江東兩司所申事理，每季根刷州縣籍没到應干田産、屋宇置籍，依鄉原體例估價，召人實封投狀，增價承買。」詔依，其賣到錢，令逐路提舉司認數，令項樁管，專充常平糴本，不得妄行支借移用。如違，並依擅支常平封樁錢米法。

十一月二十四日，宰執進呈福建路提舉宋之瑞乞將建、劍、汀、邵四州没官田産免行出鬻，官收其課，以給助民間舉子之費。户部看詳，欲從所請。余端禮、鄭僑奏曰：「福建地狹人稠，無以贍養，故生子多不舉。官司中間有置舉子倉處，專儲米斛，以給生子之貧者。今宋之瑞欲廣增其惠。」上曰：「人情，初生子便不舉，亦出於貧不得已。若官中有以贍給之，其子稍長，父母之愛心日生，必無棄之之患。」僑曰：「聖明洞見及此，實天下幸甚。」端禮曰：「自古帝王好生之大德，何以加此！」詔從之。

二年十二月五日，詔：「盱眙軍盱眙縣管下魚勒官莊，撥付盱眙軍耕種。仰淮東安撫司取見劉渥元佃干照，令本軍給還價錢。」從知盱眙軍鮑信叔請也。

三年十一月五日，南郊赦文：「官員職田，在法以官荒及五年以上逃田撥充。訪聞州縣不問年限，輒行拘占，致人户無業可歸。間有災傷，却令依舊數輸納租課。並仰日下[44]〔依〕條改正除放。仍令提刑司常切覺察，尚敢違戾，許人户越訴。」自後郊祀、明堂赦亦如之。

四年正月二十一日，詔：「諸路累限召賣不行田産、屋宇，委官再行覈實時價。其元估價高，許其裁減。其不可耕種，或因大水衝蕩，淪爲沙礫處，許其出豁，次經提舉司審實保明，然後召賣。其人户占佃不願承買者，日下拘收，别行召賣。其第四、五等貧民占佃，候今年秋成之後召賣。」以臣僚言：「慶元三年四月九日赦，將紹熙四年八月三日以前已根括未賣没官田産、屋宇等，責令州縣限一月具合賣頃畝、間架及已估時直供申。仍出榜，召人實封投狀，增錢收買。如州縣隱蔽，不依限盡數召賣，從提舉司將州縣當職官按治。竊詳當來指揮，止是召人實封承買，初非抑勒。而提舉司拘催太峻，州縣官利於獲賞，遂行一切之政，不問願與不願，一例勒令納錢，追逮監繫訊決，不勝其酷。臣契勘紹熙四年以前户部取撥到諸路州縣合賣田産、屋宇，估定價錢五百四十餘萬貫，只賣到價錢一百餘萬貫。其未賣者，若不視田之肥瘠、數之虚實、價之高下，一切責辦於目前，而追逮監納，則有失元降指揮實封召賣之意。」故有是命。

嘉泰三年五月十六日，臣僚言：「今天下州郡户絶、籍没之田，往往而有，官司出賣，類皆爲彊豪挾恃勢力以賤價買之，官司所獲無幾。自今後宜止勿鬻，只（令）〔令〕元租户承佃，歲收禾穀入官，令項樁貯。或【45】有水旱之災，民食闕乏，用此賑濟，以爲常平之助。」從之。

開禧二年十二月二十四日，詔：「淮農流移，尚未歸業，自今無田可耕，理合措置矜恤。可將兩浙州軍昨開掘過圍田，許元主復行圍裏，永給爲業，却令專召淮農租種。」《文獻通考》：開禧三年冬〔一〕，韓侂冑既誅，復與虜講解。明年改元嘉定，始用廷臣言，置安邊所，命户部侍郎沈詵等條畫來上。凡侂冑與其它權倖没入之田，及圍田、湖田之在官者〔二〕，皆隸焉。初以御史提其綱，繼委之版曹或都司、寺監官〔三〕，其後又俾畿漕領之。諸路歲輸米七十二萬二千七百斛有奇、錢一百三十一萬五千緡有奇。兩浙、江東西〔四〕、淮東西、福建皆有，藉以給行人金繒之費。迨虜好既絶，軍需、邊用每於此乎取之。

嘉定九年七月十七日，詔：「令諸路提舉司行下所部州縣，根括嘉泰年間未賣没官田户眼、田段、畝步，及嘉泰以後續次没官田産，類聚攢造帳册，保明詣實，除限一月申尚書省。仍專委都司官一員并户部郎官一員同共措置拘催，務要無擾於民，不致隱漏。仍仰所委官條具合行事件申尚書省。」以中書門下省勘會：「嘉泰年間行下諸路提舉司，根括没官田産出賣，賣價未及元估之數。廬州縣占吝不解發，及豪家占耕，胥吏隱蔽，拖延乾没。」故有是命。

十二年正月十七日，臣僚言：「訪聞諸路州軍，近准指揮行下提舉司，將日前户絶、逃亡没官田産，凡係民間侵耕冒占，及已請佃在户者，盡行召賣。以理論之，似非暴賦橫斂，宜施民從之也輕〔五〕，而閭里小民未免有擾，多以病告。竊照在法，諸典賣田宅，契照不明，錢主在，或業主亡二十年，不在陳理之限。況是逃絶官田，已經【46】紹熙年間置局出賣之後，所存無幾。逮至嘉泰年間，再行下諸路倉司根括估賣，自有帳籍可考，爲錢不過一百八十萬貫而已。乞截自慶元元年以後，應諸路州軍拘籍逃絶、没官田産，不以已佃未佃，並照嘉定九年七月指揮，許人照估價承買，紐立苗税，入户爲業。若係紹熙四年以前請佃之家不欠租課者，並免估價承買，止從官司明立賞牓，許令賫出佃帖，經官自陳，給據投印，各照等色起立税苗，永爲己業。如有隱匿，免避税役者，許人告首，别行給賣。其未經請佃者，自同慶元以後根括者一體召賣。所是經界以前請佃打量在户，已起二税，因近降指揮，被人告首剗買者，並仰日下給還，照經界管業，與免納錢承買，却從官司將已納價錢給還剗買之人。庶幾巨室細民，各得安業。」從之。（以上《永樂大典》卷四七八四）

〔一〕禧三：原作「僖二」，據《文獻通考》卷七改。

〔二〕者：原脱，據《文獻通考》卷七補。

〔三〕寺：原作「等」，據《文獻通考》卷七改。

〔四〕江：原脱，據《文獻通考》卷七補。

〔五〕施：疑當作「斯」。

賜田雜録[一]

【宋會要】[二] 47 紹興五年二月二十日，新知全州薛安靖、新添差權通判秀州李彙言：「先蒙指揮，於紹興府管下各撥賜田三頃。緣安靖等陷虜三年，先任海州知通，首尾二年，嘗立功效。乞比類歸明官及陷蕃投歸人等例，權行銷閣税租。」從之。

二十五日，詔：「昭慈聖獻皇后建炎以前逐年依格合得恩澤，並不曾陳乞，姪忠厚宜有寵賚。可令兩浙轉運司於係官田内，撥三十頃給賜。」

七月十六日，資政殿大學士、充國信使宇文虚中妻黎氏，乞下福建路，於係官田内撥十頃給付本家。從之。

六年正月五日，詔：「故簽書樞密院事王淵，係元帥府將佐，令常州於宜興縣係官田内换給兩頃，餘人不得援例。」其已給兩資恩澤劄子，令尚書省毀抹。先是淵妻俱氏言：「昨蒙朝廷矜恤，亡夫殁於王事，特賜恩澤兩資。今本家未有長成子弟承受，乞將前項恩澤繳納，换給官田。」故有是命。

五月二十日，詔：「京東、淮東宣撫處置使韓世忠見請佃平江府陳滿塘地，可撥賜世忠。」同日，韓世忠乞還納元賜平江府南園一所。從之。

十二月二十八日，詔建康府於係官〔田〕内撥上等田十頃，賜王稟家。先是，樞密院言：「王稟向在太原，竭盡忠節。訪聞稟子三人流落廣西貴州，已令廣西帥司行下本州，多方存恤，量差軍兵，優 48 支路費，津遣赴行在。今忠訓郎莊先到行在，除已與陞擢差遣外，緣所屬流落日久，竊慮失所，理宜優恤。」故有是命。

七年四月二十二日，樞密院檢會，楊邦乂家昨已賜田二頃，近又降指揮，賜銀絹一百匹兩。上曰：「楊邦乂忠烈如此，可加賜田三頃，仍增待制。且顔真卿異代忠臣，昨已官其子孫，邦乂死節[三]，不可不厚加褒賞，以爲忠義之勸。」

八月十九日，詔賜吴玠田二十頃，令四川安撫制置大使司於興元府係官田内摽撥。

八年六月八日，詔賜右承奉郎、專主管先聖祠事、襲封衍聖公孔玠田五頃，令衢州於係官田内摽撥。先以玠言：「朝廷優恤流寓士大夫，並許指射官田。今孔氏渡江子孫隔絶林廟，狼狽日甚。」故有是命。

九年四月二十六日，詔建康府永豐圩撥賜韓世忠。

十年閏六月十日，詔程師回累立戰功，可依歸朝官例，

[一] 此目之前一行原尚有「高宗」二字，下文孝宗各條前亦有「孝宗」二字。按，此門條目不多，僅此二帝，無須另標細目，因删。
[二] 此三字原稿有，被整理者圈除，今復舊。
[三] 邦乂：原作「邦人」，據上文改。

賜係官荒田十頃。

七月二十一日，詔馬秦除遥郡觀察使，賜宅一區、錢一萬貫、田十頃。

十一月十六日，詔賜成州團練使、帶御器械邢孝揚家田二十頃〔一〕，令兩浙轉運司於係官田内摽撥。以孝揚係后家，乞依例賜田故也。

〔十二年〕十月十七日〔二〕，詔資政殿學士、提舉醴泉觀鄭億年可除資政殿大學士，提舉在外宫觀，恩數並依執政，賜田二十頃。以億年乞宫觀故也。

十二月四日，詔江東轉運司，撥係官田十頃賜汪伯彦家。

十七日〔三〕，國信使、資政殿大學士宇文虚中女言：「父[49]樞密於建炎間奉使金國，蒙朝廷賜福州舊都監廨宇充宅，繼又賜官田一十頃。比朝廷津遣本家骨肉，母夫人黎氏乞將已賜田宅權兑錢，蒙支金一百兩。今欲將金一百兩價錢還朝廷，其元賜田宅，乞盡數給與夫趙恬。」從之。

十三年閏四月二十三日，詔：「御前諸軍統制、充利州東路安撫使、知興元府楊政，可於利州路賜田五十頃。」

二十五年五月二十六日，詔：「劉錡累立戰功，家無産業，理宜優卹。特與支給真（奉）〔俸〕，仍撥賜荆湖路官田一百頃，及應副牛具、種糧。」

二十六年四月十三日，詔：「李顯忠已賜田在鎮江府，可依數於紹興府上虞縣官田内兑换。仍依薛安靖例，放免十料租税。」以顯忠自夏國歸朝，屢立戰功，優之。因其陳請，故有是命。

二十八年二月六日，詔：「折彦質生事素薄，可賜官田一十頃，令所居路分轉運司摽撥。」

三十二年孝宗已即位，未改元。八月五日，詔：「鎮江府都統制李顯忠，除已撥賜田外，令兩浙轉運司於浙東路係官田内，更撥賜七十頃。」

十月二十八日，中書門下省言：「勘會韋淵昨撥賜田三十頃，其吴益已賜二十頃，所有餘數未曾陳乞。」詔吴益更賜一十頃。

【宋會要】

隆興元年六月十一日，江淮東西路安撫使張浚言：「契[50]勘虹縣投來蒲察徒穆、大周仁等一行人馬前去（楊）〔揚〕州屯泊〔四〕，數内蒲察徒穆、大周仁乞量賜田，一千户至謀克於（楊）〔揚〕州等第給賜田各五頃。」詔蒲察徒穆、大周仁各賜田二十頃，令都督府一面於淮東係官田内摽撥。

八月二十三日，江淮東西路宣撫使、魏國公張浚言：「契勘已降指揮，蕭琦於淮東官田内撥賜二十頃，尋劄下

〔一〕孝揚：原作「孝楊」，據《建炎要録》卷一三八改。下同。

〔二〕十二年：原脱，據《建炎要録》卷一四七補。

〔三〕按下文云「蒙支金一百兩」，據《建炎要録》卷一四六，此事在紹興十二年九月。以此可知，本條及上條亦爲十二年事。

〔四〕周仁：原脱，據下文及《宋史》卷三三《孝宗紀》一補。

〔楊〕〔揚〕州摽撥。今據向子固備據江都泰興縣申，共有係官水陸荒閑田一百八十二頃，係紹興元年復興以前人户拋棄，無人請佃，有誤摽撥。伏見江都縣界有鎮江府駐劄諸軍營田官莊一十七處，皆有耕種田地。乞於上件田内摽撥近城二十頃應副蕭琦。除存留軍中元差使臣二員依舊管轄外，其耕田人户，就用元召募到百姓〔户客〕〔客户〕耕作。所有力耕軍兵，却發遣歸軍。」從之。

十二月二十一日，詔蕭鷓巴賜田二十頃，耶律适哩賜田十頃，令轉運司於淮東官田内撥賜。

二年二月十三日，知紹興府吴芾言：「緣臣昨條具奏請興修會稽山陰縣鑑湖，蓄水灌溉民田事，内乞廢罷牌外田爲湖田，有田三十一頃九十三畝一角，元係能仁寺請佃，後至紹興二十九年，選鋒軍都統制李顯忠陳乞，將鎮江府宣賜田兑换，遂從所乞，將上件田段給李顯忠。今來既廢其田爲湖，欲乞却將鎮江府元舊宣賜田給還李顯忠。」從之。

二十六日，鎮江府駐劄御前諸軍都統制劉寶等申：「據〔楊〕〔揚〕51州申，奉旨，蕭鷓巴賜田二十頃，耶律适哩賜田一十頃，令轉運司於淮東官田内撥賜。牒州照應已撥蕭琦田體例摽撥施行。本州先劃到指揮，於江都界鎮江府諸軍營田内，將左軍一莊四十七頃八十一畝，於内撥田二十頃付蕭琦外，將餘田下江都縣，照數撥付蕭鷓巴、耶律适哩。所有少闕頃畝，即於附近官莊田内摽撥。本縣今於左軍莊田並中軍莊田内取撥二頃一十六畝，揍田三十頃，分撥蕭鷓巴等。」從之。

閏十一月十一日，皇弟少保、静海軍節度使、判大宗正事、恩平郡王璩奏：「乞降睿旨，下兩浙轉運司并常平司，於側近州軍所管官田内，給賜臣家五十頃。如即目未能及數，令日後摽撥。仍亦許本家自行踏逐，官司不許巧作名色執占。」從之。

乾道元年五月二十日，大同軍節度使、提舉萬壽觀蒲察久安奏：「臣先準指揮，許令指射官田。今踏逐秀州嘉興縣長水鄉没官田四百八十五畝、柿林鄉一十五畝，乞下秀州摽撥與臣，永遠養贍老幼。」詔令轉運司驗實給賜。

二十七日，大同軍節度使蒲察久安奏：「蒙恩撥賜水田五百畝。今再踏逐到秀州華亭下沙場蘆草蕩一圍，提舉茶鹽司見出榜召人請佃，乞下浙西提舉茶鹽司行下秀州，依臣所乞摽撥。嘉興縣思賢鄉草蕩一圍，元係范玘等退佃還官，見今空閑，乞下兩浙轉運司行下秀州，依臣所乞摽撥。」詔依。繼而户部狀：「照得52蒲察久安元許賜水田五百畝，又承今來指揮，未審合與不合更行撥賜。」詔：「嘉興、華亭兩縣蘆柴草蕩，令兩浙轉運司具詣實頃畝數申尚書省。」

八月十七日，彰國軍節度使大周仁奏：「伏覩紹興府蕭山縣長興鄉第四都踏逐到官田二段約二千餘畝，數内止有一千餘畝可以耕種。臣欲乞上件田畝開荒耕種。」詔送轉運司，摽撥一千畝給賜。

二年二月十五日，拱衛大夫、邕州觀察使蕭鷓巴奏：「先蒙聖恩，於(楊)〔揚〕州管界摽撥到田二十頃。緣爲路程遥遠，今踏逐到秀州崇德縣官田二十頃，乞行撥賜。」臣僚上言，乞依舊以(楊)〔揚〕州田賜之。詔令兩浙轉運司別行摽撥。

八月十八日，詔：「兩浙轉運司副使姜詵根刷到平江府長洲縣蘇臺鄉二十六都田一千四畝一角二十九步(田)，可撥賜武德大夫、忠州防禦使趙良輔。」

十二月一日，詔耶律适哩特更賜田一十頃，令淮東轉運司於(楊)〔揚〕州邵伯鎮官田内摽撥。繼而融州觀察使耶律适哩奏：「蒙恩更賜田十頃，乞降旨行下鎮江府都統司，將已撥到鎮江府中軍見佃官莊、營田一十頃交割，付臣住佃。」有旨令户部看詳。本部「照元令淮東轉運司(楊)〔揚〕州邵伯鎮官田内摽撥，即無許撥賜軍莊、營田明文，是致鎮江都統司雖開具到耶律适哩乞撥官莊田，未曾摽撥。乞下鎮江府都統司將續撥賜田一十頃，依蕭琦等例支撥，付耶律适哩爲業。」從之。

四53年五月七日，故贈太尉蕭琦妻、榮國夫人耶律氏奏：「竊見平江府吳縣、吳江縣管下有營田并係官田，見係人户租佃，輸官之税委是不多。欲望睿旨下所屬，於上件田數内撥賜頃畝，付本家耕種，依舊輸納官課。」詔賜田十頃。

十月二十六日，臣僚上言：「伏見紹興府諸縣各有湖瀦水以備旱，照得蕭山縣管下湘湖，灌溉九鄉民田，其利甚博。近有百姓裴詠等屢經御史臺陳狀，訴百姓汪念三等將湘湖一千餘畝獻與總管李顯忠，遂將湘湖填築爲田。侵漁不已，湖盡廢，則九鄉之田一遇旱乾，何以灌溉，其害非細。欲乞下紹興府差官看視，若委是將湘湖爲田，令給還民間，復以爲湖。如是曾給賜與李顯忠，乞別行改賜。」從之。

五年二月十九日，兩浙路轉運司申：「先得旨，於(楊)〔揚〕州撥賜田二十頃，付太尉蕭琦爲業。今其家在平江府居住，令本司於平江府係官田内摽撥二十頃付其家爲業。其(楊)〔揚〕州原撥田畮，却欲下所屬拘收。」從之。

七月十三日，詔：「鎮江府駐劄御前前軍統制官任壽吉、李元，昨自北界將帶人馬歸朝，令兩浙轉運司下鎮江府，將無違礙官田各給賜十頃。」

十二月二十三日，詔令袁州於没官無拘礙田摽撥一十頃，給賜添差袁州通判韓玉。

六年正月二十一日，詔右領軍衛大將軍王宏賜田十頃，令浙西提舉常平司摽撥。

二月四日，建康府駐劄御前諸軍都統制郭振54申：「契勘北軍統領趙受、耶律憲、蕭整、蕭懷忠四員，各係歸正。竊見耶律适哩、蕭鷓巴、趙良輔等已蒙聖恩，撥賜田土，今來趙受等係與耶律适哩等事體一同。緣(淮)〔淮〕西屯田官兵，已奉旨令拘收歸軍，其退下田土，可惜荒閑。伏望指揮，於和州界退下屯田內，各撥田五頃，付趙受等。」從之。

七月十二日，起復威武軍節度使李顯忠奏：「契勘臣先得旨，賜田七十頃，元降指揮，令兩浙轉運司於浙東、西州軍給賜。後緣日久，撥給未足，續准指揮，於浙東、西路常平司許於應拘收到諸色官田内踏逐，經所屬陳乞給賜。臣等踏逐到平江府長洲、吴江兩縣杜朝議等没官田二千九十一畝，經浙西常平司撥給，經今八年，不肯撥給。外又有太上皇帝所賜田，併乞下浙西常平、轉運兩司，通行摽撥。」詔（今）〔令〕常平司契勘上件田，如無違礙，可行撥賜。

十二月十三日，詔：「諸州縣没官田産，雖經賜與，若民户已經辨雪，法該改正，即時給還，許别以應籍田産改撥。」臣僚劄子：「臣聞仲叔于奚有功於衛，辭邑而請繁纓。孔子曰：『不如多與之邑。』陛下愛惜名器，勳舊懿親，間賜以田，此正孔子與邑之意。然江淮荆襄，土曠人稀，與之雖連阡陌，可也。江浙尺寸之土，人所必争，而賜田之目，動以頃計。向來没官田舉以出賣，皆爲民産矣，賜目既下，有司無所從出，必於近地踏逐没官田産，或以得罪，或以户絶，朝籍於官，暮入勢家，拘55摭細微，無所遺漏。苟法當拘籍，上所賜與人，亦無得而辭。惟是人之得罪，不能無冤，既不幸而抵罪，生生之資，盡非其有。異時陳訴於朝省、監司，幸而昭雪，所籍之産法當給還，既爲勢家所得，又其名曰宣賜，已不可復取矣。臣愚欲望明詔州縣，如有没官田産，雖已賜與，若民户已經辨雪，法該改正，仰即時給還。」故有是命。

七年正月十七日，龍神衛四廂都指揮使耶律适哩言：「臣自歸朝之後，蒙恩與蕭鷓巴於（楊）〔揚〕州各曾撥賜田土。今蕭鷓巴於平江府又賜田二千畝，并（楊）〔揚〕州田二十頃，自今依舊占佃。臣乞於平江府管轄長洲、吴江等五縣應係官常平、營田内，乞依蕭鷓巴體例，更乞撥賜田二十頃，濟贍老小。」詔撥賜田十頃。

三月七日，詔武翼大夫、榮州刺史蕭穎，於浙西路賜田一十頃。從其請也。

九年三月三日，詔平江府界殿前司韋徑莊一所，并營田八百一十二畝一角三十四步，並就撥賜王友直。

二十七日，詔：「今後應撥賜田畝，令所屬止將係官閑田標撥，不許指占已佃之田。其已給者，不得陳乞兑换。」

（以上《永樂大典》卷四七八二）

民産雜録[一]

【宋會要】

56太祖建隆三年十二月，臣僚上言：「新條稱：應有

〔一〕「民産」上原有「食貨」二字，又旁批「食貨二十四」，此是《大典》卷一七五三九原有之事目與編碼。

典賃倚當物業與人，過三十周年，縱有文契保證，不在收贖論索者。凡典當有期限，如過三十年後，亦可歸於現主，即未曉『賃』字如何區分，伏乞削去。亦未知典當過三十周年後，得許現主立契轉賣與人否。欲請今後應典當田宅與人，雖則過限年深，官印元契見在，契頭雖已亡殁，其有親的子孫及有分骨肉，證驗顯然，並許收贖。若雖執文契，難辯真僞，官司參詳，理不可定者，並歸見主。仍慮有分骨肉隔越他處，別執分明契約，久後尚有論理，其田宅見主只可轉典，不可出賣。所有『賃』字，伏請削去。」從之。

太宗太平興國七年閏十二月，詔：「民以田宅物業倚當與人，多不割税，致多争訟。起今後應已收過及見倚當，並須隨業割税。」

雍熙四年二月，權判大理寺、殿中侍御史李範言：「準《刑統》『應典賣物業，先問房親；房親不要，問四鄰；四鄰不要，他人並得交易。若親鄰着價不盡，亦任就高價處交易』者。今詳敕文，止爲業主初典賣與人之時，立此條約；其有先已典與人爲主、後業主就賣者，即未見敕條。竊以見典之人已編於籍，至於差税，與主不殊，豈可貨賣之時，不來詢問？望今後應有已經正典物業，其業主欲賣者，先須問見典之人。承當，即據餘上所值錢數，別寫絶産賣斷文契一道，連粘元典并業主分文契，批印收税，付見典人，充爲永業，更不須問親鄰。如見典人不要，或雖欲收買，着價未至者，即須畫時批退。準雍熙三年二月詔，依右拾遺張素所請，民貿賣物業者，不得割留舍屋及空地，稱爲自置，賣與他人。參詳雖似除姦，未能盡善。蓋小民典賣物業，急於資用，其間亦有不銷全典賣，或是業主自要零舍及空地居住者。自有此詔，頗難交易。乞自今應典賣物業，或有不銷竭産典賣，須至割下零舍或空地，如委實業主自要者，並聽業主取便割留，即仰一如全典賣之例，據全業所至之鄰，皆須一一徧問。候四鄰不要，方得與外人交易。」從之。

真宗咸平五年八月一日，詔：「河北陷蕃民田産，前令十五年許人請佃，自今更延五年。」

景德二年六月，詔：「河東管内今後有論認未剋復已前祖莊者〔一〕，止給荒田、墳墓，其耕桑地不在分割之限。」

十六日，河北轉運司言：「民田荒廢者，或諸色人已占耕墾，才見種植滋茂，親鄰識認争奪。望自今應有人占射半年已上，不許識認。」詔：「如親鄰止在本處，見請佃稍着次第而争奪者，不須施行。實曾流移，今來歸業，雖已請佃，依條給還。」

二十六【57】日，詔：「荆湖近溪洞州縣，有没身蠻境還鄉者，莊田不限年月，檢勅給還〔二〕。」

三年二月，詔：「河北民有先没契丹，自塞外歸，識認

〔一〕内：原作「田」，據本書刑法三之四三改。
〔二〕勅：原作「勒」，據文意、字形並參下條改。

莊田者，據敕給付，無得用編敕年限不與本主。」

大中祥符七年七月，詔：「江南僞命日民田〔一〕，並以見佃人爲主，訟者官勿爲理。克復後者，論如法。」

九年二月，知秦州曹瑋言〔二〕：「州民多訟田者，究尋契書，皆云失墜。至召鄰保證驗，重爲煩擾。蓋初置田日，不經税契改正户籍，因縁浸久，此弊未革。即傳牓屬縣，許首罪投税，以兩箇月爲限。凡得開寶以後未税契者千七百道，標正户籍，民悉無訟。竊慮他郡有如此類，望傳佈諸路，許令改正。」從之。

乾興元年正月，開封府言：「人户典賣莊宅，立契二本，〔一本〕付錢主，一本納商税院。年深整會，親鄰争占，多爲錢主隱没契書。及問商税院，又檢尋不見。今請曉示人户，應典賣倚當莊宅田土，並立合同契四本：一付錢主，一付業主，一納商税院，一留本縣。」從之。

仁宗天聖元年二月，江南東路勸農使宋可觀言：「《農田敕》：『人户逃移，令、佐（書）〔畫〕時下鄉檢踏莊田。或先將桑土典賣與人，未曾割税及割税不盡者，即時改正。』今詳此敕，止是條貫未逃已前典賣割税。今請應將土地立年限出典與人，其受典人供輸不前而逃者，所拋税物，不計年限已未滿，並勒元主供輸，既絶啓倖，又免漏税。」事下三司。三司檢會：「《農田敕》：『賣田土未及五年，其買人不因災傷逃者，勒元主認税。其賣人五年内不因災傷逃者，户下所拋税數，却勒買人承認。若五年已上，依例檢閣。』今詳可觀所奏，顯與買賣田土事體一般。欲請應將地土立年限出典與人，其受典人五年内不因災傷逃移拋下税物，不拘元限已未滿，並勒元主供輸。兼慮人户先將沃土典過，少割苗税，留下瘠地，將家逃走，其典田人如五年内不因災傷逃移，所拋税數，却勒受典人供輸。或典與數户，亦第均攤。若已認供輸，本户却來歸業，税物亦改正輸納。如限外歸業，見佃户不願割送改正所佃地土，并元典錢及典外餘價並不許論理。」從之。

八（年）〔月〕十二日，秘書丞、知開封府司録參軍事張存言：「伏睹元年七月敕：『户絶莊田，檢覆估價，曉示見佃户，依價納錢，竭産買充（水）〔永〕業。或見佃户無力，即問地鄰；地鄰不要，方許無産業中等已下户全户收買。』勘會今年春季後來，據東明諸縣申，户絶狀雖已依敕，内有相承佃蒔年深〔三〕、理合釐革者，並是亡人在日已是同居，户絶後來供輸不闕，或耕墾增益，或丘園已成，無賴之徒因爲告訴，久居之業頓至流離。官司止遏莫能，獄訟滋彰逾甚。況孤貧之産，所直無多，勸課之方，其傷或大。欲乞應義男、接夫、入舍婿并户絶親屬等，自景[58]德元年已前曾與他人同居佃田，後來户絶，至今供輸不闕者，許於官司陳

〔一〕「江南」下，《長編》卷八三有「廣南」二字，疑此處脱。
〔二〕知：原脱，據《長編》卷八六補。
〔三〕蒔：原作「時」，據文意改。文獻中多用此詞，如《長編》卷六三：「諸州職田得召客户佃蒔。」

首，勘會（指）〔詣〕實。除見女出嫁依元條外，餘並給與見佃人，改立户名爲主。其已經檢估者，並依元敕施行。」從之。

二十八日，淮南路提點刑獄宋可觀言：「伏覩編敕：婦人夫在日，已與兄弟伯叔分居，各立户籍。之後夫亡，本夫無親的子孫及有分骨肉，只有妻在者，召到後夫，同共供輸。其前夫莊田，且任本妻爲主，即不得改立後夫户名。候妻亡，其莊田作户絶施行。只緣多被後夫計倖，假以妻子爲名，立契破賣，隱錢入己；或變置田産，別立後夫爲户，妻歿之後，無由更作得户絶施行。臣欲乞自今後或有似此召到後夫，委鄉縣覺察前夫莊田知在，不得衷私破賣，隱錢入己，別買田産，轉立後夫姓名。」事下法寺，請如所奏。從之。

四年七月，審刑院言：「詳定户絶條貫：今後户絶之家，如無在室女、有出嫁女者，將資財、莊宅物色除殯葬營齋外，三分與一分。如無出嫁女，即給與出嫁親姑、姊妹、姪一分。餘二分，若亡人在日，親屬及入舍婿、義男、隨母男等自來同居，營業佃蒔，至户絶人身亡及三年已上者，二分店宅、財物、莊田並給爲主。如無出嫁姑、姊妹、姪，並全與同居之人。若同居未及三年，及户絶之人孑然無同居者，並納官，莊田依（今）〔令〕文均與近親。如無近親，即均與從來佃蒔或分種之人承税爲主。若亡人遺囑證驗分明，依遺囑施行。」從之。

五年二月，果州同判李錫言：「本州典賣田宅，多不問親鄰，不曾書契；或即收拾抽貫錢未足，因循違限，避免陪税，是致不將契書詣官，致有争訟。慮諸道亦有似此之類，望降指揮，與限百日，悉赴商税務陳首。如無虚僞，即與免罪，只納本分抽貫税錢。限滿不首，許人告論。」從之。

四月，詔：「條貫户絶財産律令格敕及臣僚起請甚多，宜令禮部員外郎知制誥程琳〔一〕、工部郎中龍圖閣待制馬宗元與審刑院、大理寺同檢尋前後條貫，子細詳定聞奏。」「今詳前敕〔二〕，若亡人遺囑證驗分明，並依遺囑施行。切緣户絶之人，有係富豪户，如無遺囑，除三分給一及殯殮營齋外，其餘店宅財物，雖有同居三年已上之人，恐防争訟，並仰奏取指揮，當議量給同居之人，餘並納官。所有今日已前見估賣莊田，無人買者，勘會如已有人租佃者，並給見佃人，更不納租課，只依元税供輸出户爲主。如無，即許無田産户全分請射。其已典賣田産，不得更有檢估根括。」

八月，太子中舍牛昭儉言：「準敕，應典賣田宅，若從初交易之時，不曾問鄰、書契，與限百日陳首免罪，只收抽貫税錢。臣自天聖四年十月到任，務開後來，推勘争田契

〔一〕程琳：原作「陳琳」，應是「程琳」之誤。《玉海》卷六六及本書刑法一之四載天聖四年九月，命學士夏竦、蔡齊、知制誥程琳等重删定編敕；五年五月又删定祥符七年以來續降編敕，正與本條事相合。參《宋史》卷二八八《程琳傳》。

〔二〕按，自此以下即上述人員詳定後所奏，史文簡略，省去中間之叙述。本書中他處亦有此例，並非脱漏。

十餘事，各自剋復已來造僞文契。內有因日前放納牙税，直將印契，以此爲由，虚構詞訟。其上件契，並行毁59抹，所争物業，各有結斷。朝廷雖有敕條釐革，其如遠方愚民罕有遵稟，執來契券，虚僞甚多。蓋爲鄰里骨肉不相和協，遂與他人衷私交易，虚擡價錢，故作遠年文契收藏。俟朝廷有敕，許將出限契書赴税務陳首，遂使頑民得便，競將僞契投印。及至争論，執出爲憑，官吏疑惑，便將爲據，臨時斷割，枉直不分。臣今再詳新敕，蓋是果州同判李錫起請之時，不知諸路事體，紊亂正條，棄民本而取毫末之利。若不能尋究虚僞，益使愚民欺罔，争占田地，煩擾州縣，刑禁滋多。所有李錫起請後來直赴務違限文契，臣已别簿拘管，送所屬縣分，勘會有無虚僞，又出牓告示人户訖。欲乞自今後典賣莊宅契，除元限兩月外，更展限四十日，依元敕於本縣投契，委令佐驗認，如無詐僞，關送所屬税場，依例納税錢。限外典賣，不經官司陳首，即許典賣主陳首，不限多少，先依例抽納正税錢入務外，分二分，一分納官，一分支賞業主。如諸色人陳告，即立爲十分，七分納官，三分給告事人。所有文契，並令毁抹，更不行用。國家如此條約，則民政不至隳墜，課利亦自登辦，百端欺詐，漸自泯絶。」又新授西京轉運使高覿言：「《編敕》：『應典賣物業，限兩月批印契，送納税賦錢。限外不來，許人陳告，依漏税條例科罰。』臣竊知西京路去年水災，人户典賣物業不少，多是并兼之家因循以至限滿，避免陪税，便不批契，衷私藏隱。洎有人陳告，官中須至依法施行。欲望曉示人户，以敕到，與限百日，並赴官批印，更不陪税〔一〕。」事下三司詳定，三司「按舊條：典賣物業，須依次第問鄰里，商量相當後，限兩月印契納税。應有偷謾商税，許人告捉，將所偷税物先納正税外，立爲三分，二給本主，一納官，仍支一半賞捉事人。典賣田土納税，除倚郭縣依舊就本州外，其外縣人户就本縣收税印契。今詳二臣所奏，昭儉所乞展限、抽罰、給賞，已有《編敕》施行外，乞應典賣莊田宅契，本州投下，令佐驗認，如無詐僞，便關所屬税場，依例納錢。覿所乞下諸路曉示人户，日前典賣未印契者，與限百日批印，只納本税。欲並依所奏施行。」從之。

六年八月，詔：「應典田土税印契後，若於元契上更添典錢數，或已典就買者，依京商税院例，只據添典及貼買錢收税，粘元契在貼典就買契前批印。」先是，定武軍民有割典田土後來就買者，所納税錢未有定制，因命法寺詳定頒下。

十二月，判許州錢惟演言：「本州準敕，户絶莊田差官估價，召人承買。今有陽翟縣户絶莊三十一頃，已有人户承買，遂差人監勒交割。據本莊現佃户稱要承買。緣準天聖元年詔，『户絶莊或見佃人無力收買，即問地鄰』；五年六月敕只云『召人承買，收錢入官』，即不言問與不問見佃。

〔一〕陪：原作「倍」，據前文改。

伏乞明降指揮。」事下有司詳定。60三司言：「五年所降敕命，只是爲户絶莊估價高，重別估計，召人承買，即不改前敕。望以此意曉諭諸州遵稟施行。」從之。

八年二月，審刑院言：「兩浙自天聖元年已前，人户買賣田産，見有契券、印税、改割税賦分明者，其業主却稱是當日卑幼蒙昧，尊長賣過却論認者，官司更不爲理，並依元立契爲主。所有天聖元年已後人户交易，如有論争，並依前後敕條施行。」從之。

慶〔曆〕七年六月，知滄州郭勸言：「檢會本州天聖六年係黄河渰澇，管内無棣〔一〕、饒安、臨津、樂陵、鹽山等五縣民田甚多，皆被水占，不曾耕種。所有業主逃移，雖有歸心，奈以養種不得，無由復業。及至年限外，他人射爲己業，然不曾耕種，每歲只以水災（被）〔披〕訴，破却二税。酌其本情，只爲河淤肥濃，指望將來水退，悉爲良田，倍獲子利。其官吏但以招攜户口剥竊虚名，其於國家一無所濟。臣到任以來，多有因水災逃户求復還本業，緣拘條難行。載詳法意，所謂災傷，其中甚有輕重，且若霜雹、風旱、蟲蝝、暴雨之類，止於一時，過則仍舊。即不同黄河渰澇，動便三五歲以上，兼又不該説所請逃田耕種與未耕種，納與未納着税數。竊以許人請射之法，蓋欲荒蕪盡闢，征租有入。遂立程限，用以勸課。以此田土在積水之下，徒使兼并及外來人空占久係版籍貧民産業，頗見奸弊。欲乞應係黄河等災傷逃户田土，見在水下，雖有人請射，未曾耕種、未納税數，如本主歸業，委州縣勘會，不以年歲遠近，並却給還。内有水退出地土耕種已納税數兼該年限者，不（在）〔再〕給還。」詔送三司。省司看詳：「欲下京東、京西、河北、陝西轉運司指揮沿黄河州軍，依勸所奏外，仍乞自今後如有似此黄河積水流移人户田土，雖是限滿未來歸業，未許諸色人請射，直候將來水退，其地土堪任耕種日，與依敕限，許令本户歸業。如限滿不來，即許諸色人請射爲主，供輸税賦。」從之。

皇祐三年二月十二日，詔：「詳定諸典賣田宅已成契，後争論，雖步畝不同，並止據元契四至爲定。」

至和二年七月，詔：「如聞河東户役，唯課桑以定物力之差，故農人不敢種植，而絲蠶益薄。但令轉運使勸植之，仍自今毋得以桑數定户等。」已上《國朝會要》。

神宗熙寧元年十月十五日，利州路提點刑獄司言：「轉運司牒：檢估出賣轄下州府未正撥廣惠倉户絶并没納莊田，謹詳元降指揮，只令諸路出賣先次取索到莊田，即不該説今後應有盡行出賣。乞明降指揮，遵守施行。」詔三司遍牒諸路，今後户絶并没納莊田，並估價出賣。

七年三月（三十三）〔二十二〕日〔二〕，詔：「户絶莊産，委

〔一〕天頭原批：「『無』字下原本貼黄。」按，所貼乃是「棣」字，滄州無棣縣也。《大典》避明成祖朱棣諱而貼字，今補。

〔二〕二十二日：原作「三十三日」，按《長編》卷二五一繫於二十二日己未，據改。

開封府界提點及諸路提點刑獄司提轄，限兩月召人充佃，及諸色人實封投狀承買。逐司季具所賣關提舉司封樁，聽司61農寺移用，增助諸路常平本錢。」

十年九月三日，詔：「諸出賣莊産，並依鄉原立定約中租課。元有者依舊。其價錢，係創買人，自許買後限兩箇月納及二分，方得交業，別限二年，分作兩限；元佃人，自許買後限三年分作三限送納。以上每納一分價錢，即減一分租課。願以金銀斛斗折納者聽，川(陝)〔峽〕路許兼以紬絹(打)〔折〕納。仍依常平錢斛折納法。如逐限違欠，各別召人承買，已納錢數並没官。」

元豐元年十一月十八日，司農寺請：「應以田廬借人及保人物産抵當賒貸錢米，更涉歲時未償納民户，欲別限半年納。限滿不足，以元供抵當平直募人買，收其價錢。如一年無人買，即籍没。尚有少數，依條催理。有羨，聽給本主。其没納抵當依賣户絶田産法。」從之。

二年十(一)〔二〕月二十八日〔一〕，詔：「恩賜歸明人田宅，毋得質賣。」以編敕所言，賜田宅本欲化外之人有業可歸〔二〕，不當許其質賣也。

哲宗元祐元年三月十六日，永興軍等路提刑司言：「昨民庶進狀：『興平縣靈寶鄉諸村地土約二百四十餘頃，並納二稅〔三〕。熙寧五年，本縣逼勒退爲牧地，乞依舊耕種。』令本司定奪聞奏，如本路更有將民户稅地改爲牧地者，亦依此。今看詳，欲免納租錢，令依舊。」從之。

四月四日，詔罷典賣田宅私寫契書并不係籍定牙人衷私引領交易法。

十二日，户部言：「民庶上言，每謂各州縣鄉村坊郭人户隱落家業，乞展限十日許令告論。看詳，欲依《元豐令》日限，將《嘉(祜)〔祐〕編敕》内『一月』改爲『六十日』。」從之。

同日，左正言朱光庭言：「昨宋用臣差曾孝廣根括西京永安縣沿路河百姓地土〔四〕，拘納入官。欲下京西轉運司，將拘到地土給還舊日人户。」從之。

七月二十二日，臣僚上言：「遺囑舊法，財産無多少之限。請復《嘉祐敕》財産別無有分骨肉，係本宗不以有服及異姓有服親，並聽遺囑，以勸天下養孤老之意。」從之。

八月二十二日，户部言：「出賣户絶田宅，已有估覆定價，欲依買撲坊場，罷實封投狀。」從之。

六年閏八月十二日，刑部言：「墓田及田内材木土石，不許典賣及非理毁伐，違者杖一百，不以蔭論，仍改正。」從之。

七年三月二十一日，詔：「義養子孫合出離所養之家而無姓可歸者，聽從所養之姓。若共居滿十年，仍令州縣長官量給財産。雖有姓而無家可歸者準此。」

〔一〕十二月：原作「十一月」，據《長編》卷三〇一改。

〔二〕「賜田宅」下原有一「人」字，據《長編》卷三〇一删。

〔三〕稅：原作「秏」，據《長編》卷三七二改。

〔四〕曾：原作「曹」，據《長編》卷三七五改。

十一月五日，詔：「諸〔大〕〔太〕中大夫、觀察使以上，每員許占永業田十五頃。餘官及民庶願以田宅充奉祖宗饗祀之費者，亦聽官給公據，改正税籍，不許子孫分割典賣，止供祭祀。有餘，均贍本族。」

紹聖元年十二月二十七日，三省言：「黄河新堤外退出良田，招誘人歸業，已差左朝請郎王奎前去措置。訪聞退出河淤地上各有主名，不必更遣專使。」從之。

三年二月十日，提62舉梓州路常平等事王雍言：「《元豐令》，孤幼財産，官爲檢校，使親戚撫養之，季給所需。貲蓄不滿五百萬者，召人户供質當舉錢，歲取息二分，爲撫養費。元祐中，監察御史孫升論以爲非便，罷之。竊詳元豐法意，謂歲月悠久，日用耗竭，比壯長所贏無幾，故使舉錢者入息，而資本之在官者自若無所傷。所以收䘏孩稺，矜及隱微，蓋先王美政之遺意。請悉復元豐舊令。」從之。

徽宗建中靖國元年三月二十七日，三省言：「看詳《元符户令》，户絶之家，内外親同居，計年不應得財産，如因藉其營運措置及一倍者，方許奏裁。假如有人萬貫家産，雖增及八九千貫文，猶不該奏，比之三二百貫財産增及一倍者，事體不均。兼昨來元祐敕文，但增置及一千貫者奏裁之法，今參酌重修，雖不及一倍，而及千貫者，並奏裁之。」詔依，仍先次施行。

十月二十一日，詔市易折納田産，並依《户絶田産法》。

政和元年四月六日，臣僚言：「幼孤財産，並寄常平庫。自來官司以其寄納無所，專責轉運司，又以寄佗司，漫不省察，因致州縣得爲姦弊。財物不可留者估賣，則併其帷帳、衣衾、書畫、玩好，幼孤莫能自直。」詔：「於《元符令》内『財産官爲檢校』注文『估賣』字下，添入『委不干礙官覆驗』字；又於『財物召人借請』字下，添入『須有物力户爲保』字；又於『收息二分』字下，添注『限歲前數足』字；又於注文『勾當公人量支食錢』字下，添入『提舉常平司嚴切覺察』字。」

九日，户部奏：「臣僚言，乞令縣邑嚴立法禁，凡質貿田業印契之際，須執分書或租契赴官，按驗畝角税苗分數之實，勒户案人吏并鄉書手即時注籍。其前狀割不盡者，許催税保長於農隙時，具實申縣，專委丞簿追呼衆典買户均攤批契。任滿，括刷一縣移割之數，以爲殿最之法。看詳，欲諸以田宅契投税者，即時當官注籍，給憑由付錢主。限三日勘會業主、鄰人、牙保、寫契人書字圓備無交加，以所典賣頃畝、田色、間架勘驗元業税租、免役錢，紐定應割税租分數，令均平取推，收狀入案，當日於部内對注開收。」從之。

十二月十八日，前知汝州慕容彦逢奏：「孤幼財産，官爲檢校，不滿五千貫，召人供抵當，量數借請，歲收二分之息，資以贍養，俟其長立而還之。法意慈惻，盡於事情。而形勢户虚指抵當，或高估價直，冒法請領，不唯虧欠歲息，迺至并本不納。迨其長立，冒法請領之人，或從官遠方〔一〕，或徙居他所，或不知存在，或妄託事端，因致合給還之人饑寒失所。欲乞檢校孤幼財産，不許形勢户借請及作保，其所供抵當，委官驗實，估定價值，方許給借。」從之。

六年四月十一日，詔：「兩浙轉運司拘收管下諸縣歲額外，合依淮南例，收納人户典63賣田宅赴官收買定帖錢。淮南體例：人户典賣田宅，議定價直，限三日先次請買定帖，出外書填，本縣上簿拘催，限三日買正契。除正紙工墨錢外，其官賣定帖二張，工墨錢一十文省，并每貫收貼納錢三文足。如價錢五貫以上，每貫貼納錢五文足。」

八年四月八日，兩浙轉運司奏：「民間典賣田宅，多有出限未投契納税之人，因爲避免倍罰，一向收藏在私，若不許令赴官陳首，竊意因循虧失税契官錢。欲本路州縣民間典賣田宅，違限未投契納税，特與限一月，許令陳首，與免倍税。如出限不首，並如本法。」從之。

宣和元年十月七日，三省言：「學田并西南外宗室財用司見管田産，請佃人户所納税課太輕。」詔諸路學田并宗室田，許添立租課剗佃，限一月日開狀〔二〕，給最高人。見佃人願依所添數納者，給見佃人。

四年六月九日，發運使、經制兩浙江東路陳亨伯奏：「諸路州縣税契錢多寡不等，欲淮、浙、江、湖、福建七路典賣田宅契錢〔三〕，每一貫文足增收錢二十文足〔四〕，通舊收不得過一百文省，謂如舊收錢六十文足，更只添錢二十七文〔五〕；又舊收錢七十七錢以上，即更不增添錢數。充經制移用錢，應副被賊州縣。」從之。

五年十一月十九日，詔：「京西路累年災傷，頗多逃移。本路應典賣田宅違限、未經推收税租，許典賣人户限百日赴官自陳。如限滿不首，許人告，犯人依典賣田宅推割税租不平法斷罪。仍委縣丞驗刷改正，依近降指揮專一管勾，對注開收，縣令檢察。」

七年二月八日，三省言：「諸路州軍人户，欲自今應典賣田宅，並齎元租契赴官，隨産割税，對立新契。其舊契便行批鑿除豁，官爲印押。本縣户口等第簿亦仰隨時銷注，以絶産去税存之弊。」從之。

五月九日，德音：「京東、河北路州縣人户家業錢緣後來本户典賣，并前來見住屋宇不理作家業之數，理合減損，州縣多行阻難，或雖減免，却於別項家業内增起。並令隨數減落，其已施行若誤者，並改正。」

〔一〕從：原作「役」，據《摛文堂集》卷一〇改。

〔二〕「日」字疑衍。

〔三〕錢：原作「勘」，據《九朝編年備要》卷二九改。

〔四〕收：原作「修」，據《九朝編年備要》卷二九改。按，「二十文」，《九朝編年備要》同，然頗疑當作「二十三文」。《中興小紀》卷四：「陳亨伯經制東南，亨伯……始設比較酒務，量添酒價，及商税額亦增一分，並賣契紙，與公家出納，每緡收二十三文，並號經制錢。」他書所説略同。故下文小注云七十七錢以上更不添錢。

〔五〕二十七：疑當作「一十七」。

欽宗靖康元年正月十七日，詔罷定帖錢，歸常平司。

二月二十八日，詔：「應宮觀僧道及臣僚之家指外路民户見佃官地、房廊充常住并已業者，並拘籍入官，以其業還給元佃人。」已上《續國朝會要》。

高宗建炎元年五月一日，赦：「應人户典賣田宅，因官司不爲減落等第，見依舊供應科配差使，限赦書到一月内，許自陳。驗實，特與減免。」紹興十一年三月七日赦同此制。

紹興二年三月十七日，詔：「應人户典田産，如於入務限内年限已滿，備到元錢收贖，别無交相不明，即許依條施行。仍令户部行下。」以兩浙運副徐康國言鄉村二月後，爲入務人户收贖田産，豪右之家拖延入限，不肯收贖故也。

四月十一日，德音：「被虜人户陷賊，州[64]縣便行籍没家産，情實可矜。除曾爲賊首及賊中用事、名字顯著之人外，家産並行給還。若已出賣，聽被虜人自陳，州縣取見(諸)〔詣〕實，方聽給還，却給元價與已賣人。」

閏四月十日，詔：「典賣田産，不經親鄰及墓田鄰至批退，並限一年内陳訴，出限不得受理。」

六月二十二日〔一〕，詔：「今後諸逃亡、死絶及詭名(抉)〔挾〕佃并産去税存之户，不待造簿，晝時倚閣，檢察推割。著爲令。」

八月二十九日，臣寮言：「典賣田宅，批問鄰至，莫不有法。比緣臣寮申請，以謂近年以來，米價既高，田價亦貴，遂有詐妄陳訴，或經五七年後，稱有房親墓園，鄰至不曾批退。乞依紹興令，三年以上，並聽離革。又緣日限太寬，引惹詞訴，請降詔旨，並限一年内陳訴。欲乞將上件指揮並行寢罷，只依紹興敕令施行。」從之。

九月二十二日，江南東路提刑司言：「本司見有人户陳訴，户絶立繼之子，不合給所繼之家財産。本司看詳，户絶之家，依法既許命繼，却使所繼之人並不得所生所養之家財産，情實可矜。欲乞將已絶命繼之人，於所繼之家財産，視出嫁女等法量許分給。」户部看詳：「欲依本司所申，如係已絶之家，有依條合行立繼之人，其財産依户絶出嫁女法，三分給一，至三千貫止。餘依見行條法。」從之。

九年七月二十七日，簽書樞密院事樓炤言：「陝西諸路昨陷僞齊州軍〔二〕，官吏軍民有結約投歸朝廷或通報事宜往來之人，因人告發，或緣事彰露，及堅守城寨被害之家籍没過産業，仰州縣並行勘驗給還。如田土、屋宇已經請佃轉賣，及給與告人充賞之數，亦仰追改給付。如敢違戾，當職官先次放罷，取旨重行竄責，人吏決配。」從之。

十五年八月七日，知台州吳以言：「人户出典田宅，依條有正契，有合同契，錢、業主各執其一，照證收贖。近來多是私立草契，領錢交業。至限將滿，典主方齎草契赴官

〔一〕六月：本書食貨六九之四九與此同，而食貨一一之一六、食貨六九之二一俱作「八月」，疑作六月是。

〔二〕僞：原作「爲」，《宋史》卷三八〇《樓炤傳》作「劉豫」，劉豫建齊，南宋人稱爲「僞齊」，因改。

請買正契，其合同契往往亦爲典主所收。既經隔年歲，或意在貪占，則多增交易錢數，或揩改元典年辰，或廣包界至，種種昏賴，互有論訴。官司既不能與奪，致限滿不得收贖。欲乞今後應有人户典業，並與錢主同赴官，請買正契并合同契，一般書填所典田宅、交易錢數、年限，責付正身當官收領。如田主印契出違條，即自依没官條法外，若輒行計會，擅領合同契，許業主陳告，究實即給還元典田宅，不成交易，仍從重斷罪。」給事中李若谷等看詳：「其擅領合同契，許業主陳告等，欲依前項所乞事理施行。」從之。

九月三日，夔州路轉運判官虞祺言：「人户典賣田宅，准條具帳開析頃畝、田色、間架、元業税租、色役錢數，均平取推，收狀入案，當日於簿内對注開收訖，方許印契。竊詳典賣田宅，出於窮窘，遂將田産破賣，多是鄉豪、權貴、公吏之家典買。其買地之人 65 每遇投税，扶會本鄉保正，借令别人詐作賣地人名字，赴官對會推割。囑托鄉司承認些少税役，暗行印押契赤，批鑿簿書，其實元不曾依條同賣業人正身赴縣當面盡數承認。緣未有斷罪，欲乞今後人户買賣田宅人，未曾親身赴縣對定推割，開收税簿，而先次印給契赤者，官吏重立法禁。如已前有此弊倖，止於典買地契内暗鑿推招税産，實未曾於簿内開收，乞立限一季，許赴縣自陳，推招批簿。若限外不首，許元賣絶人論訴[一]，將所買田産給還元業人，其價錢不追。所貴貧困之人便得推割。」給事中李若谷等看詳：「今來所陳，皆有成法詳備，務在縣司恪意奉行，如有違戾，其監司、知通自合按治外，所有日前止於契内暗鑿推招税産，實未曾於簿内開收，乞立限陳首一節，欲依所乞事理施行。如限滿不首，許元賣人陳告，將所買田産比附諸色人告獲詐匿減免税租未經減免法，給半還元業人，其價錢不追，餘一半没官。」從之。

十二月三日，尚書金部員外郎宋貺言：「比下詔以戒飭州縣，安集流亡轉徙之人，丁寧備至，而州縣奉行循習，或拘十年之限，不容識認舊産。又有向來雖係上户，緣失業已久，産土未盡開墾，官司便據舊額，起催全科苗税，均認差役，是致供應不給，又復逃移。伏望申命有司檢照前後指揮，深加參酌，别行措置，務令公私兼濟，久遠可行。」詔令户部檢坐累降指揮措置行下。

三十年六月五日，浙西路提舉常平楊倓言[二]：「乞將未賣没官、户絶等田産人户，於四月十五日以前交買過見佃人田産，聽買人收當年地利，管輸二税，償還佃人施過工價。如已後買到，雖已得官司公據，其當年地利，即許元佃人收採，送納租課。」從之。

三十一年四月十九日，知涪州趙不倚言：「契勘人户陳訴户絶繼養、遺囑所得財産，雖各有定制，而所在理斷，間或偏於一端，是致詞訟繁劇。且如甲之妻有所出一女，

[一] 絶：據上文，似當作「地」。
[二] 楊倓：原作「楊琰」，據《建炎要録》卷一八五改。

别無兒男，甲妻既亡，甲再娶後妻，撫養甲之女長成，招進舍贅婿，後來甲患危，爲無子，遂將應有財産遺囑與贅婿。甲既亡，甲妻却取甲之的侄爲養子，致甲之贅婿執甲遺囑與手疏，與所養子争論甲之財産。其理斷官司或有斷令所養子承全財産者，或有斷令贅婿依遺囑管係財産者。」給事中黄祖舜等看詳：「欲下有司審訂，申明行下，庶幾州縣有似此公事，理斷歸一，亦少息詞訟之一端也。」詔祖舜看詳，法所不載，令均給施行[一]。

六月二十二日，户部員外郎馬騏言：「竊謂典賣田宅，條令所載契要格式備矣，或不如式，在法未嘗不許執用。所有執用者，准條明言違法，如私輒典賣之類，是誠不可以執用也。然則契要不如格式，非違法明矣，烏可不使之執用乎？紹興十年申明，將上件不依格式 66 并無牙保、寫契人書字，並作違法斷罪，不許執用。紹興十九年宋貺申明，典賣田宅，不賫砧基簿對行批鑿，並不理爲交易。夫違法者，私輒典賣是也。今契内一項不如式及未批砧基簿，與私輒典賣情犯絶遠，而一槩以違法處之，則倫類不通，非所以爲法也。」户部看詳：「乞下敕令所檢照舊法及申明、續降參照看詳，頒降遵守施行。」本所看詳：「舊來臣寮申請，乞今後人户典賣田産，若契内不開頃畝、間架、四鄰所至，税租役錢，立契業主、鄰人、牙保、寫契人書字，並依違法典賣田宅斷罪，難以革絶交易不明、致生詞訟之弊；不對批鑿砧基簿，難以杜絶減落税錢及産去税存之弊。緣村民多是不曉法式，欲令後除契要不如式不係違法外，若無牙保、寫契人親書押字，而不曾經官司投印者，並作違法，不許執用。已經投印者，止科不應爲之罪。所有對行批鑿砧基簿事，合依原降指揮施行。不曾批鑿已經投印者，令再行批鑿。」從之。已上《中興會要》。

孝宗紹興三十二年六月十三日，孝宗即位未改元。登極赦：「應人户典賣田産，依法合推割税賦，其得産之家避免物力，計囑公吏，不即過割，致出産人户虚有抱納，或雖已割而官司不爲減落等第，抑令依舊差科。可立限兩月，許經官陳首，畫時推割。如違限不首，令元出産人户越訴，依法施行。仍令州縣多出榜曉諭。」

十一月二十四日，權知沅州李發言：「近降指揮，遺囑財産，養子與贅婿均給，即顯均給不行誤。若財産滿一千五百貫，其得遺囑之人，依見行成法，止合三分給一，難與養子均給；若養子、贅婿各給七百五十貫，即有礙遺囑財産條法。乞下有司，更賜參訂。」户部看詳，諸路州縣如有似此陳訴之人，若當來遺囑田産過於成法之數，除依條給付得遺囑人外，其餘數目，盡給養子；如財産數目不滿遺囑條法（法）之數，合依近降指揮均給。」從之。謂如遺囑財産不滿一千貫，若後來有養子，合行均給，若一千貫以上給

[一] 令均給施行：原作「均令給施行」，據下紹興三十二年十一月二十四日條改。意即贅壻與養子各給一半。

五百貫，一千五百貫以上給三分之一，至三千貫止，餘數盡給養子。

隆興元年九月二十五日，知平江府張孝祥言：「吳中之民所以重困者，政緣産去税存，貧者欲速售其田，不暇深思後害，往往依舊虚帶家力苗税在户，至有代納數料〔一〕、賣盡已業者。欲望行下，如人户已賣過田，交業一月，不即收割税色物力入户，許出産人陳訴，没田入官。若已前未曾過割者，亦自今降指揮日理限陳首。」從之。

二年八月十九日，泗州言：「本州自紹興十一年陷蕃，方自三十一年冬收復，經隔二十餘年。近有淮南人户，因收復泗州之後，執契據前來理認紹興十一年以前田土。本州依近降指揮給付外，其間有在蕃界日用錢買到，及租佃
67 施工日久，見執契據條簿，未審合與不合一例追改。」户部言：「已降指揮，雖許歸業人户識認元業田産，其本州人户舊在蕃界日用錢承買，及承佃施工已久，若便依指揮給還識認人，切慮已安業人户却致失所。欲下泗州，如有歸業之人執到契照，識認田業，於係官空閑田比對田色高下，依契撥還。」從之。

十二月十六日，德音：「楚、滁、濠、廬、光州，盱眙、光化軍管内并（楊）〔揚〕、成、西和州，襄陽、德安府，信陽、高郵軍，勘會民户拋棄田産、亡失契書之人，仰申所屬陳乞，官爲審驗，給據管業，不得容令合干人邀阻作弊。」

乾道元年正月一日，南郊赦：「州縣檢校孤幼財産，官司侵用，暨至年及，往往占吝，多不給還。仰州縣日下依條給付，仍令提刑司常切覺察，如有違戾，按劾以聞。」三年十一月二日、六年十一月六日、九年十一月九日南郊赦文，並同此制。

六年十二月十三日，臣僚言：「州縣没官田産，雖已宣賜臣僚，若民户元犯已經辨雪，法該改正，乞即時給還，許別於應籍田産内照元數改賜。」從之。

七年十一月六日，臣僚言：「比年以來，富家大室典買田宅，多不以時税契，有司欲爲過割，無由稽察。乞明詔有司，應民間交易，並令先次過割而後税契，如不先經過割，即不許人户投税。」詔令敕令所參照見行指揮，修立成法。

八年五月十三日，大理少卿、兼同詳定一司敕令、兼權臨安少尹莫濛等言：「檢准《乾道重修敕》：『諸詐匿、減免等第或科配者，謂以財産隱寄，或借假户名，或詐稱官户及〔逃〕亡、詭名挾户之類，以違制論。如係州縣人吏、鄉書手，各加二等，命官及鄉書手仍奏裁〔二〕。未經減免者，各加三等，許人告。官户隨轉官職任分立户籍者，准此〔三〕。』契勘前件條法，自『許人告』而下注文一十四字，得旨添入，已頒行訖。切慮頒行之後，人户所居僻遠，未及通知，却致頑猾人

〔一〕料：原作「科」，據文意改。

〔二〕命官及鄉書手仍奏裁：「及鄉書手」四字，疑因上句有「鄉書手」而誤抄，當删。蓋按慣例，凡犯事之人，通常僅命官主須奏裁，低級人吏則監司、州軍可隨宜斷決。況鄉書手乃鄉間差役之人，豈煩奏裁。

〔三〕「許人告」以下十四字原作正文，據下文所述，此乃注文，今改爲小字。

便行告訐。乞下諸路州縣，自指揮到日爲始，許令自陳，特與改正免罪。如限滿不自陳者，許人告首如法。」詔限一季陳首，令州縣鏤板曉諭。

九月二十一日，詔：「臨安府城内外及屬邑，應官司所占民間地基見充官用者，差官覈實，悉與除豁租稅。」從臨安少尹莫濛請也。

九年十月九日，詔：「逐路常平司行下所屬州縣，自今交易産業，既已印給官契，仰二家即時各齎干照、砧基簿赴官，以其應割之稅，一受一推，書之版簿。仍又朱批官契，該載(遏)〔過〕割之詳。朱批已圓，方得理爲交易。如或違戾，異時論訴到官，富豪得産之家雖有契書，即不憑據受理。」從臣僚請也。已上《乾道會要》。（以上《永樂大典》卷一七五三九）

水利田

【宋會要】

68《中書備對》：「司農寺：自熙寧三年至九年終，府界、諸路水利田一萬七百九十三處，共三十六萬一千一百七十八頃八十八畝，官地一千九百一十五頃三十畝。開封府界，田二十五處，一萬五千七百四十九頃二十九畝；河北西路，田三十四處，四萬二百九頃四畝；河北東路，田一十一處，一萬九千四百五十一頃五十六畝，内官地二十七畝；京東東路，田七十一處，八千八百四十九頃三十八畝，内官地二百八十五頃五十畝；京東西路，田一百六處，一萬七千九十一頃七十六畝；京西南路，田七百二十七處，一萬一千五百五十八頃七十九畝；京西北路，田二百八十三處，二萬一千八百二頃六十六畝；河東路，田一百一十四處，四千七百一十九頃八十一畝；永興等軍路，田一十九處，一千三百五十三頃九十一畝；秦鳳等路，田一百一十三處，三千六百二十七頃七十九畝，内官地一千六百二十九頃五十三畝；梓州路，田一十一處，九百一頃七十七畝；利州路，田一處，三十一頃三十畝；夔州路，田二百七十四處，八百五十四頃六十六畝；成都府路，田二十九處，二千八百八十三頃八十七畝；淮南西路，田一千七百六十一處，四萬三千六百五十一頃一十畝；淮南東路，田五百三十三處，三萬一千一百六十頃五十一畝；福建路，田二百69一十二處，三千二十四頃七十一畝；兩浙路，田一千九百八十處，一十萬四千八百四十八頃四十二畝；江南東路，田五百一十處，一萬七百二頃六十六畝；江南西路，田九百九十七處，四千六百七十四頃八十一畝；荊湖北路，田二百三十三處，八千七百三十三頃三十畝；荊湖南路，田一千四百七十三處，一千一百五十一頃一十四畝；廣南西路，田八百七十九處，二千七百三十八頃八十九畝；廣南東路，田四百七處，五百九十七頃七十三畝。」

淤田

【宋會要】〔一〕 熙寧四年三月戊子，文彦博曰：「陛下即位以來，厲精求治，而人情未安，蓋更張之過也。祖宗以來法制未必皆不可行，但有廢墜不舉之處耳。」馮京曰：「府界既淤田，又修差役〔二〕，作保甲，人極勞弊。」上曰：「淤田於百姓有何患苦？比令内臣拔麥苗，觀其如何，乃取得淤田土〔三〕，視之如細麵然。見一寺僧，言舊有田不可種，去歲以淤田故，遂得麥。」

諸路職田〔四〕

70《中書備對》：諸路職田計二萬三千四百八十六頃九十五畝：開封府界五百九十二頃九十八畝；京西路二千五頃七十五畝；京東路二千一百三十二頃九十三畝；陝西路三千二百五十二頃四十四畝；河東路一千五百九十五頃二十八畝；河北路三千三百五十三頃九十六畝；淮南路二千二十三頃四十五畝；梓州路五百四十六頃六十四畝；利州路四百六十六頃八十八畝；夔州路四百七十二頃七十畝；成都府路七百九十頃九十二畝；福建路五百三十八頃五十六畝；兩浙路一千七百一十三頃七十六畝；荆湖南路五百四十五（畝）〔頃〕九十八畝；荆湖北路八百〔二〕十六頃一十七畝；江西路六百六十頃八十七畝；江東路八百八十八頃五十畝；廣東路五百五十頃七十畝；廣西路五百三十八頃五十畝。（以上《永樂大典》卷四七八）

檢田雜録

【宋會要】〔五〕 71太祖建隆二年四月，大名府上言：「館陶縣民郭贇訴，去冬所檢田各有隱漏田畝。」詔本縣令程迪杖脊除名，配沙門島；元檢官給事中常準奪兩任官。

三年七月，詔以魏、鄆、貝、冀、滑、衛、磁、湘、邢、洺等州自夏少雨，慮秋稼不登，命給事中劉載等十人分檢見苗。

乾德二年四月，詔曰：「自春徂夏，時雨常愆，深念黎元失於播殖，所宜優卹，俾獲昭蘇。應諸道所催今年夏租，委在處長吏檢視民田無見苗者上聞，并與除放。」

〔一〕按下條用干支紀日，其文字同於《長編》卷二二一，惟有删略，蓋《大典》編者節録《長編》而成，誤題作《宋會要》。
〔二〕修：原脱，據《長編》卷二二一補。
〔三〕「淤」上原有「於」字，「土」原作「上」，據《長編》卷二二一删改。
〔四〕原無此題，據王雲海《宋會要輯稿考校》頁三五二補。
〔五〕此三字原稿有，被整理者圈去，今復舊。

太宗太平興國八年九月，詔：「自來水旱災傷，晝時差官檢括，救其艱苦，唯恐後時。頗聞差出使臣遲留不進，州縣之吏日行鞭撲。懼收賦之違限，罹有司之殿罰，且令耕者改種失期，甚無謂也。自今應差檢田使臣，宜令中書量地里遠近及公事大小，責與往來日限，違者科罪。」

九年正月，詔曰：「朕每卹蒸民，務均輿賦，或有災沴，即與蠲除。蓋欲惠貧下之民，豈復以多少爲限？自今諸州民訴水旱二十畝已下者，仍令檢勘。」先是，澶州言民訴水旱二十畝已下，請不在檢視之限也，太宗以貧民當卹之，故有是詔。

淳化四年十月二十七日，詔：「開封府管内人户，近爲雨水害及田苗，已分遣朝臣、使臣與令佐體量通檢。慮人户未得盡知，及有遲滯，宜令差去京朝官、使臣及令佐等詳前降敕命，疾速通檢，具分數以聞，當令特與除放。」

五年正月，知鄭州何昌齡上言：「諸州逃民，非實流亡，皆規免租税，與鄰里相囊橐爲姦爾，願一切檢責之。」詔從其請，仍令先按鄭、懷及磁、相等數郡〔一〕。昌齡所至，凡民十家爲保，一室逃，即均其税於九家；二室、三室逃，亦均其税。鄉里不得訴，州縣不得蠲其租。民被其害，皆逃去，無敢言者。既畢，昌齡又請按他部。時當中春，帝以農事方興，重爲勞擾，罷之，遣昌齡還理所。

九月，命大理寺丞許洞等八人分詣宋、亳、陳、(穎)〔潁〕、泗、壽、鄧、蔡等州按行民田〔二〕，有被水潦爲害及種蒔不及處，並蠲其租。

至道元年九月，遣殿中丞王用和等十四人，分詣開封府諸縣檢勘逃户田産。

二年四月，開封府諸縣民訴旱，命開封府判官、給事中楊徽之等三人，刑部郎中、直昭文館韓授等五人，分路體量。

六月，帝謂宰相曰：「自今開封府諸路檢田，當選京朝官幹事者，勿復差本府官屬。」

真宗天禧二年十月，詔：「自今差官檢勘逃户并災傷民田，令三司寫造奏帳式二本，一付檢田官，一送諸道州、府、軍、監。」

四年八月，詔：「京東西、河北諸州軍經水田苗，蠲減税賦，更不覆檢。」

乾興元年二月，開封府言：「開封 72 等十六縣逃移人户甚多，近得雨澤，日望耕種，欲於鄰近縣分差令佐更(牙)〔互〕覆檢。」詔特免覆檢，今後不得爲例。

仁宗景祐二年十月十三日，中書門下言：「《編敕》，人户披訴災傷田段，各留苗色根楂，未經檢覆，不得耕犂改種。慮妨人户及時耕種，今後人户訴災傷，只於逐段田頭留三兩步苗色根楂準備檢覆，任便改種。故作弊倖，州縣

〔一〕相：原作「湘」，據本書食貨一之二改。
〔二〕蔡：原作「泰」，據本書食貨一之二改。

檢覆官嚴切覺察，不在檢放之限。」先是，訴災者未得改耕，待官檢定〔一〕，方聽耕耨。民苦種蒔失時，重以失所，故詔革之。

至和三年六月，詔：「京東西、荆湖等路被水災處，速差官體量，檢放税賦或倚閣，更不覆檢。」已上《國朝會要》。

神宗熙寧二年六月十二日，詔定：「諸請買荒廢地土已經開墾并增修池塘堤岸之類，却有諸般詞訟，但合斷歸後人者，並官爲檢計用過功價，酬還前人。其增蓋舍屋，栽種竹木之類，亦償其值，願拆伐者聽〔二〕。」

三年三月，同管勾秦鳳路經畧司機宜文字王韶言，渭城下至秦州，緣河有良田萬頃，乞錢興治。言者謂其不實，奪韶一官。既而委本路按驗，言有四千餘頃，乃還其官，而並從其所請。

五月二十八日，詔：「訪聞恩、冀、莫、雄、滄州、永静〔三〕、信安、保定、乾寧軍自夏災傷，其令本路轉運副使王廣廉〔四〕、勾當公事孔嗣宗分行體量，檢放田税，仍多方賑濟饑民，無令失所。」

六年七月十九日，樞密都承旨曾孝寬言：「乞下河北監牧司，差官點定牧地佃户被水菑者田，蠲其租。」詔令轉運、監牧司各選官一員，同依公檢放。

十年十一月，新差知蔡州高賦言：「體問得本州有係官并人户包占無税荒閑田土不少，兼有水利可興。欲望〔詳〕〔許〕臣到任後，依唐州例，曉諭人户，漸行檢括。」從之。

元豐元年八月六日，詔：「河北轉運司體量被水户災傷，及七分，蠲其税；不及七分者，並檢覆。」

四年七月七日，前河北轉運判官呂大忠言：「天下二税，有司檢放災傷，執守謬例，每歲僥倖而免者，無慮二三百萬。其餘水旱蠲閣，類多失實。民披訴災傷狀，多不依公式，諸縣不點檢，所差官不依《編敕》起離月日程限，託故辭避。乞詳定立法。」中書户房言：「《熙寧編敕》約束詳盡，欲申明行下。」從之。

哲宗元祐元年四月四日，三省言：「開封府、諸路災傷，轉運、提點刑獄官並據本路災傷州縣，分定親詣檢校。」從之。

六年七月二十二日，詔：「兩浙路鈐轄、轉運、提刑及蘇、湖等五州，令各具逐州水災所及與高田無水及水退可耕之地各幾何，具實以聞。」從殿中侍御史楊畏請也。

紹聖二年十月十九日，侍御史翟思言：「酸棗、封丘兩縣民詣臺陳訴，户下田旱，詣縣乞73行檢放，縣不爲受理，反決妄訴。請下府界選官〔五〕，同本縣官長周行檢視，如民田實荒，即當蠲放。」詔府界提點司選差官體量以聞。

〔一〕待：原作「得」，據本書食貨一之三改。
〔二〕拆：原作「折」，據本書食貨一之三改。
〔三〕「静」下原有「軍」字，據《長編》卷二二三删。
〔四〕廉：原作「兼」，據《長編》卷二二三改。
〔五〕請：原作「情」，據本書食貨一之四改。

徽宗大觀三年九月六日，詔：「東南路比聞例有災傷，斛斗踴貴。可下諸路監司，仰依實檢放秋苗分數〔一〕，仍依條賑濟。」

政和元年十二月二十七日，前權提舉河北西路常平王覿奏：「河北郡縣地形傾注，諸水所經，如滹沱、漳、（塘）〔唐〕類皆湍猛，不減黃河，流勢轉易不常。民田因緣受害，或沙積而淤昧，或波嚙而昏墊，昔有者今無，昔肥者今瘠。官司利於租賦，莫肯蠲除；人户苦於催科，不無差誤。欲委官悉心體究，凡如上件有帳籍而别無土田，及雖有土田而弗堪耕種者，其夏、秋二税依條法開閣破放施行。」詔户部坐條申明行下。

八年二月十七日，臣寮言：「民田披訴河濼積水災傷，雖或十分收成，亦妄有破放；并遇非泛旱澇，亦多夾帶豐熟地段在内。縣不體究其實，一槩受狀申州，州（下）〔不〕依條委通判、司録同縣令檢覆，而差曹掾、簿尉前去。所委官亦不依條躬親檢視，止在寺院勾集人户，縱公吏不以有無災傷或不曾布種田段，一槩依倣年例約度分數除破，虧損財計，最爲大害。欲令轉運司下所屬繪逐縣諸村地形高下圖，遇非時旱澇，專委縣令子細體度，具被災月日〔二〕、傷稼去處，次第申上，以備檢察。檢覆官先委通判，司録同縣令，如實有故，即依差試官法，不支當月請給。不親至其處，亦重立斷罪告賞條法。」詔户、刑部立法處分。

宣和元年三月二十六日，權京西路轉運判官李佑奏〔三〕：「奉詔體量災傷，賑濟闕食人民。房州去年七月八日有百姓陳訴災傷者數百人，知州李悝將狀首劉均等科斷，差公人監勒劉均等高聲自言：『今後不敢訴災傷。』遍詣城市號令。兼劉均年七十三歲，因斷得病身死。緣此阻遏，放税不及一釐。」詔李悝先次除名勒停，簽書官合干人並勒停，提刑司根勘以聞。

四月二日，京西路轉運判官李佑言：「尚書右丞范致虚奏：京西水災，州縣並不依災傷檢放，勒令民户依舊納税，致民力愈困。體量得汝州諸縣艱於賑濟〔四〕，致有流移飢莩；唐、鄧州〔諸〕縣已依法檢放税租及賑濟；均、房州諸縣放税不盡，致自冬及春以來，往往聚爲賊盗。」詔均、房州知通、逐縣知縣並衝替，唐、鄧州知通各轉一官。

三年二月七日，臣僚言：「水旱災傷去處，州縣已依條差官檢踏，減放苗賦分數訖，而漕臣又令州縣再行增收分數。如宣和元年，蕪湖一縣已經減放分數，而漕臣再行增收八千九百石。」詔令本路提刑司體究以聞。

四年五月二日，詔：「江南東、西路有逃絶及江水壞田，多是虚招税租，監司不問，督責州縣，民力不堪。令轉運司并州縣當職官體究根括，置籍拘管。仍勸 74 誘歸業，

〔一〕檢：原作「驗」，據本書食貨一之四改。
〔二〕具：原作「其」，據本書食貨一之五改。
〔三〕李佑：本書食貨一之五作「李祐」。下條同。
〔四〕量：原作「諒」，據本書食貨一之六改。

及召人租佃承買。其認納税租，令於額内除閣。」

六年三月二十四日，詔：「諸路州縣災傷，多是官司檢放不實，使人户認税額，無所從出，必致流移，不能歸業。今後人户經所屬訴災傷，而檢放不實，州郡、監司不爲伸理，許赴本路廉訪所及尚書省、御史臺越訴。」已上《續國朝會要》。

高宗紹興二年十一月十二日，江浙荆湖廣南福建路都轉運使張公濟言：「人户田苗實有災傷，自合檢視分數蠲放。若本縣界或鄰近縣分小有水旱，人户實無災傷，未敢披訴，多是被本縣書手、貼司先將税簿出外，雇人將逐户頃畝一面寫災傷狀，依限隨衆赴縣陳（過）〔述〕。其檢災官又不曾親行檢視，一例將省税蠲減，却於人户處歛掠錢物不貲。其鄉書手等代人户陳訴災傷，乞行立法。」户部檢坐到《紹興敕》：「諸攬狀爲人赴官訴事，及知訴事不實，若不應陳述而爲書寫者，各杖一百；因而受財贓重，坐贓論加一等。」詔依。告獲，每名支賞錢五十貫。

四年九月十五日，赦：「契勘水旱災傷，檢放官不能遍詣田所，吏緣爲姦，受賕囑託，或以少爲多，或以有爲無，或觀望漕司，各於檢放，致貧民艱於輸納，有流離凍餒之患。今後並委提刑司檢察，如有不實，按劾以聞，當議重責。」

十一月二十六日，兩浙運副李謨言：「被旨催納湖、秀州、平江府上供米斛。據平江府具到今年苗米三十萬餘石，内逃田開閣四萬三千餘石，災傷減放八萬二千餘石。契勘本府鄉村田畝，比之他處，最係肥田，竊慮暗有椿占，及不親臨檢視。乞下浙西提刑司專委官覆實，將不職官吏送所司根勘，重賜行遣。如所委官輒敢隱蔽不實，許監司互察，依此根勘。」從之。

同日，中書舍人王居正言：「竊見屢下詔旨、赦文，倚閣逃絶，檢放災傷，四方守令奉行不虔，猶恐實惠未必及人。今州縣一有開閣逃田及檢放災傷去處，則監司便指官吏作弊，欲寘於法。臣已取會常州、鎮江府所放災傷〔一〕，與平江府分數一同，其開閣逃田，亦係已經於去年開閣數目。轉運司已依近降指揮，將鎮江府等處檢放數目牒提刑司，委官檢察去訖。今平江府獨從朝廷行下，恐提刑司及所委官心懷觀望，保明不實，使逃户及被災傷之人抑勒敷納，爲害不細。乞賜追寢今降指揮。」從之。

五年八月十一日，中書門下省言：「江東西、浙東路，昨緣雨澤愆期，有傷苗稼。」詔令逐路轉運司委官前去體度，如實被災傷去處，依條檢視施行〔二〕。

二十四日，内降德音：「訪聞廣南東路多緣颶風、亢旱，損傷禾稼，在法自有合放分數。仰本路轉運司委官前去體度，如實被災傷去處，依條檢視施行〔三〕。」

〔一〕放：原作「會」，據本書食貨一之七改。
〔二〕檢：原作「減」，據本書食貨一之八改。
〔三〕檢：原作「減」，據本書食貨一之八改。

六年二月八日，中書門下省言：「勘會民田曾經水發衝壞，不堪開修耕作，依條，州縣檢視及轉運司覆實，方與[75]開閣，減免税租。竊慮其間因民户陳訴，州縣行移稽留，致有虚納税租者〔一〕，理宜措置。」詔令諸路轉運司行下州縣，如有文案可照，曾行檢踏者，疾速依條覈實以聞。

十三年三月二十三日，廣南西路轉運司言：「静江府自紹興七年差官根括逃田，雖已根括了絶，目今不住却據逐縣申明，人户陳訴，有逃絶户數至多，蓋緣所差官並不躬行阡陌，親自檢踏。今欲將日後根括之官，經及三年不至民户詞訟，别無不盡田土，方許所屬次第保明。應餘路有根括逃田去處，亦乞依此施行，仍下諸路轉運司遵守施行。」從之。

十五年六月二十一日，詳定一司敕令所删定官錢寵言：「欲望申戒州縣，或遇水旱減放民田，致民冤訴，差官覈實〔二〕，果有不當，必重寘典刑，庶幾民被實惠。」從之。

十六年二月二十五日，權知衡州賓深言：「衡州管下頻年豐稔，不減平時，然而尚有抛荒之土未盡耕墾，良（田）〔由〕檢放不實，田主未敢歸業。欲望檢照前後累降指揮，委自監司，重行檢放，召令歸業。其孤老困乏力不能辦者，官與支借種糧、牛具，責限隨帶二税送納。則不一二年間，田畝可以盡耕，逃民可以盡歸〔三〕，省税可以盡復。」從之。

十七年十（十）一月二日，上諭輔臣曰：「州縣災傷，宜令官司留意檢放〔四〕，不得苟取一時税租，却致人户逃移，難以復業。」

十八年十月二十八日，臣僚言：「今年夏秋之交，天時亢旱，災傷去處，農民艱食。欲望嚴戒所部監司、守令，常切存卹災傷農民，無致失所。」上曰：「如委實災傷，可令所屬依條檢放税租。或有違戾，監司覺察，按劾以聞。」

十一月二十七日，户部言：「訪聞江、浙〔五〕、淮南災傷，依法以元狀差通判或職官同令佐詣田所躬親檢視，申州，具放税租色額，分數牓示，及申所屬監司檢察。即有不當，監司選差鄰州官覆檢。失檢察者，提點刑獄司覺察取勘，具案以聞。今欲下江、浙、淮南路州軍，據災傷縣分，遵依今（限）〔降〕指揮，依實檢放。分明大字出牓鄉村，曉諭民户通知。并下逐路轉運司、常平司，子細檢察所差官與令佐各曾與不曾躬詣田所檢視，有無不實不盡，將違戾去處依法按劾施行。」從之。

十二月二十二日，上諭輔臣曰：「災傷去處，已降指揮檢放税苗。可申嚴行下逐路當職官，須管依實檢放，如有不盡，許人户經尚書省越訴。」

二十三年六月三日，上諭輔臣曰：「聞諸處民田有被

〔一〕虚：原作「虧」，據本書食貨一之八改。
〔二〕覈：原作「覆」，據本書食貨一之九改。
〔三〕逃：原作「逸」，據本書食貨一之九改。
〔四〕司：原脱，據本書食貨一之九補。
〔五〕江浙：原倒，據本書食貨一之九乙。

水害者，可令户部行下州縣差官檢視。不可救護去處，依條放苗。」

二十四年十月三日，三省言：「諸路州軍豐熟，間有高田旱傷去處。」上曰：「可令依條檢放，公私欠負，仍住催理。其係官年歲深遠者，委户部開具，取旨除放〔一〕。仍令常平司措置〔二〕，通融糶糴，務令兼濟，毋致失所。」

二十五年十一月十九日，赦：「勘會兩浙、江東、淮〔南〕路間有因風水傷【76】損田苗去處，除節次已降指揮存恤賑糶外〔三〕，委逐路漕司行下州縣〔四〕，不體至意，檢放失實，或漕司不爲除豁，致人户虚受苗税，如有似此違戾去處，仰提刑司覺察按劾，仍許人户越訴。」

二十六年二月五日，詳定一司敕令所删定官柳綸言：「臣竊見民間歲納秋苗，間有旱澇，自合減放分數。近來州縣多是利於所入，畧不加恤〔五〕。及檢視之際，雖曰差官檢實，往往觀望，徒爲虚文，是致貧民下户監繫無時，至有終身不能償者。乞下有司嚴立約束，許民户越訴。」從之。

二十七年十月六日，詔：「秋雨過多，深慮下田有被損去處，仰州縣依條減放，務在實惠及民，不得鹵莽失實。仍令監司檢察。」

十一月四日，殿中侍御史葉義問言：「昨將漕江東〔六〕，目睹檢放之弊。且以江東一路言之，歲認上供額八十五萬碩，皆責辦州縣及時輸納。然其間或因災傷減放，致令有承認不足數目，朝廷灼見難以催理，曾降指揮除放至紹興二十二年訖；自二十三年以後，實因災傷檢放米數，依舊催理。臣嘗具此聞奏，蒙行下户部勘當，至今未與除豁。欲望特降指揮，將紹興二十三年以後州縣實因災傷檢放米數〔七〕、已行申奏未準户部銷豁者，特與除放。仍令監司申戒州縣官司，自後或遇災傷，須管及時躬詣田所，依條從實檢放，並具結罪保明狀申奏〔八〕。如檢放不實，監司按劾；如監司容縱，令御史臺彈糾。」從之。

二十八年八月二日，詔令逐路轉運司疾速行下州縣〔九〕，開〔具〕實被災傷頃畝數目及合檢放分數以聞。

三十年十月四日，臣寮言：「欲望令逐路監司嚴察州縣，委有災傷去處，並令從實放税。其有奉行不虔之吏，按劾聞奏。」詔令依條檢放。以上《中興會要》。

孝宗隆興元年八月二十日，臣寮言：「州縣減放災傷奉行不虔，守令未嘗加意，十分災傷之處，檢放不及二三分。乞自今年八月三十日以後，再展限一月，州縣多出文

〔一〕除：原作「條」，據本書食貨一之一〇改。
〔二〕司：原脱，據本書食貨一之一〇補。
〔三〕糶：原作「糴」，據本書食貨一之一〇改。
〔四〕逐：原脱，據本書食貨一之一〇補。
〔五〕不：原作「無」，據本書食貨一之一〇改。
〔六〕將：原脱，據本書食貨一之一〇補。
〔七〕紹：原作「給」，據本書食貨一之一一改。
〔八〕結：原作「給」，據本書食貨一之一一改。
〔九〕司：原脱，據本書食貨一之一一補。

榜曉示。應今年經水旱、蝗螟災傷去處，許人户從實經縣陳理，不拘早晚收接。委縣令躬親同所差州官前去地頭檢視着實分數，依條檢放。仍委知州專一覺察諸縣，監司覺察諸州，如有奉行違戾，並委監司、郡守將所委官按劾，人吏編配施行。如監司、郡守不行覺察，並許人户越訴，御史臺彈劾以聞。」從之。

乾道三年八月十六日，起居舍人黄鈞言：「竊聞四川亢旱異常，自春及夏，民情嗷嗷。比至六月下旬，乃始得雨，揆之農時，似不及事。得雨之後，但植晚豆，就令豐熟，所得無幾。(具)〔其〕它郡邑，又有螟螣害稼去處。竊緣四川阻遠，自來循例不申災傷，不行檢放。欲望行下四路帥臣、監司從實體量，稍加存恤。」從之。

九月十三日，臣寮言：「檢視災傷，雖有條法，官司玩習，未嘗遵依。每差州官到縣，隨行征求追取，77皆有定例。然後擇村疃中近來瘠薄不熟之田，先往視之，多爲蠲放，名曰『應破』；又擇今歲偶然稍熟之處，再往視之，責以妄訴，名曰『伏熟』，重爲民困。望詔守臣，選差練曉清彊之官公心考覈。申飭監司，嚴爲按舉，凡所差官汙廉勤惰、公正與夫誣妄之狀，悉以上聞。」從之。

四年七月二十五日，詔：「諸路轉運司行下所屬州縣，將災傷去處，各選委清彊官遍詣地頭，盡實檢放。或不實不盡，有虧公私，被差官并所差不當官司，並重作行遣。其被水至甚去處，令監司、守臣條具合措置存卹事件聞奏。」以三省言荆南、建寧、衢、饒、信等州災傷故也[一]。

六年六月二十七日，户部尚書曾懷言：「乞委諸路漕臣，應災傷去處，仰民户依條式於限内陳狀，仍録白本户砧基、田産數目、四至，投連狀前，委自縣官將砧基點對坐落鄉村、四至畮步[二]，差官覈實檢放。如輒敢妄移豐熟鄉分在災傷地分僥倖減免，許人陳告，依條斷罪，仍將妄訴田畝並拘没入官，以一半給告人充賞。或有豐熟去處，收割禾稻了當，却開(壥)〔撅〕圍岸，放水入田。瞞昧官司之人，亦乞依此施行。若州縣奉行滅裂，從漕臣按治，重寘典憲。」詔依，諸路遇有災傷，令監司、守令依此施行。

八月二十八日，詔：「今(後)〔歲〕夏秋之間，水旱交作，繼之螟蟲害稼滋多。其間江東、西最甚，二浙次之，福建、湖南北又次之。可令諸路監司早行覈實，檢放税租。」

七年八月七日，江南西路轉運司言：「本路今年春夏以來，久闕雨澤，江州尤甚。欲將本州諸縣乾道七年所催夏租紬絹錢物，内第四等以下人户，除形勢户外，並與減免三分，第五等減免五分。」詔令所委漕臣，將災傷去處第四等、五等人户秋税覆實所有輕重，一面依條檢放，具已檢過分數以聞。

十一月十四日，詳定一司敕令所修立下條：「諸災傷

[一] 災：原作「火」，據本書食貨一之二二改。
[二] 步：原作「部」，據本書食貨一之二二改。

路分，安撫司體量、措置，轉運司檢放、展閣，軍糧闕乏，聽以省計通融應副。常平司糴給、借貸，提刑司覺察妄濫。如或違戾，許互相按舉，仍各具已行事件申尚書省。諸災傷路分帥臣、監司申到已行措置檢放、糴給、覺察事件，並歲終考察修廢以聞。」從之。

九年八月九日，詔：「浙東州軍間有闕雨去處，不無損傷田畮，可令兩浙路轉運司委官躬親檢視，如有所損分數，即仰覈實，依條減放，仍具已施行去處申尚書省。」

九月二十六日，臣寮言：「伏見今夏已來，雨不及期，浙東諸郡旱者甚衆〔一〕，至於江西，間有荒歉，田野之間，以艱食爲慮。竊恐今來州郡不知仰體陛下軫念元元之意，遂使荒政不舉，實惠不孚，重爲民害。欲乞申嚴行下，凡有旱傷去處，必須重實檢放，不得亂有沮抑，致奸和氣。仍乞令逐路常平提舉官躬親巡歷，同帥、漕之臣覺察，按劾以聞。」從之。

十二月十四日，詔：「嚴州守臣選差諳78練職官一員，將已行檢視之數下諸縣審實，如委被渰没去處，即與倚閣二稅，候至將來開復，却行起催。」臣寮言「嚴州溪流（瀑）〔暴〕漲，並溪之田皆爲渰没，縣佐檢視，未爲得實」故也。以上《乾道會要》。

限田雜録

高宗紹興元年十二月十四日，權戶部侍郎柳約言：「授田有限，著於令甲。比來有司漫不加省，占仕籍者統名官户，凡有科敷，例各減免，悉與編户不同。由是權倖相高，廣占隴畝，無復舊制。願推明祖宗限田之制，因時救弊〔二〕，重行裁定。應品官之家各據合得頃畝之數〔三〕，許與減免，數外悉與編户一同科敷。」詔坐條行下。

十七年正月十五日，臣寮言：「政和令格：品官之家，鄉村田產得免差科，一品一百頃，二品九十頃，下至八品二十頃，九品十頃。其格外數悉同編户。今朝廷之意，蓋欲盡循祖宗之法，以紓民力。比年以來，軍須百出，編户有不能辦，州縣必勸誘官户共濟其事。上下併力，猶患不給，今若自一品至九品皆得如數占田，則是官吏更無科配，所有軍須，悉歸編户，豈不重困民力哉！望詔大臣，重加審訂，凡是官户，除依條免差役外，所有其他科配，並權同編户一例均敷，庶幾上下均平，民受實惠。至若限田格令，臣欲候將來兵戈寧靜日，別取旨施行。」又言：「今日官户不可勝

〔一〕諸：原作「路」，據本書食貨一之一三改。
〔二〕弊：原作「世」，據本書食貨六之一改。
〔三〕合：原作「各」，據本書食貨六之一改。

計，而又富商、大農之家多以金帛竄名軍中〔一〕，僥倖補官，及假名冒户、規免科須者，比比皆是。如臣所請，則此弊可以少革，而科敷均平，民不重困，實濟國用。」詔令户部限三日勘會，申尚書省。於是户部勘當〔二〕：「欲依臣僚所乞，權令應官户除依條免差役外，所有其他科配，不以限田多少，並同編户一例均敷科配。候將來邊事静息日，却依舊制施行。」從之。

二十九年三月二十二日，大理評事趙善養言：「官户田多，差役並免，其所差役，無非物力低小貧下之民。望詔有司立限田之制，以抑豪勢無厭之欲。」於是户部言：「近年已來，往往不依條格增置田產，致州縣差役不行。應品官之家所置田產，依條格合得頃畝已過數者，免追改，將格外之數衮同編户，募人充役。」詔令給舍、户部長貳同議，措置取旨。其後給事中周麟之等言：「今措置，官户用見存官立户者，許依見行品格；用父祖生前曾任官若贈官立户名者，各減見存官品格之半。父祖官卑見存，同居子孫官品高，如未析户，聽從高。及官户於一州諸縣各有田產，並令各縣紐計，每縣併作一户，通一州之數，依品格併計，將格外頃畝，並令依編户等則，於田畝最多縣分，衮同比並差役。若逐縣各有格外之數合充役者，即隨縣各差坐募人充役。即役未滿而本官加品，並令終役。逐州委通判或職官〔三〕、縣丞、79 尉專一主管，將諸縣官户及併計到田產數置籍。如本州遇逐縣申到陞降，並仰於當日銷注。如縣內出入田產已過割訖，或官員加品，限一日申州主管司注籍。如人吏違限不注籍，從杖一百科斷訖勒罷；如別有情弊，故作稽滯，因事發覺者，徒二年，有贓則計贓論。其主管官，仰監司具名申尚書省。自指揮到日，許各家將子户詭名寄產，限三月從實首併作一户拘籍。如出限不首併，許諸色人告，不以多少，一半充賞，一半没官。其見立户名官員或品官子孫，並取旨重作行遣。如告首不實，並依條斷罪。及日下州委知通、職官，縣委令佐，取索官户户籍編排。若已編排訖，却有隱匿蓋庇不實，及奉行滅裂，及於差役時觀望不公，並許人户越訴，其當職官取旨重作黜責，人吏斷配。仍仰逐路監司常切覺察，如有違戾，按劾以聞。監司失覺察，令御史臺彈奏〔四〕。品官募人充役，如有敢倚恃官勢及豪强有力，於本保内非理搔擾，並許民户越訴。及不伏州縣依法差使，許當職官按劾，有官人并品官子孫並取旨重作行遣。並只許募本縣土着有行止人，不許募放停軍人及曾係公人充。違者，許人告。」詳定一司敕令所看詳前項措置，欲依所請，下户部遍牒諸路州軍遵守施行。從之。

三十年正月五日，户部言：「近給舍措置品官之家見

〔一〕農：本書食貨六之二作「業」。
〔二〕當：原作「官」，據本書食貨六之二改。
〔三〕判：原作「州」，據本書食貨六之三改。
〔四〕史：原脱，據本書食貨六之三補。

行品格，用見存官及父祖生前曾任官若贈官立户，并一州諸縣如有田産，並令紐計併作一户，通一州之數頃畝，令依編户衮同差役；許將子户詭名寄産，限三月實首，併拘籍，如出限，許諸色人告，一半充賞。本部今再措置：一品官子孫分爲十户，每户許置田五十頃之類，品官之家田土内有山林園圃及墳墓地段之類〔一〕，難以一例理數。今乞並行豁除，不理爲限田之數。内蘆場頃畝，折半計數。其子户詭名寄産，元限三箇月首併，竊慮内有守臣不在置産州縣，未能依限首併，今欲更與展限兩箇月，如出違所展日限，即依已降指揮施行。」詔依，仍行下諸路監司、州縣遵守施行。

三十一年正月二十五日，臣僚言：「近降品官限田指揮，所以優卹下户，恩意甚厚。其間條目約束有所未盡，謂如一品官限田百頃，身後半之，使其家有十子，各占五十頃，則爲五百頃。若復阡陌連亘數州，所占不知幾何。又勳貴之家，援例乞免差徭〔二〕，雖不過數家，而在品官限田之前，今亦泛然引用，或甘募人充役，或引舊例丐免，州縣推行不一。乞委自守令，條具經久可行利害，委監司及本州類申朝廷，委官看定。」從之。以上《中興會要》。

孝宗乾道元年正月一日，南郊赦：「官户多立户名，編民冒作官户，祖父母、父母在而私立户名。竊慮尚有未曾經官首併之家，因人陳告，致坐罪戾。80可自赦到日，更限一月，許令首併歸户。」三年、六年、九年南郊赦〔三〕，並同此制。

四年九月十二日，臣寮言品官占田，理爲官户事，户部照得：「承蔭子孫許置田畝數目，雖比父祖生前品格減半，若析户數衆，其所置田畝委是太多。今重別勘當，謂如一品父祖，元格許置田一百頃，死亡之後，子孫用父祖生前曾任官或(增)〔贈〕官立户，減半計置田五十頃。若子孫分析，不以户數多寡，欲共計不許過元格減半五十頃之數。其餘格外所置數目，並同編户。其餘品從亦乞依此類施行，庶得下户不致差役頻併。」從之。

六年三月二十一日，詔曰：「朕深維治不加進，夙夜興懷，思有以正其本者。今欲均役法，嚴限田，抑游手，務農桑。凡是數者，卿等二三大臣深思熟計，爲朕任此而力行之。其交修一心，毋輕懷去留，以負委寄，此朕所望也。」

九月二十一日，中書門下省言：「差役之弊，大抵田畝皆歸官户，雖申嚴限田之法，而所立官品有崇卑，所限田畝亦有多寡。品官田多，往往假名寄産，卒逃出限之數。不若勿拘限法，今後官户與民户，一槩通選物力第二等以上輪差，二年一替。官户許僱人代役，且以十年爲限。如經久可行，別議立爲永法。」詔依，兩浙路先次遵守。

八年四月二十五日，臣僚言：「役法之均，其法莫若限

〔一〕官：原作「家」，據本書食貨六之四改。
〔二〕免：原作「充」，據本書食貨六之四改。
〔三〕九年：原作「九月」，據《文獻通考》卷七二改。

民田。自十頃以上至於二十頃，則爲下農；自二十一頃之上至於四十頃，則爲中農；自四十一頃以上至於六十頃，則爲上農。然後可使上農三役、中農二役、下農一役，豈復有不均之嘆哉！其常有萬頃者，則使其子孫分析之時，必以三農之數爲限。其或詭名挾户，而在三農限田之外者，則許人首告，而没田於官。磨以歲月，不惟天下無不均之役，亦且無不均之民矣。」詔令給、舍同户部看詳。看詳：「品官之家照應元立限田條限減半，與免差役。蔭人許用生前曾任官品格，與減半置田。如子孫分析，不以户數多少，通計不許過減半之數。仍於分書并砧基簿内分明該説父祖官品并本户合置限田數，自今來析作幾户，每户各合限田若干。若分析時[一]，田畝不及合得所分格内之數，許將日後增置到田畮湊數，經所屬批鑿添入，照驗免役。若分書并砧基内不曾該説，並不在免役之限。若諸縣皆置田産，竊慮重疊免役，仍令諸縣勒令各家自行指定，就一縣用限田免役。如所指縣分田畝不及合得限田之數，許於鄰縣湊數。其餘數目及别縣田産，并封贈官子孫，並同編户差役。有已差役人輒於役内無故析户，計會官司差人抵替，致引惹詞訴。今欲將來差役前父母亡殁，服闋在充役之内，合行析户者，聽析户外，其見役人無故析户，即有所規避，須候滿方許陳乞。」從之。已上《乾道會要》。

墾田雜録

【宋會要】

81 高宗紹興二年七月五日，詔：「知興國軍王綯、知永興縣陳升首先奉行詔令，措置招誘人户耕墾閑田，可各與轉一官。候措置就緒日，令本路提刑司保明，備申朝廷，取旨褒擢。」

十二月十八日，詔：「諸路寺觀常住荒田，令州縣召僧道耕墾。内措置有方，及税租無拖欠者，並仰所屬差撥住持。其田宅寺觀，仍不以名次高下差撥。」

五年五月十五日，户部言：「修立到諸路曾經殘破州縣守令每歲招誘措置墾闢及拋荒田土殿最格：一、增：謂見拋荒田土而能招誘措置墾闢者。一分，知州陞三季名次，縣令陞半年名次；二分，知州陞一年名次，縣令陞三季名次；三分，知州減磨勘一年，縣令陞一年名次；四分，知州減磨勘一年半，縣令減磨勘一年；五分，知州減磨勘二年，縣令減磨勘一年半；六分，知州減磨勘二年半，縣令減磨勘二年；承直郎以下循一資。七分，知州減磨勘三年，縣令減磨勘二年半；承直郎以下循一資，到部陞半年名次。八分，知州減磨勘三年半，縣令減磨勘三年；承直郎以下循一資，仍占射差遣一次。

[一] 析：原作「晰」，據本書食貨六之六改。

九分，知州轉一官，縣令減磨勘三年半。承直郎以下循一資，仍占射差遣一次，到部陞半年名次。一、虧：謂見耕種田不因再被盜賊殘害若災傷而致拋荒者。一分，知州降三季名次，縣令降半年名次；二分，知州降一年名次，縣令降三季名次；三分，知州展磨勘一年，縣令降一年名次；四分，知州展磨勘一年半，縣令展磨勘一年；五分，知州展磨勘二年，縣令展磨勘一年半；承直郎以下到部降一年半名次。六分，知州展磨勘二年半，縣令展磨勘二年；承直郎以下降一資。七分，知州展磨勘三年，縣令展磨勘二年半；承直郎以下降一資，到部降半年名次。八分，知州展磨勘三年半，縣令展磨勘三年；承直郎以下降一資，到部降一年名次。九分，知州降一官，縣令展磨勘三年半。承直郎以下降一資，到部降一年半名次。一、考州縣守令墾闢拋荒田土，增虧十分者，取旨賞罰。一、考州縣墾闢拋荒田土理分者，以守令到任日見墾田畝十分爲率。一、諸縣每月終〔見〕〔具〕措置招誘到墾闢田畝實數申州。州每季終申監司準此。若守令替罷，即州縣限五日具在任月日內墾闢田畝數申。一、守令措置招誘墾闢田畝並歲考日限約束，並依戶口法。若守令在任雖不及半年，而增及一分以上者，亦考察。一、守令雖係權攝，賞罰並同正官。一、考知州、縣令措置招誘墾闢田土不實，及供具田畝增減，若保奏違限，並依考戶口法。其增虧九分者，依上下等，餘依中等。一、歲考州縣守令招82誘措置墾闢及拋荒田土者，其比考之數更不通計。謂如到任第一年增五分，其第二年數別理之類。已上格法，令三省、吏部、戶部、諸路通用。」詔依，仍先次施行。

十四年三月八日，戶部言：「契勘京西州軍係累經殘破，荒田至多，委是開墾倍費他州。欲下本路轉運司，將管下荒閑田土自請佃後，與放免二年租課。」從之。

十九年十一月二十一日，臣僚言：「契勘淮南東西、荆湖等路比年寧靖，民稍復業而戶口未廣，田野漸闢而曠土尚多。惟縣令最爲親民，此未有賞格可以激勸。今欲下諸路轉運司，取見屬縣已歸業人戶與耕墾田畝稅賦之數，委官審實，注籍申部。如一政內能勸誘人戶歸業、耕墾田業、添復稅租，增及一倍，從本州保明，申運司審實，保明申省部，立定賞格；不及倍者，亦量所增之多寡，遞與推賞。其不能勸誘，又致流亡荒廢者，罰亦如之。」於是戶部言：「增戶口，措置墾闢田土，昨承指揮，立定守令歲考增虧格法，至今少有申到賞罰文狀。蓋緣所立格法輕重不倫，致無激勸用心招集。謂如措置墾闢田土，增一分，知州陞三季名次，縣令卻止陞半年名次。今來官員陳請，乞立定縣令一政內能勸誘民戶歸業、耕墾田業、添復稅租增虧賞罰。本部契勘逐路拋荒田土數多，全藉守令措置，招誘人戶耕墾，比之興修農田水利尤重。若不增重賞格，開墾無緣增廣。今比擬守令一任招誘措置墾闢田土賞罰格下項：知州，增：謂到任之後管屬諸縣開墾過見拋荒田土。一千頃，轉一官；七百頃，減磨勘三年；五百頃，減磨勘二年。虧：謂到任之後，管屬諸縣見耕種田不因災傷而致拋荒者。五百頃，展磨勘二年；三百頃，展磨勘一年。知縣、縣令，增：謂到任之後開墾過見拋荒田(者)〔土〕。五百頃，承務郎以上轉一官；承直郎以下依條施行。四百頃，承務郎以上減磨勘三年；承直郎以下循一資，仍減磨勘一年。願以循資當舉官者，當舉官一員。三百頃，承務郎以上減磨勘二年；承直郎以下循一資。願以循資當舉官者，當舉官一員。二百頃，減磨勘一年半；一百頃，減磨勘一年。虧：謂到任之後，見耕種田不因災傷而致拋荒者。一百頃，展磨勘一年；每及百頃依此。五十頃，降三季名次；三十頃，降半年名次。一、縣令到任日，具着業户口、墾闢田畝、税賦、拋荒田土實數申明，本州覆實，保明申轉運司，知州到任申轉運司準此。轉運司保明申尚書户部。一、縣令每歲終〔一〕，具措置招誘墾闢田畝、增添税賦及有無却拋荒田土實數，交割付後官，從後官保明申州；州限半月覆實，申轉運司；轉運司一月，保明申尚書省户部。一、守令若權攝官，據權過月日内開墾田數交(格)〔割〕，或有拋荒田土，並依正官賞罰。一、今除前項立定賞格外，如有任内於所 83 立格外開墾田土增廣數目，并許計數累賞。一、守令措置招誘墾闢田土、增添税賦等，若供具增減不實，及供申違限，乞重立條法施行。如得允當，即乞更下吏、刑部審覆施行。及乞下諸路轉運司，取見屬縣已歸業人户、耕墾田畝、税賦之數，委官審實注籍訖，先次開具，保明申部。」從之。

二十年四月二十七日，左朝奉大夫、新差知廬州吴逵言：「請置力田之科，以重勸農之政。募民就耕淮甸，賞以官資，闢田以廣官莊，自今歲始。漢制，計户口置員，則有賞員。今欲以斛斗定賞，必無濫賞。江、浙、福建委監司、守臣勸誘土豪大姓赴淮南〔二〕，從便開墾田地，實爲永久之利。今立定賞格，土豪大姓、諸色人就耕淮南，開墾荒閒田地歸官莊者，歲收穀五百碩，免本户差役一次；七百碩，補進義副尉；八百碩，補不理選限州助教；一千碩，補進武副尉；一千五百碩，補不理選限將仕郎；三千碩，補進義校尉；四千碩，補進武校尉。並作力田出身〔三〕。其被賞後，再開墾田及元數，許參選如法，理名次在武舉特奏名出身之上。已上文武職遇科場，並得赴轉運司應舉。」從之。

九月十九日，知廬州吴逵劄子：「契勘就耕之民以力田賞格開墾田畝，便著籍爲管官莊户，慮名繫於官，不得自由。欲望將管官莊户只作力田户，其推賞事件，並依元格施行。」從之。

二十二年十月十二日，詔權發遣京西路轉運判官、兼提刑、提舉常平茶鹽等公事魏安行特轉一官。以前知滁州開墾荒田二千餘頃推恩也。

二十六年四月二十七日，户部言：「淮南人户未耕官田，已降指揮展限三年開墾。今欲下本路州縣出榜曉諭人

〔一〕歲：疑當作「任」。
〔二〕姓：原作「户」，據本書食貨六之一四改。
〔三〕並作：原無，據《建炎要録》卷一六一補。

戶，將本戶內已請射未耕種官田，限二年盡行開墾耕種。如限滿有未種田畝，即許諸色人剗佃，限即時給付。其京西路若有似此去處，亦乞依此。」從之。

六月十五日，吏、戶部言：「荆湖北路見有荒閑田甚多，亦皆膏腴，佃耕者絶少。欲下本路轉運司，應干係官等，閑田行下所部州縣招誘，不以有無拘礙之人，並許踏逐，指射請佃，不限頃畝，給先投狀之人。自承佃後，與放免租課五年。其送納租課，應副牛種等，並依京西路已得指揮施行。仍令四川制置司行下逐路轉運司曉諭〔一〕，如願往湖北請佃開墾官田人戶，亦仰即時給據，津發前去。其放免租課等，依此施行。守令招誘戶口，令本路監司取其能者保明推賞。內有不職之人，按劾取旨責罰。」從之。

二十九年十二月十六日，直敷文閣、淮南東路轉運副使魏安行言：「淮東州縣閑田甚多，今欲勸誘民戶增廣力田，先次條畫下項：一、乞將本路招誘到人戶先支借口糧，次給農器、牛具〔二〕、種子，蓋造住屋。筭計所直，俟種田見利，立定分數，逐年次第還官。并令州縣訪聞籍記土豪姓名，乞量立賞格。84 如能招致耕田人戶一百家者，有官人差充部押官，無官人補甲頭；招及一百〔五十〕家者，有官人減二年磨勘，無官人依八資法，補守闕進義副尉。每五十家遞遷一等。無官人至五百家，補承信郎。五百家，有官人充轄官，無官人令依今來措置補名目人與遞遷充部押官。並依効用補官法支破請受〔三〕，理爲資任。及立賞招誘未來之人，有能招誘人戶十家、耕田三頃者，支錢四十貫文；一百戶、耕田三十頃者，支錢四百貫文；二百五十戶、耕田七十五頃者，白身與補進義副尉，不願就名目者，支錢一千貫文。大率每招到一戶，耕田三十畝者，支錢四貫文，以次第增添。一、諸軍已揀汰下官兵有願赴淮東耕田者，乞許徑赴本司及所在州軍陳狀。如係有官資人，借請三月驛料，軍兵借三月家糧，差人伴押前來，依出戍體例，日支錢米，俟開田收利日旋次住罷。一、勸耕之初，蠲免課子十年。至第五年，只收種子；第六年，帶還官司所借糧食等價錢，仍分秋、夏兩料送納。並不收息。還官足日，自爲己業。一、耕牛差委有心力人揀擇收買，乞於産牛州郡就經總制錢內支。或客牛，聽人戶揀買，官借價錢。如日後闕牛，許再請或借價錢〔四〕。其招召客人，欲隨人夫多寡，旋修築圩堰，蓋造屋宇，種麻豆粟麥之屬，亦可以減省支借。」從之。

十七日，淮南路轉運副使、提領營田魏安行言：「欲乞下本路，將十九年以後守令增開到田，取見頃畝申朝廷，依元降指揮推賞。儻有虧減，罰亦如之。信賞必罰，則人知勸沮。」從之。以上《中興會要》。

〔一〕四川：原作「四州」，據本書食貨六之一五改。
〔二〕農器牛具：原作「農具牛器」，據本書食貨六之一六改。
〔三〕補：原作「備」，據《中興小紀》卷三八改。
〔四〕許：原作「請」，據本書食貨六之一七改。

孝宗隆興元年九月二十八日，臣僚言：「湖外之地，多荒廢不耕。欲定墾田廣狹，以爲兩路守令黜陟之法。其新墾田，與蠲免夏、秋税役五年。」户部勘會：「人户請佃閑田，自有放免年限。其守令招誘墾闢，亦皆立定賞罰格目。今欲下兩浙轉運司，依已降指揮施行外，仍令每歲取責州縣增墾荒田之數，置籍驅考，保明申朝廷。」從之。

乾道二年五月六日，臣僚言：「兩淮膏腴之田，皆爲品官及形勢之家占佃，既不施種，遂成荒田。乞自今如經五年不耕者，許民户并諸軍屯田指射，官爲給據耕種。」從之。

三年九月二十五日，權發遣和州、主管淮西安撫司公事胡昉言：「昨本路帥臣吴逵於紹興二十年申請招誘江、浙、福建豪民至本路，從便請佃荒田，據所收以十分之一輸官。三年之後，歲增一分，至五分而止。中緣兵火蠲放，至今歲再行起索。乞將上項租課撥付本司，充激犒民社支用。」從之。

四年二月二十九日，知鄂州李椿言：「本州荒田甚多，往歲間有開墾者，緣官即起税，遂致逃亡。乞募人請佃，與免三年六料賦税〔一〕。三年之外，以三之一輸官，所佃之田給爲己業。至六年遞增一分，九年然後全輸。或元業人有歸業者，85別給荒田耕種。」從之。

五月一日，湖北運副楊民望言：「諸州荒田多無人開耕，間有承佃之家盡力墾闢，往往爲人告訐，稱有侵冒頃畝，官司從而追納積年税租，遂致失所。乞自今後遇有親耕之人，止催納當年租税，日前者並與蠲放。」從之。

五年正月十九日，詔新除大理正徐子寅措置兩淮官田。子寅條具下項：「一、乞先往楚州督促守令置造農具、屋宇，給散耕牛、種糧，就二月内開墾。俟一州畢，即往以次諸州依此措置。二、合置買牛具，乞支降會子二萬貫。俟用畢，即申朝廷再行給降，接續支遣。三、今來楚州山陽、寶應縣歸正人願請佃者（許）〔計〕四百餘名，合用耕牛、犂杷、鍬钁〔二〕、石轆、軸木、勒澤、踏水車之屬，乞劄下淮東安撫司預辦耕牛，并委楚州計置合用錢數，付諸縣知縣置造上件農器。俟本所到日，同知縣摽撥田段。如官吏違慢，具姓名申朝廷行遣。」從之。

同日，徐子寅言：「兩淮膏腴之田，多爲官户及管軍官并州縣公吏詭名請佃，更不開墾，遂致荒閑。乞限一年，令見佃人耕種。如限滿不耕，拘收入官，別行給佃。」從之。

六月三日，淮南轉運司言：「向緣兵火，民多逃移。蒙朝廷招誘歸業，例以歸認田土，晝時給付，多有包占晦步。雖立限許令自陳，愚民懼增税課，不即陳首。今已限滿，若遽許人劃佃，緣其間亦有無力耕種之人。乞除官户、公吏之家，更展限一年。」從之。

十一月二日，徐子寅言：「被旨勸諭歸正人置莊耕種，

〔一〕料：原作「科」，據本書食貨六之一八改。
〔二〕鍬：原作「鍬」，據本書食貨六之一八改。

皆流離之人，開墾之初，全在守令撫卹。今聞或有追擾，拘納課子，或因踏田，輒行收禁。乞自今許被擾人於措置官田所陳訴，具姓名聞奏。」從之。

六年正月十四日，太府少卿、總領淮西江東錢糧、兼提領屯田葉衡言：「合淝瀕湖有圩田四十里，舊爲沃壤，久廢墾闢。今若募民以耕，可得穀數十萬斛。蠲其租稅，俟二三歲後阡陌既成，然後倣歷陽、柘皐營田，官私各收其半。」從之。

三月二日，三省言：「兩浙閑田，見今募民開墾，以爲守令殿最，歲終具數申安撫司核實。其募到力田爲首之人，乞優與推賞，若補轉官資、減免賦役之類。」從之。

六月十三日，户部侍郎、江浙荊湖淮廣福建等路都大發運使史正志言：「浙西諸路營田，除秀州嘉興縣未報外，計一百五十八萬三千餘畝。數内人户未佃五十七萬二千八百餘畝，未開耕田五萬四百餘畝，并逃移、事故田一十三萬九千八百餘畝，總計七十六萬三千餘畝。若召人承佃，可收稻麥一十二萬碩。其未耕之田，不審有無措置，及逃移田有無歸業之人。未佃田或已有人承佃，竊慮上户冒占，不納租課。乞從本司委逐州通判親詣諸縣檢視，如有隱匿，不輸官租，限百日自陳，仍舊承佃，自今年起理租課。若違限不首，依條拘收入官。」詔陳首限半年，餘依 86 所請施行。

七年四月四日，知泰州徐子寅言：「近措置兩淮民户包占寬剩田，今乞再限一季，許令自首，别給據爲己業。如限滿不首，許人剗佃。或願借耕牛者，令諸州應副，估元價，均以五年還官。」從之。

六月三十日，新除淮南運判向士偉言：「兩淮田畝荒蕪，願耕之民多非土着。當請射之初，未暇會計畝步，積以歲月，盡力墾闢，方稍獲利。比來州縣以其不無寬剩之數，再行括責，復增征歛，甚非撫字慈養之意。乞申飭兩淮州縣，民户有增墾田，今年止令輸納舊税，不得創有增添。」從之。

八月二十八日，知泰州李東言：「泰州田計二萬餘頃，今欲置買牛具，樁辦種糧。人户請佃一頃，與借給耕牛一頭，及農具、種糧，隨田多寡假貸。計元價，均以五年還官，更不收息。依元降指揮，次邊州縣免五年十料租課。如限滿合行起納課子，每畝乞減作三升。三年之内不逋官課，(印)〔即〕給爲永業，改輸正税。」從之。

十月七日，詔：「淮東路帥、漕臣將諸具到係官荒田，委守令招召人户種蒔二麥[一]，官爲借種[二]。其人户請佃未耕者，亦仰勸諭，盡行布種。具已種頃畝申三省、樞密院，歲終差官覆實，取旨殿最賞罰。淮西路依此施行。」先是，淮東安撫司具到係官荒田：真州三百七十四頃五十

[一]「種」上原有「耕」字，據本書食貨六之二〇删。
[二]種：原作「糧」，據本書食貨六之二〇改。

畝，（楊）〔揚〕州五十二頃九十一畝，通州一百一頃八十一畝，泰州二萬一千二百四十八頃四十五畝，楚州四千四百二十三頃八十六畝，滁州一百五十九頃四十五畝，高郵軍一千一百六十九頃一十三畝，盱眙軍一百四十一頃三十四畝。人户請佃在户未耕荒田：真州一百三十五頃七十一畝，（楊）〔揚〕州九十三頃，通州六十九頃一十八畝，泰州三百三十九頃一十五畝，楚州三千六百九十七頃三十三畝，滁州二百三十七頃七十七畝，高郵軍七百六十三頃三十八畝，盱眙軍二千一百二十一頃一十三畝〔一〕。故有是命。

八年正月二十一日，淮東提舉、措置兩淮官田徐子寅言：「淮批下臣僚劄子，乞將兩淮有主田園寬限令耕，不許剗奪。契勘兩淮之田舊多荒蕪，近年民漸歸業，止緣人牛未辦，遂致包占。非假歲月開墾，遽許人剗佃，將見豪勢之家侵漁爭擾，民受其弊。今欲令兩淮諸州自乾道八年爲始，將各户荒田每歲開耕二分，限以五年。如限外尚有未耕，許人剗佃。所開田與免五年課子、税租。」從之。

三月十六日，徐子寅言：「近勸諭歸正人一千五百八十人，於楚州寶應、山陽、淮陰縣、高郵軍高郵縣、盱眙軍天長、盱眙縣、揚州江都縣、泰州海陵縣界，共置五十四莊，並給付耕牛、農具、糧種，開墾田畝。已蒙朝廷行下，委逐縣知縣躬親究實，已見就緒。今乞將官田所結局〔二〕，其合行事件，並撥隸常平司。」從之。

四月二十日，知江陵府松滋縣滕琛言：「乞將湖 87 北人户所請已歸業人開荒田限三年不耕，許人剗佃，與免三年六料租税。其見存主户有開墾頃畝過數，許其自增租税，它人不許剗佃。」詔下湖北轉運司相度。據本司申：「已降指揮，應見佃荒田之家，如有開闢過數，止令輸納舊税，更不通計。其妄執契書告訐之人，官司不得受理。仍限二年，若限滿，已耕地係屬本户外，其不耕之田許外人請射爲業。滕琛所請，有礙前旨。」詔送户部看詳。既而户部申：「湖北漕臣欲將包占田畝以二年爲限，緣今來已是過滿，乞下本路，更與展限半年。如違，許人剗佃。」從之。

六〔月〕十四日〔三〕，詔將安豐軍壽春、安豐等縣荒閑田一百八十七頃三畝皆給付歸正人二百一十七户開耕，自乾道九年爲始，與免課子十年。

七月十五日，權知廬州、兼提領屯田趙善俊言：「淮甸之民請佃田畝，多有包占，每占一二十頃至及百頃者，緣無苗税，故能久占，其實無力耕墾，遂致流移歸正人請射不行。則是有力者無田可耕，有田者無力開墾。朝廷曾限半年，許人户陳首〔四〕，未幾又限以五年，緣此愈見執占。欲望寢罷再限五年指揮〔五〕，許官司分撥包占田畝與流民、歸

〔一〕二十：原作「二百」，據本書食貨六之二一改。
〔二〕結：原作「給」，據本書食貨六之二二改。
〔三〕月：原脱，據本書食貨六之二二補。
〔四〕陳首：原作「耕有」，據本書食貨六之二三改。
〔五〕罷再：原作「其耕」，據本書食貨六之二三改。

正人從便請佃。」詔趙善俊開具人户包占田畝數目申三省、樞密院。

九年正月十八日，資政殿學士、新知揚州王之奇言：「淮上之田，例多荒棄。昨紹興二十年，嘗置力田之科，募民就耕，賞以官資。當時止計斛斗定賞〔一〕，是以應募人少。今欲令諸路州縣勸諭土豪户，揀汰離軍及諸色人，並許經安撫司指占荒田，據頃畝定賞。俟耕種日，與書填給付。若一年所耕不及其半，與二年不能盡耕，即行拘收付身毁抹。且以墾田一千頃爲率，據每歲合用種糧、農器、牛具、屋宇之數，預申朝廷關撥。内補官人與作力田出身，理爲官户。應開耕荒田，將來收成日，除合樁留次年種子外，官與均分。凡田一千頃〔二〕，歲收稻二十萬石。每石價錢約一貫五百文，計三十萬貫，謏官者一十五萬貫〔三〕。所用官誥付身計一百二十二道，内迪功郎二道〔四〕、承信郎十道、進義校尉三十道、進武校尉二十道，共六十二道。元有立定價錢，計一十三萬二千貫文，比之官中出賣立名官告綾紙之數，其所得尚爲有餘。更有下班祗應、進義副尉〔五〕、守闕進義副尉各二十道，共六十道，係是書填元有借補官資人，即無立定價錢。今欲令耕田八頃者，補進義校尉；十頃，補進武校尉；二十頃，補承信郎；四十頃，補迪功郎。已上並自耕種日，先次書填給付，理爲入仕月日。文臣即以力田所（進）〔準〕備差使，武臣即以指使繫銜，從安撫司保明，申朝廷給降差劄，理爲資任。候初收成日，依本等支破券錢。如及十年，願參部注授者聽。每歲終，具耕過頃畝、所收子利數目，經所屬次第保明，申力田所批書。如不及十88年，託故解罷，到部日，依進納人例施行；不及五年，即不許到部。其所補官人，令吏部預行籍記姓名。至如借補名目，比之創開田人，自合量減頃畝。今欲令借補守闕進義副尉每人開田三頃，進義副尉五頃，下班祗應六頃。緣初年難辦牛具，兼淮南難得竹木，客户所居屋宇，亦難就緒，欲乞支降官會十萬貫，并客户逐月借支工食稻子六碩，以半年計之，共三萬六千碩。乞於兩淮轉運司今後營田米斛内支借，仍乞二年四料除還。」詔依。内會子令左藏庫給降。其後中書門下言〔六〕：「兩浙荒田已給降空名官誥與綾紙，立定頃畝，勸諭人户開耕，更書填補授官資。訪聞應募之家意在希賞，多隱匿已耕熟田，一槩作荒田陳乞補授，理宜約束。」詔王之奇取責應募之人，各開具願耕田畝及有無包括熟田在内，委官逐一檢實。仍將已應募人并頃畝開具申尚書省。

閏正月十四日，宰臣梁克家等奏：「訪聞淮民佃田，所

〔一〕賞：原作「奪」，據本書食貨六之二三改。
〔二〕田：原作「曰」，據本書食貨六之二三改。
〔三〕謏：疑誤。
〔四〕功：原作「工」，據本書食貨六之二三改。
〔五〕進義副尉：原脱，今補，説詳本書食貨六之二三校記。
〔六〕後：原脱，據本書食貨六之二四補。

以周旋虜寇之間，冒死不顧者，正利名占寬餘之數〔一〕。兼其俗耕耨鹵莽，所占雖多，所入極少。日來累降指揮展限，今若限滿許人剗佃，則元主驟有失業之困也。」上曰：「兩淮召募開墾，止許就未耕荒田之地，不得剗佃。」

十七日，詔王之奇約束州縣，自今不許諸色人將農民已耕之田妄行侵奪。如歸正人有未着業，仰將無人指占田畝分撥給付，依例支借牛具、糧種。

三月二十四日，詔胡與可將淮南安撫司已書填力田官告等六十三道，先次取見姓名及所耕頃畝〔二〕，并借支官會、稻子，開具申尚書省。乾道九年七月七日〔三〕，臣僚上言：「近者胡與可覈實兩淮力田之數，王之奇凡用朝廷迪功郎、承信郎等官告綾紙補官者九十一人，用錢五萬四千七百餘貫，稻子八千餘石，止開耕到田九十二頃，比合開耕之數不及十分之一。昨來之奇急於功利，欺罔朝廷，有投狀者，更不勘會詣實，即望風補授官資，支與錢穀。至今有不曾開墾一畝者甚衆，有開三五畝、七畝、十畝而止者，視之有同兒戲，雖三尺之童無不竊笑者。」之奇竟罷復職指揮。

五月八日，中書門下言：「兩淮應募耕種荒田之人，元降指揮，若一年耕種不及其半，或二年不能盡種，即行拘收付身毁抹，今欲展作三年。所收子利，除椿種子外，官與耕種人均分，今欲令官中止取四分。所借牛具、糧食，元令二年四料除還，今欲展作三年六料。」並從之。

十一月十七日，詔：「淮東應募力田已補官歸正貧乏〔四〕，無力耕種，可將元借錢穀特與蠲免。其補官告命願繳納者聽。」以上《乾道會要》〔五〕。（以上《永樂大典》卷一七五三九）

水利雜録〔六〕

【宋會要】〔七〕

89 太宗皇帝淳化四年〔八〕，知雄州何承矩及臨濟令黃懋請於河北諸州置水利田，興堰六百里，置斗門灌溉。詳見「屯田」門。

至道元年正月五日，度支判官梁鼎、陳堯叟言：「乞興三白渠及南陽、陳、（穎）〔潁〕、壽春、沛郡、襄陽水田，復邵信臣、鄧艾、羊祜之制，以廣農作。」詔光禄寺丞何亮等經度之。

〔一〕名占：本書食貨六之二四作「原占」。又似當作「多占」。
〔二〕先次：原作「先以」，據本書食貨六之二四改。
〔三〕按此句之前原稿空格，别作一條。審下文仍述兩淮發授力回官告事，内容與上文相同。此乃是史官續叙後事，並非另是一條，今接排。
〔四〕力田：原倒，據食貨六之二五乙。
〔五〕天頭原批：「淳熙以下脱。」按，淳熙以下見本書食貨六之二六至六之三四。
〔六〕按此門之文與本書食貨七、八「水利」門大同，但多淳熙至嘉定部分。
〔七〕按，原稿有此三字，被整理者劃去，今復舊。又此下原批有「食貨二十五」，此乃《大典》卷一七五四〇之標目。
〔八〕按，此條乃後來整理者批於原稿天頭，今移入正文。

九(月)〔日〕〔一〕，堯叟、鼎等言：「伏自唐季以來，農政多廢，民率棄本，不務力田，是以廩庾無餘糧，土地有遺利。臣等每於農畝之際，精求利害之本，討論典故，備得端倪。自陳、許、鄧、(穎)〔潁〕暨蔡、宿、亳至於壽春，用水利墾田，先賢聖跡具在，坊埭廢毁，遂成汙萊。儻開闢以爲公田，灌溉以通水利，發江淮下軍散卒，給官錢市牛及耕具，導達溝瀆，增築防堰，每千人，人給牛一頭，治田五萬畝〔二〕，畝三斛，歲可得十五萬斛。凡七州之間，置二十屯〔三〕，歲可得三百萬斛。因而益之，不知其極矣。行之二三年，必可以置倉廩，省江淮漕運。閑田益墾，民益饒足，乃慎選州縣官吏，俾兼督其事。民田之未闢者，官爲種植；公田之未墾者，募民墾之。歲登，官私各取其半，此又敦本勸農之術。」又引：「漢元帝建昭中，邵信臣爲南陽太守，於穰縣南六十里造鉗盧(坡)〔陂〕，累石爲堤，旁開六石門以節水勢，溉田三萬頃。至晉杜預，因信臣遺跡〔四〕，激滍、淯之水以溉田萬頃〔五〕。魏武以任峻爲典農中郎將，屯田於許下，得穀百萬斛。晉宣王遣鄧艾行陳、(穎)〔潁〕以東，至壽春，艾言田良水少，不足以盡地利，宜開渠。淮北二萬人，淮南三萬人，且佃且守，歲小豐，常收三倍。除給費外，歲完五百萬斛，六年可積三千萬斛。宣王然之，遂北並淮，自鍾離而南，横石以西，盡沘水四百餘里〔六〕，五里置一營，營六十人，且佃且守。更修廣淮陽、百尺二渠，上引河流，下通淮、(穎)〔潁〕，大治諸陂，於(穎)〔潁〕南、(穎)〔潁〕北穿渠三百里，溉田二萬頃。自戰争以來，民競逐末，凡此遺跡，率皆荒榛。臣等欲因其溝塍，增築堤堰，導其水利，墾爲公田。《傅子》曰：『陸田命繫於天，人力雖修，苟水旱不時，則一年之功棄矣。水田之制由人力，人力苟修，則地利可盡也。』矧又膏沃特甚，螟螣不生，比於陸田，又不侔矣。」帝覽奏嘉之，詔大理寺丞皇甫選、光禄寺丞何亮乘傳按視經度之。

二年四月，皇甫選、何亮等言：「奉詔往諸州興水利，臣等先至鄭渠相視舊跡。按《史記》：鄭渠元引涇水，自仲山西抵瓠口，並北山，東注洛三百餘里，溉田四萬頃，收皆畝一鍾。白渠引涇水，首起谷口，尾入櫟陽，注渭中，袤二百餘里，溉田四千五百頃。兩處共四萬四千五百頃。今之存者不及二千頃，乃二十二分之一分也。詢其所由，皆云因近代職守之人改脩渠堰〔七〕，拆壞舊坊，走失其水，故灌溉之功絶不及古渠。況此水二郡六縣資其利以溉田畝，望令增築堰埭。舊有放水 90 斗門百七十六處，悉已毁壞，望

〔一〕九日：原作「九月」，據《長編》卷二七改。
〔二〕五：原字不清，似「三」字，據本書食貨七之一補正。
〔三〕二十：下原有「七」字，據《長編》卷三七、《宋史》卷一七六《食貨志》上四刪。
〔四〕跡：原脱，據本書食貨七之二改。
〔五〕之：本書食貨七之二作「二」。
〔六〕沘水：原作「泚水」，據本書食貨七之二、《晉書》卷二六《食貨志》改。
〔七〕渠：原作「築」，據食貨七之三改。

繕治之〔一〕，嚴禁豪民盜用水。移六石洪門，就近上河岸不損處開渠口，通河水。慎選能吏，專掌其事。」又言：「鄧、許、陳、（穎）〔潁〕、蔡、宿、亳等七郡民力耕種不及之處，官司開田共二十二萬餘頃，凡三百五十一處，並是漢魏以來邵信臣、杜詩、杜預、任峻、司馬宣王、鄧艾等制置墾闢之地〔二〕。內鄧州界鑿山穿嶺，疏導河水，散入唐、鄧、襄三州，灌溉田土。又諸陂塘坊埭大者長三十里至五十里，闊五丈至八丈，高丈五尺至二丈。其溝渠大者長五十里至百里，闊三丈至五丈，深一丈至丈五尺，可行小舟。臣等按視，諸處增築陂堰（大）〔太〕費工役，欲望於舊防未壞可以疏引水利處，先耕二萬餘頃，漸興置之。」詔從其請，令自鄧州始，但募民耕墾，免其稅。令選等保舉一人，與鄧州通判同掌其事，選與亮分路按察焉。

五月，知懷州許袞上言：「蒙差奉職張致與臣相度開畎河水，澆溉人户田苗并官竹園〔三〕。臣等相度，所有令狐管水磨兩盤，實是每年配率民户於丹河作堰〔四〕，功料至大，百姓甚困弊，欲望特行停廢。其上汜河下流水磨兩盤，且乞仍舊差人勾當，出辦元額一半錢銀。其官竹園依時流溉外，沿河人户乞令鄉村春夏澆田自上流使水，秋冬澆田自下流使水。如違，乞以盜決堤防條科罪。或百姓自辦開畝，廣作陂塘，亦聽取便。今據河內縣里正申超等分析到〔五〕，緣河兩岸使水二十二村，二百二十五户，澆得田土約六百八十餘頃，并屬省竹園在內。」帝謂宰相等曰：「川谷通流，澆溉畎畝，乃農田之急務也，豈可以水磨微細課入妨百姓之利哉？其水磨依奏廢兩盤，見存留者亦與減放一半課額。餘水則引入官地，用灌園竹，勿使荒廢。」

真宗咸平六年三月，以大理寺丞黃宗旦通判（穎）〔潁〕州，從京西轉運使查道之舉。宗旦先上（穎）〔潁〕州諸縣陂塘荒地計千五百餘頃，可募民耕佃，因命宗旦經度之。其民自占者三百二十餘家，朝廷欲終其事，適會道舉奏，遂就命之。

景德元年正月，北面都鈐轄閻承翰言：「自定州開渠至蒲陰縣東約六十二里，引水入沙河，東經邊吳泊入界河〔六〕，可通行舟楫。」計其工役并圖畫來上之〔七〕。帝謂侍臣曰：「承翰以開導此河不惟易致資糧，兼可耕種其旁，引水溉灌，以助軍實，且設險以限戎馬，亦邊防之利也。宜可其奏。」

四月十四日，閻承翰言：「自嘉山引徐河水，經定州東入沙河。其新開河北，官司已開田種稻；其旁隙地，欲募

〔一〕繕：原作「善」，據食貨七之三改。
〔二〕制：原脱，據食貨七之三補。
〔三〕并：原作「併」，據食貨七之三改。
〔四〕丹：原作「舟」，據食貨七之三改。
〔五〕析：原作「柝」，據食貨七之四改。
〔六〕吳：原作「湖」，據食貨七之五、《長編》卷五六改。
〔七〕畫：原作「盡」，據本書食貨七之五改。

人耕墾〔一〕。」從之。

大中祥符五年九月，帝曰：「保州興置稻田，地里漸廣。知州高尹到彼，並不具興修次第聞奏。可密諭尹，令常用心興置，仍逐月件析以聞。其稻田務兵士或聞數目無多，宜令樞密院量與增差。」

天禧元年六月十一日，知昇州丁謂言：「城北有後湖，因旱，百姓請佃，[91]計七十六頃，納租五百五十餘貫。今請依前蓄水，種植菱蓮，或遇亢旱，決以溉田，仍用蒲魚之利旁濟民飢。望量遣軍士開修，其租錢特與減放。」從之。

十二日，詔：「明州城外濠地及慈溪、鄞縣陂湖所納課額永除之，許民溉田疇，采菱芡。」

二年十二月，都官員外郎張若谷言：「宣州化城圩水陸地八百八十餘頃，歲納租米二萬四千餘碩，見屬永陽鎮監稅使臣勾當，未得整肅，望置一使臣專領其事。」從之。

四年五月，淮南勸農使王貫之等導海州界石闥堰水入漣水軍溉民田；知濠州定遠縣、太子中舍江澤率部民修古塘堰，貯水溉田，民獲其利。詔並獎之，仍令代還日考課引對。因諭諸路勸農司〔二〕，應塘堰可以利民者，准此繕修。

七月，詔：「江淮南舊有陂塘，民請佃二十年以內者，並許仍舊修畎，自今不許請佃。內已種苗者，俟收穫畢修作。二十年已上者〔三〕，依舊爲主。」

仁宗天聖四年八月，監察御史王沿上相州開河渠引水溉民田利害，詔俟修護黃河畢日規畫之。沿奏云：「渠田起於戰國魏襄王時，東有全齊，西有强秦，韓、魏在其前，燕、趙居其後，干戈歲動，封疆日蹙，苟不盡其地利，則爲强國所吞。故史起獻其謀曰：魏氏之行田也以百畝，鄴獨二百畝，是田惡也。漳水在其旁，西門豹爲鄴令，請引之以溉鄴，以富魏之河內〔四〕。臣徧觀史傳，但載灌溉之饒，不書疏導之法。唯本州圖經稱有天井堰者，魏武帝所作，二十里分十二重蹬，每蹬相去三百步，令互相灌注。故左太冲《魏都賦》云：『蹬流十二，同源異口。』詳此，則古來漳水本淺，不與岸平，須就岸以開渠，復臨渠而作堰，則水流渠內，渠灌田中。蓋爲渠之初，必就高處，渠行數里，方達平田。若水與岸平，田與岸接，爲渠甚易，溉田不難，則自國初以來，庸常之人已能開之久矣，又豈假臣之瞽言而後隱度哉！臣按《史記》云：韓聞秦之好興事，欲疲之，無令東伐，乃俾水工鄭國説秦，令鑿渠，引涇水並北山東注洛三百里，欲以溉田。中作而覺，鄭國乃曰：『爲韓延數年之命，爲秦建萬世之功。』秦以爲然，卒使就渠。夫以彊秦之力，鑿一渠，有何艱哉？韓人乃云欲疲之，鄭國又云爲韓延數年之命，則是舉秦國之人而疲之數年，然後能成之。今若

〔一〕墾：原作「懇」，據食貨七之五改。
〔二〕諭：原作「論」，據本書食貨七之六改。
〔三〕「二十」下原有「七」字，據本書食貨七之六删。
〔四〕富：原作「當」，據《長編》卷一〇四改。又按，此數句似有脱文，詳見本書食貨七之七校記。

持此較彼，則史起之引漳水，豈止一朝一夕之功哉？是必歲役萬人，數歲而獲其利。又鄭國鑿渠，並北山東注洛三百里，則是爲渠之初，須就高處，本不與平田相接，亦已明矣。若與平田相接，則澆灌之利豈能遠及三百里哉？臣詳王軫、房中正等相度漳渠事狀，大抵云水卑岸高，渠已湮塞，若作堰開渠，其功甚大，則亦然矣。若云渠堰雖成，其水渾濁，不堪溉田，及所作之堰，若遇川溢之時，必復衝壞，則是軫等不知溉92田之方、作堰之法。臣按鄭白渠之引涇水也，今在耀州之雲陽、三原、富平及京兆府之涇陽〔一〕、高陵、櫟陽六縣。緣渠皆立斗門，多者至四千餘所，以分水勢。其下別開小渠，方以溉田，則水有所分，民無奔注之患。且其水最濁，故稱『涇水一石，其泥數斗，溉糞禾黍』。今反言其水渾濁，不堪溉田，斯豈非不知而爲知者耶？又其作堰之法，或云皆用大石方四五尺者，錮之以鐵，積之如陵，岐彼中流，擁爲雙派，其南流者乃爲涇水，其東注者乃是二渠，故雖駭浪不能壞。古人苟不如此，則年年修渠，歲歲作堰，百姓豈有利哉？今漳水之畔若復渠田，乞朝廷勘會雲陽縣若有上件渠堰斗門，即乞精擇水工十餘人偏詣彼處，模古人作堰開渠之法〔二〕，觀今人置斗門溉田之方，及命雲陽民自今犯罪當配者，皆徙相州〔三〕，教百姓水種陸蒔之利，則其謀易成。至如北邊，本無水田，自徙江南罪人於彼，後來皆知水利。臣昨於正月内上疏，乞命水工往鄭白渠，觀彼疏導之制，往衡漳之上鑿而引之，蓋亦慮磁、相之民不知作渠法耳。又詳王軫稱：若不開舊渠而截河作堰，當役七十五萬餘工；若從渠口開深一丈四尺，當役十三萬餘工。以臣籌之，若渠開一丈四尺，則作堰之功可損半，當併役五十萬工，日萬人，役五旬而罷。若擇水工有計智，依鄭白渠作堰之法，采岯山之石〔四〕，取磻陽之木，給黎城之鐵，扼中流，據長岸〔五〕，資木石之固，作其堰焉，上開大渠，可成別派。沿渠數里，分置斗門，漸及平田，必獲澆溉之饒。水東入御河，或遇川溢之時，則於元渠之口下板以塞之，以防奔注之患。其磁、魏、邢、洺既居下流，堤岸又淺，或餘波可及，或別渠可穿，則所謂『鄭國在前，白渠起後』，又且『首起谷口，尾入櫟陽』之類也。夫如是，則復三百年廢迹，溉數萬頃良田，雖役萬人，數歲而畢，亦不足爲勞矣。又詳王軫稱：『若開古渠，則掘却民田，而其萬金、都領等渠尋之無迹』者〔六〕。大凡開溝渠，豈有不犯民田哉？若不犯民田而能開之者，雖史起復生，亦不知計之安出。其萬金等渠求之無迹者，蓋本〔在〕田之中，歲久堙没。又詳王軫稱：『高平渠據百姓狀稱税賦已重，雖得水，出利不

〔一〕涇陽：原作「江陽」，據《宋史》卷八七《地理志》三改。
〔二〕模：原作「募」，據本書食貨七之九改。
〔三〕徙：原作「從」，據《長編》卷一〇四改。
〔四〕岯：原作「坯」，據本書食貨七之九、《長編》卷一〇四改。
〔五〕據：原作「拒」，據本書食貨七之九、《長編》卷一〇四改。
〔六〕渠：原無，據《長編》卷一〇四補。

得，乞不修堰。』檢會臣昨言，乞於安陽水次作堰，不以遠近，百姓並許引水澆灌，蓋欲春夏旱時澆救二十村民田。今軫曾不思先議增税，致人憂疑，不願灌溉，斯豈卹民之旨哉！又以堰成之後，安陽水少，行舟不得，虧却税額。夫以一渠之流，不過減本河數分之水，安患舟不浮哉？苟有利民，雖虧税，其亦末矣。臣載觀軫等事狀，似不以古今利害，徒采村落小民、壕寨軍將之語，以斟酌三百年廢渠之迹，其能盡其術乎？昔西門豹賢臣也，史起尚以爲不知用，是不智也，況野人鄙卒之屬，能盡知乎？傳曰：『夫民可與[93]樂成，不可與謀始。』又曰：『可使由之，不可使知之。』今國家生民富庶，區域乂安，有陶唐擊壤之風，無戰國交兵之事，猶乃俯從鄙議，恢復農工，此蓋丕闡皇猷，紹隆治本，雖大禹之疏濬川澤，周人之均別廬井，亦無以加矣。」

景祐元年十一月二十一日，三司户部副使王沿言：「磁、相、邢、趙州已南州軍灌澆去處，人户種蒔稻田。勘會西山一帶州軍即目開修，甚有地窪。竊緣逐處少得稻種，乞下衛州，於種田務支借二百碩，與人户種蒔，收成日依元數送納。」從之。

慶曆三年十一月七日，詔：「訪聞江南舊有圩田，能禦水旱，并兩浙地卑，常多水災，雖有堤塘，大半隳廢。及京東西亦有積潦之地，舊常開決溝河，今罷役數年，漸已湮塞，復將爲患。宜令江、淮、兩浙、荆湖、京東、京西路轉運司，轄下州軍圩田并河渠堤堰陂塘之類合行開修去處[一]，選官計工料，每歲於二月間未農作時興役，半月即罷。仍具各處開修功績并所獲利濟大小事狀保明聞奏，當議等第酬奬。内有係災傷人户，即不得一例差夫搔擾。如吏民有知農桑可興廢利害，許經運司陳述，件析利害，畫時選官相度，如委利濟，亦即施行。」

四年正月二十八日，詔：「陂塘圩田之類，及逐處堤堰河渠可備水患者，或能創制開決，或久遠廢壞堙塞却能興復，或前人已興功未成後來接續了畢者，仰逐處勘會功料大小、所利廣狹以聞。」

十月，權發遣户部判官公事燕度言：「竊聞關中水利，古人所以富國，近年亦有臣僚擘畫澆灌者。然州縣鮮能訪尋水勢，疚心農務，是致頻年亢旱，屢遭飢饉，百姓流移，軍儲不集。近華州渭南知縣曹公望嘗引敷水，溉田甚廣，民間頗稱利便，却聞有人爲妨私家水磨，遂訟於官。雖州縣不行，然慮陝西水勢可以疏引澆灌去處不少，似此盡爲豪勢之家占爲碾磑之利，而州縣厭見乎訟，不敢盡心計畫。欲乞特下陝西都轉運司，如州縣能以水利澆溉民田廣闊者，應是妨滯公私碾磑、池沼諸般課利，並須停廢，不得爭占，州縣仍不得受理。」詔三司詳定，尋移陝西都轉運司，就近相其利害。於是本司言，度擘畫委是經久之利。從之。

五年九月二十八日，兩浙提點刑獄宋純等言：「乞應

[一] 陂：原作「坡」，據本書食貨七之一一改。

在官有能擘畫開修水利，並須先具所見利害，於畫地圖〔一〕，申本屬州軍及轉運或提刑司。委自本司於部下選官，親詣地所相度，如實合行開修，經久利濟，詢問鄉耆，審取詣實，差官具保明結罪，申轉運、提刑司體量允當，方下本屬州軍計夫料，餉糧，設法勸誘租利人户情願出備。仍依元敕，於未農作時興役半月，不得非時差擾。候畢，其元擘畫官吏依近詔保明施行。如官吏敢擅開修，不預申本屬，不得理爲勞績，及出給公據保明，仍勘事端施行〔二〕。」從之，仍詔
94 今後委實有功效，並只理爲勞績。

皇祐元年正月二十五日，兩浙轉運司言：「知越州餘姚縣謝景初申：『當縣陂湖三十一所，並係衆户植利蔭田，内二十一所見於圖經。其間有被形勢豪强人户請射作田納租課，後來遂廢水利去處。雖累有詔敕及赦令，山澤陂湖不得占固，即無明言不得請射營種〔三〕，及無簿籍拘管，所以官司因循請託，或致受納賂遺，令形勢豪强人户請射作田，以起納租税爲名，收作己業，民田蔭溉之利〔四〕，其弊不細。請下本屬，明置簿籍拘管，永爲衆户蔭溉之利。今後更〔不〕得以起納租税爲名，輒行請射。如違，其所請人及所給官司重行朝典。』本司欲依謝景初所請，明置簿籍，拘管陂湖，永充衆户貯水蔭田，更不許以起納租税爲名請射。仍令知縣常行檢察，如違，具所請頭主及給付官司，各乞嚴行勘斷奏聞。」事下三司，三司相度：「乞今後江、淮、兩浙、荆湖路州軍，如有陂湖，明置簿籍拘管，永爲衆户貯水蔭田，更不許人户以起納租税爲名，輒行請射。仍令知縣常行檢察，如違，其所請人及所給付官司，各重寘於法。」從之。

至和元年八月二十日，光州仙居縣令田淵言：「竊見江淮民田，十分之中八九種稻。春中遇雨，則耕耨布種常宜霑潤；盛夏稍愆雨澤，則其苗衰薄，所收微尠。惟是陂塘有修築堅固，蓄水高廣，則下所灌田，不以旱沴，無不厚收。訪聞民間不肯協力乘閑修作，雖私有文約，愚頑之民多不聽從，興工之〔之〕時，難爲糾率。或矜强恃猾，抑卑淩弱；或只令幼小應數，而坐俟其利。似此之類，十居其半。及用水之際，争來引注，是以勞費不均，多起鬭訟。勤力懦善之家常受其弊，故不能專志特力，用工興修，是致因循，極有遺利。竊見京畿及京東、京西等路每歲初春差夫，多爲民田所興，逐縣差官部押，或支移三五百里外，工役罕有虚歲。伏知江淮並不點差夫役，當農隙之際，一向安閑，比之北地，實爲優幸。其民於自己所利，亦不能勤力治生。暫勞永逸，誠宜勸率。若非官爲拘督，因時興作，則私下雖有期會，無由糾集，所興之工，獲水之利十未得其一二。欲

〔一〕於：似當作「并」。
〔二〕勘：原作「効」，據本書食貨七之一二改。
〔三〕營：原作「管」，據本書食貨七之一三改。
〔四〕田：原脱，據本書食貨七之一三補。又，本句之上似脱一動詞，如「損」、「侵」之類。

乞諸路凡有陂塘湖港可以溉田之處，令後令逐縣將元籍所管及不曾供報之處，逐一拘收。每年預先檢計工料，各具析合係使水人户各有田段畝數，據實户遠近各備工料，候至春初，本縣定日，如差夫例點集入役。仍逐處立團頭、陂長監催，本州差逐縣官點檢部轄。候畢，責干係人結罪供狀，仍別差官覆檢料例，並視差夫條約。後雖完固，亦須每歲計度合添工料，補叠隄防高厚，則積水深廣，獲利愈博。其久來湮塞遺跡，及地勢合有可以創制陂塘之處，令逐處檢踏，聽人户所願，經官申述，亦即相度，依例興修。其有陂塘乾淺退出灘地，95 却爲接連之家侵占，經久妄冒，便作已田攔占，不令依舊修作，多起訟端，官司不爲研窮。今後須仰定奪，雖經歲深，亦不得占護。若向去添叠水勢，過於舊跡，亦當損少利衆。其有水侵之地，即令檢量，據數比撲，量減二稅。及新創陂塘之處，若有水面侵却不係使水之人田土，亦乞準前例。所差團頭、陂長，於上等户内如差夫隊頭例選差，仍給文帖，令董其役〔一〕。或遇大雨，即率衆户防守。遇愆亢使水，須衆議同開決，自上及下，均匀溉灌，不得壅障。所産魚蛤、蒲葦、蓮芡之類，須秋成方得採捕。乞明立條約，若是盜決隄防，情理重者，嚴寘之法。」詔下三司施行。

嘉祐五年五月，知秀州羅拯言：「乞今後諸處湖塘及運河邊田土，不得更令諸色人及官員請射。如有私冒侵占耕作，並以違制論，仍不以年歲遠近，令追理所得租課入官。」詔都水監相度以聞。監司看詳：「蓋緣逐路轉運司及州縣並不檢條約舉行，是致豪勢人將衆户蓄水陂湖請射，量出租税，有妨旱歲溉救民田。今欲乞下逐路轉運司，依羅拯所請施行。如違，乞以違制科罪。」從之。

七月六日，羅拯言：「昨差往兩浙路相度均定茶租，竊見諸處係官湖塘并運河邊田土，多被權要之家請射，及鄰近鄉民侵占污澱，種作成田。或量出租課入官，其實微薄，却致湖塘漸成湮廢，有妨灌溉民田；并運河因之淺澀，阻滯官私舟船。如越州鑑湖，自東漢時興修，著在圖籍。周圍三百餘里，灌田數萬餘頃，其爲越人之利甚大。近歲爲貪黷之輩以權勢干請，假託姓名，占射殆徧。欲乞今後諸處湖塘及運河邊田土，不得更令請射。如有私冒侵占耕作，並科違制之罪，仍不以年歲遠近，令追理所得租税入官。」從之。

二十四日，兩浙轉運司言：「睦州桐廬縣令劉公臣言：『民間有古溪澗溝渠泉源，接連山江，多被富豪之家漸次施工填築，作田耕種。無力之人田畝接連，或遇水旱，並不約水溉田，因兹害稼。及訟於官，又爲富豪人户與賣産之家通爲弊倖，於文契并分居帖内廣定四至〔二〕，包裹溪源在内，官司據而斷遣，實見不均。欲乞應天下郡縣鄉村，有

〔一〕役：原作「後」，據本書食貨七之一五改。
〔二〕并：原作「併」，據本書食貨七之一六改。

古來溪澗、溝渠、泉穴之處，並不得人户作埭填築，占據爲主。每遇春農之際，並仰有田分之家各據頃畝多少均攤，出備工力修開，取令深闊，盛貯其水。或遇水旱，即據田畝輪番取水澆溉。明置文簿拘管，官爲印押，給與本處鄉長收管。或有貧人下户貿易田土與別主者，亦據見佃之人承認水分。違者，嚴寘之法。』本司看詳：民間水利，州縣自合依此施行。今劉公臣申述，已下諸軍州，令部内縣分應有古來溪澗、溝渠、泉穴之處，並不許人户作（⿰土桼）〔埭〕填築，占據水利。仍令逐縣置簿拘管，常行點檢。如遇水大，即令決泄，並不得壅遏，却致浸没民 96 田[一]。若係旱歲，亦須通放，許令衆户得水，救蔭田畝。春時人户願備工開淘者從便，即不得邀難阻節。雖已施行，慮久不能遵守。」詔送詳定寬卹民力所，關兩浙提刑司定奪。提刑司言，欲依所請。詔復送都水監相度以聞。監司看詳：「天下陂湖、塘堰、溪澗、溝渠、泉穴爲强猾之人奪利侵占作田者甚多，每至旱歲，無水澆救苗稼。若依寬卹民力所相度劉公臣并兩浙轉運司事理，實見可行。欲乞下諸路提刑司，并下逐州縣，應有上件陂湖、塘堰、溪澗、溝渠、泉穴，元係衆人所使水利，久來爲人耕占作田，合依所請施行。仍先具根究地名、源流去處、廣狹深淺、合澆溉得多少人户田土頃畝數目，申都水監，從本監看詳施行。仰本監置簿拘管，歲時檢舉，所冀經久不廢。」詔可，仍令逐處應有陂（河）〔湖〕、塘堰、溪澗、溝渠、泉穴，如根究得元係衆人使水，久來爲人耕占去處，即更差官定奪，奏候朝旨施行。

是月，權三司使包拯言：「京西多閑田，而唐州治四縣[二]，其田之入草莽者十八九。雖簡其賦徭，而民多流去，不能以還業。知州趙尚寬興復邵信臣渠并境内之陂堰，下溉民田數萬頃，荒瘠之地變爲沃壤。今非獨流民自歸，又有淮南、河北之民至者萬餘户。請且留再任，若更能招輯户口，特與升陟差遣。」從之。

六年七月，提點河北刑獄公事張問言：「奉詔相度河北八州軍塘濼。今若就塘出土作堤，以蓄西山之水，則涉夏大河雖溢，而民田無衝浸之害。請下逐處，每歲增築。」從之。

英宗治平三年十一月，都水監言：「勘會諸處陂澤，本是停蓄水潦。近年京畿諸路州縣例多水患，詳究其因，蓋爲豪勢人户耕犂高阜處土木，侵疊陂澤之地，爲田於其間，官司並不檢察。或量起稅賦請射，廣占耕種，致每年大雨時行之際，陂澤填塞，無以容蓄，遂至泛溢，頗爲民患。不制其漸，則盡爲民患。欲乞應天下州縣及京畿陂澤之類，皆不得請射。仍明立界址，逐季舉行，令地分鄉耆覺察，不得容縱人户侵耕。許諸色人陳告，每畝支賞錢三千，以犯事人家財充。仍不以年歲遠近，並令追理所得地利入官。

[一] 浸：原脱，據本書食貨七之一六補。
[二] 「治」下原有「平」字，據《群書考索》卷六六删。

如違，其請射人并所給官司及侵耕之人，並科違制之罪。」從之。以上《國朝會要》。

治平四年五月，神宗即位未改元。京西南路安撫使郭申錫等言：「知唐州高賦在任興建水利，墾闢荒田，户口日增，民獲安便。」詔賦再任，如更能興置水利、招添人户、開廣閑田，仰轉運司畫析保明以聞，當議特與陞陟。

神宗熙寧元年六月十一日，中書言：「諸州縣古蹟陂塘，異時皆蓄水溉田，民利數倍，近歲所在堙廢，致無以防救旱災。及瀕江圩埠〔一〕，毀壞者衆，坐視沃土，民不得耕。」詔：「諸路監司訪尋轄下州縣可興復水利之處，如能設法97勸誘興修塘堰圩埠，功利有實，即具所增田税地利保明以聞，當議旌寵。」

二年四月十六日〔二〕，權三司使公事吴充言：「竊見前襄州宜城縣令朱紘在任日，復修木渠，不費公家束薪斗粟，而民樂趍之。渠成，所溉六千餘頃，數邑蒙其利。今授唐州泚陽縣令，乞召紘赴闕，詢其利害，如可試用，乞疇其勞。」詔轉大理寺丞。

閏十一月十五日，提舉兩浙常平等事、秘書丞侯叔獻徙開封〔府〕界，都官員外郎、提舉開封〔府〕界常平等事林瑛徙兩浙路。以叔獻言〔三〕：「汴河歲漕東南六百萬斛，浮江泝淮，更數千里，計其所費，率數石而致一碩。雖中都之粟用饒，而六路之民實受其弊。夫千里餽糧，軍志所忌，矧京師帝居，天下輻湊，人物之衆，車甲之饒，不知幾百萬數。夫以數百萬之衆，而仰給於東南千里之外，此未爲策之得也。臣伏思之，沿河兩岸沃壤千里，而夾河之間多牧馬地及公私廢田，畧計二萬餘頃。計馬而牧，不過用地之半，則是萬有餘頃常爲不耕之地，此遺利之最大者也。觀其地勢，利於行水，最宜稻田。欲望於汴河南岸稍置斗門，泄其餘水，分爲支渠，及引京、索河并三十六陂以溉灌之。則環畿甸間，歲可以得穀數百萬碩，以給兵食。此減漕省卒、富國强兵之術也。」故以叔獻代瑛，仍令計會所屬相度，具經久利害以聞。

十二月二十三日，條例司乞差秘書省著作佐郎、同管勾廣南東路常平等事楊汲同提舉開封府界常平等事，同秘書丞侯叔獻於夾河引汴水以溉民田。從之。

三年正月二十四日，條例司言：「進士程義路所陳蔡、汴等十河利害文字，實知水利。欲令義路隨侯叔獻、楊汲等，以備指引。仍給驛券，視三班借職。」從之。

二月二日，都水監言：「中牟縣曹村袁家地，可創水澾一座，水漲出時，任其自流。比之修斗門，倍省工費〔四〕。又因而可以淤民田千餘頃。」從之。

二月三日，制置三司條例司言：「同判都水監張鞏等

〔一〕江圩：原倒，據本書食貨七之一八乙。
〔二〕四月：《玉海》卷二二同，《宋史》卷九五《河渠志》五作「十月」，疑誤。
〔三〕「以」上原有「因」字，據本書食貨七之一九删。
〔四〕工：原作「公」，據本書食貨七之二〇改。

相度得中牟縣界曹村創置水澾一座，遇漲水時，任其自流，比之修斗門，大省費。又更灌二十餘里民田，都計五十餘里，約千有餘頃。所有合用人功物料，委京西都大司支那應副。乞依所奏施行。」從之。

二月二十六日，補潭州湘陰縣進士李度爲本州長史。仍詔本路，候有合修水利，令勾當。以監司言度嘉祐中率人修築兩鄉塘隄，灌溉民田，嘗賜粟帛、復徭役故也。

四月五日，制置三司條例司言：「據提舉河北路常平廣惠倉皮公弼言：『懷州官吏同相度到境内秦河、丹河、氾河等，可以引水澆溉。然體問民間多不願興修水利〔一〕，蓋慮起立粳稻米水税故，已議差官按驗。仍體問得洺、鎮、趙等州，亦有溝渠河道，可以興置水利，民間多恐官司創立粳稻水税，久遠輸納不前。公弼看詳，興置水利，係朝廷創 98 新施行，若不設法招誘，人户無由肯用心，致州縣亦難興置。欲乞應人户今來創新修到渠堰，引水溉田，種到粳稻，並只令依舊管税〔二〕，更不增添水税名額。所貴人户各肯興修水利。』制置司相度，欲依所請，下河北東、陝西路施行。」從之。

九月二十一日，以知密州、尚書兵部郎中、集賢殿修撰張芻知滄州，兵部郎中楚建中爲河北轉運使，遣殿中丞陳世修乘驛同京西、淮南農田水利司官經度陳、（穎）〔潁〕州八丈溝故迹以聞。初〔三〕，世修言：「陳州項城縣界蔡河東岸有八丈溝故迹，或斷或續，迤邐東去。由（穎）〔潁〕及壽，綿亘三百八十餘里。乞因其故道，量加濬治，完復大江以北伏虎、流龍、百尺等陂塘，導水行溝中，棋布其勢，俾數百里地復爲稻田，則其利百倍。」及畫圖奏上〔四〕。於是上諭〔五〕：「陳世修言陳、許間地勢止合作水田，甚善。」又令早應副世修事。王安石曰：「世修言引水事即可試，但言八丈溝新河事宜，俟一精於水事人同相度可也。向時八丈溝，止爲鄧艾當時不賴蔡河漕運，得併水東下，故能大興水田。其後蔡河分其水漕運，水不可併，故溝未可講。今蔡河新修閘無所用水，即水可併，而溝可復古迹矣。」故有是命。

十二月八日，梓州路轉運判官李竦言：「奉詔，令具財用利害事。伏見江淮、荆楚之地，民業窳薄，率以水田爲生。地多瀕江帶山，高下不等，雖有耕耘之勞，而罕勤隄防之利。雨暘稍愆常度，必罹暵潦之災。雖有《編敕》興復水利指揮，而郡縣少能用心詢采〔六〕。臣前任知舒州太湖縣日，訪聞諸鄉民田有邊臨溪江者，頻歲力耕疾種，不潦則旱。體問得皆有古來隄堰瀦洩水勢，或因積年大水決潰，

〔一〕問：原脱，據本書食貨七之二〇補。
〔二〕「管」下原有「舊」字，據本書食貨七之二一删。
〔三〕初：原作「知」，據《長編》卷二一五改。
〔四〕畫圖：原作「盡聞」，據《長編》卷二一五改。又「及」，《長編》作「乃」。
〔五〕諭：原作「論」，據《長編》卷二一五改。
〔六〕少：原作「必」，據《長編》卷二一八改。

因循不復修完。臣因乘其農隙，勸募旁近地主備工料興築。民俗始未堅信〔一〕，粗亦勉從〔二〕。凡築成堤岸數處。次年積雨，溪江暴泛，賴新堤所障〔三〕，遂免浸溺。自昔不植之地，一旦遂爲膏壤。遂令復加增葺，衆始悦隨。尋屬臣去，約太湖所修十未一二。以天下計之，遺利固亦多矣。欲乞特詔郡縣，委長吏、令佐訪求境内古來陂堰積年毁壞荒廢者，并諸色人具利害、興修次第指陳。官司預行計度，俾因歲豐農暇〔四〕，據占植地利人户〔五〕，以頃畝多少爲率，勸誘出備工料興修，或量破廣惠倉斛㪷以充口食。不得以威刑驅逼，并專行覺察公人、耆保等接便掻擾。俟興築畢工，本州申提刑、轉運司，委官檢視。及候秋成，的免水旱之患，其勸督之官，乞依《編敕》，量功利大小，特爲酬奬；元指陳修築人，亦與免本户一次色役；若《户例》不該差役之人，即量給小可酒税場務充賞。所貴地利不遺，民食充衍。」詔淮南提舉常平廣惠倉司相度施行。

十二月二十七日，京西轉運司言：「許州長社等縣有牧馬草地四百餘頃，先爲不堪牧放，權令人租。今相度，可以拘收入官，99 決邢山〔六〕、濮河、石限等水溉種稻田。」從之。

四年六月十九日，詔司農寺選官，經量汴河兩岸淤到官陂、牧地、逃田等，召人請射租佃。

二十四日，又詔：「諸州縣當職官如擘畫興修農田水利事，並先具利害申轉運或提刑、提舉司〔七〕，差官詣地相度，保明供申本司，疾速體訪施行。如能完復陂塘溝河〔八〕，或導引諸水淤溉民田，脩貼堤岸，或疏決積潦水害，或召募開墾久廢荒田委堪耕種，令所屬官司結罪以聞。千頃以上，京朝官轉一資，幕職、州縣官勘會功過、考第、舉主，轉合入京朝官，或與循資，不拘名次指射優便差遣。五百頃以上，京朝官減三年磨勘，幕職官與循資，令録及合入令録人與兩使職官，判司簿尉與初等職官，内合守選者仍與免選。三〔百〕頃以上，京朝官減二年磨勘，選人免選，注家便官，合免選者與指射優便官。二百頃以上，京朝官減一年磨勘，選人並與免選，合免選者與指射家便官。百頃以上，理爲勞績。若只是興修開墾近歲損壞陂圩、溝河、荒田之類，比附上條頃畝，加一等酬奬〔九〕。若功利殊常，自從朝廷旌擢。其已係創置增修功利及民者，委官司常行葺治，如至廢壞，並當降黜。」

〔一〕未：原作「末」，據本書食貨七之二三改。
〔二〕勉：原作「免」，據本書食貨七之二三改。
〔三〕賴新堤：原無，據《長編》卷二一八補。
〔四〕農：原脱，據《長編》卷二一八補。
〔五〕「占」下原有「以」字，據《長編》卷二一八删。
〔六〕決：原作「次」，據本書食貨七之二三改。
〔七〕司：原脱，據本書食貨七之二三補。
〔八〕「塘」下原有「渠」字，據本書食貨七之二三删。
〔九〕加一等酬奬：本書食貨七之二三作「爲第一等酬奬」，似皆不合於理，參照後文八年「九月二十三日」條，似當作「降一等」酬奬。

五年正月，兩浙轉運副使俞希旦言：「伏睹朝廷興修天下農田水利，此萬世之長圖。其間有昔日溝港，而今爲田畝，疏導水患，須至開決。緣未有條約，竊慮官吏有便廢民田爲溝港，致侵於民；亦有可以疏鑿，而未敢以興工，致利害有所未盡。欲乞應興水利處，有合開決民田者，即以官田計其頃畝撥還田户；如無田可撥，即計田給直。」詔送司農寺，遂移兩浙轉運、提舉倉司看詳：「所請爲利。尚慮將來法行之後，州縣不計田土肥瘠高下，一例以步畝準折撥還，或虧損百姓。欲立關防〔一〕，其給還民田之時，州縣並須依色額支撥官田，仍不得將瘠薄不堪耕佃田土，只以步畝抵數還民。内官田雖比元田薄而堪耕佃，有願請者，即兩倍其直，紐計步數，準折撥還。」從之。

五月十八日，詔：「應人户見耕占古迹陂塘地土，如可興修澆灌，委實利便，其所占地土始係祖業，即依鄉原例支給價錢收買，除破省稅。如地内見有墳墓、舍屋，仍量給還葬〔二〕、拆修功錢。係請射者，即與破稅。如施功開墾，量給功直。以上合支錢，并合修斗門木石，如食利人户物力出辦不及，即許於常平倉官錢内支破。仍令提、轉、倉司，候相度得利便，即先具澆灌頃畝及合用人工物料、諸般支費錢物實數，保明聞奏。」

十九日，提舉京西常平等事陳世修言：「乞於唐州石橋河南北岸叠石爲馬頭〔三〕，造虹橋架過河道，於橋梁下挖透槽〔四〕，橫絶過河，引水入東、西邵渠〔五〕，灌注九子等十五陂，則二百里之間，終冬水利均浹。」詔知唐州蘇涓覆視，如實，即委世修提舉創造。

十一月十七日，[100]權發遣都水監丞周良孺言：「奉詔相度陝西提舉常平楊蟠所議洪口水利。今與涇陽知縣侯可等相度，欲就石門創口引水入侯可所議鑿小鄭泉新渠〔六〕，與涇水合而爲一〔七〕，引水並高從古鄭渠南岸。今自石門以北已開鑿二丈四尺，此處用堰約起涇水入新渠行，可溉田二萬餘頃。若開渠直至三限口，合入白渠，則其利愈多。然慮功大難成。若且依可等所陳，迴洪口至駱駞項合白渠〔八〕，行十餘里〔九〕，雖溉兩旁高阜不及，然用功不多。既鑿石爲洪口，則經久無遷徙之弊。若更開渠至臨涇鎮城東，就高入白渠，則水行二十五里〔一〇〕，灌溉益多。或不以功大爲難成，遂開渠直至三限口五十餘里，下接耀州雲陽界，則所溉田可及三萬餘頃〔一一〕。雖用功稍多，然獲利亦遠。」

〔一〕立：原脱，據本書食貨七之二四補。
〔二〕還：似當作「遷」。
〔三〕河：原脱，據《長編》卷二三三補。
〔四〕挖：原作「柱」，據《長編》卷二三三改。
〔五〕西：原脱，據《長編》卷二三三補。
〔六〕水：原脱，據《長編》卷二四〇補。
〔七〕與涇水合：原作「南涇水合西」，據《長編》卷二四〇改刪。
〔八〕洪口至駱駞項合白：原脱，據《長編》卷二四〇補。
〔九〕餘：原脱，據《長編》卷二四〇補。
〔一〇〕二十：原作「一十」，據本書食貨七之二五、《長編》卷二四〇改。
〔一一〕及：原作「久」，據本書食貨七之二五改。

詔用良孺議，自石門創口至三限口〔一〕，合入白渠興修。差蟠，可提舉，又令入内供奉官黄懷信乘驛相度功料〔二〕。先是，上問鄭渠利害，王安石曰：「此事正與唐州邵渠事相類，從高瀉水〔三〕，決無可慮者。陛下若捐常平息錢助民興作，何善如之！」上曰：「縱用内藏錢，亦何惜也。」初，宰相王安石奏事，因陳天下水利極有興治處，民間已獲其利。上曰：「灌溉之利，農事大本，但陝西、河東民素不習此。今既享其利，後必有繼爲之者。然三白渠爲利尤大，兼有舊迹，自可極力興修。大凡疏積水，須自下流開導，則畎澮易活，《書》所謂『濬畎澮距川』者是也。」

十二月二日，又詔：「應有開墾廢田、興修水利、建立隄防，脩貼圩垾之類，工役浩大，民力所不能給者，許受利人户於常平倉係官錢斛内連狀借貸支用，仍依青苗錢例作兩限或三限送納，只令出息二分。如是係官錢斛支借不足，亦許州縣勸誘物力人出錢借貸，依鄉原例出息〔四〕，官爲置簿，及時催理。」

〔六年十二月〕四日〔五〕，權發遣河北西路提刑公事李南公言相度撲椿口添灌東塘等〔六〕，詔閻士良專督修。先是，滄州北三堂等塘泊爲黄河所注，其後大河改道，而泊遂淤澱。程昉嘗請開琵琶灣，引黄河水灌之，其功不成。士良建言堰水絶御河〔七〕，引西塘水灌之。今從其請。

〔五年〕十二月十八日〔八〕，提舉淮南西路常平倉司言：「濠州鍾離縣長安堰、定遠縣楚漢泉二堰水利至溥，積年湮廢。乞依宿、亳、泗州例，賜常平錢穀，春初募人興修。」詔楊汲覆視，如可興，即本司官提舉。

六年五月二十三日，提舉兩浙興修水利郟亶追司農寺丞，送吏部流内銓，仍罷修兩浙水利。初，亶言蘇州水利，具書與圖，以爲：「環湖之地稍低，常多水；沿海之地稍高，常多旱。故古人治水之迹〔九〕，縱則有浦，横則有塘，又有門、堰、涇、瀝而棊布之，亶所能言者總二百六十餘所。今欲畧循古人之法，七里爲一縱浦，十里爲一横塘。又因出土以爲堤岸〔一〇〕，用度二千萬夫。水治高田，旱治下澤，要以三年，而蘇之田畢治矣。」朝廷始得亶書，101以爲可行，遂除司農寺丞，令提舉興修。工役既興，而民以爲擾。會呂惠卿被召〔一一〕，言其措置乖方，又違先降朝旨，故有是命。

六月十六日，命太子中允、集賢校理、檢正中書刑房公事沈括相度兩浙路農田、水利、差役等事。

〔一〕限：原作「陷」，據本書食貨七之二五改。
〔二〕相：原脱，據《長編》卷二四〇補。
〔三〕瀉：原作「寫」，據《長編》卷二四〇改。
〔四〕原：原作「源」，據本書食貨七之二五改。
〔五〕六年十二月：原無，據《長編》卷二四八及本書兵二八之一三補。
〔六〕「河北」原作「河南」，「椿」原作「椿」，據《長編》卷二三七改。
〔七〕水：原脱，據《長編》卷二四八補。
〔八〕此條仍爲五年事，見《長編》卷二四一。
〔九〕治：原作「沿」，據《長編》卷二四五改。
〔一〇〕土：原作「吐」，據《長編》卷二四五改。
〔一一〕惠卿：原作「會卿」，據本書食貨七之二六改。

八月二日〔一〕，檢正中書刑房公事沈括辟官相度兩浙水利。上曰：「此事必可行否？」王安石等曰〔二〕：「括乃土人，習知其利害，性亦謹密，宜不敢輕舉也。」上曰：「事當審計，無如郟亶妄作，中道而止，其爲害不細也。」

三日，三司言：「浙西諸州水患，久不疏障，隄防川瀆，多皆堙廢。今若一出民力，必難成功。乞下司農，貸官錢，募民興役。」從之。

十六日，管勾都水監丞侯叔獻言：「近准詔，從所請開白溝等河。欲以白溝爲清汴，儲三十六陂，及京、索二水爲源，倣真、楚州，開平河，置牐，四時行舟，因罷汴渠。」上曰：「叔獻開白溝河，功料未易辨，乃欲來年即廢汴渠，宜更遣官覆驗。且汴渠歲運甚廣，河北、陝西資焉；又都畿公私所用良材，皆自汴口而至，何可遽廢？」王安石曰：「此役若成〔三〕，亦無窮之利。當別爲漕河，以通黃河一支漕運，乃爲經久耳。」馮京曰：「若白溝成，與汴、蔡皆通運輸，爲利愈大，臣恐汴河終不可廢。」上然之，詔劉璯同叔獻覆視以聞。後覆視河長八百里，工大，分爲三歲興修。從之。

七年四月八日，檢正中書刑房公事沈括〔言〕：「先奉朝旨，許支兩浙陂湖等遺利錢興修水利〔四〕。近勘會本路先管遺利錢額，及再差官根究，興修見未周徧，已見貫萬不少。竊見兩浙荒廢隱占，遺利尚多，及温、台、明州以東海灘塗地，可以興築堤堰圍裏，耕種頃畝浩瀚，可以盡行根究修築，收納地税，將來應副水利，養雇人夫，及貼支吏禄，免致侵耗免役及係省錢物。雖曾差官勾當，緣不在本路，無人應副。欲乞特降朝旨，選委官吏，仍乞優立獎勸之法。」詔宜令沈括選委官吏勾當，仍立獎勸之法以聞。

八月九日，中書門下言：「諸處見差官吏舉人擘畫興修農田水利，未見奏到興修次第及結絶了當。」詔令司農寺條析以聞。寺司勘會：「府界諸縣荒閑地土，召人開種稻田，并陳、許州溉田，及兩浙、永興軍等路水利，河中府、同、解等州淤田〔五〕，回移洪口等，已相度并已、未興修次第，係差官員舉人管勾去處。」詔令司農寺常切點檢催促。

九月一日，臣僚上言：「伏見朝廷近年廣興工利，頗有不實，互相隱蔽，未經考察。欲乞令司農寺畫具已興過功利，中書置籍拘管。間或選官計會，逐路監司指名按驗，具的實事狀連書結罪聞奏。其不實之人并元保明官司，並乞重寘於法，以戒欺罔。」詔：「應已興修水利〔六〕，宜令司農寺置簿拘管。如朝廷差官出外，即本寺申中書，令取索，因便體訪。如有不寔不當，即按驗詣實以聞。」

〔一〕二日：《長編》卷二四六在四日乙亥。
〔二〕等：原脱，據本書食貨七之二六、《長編》卷二四六補。
〔三〕役：原作「後」，據《長編》卷二四六改。
〔四〕陂：原作「坡」，據本書食貨七之二七改。
〔五〕淤：原作「於」，據本書食貨七之二八改。
〔六〕已：原作「以」，據本書食貨七之二八改。

十月十三日，以皇城使、端州刺史程昉遥領102達州團練使。昉治滹沲河，議者争出所見，謂非利，昉確不移。既而水行，人便之。上嘉焉，進官以賞之。

八年五月二十五日，右班殿直、勾當修内司楊琰言：「開封、陳留、咸平三縣種稻，乞於陳留縣界舊汴河下口，因新舊二隄之間修築水塘，用碎甓築成虚堤五步以來，取汴河清水入塘灌溉。」詔琰管勾，罷勾當修内司，依舊兼巡護惠民、蔡河、京、索、金水河斗門、堤岸、河道。令開封府界提點司提舉〔一〕，俟灌溉有實，保明以聞。

九月二十三日，詔：「諸當職官申請興修農田水利，謂開修陂塘溝河，導引諸水淤溉民田，或貼堤岸、疏決積潦，永除水害，或召募開墾久廢荒田之類委堪耕種者，並先具利害、工料申提舉司，體訪詣實，差官檢覆。功利大者，知州交職事與以次官，親行檢驗。俟興修畢〔二〕，委本縣次第保明，申提舉司。本司選差别州縣官覆按〔三〕，保明申本司，本司保明申寺。如元係監司、提舉司官擘畫，即本司申寺，差鄰路官計會本州縣官共覆按〔四〕，保明申寺。千頃與第一等酬奬，七百頃（與）第二等，五百頃與第三等，三百頃與第四等，一百頃與第五等。若擘畫而不曾監修，及監修而元非擘畫，并堙塞廢壞不滿二十年，而由舊功完復者，各降一等。其數少未應賞格者，委提舉司保明給公據，以任計酬奬。其功利殊常者，申寺奏裁。」

九年正月二十五日，中書門下言：「相度淮南東西路水利劉瑾言：『體訪得（楊）〔揚〕州江都縣古鹽河、高郵縣陳公塘等湖，天長縣白馬塘、沛塘，楚州寶應縣泥港、射馬港，山陽縣渡塘溝、龍興浦，淮陰縣青州澗，宿州虹縣萬安湖、小河子，壽州安豐芍陂子等可興置〔五〕。』今欲除古鹽河、萬安湖、小河子已令司農寺結絶，餘下逐路轉運司選官覆按施行。如本路職司有妨礙，即委别路選官。」從之。

七月二十八日，罷程昉同管勾外都水監丞，令都大制置河北河防水利〔六〕，並依制置屯田使例施行。續詔更不别置司，其職事並依外都水監丞例施行。

八月二十四日，權判都水監程師孟言：「臣昔提點河東刑獄，兼河渠事，本路多土山，旁有川谷，每春夏大雨，水濁如黄河。礬山水俗謂之天河水，可以淤田。絳州正平縣南董村旁有馬壁谷水，勸誘民得錢千八百緡，買地開渠，淤瘠田五百餘頃。其餘州縣有天河水及泉源處〔七〕，開渠築堰，皆成沃壤。凡九州二十六縣，興修田四千二百餘頃〔八〕，

〔一〕「開封府界」下原衍一「令」字，據本書食貨七之二八删。
〔二〕俟興：原作「舉」，據本書食貨七之二九補改。
〔三〕「按」與下句「保」字原互倒，據本書食貨七之二九乙。
〔四〕共：原作「並」，據本書食貨七之二九改。
〔五〕可興置：原脱，據《長編》卷二七二補。
〔六〕制置：原倒，據本書食貨七之二九乙。下同。
〔七〕其餘：原脱，據《長編》卷二七七、《宋史》卷九五《河渠志》補。
〔八〕「二百」下原有「四百」二字，據本書食貨七之三〇删。

并修復舊田五千八百餘頃，計萬八千餘頃。嘉祐五年畢功〔一〕，撰成《水利圖經》二卷，付州縣遵行，迨今十七年。聞董村田畝舊直兩三千〔二〕，所收穀五七斗，自淤後，其直三倍，所收至三兩碩。今權領都水淤田，竊見累歲淤變京東西鹽鹵之地，盡成膏腴，爲利極大。尚慮河東路荒瘠之田，可引天河淤溉。乞委都水監選差官往，與農田水利司并逐縣令佐檢[103]視，有可淤之處，具頃畝、工料以聞。俟修畢，差次酬賞。」從之。於是奏遣都水監丞耿琬主管淤河東路田。

元豐元年四月十九日，詔興水利，聽民户貸常平錢穀。詳見「農田」門。

六月七日，京東路體量安撫黄廉言：「本路被水後，乞敕有司檢計溝河，候豐熟，令所屬調丁夫濬治。梁山、張澤兩濼累歲填淤，浸損民田〔三〕，亦乞自下流濬至濱州。」從之，開濬溝河，令都水監遣官同轉運司檢視工料。

十四日，詔：「聞近畿路有苦雨處，令開封府界提點司督諸縣開畎積水，具退出民田次第以聞。京東、西路州軍，委轉運司施行。」

三年七月十二日，詔前永興軍等路察訪使李承之、前知司農寺丞莊公岳〔四〕、前提舉常平倉沈披、蔡朦、轉運判官章楶〔五〕、楊蟠各展磨勘三年，提點刑獄李南公、轉運使趙瞻展二年，前轉運使張詵、楚建中各贖銅二十斤。坐保明修永興洪口不當也。

六年十二月二十一日，尚書户部狀：「新權提舉成都府路常平等事韓玠言唐州泌陽縣界馬仁陂遺利〔六〕，乞下京西南路提舉司相度。」從之。

七年三月三十日，知相州滿中行言〔七〕：「林慮縣南修合澗河水以濟民，用功既久〔八〕，又有孟兒等村鑿井取水十年〔九〕，百八十尺不及泉，民以爲勞而無功，寧遠行汲水。以初奉朝旨，未敢罷。」詔罷之。

哲宗元祐六年閏八月四日，知杭州林希言：「太湖積水未退，爲蘇、湖大患。乞專委監司躬詣瀕海泄水處相度開決〔一〇〕，庶使積水漸退，民田復出，流移歸業。」詔左朝奉郎邵光與本路監司同導積水。

紹聖四年閏〔二〕月二十九日〔一一〕，工部言：「京西都大提舉汴河堤岸楊琰乞依元豐年例，減放洛水，入京西界大

〔一〕嘉祐：原脱，據本書食貨七之三〇補。
〔二〕兩三：原倒，據本書食貨七之三〇乙。
〔三〕損：原無，據本書食貨七之三〇補。
〔四〕公：原脱，據《長編》卷三〇六補。
〔五〕章：原作「張」，據《長編》卷三〇六改。
〔六〕馬：原作「焉」，據《長編》卷三四一改。
〔七〕相州：原作「湘州」，據本書食貨七之三一改。
〔八〕久：原作「及」，據《長編》卷三四四改。
〔九〕又：原作「人」，據《長編》卷三四四改。
〔一〇〕專：原作「轉」，據《長編》卷四六五改。
〔一一〕閏二月：「二」字原脱，據本書方域一七之二二補。二十九日：方域一七之二二作「十九日」。

白龍坑及三十六陂充水櫃，准備添助汴水行運等。下都水監相度，欲乞興復，悉如元豐故事甚便。」詔賈種民、楊琰同相度合占頃畝及功力以聞。

元符元年二月十六日，工部言：「河北屯田司令塘水深淺季申尚書工部。今後(唐)〔塘〕泊，州軍率於孟月保明所管地分塘水增減尺寸，徑報屯田司。候到，差官檢覆，本司於仲月審察詣實保奏，仍具申本部。」從之。

徽宗崇寧三年十月二十三日，臣僚言：「元豐官制，水部掌川瀆河渠凡水政。詳立法之意，非徒爲穿塞開導、修舉目前而已，天下水利凡當興修者，皆在所掌。宜發明之，以告於上，在今尤急。如浙右積水比連〔一〕，震澤泛溢，瀁浸田廬，未有歸宿。此類利害，最宜講明，而未之及者也。願申飭水部及當職官，推廣元豐修明水政，凡當興修，悉究利害，條具以聞。」從之。

大觀四年十月一日，户部言〔二〕：「提舉兩浙路常平司奏：『乞詔諸路常平司，各專委守令詢考古跡，應瀦水之地立隄防之限，置籍拘管，俾公私無得侵占。凡民田不及水處，畧倣《周官》遂人、稻人溝防之制〔三〕，使合衆力而爲之。』仍復看詳〔四〕，欲下諸[104]路提舉司，詳此丁寧州縣，常切檢舉相度，依詳敕條施行。」從之。

政和元年二月十四日，詔：「近因陳仲宜等言，諸路湖濼、池塘、陂澤緣供贍學費，增收遺利，縱許豪富有力之家薄輸課利占固，専據其利，馴致貧窶細民頓失採取蓮荷、蒲藕、菱芡、魚鱉、蝦蜆、蚌螺之類，不能糊口營生。若非供納厚利於豪户，則無繇肯放漁採。兼遇時雨稍愆，即成災傷，蠲除租課，遺棄地利，因被阻飢。推究始終，爲患頗大，理合改更，令檢會行下諸路。」先是，荆湖北路提點刑獄公事陳仲宜奏：「本路州縣將久來衆共灌溉食利陂湖，一槩比附坊場，令人户買撲，收錢以助學費，致妨人户灌溉及細民食利，爲害不細。已牒諸州并提舉學事司依法改正施行去訖。竊慮諸州不便施行，望降睿旨。」又提舉淮南西路常平等事李西美奏：「蘄州等處沿江湖池不少，自來係衆人採取，小民所賴。向緣學院支費〔五〕，令人户請佃出課。欲依已得指揮改正。」故有是詔。

二十一日，詔弛陂湖塘濼之禁，依元豐舊法，與衆共利，聽其汲引灌溉，及許瀕水之民漁採，以資生計。所有創許人户作遺利斷撲，供納課利以助學費，可改正不施行。今後更不許人陳乞斷佃請射。監司常切覺察，如有違犯，糾劾以聞。

十月二日，臣僚言：「蘇、湖、秀三州並江，積水歲爲患，故須圩岸以障。越州有鑑湖，租三十萬，法許興修水利

〔一〕右：原作「在」，據本書食貨七之三二改。
〔二〕言：原脱，據本書食貨七之三二補。
〔三〕溝防：原無，據本書食貨七之三二補。
〔四〕仍復：本書食貨七之三二無此二字，疑衍。
〔五〕學院：本書食貨七之三三作「縣學」。

支用。乞令本路提舉常平司委三州令佐相視〔一〕，創立圩岸，工用之費取足於鑑湖錢糧。」從之。

四年二月十五日，工部言：「前太平州軍事判官盧宗原請開修自江州至真州古來河道堙塞者凡七處，以成運河，入浙西一百五十里，可避一千六百里大江風濤之患。凡用夫五百二十六萬一千一百七十五工、米一十五萬七千八百三十五碩。又可就土興築自古江水浸没膏腴田〔二〕，自三百頃至萬頃者凡九所，計四萬二千餘頃，其三百頃以下者又過之。乞依宗原任太平州判官日已興政和圩田例，召人户自備財力興修，更不用官錢糧。仍依府畿見行興修水利法，不限等第，許請佃，歲約得官租一百餘萬貫碩。若朝廷專遣官總核興修，衆工並舉，一年之間，可見成效。」詔差膳部員外郎沈鏻同本路常平官相度措置，仍差盧宗原充幹當公事。

三月二十日，膳部員外郎沈鏻奏：「奉詔相度措置江、淮、兩浙路開修運河，興築圩田。據幹當公事盧宗原狀，合開修河路係官司措置外，有可興圩田，係涉江、淮、兩浙三路。已曾申明，乞依都畿見行興修水利法，不限等第，許人户請佃，情願隨力各借錢米。慮人户不知今來朝廷許令請佃，若相度措置得有合修地(上)〔土〕去處，即乞先次令逐處官司散出牓示〔三〕，告諭人户送納投狀，理定名次。至興修有日，令人户送納 105 興修錢糧，成田日，依次給佃。」從之。

五月二十三日，京西轉運副使張徽言〔言〕：「二浙雖遇豐歲〔四〕，蠲除歲賦不下三四十萬碩，皆隄防不修，溝洫不濬。欲申敕所屬監司，督責州縣，各審視境内合興修隄防溝洫，以利害大小急緩爲先後，具圖狀先申朝廷，逐時檢舉催督，接續興修。雖農田水利隸常平司，乞轉運司同共催督。」從之。

六年八月四日，尚書省言：「平江府司户曹事趙霖相度，平江府積水舊有三十六浦，導其水歸於江海，又爲之閘，以導積水，今堙塞殆盡。措置當興修并置閘等，共用役夫一千七百五十六萬五千餘工、錢一百四萬二千餘貫、米五十二萬六千餘碩。又發運副使應安道委官相視，港浦六處堙塞，合行先開，共役夫二百八十萬八千餘工，合用錢糧二十四萬七千餘貫碩。秀州華亭縣欲並循古法，盡去諸堰，各置小斗門。常州、鎮江府、望亭鎮合依舊置閘。」詔劄與趙霖，相度保明聞奏。

十六日，鴻臚卿王仲嶷奏：「兩浙積水之地多是民田〔五〕，止因興築圍岸苟簡滅裂，歲時風水充蕩瀰漫，遂成陂湖。望朝廷選差有風力人，專行計置興築圍岸。其所差官據圍裏過田數多寡，特與推恩，庶幾激勸。」詔送趙霖

〔一〕州：原作「洲」，據本書食貨七之三三改。
〔二〕土：原作「工」，據《宋史》卷九六《河渠志》六改。
〔三〕乞先：原作「先乞」，據本書食貨七之三四乙。
〔四〕遇：原作「過」，據本書食貨七之三四改。
〔五〕積水之地：原作「積之水地」，據本書食貨七之三五乙。

施行。

十月六日，新差權發遣提舉兩浙路常平等事趙霖言：「奉詔相度平江府積水，其諸路監司、州縣承受備坐前項指揮〔一〕，如有稽緩，因致闕悞去處，欲乞以違制論。合用錢米，踏逐到越州鑑湖封椿米，欲乞支撥一十萬石，并借支本路諸州本錢一十萬貫文〔二〕；如闕，則以常平倉積米及常平封椿錢貼支。并乞降空名度牒二千道，承信郎、承節郎、將仕郎官誥各五十道〔三〕，其命詞並令以『興修水利』爲名，別立價直。將逐浦合用工料，召有力人户出備錢米，官爲募夫，監部開修，或一户數户管一浦〔四〕。候畢工日，計實用錢米紐直給空名，許令變賣書填，召募出賣，不得抑勒。仍不依進納出身人例，以爲勸誘之方。今來措置興修積水，開浦置閘，並在平江府界内，欲乞權就本府置局，以『提舉措置興修水利』爲名。其差辟到官吏居泊〔五〕、供給、人從，並令仍就平江府應副。工作日，應閘匠每人別給工錢一百文、米三升。」詔並依所奏施行。

十二月四日，提舉兩浙路常平等事、兼提舉措置興修水利趙霖奏興修水利未盡事〔六〕：「湖、常、秀三州見行方田處，候興修水利稍見就緒日施行，庶使數州之民悉力以成大利。批降依奏指揮支撥越州鑑湖封椿錢米，他司別有陳請支撥，欲乞許臣執奏。及開浦置閘，雇募夫力縣分知、佐，自十一月止二月，諸司不許差出。」從之。

七年正月二十日，臣僚言：「趙霖興役治水，蘇、杭等州去歲災傷疾疫，民力正宜休息。」詔罷役，霖別與差遣。

七月六日，提點京畿刑獄公事王本奏：「前[106]任提舉京畿常平日，根括諸縣天荒瘠鹵地，開修水田，引水種稻，逐年所收土利不少。將引水不利之地一萬二千餘頃，並置圖籍，拘管人稻田務，召人承佃。數内已佃五千三百餘頃，蒙朝廷立定賞格，已足激勸。尚慮逐縣令佐不切奉行，却致荒廢，欲乞朝旨比附鹽事司開墾鹻地賞格推賞〔七〕。」詔依，申明行下。

宣和元年二月十四日，臣僚言：「訪聞江淮荆漢間荒瘠彌望，率古人一畝十鍾之地，其陂閼、水門、溝澮之迹迤邐猶存，而郡縣恬不以爲意。近絳州百姓吕平等詣御史臺披訴，乞開濬熙寧舊渠，以廣浸灌，情願加税一等。則是近世陂池之利且廢矣，何暇議復古哉！欲詔常平使者，有興修水利功效明白，則亟以名聞，特與褒除，以勵能者。」從之。

三月二十三日，詔直秘閣、提舉兩浙路常平趙霖降兩

〔一〕監司州：原作「州司監」，據本書食貨七之三五乙。
〔二〕借：原作「錯」，據本書食貨七之三五改。
〔三〕誥：原作「告」，據本書食貨七之三五改。
〔四〕一户：原作「户户」，據本書食貨七之三五改。
〔五〕泊：原作「治」，據本書食貨七之三五改。
〔六〕兼提：原作「及兼提」，據本書食貨七之三五刪。
〔七〕旨：原作「指」，據本書食貨七之三六改。

官。以增修水利不當故也。

六月七日，詔：「比遣趙霖措置興修吳浙水利，霖召募被水艱食之民，凡役工三百七十八萬二千四百有奇，開一江、一港、四浦、五十八瀆，已見成績。霖可陞職一等，仍復所降兩官。」其後十月十日，詔趙霖差辟到水利官屬，具等第、職位、姓名聞奏[一]，當優與推賞。

八月二十四日，提舉專切措置水利農田所奏：「浙西諸縣各有陂湖、溝港、涇浜[二]、湖濼，自來蓄水灌溉，及官私舟船往還。今欲就委打量官遍詣鄉村檢踏，應有似此去處，打量並見丈尺、四至、著望，用大石碑雕鐫地名、丈尺、四至，以《千字文》爲號，於界首分明標識。仍曉示地分食利人户常切照管，無令損動、堙塞、請占。縣別置簿拘收。縣尉遇下鄉檢察，如有堙塞，即時開濬。」從之。

三年二月一日，詔：「越州鑑湖、明州廣德湖自措置爲田，下流堙塞，有妨灌溉，致失陷常賦。又請（田）〔佃〕人多是新舊權勢之家，廣占頃畝，公肆請求，兩州被害民户例多流徙。仰陳亨伯體究詣實，如所納租税過重，即相度減免，立爲中制。應妨下流灌溉處，並當弛以與民。令條畫圖上取旨，毋得觀望滅裂。」

三月十九日，詔：「江南路官私圩埠，有司希功妄作，或輒將上流閉塞，致下流無水灌溉；或擁遏無所發泄，致鄰左例遭水患。及有元供頃畝數多，後來實數不及，輒敷與民户，或勒令等第承佃，或抑配倍納租賦，因此多致民户流徙。可限十日改正。見妨民户灌溉及擁遏無發泄者，所屬監司相度措置，或弛以予民；所輸税賦，比附鄰近，立爲永制。如尚敢營私觀望，許民户越訴，當議重行黜責。」

五年五月四日，臣僚言：「鎮江府練湖與新豐塘地里相接八百餘頃，灌溉四縣民田。每歲春夏，雨水漲滿，側近百姓引灌田苗，縱秋無雨，亦不慮旱。漕河水淺，湖水灌注，是以一寸益河一尺，其來久矣。今湖堤四岸多有損缺，春夏不能貯水，纔至少雨，則民田便稱旱傷。縣官【107】又禁止民間不得引湖水灌田，且以益河爲務，故丹陽等縣民田失於灌溉，虧損賦税。欲令食利縣分候農隙日，次第補葺隄防。」詔本路漕臣並本州縣當職官計度利害，檢計合用功料以聞[三]。

七年九月二十二日，詔以徽猷閣待制、知江寧府盧襄爲顯謨閣直學士，江東路提點刑獄、常平官各轉一官。以能奉詔體國，罷丹陽、固城、石臼三湖爲圩田，及言開銀林河事爲不急之務，切中時弊也。

欽宗靖康元年三月一日，臣僚言：「東南地瀕江海，舊有陂湖蓄水，以備旱歲。近年以來，盡廢爲田，澇則水爲之增益，旱則無溉灌之利，而湖之爲田亦旱矣。民既承佃，無

[一] 名：原「民」，據本書食貨七之三七改。
[二] 浜：原作「洪」，據《宋史》卷九六《河渠志》六改。
[三] 合：原作「日」，據本書食貨七之三八改。

復可脱，租税悉歸御前，而漕司暗虧常賦，多至數百萬斛，而民之失業者衆矣。乞盡罷東南廢湖爲田者，復以爲湖。」詔令逐路轉運、常平司計度以聞。已上《續國朝會要》。

高宗紹興元年九月七日，三省言：「宣州、太平州圩田，歲入租課浩瀚。近緣賊馬蹂踐，掘破圩岸，及佃户逃亡未歸，荒閑甚多。」詔：「令逐州守臣將缺壞圩岸疾速措置，如法修治〔一〕，人户耕種。内合用功料并見佃貧乏無力人户，並許取撥常平錢米，量行應副，及借貸支使。」

二年正月一日，詔：「宣州、太平州見修治圩田，逐州當職官能趁時興修了當，將來收租税及〔二〕，選人與改合入官，京官轉一官，更減二年磨勘。如過期違慢，仰提刑司具名按劾，官取旨重行勒停，人吏決配。」

（十）二月三日〔三〕，知太平州張錞言：「本州管下公私荒閑水田甚多，今欲廣行召募，修圩開墾。其糧種，據所佃頃畝多寡立法，官中量爲借貸。候至秋米成熟，將所借物數分料剋還。縣丞或主簿一員專爲勸誘催督，歲終較請佃之數，以其多者乞行推賞。仍欲踏逐指差大小使臣兩員充本州準備使唤，幹辦農田事務。」從之。

十六日，詔：「太平州諸縣興修圩岸錢米及借貸人户種糧〔四〕，令於宣州常平、義倉等米内取撥一萬碩〔五〕，仍令太平州認數，候將來圩田收成日，却行撥還。」

二年三月二十七日，都省言：「太平州、宣州圩田，累降指揮，專委太平州守臣張錞、宣州通判樊滋，同本路漕臣、提刑司併工修治，尚慮不切用心，理當專責帥臣提總其事。」詔專委李光。

（三）〔二〕年三月二十九日〔六〕，紹興府上虞令趙不搖言：「本縣所管夏蓋湖等一十三處〔七〕，自廢湖爲田，租米皆屬御前，省税即隸户部。官吏知有湖田數千碩之利，而不知奪此水利，檢放省税，歲乃至萬碩。建炎以後，湖租盡入户部，然未之廢，廢之誠便。」吏部侍郎李光言〔八〕：「一方利病，莫甚於湖田。大抵湖高於田，又高於江海，水少則泄湖水入田，水多則瀉田水入湖，故無水旱之歲、荒廢之田也。自政和以來，樓异知明州，108王仲嶷知越州，内交權臣，專務應奉，將兩郡陂湖廢以爲田，澇則增溢不已，旱則無灌溉之利，而湖之爲田亦旱矣，百姓失業，不可勝計。望下轉運司〔九〕，比較自興湖以來所失常賦，與湖田所得孰多孰少，檢會祖宗條法〔一〇〕，應東南〔諸〕郡自政和以來以湖爲

〔一〕治：原作「置」，據本書食貨七之四〇改。
〔二〕「及」下似脱一字。
〔三〕二月：原作「十二月」，今删，説詳本書食貨七之四〇同條校記。
〔四〕米：原作「未」，據本書食貨七之四一改。
〔五〕常平義倉：原作「義倉常平」，據本書食貨七之四一乙。
〔六〕二年：原誤作「三年」，今改，説詳本書食貨七之四一同條校記。以下三條亦爲二年事，亦見食貨七之四二校記。
〔七〕湖等：本書食貨七之四一作「等湖」。
〔八〕此句之前似當添「先是」二字，説詳本書食貨七之四一同條校記。
〔九〕「望」下原有「乞」字，據本書食貨七之四一删。
〔一〇〕「會」下原有「得」字，據本書食貨七之四一删。

田者，復以爲湖。」詔户部、工部看詳。本部言：「昨據紹興府上虞縣丘襄等狀稱，靖康元年三月内降指揮，盡罷東南廢湖爲田者復以爲湖，令逐路轉運等司同共相度利害聞奏。乞先次廢罷本縣夏蓋湖田。遂行下兩浙提刑司施行，去後雖據本司申到因依聞奏，當時緣未見靖康間轉運司曾如何相度具奏〔一〕，有無畫到指揮，再下提刑司從長相度，申部未到。」詔令張守限三日相度，具經久的確利害以聞。

五月十日，知紹興府張守言：「被旨，令相度上虞、餘姚兩縣湖田復廢爲湖經久利害以聞。守契勘民户所納苗米，較兩年號爲豐熟。但夏秋雨水稍不應時，其減放之數，以湖田所收補折外，官中已暗失米計四千二百餘石，民間所失當復數倍。今相度，先將餘姚、上虞湖田復廢爲湖，委是經久有利無害，伏望早賜施行。」詔依，仍乞自紹興三年正月爲始〔二〕。

四月一日，詔：「宣州見興修官私圩田，可改委新除守臣李處勵措置，並依樊滋前後已得指揮疾速施行。其樊滋不合專輒工役，限一日分析不奉行因依以聞。」

二日，詔：「江南東路轉運判官陳敏識將宣州見管常平、義倉并惠民圩租米一萬九千七百餘石，於内支撥一萬三千石與太平州外，餘數撥付宣州，並專充貸借圩田民户使用，同所委守臣疾速勸民耕佃。」

（四）〔三〕年二月八日〔三〕，兩浙西路宣諭胡蒙言：「乞行下兩浙諸州軍府，委官相度管下縣分鄉村，勸誘有田産上中户，量出功料，相度利害，預行補治隄防圩岸等，以備水患，庶免將來有害民田。」詔劄與本路轉運司相度施行。

九月二十二日〔四〕，太平州言：「當塗縣管下舊有路西湖，傍有拔聳港〔五〕，係通宣、徽州界。每遇春夏，山水泛漲，自港入湖，出海塘港，入本州姑溪河，通出大江，所以諸圩無水患。止因政和二年本州將路西湖興修作政和圩，自後山水無所發泄，遂致冲決圩埋，損害田苗。乞廢田，依舊開掘爲湖。」户部下本路轉運、提刑司同共相度，逐司言決圩爲湖，委是經久利便。從之。

五年閏二月二日，江南東路轉運司言：「契勘太平州管下當塗、蕪湖、繁昌等三縣圩田，所收租米萬數浩大。因去歲春夏雨水連綿，江湖泛溢，衝決圩岸，已蒙朝廷支降到圩米一萬石，應副見行修築。欲依紹興二年正月内指揮推恩，庶幾有以激勸。」從之。

四日，知湖州李光言：「自壬子歲入朝，首論明、越州廢湖爲田之害，蒙獨罷上虞、餘姚兩邑湖田。其會稽之鑑湖，鄞之[109]廣德湖，蕭山之湘湖等處，其類甚多，州縣官往往利爲圭田，頑猾之民因而獻計，侵耕盜種，上下相蒙，未

〔一〕時：原作「特」，據本書食貨七之四二改。
〔二〕乞：疑誤或衍。
〔三〕三年：原作「四年」，今改，說詳本書食貨七之四二同條校記。
〔四〕此條之九月未知是三年還是四年。
〔五〕拔：本書食貨七之四二作「跋」。

肯盡行廢罷。竊謂二浙每歲秋租，大數不下百五十萬斛，蘇、湖、明、越，其數大半，朝廷經費之源，實本於此。伏望專委漕臣，遍行郡邑，延問父老，考究漢唐之遺制，檢舉祖宗之成法，應明、越湖田盡行廢罷。內有積菱葑淺澱去處，許於農隙量差食利户旋行開撩，稍假歲月，盡復爲湖。」詔逐路轉運限半月躬親前去相度利害，申尚書省。

六年九月二十三日，温州進士張頎言〔一〕：「今歲旱凶，逮此窮冬，民食已艱。惟水利一事，可行於此時。今已孟春農隙，乘民乏食，仍興是役，用以振之，一舉而兩得。本州委瑞安縣主簿同張頎前去集善鄉陶山湖〔二〕，勸率豪户情願出備穀米，給散貧乏人，同共修築陂塘，蓄水溉灌，因便賑濟小民千餘家，各免飢乏，功效尤著。緣此以近及遠，互相依傚之人頗衆，貧民賴以兼濟，望朝廷特行推賞。」頎召赴行在都堂審察。

七年三月十九日，兩浙西路安撫制置大使〔三〕、兼知臨安府呂頤浩言：「五代時，僞楚馬殷據湖南，於潭州東二十里〔四〕，因諸山之泉築隄瀦水，號曰龜塘，溉公私一萬餘頃，惠及一方。其後隄堰廢壞，經百餘年，有失修治。去年旱災，民皆失食。臣雇募飢民，修成隄岸，以爲久遠之利。今來栽插是時，欲令安撫司於潭州摘那數百人併力栽插，及將來芟除蒿草。」詔令劉洪道疾速措置施行。

五月十二日，詔：「臨安府餘杭縣南北湖依舊存留，灌溉民田等用，不許輒便出賣。」

十七日，尚書右僕射、都督諸路軍馬張浚言：「勘會興元府、洋州所管渠堰澆溉民田〔五〕，數目浩瀚。昨自兵火之後，例皆隳壞。今吳玠遣發將兵及委知興元府王俊、知洋州楊從義部押官兵同共修葺，並已就緒，望賜獎諭，仍乞降黃牓撫勞將兵。」從之。

二十三日，給事中、兼直學士院胡世將言：「吳玠等能憂國恤民，發戲下之衆以興渠堰，廣灌溉之用〔六〕，爲富國與强兵之資，寬疲瘵遠輸之急，其體國之忠，有足嘉者。臣謂宜因以風勵將帥，使咸知朝廷之意，各務究心興修水利，措置營田，以省餽運而寬民力。欲望將今來降詔敕牓文，令有司行下諸大帥及統兵官等照會，將王俊、楊從義等特賜旌賞，以爲忠勞之勸。」從之。

八年十一月二日，侍御史蕭振言：「乞詔親民之官，各詢境内之地某鄉某里凡係陂塘堰埭民田共取水利去處，咸籍而記之。若從官中追集修治，則慮致搔擾，不若隨其土著，分委土豪，使均敷民田近水之家，出財穀工料，於農隙

〔一〕按，此句「張頎」下有脱文，下文應是知温州章誼之奏。說詳本書食貨七之四四同條校記。
〔二〕湖：原作「河」，據本書食貨七之四四、《建炎要録》卷一〇五改。
〔三〕制置：原倒，據本書食貨七之四四乙。
〔四〕於：原脱，據《宋史》卷一七三《食貨志》上一補。
〔五〕管：原作「用」，據本書食貨七之四四改。
〔六〕溉：原脱，據本書食貨七之四四補。

之際修焉，縣官董其大槩而已。仍於縣官罷任之日，書所興修水利若干於印紙，量加旌賞，以勸來者。」詔令户部行下諸路常平司，委守臣措置興修以聞。

九年正月二十一110日，利州路提刑司言：「保明到王俊、楊從義、田晟修葺興元府、洋州兩處修到渠堰溉田所增苗税，乞依已降指揮旌賞施行。」詔：吴玠令學士院降詔奬諭，餘各與轉一官，依條回授。

五月二十四日，權發遣明州周綱言：「嘗考明州城西十二里有湖，名廣德，周回五十里，蓄諸山之水利，以灌溉鄞縣七鄉民田，其利甚廣。自政和八年，守臣樓异請廢爲田，召人請佃，得租米一萬九千餘石。至紹興七年，守臣仇悆又乞令見種之人不輸田主，徑納官租，增爲四萬五千餘石。臣嘗詢之老農，以謂湖未廢時，七鄉民田每畝收穀六七石，今所收不及前日之半，以失湖水灌溉之利故也。計七鄉之田不下二千頃，所失穀無慮五六十萬石，又不無旱乾之慮。乞還舊物，仍舊爲湖，伏望特降指揮施行。」詔依，令轉運司疾速措置，申尚書省。

十三年三月二十四日，明州言：「契勘廣德湖下等田畝緣既已爲田，即無復可爲湖之理，不免私自冒種，非唯每年暗失官租三千餘石〔一〕，而元佃人户詞訟終無由止息。又因緣有争占鬭訟，愈見生事。欲乞依舊爲田，令原佃人户耕種。」從之。

十五年閏十一月九日，差權發遣利州元不伐言：「蜀本魚鳧彭濮之國，土地瘠薄，秦太守李冰鑿離堆、皂水，以灌以溉，由是水利之興徧於右蜀，遂爲奥區。養民之利，莫大於此。爰從近歲，堰多壞缺，不時營繕，爲農之害，莫大於此。賞罰之明，著於甲令，非舉而行之，無以示勸懲。欲望戒飭有司，克遵成憲，申嚴殿最，以隆邦本，使無罪歲之憂。」詔委四川宣撫司相度措置。

十六年正月二十一日，知興元府楊政言：「契勘本府山河六堰，澆溉民田頃畝浩瀚。自來春首，隨民户田畝多寡，均差夫力修葺。昨經兵火，民力不足，多因夏月暴水，衝壞堰身。若修葺不如法，遂失一歲之利。今措置，如遇渠堰損壞，民力不足，即於見屯軍兵下等人内量差應副，併力修葺〔二〕。」從之。

〔十九年〕七月二日〔三〕，上諭宰執曰：「平江堤堰不修，歲輸米比舊額虧十萬斛；并臨安西湖民灌溉所資，其利不細，歲久淤澱。並宜措置修治。」

〔十六年〕十一月〔四〕，前知袁州張成己言：「江西良田多占山岡上，資水源以爲灌溉，而罕作池塘以備旱暵。望令江西守令，俾務隙時勸督父老，相地之宜，講究池塘灌溉

〔一〕三千：原作「三十」，據本書食貨七之四六改。
〔二〕併：原作「并」，據本書食貨七之四六改。
〔三〕十九年：原無，據《建炎要録》卷一六〇補。
〔四〕十六年：原無。按此條仍爲十六年事，見《宋史》卷一七三《食貨志》上一，因補。

之利，以爲耕種無窮之資。」詔令户部檢具賞格，行下本路常平司措置。

二十（三）年四月二十三日〔一〕，上諭輔臣曰：「久雨，不至妨農否？民田須常作瀦蓄。昨來士大夫有理會興修陂湖之利者，宜令州郡措畫，以備闕雨灌溉。」於是尚書省勘會：「諸路州縣陂湖，本以蓄水，准備灌溉民田。訪聞比來多爲大户侵占〔二〕，一或闕雨，有妨灌溉。」詔令逐州軍措置，每季具施行次第以聞。

六月十四日，權知江陰軍蔣及祖言：「江陰軍地廣民111衆，號稱沃壤，北枕大江，潮汐之所往來。然漕河別有一派，曰五卸港，港北入大江，凡六十里。自大觀中濬治，距今填淤，積水不泄，霖潦暴至，冒没民田，故西南諸鄉多水溢之虞。本軍舊有横河，自建寅門至平江常熟縣，凡五十里，旁爲支渠，溉田甚廣。自政和中濬治，距今沙漲，幾爲平地。北江之潮，無自而入，故東南之鄉，多旱乾之患。二河之利，久不開鑿。望命官相視興修，仍令長吏以時疏導。」詔令本路常平司相度，申尚書省。

二十一年十一月十九日，前權知池州黄子游言：「乞飭提舉常平官，將舊來管下所有陂塘應干水利去處，委官檢踏，本處縣丞措置，申本司照應修治，務要可禦水旱。如一切了當，從本司覆實，申乞推賞施行。或不切究心，措置滅裂，亦仰常平司具名按劾。」上曰：「聞近陂塘水利去處多爲人侵占，可令有司措置，毋妨衆用。」於是詔户、工部檢坐見行條法指揮申嚴行下。既而蒙上諭輔臣：「須是常平官得人。若監司用心，此等事無慮。聞近時監司多是端坐，不出巡歷。提點刑獄職在平反，尤當遍臨所部，宜加戒飭。」乃詔：「諸路灌溉民田陂湖往往爲人侵占，令户部行下提舉常平官躬親措置，申尚書省。」

二十二年八月四日，比部員外郎李泳言：「淮西募民耕墾閑田，而田疇高原去處舊有陂塘，以資灌溉。今來墾闢雖廣，而未究水利。若使民户自行開濬，竊恐方集之人，有傷其力。望詔有司行下州縣，更切講究水利。如有陂塘所在，俾於農隙，官給錢米以濬治之。」上宣諭曰：「聞州郡陂塘蓄水去處，如紹興及淮南〔三〕，往往爲民户所侵占。雖目前州縣獲利，恐三五年後，無水溉田，却爲害非細。」李泳所奏，可令户部行下本路常平司措置。」

九月六日，左朝奉郎周楙言：「臣前任蘄州，見郡城環回皆山，每遇霖雨，則衆山之水奔湊城下，莫之能禦。治平二年，郡守張衡創築河堤，以捍水勢，從此無復水患。自經兵火，掘鑿殆盡。望詔有司委自知通，同屬縣就農隙依所定錢米〔四〕，和雇游手濬渠。取土成堤，水到渠成，堤亦成矣。堤岸既修，除去水患，民皆安居，而灌溉有備，亦無旱

〔一〕「二十」下原有「三」字，據《建炎要録》卷一六一刪。
〔二〕爲：原作「謂」，據本書食貨七之四七改。
〔三〕「紹興」上原有「對岸」二字，據《建炎要録》卷一六三刪。
〔四〕就農隙依：原作「就農依隙」，據本書食貨七之四八乙。

暵之虞。」上可其奏，因宣諭曰：「不獨蘄州，凡沿淮合堤備水患去處，令本路漕臣同逐州守臣措置。」

二十三年七月二十三日，試右諫議大夫史才言：「浙西諸郡水陸平夷，民田最廣，平時無甚水甚旱之憂者，太湖之利也。數年以來，瀕湖之地多爲軍下兵卒侵據爲田〔一〕，擅利妨農，其害甚大。蓋隊伍既易於施工，土益增高，長堤彌望，名曰埧田。水源既壅，太湖之積漸與民田隔絶不通，旱則據之以溉埧田，而民田不沾其利。乞專令本路監司躬親究治，盡復太湖舊利，使軍民各安其職，田疇盡蒙其利，農事有賴。」上然，從之。

十月二十二日，112 户部言：「宣州、太平州諸管官私圩田内有被水衝破圩埠去處，欲乞委司農寺丞、兼權户部郎中鍾世明前去措置。」從之。

二十七日，鍾世民言：「被旨，差往宣州、太平州措置圩埠。今條具下項：一、今來宣州化城、惠民圩埠周圍接連，計長八十里，其小埂不用修築外，内被水破缺并裏外損壞摧塌去處，合行修築增高。一、今來修築圩埠，合用和雇人工錢米，乞於常平錢米内應副。如本州常平錢米不足，即許提舉常平司於本州合發上供錢米内取撥兑借，免至臨時缺悮。其下三等人户，竊慮緣水患無力輸納，即乞令結甲借貸常平司錢，自紹興二十四年爲始，作四年帶納。一、今來修築圩岸，所用工浩瀚，務要堅實，庶可堅久。全藉所差官協力管幹，庶不致滅裂，枉費人工。如有不切用心，弛慢職事，許行按劾。内有昏懦怯弱不任職事之人，亦許差官抵替。所有檢察、監修、部役等官如能用心了辦，不致滅裂，虚廢人工〔二〕，亦乞許保明，申取朝廷指揮，量行推賞，庶示懲勸。」於是户部看詳，欲乞下宣州并江東轉運、常平司詳此，並依本官逐項措置到事理施行。從之。

閏十二月二十七日，又言：「今措置太平州圩埠下項：一、今來當塗、蕪湖兩縣人户被水，損壞圩岸。乞結保甲〔三〕，借米糧相添，自行修築。在法，係是農田水利，民力有不能辦者，合依宣州體例借貸，具數保明，申提舉常平司外，有萬春等圩埠人户乞官爲雇工修築。今檢計被水破缺並裏外埂損壞，合行增築貼補。其蕪湖縣萬春、陶新、政和等圩埠三所，共長一百四十五里有餘，合用九十六萬一百三十四工。當塗縣管圩埠一所〔四〕，係廣濟圩，長九十三里有餘。其圩與私圩五十餘所並在一處，坐落青山前，各係低狹。埂外面有大埂埠一條，包套逐圩在内，抵障湖水。今來逐圩被水損壞，詢訪人户，只修外面大埂〔五〕，不惟數

〔一〕侵：原作「請」，據本書食貨七之四九改。
〔二〕虚：原作「省」，據本書食貨七之五〇改。
〔三〕結保甲：原作「給甲保」，據本書食貨七之五〇改。
〔四〕管：原作「官」，據本書食貨七之五〇改。
〔五〕修：原作「條」，據本書食貨七之五〇改。

倍省工〔一〕，委是可以抵障水勢〔二〕。所有腹裏圩埠或有損處〔三〕，聽人户自修。尋取會到逐縣被水修治官私圩埠體例，係是人户結甲保借常平米自修。今來損壞尤甚，人户工力不勝，不能修治。今措置，欲乞依見今人户結甲保借米糧自修圩埠體例〔四〕，不以官私圩，人户等第納苗租錢米充雇工之費。官爲代支過錢，年限帶納。自餘合用錢米，並乞下提舉常平司照會，日下取撥津發，應副本州雇工修治施行。一、今來蕪湖縣申，獨山、永興、保城、咸寶、保勝、保豐、行春圩北，其地圩埠被水衝破打損至多。若只依係保借糧米，將來修築不前。內有咸寶一圩，被水損壞，衝成潭缺，計長二十五丈，闊三十丈，深二丈二尺，須用創作堤岸從裏面圍裹，倍費工力。比獨山等圩埠損壞，尤見工費不同，委是力難辦〔五〕，乞官爲雇工修築。今檢計獨山等七圩委是被水損壞113處多，其咸寶圩埠衝破成潭處，難以就舊基修築，合從裏面別創築埂圍裹〔六〕，計長八十一丈，合用五千四百工。今措置，上件圩埠欲各依例結甲隨苗借米外，更據户下田每畝與借錢一百文省，令自修築。其咸寶圩埠潭缺處，據合用工數，欲乞官和雇人工，共同修治。」於是户部言，欲乞下太平州、江東轉運、常平司，並依本官逐項措置到事理施行。從之。

二十四年九月十五日，大理寺丞周環言：「臨安、平江、湖、秀四州低下之田，多爲積水浸灌。蓋緣溪山諸水併歸太湖〔七〕，水分爲二派，東南一派由松江入於海，東北一派由諸浦注之江〔八〕。其沿江泄水諸浦中，惟白茅浦最大，今爲沙泥淤塞。每歲若遇暑雨稍多〔九〕，則東北一派水必壅溢，遂致浸傷農田。欲望令有司相視，於農隙開決白茅浦故道，俾水勢分派流暢，實四州無窮之利。」詔令轉運司措置。

二十八年八月二日，宰執進呈監察御史任古論蘇、湖、常、秀被風水災傷，因措置浙西、江東、淮南賑糶事〔一〇〕。上曰：「被水州縣檢放税苗，而賑貸其不給，固當如此。」宰臣言：「瀕江一帶低下，而堤堰壅塞，畎澮不通，致有積水，他郡亦不至此。」上曰：「可令蔣璨同漕臣專一措置。」

九月十三日，兩浙路轉運副使趙子潚、知平江府蔣璨言：「近被旨相度水利利害，子潚等歷吳江、吳、長洲三縣民田湮没去處相視〔一一〕，以至常熟；又自常熟北至揚子江，又自崑山東至海口，推究源流，講求利害。今詢訪得浙西

〔一〕省工：原脱，據本書食貨七之五〇補。
〔二〕委：原脱，據本書食貨七之五〇補。
〔三〕損：原作「省」，據本食貨七之五〇改。
〔四〕「甲」下原有「乞」字，據上文刪。
〔五〕民：原作「人」，據本書食貨七之五一改。
〔六〕從：原作「依」，據本書食貨七之五一改。
〔七〕太：原作「大」，據本書食貨七之五一改。
〔八〕東北：原作「西北」，據《建炎要録》卷一六七改。
〔九〕遇：原作「係」，據本書食貨七之五一改。
〔一〇〕糶：原作「糴」，據本書食貨七之五一改。
〔一一〕「洲」原脱，「三」原作「二」，據《吳中水利全書》卷一三補改。

諸州，平江最爲低下，而湖、常等州之水皆歸於太湖，自太湖以道於松江，自松江以注海。是太湖者三州之水所潴，而松江者又太湖之所洩也。然以數州潴水之巨浸，而獨洩以松江之一川，宜其勢有所不勝受，而洩放有所不逮〔一〕。是以昔人於常熟之北開二十四浦，疏而導之揚子江；又於崑山之東開一十二浦，分而納之海。兩邑大浦凡三十有六，而民間私小涇港不可勝數〔二〕，皆所以決壅滯而防泛溢也。後因潮汐往來，泥沙積聚，舊置開江之卒尋亦廢去〔三〕，閱時既久，填淤日增，此大浦所以湮塞，而民田於是有淹浸之憂也。昨者建議興修水利之人接武而出，其説皆迂闊汗漫而難用。所見於已施行者，天禧、天聖間運使張綸於常熟〔四〕、崑山縣各開衆浦以導積水；景祐間郡守范仲淹親至海浦，開濬五河以疏導諸邑之水，自東南入於松江，東北入於揚子與海。政和間，提舉趙霖將命興修水利，開浚三十三浦，役工僅開常熟兩浦、崑山一浦而罷。開三浦之後，迄今又四十年，諸浦湮塞，又非前日之比，遂致湖瀼盈溢〔五〕，浦港溷淤，而積水散漫民田之中，十年之間，澇歲常八九。今相視，泥沙湮塞，有妨洩水，合行修掘開導緊切去處，開具如左：一、常熟縣開浦五處：梅里塘，泄崑湖并常熟塘一帶積水，114自本縣東栅，由梅里鎮至白蕩橋；又白茆浦〔六〕，係泄崑湖、承湖水，自周涇至浦口；又崔浦〔七〕，泄崑湖、承湖由梅里塘積水，自浦口至雉浦一帶；又福山浦，係泄崑湖、承湖并府塘一帶積水，自尚墅橋及九折塘至顯星橋；又黄泗浦〔八〕，係泄尚湖及崑湖水〔九〕，自三里汀至十字港。一、崑山縣開浦四處：新洋江，北接百家瀼，南出吳淞江，自百家瀼口〔至〕太倉塘〔一〇〕；又小虞浦，北接鰻鯉瀼，向南出吳淞江，自鰻鯉瀼口下，南至黄墓村橋；又雇浦〔一一〕，北接斜塘瀼，南出吳松江，自郭澤塘口下，北至邵塘；又郭澤塘，南通夏駕浦，東通雇浦、洛徹、吳松江。已上兩縣，總計工三百三十七萬四千六百六十四工、錢三十三萬七千四百六十六貫三百文、米一十萬一千五百三十九石八斗九升。子潚等契勘，崑山縣四浦工力不多，乞止用本縣食利人户，支給錢米，委本縣官監督開濬。常熟縣五浦工力浩瀚，係與吳、長等縣利害相及。欲除崑山縣外，有本縣食利人户，以五千人爲率。人夫數少，即於三縣見賑

〔一〕有：原作「又」，據本書食貨七之五二改。
〔二〕涇：原作「徑」，據本書食貨七之五二改。
〔三〕置：原作「製」，據本書食貨七之五二改。
〔四〕運使：原作「御史」，據本書食貨七之五二改。按張綸爲江淮制置發運副使，見《宋史》卷四二六本傳。
〔五〕瀼：原作「灢」，按下文及本書食貨七之五三等處均作「瀼」，今改從一律。參見食貨七之五三校記。
〔六〕白：原脱，據《姑蘇志》卷一二補。
〔七〕崔：原作「雀」，據本書食貨七之五三改。
〔八〕泗：原作「四」，據《姑蘇志》卷一二改。
〔九〕崑：原作「昆」，據本書食貨七之五二改。
〔一〇〕家：原脱，據本書食貨七之五三補。
〔一一〕雇：《姑蘇志》卷一二作「顧」。

濟人内募强壯人充。應所有差官起工等事件，續次條具申請。緣平江府積水經今已及兩月餘日未退，已妨種麥。若不於農隙之際支給錢米，雇夫開治，深恐來歲春雨〔一〕，積水愈甚，虧失常賦不便，望速降指揮施行。」詔差御史任古同提點刑獄徐康前去覆視，詳究利害聞奏。所有合措置事件，令趙子潚、蔣璨一面條具，申尚書省。其任古仍令上殿奏事畢，疾速前去。

二十五日，知涪州程敦書言：「稻田以水爲本，故無渠堰而田宜稻者，則有潴水之地以待灌溉。比緣經界，官吏以民間潴水地爲天荒地，豪猾游手因而交結州縣，請佃承買，洩其水以爲可種之田，獨擅其利。田既無水，歲失播種。乞行下諸路，如有請佃承買潴水地者，即爲改正。」從之。

十一月九日，監察御史任古言：「平江府常熟〔等〕四縣，舊有開江四指揮共二千人額〔二〕，專一修治浦塘等，并置巡塘官一員。今欲乞止於常熟、崑山兩縣各招填一百人額，其請給等並依舊例支給施行。仍奏撥軍員、使臣各二人，分管軍兵。如有浦塘堙缺，通融人工役使〔三〕，逐旋修治。」古又奏：「崑山縣耆宿言：『所開浦四處，緣今歲積雨，東北風潮〔四〕，并太湖及山水相會，有渰没民田。兼郭澤塘一浦横過，即非泄水去處。春間人户圍田，自當開撩。所有小虞浦、新洋江、雇浦三處雖合開浚，見今四浦盡爲松江大水漲遏其外，發泄遲緩，是致諸浦蓄水〔五〕，難以興工。欲候江水减落，岸塍出露，人户自行開掘，亦不願支破錢米。若内有貧乏無力之人，乞量借常平官糧，寬立年限，分料送納。』乞從民便。已行下本縣，令預備將來興工之具〔六〕，候江水减退，即行開浚。」並從之。

同日，監察御史任古言：「臣同徐康與常熟縣官覆視五浦，今詳究得本縣東栅 115 至雉浦入丁涇，通徹福山塘，下注大江，委是快便。若依趙子潚當來申請，以五千人爲率，於來歲正月入役，約計一月餘日可畢此浦，使崑〔七〕、承二湖及府塘一帶并被傷民田内水通注於江。然後浚治黄（四）〔泗〕浦、三里江至十字港，工力亦不甚多。併趁農隙，先畢二浦，其餘合開港浦，再俟將來農隙，當以緊慢次第興工。」古又奏：「趙子潚昨計料開浚（雀）〔崔〕浦，係決泄崑〔八〕、承二湖及民田内水，南自梅里塘，距浦口迤邐北入大江。古等身詣相視，其浦乾涸，可以行往。蓋緣浦身迂迴曲折，泄水不快，是致積沙高厚，開浚工倍。欲於雉浦口別開一

〔一〕「深」上原有「恐」字，據本書食貨七之五四删。
〔二〕舊：原脱，據本書食貨七之五四補。
〔三〕人工：原脱，據本書食貨七之五四補。
〔四〕潮：原作「湖」，據本書食貨七之五四改。
〔五〕是：原作「其」，據本書食貨七之五四改。
〔六〕令：原作「今」，據本書食貨七之五五改。
〔七〕崑：原作「昆」，據本書食貨七之五五改。
〔八〕崑：原作「昆」，據上文改。

涇〔一〕，徑入福山大浦，通於大江，名爲丁涇。比之（雀）〔崔〕浦，並無回曲，不惟開浚省費，實於泄水爲便。」詔並依奏，錢於御前激賞庫支降，米就平江府撥到綱米内支取。令趙子潚同守臣措置，於正月上旬興工。令預備器用，不許科擾於民〔二〕。

二十九年正月二十九日〔三〕，兩浙路轉運副使趙子潚言：「被旨開濬平江府常熟縣東柵至雉浦入丁涇，徹福山塘，已於正月五日興工。據常熟縣父老稱，福山塘與丁涇地勢相等，今開丁涇，更深三尺，若不濬福山塘，則水必至倒注於涇。今與平江府州縣官同往相視，宜依父老陳乞開濬。又見開東柵至雉浦口，河面並合闊八丈，并雉浦港底四丈二尺，貴得泄水通快。」詔依，仍令疾速興工。

二月十八日，敷文閣待制、知平江府陳正同言：「相視到常熟縣開浚諸浦，其修治田岸，係有田之家計畝均出錢米，以保永業，必無怨尤之理。舊來浦口雖有潮沙之患，每得上流清水湍浚，可以推滌，不至全然壅塞。後來節次被人户圍裹瀦水湖瀼爲田，其已成之田，人户認爲永業。欲乞今後不許人户更將邊湖瀦水去處占射圍裹。」於是户部言：「在法，瀦水之地謂衆共溉田者，輒許人請佃承買，并請佃承買人各以違制論。每畝賞錢三貫，一百貫止。今欲下平江府明立界至，約束人户，即不得依前占射圍裹。」從之。

同日，詔常熟縣丞江續之減二年磨勘，壕寨官韓彥、彭昇各與轉一官資。以本路運使保明開浚浦畢工故也。

三十年三月八日，淮南運判張祁言：「被旨措置開墾荒田，修築圩埠陂塘。竊見無爲軍廬江縣楊柳圩一所，周環五十里，兵火後來不曾修築，致圩埠損闕，溝洫壅蔽，一向荒閑二十餘年。及無爲縣嘉成圩一所〔四〕，各有荒閒田土。本司見已修築堤岸〔五〕，蓋造莊屋，收買牛具，招集百姓耕墾。竊念淮甸窮陋，本司别無寬剩錢物應副逐急支遣，欲望詳酌，權於本路州軍合起發錢内科撥三萬貫，從本司置曆，專充措置開耕荒田支費〔六〕。候稍有次第，即將逐年所收莊課樁管，撥還支過錢數。」詔於淮東茶鹽司樁管錢内支撥三萬貫應付〔七〕。已上《中興會要》。

116 紹興三十二年孝宗即位未改元。十一月二十九日，參知政事、督視湖北京西路軍馬汪澈言〔八〕：「相視襄陽有二渠，一曰長渠，一曰木渠，皆古來水利播殖去處。大約長渠溉田七千頃，木渠溉田三千頃，其間陂池灌浸，脉絡交通，

〔一〕開：原作「有」，據《吳中水利全書》卷一三改。
〔二〕科：原作「料」，據本書食貨七之五五改。
〔三〕二十九日：本書食貨七之五五作「二十一日」。
〔四〕嘉：原作「佳」，據本書食貨七之五六、《建炎要録》卷一八四改。
〔五〕堤岸：本書食貨七之五六作「圩埠」。
〔六〕費：原作「廢」，據本書食貨七之五六改。
〔七〕樁：原作「莊」，據本書食貨七之五七改。
〔八〕澈：原作「徹」，據本書食貨八之五改。

土皆膏腴。自兵火後，悉已堙廢。嘗差委湖北運判呂擢〔一〕、京西運判姚岳親至其地計度。今且先治長渠，凡築堰開渠，可用二萬工，并合要牛具、種糧等，就委兩路運司措置，不令絲毫擾民。長渠纔成，或募民之在邊者，或取軍中之老弱者，雜耕其中。來秋穀熟，量度收租，以充軍儲，既省餽運，又可安集流亡。乞以措置京西營田司爲名，令姚岳兼領。」從之。其後，乾道九年十二月二十三日，權京西路轉運判官胡仰復言〔二〕：「長、木二渠之利，數内靈溪水見流白馬堰，係鄂州都統制司營田莊〔三〕，水亦通。唯是白馬陂以東石子山、木眼山合渠去處頗多損壞，日復一日，必皆湮塞。今若隨宜興修，可以立見成效。欲望下荆鄂都統制司〔四〕，令同本司差官行視二渠，隨宜開遍。」詔户、兵、工部看詳。各部欲下鄂州都統制、京西安撫、轉運司、襄陽府同共疾速相度施行，從之。

隆興元年四月十二日，詔：「浙西路轉運、常平司取見今逐州人户創立塍岸包圍成田〔五〕，及漁户廣施漁具壅遏水勢去處〔六〕，疾速相度，措置施行。仍令州縣常切督責巡尉，每歲於農隙時修治隄防，無使闕壞。及春夏之交，部集人户於河道淤塞要害之處，併工開撩，常令水路通快。」從殿中侍御史胡沂請也。

六月十二日，工部尚書、兼侍讀張闡等言：「竊見近降指揮，將紹興府鑑湖田、明州廣德湖田盡賣。二湖元灌溉民田浩瀚，後緣民間侵耕，遂作圩田。今若一概出賣，竊恐於民間別有所妨。如紹興府鑑湖曾立石牌，應深溝大港並永遠存留，以充灌溉〔七〕。今欲乞專委紹興府、明州守臣討論利害詣實〔八〕，方可出賣。」從之。

二年八月五日，詔：「江浙水利久不講修，積雨無所鍾泄〔九〕，重爲秋稼之害。可令逐州守臣考按古迹及見今淤塞去處，條具措置聞奏。」

九月四日，集英殿修撰、知宣州許尹奏：「本州有童圩〔一〇〕，實係創興，委是堙塞水流去處。今欲依舊開決作湖，以爲民利。」詔令本路轉運司相度，如委有壅塞，候秋收畢，措置開決。

十二日，詔江東、浙西監司、郡守：「朕嗣服以來，求民之瘼。比緣江東、浙右俱被水災，思拯民於愁嘆，痌瘝不忘。卿等既分外臺之寄，皆爲共理之良，宜究乃心，各揚爾職。能於所部講明田事，預爲陂塘渠堰，防患未然，使顯効

〔一〕呂擢：原作「李擢」，據本書食貨八之五改。

〔二〕胡：原作「吳」，據本書食貨八之五改。

〔三〕鄂州：原作「岳州」，據本書食貨八之五改。下同。按長、木二渠與岳州無關，且岳州無都統制司。

〔四〕荆：原作「京」，據本書食貨八之五改。

〔五〕今：原無，據本書食貨八之五補。

〔六〕「去」上原有「所」字，據本書食貨八之五删。

〔七〕以上二句，原無「並」字，「以」上有「可」字，據本書食貨八之六增删。

〔八〕討：原作「計」，據本書食貨八之六改。

〔九〕鍾：原作「種」，據本書食貨八之六改。

〔一〇〕圩：原作「淤」，據本書食貨八之六改。

著於將來者，朕當不次親擢。其或但爲文具，尚畏權勢，無益於備患，徒擾於庶民，國有典刑，朕必不赦。」

乾道元年正月十四日，知徽州呂廣問條奏農田水利：「諸塘堨合輪知首之人充，雖田少不該，亦均給水利，不得阻117障。若鄉例私約輪充〔一〕，於官簿内開説充知首人〔二〕。盡賣田業，新得産家雖合充，止輪當末名，不得越次，仍批官簿照會。諸塘堨係衆水利，蓄水救田，本縣於農隙之時告示知首及同食水利人，均備人夫，併力修作。塘堨下合承水利田産，遇人户典賣，並依資次承水。如係買税户塘堨水，亦申官注籍。塘堨水上流既足，如障塞，公然占奪，不從州縣約束者，取旨。形勢之家將新置田産却在舊堨之上占截水利，似此去處，縣官即時除拆。若舊堨不容修築，衆定利害，務從民便。若兩堨用水已足，不放流者，亦仰官司禁約。畎堨兩岸或被水衝陷，隔岸漲出沙田，止許被水人承佃，不得田鄰争占。畎堨所在合留水門，若不妨阻舟船〔三〕，或擅毁（折）〔拆〕，並追勘斷〔四〕。約束未盡，如别有私約，並仰知首自陳添入。若舊例已定，不得創改。有合增事件並聞官，始許行用。」從之。

二月二十四日，詔：「紹興府開濬鑑湖，除唐賀知章放生池舊界十八餘頃爲放生池水面外，自餘聽從民便，逐時放水，依舊耕種。」從知府趙令詪請也。

同日，知平江府沈度言：「被旨，開掘長（州）〔洲〕縣習義鄉清沼湖圍田一千八百三十九畮，益地鄉尚澤蕩圍田一千五百畮，蘇臺鄉元潭圍田一千五百八十八畮，樊洪瀼圍職田三百三十二畝，營田一千九百六十九畝，費村瀼圍田一千六百六十二畝，崑山縣大虞浦圍田二十六畝，小虞浦圍田一百六畝，新洋江圍田一百七畝，崑山塘圍田三十三畝，許塘圍田二十六畝，六河塘圍田一十三畝，常熟縣梅里塘圍田二畝，白茆浦圍田二百三十一畝，目今通泄水勢。」詔浙西提刑曾逮親至其地審寔，開具洩水通快、可以經久無堙塞去處保明以聞。

二年四月七日，吏部侍郎陳之茂言：「比年以來，泄水之道既多堙塞，重以豪右有力之家以平時潴水之處堅築塍岸，廣包田畝，彌望綿亘，不可數計，中下田疇易成泛溢，歲歲爲害，民力重困。數年之後，凡潴爲陂澤，盡變爲阡陌，而水患恐不止今日也。乞選差强明郎官一員，（問）〔同〕漕臣日下將新圍之田疾速開鑿。」上曰：「聞浙西自圍田即有水患，前此屢有人理會，竟爲權要所梗。卿等可檢點累降指揮已曾如何施行，仍委兩浙運副王炎疾速相視利害以聞。」既而王炎言：「相視圍田内有張子蓋新舊田九十餘畝，占籍兩縣，堙塞水勢，久爲民患。躬至其地，地名四塘，周圍約二十里，開掘已盡，泄水通快；地名長安，周圍約四

〔一〕例：原作「利」，據本書食貨八之六改。
〔二〕簿：原作「部」，據本書食貨八之六改。
〔三〕若：原作「芳」，據本書食貨八之七改。
〔四〕勘：原作「斯」，據本書食貨八之七改。

十里，見督縣官併工開掘。乞戒勵張子蓋等家，再犯，重寘典憲。已開掘去處，各立標記。餘州縣依此。」從之。

五月十一日，尚書省言：「浙西圍田有壅塞水勢去處，近專遣漕臣親詣逐州縣監督開掘，以泄積水，除去民害。尚慮形勢權要之家日後依前冒法謀利，復行[118]修築，爲害如初，理宜約束。」令兩浙轉運司并逐州縣守令常切檢察遵守，如有違犯之人，命官取旨，餘重作施行。

六月一日，臣僚言：「江陰軍在浙西最爲地勢卑下，雖瀕大江，而歲苦水患，尤甚於他州。蓋常州之水，其勢趍下，盡自五瀉堰分流入石頭港、黄港、夏港、蔡港〔一〕、申港〔二〕，達于大江。而江潮直至堰下〔三〕，歲久潮泥淤塞河港，水既不能輸泄，漫入田間，而申港一河連接數鄉，所繫尤重。又有三山與秦望山，山脚之下石自港内横絶而過，壅遏水道，今所謂大石堰、小石堰者是也。一屬常州，一屬江陰。其石比年漸高大，河水爲之不流，數鄉無歲不被害，田畝常在水底，而常州境内河港水勢又不能泄，寔爲兩郡之害。若非朝廷措置開掘，以兩郡之力，必不能辦。乞詔有司下本路監司、兩郡守臣，同力相度利害。」詔工部行下本路轉運司，同常州、江陰軍相度，措置以聞。候農隙日，興工開掘〔四〕。

十五日，臣僚言：「浙西圍田壅塞水勢，已行開掘。竊見永豐圩自政和五年圍湖成田，經今五十餘年，横截水勢，不容通泄，圩爲害非細。今相度，欲將永豐圩廢掘，依舊爲蓄水之地。」詔依，候至十一月開掘。後復詔仍舊不開。

十月十四日，利州路提點刑獄公事張德遠言：「興元府褒城縣山河六堰灌溉褒城、南鄭兩縣田八萬餘畝，内有光道拔一渠決壞年深，民力不能興修，下流闕水，率多改種陸田。今歲正月内，判興元府吴璘親率將士代民修塞，仍作偏堰，勒回別渠棄水，併入光道拔下流。諸堰堅固，前日陸種去處，復爲稻田，其利甚博。」詔吴璘令學士院降詔奬諭。

三年五月十五日，秘閣修撰、前知衢州周操言：「宣城管下六縣，唯宣城、南陵有圩田去處，而宣圩田最多，共計一百七十九所。大率地本卑下，人力矯揉，以成田畝，十年九潦，常有水患。議者多欲廢決梗塞水道之圩，以全衆圩，謂不當隱忍愛惜當決之圩，使衆圩俱受其害。臣於乾道元年十一月到任，是時圩田再遭巨浸〔五〕，童圩係是破壞之數，人户稱此圩委梗塞水道。臣遂出榜曉諭，且令權住一年興築。若來年衆圩熟，不遭水患，遂可永久廢罷。今已去彼隔歲，乞將童圩徑行廢決。所有養賢、政和、蓮湖三圩，乞併賜行下，委自守臣詢訪，條具聞奏。」詔寧國府守臣

〔一〕港：原無，按江陰軍有蔡港、申港，見《宋史》卷九七《河渠志》七，據補。
〔二〕港：原脱，據本書食貨八之九補。
〔三〕「而」上原衍一「江」字，據本書食貨八之九删。
〔四〕掘：原作「撅」，據本書食貨八之九改。
〔五〕時：原脱，據本書食貨八之一〇補。

相度以聞。其後，知寧國府汪澈言〔一〕：「童圩最爲民害。一水自徽州績溪縣、本府寧國縣合諸水至童圩，一水自廣德軍建平縣合本府宣城縣南湖之水至童圩，二水奔衝併來，其勢浩渺，所以向上諸圩悉遭巨浸。又嘗考此圩本童家湖，容流衆水，非古來圩額。今若將童圩廢決，則水勢自然順適。其餘未可輕議。」從之。

四年五月二十四日，詔：「知彭州梁介自到任，講究農田水利，經畫修築本州九隴等三縣十餘堰，灌溉民田，固護

119 水勢，委是利便。可除直秘閣、利州路轉運判官，填見缺。」從四川安撫使虞允文請也。

八月七日，觀文殿大學士、知紹興府史浩言：「本府諸暨聚天台、四明數百里重岡複嶺，水出之源，其派既廣，止有錢清一江爲吐泄之處。古人于縣之四傍立湖七十二處以潴蓄，故無泛濫之患。歲久，所（爲）〔謂〕七十二湖者，人皆占以爲田，故雨水霑足，則水皆歸七十二湖，所種之苗悉皆浸損。然則非水爲害，民間不合以湖爲田也。今湖不可復，則諸暨湖田爲之〔二〕，民歲歲受害，臣不敢以不告。」詔令史浩選委諳曉湖田利害官相度措置。七年十二月八日〔三〕，臣僚又言：「紹興府諸暨縣地接婺之浦江〔四〕、義烏，衆溪輻湊，與本縣諸山之水凡四十餘港合流而下。境内舊有七十二湖，可以瀦蓄，歲久，湖變爲田，不惟水無所歸，而又溪港浸爲漲沙堙塞，由是久雨則有墊溺之患，久晴則有旱暵之憂。開鑿約用六十八萬一千五百工，每工日給米二升，計用米一萬三千六百三十石。」詔令蔣芾相度。

九月二十四日，詔：「諸路提舉官自今興修水利，若不依常平免役條令，先選官按視，許令興修，只憑州縣保明，虚譔農田水利酬賞，輒爲申奏不實者，從户部按劾取旨〔五〕。本部人吏不照應條法疏駁，輒便依隨僞妄，關報推賞者，亦科違制之罪。」

十月二十六日，臣僚言：「紹興府諸縣各有湖，湖高于田，築塍岸瀦水以備旱；其田高于江，置斗門洩水以備潦。故雖或水旱而有備，歲可使之常豐。蕭山縣管下湘湖，灌溉九鄉民田，夏秋之交，多闕雨澤，決其湖以溉田，禾稼滋茂。近聞百姓將湘湖填築以爲田，寔害灌溉。欲乞令紹興府差官看視，若委是將湘湖爲田，則令開掘，復以爲湖，依舊灌溉民田。」從之。

五年三月二十日，大理正、措置兩淮官田徐子寅言：「兩淮荒蕪之田一目百里，究其十分之地，陸田纔三四，而水田居其五六。春夏之交，霖雨之久，耕耨之勞，秧蒔之功一旦空然，此田之所以爲民病也。自去冬，同歸正頭目人

〔一〕澈：原作「徹」，據本書食貨八之一〇改。
〔二〕「之」與下句「民」原互倒，據本書食貨八之一一乙。
〔三〕「七年」之前原稿空格分段，天頭原批：「應排後。」按，此下與上文同述一事，非别是一條，當相連，亦無需移後。
〔四〕諸暨：原作「暨諸」，據本書食貨八之一一乙。
〔五〕劾：原作「刻」，據本書食貨八之一一改。

差擇到楚州山陽縣大溪村博田崗空閑官田約數百餘頃，南有灌溝，可通運河，北有舊溝，可接小溪。今欲由其舊蹟，與之開浚，約用五百工。歸正人各欲俟墾種畢日，併力開浚。」從之。

六年閏五月一日，知雷州戴之邵言：「管下瀕海土薄，地雜泥沙，東北接連有大塘一所，臣於農隙雇募夫丁併力開築。竊慮歲久，官司不能相繼增修，旋致堙塞，〔乞〕今後差注本州海康、遂溪兩縣，並令於官銜上帶『主管河渠公事』。任滿，有無增修損壞，批上印紙。」從之。

七日，徽猷閣待制、新知寧國府姜詵言：「寧國府、太平州兩郡，惟仰圩田，得以供輸。今來夏雨頻多，竊慮縣官滅裂，民心不齊，失于修治，大爲圩田之害，欲選委清彊官同本縣遍行檢視修護。」120從之。

六月二十二日，徽猷閣待制、知寧國府姜詵言：「宣城、南陵縣圩田既壞，有不曾決破圩田九所，欲于今冬自十月措置修圩，以係官錢米募民興工，俟今秋八九月措置以聞。」從之。其後，詵措置修濟養圩岸，兼開決除廢在外〔一〕。詔從之，餘州軍圩岸損壞准此〔二〕。

九月二十八日，新知泉州周操言：「太平州所管圩田，每遇水災決壞，除大圩官爲興修外，其他圩並係食利之户保借官米自行修治，就今冬十月内措置。乞委自各州守臣，照紹興二十三年例，從寔措置施行。」詔：「應有圩田合修治處，仰逐州守臣精加檢寔，及工役合用錢米支費，具數限一月聞奏。」

十月二十三日，知寧國府姜詵言：「焦村私圩梗塞水面，致化成、惠民圩頻有損壞，合將焦村圩廢決。其化成、惠民兩圩南元有（梗）〔埂〕岸接焦村圩，合依舊增高修築。」從之。

十二月十四日，監行在都進奏院李結言：「蘇、湖、常、秀所産，爲兩浙之最。自紹興十三年以來，屢被水害，議者皆歸積水不決之故，以爲積水既去，低田自熟。第以工役浩煩，事皆中輟。臣有管見治田利便三議：一曰敦本，二曰協力，三曰因時。司農丞郟亶議云：『古人使塘浦闊深者，蓋欲取土以爲堤岸，非專爲決積水。若堤岸高厚，借令大水之年，江湖之水高於民田五七尺，而堤岸尚出於塘浦三五尺，故雖大水，不能入于民田。民田既不容水，則塘浦之水自高於江，而江之水亦高於海，不須決泄而水自湍流矣。』此古人治低田之法也。若知決水而不知治田，則所開浚之地，不過積土於兩岸之側，霖雨蕩滌，復入塘浦，不五七年，填淤如舊，前功盡棄。爲今之務，莫若專務治田。乞詔監司、守令相視蘇、湖、常、秀諸州水田、塘浦緊切去處，發常平、義倉錢米，隨地多寡，量行借貸與田主之家，令就此農隙，作堰車水，開浚塘浦，取土修築兩邊田岸，立定丈

〔一〕此二句當有脱誤，參見本書食貨八之一二校記。
〔二〕准此：原作「從之」，據本書食貨八之一二改。

尺。衆户相與併力，官司督以必成。且民間築岸，所患無土，今既開浚塘浦，積土自多，而又塘闊水深，易以流泄。田岸既成，水害自去。此臣所謂敦本之議也。」結又以爲：「百姓非不知築堤固田之利，然而不能者，或因貧富同段而出力不齊，或因公私相吝而因循不治，非協力不可。百姓所鳩工力有限，必賴官中補助；官中非因飢歉，難以募民興役，非因時不可。」詔：李結所陳，緣所費浩大，令胡堅常相度措置。胡堅常看詳：「李結所議，誠爲允當。今相度，欲鏤板曉示民間有田之家，各自依鄉原體例，出備錢米，與租佃之人更相勸諭，監督修築田岸。庶官無所損，民不告勞〔一〕。」詔從之。

七年七月二十五日〔二〕，將作少監馬希言奏：「被旨覆寔太平州修圩利病，欲望委自有圩田州縣守令措置，將圩内人户推一名有心力，田畝最高之人爲圩長，大圩兩人。每遇秋成，集本121圩人夫於逐圩增修。面闊一尺，側厚一尺，脚闊二尺，須用堅土寔築。若圩内人力不及，或闕工食，官中量行添助。如是五年不輟，則圩勢高厚，雖有湖潦，不能侵也。」詔令逐州守臣措置。希言又言：「乞再委三州軍守令，應私圩未修去處，以田畝十分爲率，借米一分，令日下修葺。仍令被水之圩更與給借糧種，候秋熟，分兩年剋納。並須遍及四遠鄉村。先以所管常平米支，如不足，轉運司就鄰近州縣取撥應副。」從之。

二月四日〔三〕，觀文殿學士、知紹興府蔣芾言：「本府會稽縣德政鄉有田萬二千畝，七年被水，細民殆無生意。古有後浦，在下流，凡十里餘，舊來深浚，以泄裏水。爰自損壞堙塞，每遇溪流泛溢、江潮壅大，則渰浸旬月，水不通泄，一再插種〔四〕，並無收成。乞於本府常平錢借支三千緡，義倉米借支三千斛，就行賑濟，因以開浦。」從之。

五月二十日，詔：「太平州寧國府新修圩田，可差監察御史陳舉善前去覆寔，開具有無堅壯損壞以聞。」

七月十三日，户部尚書曾懷等言：「秀州華亭縣新涇塘合築堰置閘，以捍鹹潮，免浸民田，事繫利害。其所用工料錢五萬貫文省，乞委浙西提舉常平官李結疾速興修。」從之。後知秀州丘密遂成之。詳見「堤堰」門。

八年十一月，臣僚言：「寧國府兩圩埂岸雖已圓固，至於卑窪去處可以瀦水者，又須當求所以措畫之方。惟相其水源所歸，穿掘陂堤以儲蓄之。外水既落〔五〕，則因以決放，而可以免於浸溺。況兩圩腹内包裹私圩十五所，其野

〔一〕不：原作「人」，據本書食貨八之一四改。
〔二〕七月：疑當作「正月」，詳見本書食貨八之一四同條校記。
〔三〕地脚原批：「應起八年。」按，此批誤。蔣芾於乾道六年十月知紹興府，八年正月離任奉祠，見《會稽志》卷二，故此條當屬七年事。又「七月十三日」條亦爲七年事，因八年二月曾懷已由户部尚書拜參知政事，見《宋宰輔編年録》卷一七。總之，「二月四日」、「五月二十日」、「七月十三日」三條年分不誤，其誤者應是上條之「七月」當作「正月」。
〔四〕插：原作「挿」，據本書食貨八之一五改。
〔五〕落：原作「洛」，據本書食貨八之一五改。

洎荒陂低圩之田，廢而不治者尚多有之。圩民知其利而不能自辦，官欲爲之，又無餘力可成。惟其常有淹澇之憂，而未免蠲減苗税，孰若以其所減者募民疏鑿？欲望於苗租内截撥米若干碩，責以農隙之時浚築，將見永無水患，不失賦入[一]，以濟大農之用。」詔江東常平司委官取見的寔合修去處丈尺、工料、米數，寔具文狀，保明以聞。

九年八月十六日，詔曰：「朕惟旱乾水溢之災，堯、湯盛時有不能免，民未告病者，備先具也。間者數年比不登，江、湖、閩、浙之人或荐告飢。豈有肥磽人事之不齊乎？將火耕水耨不得其時，地有遺利乎？抑賦役繁多，或奪其力乎？何種入之寡乏也？深惟其故，未燭厥理。乃博延羣臣，訪問得失。吏有從南方來者，言豫章諸郡綿亘阡陌，近水者苗秀而寔，高仰之地雨不時至，苗輒就(稿)〔槁〕。意者水利不修，失所以爲旱備乎！唐韋丹爲江西觀察使，治陂塘五百九十八所，灌田萬二千頃。此特施之一道，其利如此，矧天下至廣也！農爲生之本也，泉流灌溉，所以毓五穀也。今諸道名山川原甚衆，民未知其利，然則通溝瀆、瀦陂澤，監司、守令顧非其職歟！其爲朕相丘陵原隰之宜，勉農功，盡地利，平繇行水，勿使失時，雖年有豐凶，而力田者不至拱[122]手受弊，亦天人相因之理也。朕將即吏勤惰，行殿最而寓賞罰。各殫厥心，無蹈後悔。」

九月二十七日，度支員外郎朱僋言：「江東圩田爲利甚大[二]，其所慮者，水患而已。知增築埂岸以固隄防爲急，而不知廢決隘塞，以緩奔衝之勢。乞下江東轉運、常平司，更切講究本路圩田別有似此隘塞水道合從廢決去處，與逐州守臣公共詳酌，奏請施行。」從之。

九年十一月二十五日，詔：「令諸路州縣將所隸公私陂塘川澤之數開具，申本路常平司籍定，專一督責縣丞，以有田民户等第高下分布工力，結甲置籍，於農隙日浚治疏導。務要廣行瀦蓄水利，可以公共灌溉田畝。如無縣丞處，即責以次縣官依此措置。候歲終，令本州參酌，將工力最多去處保明申常平司，差官覈寔，申朝廷推賞。其怠慢不職之人，按劾取旨責罰。從臣僚請也。

十二月二日，龍圖閣待制、知太平州胡元質言：「今歲遭值大水，除政和等十三圩不曾遭風水，餘諸圩幾四百里爲水漫沫而入，内外灌浸，風浪淘洗，經涉三時。其受害損壞不一，合隨其所損而爲之計。其洗動處則重築，其坍落處則補築，其虧狹處則貼築，其不損壞處則又爲之增築[三]。其工費計米二萬一千七百五十七碩五升，錢二萬三千五百七十貫一百三十七文省。比隆興二年、乾道六年所省幾半。務趁

[一] 入：原作「失」，據本書食貨八之一五改。
[二] 甚：原作「害」，據本書食貨八之一六改。
[三] 「不損壞處」下原有「則補築」三大字及「其虧狹處則貼築其不損壞處則反爲增築」十七小字。其中「則補築」至「損壞處」十五字與上文重複，顯爲衍文，今刪。「則反爲」三字據本書食貨八之一七當作「則又爲之」，今改，並改爲大字。

此冬土脉堅實之時，及期辦集。」從之。以上《乾道會要》。（以上《永樂大典》卷一七五四〇）

123 孝宗淳熙元年四月七日〔一〕，提舉兩浙常平茶鹽公事劉孝韙言：「紹興府山陰縣安昌、清風兩鄉，餘姚縣蘭風、東山等五鄉海塘爲海潮所損，已委各縣尉修築。溫州瑞安、永嘉、平陽、台州黃巖等縣，皆有堙塞河道海浦，乞行開修。」從之。

五月六日，詔溫州瑞安知縣恕特轉兩官〔二〕，任滿與通判差遣。以浙東提舉劉孝韙言恕開運河，溉民田，又遍詣諸鄉浚治河涇，（與）〔興〕建塘濼斗門，故有是命。

六月十二日，詔福州長樂知縣徐蓍、連江知縣曾模各特轉一官。以本路安撫使言蓍興修管下湖塘水利，及創造斗門一百四所，灌溉民田二千八十餘頃；模開浚東湖塘二十餘里，造水閘、築埕塍一百二十餘所，灌溉田二十餘頃，故有是命。

七月二十三日，提舉江南東路常平茶鹽公事潘甸言：「被旨詣所部州縣措置修築濬治陂塘，今已畢工。計九州軍四十三縣，共修治陂塘溝堰凡二萬二千四百五十一所，可灌溉田四萬四千二百四十二頃有奇。用過夫力一百三十三萬八千一百五十餘工，食利人户一十四萬八千七百六十有餘。」詔劄下諸路，依此逐一開具以聞。

十一月二十七日，江東運副程叔達言：「番陽、廣德二郡，地最高仰，間有旱傷，二郡尤甚。乞詔守令遍行阡陌，有荒曠田畝無水源處，相 124 視其宜，多創塘濼，以備灌溉。及令常平、轉運司分行督察，若民力不能獨辦，量行應副錢米，以助其役。」從之。

（七）〔二〕年三月四日〔三〕，浙東提舉常平折知常言：「台州黃巖縣令孫叔豹勸諭食利之家自行興工，開濬八鄉官河九十餘里。置立斗門、堰閘五所，灌溉田畝。」詔孫叔豹改合入官，候任滿赴都堂審察。

四月二十二日，詔知泰州張子正、提舉淮南東路常平鹽茶公事葉翥各特轉一官。以修築泰州捍海堰有勞故也。

七月二十八日，浙西提舉薛元鼎言：「太湖之水，獨泄以松江之一川，其勢有所不勝受，並湖數州皆受其害。景祐間，范仲淹嘗就常熟、崑山之間濬五大浦，茜涇、下張、七丫〔四〕、白茆、許浦，以殺其勢，爲數州之利。比年並皆堙塞，前任提舉陳舉善勸諭人户，以漸開浚。獨許浦正是泄水去處，並未施工。昨水軍統制馮湛乞用軍兵開掘，因與

〔一〕此條前原批有標題「水利四」，今删。

〔二〕恕：原脱，據下文補。然「恕」爲人名，其姓俟考。

〔三〕二年：原作「七年」。按，據寶慶《會稽續志》卷二，折知常任浙東提舉常平在淳熙元年九月至二年三月十五日，可知此處「七年」爲「二年」之誤，因改。以下數條亦爲二年事。其一，七月二十八日薛元鼎奏在二年（見《吳中水利全書》卷一三）；其二，閏九月在二年；其三，「十月二日」條所言錢良臣奏修練湖亦在二年（見《文獻通考》卷六）。

〔四〕丫：原作「了」，據《吳中水利全書》卷二四改。諸書又寫作「七鴉」。

守臣不協，遂已。臣竊見許浦自梅里約三十餘里堙塞不通，其水軍搬運錢糧亦自艱難。乞詔馮湛候農隙日，從所請開濬。」從之。

閏九月十九日，詔：「浙東今歲間有旱傷州軍，仰轉運司同提舉常平司日下委官詢訪興修水利去處，召募本處闕食人，支給錢米，因此存濟，趁時修築，不得因而科抑騷擾。」

十月二日，淮東總領錢良臣言〔一〕：「鎮江三邑旱傷，練湖湮塞之久，而樁積之米陳腐甚多，欲因賑濟，以興水利。」從之。

三日，詔：「昨令諸路監司〔二〕、守令措置興修水利，以備旱乾灌溉田 125 畝。江東具到修治陂塘溝堰二萬二千四百餘所，淮東一千七百餘所，浙西二千一百餘所。今歲旱傷，江東、淮東爲甚，未委當來如何興修，可令元興修官江東提舉潘甸、淮東提舉葉翥、知平江府陳峴具析以聞。」從中書門下省請也。

十一月七日，福建提舉薛居實言：「漳州龍溪縣丞范薰勸率田户開墾東湖，修飾斗門及陂塘、浦港六十一所，灌田甚多。」詔范薰特循兩資，任滿赴都堂審察。

三年二月十一日，新知南康軍趙彦逾言：「諸處興修陂塘，施工開掘，緣無限制，多是苟簡。望責之監司，命諸州軍，如(與)〔興〕修水利、陂塘、河溝，不以廣狹，隨其地形，並限深一二丈。具畢工月日申奏，不測遣使核寔而加賞罰〔三〕。」從之。

四月二十六日，皇子判明州、魏王愷言：「本州鄞縣東錢湖周回八十餘里，自唐天寶間開置，灌溉定海、鄞縣民田甚多。而茭葑滋生，塘岸摧毀，寖久湮塞水源。今欲開濬，約用錢一十萬貫、米一萬碩。」詔於本州見管義倉米内就撥米一萬碩，提領南庫所支會子五萬貫。三年十月十九日，以東錢湖興修成，愷降詔獎諭，長(吏)〔史〕莫濟除秘閣修撰，司馬陳延年直秘閣。

六月二十九日，詔：「兩浙漕臣及提舉常平官并逐州守臣常切覺察，自今如有官、民户及寺觀圍築田畝，堙塞水道，即行禁止。如違，具名以聞。」從中書門下省請也。

七月二十三日，詔：「浙西諸州縣輒敢給據與官、民户及寺觀買佃江湖草蕩圍築田畝者，許 126 人户越訴，仍重寘典憲。監司常切覺察。」從監察御史傅淇請也。

四年十(三)〔二〕月十三日〔四〕，前浙東提舉常平茶鹽公事何偁言〔五〕：「本路州縣措置到水利，創建河浦、塘埭、斗門二十九處，增修開濬淺狹塘埭、斗門、碶閘、溪浦、河堰、

〔一〕良：原作「糧」，據《宋史》卷一六五《職官志》五改。

〔二〕昨：原作「非」，據《宋史全文》卷二六上改。

〔三〕核寔：原抄作「合寔」，抄者點去「寔」字，而於其旁批「核」字。詳文意當作「核寔」，抄者偶誤，今改。

〔四〕十二：原作「十三」，據《宋史全文》卷二六上改。

〔五〕浙東提舉：原作「提舉東路」，據《宋史全文》卷二六上改。

硤潭、湖埂六十三處，計灌溉民田二十四萬九千二百六十六畝。」詔提舉兩浙東路常平茶鹽公事姚宗之覈實，開具聞奏。

五年閏六月二十四日，淮東總領所言：「高郵寶應田歲被水澇，昔元祐間發運張綸興築長堤，環遶二百餘里，爲函管一百八所，石撻，斗門三十六座〔一〕，以時疏洩，下注射陽湖〔二〕，流入于海，故年穀屢登。自殘擾之後，是堤函管、石撻、斗門盡皆廢壞，湖水漫流。今乞委官專董其事，同守令於農隙之際官給米募夫，擇湖水衝要去處，建石撻、斗門、函管，察堤岸之損闕，修築填補，庶幾公私利便。」從之。六年四月三日畢工，詔淮東總領葉翥覈實以聞。

六年正月四日，詔諸路提舉司各取去年所部州軍興修水利數目以聞。

七年二月四日，知潭州辛棄疾言：「欲令常平司、本路諸州（那）〔郡〕措置，以官米募工濬築陂塘，因而賑給，一則使官米遍及細民，二則興修水利。」從之。

十二月十一日，詔：「諸路提舉常平司常切約束所部縣丞，每季檢視措置農田興修水利，務要廣行灌溉田畝。如奉行違戾，仰按劾以聞。」從三省請也。

八年九月二十四日，知鎮江府潘緯言：「鎮江府置二閘，本127爲三邑高仰之田藉此灌溉。自使者往來，官司常留準備。望行下本府并轉運、常平司，自今常留四版，以備人使經由。遇春夏間，如水及五六版，許令通放，霑溉民田，實爲兼濟。」從之。

九年六月二十二日，度支員外郎姚述堯言：「傳法寺僧請佃明州定海縣鳳浦、沈窖兩湖八百畝爲田。契勘兩湖可以灌溉田二萬六千餘畝，乞委浙東提舉官將所佃田盡行開掘，復爲平湖，以爲旱乾灌注之利。」從之。

同日，詔：「兩浙漕司行下所部州縣，自今常切禁止官、民户，毋得將草蕩圍裹成田。如失覺察，其漕臣取旨施行。」

九月二十六日，淮南運判錢沖之言：「真州之東二十里有陳公塘，周回百里，本司近已興修塘岸，建置斗門、石撻各一所於東〔三〕、西湫口二處。乞於揚子縣知縣、〔縣〕尉銜内帶入『兼主管陳公塘』六字，庶幾責有所歸。」從之〔四〕。

十年二月二十四日，知秀州趙善悉言：「本州海鹽縣境，近已修築堰閘共八十八處，開濬運河一百四十九里一百步，瀦積水源，以資灌溉之用。」詔：可令縣尉兼管，縣丞提督。

四月九日，大理寺丞張抑言：「浙西諸州豪宗大姓於瀕湖陂蕩多占爲田，名曰塘田。於是舊爲田者，始隔絶水出入之地。淳熙八年，雖因臣僚劄子，有旨令兩浙運司根

〔一〕石撻：《宋史全文》卷二六下作「石堰」。下同。
〔二〕射：原作「謝」，據《宋史全文》卷二六下改。
〔三〕於：原脱，據《宋史全文》卷二七上補。
〔四〕從之：原作「人之身也」，據《宋史全文》卷二七上改。

括，而八年之後，圍裹益甚。乞自今責之知縣不得給據，責之縣尉常切巡捕，責之監司常切覺察。仍許人告。令下之後，尚復圍裹，斷然開掘，犯[128]者論如法。」從之。

十二月四日，知和州錢之望言：「歷陽縣、含山縣有麻、澧二湖，灌溉民田，爲利甚博。乾道二年，因守臣胡昉鑿千秋澗以設險，澗既開通，而二湖之水始洩入江。積十餘年，湖水日淺，灌溉之利遂廢。今欲於千秋置斗門，以防湖水之洩。遇大浸則啓之以出外，遇旱暵則用之以瀦水，俾二湖之浸如初，又不妨千秋澗之險。」從之。

二十二日，知明州楊撝言：「定海縣崇丘鄉南北二港，總計二萬四千六百餘丈，日就湮塞。本縣丞趙師程勸諭人户，各據食利併力開掘，皆已畢工，欲行推賞。」宰執進呈，上曰：「且令提舉官覈實，俟來秋見其利，方可推賞。」

十一年正月十一日，詔：「浙東提舉司將開掘過白馬湖爲田去處，並置立版牓，每季檢舉，曉諭人户，日後不得再有侵占。仍仰本司常切覺察，毋致違犯。」

八月五日，詔：「浙西諸路州府各將管下舊來圍田去處明立標記，仍出牓曉諭官、民户，今後不得於標記外再有圍裹。如敢違戾，具名申取朝廷指揮，仰漕臣常切覺察。」以中書門下省檢會淳熙十年四月九日臣僚奏，將浙西諸州豪宗大姓圍裹瀕湖陂塘斷然開掘。緣有措置未盡，訪聞日來尚多違戾，故有是命。

十一月三日，詔：「向來趙善悉所修海鹽縣堰閘，及劉俁修華亭縣塘堰〔一〕，令劉穎親往相視，目今有無衝決損壞，并本州去年所修水利，於今年有無實被灌溉田畝，及未盡去處，開具聞奏。」浙西提舉劉穎言：「一、相視海鹽縣所開河泖五處〔二〕，雖得深濬，可以蓄水，其[129]入深田畝，全藉支港分引水勢灌溉稻苗。緣（何）〔河〕泖開濬既深，支港高仰，每遇雨澤，其水傾入大河，無所潴停。臣七月間因措置鹽場到縣，其時雨多水漲，與田相平，故得一例全熟。目今止是大河有水，支港乾淺，若他日闕雨，必至旱涸。衆議皆欲開濬，除已委官措置，趁農隙興工開淘，此役重大，乞量支錢米，以爲犒賜。户部勘當：乞下浙西提舉司，將本開通小港從今來奏請，開掘施行。其犒賜錢米，從本司措置，量行支散。

一、相視得海鹽縣白馬廟至縣東二十里地，屬沙腰鹽場，其地卑下，潮水見行衝決。數中有岡門三條，洗滌日漸深廣，鹹水將及民田，人一二里內創置塘岸一條〔三〕，限隔鹽場。若從官司出備錢物，置買（村）〔材〕料，其費不多。户部勘會：乞下浙西提舉司計料工費，具（諸）〔詣〕寔文狀供申。

一、相視得華亭縣澱山湖闊四十餘里，所以潴泄九鄉之水。近歲被人户妄作沙塗，經官佃買，修築岸塍，圍裹成田，計二萬餘畝。以此北鄉之田遇水無處通泄，遇旱亦無由取水灌溉。乞下有司詳度施行。户部勘當：乞下浙西提舉司，更切委官審實。如係妄作沙塗，包占湖面去處，即仰照條開掘施行。

一、照對華（停）〔亭〕縣自築運港塘堰、張涇堰

〔一〕及：原作「外」，據《宋史全文》卷二七上改。
〔二〕泖：原缺，據下文補。
〔三〕此句疑有脱誤。

(偃)〔堰〕，守臣丘密奏，其諸(偃)〔堰〕不可無官巡視修葺，乞移秀州城下杉青閘官至彼監管，專以監新涇堰爲名。遂於亭林寶雲寺作廨宇，招堰兵五十人充役。向來運港堰外二十里尚通海潮，兼亦未曾築塘涇堰岸，委合在亭林監管。今來運港堰外二十里並已潮泥淤塞，塘岸更不須修築，却合照管張涇澾堰岸【130】等處，而相去乃在二三里外，委是不便。今欲移就張涇澾堰居止，不惟於往巡視山塘涇岸一帶便近，兼張涇澾堰鹽船經過，多於彼處停泊，等候潮汛，未免衷私出賣，若得(偃)〔堰〕官在彼，亦可稽察私販。乞下本州，畧與創立廨舍，本司亦當少助其費。本處堰兵衣糧，州縣視爲閑慢，不以時得，往往怠慢，不切向公。戶部勘當：乞下浙西提舉司，將新涇堰監官移就張涇堰居止。其堰兵衣糧，行下本州按月支給。」一、照對華亭縣塘岸西綿亘七十餘里，所管堰兵不多，每遇修葺，全藉食利人戶。以爲所築堤岸止是沙土，每歲未免少有坍損。官司役用人戶，若遇豐歲，口食稍給，固自無害，設有饑歉，恐難徭使。今踏逐到運港堰外舊涇二十里，目今潮泥填塞，生出蘆柴，約歲可得柴三萬餘束。若以一半爲看管採斫工力之費外，歲可得錢三數百千。既係官塘地段，却與民間全無交涉。若令丞、尉拘收，更行踏逐添助，足可贍給支用。」戶部勘當：乞下浙西提舉司，得踏逐到前項柴地，如委係官塘地段，不係民間產業，令從今來奏請事理拘收入常平施行。從之。

十二月二十六日，進呈知太平州陳騤奏：「修圩畢工，已行具奏，躬親遍視驗實。今到圩上，見得元水決破大埂，成深潭處一百三十一丈，圩脚見闊七尺，面闊二丈，高一丈三尺。其幫築元水齧蝕見湖大埂，凡二萬五千一百三十四丈五尺；其幫築元水決破及齧蝕子埂，凡一萬五千八百三十七丈。比舊埂面有增闊二丈至六尺，埂脚有增闊三尺至八尺，高有增三【131】寸至五寸。至舊埂脚又增築一丈至二丈，並皆修築堅實，委(堰)〔堪〕久遠。臣昨已將防護圩岸約束刊碑分植在圩曉示。竊慮畢築之後，過往路人及牛羊放牧，恣有踐踏頹毀，分責巡尉，各據地界，每五日一次點檢，十日一次申州，庶幾常有覺察，不致因循隳壞。」上曰：「陳騤與集英殿修撰。」

十二年正月五日，戶部言：「明州申，鄞縣東錢湖蓄積澗水，溉田三十餘萬畝〔一〕。昨緣茭草延蔓，侵耗湖水，昨奉旨支降錢米開淘茭葑，堆積沿湖山灣湖濼去處，遂成葑地。先係資教院僧立利承佃，茲墾成田三百餘畝。近有人戶爭佃，承提舉常平司行下本州，出榜別召人增租承佃。蓋緣東錢湖積水灌溉定海、鄞縣七鄉民田，竊恐人戶以增租承佃爲名〔二〕，填疊增廣，有妨積水。乞將上件沿湖葑地不許人戶請佃，仍舊開掘爲湖，庶免向後湮塞之患。」詔勾昌泰躬親前去相視開掘。

〔一〕三十：《宋史全文》卷二七下作「五十」。
〔二〕恐：原脫，據《宋史全文》卷二七下補。

二月二十一日，詔從事郎徽州休寧縣丞譚次山、迪功郎池州貴池縣尉趙炳、從政郎寧國府宣城縣丞陳篆各循一資。以江東提舉張押言，篆等浚築陂塘最爲究心，乞賜推賞，故有是命。

四月三日，宰執進呈户部勘當知鎮江府耿秉奏：「遇亢旱，聽民車河水。」上曰：「河水豈可不令百姓灌田？」王淮等奏：「尋常人使來時，恐水淺，所以不聽人户車水。」上曰：「稼穡事大，可依耿秉所請。」

十月四日，知臨安府張杓言：「竊見本府每遇大雨，四山之間所積糞壤衝突而下，雖行措置增添海子，深[132]闊溝渠，創置鐵窗，差委使臣等往來尋視，纔遇填積，旋即除去，躬行督促，不敢少懈，常恐或有所未至。倘更本府憚於支費，稍不任責，則數月之間，(使)〔便〕可填塞。臣照得元祐五年守臣蘇軾申請開西湖畫一，内一項，乞將西湖新舊菱蕩課利錢盡送錢塘縣尉司收管，以備逐年開葑撩淺。如敢别用，並科違制。又一項，乞今後錢塘縣尉銜位帶『管勾開湖司公事』〔一〕，常切點檢開撩〔二〕。替日，如有茭葑不治〔三〕，即申吏部，理爲遺闕。臣今欲倣此二説，先儲工力之費，將本府合得湖塘等錢六項，每年共計錢二千九百餘貫，專置赤曆，樁充挑撩湖河之用。如别將支使，並科以違制之罪。却分委本府正任通判二員，一則點檢城内外河道，一則點檢西(河)〔湖〕，更以巡河、巡湖爲名。城内道則委之排岸并逐地分兵官，江浦口河則委之城東巡檢、修江監閘官，西湖則委之錢塘縣尉、城西巡檢。日後差注，並乞於階銜中帶入。每歲委轉運司覈視有無湮塞，以爲殿最，從運司保明批書。責既有歸，人必盡力，工費既儲，易於辦集，誠爲無窮之利。」從之。

十三年正月二十六日，詔承事郎、臨江軍新(塗)〔淦〕縣丞梁克俊轉一官，文林郎、臨江軍新喻縣丞王必簡循兩資，承奉郎、贛州興國縣丞劉伋與減三年磨勘。以江西轉運、提舉司言克俊等(與)〔興〕修陂塘，乞加推賞，故有是命。

十二月十六日，知太平州張子顔言：「昨奉聖訓，圩田候農隙，每歲一往點檢。去年已嘗具奏，前往逐圩看視畢。即今復是農隙，除已行下管屬三縣，將官私圩埂照應逐[133]年體例趁時增築，(令)〔今〕措置，自淳熙十三年冬爲始，每歲俟修官埂畢日，勸諭圩官專長部集食利人夫〔四〕，興築合圩元來舊小圍埂。將來或有損闕去處，其害及一小圍，其他諸圍自可保守。已行呼集圩官勸諭，下鄉部集人夫，增修官埂畢日，併工興築内埂。兼蕪湖縣官修圩内間有元來舊埂去處，已行勸諭興修，以備向去梅夏雨水。欲照前項累降指揮，親往圩上相視點檢，及照對諸圩從來不曾開治圩内溝瀆，今因修築小圍，就行勸諭農民浚治水道。」從之。

十四年七月十九日，詔宣教郎、知秀州華亭縣劉璧特

〔一〕勾：原作「當」，據《東坡全集》卷五七改。
〔二〕常：原作「當」，據《東坡全集》卷五七改。
〔三〕茭：原作「菱」，據《東坡全集》卷五七改。
〔四〕長：疑當作「掌」。

轉一官，候任滿赴都堂審察。以浙西提舉羅點言：「華亭縣旱，河流斷絶，璧躬行村落，相視水利。有青龍江，可通潮水，填塞已久，璧糾集民夫開浚，救溉民田，委是利便，特加旌别。」故有是命。

八月二日，詔修職郎、秀州華亭縣尉徐昭特循一資。以兩浙轉運司言，昭與知縣劉璧協力興建水利，乞量加推賞，故有是命。

十五年十月四日，知湖州趙思言：「湖州寔瀕太湖，並湖有堤爲之限制，且列二十七浦漊〔一〕，引導湖水，以溉民田。因各建斗門，以爲蓄泄之所，視旱潦爲之啓閉。去歲之旱，高下之田俱失霑溉。專委官吏訪求遺迹，開濬浦漊，不數日間，湖水通徹，遠近俱獲其利，而於斗門因加整葺。乞詔守臣逐歲差官親詣湖堤，遍行相視，開濬浦漊，治斗門，庶幾永久。」從之。

【食貨志】〔二〕

134 淳熙十六年五月五日，知嚴州錢聞詩言：「本州東城下大壕注湖水入城，瀦三小湖，與外溪水會于龍津橋下，揖州治，轉東南入江，居民侵塞，爲屋爲圃者半。臣委曲諭侵塞之家，皆願還官如舊界。今一壕自湖至東江，凡四里，通流無礙。又念外溪沙石易積，不三二年間，淤塞水溢，恐復爲湖害，（今）〔令〕浚湖官就畚湖土，填築堤岸，得地百餘丈，造蓋三十六家募賃，賃直三歲計得千緡，可以浚溪湖。已委建德縣尉日掠，每月解本州常平 135 庫寄樁。乞行下本路常平司，時與點檢。每三歲令守臣以其錢和雇人夫浚溪。如湖塞，亦浚。或有用餘之錢，量犒重役官吏。」從之。

六月七日，淛東提舉袁説友言：「本路管下州縣田畝每歲易於告旱，往往皆因河渠、陂塘久不開浚，斗門、堰閘失於修建，以致不能瀦水，一遇水旱，禾稼即有損傷。內有管下台州臨海縣、明州鄞縣、紹興府上虞縣三處，開淘河涇，建置堰閘、斗門，各已畢工。其紹興府上虞縣運河一帶，自梁湖堰至通明堰計三十五里，本縣先乞裨捺塘岸，次乞置立減水石𥖍。已勸諭三鄉上户均出樁篠用工，裨捺塘岸，今並已堅固。所有合置減水石𥖍，恐妨農務，乞候農隙興建。」從之。

光宗紹熙二年七月二十二日，詔：「守令凡到任半年之後，具所部有無水源湮塞、合行開修去處，次第申聞。任滿之日，亦具已興修過水利畫圖繳進。擇其勞効著明、功垂久利者，特與推賞，以激勸之。」據臣僚請也。

三年十一月五日，知潼（州）〔川〕府范仲藝言：「東南二江環璧城郭，近江隄岸歲久頹壞。雖曾措置修築，未兩年間，又值大水，悉皆漂壞。自後節次相視修築南江五堤，以扞城郭；疏導東山古渠，以分水勢；開敞府北山路，以便

〔一〕列：原作「例」，據《宋史全文》卷二七下改。
〔二〕原稿「淳熙」上有「食貨志」三字，被嘉業堂整理者圈去，今恢復，並單作一行。「食貨志」指《宋會要》之「食貨」類，參見本書食貨七之一校記。

避水人民，别建城東、城南兩處木橋，以防漲潦漂壞。又詢訪東江水脉元在東山普慧寺下，旁山而行。見得東江之水元旁東山安流以行，只緣江口堙塞，久不淘濬，江心土隄常漏，[136]湍水漲潦之際，南江合怒，因而回流，吹損城郭[一]。今於普慧寺下疏開古來江道三百丈有奇，并於上流漏水灘上叠石堰水，分送水脉，令復傍山而行，並已畢工。合所築五座長堤，并開道東山下石渠，若逐歲常加增修，使兩江之水久遠循山而行，則一城之憂，遂可永息。乞自朝廷行下本府，委自守臣任責，逐年於係省錢内趁時收買竹木，雇募人夫，檢舉修葺，不令廢填。」從之。

四年八月十二日，知太平州葉翥言：「本州所管當塗、蕪湖、繁昌三縣並低接江湖，圩田十居八九，皆是就近湖濼低淺去處築圍成埂，便行布種。每遇大水年分，江湖水漲，衝突岸埂，即時破決，顆粒不收。近一二十年以來，官司出錢，每於農隙之際鳩集圩户，增築岸埂，高如城壁，種植蘆葦，以圍岸脚。今措置，欲於圩田之内舊有通水小溝去處開濬深闊，就用其土增築塍岸，亦令高廣厚實，以爲裹濠，可爲車戽出入之地。其間頃畝廣袤，或無舊溝，亦皆創新爲之。必使一圩之間，遇水可以瀦蓄，遇旱可以灌溉。欲先於當塗縣所管官圩五十五所之内先開濬一二圩溝港，使之丈尺深闊，可以納水。已於本州去年州用米内取撥米三千石，趲積到錢一千貫，專充修圩使用。先於今冬農隙，雇集食利圩夫，均行開通水壕田溝，且逐旋興修一兩圩，寬作三年，庶使州郡接續成功，永爲久利。今别行開濬，大壕以闊五尺、深一丈，小溝[137]以闊二丈、深七尺爲約，及兩岸田塍，亦高三四尺、脚闊四五尺。未免用過人户田畝開修。欲候收割之後，先次差官，於合修溝岸去處，打量係是何人田産，所用過步畝若干，總見數目，以時估價直（細）〔紐〕計錢數，於諸圩衆户有田之家均敷價錢給還。所合差官監督之役，分頭管幹，只就本州選擇見任官逐時興修。」詔本州守臣將葉翥椿管下錢米修圩接續措置，逐時興修，以防水患。

紹熙五年九月二十七日，司農卿兼知臨安府蔡戡、兩浙轉運判官黄黼言：「餘杭縣去行在四十五里，地勢最下，當天目群水之衝，每遇霖雨，水勢暴漲，即高尋丈，故隄防之設，比他邑爲重。不幸一決，則邑不可居，田不可耕，其害浸淫於臨安府、湖、秀三州六縣。今歲八月水漲湖決，約計四十六所，共五百餘丈。既欲修治，必須沿湖幫廣舊堤，填築敗岸，合於湖内取土。紹興初，南湖爲孳生馬監，馬不蕃息，監遂隳廢。而湖有蘆葦茭芡鶉魚之利，至今監據其利，凡民間下湖採取，必納錢買牌，違者有禁。今來馬監既已久廢，則兩湖合還本縣，庶幾可於湖内取土，每歲築岸浚湖，爲本縣悠久之利。乞降旨，撥南北兩湖歸還本縣，從便取土，修築隄岸，開浚湖港，派連天目，旁通裹河，潦則瀦

[一] 吹：疑當作「摧」。

水，旱則灌田，以爲三州六縣之利。」臨安府、轉運司欲分抱採取買牌課利入馬監申發。

寧宗慶元元年十月十一日，新知通州李楫言：「乞[138]行下諸道，每於農隙，專令通判嚴督所屬縣丞躬行阡陌，博訪父老，應舊係溝澮及陂塘去處稍有堙，趣使修膳，務要深闊。或有水利廣袤，工費浩瀚，即申監司，别委官相視，量給錢米，如法疏治，毋致滅裂。仍勑監司察倅、丞之勤惰，以爲殿最。異時非但亢陽有備，或遇淫潦，而水有所歸，亦不致泛浸之患，實經久之利便。」從之。

二年八月二日，户部尚書袁説友、侍郎張抑言：「近年以來，浙西諸郡圍田之利既行，而陂塘淹瀆皆變爲田，年歲既深，圍田日廣，曩日瀦水之地，百不一存。水無所瀦，旱無所取，雨則易潦，晴則易旱者，皆四田有以致之也〔一〕。今浙西鄉落圍田相望〔二〕，皆千百畝，陂塘淹瀆，悉爲田疇。有（有）水則無地之可瀦，有旱則無水之可戽，易水易旱，歲歲益甚。今不嚴爲之禁，將不數年，水旱易見，又有甚於今日，無復有稔歲矣。乞下浙西提舉司，將諸郡管下縣分委各縣清彊佐官取索淳熙十一年内立碑標記、圍田簿籍，照籍及碑内四至，親到地頭，著寔審究，畫定某鄉某村其舊田增圍者有若干畝，及新創圍裏者有若干畝，結罪具申提舉司，併行（藉）〔籍〕記。若盡行開掘，復恐租種者有失業之患。今本司嚴立賞榜，遍於諸州縣城郭鄉村散榜曉諭，自後輒敢將陂塘淹瀆等應干瀦水之處增圍舊田及新創圍田，并雖係舊圍之田，如已經浸没，或圍岸已倒者，不得再行修圍。上件三項，立賞錢一[139]千貫。如有違犯，許諸色人赴提舉司陳告。仰追犯人根勘指實，即以所圍田委官日下盡掘，並行没官。賞錢先以常平錢代支，犯人以違制論，不以蔭贖，監錮追賞。仍令提舉司每歲於秋成後，檢舉今來指揮，申嚴鏤（膀）〔榜〕，遍行曉諭，毋致久遠視爲虚文。」從之。中書門下省言：「乞行下浙西提舉司，令從實契勘。如舊圍田本係經界字號，及自經界後來常年得（孰）〔熟〕，止因去年被水浸没，或圍岸已倒，如不妨衆共水利及曾有石碑標記去處，許令修築。如舊圍之田有累年積水，已係衆共水利及自來不曾有石碑標記去處，雖係曾經紹興十三年經界立定字號，不許援引今來指揮，再行修圍。如有違犯，自依已降指揮，勘斷追賞。仰本司令所委官分明區别，不得令豪强形勢之家並緣修圍，有妨水利，常切遵守。」詔令户部行下浙西提舉司照應。

三年六月十一日，淮東提舉王寧言：「昨者奉旨開濬高郵軍至楚州鹽城縣并修築一帶堤岸，皆已畢工。今斟酌措置，斗門、石礎通大河港，所以殺水勢之衝決，故去水近而所置稀〔三〕；函管通小溝港，所以節水勢之高下，故去水

〔一〕四：疑當作「圍」。

〔二〕自此句至「歲歲益甚」文意與上文重複，疑是《大典》抄自他書。

〔三〕近：原作「速」，據文意改。「去水近」與下文「去水遠」相對。

遠而所置密。除鹽城縣係上流止有石䃮一座，即無斗門、函管外，高郵、興化兩縣，共函管、斗門止四座，石䃮止七座，却管函管四十四座，並係紹興五年所修置。内石䃮已是高固，不必移改。獨斗門、函管視新開河底尚有低一尺五寸者，乃是當140來修置之初設爲此弊，却欲暗竊運河之水，以濟其私，甚失本意。今斟酌水勢，於斗門之外，視新開河底，以四尺爲則甃砌，水若登及四尺，則流而入於斗門。於函管之外，視新開河底，以三尺五寸爲則甃砌，水若登及三尺五寸，則流而入于函管。其制悉徹石䃮而差小焉〔一〕。大率水小隘則先放函管，水浸溢則兼放斗門，水大溢則併放石䃮，必次第澇泄，(及)〔乃〕得其平。尚慮頑民猶有私意，不放水(則)澇泄，輒行毁掘，則爲公私之害。欲乞分委地分巡尉每月一巡視，仍委知縣每季一點檢，如有毁掘去處，即申本司追斷，仍與登時修整。苟或憑蔽，毁有損壞〔二〕，從本司覺察責罰。紹熙五年所修函管，不能盡復其舊，是致人户續有陳乞興修者。今盡行根刷，舊有函管未復去處共二十座，並與興修，務令均一。次乞令逐縣每年冬收成畢日，檢舉勸率挑撩，無淺淤〔三〕。如有怠惰不從勸率之人，即行懲治，貴得接續(不)治成，爲久遠之利。」從之。

寧宗嘉泰元年九月四日，中書門下省言：「檢會已降指揮，訪聞浙西州郡圍田不已，日侵水利，爲害匪輕。雖累有指揮(築)〔禁〕戢，官吏奉行不虔，遂至全無忌憚。可選差職事官二員，專一措置。自淳熙十一年立石碑之後，不以官、民户，應輒有圍裹者，候秋割了日，限兩月盡行開掘，務在必行，無爲文具。」詔差大理司直留佑賢、宗正寺主簿李澄，限半月内起發，仍各具已開掘過數目申尚書141省。

十月四日，臣僚言：「伏見宮陵之山，俯鑑湖爲形勢。今鑑湖爲姦人侵耕包占，日就淺狹，忽遇天旱，乾涸無餘，既於宮陵形勢未便，又於會稽、山陰兩縣俱失灌溉民田，害莫大焉。嘗推究本原，有姦人規圖管莊之利，將此侵湖田獻入爲慈福宮、延祥觀莊田，姦人因此侵碑外低窪之地，盡行包占爲田，並無忌憚。臣子爲是延祥之田，莫敢輕議，今乃撥入修内司矣。(令)〔今〕湖面日蹙，天久不雨，徒步可行。不惟元來食湖之田被害，而日後侵之田(田)亦例失灌溉矣〔四〕。竊聞淤田微利，歲入修内司不及萬緡，朝廷視此，不啻如太倉之稊米，必不靳惜。(合)〔今〕乃使此郡兩邑民田每歲苦旱，以致上勤宵旰，捐廪賑濟，減放秋苗，所損不知幾萬錢。而姦人占據，淤田所入大槩有名無實，適足以饜飫修内司管莊輩饕食爾。今縱未能盡復〔慶〕曆、治平以前舊跡，如隆興間吳芾所奏碑外之田，與今日修内司元係侵湖之田，豈有不可復而爲湖者？乞委自紹興府，同本路提刑、主管河渠司，且將修内司田凡係侵包東西兩湖石

〔一〕徹：疑當作「做」。
〔二〕毁：疑當作「設」。
〔三〕「無」下或上疑脱一字。
〔四〕「侵」字上或下疑脱一字。

碑外低窪淤土爲之者，盡廢爲湖，不得耕種。趁此農隙之時，限日開掘，以俟朝廷委官覈實，毋爲文具。仍俟開畢之後著令，每歲委通判一員巡視有無再行侵包，保明具申臺省照會。如再盜種之人，則乞如治平間臣僚所議，拔其苗，責其力以復湖，重其罰，庶使越人田畝不憂每歲之災傷，宮寢諸陵稍142復平湖之形勝，實爲公私利便。」從之。

十二月十四日，吏部尚書、兼實録院修撰、兼侍講袁説友言：「竊見比頒詔旨，以浙西圍田之害荒廢水利，遣二使者親往措置，盡行開掘。命下之日，識者交慶。今開掘之利，竊聞十竟七八，然議者猶有遠慮。蓋今不預爲必行之法，則恐歲復一歲，人情易玩，法久易廢，官司不能禁戢，約束不能詳備。則恐今日圍田已壞者，又復漸圍於後日矣。此不可不慮也。今乞行下，將每州諸縣內，令鄉所掘圍田並行逐縣置籍，凡所掘某人圍田計若干畝、坐落四至並田主姓名，並行抄上，如法印記，付各縣知縣牢固掌管。其知縣於衙內帶『專一點檢圍田事』，每遇農事方興，於三月、四月，知縣同縣尉將簿籍親往已掘圍田地頭，徧行點檢有無姦民再行圍裹布種。遇點檢畢，具有無結罪保明申州，州申省部。所有知縣每考及任(兩)〔滿〕批書，並於印紙上批鑿有無再行圍裹，分明批上。仍行下提刑司，照措置圍田所已置開掘諸縣內圍田簿籍，依樣鈔録一本存留。提刑司每遇春夏之交，抽摘諸州內或一縣或兩縣，互差有心力官前去對籍，親到鄉分審點已開掘去處，結罪保明，具有無再行圍裹申提刑司。提刑司再行結罪保明，備申省部。每三年，三月內從朝廷取旨，選差職事官兩員，分往浙西諸州點檢審視。各州知、通專一遵守朝廷行下應干(束約)〔約束〕，務在必行。仍委臺諫常切143覺察彈奏。庶幾法久不行〔一〕，人無輕玩，所在水利，永助豐登。」從之。

二年二月十四日，大理司直留佑賢、宗正寺主簿李澄條具到圍田利害：「乞下提舉司，將臨安、平江、嘉興府、湖、常州開掘圍田户名、數目，除曾納錢請買，許將元産地管業別作營生，不得圍裹成田。其他白狀作常平没官産、學糧、職田等色請佃者，並行追索元給公據，入官毁抹。仍嚴飭浙西提舉官及守令，今後不得輒行開請佃公據。縣分巡尉並帶『專一巡視圍田』。下敕令所議定禁止刑名，修爲成法。其殿前司草蕩，不許將有管草蕩再行圍築爲田，及種植菱荷、蘆葦。如違，委御史臺覺察。(具)〔其〕官賣産立價低微，占據寬闊，今來既已開掘，止合照(租)〔祖〕額輸納，其創立爲田賦税，却合與之減免。下諸州屬縣，應論訴圍田結局以前填叠者，並不許受理。截自嘉泰二年正月以後，新行填叠，委是堰塞妨礙水勢之處，却許行指實陳訴。」詔從之。

二月十一日〔二〕，右正言、兼侍講施康年言：「去歲因

〔一〕不：似當作「可」。
〔二〕按，上條爲二月十四日，此條反爲二月十一日，疑有誤。

夏秋不雨，復行乾道之令，特遣使者巡視開掘，務在必行。蓋欲廣疏灌溉之源，預爲水旱之備。奈何近屬貴戚之家，平日享國家高爵厚禄，貪婪無厭，不體九重愛民之心，止爲一家營私之計，公然投詞，紊煩朝廷，畧無忌憚。且國家行一法一令，貴戚之臣首當遵奉，今乃交相符合，倡爲浮議，意欲摇動愚民，倣傚陳訴，以沮成法。乞嚴飭貴近之家，自今後輒有144前來陳狀者，臺諫指名奏劾，必罰無赦。」從之。

六月九日，臣僚言：「常、潤一帶，與臨安、蘇、秀運河相通，兩浙州郡向者以此漕運入於汴京，故鎮江(爲)〔謂〕之京口。今日自京口漕運入于行都，皆此河也。常、潤之間，舊有名湖水利數處，皆可注之於河。又有大江大湖之水可引而入，爲之閘堰。如江水則有潮汛之候，每月遇大汛，則開閘放水入河，水及然後下閘。如湖水則不拘汛次，遇支港闕水則引湖水而入，河水有闕則引支港水而入。況又有天雨，可及運河，安得而涸乎？乞專遣提舉常平使者同與州郡相視措置，使江湖之水皆入于河，以爲綱運舟楫之備。雖遇天雨之至，常謹闔闢之法，但不使河水大溢，免爲田疇道路之患。」從之。

三年二月十一日，臣僚言：「丹陽練湖回環四十里，湖面闊遠，蓄水至多，固足爲旱乾之備。然其弊有二，斗門之不固，函管之不通是也。爲今之計，莫若修築斗門，開掘函管，工用省而惠濟博。乞下鎮江府差官相度，疾速條具施行。」從之。

十一月十一日，南郊赦文：「在法，湖塘池濼之利與衆共者，不得禁止及請佃承買，監司常切覺察。如許人請佃承買，并犯人糾劾以聞，請佃及買者追地利入官。訪聞比年以來，縣道利於賦入，違法給佃，或作荷蕩，或作草地，容令形勢之家占據，侵奪小民食利。自今仰轉運、提舉司嚴行措置約束，如州縣奉行法令違戾，按劾以聞。」自後郊祀、明堂145赦亦如之。

開禧元年四月十八日，集英殿修撰、知寧國府沈作賓言：「本府宣城縣管下有號童家湖者，乃徽州績溪縣、廣德軍建平縣二水之所會，其勢闊遠。政和間，有貴要之家請佃此湖，圍成田。宣和間，因民户陳詞，遂令開掘，依舊成湖。至紹興間，有淮西總管張榮者，詭名承佃，再築爲圩，計田一十八頃，草塌七頃。自後每遇水漲，諸圩被害如初。至隆興、乾道間，守臣許尹、周操具申朝廷，遂將童湖圩廢決，以息水患。至今年深，民間又復節次改易地名，挑揀田段，經官請佃。萬或遂所欲，則漸次築圩，被害者衆矣。乞明詔三省行下本州常切遵守，毋令人户妄有請佃圍築，以妨水利。」從之。

五月十一日，浙西提刑葉篔言：「近郡〔縣〕圍田之害，朝廷爲之專遣使命，措置開掘。比歲以來，雖稍多雨，無曩時泛溢之憂。近者有訟開掘之不公者，頑民皆起僥覬之心，陳訴者源源而未絶。乞約束州縣，凡各有訟圍田者，即令當官重責決配、估籍文狀，然後送所司究驗虛實。如果有契券碑籍歲月明白，即從令丞、守倅次第結罪保明申本司，本司再行覈實保明，具事因申取指揮施行，不得擅自給與。如有虛妄，則（生）〔坐〕以所責之罪。若州縣奉行滅裂，乞賜加責罰，下本司以憑遵守施行。」從之。

嘉定二年十一月四日，臣僚言：「臣聞浙右號爲澤國，松江、太湖控引灌溉，且無旱乾之憂。而比年以來，未嘗患水而多苦旱 146 者，水利不修，而陂塘溝瀆之事不講也。浙西之俗，惟恃江湖溪河天造地設自然之水，至於陂塘之儲蓄，瀆澮之開浚，一切廢而不講。欲（函）〔亟〕委監司下之郡縣，相視水勢之高下，推尋陂塘之堙塞。雖小小之溝渠，凡利之可以及民田者，悉循行而周視之。趁此農隙，責立近限，申聞監司，以達于朝省。然後於合用賑糶錢米之内，分委才敏清强之官，責以開浚疏導之事，募民之無食者，役而食之。分團申結〔一〕，如庸雇夫役體例，日役若干、用錢米若干，皆可稽考。民既執役，朝夕待哺，雖欲不與，不可得也。若胥吏或有減尅，坐以重罪。」從之。

三年七月八日，臣僚言：「迺者朝廷分遣使者，將奏册曾經有籍開掘之田，許人户入米，仍舊圍裹。已降指揮，不許稍有過數。竊聞豪民巨室並緣爲姦，廣行圍裹，殆且加倍。又連年亢旱，江湖之濱，塗泭旋生，囑托胥吏，僞造干照，或就縣起立税租，納錢請佃，多圍成田。又所在水蕩，自來止是栽種茭蘆菱荷之屬，不妨瀦水。今亦憑籍再圍指揮，影射包占，不顧衆户灌溉之利。又牧馬草地，自有標定界止，今來牧放官與管蕩軍兵接受賕囑，縱人圍裹，以畝計者，動以萬數。積日累久，展轉侵占，重妨水利。凡此數者，爲害寔廣。乞詔浙西提舉常平司，照當來續降指揮，多給文牓，曉諭官、民户，除奏册有籍曾經開掘之田許令圍裹外，如有（遇）〔過〕數包占，步田不同〔二〕，雖曾經縣起立税租 147 及納錢請佃，並候秋成之後，差委清彊官分往地頭，照元奏耕界至，打量步畝分留，其餘盡行開掘。仍劄下殿前司，約束兵官，不得擅將草地私給自據〔三〕，與之圍裹。嚴立罪賞，務在必行。每歲專責諸縣縣丞點檢有無創添圍占田畝，申常平司。每考書上印紙，以憑將來稽考。如此，則水勢疏通，有所瀦泄，實爲民田久遠之利。」從之。

五年三月七日，臣僚言：「丹陽練湖，舊係瀦水去處，聞之父老，以爲放練湖水一寸，可增運河水一尺，其利之博如此。向者親往行視，四下湖流僅如衣帶，中間填淤，茭葑彌亘。非惟漕渠無倉卒之益，而四下田畝亦失車捲之利。臣又按《中興記事本末》言，鎮江府呂城夾崗地勢高仰，久不雨則水淺而漕艱。兩浙運使向子諲取唐韋損、劉晏攷覈狀，置斗門二、石磋一，以復舊迹，計度止費萬緡。今本府郡帑頗有餘，儻計向來捲江天河之艱，使損數萬緡，以爲漕

〔一〕申結：似當作「結甲」。
〔二〕步田：疑當作「步畝」。
〔三〕自據：疑當作「公據」。

運之利，異時再值旱乾，免致倉卒勞擾，亦一方之幸。」詔令兩浙轉運司同鎮江府守臣公共相度合開浚去處丈尺，措置條具，申尚書省。

六年十二月十三日，臣僚言：「竊聞浙東之田，其旁海者常有海潮衝蕩之患，浙西之田，其旁湖者常有霖潦弗泄之憂。故防海潮者在於修築隄岸，防水潦者在於疏瀹河港。乞戒飭紹興守臣，趁此農隙，立限了畢所修白洋、石塘，不得並緣科擾。其餘姚縣八鄉濱海之塘，逐急差官相視，148修叠土塘，以防近患。仍照白洋體例，一面商議修築石塘，以利(水)〔永〕久。所有浙西蘇、湖等處田畝，增築外埂，侵占官河，并於田埂外種植竹篠、雜木，壅遏水勢者，告示鄉保，日下令自拆毁伐去。其形勢之家不得私意執占，如違，許人户陳訴，官爲相視毁拆。若道民所創石橋不礙水勢者，聽其仍舊。其或横當水衝，故障上流，出膀州縣，許鄉民陳訴改造，實爲兩浙無窮之利。」從之。

七年七月三日，臣僚言：「竊惟國家駐蹕臨安，左江右湖，襟帶形勝，八九十年，生齒繁阜。所恃以溉負郭膏腴之田，飲闔城内外之人者，西湖之利溥哉。乾道、淳熙之間，累降指揮，居民不得占圍裏湖面〔一〕。如違，以違制論。其時守臣遵奉，開過侵礙湖心荷草蕩八萬二千九百餘丈，盡復元祐之舊規。嘉泰以來，權姦用事，私俗横生，其微至於西湖草塘，亦復狥情，聽民請佃。日漸月積，種荷之地寖廣，而湖面之水愈狹，不惟失形勢之壯觀，而亦違淳熙之指揮。臣嘗畧計，臨安府舊蕩四百餘畝，每歲增收租錢一千貫有畸。以天府財計之夥繁，視此千百緡，直瑣瑣耳。乞行下臨安府，西湖水面盡從舊界。至嘉定以後續租地段，侵占湖面去處，並行開拓，不許租殖。其人户歲增納租錢，盡與蠲除。」從之。

十二年十二月二日，臣僚言：「臨安府鹽官縣日來爲海潮衝突，沙岸傾坍，其事頗異。蓋鹽官爲邑，雖是瀕海，相去尚有三十餘里，從來初149無海患，所以鹽竈頗盛，課利易登。去歲海水泛漲，海潮湍激，横衝沙岸，每一潰裂，常數十丈，日復一日，侵入鹵地，蘆洲港瀆，蕩爲一壑。京畿赤縣密近都城，内有二十五里之塘，直通長安之閘，上徹臨平，下接崇德，漕運往來，客舟絡繹，兩岸田畝，無非沃壤。若海水透徹，徑入于塘，不惟民田有鹹水渰没之患，而裏河隄岸亦將有潰決之憂。乞下浙西諸司公共相度，條具築捺之策，截撥合解上供錢米，以爲工物之費，務使捍堤堅壯，土脉充實。」從之。

十四年六月二十五日，詔：「令(葑)〔封〕樁庫於見樁管度牒内，支撥一十二道，付慶元府，每道作八百貫文變賣價錢，充修砌上水、烏金等處碶堨及開掘夾砌道士堰、朱賴堰工物等使用。仍令本府專一委官提督，務在河流通徹，碶堨堅固，經久利濟。仍不得縱令吏胥因而科擾作弊。」從本

〔一〕「占」上疑脱「侵」字。

府之請也。

十二月十七日，詔：「令紹興府就於樁管米内支撥三千石，仍令(葑)〔封〕樁庫支撥度牒七道付本府，每道作八百貫文變賣，並充開河使用。務在如法開浚，經久流通，毋致積泥，再有淤塞。具所用工役、支過錢米帳，申尚書省。」從浙東提刑、兼知紹興府汪綱請也。

十五年四月五日，臣僚言：「越之鑑湖，受溉之田幾半會稽。往者累任帥臣時加浚治，故民被其利。今官豪侵占殆盡，填淤益狹，所餘僅一衣帶水耳。興化之木蘭陂，始爲富人捐金興築，民田萬頃，歲飲其澤。今釃水之道多爲巨室[150]占塞，時或水旱，鄉民至有争水而死者。水利之在天下，顧何地而不可興？今遺陂故堰，古人之已興修者，聽其湮廢而不修之歟？乞下臣此章，戒諭州縣，應水利所隸官司，每歲躬親相視，厚其潴蓄，去其壅底，罔俾豪强侵占，以妨灌溉。歲終則具其興修去處，申提舉司，委官覈實，以憑賞罰。務求實利，毋事具文。如此，溝洫有復修之政，農畝有西成之望。」從之。

十七年二月二日，詔令封樁庫支撥度牒一千道付福州，每道作八百貫文會子變賣價錢，貼充開浚西南二湖使用。務要實濬流通，經久便民。候畢工日，具申尚書省。從本州守臣胡永之請也。（以上《永樂大典》卷一一一〇九）